HANGIL
GREAT BOOKS
169

사회적 체계들

일반이론의 개요

니클라스 루만 지음 | 이철 · 박여성 옮김 | 노진철 감수

한길사

HANGIL
GREAT BOOKS
169

Niklas Luhmann
Soziale Systeme.
Grundriß einer allgemeinen Theorie

Translated by Lee Chul and Park Yo-song

니클라스 루만(Niklas Luhmann, 1927~1998)

독일의 사회학자이자 사회학적 체계이론의 창안자다. 스스로 창안한 체계 개념으로 현대사회의 정치, 경제, 학문, 법, 종교, 예술, 교육, 가족, 사랑과 조직 및 사회 전체를 일관된 관점에서 분석한 20세기 최고의 석학이다. "체계"는 내부(자신)와 외부(환경)의 구분을 적용할 수 있는 모든 것이며, 그 구분을 만들어내는 작동 그 자체다. 루만의 사회학적 체계이론은 수학자 조지 스펜서-브라운, 철학자 후설, 사회학자 파슨스, 조직 사회학, 사이버네틱스와 일반 체계이론과 마투라나의 자기생산 개념을 주재료로 삼아 구축되었다.

조지 스펜서-브라운(George Spencer-Brown, 1923~2016)

1980년대에 50대의 루만이 인식론의 토대로 삼았던 영국의 수학자다. 조지 스펜서-브라운은『형식의 법칙들』(1969)이라는 책에서 비수리적 수학에 기초한 지시산법을 통해 수학에 논리학적 기초를, 논리학에 수학적 기초를 정초했다. 지시산법은 시간과 상상의 세계를 논리학에 도입했으며, 루만은 불 대수(Boolean algebra)의 형식 논리학을 대체하는 이 논리를 완전히 수용해 사회이론 프로젝트의 근본 토대로 삼았다. 이 새로운 사유는 한순간에 발생하는 구분, 지시, 재진입의 연산(Opearion)이 세상의 모든 것을 만들어낸다는 점을 입증한다. 이 사상은 철학과 인식론의 수학적 토대를 제공한다.

에드문트 후설(Edmund Husserl, 1859~1938)(왼쪽)

현상학을 정초한 독일의 철학자다. 루만은 후설로부터 의식의 작동성을 취해 의식의 작동이
론과 소통의 작동이론을 발전시켰다. 후설이 여전히 주체에 근거해 라이프니츠의 단자론을
기웃거렸다면, 루만은 주체를 시간성과 그 시간 속에서의 작동으로 대체하는 급진적인 행보
를 내디뎠다. 그 결과물이 이 책의 핵심 테제이기도 한 "생각/차이/소통"의 구조적 연동, "심
리적 체계/의미/사회적 체계"의 공진화다.

탤컷 파슨스(Talcott Parsons, 1902~1979)

미국의 사회학자이자 구조기능주의 체계이론의 창안사다. 고전사회학자들의 사상을 통합해
사회학 이론을 한 단계 더 발전시킴으로써, 1930년대부터 1950년대까지 사회학과 사회과학
에 중심 패러다임을 제공했다. 루만은 30대 초반 하버드 대학교 행정학과에 공무원 연수 과
정으로 단기 체류했을 때, 파슨스의 세미나에 참여해 자신의 기능 개념을 파슨스와 토론했
다. 루만은 이 시기에 구상한 기능구조주의를 나중에 '체계/환경-차이' 이론으로 더욱 발전
시켰다.

하인츠 폰 푀르스터(Heinz von Foerster, 1911~2002)(위)

일리노이 생물 컴퓨터 연구소를 설립해 '구성주의'라는 이름으로 주목을 끈 인식론을 창안한 물리학자다. 체계 개념을 2차 사이버네틱스의 관계에서 활용했다. 루만은 푀르스터의 급진적 구성주의 인식론을 시간성과 상상의 세계(스펜서-브라운)를 펼쳐내는 작동적 구성주의 인식론으로 재구성했다.

움베르토 마투라나(Humberto Maturana, 1928~)

칠레 출신의 인지생물학자이자 철학자다. 인지생물학 영역에서 프란시스코 바렐라와 함께 자기생산(Autopoiesis) 개념을 창안했다. 인식에 관련해 실재론도 유아론도 아닌 관찰자 개념을 주장했다. 마투라나는 급진적 구성주의의 선구자로서 생물학적 자기생산 관찰자 개념을 구축한 반면, 루만은 작동적 구성주의의 주장자로서 경계, 시간의 사이, 작동의 순간에 주목하는 자기생산 개념을 중시한다.

HANGIL GREAT BOOKS 169

사회적 체계들

일반이론의 개요

니클라스 루만 지음 | 이철 · 박여성 옮김 | 노진철 감수

한길사

사회학적 체계이론을 통한 사회학이론의 과학화

사회학은 현재 하나의 이론 문턱 앞에서 서성이고 있다. 사람들은 고전학자들을 알렉산더 방식의 열성으로 파헤치고 있으며, 행위, 구조, 체계, 상호작용, 진화 같은 개념들과 결합 가능한 이론 명칭들을 여러 가지 방식으로 조합하고자 시도한다. 그러나 발전의 느낌은 거의 만들어내지 못하며, 특히 파슨스 사후 매우 빠르게 발전하는 학제간 토론과의 연결을 놓치고 있다. 이런 이론 위기에 처한 사회학은 아주 복잡한 이론 제안을 통해서만 구출해낼 수 있다.

니클라스 루만은 이렇게 묘사된 토론 상태로부터 사회학을 끌어내고자 시도한다. 그는 일반 체계이론에서의 패러다임 전환이 사회적 체계이론에 대해서도 새로운 기회를 열어주고 체계 개념을 "기술적으로"(descriptive) 사용하는 전략에 대한 일반적인 이의들을 불식시킬 수 있다고 본다. 체계들은 매우 급진적인 의미에서 자기준거적 체계들로서 파악된다. 이때 자기준거라는 말은 요소들의 층위(자기생산)에서만 사용 가능한 것이 아니다. 이러한 이론 전환에 따르면 사회적 체계들은, 자신들이 (차이)동일성(Einheit)으로서 사용하는 모든 것 — 체계의 요소든, 과정이든, 구조든, 부분체계든, 그리고 특히 자기 자신이든 — 을 (차이)동일성으로서 비로소 구성하는 그러한 체계들로서 파악할 수 있다. 동시에 체계이론은 그렇게 하기 위해서는 환경 복잡성의 환원이 필요하다고 전제한다.

이 책은 지금까지 사회학에서 거의 도달된 적이 없는 개념적 복잡성과 상호의존을 일반적 언어를 수단으로 하여 서술하고자 시도한다. 이론의 (차이)동일성은, 부분적으로는 사회학 전통의 회고에서, 부분적으로는 사이버네틱스, 생물학, 소통이론, 진화이론에서 생산된 사전 규정들에서 획득 가능한 수많은 개념 결정들의 상호 조율에 기초한다. 루만은 바로 이러한 조합 시도가 현대사회의 이론을 위한 후속 작업의 근본적인 전제조건들을 구성한다고 본다. 이보다 더 단순한 수단으로 사회(societal)체계의 오늘날의 상황에 대한 충분한 이해에 도달한다는 것은 거의 기대할 수 없다.

니클라스 루만(1927~1998)은 1968년부터 빌레펠트대학의 사회학 교수였다.

· 주어캄프 출판부

사회적 체계들
일반이론의 개요

제1장 체계와 기능

제12장 인식론을 위한 귀결들

일러두기

1. 판본은 Niklas Luhmann, *Soziale Systeme—Grundriß einer allgemeinen Theorie*, Frankfurt a. M. 1984를 사용했다.

2. 옮긴이가 덧붙인 내용들은 [ ] 안에 넣었다.

3. 참고문헌은 예시하여 말하면, Leopold von Wiese, *System der Allgemeinen Soziologie als Lehre von den sozialen Prozessen und den sozialen Gebilden der Menschen (Beziehungslehre)*, 2. Aufl., München 1933, 또는 Friedrich H. Tenbruck, "Emile Durkheim oder die Geburt der Gesellschaft aus dem Geist der Soziologie", *Zeitschrift für Soziologie* 10 (1981), 333-350의 형식을 취했다.

4. 인용 쪽수를 표현할 때, 독일어에서 '다음 쪽까지'를 뜻하는 f.와, '이하 여러 쪽'을 뜻하는 ff.는 구체적인 사례에 일일이 적용했다. 즉 "9f."는 "9-10"으로, "9ff."는 "9 이하"로 옮겼다. a.a.O.(위에 인용된 곳)나 ders.(같은 책)는 그대로 두었고 기타 약칭은 범례에 따랐다.

사건이론적 차이 이론과 번역어 문제들

• 개정판을 내면서

이철 동양대학교 교수·경찰범죄심리학과

박여성 제주대학교 교수·독일학과

실체이론에서 사건이론으로

"이 책은 자기생산 개념을 수용하여, 심층을 파고들어 요소적인 작동까지 끌어들이는 자기준거적 체계들의 이론을 획득할 것을 사회학에 제안한다. 자기생산 개념은 존재론적 사고 전통을 무너뜨린다. 자기생산 개념은 물리학의 기본 개념 내부를 천착하여, 존재와 사고를 물리적으로 연결하는 세계가 있다는 전제를 포기한다. 형식 논리학적 전통 또한 미리 주어진 존재에 근거하여 세 번째 가능성들을 배제한 채 옳고 그른 판단들만을 허용하기 때문에 결별의 대상이다."

『사회적 체계들』 원본 뒤표지에 실린 글이다. 역자들은 이 인용에서 출발하면서, "요소적인 작동들까지 끌어들이는" 자기생산 개념과 그 개념 위에 구축된 『사회적 체계들』의 구성 원리를 이 글에서 분석하고자 한다. 루만은 18세기 고전학자들처럼 자연과학의 발전을 적극 수용하는 자세로 인간과 사회 현상에 대한 과학을 정립하려고 했으며, 한 걸음 더 나아가 자신의 작업을 통해 생물학의 추상 수준이 아니라, 물리학의 추상 수준에까지 정신과학을 끌어 올리고자 했다. 여기서 물리학이란, 세계의 최종 요소가 고정된 원자가 아니라 미립자들의 운동이라는 인식에 기초한 20세기 현대 물리학을 말한다.

루만은 작동 그 자체 및 그로 인한 사태들의 연관을 이론화한다. 그래서 존재에 기초한 사유를 작동에 기초한 관찰로 대체하고, 참/거짓의 2항 형식 논리를 제3항을 포함하는 작동 논리로 대체하자는 것이다. 그 결과물이 『일반 〔체계〕이론의 개요』에 기초하는 『사회적 체계들』이다. 이 책의 이러한 제안은 대부분의 독자들에게 하나의 지적인 충격으로 다가올 것이고, 바로 이러한 제안의 요체를 전달하겠다는 이 글은 독자들에게 생경할 것이다. 그럼에도 불구하고 독자들이 해제 글을 기대할 곳에서 역자들은 다음의 두 이유 때문에 이 생경한 글을 시도한다.

첫째, 독자들이 실체이론적 형식 논리적 사유를 벗어나서 작동 논리적 사유로 급진적인 전환을 하기를 기대한다. 실체이론적 사유에서 작동 논리적 사유로 전환하기 위해서는 사실 상당한 훈련이 필요하다. 독자들은 이 책에 펼쳐진 "미로"를 따라 끈기 있게 고민하다가 어느 순간 결정적인 사고의 전환에 도달할 수 있을 것이다. 역자들은 독자들이 바로 그 순간에 도달하는 데에 도움이 되고자 한다. 독자들은 이 글의 내용이 쉽게 잡히지 않는다고 해서 실망할 필요가 없다. 이 글 외에도 루만 체계이론적 사유의 핵심 논리를 파악하고자 하는 독자들은 『니클라스 루만 – 인식론적 입문』을 참조하기 바란다.[1]

---

1) 헬가 하겔그립슈탕에, 『니클라스 루만 – 인식론적 입문』, (이철 옮김, 이론출판), 2019. 이 입문서에서는 『사회적 체계들』로부터 취한 인용 쪽수가 잘못된 곳이 몇 군데 있다. 그렇게 된 이유는 두 책의 편집 작업을 동시에 진행한 이철이 『사회적 체계들』의 쪽수가 확정되었다고 생각하여 쪽수를 명기해서 『니클라스 루만 – 인식론적 입문』을 출간하였으나, 『사회적 체계들』의 출판 과정에

둘째, 이 글에서 밝히는 자기생산 체계의 작동 논리는 이 번역서의 역어 선택의 근거가 된다. 대략 2000년대 초반부터 국내에서 전문 연구자들이 하나 둘 나타난 루만의 체계이론 분야에서는 아직 역어가 조율되지 않았다. 그 중요한 이유 하나가 전면개정판으로 출간되는 바로 이 책의 초판 번역이 성공적이지 못했다는 데에 있다. 현재 시점에 국내 루만 번역 상황을 판단하면, 역어 선택의 근거가 될 책이 읽히고 토론되지 않은 상태에서—다양한 분과에서 유래하여 소속 분과의 영향을 받은—번역자들에 의해 루만 주저들이 번역되었다. 이 책의 완전 개역은 일단 국내 루만 담론의 활성화에 결정적 전기가 되는 동시에 체계이론의 수용에 적절한 역어들을 펼치는 계기가 될 것이다. 역자들은 그동안 제안된 역어들을 이 번역의 근거로 삼지 않고, 반대로 루만 사유의 요지와 이 책의 내용을 근거로 그간의 제안들을 취사선택하는 입장을 취한다. 이 작업을 통해 지금까지의 역자들의 노력과 논의를 존중하면서도, 이 책과 루만의 체계이론의 기본 취지에 적합한 역어들로 접근해 갈 것이다. 그 과정에서 그 동안 논란이 되지 않았더라도, 향후 루만 담론의 토대를 정립하고 담론을 생산적으로 이끌 수 있다고 판단되는 경우에는 새로운 제안도 할 것이다.

기존의 이론들은 요소들과 그 관계들을 중심으로 사유하는 차원에 머무른다. 반면 루만의 자기준거적 체계들은 작동 중심으로 사유한다. 즉 상태, 정태성이 아니라, 작동, 역동성을 이론화한다. 이러한 이론의 층위 전환은 엄청난 귀결을 낳는다. 일단 작동 중심의 사유에서는 요소들과 요소들의 관계들을 출발점으로 삼지 않는다는 점이 중요하다. 체계들은 요소들의 관계들의 결과가 아니다. 작동이론에서는 요소가 궁극적인 단위가 아니다(이 책의 99쪽, 이하 쪽수만 있는 인

___
서 확정된 쪽수가 바뀌게 되었기 때문이다.

용은 이 책의 인용, 이 글의 제4장도 참조할 것). 궁극적인 단위는 바로 작동이다. 작동이 모든 것을 만든다. 작동의 발생이 비로소 요소들과 관계들을 만든다. 루만이 말하는 체계는 그러한 작동들의 순차적인 이어짐이다. 따라서 루만이 말하는 체계는 작동들의 단순한 덧셈이 될 수 없는 것이다.

이 책에서 독자들에게 요청하는 작동이론적 사유 방식의 핵심은 이론의 요소인 사건, 즉 작동이 발생하는 즉시 소멸해버리며, 시계열상 이어지는 두 사건이 '같은' 순간에 있을 가능성이 없다는 데에 있다. 따라서 복수의 사건들과 사건들의 관계를 —마치 복수의 실체들과 실체들의 관계처럼 —상정해서도 안 되고, 그렇게 할 수도 없다. 예를 들어 사라지는 사건과 발생하는 사건이 서로를 지시하여 자기생산체계가 생성된다고 설명한다면, 그것은 루만의 사건 개념으로는 불가능한 상황을 상정하여 루만 해석의 근거로 삼는 우를 범하는 것이다.[2]

루만의 자기생산 개념에서 '자기'는 발생하는 사건이, 발생하는 바로 그 사건 자신과의 관계 맺음으로부터 생산된다.

"모든 현재화된 사건들은 사건으로서의 자기 자신과의 관계를 실현한다."[3]

모든 사건들, 즉 사건 자신과의 관계를 실현하는 사건들은 특정한 구조 하에서 발생한다. 여기서 구조 개념은 구조주의에서처럼 절대적

---

2) 이철, 2014, "니클라스 루만의 자기준거적-자기생산적 체계에 대한 바른 이해: 스펜서-브라운의 형식형성 계산에 기초하여", 현상과 인식 38(4): 103-129. 이철 2016을 참조할 것.
3) 니클라스 루만, 2014, 『예술체계이론』, 72쪽. 재번역.

인 위상을 갖지 않는다. 루만의 체계이론에서 구조는 그 구조에 의해 사건이 유발될 때에만 활성화되며, 역으로 구조가 없다면 사건도 발생할 수 없다.[4] 구조도 사건도 그 어떤 것도 절대적인 개념이 아니다.

가역성으로서의 구조와 비가역화로서의 사건

루만의 텍스트에서 구조는 대칭, 역설, 진동, 순환 등으로 표현되며, 사건은 비대칭화, 탈역설화, 재진입, 작동 등으로 표현된다. 그래서 루만 이론에서 대칭으로부터 비대칭화, 역설로부터 탈역설화, 진동으로부터 재진입, 순환으로부터 작동은 일관된 원리를 통해 설명 가능하다. 여기서 구조에 해당되는, 대칭, 역설, 진동, 순환은 가역성으로, 사건에 해당되는 비대칭화, 탈역설화, 재진입, 작동은 비가역화와 각각 짝을 이룬다.

구조가 선택의 폭을 좁히면, 사건은 선택을 운반한다. 구조가 조직되지 않은 복잡성을 사건에 넘기면, 사건은 조직된 복잡성을 구조에 넘긴다. 사건은 복잡성을 단순화시켜서, 가능성 과잉 상태를 남긴다. 이 가능성 과잉 상태는 다음 순간에 다시금 (선택의 폭을 좁히는) 구조와 (선택을 실행하는) 사건의 짝으로 대체되어 나간다. 체계는 이런 방식을 통해, 자기대체적이며 자기선택적인 사건의 연속으로 이어진다(또는 사건의 소멸과 함께 사라진다).

사회적 체계의 경우에는, 이중 우연성이 구조로서 선택의 폭을 좁

---

4) 이 책의 제8장, 『구조와 시간』을 참조할 것. Tang, C.-C. "Struktur/Ereignis: Eine unterentwickelte, aber vielversprechende Unterscheidung in der System-theorie von Niklas Luhmann", *Soziale Systeme: Zeitschrift für soziologische Theorie*, 13, 1+2 (2008): 86-98.

히면, 소통이 사건으로서 선택을 운반한다. 구조가 조직되지 않은 복잡성을 소통에 넘기면, 소통은 단순화된 복잡성을 구조에 넘긴다. 소통은 복잡성을 단순화시켜서, 가능성 과잉 상태를 남긴다. 이 가능성 과잉 상태는 다시금 (선택의 폭을 좁히는) 의미 구조와 (선택을 실행하는) 의미 사건의 짝으로 대체되어 나간다. 사회적 체계는 이렇게 자기대체적이며 자기선택적인 소통의 연속으로 이어진다(또는 소통의 소멸과 함께 사라진다).

자기준거적 사건으로서의 '구분함—그리고—지시함': 시간 공간의 창출과 3항의 작동 논리

체계가 '구조-사건'의 이어짐이라면, 매 순간 발생하는 사건은 어떤 형태를 갖는가? 루만이 '작동'이라고 말하는 사건은 '구분함 그리고 지시함'(Unterscheiden-und-Bezeichnen)으로 일어난다. 루만은 이것을 관찰(작동)이라고 말하며, 모든 관찰은 오직 이 방식으로만 일어난다고 한다.

'구분함 그리고 지시함'은 루만의 사건 이론에서 근본적인 의미를 지닌다. 그러한 구분함과 지시함은 시간 공간을 만들어내면서, 그 공간 안에서 과거, 미래, 현재를 확정하는 관찰작동을 실행한다. 이 관계를 차근차근 분석해보자.

사건이 발생하기 위해서는 일단 시간 공간이 있어야 한다. "(...) 체계가 환경과의 차이에서 자신을 창출하기 위해서는 시간을 필요로 한다는 점을 확인하는 것이 중요하다."[5] 하지만 이러한 시간 공간을 이

---

5) 니클라스 루만, 2014, 『예술체계이론』, 72쪽.

미 살펴 본 이유들로 인해 복수의 요소들의 관계로부터 이끌어내어서는 안 되고, 그렇게 할 수도 없다. 루만은 바로 이 시간 공간의 문제를, '구분함 그리고 지시함'을 같은(!) 순간에 실행시켜 해결해낸다.

> "관찰에서는 구분함과 지시함이 (구분이 먼저 선택된 후 지시가 실행된다는 의미에서가 아니라) 동시적으로 실행된다."[6]

구분함 그리고 지시함은 원래 같은 순간에 있을 수 없다. 구분함은 저쪽 면과 이쪽 면이 '동시에' 있음이고, 지시함은 저쪽 면이 아니라 이쪽 면을 가리키는, 즉 저쪽 면보다 이쪽 면을 '먼저' 가리키는 것이기 때문이다. 두 면의 동시성과 한 면의 우선성은 한 순간에 공존할 수 없다. 그래서 구분함과 지시함으로 구성되는 관찰은 역설이다.

그래서 역설은 실행되어야 한다. 루만에 따르면, 역설은 시간 차원에 펼쳐져야 한다. 시간 차원에 펼쳐진다는 것은 무슨 뜻일까? 구분함이 먼저 지시함이 나중에 현재화된다는 것이다. 그 반대 경우, 즉 지시함이 먼저 구분함이 나중에 실현되는 경우는 생각할 수 없다. 전자의 경우에만 저쪽 면으로부터 이쪽 면이 구분되어 지시될 수 있다. 즉 관찰 작동이 실행된다. 이 경우, 즉 구분함과 지시함이 '실행'되면, 구분함(이전)과 지시함(이후)의 차이가 만들어진다. 즉 '이전'과 '이후'의 차이라는 시간 공간이 만들어진다. 이 시간 공간은 "시간 간격"(Zeitspanne, 198쪽)으로 명명되는, (이전과 이후 사이의) "현재"를 생성시킨다. 작동이 시간을 생성시킨다.

그러나 같은 순간에 시간 공간은 작동이 발생하는 공간을 창출한

---

6) 니클라스 루만, 『예술체계이론』, 박여성, 이철 옮김, 한길사, 2014, 139쪽 원문 강조. 니클라스 루만, 『사회의 학문』, 이철 옮김, 이론 출판, 2018, 112쪽도 참조할 것. 상세한 논의는 『사회의 학문』 제2장 관찰함을 참조하라.

다. 바로 이 시간 공간 안에서 구분함 그리고 지시함의 작동은, 이전(과거)과 이후(미래)의 차이, 즉 현재로서 투입되어 자기 자신과의 관계를 실현시킨다. 이 순간 자기생산 체계의 '자기'는, 발생하는 사건이 그 사건 자체와 갖는 관계로부터 생산된다.

> "모든 현재화된 사건들은 사건으로서 자기 자신과의 관계를 실현한다. 그러나 그러한 관계의 실현은 현재가 과거와 미래의 차이로서 투입될 때에만, 즉 현재가 그 순간에는 비활성적인 시간 지평에 회귀적으로(rekursiv) 도달함으로써 자신을 규정할 때에만 가능하다"[7]

구분함과 지시함이 '동시에' 일어난다는 발상은 루만이 사건이론을 취한 중요한 이유이기도 하다. 공간을 배경으로 하는 실체들은 서로 겹칠 수 없지만, 2차원의 시간 공간에서 서로 다른 사건들이 '같은' 시점에 발생한다는 것은 생각할 수 있다. 그래서 루만은 다음을 주장한다.

> "구분하는 지시함의 작동〔은〕 관찰함이라는 작동의 이전과 이후의 동시성을 전제한다"[8]

구분함과 지시함은 루만의 작동이론에서 동시에 있으면서, 동시에 실행된다. 즉 이 둘은 완전히 동등하게 다루어진다. 이 점에 있어서 작동이론은 의식이론이나 주체이론에서 존재가 선행한 후 의식이나 사고가 실행되는 것과 근본적인 차이가 있다. 여기서 구분함이 존재

---

7) 니클라스 루만, 2014, 『예술체계이론』, 72쪽. 재번역.

8) Luhmann, Niklas, *Die Wissenschaft der Gesellschaft*, 1990, Frankfurt am Main, Suhrkamp, 103. 니클라스 루만, 『사회의 학문』, 이철 옮김, 2019, 121.

의 조건에 해당되고 지시함이 인지의 조건에 해당된다고 보면, 이 둘을 동시에 실행시킨다는 데에 인식론적 전환이 있다. 그 결과 존재에 해당되는 구분함과 인지에 해당되는 지시함은 선후 관계와 위계 관계로 환원되지 않는다. 루만에게 있어, 존재함(구분함)과 인지함(지시함)은—작동으로 치환되어—서로에 의해 상대화된 조건에서 실행되는 변수다.

한 번 더 강조하면, 루만의 인식론에서 존재와 인지는 서로가 없이는 실행될 수 없으며 서로에 의해 상대화된 변수이다. 이 발상은 2항의 형식 논리를 3항의 작동 논리로 전환하면서 그 전환을 통해 실현된다. 루만은 이 논점을 다음과 같이 정리한다.

"'구분함-그리고-지시함'은 관찰로서 하나의 유일한 작동이다. (…) 작동은 〔'구분함-그리고-지시함'의〕 이원성을 (차이)동일성(Einheit)으로 현재화시킨다(aktualisieren). 그것도 단번에 현재화시킨다. 그리고 작동은 '구분과 지시의 구분'에 의존한다. 즉 작동은 자기 자신 안에서 다시 나타나는 구분을 현재화시킨다."

구분함 그리고 지시함은 하나의 작동이며, 그 작동은 '구분과 지시의 구분'에 의존한다. 여기서 '구분과 지시의 구분'은 이 책에서 '구분, 지시, 재진입'(300쪽)으로 같은 내용과 논리를 표현한다. 지금까지의 논의를 아래의 "그림 1: '구분함 그리고 지시함'의 자기준거적 작동"에서 시각적으로 도시(圖示)하였다.[9]

---

9) 이철, 2016, "작동이론의 인식론적 장점들: 니클라스 루만의 자기생산체계이론의 보기에서", 『현상과 인식』 40(3): 17-39을 참조하라. 비슷한 내용을 약간 다른 관점에서 분석하여 다른 그림으로 설명한 연구로 이철, 2015, "니클라스 루만의 생애와 사회이론 프로젝트: 근대 인식론과 사회학을 계몽함", 503-549,

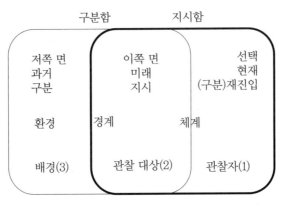

그림 1 '구분함 그리고 지시함'의 자기준거적 작동

위 그림에서 구분함은 가는 선으로, 지시함은 굵은 선으로 그렸다. 위 그림은 또한 이 둘이 동시에 '실행'된 결과 구분함이 이전(before)에 지시함이 이후(after)에 실행된 결과를 그려내고 있다. 이 그림의 방점은 구분함 그리고 지시함의 작동을 통해, 저쪽 면이 아니라 이쪽 면의 선택이 실행된다는 데에 있다. 그 작동은 또한 과거와 미래를, 지시함이라는 현재적인 작동으로 확정짓는 것이기도 하다. 이러한 '구분함-그리고-지시함'의 작동은——앞 쪽의 인용문에 따르면——바로 '구분과 지시의 구분'에 기초한다. 여기서 구분/지시/구분을 과거/미래/현재에 각각 조응시키면, 구분함-그리고-지시함의 작동으로 인해 과거가 되는 구분(3)과, 그 작동으로 인해 미래가 되는 지시(2)가, 바로 그 현재적 시점에 작동하는 구분(1)에 의해 확정된다.

루만은 현재의 이 구분을 '재진입'(re-entry)이라고 표현하는데, 재진입은 한 구분이 자신에 의해 지시된 것 안으로 다시 들어선다는

니클라스 루만, 『사회이론입문』, 2015, 디르크 베커 편집, 이철 옮김. 이론출판도 참조하라.

뜻이다. 재진입은 구분(3), 지시(2), 구분(1)이 모두 같은 구분이라는 데에 근거한다. 그래서 첫 구분(3)은 둘째 구분(1)으로 치환된 후, 자신에 의해 지시된 것(2) 안에 다시 들어설 수 있다. 이것은 처음 구분을 입력(3)하여 출력한 나중 구분(1)이 다시 자기 안에 입력된다는 것을 뜻한다. 이러한 루만의 체계는 작동 순간의 체계 상태, 더 정확하게 말하면 그 작동으로 인해 변화된 체계 상태에 반응하지, 외부 자극에 반응하지 않는다. 이러한 루만의 체계는 외부의 자극에 직접 반응하는 베르탈랑피의 개방체계와 달리, 외부로부터의 자극을 받아 내부 상태를 바꾼후 그에 반응하는 폐쇄체계이다. 일단 재진입 순간 경계 너머의 환경과 구분되는 체계가 생성된다. 같은 순간에 타자인 환경으로부터 구분되는 자기, 즉 체계가 생산된다. 즉 체계/환경-차이가 생성된다.

체계는 체계/환경-차이를 생산하는 자기준거적(selbstreferentiell) 사건들이 발생하자마자 사라지는데도 자기대체적인 후속 사건들의 발생으로 존속을 유지하는 체계이다(이 원리를 사용해 사회적 체계를 설명하는 23쪽 참조). 체계는 매 순간 현재 사건으로만 자신을 드러낼 수 있다. 그리고 매 현재적으로 발생하는 사건은 이전에도 동종(同種)의 사건이 있었음을 전제하고, 동종의 사건이 이후에도 후속될 것을 기대하면서 일어난다. 이러한 동종의 사건은 꽤 복잡한 구조를 가질 수밖에 없다.

방들과 건축 재료들: '체계/환경-차이' 관점과 '관계/요소-차이' 관점

체계는 동종의 사건들의 이어짐이다. 그래서 '체계/환경-차이'의 관점과 '관계/요소-차이'의 관점이라는 두 가지 체계 분석 방법을 루만이 언급한다는 사실을 가지고(제1장 2절 4항), 두 가지 유형의 작동이 있을 것이라고 추측해서는 안 된다. 예를 들어 하나의 작동이 관찰 대상이 되고, 그 후속 작동이 관찰 작동이 되는 식은 생각할 수 없다. 모든 작동은 동종(同種)이어야 하며, 그렇게 상정할 경우에는 한 작동은 관찰 대상이 되고 후속 작동은 관찰 작동이 되어서 바로 그 동종성 조건에 위배되기 때문이다. 하나의 작동은 '체계/환경-차이'와 '관계/요소'의 차이를 동시에 만들어낸다. 매 순간 발생하는 것은 현재적 사건밖에 없으니, 다른 방식의 설명은 있을 수 없는 것이다. 그래서 하나의 작동이 실현되는 순간, 체계는 환경과 구분되는 동시에 관계로부터 요소를 끌어낼 수 있다.

이 복잡한 사태를 해결하기 위해 루만은 고도로 정치한 논리를 개발한다. 루만을 인용하겠다.

"모든 작동은 차이를 만든다. 작동이 관찰되어야 한다면, 또한 관찰 체계가 차이를 만들어야 한다. 그리고 이것은 이중의 의미, 즉 자신과 자신이 관찰하는 것 간의 차이와, 체계가 관찰된 것을 이끌어내는 배경이 되는 무표 공간(Spencer Brown)과 그 대상 간의 차이를 만들어야 한다. 관찰될 수 있는 모든 것은 관찰 작동을 통해, 지시된 면과 지시되지 않은 두 면을 지닌 형식을 확보한다는 것이다. 다음과 같이 말할 수도 있을 것이다. 작동은 스스로를 분리해야 한다. 관찰은 자신과 관찰된 것을 구분해야 한다. 두 경우에 모든 출발은 차이이며, 차이를 구성한다."[10]

---

10) Niklas Luhmann, 1995, "Die Tücke des Subjekts und die Frage nach dem Menschen", in *Soziologische Aufklärung 6. Die Soziologie und der Mensch*, Opladen: Westdeutscher Verlag 155~168.

이 인용에서 체계 자신과 체계가 관찰하는 것 사이의 차이는 위 그림 1에서 관찰자(1)와 관찰 대상(2)의 차이이며, 관찰된 것의 배경이 되는 무표 공간과 그 대상 사이의 차이는 배경(3)과 관찰 대상(2)의 차이이다. 그래서 관찰될 수 있는 모든 것은 지시된 면과 지시되지 않은 두 면의 형식을 확보한다. 이 조건을 충족시키는 것은 일단, 자신의 배경(3)과의 차이를 만들어내는 관찰 대상(2)이다. 그리고 이렇게 생산되는 차이는, 같은 순간 자신의 관찰 대상(2)으로부터 분리된 관찰자(1)에 의해 관찰된다. 이 관계를 다음 그림 2, 체계/환경-차이 관점과 관계/요소-차이 관점을 참조하여, 차근차근 분석해보자.

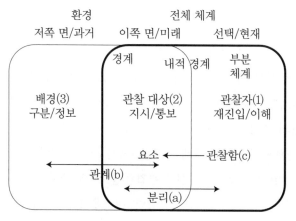

그림 2 체계/환경-차이 관점과 관계/요소-차이 관점

앞 장에서 다룬 내용에 따르면, 현재적인 작동에 의해 저쪽 면이 아니라 이쪽 면이, 과거가 아니라 미래로서 선택되는 순간, 저쪽 면과 과거는 환경이 되고, 이쪽 면과 선택 동작 및 미래와 현재는 (전체)체계가 된다. 바로 이 순간 이 전체 체계는 그 자체가 내적 경계를 통해, 관찰 대상(2)과 관찰자(1)로 분리된다. 여기서 관찰자(1)은 사실상 관찰함(Beobachten)의 동작으로서 관찰작동이다. 관찰자는 위 인용문에서는, "스스로를 분리해야 하는" 작동이다. 그 부분을 다시 한 번 인용한다.

"작동은 스스로를 분리해야 한다. 관찰은 자신과 관찰된 것을 구분해야 한다."

여기서 작동, 즉 관찰이 관찰된 것과 스스로 구분된다는 것은 중요하다. 그래서 이러한 관찰함, 즉 관찰자가 위 그림에서 "부분체계"가 된다. 이제 우리는 한 편의 관찰된 것(2)으로부터 분리된 관찰자(1)와, 다른 한 편의 자신의 배경(3)으로부터 구분된 관찰대상(2)을 갖게 되었다. 요약하면 관찰배경(3), 관찰대상(2), 관찰자(1)이다. 그리고 그 각각은 일반 체계의 경우에는 구분/지시/재진입(구분)이다. 그것들은 사회적 체계의 경우에는 정보/통보/이해가 된다. 여기서 사회적 체계의 정보/통보/이해를 함께 언급하는 것은, 구분/지시/재진입 개념의 추상성을 정보/통보/이해로 구체화하는 기술(記述)상의 장점이 있다. 이 논의는 아래의 그림 3에서 계속 진행하겠다.

결국 관찰작동이란, 그자신이 관찰대상으로부터 분리되어, 배경으로부터 분리되는 요소를 관찰함이다. 이것을 일반 체계이론의 경우에 적용하면, 지시로부터 분리되는 재진입(구분)이, 구분으로부터 분리되는 지시를 관찰함이다. 사회적 체계의 경우에는, 통보로부터 분리되는 이해가, 정보로부터 분리되는 통보를 관찰함이다.

이 일련의 사태들에서는 세 가지 관계들이 작용한다. 관찰작동의 경우에 이 관계들은, 관찰대상으로부터 분리되는 관찰자, 배경으로부터 분리되는 관찰대상, 관찰대상을 관찰하는 관찰자이다. 이 세 관계들은 위 그림에서 각각 a, b, c로 표현하였다. 관찰작동은 a의 작동

상 분리에 기초하는 관찰함이, b의 관계로부터 관찰 대상을 관찰하는 것이다.[11]

지금까지 '체계/환경-차이'와 '관계/요소-차이'가 하나의 작동 발생 순간 생성된다는 것을 설명하였다. 위 그림에서 루만이 "방들"에 비유한 체계와 환경은 사각형으로 그렸고, 루만이 "건축자재들"로 은유한 관계/요소 차이는 화살표로 그렸다. 체계/환경-차이는 체계분화 이론으로 나아가며, 관계/요소-차이는 의미의 사회적(a), 시간적(b), 사실적(c) 차이를 생성시켜 복잡성 이론으로 나아간다(107쪽 이하).

모든 작동은 환경으로부터 자신을 구분하는 작동과 그 환경을 관찰(지시)하는 작동을 동시에 실행한다. 간단히 말하면, 관찰 대상, 관찰자, 시간이 한 순간에 생성되고는 사라진다. 그리고 다음 순간에 동종의 후속사건에 의해 대체되는 한에서 체계는 존속한다. 그래서 루만의 체계는 재진입이 구분(3)으로부터 지시(2)를 구분(1)하는 작동들의 이어짐이다. 루만의 사회적 체계는 이해(1)가 정보(3)로부터 통보(2)를 구분하는 작동들의 이어짐이다.

이러한 사실들을 고려하여 루만은 전통적인 존재론을, 구분함과 지시함에 근거하여 비존재로부터 존재를 구분해내는 관찰 방식으로 대체한다.

"우리의 사용방식에 따르면, [존재론] 개념은 하나의 관찰도식, 즉 존재와

---

11) 그래서 루만에게 있어 체계는, "작동상 만들어낸 체계와 환경 간의 차이를 자기 안에 복세해서, 자기준거와 타자준거의 구분으로 취한 후 자신의 관찰 작동의 토대로 삼을 수" 있다. 니클라스 루만, 『예술체계이론』, 2014, 박여성/이철 옮김, 250쪽, 재번역. a, b, c는 각각 기초적 자기준거, 과정의 자기준거, 체계의 자기준거로 표현할 수도 있다(이 책의 제11장).

비존재의 구분을 지향하는 관찰방식을 가리킨다. 이 말은 특히 존재와 비존재의 구분이 선행된 작동상의 구분, 즉 관찰함(또는 관찰자)와 관찰된 것의 구분에 항상 의존하며 의존한 상태에 있다는 것을 가리킨다."[12]

　루만의 작동 논리는 주체/객체-구분 또는 참/거짓-구분 도식과는 근본적으로 다르다. 과거로부터 구분되는 미래의 현재화 도식을 통해, 그리고 비존재로부터 구분되는 존재의 관찰을 통해, 환경으로부터 구분되는 체계를 추출해낸다. 그리고 유일하게 자기준거에만 의존하는 주체와 달리, 체계는 과거의 자신으로부터 달라진 현재의 자기를, 타자준거로부터 구분되는 자기준거로 파악해낸다.

　루만의 자기생산체계는, 환경으로부터 자신을 구분하는 작동들의 연속이다. 루만은 바로 이러한 자기생산체계 개념에 의존하여, 실체로서 파악된 정신/신체를, 생물학적 체계/심리적 체계/사회적 체계의 상호침투의 결과물로 보자고 한다. 생물학적 체계는 신경체계, 면역체계, 세포, 유기체 등의 상호침투의 결과이며, 자신의 환경으로부터 생명 작동에 적합한 조건들만 취하여 작동상으로 처리하는 작동들의 연속이다. 심리적 체계는 두뇌체계와의 상호침투를 통해 생성되지만, 막상 발현하는 순간에는 두뇌체계의 신경 작용을 외부화하는 작동의 연속이다. 그래서 우리의 의식은 신경체계들의 지각(Wahrnehmung)을 인지(Kognition)하지 못한다. 사회적 체계는 심리적 체계와의 상호작용을 통해 생성되지만, 막상 발현하는 순간에는 심리적 체계의 작용을 외부화하는 작동의 연속이다.[13] 그래서 다음 장에서 자세히 설명할, 개념 상의 사회적 체계는 심리적 체계가 없이

---

12) 니클라스 루만, 『사회의 사회』, (장춘익 옮김, 새물결) 2014, 1027쪽, 재번역.
13) 이철, 2013, "인식하는 주체에서 관찰하는 체계들로: 인지관찰자와 소통관찰자의 등장", 『개념과 소통』 11권: 118~165.

는 발현될 수 없지만 심리적 체계들의 지각(Wahrnehmung)을 인지(Kognition)하지는 못한다.

루만은 인간과 인간의 역사적인 성취물을 열등한 지각과 우등한 이성으로 구분된 정신의 실체이론적 능력의 결과로 보지 않는다. 인간과 사회의 역사는 ― 이것은 이 책의 핵심 테제이기도 한데 ― 심리적 체계의 의식 작동, 사회적 체계들의 소통 작동, 그 둘의 차이로서의 의미의 공진화(Ko-Evolution)의 결과이다.

인식론적 귀결들

전통 철학의 존재와 사고, 본질과 가상의 이원론은, 이제 구분과 지시에 근거한 '관찰 배경/관찰된 것/관찰자'의 삼원론으로 대체된다. 루만은 구분과 지시를 각각 존재와 현상의 대체 개념으로 투입하면서 그 둘을 "동시에" 투입함으로써, 존재의 특권을 포기한다. 오히려 구분과 지시가 서로에 의해 상대화된 조건에서 실행되어, 차이로서 관찰되는 구도를 그려내고 있는 것이다. 그리고 바로 이러한 작동 논리는 모든 것이 생성되기 전의 운동 구조를 이론적으로 개념화한 결과이다. 그리스 철학이 본질과 가상의 동일성을 전제하는 반면, 루만은 ― 구분함과 지시함을 동시 실행시켜 ―, 비존재와 구분된 존재의 드러남, 비가시적인 세계로부터 구분된 가시적인 세계의 관찰의 구도를 취하는 것이다.

루만은 이러한 차이이론적 사유의 핵심을 스펜서-브라운의 Unity 개념에 호응하여 Einheit로 표현한다. 그런데 철학적 해석에 바탕을 둔 국내의 일부 루만 연구자들은 Einheit를 철학적 전통에 포섭시켜 "통일성"으로 번역한다. 루만의 사유를 철학의 위상으로 격상시키겠다는 의도는 존중하지만, 문제는 루만 자신이 자신의 자기준거적 의미이론이 "최초의" 철학으로도 "최후의" 철학으로도 분류되기를 원치 않았다는 점이다(234쪽). 루만의 학문적 목표와 기여는 바로 관념적인 철학적 학문 태도를 철저하게 경험화하는 방법론으로 대체하고자 했던 데에 있다. 예를 들어 『사회의 학문』[14]은 ─ 실재론이든 관념론이든 ─ 과학이론적 사유 방식을 체계이론적·차이이론적 지식사회학으로 대체하는 기획의 결과이다. 또한 Einheit는 시간 차원을 통해 부분과 전체의 층위 전환을 꾀함으로써, 전체와 부분이 서로를 전제하는 동어반복의 문제를 해결하고 있다. 그래서 같음/다름의 맥락에서 사용된 Einheit는 "분리" 개념과 구분되는 "통일"과는 근본적으로 무관할 뿐 아니라, "통일성" 개념을 의도적으로 회피한다.

Einheit는 구분함의 지시함의 결과 생성된 순간적인 상태를 뜻한다(그림 1). Einheit는 '실재/가상/인식'의 삼중 동일성을 뜻하는 스펜서-브라운의 unity와 동일한 내용을 가진다. unity는 동일성으로서, 동일성 외에도 자신의 배경으로부터 구분된 하나의 독립체(entity)의 속성을 가지고 있으며, 루만은 unity와 배경에 부여되는 속성들을 통해 'unity'와 '배경'을 동시에 규정하고자 한다(이 책의 제1장 각주 69, 127쪽).[15] 그런 관점에 기초하여 역자들은 이 개념을 『예

---

14) Niklas Luhmann, 1990, *Die Wissenschaft der Gesellschaft,* Frankfurt a.M.: Suhrkamp.

15) 루만이 50대에 탐독한 조지 스펜서-브라운의 『형식의 법칙들』에 관한 국내 문헌으로는 『조지 스펜서-브라운의 「형식의 법칙들」의 수학과 철학에의 입문』, 이철 옮김, 이론출판(출간 예정)이 있다. 이철, 2019, "관찰함 작동의 보편성에 관하여: 조지 스펜서-브라운의 지시산법과 그 인식론적 잠재력" 『사회사상과 문화』 22(1): 61-90, 이철, 2018, "니클라스 루만의 '자기생산체계'에서의 '자기'의 구조와 과정 및 형식", 『사회사상과 문화』 21(2): 29-63, 이철, 2018, "복잡성 환원기제로서의 의미체계: 작동, 경계, 시간 개념의 인식론적 효용", 『현상과 인식』 42(4): 127-148도 참조하라.

술체계이론』[16]에서는 "동일성"으로, 『사회의 교육체계』[17]에서는 "차이동일성"으로 번역했다. 이 책에서는 Einheit를 "(차이)동일성"으로, Identität를 기존의 용법에 따라 동일성 또는 정체성으로 번역했다.

(차이)동일성(Einheit) 사유에서는 모든 것이 그 밖의 다른 것으로부터 분리되어 생성되었다고 본다. 자기준거적 작동을 통해 (차이)동일성이 생성되면, "환경/경계/체계"가 "과거/미래/현재"의 관계에서 생성된다. 이 관계는 사회적 체계의 경우에 "정보/통보/이해"를 통해 생성된다. 그리고 이 셋은 실현된 순간에, 서로 관련된 가운데 각각 상상의 것/실현 가능성/현재화되었음을 표현한다. 이 셋은 또한 모순율/동일율/배중률을 동시에 생성시킨다. 과거, 정보, 상상의 것은 존재하지 않는 것으로서 부정 값을 갖는다. 반면 현재화되는 미래, 통보, 실현 가능성은 존재가 확인되는 것으로서 긍정 값을 갖는다. 현재, 이해, 실현되었음은 부정 값과 긍정 값의 차이를 확인하는 기능을 수행한다. 이 셋은 서로와의 이러한 관계에서 작동의 3항 논리를 구성한다.

루만 텍스트의 평균 독자들은 대개 정보/통보/이해가 한 순간에 발생하는 사건이라는 점에 유의하지 않았을 것이다. 하지만 루만 스스로 분명하게 지적하듯이 "소통"은 한 순간 발생하는 사건이며, (차이)동일성으로서 발생한다. 그래서 정보/통보/이해는 세 순간에 발생하는 사건이면서 한 순간에 발생한다. 이 말은 바로 루만의 체계이론에 관한 인식론적 입문[18]을 쓴 독일의 여성 철학자 헬가 그립-하

---

16) 니클라스 루만, 『예술체계이론』, 박여성/이철 옮김, 2014, 한길사.
17) 니클라스 루만, 『사회의 교육체계』, 이철/박여성 옮김, 2015, 이론출판.
18) 헬가 하겔그립슈탕에, 『니클라스 루만 – 인식론적 입문』(이철 옮김, 이론 출판), 2018.

겔슈탕에의 기본 논지이기도 하다. 다음의 그림 3, (정보를) 구분함과 (통보를) 지시함의 동시 실행을 참조하라.

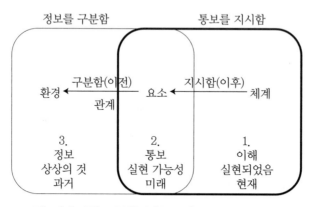

그림 3 (정보를) 구분함과 (통보를) 지시함의 동시 실행

　그간의 국역본을 개괄하면, Mitteilung에 대해서는 전달, 통지, 통보가 역어로서 제안되었다. 이 가운데 "전달"은 모든 것은 발생하는 그 순간 새롭게 구성된다는 루만의 구성주의적 사고와 상충된다(254쪽 이하). "통지"와 "통보"는 이러한 약점을 가지고 있지 않지만, 제각기 장단점이 있다. "통지"의 약점은 이해와 함께 사용되는 경우, 알리고자 하는 내용이 이해된다는 오독을 불러일으킬 가능성이 높다. 실제 국내 루만 수용사에서 일부 연구자들은 애초 사회학에서 "정보-통지-이해"의 "소통"으로 번역되던 역어 세트를 소통의 '정보-전달-이해의 커뮤니케이션'으로 번역하여, 루만이 회피하고자 했던 존재론적 함의와 주체 관련을 이론의 개념성에 포함시킨 경우가 있었다. 최초로 "통지"를 선택한 노진철은 알게 하겠다는 요소가 소통에 포함되는 것을 중시하지만, 역자들은 소통의 자아인 이해자의 입장에서는 타자적 자아의 Mitteilung이 명시적으로는 "통보"로 파악된다는 점을 중시한다.

지금까지의 논의에서 분명해졌겠지만, 발생하자마자 사라지는 소통 사건을 표현하는 루만의 소통 개념에서 이해(Verstehen)는 통보(Mitteilung)의 내용까지 수용한다는 뜻이 아니다(268쪽). 루만의 이해 또는 오해는 해석학적 의미에서 사용된 것이 아니다. 통보는 이해에 의해 관찰되기만 할 수 있을 뿐이다. 이해의 수용은 다음 순간에나 일어날 수 있으며, 그나마 사회적 체계가 아니라 심리적 체계에서 일어난다. 이런 이유에서 "전달"과 "커뮤니케이션"을 모두 선택하면, 루만이 피하고자 했던 주체 관련을 명시화하는 문제를 낳는다. "이해"는 사회적 차원에서 실현되었을 뿐이다. 그래서 정보와 통보의 차이가 이해되었음을 뜻하는 루만의 Kommunikation은 "소통"으로 번역하면서, 사회적 차원에서 비개연적인 관찰이 그럼에도 불구하고 관철된다는 함의를 담는 것이 최선의 선택일 것이다.

비심리적 특성을 강조하는 루만의 소통 개념과 현실적인 소통 사건의 차이에 유념하는 것은 중요하다. 자기생산체계로서의 사회적 체계는, 사회의 환경인 심리적 체계로부터 스스로를 구분해내는 소통 작동들의 연속이다. 이러한 사회적 체계는 정보-통보의 차이로 인해 생성되지만 생성되는 순간에는 정보를 배제한다. 하지만 배제된 정보는 '배제된 채 포함된 것'[19]으로서, 후속 소통으로 넘겨져 다시 주제화될 수 있다. 이해(Verstehen)는 통보에도 반응할 수 있고,

---

19) 니클라스 루만, 『사회의 교육체계』, (이철/박여성 옮김, 2015: 이론출판), "배제된 것의 포함"은 작동이 발생할 때의 다른 가능성으로서 루만의 사회학적 체계이론의 비판적 함의들이 숨겨진 장소들이다. 이러한 점을 현대사회의 스포츠와 관련하여 분석한 내용은 칼 하인리히 베테, 『사회의 스포츠: 니클라스 루만의 체계이론에 기초한 연구들』 (송형석, 이철 옮김, 2016: 이론 출판), 256 이하를 볼 것.

정보에도 반응할 수 있다. 누군가 커피 한 잔을 사겠다고 초대했을 때 그 초대에 응하는 것은 통보에 반응하는 것이고, 초대의 이유를 되묻는 것은 정보에 반응하는 것이 된다.

역어 선택에 관해

역자들을 가장 괴롭혔던 것은 Einheit 개념의 번역어였다. 그 시 발점은 루만의 직계 제자인 경북대 노진철 교수가 2010년대 초반에 루만이 그 개념을 "동일성"의 의미로 사용한다고 귀띔해주었던 데 에 있다. 철학과 인식론에서 예외없이 사용되는 "통일성"으로 읽으 면, 루만 텍스트가 곡해될 수 있다는 것이다. 우리 역자들은 특히 철 학 분과 역자들과의 역어 논의에서도 그들이 이 개념을 "통일성"으 로 번역하는 데서 출발하여 루만 이론의 인식론적 전환을 스스로 잡 아내지 못했으며 그 결과 그들의 번역 또한 오독의 여지를 남긴다는 것을 알게 되었다. 그들은 체계를 단순히 주체의 대체로만 생각하지, 주체와 객체, 시간의 이전과 이후, 배제된 것과 포함된 것을 일괄 생 산하는 것으로 체계(와 작동)을 이해하지 않는다. 이 문제는 특히 『사 회의 사회』에서 사용된 "자기지시적 체계"라는 핵심 개념의 역어와, 인간들과 사회에 대해서는 "조종"이라는 표현을 쓰지 않는다는 인본 주의적 입장을 반영하여 "조정"을 선택한 점, "통보"나 "통지" 대신 "전달"을 사용한다는 점과 함께 작용하여, 루만 사유의 핵심을 루만 이 극복하고자 했던 철학적인 사유로 해석하는 결과를 낳았다.

그런데 노진철 교수의 역어인 "동일성"은 Identität의 역어인 '동일 성'과 충돌을 일으킨다. 이 점에 대해 노 교수의 해법은 후자를 "정체 성"으로 번역하는 것이다. 이 해법은 불완전하다. 루만은 Identität를 대체로 "동일성"의 의미에서 논리학적 개념으로 사용하기 때문이다. 동일성은 루만이 출발점으로 삼는 "차이" 개념과 같은 위상에 배치되며, "차이"가 생성되는 바로 그 순간에 함께 생산된다. 바로 Einheit가 유표와 유표의 동일성 및 무표와 무표의 동일성을 생산할 뿐만 아니라, 유표와 무표의 차이 및 무표와 유표의 차이를 생산한다. 또한 Einheit는 이 맥락에서 전체에서 비롯되는 것이 아니라, 나머지와 전체를 함께 생산한다. 철학에서 전체의 동일성의 의미로 Einheit를 이해하기도 하지만, "전체의 동일성" 개념은 전체의 일치성으로 읽히기 쉬운 반면, 루만의 Einheit는 전체와 부분의 동일성과 차이를 만들어내는 어떤 것이다. 역자들은 이 문제의 해법으로 "(차이)동일성"이라는 역어를 선택한다. 이 역어가 "체계(차이)동일성"이나 "의미(차이)동일성" 또는 "차이의 (차이)동일성" 같은 경우에 가독성에 지장을 주는 불편을 감수하면서 말이다. 역자들은 (차이)동일성을 독자들이 "통일성"으로 옮겨 인용하는 데에 반대하지 않지만, "(차이)동일성"으로 읽는 경우와 "통일성"으로 읽는 경우 어떤 차이가 느껴지는지 비교해볼 것을 제안한다.

앞선 논의에서 벌써, 구분, 통보(통지), 소통 등의 역어를 선택한 이유를 밝혔다. "구별"은 "성질이나 종류에 따라 차이가 남" 또는 "성질이나 종류에 따라 갈라놓음"을 뜻하며, "구분"은 "일정한 기준에 따라 전체를 몇 개로 갈라 나눔"을 뜻한다. 존재론적 인식론에서는 먼저 차이가 있고 그 다음에 구별이 가능하다. 반면 스펜서-브라운과 루만에게 있어서는 구분이 먼저 있은 다음에야 비로소 차이가 생성된다. 즉 Unterscheidung은 "차이"(Differenz) 이전에 작동하여 바로 그 차이를 생산하는 기본 작동으로서 이론의 출발점이다. 이러한 의미의 Unterscheidung을, 차이에서 비롯되는, 성질이나 종류에 근거하여 갈라놓음을 뜻하는 "구별"로 번역하고 읽는 것은 부지중에 존재론적 인식론적 사유에 갇히는 결과를 낳을 것이다. 그밖에도 이 개념은 분화 개념과 일맥상통한다는 장점도 있어서, 역자들은 루만의 Unterscheidung을 지금까지 사용되던 "구별"이 아니라 "구분"으로 하여 루만 텍스트를 읽을 것을 제안한다.

역자들은 "전달"이라는 역어가 부적절하다고 생각하는 반면, 통지 또는 통보가 루만의 사회적 체계이론에 부합한다고 생각한다. 그리고 "소통" 개념이 '무엇을 꿰뚫고 도달한다'는 의미를 가지므로 루만의 소통 개념이 폐쇄적인 심리적 체계들 사이의 감정과 의미의 전달을 의미하지 않는다는 이유로 "커뮤니케이션"이라는 음차를 선택하는 번역자들도 있다. 그러나 루만의 "Kommunikation"은—심리적 차원에서의 꿰뚫음이 아니라—사회적 차원과 관련된 가운데 "소통되었음"을 뜻한다. 사회적 체계에서 꿰뚫어 도달하는 "소통"이 이루어졌다는 의미로 사용하는 것은 이론적으로 수용할 만 하다.

기존 번역서에서 selbstreferentiell을 '자기지시적'으로 번역하는 경우가 있다. 이 역어 자체가 문제가 되는 것은 아니다. "자기지시적"으로 번역하면서 그렇게 자기지시라고 표현한 순간 동시에 생성되는, 동일성과 차이를 떠올리면 아무 문제가 없다. 다만 선행 사건과 현재 사건 또는 현재 사건과 후속 사건의 상호 지시 관계를 체계로 이해하면서 이러한 역어를 사용하는 것은 경계해야 할 것이다. 또한 Steuerung을 "조종"이 아니라, "조절"이나 "조정"으로 번역한 번역서도 있다. 이 경우에도 복수의 사건들을 단위로 삼는 실체이론적 체계이론 해석에 근거하여 두 사건이 서로를 조정한다는 의미로 해석한 것으로 보인다. 하지만 루만은 영어의 steer에 해당되는 이 개념을 사이버네틱스에서 취하여, 체계가 환경으로부터 자신을 구분할 때 저쪽 면이 아니라 이쪽 면을 선택하도록 조종한다는 의미로 사용했다. 소통이 의식, 주목, 인지 등을 조종하며, 그래서 인간은 사회의 조종에 운명적으로 내맡겨진 존재라는 것을 진술하고자 했다. 이 개념을 재(再)주체화된 사건과 사건 사이에서 발생하는 "조정"(Ausgleich)으로 번역하는 것은 번역자 개인의 의견을 루만 텍스트에 삽입하는 결과를 낳을 것이다.

주류 사회학에서 social을 거의 "사회"와 등치시키는 것과는 달리, 루만은 sozial(social)과 gesellschaftlich(societal)을 문자 그대로의 의미에서 구분한다. 역자들은 이 차이를 분명하게 하기 위해 social은 "사회적"으로, societal은 "사회의" 또는 "사회전체적"으로 번역했다. 또한 soziostrukturell은 "사회구조적"으로, gesellschaftsstruktruell에서의 gesellschaft는 "사회의" 또는 "사회전체적"으로 번역했다. 그러나 social order, social control 등은 "사회질서", "사회통제"처럼 기존에 굳어진 역어들을 그대로 사용했다.

역자들은 기존에 "독립분화"로 번역되어 온 Ausdifferenzierung을 단순하게 "분화"로 번역한다. 루만이 여기에 바깥을 뜻하는 aus를 붙인 것은, 자신의 분화 개념이 파슨스 식의 "단위-내부적 지향"(19쪽)의 방향이 아니라, 작동을 통해 외부에 대해 경계를 형성한다는 점을 분명하게 하기 위함이었다. 루만이 직접 감수한 Baradi 등의 용어 사전[20](Glossar)에서 "Aus-"는 괄호 안에 처리되어 있기도 하다. 역자들은 이 개념을 독립분화가 아니라 분화로 번역할 것을 제안한다. 왜냐하면 독립분화 개념은 체계의 자율성 뿐만 아니라, 자족성까지 보장하는 것처럼 들리기 때문이다.

Reduktion은 (차이)동일성(Einheit)이 생성된 순간 복잡성의 상태를 기술한다. 이 개념은 원래 독일어에서, "환원"의 결과 "축소"가 일어난다는 의미이다. 그리고 자기준거적 작동의 결과 환경과 체계의

---

20) Baraldi, Corsi, Esposito, Glossar, Frankfurt am Main, Suhrkamp: 1998.

복잡성이 '점 대 점 일치'를 이룬 상태로 변환되었음을 의미한다. 이 책에서는 이러한 의미를 정확하게 따져 "환원"으로 번역하였으나, 쉽게 이해하고자 하는 독자들이 "축소"로 이해하는 것도 무방하다. Reduktion의 짝 개념인 Steigerung과 Zunahme는 각각 "상승"과 "증대"로 번역했다.

Reflexion은 주로 반사 또는 반영의 의미로 사용되었지만, 반사의 대상이 "체계/환경-차이"라는 점, "성찰" 개념에 "반사"가 포함되어 있다는 점을 고려하여 "성찰"로 번역했다. 독자들은 필요에 따라서 "반영"이나 "반사"로 이해해도 무방하다. 체계이론의 번역자들을 괴롭혔던 다른 개념은 Reflexivität와 Rekursivität였다. Reflexivität는 위 그림들에서 (3)과 (2)에서 발생하는 과정에 대한 재귀적 관찰을 의미한다. 그동안 "재귀성"으로 번역되어 온 Rekursivität는 이 책에서 "회귀성"으로 번역한다. 이로써 구분이 구분함과 지시함의 동시 실행으로 생성된 시간 차원에 나갔다가 다시 구분 동작의 원점으로 되돌아온다는 것을 표현하는 데에 적절하다. 해당 개념은 기존의 사이버네틱스 분야에서 "재귀성"으로 번역되어 왔지만, 이 개념을 이렇게 번역하여 사이버네틱스 분야와의 논의를 활성화시켜서 얻을 수 있을 이득보다, 루만 이론의 시간성을 명시화하여 그 이론의 시간이론적 측면에 주목하는 것이 이득이 더 클 것이라고 보기 때문이다.

역자들은 또한 Wissenschaft의 역어에 대해 오래 고민했다. 루만이 18세기 초 실증주의를 지향하던 사회학자들처럼 발전된 자연과학의 지식과 방법론을 수용하여 법칙성을 모색하는 과학적 접근을 추구했다는 점을 고려한다면, Wissenschaft의 역어로서 science를 뜻하는 "과학"이라는 용어가 적절하다. 그러나 국내의 일반 독자들의 개념 체계에서는 인문학을 뜻하는 "학문"과 자연과학을 뜻하는 "과학"의 이분법적 이해가 통용된다. 그래서 루만의 의도를 고려하여 "과학"

이라고 표현할 경우, 엄격한 방법론에 기반하고 법칙성을 추구한다는 의미에서의 "과학"의 의미가 아니라 "자연과학"의 의미로 이해되는 문제가 있다. 그래서 인문학과 자연과학을 포괄하는 의미가 있는 "학문"으로 번역하면서, 엄격한 방법론과 법칙성을 "과학"으로 옮기는 방법이 적절할 것이라고 판단했다.

역자들은 노진철 교수가 3년에 걸쳐 개최한 『사회적 체계들』의 강독회에서 견지한 정밀한 개념 이해를 통해 새로이 배운 것이 있다. 루만 선생은 Anschluss, Verbindung, Verknüpfung을 구분하여 사용한다는 것이다. Anschluss는 작동과 작동처럼 같은 것끼리 이어지는 경우에 사용하며, Verbindung은 체계와 환경처럼 상이한 것이 합쳐지는 경우에 사용하며, Verknüpfung은 체계나 환경이 시간 차원에 도입되는 경우에 사용한다는 것이었다. 그 점을 고려하면 Anschluss는 "연결"이 적절하고, Verbindung은 "결합"으로 번역하고, Verknüpfung은 "접속"의 의미로 표현되어야 한다. 역자들은 80년대 루만의 빌레펠트 강의실로부터 전달된 이 내용을 적극 수용하여, 역어를 세밀하게 다듬었다. 그 와중에 지금까지 역자들은 시간적으로 이어진다는 뜻에서 Anschluß의 역어로 사용하였던 "연계"를 루만-노진철의 세 가지 개념 세트의 도입을 위해 포기했다.

역자들은 이러한 고려에 기초하여 루만이 말하고자 하는 원래의 의미를 한국어로 옮기는 데에 주력했다. 초역한 『사회체계이론』을 『사회적 체계들』로 제목을 바꾼 것도 그 때문이다. 이 제목은 원문을 따른 것이며, 이 책이 이론서라기보다 일종의 개념 편람으로 기획되었음(71쪽)을 시사한다. 이 책의 초역판에서는 이 글에서 논의한 치열한 고민이 부족했던 이유로 만족스런 결과를 얻지 못했으며, 이에 대한 엄정한 비판과 질타를 겸허히 수용한다. 역자들은 이런 이유에서 완전 개역판을 펴낸다. 이 새 번역은 이철의 초벌 번역을 이철과

박여성이 교차 수정 및 윤문화하면서, 그동안의 연구 결과들을 반영하는 과정을 거쳐 생성되었다. 역자들은 이 책에서 발표된 자기준거적 체계이론이 과학 일반, 즉 자연과학과 정신과학의 공통된 원리를 기반으로 사회(과)학 방법론을 제안한 최초의 시도이며, 이 자기준거적 자기생산 이론은 향후 인문사회과학이 나아갈 지점을 가리키고 있다고 본다. 또한 이 책은 독일에서 30여 권의 입문서의 출간을 촉진함으로써 — 이 책의 약점인 난해성에도 불구하고 — 초학문적으로 수용되고 연구되고 있다. 한국 사회에서도 여러 분야에 포진한 루만 전문가들의 활약을 기대해본다. 신속한 사회변동의 와중에 의미론의 답보 상태에 있는 인문, 사회과학들이 자기준거적 체계이론의 도움을 받아, 고도로 복잡해진 현실 변화의 원리를 파악하여 사회의 운동 원리와 사회 발전을 정확히 포착하는 과학적 의미론을 선도하기를 소망한다.

마지막 편집 단계에서 한길사의 제안으로 원문에는 없는 절의 제목들을 역자들이 삽입하였음을 밝힌다. 루만 자신은 절에 제목을 달지 않음으로써 독자들이 고유한 지적 상상력을 최대한 발휘할 것을 기대했는데, 역자들은 — 루만의 의도를 벗어나지 않으려 노력하였지만 — 어쨌든 텍스트에 개입한 셈이 되었다. 어쨌든 독자들은 이 점을 고려하여 독서하기 바란다.

때마침 개최된 『사회적 체계들』 강독회의 주관자인 노진철 교수의 조언은 우리 작업에 결정적인 도움이 되었다. 경북대 사회학과의 노진철 교수는 니클라스 루만의 직계 제자로서 80년대에 진행된 루만의 강의노트를 가지고 강독회를 주관하면서 이 책의 번역 작업에 등대 역할을 해주었다. 거의 3년이 넘도록 이어진 강독회를 매번 KTX와 SRT로 불원천리 왕복하신 노진철 교수님께 이 자리를 빌어 진심으로 감사드린다. 그밖에도 번역 작업에 크고 작은 도움들을 주었지만 텍스트 부담을 최소화하는 과정에서 역자 서문을 포기하느라 일일이 거명하지 못한 여러 스승 동학 선후배들께도 감사드린다.

이 책은 전자매체의 확산으로 하루가 달리 위축되는 출판시장의 어려운 여건에도 완전 개역이라는 쉽지 않은 결정을 내린 한길사 김언호 대표님께 큰 빚을 지고 있다. 또한 우리 역자들은 실무를 담당한 백은숙 편집 주간과 김대일 선생의 헌신과 노력에 대해서도 진심으로 감사드린다. 비공식적 관계임에도 이 책 생성의 여러 단계에 중요한 도움을 준 이론출판 현숙열 대표에게도 감사의 빚을 졌다.

이 글은 루만 사유의 핵심을 선취한 의미가 있다. 기존의 사유와 파격적인 차이를 보여주는 루만의 개념 체계에 대한 이해에 조금이나마 도움이 되고자 했다. 독자들이 이 글의 의도를 지혜롭게 활용하여 이 책에서 소개된 개념 병기창의 신무기들을 익히고 즐기시기를 바란다.

2020년 8월
이철, 박여성

생명/의식/소통 간 상호침투의 발현체로서의 인간: 시간화된 복잡성 문제의 자기준거적 의미체계들을 통한 해결

• 한국어판 서문*

디르크 베커(Dirk Becker)[1]

이 책은 하나의 유일한 기본 사상을 주제로 삼고 있다. 심리적 체

---

* 디르크 베커가 『사회체계이론-일반이론의 개요』에 서문으로 게재한 글이다. (한길사, 2007)

1) 니클라스 루만의 수제자인 디르크 베커 교수(1955~)는 사회적 체계의 이론을 계승한 동시에 체계이론을 경영학과 경제학 패러다임에까지 확장시킨 대표적인 석학이다. 그는 독일 쾰른 대학교와 프랑스 파리 제9대학에서 사회학과 경제학, 경제사를 공부했으며, 독일 빌레펠트 대학교에서 루만을 사사하여 사회학 박사학위 및 교수자격을 취득했다. 은행의 위기관리에 대한 프로젝트를 수행하던 1990~1991년에 스탠포드 대학 방문교수를 지냈으며, 1991년부터 독일의 사립 명문 비텐-헤르데케 대학(Uni. Witten-Herdecke)에서 강의를 시작했다. 1993~1996년에 독일연구협회(DFG) 하이젠베르크 펠로우로 선정되어 일찍이 차세대 석학으로 인정받은 그는 1994년에는 런던 정경대(LSE) 회계재정학과 초빙교원을 거쳐 1995~1997년에는 오스트리아 빈 대학 사회학과에서 학생들을 가르쳤다. 1996년부터 경영학과 사회과학 분야의 특성화를 기치로 설립된 비텐-헤르데케 대학교 경제학과의 기업윤리 및 사회변동론 주임교수로 임용되었고, 2000년 이후 사회학과에 재직하고 있다. 체계이론의 핵심 저널 『사회적 체계들』(Soziale Systeme)의 편집자인 베커 교수는 경제학과 문화이론 및 소통이론 분야에서 루만 체계이론의 계보를 이어가고 있으며, 독일 제펠린 대학, 미국 스탠포드 대학, 존스홉킨스 대학, 영국 런던정경대(LSE) 등에서 객원교수로도 활동 중이다.

계와 사회적 체계의 시간화된 복잡성이라는 문제를 자기준거 현상에서 해결하려는 것이다. 이 책의 초판이 발간된 후 20년이 지난 지금 이 기본 사상이 어떻게 파악되고 전개되는지를 살펴보면, 사회학이 여전히 이 책의 수용에 주저하고 있다고 생각할 수밖에 없다. 하지만 사회적 체계이론에 대한 지금까지의 비판점들 중 어떤 것도 이 책에서 이론구조물을 펼쳐낼 때 나타나는 면밀함, 즉 개념들 상호간의 조정과 사회 현상들에 대한 감수성에 있어서, 사회학에서 익숙한 많은 것들을 능가하는 면밀함에 이르지는 못했다.

이 책은 시작부터 이미 묵직하다. '서문' 장에서 암시하듯이, 사회적 체계의 이론은 자신의 대상과 "자율로의 강제"를 공유하는데, 이 강요는 사회적 체계의 이론의 행운과 불행을 엇비슷하게 결정한다. 우리는 보편적으로는 사회적 체계의 이론을, 그리고 특수하게는 사회를 기술하려는 바로 그 희망을 스스로에게서 시작해야 하며, 이어지는 걸음들이 가능해지도록 모든 단계들을 밟아나가야 한다. 우리는 이 모든 단계에서 이 희망을 견지하며, 그렇게 하는 것 대신에 할 수 있을 것, 즉 고전의 독서, 경험 자료들의 수집, 이론 문제들을 약술함, 복잡성을 인식하기 불가능성하다는 점을 한탄하기 등에 빠져들어서는 안 된다. 루만은 이런 절차들의 적절한 보기를 결국 모든 사회적 체계들에서 발견하며, 특히 예술과 법에 대해서는 항상 유념했다. 예술은 주어진 바로 그 순간에 자신의 자의를 상실하는 출발들에서부터 자신의 조화를 발전시킨다. 재능이 부족한 예술가는 그 자의성에 집착한 상태에 있겠지만, 탁월한 예술가라면 자신이 출발할 수밖에 없었다는 점을 증명하면서 스스로 자의가 없었다고 반박할 것이다. 반론을 수단으로 하여, 즉 상대방의 주장을 수단으로 하여, 이것이 전혀 반론이 아닌 것처럼 사고 과정을 펼쳐나가는 법률가가 아주 적절한 사례이다. 예컨대 상대방의 논증을 수단으로 삼아 이런 모순이 전혀 없는 듯이 반박하는 변론 상황을 떠올려보라. 초보 법률가는 반대 측 변론을 무력화시키기 위해 제기된 이의 자체를 공격하지만, 노회한 법률가라면 자신의 고유한 논지를 발전시켜서 상대 측 반론이 스스로 붕괴되도록 한다. 이런 능력에 있어서 예술과 법을 능가하는 것은 종교와 신학밖에 없을 것이다. 왜냐하면 종교와 신학은 자유로운 해법이 만들어지고 매력적이게 되는 문제들을 결코 시야에서 놓치지 않기 때문이다. 따라서 루만은 신학 또한 지속적인 영감의 원천으로 삼았으며, 그 다음에 이론 구축 작업에서, 신과의 소통이 불가능하다는 신학적 주장들보다는 후설의 의식 초월 현상학에서 훨씬 더 많은 영감을 받았다.

그러나 도입부가 묵직한 만큼, 다음 행보는 조심스럽다. 루만에 따르면 모든 [사회적] 접촉 자체가 이미 하나의 체계이다. 이 말을 통해 원칙 없는 주장이 제기될 수 없게 된다. 이 말을 통해 자연과 역사, 국가와 경제에 대한 지시들, 즉 사회적인 것이 필요하기 때문에 가능하다는 명증성을 이미 확보한 지시들로부터 멀어지지도 않는다. 오히려 정확하게 살펴보고, 서로 무관할 가능성도 있는 어떤 것이 여기서 서로를 지향한다는 점을, 아주 작은 사회 현상들과 모든 거시 조직에서 인식하도록 요구한다. 하나의 접촉은 서로 무관한 상태로 남는 요소들 사이에서의 의존성, 심지어 서로 간의 독립성을 상승시킬수도 있다. 왜냐하면 그 접촉이 있고 나서야, 독립성이라는 출발 상황을 만들어내기 위해 그런 독립성을 사용하는 자원들이 창출되기 때문이다. 루만은 이 전형을 따라, 어떤 의존성들이 서로에게서 독립된 요소들을 수용할 수 있는지를 관찰하게 해주는 자신의 소통 개념을 구축할 것이다. 오늘날까지 소진되지 않은 루만 소통 개념의 파괴력은, 원인들과 결과들의 의존성만을 타당한 것으로 생각했으며 주술적인 세계상으로부터 과학적인 세계상을 끌어내는 데에 어쨌든 성공한 인과성 개념에 대해 하나의 대안을 제안했다는 점에 근거한다. 접촉은 요소들의 의존성과 독립성 사이를 진동하며, 그런 식으로 현상의 발현을 위해, 요소들이 자신을 조건짓는 것을 조건짓는다는 데에 소진되는 인과성과는 다른 토대를 형성한다.

하지만 루만에게 있어 이러한 발상의 결정적인 핵심은 바로 자기준거의 필연성에 닻을 내린다는 데에 있다. 접촉은 그것이 현재 상태로서 다른 참여요소들, 즉 일괄적으로 고유한 자기준거(요소들로서의 자신에 대해), 타자준거(다른 요소들에 대해), 그 요소들에게는 공통적이지만 그 요소들로서는 제한적으로만 사용될 수 있는 제3자, 즉 접촉에 대한 지시가 강요될 때에만 접촉이 될 수 있다. 다시 강제이다. 이 강요는 그 어떤 진보적인(liberal) 자유 이데올로기도 생각해내지 못했던 자율에의 강제이다. 이러한 자기준거로의 필연성은 루만이 이 책을 통해 펼쳐내는 동기이며, 그가 구상해낸 아주 비개연적인 생각의 기초가 되는 동기이다. 그 비개연적인 생각이란 다음과 같다. 신들과 인간들만 자기준거를 갖는 것이 아니라, 신적 창조와 인간의 의식에 대해서만 자기준거가 고유한 것이 아니라, 사회적 체계들, 즉 소통과 행위에 대해서도 자기준거가 고유하다는 사실은, 사회적 체계이론에 가장 중요한 추진력을 부여하는 동시에 많은 독자들이 그 이론을 이해하기 어렵게 만드는 생각이다. 하지만 그렇게 생각하는 방법만이, 소통과 행위가 그밖에도 그것들이 실행하는 모든 것, 즉 어떤 것을 통보하고 어떤 것을 생겨나게 하는 모든 것에서 자기자신 역시 지시한다는 것을 생각할 수 있는 거의 유일한 방법이다. 무엇을 보고 그 점을 인식할 수 있는가? 그것을 어떻게 증명할 수 있는가? 어떤 실험을 통해, 다른 학자들에게도 제시될 수 있을 증거를 조직할 수 있는가? 덧붙여 말하자면, 루만은 여기서 막스 베버를 참조하라고 말한다. 즉 베버가 '주관적으로 의도된 의미'를 언급했을 때, 그것은 행위가 자기 자신을 지시한다는 것이 함께 생각되었다는 것으로만 이해할 수 있다. 하지만 그것은 고전을 읽어서 가질 수 있는 생각이지, 증명인 것은 아니다.

그 증거는 이 책에서 발견할 수 없다. 자기준거란 우리가 경험적으로 관찰할 수 있는 현상이 아니라, 일종의 설명 원칙이다. 자기준거는 다른 설명 원칙들, 예를 들어 행위의 규범화 또는 역할의 구조화 또는 결정의 합리성 개념들보다 사회학적으로 어쩌면 더 멀리 나아갈 수 있는지를 검토하기 위해 실험적으로 전제해볼 수 있는 설명 원칙이다. 자기준거는 이미 그것이 자기 자신의 어떤 것에 대한 지시로서 외부로부터는 보일 수 없다는 이유만으로 관찰될 수 없다. 또한 우리는, 모든 인간의 생각들이 가슴 속에서 닫혀 있을 경우 통보(Mitteilung)가 어떻게 가능한지에 대해 놀랄 수밖에 없다는 사실을 로크가 확인했던 이후로, 그 점을 깨닫게 되었다. 이에 대한 루만의 대답은, 바로 그렇기 때문에 통보가 가능하며 그래서 우리는 무엇인가를 통보할 수 있다는 인상을 성공적으로 허용하는 소통 수단을 통해 접촉을 구조화하고 조건화하는 일에 몰두해야 한다는 것이다.

자기준거는, 루만에 의하면, 복잡성에 대한 대답, 즉 시간의 형식으로만, 시간화된 복잡성의 형식으로만 가능하며 이런 내재적으로 불안정한 형식으로만 전개될 수 있는 대답이다. 왜냐하면 시간적으로 사라지는 형식은 사회적인 것의 매체 및 사실(적인 것)의 매체에서도 전개될 수 있기 때문이다. 예를 들어 위버(W. Weaver)는 자신의 고전적인 논문 「과학과 복잡성」[2]에서, 과학의 고전적 수단인 인과적 설명과 통계적 기술, 즉 현상을 최대한 셋이나 넷의 이질적인 요인들 내지는 동질적인 요소들의 무더기로 환원시키는 것으로는 복잡성을

---

2) Science and Complexity, *American Scientists*, 536-544, 1948

설명해내기 어렵다고 보았다. 그래서 복잡성에 직면하여 능력이 부족한 관찰자는 오직 자기준거로 전환하여, 복잡한 현상들이 어떻게 스스로를 설명하는지를 알지 못할 때에도 그 현상들이 스스로를 분명히 설명할 수 있다고 전제할 수 있다. 자기준거는 이런 식으로 발견적 도구, 즉 다른 식으로는 기술 불가능한 것의 수심을 재는 측연(測鉛)이 된다. 그밖에도 관찰자가 이 발견술을 시험하기 위해 사용할 수 있는 유일하게 경험적인 방법은 그 현상과의 상호작용밖에 없다. 왜냐하면 이 상호작용은 출발점이 될 수 있고, 그밖에는 현상에 대해 아무 것도 알지 못하기 때문이다. 그리고 그 상태에 머물러야 하며, 그렇지 않으면 현상을 놓치게 될 것이기 때문이다. 양자역학이 기술하는 인식론적 상황과의 유사성들은 여기서 바로 우발적이라는 것밖에 없다.

그러나 복잡성은 둘째로, 복잡성 개념이 옳으려면 이러한 자기 준거가 항상 선택적으로만 지각되어야 한다는 것을 뜻하고, 복잡한 현상들이 (단단한 연동에서는 결정[結晶]이 되고, 느슨한 연동에서는 가스가 되는 것처럼) 결코 서로 완전하게 결합될 수 있지 않고, 항상 선택적으로만 접속 가능한 이질적인 다수의 요소들로 구성된다는 것을 뜻한다. 하지만 그 사실은 복잡한 현상들에서는 항상 지시 가능성들의 과잉이 있고, 바로 그 점이 그 현상들의 파악 불가능성을 구성한다는 뜻이기도 하다. 루만은 사회적 현상들과 심리적 현상들에 있어서, 개별 선택 가능성들을 포함한, 이러한 지시 가능성들의 과잉을 '의미'(Sinn)라고 명명한다. 심리적 체계들과 사회적 체계들, 의식과 소통은 그밖에도 의미의 매체로 상이한 방식으로 (표상으로서, 통보로서) 실현된다. 자기준거 개념은 자기준거가 이 일을 어떻게 하는가라는 질문에 대한 대답을 정식화하기보다는, 자기준거가 이때 상실되지 않는다는 발견, 즉 그 어떤 복잡성에서도 스스로를 재생산하며

(유기체가 암[癌] 가운데서 스스로를 재생산하는 것이 아니라 파괴하듯이) 지속적으로 전혀 다른 어떤 것을 생산하는 것은 아니라는 발견을 정식화한다.

이처럼 복잡한 체계를 체계의 자기준거 및 체계의 지시 가능성 과잉으로서 이중으로 파악하면, 무엇보다도 사회적 관점들의 다중성과 사태의 내적이며 외적인 측정의 불가능성에 대한 숙고에 있어서 현상을 시간적으로 구성된 것으로 생각하도록 강요받게 된다. 왜냐하면 자기준거와 과잉 모두 자신들의 가능한 지시들을 차례차례 따라가고 이러한 순차를 위해, 다시금 복잡성에 적절한 형식을 발견하는 경우에만 현상이 될 수 있기 때문이다. 이 형식은 단순한 연속, 즉 '하나-다음에-다른-것'의 정돈된 순서라기보다는, 비선형성 및 프랙탈 속성, 다른 곳(산타페 연구소)에서의 복잡성 연구에서도 언급되는 경로 의존성 및 진동이 될 것이다. 오직 그런 상태에서만 사태들을 정의할 수 있으며 또한 그 정의들을 포기하도록 허용할 수 있기 때문이다. 사물들은 이에 대한 많은 것을 알려줄 것이며(그렇기 때문에 우리는 사물들을 고안한 것이다), 그래서 사람들은 세계를 유지할 수밖에 없다(그 점에 우리는 가치를 둔다). 하지만 여기서 사건들이 이전과 이후의 차이 가운데 기초적인 요소들로 생각되어야 한다는 것이 중요하다. 왜냐하면 그 사건들만이 상태들을 정의할 뿐만 아니라 다시 그 상태들을 떠날 것을 허용하기 때문이다. 사물들은 그 일을 위해서는 너무 느리며(그 때문에 우리는 그것을 생각해내기도 했다), 인간들은 세계를 함께 유지하는 것 말고 다른 일을 해야 한다(우리는 그 점에 가치가 함께 있다고 본다).

그래서 루만의 아마도 가장 중요한 이 책에서도 자기준거적 체계들의 일반이론에 이르게 되는데, 이것은 하인츠 폰 푀르스터의 2차 질서 사이버네틱스(즉 관찰하는 체계들의 사이버네틱스이자, 더 이상

관찰된 체계들의 사이버네틱스에 제한되지 않은)와 생명체계들의 기술을 위한 움베르토 마투라나와 프란시스코 바렐라의 자기생산 개념에 기초하여 완성된 것이다. 루만 이전에는 화이트헤드의 우주론만이 사건을, 세계가 아니라 오직 체계들만을 생성하는 질료로서 유일하게 생각했을 정도로, 루만의 사유는 급진적이다. 여기서 관건이 되는 것은 플로이드 얼포트가 명명했듯이, 나타났다가 사라지며 이 형식으로 '존속'을 유지하는, 즉 역학적인, 다시 말해 체계들의 불안정한 안정성을 구성하는 '모든 것-아니면-아무 것도 아닌-사건들'이다. 일반 체계이론에서 이 발상의 수용은 아직까지도 이루어지지 않고 있다. 그 발상은 아마 조지 스펜서-브라운의 형식 산법 외에 체계이론을 오늘날의 답보 상태에서 구출할 몇 안 되는 발상에 속할 것이다.

이 서문은 루만 저서의 내용을 알려주는 역할을 해서는 안 될 것이다. 그렇기 때문에 오늘날까지 이 책이 수용되어 온 방식과 구분되는 몇 가지 강조점들을 특별히 환기시키고자 한다. 여기서 첫 번째 중요한 강조점은 이 책의 사회학적인 것과 관련되어 있다. 오늘날까지 돋보이는 점은, 루만의 사회적 체계이론이 문예학자, 법학자, 신학자, 교육학자와 예술가들에게는 많이 그리고 기꺼이 읽혀진 반면, 정작 사회학에서는 거의 자취를 남기지 않았다는 사실이다. 아마 탤컷 파슨스가 사회학에 가했던 이론 충격은 명백하게 너무 깊은 흔적을 남겼으며, 그래서 이론 혁신들은 아주 조금씩만, 예를 들어 루만이 실행한 의미의 사회적 차원, 사실적 차원, 시간 차원의 구분의 형식으로 인지되기만 했다. 하지만 루만이 파슨스로부터 수용하였고, 사회적 행동의 자유 여지와 제한의 필연성을 생각하기에 가장 적절한, 이중 우연성 문제라는 보다 깊은 사상은 '합리적-선택-이론'과 연결망 이론에 풍부한 자양분을 줄 뿐만 아니라, 흥미로운 문제제기들로 풍요롭게 할 수 있음에도 불구하고, 이해되지 못한 상태로 남아 있다. 제임스 콜먼(James Coleman) 학파가 거시-링크/미시-링크를 탐색하면서 이중 우연성 문제에 직면하면 무슨 일이 벌어질지 상상해보라. 과연 그 학파가 이중 우연성 문제와 그 해결책을 모색하면서 결여된 연결(missing link)을 확인할 준비가 되어 있는가? 또는 해리슨 화이트(Harrison White) 학파가 사회적 정체성의 통제 문제를 이중 우연성 문제의 공리에 의존해 재정식화한다고 생각해보라. 이 학파는 행위 봉쇄와 행위 취하기의 여타 가능성들을 풍요롭게 확장할 수 있지 않을까?

그러나 여기서 사회학이론의 토론 가능성들은 너무 빈약한 상태에 있으며, 다른 한편 이 책은 일반적인 수용에 그칠 뿐, 루만을 사회학자로 볼 수도 있다는 점은 포기한다. 루만의 체계 개념이 사회의 구성 문제에 대답하며 그래서 이 사회의 맞은편에 있는 인간들에게 자유 여지를 보장하는 데에 가치를 두어야 하는 사회학 개념임을 인지한다면, 얼마나 많은 오해가 불필요해질 것인가? 동시에 루만이 구상한 체계가 (구조적 층위에서) 내적 파손 가능성이 높고 (기본 사건들의 층위에서) 내구성이 극도로 높으면서도 어떤 정도의 질서 능력을 갖는지에 대해서는 이미 여러 번 작업된 것보다 더욱 분명할 것이다. 그렇다면 체계 개념을 모든 임의의 현상들에 적용할 생각을 쉽게 하지는 못할 것이다. 그리고 오늘날 사회학자들만 관심을 갖지는 않는 바로 그것을 체계 개념의 도움을 받아 분석할 생각은 쉽게 할 수 있을 것이다. 교육의 위기, 정치의 과부하, 경제의 지배, 종교의 자기주장, 예술의 유혹, 학문을 통한 모든 현상들의 해체 같은 현상들을 분석할 수 있을 것이다.

또 다른 강조점은 루만의 사회적 체계의 이론이 적어도 체계이론인 동시에 행위이론이라는 놀라운 상황에 관련된다. 이 책 제4장에서는 사회적 체계가 소통 그리고 행위로 이루어진 것으로 생각해야 할 필연성을 이미 마련하며, 이에 못지않게 중요한 구조와 시간을 다룬 제8장은 소통 개념 없이도 거의 아무런 문제가 없을 것이다. 루만이 행위 개념을 경시했다는 주장, 심지어 사회학적 체계이론과 사회학적 행위이론 사이에서의 이론 대안이라는 주장과 이 발견을 어떻게 조화롭게 설명할 수 있을 것인가? 마지막 주장은 이미 파슨스의 체계이론이 행위이론이었으며("행위는 체계이다"). 제임스 콜먼조차도 『사회이론의 토대』(*Foundations of Social Theory*)에서 행위를 설명하는 것이 아니라, 그렇게 할 수도 없고, 체계, 즉 행위 재생산을 설명하는 것을 당연히 전제하기 때문이다. 클로드 섀넌의 수학적 소통 이론이 루만의 이론에 의해 잠정적으로 수용되었다는 것을, 루만적인 행위를 섀넌적인 메시지와의 관계에 배치하고 루만의 소통을 가능한 메시지들의 선택 영역으로부터의 메시지 선택과의 관계에 배치함으로써 재구성한다면, 얼마나 흥미진진할 것인가? 루만의 의미이론이 전적으로 섀넌의 이 개념에 의해 각인되어 있지만, 그 개념이 이론 구조물에서 고유한 결합의 대상이 될 정도로 그렇게 명시적이지는 못하다. 내가 다른 논문에서 언급한 것처럼[3], 가능한 메시지들의 선택 영역이 주어졌다는 섀넌의 가정을 포기하고서, 소통이 개별 메시지들이 선별 가능한 맥락을 함께 투입한다는 데에 근거한다는 가정으로 대체한다면, 루만 이론을 이해하기 쉽게 만들어줄 뿐만 아니라 다른 이론 노력들, 특히 정보이론과도 관련지을 수 있게 해주는 단순한 기본 유형을 갖게 될 것이다.

　예나 지금이나 흥미진진한 것은, 루만이 체계와 환경의 차이에서부터 체계 개념을 발전시키지, 예를 들어 체계를 먼저 정의하고 그

---

3) *Form und Formen der Kommunikation*, 2005

다음에 체계가 환경을 어떻게 처리하는지를 보는 방식을 취하지 않는다는 점이다. 사회적 체계는 자신의 환경에 대한 자신의 경계이며, 이 경계는 모든 개별 사건에서 항상 다시금 새롭게 그려져야 하며 항상 새롭게 논쟁의 여지가 있는 의미경계, 즉 체계가 자신을 성공적으로 재생산하는 한에서 체계 내에서 체계에 의해 모든 참여자들 사이의 논쟁의 형식으로 그려지는 경계이다. 그래서 접촉 개념은 비로소 유용해진다. 그때 체계가 자신의 후속들을 어떻게 모색하는지를 구경할 수 있다고 생각할 수 있다! 그리고 특히 이 형식에서 체계 개념은 상호작용과 조직, 사회와 모든 개별 하위 체계들의 경험적인 관찰에 적절하다. 이와 완전히 별도로 체계의 환경 접촉을 형성할 가능성의 조건을 가지는 집합행위 개념이 발전되며, 자기준거적으로 닫힌 (!) 체계들의 투입 경계와 산출 경계 개념 같은 아주 정확한 개념들이 (산출 경계에서) 지배의 구축에 이르고 (투입 경계에서) 체계 내 정보 획득에 이를 수 있는지를 상세하게 설명하는 데에 얼마나 적절한지를 보여준다.

바로 이 점은 제6장의 분석의 토대가 된다. 제6장은 루만이 인간을 자신의 이론에서 배제했다는 흔해빠진 루만 비판을 마치 비웃기라도 하듯이, "인간"이라는 제목으로 바꾸어 쓸 수도 있다. 왜냐하면 제6장에서 바로 인간이 관건이기 때문이다. 실제로 제6장은 추정컨대 어떤 언어로도 썩 멋져 보이지 않는 "상호침투"라는 제목을 달고 있다. 그 제목은 바로 〔생물학적 체계들, 심리적 체계들 및 사회적〕 체계들 간의 관계를 기술하기 위한 개념인 것이다. 〔그래서 상호침투로 매개되는 생명, 의식, 소통의 구조적 연동이 인간을 기술하게 되는 것이다.〕 그 개념은 자신들의 복잡성을, 루만이 그렇게 멋지게 말하는 것처럼 서로의 처분에 내맡기는 체계들 사이의 관계를 기술한다. 사회적 체계들은 행위와 소통으로 구성되면서, 인간들이 나타나는 환경에서만 있을 수 있다. 루만의 이론은 인간을 배제하지 않는다. 그 이론은 인간을 사회적 체계들의 환경에서 사회적 체계들의 필수불가결한 조건으로서 기술한다! 기억과 의식의 불투명성 없이, 신체 행동과 수정 가능성 같은 신체행동의 돋보임이 없이는, 매 사건마다 관련의 대상이 되며, 방해받을 수 있다는, 즉 새로운 가능성들로 풍성해질 수 있다는 데에 의존하는 소통도 없다. 인간과 사회의 운명공동체는 그렇게까지 느슨한 연동으로서, 그럼으로써 변이의 여지로서 생각된 적이 지금까지 결코 없었다. 생태학적 자기위험화와 사회의 지구화가 인간의 운명에 어떤 결과를 가져올지를 관찰하기에 이 정도의 개념으로 충분할 것인지는 두고볼 일이다. 하지만 그것이 결정적인 발걸음이다.

(행위가 소통에 비해 2차적 개념이듯이) 구조 개념이 이차적 의미가 있을 뿐이기는 하지만 루만의 체계이론이 동시에 구조이론이라는 점은 이 모든 것에 따르면 결코 놀랄 일이 아니다. 하지만 구조 개념이 여러 변수들의 모순적 연관의 이론에 배치되어 있다는 사실은 호의적인 독자들조차도 종종 좌절시키는, 루만 이론의 복잡성 문턱이 얼마나 높은지를 한 번 더 보여준다. 하지만 낙담할 필요는 없다. 첫 독서에서 모든 것을 이해하는 사람은 없다. 많은 내용은 다른 기회에 다시 살펴볼 목적으로, 이해하지 않고 건성으로 넘겨야 한다. 그리고 대부분은 그 내용을 제대로 이해하고자 시도할 때에만 이해할 수 있다. 그러한 사정을 단지 시험해보아야 할 것이다. 루만학파가 가끔씩 그런 경향을 보이듯이 이 책을 "성스러운" 텍스트로 본다면, 그 사정은 이 텍스트의 모든 구절에서 주석을 요구한다는 의미에서만 그러하며, 언제나 사례들과 쟁점들, 보기들과 문제제기들로부터 생겨나는 주석들만을 요구한다는 의미에서 그렇다. 어쨌든 루만 자신도 자신의 이론과 늘 다시 교제했다. 체계이론은 루만 자신에게도 ─명시

적으로 그렇게 쓴 적은 없지만—늘 다시 다음 작업, 또 다른 작업, 다른 작업을 위해 막힌 것을 뚫고 나가는 일이 되었다.

따라서 이 이론으로 작업하는 데에는 루만이 일반적으로 자기준거에 대해 말하는 내용, 즉 체계이론이 부정을 통제된 방식으로 다룸으로써 자신의 고유한 폐쇄성을 발전시킨다는 말이 타당하다. 루만의 이론을 전체적으로 거부하고 몇몇 선별된 관점에서만 수용하는 사람만이 천천히 이론을 파악할 단서를 잡아나가게 될 것이다. 반면 루만의 이론을 전체적으로 수용하고 이곳저곳 교정하는 반대의 길은 엄청난 비용이 드는 학습경로가 될 것이다. 그 경우에는 시간을 너무 많이 소비한 다음에 그 이론을 가지고 자신의 작업에 착수할 수 있게 될 것이다. 따라서 어쩌면 '모순' 장(9장)이 이 책의 공공연한 핵심이라고 해도 과장이 아닐 것이다. 그것은 루만이 "무뚝뚝함"을 자기 자신의 가장 두드러진 성격 특성으로 서술했다는 사실과 부합한다. 모순이란, 루만이 말하듯이, 축소된 자기준거이다. 따라서 모순은 칸트와 헤겔, 마르크스에 의해 변증법이 재발견된 이후로 인식의 왕도는 말할 것도 없고 실천의 왕도조차 될 수 없다. 모순들은 물론〔절대 정신의 정점을 향하는〕변증법의 전통과 달리, 앞으로 어떻게 될지를 그냥 그대로 두는 (차이)동일성들이다—통일을 외치는 분리가 아니다. 모순들은 루만에 따르면, 체계 안에서 경고 신호처럼 통용되며, 사회적 체계들에 면역체계를 갖추어줄 수 있으며, 이 일은 연결 능력이 있을 뿐만 아니라 모든 경우에 고통을 이겨낼 수 있게 만들어주면서, 나타나고 다시 사라지는 사건으로서 일어난다.

다른 책을 읽을 때와는 달리, 우리는 특히 이 책을 읽을 때 이 책의 도움으로 우리가 하는 것도 더 잘 파악할 수 있다. 왜냐하면 독서는 사회와 관계를 맺으면서, 일단 상호작용의 부담으로부터 자유로운 소통의 형식이기 때문이다. 독서를 하면서 루만의 논지에 동의하지 못하여 그가 안타까워 할 것이라 걱정할 필요는 없다. 또한 루만의 개념적 완고함에 붙들릴 것을 걱정할 필요도 없다. 우리는 읽고 다시 읽으면서, 어떤 결과가 나타날지 그냥 그대로 놔둘 수 있다. 우리는 어쨌든 바뀌지만, 변화가 어떻게 일어나는지를 알아 내고자 하면 아주 자세하게 살펴보아야 한다. 우리는 모든 경우에 상호작용과 사회의 구분, 즉 루만이 제안하듯이 모든 사회적 체계를 이 차이로서 구조화하는 그 구분을 고려해야 한다. 사회에서 가능한 모든 것, 예를 들어 이 책의 독서를 상호작용체계에 기대해서는 안 될 것이다. 우리는 그렇게 할 것을 시도한다면, (함께 진행되는 이 개념들의 이론 구조물은 말할 것도 없이) 독서가 이루어진 다음에도, 이 책과 이 책의 이론들이 읽은 것에 관해 말하는 것도 쉽게 이루어질 수 없도록 막아준다는 사실을 곧바로 확인하게 될 것이다. 사회와 사회의 모든 개별적인 체계들이 사회의 기능적 분석에 의해 과도한 부담을 지고 있으며 그래서 사회의 부분체계인 학문에서 그리고 그곳에서는 초라한 분과인 사회학에서만 기획되고 있는 것만큼, 상호작용 또한 체계이론의 표현을 통해 지나친 요구를 받고 있다. 하지만 상호작용에서, 조직 안에서, 쇼핑할 때, TV 수상기 앞에서, 교회에서, 특히 예술작품 앞에서, 사람들이 소통의 미묘함과 정교함에 어떻게 스스로를 내맡기는지를 발견해내어야 할 것이다. 그것은 이 책을 읽는 것이 그때마다 유용했다고 생각할 수 있게 할 것이다. 어쩌면 그 지점이 학문 외부에서 성공이 일어나는 곳이다. 그리고 어쩌면 바로 그 때문에 학문 안에서 그러한 성공을 태연하게 기다릴 수는 없게 될 것이다.

2006년 4월 베를린에서
디르크 베커

서문

　사회학은 이론의 위기에 갇혀 있다. 성공적인 경험 연구들을 통해 우리의 지식이 전체적으로 증대되기는 했지만, 사회학의 통일된 이론을 구축하는 데까지 나아가지는 못했다. 경험과학으로서의 사회학은 자신의 진술을 실재에서 획득한 자료들을 갖고 검증하겠다는 요구를 포기할 수 없다. 그러나 사회학은 이때 스스로 획득한 것을 채워 넣으려는 판들이 얼마나 낡았거나 새로운가에 대해서는 관심을 기울이지 않는다. 사회학은 바로 이 원칙을 자신의 대상 영역의 특수성과 학문 분과로서의 고유한 (차이)동일성(Einheit)의 근거로 삼을 수는 없다. 그런데 그러한 근거 확보에 대한 체념이 이제는 너무 확산되어서, 더 이상 근거 확보를 시도조차 하지 않는다.

　이 딜레마는 이론 개념 자체를 양분했다. 이론은 어떤 경우에는 자료들의 관계에 대한 경험적으로 검증 가능한 가설들로 이해된다. 이론은 또 다른 경우에는 특정되지 않은 넓은 의미에서의 구상적 노력으로 이해되기도 한다. 이 두 방향은 물론 이론이 비교 가능성을 보여주어야 한다는 최소한의 요구 조건 하나를 공통으로 가진다. 하지만 그밖에도 어떤 종류의 자기제한을 통해, 자기 시도를 이론으로 명명할 권리를 얻을 수 있는가에 대해서는 논란의 여지가 있다. 이 논쟁과 불확실성은 전형적인 보기처럼, "패러다임"처럼 지향점이 될 수 있을 통일된 사회학이론이 부재한 결과인 동시에 그 이론 부재의 원인이기도 하다.

일반 이론에 관심을 가진 이들은 대부분 고전학자들을 참조한다. 이론이라는 명칭을 달 권리를 얻을 수 있는 제한 조건은 그들의 텍스트를 참조한다는 점을 통해 정당성을 얻는다. 그렇게 되면 이미 존재하는 텍스트를 해부하고 해석하여 재조합하는 일이 중심 과제가 된다. 직접 만들어 낸 것으로 믿을 수 없는 것이 있으면 그것은 이미 존재하는 것이라고 전제해 버린다. 고전학자들은 대가이기 때문에 고전학자들이다. 그들은 오늘날 사용될 때 그들 스스로 근거로 사용된다는 것을 통해 스스로를 입증한다. 그렇게 되면 유명한 학자들을 지향하고 그러한 학자들의 작업에 전문화되는 것 자체가 이론 연구의 자격을 얻을 수 있다. 이러한 방식으로 행위이론, 체계이론, 상호작용론, 소통이론, 구조주의, 변증법적 유물론 같은 이론 관련 현상들(이름들과 사상들의 복합체들을 위한 상투적인 공식들)이 생성된다. 그 다음에는 이론들을 조합하는 데서 새로운 것을 기대할 수 있다. 마르크스주의는 체계이론에서부터 어떤 것을 주입받는다. 상호작용론과 구조주의는 우리가 전제한 것만큼 그렇게 다르지는 않은 것으로 드러났다. 마르크스주의자들에게도 가능한 개념인 베버의 "사회사"는 파슨스의 교차표 기법의 도움으로 체계화될 수 있다. 행위이론은 구조이론으로, 구조이론은 언어이론으로, 언어이론은 텍스트이론으로, 텍스트이론은 행위이론으로 재구성된다. 그 다음에는 그러한 혼합을 바탕으로 고전의 원래 형태를 되찾는 것이 가능해지고 필수적인 일이 된다. 고전의 모든 전기적(傳記的)인 세부 사항이 추적되고, 그 내용으로부터 이론으로서 도출한 것을 가지고 고전학자들을 다시 고전학자로서 입증할 수 있게 된다.

이 모든 것은 재미없는 일도 아니고 수확이 없는 일도 아니다. 그러나 고전학자들을 사회학의 역사로 깊이 추적해 들어갈수록, 그것들에 관한 이론적이며 전기적인 성향, 추상적이며 구체적인 성향을 구분하는 것이 더더욱 필연적인 일이 된다. 그러나 고전학자들을 그렇게 헤쳐 놓는다면 우리는 그것들 없이도 지낼 수 있을 것인가? 사회학의 사회학은 그 점에 대해 친연 관계에서는 계보학을 지향하는 것이 필수적이라는 통찰을 더해줄 수 있을 것이다. 그러나 우리는 스스로를 다원주의로서 기술하는 친연 관계에 머물러야 할 것인지, 그리고 제한들을 계보학적으로 도입하는 것이 이론이라는 명칭의 사용을 정당화하는 유일한 가능성일지를 질문해야 할 것이다.

결과적으로 관찰자들은 아주 신속하게 증대하는 이러한 이론 토론의 복잡성으로 인해 혼란에 빠진다. 문헌을 잘 알면 알수록 그리고 2차 문헌의 맥락에서 문헌의 텍스트 분석에 더 까다로운 요구를 제기할수록, 조합놀이에 더 많이 몰두할수록, 한 이론틀에서 다른 틀로 강조점 교체(예를 들어 탈주체화냐 재주체화냐)를 더 많이 실행할수록, 후속 연구가 감당해야 할 전문 지식은 더 복잡해진다. 그렇다면 사회학의 (차이)동일성(Einheit)은 이론으로서 나타나는 것이 아니며, 그 대상을 가리키는 개념으로서 나타나는 것은 더더욱 아닌 것이다. 사회학의 (차이)동일성은 순수한 복잡성으로서 나타난다. 사회학 분과는 불투명해졌을 뿐만 아니라, 사회학이 불투명하다는 데에 자신의 (차이)동일성의 근거를 둔다. 복잡성은 단지 관점주의적으로만 접근되며, 모든 돌출은 통제할 수 없을 정도로 많은 변이를 야기한다. 예컨대 빨리든 늦게이든 고전의 사상 자산을 남김없이 사용하는 것을 감안하더라도, 직접 만들어낸 암흑과 씨름할 일은 여전히 충분하게 많다.

말하자면 복잡성과 투명성의 관계가 관건이다. 불투명한 복잡성과 투명한 복잡성의 관계가 관건이라고 말할 수도 있겠다. 이 문제는 사회학이 통일된 이론을 만들어내는 시도를 포기하는 것으로는 해결의 실마리를 찾지 못한다. 그 시도를 포기하는 것은 문제 제기를 피하는 것에 불과하다. 그래서 문제는 그렇게 제기할 필요가 있으며, 그럼으로써 그러한 이론의 구축 작업이 시작될 수 있다. 그 이론은 자신의 대상 관계를 불투명한 복잡성과 투명한 복잡성의 관계로 설정한다. 그 이론은 자신이 대상의 복합적 실재를 완전하게 재현해낼 유일한 이론이라고 주장하지 않는다. 그 이론은 대상의 모든 인식 가능성들을 완전하게 활용할 수 있다고 주장하지도 않는다. 그래서 경쟁 관계에 있는 다른 이론 시도들과 달리 자신만이 진리를 알고 있다는 배타성을 주장하지도 않는다. 그러나 그 이론은 대상 파악에서는 **보편성**을 주장한다. 그 이론은 사회학이론으로서 모든 사회적인 것을 다루지, (예를 들어 계층이나 이동, 현대사회의 특수성이나 상호작용의 전형 등과 같은) 조각들만을 다루지 않는다는 의미에서 보편성을 주장한다.

보편성을 주장하는 이론들은 스스로 자신의 고유한 대상으로서 나타난다는 점을 통해 용이하게 식별된다(왜냐하면 그 이론들이 자신을 이론의 대상으로 다루지 않는다면 보편성을 포기해야 할 것이기 때문이다). 이 기준을 통해 고전적인 과학이론의 특정 분야는 자격을 얻지 못하게 되는데, (예를 들어 양자물리학 같은) 모든 "전체적 이론"이 그 경우에 해당된다. 이러한 논리에 따라, 특히 이론의 진리 요구의 독립적 증명(확증)과 관련된 모든 것이 제외된다. 그때마다 사과를 잘못 골라 베어 물었다고 말할 수도 있으나, 인식의 나무를 잘못 베어 물었다고 말하지는 않을 것이다. 따라서 모든 분쟁은 결정되지 못하는 지경에 내몰릴 수도 있다. 그러나 그 경우에는 비판자가 이론의 진술 범위에 대해 적절한 대안들을 발전시키고 후기 자본주의의 현혹 연관관계에서는 현실을 파악하기 어렵다고 말하는 자기 이론을 가리키는 정도에 만족해서는 안 된다고 요구할 수 있을 것이다.

그러므로 보편성 요구를 가진 이론들은 자기준거적 이론들이다. 그 이론들은 그 대상으로부터 자기 자신에 관해서도 항상 어떤 것을 배운다. 따라서 그 이론들은 자기 자신에게 제한된 의미를 부여할 것을 스스로에게 요구한다. 말하자면 이론을 일종의 실천으로서, 일종의 구조로서, 일종의 문제 해결로서, 일종의 체계로서, 일종의 결정 프로그램으로서 파악할 것을 요구받는다. 다른 종류의 실천, 구조 등과의 차이는 대상 영역에서 구성될 수 있다. 그래서 보편이론은 바로 분화이론으로서, 자기 자신을 분화의 결과로서 파악할 수 있다. 이론이라는 명칭을 그 이론에 정당화해주는 제한은, 이렇게 스스로를 자기준거에 내맡겨서 임의성을 차단하는 데에 있다.

지금까지 이 책의 이론 프로그램의 기본적인 것은 이것으로 벌써 말한 셈이다. 이 책의 의도는 사회학에서 오늘날 통상적인 이론 토론이 넘어야 할, 일종의 문턱을 넘어서는 데에 있다. 이 문턱은 다음의 세 가지 차이를 언급하는 것으로 표시될 수 있다.

(1) 파슨스 이후 더 이상 시도되지 않은 사회학의 보편이론을 정식화하는 것이 관건이다. 그러나 그러한 정식화에 속하는 대상 영역은 더 이상 실체적으로 세계 단면(사회적 사실), 즉 사회학이 외부에서부터 고찰하는 단면으로 전제되지 않는다. 이론의 대상은 또한 파슨스의 "분석적 실재론"의 의미에서 이론의 분석적 개념 형성의 상관물로 전제되지 않는다. 그보다는 이론의 대상은 사회적 체계들의 체계준거와 관련된 전체 세계로서, 즉 사회적 체계들에게 있어 규정된, 체계와 환경의 차이와 관련된

전체 세계로서 구상되었다.

(2) 보편이론에 함축된 또 다른 측면은 비대칭적이며 순환적으로 설계된 이론들의 차이에 놓여 있다. 보편이론은 자신의 대상들과, 대상들 중 하나로서의 자기 자신을 자기준거적 관계들로서 간주한다. 보편이론은 배경을 밝힐 수 없는 어떤 인식론적 기준도 전제하지 않는다. 보편이론은 최근에 많은 철학자들과 자연과학자들처럼 자연주의적 인식론에서 출발한다. 이 말은 다시금 다음을 의미한다. 보편이론의 고유한 인식 절차와, 이 절차를 위해 타당한 기준들을 보편이론이 수용하거나 거부하는 것은, 보편이론에서는 이론의 고유한 연구 영역에서 발생하는 어떤 것이라는 뜻이다. 즉 현대사회의 부분체계인 학문의 한 분과에서 어떤 것이 발생했음을 의미한다.

(3) 이제는 마지막으로 통상 제기될 수 있는 "결정주의" 비난을 감안해야 한다. 그 비난은 완전히 근거가 없지는 않다. 체계들은 결정될 수 없는 것을 결정할 수 있을 때만 진화 능력을 갖춘다. 이 말은 체계적인 이론 설계에 대해서도 타당하며, 괴델(K. Gödel) 이래 입증된 것처럼 논리학에도 적용된다. 그러나 이 말은 결코 몇몇 (혹은 심지어 모든) 개별 결정들의 자의적 방향으로 나아가지는 않는다. 부엔트로피(Negentropie)나 복잡성에 의해 자의적인 방향으로 나아가지 못한다. 세 번째 문턱 표시가 남아 있다. 사회학이론이 분과 관계들을 공고하게 하려 한다면, 어느 정도 복잡한 수준에 이르는 것으로는 만족할 수 없다. 사회학이론은 분과의 고전 및 주석들과 심지어 파슨스가 과도하게 요구한 것에 비교해서도 훨씬 더 복잡해야 한다. 그

것은 이론의 지속성과 내부와 외부로 이어지는 연결 능력과 관련되는 다른 이론 기법상의 조치를 요구한다. 이 사정은 특히 복잡성에 대한 성찰(즉 복잡성 개념)을 이론 자체에 장착해 넣으라고 요구한다. 문턱 문제는 자기 자신을 성찰하는 훨씬 높은 정도의 개념적 복잡성에 있다. 문턱 문제는 변이 가능성들을 제한하며 모든 종류의 임의적 결정들을 배제한다. 모든 단계는 맞아 들어가야 한다. 그리고 시작의 자의성에서도, 헤겔의 체계에서처럼 이론 구축의 발전에서 자의성이 배제되어야 한다. 스스로를 지탱하는 구성은 그런 식으로 생성된다. 그 구성이 "체계이론"이라는 이름을 가질 필요가 없을지도 모른다. 그러나 다른 구성 특징들을 상수로 두고 체계 개념을 제거하려 한다면 자신의 기능을 인지할 수 있을, 즉 자기 이론의 자리를 차지할 수 있을 어떤 것을 발견해야 할 것이다. 그리고 이것은 체계 개념과 아주 비슷할 것이다.

사회학 분과의 일반적인 것과의 이 차이들은 거의 이해 가능한 것이며, 그 때문에 사회학은 그러한 문턱에 걸려 전진하지 못하고 분명한 움직임 없이 거품만 만들어내며 복잡성을 모으기만 하고 있는 것이다. 우리는 이 관점들에서—그리고 이 관점들은 서로 연관되어 있기 때문에 모든 관점에서—다른 종류의 이론 설계를 추구할 때만 전진할 수 있다. 사회학에서는 그런 경우를 위한 모범 사례가 거의 없다. 그래서 우리는 사회학 분과에는 낯설지만 학제적으로 성공을 거둔 이론 발전을 참조해야 할 것이며, 이를 위해 자기준거적 "자기생산" 체계들의 이론을 선택할 것이다.

일반적인 이론 서술들, 즉 가능하다면 문헌에서 몇몇 개념들을 취하고 사전에 발견한 의미 부여에 의존해 몇 가지 개념들을 비판적으로 평가하며 정의한 후 그로써 개념 전통의 맥락에서 작업하는 서술과는 달리, 아래에서는 사용된 개념들의 개수를 늘리고 그 개념들을 서로 관련지은 가운데 규정하려 시도할 것이다. 다음과 같은 개념들이 등장할 것이다. 의미, 시간, 사건, 요소, 관계, 복잡성, 우연성, 행위, 소통, 체계, 환경, 세계, 기대, 구조, 과정, 자기준거, 폐쇄성, 자기조직, 자기생산, 개별성, 관찰, 자기관찰, 기술, 자기기술, (차이)동일성(Einheit), 성찰, 차이, 정보, 상호침투, 상호작용, 사회, 모순, 갈등. 우리는 이 혼합 상태에서 행위이론, 구조주의와 같은 전통적인 이론 명칭이 사라지는 것을 곧 보게 될 것이다. 우리는 "체계이론"이라는 상호를 유지할 것이다. 왜냐하면 이 책에서 추구하는 이론 유형을 위한 중요한 사전 작업이 일반 체계이론의 영역에서 이루어졌음을 발견할 수 있기 때문이다.

이 개념들을 가지고 작업하는 것은 앞서 발견된 이론 재료와 관련된 가운데(종종 대조적으로 관련하면서) 진행될 것이다. 그러나 개념들은 가능하면, 서로를 예리하게 만들어야 할 것이다. 그렇다고 하면 모든 개념 규정은 다른 개념 규정 가능성을 제한하는 것으로서 읽혀야 할 것이다. 전체 이론은 그렇게 자기 자신을 제한하는 맥락으로서 파악된다. 그런 개념들이 많을 때에는, 개별 텍스트 서술에서 모든 개념을 다른 모든 개념과 연결할 수는 없다. 선호된 연관 관계들, 즉 동시에 특정한 개념 위상들을 중심으로 끌고 오는 관계들이 있다. 예를 들면, 행위/사건, 사건/요소, 사건/과정, 사건/자기재생산(자기생산), 사건/시간을 들 수 있겠다. 이론은 다른 조합 가능성들을 명시적으로 배제하지 않은 채 그러한 선호의 선들을 따라 저절로 쓰일 것이다. 따라서 이론의 서술은 그 서술이 추천하는 것, 즉 복잡성 환원을 자기 자신에게 실행한다. 그러나 환원된 복잡성은 그 이론에 대해 배제된 복잡성이 아니라 중단된 복잡성이다. 환원된 복잡성은——그 복잡성의 개념 규정들이 준수되거나 또는 이론 위상에 적절하게 교체된다는 전제에서 — 다른 조합들에의 접근을 가능한 것으로 유지한다. 물론 개념 규정의 수준이 포기된다면 선을 그을 다른 가능성에의 접근도 안개 속으로 사라질 것이며, 미규정된, 그래서 작업 불가능한 복잡성과 다시 관계를 맺게 될 것이다.

이러한 이론 상황은 익숙하지 않은 추상화 상황에서 이론을 서술할 것을 강요한다. 우리는 구름 위에서 비행을 시작해야 하며, 상당히 두터운 구름층을 감안해야 한다. 우리는 우리의 계기판을 신뢰해야만 한다. 가끔씩 구름 아래를 내려다 볼 수 있을 것이다. 도로들, 지역들, 주택들, 하천들, 해변이 있는 지역들, 친숙한 것이 생각나게 하는 지역들을 볼 수 있을 것이다. 그렇지 않으면 유물론의 꺼져버린 화산들이 있는 대지의 풍경을 볼 수 있을지도 모른다. 그러나 어떤 누구도 이 몇몇 단서가 비행 조종에 충분하다는 착각에 빠져 비행기 추락의 희생자가 되어서는 안 될 것이다.

하지만 추상화는 순수한 기교나 "분석적으로만" 중요한 형식 학문으로 후퇴하는 것으로 오해되어서는 안 된다. 어떤 사람도 의미, 시간, 사건들, 행위들, 기대들 같은 어떤 것이 현실 세계에 있음을 부인하려 하지 않을 것이다. 이 모든 것은 파악 가능한 현실인 동시에, 학문이 분화할 가능성의 조건이다. 상응하는 개념들은 이론적으로 통제된 체계를 실재에 맞추고 미규정된 복잡성을 학문 내적으로 사용 가능한 규정된 복잡성으로 유도하는 전극들로서 학문에서 기여할 것이다. 소쉬르(Saussure), 켈리(Kelly)와 다른 사람들을 인용해 다음처럼 정식화할 수도 있을 것이다. 개념들은 학문의 실재 접촉(그런데 이 말은 여기서 어떻게 되든 학문 자신의 고유한 실재와의 접촉을 포함한다는 것을 뜻한다)을 차이의 경험으로서 형성한다. 그리고 차이의 경험은 정보 접촉과 정보 처리의 가능성의 조건이다. 일 대 일 일치의 방식으로 개념과 실재의 상응이 있을 수 있다. 예를 들어 의미 (Sinn) 개념과, 인간세계를 구성하는 데에 필수적인 의미 현상 간에 서처럼 말이다. 그렇지만 학문이 체계들을 형성하면서 그러한 일 대 일 대응을 넘어선다는 것이 결정적이다. 또 다른 결정적인 것은 학문이 복제하고, 모방하고, 반영하고, 재현하는 데에 제한되지 않고, 차이 경험을 조직하고 그럼으로써 정보 획득을 조직하고, 그렇게 할 수 있기 위해 적절한 고유 복잡성을 형성한다는 점이다. 이때 학문의 현실(Wirklichkeit) 접촉은 유지되어야 한다. 하지만 다른 한편 학문, 특히 사회학은 현실에 기만당해서는 안 된다.

그렇게 본다면, 추상화는 인식론적 필연성이다. 추상화는 책을 집 필할 때에는 문제로 남으며, 독자들에게는 추측으로 남는다. 이러한 사정은 이론이 더 이상 선형화될 수 없는 복잡성 정도에 이르렀을 때에 특히 그러하다. 이 책의 모든 장은 이런 조건에서, 각각 다른 복잡성 정도에서 새로 시작하고 결론으로 가야 할 것이다. 그런데도 변증법적 이론들은 아직도 선형화를 시도하고 있다. 최근에 사르트르의 『변증이성 비판』(*Critique de la raison dialectique*)에 이르기까지 말이다. 그러나 변증법적 이론들은 그 후 이행기 문제와 관계가 있고, 여기서 단순하게 행동에 착수하자는 유혹에 노출된다.

이 책에서 소개하는 시도는 이러한 운명을 알고 있다. 그래서 그런 운명을 회피하기 위해 노력해야 한다. 그러한 시도를 통해 비중심적으로 개념화된 세계와 비중심적으로 개념화된 사회에서 하나의 다중심적인(그래서 다(多)맥락 영역적인) 이론을 발전시킨다. 처음에는 이론의 형식과 서술의 형식을 조화시키려는 시도를 전혀 하지 않을 것이다. 이 책은 물론 이어지는 대로 읽혀야 할 것인데, 그 유일한 이유는 이 책이 장의 순서대로 집필된다는 데에 있다. 이 책의 이론 자체는 다른 순서로도 서술될 수 있을 것이다. 그리고 독자들은 충분한 인내, 상상, 요령, 호기심을 발휘하여 이 책의 이론을 순서를 바꾸어 쓰고자 시도할 수 있을 것이다. 독자들은 그 경우에 어떤 일이 발생할 지 시험해 보기를 내심 바란다.

이론 장치는 즐거운 목적지로 향하는 직선도로가 아니라 미로와 비슷하다. 이 책을 위해 선택된 장의 순서는 물론 유일하게 가능한 순서가 아니다. 그러한 사정은 장의 주제로서 강조된 개념들을 선택하는 데서도 그러하다. 어떤 개념들이 초학제적으로 그리고 다양한 체계들에 대해 도입될 것이며 어떤 개념들이 그렇지 않을 것인가, 그리고 어떤 경우에 이론사적 자료를 끌어들이는 것이 중요하며 어떤 것에서 중요하지 않을 것인가의 질문에서 나는 달리 결정할 수도 있었을 것이다. 또한 나는 선취들과 교차 지시들이 이론의 비선형적인 특징에 대한 기억을 유지하는 정도와 필수적인 최소한도를 선택하는 데서도 달리 결정할 수 있었을 것이다.

이론은 개념 파악과 진술들이 내용상으로 관련된 곳에서는 거의 저절로 쓰인 반면, 나는 배열 문제에 많은 시간을 들였고 많은 숙고를 했다. 독일연구재단이 지원해준 덕분에, 나는 일 년 간 이 과제에 집중할 수 있었다. 이 해결안이 만족스럽기를 바란다.

빌레펠트, Bielefeld, 1983년 12월

니클라스 루만

체계이론에서의 패러다임 전환

• 서론

오늘날 "체계이론"은 매우 상이한 내용들과 매우 상이한 분석 차원들을 통칭하는 집합 개념이다. 그 용어는 분명한 뜻을 말해주지 않는다. 체계 개념을 별다른 설명 없이 사회학적 분석에 수용한다면, 기초가 없는 피상적인 정밀화가 나타날 뿐이다. 그래서 우리는 논쟁 관련자들이 체계를 언급할 때 다른 것을 말하고 있다고 추측하거나 논증에서 추론해낼 수 있을 논쟁에 빠진다.

동시에 "일반 체계이론"으로 지칭되는 연구 분야가 급속도로 발전한다는 사실을 관찰할 수 있다. 고전의 모범에 사로 잡혀 다원론을 추종하는 사회학적 이론 토론과 비교해 보면, 일반 체계이론에서 그리고 이와 연관된 학제간 노력들에서 근본적인 변화들, 심지어 쿤이 말하는 "과학혁명"까지 발견할 수도 있다. 사회학적 이론 형성이 이 발전에 연결될 수 있다면, 훨씬 많은 것을 얻어낼 수 있을 것이다. 특히 지난 10년 동안 이루어진 일반 체계이론의 재정립은 일반적으로 보이는 것보다 훨씬 뚜렷하게 사회학적 이론의 관심에 적절하다. 하지만 체계이론의 재정립은 사회학의 이론적 논의에서 종래에는 흔치 않았던 정도의 추상화와 복잡화를 강요하고 있다. 이 책에서 우리는 이 연관을 만들어내려고, 즉 이 틈을 메우려고 시도할 것이다.

첫 번째 사전 지향을 위해서는 세 가지 분석 층위를 구분하고 일반 체계이론의 층위에서의 "패러다임 전환"이 사회적 체계의 일반이론에 어떤 영향을 줄 것인가의 질문을 제기하는 것으로 충분할 것이다. 아래의 그림이 그 계획을 분명하게 보여줄 것이다.

일반적으로는 대상의 성격을 규정하는 데 필수적인 근거가 되는 특징들에 유념하면서 체계라는 용어를 거론할 수 있다. 가끔씩은 그러한 특징들의 총체의 (차이)동일성(역자주)을 체계라고 부르기도 한다.

그 후 뜻밖에도 일반 체계이론으로부터 일반 체계의 이론이 만들어졌다.[1] 이 문제는 모든 구체화된 단계에서, 매 단계마다 상응하는 제한을 가지고 반복된다. 아래에서 우리는 이런 (용)어법을 사용하지 않을 것이다. 우리는 체계 개념(이나 모델)을 다시 체계라고 부르

역자주) 국내에서는 예외없이 "통일성"으로 번역되는 Einheit의 역어이다. 이러한 번역의 근거를 토론한 문헌으로는 이 책의 옮긴이 해제, "사건이론적 차이이론과 번역어에 관한 논의"를 참조하라.

1) "뜻밖에" 또는 매우 "의도적"이라고도 할 수 있다. 그래서 예를 들어 Jean-Louis Le Moigne, *La théorie du système général: théorie de la modélisation*, Paris 1977 를 볼 것. 르 무아뉴(Le Moigne)에게는 일반 체계의 (차이)동일성이 대상 그 자체를 위한 모델로 사용되는 인위적 대상의 기능에 있다.

지는 않겠다. 왜냐하면 우리는 유기체나 기계나 사회의 개념(이나 모델)을 다시금 유기체, 기계, 사회라고 부르고 싶지는 않기 때문이다. 달리 말해 우리는 이론의 최고도 추상화 상황을 통해서도, 대상을 가리키는 용어를 가지고 인식 수단(개념, 모델 등)을 입증하는 데까지 나아가지는 않겠다는 뜻이다──그리고 물론 구체적인 연구 영역에서는 그러한 결정을 고수할 수 없을 것이기 때문에 그렇게 하지 않을 것이다. 말하자면 "체계들이 있다"는 진술은 체계 개념의 적용을 정당화하는 특징들을 드러내는 연구 대상들이 있다고 진술할 뿐이다. 그리고 역으로 이 개념은 이 관점에서 서로 비교 가능하거나 '같은/다른'의 관점에서 다른 사태들과 비교 가능한 사태들을 추상화하는 데에 사용된다.

(이론을 목표로 하는) 개념적 추상화(*begriffliche* Abstraktion)는 (구조를 목표로 하는) 대상의 자기추상화(*Selbst*abstraktion)와 구분된다. 개념적 추상화는 비교들을 가능케 한다. 자기추상화는 같은 구조들을 대상 자체에서 다시 사용할 수 있게 해준다. 그 둘은 엄격하게 구분되어야 한다. 그 경우에 그리고 오직 그럴 경우에만 중첩을 확인할 수 있다. 자기추상화를 위해 개념적 추상화를 사용하는, 즉 다른 구조들의 특징에 비추어 구조들을 비교하여 고유한 특징들을 획득하는 체계들이 있을 수 있다. 즉 개념적 추상화가 어느 정도나 대상들에서의 자기추상화에 근거하는지, 그리고 어느 정도나 구조 비교의 결과가 되는지 검토할 수 있다.

우리는 체계 형성의 세 층위의 추상화 도식을 개념적 도식으로 사용할 것이다. 그 도식은 일단은 체계를 형성하는 상이한 가능성을 비교하는 데에 기여한다. 그러나 우리는 이 비교를 완성하는 데서 대상 영역에서의 자기추상화에 맞닥뜨릴 것이다. 체계들이 예를 들어 내부와 외부의 구분 같은 체계 개념의 특징들을 자기 자신에게 적용하는 것은 가능하며 실제로 나타나는 일이다. 이 점에서 단순히 분석적인 도식은 관건이 아니다. 그보다는 우리는 체계들의 비교가 어느 정도나 자기추상화에 근거하며 그로 인해 동일한지 다른지를 묻기 위한 검토 절차로서 그러한 비교를 사용할 것이다.

체계 형성의 세 층위의 구분은 즉시 종래의 논의에서 나타난 전형적인 "실수들"이나 적어도 불명확성을 드러내 보여준다. 상이한 종류의 체계들을 서로 비교하려면 하나의 층위를 유지해야 한다.[2] 경계를 부정적으로 구획할 때에도 하나의 층위를 유지해야 한다는 동일한 원칙이 적용된다. 이 규칙을 통해 이미 수많은 비생산적인 이론 전략들을 제거할 수 있다. 예를 들어 사회는 유기체가 아니라고 말하는 것이나 학파 전통의 의미에서 (함께 연관된 부분들로 구성된) 유기체적 신체와 (함께 연관되지 않은 부분들로 구성된) 사회의 신체들을 구분하는 것은 그다지 의미가 없을 것이다. 상호작용론을 기초로 사회적인 것의 일반이론을 구성하려는 시도도 마찬가지로 "성공하지 못할" 것이다. 컴퓨터 발명에 고무되어 최근에 부상한 기계 개념을 일반 체계이론에 사용하려는 경향 또한 성공하지 못할 것이다.[3] (그렇게 하는 것은 방금 말했듯이 정당화되지 않은 거부를 유발한다). 층위의 구분은 생산적인 비교 관점을 규정할 수 있도록 해야 할 것이다. 층위들을 구분한 다음에야 동등성들(Gleichheiten)에 관한 진술들이 더 높은 층위로 옮겨질 수 있을 것이다. 예컨대 사회적 체계와 심리

---

2) 이를테면 Donald M. MacKay, *Brains, Machines and Persons,* London 1980는 이 것을 원칙으로서 정식화하지 않고서 이 원칙을 고수한다.

3) 이를테면 A. M. Turing, "Computing Machinery and Intelligence", *Mind 59* (1950), 433-460을 참조할 수 있다. Edgar Morin, *La Méthode Bd. 1*, Paris 1977, 155이하도 볼 것. 이 점에 대해 비판적인 관점으로는, 해결되지 못한 자기 준거 문제를 언급한 Alessandro Pizzorno, "L'incomplétude des systèmes", *Connexions 9* (1974), 33 -64; 10 (1974), 5-26(특히 61 이하)를 볼 것.

적 체계는 그것들이 체계라는 점에서는 동등하다. 하지만 하나의 비교 차원의 부분 영역들에서만 타당한 동등함도 있을 수 있다. 예를 들어 심리적 체계들과 사회적 체계들은 의미(Sinn) 사용을 통해 규정되지만, 기계와 유기체들은 그렇지 않다. 그렇다면 보다 일반적인 이론을 지향하려면, 기계와 유기체에서 의미의 기능적 등가물로서 무엇이 사용되는지를 질문해야 할 것이다.

특정한 체계 종류를 특정한 층위에 귀속시키는 것은 일단 어느 정도는 직관에 따라 이루어질 수 있다. 그런 직관적 귀속은 연구 경험들이 그렇게 강요한다면 교정될 수 있을 것이다. 그것은 일단은 귀납적으로 확보된 체계 유형들의 목록에 대해서도 마찬가지로 적용된다. 그러나 그러한 수정들은 층위 차이가 층위 차이로서 기능을 발휘할 때에만 실행될 수 있다. 층위 차이가 무너진다면,— 예를 들어 "생명"을 유기체의 특징으로서 사용하지 않고 기초 개념으로 사용한다면—, 어쩔 수 없이 더 단순한 이론 형식으로 후퇴하게 될 것이다.

아래의 연구들은 사회적 체계의 일반이론의 층위를 엄격하게 고수한다. 이 연구들은 예를 들어 사회이론이 아니다. 이 연구에서 사회는 포괄적인 사회적 체계로서 이해되며, 그래서 다른 사회적 체계들의 사례 중 하나로서 이해된다.[4] 일반 체계이론 역시 대자적으로 실

---

4) 우리는 여기서 사회학에서 항상 대변되는 견해, 즉 사회학은 스스로를 사회의 학문으로 파악할 수 없으며 또한 그래서도 안 된다는 견해를 참조한다. 예를 들어 Leopold von Wiese, *System der Allgemeinen Soziologie als Lehre von den sozialen Prozessen und den sozialen Gebilden der Menschen (Beziehungslehre)*, 2. Aufl., München 1933, 또는 최근에 특별히 강조한 Friedrich H. Tenbruck, "Emile Durkheim oder die Geburt der Gesellschaft aus dem Geist der Soziologie", *Zeitschrift für Soziologie 10* (1981), 333-350. 우리는 물론 반대 이유에서 이렇게 한다. 우리는 사회이론을 (전제가 지나치게 많아지기 때문에) 배제하기 위해서가 아니라, 그것을 (사회학적으로 아직 규명할 수 있는 전제로서) 포함하기 위해 그렇게 한다.

행되지는 않는다. 그럼에도 그 이론에 충분히 주목해야 한다. 왜냐하면 우리는 일반 체계이론의 층위에서 나타난 패러다임 전환이 사회적 체계들의 이론에 어떻게 영향을 미치는가에 관한 질문을 주도 이념으로 삼고 있기 때문이다.

우리가 앞서 "패러다임 전환"이라고 부른 것에 대해서도 여기서는 대략적인 방향 제시로 충분하다. 우리는 쿤이 패러다임 개념을 도입했을 때 염두에 두었을지도 모르는 것을 탐색하는 시도를 하지는 않을 것이다. 그런 시도들은 오늘날 가망이 없다. 우리는 오직 하나의 구분,[5] 즉 거대이론[6]과 주도적 차이(Leitdifferenz)의 구분만을 중시할 것이다.

거대이론은 보편주의적인 요구들을 가지는 이론들이다(그래서 그 요구는 자기 자신과 그 반대자를 포괄한다).[7] 주도적 차이들은 이론의 정보처리 가능성을 조종하는 구분들이다. 이러한 주도적 차이들이 실제로 모든 정보처리를 이끌 수 있는 거대이론을 조직한다면, 주도적 패러다임의 자격을 얻을 수 있다. 그래서 예를 들어 진화라는 거대이론은 다윈과 그 추종자들에 의해 변이와 선택의 차이로 치환된다. 그 전에는 사람들은 진화 결과의 총체를 그에 상응하는 (차이)동일성들을 통해, 단서(근원(arché), 근거)를 통해 혹은 초지성적인 예측을 통해 파악하려 시도했고, 그에 따라 진화를 발전이나 창조로 파악했다. 규정되지 않은 다른 것에 반하는 구분만을 허용하는, (차이)

---

5) 이 구분에 대해 나는 과학이론의 문헌에서는 입증 자료나 유사성을 발견하지 못했다.

6) 비슷한 것으로는 이를테면 Larry Laudan, *Progress and its Problems: Toward a Theory of Scientific Growth*, Berkeley 1977에 의한 "연구 전통"이 있다.

7) 간략한 개괄로서 Niklas Luhmann, "Soziologie der Moral", in: Niklas Luhmann/Stephan H. Pfürtner (Hrsg.), *Theorietechnik und Moral*, Frankfurt 1978, 8-116(9이하)를 볼 것.

동일성에 대한 이러한 견해들은 다윈 이후로는 차이의 (차이)동일성 (변이/선택, 나중에는 변이/선택/재안정화, 부분적으로는 우연/필연, 질서/혼돈)으로 대체된다. 거대이론이 고도의 '차이 중심화'에 도달하면, 패러다임 전환 역시 가능하다.

체계이론은 특별히 인상 깊은 거대이론이다. 체계이론은 논란의 여지는 있지만 숙성 과정을 거쳤음을 부정할 수 없다. 우리는 거대이론의 야망, 차이의 중심화, 패러다임 전환으로 특징지어진 역사를 추적할 수 있다는 사실에 근거하여 이렇게 주장한다. 이 발전이 "진보"로 불릴 수 있다거나 심지어 지식의 축적을 낳았는지의 여부와 규모는 결정하기가 훨씬 더 어려운 질문이다.

100년 전을 되돌아보면, 이제야 체계이론으로 불리기 시작하는 것에서, 기초와 관련된 두 차례의 재설정이 있었음을 알 수 있다. 두 경우 모두에서 이전에 발견된 개념을 단순히 진리가 아니거나 무용한 것으로 설명하지 않는다. 개념은 의도적인 변화를 통해 확장되고 새로운 이론으로 옮겨지고 그런 식으로 "폐기된다." 새 이론은 그때마다 선행 이론에 비해 내용이 풍성해졌고 더 높은 복잡성(Komplexität)에 도달한다. 그리고 바로 이런 이유 덕분에 새 이론은 사회적 사태를 다루는 데에 점점 더 적절한 이론이 된다.

고대로부터 전승되었고 "체계"[8]라는 용어가 개념으로 사용된 것

---

8) 대략 1600년경에 처음 시작된 용어사에 관해, 예를 들어 Otto Ritschl, *System und systematische Methode in der Geschichte des wissenschaftlichen Sprachgebrauchs und der philosophischen Methodologie*, Bonn 1906; Mario G. Losano, *Sistema e struttura nel diritto Bd. 1,* Torino 1968; Alois von der Stein, "Der Systembegriff in seiner geschichtlichen Entwicklung", in: Alwin Diemer (Hrsg.), *System und Klassifikation in Wissenschaft und Dokumentation,* Meisenheim am Glan 1968, 1-13; Hans Erich Troje, "Wissenschaftlichkeit und System in der Jurisprudenz des 16. Jahrhunderts", in: Jürgen Blühdorn/Joachim Ritter (Hrsg.), *Philosophie*

보다 더 오랜 전통에서는 부분들로 이루어진 전체성이라는 말을 했다. 이 전통 문제는 전체가 이중으로, 즉 한 번은 (차이)동일성으로서 그리고 다른 한 번은 부분들의 총체로서 생각되어야 했다는 점이다. 그렇게 하면 물론 전체가 부분들의 총체라거나 혹은 부분들의 단순한 합계 이상이라고 말할 수는 있게 되었다. 하지만 전체가 부분들과 그 나머지들로만 구성된다면 어떻게 부분들의 층위에서 (차이)동일성으로서의 타당성을 얻을 수 있을지의 문제는 규명되지 않았다. 전체가 부분으로 구성되듯이 사회들이 개별적인 인간들로 구성된다는 사회적 관계의 범위에서 전제할 수 있었기에, 인간들의 공동생활에 관한 통찰을 가지고 어떤 대답을 할 수 있었다. 인간들은 자신들이 사는 전체를 인식하여야 했고, 이러한 인식에 따라 자신의 생활을 영위할 준비가 되어 있어야 했다. 그렇게 하는 것은 인간들의 부분 존재로서의 조건으로서, 인간들의 몫과 참여, 따라서 인간들의 자연의 조건으로서 간주될 수 있었다. 이런 방식으로 (착각할 수 있는) 인식과 (일탈할 수 있는) 의지로 첨예하게 나눌 때의 위험은 자연의 일반적인 붕괴 또는 불완전의 계기로 파악될 수 있었으며, 자연은 그 자체가 지배하는 부분들과 피지배 부분들로 구분될 필요가 있었다. 이때 지배하는 부분들에서는, 전체 안에서 전체 자체를 "재현할" 수 있으려면 올바른 통찰과 의지를 가져야 했다는 점이 특별히 첨예화된

---

und Rechtswissenschaft: Zum Problem ihrer Beziehungen im 19. Jahrhundert, Frankfurt 1969, 63-88; Friedrich Kambartel, "'System' und 'Begründung' als wissenschaftliche und philosophische Ordnungsbegriffe bei und vor Kant", in: Blühdorn/Ritter a. a. O. 99-113을 볼 것. 주목할 만한 것으로는 E. Fahlbusch, "Konfessionalismus", in: *Evangelisches Kirchenlexikon Bd. II*, Göttingen 1958, Sp. 880-884. 이때 전적으로 지배적인 것은 범주적이며 인식론적인 관심이다. 그런데 이 관심 자체는 불안과 복잡성 증대로 조건화되어 있었으며, 그것은 다시 부분적으로는 인쇄술에 의해 부분적으로는 종교 분쟁에 의해 촉발되었다.

가운데 쟁점이 되었다.

이 개념의 사회적인 전제 조건과 지식 기초들은 현대사회로 넘어오면서 근본적인 변화를 겪는다. 18세기에 완성되었고 가장 최근에 고안된 버전에서는 보편성이라는 범주를 사용했다. 세계의 전체 또는 인류의 전체는 인간 안에 있는 보편성으로서 현전해야 한다는 것이다. 그러한 이해에 이어지는 논의는 세계와 인류가 인간 안에서 존재할 때 취해야 하는 형식과 관련되었다. 그러한 형식에 관련해서는 이성 개념, 관습법, 또는 유사한 선험주의들, 도야 개념이나 국가 개념을 통해 답변하려고 했다. 불충분함을 표현하는, 달 아래 관계들의 붕괴 가능성을 뜻하는 낡은 의미는 이념화를 통해 극복되었다. 그래서 사회의 관계로부터 추상화가 매우 광범위하게 이루어질 수 있었고, 심지어 "지배로부터의 자유"는 인간 보편성이 방해받지 않는 기본 조건으로서 전제될 수 있었다. 보편성은 흠 없고 위험도 없고 보완될 필요도 없는 것으로서 구상되었다. 프랑스 혁명이 그러한 생각이 옳지 않음을 보여주는 증거를 숱하게 보여 주었음에도, 그렇게 생각하는 경향은 줄어들지 않았다. 그래서 보편성은 실현에 대한 요구를 가지고 나타날 수 있었다. 정신이나 질료는 보편성이 특수성에서 실현되는 먼 여정을 거쳐야 했다.

이 모든 것은 오늘날 다소간의 날카로운 경고성 어조를 띠는 회상의 대상이다.[9] 그리고 실제로 이 사고 유형은 원래 대체된 것이 아니라 다만 고안된 것이다. 이 종류의 노력을 다시 능가할 만한 방법은 거의 찾아보기 어렵다. 하지만 이 모든 것이 전체와 부분들의 도식을 통해 조건지어져 있었고 동기화되었다는 우리의 전제가 옳다면, 무

---

9) 예를 들어 Michael Theunissen, *Selbstverwirklichung und Allgemeinheit: Zur Kritik des gegenwärtigen Bewußtseins,* Berlin 1982를 참조할 것.

엇보다도 "특수성 속의 보편성"이라는 유형을 대체할 수 있을 주도적 의미론을 찾기 전에 이 도식부터 먼저 대체해야 하지 않을까 고민해 보아야 한다. 이러한 역사적인 배경을 앞에 두고 바로 그러한 도식 대체를 관할하는 체계이론이 전체와 부분의 패러다임에서 벗어났는지의 여부를, 그리고 벗어났다면 어떻게 벗어났는지를 질문하게 된다.

첫 번째 시도에서는 전체와 부분이라는 전통적인 차이가 체계와 환경의 차이로 대체된다. 저명한 학자인 루트비히 폰 베르탈랑피가 주도한 이 변환을 통해 유기체이론, 열역학, 진화이론을 서로 관련지을 수 있게 된다.[10] 그로써 이론적 기술에서 개방적 체계와 폐쇄적 체계의 차이가 나타난다. 폐쇄적 체계는 한계 상황으로서, 즉 환경이 의미를 부여할 수 없거나 특수한 경로를 통해서만 의미 있는 체계들로서 정의된다. 이 이론은 개방적 체계와 관계를 맺는다.

전체와 부분의 차이가 말하던 것은 체계분화 이론으로 재정식화되고, 그런 방식으로 새로운 패러다임 안에 구축된다. 체계분화는 체계 안에서 체계와 환경의 차이의 반복이 발생한다는 바로 그것을 의미한다. 이때 전체 체계는 고유한 부분체계 형성을 위한 환경으로서 스스로를 사용하고, 결국에는 통제 불가능한 환경에 대한 여과 작용을 강화하여 부분체계의 층위에서 상당한 비개연성들을 실현시킨다.

---

10) 훌륭한 개괄을 제공하는 문헌으로는 I. V. Blauberg/V. N. Sadovsky/E. G. Yudin, *Systems Theory: Philosophical and Methodological Problems*, Moskau 1977, 15 이하를 볼 것, 또한 Ernst von Weizsäcker (Hrsg.), *Offene Systeme I: Beiträge zur Zeitstruktur von Information, Entropie und Evolution*, Stuttgart 1974; Alfred Kuhn, *The Logic of Social Systems: A Unified, Deductive, System-Based Approach to Social Science*, San Francisco 1974; Fred Emery, *Futures we are in*, Leiden 1977; Jacques Eugène, *Aspects de la théorie générales des systèmes: Une recherche des universaux*, Paris 1981도 참조할 것.

그렇게 된 후에는 분화된 체계는 더 이상 일정한 수의 부분들과 부분들 간 관계들을 구성성분으로 가지지 않는다. 분화된 체계는 오히려 많든 적든 작동을 통해 사용 가능한 수많은 '체계/환경-차이들'로 구성된다. 이때 이 차이들은 각자의 상이한 교차선에서 전체 체계를 부분체계와 환경의 (차이)동일성으로서 재구성한다. 분화는 그렇게 체계 형성의 일반적인 패턴에 따라 다루어지고, 어떤 형식에서 그리고 어떤 복잡성의 정도까지 체계분화가 가능할 것인가의 질문은 전체 체계를 구성하는 출발 차이에 되묶일 수 있다.

전체와 부분 도식이라는 핵심 문제는 이제 더 잘 해결 가능하다. 이전에는 부분들이 전체와의 관계에서 동질적이어야 한다고 요구되었다. 그렇다면 그것은 집의 부분들이 벽돌들이 아니라 방(房)이며, 책의 부분들이 철자들이 아니라 장(章)이라는 뜻일 수밖에 없었다. 다른 한편 개별 인간은 사회의 부분으로서 타당했다. 동질성에 대해 이론적으로 확보된 기준은 거의 없었다. 이러한 사고방식에서는 부분과 요소 개념을 구분하기가 매우 어려웠기에 더욱 그러했을 것이다.[11] 그밖에도 이 패러다임에 따르면 하나의 실재 분할은 (마찬가지로 가능한) 다른 분할을 배제했다. 그래서 계층화된 사회는 계층들로 나뉜 사회(이를테면 도시/농촌이나 기능적 주안점에 따라 나뉜 것과 같은 실재 값을 가지는 사회)라는 방식으로 생각될 수밖에 없었다.[12]

---

11) 주목할 만한 시도로서 Uuno Saarnio, *Der Teil und die Gesamtheit, Actes du XIème Congrès International de Philosophie Bruxelles 1953 Bd. 5*, Amsterdam —Louvain 1953, 35-37을 볼 것.

12) 이에 대해서는 위계화에 대한, 2[항 1]조의 상이한 구분, 즉 전체/부분 그리고 중심/주변의 구분을 볼 것. 이것은 매우 상이한 질서 사상으로 인도한다. Gerhard Roth, "Biological Systems Theory and the Problem of Reductionism", in: Gerhard Roth/ Helmut Schwegler (Hrsg.), *Self-organizing Systems: An Interdisciplinary Approach*, Frankfurt 1981, 106-120(111-112)를 참

'체계/환경-분화' 이론은 이러한 모든 관점에서 더 나은 분석 가능성을 제공한다. 그리고 이 관점은 동질성을 더 정확하게 파악할 뿐만 아니라, 부분체계들의 분화의 상이한 관점들을 동시에 사용할 가능성에 대한 이해를 제공한다.

체계와 환경의 주도적 차이로의 전환이 시사하는 장점들은 사회학에서도 분명히 감지할 수 있다. 고전사회학은 당연히 "단위-내부적 지향"(intra-unit orientation)으로 — 바로 분화 개념으로 — 특징지어진다.[13] 반면 최근 이론 발전은 그러한 발전이 전적으로 체계이론적인 지향을 드러내고 있다는 점에서, 특히 조직 연구에서, 환경과 관련된 체계 개념들을 선호한다. 그러나 "개방적 체계"로의 전환은 사회학에서 어떤 추세와 완전히 무관하게 수용된 것은 아니었다. 사회학은 여기서 사회적 관계들의 "현 상태"(status quo)에 대한 비판을 조장하고, 사회적 구조의 "개혁", 기획, 경영과 통제를 중시하는 경향과 결탁했다. 무엇보다도 사회학의 주된 적용 분야가 조직된 사회적 체계들의 영역에 있기 때문이다.[14] 환경 관계는 '투입/산출-도식' 속에서 파악되었고, 구조들은 변형(Transformation)의 규칙으로서, 기능들은 구조 변이를 통해 영향을 줄 수 있기를 희망했던 바로 이

조할 것.

13) 그렇다면 Gianfranco Poggi, "A Main Theme of Contemporary Sociological Analysis: Its Achievements and Limitations", *The British Journal of Sociology 16* (1965), 283-294를 참조할 것.

14) 이미 비관적으로 회고한 Michael Keren, "Ideological Implications of the Use of Open Systems Theory in Political Science", *Behavioral Science 24* (1979), 311-324를 참조할 것. 이렇게 조직들의 변화에만 제한된 것은 그밖에도 체계 이론이 사회들을 관련할 때 탈주제화, 그러니까(!) 순응주의를 비난할 계기를 주었다. 이 분쟁 역시 상이한 체계준거들이 분리된다면 해결될 수 있을 것이다.

변형으로서 파악되었다.[15]

체계이론 내에서 이 개방적 체계의 패러다임이 관철되고 인정된 것으로 간주될 수 있는 반면, 그러한 패러다임 수용에 연결된 보다 나은 급진성의 첫 행보는 지난 20년간에 논의되고 있다. 자기준거적 **체계이론**(Theorie selbstreferentieller Systeme)에 대한 기여들이 관건이 된다. 현재로서는 충분히 다듬어진 이론 기초가 없으며, 수용되기는 커녕 일반적으로 인지된 이론 기초도 없다. 그러나 사회적 체계 이론을 위한 결과를 평가할 만한 자료들은 충분히 축적되어 있다. 그밖에도 바로 이런 열린 상황은 사회적 체계들의 영역에서의 연구들을 통해 자기준거적 체계들의 일반이론에 기여하라고 요구한다.

최초의 발전은 자기조직(Selbstorganisation) 개념을 사용하여 추진되었고, 그 움직임은 1960년경 세 차례의 성대한 심포지엄을 통해 어느 정도 정점에 도달했다.[16] 그렇지만 자기조직 개념은 "오직"이라 말할, 체계의 구조들에만 관련되었다. 고유한 수단들을 가지고 구조들을 교체하는 것은 처음에는 개념적으로 유난히 어렵고 그래서 체계이론적으로 특별히 매력 있는 문제로서 간주되었다. 그렇지만 그 문제는 오늘날 자기준거 개념 하에서 이해되는 모든 것에 전혀 도달하지 못했다. 그러는 가운데 ─ 체계의 (차이)동일성이든, 체계 요소들의 (차이)동일성이든 ─ (차이)동일성과의 관련이 구조와의 관련을 (물론 배제한 것은 아니었지만) 밀어낸다.

---

15) 이 점에 대해 매우 전형적인 문헌으로 Fernando Cortés/Adam Przeworski/ John Sprague, *Systems Analysis for Social Scientists,* New York 1974를 볼 것.
16) Marshall C. Yovits/Scott Cameron (Hrsg.), *Self-organizing Systems,* Oxford 1960; Marshall C. Yovits/George T. Jacobi/Gordon D. Goldstein (Hrsg.), *Self-organizing Systems,* Washington 1962; Heinz von Foerster/George W. Zopf (Hrsg.), *Principles of Self-organization,* Oxford 1962를 참조할 것.

자기준거적 체계이론은 체계들의 분화가 자기준거를 통해서만 성립할 수 있다고, 즉 체계들이 자신들의 요소들과 그 기본적 작동들을 구성하는 데서 (동일한 체계의 요소이든, 동일한 체계의 작동이든, 동일한 체계의 (차이)동일성이든 상관없이) 자기 자신과 관계됨을 통해서만 성립한다고 주장한다. 체계들은 이것을 할 수 있도록, 체계 자체의 기술(Beschreibung)을 만들어내고 사용해야 한다. 체계들은 적어도 체계와 환경의 차이를 방향타로서 그리고 정보 창출의 원칙으로서 체계 내적으로 사용할 수 있어야 한다. 따라서 자기준거적 폐쇄성은 환경에서만, 즉 생태학적 조건하에서만 가능하다.[17] 환경은 자기준거적 작동들의 필수적인 상관물이다. 왜냐하면 바로 이 작동들은 유아론(唯我論)의 전제에서는 진행될 수 없기 때문이다.[18] (자기를 포함하여 환경 안에서 어떤 역할을 수행하는 모든 것이 구분에 따라 도입되어야 하기 때문이라고 말할 수도 있을 것이다.) "폐쇄적" 체계들과 "개방적" 체계들 간 (그새 고전이 된) 구분은, 자기준거적 폐쇄성이 어떻게 개방성을 만들어낼 수 있는가의 질문으로 대체된다.

말하자면 여기서도 낡은 기본적 차이는, 이제 자기기술(Selbst-beschreibung), 자기관찰(Selbstbeobachtung), 자기단순화(Selbstsim-plifikation)의 체계에의 도입을 말하는 것이 가능할 만큼 복잡한 이론에서 "지양"(止揚)되기에 이른다. 이제는 (예를 들어 과학자의) 관찰자 관점에서 본 '체계/환경-차이'를, 체계 자체 내에서 사용되는 '체

---

17) 이에 관해 근본적인 연구로는 Heinz von Foerster, "On Self-Organizing Systems and Their Environment", in: Yovits/Cameron, a. a. O., 31-48을 볼 것.

18) 이에 관해 설득력 있는 연구로는 Heinz von Foerster, "On Constructing a Reality", in: Wolfgang F. E. Preiser (Hrsg.), *Environmental Design Research Bd. 2*, Stroudsbourg Pa. 1973, 35-46을 볼 것.

계/환경-차이'와 구분할 수 있는데, 이때의 관찰자는 다시금 자기준거적 체계로서만 생각될 수 있다. 이런 종류의 성찰 관계들은 고전적인 '주체-객체 인식론'을 뒤엎기만 하는 것이 아니다. 그 관계들은 과학이론을 탈독단화시키고 "자연화시키기"만 하는 것도 아니다. 성찰관계들은 훨씬 더 복잡한 이론 설계를 통해 훨씬 더 복합적인 대상 이해를 만들어낸다.

'체계/환경-이론'의 맥락에서는 비교적 단순한 이론 이해가 여전히 가능했다. 그래서 이 이론은 예를 들어 인과관계들을 단순히 확장시킨 것으로 해석될 수도 있을 것이다. 모든 인과적 설명에서 내적 요소들과 외적 요소들을 고려해야 한다는 것이다. 체계와 환경은 일종의 공동 생산으로 서로를 한곳에서 발견할 것이라는 뜻이다. 자기준거적 체계이론은 이런 인과모델을 무력화시킨다. 이 이론은 인과성을 (논리적인 연역과 모든 종류의 비(非)대칭화와 마찬가지로) 일종의 자기준거 조직으로 간주한다. 그리고 이 이론은 자기준거적 체계들만이 체계와 환경에 인과성들을 분배하는 가능성을 확보할 수 있다는 조건을 통해 체계와 환경의 차이를 "설명한다". 그러한 이론에는 형식 개념들, 즉 관계들의 관계화 층위에 자리 잡은 형식 개념들이 필요하다.

'체계/환경-차이' 이론을 자기 안에 취하는 자기준거적 체계이론을 완성하려면 새로운 주도적 차이, 즉 새로운 패러다임이 필수적이다. 이것을 위해 동일성과 차이의 차이(Differenz von Identität und Differenz)가 나타난다.[19] 왜냐하면 자기준거는 자기가 (요소로서든,

---

19) [이 점을] 정확하게 읽는 사람은, 동일성과 차이의 차이를 말하고 있는 것이지 동일성과 차이의 동일성을 말하고 있는 것이 아님을 깨달을 것이다. 이 지점에서 벌써 변증법적 전통으로부터 다음의 고려들이 갈려나온다. 이하에서 언제나 새롭게 돋보일 유사성이 아무리 크더라도 말이다. 현대의 기능주의를

과정으로서든, 체계로서든) 자기 자신을 통해 스스로 확인되고 다른 것에 맞서 달리 투입될 수 있을 때에만, 체계의 현재적인 작동에서 실현될 수 있기 때문이다. 체계들은 그 자신이 자기준거적 체계들로 재생산될 때 동일성과 차이의 차이를 잘 다루어야 한다. 혹은 달리 말하면, 재생산은 바로 이 차이를 다루는 것이다. 이것은 일단은 이론적 문제가 아니며 전적으로 실천적인 문제이다. 그리고 이것은 의미체계들에 관련되는 문제만은 아니다.[20] 그러한 체계들을 감당하려는 학문은 그에 부합하는 수준에서 개념들을 형성해야 한다. 그리고 그 학문에 대해서만 동일성과 차이의 차이가 이론 형성의 주도적 원리, 즉 패러다임인 것이다.

일반 체계이론에서 이 두 번째 패러다임 전환을 통해 주목할 만한 관점 전환들이 이루어진다. 그러한 전환들은 설계와 통제에 대한 관심에서 자율과 환경 민감성에 대한 관심으로, 계획에서 진화로, 구조적 안정성에서 역동적 안정성으로 옮겨 가는 전환이다. 전체와 부분들의 패러다임에서는 설명할 수 없는 속성들을 어디엔가 처분해야

이 기본 문제에까지 끌고 가는 소수의 학자들 중 하나인 Alfred Locker, "On the Ontological Foundations of the Theory of Systems", in: William Gray/ Nicholas D. Rizzo (Hrsg.), *Unity Through Diversity: A Festschrift for Ludwig von Bertalanffy,* New York 1973, Bd. 1, 537-572를 참조할 것. 그러나 록커(Locker)는 궁극적으로 타당한 관점에서 기능주의와 변증법을 융합시킨다. "궁극적인 관점에서 기능성은 (차이)동일성, 즉 동일성과 차이의 동일성으로 이끈다"(546). 나는 이 최후의 동일성을 어떻게 이해할 것인가를 명료하게 하는 일을 변증론자들에게 맡기는 것을 선호한다. 기능주의적 체계이론에서는 (제각기 우연적으로 선택된) 차이들에서 출발하면 충분하다. 우리는 이 문제를 자기준거 문제와 관련하여 한 번 더 다룰 것이다. 아래 제11장을 참조하라.

20) 유기체의 면역체계가 가진 차별 능력에 대한 연구를 생각해보라. 예를 들어 N. M. Vaz/F. J. Varela, "Self and Non-Sense: An Organism-centered Approach to Immunology", *Medical Hypotheses 4* (1978), 231-267를 참조할 것.

했다. (그것의 부분들의 합계 이상인) 전체의 속성들이든, 전체를 대표하는 위계적인 정점의 속성으로서든 상관없이 말이다.[21] 이와 달리 자기준거적 체계들의 이론에서는 (있을 수 있는 정점, 경계, 부가가치 등을 포함하여) 체계에 속하는 모든 것이 자기생산에 연관되며 그로써 관찰자에게 있어 탈(脫)신비화된다.[22] 체계이론을 사회학에서 새로운 방식으로 흥미롭게 활용할 발전들이 이러한 변화들을 통해 도입된다.

이 두 가지 추동을 위한 시작이 사회학에서 출발하지 않은 것은 분명하다. 처음에는 열역학과 유기체이론으로서의 생물학이, 나중에는 신경생리학, 세포이론, 컴퓨터이론이 그러한 시작을 자극한다. 그밖에도 정보이론과 사이버네틱스와 같은 학제간 결속들이 당연히 있었다. 사회학은 공동 작용하는 연구로서도 배제된 상태에 있었을 뿐만 아니라, 이 학제간 맥락에서도 학습 능력이 없다는 것이 입증된다. 사회학은 고유한 기초 이론의 사전 작업이 없기에 무슨 일이 일어나는지 관찰조차 할 수 없다.[23] 그래서 사회학은 스스로 만들어낸 자료를 처리하는 데에 매달려 있으며, 이론에 관한 한 스스로 만들어낸 저작들을 다루는 데에 의존하고 있다. 이러한 사실들은 모든 종류의 자기준거적 폐쇄가 더 복잡한 환경 관점을 가능케 하지는 않는다

---

21) 두 가능성은 특별히 정치적 의미론에서 잘 추적될 수 있다. 예를 들어 "공동 선"에 대한 충성심 의무의 형식이나 국가 정점의 자의성(주권)이라는 축소될 수 없는 형식에서 말이다.

22) 이러한 반위계적, 혹은 더 정확하게 말하자면 메타 위계적 고찰 방식이 자기 생산 개념에서 유난히 돋보인다. 이 점은 자주 보고되었다. 예를 들어 Gerhard Roth, a. a. O를 참조할 것.

23) 탤컷 파슨스의 일반 행위체계이론에 대해 인정해줄 만한 예외는 동시에 기본 테제, 즉 일반 체계이론의 층위에서 자기준거적 폐쇄성이 환경 복잡성에 대한 개방성과 공(共)변이하는 것처럼, 그의 이론이 학제적 맥락에서 학습 능력의 조건이라는 기본 테제를 입증한다.

는 점을 보여주기도 한다. 그래서 상승관계에서 어떤 일이 일어나든, 체계들이 그러한 연관들을 현재화하고 그것을 통해 진화에 참여할 수 있는 특별한 조건들을 질문할 필요가 제기되는 것이다.

오늘날의 과학사적 배경에서 이 책의 고려들은 일반 체계이론의 발전 상태에 기초하여 사회적 체계들의 이론을 재정식화하려는 시도로서 이해되어야 할 것이다. 일반 체계이론은 사회학적 자료들에 맞닥뜨렸을 경우에도 입증되어야 할 것이다. 그리고 학제적으로 존재하거나 또는 점차 드러나는 추상화의 소득과 개념 형성 경험들이 이런 방식으로 사회학 연구에 유용하게 사용되어야 할 것이다. 나는 이 결합의 가장 중요한 결과 가운데 하나가 이 두 면에서 요소 개념의 급진적인 시간화(Verzeitlichung)에 있을 것으로 기대한다. 자신을 생산하는 자기생산체계이론은, 체계구성 요소들이 지속할 수 없다는 데서, 즉 이 요소들 자체의 체계를 통해 끊임없이 재생산되어야 한다는 데서 출발할 때에만, 행위체계의 영역으로 옮겨질 수 있다. 이 점은 사라지는 부분들을 단순하게 대체 조달하는 차원을 훨씬 넘어서며, 환경 관계들을 지시하는 것으로도 충분히 설명될 수 없다. 적응은 관건이 아니다. 재료 교체가 중요한 것도 아니다. 관건이 되는 것은, 체계가 자신을 구성하는 일시적인 요소들에 연결 능력, 즉 의미를 갖추어주고 그런 식으로 요소들을 재생산하지 않는다면, 즉 그렇게 유리한 모든 환경에서도 존재하기를 그냥 중단해 버린다는 데서부터 만들어지는, 자율에 대한 독특한 강제이다. 그러한 조건을 만들어내는 데는 상이한 구조들이 있을 수 있다. 하지만 (무질서한 해체로의 점진적인 경향뿐만 아니라) 즉각적인 해체로의 급진적인 경향에 맞서서도 관철될 수 있는 그런 구조들만이 있을 수 있다.

제1장 체계와 기능

1. 보편이론으로서의 자기준거적 체계이론: 대상의 자기추상화와 개념적 추상화의 자기준거로서의 보편이론

다음의 고찰들은 '체계들이 있다'는 것을 전제한다. 따라서 이것들은 인식론적 의심에서 시작하지 않는다. 또한 이 고찰은 체계이론의 "단순히 분석적인 적실성"이라는 소극적인 입장을 끌어들이지도 않는다. 체계이론을 현실 분석의 단순한 방법론으로 해석하는 것은 더더욱 피해야 할 일이다. 물론 진술들은 그 진술의 고유한 대상들과 혼동되어서는 안 된다. 진술들은 진술들일 뿐이고 과학적 진술들은 과학적 진술들에 불과하다는 점도 의식해야 한다. 그러나 그 진술들은 어쨌거나 체계이론의 경우에는 현실 세계와 관련을 맺는다. 따라서 체계 개념은 현실적으로 체계인 어떤 것을 지시하며, 그 진술들의 현실적 타당성을 입증하는 책임을 떠맡는다.

이런 주장은 일단 입장 표명의 의도로만 이해되어야 한다. 그래서 인식론적 논쟁이나 과학이론 논쟁의 문제 수준과 비교해 본다면, 그 정도는 지극히 개괄적인 암시에 불과하다. 이러한 암시는 인식론적 문제 제기로 되돌아가는 경로, 즉 현실 세계의 실제적인 체계들을 분석하는 작업을 통한 경로를 암시한다. 따라서 우선은 현실과 직접 관련된 체계이론이 완성되어야 한다. 이 작업이 체계인 모든 것에 대해 보편타당하다는 요구하에 완수된다면, 이 이론은 분석행동 체계들과 인식행동 체계들도 파악할 수 있다. 그래서 이 이론은 그 자신이 현실 세계에 있는 자신의 여러 대상들 가운데 하나로서 나타난다. 이 이론은 자기 자신을 그 대상 가운데 하나로서 다룰 것을 스스로에게 강요한다. 그러면 이 이론은 자기 자신을 자신의 다른 대상들과 비교할 수 있다. 이런 식의 비교는 통제 기능을 넘겨받는다. 체계이론은 그 비교를 주도하고 경우에 따라서는 비교로부터 학습하는 데에 적합해야 한다. 이로부터 체계이론은 인식론을 공동 인도할 수 있게 되며, 그 점을 통해 소급적으로 체계의 적합성 검증을 받는다. 체계이론은 다른 과제들 외에 이 과제도 해결할 수 있어야 한다.

이런 요구들은 체계이론을 자기준거적 체계이론으로서 구축해야 할 필연성에서 정점에 이른다. 앞서 개괄한 설명은 이미 자기준거를 함축하고 있는데, 그것은 체계이론이 언제나 자기 자신과의 관련도 자신의 대상들 가운데 하나로서 유념해야 한다는 뜻에서 그러하다. 그리고 이것은 이러한 체계이론의 특별한 대상을 학문체계의 전체 연구 프로그램으로 다룰 때뿐만 아니라, 체계이론이 자신의 전체 연구 프로그램에서 자신에의 적용이나 비(非)적용을 함께 고려해야 하므로 철저하게 이루어져야 한다. 반면 고전적 인식론은 자기준거를 단순한 동어반복으로서, 그리고 단순히 임의적인 것에 대한 개방으로서 사용하지 않겠다는 의도를 통해 규정된다. "인식론"의 관점에서 동일한 과학 프로그램이라는 것이 있다면, 이것이 바로 그 사실을 보여준다. 그 근거들은 매우 신중하게 다루어져야 한다. 하지만 이것은 일반 체계이론에서도 마찬가지로 등장하는 근거들이다. 그 근거들은 체계와 환경의 차이와 관련되며, 전적으로 자기준거적으로만 만들어진 체계도 없으며 임의적인 환경을 지니는 체계도 있을 수 없다는 점을 말해준다. 이런 조건에서는 모든 임의적 사건(Ereignis)이 질서값을 갖게 된다는 점에서 이 조건들은 불안정할 것이다.[1] 이 조건으로부터 자기준거는 구조화된 환경을 비(非)임의적으로 끌어들이는 방식으로만 나타나지 다른 식으로는 나타날 수 없다는 결론이 도출된다. 그러나 이 결론은 특별히 인식에만 해당하는 사태가 아니라 일반적인 사태이며, 그리고 인식에 전문화된 체계들은 아마도 다른 종류의 체계들을 분석하여 자신이라면 이러한 사태를 어떻게 고려할 수 있을지를 학습할 수 있을 것이다. 이것은 특히 요즘 많이 논의되는 자기준거적 체계들의 논리학의 가능성에도 관련된다.

이제 '체계들이 있다'는 우리의 테제는 더 좁은 의미에서 '자기준거적 체계들이 있다'는 테제로 파악될 수 있다. 이 테제는 일단은 아주 일반적인 의미에서 자기 자신과의 관계들을 산출하고, 자신의 환경과의 관계의 맞은편에서 이 관계들을 분화시킬 수 있는 체계들이 있음을 의미한다.[2] 이 테제는 체계라는 사실과 (마찬가지로 자기준거적인) 다른 체계들을 통한 기술과 분석의 조건을 포괄한다. 그렇지만 이 용어는 학문체계에서 가능한 '이론적으로 개념적인' 분석의 추상화 수준에 관해서는 아직 어떤 진술도 하고 있지 않다. 여기서도 우

---

1) 예컨대 Henri Atlan, "Du bruit comme principe d'auto-organisation", *Communications 18* (1972), 21-36 (Henri Atlan, *Entre le cristal et la fumée: Essai sur l'organisation du vivant*, Paris 1979에서 재판본)을 참조할 것.
2) 우리는 의식이라는 함축적 연상을 피하기 위해, 이 지점에서 "~와 구분한다"라고 말하지 않고, "~에 맞서 분화된다"라고 표현하고자 한다. 이것은 특히 자기준거적 체계들에 대한 생물학적 연구와 신경생리학적 연구에 대해서도 적용된다. 그러나 사회적 체계의 영역에서는 "구분할 수 있다"는 표현을 사용할 수 있다.

리는 체계준거(Systemreferenz)들을 구분해야 한다. 학문체계는 다른 체계들 스스로는 접근하지 못하는 관점에서 다른 체계들을 분석할 수 있다. 학문체계는 이런 의미에서 잠재적인 구조들과 기능들을 발견하고 주제로 삼을 수 있다. 역으로 체계들이 스스로를 다루면서 과학적 분석과 모의실험으로는 접근할 수 없는 복잡성을 포착하는 형식들을 발전시키는 일이 자주 그리고 바로 사회학에서도 발견된다. 이런 것을 "암흑상자"(black box)라고 부른다. 타자분석 가능성과 자기분석 가능성의 상대적인 열세나 우세 관계는 역사에 따라 변화한다. 그 관계는 과학적인 이론의 형성 상태에 달려 있으며, 이론이 급속하게 발전하였기에 특히 일반 체계이론에서는 지금 어떤 상태에 있는지를 쉽게 규정할 수 없다.

체계이론이 매우 다양한 종류의 체계들에 관련될 수 있다는 데서 출발한다면, 우리는 상대적으로 확실한 준거점을 얻는다. 그에 상응하여 '바로 그' 체계이론의 상이한 일반성 단계들이 있다. 일반 체계이론 외에도 체계 유형별 이론들이 완성될 수 있다. 우리는 이런 의미에서 이하에서 사회적 체계들의 이론에 탐구를 한정할 것이다. 따라서 사회적 체계들을 유기체들이나 기계들과 (그간 많이 비판받은) 직접 유비(喩比)하는 일은 배제한다. 하지만 더 포괄적인 요구를 해결하려는 일반 체계이론에 대한 지향까지 배제하지는 않겠다. 방법론적으로 보면 우리는 유비의 경로가 아니라, 일반화하여 재특화하는 우회로를 택한다. 유비의 경로는 유사성을 본질적인 것으로 생각하도록 호도할 수 있다. 일반화하여 재특화하는 우회로는 이 점을 고려해 볼 때 오히려 더 중립적인 입장을 유지할 수 있다. 어쨌든 그 우회로는 체계 유형들 간 차이의 분석을 더 민감하게 만든다. 그래서 우리는 특히 사회적 체계의 비(非)심리적인 특성을 강조하게 될 것이다.

그러나 단순히 체계들에 타당한 진술, 즉 가장 일반적인 층위의 진술로 소급하는 것이 후속 분석의 전제들에 대한 최상의 추상화가 될 것이라고 가정해서는 안 된다. 그런 가정은 유(類, Gattung) 구성의 개념적 요구들을 사태 자체의 본질 특성으로 간주하는 일종의 범주 논리를 무분별하게 믿는 것이다. 하지만 보편성과 본질 형식의 일치에 대한 사태 내재적인 보증은 없다. 그래서 우리가 일반화의 성과를 통제하고자 한다면, 우리가 이용하는 가장 일반적인 분석 층위의 개념들을 특징 개념들이 아니라 문제 개념들로서 설정해야 한다. 그래서 일반 체계이론은 모든 체계들에서 예외 없이 발견될 수 있는 본질 특성을 미리 규정하지 않는다. 일반 체계이론은 오히려 문제와 문제해결의 언어, 즉 규정된 문제들에 대해 상이하면서도 기능적으로는 등가적인 해결책이 있을 수 있음을 동시에 파악하는 언어로 정식화된다. 그로써 유의 추상화 안에 기능적 추상화가 내장되며, 기능적 추상화는 상이한 체계 유형들의 비교를 주도한다.[3]

우리는 이런 의미에서 사회적 체계의 일반 이론을 일반 체계이론에 정향하고, 이를 통해 "체계" 개념을 사용할 근거를 확보한다. 그리하여 사회적 체계이론은 자신의 고유한 보편성을 주장할 수 있으며, 그 때문에 우리는 "일반"이라는 표현을 덧붙인다. 즉 모든 사회적 접촉이 체계로서 파악되며, 모든 가능한 접촉들을 고려하는 총체로서의 사회 또한 체계로서 파악된다는 뜻이다. 달리 말하면, 사회적 체계의 일반이론은 사회학의 전체 대상 영역을 포괄하며, 이런 의미에

---

3) 기능적 문제 관련을 명시적으로 규정하지 않고서도, 종종 매우 이질적인 체계 유형들에 걸친 비교들이 그렇게 시도되는 것을 볼 수 있다. 예컨대 체계 구조와 체계 과정과 변이하는 미래 지평의 문제와 관련하여 Edgar Taschdijan, "Time Horizon: The Moving Boundary", *Behavioural Science 22* (1977), 41-48을 참조할 것. 그러나 의도적으로 고수된 기능적 관점은 문제해결의 차이와 그 근거가 되는 이유들을 부연 강조하도록 고무할 것이다.

서 보편적인 사회학이론이라고 주장한다. 이러한 보편성 요구는 하나의 선택 원칙이다. 이것은 사상 자산, 자극들, 비판이 이 원칙을 따른다는 조건과 그런 한에서만 수용된다는 것을 뜻한다. 여기서부터 사회학 논쟁의 고전적인 대립 구도, 즉 정학 대 동학, 구조 대 과정, 체계 대 갈등, 독백 대 대화, 또는 대상 자체에 투사된 것으로서 사회 대 공동체, 노동 대 상호작용 등의 대립 구도가 특유한 대립 상황을 만들어낸다. 이런 대조들은 양자 중 어느 쪽이든 보편성 요구를 포기하게 만들며 자신의 고유한 선택을 스스로 평가하게 만든다. 기껏해야 자기의 선택에 반대항을 구축해 넣어 임시 구성을 할 뿐이다. 이런 식의 이론적 발상은 비(非)변증법적일 뿐만 아니라, 체계이론적 분석의 파급 범위를 최대한 활용하는 것을 성급히 포기하는 것이다. 헤겔 이후, 파슨스 이후 우리는 이런 포기가 있었음을 알 수 있다.

다른 한 편 보편성 요구는 배타적인 진리성, 독단적인 타당성 주장이 아니며, 그런 의미에서 고유한 발상의 필연성(비우연성) 주장도 아니다. 보편주의적 이론이 이러한 자기실체화의 오류에 빠지면, 그 이론은 자신의 작업 원칙들을 전제해야 할 것이며 곧바로 자기준거를 통해 더 나은 것을 배우게 된다. 보편주의적 이론은 그 자신의 대상들 중에서 자신을 다시 발견하자마자, 즉 사회체계의 부분체계(학문체계)의 부분체계(사회학)의 연구 프로그램으로서의 자기 자신을 분석하자마자, 자기 자신이 우연적이라는 사실을 경험할 수밖에 없게 된다. 그 경우는 그 이론의 "자기"의 필연성과 우연성(Kontingenz)은 그 이론에게 있어 자기준거의 분절의 차이로서 인식 가능하다. 이러한 사태들은 앞서 언급한 연구 프로그램의 관점에서 고려되어야 할 것이다. 이런 고려는 보편성 요구와 배타성 요구의 구분을 거쳐 일어날 수 있다. 또는 구조적으로 우연적인 것이 작동상 필연적인 것으로서 투입되어야 하며 그 결과 학문체계에서는 성과,

습관, 헌신들을 통해 끊임없이 우연성이 흡수된다는 통찰을 통해 일어날 수도 있다.

2. 자기준거적 체계이론의 기본 개념들: 복잡성 이론과 분화 이론의 동시 추진을 위한 기획

일반 체계이론은 현재로서는 기본 개념들, 공리들, 추론된 진술들이 하나의 견고한 총체를 구성하는 것으로서 제시될 수 없다. 일반 체계이론은 한편으로는 그 자신이 고유한 적용 영역과 경계를 특정할 수 없다는 점에서 매우 다양한 연구 시도들을 가리키는 보편적인 집합 개념으로서 사용된다. 다른 한편 그러한 연구들은 (예컨대 데이터를 처리하는 기계들의 영역에서 진행되는) 체계 유형별로 특수한 연구들과 똑같이 문제 경험들을 유발했고, 이 경험을 개념적으로 공고화하는 시도를 만들어내기도 했다. 바로 이 문제 경험과 그 경험에 상응하는 정식화 시도는, 학문의 지형도를 바꾸기 시작하여 서문에서 소개한 학문체계의 구조 변경까지 이끌어내었다. 우리는 아래에서 이 문제 경험과 정식화 시도를 계승할 것이다.[4]

현재의 연구 상황에서 사회학은 확실시되는 결과들에 대한 보고서를 가지고 일반 체계이론의 결과들을 "응용 체계 연구"의 의미에서 그대로 수용할 수는 없다. 그러나 현재의 연구 상황은 기본 개념

---

4) 최근의 연구보고서 및 사회과학적인 적용 가능성에 대한 암시로는 Stein Braten, "Systems Research and Social Science", in: George J. Klir (Hrsg.), *Applied Systems Research: Recent Developments and Trends,* New York 1978, 655-685를 참조할 것. 그밖에 R. Felix Geyer/ Johannes van der Zouwen (Hrsg.), *Sociocybernetics,* 2 Bde., Leiden 1978을 참조할 것.

들을 문헌에서 대체로 사용되는 정도로 압축시키고, 문제에 대한 이해 관심과 사회문화적(soziokulturell) 진화 연구의 경험들을 고려하는 연관 관계에 적용하는 정도는 허용한다.

1) 체계와 환경의 차이

모든 체계이론적 분석의 출발점으로서 체계와 환경의 차이가 사용되어야 하며, 그 점에 대해서는 오늘날 전문 분과들의 합의가 있다.[5] 체계들은 가끔씩만 그리고 적응적으로만 환경을 지향하지 않는다. 체계들은 구조적으로 자신의 환경을 지향하며, 환경 없이는 존재할 수 없을 것이다. 체계들은 환경과의 차이를 만들어내고 유지하여 자신을 유지한다. 그리고 체계들은 이 차이를 규제하는 데에 자신들의 경계를 사용한다. 환경과의 차이가 없으면, 자기준거라는 것은 생각할 수조차 없다. 왜냐하면 차이는 자기준거적 작동의 기능적 대원칙이기 때문이다.[6] 이런 의미에서 경계 유지(boundary maintenance)는 곧 체계 유지이다.

이때 경계는 연관관계들의 중지를 표시하지 않는다. 내적인 상호의존들이 '체계/환경-상호의존들'보다 더 강력하다는 일반적인 주장을 펼칠 수도 없다.[7] 그러나 경계 개념은 (이를테면 에너지 교환이

---

5) 오직 차이 개념에만 의존하여 형식과 다른 것을 정의하는 형식 이론의 일반적인 기초적 이접(primäre Disjunktion)으로 소급하면, 체계와 환경의 차이는 더 추상적으로 논증할 수 있을 것이다. 이에 대해서는 Ph. G. Herbst, *Alternatives to Hierarchies*, Leiden 1976, 84 이하와 근본적으로 George Spencer Brown, *Laws of Form*, 2. Aufl., New York 1972을 참조할 것.

6) 이 점에 관해서는 서문에서 이미 인용했듯이 von Foerster a. a. O. 1973를 참조할 것.

7) 예를 들어 Karl W. Deutsch, *The Nerves of Government: Models of Political Communication and Control*, New York 1963, 205를 볼 것.

나 정보 교환 같은) 경계횡단 과정들이 경계를 횡단할 때에는 (예컨대 사용 가능성의 다른 조건들이나 합의의 다른 조건들 같은) 다른 속행 조건들에 의존한다는 점을 진술한다.[8] 이것은 과정 진행이 그 체계에 대해 체계에서 진행하는가 또는 체계의 환경에서 진행하는가에 따라 과정 진행의 우연성들, 즉 다른 가능성들에 대한 개방성이 다양하게 변화한다는 것을 뜻한다. 이것이 발생하는 한에서만 경계들이 존재하며, 따라서 체계들이 존재한다. 우리는 이 논점을 7항에서 상세하게 다루겠다.

환경은 자신의 (차이)동일성을 체계를 통해 비로소 획득하며 그 체계에 대해서만 조건적으로 획득한다. 환경은 자기편에서는 열린 지평을 통해 구획되지만 횡단 가능한 경계들로 구획되어 있는 것은 아니다. 환경 그 자신이 체계인 것은 아니라는 뜻이다.[9] 환경은 모든 체계마다 제각기 다른 환경이다. 왜냐하면 모든 체계는 자신의 환경에서 오직 자기 자신만을 끌어내기 때문이다. 따라서 환경의 자기성찰 (Selbstreflexion)이라는 것은 존재하지 않으며, 환경의 행위 능력은

---

8) "체계에 관련된 용어에서 규범의 정의는 우리가 경계를 횡단할 때 규범적 차이와 마주칠 것을 요구하며, 우리가 하위체계들의 경계를 횡단할 때 규범적 차이를 발견할 수도 있도록 이끈다." 이것은 칸과 동료들이 사회적 체계에 관해 표현한 말이다. Robert L. Kahn et al., *Organizational Stress: Studies in Role Conflict and Ambiguity,* New York 1964, 161.

9) 이것은 여전히 확산된 견해와 다르다. 확산된 견해들로는 George J. Klir, *An Approach to General Systems Theory,* New York 1969, 47 이하; Karl W. Deutsch, "On the Interaction of Ecological and Political Systems: Some Potential Contributions of the Social Sciences to the Study of Man and His Environment", *Social Science Information 13/6* (1974), 5-15를 볼 것. 비판적인 견해는 무엇보다 R. C. Buck, "On the Logic of General Behaviour Systems Theory", in: Herbert Feigl/Michael Scriven (Hrsg.), *The Foundations of Science and The Concepts of Psychology and Psychoanalysis. Minnesota Studies in the Philosophy of Science,* Bd. I, Minneapolis 1956, 223-238 (234-235)를 볼 것.

더더욱 존재하지 않는다. 환경에의 귀속("외적 귀속")은 그 자체가 하나의 체계 전략이다. 그렇지만 이 모든 것은 환경이 체계에 의존한 다거나 체계가 자신의 환경에 관해 제멋대로 처리할 수 있다는 뜻은 아니다. 오히려 체계와 환경의 복잡성은 이런 방향이나 저런 방향을 향하면서 총체화하는 어떤 의존성 형식도 배제한다. 이 점은 아래에서 다시 다룰 것이다.

'체계/환경-패러다임'의 가장 중요한 귀결들 중 하나는, 체계의 환경과 이 체계의 환경 내 체계들을 구분해야 한다는 것이다. 이 구분은 거의 과대평가할 수 없는 내용을 가진다. 그래서 환경과 체계의 의존성 관계들을 체계들 간 의존성 관계들로부터 구분하는 것이 시급하다. 이 구분은 해묵은 '주인/노예-주제'를 무너뜨린다. 어떤 한 체계가 다른 체계를 지배하는 관계들이 형성될 수 있는지의 여부와 그 정도는 두 체계들이 어느 정도로 그리고 그것들의 관계들의 체계가 어느 정도로 각자의 환경에 의존하는가에 좌우된다. 이런 의미에서 과거의 왕국 모델들이 출발점으로 삼았던 "절대적" 지배는 결코 강력한 지배도 결코 결정적인 지배도 아니었다. 그것은 차라리 체계가 자기 자신에 대해 일정한 처분권이 있다는 점을 표현한, 체계 기술 양식이 절대적인 지배였다.

체계의 환경 내 체계들은 그자체가 자신들의 환경들을 지향한다. 그렇지만 어떤 체계도 다른 체계의 '체계/환경-차이들'을 완전히 제멋대로 처리할 수 없다. 파괴를 통해서도 다른 체계의 차이를 결정할 수 없다.[10] 그래서 모든 체계들은 쌍방의 '체계/환경-관계들'의 혼란스럽고 복잡한 구조들을 자신의 환경으로서 가지고 있다. 그러나

---

10) 이것은 내적 체계분화의 상대적인 장점에 대한 고려를 발전시킬 수 있는 논점이기도 하다. 하지만 분석이 너무 복잡해지지 않도록 그 고려는 일단 배제하겠다.

동시에 체계의 환경은 고유한 체계 자신을 통해 구성되고, 선택적인 관찰만이 필요한 (차이)동일성으로 있다.

2) 체계분화

체계와 환경의 차이는 전체와 부분의 차이를 체계이론의 패러다임으로서 체계분화 이론으로 대체할 것을 강제한다.[11] 체계분화는 바로 체계들 안에서 체계 형성이 반복되는 것이다. 체계들 안에서는 또 다른 '체계/환경-차이들'의 분화가 나타날 수 있다. 전체 체계는 그렇게 됨으로써 부분체계들의 "내적 환경"의 기능을 획득하는데, 물론 모든 부분체계에서 제각기 특수한 방식으로 획득한다. '체계/환경-차이'는 말하자면 다시 배가되며, 전체 체계는 자기 자신을 내적인 '체계/환경-차이들'의 다수성으로서 배가시킨다. 부분체계와 내적 환경의 모든 차이는 다시 전체 체계가 되는데, 이것은 물론 제각기 상이한 관점에서 그렇다. 따라서 체계분화는 복잡성을 상승시키는 절차이며, 그 후에도 전체 체계의 (차이)동일성으로서 관찰 가능한 것에 상당한 결과를 초래한다.

분화의 의미에서는 체계분화가 (차이)동일성으로서, 복합적 단일성(unitas multiplex)으로서 보일 수 있다. 차이는 어떤 의미에서 다른 것을 한데 묶어두는 것이기도 하다. 다른 것은 그냥 다르다. 그리고 무차별적인 것이 아니다. 분화는 (예를 들어 위계로서) 하나의 동일

---

11) 우리는 현재로서는 분석을 단순화하기 위해, 자기준거적 체계이론을 통한 새로운 패러다임 전환으로 인해 새로운 주도적 차이, 즉 동일성과 차이의 차이가 체계/환경 패러다임의 자리에 들어서기 시작한다는 점은 도외시하겠다. 우리는 그렇게 하여 체계분화 이론에서는 아무 것도 달라지지 않을 것이므로 그 점을 도외시할 수 있다. 주도적 차이는 더 추상적인 층위에서 구축되는 이론 틀 안으로 옮겨질 뿐이다.

한 원칙으로 표현할 수 있다는 점에서, 그 때문에 체계의 (차이)동일성을 그 체계의 분화의 구성 원칙에서 읽어낼 수도 있다. 체계는 분화를 통해 체계성(Systematizität)을 획득한다. 체계는 (다른 것과의 차이에서) 자신의 단순한 동일성 외에도 (자기 자신과의 차이에서) 자신의 (차이)동일성이라는 두 번째 표현 양식을 획득한다. 체계는 분화의 특정한 형식의 우선적인 설정으로서, 자신의 부분체계들의 동등함으로서, 단순한 연속으로서, 위계질서로서, 중심과 주변의 차이로서, 기능체계들의 분화로서 자신의 (차이)동일성에 도달할 수 있다. 이때 요건이 한층 까다로운 (보다 비개연적인) 체계분화 형식들은 성공할 경우 체계들을 더 높은 수준의 복잡성에 안착시키는 핵심적인 진화상 성취이기도 하다.

1960년대 이래로 체계분화를 "위계"로서 기술하는 경향이 있다. 그것은 심급의 특징을 뜻하는 것도 아니고, 위에서 아래로 내려가는 명령어 사슬을 뜻하는 것도 아니다. 그보다는 이 연관관계에서는 위계란 부분체계들이 다시금 부분체계들을 분화시킬 수 있으며 이런 방식으로 포함 상태의 천이적(遷移的, transitiv) 관계가 포함 상태에서 생성된다는 것을 뜻할 뿐이다.[12] 위계화의 합리성 장점들은 명백

---

12) 예를 들어 B. Herbert A. Simon, "The Architecture of Complexity", *Proceedings of the American Philosophical Society 106* (1962), 467-482; 또한 B. Herbert A. Simon, *The Sciences of the Artificial,* Cambridge Mas1969; Gordon Bronson, "The Hierarchical Organization of the Central Nervous System: Implications for Learning Processes and Critical Periods in Early Development", *Behavioural Science 10.* 1965, 7-25; Donna Wilson, "Forms of Hierarchy: A Selected Bibliography", *General Systems 14.* 1969, 3-15; Lancelot L. Whyte/Albert G. Wilson/Donna Wilson (Hrsg.), *Hierarchical Structures*, New York 1969; John H. Milsum, "The Hierarchical Basis for Living Systems", in: George J. Klir (Hrsg.), *Trends in General Systems Theory*, New York 1972, 145-187; E. Leeuwenberg, "Meaning of Perceptual Complexity", in: D. E. Berlyne/ K. B.

하다. 그러나 합리성 장점들은 뒤따르는 부분체계들이 부분체계들 안에서만 형성될 수 있다는 데에 좌우된다. 그렇지만 그것은 비현실적인 전제이다.[13] 그 전제는 여기서 공식적인 규칙들을 통해 보장될 수 있기 때문에, 높은 수준의 조직들에 대해서만 보장될 수 있기 때문에, 전체 사회의 체계들의 경우에는 물론—분절적 도식이든, 계층화된 도식이든, 기능적 도식이든—분화의 기본 도식을 출발점으로 삼을 수 있다. 그러나 그것은 물론 후속 체계 형성이 그를 통해 구축된 대략적인 분할 안에서만 가능하다는 뜻은 아니다.[14]

그래서 사회적 체계의 일반이론의 층위에서 분화와 위계화를 개념적으로 구분해야 한다. 이에 따르면 위계화는 분화의 특수 사례일 것이다.[15] 위계화는 체계의 분화 가능성들의 일종의 자기포함이다.[16] 그밖에도 위계화는 (과학적인 분석을 포함하여) 체계의 관찰을 용이하게 한다.[17] 관찰자가 위계를 전제할 수 있다면, 그는 얼마나

Madson (Hrsg.), *Pleasure, Reward, Preference: Their Nature, Deter-minants and Role in Behaviour*, New York 1973, 99-114; Howard H. Pattee (Hrsg.), *Hierarchy Theory: The Challenge of Complex Systems*, New York 1973; M. A. Pollatschek, "Hierarchical Systems and Fuzzy-Set Theory", *Kybernetes 6*. 1977, 147-151; Eugène a.a.O. 1981, 75 이하를 참조할 것.

13) 특히 도시 계획이나 공간 계획에서 늘 지적되는 사항이다. 특히 Christopher Alexander, "A City is not a Tree", *Architectural Forum 122* (1965), Aprilheft 58-62, Maiheft 58-61을 참조해 볼 때 그러하다.

14) 이에 관한 훌륭하면서도 신중하게 작업된 보기로는 Gunther Teubner, *Organisationsdemokratie und Verbandsverfassung*, Tübingen 1978을 볼 것.

15) 그리고 다시금 특수 사례는 우리가 계층화(階層化)라고 일컫는 사례이다. 계층화의 사례는 주된 하위체계들 자신이 서열 관계로 옮겨질 때 생겨난다.

16) "위계적 제한들을 처음에는 혼란스럽고 매우 복잡한 체계들의 자기 단순화"로서 표현한 것으로 Howard H. Pattee, "Unsolved Problems and Potential Applications of Hierarchy Theory", in: Pattee, a.a.O., 129-156 (135)를 볼 것.

17) 그것에 관해 특별히 Leeuwenberg, a.a.O를 참조할 것.

많은 위계적인 층위를 포착할 수 있는가에 따라서 자신의 지각과 기술의 집중도를 규제할 수 있다. 그렇지만 진화가 복잡성을 위계의 형식으로 다소간 강제적으로 옮긴다고 전제할 수는 없다. 매우 명백하게도 훨씬 더 혼란스런 분화의 다른 형식들이 입증되고 살아남을 가능성이 발견되어 왔다.

3) 생산 개념의 새로운 파악

체계와 환경의 차이로 전환하여 인과성의 이해에 대해 근본적인 귀결이 생긴다. 우리는 체계와 환경의 분리선을 체계 안의 "가장 중요한" 원인들의 분리와 연관으로 파악해서는 안 된다. 그 분리선은 오히려 인과적인 연관 관계들을 파괴시키며, 질문은 어떤 관점에서 파괴시키는가 하는 것이 된다. 체계와 환경은 모든 효과를 만들어내는 데서 끊임없이 함께 작용한다. 사회적 체계들의 영역에서는 심리적 체계들이 없다면 거의 소통에 이를 수 없다는 이유만으로도 이미 그렇다. 그래서 왜 그리고 어떻게 인과성이 체계와 환경에 배분되는가의 문제를 규명해야 한다.

그러한 분할 기준을 섣불리 제공하지 않더라도, 우리는 그 문제를 적어도 더 정확하게 정식화하고, 체계이론의 다른 요인들에 접속할 수 있다. 우리는 생산(과 파생어인 재생산, 자기재생산(Selbstreproduktion), 자기생산(그리고 그 파생어인 Autopoiesis))이라는 개념에 힘입어 이 작업을 진행할 것이다. 생산이라는 용어는 규정된 효과들이 작용하는 데에 필요한 몇몇, 그러나 전부는 아닌 원인들이 체계에 의해 통제되면서 투입 가능한 경우에 사용하고자 한다. 그 개념에서 근본적인 것은 기술적인 계산 가능성이나 심지어 기계적인 실행 가능성이 아니다 (그렇지만 이것은 체계 형성의 선택 관점일 수는 있다). "몇몇, 그러나 전부는 아닌"이라는 말이 근본적이다. 이 차이가 선택을 가능하게 한다. 그리고 선택은 검증을 가능하게 한다. 그래서 진화의 결과 (또는 늦어도 계획의 도움을 받아서도) "생산적 원인들"의 복합체가 한데 모일 수 있다. 그리고 일단 그렇게 되면 적절한 환경원인들이 추가로 연상될 수 있다. 이를테면 주택 단지나, 이후에 도시에서 나타나는 인구밀집 및 이와 함께 등장하는 실행 가능성의 신화를 생각해 보라.[17a]

따라서 생산을 이해하려면, 자연 법칙들보다는 선택의 장점들에서 출발해야 한다. 원인들의 총체를 "지배하는" 것을 포기할 때에만, 그리고 바로 그렇게 포기한다는 이유 때문에 자신을 조직하며 자기 재생산적으로 실현되는 추상화에 도달할 수 있는 것이다. 그리고 오로지 이 경로에서만 생산 가능성의 과잉, 예를 들어 유기적 체계들의 번식 가능성들의 과잉이 나타나며, 그 다음에 작용하는 또 다른 선택적인 요인들과 관련해 진화를 촉발할 수 있다.

4) 요소와 관계의 차이

체계/환경 차이는 똑같이 구성적인 두 번째 차이, 즉 요소와 관계의 차이와 구분되어야 한다. 전자이든 후자이든 우리는 차이의 (차이)동일성을 구성적인 것으로 생각해야 한다. 환경이 없는 체계나 체계가 없는 환경이 있을 수 없듯이, 관계맺음 없는 요소들도 없으며 요소들이 없는 관계맺음도 없다. 두 경우에서 차이는 (차이)동일성이다(우리는 그것을 "바로 그" 차이라고 부르기도 한다). 그러나 차이는 오직 차이로서만 작용한다. 차이는 오직 차이로서만 정보처리 과정들의 연결을 만들어낼 수 있다.

17a)고대 그리스인들의 "'능력 의식'"에 관해서는 Christian Meier, *Die Ent-stehung des Politischen bei den Griechen*, Frankfurt 1980. 435 이하를 참조할 것.

이러한 형식적인 유사성에도 불구하고 중요한 것(그리고 무엇보다도 복잡성 개념을 위한 전제)은 두 가지 구분(Distinktionen)을 신중하게 구분하는 일이다.[18] 따라서 한 체계의 분해(Dekomposition)를 고찰할 두 가지 상이한 가능성이 있다. 첫째 가능성은 체계 내에서의 부분체계들(또는 더 정확하게 말하면 내적 '체계/환경-관계들')의 형성을 밝히려 한다. 다른 가능성은 요소들과 관계들로 분해한다. 첫째 경우에는 주택의 방들이, 둘째 경우에는 돌, 대들보, 못 등이 관건이다. 첫째 종류의 분해는 체계분화 이론으로 이어진다. 다른 분해는 체계복잡성 이론에 이른다. 이 구분 덕분에 비로소 분화의 증대나 분화 형식들의 변화와 함께 체계복잡성이 증대한다고 말하는 것이 유의미해지고 동어반복이 되지 않을 수 있다.[19]

요소들은 세어질 수 있으며, 요소들 간 수학적으로 성립 가능한 관계들은 요소들의 개수에 기초하여 계산될 수 있다. 그렇지만 세는 것은 요소들 간 관계들을 양적인 표현으로 환원시킨다. 요소들은 오직 관계적으로 사용될 때만, 즉 서로 관련됨을 통해서만 질(質)을 획득한다. 그러한 일은 실제적인 체계들에서 (비교적 작은) 규모에서 부터 선택적으로만, 즉 함께 감안될 수 있는 다른 관계들을 배제한 조건에서만 나타난다. 질은 오로지 선택을 통해서만 가능해진다. 하지

---

18) 비슷하지만 정확도가 떨어지며 여전히 전체와 부분의 사상에 얽매인 구분을 사용한 것은 Andras Angyal, "The Structure of Wholes", *Philosophy of Science* 6 (1939), 25-37이다. 그 역시 체계를 관계를 가진 요소들의 집합으로 정의하는 것은 불가능하다는 결론에 이른다. 하지만 바로 이러한 정의가 매우 지배적으로 일어나며, 그것이 "체계"와 "복잡성"의 개념을 분석적으로 분리하는 것을 불가능하게 만든다. 많은 보기 가운데 하나로서 Raymond Boudon, *A quoi sert la notion "structure"? Essai sur la signification de la notion de structure dans les sciences humaines*, Paris 1968, 30 이하, 93 이하를 볼 것.

19) 이 개관을 사용하는 분석으로는 Niklas Luhmann, *Gesellschaftsstruktur und Semantik*, Bd. 1, Frankfurt 1980, 특히 요약, 34를 참조할 것.

만 선택은 복잡성으로 인해 필연적이다. 이 점은 복잡성 개념을 다룰 때 다시 설명하겠다.

종종 요소들은 단순히 분석적으로만 확인 가능한 것처럼 말해진다. 즉 요소들의 (차이)동일성이 관찰, 계획, 설계의 목적을 위해서만 (차이)동일성이 되는 것처럼 말해진다. 그렇지만 이러한 어법은 인식론적으로 충분한 성찰을 거친 것은 아니다("분석적인 목적만 가지는" 체계들, 구조들 따위처럼 비슷한 어법들도 마찬가지로 성찰을 거치지 않았다). 그러한 어법은 도량형, 척도, 집합이 자의적으로, 그리고 사용될 목적으로만 선택될 수 있음이 실제로 타당했던 사고 틀을 가졌던 근세 초기의 수학적인 세계 구상으로 되돌아가는 것처럼 보인다. 양적 이론을 질화(質化)의 방향으로 넘기자마자, 체계 자체가 자신의 구성요소들에게 요소들로서의 질을 부여한다는 사실과 방식을 더 이상 외면할 수 없게 된다.

그렇지만 전통적인 반대 입장, 즉 요소들에는 궁극적으로 실체가 있으며 존재론적인 성격이 있다는 생각도 마찬가지로 근거가 없다. 단어의 선택과 개념의 전통에서 추정할 수 있는 것과 달리, (이를테면 행위체계의 행위 같은) 요소의 (차이)동일성은 존재[론]적으로 이미 주어진 것이 아니다. 그보다는 요소의 (차이)동일성은 요소를 요소로서의 관련에 사용하는 체계에 의해 비로소 (차이)동일성으로서 구성된다.[20] 요소를 단서로 삼은 이론의 탈존재화와 기능화는 현대의 과학 사조에서 자연과학이 수학화됨으로써 실현된다. 셀 수 있는 것은, 해체하려는 작동상의 필요성이 존재하는 한 계속 해체될 수 있다. 그러나 행위이론 역시 이론 기법으로서 수학을 사용하지 않은 채

---

20) 여기에는 동시에 자기준거적 체계 개념의 토대가 있다. 그 개념을 우리는 한참 뒤에 다시 다룰 것이다.

이 관점을 이어받았다. 행위들 역시 자신들이 행위들로서 구성되는 체계의 관계 구조 덕분에 자신들의 (차이)동일성을 얻을 수 있다.[21] 이 점은 다시 다룰 것이다.

'관계'를 자기 자신과 다른 어떤 것에 관련된다는 이유로 인해 열등한 것으로 간주했던 스콜라학파의 관계 개념과 비교해 본다면, 위에서 실행한 전환은 관계들 간 질서값의 위상을 높인다. 그러나 그 전환을 통해 특히 요소 개념이 상대화된다. (예를 들어, 원자, 세포, 행위와 같은) 요소들이 무엇"인가"라는 질문을 던진다면, 언제나 체계의 환경에 귀속되어야 하는 고도로 복잡한 사태에 직면하게 된다. 즉 요소는 (미세 현미경으로 살펴보면 고도로 복잡한 화합물인데도) 각각의 경우에는 어떤 체계에 대해 더 이상 분해될 수 없는 (차이)동일성으로서 기능하는 것이다. 그러나 "더 이상 분해될 수 없는"이라는 말은, 체계가 자신의 요소들의 관계화를 통해서만 구성될 수 있고 교체될 수 있지만, 요소들의 분해와 재조직을 통해서는 구성되거나 교체될 수 없다는 뜻이기도 하다. 체계를 관찰하고 분석할 때, 체계 자체에 대해 근본적인 이러한 제한을 감수할 필요는 없다. 그 제한을 피해가면서 예를 들어 행위의 신경생리학적 분석을 목표로 삼는다면, 그런데도 체계 자체에 대해 타당한 '체계/환경-차이'를 보류하고 체계 형성의 다른 층위로 넘어가야 한다.

요소의 (차이)동일성이 "아래로부터의" 발현을 통해 설명되어야

---

21) 그렇게 명료하게 표현한 곳으로는 Talcott Parsons, *The Structure of Social Action*, *New York* 1937, 43을 보라. "고전적 의미에서 기계 체계의 (차이)동일성인 입자들이 그것들의 속성, 질량, 속력(velocity), 공간에서의 위치, 운동 방향 등의 용어로만 정의될 수 있는 것과 꼭 마찬가지로, 행위체계의 (차이)동일성 역시 단위란 "존재하는" 것이라는 생각을 기본적으로 가능케 하는 몇몇 기본적인 속성들을 가진다"(여기서는 [속성들이 아니라] 관계들이라고 말했어야 한다).

할지, 아니면 "위로부터의" 구성을 통해 설명되어야 할지의 문제는 이론적으로 논란의 여지가 있어 보인다. 우리는 결연히 후자의 견해를 선택한다. 요소들은 자신들을 (차이)동일성으로 사용하는 체계들에 대해서만 요소이다. 그리고 요소들은 이 체계들을 통해서만 요소가 된다. 이 점이 자기생산 개념을 가지고 정식화된 내용이다.[21a] 가장 중요한 귀결 중 하나는 보다 높은 (발현적) 체계들이 자신들의 구성요소들의 (차이)동일성과 수를 스스로 결정하기 때문에, 즉 자신의 고유한 복잡성에서 자신의 실재 기초에 의존하지 않기 때문에, 보다 낮은 질서의 체계들보다 복잡성이 낮을 수 있다는 점이다. 그것은 한 체계의 필연적이면서 충분한 복잡성은 "재료에 따라" 미리 규정되어 있는 것이 아니라, 체계 형성의 모든 층위에서 체계 형성을 위해 중요한 환경과 관련된 가운데 새로이 규정될 수 있다는 뜻이기도 하다. 따라서 발현은 복잡성의 축적에 불과한 것이 아니다. 발현은 오히려 복잡성 구축을 중단하고 새로이 시작하는 것이다. 따라서 행위의 (차이)동일성은 우리에게 심리학적인 사실로서가 아니라 사회학적 사실로서 타당하다. 행위의 (차이)동일성은 의식을 더 이상 분해할 수 없는 최소 (차이)동일성으로 분해하여 성립하는 것이 아니다. 행위(차이)동일성은 그보다는 귀속이라는 사회적 과정을 통해 성립된다.[22]

21a) 더 상세한 내용들은 이 책의 132쪽 이하를 참조할 것.
22) Edgar Morin, *La Méthode* Bd. II, Paris 1980, 311의 용어를 사용할 때에는 반대 견해에 이를 수도 있을 것이다. "... '낮은'이라는 전체 차원에서 나타나는 조직의 자질들은 높은 층위의 복잡한 단위들을 구축하기 위한 요소적 기본 속성들이 된다." 그러나 이 견해는 그렇다면 순환적인(사이버네틱스적인) 위계 개념을 통해서 약화될 수 있다.

5) 요소들 간 관계의 조건화

요소들 간 관계와 관련되는 것은 조건화라는 체계이론의 핵심 개념이다. 체계들은 단순히 요소들 간 관계들(복수!)이 아니다. 관계들 간 관계는 어떻게든 규제되어야 한다.[23] 이 규제는 조건화라는 기본 형식을 사용한다. 즉, 요소들 간 어떤 규정된 관계는 다른 어떤 것이 나타나는가 그렇지 않는가의 전제 아래에서만 현재화(顯在化)된다. 우리가 (인식론적 의미에서 또한) "조건들" 내지는 "가능성의 조건들"을 언급할 때에는 항상 이 개념을 의도한 것이다.

이런 관점에서 요소들 간 관계들은 서로를 조건화할 수 있다. 어떤 관계는 다른 관계가 나타날 때에만 나타난다. 그러나 특정한 요소들이 존재한다는 것, 촉매의 존재나 관계들 간 상위 관계, 예컨대 마르크스 이론에서 말하는 "형식들"의 관계들 간에 상위 단계의 관계들을 실현하는 것이 관건일 수도 있다. 따라서 체계의 최소 사례는 요소들 간 관계들의 단순한 집합이다. 그 집합은 '포함 규칙/제외 규칙'을 통해, 그리고 세는 동안 배열을 균등하게 유지함과 같은 계수 가능성 조건들에 의해 조건화되어 있다. 우리는 이론적으로 확실하게 논증하지는 못하겠지만, 체계들이 최소한 요소들 간 관계들의 집합이어야 하며, 그렇지만 전형적으로 후속 조건화들을 통해 부각되며, 그래서 더 높은 복잡성을 통해 부각된다고 전제한다.

가능한 것의 생성을 실현시키는 성공적인 조건화들은 그것이 생성

---

23) 애슈비(W. Ross Ashby)는 여기서 벌써 (내 견해로는 체계 개념으로 충분할 때인데) 조직 개념을 도입한다. "그 개념(조직, 필자)의 골자는 내 견해로는 조건성 개념이다." 두 실체인 A와 B 간 관계가 C의 값이나 상태에 조건화되자마자, "조직"의 필수적인 구성성분이 나타난다. 그러므로 조직 이론은 하나 이상의 변수의 기능과 부분적으로 외연(外延)이 같아진다. ("Principles of the Self-organizing System", Walter Buckley (Hrsg.), *Modern Systems Research for the Behavioural Scientist*, Chicago 1968, 108-118, 108의 재판에서 인용).

되는 경우에는 제한(constraints)으로서 작용한다. 이러한 조건화들은 비록 우연적으로 도입되기는 하지만, 우리는 그 조건화를 통해 가능해진 것이 탈락되지 않는 한, 그 조건화를 포기할 수 없다.

6) 복잡성 문제

다음 단계에서 우리는 복잡성 문제를 도입하고 그 다음에 복잡성의 고려로부터 만들어지는 풍성한 결과들을 가지고 '체계/환경-관계들'의 분석을 반복할 것이다.[24]

복잡성은 최근의 체계 연구의 문제 경험들을 아마도 가장 뚜렷하게 표현하는 관점일 것이다.[25] 그 개념은 문제 경험들을 매개하는 이 기능에서 대개 정의되지 않은 채 사용된다.[26] 하지만 그럼으로써 그 개념을 가지고 통제할 수 있는 작업을 수행해내기 어려워진다. 우리는 참고문헌의 근거를 밝히면서 작업할 것이며, 문제지향적인 개념을 선택하여 그 개념을 요소와 관계의 개념들에 기초해 정의할 것이다.[27] 이 방식은 그 개념이 체계가 아닌 것(환경, 세계)에도 적용 가

---

24) 이 개념에 대한 다수의 이질적인 이해에 대한 개괄은 Devendra Sahal, "Elements of an Emerging Theory of Complexity per se", *Cybernetica 19* (1976), 5-38을 참조할 것.

25) I. V. Blauberg/V. N. Sadovsky/E. G. Yudin, Systems Theory: *Philosophical and Methodological Problems,* Moskau 1977, 84-85 역시 복잡성 문제에서 어쨌거나 극도로 이질적인 체계이론들의 유일한 합의점이 있다고 본다. Helmut Willke, *Systemtheorie: Eine Einführung in die Grundprobleme,* Stuttgart 1982, 10 이하도 마찬가지이다. Gilbert J. B. Probst, *Kybernetische Gesetzeshypothesen als Basis für Gestaltungs- und Lenkungsregeln im Management,* Bern 1981도 최근의 참고문헌과 함께 참조할 것.

26) 정의를 회피하는 데에는 물론 더 엄격한 이유들, 예를 들어 자기준거의 이유가 있다고 말할 수 있다——즉 복잡성을 개념적으로 재현하기에는 너무 복잡하다는 것이다.

27) 이 점을 암시한 Niklas Luhmann, "Komplexität", in ders., *Soziologische*

능하며, 체계 개념을 사용하지 않고 정의되기 때문에 추가적인 관점들을 통해 체계이론적 분석을 풍성하게 만드는 장점을 가진다. 그렇지만 우리는 앞서 개괄된 테제, 즉 그때마다 요소로서 기능하는 것이 체계들에 관련되어서만 규정될 수 있다는 테제를 통해 체계이론과의 연관을 보전할 것이다. 이것은 통용되는 테제, 즉 "조직된 복잡성"이 요소들 간 선택적인 관계들을 가진 복잡성과 다르지 않기 때문에 체계 형성을 통해서만 성립될 수 있다는 테제를 포괄한다.[28]

요소와 관계의 이러한 기본 개념적인 (그러나 그런데도 언제나 체계상대적인) 차이에서 출발한다면, 곧바로 다음 사실을 알 수 있다. 체계에서 또는 체계에 대해 그 체계의 환경으로서 모여 있어야 하는 요소들의 개수가 증가하면,[29] 더 이상 모든 요소들을 다른 모든 요소들과 관계 맺을 수 없는 문턱을 만나게 된다.[30] 복잡성 개념은 이 발견에 기초하여 규정할 수 있다. 우리는 요소들의 연결 능력이 내재적으로 제한되어 있기 때문에 더 이상 모든 요소가 언제든지 다른 모든 요소에 접속될 수 없을 때, 요소들의 연관된 집합을 복잡하다고 말하

Aufklärung, Bd. 2, Opladen 1975, 204-220을 참조할 것.

28) Warren Weaver, "Science and Complexity", *American Scientist 36* (1948), 536-544; Todd R. La Porte, *Organized Social Complexity: Challenge to Politics and Policy*, Princeton 1975를 참조할 것. Anatol Rapoport, "Mathematical General System Theory", in: William Gray/Nicholas D. Rizzo (Hrsg.), *Unity Through Diversity: A Festschrift for Ludwig von Bertalanffy*, New York 1973, Bd. 1, 437-460(438)도 참조할 것. "체계이론적 관점은 이러한 대상이나 사건의 계급들이 체계라는 이유 때문에 가질 수 있는 발현적 속성들, 즉 바로 그렇게 복잡성을 조직하는 데서 발현하는 속성들에 초점을 맞춘다"(강조는 필자).

29) "한데 합쳐져야 한다"는 것은 여기서, 체계들에 대해 요소들의 다수성이 (차이)동일성으로서 다루어져야 한다는 뜻이다.

30) 사회학 문헌 가운데 이 사태를 고려한 (드문) 사례로서, 예를 들어 William M. Kephart, "A Quantitative Analysis of Intragroup Relationships", *American Journal of Sociology 55*. 1950, 544-549를 볼 것.

고자 한다. "내재적 제한" 개념은 체계가 더 이상 처분할 수 없는 요소들의 내부 복잡성을 가리키는데, 그 복잡성은 동시에 그 요소들의 "(차이)동일성 능력"을 가능케 한다. 이 점에서 복잡성은 스스로를 조건화하는 사태이다. 요소들의 접속 능력 또한 체계 형성의 보다 높은 층위들을 위한 (차이)동일성으로서 기능할 수 있기 위해서는 요소들이 이미 복잡하게 구성되어 있어야 한다는 점을 통해 제한되어 있다. 그리고 복잡성은 그렇게 되면서 체계 형성의 더 높은 층위에서 불가피하게 주어진 상태로서 재생산된다. 이러한 복잡성의 자기준거는 여기서 선취하여 언급해두어야 할 것처럼, 체계들의 자기준거로서 "내면화된다".

앞서 말한 의미에서의 복잡성은 선택 강제를 뜻하며, 선택 강제는 우연성을, 우연성은 위험을 뜻한다. 모든 복잡한 사태는 스스로를 구성하고 유지하기 위해 자신이 사용하는 고유한 요소들의 관계들을 선택하는 데에 근거한다. 선택은 요소들에 대해 다른 관계화가 가능함에도 불구하고, 선택되는 요소들을 조직하고 규정한다. 이러한 "다르게도 가능함"을 우리는 풍부한 전통을 가진 용어인 우연성이라고 부른다. 동시에 가장 유리한 구성 양식이 성립하지 못할 가능성에 대한 암시도 있다.

선택 강제를 통해서 그리고 선택의 조건화를 통해서, 매우 비슷한 (차이)동일성들의 기층(예를 들어 소수의 원자 종류들, 매우 유사한 인간 유기체들)에서부터 매우 상이한 체계들이 형성될 수 있다는 점을 설명할 수 있다. 세계, 세계의 종(種)과 속(屬), 그것들이 이루는 체계 형성의 복잡성은 말하자면 복잡성 환원을 통해 그리고 이 환원을 선택적으로 조건화하여 비로소 생성된다. 그 이후에 요소로서 기능하는 것의 지속이 오직 그런 과정을 통해서만 체계의 자기 재생성과 조율될 수 있다는 점을 설명해나갈 수 있다.

이로써 복잡한 연관 관계의 추상적 이론이 진화이론적인 설명 및 체계이론적인 설명과 맞물려야 하는 지점에 이르렀다. 요소들 간 어떤 관계들이 실현되는지를 복잡성 자체로부터 연역할 수는 없다. 그 것은 체계 형성의 모든 층위에서 체계와 환경의 차이와 체계 형성이 진화에 적합하게 검증되었다는 사실로부터 밝혀진다. 다른 한편 보는 시각을 바꾸면 '체계/환경-차이'의 문제를 복잡성 개념을 참조해서 설명할 수 있다. 즉 체계와 환경의 차이를 수립하고 유지하는 것은, 환경이 모든 체계에 대해 체계 자체보다 더 복잡하기 때문에 문제가 된다. 체계들에는 환경의 모든 상태에 반응하거나 환경을 정확하게 체계에 적합하게 수립할 수 있기 위해 반드시 요구되는 "필수적 다양성"(requisite variety, 애슈비[Ashby])이 없다. 달리 말하면, 체계와 환경 간에는 점-대-점 일치가 없다. (점 대 점 일치는 다른 한편 체계와 환경의 차이를 상쇄시킬 상태이다.) 바로 그 때문에 복잡성 격차에도 불구하고 이 차이를 수립하고 유지하는 것이 문제가 되는 것이다. 복잡성 열세 상태는 선택 전략을 통해 조정되어야 한다. 체계가 선택을 강요받는다는 것은 이미 체계 자신의 복잡성으로부터 생겨난다. 체계의 요소들을 관계화할 때 어떤 질서가 선택되는가는 환경과의 복잡성 차이로부터 생긴다. 두 측면들은 분석적으로 이 방식으로 풀어낼 수 있다. 그렇지만 그 측면들은 동일한 사태의 두 면만을 형성한다. 왜냐하면 체계는 질서의 선택을 통해서만 복잡해질 수 있기 때문이다.[31]

---

31) "범위와 환원"의 서론으로 Kenneth Burke, *A Grammar of Motives*, 1945, 재판 Cleveland 1962, 59에서는 다음을 읽을 수 있다. "사람들은 실재의 충실한 반영이 될 수 있는 어휘들을 모색한다. 이 목적을 위해 사람들은 실재의 선택인 어휘들을 개발해야 한다. 실재의 어떤 선택이라도 어떤 상황에서도 실재의 편향(偏向)으로서 기능한다. 어휘가 반영의 필요를 충족시키는 한, 어휘가 필

환경이 모든 체계에 있어 체계 자체보다 더 복잡하다는 테제는 복잡성 격차가 불변적이라는 것을 전제하지 않는다. 예컨대 진화는 체계환경들(Systemumwelten)의 복잡성이 충분히 클 때만 가능하며, 이런 의미에서 진화는 체계와 환경의 공(共)진화라는 사실은 보편적으로 타당하다. 체계에서 복잡성이 더 높은 것은 환경이 우발(Zufall)의 분배를 제시하지 않고, 그 자신이 환경 내 체계들을 통해 선택적으로 구조화되어 있을 때 비로소 가능해진다.[32] 즉 환경과 체계 간 복잡성 관계는 상승 관계로 파악되어야 하며, 어떤 요소들이 상승 가능성과 새로운 균형 잡기를 결정하는지를 질문해야 한다.

그렇게 제안된 복잡성 문제와 체계이론을 조합하는 사안은 복잡성 개념을 다른 방식으로 다루라고 요구한다. 복잡성이 선택의 필연성으로 정의된다면, 복잡성 차이, 복잡성 격차, 복잡성 환원을 어떤 의미로 사용해야 하는가?[33] 연구 문헌은 명백하게 다차원적인 개념 측정의 어려움을 다루고 있다.[34] 그렇지만 우리 문제는 스스로 복잡하게 구축된 복잡성 개념의 관계화 가능성에 대한 사전 질문에 연관된다.

측정과 비교는 요소들의 개수를 그 출발점으로 삼을 수도 있고, 요소들 사이에서 실현된 관계들의 개수를 출발점으로 삼을 수도 있다.

수적인 범위라고 말할 수 있다. 어휘는 선택성에서는 환원이다. 그것의 범위와 환원은 주어진 용어, 또는 계산이 계산되도록 설계된 주관적인 사안에 적합하지 않을 경우에는 편향이 된다."

32) F. E. Emery/E. L. Trist, *Towards a Social Ecology: Contextual Appreciation of the Future in the Present*, London-New York 1973, 45 이하를 참조할 것.

33) 레나테 마인츠(Renate Mayntz)가 처음으로 내게 이 문제를 환기시켰다.

34) 예를 들어 분리하여 측정될 수 있는 다수의 차원들로의 분해에 관해 Todd R. La Porte, "Organized Social Complexity: Explication of a Concept", in der(Hrsg.), *Organized Social Complexity: Challenge to Politics and Policy*, Princeton N.J. 1975, 3-39에서 참조할 것.

복잡성이 높다거나 낮다는 말(복잡성 차이, 복잡성 격차)은 그 두 관점에서 더 낮은 복잡성이 나타날 때는 언제나 언급될 수 있다. 체계가 자신의 환경과 가지는 관계에서 복잡성이 높다거나 낮다고 말할 수 있다. 이와 달리 복잡성 환원이라는 말은, 좁은 의미에서 복잡한 연관의 관계구조가, 더 적은 관계들을 가진 두 번째 연관으로 재구성되는 모든 경우에 언급될 수 있다.[35] 복잡성만이 복잡성을 환원시킬 수 있다. 그것은 외부 관계에서 나타날 수 있고, 체계가 자기 자신과 맺는 관계에서 나타날 수도 있다. 그래서 신화는 구두 전승의 가능성에 의해 제한되는 중, 어떤 부족의 세계와 상황 지향〔방식〕을 보전한다.[36] 그렇다고 하면 복잡성 상실은 더 잘 조직된 선택성(예를 들면, 신빙성에 대한 증대된 요구)을 통해 완충되어야 한다. 복잡성 환원 역시 모든 관계화와 마찬가지로 요소들을 전제한다. 그러나 환원 개념은 관계들의 관계화를 표현할 뿐이다.

이론사적으로 보면, 환원 문제를 이렇게 복잡하게 이해하는 사정은, 존재 개념을 가장 단순하며 더 이상 분해될 수 없는 존재(차이)동일성(원자)으로 더 이상 이해할 수 없게 되면서 필수적인 것이 되었다. 존재 보장을 보증하는 (차이)동일성이 전제된 한에서는, 복잡성 환원은 단적으로 그러한 (차이)동일성들과 자신의 관계들로의 되돌림으로 간주할 수 있었다. 이런 의미에서 오늘날에도 "환원주의"에 관한 논쟁이 많이 이루어지고 있다. 그렇지만 그것을 위한 이론의 기초는, 요소들이 언제나 그 요소들로 이루어지는 체계들에 의해 구성

---

35) 이 제한에 대해서는 [수학] 공식의 역사도 찬동한다. 예를 들어 Jerome Bruner et al., A Study of Thinking, New York 1956에서 적용한 경우를 참조할 것.

36) 해브록(Eric A. Havelock)은 호메로스의 서사시들과 관련하여 "부족(部族)의 백과사전"이라고 말하고 있다. Preface to Plato, Cambridge Mass. 1963; ders., The Greek Concept of Justice, Cambridge Mass. 1978을 볼 것.

되며 그 요소들의 (차이)동일성의 근거를 오직 이 체계의 복잡성에서만 찾을 수 있다는 점을 인정한 이후로 붕괴되었다.[37] 그 이후에는 "단순한 것"(분해될 수 없는 것, 즉 분쇄될 수 없는 것)과 "복잡한 것" (분해될 수 있는 것, 즉 분쇄될 수 있는 것)의 존재론적 비대칭을 더 이상 상정할 수 없다. 어떻게 그러한 "부분들"에서부터 "전체"가 생성되며 전체의 추가 가치를 어디서 찾을 수 있는가라는 방식을 묻는 맥락에서 진행되는 문제들은 완전히 복잡성들의 차이로서 정식화되어야 하는 전혀 다른 복잡성 이해로 대체된다. 모든 것을 모든 것에 접속시킬 때 생겨날, 체계의 (또는 체계의 환경의) 파악 불가능한 복잡성을 특수하게 구조화된 복잡성, 즉 우연적으로만 선택 가능한 복잡성과 구분해야 한다. 그리고 (그 두 형식에서) 환경복잡성을 (그 두 형식에서) 체계복잡성과 구분해야 하는데, 이때 체계복잡성은 작고, 바로 이 사실을 체계복잡성의 우연성을 최대한 활용하여, 즉 복잡성의 선택 패턴을 통해 보완해야 한다. 그 두 경우에 두 복잡성의 차이는 원래 선택을 강요하는 원칙(이며 그런 점에서 형식을 부여하는 원칙)이다. 그리고 상태가 아니라 작동을 거론할 때, 두 경우 모두 복잡성 환원, 즉 어떤 복잡성을 다른 복잡성으로 환원시킨다는 뜻이다.[38]

---

37) Blauberg et al. (1977) a. a. O., 16 이하는 이 전환에 대한 훌륭한 서술을 보여주지만, 그 서술을 자기준거적 체계이론의 결론으로까지 발전시키지는 못했다. 이와 비슷하지만 자기준거 문제들을 관련지은 것으로는 Yves Barel, *Le paradoxe et le système: Essai sur le fantastique social,* Grenoble 1979, 특히 149 이하를 볼 것.

38) 우리는 오직 논평의 목적에서, 체계가 자기기술 (및 환경기술)을 작성하자마자 복잡성 관계들 간 또 다른 차이가 만들어진다는 사실을 이미 이 지점에서 지적해두어야 할 것이다. 사이버네틱스는 여기서 "모델"을 뜻한다. Roger C. Conant/W. Ross Ashby, "Every Good Regulator of a System must be a Model of that System", *International Journal of Systems Science 1.* 1970, 89-97를 볼 것. 그러면 체계 계획의 근거가 되는 복잡성을 체계의 구조화된 복잡성에

(복잡성에서 귀결되는) 이러한 환원 필수성의 관점에서 두 번째 복잡
성 개념을 형성한다. 이 두 번째 의미에서 복잡성은 미규정성의 척도
이거나 정보 부족의 척도이다. 그렇게 본다면, 복잡성은 체계가 자신
의 환경(환경 복잡성) 및 자기 자신(체계복잡성)을 완전하게 파악하
고 기술하기 위해 필요한 정보이다.[39] 예컨대 규정된 행위들이나 체
계의 정보처리 과정들을 위한 개별 요소의 관점에서 보면 복잡성은
이 두 번째 의미에서만, 즉 선택의 지평으로서만 타당하다. 그리고
이 두 번째 이해는 체계의 복잡성을 체계에 다시 끌어들이기 위해 의
미체계들에서 사용될 수 있다. 즉 개념으로서, 알려지지 않았으며 바
로 그 점을 통해 작용하는 변수로서, 두려움의 요인으로서, 불확실성
이나 위험 개념으로서, 계획 문제와 결정 문제로서, 아니면 구실로서
사용될 수 있다. 따라서 두 가지 복잡성 개념의 구분은 체계들이 자
신들의 고유한 복잡성(과 더군다나 체계의 환경의 복잡성)을 파악할
수는 없지만 문제화할 수는 있다는 점을 보여준다. 체계는 자기 자신
에 대한 모호한 상(像)을 만들어내고 그것에 반응한다.

　이 지점에서 칸트에 대한 기억을 떠올려 볼 만하다. 칸트는 다수성
이 (감각 자료의 형식으로) 주어져야 하며 (차이)동일성(Einheit)이

맞서는 구조화된 복잡성의 환원으로서, 그리고 이 환원을 다시 체계의 규정
될 수 없는 전체 복잡성의 환원으로서 간주해야 한다.
39) 예를 들어 Lars Löfgren, "Complexity Descriptions of Systems: A Foun-
dational Study", *International Journal of General Systems 3*. 1977, 97-214; Henri
Atlan, *Entre le cristal et la fumée: Essai sur l'organisation du vivant*, Paris 1979,
특히 74이하; ders., "Hierarchical Self-Organization in Living Systems:
Noise and Meaning", in: Milan Zeleny (Hrsg.), *Autopoiesis: A Theory of
Living Organization*, New York 1981, 185-208를 참조할 것. Robert Rosen,
"Complexity as a System Property", *International Journal of General Systems 3*.
1977, 227-232도 참조할 것. 이 글에서는 복잡성이 상호작용과 갖는 관련에
비추어볼 때 체계기술의 다수성이 필연적이라는 것을 뜻한다.

구성(종합)되어야 할 것이라는 선입견을 가지고 시작했다. 이 측면들의 분리, 즉 복잡성을 문제화하는 것이 비로소 주체를 주체로 만든다. 그리고 이것은 물론 다수성과 (차이)동일성의 연관의 주체로 만드는 것이지, 단순히 종합(Synthese)의 생산자로서 주체를 만드는 것은 아니다. 체계이론은 이러한 출발점과 단절하며, 따라서 주체 개념을 사용하지 않는다. 체계이론은 주체 개념을 자기준거적 체계 개념으로 교체한다. 그렇다고 하면 체계이론은 이 체계에서 사용되는 모든 (차이)동일성이 (요소의 (차이)동일성이든 과정의 (차이)동일성이든 아니면 체계의 (차이)동일성이든) 이 체계 자체에 의해 구성되어야 하지, 그 환경으로부터 끌어내어서는 안 된다는 점을 표현하고 있다.

7) 체계경계

복잡성 문제와 체계 분석을 이렇게 통합하는 것은, 그렇게 하여 체계경계의 기능을 보다 정확하게 해석할 수 있다는 점에서 그 통합의 적합성을 입증한다.[40] 체계들은 경계들을 가지고 있다. 그 점을 통해

---

40) 경계 개념을 이론적으로 다루는 것은 드문 일이며 대개 별 성과를 거두지 못한다. 비교적 중요한 논문들로는 예를 들어 Roy R. Grinker (Hrsg.), *Toward a Unified Theory of Human Behaviour: An Introduction to General Systems Theory*, New York 1956, 특히 278 이하와 307 이하; P. G. Herbst, "A Theory of Simple Behaviour Systems", *Human Relations 14* (1961), 71-93, 193-239 (특히 78 이하); Vilhelm Aubert, *Elements of Sociology*, New York 1967, 74 이하; Raimondo Strassoldo, *Temi di sociologia delle relazioni internazionali: La società globale, Ecologia delle potenze*, La teoria dei confini, Gorizia 1979, 특히 135 이하를 참조할 것. 그밖에도 *Confini e regioni: Il potenziale di sviluppo e di pace delle periferie: Atti del convegno "Problemi e prospettive delle regioni di frontiera"*, Gorizia 1972, Trieste 1973; Peter G. Brown/Henry Shue (Hrsg.), *Boundaries: National Autonomy and its Limits*, Totowa N.J. 1981의 많은 자료를 볼 것.

체계 개념이 구조 개념으로부터 구분된다.[41] 경계들은 "그 너머"를 생각하지 않고는 상상할 수 없다. 경계들은 피안(彼岸)의 실재와 횡단 가능성을 전제한다는 뜻이다.[42] 따라서 일반적인 이해에 따르면, 경계들은 체계와 환경의 분리 및 결합이라는 이중 기능을 가진다.[43] 이 이중 기능은 요소와 관계의 구분을 통해 명료해질 수 있고, 그렇게 하여 복잡성 주제로 다시 소급될 수도 있다. 요소들은 경계들이 선명하게 정의되어 있으면, 체계에 귀속되거나 체계의 환경에 귀속되어야 한다. 관계들은 이와 달리 체계와 환경 간에도 존재할 수 있다. 경계는 요소들을 나누기는 하지만, 이때 반드시 관계들까지 나누는 것은 아니다. 경계는 사건들을 나누지만, 인과적 효과들은 통과시킨다.

그 자체로는 오래 전부터 알려져서 논란의 여지가 없는 이 경계 개념은 최근의 체계이론의 발전 과정에서 전제가 되었다. 이때 폐쇄적 체계와 개방적 체계의 구분은 더 이상 유형 대립으로서 파악되는 것이 아니라 상승 관계로서 파악된다.[44] 체계들은 경계에 힘입어 '체계/환경-상호의존들'의 내적 상호의존들로 분리되고 서로 관련지으면서, 자신을 닫는 동시에 열 수 있다.[45] 이런 점에서 경계야말로 뛰

41) 예를 들어 Jiri Kolaja, *Social Systems in Time and Space: An Introduction to the Theory of Recurrent Behavior*, Pittsburgh 1969를 볼 것.

42) Renè Descartes, *Les principes de la philosophie II*, 21, (Œuvres et lettres, éd. *de la Pléiade*, Paris 1952, 623에서 재인용-)를 참조할 것.

43) 영토적 경계에 대해서는 예를 들어 Guillaume de Greef, *La structure générale des sociétés* Bd. 2, Brüssel-Paris 1908, 가령 246, 250; Jean-François Lemarignier, *Recherches sur l'hommage en marche et les frontières féodales*, Lille 1945; Roger Dion, *Les frontières de la France*, Paris 1947을 참조할 것.

44) 특히 Edgar Morin, *La Méthode*, Bd. 1, Paris 1977, 특히 197 이하를 참조할 것.

45) 그것은 좀 더 정확하게 표현하면 이런 뜻이다. 의존성과 독립성 사이에는 내적으로도 외적으로도 균형 잡힌 관계들이 있어야 한다. 그리고 이 두 관계들

어난 진화의 성취물이다. 모든 고등 수준의 체계 발전과 무엇보다도 내적으로 폐쇄적인 자기준거를 가진 체계들의 발전은 경계를 전제한다.

경계들은 분리 및 결합이라는 이 기능을 위해 특별한 장치로서 분화 가능하다. 그렇다고 하면 경계들은 특수한 선택 성과를 통해 바로 이 기능을 지각한다. 그 후에는 경계 수립, 경계 구역, 경계 장소의 고유한 선택성은 체계의 외적 복잡성뿐만 아니라 내적 복잡성을 환원시킨다.[46] 그 결과 경계를 통해 매개된 접촉은 어떤 체계에게도 다른 체계의 복잡성을 완전하게 중개할 수 없게 되며, 정보처리 능력이 그 자체로 그러한 중개를 위해 충분하더라도, 중개해내지는 못하게 된다.[47] 분화된 경계 기관의 도움을 받은 선택적 관계화라는 그때마다의 내적 조직은, 그 다음에는 체계들이 서로에 대해 규정 불가능하게 만들며, 이 미규정성을 규제하기 위해 새로운 체계들(소통체계들)을 생성시키게 된다. 추상적 경계 개념, 즉 체계와 환경의 단순한 차이라는 개념에서는 경계가 체계에 속하는지 환경에 속하는지를 결정하지 못한다. 이 차이 자체는 논리적으로 본다면 제3의 어떤 것이다.[48] 이와 달리 복잡성 격차의 문제를 해석보조 수단으로 추가하면,

---

은 서로 비임의적인 관계에 있어야 하며, 이 비임의적인 관계는 특히 복잡성 환원을 실현시켜야 한다. 다소 강한 이 표현은 관계들 가운데 있는 대상들과 관계들 사이에 있는 관계들을 해체하려는 이론의 노력을 보여준다. 그 표현은 동시에 선택 개념이 관련짓는 사태들이 얼마나 복잡하게 층을 이루고 있는지를 보여준다.

46) 이를 위해 특별히 조직된 사회적 체계의 경우에 대해 Niklas Luhmann, *Funktionen und Folgen formaler Organisation*, Berlin 1964, 220 이하를 볼 것.

47) 이에 관해서는 Donald T. Campbell, "Systematic Error on the Part of Human Links in Communication Systems", *Information and Control 1*. 1958, 334-369; J. Y. Lettvin et al., "What the Frog's Eye Tells the Frog's Brain", *Proceedings of the Institute of Radio Engineers 47*. 1959, 1940-1951을 참조할 것.

경계를 이 격차의 안정화 기능, 체계만이 전략을 발전시켜 실현할 수 있는 기능과 관련지을 수 있다. 그렇다면 체계의 관점에서는 "자가 생성된 경계들",[49] 즉 세포막, 피부, 성벽, 성문, 국경초소, 접촉 위치 같은 것들이 중요하다.

따라서 체계의 고유 요소들의 구성 외에도 경계 규정이 체계분화의 가장 중요한 요건이 된다. 경계는 경계 진행이나 사건들을 내부와 외부로 귀속시키는 미결정된 문제들이 체계 고유한 수단으로 다루어질 수 있을 경우에는 충분히 규정된 것으로서 간주될 수 있다. 즉 면역체계가 자신의 고유한 작동 방식을 사용하여 내적인 것과 외적인 것을 그 효과에서 차별할 수 있을 때나, 소통으로 구성되는 사회(societal)체계가 소통을 통해 어떤 것이 소통인지의 여부를 결정할 수 있을 경우에 그 경계가 충분히 규정되어 있다고 말할 수 있다. (학문적인) 관찰자에게는 그 경우에 경계가 어떻게 그려지는지가 분석적으로는 불분명한 상태에 있겠지만, 그런 사정이 체계 구획을 유일한 분석적인 규정으로 간주하는 것을 정당화하지는 않는다.[50] (연구

---

48) 그것에 관해 기본 개념식의 접근이 가지는 '3조화(三組化)의 방식'의 결과에 대해서 Herbst, a. a. O., 88 이하를 볼 것. 위에서 텍스트에 개괄된 고려들은 이론구축 기술의 관점에서 보면, 이곳에서 셋으로 한 조를 이루는 방식을 피하는 데에 기여한다.

49) Roger G. Barker, *Ecological Psychology: Concepts and Methods for Studying the Environment of Human Behaviour*, Stanford Cal. 1968, 11-12의 의미에서 말한 것이다. Roger G. Barker, "On the Nature of the Environment", *Journal of Social Issues 19/4*. 1963, 17-38도 참조할 것.

50) 반대 견해가 자주 대변되는 것을 발견할 수 있다. 예를 들어 Alfred Kuhn, *The Study of Society: A Unified Approach*, Homewood Ill. 1963, 48 이하; David Easton, *A Framework for Political Analysis*, Englewood Cliffs N. J. 1965, 65를 참조할 것. 그 견해는 관찰 체계와, 더욱이 학문이 자신이 규정하는 모든 것을 자기 자신에 맞추는 자기준거적 체계들이라는 점을 강조하여 표현한다. 그것은 아주 보편적인 말이지만 관찰자나 학문이 다루는 대상을 충분히 규정하는

대상을 경계 짓는 것이 관건일 경우에는 물론 사정이 다를 것이다!). 실재에 관심을 갖는 관찰자는 여기서 체계의 작동적인 규정 가능성에 의존하는 상태에 있게 된다.

발전 역학의 관점에서 보면 경계들은 상승 가능한 성과들이다. 우리는 이 측면을 체계의 분화(Ausdifferenzierung) 개념을 가지고 표현했다. 경계 형성은 체계를 체계의 환경과 결합하는 과정들의 지속을 중단시킨다. 경계 성과의 상승은 이러한 과정들의 지속을 지켜보는 관점들이 많아지는 데에 달려 있다. 이를 통해 생겨난 불연속성은 어떤 체계가 환경 접촉을 계산 가능하게 도와주는 철저하게 규제된 불연속일 수 있다. 그래서 체계의 관찰자들은 분화가 뚜렷할 경우에도 체계 자신이 자기 실천의 근거로 삼는 것보다, 체계와 환경 간 더 많은 지속성들과 부단히 진행되는 더 많은 과정들(예를 들어 사회화를 통해 규정된 행위들처럼)을 인지할 수 있다.

경계들이 성과 압력 하에 놓인다는 관점, 즉 경계의 보다 까다로운 규정과 유지가 필수적이라고 보는 관점은 앞서 소개한, 전체 환경과 체계 환경 내 체계들의 구분으로부터 생겨난다. 체계경계들은 언제나 환경을 외부에 둔다. 그러나 체계경계들에 제기되는 요구들은, 체계가 고유한 환경에서 다른 상이한 체계들(과 그 체계들의 환경들)을 구분하고 자신의 경계를 이 구분에 맞추어 조정해야 할 경우에는 변화한다. 체계는 가장 단순한 경우에 자신의 환경을 다른 체계로 간주하여 다룬다. 그래서 국경선들은 자주 다른 어떤 국가와의 관계에 비추어 경계들로서 개념화되지만, 경제적인, 정치적인, 학문적인, 교육적인 관점에서의 "외국"이 더 이상 이 경계로 정의될 수 없게 될 경우에는 갈수록 잘못된 정의가 되어간다.[51] 그러한 요구들에서는 경

데까지 이르지 못한다.

계 정의는 내부를 향해 옮겨간다. 그리고 자신들의 경계들을 그 작동 양식을 통해 규정하고 모든 환경 접촉들을 다른 실재 층위들을 거쳐 중개시키는 자기준거적으로 폐쇄적인 체계들이 확인된다.

8) 체계와 복잡성의 구분

체계 (개념)과 복잡성 (개념)의 개념적 차이가 아래 분석에서 핵심이다—바로 그 구분이 복잡한 체계들을 다루기 때문이다. 체계와 복잡성을 구분할 수 없는 사람은 생태학의 문제 영역에 대한 접근을 호도한다. 왜냐하면 생태학은 고유한 '체계/환경-차이'에 의해 규제되지 못하며 그래서 체계가 아닌 복잡성과 관계를 맺기 때문이다.[52] 따라서 이 경우에 다수성의 (차이)동일성을 파악하기 어려워진다. (차이)동일성은 자기준거적 체계로서 만들어지는 것이 아니라, 관찰 또는 개입(Eingriff)을 통해서 비로소 구성된다. 우리는 이 점을 다시 다룰 것이다.[53]

여기서는 체계 분석과 복잡성 분석의 공동 작용이 체계이론의 고전적인 개념 병기창을 어떻게 재구조화하고 자기준거적 체계이론으로 옮겨가는지를 보기들을 통해, 일단 **적응**(Anpassung) 개념을 통해 보여주겠다. 고전적인 개념은 원래 단순한 '체계/환경-관계'를 표현했다. 이 전제에 따르면 체계는 살아남기 위해서 자신의 환경에 적응해야 했다. 그 후 이러한 관계를 바꾸어 보려는 자극이 뚜렷해졌다.

---

51) 이에 관해서는 Niklas Luhmann, "Territorial Borders as System Boundaries", in: Raimondo Strassoldo/Giovanni Delli Zotti (Hrsg.), *Cooperation and Conflict in Border Areas*, Mailand 1982, 235-244를 참조할 것.
52) "생태계"라는 개념으로는 이 중요한 사태를 제대로 이해하지 못한다. 그 대신에 생태-복잡계라는 말을 사용해야 한다.
53) 아래 제10장을 참조할 것.

환경 역시 체계에 적응되어야 하고 적어도 체계 발전에 적절해야 한다.[54] 이론 층위에서 이렇게 관점을 달리 하면 일단 순환적인 동어반복에 도달한다. 즉 체계들은 환경이 체계에 적응되어 있을 때 환경에 적응할 수 있으며, 그 역 또한 맞는 말이다. 유익한 동어반복의 이 단계에 일단 도달하면, 그 논리를 뛰어넘을 방안을 모색해야 한다. 거의 동시에 구조화된 복잡성의 문제들에 대한 이해도 증대했기 때문에, 그 이해를 사용하는 방안을 생각해낼 수 있었다. 이 이론 발전은 체계/환경 패러다임에서 자기준거 패러다임으로 옮겨가는 계기들을 마련했다.

복잡한 체계들은 자신의 환경에 적응해야 할 뿐만 아니라, 자신들의 고유한 복잡성에 스스로 적응해야 한다. 체계들은 내적 불확실성과 불충분성으로 버텨내어야 한다. 그것들은 바로 그 위에 구축되는 장치들, 이를테면 지배적인 기본 구조들이 있어서 비로소 가능해지는 일탈행동 경감 장치들을 발전시켜야 한다. 따라서 복잡한 체계들은 자기적응을 하도록 강요받고 있는 것이다. 다시 말해 고유한 복잡성에 대한 고유한 적응이라는 이중적 의미에서 그러한 강요를 받고 있다.[55] 오직 그 방식으로만 체계들이 그 환경의 변화들을 부단히 따를 수 있는 것은 아니며, 적응의 다른 관점들도 고려해야 하고 결국 자기적응을 향해 자신의 근본을 파고든다는 점을 설명할 수 있다.

복잡한 체계들을 다룰 때 그밖에도 선택(Selektion) 개념이 달라진다. 선택은 이제 더 이상 주체가 야기한 것으로 간주될 수 없으며, 행위와 유사한 것으로 파악될 수도 없다. 선택은 주체 없는 과정, 차이

---

54) Lawrence J. Henderson, *The Fitness of the Environment: An Inquiry into the Biological Significance of the Properties of Matter*, New York 1913을 참조할 것.

55) Edgar Morin, *La Méthode* Bd. 2, Paris 1980, 48의 "자기의 자기에의 적응"도 볼 것.

의 수립을 통해 야기되는 작동이다. 여기서도 다윈은 가장 중요한 선구자인데, 이는 다윈이 진화의 선택을 질서 의지로부터 파악한 것이 아니라, 환경으로부터 파악했다는 점을 밝혔던 때문이다. 우연철학과 실용주의는 그 생각을 바탕으로 구축되었고, 이러한 선택의 이해에 대해 존재론적으로 최대한 가능한 범위를 부여했으며, 사회문화적 진화 또한 그 영향을 받았다.[56] 그 이후 선택은 모든 질서 이론의 기본 개념으로 간주되는데, 이때 고유한 우월한 질서 권력을 가지고 질서의 생성을 설명하는 체계로의 소급을 회피한다.[57] 우리는 이러한 소급 대신에 차이에의 소급을 투입할 것이다. 모든 선택은 제한들 (constraints)을 전제한다. 주도적 차이는 자신이 직접 선택을 규정하지는 않으면서 예컨대 '유용한/무용한'이라는 관점 하에서 이 제한들을 배열할 수 있다. 차이는 어떤 것을 결정하지는 않지만, 선택되어야 한다는 사실을 결정한다. 이때 처음에는 체계가 고유한 복잡성을 통해 스스로를 선택으로 강요하는 것은 특히 '체계/환경-차이'인 것으로 보인다. "적응"이라는 의미론적 공간에서와 비슷하게 "선택"이라는 의미론적 공간에서도 자기준거적 체계이론이 준비되어 있는 것이다.

---

56) 머튼(Robert K. Merton)은 초기 작업에서 실러(F. C. Schiller)를 인용한다. *Science, Technology and Society in Seventeenth Century England*, 2. Aufl. New York 1970, 229도 볼 것. 선택에 대한 머튼의 이해에 관해서는 Manfred Kopp/Michael Schmid, "Individuelles Handeln und strukturelle Selektion: Eine Rekonstruktion des Erklärungsprogramms von Robert K. Merton", *Kölner Zeitschrift für Soziologie und Sozialpsychologie 33*. 1981, 257-272; Michael Schmid, "Struktur und Selektion: E. Durkheim und M. Weber als Theoretiker struktureller Evolution", *Zeitschrift für Soziologie 10*. 1981, 17-37도 볼 것.

57) 그밖에도 Robert B. Glassman, "Selection Processes in Living Systems: Role in Cognitive Construction and Recovery From Brain Damages", *Behavioural Science 19*. 1974, 149-165를 참조할 것.

9) 자기준거

다음에 다룰 중심 주제는 자기준거라는 이름을 가지고 있다. 그것은 최근의 체계이론에서 순식간에 상당한 이목을 끌고, 자기조직(Selbstorganisation)이나 자기생산(Autopoiesis) 같은 표제어로도.[58] 체계이론이라는 명칭을 뚜렷하게 내걸지 않는 사회학 이론들에도 상응하는 개념들이 스며들어 있다.[59] 이때 자기준거(성찰(Reflexion), 재귀성(Reflexivität)) 개념은 고전적으로 인간의 의식이나 주체에 근거했던 입장에서 해방되어,[60] 대상 영역들, 즉 학문의

---

58) "자기조직"에 관해서는 위 서론의 각주 16에서 말한 내용을 참조할 것. "자기생산"에 관해서는 특히 Humberto R. Maturana, *Erkennen: Die Organisation und Verkörperung von Wirklichkeit: Ausgewählte Arbeiten zur biologischen Epistemologie*, Braunschweig 1982과 Milan Zeleny (Hrsg.), *Autopoiesis: A Theory of Living Organization*, New York 1981을 참조할 것. 그밖에도 예를 들어, Manfred Eigen, "Selforganization of Matter and the Evolution of Biological Macromolecules", *Die Naturwissenschaften 58*. 1971, 465-523; Heinz von Foerster, "Notes pour une épistemologie des objets vivants", in: Edgar Morin/Massimo Piatelli-Palmarini (Hrsg.), *L'unité de l'homme: Invariants biologiques et universaux culturels*, Paris 1974, 401-417; Klaus Merten, *Kommunikation: Eine Begriffs- und Prozeßanalyse*, Opladen 1977; Peter M. Hejl et al. (Hrsg.), *Wahrnehmung und Kommunikation*, Frankfurt 1978; Niklas Luhmann, "Identitätsgebrauch in selbstsubstitutiven Ordnungen, besonders Gesellschaften", in: Odo Marquard/Karlheinz Stierle (Hrsg.), *Identität. Poetik und Hermeneutik*. Bd. VIII, München 1979, 315-345; Niklas Luhmann/ Karl Eberhard Schorr, *Reflexionsprobleme im Erziehungssystem*, Stuttgart 1979; Francisco J. Varela, *Principles of Biological Autonomy*, New York 1979; Yves Barel a. a. O. 1979을 볼 것.

59) Anthony Giddens, *Central Problems in Social Theory: Action, Structure and Contradiction in Social Analysis*, London 1979에서 행위의 재귀적 감시 개념의 핵심적 위치를 볼 것. 이것은 물론 주체라는 담지자(대행자) 사상에 얽매여 있다.

60) 이 위치 규정에는 약간의 질화가 필요하다. 어쩌면 가장 중요한 질화는 자기준거의 의식 관련에서 중세에는 항상 느낌에 대한 관련이, 근세에는 "취향

대상으로서의 실제적인 체계들로 옮겨졌다. 학문의 대상으로 옮겨짐으로써 자기준거의 순수한 논리적 난점들과 일정한 거리를 확보할 수도 있다. 이때에는 이 어려움은 다음을 뜻할 뿐이다. 다른 체계들(!) 안에서 다른 체계들을 통해 그 체계들을 기술하는 일이 결정될 수 없는 논리적인 모순들이 되는 그런 체계들이 현실적인 세계 내에 있다.[61]

자기준거 개념은 자기 자신에 대해 요소, 과정, 체계가 되는 (차이)동일성을 가리킨다. "자기 자신에 대해"라는 말은 '다른 관찰에 의한 관찰의 단면과 무관하게'라는 뜻이다. 자기준거 개념은 정의를 내릴 뿐만 아니라, 사실 진술도 포함하고 있다. 왜냐하면 그 개념은 (차이)동일성이 관계화 작동을 통해서만 성립 가능하며 또한 성립되어야 하는 것이지, 개체로서, 실체로서, 고유한 작동의 이념으로서 항상 사전에 존재하는 것은 아니라고 주장하기 때문이다.

자기준거 개념은 대단히 보편적으로 파악될 수 있고 또 그래야만 한다. "자기"(Selbst)라는 용어가 어떤 의도로 쓰이며 준거(Referenz)라는 말을 어떻게 이해하는가에 따라 예컨대 ("의도한다"를 동작의 구성성분으로 보면서) 의도하는 동작(Akt)을 언급하거나 ("포함한다"를 집합의 구성성분으로 보면서) 자기 자신을 포함하는 집합이라고 언급할 수 있다. 그렇다면 준거는 자기를 구성하는 바로 그 작동을 사용하며, 이 조건 하에서 과잉이나 역설이 된다. 준거는 부정의

의 향유"가 동반했다는 점, 그리고 그 안에서 (그런데도 충분하게 평가되지 못한) 존재에 대한 지시가 (그러니까 인식에 대한 지시뿐만 아니라) 함께 결정되었다는 점이다. 예를 들어 Joseph de Finance, "Cogito Cartésien et réflexion Thomiste", *Archives de Philosophic 16*. 1946, 137-321; Wolfgang Binder, "'Genuβ' in Dichtung und Philosophic des 17. und 18. Jahrhunderts", in ders., *Aufschlüsse: Studien zur deutschen Literatur*, Zürich 1976, 7-33을 참조할 것.

61) 이에 대해서는 제8장에서 상세하게 다루겠다.

가능성이 추가되고 그 부정을 관련짓는 자기나 관련된 자기와 관계 짓고는, 자기준거에 근거하여 이 두 가능성 가운데 하나를 결정할 수 없을 때는 역설이 된다. 역설이 된다는 것은 규정성의 상실, 즉 후속 작동들의 연결 능력의 상실을 뜻한다. 따라서 자기준거는 그 자체로 는 나쁜 것도 금지된 것도 아니며 피해야 할 것도 아니다.[62] (또는 정 확하게 그러한 사정에 맞게 주체에게만 허용 가능하며 여기서는 봉쇄되 어야 하는 어떤 것도 아니다). 그러나 자기준거가 역설을 낳게 되면, 연결 가능성들을 위해 추가 조치들이 내려져야 한다.

추가 조치의 문제란 곧 체계 형성을 가리킨다. 그 문제는 복잡성 문제를 넘어서서 체계이론의 분석적 도구의 범위를 확장하기도 한 다. 자기준거는 역설의 형식에서 규정될 수 없는 복잡성이다. 따라서 자기준거적으로 작동하는 체계들은 이 문제의 해결, 즉 탈역설화에 성공할 수 있을 때에만 복잡성을 가질 수 있다.

체계구성 요소들이 기능(차이)동일성들(Funktionseinheiten) 자 체로서 구성되며[63] 이 요소들 간 모든 관계에서 이러한 자기구성 에 대한 지시가 함께 진행되게 하면서 이런 방식으로 자기구성을 지 속적으로 재생산할 때에, 그 체계를 자기준거적이라고 부를 수 있 다. 자기준거적 체계들은 이런 의미에서 필연적으로 자기 접촉의 조 건에서 작동하며, 환경에 접촉하기 위해 자기 접촉 말고는 어떤 다 른 형식도 가지고 있지 않다. 이렇게 다른 형식이 없다는 점은 요소

---

62) 이 점에 관해서는 C. P. Wormell, "On the Paradoxes of Self-Reference", *Mind* 67. 1958, 267-271; Lars Löfgren, "Unfoldment of Self-reference in Logic and Computer Science", in: Finn V. Jensen/Brian H. Mayoh/Karen K. Møller (Hrsg.), *Proceedings from the 5th Scandinavian Logic Symposium*, Aalborg 1979, 250-259을 참조할 것.

63) 우리는 이 진술을 요소와 관계를 도입할 때 앞서 말한 바 있다.

들의 간접적인 자기준거 테제로서 재발(Rekurrenz) 테제를 포함하고 있다. 요소들은 다른 요소들을 거쳐 진행되는 자체에의 역관련(Rückbeziehung)을 가능케 한다. 예컨대 신경세포 활동의 강화나 다른 행위에 대한 기대를 거쳐 행위 규정이 진행되듯이 말이다. 자기준거적 체계들은 이 자기준거적 조직의 층위에서 닫힌 체계들이다. 왜냐하면 그 체계들은 자신을 자기규정할 때 다른 처리 과정의 형식을 가지고 있지 않기 때문이다. 그래서 사회적 체계들은 의식을 사용하지 않고, 인적 체계들은 신경체계의 주파수 변동을 사용할 수 없다(물론 이렇게 말하면서, 사용되지 않은 것이 체계의 성립 가능성의 조건, 즉 요소들의 구성 가능성에서의 인프라 구조와 같은 조건이 된다는 점을 부인하는 것은 아니다).

기초적 자기준거(basale Selbstreferenz)라는 이 개념이 "자기조직"에 관한 이전의 논의들과 얼마나 다른지 분명히 강조하기 위해, 마투라나와 바렐라는 그 개념을 "자기생산"(Autopoiesis)으로 표현하자는 제안도 했다.[64] 이 개념 변화가 어떤 파급 효과가 있으며, 의식철학과 생철학(피히테, 셸링)에서 어떻게 토론되었는가의 문제와 맺는 관계는 현재로서는 확실하게 판단할 수 없다. 어쨌든 체계이론에서 자기관련(Selbstbezug)을 구조 형성(Strukturbildung)과 구조 변동(Strukturänderung)의 층위로부터 요소들의 구성 층위로 옮김으로써 큰 행보를 내딛는다.

자기생산은 체계가 스스로를 자기재생산하는 수단으로 사용하는 그러한 종류의 작동들이 체계의 환경에 전혀 없다고 반드시 전제하는 것은 아니다. 생명 유기체의 환경에는 다른 생명 유기체들이 있고, 의식의 환경에는 다른 의식이 있다. 그렇지만 두 경우에 체계 고

---

64) 위 각주 58의 참조 지시들을 참고할 것.

유의 재생산 과정은 내적으로만 사용 가능하다. 그 과정은 체계와 환경을 접속(verknüpfen)시키는 데에 사용될 수 없다. 다른 생명, 다른 의식에 빨대 같은 것을 꽂고서 자기 체계 안으로 빨아들일 수는 없다는 것이다(장기 이식은 기계적인 개입이며, 그 경우를 이 설명에서 배제하는 것은 아니다. 장기이식은 생명 자체가 생명을 가지고 들어오는 경우이다). 이 사태는 사회적 체계들에서는 두 가지 관점에서 다른 사태이다. 한편으로 사회(Gesellschaft)라는 소통체계의 외부에는 소통이라고는 전혀 없다. 체계는 이러한 작동 유형을 사용하는 유일한 것이며, 그런 점에서 진정 필연적으로 닫혀 있다. 다른 한편 이 조건은 다른 사회적 체계들에 대해서는 통용되지 않는다. 따라서 사회적 체계들은 어떤 의미(차이)동일성들이 체계의 자기재생산을 내적으로 가능케 하는지, 즉 늘 새롭게 재생산할 수 있는지를 규제할 수 있도록 특수한 작동 방식을 정의하거나 성찰을 통해 자신의 정체성을 규정해야 한다.

이 중요한 차이에 주목한다면, 일반 체계이론의 층위에서 자기생산체계라는 보편 개념에 힘입어 그 차이를 극복하는 것이 전적으로 유의미할 것인지 질문할 수 있다. 우리는 이 보편적인 개념이 가능하다고 생각하며, 그야말로 필수적이라고 생각한다. 이유인즉, 부분적으로는 그 개념이 그러한 체계들에 대한 일련의 진술들을 통합할 수 있게 해주며, 부분적으로는 그 개념이 한편으로 사회체계를 보다 예리한 관점에서 특별하게 다루는 일을, 다른 한편으로는 그 사회체계의 내적 경계 짓기 문제를 야기한 진화의 맥락을 가리키기 때문이다.

가장 중요한 귀결들 중 하나는 인식론의 영역에서 찾을 수 있다. 체계구성 요소들이 (에너지, 물질, 정보로서 이루어지는 "하부 구조"가 얼마나 복잡하든 상관없이) 체계 자체에 의해 (차이)동일성들로 구성될 때에는, 체계들의 모든 종류의 기초적 공통성이 고려에서 배제된다. 무엇이 (차이)동일성으로서 기능하든, 외부에서부터는 관찰이 이루어질 수 없고 오직 추론 가능할 뿐이다. 따라서 모든 관찰은 다른 도식과 달리 (차이)동일성으로 기능하는 것이 무엇인가를 역추론할 수 있게 해주는 그런 차이 도식들에 주목해야 한다. 어떤 체계도 다른 체계를 분석적으로 분해하여 궁극적인 거점과 인식의 대상과의 확실한 일치를 인식으로 하여금 찾게 해주는 최후 요소들(실체들)에 도달할 수 없다. 차라리 모든 관찰은 차이 도식을 사용해야 하는데, 이때 차이의 (차이)동일성은 관찰하는 체계에서 구성되어야지 관찰된 체계에서 구성되어서는 안 된다. 이것은 결코 자기관찰을 배제하지는 않지만, 자기관찰은 체계의 (차이)동일성들의 재생산의 (차이)동일성(자기생산)과는 조심스레 구분되어야 한다.

자기준거적이며, 요소들의 층위에서 "자기생산적"인 재생산은 체계를 정의하는 요소들의 유형학과 일치해야 한다. 이 때문에 재생산(!)이라고 말하는 것이다. 그런 식으로 행위체계에서는 언제나 행위들이 새롭게 재생산되는 것이지, 세포들이나 거대분자들이나 생각들 따위가 재생산되는 것이 아니다. 바로 이 조건이 요소들의 자기준거를 통해 보장된다.[65] 그로써 일정한 변이의 차단 장치가 설치되었다. 애슈비는 이런 의미에서 체계의 "필수적 변수"(essential variable)라고 한다.[66] 하지만 고려 대상이 되면서 아직 규정되지는 않은 복합체들, 즉 규정하는 실행 방식을 통해서만 정해져 있지는 않은 요소들이 복잡한 체계들의 요소로서 고려될 수 있다. 어떤 위치와 어떤 기

---

65) 우리는 사회적 체계의 요소들(사건들)의 시간성을 분석하게 될 때, 그것을 화이트헤드(Whitehead)를 인용하여 더 명료하게 작업할 수 있다. 아래의 제8장 제3절을 참조할 것.

66) Arvid Aulin, *The Cybernetic Laws of Social Progress: Towards a Critical Social Philosophy and a Criticism of Marxism*, Oxford 1982, 8-9도 참조할 것.

능이 개별 요소들을 지각하는지를 상세히 규정하는(제한하는) 구조들은 주어진 틀 안에 충분한 개방성이 있을 때만 전개될 수 있다.

환경에 대해 열린 (예를 들어 심리적 체계들 또는 사회적) 체계들의 전체 영역에서 이렇게 "자기조직"에서 "자기생산"으로 넘어감으로써 그 이론이 관련하려는 기본 문제가 바뀐다. 구조 형성과 구조 변동의 문제에서 출발했고 그 안에서 체계들의 동학을 보았다는 점에서, 학습이론적 접근이 이론의 기초적 위상을 가진다고 인정해야 한다.[67] 그렇다고 하면 문제는 비슷한 행위의 반복이나 비슷한 체험의 **반복**에 대한 기대를 개연적으로 만드는 특별한 조건들에 있었던 것이다. 이와 달리 자기생산체계이론에서는 과연 한 요소 사건에서 그 후속 사건으로 넘어갈 수 있을 것인가의 질문이 주로 제기될 것이다. 여기서 기본 문제는 반복이 아니라 **연결 능력**에 있다. 연결 능력을 보장하기 위해서는 자기준거적으로 닫힌 재생산 연관의 분화가 필수적인 것으로 드러난다. 그리고 비로소 그것을 통해 형성된 체계와 관련되는 가운데 구조 형성과 구조 변동 문제들이 정식화될 수 있다. 달리 말하면, 구조들은 자신의 고유한 존재의 기초를 포기하려 하지 않는다면 자기생산적 재생산의 연결 능력을 가능케 해야 하는데, 바로 그 때문에 가능한 변화들, 가능한 학습의 영역을 제한받는다.

자기준거적 체계 구조에서부터 필연적으로 만들어지는 중요한 구조적인 결과 하나를 특별히 언급해야 한다. 그 결과는 **일방향 통제 가능성을 포기**한다는 것이다. 영향력 차이들, 위계들, 비대칭화들이 생길 수 있지만, 체계의 모든 부분은 자신이 다른 부분을 통제할 때는 반드시 그 자신 또한 통제를 받는다. 그리고 그런 사정에서는 어떤

---

67) 부분적으로는 개체의 학습을 사회적 체계 내에서의 구조 변동의 기본 과정으로 보았던 형식에서도 그렇게 인정할 수 있다. 이에 대해서는 Michael Schmid, *Theorie sozialen Wandels*, Opladen 1982, 37 이하를 볼 것.

통제이든 역통제가 예상된 상태에서만 행사될 수 있는데, 유의미하게(sinnhaft) 지향하는 체계들에서는 그렇게 될 확률이 아주 높다. 그런데도 (이를테면 체계 내적 권력 관계들에서) 비대칭적 구조의 확보에는 그런 이유 때문에 늘 특별한 조치들이 필요하다.[68]

이러한 통제의 쟁점화는 부분적으로 자기관찰(Selbstbeobachtung)의 강조를 통해 상쇄된다. 관찰은 이 맥락, 즉 일반 체계이론의 층위에서는 바로 구분을 다룬다는 뜻이다.[69] 통제 개념은 심리적 체계의 경우에서만 의식을 전제한다(관찰의 순간에서 보면, 체계 내적 매체인 의식이 생성한다고 말할 수도 있겠다). 서로 다른 체계들은 제각기 고유한 관찰 가능성들을 확보해야 한다. 따라서 자기관찰이란 '체계/환경-구분'에 힘입어 구성되는 체계 내부에 바로 그 구분을 도입하는 것이다. 그리고 요소들이 재생산될 때에는 요소들이 체계의 요소들로서 생산되어야지 그 밖의 다른 어떤 것으로 재생산되어서도 안된다는 점이 보장되어야 하기에 자기관찰은 동시에 자기생산의 작동적인 순간이기도 하다.

자기준거적으로 닫힌 체계 개념은 체계들의 환경 개방성과 모순 관계에 있지 않다. 오히려 자기준거적 작동방식의 폐쇄성은 가능한 환경 접촉을 확장시키는 형식이다. 그 폐쇄성은 규정 능력이 더 큰 요소들을 구성하여 체계에 가능한 환경의 복잡성을 증대시킨다. 이 테

---

68) 이 지점에서 서론에서 언급한, 체계이론을 설계와 통제에 관한 이론으로부터 자율에 관한 이론으로 재구축하는 것이 특별히 분명하게 드러난다.

69) 그 용어법은 이런 점에서 스펜서-브라운의 논리에 기초한다. Humberto R. Maturana, "Autopoiesis", in: Zeleny a. a. O. (1981), 21-33 (23)을 참조할 것. "우리가 관찰자로서 수행하는 기본적인 인지적 작동은 구분의 작동이다. 이 작동을 수단으로 우리는 unity를, 배경으로부터 구분된 하나의 독립체(entity)라고 정의한다. 이 작동이 unity와 그 배경에 부여하는 속성들을 통해 특징짓고, 그들의 분리 가능성을 정의한다."

제는 폐쇄적 체계와 개방적 체계 간 고전적인 대립[70]과도 모순 관계에 있으며, '체계/환경-관계들'을 만들어내기 위해 다른 체계로서의 관찰자를 필요로 하는 마투라나의 자기생산 개념[71]과도 모순 관계에 있다. 그렇지만 관찰과 자기관찰 개념들이 일반 체계이론의 층위에서 출발하고, 언급했듯이 자기생산 개념과 한데 묶이면 자기관찰은 자기생산적 재생산의 필연적인 구성요소가 된다. 바로 이 토대가유기적 체계들 및 신경생리학적 체계들(세포, 신경체계들, 면역체계들 등)을 의미(Sinn)를 구성하는 심리적 체계들 및 사회적 체계들과구분 가능하게 해준다. 이러한 모든 체계 형성 층위에서 자기준거라는 기본 법칙이 타당하다. 그러나 이 기본 법칙은 의미 체계들에 대해서보다 생물학적 체계들에 대해서 더욱 급진적으로 배타적 의미에서 타당하다. 의미만이 의미에 관련될 수 있으며 의미만이 의미를교체할 수 있다는 점에서 의미체계들 또한 완전히 닫혀 있다. 우리는이 점을 다시 다룰 것이다.[72] 하지만 체계경계들과 환경들은 신경체계와 달리 유의미한 구조들과 과정들 안에 포함될 수 있다. 체계경계들과 환경들은 자기준거적 체계들이 체계와 환경의 차이를 통해 내적으로 작동할 수 있도록, 그러한 체계들의 과정을 위해 의미를 전제한다(의미를 그 자체로서 전제하는 것은 아니다!). 의미는 모든 내적작동에서 체계 자신과, 어느 정도 정교한 환경에 대한 참조들을 지속적으로 동반 가능하게 만든다. 지향의 중점을 선택하는 것은 이때 미

---

70) 근본적인 연구로서 Ludwig von Bertalanffy, "General Systems Theory", *General Systems 1*. 1956, 1-10을 참조할 것.

71) 예를 들어 Humberto Maturana, "Stratégies cognitives", in: Morin/ Piatelli-Palmarini a. a. O. 418-432 (426 이하)와 그것에 대한 Henri Atlan, 그 책 443의 비판적인 반론을 볼 것.

72) 제2장을 볼 것.

결정 상태로 유지될 수 있는 동시에, 외부에 대한 참조들과 내부에 대한 참조들을 갖고 의미를 재생산하는 연결 작동에 넘겨질 수 있다. 여기서 더 이상 멈출 수 없는 체계 구축의 자기준거성의 기초 위에서 "의미"라는 성취물의 진화상 장점을 분명히 볼 수 있다. 그러한 의미의 진화상 장점은 체계 구축의 폐쇄성과 환경 개방성의 새로운 결합 상황, 다른 말로 하자면, '체계/환경-차이'와 자기준거적 체계 구축의 조합에 달려 있다.

우리가 아래에서 다시금 단편적으로만, 즉 사회적 체계들의 사례에서만 관심을 기울일 의미체계들의 이 특수 영역 내에서 의미를 환경에 귀속시키는 것(예를 들어 인과성을 외부에 귀속시키는 것)은 모든 자기준거에 고착된 순환성의 문제를 풀기 위해 사용된다. 자기준거와 그것으로 인해 주어진 모든 의미 계기의 상호의존들은 그렇게 유지된다. 그러나 환경을 끌어들임은 내적으로 상호의존 중단자로서 투입된다.[73] 체계는 비대칭화시킨다──바로 자기 자신을!

10) 다중 구성

자기준거는 그자체가 다중 구성(multiple Konstitution)으로 불릴 만한 원칙을 전제한다. 우리는 이 생각을 나중에 "이중 우연성"이라는 관점에서 더 상세히 다룰 것이며, 여기서는 일반 체계이론의 기초를 개괄하는 몇 가지 진술만 하겠다.

문헌에서는 대화(Dialog), 상호적인 (그리고 그자체로 "의미가 충분한") 체계들[74], 또는 담화(Konversation)[75]라는 용어를 쓰기도 한다.

---

73) 이 점에 대해 Norbert Müller, "Problems of Planning Connected with the Aspect of Reflexivity of Social Processes", *Quality and Quantity 10*. 1976, 17-38 (22 이하)도 볼 것.

74) 예를 들어 Stein Bråten a. a. O. (1978), 658-659. Stein Bråten, *Competing Modes*

그 용어는 제각기 체계에서 (차이)동일성(요소)으로서 기능하는 것을 구성하기 위해서는 양분되는 관점을 가진 (적어도) 두 개의 복합체가 요구된다는 것을 뜻한다. 이 사실은 역으로 말하면 이 (차이)동일성이 체계의 분석을 위해 자신을 구성하는 복합체의 양분의 방향으로 해체될 수 없다는 뜻이기도 하다. 물론 이 '상호적이며 대화적인' 담화적 (차이)동일성과 그것에 사용된 "언어"가 그 (차이)동일성을 구성하는 복합체에 미치는 역작용을 조사할 수 있다. 예를 들어 그러한 (차이)동일성이 경계들의 "개별화"를 어느 정도로 허용하며 또 어떤 경계 내에서 허용하는지를 질문할 수 있다. "변증법"을 상기하면서 거리를 두게 되었다고 느낄 수 있다. 하지만 (차이)동일성의 구성에 관점 상으로 보아 다른 복합체들 간 모순의 부정이 필요하다고 말하는 것은 아니다. 그것은 마찬가지로 상이한 종류의 행동 기대의 상호 보완이 될 수 있는데, 파슨스의 일반행위체계이론이 바로 이 점을 감안하고 있다.

다중 구성 테제는 소통이론을 체계이론 안에 깊숙이 배치하고, 이러한 맥락에서 복잡성 개념을 전통적인 처리와 다른 방식으로 규정짓는 효과를 가진다. 개념들과 이론들을 이렇게 재배치하는 것은 과거의 사고 수단들에 비해 매우 중요한 것이며, 그래서 우리는 그 점

of Cognition and Communication in Simulated and Self-Reflective Systems, Ms. Oslo 1978도 참조할 것.

75) 예를 들어 Gordon Pask의 수많은 글들을 볼 것. 특히 *Conversation, Cognition and Learning,* Amsterdam 1975; *Conversation Theory: Applications in Education and Epistemology,* Amsterdam 1976; ders., "Revision of the Foundations of Cybernetics and General Systems Theory", VIIIth International Congress on Cybernetics 1976, Proceedings Namur 1977, 83-109; ders., "Organizational Closure of Potentially Conscious Systems", in: Zeleny a. a. O., 265-308을 볼 것.

을 특별히 자세하게 다루어야 한다.[76] 과정의 기술적 장치가 어떻게 보이든, 두 복합체들이 다른 상태 규정 가능성들을 가지고 있는데도 불구하고 복합체 A의 상태 변화가 복합체 B의 상태 변화와 조응하는 조건에서만, 소통이라는 용어를 사용할 수 있다. 이런 점에서 소통한다는 것은 제한한다는 것(즉, 자신과 다른 사람들을 제한적인 조건 하에 둔다는 것)을 뜻한다.[77] 이러한 소통 개념은 체계들이 요소들, 그리고 요소들 간 관계들로 구성된다는 낡은 생각을 포기할 경우, 이 복잡한 체계들의 이론 내에 설정될 수 있다. 그 생각은 관련들의 실행이 복잡성 때문에 선택들을 요구하며 그래서 그 실행이 요소들에 단순하게 추가될 수 없다는 테제로 대체된다. 관계의 실행은 요소들의 가능성들의 조각에 연관되며 요소들의 자격을 부여하는 데에 기여한다. 달리 말하면 체계는 복잡성으로서 가능성 과잉을 가지며, 바로 그 과잉을 자기 선택을 통해 환원시킨다.[78] 이러한 환원은 소통 과정

---

76) 매우 분명한 서술은 W. Ross Ashby, "Principles of Self-Organizing Systems", in: Heinz von Foerster/George W. Zopf (Hrsg.), *Principles of Self-Organization*, New York 1962, 255-278에서 찾아볼 수 있다. Walter Buckley (Hrsg.), *Modern Systems Research for the Behavioural Scientist*, Chicago 1968, 108-118, (특히 109)에서 재인쇄되었다. 이러한 출발점의 수수께끼 같은 성격에 더 많은 의미를 주는 것은, 공동으로 차이를 만들어내는, 즉 정보를 획득할 수 있는, 적어도 두 개의 "어떤 것들"이 있어야 한다는 점이다. 이것은 Gregory Bateson, *Geist und Natur: Eine notwendige Einheit*, 독일어판, Frankfurt 1982, 87-88에서 보여준다.

77) 대개 소통은 이를테면 언어를 전제하며 통보의 수용이나 거부를 규제하는 규범도 그러한 제한을 전제한다고 일컬어진다. 그것도 옳은 말이기는 하다. 그러나 자기준거에 관한 우리의 테제와 관련해서 함께 고려되어야 할 것은, 이 제한이 그 자체가 소통의 과정에서만 구축되어서, 정확하게 말하면 소통이 자기제한을 통해 자기 자신을 가능하게 한다는 점이다.

78) 애슈비에 따르면 그밖에도, 고유한 자기준거적 조직에 입각해 가능성들을 투사하는 관찰자에 대해서도 그러하다. 이것을 나는 인식론과 양상이론의 고전적인 획일화가 남긴 잔존물로 간주하며, 사실 명제의 불가피한 복잡화 및 체

에서 실행되며, 체계는 그러한 실행을 위해 "상호주의적" 기본 조직, 즉 자신의 요소들을 소통 능력이 있는 복합체들에 귀속시킬 필요가 있다.

자기준거적으로 처리할 수 있는 (차이)동일성들에 대한 배수 구성의 요구는 '체계/환경-주제'를 또한 다른 방식으로 복잡하게 만든다. 우리가 "분기되는 관점을 가진 복합체들"이라고 조심스레 명명했던 것은, 요소들의 구성과 요소들 간 관계들을 구성하는 경우에 전제되어야 한다. 이것은 그러한 요소들과 관계들의 복합체로 파악될 수 없다. 그것은 체계의 일부일 수 없으며 오히려 체계의 환경에 속한다. 이 말은 신경체계와 관련된 경우에는 두뇌의 세포들에 대해, 사회적 체계들의 경우에 인물들(Personen)에 대해서도 적용된다.[79] 우리는 이 특수 문제를 나중에 "상호침투"라는 관점에서 다시 다룰 것이다.[80]

11) 요소의 동종성과 작동의 동질성

자기준거적 체계이론으로 이행한 가장 중요한 결과 중 하나는 작동적 층위 및 체계 과정들에 관련된다. 자기준거가 요소들의 층위에서 의미하는 것은 다음과 같다. 요소들은 자기 자신에의 소급 관련을 통해 서로를 붙잡으며 그로써 맥락들이나 과정들을 성립시킨다. 그렇지만 이러한 일은 요소들이 충분히 같은 종류일 때에만 일어날 수

계이론의 인식론적 도구 양자 모두에서 피할 수 있는 복잡화라고 간주한다.

79) 처음 보았을 때는 어색하며 어쨌든 "명료하지 않은" 이 이론 결정은 체계와 환경을 완전한 이분(二分)으로 생각하지 않고 체계에 속하지도 체계의 환경에 속하지도 않는 제3의 어떤 것을 허용할 때만 회피할 수 있다. 우리는 그러한 속성의 단점을 단순히 습관과 명료성에 저촉되는 것 그 이상으로 우려할 만한 일이라고 생각한다.

80) 제6장.

있다. 따라서 극단적인 사례를 들어서 이 말을 명확히 표현한다면, 기계적이면서 의식에 의한 작동들의 체계(차이)동일성이나, 화학적이면서 유의미한 소통적 작동들의 체계(차이)동일성은 있을 수 없다는 것이다. 기계들도 있고, 화학적 체계들도 있고, 생명체계들도 있고, 의식체계들도 있으며, 유의미한(sinnhaft) (사회적) 소통체계들도 있다. 그러나 이 모든 것을 포괄하는 체계(차이)동일성들은 없다. 인간은 자기 자신에게나 관찰자에게나 (차이)동일성으로서 나타날 수는 있지만, 체계는 아니다. 다수의 인간들을 가지고 체계를 형성할 수 있다는 것은 더더욱 생각할 수 없는 일이다. 그런 전제들에서는 인간이 자기 안에서 물리적 과정, 화학적 과정, 생명 과정에서 진행되는 것을 관찰조차 하지 못한다는 점을 간과한다.[81] 인간의 생명은 인간의 심리적 체계에 접근할 수 없다. 인간의 생명은 체계 형성의 다른 층위인 심리적 체계의 의식을 작동으로 자극하기 위해, 가렵거나 고통을 느끼거나 다른 어떤 식으로든 자신을 향하는 주목을 끌어내어야 한다. 따라서 자기생산적 재생산은 체계 작동들의 충분한 동질성에 의존하며, 이것이 특정한 체계 유형의 (차이)동일성을 정의한다. 사태들은 물론 다른 관점에서 파악되고 관찰 가능하다. 그러나 미리 주어진 과정 유형과 체계 유형을 그것을 통해 고려하지 않는다면, 자기준거적 체계 구성은 관찰 불가능하다.

12) 구조적 인과성

자기준거적 체계 관계들의 기초 위에서 구조적인 적응 능력과 체계 내적 소통의 상응하는 도달 범위가 엄청나게 확장될 수 있다. 이

---

[81] 그렇게 자명한 어떤 것이 특별히 확인되고 그 이론적 적실성에서 인식되는 것은 드문 일이다. 그러나 Michel Serres, "Le point de vue de la biophysique", *Critique 32*. 1976, 265-277을 참조할 것.

러한 확장 원칙은 정보 개념에서 출발할 때 가장 잘 파악할 수 있다. 정보는 (외적인 종류 또는 내적인 종류의) 선택적인 사건이 체계에서 선택적으로 작용할 때, 달리 말해 체계 상태들을 선택할 수 있을 때 늘 성립한다. 정보는 (동시적으로나 순차적으로) 차이들을 지향하는 능력을 전제하는데, 그러한 능력 자체가 체계의 자기준거적 작동 양식에 묶여 있는 것으로 보인다. 베이트슨(Bateson)에 따르면, "1비트"의 정보는 "차이를 만드는 차이"로서 정의될 수 있다.[82] 이 말은 차이들이 자기준거적 체계들 안에서 정보들로 다루어질 수 있을 때 그리고 그런 한에서 차이들로서 작용하기 시작한다는 뜻이다.

여기에 가능한 인과성들의 엄청난 확장이 있고, 구조 문제는 인과성의 통제로 옮겨진다. 그러한 확장은 두 방향으로 나아간다. 첫째로는 지금 '현존하지 않는 것'(Nichtvorhandenes)도 정보처리 능력으로 작용할 수 있다. 오류, 제로(零)값, 실망들은 그것들이 차이 도식에서 파악될 수 있는 한 인과성을 얻는다. 둘째, 사건들만이 아니라 현 상태들, 구조들, 지속성들도 거기서 차이가 경험될 수 있다면, 인과성들을 자극할 수 있다. 따라서 불변 유지가 변화의 원인일 수도 있다.[83] 구조적 인과성은 자기규정을 가능케 한다. 체계들은 효과(Wirkung)가 자기 자신에게 미치는 가능성들을 저장할 수 있으며, 차이 도식에 힘입어 필요한 경우에 그 가능성들을 호출할 수 있다.[84]

---

82) Gregory Bateson, *Steps to an Ecology of Mind*, San Francisco 1972, 315. 271-272, 189-190도 참조할 것.

83) 이것은 Kenneth D. MacKenzie, "Where is Mr. Structure?", in: Klaus Krippendorff (Hrsg.), *Communication and Control in Society*, New York 1979, 73-78에서 강하게 논박되었다. 그러나 그로부터 비롯하는 테제, 즉 구조는 인과적인 관점에서 보면 불필요하다는 테제는 거의 수용될 수 없다. 인과성은 보편주의적 도식이다. 그리고 그것은 인과성을 가능케 하는 모든 것이 그 인과성 안에 포함되어야 한다는, 즉 원인으로서 입증되어야 한다는 뜻이다.

요주의(要注意)! 구조는 그 자체로 자신 안에 내재하는 힘을 근거로 하여 작용하는 것은 아니다. 구조는 차이 경험으로 이동하기만 하며, 그 경험들은 그 자체로 정보를 가능케 하지만, 그 때문에 무슨 일이 일어날지를 미리 결정하지는 않는다. 체계는 그런 식으로 자신에게 고유한 인과성의 기초로서 고유한 과거를 만들어낸다. 체계는 외부 사건들에 직면하여 일어나는 것을 내적 인과성만으로 미리 규정하지 않고서 환경과의 인과 압력으로부터 거리를 둘 수 있게 하는 고유한 과거를 만들어 낸다. 생명체계들이 생명의 자율을 위해 유전적인 결정에 의존한다는 것을 생각한다면, 이러한 진화상 성취의 파급 범위를 볼 수 있다.

이 모든 것과 함께 자기준거적 체계들의 작동 양식은 인과성의 형식들로 넘어간다. 확실하게 포착할 수 있는 외부 조종으로부터 작동 양식 자체를 포괄적으로 막아주는 형식들로 넘어간다. 외부에서부터 체계 내에서 달성하고자 하거나 체계와 함께 달성하려는 모든 효과는 체계가 외부로부터의 자극도 정보, 즉 차이 경험으로서 지각하고 체계에서 이 방식으로 작용한다는 것을 전제한다. 그 경우에는 자기 자신에게 인과성을 조달하는 그러한 체계들은 더 이상 "인과적으로 설명될" 수 없다. (관찰자의 환원 도식이 아니라면) 그리고 이것은 체계들의 복잡성을 꿰뚫어볼 수 없다는 이유에서 뿐만 아니라, 논리의 이유에서도 그러하다. 그러한 체계들은 자신들의 자기생산의 산물로서의 자기 자신을 전제한다.[85]

---

84) 여기에 기억을 분화된 구조적 인과성으로서 파악하려는, 기억이론에 대한 접근 경로가 있다. 또는 유기적 체계에서 비슷한 기능을 가진 통증이론에 대한 접근이 있다고 말할 수도 있다. 사회적 소통을 위한 귀결에 관해서는 Paul Ridder, *Die Sprache des Schmerzes*, Konstanz 1979를 볼 것.

85) 이 테제는 과거에 "기계주의적" 이론과 "정신과학적" 이론 및 방법론들을 구분하려던 욕구를 느꼈을 때 제기되었다. 그것의 인식론적 귀결은 아직 완전하게 평가되지는 않았지만 논의되기는 했다. 예를 들어 Magoroh Maru-

3. 자기준거적 시간 개념의 여러 측면들

우리는 지금까지 모든 문제를 배가시키는 다른 주제 하나를 아껴 두었다. 바로 시간이라는 주제이다.

현실과 관련된 모든 체계이론은 모든 것이 자신의 현재 상태로 유지되는 것은 아니라고 전제해야 한다. 변화들이 있으며, 체계들 안에 변화들에 대한 특수한 민감성이 있다. 그리고 그 때문에 몇몇 체계들에게는 모든 변화의 축적 개념을 의미하는 시간 개념이 존재한다. 우리는 시간이 무엇인지의 문제를 결정하지 않을 것이다. 왜냐하면 변화한다는 단순한 사실을 넘어서는 그 어떤 시간 개념을 규정하기 위해 체계준거가 필수적일 것이라고 생각할 수 있을 것이기 때문이다. 다른 한편 우리는 이전과 이후와 관련하여 운동 척도의 의미에서의 단순한 연대기적 시간 개념에 만족할 수 없는데, 그런 개념은 이러한 체계들이 시간 속에서 그리고 시간과 함께 가지는 문제들을 충분히 재구성해낼 수 없기 때문이다. 따라서 우리는 이 문제에서 출발하고 이때 '체계/환경-차이'와 복잡성 및 자기준거라는 주도 관점에 기초할 것이다.

1) 복잡성과 선택의 시간 문제

우리의 출발점인, 복잡성과 선택의 연관은 상태를 기술하는 것이 아니다. 그 연관은 이미 시간을 함의하고 있다. 그 연관은 시간을 통해서만, 그리고 시간 안에서만 성립한다. 시간은 복잡한 체계들 안에

---

yama, "Heterogenistics and Morphogenetics; Toward a New Concept of the Scientific", *Theory and Society 5*. 1978, 75-96을 볼 것.

서의 선택 강제를 위한 이유이다. 왜냐하면 시간이 무한정 주어져 있다면, 모든 것이 모든 것에 맞추어질 수 있을 것이기 때문이다. 그렇게 본다면, "시간"은 어떤 규정된 것이 발생하면 다른 어떤 것도 발생하므로, 어떤 개별 작동도 그때마다 자신이 발생할 조건들을 완전히 통제할 수는 없다는 것을 나타내는 상징이다. 그밖에도 선택 자체가 시간 개념이다. 선택은 임박해 있다. 선택은 필요한 것이며, 그 다음에는 실행되고 그리고 발생했다.

선택은 이런 점에서 이미 시간화된 환경 속에서 스스로를 관철시키기 위해 시간을 필요로 한다. 선택은 이를테면 복잡성의 동학이라고 부를 수 있을 것이다. 따라서 모든 복잡한 체계는 자신을 시간에 맞추어야 한다—그 다음에 이 요구가 체계에 대해 작동적으로 파악 가능한 형식으로 어떻게 옮겨지든 상관없이 말이다.

2) 시간의 가역성과 비가역성

체계들의 시간성에 대한 이러한 기초적인 작동적 접근에서는 "변동"(Änderung)으로 표현될 수 있는 모든 것이 이미 특수 문제, 즉 도출된 문제가 된다. 그 모든 것은 오직 구조들과 관련된다. 가역성과 비가역성은 변동들에 관련된 경우에만 의미를 가진다. 변동들은 가역적이거나 비가역적일 수 있다. 이 둘을 정확하게 경계 짓기는 쉽지 않다. 왜냐하면 되돌린다는 것은 대개 시간의 소비, 경비의 소비, 어느 정도의 비가역성들을 무릅쓸 것을 요구하기 때문이다. 그러나 가역성과 비가역성 둘 모두가 나타나는 문제는 이러한 경계의 불명확성 때문에 제기된 것은 아니며 그저 확인될 뿐이다. 시간이 무엇이 "될 수 있든", 비가역성을 강제하지는 않는다.

시간은 그자체가 처음에는 변동에만 주어진 것이며, 그런 점에서 그 자체가 가역적이면서 비가역적으로 주어져 있다. 시간의 비가역성은 오늘날 종종 전제되듯이, 그자체가 가역적인 것과 비가역적인 것을 포괄하는 '공간/시간-연속체'로부터의 추상화이다. 그러나 시간의 비가역성은 추상화로서 이를테면 개념에 불과한 것이 아니라, 자연의 거시 질서의 사실이기도 하다.[86] 그러나 원래 시간 자체는 (그리고 그 때문에, 나중에 보게 되듯이 현재는) 모호하게 주어져 있으며, 비가역성들을 보다 높은 질서의 비가역성들로 옮기고, 그리고 역으로 비가역성들을 둘러싸기 위해 공간을 만들어 주기도 한다.

그런데도 사람들은 거시물리학적 세계의 질서가 주어진 것을 바탕으로 시간을 비가역성의 은유로 서술하고 경험하는 것을 선호한다. 이것은 우리로서는 접근할 수 없는, 역방향으로 진행되는 시간을 가진 제2의 세계를 상상하는 데까지 이끌었다. 왜냐하면 이 세계로부터 우리의 세계로 진입하려는 모든 것은 우리의 시간이 끝난 후에 저 세계로 되돌아가기 때문이다.[87] 분명하게도 시간은 질서를 가능케 하기 위해 진화를 통해 비대칭화되어 있다.

어쨌든 시간은 모든 시점에서 전진이나 후퇴와 관련해 무차별한 것으로 자신을 표출하지 않는다. 복귀나 재생산의 가능성은 시간과 모순되지 않는다. 그러나 그 가능성은 "그 자체로" 비가역적인 시간 진행 위에 겹쳐 있다. 시간이 비가역적인 것으로 나타나는 경우에 한해서만, 시간은 미래와 과거의 차이를 향해 진행하는 현재로서 해석 가능하다. 그것은 그 다음에는 (더 이상 모든 체계들에 타당하지 않은) 특별한 시간 차원의 분화로 이끌며, 그 다음에 후속하는 진화상 성취

---

86) Ilya Prigogine, "Irreversibility as a Symmetry Breaking Factor", *Nature 246.* 1973, 67-71을 볼 것. 최초의 (자기준거적?) 대칭은 비가역성의 생성으로 인해 시간적으로 비대칭화된다.

87) Ludwig Boltzmann, *Vorlesungen über Gastheorie.* Bd. 2, Leipzig 1898, 253 이하를 참조할 것.

들이 그 분화에 이어질 수 있다. 따라서 우리의 출발점에서 보면 비가역성에 대한 이러한 선호를 설명할 필요가 있다. 그래서 시간의 일방적인 비가역화라는 기능에 대한 설명은 체계이론과 진화이론에 의해 마련되어야 할 것이다.

3) 구조의 시간성과 과정의 시간성

복잡한 체계는 환경과의 관계에 있는 복잡성 격차와 관련하여, 시간적으로 보더라도 환경과의 '점 대 점 조응'에만 의존할 수는 없다. 복잡한 체계는 환경과의 완전한 공시화(共時化)를 포기해야 하며, 그로 인해 주어진 일시적인 비조응이라는 위험들에 대처할 수 있어야 한다. "이러한 구분성을 유지하는 과정들이 순간적인 조정만을 포함한다고 전제할 수 없으며, 오히려 시간을 취할 것이다."[88] 체계와 환경의 관계에서 시간의 유예가 준비될 수 있어야 한다는 뜻이다. 서로 어울리는 것, 서로 교정하는 것, 서로 보완하는 것이 반드시 동시에 발생할 필요는 없으며, 지속적으로 연달아 나올 필요도 없다. 체계들은 반응들을 준비할 수 있으며, 만약의 경우에 대비해 준비할 수 있다. 체계들은 현재의 기회들이나 장애에 장기적인 과정들을 통해 반응할 수 있으며, 그새 붕괴되지 않으면서 반응을 유예할 수도 있다. 이런 방식의 시간 문제 해결은 규정된 구조적인 전제 하에서만 가능한데, 변화무쌍한 환경에서 존속하려는 체계들은 이 전제를 충족해야 한다. 시간 문제를 해결하려면 무엇보다도 내적 상호의존들을 제한할 필요가 있다.[89] 이것은 복잡성과 자기준거라는 주소지로 향

---

88) 이를테면 가장 핵심적인 곳으로서 Talcott Parsons, "Some Problems of General Theory in Sociology", in: John C. McKinney/Edward A. Tiryakian (Hrsg.), *Theoretical Sociology: Perspectives and Developments*, New York 1970, 27-60 (30)을 볼 것

한다!

이러한 분화의 필연성은 거대 체계들의 조합 가능성의 복잡성으로부터 생겨난다. 그 어떤 체계도 모든 요소를 다른 모든 것에 접속시킬 논리적 가능성을 실현하지 못한다. 이 점이 모든 복잡성 환원의 출발점이다.[90] 체계가 모든 조합 가능성들을 열어 두거나 심지어 모든 가능성을 동시에 실현하려 한다면, 체계는 아주 작은 크기에 머물러야 하거나 또는 선택 관계들을 질서 짓거나 강화해야 한다. 이것은 **선택 과정의 재귀성**(Reflexivität des Selektionsprozesses)을 통해 일어난다. 그 과정은 처음에는 자기 자신을 지향해야 하며, 그 다음에 구체적인 것, 즉 체계의 최종 요소들의 층위에서 최종적으로 선택해야 한다. 그러한 선택을 위해서는 두 가지 상이한 형식들이 사용될 수 있다. 즉 **구조**와 **과정**이다. 구조와 과정은 둘 다 다시금 서로를 전제한다. 왜냐하면 구조화는 보다 까다로운 (순수하게 우발에 의해 규정되지 않은) 조건하에서 한 과정이며, 과정들도 구조들을 갖기 때문이다. 그 둘은 시간과 갖는 관계로 인해 서로 구분된다.

구조와 과정의 독특한 시간성은 더 정확하게 규정되어야 한다. 구조들을 단순히 시간과 무관한 것으로서 파악하고 과정들을 시간적인 것으로서 파악하는 것은 오류일 것이다. 정학과 동학의 대립이나 지속성과 변동의 대립 또한 마찬가지로 옳지 않다.[91] 그보다는 구조

89) 파슨스도 구조들이 변동하며 과정들이 높은 불변성을 드러낼 수 있다는 점을 고려하여, 이 이분법을 구분해야 한다고 강조한다. "Some Considerations on the Theory of Social Change", *Rural Sociology 26*. 1961, 219-239을 참조할 것.

90) W. Ross Ashby, *Design for a Brain*, 2. Aufl. London 1954; Herbert A. Simon, "The Architecture of Complexity", *Proceedings of the American Philosophical Society 106*, 1962, 467-482; Herbert A. Simon, *The Sciences of the Artificial*, Cambridge Mas. 1969, 84-118의 재판본을 참조할 것.

91) 이에 관해서는 Friedrich Valjavec, *Identité sociale et évolution: Elements pour une*

와 과정의 차이는 가역성과 비가역성의 원래적인(= 환경 때문에 생긴) 차이를 비가역적으로 설정된 시간 속에서 재구성하는 데에 기여한다.[92]

구조들은 시간을 비가역적인 상태로 붙잡고 있다. 왜냐하면 구조들은 선택 가능성들의 제한된 목록을 열어두고 있기 때문이다. 구조들은 지양되거나 변화되거나, 다른 관점에서의 변화들의 확실성을 보장하는 데에 도움을 줄 수 있다.[93] 구조들과는 달리 과정들은 시간의 비가역성을 표시한다. 과정들은 비가역적인 사건들(Ereignisse)로 구성된다.[94] 이 사건들은 역방향으로 진행할 수 없다. 두 배열은 사실적 관점에서 선택 강화, 즉 선택 가능성의 사전 선택에 기여하지만 그 방식은 제각기 다르다. 구조들은 모든 요소들을 다른 모든 요소들과 결합할 가능성들의 열린 복잡성을, "타당하거나" 기대 가능하거나 반복 가능하거나 어떤 식이든 선호된 관계들의 좁은 패턴으로 수용한다. 구조들은 이 선택을 통해, 가능성들을 그때마다 개괄 가능한 구도로 환원시키면서 후속 선택들을 이끌 수 있다. 과정들은 구체적

théorie de processes adaptifs, thèse, Paris 1980, 67 이하도 볼 것.

92) 이 점에 관해서는 구조들이 다른 시간을 가지고 있으며 과정들보다 (그래서 단순히 더 오래 지속하지는 않는다) 역사학자의 경험을 볼 것. Reinhart Koselleck, "Darstellung, Ereignis und Struktur", in ders., *Vergangene Zukunft: Zur Semantik geschichtlicher Zeiten,* Frankfurt 1979, 144 이하.

93) 이를 토대로 (마찬가지로 시간 지향적인), 인지적 기대 구조 내지는 규범적 기대 구조가 상론되는데, 그것은 한참 뒤에 다룰 것이다. 이 차이는 기대의 실망/변경에 해당된다.

94) 그러나 이것은 과정을 통해 단지 합쳐지기만 한 완성된 조각에서와는 달리, 자기 자신과의 관련을 통해 다른 사건과 연결되는 자기준거적 요소들의 의미에서의 사건들로부터 이루어진다. 그 점에 대해 근본적인 내용은 Alfred N. Whitehead, *Prozeß und Realität: Entwurf einer Kosmologie,* 독일어판 Frankfurt 1979을 볼 것. 더 상세하게는 아래 제8장, 제3절을 참조할 것.

인 선택적 사건들이 시간 상 순차적으로 구축되거나 서로에게 이어지는 것, 즉 이전의 선택들이나 기대 가능한 선택들을 선택의 전제들로서 개별 선택 안에 구축해 넣음으로써 성립한다(그래서 이것이 과정 개념을 정의하는 근거가 되어야 한다). 따라서 선택 가능한 것을 선(先)선택하는 것은 구조의 경우에는 타당성으로 경험되지만, 그와 달리 과정의 경우에는 구체적인 사건들의 연속으로 경험된다. 따라서 성찰적인 선택의 이 두 가지 배열은 선택을 비교적 전제가 풍부한 것, 즉 불확실한 것 안으로 끌어들이며, 그렇게 하기 위해 시간을 필요로 한다. 체계들이 선택 강화의 두 가능성들, 즉 구조 배열 및 과정 배열을 사용할 수 있으며 그렇게 할 수 있을 만한 충분한 시간이 체계들에 주어질 경우에만 최소한의 체계 규모와 개별 체계들의 낮은 복잡성 이상에 도달할 수 있다.[95)]

고유한 구조들과 과정들을 가지는 체계는 자신이 생산하고 재생산하는 모든 요소들을 이러한 선택 강화의 형식들에 할당할 수 있다. 체계는 그러한 할당을 통해 자신의 고유한 자기생산을 규제할 수 있다. 그렇지만 가능한 요소들의 총체를 이렇게 선택 강화의 형식들을 통해 파악하는 것이 환경의 조건에서 지나치게 배타적으로 다루어질 수는 없다. 그것은 단지 차이 도식으로서만 기능한다. 즉 구조들과 관련해서는 순응적인 사건들과 일탈적인 사건들을, 과정들과 관련해서는 확실한 사건들과 불확실한 사건들을 감안해야 한다는 뜻이다. 질서는 체계가 이 차이들을 지향하며 체계의 작동을 그에 맞출 수 있을 때에 획득할 수 있다.

---

95) 우리는 이렇게 구조와 과정의 구성 연관을 강조하면서 구조 또는 과정에 대해 논리적이거나 존재론적인 우선권, 분석적이거나 경험적인 우선권을 요구하는 이론과는 선을 긋는다. 상당한 분량의 사회학 논쟁의 문헌이 그러한 우선권 다툼을 통해 성립되었다.

4) 시간 처리의 형식들

개별적으로 보면 시간을 획득하기 위해 매우 상이한 종류의 문제 해결 형식들이 있다. 그 형식들은 상호 관계에서 보면 기능적으로 등가이다. 따라서 그 형식들은 복잡한 구조적인 사전 조건에서는 서로의 짐을 덜어주며 서로 보완할 수도 있다. 각각의 형식은 혼자서는 구축 능력의 내재적 한계가 있지만, 그것들의 조합은 예견하지 못한 진화의 진전들을 가능케 한다.

"성공적인" 경험들의 재사용을 위해 저장 기능을 맡는 장치들이 있을 수 있다. (예를 들어 기억처럼) 그러한 저장을 가능케 하는 구조들은 위해(危害)들이나 계기들이 나타나는 시점들로부터 추상화될 수 있다. 구조들은 수시성(Jederzeitigkeit) 층위에서 시간 문제에 반응한다. 가장 단순한 사전 형식은 후속 발전을 위해 고유한 복잡성을 충분히 가지고 있기는 하지만 유리한 환경과 조합되어야만 이 계기를 실현시킬 수 있는 체계들에서 나타난다.[96] 즉 구조들의 가능성들은 체계와 환경의 우발적인 조합이 실현될 기회를 주는 시점을 위해 당분간은 정지되고 준비된 상태로 있다.

두 번째로는 신속성(Schnelligkeit)을 떠올릴 수 있다. 체계의 고유한 과정들을 위해 중요한 환경의 과정들에 비교했을 때, 체계가 고유한 과정에 더 빠른 속도를 줄 수 있게 해주는 장치이다. 속도 우월성은 그 자체가 매우 상이한 목적을 위해 사용될 수 있다. 예를 들어 가능한 환경 진행들을 시뮬레이션하는 것이나 만약의 경우에 대비하기 위해서나 도망치거나 따라잡을 때, 또는 너무 민감하며 환경에 지나치게 의존하는 특화를 피하기 위해 사용될 수 있다. 빨리 행동에 옮

---

96) 이에 관해서는 W. Ross Ashby, *Principles of the Self-Organizing System*, a. a. O에서 "조직"의 기본 속성으로서 "조건성"을 논의한 고려를 볼 것.

기는 사람은 틈틈이 다른 어떤 일을 할 수 있다.

세 번째 문제 해결 방식은 시간 관계들의 축적과 통합이라고 부를 수 있다. 그 해결 방식은 지나치게 복잡한 사태들을 개별적으로 포착하는 능력을 전제하는데, 이 사태들에 대해서는 "의미"를 다루는 다음 장에서 살펴볼 것이다. 즉 그러한 문제 해결은 자신의 복잡성 관계들을 의미의 형식으로 옮길 수 있는 심리적 체계들과 사회적 체계들에서만 기대할 수 있다. 여기서는 잘못 회상하거나 잘못 예상할 위험을 수용하는 조건에서 시간적으로 비현실적인 것을 현재화하는 능력이 원칙적으로 중요하다. 그 다음에는 그러한 가능성들을 구축하는 것은 시간 총계 사상, 비가역성을 과거와 미래의 차이라는 관점에서 해석함, 시간과 관련하여 파악된 불일치들을 통합하는 데에 현재를 활용함을 프레임 조건으로서 만들어낸다. 이것을 표현하는 고전적 용어인 "통찰력"(prudentia)은 동물과 인간을 구분짓는 특징으로서,[97] 비현재적인 것을 현재화(顯在化)하는 이러한 잠재력의 적절한 사용이 엄격하게 제한되고 있음을 동시에 의미했다. 통찰력이 한편으로 속도를 불필요하게 만들고, 다른 한편으로는 다른 과정 층위와 체계 층위에서 속도를 전제한다는 점이 마찬가지로 중요하다. 토끼와 비교하면, 고슴도치와 고슴도치 부인은 사회적 체계로서 통찰력을 가지고 있었다. 토끼가 빨리 달리기만 할 수만 있었던 반면, 고슴도치 부부는 고도로 선택적인 소통을 신속하게 할 수 있었다. 고대 사회들에서는 그러한 통찰력만으로 충분했던 것처럼 보였다. 고도로 복잡한 사회들에서 비로소 그리고 최근 들어 비로소 신속성들에 대한 관심이 시간을 포괄하는 통찰력을 추월했다. 18세기는 취향이 자신의

---

97) Cicero, *de officiis Buch,* I Kap. IV, II를 참조할 것, *Loeb's Classical Library Bd. XXI,* London 1968판에서 재인용.

기준을 개별화하고 자기관찰을 통해 정당화할 수 있기 때문에 이성
보다 더 빨리 판단할 수 있다는 사실을 발견했다.

5) 복잡성의 시간화와 요소들의 시간화

체계는 거리두기 수단의 이러 저런 조합을 통해 자신의 상대적인
시간적 자율성이 보장되면, 고유한 복잡성 문제를 (환경과 비교했을
때 문제들과는 다르게) 더 잘 해결하기 위해, 그리고 특히 시간을 사
용하여 고유한 복잡성을 증대시키기 위해서도 시간 차원을 사용할
수 있다. 우리는 이것을 복잡성의 시간화[98]라고 부르고자 한다.

고유한 복잡성의 시간화는 체계가 시간의 비가역성에 적응하는 것
이다. 체계는 고유한 요소들의 시간적 지속을 줄이거나 존립 기반이
없는 사건으로까지 환원시켜서 시간의 비가역성을 만드는 데에 기
여할 수 있다. 체계는 시간의 비가역성에 내맡겨져 있지 않다. 체계
는 시간을 복제할 수 있으며, 발생하는 요소들과 소멸하는 요소들을
접속시키는 구조들에게만 시간을 내적으로 허용한다. 달리 말하면,
시간화된 체계는 요소들을 구성하는 방식을 통해 시간의 비가역성
에 주목할 것을 자신에게 강요한다.

복잡성의 시간화는 요소들을 시간적인 순서에 따라 접속시키는 선
택적인 질서로 이끈다. 더 추상적으로 표현하면, 선택적인 관계화 능
력은 체계가 접속의 정돈된 상이성을 순차적으로 구축할 수 있을 때
에도 엄청나게 확장될 수 있다. 달리 말하면 선택적인 관계화 능력
은 내적 요구들과 외적 요구들에 따라 관계 맺기 패턴의 교체를 구축
할 수 있을 때에도 그렇게 확장 가능하다. 그러한 체계 구축에는 한

---

98) Niklas Luhmann, "Temporalization of Complexity", in: R. Felix Geyer/
    Johannes van der Zouwen (Hrsg.), *Sociocybernetics Bd. 2*, Leiden 1978, 95-III
    을 참조할 것.

편으로 이런 일들을 가능케 하는 구조들의 추상화가 필요하다. 구조들은 기본적 관계들 그 자체와 동일한 것일 수 없다. 그리고 구조들에는 다른 한편으로 체계의 최종 요소들의 시간화가 필요하다. 구조들은 사건들로서, 정보로서, 또는 행위들로서 시점에 묶인 채 확인되어야 하며, 그럼으로써 시간의 비가역성에 내맡겨져야 한다. 구조의 추상화, 요소들의 시간화는 관계 맺기 패턴이 지속적으로 교체될 것을 강요한다. 행위는 단순히 정보로서 유지되지 않는다. 사건은 단순히 사건으로서 남지 않는다. 시간화된 요소들은 반복을 통해 강화될 수도 없다. 그것들은 처음부터 다른 어떤 것이 연결되도록 만들어져 있다. 그것들은 오직 "당장의" 접속들을 현재화할 뿐이며, 그래서 반복이나 변화를 처분할 수 있는 새로운 상황을 매 순간 만들어낸다. 따라서 이런 종류의 체계들은 내재적으로 불안정적이며 내인적(endogen) 동학에 내맡겨져 있으며, 이런 이유에서 그 동학과 양립 가능한 구조들을 학습할 것을 자신에게 강요한다.

복잡성의 시간화는 이미 말한 것처럼 체계 요소들의 시간화를 통해 성립한다. 체계는 잠깐동안만 지속하거나 행위에서처럼 고유한 지속 시간을 전혀 가지고 있지 않으며, 오히려 생성되자마자 곧바로 소멸하는 불안정한 요소들로 형성된다. 시간의 흐름(chronos)에서 보면, 모든 요소들에는 물론 일정한 시점(Uhrzeit)이 필요하다. 그러나 모든 요소가 더 이상 분해될 수 없는 (차이)동일성으로서 다루어지는 시간 길이는 체계 자체에 의해 규정된다. 시간 길이는 부여된 성격을 지니지, 처음부터 존재적인 성격을 지니는 것은 아니다. 이에 부합하여 충분히 안정적인 체계는 불안정적인 요소들로 구성된다. 체계의 안정성은 체계 자신에 근거하지 자신의 요소들에 근거하지는 않는다. 체계는 전혀 "존재하지"않는 기초 위에 자신을 구축하며 바로 이런 의미에서 자기생산체계인 것이다.[99]

그런데도 그러한 체계는 자신의 요소들, 즉 사건들에 근거하여 **구축된다**. 그러한 체계는 사건들의 외부에는 지속을 위한 기초를 가지고 있지 않다. (그래서 우리는 현재를 어쩔 수 없이 잠시만 체험하는 것이다). 그래서 우리는 체계로부터 사건들을 분리할 수 없으며, 심지어 체계로부터 유의미하게 구분할 수조차 없다. 사건은 "전체로부터 분리되는 것이 아니라 전체 안에서 분리된다."[100] 이론적으로 올바른 차이는 요소(사건)/체계가 아니다. 요소(사건)/과정도 아니다. 오히려 요소(사건)/관계가 올바른 차이이다.

이 시간화 이론의 가장 인상 깊은 결과는 요소들의 **해체와 재생산**의 새로운 유형의 상호의존이 만들어진다는 점이다. 시간화된 복잡성을 가진 체계들은 지속적인 소멸에 의존하고 있다. 진행되는 해체는 자리를 만들어내고 계승 요소들을 위한 필요를 만들어낸다. 그러한 해체는 재생산의 필수적인 공동 원인이다. 해체는 그밖에도 불안정적인 화학적 결합 능력이나 심리적 구속 능력처럼 소멸로부터 만들어지는, 자유롭게 사용할 수 있는 자료들을 마련하고 있다. 이에 적절한 표현은 첼레니(Zeleny)를 인용하면 다음과 같다. "근원의 관념을 차치하고 진행 중인 체계를 검토할 때에는, 해체가 생산을 위한 필수 기반을 '생산하고', 생산이 자기 자신을 위한 촉매 장치와 결합에 필요한 연결점을 '생산하고', 결합이 해체에 필요한 재료를 '생산한다'

---

99) "자기생산"에 관한 지금까지의 문헌에서는 최소 시간성과 자기재생산의 이런 연관이 충분히 다루어지지 않았다. 바로 여기에서 나는 일반 체계이론에 대해 특수한 사회학적 영향이 특별한 가능성이 있다고 본다. 왜냐하면 다른 종의 자기생산적 체계들과 달리 행위체계에서는 그것이 오직 찰나적으로만 유지되는 요소들로 존재하며 그것의 안정이 상대적으로 단기적이며 상대적으로 장기적인 존속의 조각들의 덩어리에서 만들어질 수 없다는 것이 명백하기 때문이다.

100) Robert M. MacIver, *Social Causation*, Boston 1942, 64.

는 점을 관찰하라."[101]

이로부터, 시간화된 체계들은 신속하게 ("가열되어야") 하며, 폐쇄성과 차별화 능력(자기관찰)을 만들어낼 수 있어야 하며, 유지되는 것이 바로 이 폐쇄성과 차별화 능력이라는 ― 이것은 물론 시간화를 충족시킬 수 있는 형식들로 나타난다는 ― 것을 추론할 수 있다. 원래의 체계 성과가 해체와 재생산의 상호의존을 조건화[102]하는 데에 있다고 말할 수도 있겠다. 그렇다면 이러한 상호의존을 펼쳐나가는, 즉 확장하고 제한할 수 있는 것만이 유일하게 구조로서 고려 대상이 될 수 있다.

따라서 시간화된 복잡성을 가진 체계에게는 재생산이 지속적인 문제가 된다. 즉 이 이론에서는 고전적인 균형이론에서처럼 장애를 흡수한 후 안정적인 정지 상태로 돌아가는 것이 아니라, 체계 요소들의 끊임없는 갱신을 확보하는 것이 중요하다. 또는 간략하게 정식화하면, 정적인 안정이 아니라 동적인 안정이 관건이다. 모든 요소들은 사라진다. 요소들은 요소들로서 시간 안에서 유지될 수 없다. 즉 요소들은 지속적으로 새로 만들어져야 하며, 이러한 조건은 그 순간에 현실적인 요소들의 구도에 근거하여 실현되어야 한다. 재생산은 단순히 같은 것의 생산을 반복함을 뜻하지 않고, 재귀적인 생산, 즉 생산물로부터 생산함을 뜻한다.[103] 체계가 변화되지 않은 채 유지된다는 점을 말하려는 것이 아니라, 체계가 유지되고 변화될 때 불가피

---

101) Milan Zeleny, "What is Autopoiesis?", in ders., a. a. O. (1981), 4-17 (9).

102) 위에서 2절, 5항에서 도입된 의미에서 사용되었다.

103) 재생산에 대한 이러한 이해에는 전통이 있으며, 어쨌든 마르크스 이전에 도입되었다. 예를 들어 Johann Jakob Wagner, *Philosophie der Erziehungskunst*, Leipzig 1803, 48을 참조할 것. "생산물에서부터 생산하는 것은 재생산함을 뜻한다."

한, 요소들의 층위에서 과정을 말하기 위해, 우리는 사건에 기반한 요소들의 재생산을 작동이라고 부를 것이다. 아래에서 체계의 "작동들"이라고 언급할 때에는 언제나 그런 뜻이다.

6) 체계 내재적인 엔트로피 개념

시간화된 복잡성의 조건에서 자기생산적 재생산에 관해 고려하는 가운데 체계 내재적인 엔트로피(Entropie) 개념이 만들어진다. 관찰자에게 있어 어떤 정보가 다른 정보에 대한 소급을 절대로 허용하지 않을 경우 그 체계는 엔트로피 상태이다. 체계는 재생산 과정, 즉 탈락되는 요소들의 대체 과정에서 가능한 모든 후속 요소들이 같은 정도의 대체 확실성을 가질 경우 자기 자신에 대해 엔트로피 상태이다. 달리 말하면, 엔트로피의 경우에는 연결 능력의 협소화가 어떤 식으로도 발생하지 않는다. 그와 함께 모든 것이 고려되지는 않는다는 사실로부터 귀결되는 시간 획득 또한 없다. 따라서 엔트로피 개념은 체계가 자기 자신으로부터 재생산된다는 사실이 우발로서 체험되는 한계 사례를 일컫는다.

7) 체계의 안정/불안정과 요소의 시간화

시간화된 복잡성을 가진 체계들은 자신 아래에 놓인 실재의 층위들에서는 발견될 수 없는 속성들을 가지고 있다. 그 체계들은 자신을 구성하는 요소들의 존속 시간을 최소화하여 자신들의 상태를 계속 교체해 나갈 것을 자기 자신에게 강요한다. 그러한 체계들은 이런 방식으로, 시간적으로 본다면 안정과 불안정을, 사실적으로 본다면 규정성과 미규정성을 조합한다. 그렇다면 모든 요소들(사건, 행위 등)은 규정되어 있는 동시에 규정되어 있지 않다. 요소들은 자신의 순간적인 현재성(Aktualität)에서는 규정되어 있으며, (그 자신이 그 순간에 마찬가지로 함께 현재화되어야 하는) 자신의 연결값에서는 규정되어 있지 않다. 이 조합이 상응하는 체계에 의해 **보장되면서**, 그에 기초하는 질서 성과가 가능해진다.

그래서 예컨대 자신의 상태를 지속적으로 바꿀 것을 자신에게 강요하는 체계는 연결하는 상태(내적으로 연결하는 상태들!)의 규정을 가능케 해주는 정보들을 자신의 환경으로부터 취해야 한다. 모든 요소가 단지 사건에 지나지 않는다면, 자기준거 혼자서는 그 점에 관한 충분한 지침을 내리지 않는다. 이 말은 "목적들"을 위해, 자기유지를 추동하기 위해, 아니면 그 밖의 이론들이 어떻게 전제했든 체계기술 자체로부터 이 질문에 대한 대답을 이끌어내기 위해서 더더욱 타당하다. 그러한 대답은 장구한 이론사가 가르쳐 주듯이 동어반복으로 치닫는다. 여기서는 동어반복 대신 '체계/환경-이론'이 들어선다. 즉 복잡성의 시간화는 보다 까다로운 배열에 의존함을 뜻하며, 그리고 그럼으로써 환경 정보에의 의존성이 증대되었음을 의미한다. 그러한 사정을 통해 체계의 분화가 강화될 수 있다. 내적으로 만들어진 "민감성"을 통해 고유한 환경의 선택된 측면들에 더욱 민감해진다는 뜻이다.

두 번째 발현적인 특징은 고유한 불안정에 대한 내적 지향과 관련된다. 시간화는 자기준거적 체계에서만 가능하다. 그러나 이 말은 시간화의 효과들이 자기준거 안에 구축된다는 뜻이기도 하다. 체계는 단순히 동요 상태이기만 한 것은 아니다. 체계는 자신의 동요로 인해 동요에 이르게 된다.[104] 동요를 통한 동요가 동요를 증폭시킬 수도

---

104) 문제를 고조시키며 강화하는 이러한 자기준거를 이론적으로 최초로 언급한 근거는 나중에 나타난 신인본주의적인 몇몇 특성을 앞서 가졌던 17세기의 인류학에 있다. 그것에 대해서는 Niklas Luhmann, "Frühneuzeitliche Anthropologie: Theorietechnische Lösungen für ein Evolutionsproblem

있다. 그 점은 다음과 같은 질문을 초래한다. 횡단할 경우에는 체계 파괴로 몰아가는 자기불안정의 장애물이 있는가? 그리고 이 장애물 은 필요한 경우에는 어떻게 통제 가능한가? 이 문제는 (그리고 그것 과 연결되는 장애물 교체 문제 또한), 경제체계에서 매매 사업의 출발 점이 되는 가격들의 문제에서 명확해질 것이다. 가격들은 어느 정도 까지는 불안정적이어야 한다. 가격들은 체계 외부에서 공급과 수요 로 촉발된 변동들이 소통 가능하도록 매 순간 바뀔 수 있어야 한다. 경직된 가격 구조를 전제한다면 (그리고 자기창출된 확실성의 의미에 서의 바로 이러한 경직성에 대한 내적 반응을 전제한다면) 체계는 자기 작동(Selbstoperation)의 기초를 점점 더 환경과 동떨어져 고착시키게 될 것이다. 다른 한편 불안정을 허용할 때 그러한 장애물 문제가 유 발되는데, 이것은 특히 다시 불안정에 대한 내적 반응들을 감안할 때 그렇다. 그러한 장애물을 언급하는 것은 처음에는 도덕적인 가치 판 단에 직접 관련하는 방식을 사용했고, 그렇게 하여 사회라는 체계준 거를 지향했었다. 가격들은 "정당해야"한다는 것이다. 하지만 경제 체계가 보다 뚜렷하게 분화되어서 그런 생각을 포기해야 하게 된 이 후, 그 대안으로서 순수하게 경제적("시장경제적")이거나 정치적인 해법이 선호된다. 둘 다 다른 체계 층위들 그리고/또는 다른 체계 층 위들, 즉 화폐 비용 및 이를 위해 집합적으로 구속적인 결정들이 불 안정을 요청하는 경향을 띠었다. 그러한 해법은 그 결과 안정들 내지 는 불안정들에 대한 체계 내적 반응들을 그러한 사정에 부합하게 바 꾼다.

　시간화가 이런 방식으로 규정성과 미규정성을 순간적인 요소들로

---

der Gesellschaft", in ders.: *Gesellschaftsstruktur und Semantik*. Bd. 1, Frankfurt 1980, 162-234을 참조할 것.

압축함으로, 기초적인 불안정을 내적으로 처리함으로, 동요를 통해 동요시키고 시간을 포괄하면서 변화를 전제하는 구조들로 귀결된다면, 시간 그 자체만이 체계에 대한 새로운 종류의 적실성을 얻는 것은 아니다. 시간적인 순서와 사실적인 상이성 간 연관관계들 또한 새로운 종류의 요구들을 제기한다. 우리는 다른 어떤 일이 발생한다는 사실이 시간성의 본질적인 계기인 것으로 보인다고 이미 다른 곳에서 말했다. 그리고 순서 또한, 후속된 것이 방금 있던 것으로부터 일탈할 경우에만 지각될 수 있다. 시간 관련과 사실 관련의 이러한 상호의존 상태는 복잡성의 시간화와 요소들의 순간화(Momentierung)와 더불어 강화되는 것처럼 보인다. 시간 차이와 사실적인 상이성은 더욱 첨예하게 분리되는 동시에 더욱 강하게 서로에 의존한다. 여기서는 이것이 진화의 출발 상황이며, 이 상황에서, 처음에는 장엄한 단순화(Vereinfachung)로서 의미가 형성되고 형식 강제를 통해 작동이 될 수 있는 모든 것에서 사실적인 방향의 지시들과 시간적인 방향의 지시들이 한데 결집되어 있어야 하는 상태에 도달한다는 것을 추정할 수 있다.

구 유럽적 전통은 그 점을 설명하기 위해 "운동"(Bewegung) 개념을 마련했다. 옛 전통의 물리학은 뉴턴까지는 운동물리학이었다. 헤겔의 체계도 운동 개념 없이는 성립될 수 없다. 그럼으로써 현상은 개념을 통해 평가되었고, 그 현상은 시간적 조건과 사실적 조건의 상호의존이 체계 작동들에 미치는 영향에 대한 정확한 분석을 가로막게 되었다. 운동 은유에 의존해 문제를 해결하는 이런 방식의 문제는 오늘날에 와서야, 우리가 시간화된 복잡성을 개념화하는 다른 가능성을 발전시키면서부터 비로소 명확히 인식된다.

우리는 이 문제를 여기서 더 자세히 다룰 수 없다. 그러한 시간화의 구조적인 의의는 아무리 높이 평가해도 부족하다. 그리고 그러한 상황에 비교했을 때 사회학 연구의 상태는 매우 뒤처져 있다. 내부에서부터 불안정한 체계들은 그 자체가 더 높은 층위의 체계 형성을 위한 전제이다. 복잡성의 시간화는 인간 세계의 깊은 하부에서 시작된다. 그렇게 안정적이지 않은 기초 위에 구축될 수 있는 것은, 동요를 안정으로 바꿀 수 있어야 한다. 그러나 그것만이 유일한 문제는 아니다. 그 다음에도 가능한 체계들(우리는 그 보기로서 당연히 무엇보다도 사회적 체계를 생각한다)에서는, 역동적인 환경이 그것을 위해 필수적인 조건들과 함께 고유한 복잡성의 수립과 유지 조건에 속한다. 우리는 이 점을 "상호침투"의 관점에서 다시 다룰 것이다.

4. 체계이론적 방법론의 출발점으로서의 기능적 분석

우리는 지금까지의 고찰들을 통해 문제연관들을 부각시키고, 이론의 구조적인 확정을 조심스레 피하고 있다. 또한 모든 구조 규정의 인상을 피하고자 "모델"을 제시하지도 않았다. 우리는 체계이론의 문제 이해를 강화하는 데만 집중한다. 그것이 자기준거적 체계들이라는 개념의 귀결이다. 체계이론의 문제 이해를 파악하는 것은 동시에 기능적 분석의 출발점을 확보하려는 목적에도 부합한다.

우리가 일관되게 전제할 기능적 분석 방법은 그 자체가 정보 개념에 기초한다. 그 방법은 정보 획득에 기여한다(그렇게 하는 것이 정보의 "설명"에도 기여할 것인지는 이 개념을 파악하는 방식에 좌우된다). 기능적 분석 방법은 차이들이 구분을 만드는 조건들을 규제하고 정밀하게 기술한다. 다른 말로 하면, 특별한 의도들을 향해 수립된 생활세계의 특수 지평이 관건이다. 모든 정보 처리에서는 어쨌든 발생하는 것, 즉 차이들을 찾는 작업을 특별한 조건 하에 두고는 어떤 규정된 형식으로 옮겨주는 특수 지평이 관건이다. 따라서 기능적 분석은 수학과 같은 일종의 이론 기법이며, 우리가 후설의 판단[105] 기초, 즉 '원천적-의미형성적' 주체의 전제를 미리 제거하지 않았다면, 수학과 함께 후설의 판단에 사로잡히게 되었을 것이다.

방법 선택의 모든 경우에서처럼 바로 모든 인식론은 이론의 규정된 개념 성향과의 친화성을 분명하게 가지고 있다. 여기서는 그러한 친화성이 복잡성, 우연성, 선택성 같은 개념들로 암시된 인식 관심들을 지향한다. 기능적 분석은 존재하는 것을 우연한 것으로, 상이한 종류의 것을 비교할 만한 것으로 파악하겠다는 목적에서 관계화를 사용한다. 기능적 분석은 상태이든 사건이든 주어진 것을 문제 관점들에 연관시킨다. 그리고 문제가 이런저런 다른 방식으로도 해결 가능함을 이해하고 추체험할 수 있게 만들려고 노력한다. 이때 문제와 문제 해결의 관계는 그 자체로 파악되는 것이 아니다. 그 관계는 다른 가능성들을 질문하는, 즉 기능적 등가물을 모색하는 지도 원리로서 기여한다.

문제들은 격리될 수 없고 조각조각 작업되어 해결될 수 없을 때만 문제가 된다. 바로 그 점이 문제들의 문제학을 구성한다. 즉 문제들은 오직 문제-체계들로서만 (나아가 체계 문제들로서만) 있다.[106] 따라서 모든 기능 지향은 해체될 수 없는 (그래서 오직 파괴되기만 할 수 있는) 연관을 지향한다. 우리는 기능 기관들의 "분화"라는 말을 많이

---

105) *Die Krisis der europäischen Wissenschaften und die transzendentale Phänomenologie*, *Husserliana* Bd. VI, Den Haag 1954.

106) Russel L. Ackoff, *Redesigning the Future: A Systems Approach to Societal Problems*, New York 1974, 21에서는 이에 대한 전문용어로서 "엉망진창" (mess)을 제안한다. 이 용어는 사실상 모든 계획을 저주를 품고 시작한다는 뜻이다.

하게 될 것이다. 그러나 그렇게 말한다고 해서 원래 존재하는 연관을 떼어내는 것이나 분리해내는 것을 결코 의미하지 않는다. 그 말은 기능 장치가 자신의 문제들에 의해 관련되는 체계에서의 기능을 통해 관련된 차이들을 설치한다는 것을 뜻할 뿐이다. 기능적인 하위 체계들의 분화는 예컨대 원천체계에 새로운 '체계/환경-차이'를 설치한다는 것을 뜻한다. 따라서 기능 지향은 낡은 체계이론들의 "전체론적"(holistisch) 특징을 함유하지만, 그 특징을 고도의 문제 특화 능력과 조합한다. 이것은 기능에의 지향을 통해 구조화되는 실재하는 체계들의 층위에서 타당하며, 그러한 체계들의 과학적 분석의 층위에서도 타당하다.

  기능적 분석의 수확성과 그 분석의 결과들이 갖는 설명 가치는, 문제와 가능한 문제 해결 간 관계를 어떻게 특화할 수 있는가에 달려 있다. 특화한다는 것은 가능성들의 보다 좁은 조건을 언급한다는 뜻이다. 그리고 이것은 경험과학에서는 인과성으로 소급한다는 뜻이다. 기능적 분석은 규정된 원인들이 나타날 때 규정된 효과들을 필연적인 것으로서 (또는 충분히 확실한 것으로서) 설명하려는 목표 하에 단순히 인과적 법칙들을 발견하려고 시도하는 것은 아니다. 인식의 획득은 인과성들과 직교(直交)하는 위치에 있다. 인식의 획득은 인과성들의 비교에 있다. 인과성들이 아직 충분히 연구되지 않은 것으로서 일단 가설적으로만 전제될 경우에도, 인식 획득을 목표로 삼을 수 있다.[107] 그러면 인과 전제들의 순수한 가설성(Hypothetizität)에 유

---

107) 인과 관계들을 기능적으로 해석하는 것이 관건인 한, 당연히 그렇게 될 수
　　밖에 없다. 논란의 여지가 있는 것은 인식의 획득이다. 예를 들어 Rainer
　　Döbert, *Systemtheorie und die Entwicklung religiöser Deutungssysteme: Zur Logik des*
　　sozialwissenschaftlichen Funktionalismus, Frankfurt 1973, 50 이하; Klaus Grimm,
　　Niklas Luhmanns "soziologische Aufklärung" oder Das Elend der aprioristischen

넘해야 할 뿐만 아니라, 그 전제들을 비교해야 한다. 그러면 다음과 같은 진술에 이르게 된다. 인플레이션이 (어떤 부작용을 초래하는가의 문제와 무관하게) 분배 문제를 비교적 갈등 없이 해결할 수 있(다는 것이 현실적으로 옳)다면, 그것은 갈등 요인이 많다는 이유로 정치적인 위험을 더 초래할 국가계획의 기능적 등가물이다.[108] 그리고 그러한 진술들의 틀에 근거해야 비로소, 근본적인 인과성들을 경험적으로 탐구하는 것이 유의미해진다.[109] 이런 의미에서 기능적 방법은 궁극적으로 비교 방법론이다. 그리고 그 방법을 실재에 도입하면, 기존의 것을 열어 옆에 있는 다른 가능성들을 볼 수 있게 하는 데에 기여한다.[110] 기능적 방법은 궁극적으로 관계들 간의 관계들을 탐구한다. 그것은 어떤 것을 다른 문제해결 방식들에 관련지을 수 있도록, 한 문제 관점에 관련짓는다. 따라서 "기능적 설명"은 바로, 기능적 등가물들을 (일반적으로) 규명하는 것과 그것들을 (구체적으로) 배제하

Soziologie, Hamburg 1974, 29 이하; Hans Joachim Giegel, *System und Krise: Kritik der Luhmannschen Gesellschaftstheorie*, Frankfurt 1975, 24 이하; Alberto Febbrajo, *Funzionalismo strutturale e sociologia del diritto nell' opera di Niklas Luhmann,* Milano 1975, 50 이하를 참조할 것. 내가 보기에 이 논쟁에서는 차이보다 일치가 대세를 이루는 것으로 보인다. 견해 차이는 본질적으로는, 학문을 가능하면 훌륭한 설명의 탐색으로 파악할 것인가 아니면 복잡성의 상승과 환원의 독특한 형식으로 파악할 것인가의 문제로 소급될 수 있을 것이다.

108) 이 보기는 Tom Baugartner/Tom R. Burns, "Inflation as the Institutionalized Struggle over Income Distribution", *Acta Sociologica 23*. 1980, 177-186에 근거한다.

109) 사회학 연구의 주류는 물론 그러한 방법론적이며 이론적인 구성을 포기하고, 불편한 인과성, 잠재적 기능 등을 단순히 드러내는 데에 제한되어 있다. 우리는 그런 입장을 "비판적" 또는 "진보적" 입장이라고 부른다. 하지만 그러한 입장은 바탕에 깔린 문제들이 도대체 어떻게 다른 방식으로 해결될 수 있는가의 질문으로 이끌 뿐이다.

110) 이에 관해 더 상세한 논의로는 Niklas Luhmann, "Funktion und Kausalität", in ders., *Soziologische Aufklärung.* Bd. 1, Opladen 1970, 9-30을 볼 것.

는 작업과 다르지 않다.

이러한 사실들과 달리, 모든 것의 근거가 되는 기능적 등가물들 간 관계가 규명되지 않은 채로 있다거나 결과적으로, "문제 해결로서 A 가 가능하며, B나 C 등도 가능하다는 단순한 덧셈이 되어버린다는 주장"[111]에 대해 여러 반박이 제기되었다. 하지만 이러한 반박은 맞지 않는 말이다. 문제 관점이 추가되면서, 임의의 것이 아니라 몇 가지 것만이 그리고 종종 소수의 것만이 고려 대상이 되도록 제한된다는 사실이 결정적이다. 예를 들어 영화를 찍을 때 빛과 그림자의 차이가 필요하면, 햇빛을 기다릴 필요 없이 인공조명을 투입해도 될 것이다. 그 밖의 가능성들은 쉽게 목격되지 않으며, 어쨌든 항상 많은 수의 가능성들을 사용할 수 있는 것도 아니다. 기능적인 지향의 성과는 가능한 것의 확장과 제한에 있다.

따라서 기능적 분석의 투입을 준비하는 원래의 이론 성과는 문제의 구성에 있다. 거기서부터 기능적 분석과 체계이론의 연관성이 만들어진다.[112] 이 연관성의 고전적 버전에서는 체계의 존속이나 안정성의 문제를 최종적인 문제로서 파악했다. 그것은 틀린 것은 아니지만 불충분하다. 앞서 열거한 주제들, 즉 '체계/환경-차이', 복잡성, 자기준거, 가역성과 비가역성(과정과 구조)의 시간적인 조합은 방법론적 관점에서는 존속 문제를 표현한 것으로서 파악될 수도 있다. 그 주제들은 더 개선된 특히 더 복잡한 분석 가능성들과 비교 가능성들을 추론하려는 목표를 표현한 것이다.[113] 그렇지만 특히 자기준거적,

---

111) 예를 들어 Charles Larmore, "Function and System in the Social Sciences", in: E. Rudolph/E. Stöve (Hrsg.), Geschichtsbewußtsein und Rationalität, Stuttgart 1982, 225-252 (232).

112) Niklas Luhmann, "Funktionale Methode und Systemtheorie", in ders., *Soziologische Aufklärung*. Bd. 1, a. a. O. 31-53을 볼 것.

자기생산적 체계의 개념과 함께 실행된 전환에 주목해야 한다. 그 존속 여부에 대해 종합 결정이 내려지는 규정된 속성을 갖춘 (차이)동일성은 더 이상 중요하지 않다. 중요한 것은 요소들의 재생산이 바로 이 요소들의 관계적 배열을 통해 속행되느냐 중단되느냐의 문제이다. 여기서 유지한다는 것은 폐쇄성을 유지하는 것이며, 발생하는 바로 그 순간 소멸하는 요소들의 재생산의 연속이 유지되는 것이다.

그러나 기능 개념은 비교의 명령으로서 규정되어 자기준거적 재생산의 단순한 지속("존속 유지")을 넘어서는 어떤 사태를 표현한다. 유기체에 적용한다면 그 개념은 단순히 "생명" 이상의 어떤 것을 진술한다.[114] 그 개념은 비교 의도, 우연의 확장, 관찰의 관점을 표현한다. 따라서 체계들이 자기 자신을 관찰하고 기술하고 이때 기능 관련을 발견할 수 있는지의 여부, 그리고 발견할 수 있다면 그 규모가 어느 정도인지는 아직 결정되지 않았다.

"체계이론"과 기능적 방법론은 기능적 분석을 일단은 학문체계의 체계준거에 위치시킨다. 그러한 위치는 경험적으로나 역사적으로나 모두 근거가 있다. "기능적 분석"이라는 사태는 사실상 여기서 일어나기 때문이다. 학문체계는 결코 기능적 분석만을 사용하진 않지만, 적어도 17세기 이래 기능 관련은 과학적으로 중요한 데이터들의 선택(!)에 본래 유용한 원리라는 테제가 있어 왔다.[115] 우리는 학문의

---

113) 이 점에 관해서도 그밖에 체계이론보다 더 오래된 연구 전통으로 소급하는 가능성들이 있다. 이름을 들어 말하자면, Hans Ebeling (Hrsg.), *Subjektivität und Selbsterhaltung*, Frankfurt 1976의 논문들을 참조할 것.

114) 그것에 관해 Francisco G. Varela, *Principles of Biological Autonomy*, New York 1979, 64-65를 참조할 것.

115) "나는 ... 적용과 기능에 관한 나의 논증을 이해하는 데 필요한 것만 말할 것이다." 예를 들어 Guillaume Lamy, *Discours anatomiques*, 1. Aufl. Brüssel 1679, 10에서는 이렇게 말하고 있다.

체계준거에서 데이터 선택의 타당한 규칙들을 역시 "기능적 분석"이라고 부를 것이다. 학문의 체계준거를 가지고 인적 체계와, 특히 (다시금 학문체계를 포함하여) 사회적 체계의 기능적으로 지향된 자기분석들이 배제된 것은 아니다. 학문체계들과 다른 체계들 간에 기능적 분석과 그 결과들에 관해 수행된 "대화"도 마찬가지로 배제하지 않는다. 자기분석으로의 이행은 부분적으로 실행될 수도 있다. 이러한 기능분석으로의 이행은 예를 들어 문제 해결의 관계를 오로지 그러한 관계로서만 파악하고, 기능적으로 등가적인 다른 가능성들과 비교하거나 가치 투입을 통해서 현 상태의 불안정화를 저지할 수 있다. 이런 기능적 분석으로의 이행은 기능적 등가물들을 "불가능한 대안들"의 형식으로 옮겨서 항상 사전에 실행된 행위를 정당화하는데 그 형식을 사용할 수 있다.[115a]

문제 추론의 추상화도 역시 학문체계의 분석적 기법의 수용에서는 문제가 된다. 기능적 분석의 문제 관련이 추상화되고 급진화되는 한에서, 다른 체계들은 기능적 분석을 자기 자신에게 적용하는 데에 곤란해 한다. 그리고 어쨌든 학문조차 "과학이론"의 교조적인 사고를 통해 현재까지 기능적 자기분석의 필요성을 외면하고 있다.

다른 체계들을 관찰하고 기능적으로 분석하는 학문과 같은 체계는 관찰되는 체계들과의 관계에서 불일치 관점(inkongruente Perspektive)을 사용한다. 학문체계는 이 체계들이 자기 자신과 환경을 체험하는 방식을 단순히 그리기만 하지 않는다. 학문체계는 발견된 자기 관점을 단순히 반복하지 않는다. 오히려 관찰된 체계는 자기 자신에게는 가능하지 않은 절차를 통해 복잡성의 재생산 및 상승

115a) Nils Brunsson, "The Irrationality of Action and Action Rationality: Decisions, Ideologies and Organizational Actions", *Journal of Management Studies* *19*. 1982, 29-44 (34)를 참조할 것.

을 겪게 된다. 한편, 학문은 구체적인 환경 지식과 관찰된 체계의 현재 자기 경험에 적합하지 않은 개념적 추상화를 분석에서 사용한다. 바로 그 환원들 자신을 정당화하는 그러한 환원들에 근거하여, 관찰된 체계 자신이 접근할 수 있는 것보다 더 많은 복잡성이 가시화된다. 과학적 관찰과 분석 기법으로서의 기능적 분석에서는 관찰 대상이 자기 자신에게 나타나는 것보다 더 많은 복잡성을 드러낸다. 이런 의미에서 기능적 분석은 그 대상의 자기준거적 질서에 과도한 부담을 준다. 기능적 분석은 대상의 직관적인 명증성들을 은폐한다. 그 분석은 대상이 자연적인 무감각에 의해 충분히 보호받지 못할 때에는, 대상을 교란시키고 불안하게 하고 방해하고 어쩌면 파괴하기까지 한다.

이러한 과도한 요구는 모든 관찰에 내재한다.[116] 이러한 과도한 요구에 대하여 상호작용체계들 내부에서는 예컨대 자기서술 기법과 전략을 가지고 대항한다. 과학적 분석에서는 이런 종류의 제도적인 제동 장치가 없다. 그러한 제동 장치의 자리에 소통의 어려움들이 들어선다. 물론 이 일반적인 문제는 기능적 분석의 경우에 특수한 형태를 이중의 관점에서 갖는다. 첫째, 기능적 분석은 "잠재적" 구조들과 기능들을 밝혀낼 수 있다. 즉 그것은 잠재성이 어떤 기능을 가지기에 대상 체계에게는 보이지 않으며 어쩌면 보이게 할 수도 없는 관

---

116) 이 점에 관해서는 행위자와 관찰자 간 귀속의 갈림에 관한 연구를 참조할 것. 예를 들어 Edward E. Jones/Richard E. Nisbett, "The Actor and the Observer: Divergent Perceptions of the Causes of Behavior", in: Edward E. Jones et al., *Attribution: Perceiving the Causes of Behavior*, Morristown N. J. 1971, 79-94; Harold H. Kelley, "An Application of Attribution Theory to Research Methodology for Close Relationships", in: George Levinger/ Harold L. Raush (Hrsg.), *Close Relationships: Perspectives on the Meaning of Intimacy*, Amherst 1977, 87-113 (96 이하).

계들을 다룰 수 있다.[117] 둘째로 기능적 분석은 알려진 것과 친숙한 것, 즉 "명시적" 기능들(목적들)과 구조들을 다른 가능성들의 맥락으로 옮긴다. 기능적 분석은 그 가능성들을 비교에 노출시키고, 대상체계 자체가 상응하는 개조를 파악할 수 있을지 여부를 고려하지 않은 채 그 가능성들을 우연한 것으로 다룬다. 두 관점 ─ 잠재성과 우연성 ─ 에서 분석은 자신의 대상에게 과도한 요구를 하는데, 체계이론적 개념 도구는 이것을 가능하게 한다.

그렇다고 하면 자기관련과 체계들의 자기주제화 역시 기능적 분석의 보고서에서 대상체계의 자기단순화로서,[118] 즉 필수적(이지만 무조건 필수적이지는 않은, 즉 다른 방식이 아니라 바로 그런 방식으로), 가능한 복잡성의 환원을 직접 충족시키는 자기단순화로서 나타난다. 환원의 필연성의 근거는 복잡성 문제의 구조 안에 있다. 즉 그 근거는 복잡성이 선호된 관계 패턴들의 선택을 강제한다는 사실에 있다. 기능적 분석은 대상체계들을 주제로 삼아 이 필연성으로부터 분리되는 것으로 보인다. 기능적 분석은 체계의 우연성들이 우연성들로서 결코 소진될 수 없더라도 그것들을 재구성한다. 그 분석은 그 대상 자체에 내맡겨져 있지 않은 자유도들을 그 대상에게 전제한다. 그러나 기능적 분석은 실재에 대한 이러한 과대평가를, 바로 그 사실

---

117) 이것은 위의 텍스트에 있는 다음 논점과는 달리, 많이 상론된 주제이다. 가령 Robert K. Merton, *Social Theory and Social Structure*, 2. Aufl. New York 1957, 60 이하; Clyde Kluckhohn, *Navajo Witchcraft*, Cambridge Mass. 1944, 46 이하; Harry M. Johnson, Sociology, New York 1960, 66 이하를 참조할 것. 우리는 구조에 관한 장(제8장, 15절)에서 이 점을 다시 다룰 것이다.

118) 이에 관해서는 Richard Levins, "The Limits of Complexity", in: Howard H. Pattee (Hrsg.), *Hierarchy Theory: The Challenge of Complex Systems*, New York 1973, 109-127 (113)을 참조할 것. "우리의 주장을 일반적인 용어로 표현하면 ... 임의의 복잡한 체계가 그 복잡성의 단순화된 구조화로 귀결될 것이라는 뜻이다."

에 자신의 최종 관련 문제가 있음을 본다는 점을 통해 보정한다. 그 분석은 그 개념성 안에서 분석의 요구 내용을 성찰한다. 복잡성 문제에서는 대상에서의 자기준거와 분석에서의 자기준거의 차이가, 관찰된 체계와 관찰하는 체계에 의해 성찰되기에 이른다.

이러한 사정은 체계이론에서의 기능적 분석이 현상 유지 문제가 아니라 복잡성 문제에 지향하는 것을 정당화한다. 이것은 기능주의를 문제 수준, 즉 서문에서 다룬 패러다임 전환을 통해 '체계/환경-개념'과 자기준거적 체계이론을 향해 나아갈 것을 요청한 문제 수준까지 옮겨져 나타난 결과이다. 그래서 기능적 분석도 최종적인 관련 문제의 선택을 자기준거적 기초에서 ─ 즉 한편으로는 대상에 내재하는 것으로 생각될 수 있는 동시에 특별한 규모로 분석 자체를 통해 쟁점이 되는 문제로의 지향으로서 ─ 설명한다. 기능적 방법은 인식과 대상의 차이의 (차이)동일성을 정식화하는 문제를 선택하여, 단순한 방법 결정을 넘어서서 스스로 인식론이라고 자처한다.

기능적 분석을 통한 인식 획득에서 물론 절대적인 보증이 있는 것은 아니다. 그러한 보증은 이론에서도, 올바른 접근의 방법에서도 없다.[119] 그러나 적어도 중요한 준거점은 있다. 통찰들의 증명 자료가 되는 사태들이 상이할수록, 통찰들이 더 큰 인식 가치를 지닌다고 추측할 수 있다. 따라서 이질성에도 불구하고 기능한다는 것 그 자체가 일종의 입증이다. 주류의 과학이론과 방법론은 진술 구조와 대상 구조의 평행 상황의 전제에 사로잡혀, 이러한 인식확보 절차를 무시한

---

119) 이미 18세기에, 매우 상이한 것을 포괄하는 범상한 비교를 적용하려면 천부적 재능, 위트, 상상력 등, 어쨌든 개별적으로만 주어지는 능력이 필수적이라는 테제가 통용되었다. Alfred Baeumler, *Das Irrationalitätsproblem in der Ästhetik und Logik des 18. Jahrhunderts bis zur Kritik der Urteilskraft*, Halle 1923, Neudruck Darmstadt 1967, 141이하를 참조할 것.

다.[120) 그러한 무시는 기능적 분석의 방법론적 성과와 관련하여 확산된 회의를 유발한다. 진화론적 인식론으로의 이행 과정에서 다른 관점에서도 추월된 인식론적 전제들을 수정한다면, 기능적으로 비교하는 분석의 방법론적 성과를 달리 평가할 수 있을 것이다.

예로부터의 현명한 규칙에 따르면, 진리는 연관 속에서 나타나는 반면 오류는 격리되어 나타난다. 기능적 분석이 현상들의 상당한 이질성과 상이성에도 불구하고 연관들을 보여주는 데에 성공한다면, 이 성공은 연관들이 관찰자들에게만 명백할지라도 진리를 가리키는 지표로서 타당할 수 있다. 어쨌든 이러한 통찰 획득 기법에서는 결과들의 원인을 결점 있는 방법, 오류, 순수한 상상에서 찾아야 한다는 확신에 집착하기는 갈수록 어려워질 것이다. 하지만 이 말은 결과들이 표현되는 의미론적 형식이 실재에 "상응한다"는 뜻은 아니지만, 차라리 실재를 "포착한다"는 것, 즉 마찬가지로 질서있는 실재와의 관계에서 질서 형식으로서 적합하다는 것을 의미한다.

---

120) 그러나 캠벨의 심리학적인 영감을 받은 이러한 "수렴적 확인" 및 "삼각측량법"이라는 구상의 내용을 생각해 보라. 예를 들어 Donald T. Campbell/Donald W. Fiske, "Convergent and Discriminant Validation by the Multitrait-multimethod Matrix", *Psychological Bulletin 56*. 1959 81-105; Donald T. Campbell, "Natural Selection as an Epistemological Model", in: Raoul Naroll/Ronald Cohen (Hrsg.), *A Handbook of Method in Cultural Anthropology*, Garden City N. Y. 1970, 51-85 (67이하). 그 자극은 에곤 브런스위크(Egon Brunswik)의 기능심리학으로 소급되지만 사용된 방법론적 토대는 빈약하다.

제2장 의미

1. 자기준거적 체계와 의미

제2장에서도 사회적 체계이론의 좁은 범위를 넘어서서, 심리적 체계와 사회적 체계에 공동으로 연관되는 주제를 다룬다. 심리적 체계는 단일한 (자기준거적) 의식 연관을 바탕으로 구성된 것으로서, 사회적 체계들은 단일한 (자기준거적) 소통 연관을 바탕으로 구성된 것으로서 도입된다. 다른 체계 종류들은 더 이상 고려하지 않을 것이다.

심리적 체계와 사회적 체계들은 공(共)진화 과정에서 발생했다. 한 체계 종류는 각각 다른 체계 종류의 필수적인 환경이다. 이 필수성의 근거를 설명하는 것은 이 체계 종류들을 성립시키는 진화에 있다. 인물(Person)들은 사회적 체계들 없이는 생성될 수도 유지될 수도 없다. 그리고 그 역 또한 마찬가지이다.[1] 공진화는 심리적 체계에 의해

---

[1] 이로부터 오늘날까지 영향을 미치는 전통이 사회적 체계들의 이러한 필연성에서 이끌어낸 결론, 즉 인간이 사회적 동물로서 사회의 부분이며, 그래서 사회가 "인간들"로 구성된다는 결론이 도출되는 것은 어쨌든 아니다. 이 결론을 전제로 삼는다면 제1장에서 개괄한 체계이론은 전개될 수 없었을 것이다. 이 전

서도 사회적 체계에 의해서도 사용되는 공통의 성취물을 실현시킨다. 두 체계 종류는 그 성취물에 의존한다. 그리고 그 성취물은 두 체계 종류 모두에 대해 그것들의 복잡성 및 자기준거의 필수적이며 불가결한 형식으로서 구속적이다. 우리는 이 진화상 성취물을 "의미"라고 부른다.

이미 "행동주의"가 의식에 일면적으로 관련된 의미 개념의 파악을 극복했다. 물론 행동주의는 (1) 너무 많이 제한하기 때문에, 그리고 (2) 의미의 기초로서 합의와 행동 조정을 부당하게 강조하기 때문에, 그 자체로는 불충분한 반대 개념인 "행동"에 의거해서만 그렇게 할 수 있었다.[2] 여기서는 이러한 이해에 기초하기보다는, 늘 어떤 것을 배제할 수밖에 없는 대상 관련의 모든 방식을 일단 피하고, 의미 개념을 자기 자신을 함께 의도하는 "무차이" 개념으로서 도입하는 편이 나을 것이다.[2a] 무엇이 의미인가(의미가 무엇을 수행하는가의 질문은 현재로서는 제기하지 않겠다)라는 질문은 현상학적 기술의 형식에서 가장 잘 보여줄 수 있다.[3] 정의(定意)를 시도한다면, 무엇이 정

제에 사로 잡혀 그것으로써 인본주의적 관심을 대변하고자 모색하는 사람은 그래서 체계이론의 보편성 요구에 대한 반대자로서 등장할 수밖에 없다

2) 우리는 "자연주의" 의미이론이라는 올바른 길에서 이렇게 벗어난 결과를 존 듀이의 철학에서 잘 살펴볼 수 있다. 예를 들어 *Experience and Nature*, 2. Aufl. New York 1958의 재판, 179를 참조할 것. 의미는 ... 심리적 존재가 아니다. 의미는 원칙적으로 행동의 속성"이다. 그런데 이미 "속성"이라는 용어부터 부적절하다. 그리고 다른 어떤 것과 관련해서만 자기 자신에게 의미를 부여할 수 있는 행동 자체로의 귀속은 더더욱 부적절해질 것이다.

2a) 이 제안은 논의되기는 했지만, 단순한 자연과 구분되는 가운데 부연 강조되는 의미 개념에 대한 관심 때문에 압도적으로 거부된다. 예를 들어 Gerhard Sauter, *Was heißt: nach Sinn fragen? Eine theologisch-philosophische Orientierung*, München 1982; Jochen Köhler, *Die Grenze von Sinn: Zur strukturalen Neubestimmung des Verhältnisses Mensch-Natur*, Freiburg 1983를 참조할 것.

3) 이러한 기술(記述)의 언어는 심리적 체계준거를 암시한다. 하지만 그것은 도외

의인지를 질문하는 것은 묻는 사람이 무엇이 관건인지 알 것을 전제하는 것이기에, 이 정황에 적합하지 않을 것이다.[4]

의미 현상은 체험과 행위의 그 밖의 가능성들에 대한 과잉 지시라는 형식으로 나타난다. 어떤 것이 관점, 의도의 중심에 있고, 다른 것은 주변에서 여타의 체험과 행위의 기타 등등을 위한 지평으로서 암시된다. 지향의 대상이 되는 모든 것은 이 형식에서 세계를 전체적으로 열린 상태로 유지한다. 즉 세계의 현재성(Aktualität)을 접근 가능성의 형식에서 보장한다.[5] 지시 자체는 현실(Wirklichkeit)의 입지점으로서 현재화된다. 그렇지만 지시는 현실적인 것(이나 추정적으로 현실적인 것)에만 관련되지는 않는다. 지시는 가능한 것(조건적으로 현실적인 것)과 부정적인 것(비현실적인 것, 불가능한 것)에도 관련된다. 유의미하게 지향된 대상에서 출발하는 지시의 총체는 후속 실행에서 실제 현재화될 수 있는 것보다 더 많은 것을 손에 쥐어준다. 의미 형식은 자신의 지시 구조를 통해 다음 단계에 선택을 강요한다는

시되어야 하며 도외시될 수 있다. 후설은 선험적 주체이론의 방향으로 추상화했다. 우리는 인적 체계들과 사회적 체계들이라는 포괄적인 타당성의 방향으로 추상화할 것이다. 이 말이 의미하는 바는 의도, 지시, 기대, 체험, 행위 같은 개념들이 이하의 서술에서는 심리적 체계와 사회적 체계에 부합할 수 있는 요소 및 구조들을 표현한다는 것이다. 즉 이 용어는 우리를 이론 형성의 층위에서, 아직 이 체계준거 하에서 다른 것을 배제한 채 하나에만 묶어 두지는 않을 것이다.

4) Jan Smedslund, "Meanings, Implications and Universals: Towards a Psychology of Man", *Scandinavian Journal of Psychology 10*. 1969, 1–15를 볼 것. 그러나 스메절런드는 이 논거를 내세워 현상학적 기술이라는 시도를 성급히 포기한다.

5) Edmund Husserl, *Ideen zu einer reinen Phänomenologie und phänomenologischen Philosophie* Bd. I, in: *Husserliana* Bd. III, Den Haag 1950, 57 이하, 100 이하; ders., *Erfahrung und Urteil: Untersuchungen zur Genealogie der Logik*, Hamburg 1948, 23 이하.

것이다. 이러한 선택의 필연성은 의미 의식에 함께 투입되며, 사회적 체계들에서는 유의미성을 통한 소통에 함께 투입되어서, 현재적인 생명 실행의 순수한 사실성이 의식에도 소통에도 최종적인 연결 확실성을 줄 수 없게 된다.

약간 달리 정식화한다면 다음처럼 말할 수 있다. 의미는 그때마다 현재적으로 실행된 체험 또는 행위에 여분의 가능성들을 갖추어 준다.[6] 그리하여 선택이 불확실해질 가능성은 동시에 다시 상쇄된다. 중복은 확실성 기능을 갖는다. 우리는 잘못된 선택으로는 가능성들이 아직 소진되지 않기 때문에, 잘못된 선택을 감당해낼 수 있다. 즉 출발점으로 되돌아가 다른 길을 선택할 수 있다.

위에서 복잡성 주제에 관해 말한 것을 돌이켜 보면, 의미의 형식 규정은 복잡성 문제와 관련된다는 것을 어렵지 않게 알 수 있다. 그래서 우리는 현상학적 기술로부터 문제관련의 기능 분석으로 되돌아간다. 모든 의미의 경우에, 즉 임의적 의미를 가진 모든 경우에, 엄청나게 높은 복잡성(세계복잡성)이 현전하여, 심리적 체계들이나 사회적 체계들의 작동이 사용 가능하다고 보증한다. 의미는 이때 한편으로는 이 작동들이 복잡성을 파괴할 수 없고, 의미의 사용을 통해 복잡성을 계속 재연시키도록 작용한다. 작동들의 실행은 세계를 수축시키지 않는다. 그리고 학습은 가능한 구조들 중 한 구조를 선택하여 그것을 체계로서 수립하는 세계 안에서만 이루어질 수 있다. 다른 한편 모든 의미는 모든 복잡성에 함의된 선택 강제를 재정식화하고, 그리고 모

---

6) 이것은 어떤 점에서는 신경생리학적 중복들을 다른 체계 층위에 "복제"한 것이다. 이에 관해서는 Donald M. MacKay, "The Place of 'Meaning' in the Theory of Information", in: Colin Cherry (Hrsg.), *Information Theory: Third London Symposium*, Butterworths 1956, 215-224; ders., *Information, Mechanism and Meaning*, Cambridge Mass. 1969, 79-93에서 재판본을 볼 것.

든 규정된 의미는 규정된 연결 가능성을 암시하거나 다른 가능성들을 비개연적인 것이나 어렵거나 복잡하거나 무관한 것으로 만들거나 (잠정적으로) 배제하여 자격을 얻는다.[7] 따라서 의미는——내용이 아니라 형식에 의거하는——복잡성 재연이다. 물론 의미는 어디에 놓이든 개별적 포착을 허용하지만, 동시에 모든 포착을 선택으로서 드러내며, 그렇게 말해도 된다면 모든 포착에 책임이 있는 재연의 형식이다.

복잡성 문제와 마찬가지로 자기준거 문제도 의미 형식으로 다시 등장한다. 모든 의미 지향은 자신의 고유한 재현재화 가능성을 함께 예견한다는 점에서, 즉 자신의 지시 구조에서 자기 자신에 이어지는 체험과 행위의 많은 가능성들 중 하나로서 다시 수용한다는 점에서 자기준거적이다. 의미는 일반적으로 그때마다 다른 의미에 대한 지시를 통해서만 현재화된 실재를 획득할 수 있다. 이런 점에서 개별적 자기만족도 없고 "자명성"(per se notum)도 없다. 결국 자기준거의 일반 문제는, 단순한 자기관련성이나 잠시 나타난 동어반복들에서의 순환이 유의미성(Sinnhaftigkeit)의 영역에서도 생산성이 없는 경우에만 복제된다. 이 가능성은 배제되지 않고, 함께 예고된다. '이 장미는 한 장미이며, 한 장미이며, 한 장미이다'라고 생각할 수 있다. 그

---

7) 이 측면을 강조하는 사람은 그 개념을 이 책에서와 같은 기능 노선에서 정의하지만, 내용적으로 보면 약간 더 좁게 정의한다. 예컨대 Jürgen Frese, "Sprechen als Metapher für Handeln", in: Hans-Georg Gadamer (Hrsg.), *Das Problem der Sprache, Achter Deutscher Kongreß für Philosophie*, Heidelberg 1966, München 1967, 45-55 (51)을 볼 것. "한 동작의 의미는 규정된 상황으로서 주어진 가능성들의 조화체(Ensemble)이며, 이 동작에 후속 동작들이 연결될 수 있다. 즉 한 동작의 의미는 그것이 만들어내는 연결 가능성의 다양성이다. 이 말은 한 동작의 의미가 그 체계 내에서의 하나의 또는 여러 장소들에 대한 의미의 관련이며, 그 의미가 그 체계에서 기능으로서 자신을 충족한다는 뜻이다.

러나 회귀적인 경로를 사용하는 것은 특정한 조건에 의존할 때, 즉 어쨌든 즉시 발생하지 않을 때만 성과가 있다. 상호의존들은 복잡한 체계들을 위한 보전 가치를 획득하기 위해 조건화 상태라는 일반 조건을 충족시켜야 한다.

심리적 체계와 사회적 체계의 모든 과정에 부과된 의미 강제는 체계와 환경의 관계에 대해서도 귀결을 가진다. 모든 체계들이 복잡성과 자기준거를 의미 형식으로 처리하는 것은 아니다. 그러나 이렇게 하는 체계들에게는 오직 이 가능성만 있을 뿐이다. 그 체계들에게서 의미는 세계 형식이며, 그리하여 체계와 환경의 차이를 포괄한다. 환경 역시 체계들에 대해 의미의 형식으로 주어져 있다. 그리고 환경과의 경계는 의미경계이다. 경계는 내부와 외부를 동시에 가리킨다는 뜻이다. 그렇다면 보편적 의미와 특별한 의미경계는 특별히 체계와 환경의 제거될 수 없는 연관을 보장한다. 그리고 의미에 있어 독특한 형식, 과잉 지시를 통해 그러한 연관을 보장한다. 어떤 의미체계도 환경에서 또는 자기 자신 안에서 궁극적으로 길을 잃을 수 없다. 왜냐하면 경계를 넘어 되돌려 지시하는 의미 함의들이 늘 같이 주어져 있기 때문이다. 특별한 의미경계들에 의존하는 체계의 분화는 세계 보편적인 지시연관을 표현하며, 그 결과 체계는 무엇을 가지고 자기 자신과 자신의 환경을 지향하는지를 확인할 수 있게 된다. 그러나 경계 자체는 체계에 의해 조건지어져, 환경과의 체계의 차이가 다시금 체계의 성과로서 성찰 가능해진다. 즉 자기준거적 과정에서 주제화될 수 있다.

의미는 진화상 보편적인 것으로서 궁극적으로는 **자기준거적 체계 형성의 폐쇄성 테제**와 조응한다. 자기준거적 질서의 폐쇄성은 여기서 세계의 무한한 개방성과 동의어가 된다. 이 개방성은 이를테면 의미의 자기관련성을 통해 구성되며 그리하여 지속적으로 재현재화된다. 의미는 언제나 의미를 지시하지 결코 유의미한 것으로부터 다른 어떤 것을 지시하지 않는다. 따라서 의미에 결부된 체계들은 의미와 무관하게(sinnfrei) 체험하거나 행위할 수 없다. 의미체계들은 의미가 의미를 지시하는 것을 건너 뛸 수 없으며, 그렇게 지시되는 것으로부터 스스로 배제될 수 없게 포함되어 있다. 유의미하게 자기준거적인 세계를 조직하는 범위 내에는 부정 가능성이 있기는 하지만, 이 가능성은 그 입장에서는 유의미하게만 사용될 수 있다. 부정 역시 의미를 가지고 있으며, 유의미성을 통해서만 연결할 수 있다. 그러니까 의미의 부정으로 나아가는 모든 시도는 다시 의미를 전제하고 세계 안에서 일어나야 할 것이라는 말이다. 즉 의미는 부정할 수 없는, 차이 없는 범주이다. 의미 폐기는 엄밀한 의미에서 "절멸"(annihilatio)일 것이다. 그래서 그러한 의미 폐기는 생각할 수 없는 외적 기관의 사실이 될 것이다.

따라서 "무의미성"(Sinnlosigkeit)은 유의미성(Sinnhaftigkeit)의 부정을 통해서는 결코 획득될 수 없다.[8] 무의미성은 특수 현상이다. 그것은 오직 기호의 영역에서만 가능하며 기호의 혼돈 속에 존재한다. 대상들을 이리저리 뒤섞더라도 그것이 결코 의미를 갖지 않는 것은 아니다. 예를 들어 폐허더미는 폐허더미로서 곧바로 인식될 수 있으며, 대개 그 순간에 폐허더미가 세월이나 지진 또는 "적의 공격"에 의한 것인지 알 수 있다.

유의미한 모든 처리가 보편적이며 자기준거적인 형식 구속이라는 이 테제[9]가 의미의 외부에 아무 것도 없다고 주장하는 것은 물론

---

8) 자주 주장되었듯이, 이를테면 단호한 입장을 취한 Heinrich Gomperz, *Über Sinn und Sinngebilde, Verstehen und Erklären*, Tübingen 1929, 32 이하를 볼 것.

9) 여기서 모든 종합적 판단의 최상의 기본 원칙을 상기시켰다고 느낄 수 있다. ("개개의 모든 대상은 가능한 경험 안에 있는 직관(Anschauung)의 다양성이라

아니다. 그렇게 말하면 의미 기능의 분석을 위한 체계이론적인 틀의 조건과 모순될 것이다. 그리고 그것은 문학 및 철학의 전통에서 취향, 사실성, 존재 같은 명칭으로 언급된 직접 다가설 수 있는 경험의 내용과도 상충될 것이다. 무엇보다도 초월성의 종교적 경험을 떠올릴 수 있을 것이다. 자신들의 의미를 포함할 수 없는 그런 의미를 가진 명칭들은, 오늘날에는 의미의 발생과 재생산이, 끊임없이 상태를 스스로 교체하는 실재 기반을 전제한다는 통찰에 의해 대체된다. 의미는 이 기반에서 (오직 차이들로서만 의미를 가지는) 차이들을 추출해서, 차이 지향적인 정보 처리를 가능하게 한다. 그로써 모든 의미는 시간화된 복잡성을 떠맡고, 끊임없이 현재성을 운반할 것을 강요받는데,[10] 이때 의미 자체는 이러한 기초에 부합하게 진동하지 않는다. 그러한 진동들은 발현하는 자기준거적 체계들에 의해 차단된다.[11]

이 사태가 어떻게 해석되고, 연구에 기초하여 해석이 변화하든, 이 사태는 자기준거적-폐쇄적인 의미체계에서 유의미한 것으로서 정식화되어야 한다. 의미체계들은 물론 원칙적으로 모든 것에 접근을 허용할 수 있다. 그러나 모든 것은 의미의 형식으로만 접근 가능하

는 종합적 (차이)동일성의 필연 조건에 놓이게 된다." 그리고 "경험의 가능성 조건들은 그 자체가 경험의 대상들의 가능성 조건이기도 하다." Kant, "Kritik der reinen Vernunft B 197"). 우리는 칸트와 달리 복잡성(다양한 것의 (차이)동일성)을 선택과 관련하여 주제화하는 것이지, (또는 어쨌든 일차적으로) 판단력을 지니는 종합의 가능성과 관련해서 복잡성을 주제화하는 것은 아니다.

10) 초월론 역시 그래서 운동 개념들을 가지고 연구할 필요가 있다고 보았는데, 초월론은 결국 그 개념들의 유래를 해명해내지 못했다.

11) 그레고리 베이트슨(Gregory Bateson)은 다소 위험한 표제어인 "마음"(mind)을 사용하여, 독일어 번역판에서는 심지어 "정신"(Geist)이라는 용어까지 사용하면서 위와 동일한 사태를 입증했다. *Mind and Nature: A Necessary Unity*, 독일어판, *Geist und Natur: Eine notwendige Einheit*, Frankfurt 1982를 볼 것.

다. 보편성은 이 관점에서도 배제 가능성을 의미하지 않는다. 그러나 의미체계들의 세계 안에서 수용되고 처리될 수 있는 모든 것은 이러한 의미의 형식을 취해야 한다. 그렇지 않으면 그것은 순간적인 자극, 암울한 기분, 또는 접속 가능성이 없는, 소통 가능성이 없는, 또는 체계에서의 효과가 없는 순간적인 경악에 불과할 것이다.

2. 의미의 자기준거: 가능성들의 지속적인 차이와 현재성/ 가능성 차이의 자기준거

이렇게 정태적인 느낌을 주는 의미 기술에 머무른다면, 아주 불충분한 그림만 그려질 것이다. 운동 개념에 힘입어 시간 차원 (Zeitdimension)을 의미의 현상학에 도입한 것도 여전히, 의미란 소여(所與)로 확인될 수 있으며, 그러한 소여가 존재하는지의 여부를 확인할 수 있다는 인상을 남긴다. 하지만 모든 의미 체험에, 그래서 이들 현상을 확정하려는 모든 종류의 기술과 개념 작업에 근본 구성 요건으로 불안정의 계기가 구축되어 있다. 의미는 스스로 변화를 강제한다. 그 다음에 의미 변화의 결과가 흐름, 과정, 운동으로서 파악 가능한지는 원래 사태에 더 이상 완전히 부합하지 않는 의미론적 처리 문제가 된다. 따라서 모든 문화 간 비교에 특별한 주의를 기울여야 한다. 왜냐하면 문화들은 이러한 자기변화의 강제를 최초 처리하는 의미론에서 벌써 상반될 수 있기 때문이다.

근세가 한창 진행하던 때에 이르기까지 세계는 사물 도식 (Dingschema)에 의존하여 기술되었다.[12) 의미 요소의 (차이)동일성

---

12) 이하의 설명들은 사회체계의 사회구조적 진화와의 상관관계 속에서 의미진

을 실현시키는 어떤 것이 전제되었다. 그러나 의미가 사용되기는 했지만 이해된 것은 아니었다. 사물 도식은 세계에 대한 기술로서 보편타당했다. 따라서 신체적 사물/비신체적 사물(res corporales/res incorporales)의 구분이 주도적 차이로서 기능했다. 그 도식은 도식의 총체화를 가능케 했다. 그런 식으로 영혼과 지성, 소멸하는 것과 불멸의 것이 함께 고려될 수 있었다. 사람들은 이념 개념을 가지고 그 사물 도식을 복제하여 정신적인 작동에서 사용할 수 있었다. 세계 자체는 사물들의 총체(universitas rerum)로서 간주되었고, 그 생성과 소멸에서 자연으로 간주되었다. 이러한 사고방식의 견고성은 중세 후기 이래 해체되고 재강화되는 데서도 읽어낼 수 있다. 사고방식의 해체는 사물 자체가 아니라 인식의 문제에서 시작한다. 따라서 이 해체는 근세 사상사 전체에 대해 큰 영향을 미치는 우회로를 취한다.

이런 이유에서 의미내재적인 과잉 요구와 동요는 처음에는 사물 자체가 아니라, 바로 그러한 요구를 통해 사물 세계와 거리를 두는 인간에게서 나타났다. 근세 초기의 전통에서는 이러한 동요의 계기를 인류학의 맥락에서, 즉 인간에게 귀속되는 의식이나 쾌락(plaisir) 같은 개념들로써 기술한다. 그리하여 부정될 수 있는 어떤 것이 여전히 자연으로서 파악되고 확정되었는데, 이것은 현대적인 세계 이해를 향하는 이류의 계기로서 중요했다(자연을 기준점으로 삼았던 것은 개선 목표들과 문명 비판을 동시에 이끌어내는 원천이 되었다).[13] 하

화의 지식사회학으로서 논구될 수 있다. 하지만 그러한 설명들은 여기서는 역사에 비추어 가능한 선이해들과 역사적으로 이해될 수 있는 선이해들을 배척하는 데만 기여할 뿐이다.

13) 이에 관한 상세한 논의로는 Niklas Luhmann, "Frühneuzeitliche Anthropologie: Theorietechnische Lösungen für ein Evolutionsproblem der Gesellschaft", in ders., *Gesellschaftsstruktur und Semantik*. Bd. 1, Frankfurt 1980, 162-234를 볼 것.

지만 그 결과 의식의 방향으로 협소화가 나타났던 것은 사태에 적절한 것은 아니다. 한편으로는 신경생리학적 체계에는 벌써 (그리고 어쩌면 원자와 일광(日光)에서도 그렇다고 말해야 할 것이다) 상응하는 기본적인 소요가 있다. 다른 한편 사회적 소통의 전체 세계는 무변화를 배제하고 오직 주제들과 기여들을 전환하면서 소통해나갈 수 있다는 점에 맞추어 구축된다. 말할 것이 없으면 궁리해 내어야 한다. 새로운 어떤 것을 말하라고 요구받을 때까지 이전에 말한 것을 반복하는 일은 결코 해서는 안 될 일이다. 이것은 의식에 대해서만 단순화시켜 말할 수 있는 것이 아니며, 그렇다고 하더라도 신경생리학 등에 대해서만 단순화시켜 적용할 수 있는 것도 아니다. 그밖에도 의식은 소통을 진행시키는 것이 얼마나 힘겨운 일인가에 대한 경험을 가지고 있다. 이런 이유들 때문에 우리는 어떠한 환원적인 "설명"도 시도하지 않을 것이다. 우리는 기초적인 불안정 사태(와 그것이 "시간화된" 복잡성을 유발할 것이라는 점)에서 출발하며, 어쨌든 심리적 체계이든 사회적 체계이든 모든 의미체계들이 그런 조건들의 영향 하에 있다는 생각을 견지할 것이다.

즉 의미는 기본적으로 불안정하다. 실재는 그런 식으로만 발현적인 체계 형성을 위해 의미로서 다루어질 수 있다. 이러한 사정은 사회적 체계의 구축이라는 필연적인 결과를 낳는다. 이 점은 아래에서 소통, 행위, 사건, 구조의 주제를 다룰 때 자세히 설명하겠다. 하지만 의미가 기본적으로 불안정하며, 동요하며 함께 장착된 자기변동의 강제에 의해 형성되어야 한다는 사실을 통해 무엇이 주어져 있는지 해명하는 일이 선행되어야 할 것이다.

의미가 자체의 불안정을 확정하고 처리하는 의미 특화 전략은 연결되는 정보 처리를 위해 차이를 사용하는 데에 있는 것으로 보인다.[14] 그때마다 변이하는 것은 단순히 어떤 지향의 "대상"이 아니다. 그보다는 의미 처리는 현재성과 가능성의 의미구성적인 차이의 지속적인 새로운 형성이다. 의미는 가능성들의 지속적인 현재화이다. 그러나 의미는 바로 현재적인 것과 가능성 지평의 차이로서만 의미일 수 있기 때문에, 모든 현재화는 그에 연결할 수 있는 가능성들을 가시화시키기도 한다. 의미의 불안정은 의미의 현재성의 핵심을 유지할 수 없다는 데에 있다. 재안정화는 모든 현재적인 것이 가능성 지시들의 지평에서만 의미를 가질 수 있다는 데에 있다. 그리고 의미를 가진다는 것은 연결될 수 있는 가능성들 중 하나가 후속 현재성으로서 선택될 수 있으며 또한 그때마다 현재적인 것이 퇴색하고, 엉성해지고, 자체 고유한 불안정에서 그 현재성을 포기하는 그 순간 선택된다는 바로 그것을 뜻한다. 따라서 현재성과 가능성의 차이는 시간적으로 이전된 적용을 허용하며, 그럼으로써 그때마다의 현재성을 가능성 지시들을 따라서 처리하는 것을 허용한다. 따라서 의미는 스스로를 추진하는 (체계들로 인해 조건화될 수 있는) 과정으로서 현재화와 가상화의 (차이)동일성이자, 재현재화와 재가상화의 (차이)동일성이다.

이것이 어떻게 진행되는지는 두 번째 차이를 고려할 때, 비로소 완전하게 이해될 수 있다. 우리는 스펜서-브라운을 인용하며 작동을 표현하고자 할 때 구분(distinction)과 지시(indication)라는 용어를 쓰고자 한다.[15] 이 용어 사용에 상응하는 의미론적 결과들은 차이와 (차이)동일성을 뜻한다. 차이와 (차이)동일성의 차이는 마치 현재성과 가능성의 차이에 직교하여 투입되어, 이 차이를 작동에서 통제 가능하게 해준다. 가능한 것은 (막 현재화되고, 소급의 근거가 될 수 있는

---

14) 이 점은 잠시 후 다시 다루겠지만, 자기 자신을 세계와의 차이로서 적용하는 것을 포함한다.

15) George Spencer Brown, *Laws of Form*, 2. Aufl. New York 1972를 볼 것.

바로 그러한 가능성들을 포함한) 상이한 가능성들로서 파악되며, 그 다음에는 현재화되어야 할 가능성들은 가능성들의 (차이)동일성에서 '다른 것이 아닌 이것'으로서 표현된다. 이 표현은 현재화될 수 없는 것을, 삭제하지는 않지만 그 순간에는 잠정적인 비현재화 상태로 전환시킨다. 현재화될 수 없는 것은 재가상화 과정에서 가능성으로 유지되며 새로운 지평으로 함께 넘겨질 수 있다.

그러니까 종합적으로 보면, 의미는 차이들의 척도에 따른 처리이다. 그리고 이 차이는 차이로서 미리 주어지는 것이 아니다. 그 차이들은 자신의 작동적인 사용 가능성(과 더더욱 당연하게도 그것들을 개념적으로 정식화할 가능성)을 오직 유의미성 자체로부터만 획득할 수 있다. 의미 사건의 자동성은 탁월한(par excellence) 자기생산이다. 이 기초에서 그 후 (얼마나 짧든 간에) 모든 사건은 의미를 획득하고 체계 요소가 될 수 있다. 이 말은 "순수한 정신적인 존재" 같은 어떤 것이 있다고 주장하는 것이 아니라, 자기재생산의 지시 연관의 폐쇄성을 주장한다. 이런 점에서 의미 운동들은 정보 획득과 정보 처리를 가능케 하는 기능에서 자율적으로 구성된다. 의미 운동들은 고유한 파급 범위, 고유한 복잡성, 고유한 속도를 가지고 있다. 그러나 그 운동들은 물론 허공에 존재하지 않으며, 자기 자신만으로 이루어진 정신의 영역에 존재하는 것도 아니다. 의미 운동들은 생명과 생명의 화학적 토대 및 물리적 토대가 파괴될 경우에는 더 이상 존속할 수 없다. 그러나 이러한 의존성은 위에서 언급한 차이 도식들과는 달리, 의미발생 자체의 작동상 전제가 되는 것은 아니다. 따라서 의미는 체계요소들의 형성에 필수적인 속성들의 혼합, 즉 다른 체계요소들에 관련하여 자신을 규정짓는 가능성을 보장해준다. 자기준거, 중복, 가능성 과잉은 그러한 보장을 위해 필수적인 미규정성을 보장한다. 그리고 의미론적으로 확정된 차이들에의 지향은 모든 후속 현재성들을 선택하여 다른 어떤 것을 배제함을 고려하는 동시에 그 사실에 형식을 부여하면서, 이러한 의미 규정의 자기생산 과정을 조종한다.[15a]

3. 정보와 의미: 환경 선택과 체계 선택

우리는 의미를 차이들의 척도에 따른 처리라고 표현했다. '자기 자신의 처리'(Sich-Selbst-Prozessieren)라고 말할 수도 있겠다. 의미 문제를 이렇게 이해하는 것은, 도대체 무엇이 처리되는지를 더 정확하게 규정할 계기를 준다. 의미에서 처리되는 모든 것이 의미를 가져야 한다는 점을 인정하더라도, 어떻게 단순한 동어반복으로부터 이 진술을 이끌어낼 수 있을 것인지의 질문이 남아 있다. 이 문제를 위해서는 정보 개념이 요긴하다.

정보는 여기서 체계 상태들의 선택 사건을 의미하는 것으로 이해되어야 한다. 그러한 선택은 가능성들을 제한하고 사전 분류하는 구조들에 기초했을 때만 가능하다. 즉 정보는 구조를 전제하지만, 그 자체가 구조인 것은 아니며 구조 사용을 현재화시키는 사건에 불과하다.[16] 사건들은 시점에 묶인 요소들이다. 이 점은 아래에서 자세하게

15a) Yves Barel, *Le paradoxe et le système: Essai sur le fantastique social*, Grenoble 1979, 185-186은 (잠정적으로) 배제된 것들을 이렇게 몰아내는 것을 "잠재화"(potentialisation)라고 명명한다. 새로운 형식의 발현은 그러면 지금까지 잠재화되었던 의미재고 성분들로의 소급으로 설명될 수 있다.

16) 반대 의견은 자주 발견되지만, 대개 정보가 구조냐 아니면 사건이냐의 질문에 대해 명시적으로 결정지도 않은 채 제시되었다. 예를 들어 Gernot Böhme, "Information und Verständigung", in: Ernst von Weizsäcker (Hrsg.), *Offene Systeme I: Beiträge zur Zeitstruktur von Information, Entropie und Evolution*, Stuttgart 1974, 17-34 (18)을 볼 것.

다루겠다.[17] 사건들은 오직 단 한 번, 그리고 오직 그 사건들이 일어
나기에 필요한 최소한의 시간(specious present)에서만 일어난다. 사
건들은 이러한 시간적인 발생을 통해 동일시될 수 없다. 즉 반복될
수 없다. 사건들은 바로 이러한 속성을 통해 과정들의 기본적인 (차
이)동일성으로서 적합해진다.[18] 바로 이 점은 이제 정보에서 잘 입증
될 수 있다. 의미상 반복되는 정보는 더 이상 정보가 아니다. 정보는
반복될 때 자신의 의미를 보유하기는 하지만 정보 가치는 잃어버린
다. 독일 마르크 화폐가 평가절상되었다는 신문기사를 읽는다고 생
각해 보자. 그런데 이 내용을 다른 신문에서 다시 읽는다면, 이 활동
은 구조적으로 같은 선택을 드러내기는 하지만 더 이상 정보 가치를
갖지 않는다(그 활동은 고유한 체계 상태를 더 이상 교체하지 않는다).
다른 한편 정보는 비록 사건으로서는 사라질지라도 상실되지 않는
다. 정보는 체계 상태를 교체하고 그와 함께 구조 효과를 남기며, 구
조는 그 후 이 변화된 구조들에 반응하며, 그 구조들을 가지고 반응
한다.[19]

---

17) 제8장 3절을 비교할 것.

18) 똑같은 일이 재차 발생할 수 있고 그때 과정이 한편으로는 계속되며 동시에
(그렇지만 완전히 동시에는 아니게) 자신의 고유한 반복을 진행시킨다면, 과정
에서 혼란이 발생했다는 점만을 떠올리면 된다.

19) 정보 사건 및 변화된 작동 방식 간 이 연관성은 관찰자에게만 "기억"으로 보
인다. 체계 자체는 현재에만 재생산되는데, 그렇게 될 수 있기 위해 기억이 필
요한 것은 아니다. 그러나 체계는 경우에 따라서 자신을 관찰할 수 있고, 자기
자신에게 "기억"이나 심지어 "나쁜 기억"까지도 귀속시킬 수 있다. 우리는 그
러면 자기관찰로부터 언제나 다시 고유한 상태에 관한 뜻밖의 정보를 매 순
간 얻어낼 수 있다. 그러나 그 사실은 기억으로서 표현되는 것이 관찰자에게만
존재한다는 사실에 관해 아무 것도 바꾸어놓지 않는다. 이 점을 인정하지 않
는 사람은 여기 소개된 정보 개념을 사용할 수 없다. 이에 관해서는 Humberto
R. Maturana, *Erkennen: Die Organisation und Verkörperung von Wirklichkeit*,
Braunschweig 1982, 60 이하를 참조할 것.

다른 말로 하면, 비록 모든 의미 재생산이 정보를 거쳐 진행되고 (그래서 그런 한에서 정보 처리로 불릴 수 있으며) 모든 정보가 의미를 가진다 하더라도, 시간 자체는 의미와 정보를 구분하라고 강요한다.[20] 이 구분은 체계 상태의 변동 개념을 통해 가능해질 수 있다. 말하자면 정보는 언제나 어떤 체계의 정보이며 (그래서 물론 복수의 체계들을 동시에 포괄할 수 있다) 정보를 획득하고 가공할 수 있는 체계들을 특징짓는 데서 또 다른 특징 하나를 덧붙일 수 있으며, 그것은 그 다음에 정보 개념을 규정하는 데에도 간접적으로 기여한다. 자기준거적으로 작동하는 체계들, 즉 자신의 고유한 상태들을 교체하는 데서 그 자신도 언제나 함께 작용하는 체계들이 관건이 되어야 한다. 그렇지 않으면 외부의 작용으로 인한 단순한 체계 변동이 관건이 되어야 한다. 오직 자기준거적 체계들에게만 외부 작용은 자기규정을 위한 규정으로서 나타나며, 그와 함께 체계가 스스로 만들어내는 모든 것을 자기 자신과 타협시켜야 한다는 구조 법칙성을 준수하는 조건에서 자기규정의 내부 맥락을 교체하는 정보로서 나타난다. 그렇다면 정보들은 체계를 규정하지 않으면서 엔트로피를 제한하는 사건들이다.[21]

정보는 선택을 알리고 그리하여 가능성들을 배제하는 한에서 복잡성을 환원시킨다. 정보는 그런데도 복잡성을 상승시킬 수도 있다. 이러한 일은 예를 들어 배제된 가능성이 부정적인 기대였을 경우에 발생한다. 목사들은 으레 남자들이라고 생각했는데, 지금 만난 목사는 여자라는 사실을 알게 된다고 생각해보자. 그렇다면 "미세스 목사

---

20) 비슷한 입장으로는 특히 Donald M. MacKay, *Information, Mechanism and Meaning*, Cambridge Mass. 1969를 볼 것.

21) Klaus Krippendorff in der(Hrsg.), *Communication and Control in Society*, New York 1979, 439 또한 "엔트로피에 대한 제한"이라고 표현한다.

님"이라고 불러야 할까? 여성에게 하듯이 손등에 입맞춤을 해야 하나? 그밖에도 정보에 의해 새로운 대상이 소개되는 경우도 당연히 있다. 이때 그 대상은 가능성 도식을 통해 비로소 구성될 수 있고, 처음에는 어쩌면 매우 추상적으로만 구성될 수 있는 어떤 대상이다. 어쨌든 정보는 불확실성을 완화시키기만 하는 것이 아니라 고조시키기도 한다.[22] 그리고 바로 그런 이유에서 의미 형식들의 진화는 정보 획득과 정보 처리 능력이 높은 수준에 이르렀을 때에만 가능하다.

유의미한 정보 처리에 힘입어 체계와 정보의 관계는 높은 복잡성, 상호의존과 부합할 수 있는 상태에 이르게 된다. 정보는 체계에서만, 체계의 자기준거의 도움으로만, 체계의 이해 도식의 도움으로만 가능하다. 그런데도 정보는 체계에 의해 환경에 귀속될 수 있다. 정보는 체계 스스로 설계하고 중시하는 가능성 영역으로부터 선택한 것으로서 나타난다. 그러나 정보는 체계가 아니라 환경이 수행하는 선택으로서 나타난다. 정보는 체험되는 것이지 얻어지는 것이 아니다. 체계는 이 방식으로 환경과 거리를 확보하고, 바로 그로 인해 환경에 내맡겨질 수 있다. 체계는 환경과 자신의 관계를 조건화하고 이때 언제 어떤 조건들이 주어져 있는지에 대한 결정을 환경에 넘겨줄 수 있다. 예를 들어, 물론 무게도 중요하지만 양이 중요할 것이라고 선(先)결정을 내리고는,[23] 잼 한 병이 430그램에 불과하다는 것을 확인한

22) 그것에 관해서는 Harold M. Schroder/Michael J. Driver/Siegfried Streufert, *Human Information Processing*, New York 1967을 참조할 것.
23) 이 선(先)결정은 문헌에서 빈번하게 (좀 지나치게 강조해서) 정보 개념이 대답을 제공해주는 질문으로서 표현된다. 그러나 결정적인 것은 차이 도식이 규정된다는 점 (및 정보 발생의 순간에, 예를 들어 술 취한 사람이 비틀거리는 것을 볼 때 형성될 수 있다는 점)밖에 없다. 따라서 우리가 "경험"이라고 정의할 수 있는 것은, 뜻밖의 정보를 친숙하다고 느끼고, 그 정보에 차이 도식을 할당하여, 연구에 사용할 수 있는 정보 가치를 그 정보에 부여할 수 있는 능력이다(웨이

후에, 항의를 한다거나 잼 값을 환불받겠다거나, 그 따위 잼은 앞으로는 더 이상 사지 않겠다거나, 아니면 완전히 무시하겠다는 행동 결정들 중 하나를 선택할 지는 여전히 열려 있다.

따라서 의미와 정보가 진화상 성취들로 주어져 있을 때, 고유한 의미진화가 작동을 시작할 수 있다. 이때 의미진화는 정보 획득과 정보 처리의 어떤 도식들이 자신들의 연결 자질들에서 (무엇보다도 예측과 행위를 기준으로) 입증되는지를 시험한다. 그러한 의미진화를 통해서 비로소 의미 자체가 형식과 구조를 얻을 수 있다. 이 장에서 이어지는 여타의 모든 설명들은, 그러한 의미의 역사가 우리가 오늘날 자명한 것으로 사용하는 구조들을 이미 확립시켰다는 사실을 전제한다.

4. 보편 개념들로서 세계와 의미

그러므로 어떤 의미구성 체계도 모든 고유한 과정들의 유의미성 (Sinnhaftigkeit)에서 벗어날 수 없다. 하지만 의미는 후속 의미를 지시한다. 이러한 지시들의 순환적 폐쇄성은 모든 의미의 폐쇄성으로서, 그러한 폐쇄성의 (차이)동일성으로서 나타난다. 그 결과 세계는 의미와 마찬가지로 불가피성과 부정할 수 없음이라는 특징을 가진다. 세계를 넘어서려는 모든 사고 시도는 세계를 확장하기만 할 뿐이다. 그러한 시도는 의미와 세계를 필요로 하며, 그리하여 그 시도를 통해 이르고자 하지 않는 것이 되어야 한다. 후설은 이 사태를 "지평"(Horizont)이라는 은유로 표현하기는 하지만, 모든 의미의 자기

터가 청바지를 입고 있었다면, 우리는 원치 않은 레스토랑에 들어간 것이다).

준거를 남김없이 분석한 것은 아니다.

이 진술을 위한 모든 증거들은 이미 자기준거를 전제해야 한다. 그 증거들은 세계 안에서 세계에 대한 성찰을 통해서만 작동할 수 있다. 그래서 우리는 의미 경험과 '의미/세계-구성 연관'의 현상학적 기술을 출발점으로 삼는다. 그러나 이 기술에 선행하는 세계 밖의 주체(그것이 의식으로서 존재한다는 것을 모든 사람이 자기 자신 안에서 알고 있는)의 기초 위에 세우지는 않으며, 세계 안에서의 세계의 자기기술로서 이해한다. 세계 개념을 다루는 역사의미론은 세계가 자기 자신을 기술(記述)로서 포함하는 동시에 다양한 방식으로 초월적으로 파악하면서 세계의 이중 지위를 성찰한다. 예를 들어 우주의 신체(sōma toû kósmou)로서, 기계적 세계(machina mundi)로서, 또는 세계 중심으로서 어디에나 존재하며 세계의 경계로서 어디서도 경험될 수 없는 신과의 관계로서 성찰한다.

모든 자기관찰과 자기기술은 궁극적으로는 구분, 즉 구분하는 작동이다. 따라서 세계의 자기기술은 주도적 차이로서 특징지어져야 한다. 이를 위해서는 궁극적으로 타당한 형식으로서 의미와 세계의 구분만이 고려 대상이다. (세계에의 유의미한 구성의 (차이)동일성으로서) 세계의 현상학적 기술에서는 차이로서 표현되며, 이런 형식 속에서 정보 획득에 기여할 수 있다. 의미와 세계의 관계는 탈중심화 개념으로도 기술 가능하다.[24] 모든 출발점으로부터 세계는 척도의 모

---

24) 여기서는 주체를 출발점으로 삼지 않기 때문에, 자아중심적인 세계상의 탈중심화라는 피아제의 개념을 의도한 것이 아니다. 그런데도 연관성들은 명백하다. 심리적 체계들과 사회적 체계들은, 모든 의미가 세계에 대한 탈중심화된 접근 경로를 열어주기 때문에, 학습 및 진화를 통해 자기 자신과의 거리를 얻을 수 있다. 피아제는 여기서 사용된 개념을 자아중심적인 탈중심화 가능성 조건으로서 전제한다.

든 지점에서 세계에 접근하는 출발이 될 수 있다. 모든 출발점으로부
터 세계의 모든 다른 가능성으로 계속 진출할 수 있다. 바로 이것이
모든 의미에서 암시된 세계를 진술한다. 그 진술에 부합하는 것이 비
중심적인 세계 개념이다.[25]

그러나 세계는 동시에 모든 가능성들의 단순한 합계, 즉 유의미한
지시들 이상의 어떤 것으로 추체험될 수도 있다. 세계는 합계에 불
과한 것이 아니라, 이러한 가능성들의 (차이)동일성이다. 그것은 특
히 세계 지평이 차이로서의 고유한 (차이)동일성을 모든 차이에 대
해 보장한다는 것을 의미한다. 세계 지평은 그러한 보장을 통해 모든
개별 체계의 관점들의 차이들을 무력화시켜 버린다. 세계는 모든 체
계에 대해 스스로 체계와 환경의 고유한 차이의 (차이)동일성이 됨
으로써 그 일을 한다. 그때그때 특정한 실행을 통해 세계는 "생활세
계"로서 기능한다. 그렇게 세계는 그 순간 의심할 여지 없음, 사전 합
의된 것, 문제가 없는 배경 확신[26]인 동시에, 구분들의 모든 해체와
모든 도입이 어떤 식으로든 수렴될 수 있도록 이것들을 지탱하는 초
(超)확실성이 된다. 세계는 한 순간 그리고 일반적으로 전제할 수 있
는, 유의미한 자기준거의 순환성의 폐쇄성이다.

이 (차이)동일성 성과는 오직 자기준거적인 연관들의 폐쇄성만 전
제한다. (차이)동일성 성과는 바로 이 폐쇄성이다. 그 성과는 주제 묶
음이나 주제 위계화가 없이도 가능하며, 세계 과정들의 '실천적이

---

25) 그 개념의 형성에 관해서는 Arthur O. Lovejoy, *The Great Chain of Being: A Study of the History of an Idea*, Cambridge Mass. 1936, 재판 1950, 108 이하를 참조할 것.

26) 이것은 일반적으로 생활세계(Lebenswelt) 개념으로 표현된다. 예를 들어 Jürgen Habermas, *Theorie des kommunikativen Handelns Bd.* 1, Frankfurt 1981, 106을 볼 것. 이에 대해 비판적인 문헌으로는 Ulf Matthiesen, *Das Dickicht der Lebenswelt und die Theorie kommunikativen Handelns*, München o. J. 1983을 볼 것.

192

며 목적론적인' 수렴 없이도 가능하다. 세계 안에서 세계를 기술하는 것은 물론 그러한 해석물에 의해 매우 잘 이루어질 수 있다. 세계 의미론의 역사는 그러한 시도들의 역사이며, 그러한 해석물들은 분명히 사회체계의 복잡성과 상관관계가 있다. 이것은 위계적 해석들과 마찬가지로 보편사적인 과정적 해석에서도, 사물 도식에서도, 완성 질서로서의 만물의 연속(series rerum) 관념에서도, 이 질서를 구원사 이론이나 진보사학의 이론을 통해 "시간화"하는 데서도 타당하다. 그러나 그러한 의미론들이 지향하는 차이들(위/아래, 이전/이후)은 그 자체가 차이의 (차이)동일성으로서의 세계를 전제한다. 그리고 그 차이들은 사회체계의 역사적 상황 속에서 사실상 척도가 되는 구조들과 경험들에 부합할 수 있어야만 안정적이다.

모든 의미에 내재하는 세계 관련은 우리가 의미를 기호로서 정의하는 것을 배제한다.[27] 지시구조와 기호구조는 세심하게 구분되어야 한다.[28] 기호의 기능에는 자기준거를 배제한 상태에서 규정된 어떤 것에 대한 지시가 항상 필요하다. 기호의 기능에는 기초적인 회귀적(rekursiv) 자기준거의 비대칭화가 필요하다. 다른 말로 하면 세계 기호도 없고 자기 자신을 지시하는 기호도 없다. 그러나 보편성과 자기준거성 모두 의미의 필수적인 특성이다. 따라서 의미는 기초를 이루는 사태이다. 기호는 자신의 기능을 충족시키기 위해 의미를 가져야 하지만, 의미가 기호인 것은 아니다. 의미는 모든 기호 규정의 맥

---

27) 의미를 주관적인 지향을 통해 정의하는 데 대한 대안으로 제시된 확산된 견해의 하나로 예를 들어 Charles K. Warriner, *The Emergence of Society*, Homewood Ill. 1970, 66 이하를 참조할 것.
28) 이 구분은 표현(Ausdruck)과 표시(Anzeichen)의 관계에 대한 후설의 분석에서 준비되었다. *Logische Untersuchungen II*, 1, 3. Aufl. Halle 1922, 23 이하를 참조할 것.

락, 자신의 비대칭화의 필수조건(conditio sine qua non)이다. 그러나 의미는 기호로 다루어질 경우 오직 자기 자신을 위한 기호로서만, 즉 기호 기능의 불이행을 위한 기호로서만 존재할 수 있다.

5. 의미에 관한 의미론의 역사

따라서 의미는 (다른 내용들을 배제한 채) 규정된 내용들을 통해 성격을 규정할 수 없는 복잡성에 대한 자기준거적 입장의 일반 형식 중 하나이다. 이것을 통해 공표된 구조는 과거의 사회체계들에서는 다르게 파악된다. 그것은 의미 개념에 대한 최근 논의에 이르기까지 뚜렷한 영향력을 미친다. 구 유럽적 전통은 선(善)과 완전성에 관련된 실재 개념을 도모했고, 그 개념에 "본질적" 의미 관련을 할당했다.[28a] 따라서 양립 가능성의 제한들, 질서에서 벗어나는 현상들, 근세로의 이행기에는 가끔씩 질서에 도달하지 못하고 쇠락하는 세계가 암시되기도 한다. 근세는 상응하는 선결정을 주체이론 안에 수용한다. 대개 그러한 것처럼 의미가 주체와 관련되어 정의되면, 자신의 주도 개념으로부터 환영받지 못하는 것, 즉 "무의미한 것"을 배제하는 전통이 효력을 발휘한다.[29] 그 이후 가장 보편적인 것은 주체

28a) 이 견해에 대해서는 Wolfgang Hübner, "Perfektion und Negation", in: Harald Weinrich (Hrsg.), *Positionen der Negativität, Poetik und Hermeneutik VI*, München 1975, 470-475가 비판적으로 토론했다. ders., "Die Logik der Negation als ontologisches Erkenntnismittel", 같은 책 105-140도 볼 것. 확실한 것은, 부정 개념의 영역에서 그리고 철학 이론의 영역에서도 단순한 '완전성 형이상학' 그 이상의 매우 많은 것들이 있다. 그러나 우주, 완전성, 선(善)을 위한 창조 같은 생각에는 신빙성의 비약 같은 것이 있다. 그 비약에 대해서는 회의가, 이를테면 표현으로서는 가능했지만 이론으로서는 가능하지 않았

194

의 사실성이 갖는 내재적 규범성과 관련해 재특화된다. (그러한 것이 전적으로 전제된다면) 무차이적 기본 개념에서 의미이론의 작동적인 개념으로 넘어가는 단계는 전체에서 부분으로의 도약으로서 실행되며, 그리하여 보편성 요구를 (너무 빨리!) 포기한다는 것을 함의한다. 그 전통은 "비판"을 통해 대체되며, 주체의 입장은 비판을 통해 다시 보편성으로 일괄 상정된다. 우주론들이나 주체들, 어쨌든 세계의 드러난 부분들, 고유한 윤곽을 드러낼 수 있었고 혼란스러운 것, 의미 없는 것을 배제하지 않고 오직 "외부"만 지시했던 세계의 부분들에 관해 의미의 재특화가 진행되었다. 선호된 의미는 질서를 보장해야 했던 특권화된 본질들, 특권화된 시간들과 장소들, 특권화된 생각들 (명증성)과 연관되어 있다고 말할 수 있다. 선호된 의미는 동시에 전체를 대표하여 투입되었다. 우주론이나 주체성이라는 용어에 지향 가치가 주어졌고, 나머지 결점들이 주어져서 그 다음에 세계나 사회

다. 그것은 특히 "절멸"(annihilatio) 개념의 종교적인 유보에서도 드러난다.
29) 예를 들어 Paul, *Das Verstehen von Sinn und seine Allgemeingültigkeit: Untersuchungen über die Grundlagen des apriorischen Erkennens,* Berlin 1929; ders., *Sinn und Geschichte: Historisch-systematische Einleitung in die Sinn-erforschende Philosophie,* München 1937을 볼 것. 최근의 철학에서는 주체 관련을 거부하면서 대체로 존재론적 질문제기로 되돌아가는 경향으로 연결된다. 예컨대 Max Müller, "Über Sinn und Sinngefährdung des menschlichen Daseins", *Philosophisches Jahrbuch 74.* 1966, 1-29를 볼 것. 유의미한 상황 이해에 대한 강제라는 원래의 문제를 제기하는 것은 오히려 사회과학 연구들이다. 예를 들어 Peter McHugh, *Defining the Situation: The Organization of Meaning in Social Interaction,* Indianapolis 1968을 볼 것. 무엇보다 아쉬운 것은 "주체" 개념이라는 표제 하에서 자기준거와 의미의 연관성이 더 이상 엄격하게 생각되지 않았다는 점이다. 그렇지 않았다면 주체 이론 역시 자기준거적 체계의 폐쇄성을 지향했을 것이고, 그 결과 그 이론에 대해 의미로서 발생하지 않는 어떤 것도 더 이상 존재할 수 없게 되었을 것이다. 그렇다면 (현대에서의) "의미상실", "의미 위기", "현존재의 무의미"는 이 이론 발상에서는 포기되어야 할 것이다.

에 책임을 떠넘겨야 했다.[30] 우리가 세계 차원으로서 소개하려는 것, 즉 사실성(realitas), 시간성, 사회성은 그러한 추세에 부합하여 우주 안으로 질서지어진 것으로서, 또는 주체의 의식구조로서 나타났다. 사실 차원(Sachdimension)은 사물 도식과 함께 "실재"라고 기술될 수 있던 것을 지배했고, 그러한 상태로부터 벗어날 것을 모색하고 그 다음에도 여전히 자신이 "물상화"된다는 것을 비판하던 주체의 당혹감들이 아직도 그러한 지배에 대해 증언하고 있다. 이러한 사고방식은 구(舊) 세계의 계층구조들과 그것을 해체시킨 시민사회와 조화를 이루었다. 그 생각은 오늘날에는 적절한 것으로서 유지될 수 없다. 그러한 경향의 모든 발상은 비판에 의해 무효화될 것이며, 실상이 그렇다는 것을 아는 가운데 이미 부담을 지고 있다.

극단까지 몰린 주관주의에 대한 비판 이후 마침내 "해석학적" 의미 개념이 확립되었다. 그 개념은 이해하면서 포괄적인 연관에의 이해적 적응을 목표로 삼는다 —— 텍스트가 더 포괄적인 맥락에서 이해되어야 하듯이. 그래서 "무의미성의 경험"은, 적응의 실패로서, 각자의 것이 격리된 것으로서, 우연에의 의존성으로서 표현된다. 하지만 바로 사회학은 자신이 이러한 의미 개념을 수용할 능력이 없다는 점을 직시해야 한다. 사회학은 자신이 태동한 이래로, 또는 늦어도 뒤르켐 이후 이러한 무의미성과 우연성의 경험을 아노미(Anomie) 같은 용어를 써서 포괄적인 체계로서의 사회에 귀속시키려고 시도했다. 사람들이 의미 부여자로서 요청해야 할 체험과 행위의 사회의 맥락이 바로 무의미성의 경험을 생산한다면 (또는 어쨌든 〔그 경험을〕 가능케 하는 데에 일조했다면), 당연하게도 다른 의미 개념을 필요로

---

30) "범위와 환원"에 관해서는 위의 제1장, 각주 31에서 보여준, Kenneth Burke 의 인용을 참조할 것.

해야 할 것이다. 그렇지 않다면 '문맥 속에서의 의미'를 무의미한 것이라고 설명해야 할 것이고, 그래서 무의미성의 의미를 성찰하도록 강요하게 될 것이다.

이 의미 개념은 방법론적 층위에서 의미 사태들을 위한 특수 방법론 테제를 제기한다.[31] 의미구성 체계들에 대해서는 모든 것이 의미를 가지고 있다. 그런 체계들에게는 의미와 무관한 대상들은 없다. 뉴턴의 법칙과 리스본 대지진, 행성 운동과 우주비행사의 착각, 과일나무들이 서리에 민감하다는 것과 농부들의 손해배상 청구, 이 모든 것이 의미를 가진다. 의미구성 체계들은 오직 의미 영역에서만, 즉 자신들이 세계 안에서만 똑같은 것이 적용되는 체계들과 관련되는지, 아니면 자신들의 입장에서 "의미와 무관하게" 자기 자신과 자신의 환경에 반응하는 체계들과 관련되는지를 구분할 수 있다. 그러니까 처음에는 의미 대상들에 대해 특별한 방법론을 요청할 이유가 없다. 유의미하게 구성된 세계 안에서는 모든 의미의 사회적 차원을 통해 비로소, 몇몇 다른 체계들 역시 유의미하게 체험하며 다른 체계들은 그렇지 않다는 점에 주목한다.

사회적 재귀성에서 처음으로, 다른 체계들의 체험과 행위를 체험하는 것이 관건일 때 비로소, "이해"라고 불리는 특별한 의미처리 형식이 고려 대상이 된다. 의미 파악 자체는 이 까다로운 관점에서 보면 아직은 이해가 아니다.[32] 그보다는 이해는 의미 체험이나 유의미

---

31) 마찬가지로 종종 반박되고 또한 속행되었던 견해이다. 다만 Jürgen Habermas, *Theorie des kommunikativen Handeln,* Bd. 1, Frankfurt 1981, 152 이하를 참조할 것. 또한 위의 각주 2a의 문헌도 볼 것.

32) 우리는 여기서 "'이해'로 불리는 작동"을 더 정확히 규정하려는 관심에서 일상적인 용어법과 거리를 둘 것이다. 일상적으로는 우리는 어째서 남쪽 해변의 섬들에는 나무가 자라지 않는데도 목재가 발견되는가를 이해할 수 있다고 말하기도 한다.

한 행위가 고유한 '체계/환경-차이'를 가진 다른 체계들에 투사될 때만 나타난다. 체험은 '체계/환경-차이'에 힘입어 비로소 이해로 변형되며, 그리고 다른 체계들이 자기 자신과 자신의 환경을 마찬가지로 유의미하게 구분한다는 점을 함께 고려할 때에만 이러한 이해 변형이 이루어진다. 같은 사태가 관찰함 개념으로부터 정식화될 수 있다. 관찰함은 구분을 갖는 모든 작동이다.[33] 즉 관찰은 이해의 기초 작동이다. 하지만 (형식/배경, 텍스트/맥락의 구분만을 사용하지 않고) 규정된 구분, 즉 체계와 환경의 구분을 사용하고 이 구분 안에 폐쇄적-자기준거적으로 재생산된 의미를 투사해 넣을 때만 이해가 나타난다. 의미 개념과 '체계-환경-구상'과 자기준거를 함께 취할 때 비로소, 이해의 특수 방법론의 적용 범위를 밝혀낼 수 있다.

그런데 보다 일반적이며, 이해의 장벽을 넘어서는 단순히 보편적인 의미 개념으로 되돌아갈 때, (이미 존재하는) 주체나 맥락과 관련되는 그런 개념의 "기능 능력"을 의문시하지 않게 된다. 우리는 첫째 그 기능 방식을 더 자세히 기술해야 한다. 이 작업은 (자기준거적인) 차이 개념에 힘입어 일어난다. 우리는 둘째, 추상 개념 "의미"의 분해를 해명해야 한다. 이 작업은 의미차원 개념에 힘입어 일어난다.

우리는 이러한 작업을 통해 주체 개념도 포기할 수 있다. 사실 차원의 지배는 그로 인해 대략 재생산되지 않는다. 그러나 그 지배는 그러한 상태에 맞서는 주체로 인해 폐기되는 것이 아니다. 우리는 사실 지시를 여러 의미차원들 중 단지 하나의 의미차원으로만 간주하여 폐기한다. 사실에의 지시들은 주체와 대립하지는 않지만, 의미가 충분히 복잡해질 수 있도록 시간적 의미지시들과 사회적 의미지시들과의 복잡한 상호의존 관계에 맞추어져야 한다.

---

33) 136쪽을 참조할 것.

6. 체계 내 의미지평 생성과 의미의 사실/시간/사회적 차원의 분화

의미의 기능 방식은——그 자체로 완전한 우주이든, 주체이든 의미를 부여하는 맥락이든——의미 있는 것을 정당화하는 동일성과 관련될 경우에는 충분히 파악될 수 없다. 그 경우에는 이 동일성으로부터 의미 있는 것(Sinnvolles)과 무의미한 것(Sinnloses)을 구분할 것이 요구되는데, 이 구분은 그 동일성을 동일성으로서 감당해낼 수 없다. 구분의 근원은 밝혀지지 않은 상태로 남으며, 신정론(神正論) 문제로 남는다.

우리는 그 대신 모든 의미 경험에서 처음에는 하나의 차이, 즉 현재적 소여와 이 소여성에 근거한 가능성 간 차이가 존재한다는 것을 출발점으로 삼는다. 모든 의미 체험에서 반드시 재생산되는 이 기본적인 차이가 모든 체험에 정보 가치를 준다. 의미 사용이 속행되면서, 이런 경우가 일어나지 다른 경우가 일어나지 않는다는 점이 드러난다. 다시 말해 계속 체험하고 소통하고 행위하는 것이 그런 식으로 진행되지 달리 진행되지 않는다는 점이 드러난다. 또한 규정된 후속 가능성들의 추구가 성공적일 수도 있고 그렇지 않을 수도 있다. 현재성과 가능성 지평의 바로 그 기본적인 차이가 열린 가능성들의 차이들을 재구분하고, 그 차이들을 파악하고 유형화하고 도식화하여 그 다음에 거기서부터 만들어지는 현재화로부터 정보 가치를 이끌어낼 수 있게 해준다. 낱말들, 유형들, 개념들과 같은 동일성들은 차이들을 조직하기 위해 이러한 토대에 기초하여 도입된다.[34] 그 동일성들

---

34) 이 견해의 출처 가운데 하나는 알다시피 소쉬르이다. 개념들은 "순전히 차이

은 어떤 것이 다른 것과 구분되는 가운데 입증되는지를 검색하기 위해, 그리고 그 다음에는 입증된 것을 규정하고 재생산하기 위해, 일종의 탐침으로서 역할을 수행한다.

그러므로 처음에는 동일성이 아니라 차이가 있는 것이다. 차이만이 우발들에 정보 가치를 주고 그렇게 하여 질서를 구축 가능하게 해준다. 왜냐하면 정보는 바로 차이들의 접속을 유발하는 사건이기 때문이다. 즉 차이를 만드는 차이이다(a differnence that makes a difference).[35] 우리는 바로 이런 이유에서, 의미 자체의 해체 역시 단순히 차이로서뿐만 아니라, 차이들로의 분해라는 점을 발견할 수 있게 된다. 우리는 이 발견들을 의미차원들이라는 개념으로 표현하고 사실 차원(Sachdimension), 시간 차원(Zeitdimension), 사회적 차원(Sozialdimension)으로 구분할 것이다. 이 차원들은 모두 자신의 현재성을 두 종류의 지평들의 차이로부터 획득한다. 즉 이 세 차원들 각각은 다른 두 차원으로부터 구분되는 차이이다. 모든 차원은 그 자체가 다시 의미 보편성으로서 주어져 있다. 형식적으로 보면, 의미차원은 세계 안에서 가능한 것의 제한을 포함하고 있지 않다는 뜻이다. 이런 점에서 세계 차원이라고 말할 수도 있다.

그밖에도 차이들의 분화, 이 세 가지 의미차원으로의 분해는 의미

의 양이다. 개념들은 자신의 내용에 의해 긍정적으로 정의되는 것이 아니라, 체계의 다른 개념들과의 관계를 통해 부정적으로 정의된다. 그러한 관계들의 더 정확한 특징은 다른 관계들에는 없는 특징이다."(Ferdinand de Saussure, *Cours de linguistique générale*, Paris 1973판에서 재인용, 162). 이때 (차이)동일성 그 자체를 성취하는 것과의 관계에서 생성되는 개념성은 이미 성과가 뚜렷한 전문화이며, 그것은 차이를 더 과감하게 사용하는 작업을 가능하게 한다.

35) Gregory Bateson, *Steps to an Ecology of Mind*, San Francisco 1972, 489에서 인용. 271-272, 315도 참조할 것. 우리는 소통을 다루는 장에서 그 문제를 다시 다룰 것이다.

의 자기준거를 탈동어반복하는 첫 번째 단계를 수행한다. 의미는 의미를 가지며, 그 사실은 유지된다(그래서 다음과 같은 진술들, 즉 모든 의미는 의미를 가지며 의미만이 의미를 가진다는 진술은 의문시되지 않는다). 그러나 동시에 의미의 자기준거는 차원에 따라 재특화된다. 그리고 물론 앞서 말한 특수한 차원의 차이들의 도움으로 그렇게 된다. 미래는 '과거를-가진-현재'의 미래로서만 미래이다. 그러나 미래는 과거가 아니며, 또한 (순환모델이 암시했듯이) 결국 과거 속으로 변화하는 것도 아니다. 나의 합의는 오로지 너의 합의와 관련되어야만 합의인 것이지, 나의 합의가 너의 합의인 것은 아니다. 그리고 나의 합의와 너의 합의가 합치하는 것을 (다시금 사실 차원에서부터) 궁극적으로 보장할 만한 사실 논증이나 이성의 기초란 없다.[36] 의미진화가 이 분리를 한번 수립했다면, 자기준거는 차원 내부에서 표현되어야 한다. 모든 의미차원에서 자기준거를 재특화하는 반대 지평의 지향은 다른 차원의 지평을 통해 만들어질 수 없다. 우리는 예를 들어 합의를 통해 미래를 대체할 수 없고 (예를 들어 정신분석이 관할권을 주장하는) 체계의 사실 내부 지평을 통해 합의를 대체할 수도 없다. 그러나 의미차원들의 차이(=차원에 따라 특수한 차이들의 차이)가 수립되었다는 점에서 차원들 간 상호의존들은 자기준거의 조건화와 탈동어반복화에 기여할 수 있다. 순환은 중단된다. 사실 세계는 시간을 비대칭적으로 생각하도록 강제한다. 시간은 내부 세계와 외부 세계를 복잡성 격차로서 비대칭적으로 생각하도록 강요한다. 그리고 바로 이것이 유의미하게 구조화된 복잡성, 의미체계들의 작동들이

---

36) 이것을 통해 우리가 단순한 사태(이를테면 로크가 말한 단순 감각)를 관찰자들의 합의를 통해 정의할 수 있을 것이라는 점이 마찬가지로 배제된다. 그 점에 관해서는 C. West Churchman, *The Design of Inquiring Systems: Basic Concepts of Systems and Organization*, New York 1971, 97 이하.

자리 잡을 공간을 허용하는 복잡성을 이 세계로부터 끌어내는 유일한 방식이다.

의미차원들이라는 개념은 존재론적 형이상학적 전통에 근거하여 의미를 곧장 선호된 것(유의미한 것)의 방향으로 재특화하는 대신에, 재특화하는 첫 번째 단계에서 모든 부정 가능성을 포함하는 타당성 요구의 보편성을 견지하고 있다. 그래서 긍정적으로 또는 부정적으로 표현되었든, 이 세 의미차원들은 모든 의미에서 후속 지시의 형식으로서 접근 가능하다. 그 다음에는 의미의 일차적인 분해는 일반적으로 이 세 차원에 좌우되며, 그 밖의 모든 것은 어떻게 그 세 가지 차원을 재조합할 것인가의 문제가 된다.[37]

사실 차원은 (심리적 체계들에서) 유의미한 의도(sinnhafte Intention)의 모든 대상이나 (사회적 체계들에서) 유의미한 소통의 모든 주제와 관련하여 언급 가능하다. 이런 의미에서 대상이나 주제들은 인물이나 인물 집단이 될 수도 있다. 사실 차원은 의미가 의도된 것의 지시 구조를 "이것"과 "다른 것"으로 분해하여 구성된다. 따라서 의미의 사실적 절합의 출발점은, 아직 규정되지 않은 다른 것과 아직 규정되지 않은 어떤 것을 구분하는 기초적 이접(Disjunktion)이다.[38] 따라서 후속 탐색은 내부로의 진행과 외부로의 진행으로, 내부 지평을 통한 지향과 외부 지평을 통한 지향으로 분해된다.[39] 따라서 "형식"은, 경계를 횡단하고 그 횡단으로부터 결과를 이끌어낼 가능성이라는 관점에서 생성된다.[40] 모든 것은 그렇게 다루어질 수 있다. 이런 점에서

---

37) (일반화된 행동기대를) 법의 경우에서 실행하려는 시도가 Niklas Luhmann, *Rechtssoziologie*, 2. Aufl. Opladen 1983이다.

38) 이 개념에 관해서는 Ph. G. Herbst, *Alternatives to Hierarchies*, Leiden 1976, 86 이하를 볼 것.

39) 이 논점에 관해서는 Edmund Husserl, *Erfahrung und Urteil* a. a. O., 26 이하.

사실 차원은 보편적이다. 동시에 사실 차원은 그때마다 후속 작동이 하나의 방향을 선택할 것을 강요하는데, 그 작동은 — 어쨌든 그 순간에는 — 반대 방향을 향하는 접근 자체가 무효화되지 않은 채 반대 방향에 맞선다. 이런 점에서 사실 차원은 여전히 같은 상태에 머무를지 다른 상태로 넘어갈지를 결정해야 하는 연결 작동들을 가능하게 한다.

"내부"와 "외부"는 지평들의 형식으로 한데 묶인 지시들로서 파악된다. 우리는 가능성들이 이렇게 축적된 형식에 잠시 머물러야 한다. 그 형식은 한편으로는 가능한 현재화의 '기타-등등'(und-so-weiter)의 무한성을 상징하며, 다른 한편으로는 이러한 무한성의 현재적 실행이 생산성이 없음을 상징한다. 지평은 경계가 아니다. 지평은 횡단될 수 없다. 언젠가는 되돌아올 수밖에 없으며, 그 경우에는 반대 지평이 방향을 제시한다.[41]

그밖에도 "방향 전환"은 의도들이나 주제들에 대한 모든 추적이 언제나 지평에의 접근으로서 경험되지 지평으로부터 멀어지는 것으로 경험되는 것은 아님을 말해준다. 어떤 대상을 여전히 그렇게 상세하게 다룰 때 그 대상의 외부 세계는 점점 더 먼 곳으로 향하지 않는다. 그리고 반대 지평을 향해 나아가기 위해 체험과 행위의 모든 실

---

40) 이 출발점을 선택한 것은 George Spencer Brown, *Laws of Form*, 2. Aufl., New York 1972이다.

41) 상세한 분석으로는 예컨대 Helmut Kuhn, "The Phenomenological Concept of 'Horizon'", in: Marvin Farber (Hrsg.), *Philosophical Essays in Memory of Edmund Husserl,* Cambridge Mass. 1940, 106-123; C. A. van Peursen, "L' horizon", *Situation 1* 1954, 204-234; Carl F. Graumann, *Grundlagen einer Phänomenologie und Psychologie der Perspektivität,* Berlin 1960, 특히 66 이하; Karl Schuhmann, *Die Fundamentalbetrachtung der Phänomenologie: Zum Weltproblem in der Philosophie Edmund Husserls,* Den Haag 1971, 특히 47 이하를 참조할 것.

행된 연속들을 역으로 되돌려보아야 하는 것은 아니다. 반대 지평은 늘 함께 나타나 있으며, 단순한 이중성 그 자체로 인해 직접적인 전환이 보장되어 있음에 근거하여 언제나 직접 접근 가능하다.

우리가 사용하는 언어는 다음과 같은 아주 잘못된 속성을 가진다(바로 그런 이유 때문에 이 책에서 체계이론의 전체적인 기술이 부적절해지고 심지어 혼돈스러워지기까지 한다). 이를테면 우리는 술어를 문장의 주어에 연결하고 그런 식으로 표상을 암시하여, 결국에는 어떤 속성들, 관계들, 활동들 또는 관련 상태 등이 귀속되는 "사물들"이 관건이라는 낡은 사고 습관을 늘 다시 끌어 들이곤 한다. 그러나 사물 도식(과 그에 따라 세계를 "실재"로서 이해하는 것)은 사실 차원의 단순화된 이해를 제공할 뿐이다. 사물들은 사실 차원에서 조합 가능성들의 제한이다.[41a] 따라서 사물에는 상응하는 경험들이 모이고 시험 삼아 재생산될 수 있다. 사물들은 이 형식에서 세계 관련을 쉽게 다룰 수 있게 해주는 준거점들을 제공한다. 그러나 사물들은 언제나 그리고 필연적으로 의미의 사실적인 구성에서 공동 작용하는 두 개의 지평이 존재한다는 사실을 은폐한다. 그리고 사물의 의미를 고정하기 위해 외부와 내부를 향해 모습을 드러내는 적절한 이중 기술들이 필수적이라는 점도 은폐한다.[42] 따라서 우리는 체계이론의 일차적

41a) "외적 사물 개념은 조합을 제한하는 것이다"라는 말은 우연성을 의식하면서 무슈 테스트(Monsieur Teste)가 우연성을 염두에 두며 남긴 말이었다. Paul Valéry, Œuvres Bd. 2, Paris, éd. de la Pléiade, 1960, 65. ('무슈 테스트'는 프랑스어로 '머리'를 뜻하며, 프랑스의 천재 시인 폴 발레리가 'La Soirée avec Monsieur Teste'(무슈 테스트와의 저녁 시간, 1896)에서 스스로 창조한 이상형이다. 무슈 테스트는 가능과 불가능이라는 두 가지 가치밖에 모르는 비신체적인 지성인이다. 역자 주)

42) 이중 기술(記述)을 이론적인 핵심 개념으로 간주하는 베이트슨(Gregory Bateson)도 이 문제를 지적한다. *Geist und Natur; Eine notwendige Einheit,* 독일어판, Frankfurt 1982, 81을 볼 것.

인 대상이 "체계"라는 대상(이나 대상 부류)이 아니라, 체계와 환경의 차이라는 점을 기회 있을 때마다 적시하여 강조할 것이다.

시간 차원은 모든 사건들에서 직접 경험할 수 있는, 이전과 이후의 차이가 특수 지평들에 관련됨으로써, 즉 과거 속으로 그리고 미래 속으로 연장되어 들어감으로써 구성된다. 그러한 구성을 통해 시간은 직접 경험 가능한 것에 대한 구속에서 해제된다. 시간은 또한 현존하는 것과 부재하는 것의 차이로의 귀속에서 점차 벗어난다.[43] 시간은 독자적인 차원, 즉 체험과 행위의 '언제'만을 질서지우지, 더 이상 체험과 행위의 '누가/무엇이/어디에서/어떻게'를 질서짓지는 않는 독자적인 차원이 된다. 시간은 현존하는 것과 부재하는 것과 관련하여 중립적이 되며, 그래서 부재하는 것은 자기 자신에게 도달하기 위해 필요한 시간을 감안하지 않아도 동시적인 것으로서 파악될 수 있다. 이제 (차이)동일한, (차이)동일화하는 시간 측정이 가능하다. 그리고 시간 의미론에서는 시점 연속들도 '과거/현재/미래-관계들'로부터 분리되고 그 관계들에 연관될 수 있다.

그러면 시간은 시간에 할당된 특수 지평들 간에 펼쳐져 있기도 하다. 시간은 도달 불가능한 것을 표시하고 관련 능력을 갖추어주는 특수 지평들 간에 펼쳐지게 된다. 즉 시간은 과거와 미래 사이에 펼쳐진다. 따라서 시간은 의미체계들에게 있어[44] 과거와 미래의 차이와

---

43) 강조해야 할 것은, 이것이 매우 천천히 진행되는 발전 과정이었으며 성(聖) 아우구스티누스 같은 혁신적인 시간 사상가조차도 먼 과거와 먼 미래를 먼 곳의 부재라는 암흑 속에서 합일되는 것으로 보았다는 사실이다. 먼 미래와 먼 과거가 다가설 수 있는 세계의 신비로운 변화에서 합치된다는 것은 이미 오래 전부터 지속해온, '그곳에 있는/그곳에 없는', '가까운/먼'이라는 도식의 주도를 상징하는 것으로 보인다.

44) "의미 체계들"의 투입은 여기서 다음 사항을 한 번 더 시사한다. 시간 차원은 의미의 지시구조로서 어떤 것을 해석하여 의미체계들의 자기준거적 조직에

관련된 실재 해석이다. 이때 과거 지평은 (마찬가지로 미래 지평 또한) 시간의 시작 (및 끝)과 비슷한 어떤 것이 아니다. 지평 개념은 이러한 시작과 끝이라는 생각을 배제한다. 그 대신 총체적인 과거와, 마찬가지로 총체적인 미래가 시간지평으로서 작용한다. 그 지평들이 이제 연대기적으로 그리고 그에 따라 선형화된 것으로 생각되든 아니든 그것은 중요하지 않다. 과거의 어떤 순간이나 미래의 어떤 순간에는 어차피 체험이나 행위가 불가능하다. 그리고 그러한 체험과 행위는 시간 속에서 진행되면서 시간 지평들이 뒤로 밀리기 때문에 가능해질 수도 없다. 미래들과 과거들은 의도되거나 주제화될 수만 있지 체험되고 다루어질 수는 없다. 이 둘은 그 점에서는 완전히 같다.

과거와 미래 간 시간 간격(Zeitspanne), 변화의 가역화가 발생하는 그 시간 간격은 현재로서 경험된다. 현재는 비가역화가 계속되는 동안만 지속된다. 자세히 들여다보면 늘 두 개의 현재가 동시에 주어져 있으며, 그 두 현재들 간 차이가 비로소 시간이 흐른다는 인상을 만들어낸다는 사실을 알 수 있다.[45] 현재는 점화(點化)되어 발생한다. 현재는 (예를 들어, 시계 침, 소음, 운동 또는 파동처럼) 어떤 것에 표시하여, 늘 어떤 것이 비가역적인 것으로 변화한다. 세계는 시간 발생의 불가피성으로서 상징화될 수 없을 만큼 충분히 자주 변화한다. 다른 현재는 지속하고, 그와 함께 모든 의미체계들에서 실현 가능한 가

서 처리할 수 있게 만드는 것이며, 이렇게 만드는 것은 깊이 생각해 보지 않아도 역시 시간일 것이다.

45) 이에 관한 더 상세한 분석으로 Niklas Luhmann, "Temporalstrukturen des Handlungssystems: Zum Zusammenhang von Handlungs- und System-theorie", in: Wolfgang Schluchter (Hrsg.), *Verhalten, Handeln und System: Talcott Parsons' Beitrag zur Entwicklung der Sozialwissenschaften*, Frankfurt 1980, 32-67 참조.

역성을 상징화한다. 자기준거는 이전의 체험들이나 행위들을 되돌아볼 수 있게 해주며, 지속적으로 이 가능성을 알린다. 사물은 (사람들이) 떠나버린 곳에 아직도 남아 있다. 잘못된 일은 다시 복구 가능하다. 행위의 궁극적인 종결은 유예될 수 있고, 비가역화를 여전히 기다리는 뚜렷한 의도를 통해서 유예될 수 있다. 이러한 두 현재들은 사건들과 존속들의 차이로서, 변동과 지속의 차이로서 번갈아가며 양극화된다. 그리고 그러한 양극화는 비가역적인 사건에서 여전히 자신을 보여줄 수 있는 과거와, 아직까지 지속하는 현재에서 이미 볼 수 있는 미래의 현전(顯前)을 가능케 한다. 그 방식을 통해서만, 지나간 어떤 것이 반복될 수 없는 것으로 사라지고 장래의 어떤 것이 곧 나타나기 시작한다는 것을 언제나 새로이 알 수 있다. 자기준거적 기본 조직의 동시적 지속으로의 이러한 전환의 대조는 대조로서 경험 가능해지며, 대개 어떤 운동의 지속성이나 시간 흐름으로서 상징화된다. 그러나 그러한 상징화는 삶이 시간에 익숙해지도록 도와줄 뿐, 분석적 목적에는 불충분한 은유에 불과하다.

따라서 시간으로서 나타남(Präsentation)과 시간의 어휘를 통해, 심리적 체계들과 사회적 체계들의 유의미한-자기준거적 조직에 선행하는 비가역성들과, 어떤 것이 그 자체로 비가역화로부터 잠정적으로 벗어나는 반대 방향의 자기관련성이 함께 있는 상태로 변화된다. 이때 시간의 은유법과 분석학은 사회의 발전 과정에서 높은 복잡성에 적응할 수 있기에 충분한 개방성과 신축성을 갖는다. 과거와 미래 및 비가역적인 현재 사건과 가역적인 현재 사건 간 이중적 차이를 따라, 시간의 역사의미론이 변이한다.[46] 하지만 이 변이들 중 어느 것

---

46) 이에 관해서는 Niklas Luhmann, "Temporalisierung von Komplexität: Zur Semantik neuzeitlicher Zeitbegriffe" in ders., *Gesellschaftsstruktur und Semantik*. Bd. 1, Frankfurt 1980, 235 -300을 참조할 것.

도 시간의 의미 관련과 시간의 유의미성 자체를 무너뜨릴 수 없다. 왜냐하면 자기준거적 체계들은 폐쇄적 체계들이며, 의미는 의미만을 지시할 수 있기 때문이다.

마지막으로 시간이라는 특수한 의미차원에서 **역사**가 구성될 수 있다는 점을 고수해야 할 것이다. 여기서 역사는 단적으로 사건들의 사실적인 연속, 즉 현재적인 것이 지나간 원인들의 작용으로서, 또는 장차 발생할 작용들의 원인으로서 이해 가능하게 만드는 연속을 의미하지 않는다. 그보다는 의미의 역사에서는 의미가 지나간 사건들이나 미래의 사건들로부터 의미를 자유로이 포착할 수 있게, 즉 연속에서의 도약이 가능하다는 점이 특별하다. 역사는 연속으로부터의 해제에서 생성된다. 의미체계는 자유롭게 선택된 접근을 통해 스스로 제한된다는 점에서 역사를 가진다. (사찰 파괴, 교황이 집전하는 황제 대관식, 세당(Sedan) 전투에서의 패배, 또는 더 자세하게는 결혼식, 학업 중단, 최초의 구금형 판결, 동성애자의 "커밍아웃" 같은) 규정된 과거의 사건들을 통해서든 미래의 완결을 통해서든 상관없이, 의미체계는 역사를 가진다. 따라서 역사는 항상 현재적 과거이거나 현재적 미래이다. 그것은 언제나 순수한 연속으로부터의 거리두기이며, 늘 그러한 거리두기를 통해 얻어낸 비약적인 포착의 자유를 모든 과거적인 것과 모든 미래적인 것으로 단순화시킨다.

사회적 차원은 사람들이 "타자적 자아"(alter Ego)로서 전제하는 것을 제각기 자신과 동일한 것으로서 관련지으며, 모든 세계 경험과 의미 확정을 위한 이 전제의 중요성을 표현한다. 사회적 차원 또한 세계 보편적인 중요성을 가진다. 왜냐하면 타자적 자아라는 것이 있다면, 타자적 자아는 자아가 그러한 것처럼 모든 대상과 모든 주제에 대해 중요하기 때문이다.

일단은 사회적 차원과 사실 차원의 모든 결합을 회피하는 것이 중요하다. 이 두 차원의 결합은 인본주의의 치명적인 실수였고 여전히 그러하다. 이때 인간은 다양한 이해들에서 동물과의 차이에 근거하여 파악되었고, 사회성(사회적 동물, animal sociale)과 시간성(기억(memoria), 환상(phantasia), 통찰력(prudentia))을 갖춘 존재 그리고 마침내는 주체로서 선포되었다. 주체 이론 자체는 사실 차원과 사회적 차원을 상이한 이중 지평들의 관점에서 구분해야 마땅할 곳에서, 오로지 '내부/외부-관계'만을 설정했을 뿐이다.[47] 그래서 인간은 언제나 다른 대상들과 함께 있지만 선호된 대상으로 남는다. 이것은 초월철학과 그것의 주체 개념을 재(再)인류학화하는 경향에서 읽어낼 수 있다. 그에 부합하여 인본주의는 자연 개념을 재생산하고, 그 결과 자신의 제한성이라는 딜레마에 갇힌다.

사실 차원과 사회적 차원의 구분을 자연과 인간의 구분으로 오해해서는 안 된다. 이론의 진보는 바로 이러한 인본주의적인 협소화를 피하는 데에 있다. 사회적 차원은 의미의 모든 사실적 표현의 반대편에서 모든 것에 대처할 수 있는 독립성을 가진다. 자아(Ego)-관점 외에도 하나의(또는 다수의) 타자(Alter)-관점(들)이 고려된다는 데서 발생한다. 그렇다면 모든 의미로부터 사회적인 것으로의 지시가 요구될 수 있다. 즉, 모든 의미에 대해 타자가 나와 똑같이 의미를 체험하는지 아니면 달리 체험하는지를 질문할 수 있다. 즉 의미는 규정된 대상(인간들)으로의 구속에 의해 사회적인 것이 되지는 않는다. 의미는 의견 가능성들의 독특한 재(再)이중화의 담지자로서 사회적 성격을 얻는다. 따라서 자아와 타자(타자적 자아) 개념은 여기서 역

---

47) 용어 자체로는 상당한 매력이 있는 [밖으로] 넘어감'(Transzendenz)과 '[안으로] 들어섬'(Introszendenz)의 구분은 Paul Hofmann, *Sinn und Geschichte: Historisch-systematische Einleitung in die Sinn-erforschende Philosophie*, München 1937, 5-6 등 여러 곳을 참조할 것.

할이나 인물 또는 체계를 표현하는 개념으로 사용되지 않는다. 그것들은 마찬가지로 유의미한 지시들을 축적하여 결집시키는 특수 지평을 표현하는 개념으로 사용된다. 따라서 사회적 차원 또한 이중 지평을 통해 구성된다. 사회적 차원은 체계가 자기 자신을 관련짓는 관점 이해들이 다른 관점들에 의해 공유되지 않는다는 사실이 체험과 행위에서 드러난다는 점에서 중요해진다. 그리고 여기서도 자아와 타자의 지평 기반성은 후속 탐색을 종결지을 수 없음을 뜻한다.[48] 그래서 이중 지평은 이 관점에서도 의미차원의 독립성에 근본적이기 때문에, 사회적인 것은 단자론적인 주체의 의식 성과로 소급될 수 없다. 바로 이곳이 "상호 주관성"의 주관적 구성이론의 모든 시도들이 좌초하는 지점이다.[49]

이보다는 '합의/이의-문제'에서 출발하는 사회심리학적 연구가 그 현상에 더 적절하다.[50] 사회적인 것이 의미 주제들에서 (어쩌면

---

48) 여기서는 다시 담론 개념(하버마스)과 시간적 제한의 부재를 자세히 다루는 것이 적절할 것이다.

49) 가장 인상 깊은 것은 특히 후설이 이런 시도를 두고 벌였던 장엄한 씨름이 었다. Edmund Husserl, *Cartesianische Meditationen, Husserliana* Bd. I, Den Haag 1950, 121이하, 그리고 유고집 *Zur Phänomenologie der Intersubjektivität, Husserliana* Bd. 13-15, Den Haag 1973을 참조할 것. 이에 대해서는 Alfred Schütz, "Das Problem der transzendentalen Intersubjektivität bei Husserl", *Philosophische Rundschau 5*. 1957, 81-107.

50) 사실 지향에 힘입어 합의의 질문을 제기하는 특히 뉴컴(Newcomb)의 ABX 모델을 떠올릴 수 있다. Theodore M. Newcomb, "An Approach to the Study of Communicative Acts", *Psychological Review 60*. 1953, 393-404; ders., "The Study of Consensus", in: Robert K. Merton/Leonard Broom/Leonard Cottrell Jr. (Hrsg.), *Sociology Today*, New York 1959, 277-292; 그리고 그밖에도 Johannes Siegrist, *Das Consensus- Modell: Studien zur Interaktionstheorie und zur kognitiven Sozialisation,* Stuttgart 1970을 참조할 것. 또한 Leon Festinger, "A Theory of Social Comparison Processes", *Human Relations 7*. 1954, 117-140; Joseph N. Capella, "A Dynamic Mathematical Model of Mutual Influence

상이한) 이해 관점들에 대한 지시로서 경험된다면, 이 이해는 더 이상 주체에게 귀속될 수 없다. 차이는 여기서도 의미상으로 유동 상태에 머무를 수 있도록, 이중 지평으로서 구성적이다. '자아'만으로는 그러한 일을 전혀 해낼 수 없을 것이다.

사실 차원에 기초적 이접이라는 자극이 있고, 시간 차원에 경험들을 바로 그 차원에 비로소 질서지우는 가역성/비가역성의 "직교하는" 문제가 있듯이, 사회적 차원에도 그런 문제가 있다. 그 문제는 합의와 이의 간 대립에 있다. 이의가 현재성이나 가능성으로 드러날 때만, 사회적인 것의 이중 지평을 그 순간에 특히 중요한 지향 차원으로서 작동시킬 계기가 생긴다. 그리고 이것이 특히 자주, 또는 특수한 의미 연관에서 특히 분명하게 발생할 때만, 사회의 진화에서는 사회적인 것의 특수 의미론, 즉 그자신이 이 차이의 이론으로서 다시 합의 능력이 있거나 이의 능력이 있는 의미론이 생성된다.[51] 따라서 여기서도 차원 특수한 배열을 통해, 앞에 놓인 차이가 의미에 적합하게 처리 가능해진다. 즉 자기준거적 체계들의 작동 가능성에 적응된다. 사회적 차원은 한 번 처분 가능해지면 지속적으로 동반되는 비교, 즉 타자들이 체험할 수 있거나 체험하게 될 것과 타자들이 그들의 행위를 어떻게 갖다 붙이는지 비교 가능하게 해준다.

사실 차원에서 사물 도식이 세계 관련을 단순화시켜 도와주듯이,

According to Information Processing Theory", in: Klaus Krippendorff (Hrsg.) *Communication and Control in Society*, New York 1979, 347-365도 볼 것.

51) 여기서는 특히 고대의 전통에서 비롯하는, (상호작용 체계를 위해 상정된) 우정과 (사회(societal)체계를 위해 상정된) **공동체**의 이중 개념을 떠올릴 수 있다. 그 두 개념은 도시에서의 공동생활에 대한 관념을 통해서 또는 상류층의 행동약호를 통해서 메타의미론적으로 재통합되었다. 이 점에 관해 더 상세하게 다룬 글은 Niklas Luhmann, "Wie ist soziale Ordnung möglich?", in: ders., *Gesellschaftsstruktur und Semantik*. Bd.2, Frankfurt 1981, 195-285.

사회적 차원은 도덕으로 환원된다. 세계 이해의 도덕성이 사실성과 일치하게 된다. 두 경우에 다른 체험과 행위에 대한 지시의 "기타-등등"은 조합의 제한들을 통해 대체된다. 도덕은 개인들이 상대방을, 그리고 자기 스스로를 존중하거나 무시하는 조건들을 가리킨다.[51a] 도덕은 사회적 편리함을 "관습법"까지는 아니더라도 쌍방 간 제한의 예측 가능한 조건으로 유지하려고 시도하면서, 그러한 조건들을 무시하는 가능성들을 무효화시킨다.

한층 복잡해지는 사회들에서 사회적 차원이 도덕의 형식으로 총체적으로 프로그램화되는 것은 갈수록 부적절해진다. 부분적으로는 도덕의 관용 범위가 과도하게 확장되어야 하기 때문이며, 부분적으로는 배제된 모든 것이 도덕적으로 폄하되어야 하기 때문이다. 그리고 실제로는 두 경우가 동시에 발생하며 도덕이 그로 인해 다원화되기 때문이다. 그렇다고 도덕이 점차 사라진다는 뜻은 아니다. 일상생활에서는 존중과 무시의 조건들에 지향하는 일이 사물에 지향하는 것처럼 필수불가결하다. 단지 사회적 차원의 문제학은 그러한 조건들을 훨씬 넘어선다는 것이다. 그리고 왜 누군가가 실제 일어나는 것처럼 체험하고 판단하며 행위하는지, 그리고 이것이 타자에게 무엇을 의미하는지를 계속 따질 수 있는 지평에서 모든 도덕은 궁극적으로 상대화된다.

51a) 이에 관해서는 제 6장, 7절에서 상호침투와의 연관성에서 더 자세히 다룰 것이다.

7. 체험과 행위: 환경/체계(사실), 불변요인/가변요인(시간), 인물/사회적 체계(사회적)의 귀속

후설은 세계가 무한한 지평인데도 자신의 고유한 규정성을 보장한다고 현상학적으로 기술했을 뿐이다. 그러한 후설의 기술은 현상학적 사회학이 계속 작업하는 데 동원한 수단, 즉 모든 체험과 행위의 유형학 및 유형 구속성이라는 발상으로 이어진다.[52] 특화를 지향하는 무한성의 자기준거는 단순한 경험 내용으로서 그리고 경험 가능성의 조건으로서는 충분히 파악될 수 없다. 여기서 소개한 방식처럼, 의미에 근거하여 세계를 차원 별로 분해하고 개별 차원마다 각각 구성적인 이중 지평을 할당해야 후속 단계의 분석이 가능해진다. 이러한 분해와 할당은 특히 의미 규정의 가능성 조건을 보다 분명하게 개괄할 수 있게 해준다.

우리는 진화이론적인 기본 사상에 부합하게, 세계가 자기 자신을 규정 상태로 재특화한다고 전제하지는 않는다. 그보다는 어떤 순간에 활동에 들어서든, 충분한 규정성을 생산하는 기제들이 있어야 할 것이라고 전제한다. 의미의 지속적인 자기규정의 이 과정에서는 의미와 세계의 차이가 질서와 장애의 차이로서, 정보와 소음의 차이로서 형성된다. 둘 다 필수적이며, 둘 다 필수적인 것으로 유지된다. 차이의 (차이)동일성은 작동의 기초가 되며 작동의 기초로서 유지된다. 이 사실은 아무리 강조해도 지나치지 않다. 세계보다 의미를, 장

---

52) Edmund Husserl, *Erfahrung und Urteil*, a. a. O., 특히 398 이하: Alfred Schutz, *Collected Papers*, 3 Bde., Den Haag 1962 이하, 여기서 특히 Bd. III, 92-115; Alfred Schutz/Thomas Luckmann, *Strukturen der Lebenswelt*, Neuwied 1975를 참조할 것.

애보다 질서를, 소음보다 정보를 선호하는 것은 선호일 뿐이다. 그렇게 하는 것은 반대를 불필요한 것으로 만들지 않는다. 그 점에서 의미는 장애 덕분에 생존할 수 있으며, 무질서에서 자양분을 취하며, 소음을 통해 지탱될 수 있으며, 기술적으로 정밀화되고 도식화된 모든 작동을 위해 "배제된 제3항"[53]을 필요로 한다. 일상 행동이 사실상 지향하는 본질 형식의 유형학은 그러한 본질 형식이 있기 전에 의미가 규정된 결과이다. 그리고 그러한 의미 규정은 세계의 본질 형식들의 존재론의 의미에서도 구성이론의 의미에서도 주체에 귀속될수 없다. 오히려 본질 형식들은 자기준거적 체계들의 의미 관련 작동들이 촉발 문제들(기초적 이접, 비가역성, 이의)로 인해 자극되고, 그러한 자극을 통해 의미차원의 이중 지평들이 선택 압박을 받는다는데서 만들어진다.

모든 작동은 이러한 관련 틀을 통해 자신의 의도된 의미를 차원들과 차원들의 지평 구조 안에 배치하라는 요구를 받는다. 모든 작동은 상응하는 규정을 실행해야 한다. 작동 자신의 규정성을 위해서 그렇게 해서는 안 되고, 그렇게 하지 않으면 후속 작동들이 연결될 수 없을 것이기 때문에 그렇게 해야 한다. 규정의 선택은 체계 적합한 결속의 요구이며, 연결 능력에 상응하는 예비 조치는 모든 작동의 자기준거를 통해 부과된다. 물론 규정 방향의 선택은 **후속** 체험과 행위의 연결에 기여하지만, 그것은 그런데도 모든 작동이, 자기 자신을 연결 가능성으로부터 자기 자신과 다시 연결하고 그런 방식으로만 규정

---

53) 항상 그 사실을 지적하는 것이 에드가 모랭(Edgar Morin)의 방법론이 가지는 "문제"에 해당한다. Henri Atlan, *Entre le cristal et la fumée: Essai sur l'organisation du vivant*, Paris 1979; Michei Serres, *Der Parasit*, 독일어판 Frankfurt 1981; Jean-Pierre Dupuy, *Ordres et Désordres: Enquête sur un nouveau paradigme*, Paris 1982을 참조할 것.

할 수 있기 때문에 모든 작동의 요구로서 나타난다.

연결 능력의 공급을 개별 의미관련 작동으로 역행시킬 때, 선택들이 개별 차원들에서 더욱 명확하게 도식화된다는 것이 분명하게 입증 된다. 어쨌든 경험적 연구는 그러한 분류들과 그런 분류들의 교체 또한 쉽게 해주는 일련의 도식주의들을 발견한다.[54] 사실 차원에서는 외적 귀속과 내적 귀속(Attribution)의 차이가 중심 도식으로서 기능한다.[55] 그 차이는 후속 작동들의 연결이 외적 원인 또는 내적 원인을 출발점으로 삼아야 하는지를 분명하게 보여준다. 그 후 의미체계는 귀속 방향에 따라 자기 자신과 관련된 가운데, 그리고 다른 체계들과 관련된 가운데 체험과 행위를 구분한다. 의미 선택이 환경에 귀속되면 체험이라는 규정이 타당하다. 그리고 후속 조치들을 위한 연결은 (체계가 체험하면서 참여했더라도!) 체계의 환경에서 모색된다. 이와 달리 의미 선택이 체계 자체에 귀속되면, 그때에는 행위라는 규정이 (비록 그런 행위가 환경과의 관련 없이는 전혀 불가능하더라도) 타당하다.[56]

---

54) Niklas Luhmann, "Schematismen der Interaktion", in: ders., *Soziologische Aufklärung*. Bd. 3, Opladen 1981, 81-100도 참조할 것.

55) Julian B. Rotter, "Generalized Expectancies for Internal versus External Control of Reinforcement", *Psychological Monographs 80*. 1966, 1-28을 참조할 것. 최근의 연구에 관해서는 예를 들어 E. Jerry Phares, *Locus of Control in Personality*, Morristown N. J. 1976; John H. Harvey/William John Ickes/Robert F. Kidd (Hrsg.), *New Directions in Attribution Research*, Hillsdale N. J. 1976; Wulf-Uwe Meyer, "Internale-externale Bekräftigungskontrolle, Ursachenzuschreibung und Erwartungsänderungen: Einige Anmerkungen", in: Rosemarie Mielke (Hrsg.), *Interne/externe Kontrollüberzeugung*, Bern 1982, 63-75.

56) 이 점을 상세히 다룬 글로는 Niklas Luhmann, "Erleben und Handeln", in ders., *Soziologische Aufklärung* Bd. 3 a.a.O., 67-80.

체험과 행위의 구분을 통해 의미 재생산과 체계 재생산의 분화가 가능해진다. 행위의 체험을 함께 포괄하는 체험으로서의 귀속은 의미 재생산, 즉 2절에서 언급한 바로 그 계속되는 현재화와 가상화에 기여한다. 행위로서의 귀속, 즉 체험을 준비하고 체험을 모색하는 행위를 포괄하는 귀속은 후속 행위의 출발점을 확정하는 가운데 사회적 체계의 재생산에 기여한다. 다음처럼 말할 수도 있다. 체험은 의미의 자기준거를 현재화하고 행위는 사회적 체계의 자기준거를 현재화하며, 양자는 귀속의 성과를 통해 분리되고 다시 연결된다. 여기서는 언제나 유의미한, 즉 체험 가능한 행위가 관건이기 때문에, 의미 재생산은 늘 체계 재생산의 전제이기도 하다. 행위를 하여 (다른 사람들에 의한 관찰로부터 벗어나는 것은 물론 가능하겠지만) 체험으로부터 벗어나지는 못한다. 또한 (행위에 대해서뿐만 아니라) 체험에 대해서도 행위를 통해 잘 반응할 수 있다는 것을 함께 고려해야 한다. 이를테면 비가 오기 시작한다. 그러면 우리는 우산을 편다. 이러한 중첩에도 불구하고 차별적인 귀속은 중요하면서도 필수불가결한 규제가 된다. 귀속은 유의미한 체험의 모호하고 넓은 영역에서, 자신의 선택들을 자기 자신에게 귀속시키는 고도로 선택적인 행위체계들의 분화를 가능하게 한다.

여기서는 도식주의가 어떻게 복잡성을 환원시키고 지시들을 차단하고 결합을 쉽게 해주는지 분명히 볼 수 있다. "내부"와 "외부"의 두 지평의 공동 기능은 그렇게 유지되며, 전환 가능성도 보전한다. 그래서 귀속에 관한 이견이 늘 다시 제기될 수 있다. 어떤 사람은 행위로 보지만, 다른 사람은 그 행위를 일차적으로는 체험에 대한 반응으로서 경험한다. 그런데도 도식주의는 필수불가결한 이해를 보조하는 기능과, 복잡한 체계들의 유지에 필수불가결한 의미 개방적인 연관들의 처리를 단순화시키는 기능을 수행한다. 이 복잡한 체계들은 제각기 고유한 자기준거적 해석의 틀 안에서 행위체계들로서 번갈아 나타나며, 상호작용에서 이것을 쓸만한 현실 축약으로서 입증한다. 우리는 이 문제를 "이중 우연성"을 다루는 장에서 다시 언급할 것이다.

시간 차원에서도 이러한 내용에 상응하는 것이 있다. 여기서도 도식화는 귀속 과정을 통해 매개되는데, 물론 결정적인 차이는 귀속이 불변 요인들과 관련되는지 아니면 가변 요인들과 관련되는지의 질문에 있다.[57] 이 쟁점이 선(先)결정되는 방식에 따라, 대상이나 사건이 이후에도 달리 다루어질 것인지가 결정되며, 후속 처리와 관련된 어려움들은 소급하여 선결정을 문제시할 수 있다.

마지막으로 사회적 차원에서는 자아와 타자가 귀속 목적을 위해 인물로서 다루어지거나 특정한 사회적 체계들과 동일시된다. 자아와 타자는 타자적 자아에 대해서 그때그때 자아와 타자로서 기능함에도 불구하고, 정체성들, 이름들, 수신처들을 얻는다. 그런데도 사회적 도식주의는 이 체계들을 사실적 소여(所與)라고 부르지 않는다. 사회적 도식주의는 그보다는 오직 자아 또는 타자적 자아로서 기능하는 것 그리고 그러한 기능으로부터 만들어지는 결과들에 관련될 뿐이다. 언어적으로는 사실 차원에 대한 이 거리는, 그것을 사용하는 사람에 따라 달라지는 인칭대명사들을 통해 표현되며, 그런데도 말

---

57) 이 구분은 프리츠 하이더(Fritz Heider)에게서 비롯한다. 그 구분은 지금까지 주로 성과동기 부여에 관한 연구 맥락에서 사용되었다. 예를 들어 Bernard Weiner, *Achievement Motivation and Attribution Theory*, Morristown N. J. 1974을 볼 것. 이 구분은 행위자와 관찰자 간 귀속 차이에 관한 최근의 연구에서도 중요하다. 이정표를 제시하는 글로는 Edward E. Johnes/Richard E. Nisbett, "The Actor and the Observer: Divergent Perceptions of the Causes of Behavior", in: Edward E. Jones et al., *Attribution: Perceiving the Causes of Behavior*, Morristown N.J. 1971, 79-91.

로는 바꿀 수 없는 어떤 것과 관련될 수 있다. 그 경우에는 사실 관련은 귀속 도식주의의 결과를 규정할 수 있게 해준다. 이와 달리 사회적 도식주의는 두 상대방이 자아 관점과 타자 관점이라는 두 관점을 함께 사용하거나 순차적으로 사용하고, 어떤 관점에서 무엇을 의도하는지를 제각기 결정할 수 있다. 그래서 규정되어 있고 일치하는 것으로 파악된 체계 정체성들에 있어, '너'로서의 그 사람에 대해 상정된 선택의 귀속을 '내'가 넘겨받아야 할지의 여부에 관해 이의가 생길 수 있다. 도식화는 여기서 사회적 귀속이 고정된 사실 세계를 거쳐 유동(流動) 상태로 유지되고 자기준거적으로 처리될 수 있다는 것, 그리고 이 층위에서의 이의가 반드시 사실 차원의 사물들, 사람들, 또는 사건들을 즉시 폐지시키지 않는다는 것을 의미한다.

다른 경우에서와 마찬가지로 여기서도 도식화가 연결을 가능케 하기 위해 대략 축약되었고 단순화되었음에 분명하다. 행위 없는 체험이나 변이 없는 지속이 있을 수 없듯이, 타자와 관련되지 않은 자아도 없고, 타자적 자아 경험을 통해 타자 중개가 이루어지지 않은 자아도 있을 수 없다. 그러나 후속 처리는 서로 관련된 이 관련들을 결집시키고, 그에 따라 정보를 낚아채고 불확실성을 흡수해 이후 진행에서 특정한 어떤 것이 새로운 관련들에 사용되도록 요구한다. 바로 두뇌에서와 마찬가지로 소통 과정에서 결합들이 끊임없이 동요하는 것은 충분한 순간적 명료성을 요구하며, 그 명료성은 필요에 따라 다시 해체될 수 있도록 상황에 내맡겨지는 위험도 감수해야 한다. 도식주의들은 비현실적인 선택을 강요하고, 그로써 선택을 결정하지 않은 채 진행 중인 체계의 자기단순화를 구조화 한다.

도식화가 모든 차원에서 귀속을 거쳐 중개된다는 것은, 도식화가 궁극적으로는 모든 소통 과정에서 전제되어야 한다는 것을 뜻한다. 도식주의에 관해, 그리고 도식주의를 통해 가능해진 선택들에 관해 소통이 이루어지는 것은 아니다. 전제된 것은 소통에서 더 이상 처분에 내맡겨지지 않으며 그냥 실행되기만 할 뿐이다. 전제된 것은 소통 과정을 가속화하고 소통 과정이 깊이 파고드는 부정의 유혹에 휘말리지 않게 해준다. 누군가 "나"라고 말하면, 그가 원래 스스로를 '또 다른 나'에 (의존하는) 너로서 소개하는 것은 아닌지에 대해 더 이상 특별히 협의가 이루어지지 않는다. 소급하는 주제화들을 열어둔 채 처리 속도를 획득하고 유동성 있게 만드는 것, 바로 그것이 도식주의의 기능이다. 도식주의는 체계와 환경의 구분을 통해 생겨난 시간 문제들에 총체적으로 다시 기능적으로 관련된다.[58]

8. 세 가지 의미차원의 분화: 사실 차원, 시간 차원, 사회적 차원

사실 차원, 시간 차원, 사회적 차원은 분리되어 나타날 수 없다. 그 차원들은 조합을 강요받고 있다. 그 차원들은 따로따로 분석될 수는 있지만 실제로 의도된 모든 의미에서는 셋이 함께 나타난다. 그래서 이 전제에 기초하면, 분석은 두 방향으로 나아갈 수 있다. 그렇지만 두 가지 후속 고려는 바로 사회이론적 분석에 달려 있다. 그래서 여기서는 간략하게만 언급하겠다.

최초의 주도적 관점은 세 차원의 구분 가능성과 그 차원들이 서로로부터 분화된 규모가 그 자체로 사회문화적 진화의 결과라는 점이다. 그러니까 그 차원들의 분화 규모는 사회(societal) 구조와 함께 변이한다.[59] 의미차원들의 그러한 분리를 유발하는 가장 중요한 진화

---

58) 위 제1장 148 이하를 참조할 것.

상 성취는 문자의 도입에 있다.[60] 소통은 문자를 통해, 상호작용 참여자들의 생생한 기억과는 무관하게, 즉 바로 상호작용 그 자체와 무관하게 보관될 수 있다. 소통은 불참자들에게도 도달할 수 있으며 소통의 도착 시점은 경우에 따라 도착 효과를 실현하기 위해 경우에 따라 상호작용 사슬(전령, 소문, 이야기꾼)을 형성하지 않고도 거의 임의로 선택될 수 있다. 소통은 비록 여전히 행위를 전제한다고 하더라도, 그 사회적 효과에서는 처음 나타나는 시점과 표현되는 시점으로부터 자유로워진다. 이로써 소통은 상호작용의 직접적인 압력으로부터 풀려나기 때문에, 문자를 사용할 때 그 변이 능력이 상승할 수 있다. 이제는 예견할 수 없는 상황을 위해서, 그리고 참석할 필요가 없는 상황을 위해 소통을 표현할 수 있게 되었다. 이러한 사정은 사실 지향과 사회적 지향이 서로에 맞서 한층 선명하게 분화될 수 있으며, 이런 의미에서 "철학"(=사실 자체에 대한 기쁨에서 행하는 소통)이 가능해진다는 것을 뜻하기도 한다.[61] 더 높은 자유도, 더 높은 우연성, 더 높은 불변성, 더 높은 변화 가능성이 줄줄이 연결된다. 문자로 기록된 것이 먼저 확정된다. 우리가 기록된 것을 바꾸는 것은 그

---

59) 이 논점에 관해서는 Niklas Luhmann, "Gesellschaftliche Struktur und semantische Tradition", in ders., *Gesellschaftsstruktur und Semantik* Bd. 1, Frankfurt 1980, 35 이하도 참조할 것.

60) 이것은 처음에는 매우 느리게 진행되며, 문자가 알파벳화를 통해 특별한 문턱을 극복하는 과정이다. 왜냐하면 알파벳화는 (1) 신속한 학습과 그로써 보편적인 확산을 가능케 하며, (2) 지역 언어의 상호분화와 번역을 강요하기 때문이다. 그 점에 관해서는 특별히 Eric A. Havelock, *Origins of Western Literacy*, Toronto 1976; ders., *The Literate Revolution in Greece and Its Cultural Consequences*, Princeton N. J. 1982를 참조할 것.

61) 이 점은 Erich A. Havelock, *Preface to Plato*, Cambridge Mass. 1963에 의해 강조된다. Jack Goody/Ian Watt, "The Consequences of Literacy", *Comparative Studies in Society and History 5*. 1963, 305-345도 참조할 것.

것을 바꾸고자 할 때이다. 그러나 바로 그것을 우리는 가끔씩 원할 수 있다.

　사회적 차원과 사실 차원이 분리되면서, 사회문화적 진화는 진화 자체를 통해 생겨난 복잡성의 표현 프레임을 자신을 위해 만들어낸다. 점증하는 분화는 제각기 하나의 차원을 구성하는 이중 지평들의 점증하는 독립성으로서 형식적으로 기술될 수 있다. 그래서 낡은 사상에서는 궁극적으로 세계 변두리의 암흑 속에 뭉쳐 있었던, 과거 지평과 미래 지평의 간명성 및 상이성은 사실적 차원들이 다른 방식으로, 즉 내부와 외부의 차이로 차감될 수 있는 조건에서 증대된다. 원래 사실과 관련된 것으로 의도되었던 변종(varietas), 현재형(praesens), 새로움(novus)이라는 용어들은 그때부터 시간과 관련된 개념으로 변화한다.[62] 이 분화가 실행된 이후로 새로운 조합이 가능해진다. 예컨대 18세기 초에 과학의 형식으로, 동시적인 것에서(경험적으로!) 비동시적인 것으로 귀납적으로 추론하는 과학들의 형식으로 새로운 조합이 가능해진다.

　사회적 차원은 역시 사실 차원과의 차이에서 점차적으로, 무엇보다도 인간에게 상정된 지위를 바꾸어 독립성을 획득한다. 인간 개체에 대한 의미론적 해석의 주도적 원리에서는 매우 점차적으로 그리고 사회의 구조적 변동에 필요한 정도로만, 인간의 탁월성을 유지는 하되 평준화하는 우회로를 통해 사회적 차원의 의미구성적인 중요성을 발굴한다. 인간은 애초에 시간적, 사회적 특성과 관련된 특별한 동물로서, 그 다음에는 창조의 은총이자 목적으로서, 마지막으로는 세계와 관계 맺고 살아가는 개인으로서 파악된다. 이에 동반하는 철

---

62) 이에 관해서는 Walter Freund, *Modernus und andere Zeitbegriffe des Mittelalters*, Köln, Graz 1957을 참조할 것.

학이론에서 이러한 사실 차원과 사회적 차원의 분화는 각각 고유한 의식의 특수 사례에서 내부 지평의 무한성을 근세적으로 성찰하여 준비된다. 이 성찰은 처음에는 나와 세계를——비록 부정을 통해 매개된 뒤바뀐 정식화이기는 하지만——두 가지 무한성으로 보면서 일치하는 것이라고 생각했다. 하지만 그 성찰은 또 다른 '나', 즉 너를 필요로 한다. 그러한 '나'는 이른바 자신의 내적 망아(忘我)에서 구출되어야 하며, 소외만 야기하는 사실 세계에 의해 이러한 구출이 일어날 수는 없다. 즉 다른 나, 즉 '너'를 필요로 한다.[63] 그 '나'는 (사회의 구조적으로 유발된 발전의 이 의미론적 상관물은 다음과 같이 정식화될 수 있을 텐데) 자아 특수한 현재적 무한성, 자신의 초유한적 자기성(Selbstheit)을 오로지 같은 종류의 다른 나(너)와 대비된 조건에서만 얻을 수 있으며, 이때 다른 자아는 '자아'의 모든 존재론적 자기확정을 관찰함을 통해 '자아'의 자기확정을 봉쇄한다.[64]

---

63) 이 해석은 포괄적으로 고타르트 귄터(Gotthard Günther)를 따른 것이다. 하지만 귄터는 자기의식의 새로운 활동적인 무한성으로 소급되는 성찰 단계들을 성찰에 대한 성찰의 자율적인 발생으로서 전개한다. 그래서 귄터는 "'타자'의 연역"을 감당할 수 없다. '타자'는 외부에서 도입되기 때문이다. 귄터와 달리 여기서 표현된 텍스트에서 전제된 것은, 근세적 의식철학이 사회적 차원의 보다 뚜렷한 분화를 위한 영토를 준비하기는 하지만, 그것이 사실 차원에서의 출발점을 통해, 즉 사고와 존재의 차이에서 (귄터에 따르면 근원현상학적 상황으로서 "내가 어떤 것을 생각한다") 규정 가능한 한, 사회적 차원의 독립성과 그러한 독립성에 귀속된, '자아-다움'(ichhaft)의 내부 지평의 무한성은 표현될 수 없다는 점이다. 귄터의 표현은 무엇보다 "Metaphysik, Logik und die Theorie der Reflexion", *Archiv für Philosophie 7*. 1957, 1-44, in ders., *Beiträge zur Grundlegung einer operationsfähigen Dialektik*, Bd. 1, Hamburg 1976, 31-74의 재판본에서 찾아볼 수 있다.

64) 자기관찰, 자기기술, 자기전기화(傳記化)는 동일한 해체 효과를 가질 것이며, 그리고 특별히 다른 것 이전에 그리고 다른 목적으로 (예를 들어 인쇄) 거행할 때에 더욱 그러하리라는 점이 종종 언급되었다. 예를 들어 Georges Gusdorf, *La découverte de soi*, Paris 1948, 특히 69 이하를 참조할 것. 여기서도

222

사회 차원에 적합한 특별한 관찰 형식은 위(5절)에서 이해(Verstehen)로서 특징지어졌다. 이해에는 '체계/환경-차이'의 도움을 받는 관찰이 필요하다. 이해는 관찰되는 체계가 스스로를 자신의 환경에 유의미하게 지향하는 체계로서 파악할 것을 필요로 한다. 유의미한 지향은 늘 세계를 함의하기 때문에, 이해하는 체계는 이해된 체계의 환경에서 자기 자신과 만날 수밖에 없다. 이런 방식으로 '자아/타자적 자아-반영들'에 이른다. 이해하는 체계는 스스로를 자신의 타자적 자아의 타자적 자아로서 보게 된다. 일반적으로는 모든 사회적 관계가 적어도 퇴화된 상태에서, 이해 시도들을 유발한다고 추정할 수 있다. 이해를 통해서는 최소한 다른 사람의 행동에 더 잘 접근할 수 있고, 그 행동을 더 잘 관찰할 수 있고 더 잘 기대할 수 있다. 따라서 이해의 도발, 이해의 역량 우월성, 이해 그 자체에는 사실 차원과 시간 차원으로부터 사회적 차원을 분화시키고 결국에는 특별히 그러한 분화에 적합한 의미론을 완성하는 기제가 있다. 그리하여 '합의/이의-차이'가 더 중요해지는 동시에 덜 중요해진다. 더 중요해진다는 것은 그 차이만이 사회적 차원이 풍부한 정보를 가지고 있다는 점을 표현하기 때문이며, 덜 중요해진다는 것은 그 차이가 바로 사회적 차원만을 표현하기 때문 이다.

이 마지막 해석 단계에 와서야 비로소 모든 의미의 사회적 차원의 독립성이 ─독립성을 준비하기만 하는 방식으로 인간을 강조하는 관점과 구분되고, 우대받는 ("훌륭한") 방식으로 생명을 영위하는 생명체들 간 선호된 소통으로서, 계층화된 사회들에 적합하게 사회적인 것을 이해함과도 구분되어 ─기록될 수 있다. 물론 이러한 해석

그것을 전제한다면, 결과는 자기지평의 심연을 파들어가는데, 그 심연 안에서 자기관찰은 결국 규정된 어떤 것도 발견하지 못하고 자기 자신만을 발견할 수밖에 없게 된다.

의 수정들만으로는 사회적 차원의 분화를 "야기하지는" 못한다. 그러한 수정들은 경험적인 지표들이다. 즉 상응하는 변화들이 실행되며 사회의 의미론적 목록에 최대한 적절하게 어울려야 한다는 것을 알려주는 지표이다.

모든 의미의 보편적인 자기준거, 즉 모든 의미 체험이 더 많이 투사되고 그 안에서 다시 발견된다는 점을 진술하는 자기준거는 의미 차원들의 분화를 통해 특화된다. 이 분화가 맞아 들어가는 한에서 차원 특수한 자기준거들이 발견될 수 있다. 그리고 이러한 자기준거들이 형성되면, 그것들이 의미차원들의 분화를 강화한다. 그러면 의미형성의 역사 과정에서는 이러한 분화의 성과들을 다루는 특수한 의미론들이 생성된다. 특히 사실 질서와 구분될 수 있는 시간 의미론과 사회적인 것의 의미론, 즉 특수한 사실 사물인 인간만을 돌보며 인간을 동물과 구분짓는 특징을 다룬다는 생각으로부터 해방되는 의미론이 늦어도 18세기에는 생성된다.

이러한 분화 역사를 그려내고, 이 분화 역사가 사회체계의 구조 변동과 갖는 연관성을 밝히고, 이 연관성에서 차원 특수하게 정식화된 자기준거가 어떤 역할을 하는지를 여기서 보여주기는 불가능하다.[65] 여기서는 보다 세부적인 가설 형성을 위한 출발점들을 규정하

---

65) 시간 차원에서는 그 점에 관해 Niklas Luhmann, "Weltzeit und System geschichte", in ders., *Soziologische Aufklärung*, Bd. 2, Opladen 1975, 103-133; ders., "The Future Cannot Begin", in ders., *The Differentiation of Society*, New York 1982, 229-254; ders., "Zeit und Handlung: eine vergessene Theorie", in ders., *Soziologische Aufklärung*, Bd. 3, Opladen 1981, 101-125; ders., "Temporalisierung von Komplexität: Zur Semantik neuzeitlicher Zeitbegriffe", in ders., *Gesellschaftsstruktur und Semantik*. Bd. 1, Frankfurt 1980, 235-301을 참조할 것. 사회적 차원에서는 특히 Niklas Luhmann, "Wie ist soziale Ordnung möglich?", in ders., *Gesellschaftsstruktur und Semantik*. Bd. 2, Frankfurt 1981, 195-285를 참조할 것.

는 것으로 충분할 것이다.

그렇게 시간은 미래와 과거의 차원 지평들의 도움으로 시간 속에서 반영된다. 이 말은 모든 시점이 자신의 고유한 미래와 자신의 고유한 과거를 가지고 있다는 뜻일 뿐만 아니라, 바로 그로 인해 시간 차원에서 일회성을 가진다는 뜻이다. 이 사실을 경험하면, 모든 시점의 모든 미래와 모든 과거가 동일한 원칙의 지배를 받는 시점들로 해체될 수 있음을 알 수 있다. 이로써 시간 속에서 임의적으로 확장 가능한 무한성이 열린다. 그리고 이것은 시간의 시작과 끝을 향하는 이중 방향에서 뿐만 아니라, 특수하게 개별 시점의 지평들 가운데에 있는 모든 시점에 대해서도 마찬가지로 열린다. 그렇다면 "시간"이란 기껏해야 연대기적 관습에 불과하며, 시간 속에서 나타나는 시간 가능성들의 총체를 가리키는 집합 표현이다. 그렇게 많은 시간이 시간 속에 놓이면, 그렇다면 그렇게 높은 복잡성이 어떻게 다시 환원되며 이 환원이 어떻게 조건화되는지를 질문해야 한다. 또는 똑같은 내용을 다른 용어로 표현한다면, 시간의 자기준거적인 시간화를 통해 시간 안에서 시간의 무한 반복이 생성된다. 그리고 그에 기초하여 시간 속에서 실행되는 시간의 역사의미론, 즉 특정한 시대들, 특정한 사회들, 특정한 사회적 체계들에 타당한 강조점들을 시간 속에서의 시간의 임의적인 해체 능력에 대한 동시적인 지식에 두는 의미론이 필요하게 된다. 시간 자체는 역사화된다. 그리고 모든 시제(時制) 의미론은 그 점을 고려해야 하며, 그 점에 맞추어야 한다.

이것과 완전히 똑같은 관계들이 사회적 차원에서도 관찰될 수 있다. 여기서도 관점들이 관점들에 반영된다. 내가 알고 있음을 네가 알고 있다는 것을 난 알아... 난 네 행위를 네가 한 일이라고 생각해. 내가 이렇게 생각하는 것(네 행위가 네가 한 일이라고 내가 생각하는 것)을 네가 나의 행위로 돌릴 것이라는 점을 알면서 말이야. 여기서도 차원 특수한 지시 연관성이 자신 속으로 무한으로 분리되어 나간다. 그리고 합의점들은 시점들처럼 그러한 가능성들의 지평 앞에서만, 즉 관습적으로만 존재한다.

사실 차원에서는 사물의 '내부/외부-지평'을 갖고 같은 경험을 한다. 모든 지평이 자기 자신 안에서 이러한 이중화를 다시 드러내면서, 세계는 임의적 큼과 임의적 작음으로 무한화된다. 그러한 무한화는 현대의 세계상에서 모든 외적 경계들의 해체로서, 그리고 모든 요소들, 즉 모든 궁극적인 지지점들의 해체로서 나타난다. 과거에는 신들만이 요소들을 마음대로 좌우한다고 생각했고, 그 점에서 (비록 도달할 수 없기는 하지만) 세계 틀의 확실성을 발견했다. 그러나 그 다음에는 신들도 요소들과 함께 사라져 버렸다. 이에 따라 사실 관계들은 바닥없는 구성으로서, 즉 개연적인 것이 되어버린 비개연성으로서 파악되어야 한다.

이러한 내적인 무한화는 개별 의미차원들을, 결국에는 모든 차원들을 필요로 하는 모든 의미 규정보다 더욱 예리하게 분리해낸다. 그렇게 분리하여 자기준거의 발전은 개별 차원들에서 더욱 뚜렷하게 분리되고 상호 포함들을 약화시킨다. 예를 들어 시간은 그 경우에는 원인으로서 나타날 수 없다. 그리고 사실의 본질 혼자만으로는 지속을 보장하지 못한다. 무엇보다 차원 특수한 자기준거들의 실현은 모든 자연적인 근거들을 해체시키고 그래서 재조합되는 의미 획득, 즉 자기 자신에게 견고성을 부여해야 하는 의미 획득을 만들어낸다. 이것이 무엇을 뜻하며 사회의 복잡화가 그런 발전을 초래한다면 어떤 의미론이 그 경우에도 적절할 것인지를 우리는 숙고해야 하게 될 것이다.

의미차원들의 이러한 분리와 상대적인 독립이 경험적-역사적인 과정이라는 것은 사회가 명실상부한 사회적 체계로서 자기준거적으로 구성되며, 더 나아가 한 마디로 의미의 자기준거적 구성이라는 점을 재차 입증한다. 개별적으로 볼 때 분화의 증대는 한 차원의 부정이 반드시 다른 차원에서의 부정을 함의하지는 않는다는 것을 의미한다. 이러한 상황은 한편의 사태들[66]과 다른 한편의 "진리의 합의 이론들"[67]과 관련한 합의 의무를 갈수록 봉쇄한다. 오늘날에는 미래와의 관련은 현재 속에서 사실 행동들의 거의 임의적인 부정들을 허용하는 것으로 보인다. 시간 차원과 사실 차원도 서로에게 더 많은 여지를 허용하며, 그래서 "시간 구속"은 예컨대 언어와 같은 사회적 기제들의 필수적인 기능으로서 논의된다.[68]

이로써 내부/외부, 과거/미래, 자아/타자라는 각각의 이중 지평들 안의 더욱 확실한 명료함과 예리함이 이러한 기능과 의미론적 도구 내에서 상관관계를 맺는다. 제각기 관할권을 가진 이분법은 한편으로는 의미차원의 분화를 지탱하며, 다른 한편으로는 그 이분법으로 인해 복잡성의 수준은 더욱 높아진다. 사태와 관련하여 해체 능력과 재조합 능력은 역사의식의 범위와 마찬가지로 상승하며, 반영된 사회적 민감성으로 불릴 만한 것이 그에 맞추어 성장한다. 그렇게 되면서 의미차원들 간 중개는 더욱 어려워지고, 복잡성을 각각의 맥락에 따라 오직 사실적이거나 시간적이거나 사회적 복잡성으로 생각

---

66) 그 점에 대해 유사한 특징을 드러내는 것으로, 파슨스의 사회적 행위체계의 이론에서는 "전념"(commitment)을 매체로서 그리고 변수로서 파악하는 견해가 있다. Talcott Parsons, "On the Concept of Value-Commitments", *Sociological Inquiry 38.* 1968, 135-160을 비교할 것.

67) 진리 개념 자체가 이 과정에서 교체되어야 한다는 것은, 대략 단순화된 표현에서 인식될 수 있는 것보다 사실을 더 복잡하게 만든다.

68) 예를 들어 Alfred Korzybski, *Science and Sanity: An Introduction to Non-aristotelian Systems and General Semantics*, 1933, 3. Aufl.의 재판, Lakeville Conn. 1949를 참조할 것.

하도록 요청받는데, 그 결과 환원 전략들이 그 요청에 따라 다양화된다.[69]

그렇게 광범위하게 추진된 분화들은 오늘날에는 더 이상 분석적으로 가능하지 않다. 뿐만 아니라 그 분화들은 일종의 배경 의식으로서도 현재 사회의 의미 실재에 속한다. 한 가지 결과는 전통적인 사회들의 문화적 자산들이 침식되었다는 점에 대해 많은 불평들이 제기된 현상이다. 다른 결과는 도처에서 발견되는 정당성 위기들과 근거 확보의 어려움들이다. 모든 차원에서 — 예컨대 완전/불완전 또는 이상/현실의 대립 형식으로 — 동시에 보장하는 통합들이 해체되는 것처럼 보인다. 하지만 그렇다고 해서 차원들의 의미 관련이 느슨해지는 것은 결코 아니다. 차원들의 상호의존들은 유지된 상태로 있다. 상호의존들은 새로운 형식들을 취할 뿐이며, 형식들의 검증은 여전히 결정되지 않았다. 모든 차원에서 동시에 구속하는 압축 전제들의 자리에는 조합하는 의식, 즉 선택 부담을 통해 어쩌면 가장 잘 특징지어질 수 있는 의식이 요구되는 것으로 보인다. 사실적 관점에서 확정했다면 (예를 들어 "투자했다"면), 그로 인해 시간적 관점과 사회적 관점에서 비임의적인 결과가 만들어진다. 미래 지평들이 변이하면, 이를테면 관계들이 너무 빨리 요동친 결과 한층 강력하게 현재를 향해 돌진하면, 그런 상황은 합의 기회를 위해서도, (우리는 단기적으로 불이익을 당한 사람들에게 더 이상 "보상할" 수 없다. 모두가 모든 것을 즉시 원한다.) 사실적으로 그렇게 짧은 시간에 더 이상 가능하지 않은 것에 대해서도 어떤 귀결을 가진다. 이 문제들 그리고 다른 조합적인 문제들의 다양성은 구도들을 조사하고 그때 고도로 일반화

---

69) 그러나 바로 이와 관련된 문제해결 방식도 있다. 사실 차원과 시간 차원을 중개하는 통계라는 인공 자료가 합의 능력을 강화시킨다는 점을 생각해보라.

된 진술을 발견할 가능성을 배제하지 않는다. 그러나 그러한 가능성을 포함시킴으로써 의식되는 선택 부담을 위해서는, 좋고 옳은 것에 대한 전체 공식이라는 것은 더 이상 없다. 왜냐하면 전체 공식들의 출발점이 차원마다 변이하며, 사회체계의 구조 결정들의 결과들을 상이한 방식으로 체험과 행위의 유의미성 안에 옮겨 넣기 때문이다. 체계에는 이성이 없다. 이성의 복원은, 의미가 되며 의미로서 끊임없이 재생산되는 우연성 과잉에 직면하여, 오직 특권적인 경로를 통해서만 가능하다. 이 사정은 일단은 가능성들을 실험할, 당분간 허용된 기능체계들의 자유라는 측면이자 진화상 발전들의 개방성이라는 측면이다. 의미는 바로 이러한 자기준거적인 조건들에서 그 어느 때보다 더 많이, 계획보다는 진화의 방향으로 기울어지는 경향이 있다.

9. 사회학의 중심 개념으로서의 기대

의미 개념의 상세한 기술을 매듭짓는 다음 테제는 의미의 자기준거적인 처리에 **상징적 일반화**가 필요하다는 점이다. 상징/상징적이라는 개념은 이때 (차이)동일성 형성의 매체를 표현하며, 일반화 개념은 다수성(Vielheit)을 작동적으로 다루는 (차이)동일성 형성의 기능을 표현한다. 아주 대략적으로 개괄하자면, 배가성(Mehrheit)이 (차이)동일성에 귀속되며, (차이)동일성을 통해 상징화된다는 것이 관건이다. 상징화를 통해 작동적(또는 과정적) 층위와 상징적 층위의 차이, 자기준거적 작동을 비로소 가능케 하는 차이가 생성된다.[70]

---

70) 파슨스라면 일반화가 소통을 전적으로 비로소 가능하게 한다고 말했을 것이다. 예를 들어 *The Social System*, Glencoe Ill. 1951, 10~11; Talcott Parsons/ Robert F. Bales/Edward A. Shils, *Working Papers in the Theory of Action*,

이러한 개념 형성에 대한 자극들과, 그와 함께 "일반화"라는 용어
는 심리학 연구에서 비롯한다. 심리학 연구의 출발점은 '자극/반응-
도식'이 심리적 체계들의 이론을 통해 해체되는 것이었다. 이 해체
는 감각 능력이나 운동 능력이 개별적으로 세밀하게 다루기에는 충
분하지 않기 때문에, 환경 상태들이나 환경 사건들이 체계 내적으로
전체적으로 파악되어야, 즉 일반화되어 재현되어야 한다는 통찰을
수반한다.[71] 이와 병행하여 파슨스는 체계들을 구성하는 "단위 행위
들"(unit acts)의 층위에서 벌써 유의미한 상징적 일반화를 필요로 하
는 행위 개념을 주조해 내었다. 파슨스의 견해에 따르면, 행위는 그
구성요소들의 연관의 (차이)동일성이 상징적으로 일반화되는 확인
을 통해서만 실현될 수 있다. 그것은 체계 형성의 요소로서 벌써, 상
징을 사용해야만 실현될 수 있는 발현적인 현상이다. 의미와 일반화
는 이 논증에서 하나로 합쳐진다. 감각 과정과 운동 과정에서의 상호
의존에 대한 더욱 정확한 분석뿐만 아니라 행위 개념 안의 "주체" 준
거에 대한 더욱 분명한 강조로부터 고무받은 자기준거적 체계이론
은 이 두 이론 발전을 새로운 종합으로 통합한다.

즉 더 정확하게, 자기준거적인 체계 과정의 층위에서 의미가 어떻
게 사용될 수 있는지를 묻는다면, 자기상징화나 자기추상화의 필연
성으로서 표현될 수 있는 요구에 직면하게 된다. 유의미하게 파악된

Glencoe Ill. 1953, 31 이하를 볼 것.

71) 이미 I. P. Pavlov, *Conditioned Reflexes: An Investigation of the Physiological Activity of the Cerebral Cortex*, o. O. (Oxford U. P.) 1927, 110 이하; 그밖에도 예를 들어 Clark L. Hull, *Principles of Behavior*, New York 1943, 183 이하; Roger Brown, *Words and Things*, Glencoe Ill. 1958, 286 이하; Eleanor J. Gibson, "A Re-examination of Generalization", *Psychological Review 66*. 1959, 340-342; Franz Josef Stendenbach, *Soziale Interaktion und Lernprozeß*, Köln-Berlin 1963, 90 이하를 볼 것.

모든 소여는 잠시 동안은 완전히 존재해야 할 뿐만 아니라, 그리하여 체험과 행위를 "충족시킬" 수 있어야 한다. 그렇게 주어진 것은 그밖에도 자기 관련을 조직해야 한다. 즉 그 자신이 필요에 따라 재사용될 수 있게 대처할 수 있어야 한다. (다소간) 다른 상황과 다른 시점에서 어쩌면 사회적 소통의 다른 파트너와 함께 이렇게 대처할 수 있어야 한다. 이러한 재사용 가능성은 상징적 일반화를 통해 구체적인 체험과 행위 속으로 투입된다. 그것은 다른 사람에 대한 사용 가능성도 될 수 있는 소통의 전제인데, 꼭 다른 사람들을 위해서만 그런 것은 아니다. 의미는 이때 한편으로는 완전하고 구체적이며 그런 점에서 반복될 수 없고 전달 불가능하게 파악된다. 그러나 의미는 동시에, 대상으로나 주제상으로 복합체에 도달 가능하게 해주는 (차이) 동일성의 침전물에도 관련된다. 이것을 달리 말하면, 상징적인 일반화들을 통해 체험 흐름에 동일성들—자신에게 그때마다 환원된 관계들이라는 의미에서의 동일성들—이 각인된다.

이 모든 것은 구체적이며 알려진 사물과 사건들의 층위에 이미 저장되어 있다. 쓰레기통을 비우는 소음을 들으면 통이 비워졌다는 것을 안다. 또한 사람들은 밖에 나가서 낱말이나 이름이나 또는 개념을 사용하지 않고도 여러 쓰레기통 중에서 자기 것을 금방 알아챈다. 낱말과 이름은 이를테면 자기 쓰레기통을 구분하여 식별해내도록 보장해줄 수 없을 것이다. 그리고 개념들은 기껏해야 의심스러운 경우들이나 사용 방식을 고유한 의미에 관련짓는 데에 기여할 수 있을 것이다. 상징적 일반화는 이미 대상들과 사건들을 구체적으로 다루는 데서 생성된다는 것이다. 상징적 일반화는 재접근 가능성을 미리 갖추어두는 데에 기여하며, 그리고 높은 단계의 축적이 요구될 때에야 비로소 일괄 표현, 유형에 관한 표상, 이질적인 것들을 모두 포괄하는 개념들이 만들어진다. 이런 것들은 그 다음에 언어에 의존해서만 유의미한 세계 안에 구축될 수 있다.

이러한 분석이 언어의 개념과 이론에 대해 가지는 귀결들을 우리는 여기서 완성시킬 수는 없다. 의미의 자기관련이라는 상징적 일반화 개념이 오늘날까지 이론 전통을 지배해 온 기호 개념을 대체한다. 어느 누구도 (사물과 마찬가지로) 단어가 기호로 사용될 수 있음, 즉 언어와 무관하게 존재하는 어떤 것에 대한 지시로서 사용될 수 있음을 부인하려 하지 않을 것이다. 하지만 언어 자체는 기호들로 이루어진 단순한 관계망으로 파악될 수는 없다. 왜냐하면 언어는 이미 존재하는 다른 것을 지시하는 기능만 가지는 것도 아니며, 이 기능을 주요 기능으로 삼는 것도 결코 아니기 때문이다. 언어는 또한 심리적 체계에서 소통 없이도 기능하기 때문에, 소통의 수단에 그치는 것도 아니다. 언어의 원래 기능은 상징에 힘입어 의미를 일반화하는 데에 있다. 이때 상징은―다른 어떤 것의 지시와는 달리―그러한 지시의 수행자 그 자체이다. 언어는 소통매체의 기능에서만 약호화(Cordierung), 즉 의미를 위한 청각적 기호나 시각적 기호에 묶여 있는데, 진화적으로 본다면 이것이 언어의 원래 기능인 것으로 보인다.

지금까지의 (특히 심리학적) 연구는 일반화 개념을 '체계/환경-관계'와 관련지었다. 일반화는 이런 의미에서 환경과 체계의 복잡성 격차를 극복하기 위한 도구이다. 우리는 의미 문제로서 의미 문제 자체에 더 많이 관련되는 두 가지 고려를 덧붙일 것이다. 일반화는 대부분의 의미차원을 연결하며 그 차원들을 모든 특별한 의미 순간에 접근 가능케 유지하는 의미 특수한 기능도 가진다. 의미는 모든 차원에서, 그렇게 말해도 된다면 일반화를 통해 연결되어 있다. 이때 어느 정도 지속한다는 것을 전제하며, 이것을 (초(秒)보다 짧은 조각들이라 하더라도) 전제하며, 사실 관련에서 사소한 변이(손잡이가 부러진 냄비도 냄비이다)로부터 어느 정도의 독립성과 합의 능력을 전제한다.

달리 말하면, 모든 의미차원은 예를 들어 더 정확한 시간 측정에 의존하든, 누가 같은 의미로 체험하는지에 대한 정확한 질문을 통해서든, 임의의 해체 능력을 가진다. 그리고 일반화는 어디선가 의미 사용이 필요할 경우에, 계속 이어지는 해체를 중단시킨다. 모든 의미에 잔존해 유지되는 일반화를 통해 비로소 자기준거가 생성될 수 있다. 그리고 일반화를 통해 비로소 지역적인 "의미 조각들", 즉 그 순간 일차적인 주목 대상이 되고 모든 의미차원들을 현전(appräsentieren)시키지만 근본적으로 주제화하지는 않는 그런 의미 조각들이 부각될 수 있다.

둘째, 의미 일반화는 모든 논리적인 문제들의 실제적인 해결을 허용한다. 모순도 역설도 모두 의미를 가진다. 그 방식을 통해서만 논리 자체가 성립될 수 있다. 우리는 그렇지 않으면 가장 멋진 최초의 모순에서 의미의 구멍에 빠져 사라져 버릴 것이다. 모든 모순을 함께 고려해야만, 의미세계는 자기준거적인 폐쇄성의 성격에 도달할 것이다. 그리고 의미세계는 그러한 폐쇄성을 통해서만 자기준거적-폐쇄적인 사회의 소통체계의 상관물이 되는 것이다. 우리는 모순의 특수 기능을 더 정확하게 분석하는 작업을 제9장에서 수행할 것이다. 현재로서는 의미 일반화가 지평들, 즉 차이의 관점에서 (특별히 첨예화시켜 말하면 모순과 관련하여) 차이의 (또는 모순의) 의미(차이)동일성으로 되돌아오는 것을 항상 기각할 수 없게 해주는 지평들을 펼친다는 점만 확인해두면 될 것이다.[72]

---

72) 나는 이것 하나만으로 여기에 소개된 개념을 "변증법적" 개념으로 규정할 만한 충분한 근거가 될 것으로 생각하지 않는다. 그러나 틀림없이 19세기의 거대한 이론 성과들(헤겔, 마르크스, 다윈), 즉 모두 차이에서 시작하여 (차이)동일성을 모색하는 성과들에 대한 그 개념의 관계에 관한 성실한 토론은 이 지점에서 출발해야 할 것이다.

그것은 무엇보다도 그러한 사태들을 자신의 목적을 위해 재정식화 하려는 논리가 (그러한 작업이 무엇을 의미하든 상관없이) 복수의 충 위들 및 유형 위계를 가지고 작업해야 한다는 것을 의미한다. 계산 이나 소통이 일반화에 연결되면, 예컨대 화폐를 말하게 되면, 동시 에 의미처리의 작동적인 차이 도식, 즉 위 2절에서 상론된 의미에서 의 현재화/가상화 및 구분/지시와 관련될 수는 없다. 일반화는 자신 의 성립 방식에 맞서는 상당한 독립성을 갖는 간이 공식이다. 의식의 표상들이 그러한 표상들을 발생시킨 신경생리학적 과정들에 관련될 수 없듯이 말이다. 독립성은 자신들을 통해 가능해지는 연결들 덕분 에 유지된다. 독립성은 자신을 가능케 하는 지평 확충을 통해 유지될 수 있고, 그 다음에는 그러한 지평 확충을 통해 얻은 형식으로 의미 의 작동적인 진행에 자신을 구조로서 내맡긴다.

우리는 방금 말한 것을 바탕으로 더 나은 정식화 가능성을 획득하 기 위해 기대 개념을 도입하고자 한다.[73] 상징적 일반화는 모든 의미

---

73) "기대" 개념으로의 소급은 심리학에서는 특히 일반화와 관련하여, 사회학 에서는 역할이론과 관련하여 문헌에서 다루어질 수 있었다. 예를 들어 K. MacCorquodale/P. E. Meehl, "Preliminary Suggestions as to a Formalization of Expectancy Theory", *Psychological Review 60*. 1953, 55-63; Georg A. Kelly, *The Psychology of Personal Constructs,* New York 1955, 특히 Bd. 1, 46 이하; Ralph M. Stogdill, *Individual Behavior and Group Achievement,* New York 1959, 59 이 하; Johan Galtung, "Expectations and Interaction Processes", *Inquiry 2.* 1959, 213-234; Frank Rosenblatt, "Perceptual Generalization over Transformation Groups", in: Marshall C. Yovits/Scott Cameron (Hrsg.), *Self-organizing Systems,* Oxford 1960, 63-96; Martha Foschi, "On the Concept of 'Expectations'", *Acta Sociologica 15.* 1972, 124-131을 참조할 것. 그밖에 "일반 명제"의 맥락에 서 그 개념의 의미내용에 관해서는 Talcott Parsons/Edward A. Shils (Hrsg.), *Toward a General Theory of Action*, Cambridge Mas1951, 11-12, 14 이하 또는 이미 Max Weber, "Über einige Kategorien der verstehenden Soziologie", in ders., *Gesammelte Aufsätze zur Wissenschaftslehre*, 3. Aufl. Tübingen 1968, 427-

의 지시 구조를 기대로 농축하는데, 그 기대는 주어진 의미 상황에서 무엇을 전망할 수 있는지를 보여준다. 정반대의 상황도 마찬가지이다. 즉 구체적인 상황에서 요구되고 입증될 수 있는 기대들이 일반화를 인도하고 교정한다. 시험하거나 포기할 경우 심각한 지향의 상실을 겪게 될 바로 그 기대들을 가지고, 일반화를 얼마나 많이 추진할 수 있는지를 결정한다. 백화점에 가서 처음 마주친 예쁜 여점원에게 대뜸 "무엇인가" 사겠다고 말하는 사람은 일반화를 너무 많이 했으며 다시 특수화해야 한다는 점을 바로 깨닫는다.

사회적 체계이론의 영역에서 우리는 주로 행동기대와 관련되게 된다. 그래서 이 체계들의 구조는 일반화된 행동기대로 정의될 수 있다.[74] 이 점을 나는 제8장에서 자세하게 다룰 것이다. 하지만 '유의미한-자기준거적' 체계의 일반이론의 틀 안에서는 이것은 특수 사례 중 하나이다. 그리고 사회적 체계들조차도 인간 이외의 사태들과 관련되는 수많은 기대를 가지고 작동한다. 사회적 체계들은 예를 들어 시계, 자동차, 공학 등이 기능한다는 것을 전제한다.

기대 개념은 의미 대상이나 의미 주제의 기대구조가 농축된 형식으로만 사용될 수 있음을 시사한다. 이렇게 농축할 수 없다면 연결 작동에 대한 선택 부담이 너무 커질 것이다. 따라서 기대들은 더 좋은 지향과 특히 보다 신속한 지향의 기준이 될 수 있는, 좁은 가능성 목록의 선택을 통해 형성된다. 따라서 사물, 사건, 유형 또는 개념들의 동일성을 규정하는 상징적 일반화들은 기대의 망에 걸려 들어 다시 제작된다. 상징적 일반화들은 조직, 달리 표현하면, 기대의 지속적인 재조직에 기여하며, 이때 바탕을 이루는 의미 연관의 지시층들

474, 특히 440 이하를 참조할 것.
74) 이 점은 제8장에서 자세히 다룰 것이다.

로부터 체험과 행위의 진행에 따라 재료들을 취하거나, 또는 아주 드물게만 사용된 것을 약화시킬 것이다.

전형적인 것이나 규범적인 것을 지향하는 기대들의 일반화는 그래서 이중 기능을 가진다. 기대의 일반화는 한편으로는 제시된 가능성의 총체로부터 선택을 실행하고 의미 속에 자리 잡은 복잡성을 폐기 처분하지 않은 채 재생산한다. 그래서 그러한 일반화는 사실적, 시간적, 사회적 관점에서 불연속성을 연결하여, 상황이 바뀐 경우에도 기대를 사용할 수 있게 만든다. 불에 덴 적이 있는 아이는 불을 볼 때마다 두려워한다. 그래서 선택이 증명을 통해 발생한다는 것, 즉 일반화되고 불연속을 연결하는 데에 사용될 수 있는 지시들이 기대로 농축된다는 것을 확실한 결론으로 생각할 수 있다. 일반화는 선택으로서 가능한 것의 제한인 동시에, 다른 가능성들의 가시화의 제한이다. 일반화는 이 두 측면의 (차이)동일성으로서 구조화된 복잡성(조직된 복잡성)의 생성을 유도한다.

사실적/시간적/사회적 불연속들의 극복을 통한 선택의 증명 연관성 명제는 진화상 구축 과정을 위해 복잡성이 얼마나 중복되어 사용되는지를 설명해야 할 것이다. 이론사적으로 보면, 그 명제는 기대가 항상 평가적이거나 "집착하는 방식으로" 대상에 미리 관련되어 있다는 전제를 대체한다.[75] 성공적인 지시들의 선택은 평가되어야만 성

---

75) Parsons/Shils a. a. O., (1951), 11-12, 14 이하; Neal Gross/ Ward Mason/ Alexander W. McEachern, *Explorations in Role Analysis: Studies of the School Superintendency Role*, New York 1958, 58 이하; Stogdill a. a. O., 63; Foschi a. a. O., 특히 126. "Zum Zusammenhang von 'Kathexis' und 'Komplexität' bemerkenswerte Passagen in Parsons' The Theory of Symbolism in Relation to Action", in: Working Papers a. a. O., 31-62 (41-42)를 참조할 것. 파슨스는 복잡한 대상만이 조건들이 교체되는 중에도 충분한 대체 가능성을 제공할 수 있기 때문에, 규범적이며 카텍시스(cathexis, 특정한 대상에 투사된 리비도적인

236

립할 수 있으며, 또는 평가로서 의식이나 소통에 뿌리를 내릴 수 있다. 그러나 그렇게 되는 것은 증명이 이루어졌다는 표현이거나 입증의 추후 조종이다. 이론적으로 그리고 특히 기능적인 관심을 끄는 것은 그 바탕이 되는 사태이다. 즉 의미 과잉들이 선택적으로 사용될 수 있어야 한다는 점, 바로 이러한 "의무"가 기대들을 선택한다는 의미에서 능력, 즉 불연속들을 포괄하고 이런 의미에서 일반화들로서 입증될 수 있는 능력이라는 점이 관심을 끈다.

10. 의미 생산자들로서의 의식과 소통

이로써 우리는 방금 서술을 마친 의미 개념을 사회적 체계이론에 공식적으로 도입하고, 모든 작동의 의미 관련이 심리적 체계와 사회적 체계에 불가결한 필연성이라는 것을 강조했다. 두 체계 유형은 공(共)진화 과정에서 생성된다. 심리적 체계는 사회적 체계가 없다면 가능하지 않고 그 역 또한 마찬가지이다. 그 체계 유형들은 그렇게 말해도 된다면, 의미에 결부되어 분화된다. 의미는 이 발현적인 진화 층위의 고유한 "기초"이다. 그래서 심리적, 즉 의식에 따른 착근이 사회적 착근보다 더 존재론적 우선권을 가진다고 말하는 것은 잘못일 것이다. (혹은 좀 부드럽게 말한다면), 잘못 선택된 인간중심주의일 것이다. 의미에 관해 "담지자"를 찾는 일은 완전히 잘못된 것이다. 의미는 자신의 고유한 재생산을 자기준거적으로 가능케 하면서 자신

에너지: 역자 주)적인 대상 관련은 복잡한 대상들을 요구한다고 전제한다. 여기에 대변된 입장에서는 우리는 파슨스와 달리 역으로 말해야 할 것이다. 우리는 복잡한 대상들을 성공적으로 조직하는 일이 규범화를 통해 지탱되고 감정을 통해 "보상"받는다고 말해야 할 것이다.

을 운반한다. 그리고 이 재생산의 형식들이 비로소 심리적 구조들과 사회적 구조들을 구분한다.

이 사정이 특수하게 사회적 체계들에 대해 의미하는 바는 소통 개념(제4장)과 '사건/구조-연관'(제8장)을 상론하는 틀 안에서 비로소 분명해질 것이다. 하지만 여기서는 이 개별 상론들을 선취하여 적어도 기본 사상만이라도 소개하겠다. 결과적으로 심리적 체계들과 사회적 체계들을 구분하는 것은 작동 형식으로서 의식이 선택되느냐 소통이 선택되느냐 문제이다. 이 선택은 개별 사건에 대해서는 가능하지 않다. 왜냐하면 개별 사건에서는 의식과 소통은 서로 배제되지 않으며 오히려 종종 어느 정도 합치하기 때문이다. 선택은 유의미한 자기준거의 실행에 있다. 즉 현재적 의미가 어떤 후속 의미를 거쳐 자기 자신과 관계를 맺는가에 달려 있다. 의미는 신체적 생명의 느낌에서 확인되고 그 다음에 의식으로서 나타나는 어떤 연속에 이어질 수 있다.[76] 그러나 의미는 다른 사람의 이해를 끌어들이며 그 후 소통으로서 나타나는 연속에 이어질 수도 있다. 의미가 의식으로서, 또는 소통으로서 현재화되는지는 "나중에야 비로소" 나타나는 것이 아니라, 의미가 늘 자기준거적으로 형성되며 이때 늘 다른 것에 대한 지시를 자기 자신에 대한 지시의 경로로서 관련짓기 때문에 의미 자체의 그때마다 현재성에 의해 이미 규정된다.

---

76) 이에 관해서는 시간의식의 구성에 대한 후설의 분석이 유용하다. Edmund Husserl, "Vorlesungen zur Phänomenologie des inneren Zeitbewußtseins", *Jahrbuch für Philosophie und phänomenologische Forschung 9*. 1928, 367-496. 위에서 "신체적 생동감을 포착하는 것"으로 일컬어진 것은 물론 후설의 후기 철학에서 비로소 분명하게 부각된다. 이 질문에서는 무엇보다 (고유한 유기체의) 생물학적 체계들과 심리적 체계의 차이가 결정적이다. 의식의 (차이)동일성과 자율성은 의식이 자신의 신체 과정을 의식에 부합하게 추체험할 수 없다는 사실에 의해 제한된다.

물론 고도로 복잡한, 의미 형성의 진화상 전제가 있기는 하다. 그러나 의미의 특권적인 담지자도 없고 의미의 존재론적 기체(Substrat)도 없다. 의식도 소통도 그러한 역할의 후보가 아니다. 현재성의 가능성 조건이 되는 동시에 자기생산적인 재생산의 가능성 조건이 되는 관계망 형식이 비로소 의식 및 소통을 부각시킨다. 다른 것에 대한 지시만이 의식이 자기실현될 수 있는 지점이다. 그리고 같은 내용이 다른 종류의 관련을 가진 채 소통에 대해서도 타당하다. 따라서 "담지자"는, 우리가 이 표현을 유지하려 한다면, 의미 지시에서 나타나는 차이이다. 그리고 이 차이는 그 자체가 지시들의 모든 현재화가 선택적이어야 한다는 데에 그 근거를 가지고 있다.

이 점을 통찰하기가 어려운데, 그 이유는 이것을 통찰하려 시도하는 모든 의식 자체가 자기준거적으로 닫힌 체계이며 그래서 의식으로부터 빠져나올 수 없다는 데에 있다. 의식의 입장에서 보면, 소통은 의식을 통해서만 추구될 수 있고 후속하는 가능한 의식을 향해 준비될 수 있다. 그러나 이것은 소통 자체에 대해서는 타당하지 않다. 소통은 의식의 폐쇄성을 선험하는 사건으로서만 전적으로 가능하다. 소통은 오직 한 의식의 내용 이상의 종합으로서만 가능하다. 이것은 다시 사람들에게 (또는 내가 어쨌든 나에게) 의식될 수 있고, 그리고 (자신의 의식에서 그것이 성공할 것이라고 확신하지 못한 채) 그것에 관해 소통할 수도 있다

11. 존재의 자기준거로서의 형이상학에서 의미의 자기준거로서의 자기준거적 체계이론으로

의미 개념의 발상에서 심리적 체계와 사회적 체계들, 의식과 소

통의 근거를 파고들며 기초적 자기준거에 역관련을 맺는 이론은 전통에 기초하여 "형이상학"이라고 불릴 만한 것에 대한 귀결을 가진다. 이 귀결들은 두 층위에 있으며 이 두 층위를 서로 관련짓는다. 그것들은 형이상학적 이론 서술의 내용적 전통에도 놓여 있고 그 이론의 형성 과정과, 그 과정과 사회 구조적 발전과의 상관물을 서술하는 "정신사적" 층위에도 놓여 있다.

그 용어를 유지하려 한다면, 형이상학을 존재의 자기준거에 관한 학설로 규정할 수 있을 것이다. 존재는 자기 자신 안에서 자기 자신에 대한 관계를 생산한다. 물리적인 것은 이를테면 "자기 스스로를 보기 위해",[77] 물리적인 것, 즉 물리학자를 이용한다. 이 사실을 관찰하는 층위에서는 메타 물리학을 추구한다. 왜냐하면 물리적인 것은 물리학에 의존하기 때문이다. 대개 동어반복적 정식화 그리고/또는 세부 분석을 회피하기 위해, 존재가 자기준거를 만들어내는 그 존재를 사고라고 일컫는다. 그렇다면 형이상학에서는 존재(Sein)와 사고(Denken), 즉 존재의 사고가 관건이라고 말할 수도 있다.

존재론적 형이상학의 고전적 체계에서는 존재와 사고를 분리하고 접속하기 위해 논리의 이항적 도식주의가 투입된다. 한편으로 사고는 언어적 정식화의 층위에서 자기 자신에게 거리, 일탈, 모순을 가능하게 한다. 다른 한편 논리학은 모순 금지를 가지고 사고에서 존재로부터 일탈하는 것을 근절하는 데에 기여한다. 사고는 스스로 의식으로서 의식되고, 사고가 존재에서 벗어나는 한, 자기 자신을 부정적으로, 즉 실수로서, 기만으로서 규정한다.[78] 이러한 상태들을 원하는

---

77) George Spencer Brown, *Laws of Form*, London 1969, 재판 1971, 105. 그밖에도 이것을 의제로 삼은 학술회의 자료집, Gerhard Roth/Helmut Schwegler (Hrsg.), *Self-organizing Systems: An Interdisciplinary Approach,* Frankfurt 1981을 참조할 것.

것은 죄악이다. 이 개념의 폐쇄성과 대안 부재의 근거가 되는 이러한 구조적인 협소화는 논리학이 이항적 도식주의로서 사고에 의존하는 동시에, 사고와 존재의 관계를 질서 짓는 데에 사용된다는 데에 그 근거가 있다. 그렇다면 존재의 긍정적인 평가는 존재에서 벗어나는 사고를 부정적으로 평가하고 존재에 적응시킨다는 의미에서 사고를 재조정할 것을 요구한다.[79] 따라서 구조의 협소화는 일차적으로 적응적인 사고 개념에 도움이 된다. 따라서 구조 협소화는 지식사회학적으로 보면, 스스로 통제하지도 스스로 생성할 수도 없는 "자연"에 마주한 사회에 대해서는 납득할 만하다. 구조 협소화는 이미 지각되긴 하나 아직 상대적으로 경미한 정도의 사회체계의 분화를 일컫는 표현이다.

근세사회로의 이행기에, 즉 사회체계의 계층적 분화에서 기능적 분화로의 이행기에 이런 형이상학 개념의 신빙성의 토대가 변화한다. 물론 이러한 변화의 근거가 되는 바로 그 관점에서 그렇게 된다. 사회는 갈수록 자신이 직접 만들어낸 실재와 지속적으로 대립하는 중에 있다. 사회화와 교육을 통해 현재의 자신이 된 인물들과 대립한다. 그리고 기술적(技術的) 과정과의 연관에서 이끌린 '물리적-화학적-유기체적인' 자연과 대립한다. 그러니까 사람들은 관련을 맺는 문제들을 만들어내는 데에 늘 참여하고 있으며, 원하지 않는 것을 규정된 방식으로 늘 사전에 원한다. 형이상학은 그 자신이 가능한 것으

---

78) 이 점에 대해서 그리고 특별히, 성찰되지 않은 이치성(二値性, Zweiwertigkeit)에 관해서는 Gotthard Günther, Metaphysik, Logik und die Theorie der Reflexion, a. a. O을 참조할 것.

79) 이 개념 구상이 그렇게 간단하게 실행될 수 없다는 점은 물론 시인해야 할 것이다. 어쩌면 가장 중요한 수정은 우리가 존재에 대해 부정적인 것의 가능성을 인정한다는 데에 있다. 그러나 부정적인 것의 가능성은 그 자체로 예정된 완전함의 실패(steresis, privatio)라는 형식에서만 인정될 뿐이다.

로서 유지되려 한다면, 존재의 자기준거라는 개념을 이 상황에 맞추어야 한다.

의식의 주관성을 전제했던 근세의 주체-형이상학의 기초에서는 이에 대해 궁극적으로 설득력 있는 구상을 발전시키지 못한다. 아마 무엇보다도 존재와 사고의 대립이 존재와 주관적인 의식의 대립으로 발전될 수 없었기 때문일 것이다. 그런 시도가 없었던 것은 아니다. 특히 존재의 근거가 되는 의식, 즉 기체(“subiectum”) 자체를 무(無)존재로 생각하려는 시도가 있었다. 그러나 존재로부터 이런 방식으로 쫓겨난, 자기 자신을 모색하는 주체는 인식론에 특화되었거나 혁명적인 것이었다. 둘 다 전체적으로는 불충분한 해법이었다. 세상 외부의 주체가 세상에 자리 잡을 곳도 없고 고정될 수도 없다는 것은 결국 이론의 오류 개념을 상징화할 뿐이다. 그것은 의식하는 자아가 자기 자신 안에서 발견할 수 있는 그 이상의 아무 것도 아니다.

우리는 현대사회에 대해 형이상학이 가능한지의 여부에 관해 결정하지 않는다. 위에서 개괄된 의미이론은 형이상학을 표방하지 않는다. 의미이론은 의미와 존재를 동일시(하는 것 그리고 대비)하는 것을 조심스레 회피한다. 그 이론은 존재의 자기준거에 대한 최초의 철학도 최후의 철학도 정식화하지 않는다. 그 이론은 “철학”이라는 전문 분과에 귀속되는 것도 회피한다. 그런데도 연관이 부정되어서는 안 된다. 유의미한-자기준거적 체계이론은 전통적 양식의 모든 형이상학의 질서 영역 외부에 있으며, 마찬가지로 근세의 주체-형이상학의 질서 영역의 외부에 있다. 그러나 그 이론은 자신의 영역을 위해, 자기관련된 폐쇄성 개념, 즉 그 개념의 정식화마저도 정식화된 개념 안에 다시 수용하는 개념을 정식화한다.[80] 형이상학을 위한 그 개념의

---

80) 여기서 나타나는 논리적 문제에 대해 특별히 주목해야 한다. 그 문제들은 이

적실성은 바로 이러한 문제제기의 동형에 있다. 만일 이러한 문제제기가 기능하는 학문에 의해 수행된다면 형이상학적 이론은 이제 그런 개념화에 관련하지 않고는 더 이상 발전할 수 없을 것이다. 하지만 우선 유의미한-자기준거적 체계들의 영역에서 이론 발전을 추진하고, 제기되는 문제들에 대한 적정성을 상실한 형이상학적 입장에 근거하는 검열성 개입을 피하는 것이 일단 더 중요하다.

이 모든 것은 과학적 분석의 가능성과 상황에 대해 귀결을 가진다. 과거의 관점은 학문이 대상에 부합하는 합리성에 의존한다는 것이었다. 이 관점은 초월철학을 통해 존재론으로 알려진 이론적인 견해에서 포기된다. 존재론적 이해는 자기준거가 "주체" 안에 포함된 것과 상관되면서, 실재 "그 자체"의 인식 불가능성 테제에 의해 대체되었다. 이 테제는 여기서 실행된 자기준거적 체계의 재(再)대상화를 통해, 오류라고 설명되지는 않고 다만 일반화되기만 할 뿐이다. 모든 자기준거적 체계는 자신이 스스로에게 만들어주는 환경 접촉만 가질 뿐이다. 그 체계가 환경 "그 자체"를 가지는 것은 아니다. 그러나 환경을 바로 이렇게 스스로-가능하게-함은 구조가 없는, 임의의, 혼란스런 환경에서는 불가능하다. 왜냐하면 체계는 그런 환경에서는 "내적으로" 설득력 있게 입증될 수 없으며, 진화상으로 보아도 존속을 확보할 수 없기 때문이다.[81] 그러한 상황은 일치하는 이성 또는

이론들이 그것들의 대상 영역 안에 이렇게 "재진입"하는 것에만 해당되지 않는다. (Spencer Brown a. a. O., 69 이하, Francisco J. Varela, "A Calculus for Self-reference", *International Journal of General Systems 2*. 1975, 5-24.) 그 문제들은 매우 일반적으로 (고전적인 관점에서 말했을 때) 사고와 존재의 관계를 구조화하기 위해 (필연적으로 이항적인?) 논리적 도식주의를 사용하는 것에 해당된다. 말하자면 동일성 원칙, 모순금지 원칙, 배중률 원칙의 해석 말이다. 이 연관성에 대해서는 특히 Gotthart Günther a. a. O가 관심을 가졌다.

81) 이것은 위(제1장, 44쪽)에서 이미 소개한, 내인적(endogen)으로만 조건화된

자연의 법칙성 공준(公準)을 근거로 삼는 것으로 이어질 수 없다. 그러나 특별한 차원의 인식과 보편적인 체계 행동은 구조화되었으며, 그래서 충분한 정도로 명확하게 포착할 수 있는 복잡성을 전제한다.

이러한 점들에 유의하여 유의미한-자기준거적 체계들이 어떻게 다른 유의미한-자기준거적 체계들을 관찰하고 분석할 수 있는가라는 보다 협소한 질문을 던지면, 의미 분석 자체가 그 해결책을 마련해줄 것이다. 의미 사용은 모든 경우에 일반화를 추구하는 경향이 있다. 의미 사용은 귀속된 위험 흡수 능력을 갖는 입증된 기대들을 일반화하고 우대하는 경향을 갖는다. 의미의 이러한 자기추상화 또는 자기단순화는 의미체계들이 자신들의 환경에서 의미체계들에 마주칠 때 전제할 수 있는 자료를 구조화한다. 주의하라. 환경은 의미체계들을 통해서만 내부적으로 조건지어진 채 의미의 형식으로만 경험되고 작업된다. 그 사정은 의미의 형식 하에 작동하지 않는, 환경의 물리적, 화학적, 유기체적 체계들에 대해서도 타당하다. 환경 내 의미체계들은 특수 사례이다. 그리고 이 특수 사례에서는 보편적으로 구조화된 복잡성뿐만 아니라, 의미 특수한 일반화들이, 환경이 자기준거적-폐쇄적으로 작동하는 의미체계들에 대해 관찰될 수 있고 이해 가능하고 분석 가능한 전제를 생산한다는 점이 타당하다. 이 사정은, 재차 정밀하게 정식화하자면, 분화될 경우에 그 자체가 (그밖에도) 자신의 환경에서 의미체계들을 다루는, 고유한 자기준거적으로-폐쇄적인 의미체계를 다루는 과학적 분석에서도 타당하다. 그 사정은 과학에서 요구되는 "가치 자유"(Wertfreiheit)의 공준(公準) 자체와도 충돌하지 않는다. 왜냐하면 이 공준은 단지 모든 작동들이 (논란이 되는 구체적인 해석에서 어떤 진술이 나오든 상관없이) 학문체

구성은 없다는 테제와 같은 뜻이다. 환경은 적어도 "소음"을 조달해야 한다.

계의 자기준거에 구속되어 있다는 점만을 상징화하기 때문이다. 따라서 가치 자유 공준은 일반화된 구조들과, 구조들을 지탱하는 대상에 관련하는 규범적 기제들을 부인하지 않는다.[82]

---

82) 학문체계에서 자기준거적 관련을 처리하기 위한 프로그램인 가치자유 공준은 방법론적 의의를 가진다. (우리는 방법론을 그러한 프로그램으로 정의할 것이다!) 그러나 이 공준을 방법론에 끌고 올 때의 신빙성은 대상 관련에 좌우되며, 특별히 학문체계의 이론의 복잡성에 좌우된다. 이 점에서 사회적인 것의 규범적 구성이라는 단순한 테제를 포기하고 규범과 가치의 기능에 관한 더 세밀한 진술을 모색하는 이론을 발전시킨다면, 이것은 가치 자유를 향한 진일보가 될 것이다.

제3장 이중 우연성

1. 이중 우연성: 사회적 차원의 분화 촉진자

이 장의 주제를 표현하는 개념은 우리를 사회적 체계이론으로 인도할 것이다. 그 개념은 『일반 행위이론을 지향하며』(Toward a General Theory of Action)[1]라는 총서의 "일반 진술"이라는 유명한

---

1) Talcott Parsons und Edward Shils(Hrsg.), Cambridge Mass. 1951, 3-29 (16).
해당하는 표현은 다음과 같다. "상호작용에 내재하는 이중 우연성이 있다. 한편
으로 자아의 보상은 가용할 수 있는 대안들 중에서 자신의 선택을 찾는다는 점
에서 우연적이다. 그러나 역으로, 타자의 반응이 자아의 선택에서 우연적이며
타자의 입장에서 보면 상보적인 선택으로부터 유래할 것이다. 이러한 이중 우
연성 때문에, 문화적 유형에 의해 사전 점유되는 소통은 (자아와 타자에게서 결
코 똑같을 수 없는) 특별한 상황의 특수성으로부터의 일반화 그리고 양 편에 의
해 관찰되는 '관습들'(conventions)에 의해서만 규정될 수 있는 의미의 안정성
둘 중 하나라도 없으면 성립할 수 없다." 사회적 차원의 문제에서 출발하는 이
정식화에서, 일반화란 사실 차원에서의 문제 해결의 일반화이며, 안정성이란
시간 차원에서의 문제 해결의 안정성이다. 이후에 나타난 정식화에서는 사회
적 재귀성(Reflexivität)이라는 주제를 수용하기도 한다. 상호작용을 분석하는
결정적인 준거점은 두 가지이다. (1) 모든 행위자는 자신과 타자 둘 다에 대해
서, 행위하는 행위자와 지향 대상 둘 다이다. (2) 그는 행위하는 행위자로서는

장에서 발견된다. 이 일반 진술들을 통해 사회과학을 위한 일반 이론의 발전을 강령적으로 이끌려 했다. 그런데도 이 개념과 개념의 기초가 되는 문제 구도는 마땅히 받아야 할 주목을 아직도 받지 못하고 있다.[2] 그러한 사정은 특히 파슨스 자신의 후속 작업들에서도 마찬가지이다.[3] 그래서 우리는 그 개념 이해를 정확히 연구하여, 그 이해가 지금까지 상론된 이론적 구도들과 어떤 관계에 있는지 인식할 수 있어야 한다. 그리고 우리는 모든 것, 즉 체계, 복잡성, 자기준거, 의미가 다시 나타난다는 사실을 보게 된다.

파슨스는, 자아가 어떻게 행위할 것이며 자신의 행동을 타자에 어떻게 연결하려 할 것인가에 따라 타자가 자신의 행위를 결정한다면 어떤 행위도 성립할 수 없을 것이라고 전제한다. 자기준거적인 규정

자신과 타자를 지향하며, 대상으로서는 자신과 타자에 대해 의미를 가지는데, 모두 일차적인 양식이나 측면에서 그러하다.... 이 대전제로부터 상호작용의 이중 우연성이라는 기본 명제가 도출된다. 동물이나 인간에 대해서뿐만 아니라 격리되어 행동하는 단위로서, 목표 산출은 행위자에 의한 환경적 대상의 성공적인 인지와 조작에서도 우연적이다. 그러나 가장 중요한 대상들 또한 상호작용에 연루된 이후에는, 사건의 과정에서의 개입을 위한 대상들의 상호작용에서도 우연적이다."(Talcott Parsons, *Interaction: Social Interaction, International Encyclopedia of the Social Sciences Bd. 7*, New York 1968, 429-441(436). 후속 작업에 관해서는 특히 James Olds, *The Growth and Structure of Motives: Psychological Studies in the Theory of Action*, Glencoe Ill. 1956을 참조할 것.

2) 어쨌든 Solomon E. Asch, "A Perspective on Social Psychology", in: Sigmund Koch (Hrsg.), *Psychology Bd. 3*, New York 1959, 363-383을 참조할 것. 그밖에도 Alfred Kuhn, *The Logic of Social Systems*, San Francisco 1974, 140 (상호적 우연성은 그러나 쿤에 따르면 일방적인 우연성인데도 "사회적"이라는 명칭을 부여받는 사회적 상호작용의 특수 사례로서만 사용될 뿐이다]).

3) 이에 관해서는 Niklas Luhmann, "Generalized Media and the Problem of Contingency", in: Jan J. Loubser et al. (Hrsg.), *Explorations in General Theory in Social Science: Essays in Honor of Talcott Parsons*, New York 1976, Bd. 2, 507-532를 참조할 것.

의 순수하며, 정교화되지 않은 순환은 행위를 미규정 상태로 두어 행위를 규정짓지 못하게 할 것이다. 즉 단순한 행동 조정도, 상이한 행위자들의 관심과 의도들의 조율도 관건이 아니다. 중요한 것은 오히려 사회적 행위의 성립 가능성이라는 기본 조건 자체이다. 이 이중 우연성 문제가 해결되지 않는다면 규정 가능성이 없기 때문에 어떤 행위도 성립할 수 없다. 그래서 파슨스는 이중 우연성 문제의 해결을 행위 개념 안으로 끌어들인다. 이를테면 합의를 전제하는 규범적 지향을 행위의 필수불가결한 특징으로서 유지하는 방식으로 끌어들인다. 그것이 4-기능-도식의 연결점이 된다.

이러한 연결을 통해 실현된 이론의 소득을 경솔하게 다루어서는 안 된다. 그래서 파슨스가 단순한 순응 이론이나 조정 이론을 분명히 넘어선다는 점을 확인해두는 것이 중요하다. 우리는 이중 우연성 문제가 행위의 가능성 조건에 속하며 그래서 행위체계의 요소들, 즉 행위들이 이러한 체계들 안에서만 그리고 이중 우연성 문제의 해결을 통해서만 구성될 수 있음을 확인할 수 있다.[4] 하지만 이보다 더욱 중요한 것은, 이중 우연성 問題로부터 이 문제의 해결에 관한 생각으로 조심스레 넘어가는 일이며, 이 지점에서 우리는 파슨스와는 다른 길을 택할 것이다.

앞서 암시했듯이, 파슨스는 전제된 (그러나 현실적인 근거를 충분히 갖추지는 못한) 가치 합의, 일치하는 규범적인 지향, "약호"(Code)처럼 규범적 성격을 지니는 "공유된 상징체계"에서 해법을 발견한다. 이 제안은 이론사적으로 보면 과도기에 정식화된다. 그 제안은 20세기 초반의 사회학과 더불어, 모든 사회가 문화를 전승하며 그래서 모

---

4) 여기서는 동시에, 자기생산적 체계들의 개념들에 힘입어 후속 분석을 실행할 수 있게 해주는 지점이 표시되어 있다. 우리는 이것을 아래에서 다시 다룰 것이다. 219-220을 참조할 것.

든 사회적 상황이 항상 그 이전에 문화를 발견한다고 전제한다. 사회(social)질서를 늘 새롭게 가능케 하는 장기적인 구조들은 이 문화적 유산 속에, 즉 과거 속에 있다. 그래서 사회질서 문제는 그리 대단한 정치적 지배 문제는 아니며, 사회화 문제가 된다. 파슨스가 사용하는 방식에 따르면, 상호침투 개념이 이러한 측면들을 공식화한다. 하지만 그리하여 문제 제기를 과거로 넘겼을 뿐이다. 그렇다면 사회문화적 진화는 늘 일탈적인 사회화로서 간주될 것이다. 사회적 체계의 구성은 원칙적으로는, 문화적 약호의 생성과 기능도 함께 설명해야 할 텐데도 항상 기존의 문화적 약호에 묶여 있게 되었다.

이중 우연성 공식은 다른 한편 자신의 내재적 순환성을 통해 이 전통적인 이론 발상을 넘어서며, 새로운 발상을 약속하기도 한다. 어느 것도 이중 우연성 문제의 해결을 전적으로 기존의 합의에서만, 즉 사회적 차원에서만 모색하도록 강요하지는 않는다. 예컨대 시간 차원의 해결책 같은 기능적 등가물들이 있는 것이다. 타자(Alter)는 아직 불분명한 상황에서 자신의 행동을 시험 삼아 먼저 규정한다. 타자는 친절한 시선, 몸짓, 선물을 가지고 시작한다―그리고는 제안된 상황정의를 자아가 수용할 것인지의 여부와 수용의 방식을 기다린다. 그렇다고 하면 그 다음에 이어지는 모든 단계는 이 시작에 비추어 볼 때, 우연성을 환원시키는 규정 효과를 가지는 행위이다―그것이 긍정적인 효과이든 부정적인 효과이든 말이다. 이것은 아래에서 다시 다루겠다.

파슨스 이론은 이러한 문제해결 프레임의 확장을 통해 우발에 대해 보다 개방된다. 우리는 일반 체계이론에서 말하는 "소음으로부터의 질서의 원칙"을 참조할 수 있다.[5] 그러한 참조가 이미 규정된 가

---

5) Heinz von Foerster, "On Self-Organizing Systems and Their Environments",

치 합의일 필요는 없다. 이중 우연성 문제(즉 비어 있는, 닫힌, 규정될 수 없는 자기준거)는 바로 우발들을 흡수하며, 우연성은 우발에 민감하게 만들며, 가치 합의가 없다면 고안해 내기라도 할 태세이다. 체계는 신이 존재하지 않더라도 발생한다.

이러한 방향 전환은 파슨스 이론의 출발 정식화에 대한 또 다른 수정이 필요로 한다. 파슨스는 (정확히 규정되지 않은 의미에서) 행위 주체들을 상정했다. 그 행위 주체들은 (자연적으로 주어진 욕구뿐만 아니라) 스스로 규정된 욕구들을 가지고 등장하며 자신들의 욕구를 충족하면서 서로에게 의존한다. 하지만 이러한 문제 이해에는 불완전한 점이 있다. 자아와 타자로 표현된 행위 주체들(대행자(agents), 행위자(actors))이 도대체 무엇인지를 질문해야 한다. 그 행위 주체들에서 (나중에 "행동체계"로 불린) "유기체" 및 "인성"으로 간주된 것이 행위체계에서 비로소 분화되는 경우라면, 즉 그 체계에 미리 주어져 있는 경우가 아니라면 말이다. 그리고 모든 규정된 질서가 이중 우연성이라는 문제 상황에 기초하여 비로소 생성된다면 그 우연성을 어떻게 파악할 수 있을지를 질문해야 할 것이다.

이러한 질문에 대답할 가능성을 확보하기 위해, 우리는 이중 우연성이라는 문제 제기를 일단, 의미의 구성과 지속적인 처리를 다루는 보다 일반적인 이론 층위로 옮긴다. 그렇게 하면, 앞 장에서 암시했듯이, 의미 규정을 위한 열린 잠재성과 관련하여 자아와 타자를 언급해야 할 것이다. 이러한 잠재성은 자기 자신에게서 또는 타자에게서 체험하는 이들에게 제각기 지평의 형식으로 주어져 있다. 이중 우연성 문제는 의미를 체험하는 심리적 체계가 주어지는 그 순간 늘 가

---

in: Marshall C. Yovits Scott Cameron (Hrsg.), *Self-Organizing Systems*, Oxford 1960, 31-48에 따르면 그렇다.

상적으로 현존한다. 그 문제는 다른 사람이나 자유로운 선택이 귀속되는 다른 사회적 체계를 만날 때까지, 초점이 맞추어지지 않은 상태로 모든 체험을 동반한다. 그 때에는 그것은 행동조정 문제로서 시급한 현안이 된다. 그 경우에는 구체적이며 현실적인 심리적 체계나 사회적 체계들 또는 그러한 체계들이 남긴 흔적들(예: 문서)이 현재화의 계기를 제공한다. 하지만 이중 우연성은 만남이라는 단순한 사실을 통해 시급한 현안이 되는 것은 아니다. 이중 우연성이라는 동기화 문제와 (그래서 사회적 체계 구성의 문제가) 이러한 체계들이 규정된 방식으로 체험되고 다루어질 때만 나타난다. 즉 그 기초에서 타자가 접근할 수 없는 무한정 개방된 의미 규정 가능성으로서 다루어질 때만 나타난다. 그래서 자아(Ego)와 타자(Alter) 및 타자적 자아(alter Ego)는 특수 용어가 되는 것이다. 따라서 자아와 타자 개념은, 심리적 체계 또는 사회적 체계가 관건인지를 미리 결정하지 말고 유보해야 한다. 그 개념들은 이 체계들이 의미의 규정된 처리를 승인하는지의 여부에 대해 유보해야 한다.

우리는 이런 점들을 고려하여 우연성(Kontingenz) 개념을 확장해야 한다. 그 개념을 원래 상태의 양상이론적(modal theory) 이해로 소급시켜야 한다. 우연성 개념은 필연성의 배제와 불가능성의 배제로서 확보될 수 있다. 우연적인 것은 필연적이지도 불가능하지도 않은 어떤 것이다. 즉 현재 상태로 있을 수 있으며 (있었고 있게 될) 것은, 다르게도 가능한 어떤 것이다.[6] 따라서 그 개념은 다른 방식으로 존

---

6) 이 개념 이해는 역사적으로 보면 아리스토텔레스로 소급된다. 수많은 '논리적 역사적' 연구들 가운데서 예를 들어, Storrs McCall, *Aristotles' Modal Syllogisms*, Amsterdam 1963, 특히 66 이하; A. P. Brogan, "Aristotles' Logic of Statements about Contingency", *Mind 76* (1967), 49–61; Albrecht Becker-Freyseng, *Die Vorgeschichte des philosophischen Terminus "contingens": Eine Untersuchung über

재할 가능성의 관점에서 주어진 것(경험된 것, 기대된 것, 생각된 것,
환상적인 것)을 가리킨다. 그 개념은 가능한 변환들의 지평에 있는
대상들을 가리킨다. 그 개념은 주어진 세계를 전제한다. 그렇다면 절
대적으로 가능한 것을 가리키는 것이 아니다. 그 개념은 실재의 관점
에서 볼 경우 다르게도 가능한 어떤 것을 가리킨다. 이런 의미에서
최근 들어 실제(real) 생활세계의 "가능 세계들"(possible worlds)을
언급하기도 한다.[7] 이 세계의 실재는 우연성 개념에서 최초의 그리
고 대체불가능한 가능상태(Möglichsein)의 조건으로서 전제된다.

이중 우연성은 파슨스의 이해와 비교했을 때 이렇게 수정된 견
해에서 두 가지 효과를 가진다. 이중 우연성은 사회적으로 상이한
의미 관점들(사회적 차원들)을 위해 특별한 세계 차원의 분화를 가
능케 한다. 그리고 그것은 특별한 행위체계, 즉 사회적 체계의 분화
를 가능케 한다. 그러한 견해에 따르면, 사회적인 것은 동일의미
(Gleichsinnigkeit) 문제나 견해 관점들의 불일치로서 모든 의미에 접
근할 수 있다. 사회적인 것은 동시에 자신의 환경으로부터 구분 가능

---

die Bedeutung von "contingere" bei Boethius und ihr Verhältnis zu den Aristotelischen
Möglichkeitsbegriffen, Heidelberg 1938; Hans Barth, Philosophie der Erscheinung Bd.
I, Basel 1947, 326 이하; Guy Jalbert, Nécessité et Contingence chez saint Thomas
d'Aquin et chez ses prédécesseurs, Ottawa 1961; Celestino Solaguren, "Contingencia
y creacióen la filosofía de Duns Escoto", Verdad y Vida 24 (1966), 55-100;
Heinrich Schepers, Möglichkeit und Kontingenz: Zur Geschichte der philosophischen
Terminologie vor Leibniz, Turin 1963; Heinrich Schepers., "Zum Problem der
Kontingenz bei Leibniz: Die beste der möglichen Welten", in: Collegium
Philosophicum; Studien J. Ritter zum 60. Geburtstag, Basel-Stuttgart 1965, 326-
350을 참조할 것.

7) 예컨대 Nicholas Rescher, Topics in Philosophical Logic, Dordrecht 1968, 특히 229
이하; Jon Elster, Logic and Society: Contradictions and Possible Worlds, Chichester
1978을 볼 것.

한 체계 내에서 행위들에 대해 선택적인 협정을 맺게 하는 계기가 된다. 파슨스 류의 이론 발상을 수정하면서 현상학과 체계이론, 의미 분석과 '체계/환경-분석'을 한데 합칠 수 있다. 이제 그 작업에는 파슨스 류의 서술에서 보이는 추상성 수준을 능가하는 추가 작업이 필요할 것이다.

2. 이중 우연성의 논리: '체계/환경-관계'의 상호주의적 구성 조건

이중 우연성 문제의 정식화는 자아와 타자의 양 편에서 인간, 주체, 개인, 인물을 완전히 구체화된 존재들(Existenzen)로 생각하게끔 유혹할 수 있다. 그렇게 생각하는 것은 완전히 틀린 것도 아니고 완전히 옳은 것도 아니다. 이중 우연성 정리는 바로 그렇게 꽉 짜인 전제를 해체하는 데에 기여할 것이다. 그러한 해체는 물론 대체 제안이 만들어질 때만 가능할 것이다. 우리는 이 문제의 핵심을 "상호침투"에 관한 장에서 다룰 것이며, 여기서는 이러한 해체 과정을 통해 확보하려는 이론적 장점과 관련되는 몇 가지 해명성 언급만 필요하다.

무엇보다도 우리는 이중 우연성 문제를 (꼭 그런 용어들은 아니더라도) "상호작용", "반영"(Spiegelung), "관점들의 호혜성"(Reziprozität der Perspektiven) 또는 심지어 "성과의 호혜성"(Reziprozität der Leistungen) 같은 개념들로 해결하려던 전통적 발상에서 벗어나야 한다. 이런 발상에서는 상이한 것을 대칭 형태로 묶어두는 방식을 통해 (차이)동일성을 모색했다. 그러한 접근에서는, 사회적인 것은 개인들 간 관계로 간주되었으며, 이때 관계가 사라지지 않는다면 개인들도 사라질 수 없다고 생각해야 했다. 하지만 이런 발상은, 관점들의 고유한 선택성과 대립의 파악 불가능성이 갈수록 강조되면서 서서히 그리고 거의 인지하지 못한 채 부적절한 것이 되어있다. 결국에 이런 종류의 모든 대칭 모델은 복잡성 문제와, 그때마다 체계 내적-자기준거적으로 조종되는 필연적-선택적인 복잡성 환원 문제에 부딪혀 좌초한다.

반영이라고 말할 경우, 어느 정도는 상대방을 서로 비추거나 확대하거나 축소하거나 그밖에 다른 식으로 왜곡하는 거울이 "주관적인" 구성요소들을 끌어들인다는 점을 고려해야 한다. 하지만 거울 은유는 자기관련적인 선택이 증대한다는 점에서 부적절하게 된다. 그리고 이 은유는 무엇보다도 왜곡하는 거울이 다른 거울에 의해서도 왜곡된다는 점을 함께 파악하지 않는다는 것을 고려하면 더더욱 부적절하다. 즉 거울 은유를 자기준거적으로 작동하는 체계들 간 관계 층위에 대입한다면, 그 은유는 해체된다. 거울들이 깨진다. 하지만 거울 은유가 없다면 관점들의 호혜성도 생각할 수 없을 것이며, 이로써 상대방을 예상하는 ("의도적") 상호작용에 대한 발상도 더 이상 고려될 수 없다. 간단히 말해, 다수의 자기준거적 체계들을 밀접하게 관련짓는 관계의 (차이)동일성을 도대체 어떻게 상상할 수 있을지 의심스러워진다. 관계는 그 자체가 복잡성 환원이 된다. 그러나 이 말은 관계를 발현적 체계로 파악해야 한다는 것을 뜻한다.

완전히 다른 근거에서 비롯하지만, "상징적 상호작용론"도 그리 만족스런 해법은 아니다. 이 이론 방향은 타자적 자아(alter Ego)를 우연적으로 행위하는 존재로서 자아 안에 구축해놓고, 정당하게도 상징 사용에서 전달 과정을 발견한다. 그러나 그 이론은 문제를 상호작용의 한쪽에서만 다루며, 다른 쪽에서 보더라도 문제가 같을 것이라고 전제한다. 즉 그 이론은 반쪽짜리 이중 우연성만 다루고 있으며, 그로 인해 행위이론을 벗어나지 못하고 있다. 하지만 사회적 체계들은 두 상대방이 이중 우연성을 경험하고, 실행되는 모든 활동에 대해 그러한 상황의 미규정성이 두 상대방 모두에게 구조형성적인 의미를 부여해야만(그리고 오직 그것을 통해서만) 생성될 수 있다. 이러한 사정은 행위라는 기본 개념을 가지고는 파악할 수 없다.

이중 우연성이라는 문제 개념 위에 구축된 사회적 체계이론 맥락에서는 사회적 체계들과 심리적 체계들의 차이를 더욱 뚜렷하게 고려할 수 있다. 이중 우연성이 있는 상황에는 소통을 일단 진행시킬 수 있기 위해 최소한의 상호 관찰과, 서로가 인지된다는 사실에 기초한 최소한의 기대들이 분명히 필요하다. 또한 그러한 상황의 복잡성으로 인해, 소통 참여자들이 제각기 목격하는 체계 실행의 모든 변이 형들을 이해할 수는 있겠지만 서로 번갈아가며 완전히 이해하는 경우는 있을 수 없다. 일반 사회학 용어로 말하자면, 이것은 사회적 체계의 재생산에 필수적인 쌍방 인지의 정도가, 체계마다 상이한 규모로 현재화되고 사회적 체계의 유형에 따라 달라지며 그 점에서 사회문화적 진화의 과정에서 생성되는 유형 다양성에도 의존하는 변수가 된다는 뜻이다. 즉 우리는 사회적 체계의 상이한 형식과 정도(程度)로 표현되는 "인물화"(Personalisierung)를 고려해야 한다. (또는 자아와 타자가 심리적 체계가 아니라 사회적 체계라면, 그 점에 관련된 유사한 변수를 끌어들여야 한다.) 그 말은 특정한 속성의 담지자로서 사회적 체계의 형성을 가능케 하는 개인들과 행위자들에 대한 어떤 실체화된 견해도 포기해야 한다는 뜻이다. 그 대신 소통이 이루어질 수 있으려면 참여자들이 얼마나 서로를 이해할 수 있어야 하는지를 사회적 체계 층위에서 질문해야 한다.

다른 심리적 체계들이나 사회적 체계들에 의해 관찰되는 심리적 체계들을 인물(Person)이라고 명명하고자 한다. 따라서 인적 체계(personales System) 개념은 자기관찰(이른바 자기인물화)이 포함되어야 할 조건에서 관찰 관점이 관련되는 개념이다. 모든 심리적 체계이론이 관찰자 관점을 현재화시킨다고 전제할 수 있기 때문에, 심리적 체계와 인적 체계를 거의 동의어로 사용할 수 있을 것이다. 그런데도 인물 개념은 관찰자의 중요성을 한층 분명히 표현하기 때문에, 개념상의 구분은 여전히 중요하게 생각되어야 한다. 우리는 소통상 사회적 체계의 재생산이 참여자들을 인물에 귀속시킴에 의존한다는 점을 표현하는 것이 관건일 때, 사회적 체계의 "심리화"를 언급하는 것이 아니라 "인물화"를 언급하고 있는 것이다.

그밖에도 일상 세계에서 이해되는 방식으로 도입된 표현으로는 거의 해결되기 어려운 또 다른 용어상 문제가 있다. 여기서도 유용한 분석에 이르기 위해서는, 사회학자들이 통상 서로에게서 기대하는 것보다 더 많은 명료함과 개념적 세밀화를 강화해야 할 것이다. 이중 우연성 공리에서 전제된 기초에는, 서로에 대해 불투명하며 계산될 수 없는 고도로 복잡한 의미사용 체계들이 작용하고 있다. 그것이 심리적 체계들이나 사회적 체계들일 것이다. 우리는 당장은 그 두 체계들 간 차이를 도외시해야 하며, 그래서 "암흑상자"[8]라고 말할 것이다. 그렇게 전제하면 이중 우연성의 기본 상황은 단순하다. 두 개의 암흑상자가 어떤 우발에 근거하는가 하는 것과는 무관하게 서로 관련된다는 것이다. 개별 암흑상자는 자신들의 경계 내에서 복잡한 자기준거적 작동을 통해 자신의 고유한 행동을 규정한다. 따라서 개별

---

8) 따라서 유의미한 체험과 행위의 대전제를 떼어 둔다면 후속 논증이 일반 체계 이론의 층위로도 운반될 수 있다는 점이 동시에 암시되었다. 이 견해에 관해 그리고 그것을 따르는 사람으로 Ranulph Glanville, *Inside Every White Box There Are Two Black Boxes Trying to Get Out*, M1979; Ranulph, Glanville, "The Form of Cybernetics: Whitening the Black Box", in: *General Systems Research: A Science, a Methodology, a Technology*, Louisville, Kentucky 1979, 35-42를 참조할 것.

암흑상자에 의해 필연적으로 환원이 가시화될 수 있다. 각 암흑상자는 다른 암흑상자에서도 사정이 같을 것이라고 전제한다. 따라서 암흑상자들은 얼마나 애쓰고 시간을 소비하더라도(그들 스스로는 늘 더 빨랐다!) 서로에게 간파되지 않은 상태로 있다. 암흑상자들은 엄밀하게 기계적으로 작동하더라도, 그로 인해 서로와의 관계에서 규정 상태와 규정 가능성이 동시에 있다고 전제해야 한다. 암흑상자들 자신이 "맹목적으로" 작동하더라도, '체계/환경-관계'에서 규정 가능성을 쌍방 간에 전제하고 그 관점에서 관찰할 때, 서로와의 관계에서 더 잘 헤쳐 나갈 수 있다. 다른 사람을 짐작하려는 시도는 실패할 수밖에 없을 것이다. 다른 사람의 환경으로부터 그 사람에게 영향을 미치겠다는 시도에서 성공을 거둘 수도 있고 경험들을 모을 수도 있다. 계산 불가능성은 자유의 승인을 통해 흡수 가능하며,[9] 거의 "승화되었다"고 말할 수 있을 정도가 된다.[10] 그 암흑상자들이 서로 만나게 되면, 이른바 백색을 만들어낸다. 그것이 아니라면 적어도 서로 교제하기에 충분한 투명성을 만들어낸다. 암흑상자는 단순한 상정을 통해서만 실재의 확실성을 만들어낼 수 있다. 왜냐하면 이러한 전제가 타자적 자아(alter Ego)도 상정한다는 사실을 상정하는 결과를 낳을 것이기 때문이다.[11] 의미 재료들을 이러한 질서 층위에 동화시키는 것

---

9) 이에 관해서는 Donald M. MacKay, *Freedom of Action in a Mechanistic Universe*, Cambridge Engl. 1967도 볼 것.

10) 왜냐하면 세밀화란, 포기해야 할 것은 완전히 잊어야 하며, 그다음에 그것을 재평가하여 다시 얻는다는 뜻이기 때문이다.

11) 자기관찰적인 기초의 모든 유아론에 맞서는 이 주장(과 데카르트의 신의 존재 증명에 대한 대체로서) 정식화된 것이 Heinz von Foerster a. a. O. (1960), 35이다: "내가 외로운 실재라고 전제하자. 그렇다면 나는 그 밖의 다른 누군가의 상상이며, 그 누군가는 다시 자신이 외로운 실재임을 전제한다는 점이 드러난다. 물론 이 역설은 쉽게 해결된다. 우리가 행복하게 살아가는 것을 추구하는 세계의 실재를 전제하여 말이다." 물론 완전히 그렇게 빨리, 게다가 완전

은, 우리가 이미 위에서 "상호주의적" 구성이라고 말했듯이,[12] 쌍방 간에 서로를 관찰하는 두 개의 자기준거적 체계를 전제한다. 그러한 체계들의 교제 근거가 되는 소수의 관점들에서는 그 체계들의 정보처리 능력이 충분할 수도 있을 것이다. 그 체계들은 분리된 채 존재한다. 체계들은 융합되지 않는다. 체계들은 이전보다 서로를 더 잘 이해하지도 못한다. 체계들은 투입과 산출로서 '환경-내-체계'가 아닌 다른 체계에게서 관찰할 수 있는 것에 집중한다. 그리고 각각 자신들의 고유한 관찰자 관점에서 제각기 자기준거적으로 학습한다. 체계들은 자신들이 관찰하는 것을 고유한 행위를 통해 영향을 미치려고 시도할 수 있다. 그리고 그 체계들은 피드백 과정에서 그 효과를 다시 학습할 수 있다. 이런 방식으로 발현적 질서, 즉 자신을 가능케 하는 체계들의 복잡성으로 인해 제한되어 있기는 하지만 이 복잡성이 계산될 수도 있고 통제될 수도 있음에 의존하지 않는 질서가 성립될 수 있다. 우리는 이러한 발현적 질서를 사회적 체계라고 명명한다.

우리가 나중에 구조에 관해 말하게 될 모든 것에 대해서는 어떤 종류의 제한들이 여기에 동원되고 어떤 종류의 불확실성이 제거되거나 작게 유지되는지를 정확하게 확인하는 것이 중요하다. 사회적 체계는 이중 우연성 조건에 있는 체계들이 서로를 간파하고 예측할 수 있음을 구축 기초로 삼지도 않으며 그것에 의존하지도 않는다. 사회적 체계는 기초적 상태의 확실성과 그 확실성에 기초하는 행동 예측을 할 수 없기 때문에 체계가 된다. 통제될 수 있는 것은 참여자들의

<hr />

히 그렇게 단순하게 해결되는 것은 아니다! 이 방식으로 생성되는 것은 저 외부의 실재가 인정되는 것이 아니라, 상호간에 (각자에게만 간파될 수 있는!) 전제의 질서라는 발현 층위에 상대적으로 실재가 구성되는 것이다.

12) 제1장 2절의 10 이하를 참조할 것.

고유한 행동과 관련하여 체계로부터 만들어지는 불확실성밖에 없다.[13] 체계 형성을 통해 제한(=구조화)되는 것은 그러한 상황에서 자신의 고유한 행동에서 확보할 수 있는 가능성이다. 자기생산적 재생산은 그런 방식을 통해서만 성립한다. 즉 행위는 행위를 예상하여 성립한다. 불확실성의 흡수는 기대의 안정화를 통해 진행되지, 행동 자체의 안정화를 통해 이루어지지 않는다. 그리고 그러한 안정화는 행동이 선택될 때에는 반드시 기대에의 지향이 작용한다는 것을 전제한다.

따라서 기대들은 이중 우연성 맥락에서 발현적 체계들의 구축을 위한 구조값을 확보하며, 그리하여 고유한 종류의 실재(=연결값)를 확보한다. 참여체계들이 자신들의 상호 관찰과 소통을 위해 충분한 투명성을 만들어낼 때 사용하는 모든 의미론적 환원들에 대해서도 사정은 마찬가지이다. 이 점에서 더 이상 파슨스 류의 기초를 근거로 정식화하지 않는다는 것이 분명해진다. 나는 인물, 지능, 기억, 학습 같은 개념들을 떠올린다. "인물"은 기대들이 심리적 체계들과의 연관을 통해 (또는 다른 말로 하자면, 서로 알게 된다는 확실성을 확보하기 위해) 확실성의 확보가 어떻게 이루어지는지를 관찰할 수 없다는 점을 표현하고 있다. "지능"은 자기준거적 체계가 자기 자신과 접촉할 때 어떻게 다른 문제해결 방식이 아니라 이 문제해결 방식을 선택

---

13) 이 관점은 좀 더 긴 인용을 통해 아마 더욱 명료하게 할 수 있을 것이다. "이제 말할 필요도 없지만, 네가 내뱉는 말을 보니, 넌 상당히 제 멋대로 행동하는 인간이구나. 다른 한편, 내가 너와 대화를 이어갈 수 있다면, 이것은 더 이상 그런 사례가 아니다. 왜 이것이 더 이상 그런 사례가 아닐까? 그것은 네가 다음에 무슨 말을 할지를 내가 당연히 모르기 때문이야. … 하지만 너에 관한 나의 불확실성은 대부분 다른 종류의 것이야. 그것은 내가 어떤 종류의 탐구를 해야 할 지에 관한 불확실성이야." 그런데 우리는 이런 불확실성을 스스로 대화에 힘입어 통제할 수 있다(Gordon Pask, "A Proposed Evolutionary Model", in: Heinz von Foerster/George W. Zopf (Hrsg.), *Principles of Self-Organization*, Oxford 1962, 229-248 (230)).

하는지를 관찰할 수 없음을 표현하고 있다. "기억"은 체계의 복잡한 현재적인 상태가, 그 체계 대신에 선택된 과거의 투입을 지표로서 참조해야 하는 다음 단계로 어떻게 넘어가는지를 관찰할 수 없음을 표현하는 용어이다. "학습"은 어떻게 정보가 체계에서 부분적인 구조변동을 이끌어내기만 하고, 그렇게 하면서 체계의 자기동일시를 유지하면서도 광범위한 귀결을 유발할 수 있는지를 관찰할 수 없다는 점을 표현한다. 그밖에도 여러 보기들을 제시할 수 있을 것이다.[14] 그 보기들은 인물, 지능, 기억, 학습 같은 어떤 것의 심리적 기체 또는 심지어 유기체적 기층을 탐색하는 것이 헛수고임을 보여준다. 관찰 불가능한 것을 해석하고 체계들 간 접촉이라는 발현적 층위로 넘어가는 관찰자라는 인위적 개념과 관련이 있다. 이러한 일들이 성공하고, 관찰된 사람이 이것을 경험하면, 그는 그 경험을 통해 (똑같은 문제 앞에 서 있는) 그의 자기관찰 역시 그런 일의 발생을 지향하도록 자극 받을지도 모른다. 그리고 한동안 그런 좋은 경험을 하게 되면, 그는 자기 스스로가 인물이며 지능과 기억을 가지고 있으며 학습 등의 활동을 할 수 있다고 믿을 것이다. 그리고 이들 개념들이 허용하는 것보다 그를 관찰하는 더 좋은 방법은 없기 때문에, 누구도 그 사람의 말을 반박하지 못할 것이다.

---

14) 우리는 "인물" 개념은 제외하고, W. Zopf가 같은 테제에 대해 사용하는 보기들을 선택했다. "Attitude and Context", in: Heinz von Foerster/George W. Zopf (Hrsg.), *Principles of Self-Organization*, Oxford 1962, 325-346(327 이하)를 볼 것. 그밖에도 "욕구"에 대해서는, 필요한 부분만 수정한다면 똑같은 내용이 유효할 것이다. 이미 헤겔은 욕구를 추상화로서 간파했다. 파슨스도 "욕구-성향"(need-dispositions)의 방향으로 일반화를 추진해야 한다고 느꼈다. 그래서 욕구 개념에 기초한 사회학은 먼저 자신이 이 모든 것을 무시할 용기를 어디에서 얻게 되는지부터 먼저 설명해야 한다. 어쨌든 자연주의만으로는 아직 의미 있는 프로그램이 되지 못한다.

따라서 이런 종류의 "심리적인 것"은 이중 우연성의 자기촉매(Autokatalyse) 덕분에 만들어지는 사회적 체계의 발현적 실재에 속한다. 이 말은 그러한 실재가 기초에 놓여 있는 체계들의 견고한 사실들 자체에 비교했을 때, 가상 세계, 허구, 단순한 낱말들이라는 뜻이 아니다. 발현 관계에서는 실재 이상의 어떤 것도 실재 이하의 어떤 것도 없다. 발현 관계에서는 취하는 실재가 있는 것이 아니라, 상이하게 선택적인 연결 능력만 있다. 불투명한 복잡성에도 불구하고 투명성을 다시 만들어내는 것이 관건이다. 그리고 이것은 체계 형성의 새로운 층위들이 발현되어야만 실현될 수 있다.

물론 이 방식으로 획득된 상대적인 투명성은 비용을 치러야 한다. 그것은 우연성 경험이라는 비용을 치른다. 구조 획득의 근거가 없는 상황은, 다르게도 가능할 수 있을 것이라는 일괄 고백으로 타협점을 찾는다. 상대방을 인식하여 예상하는 것은 실현 불가능한 일이기 때문에 자유의 승인으로 대체되는데, 그 경우에는 사람들은 우연성을 다루는 데에 기여하는 인식들로 제한될 수 있다. 이러한 환원은, 이것은 이론적인 핵심을 이루는 고도의 통합력 테제로서 행위의 체험에서 견고화되는데, 그럼으로써 자유를 고백한다는 바로 그 점을 통해 조종된다. 행위라는 의미(차이)동일성(Sinneinheit)은 환원과 선택 가능성을 위한 개방의 종합으로서 구성된다. 그 가능성을 붙들고 연결 능력이 있도록 재생산하는 것이 그 의미(차이)동일성의 기능이다. 그래서 암흑상자들의 상호 교제에서 발생하는 것은 암흑상자들에게는 행위로서 나타난다. 행위는 체계에 귀속된 선택이다. 그 선택이 그 다음에 어떤 식으로 대안들 중에서 취해진 선택으로서 합리화되고 결정으로서 서술되고 동기에 관련되든, 그 선택은 일단 현재화된 우연성과 다른 어떤 것이 아니며, 관찰자 관점에서 보면 예측 불가능한 것에 심어진 기대이다. 우리는 소통을 다루는 장에서 이 점을 자세히 다룰 것이다.

중요한 귀결은, 이중 우연성에 기초하여 구축된 체계가 도대체 어떤 차이의 조건에서 일단 작동하기 시작하는가라는 질문과 관련된다. 현대 개인주의와 행위이론의 맥락에서는 여기 이 질문과 관련하여 행위자의 고유한 효용 및 행위자의 (아무리 주관적으로, 아무리 비합리적이고 정보가 없고 혼동된 상태에서 설정되었든) 목표들에서 출발하라고 종용한다. 하지만 이중 우연성 정리는 다른 결론으로 이끈다. 체계는 진행을 시작하고 그래서 일단은 상대방이 소통을 수용할 것인가 거부할 것인가, 아니면 행위로 환원될 것인지, 즉 행위가 상대방에게 유용할 것인가 해로울 것인가의 질문을 통해 체계에 지향한다. 이때 고유한 관심의 입장은 상대방이 의미 제안에 어떻게 반응하는가에 따라 부수적으로 생겨난다. 고유한 효용의 추구는 일반적으로 전제할 수 있을 경우보다 훨씬 더 까다로운 생각이다(이런 이유에서 그러한 조건에 부합하는 이론들은 나중에야 발전된 이론들이다).[15] 이와 달리 소통을 시작하는 사람이 상대방이 소통에 긍정적이거나 부정적으로 반응할지를 알 수 없거나 그것에 관심을 기울이지 않는다면, 어떤 사회적 체계도 실행되지 못할 것이다. 이런 관점에서 상황이 완전히 미규정적이라면, 모든 접촉이 곧 바로 중단되지 않을 경우 상대방이 관계된 차이의 전제들을 일단 밝히려는 노력을 촉발할 것이다.

마지막으로, 그렇게 생성된 우연성 경험이 세상에서 작용한다는 것이 함께 고려되어야 할 것이다. 우연성 경험은 체계 간 관계들에서 확인될 수 없으며 발현하는 사회적 행위체계에 국한될 수도 없다. 왜냐하면 암흑상자들은 각자의 환경에서 '환경을-가진-체계들'로서

---

15) 이 반론은 객관주의적으로 접근하는 공리주의와 "이해사회학"의 프로그램 모두에 해당한다. 그 반론은 체계준거에 대한 질문을 먼저 규정하는 데서 생겨나며, 그렇게 하여 심리학적 설명에 대한 노력을 예단하지 않는다.

서로를 경험하고 다루기 때문이다. 양 쪽 모두 자신들의 환경 및 세계 그 자체와, 자신들의 환경 내 '환경을-가진-체계들'을 구분할 수 있다. 그러한 구분을 통해, 행위를 넘어서서 환경과 관련된 체험도 중요해진다. 이것은 다른 사람의 환경에서 그 사람에 의해 자신이 어떻게 체험되는지를 알 경우에만 그 사람을 향해 행위할 수 있다는 이유 때문에도 그러하다. 이러한 이중 우연성의 조건에서 끊임없는 작동의 일반화된 결과가 결국 모든 의미의 사회적 차원이 된다. 즉 모든 의미에서 그 의미가 다른 사람에 의해 어떻게 경험되고 처리되는지를 질문할 수 있다는 것이다.

환경을 지향하는 체계들 안에서 발생하는, 환경을 지향하는 불투명한 체계들의 이러한 복잡한 구조는, 모든 체계에 대해 구성적인 '체계/환경-차이'와 규정된 체계들 간 관계들을 구분하라고 강요한다.[16] 이것은 의미의 진화와, 체험과 (귀속 가능한) 행위의 구분의 진화를 입증하는 배경이 된다. 모든 의미 순간은 상이한 '체계/환경-준거들'을 위한 매개 지점, 이른바 임시변통(ad hoc)의 통합 가능성을 제공한다. 이 고려는 동시에 의미 내재적인 사회적 차원의 연관성과 사회적 체계의 형성을 규명한다. 모든 의미의 사회적 차원은 그때 마다 구체적인 여기와 지금(Hier und Jetzt)의 출발점에서, 고유한 체험 및 평가된 타자 체험의 전체적인 포함 범위에 해당된다. 이 세계 범위는 전체 세계가 주변에서 함께 보여진 것에 환원되어야 한다는 사실이 타당해진다. 반면 사회적 체계들은 행위의 선택을 위해 다른 행위가 전제가 되며 그 역도 작용하기 때문에, 상이한 심리적 체계들이나 사회적 체계들이 서로 조정되어야 하는 곳에서만 형성된

---

16) 이것은 이미 하인츠 하르트만(Heinz Hartmann)도 요구했던 사항이다. Heinz Hartmann (Hrsg.), *Moderne amerikanische Soziologie: Neuere Beiträge zur soziologischen Theorie*, Stuttgart 1967, 85 이하의 그의 서문을 볼 것.

다. 사회적 차원의 구성은 사회적 체계의 구성을 위한 필요조건이기는 하지만 충분조건은 아니다(이것은 체험이 행위의 필수 전제이기는 하지만 충분한 전제가 되지 못하는 원리와 마찬가지이다). 사회적 차원은 모든 의미에서 체계 관점들이 갈라질 가능성들을 볼 수 있게 해준다. 공동으로 이해되는 것은 참여자들에게 상당히 다른 것을 의미할 수 있다. 이 차이는 그 다음에는 사회적 체계의 형성에 사용될 수 있으며, 체계 형성의 계기를 제공할 수도 있다. 이 차이는 많든 적든 체계 형성을 강제할 수도 있다. 체험의 다중다양은 행위 요청의 근거가 된다. 이중 우연성이 활동(Aktion)의 압력을 만들어낸다. 그러나 다른 한편, 관점과 체험 처리에서의 차이들이 행위의 방법까지 결정하지는 않는다는 점을 체험과 행위의 차이에서 읽어낼 수 있다. 하지만 사회적 체계가 형성되려면, 아직 문제 하나가 더 해결되어야 한다. 그것은 모든 의미 형성을 통해 수립된, 사회적 행위의 이중 우연성이라는 문제이다.

3. 비개연적인 것의 개연화에 관한 이론들

우리는 체계를 구성하는 이중 우연성을 계속 추적하기 전에, 이론 형식과 관련되는 과학이론적 성찰을 먼저 다루고자 한다. 우리가 완성하고자 시도하는 이론은 완성과 완성결핍을 지향하지 않고, 경험 내용의 해체와 재조합에 관한 과학의 특수한 관심을 지향한다. 우리 이론은 세계가 "질서 속에" 있기는 하지만 학문의 도움으로 제거할 수 있는 결함들을 드러낸다고 전제하지는 않는다. 우리 이론은 안정 위협이나 일탈, 대표적인 발전이나 범죄 개념을 도구로 하여 "사회문제"론을 추적하지 않는다. 우리 이론은 이런 종류의 연구할 만한 주제들이 있다는 점을 부인하려는 것은 당연히 아니지만, 그러한 주제들은 이론의 발상을 규정하지도 않으며 문제제기를 규정하지도 않는다. 중요한 것은 인정 관심과 치유 관심도 아니고 상태유지 관심도 아니다. 그보다는 일단 그리고 특히 분석적 관심이 중요하다. 정상성으로 나타나는 가상을 간파하는 것, 경험과 습관을 도외시하는 것, 이러한 (여기서는 초월론적으로 의도되지 않은) 의미에서 현상학적 환원이 중요하다.

이것을 위한 방법론적 처방은 정상적인 것을 비개연적인 것으로서 성공적으로 설명할 수 있는 이론들을 찾는 일이다.[17] 이 작업은 기능주의적인 관점에서, 생활세계의 정상적인 경험 내용들을 늘 이미 성공적이었지만 어쩌면 다르게도 가능한 문제해결 방식으로 서술 가능하게 해주는 문제제기를 통해 실현될 수 있다. 종교적인 세계관과 거리를 두면서부터, 즉 17세기 이래로 이러한 준비 기법에 관한 수많은 보기들이 있다. 데카르트(Descartes)는 모든 신빙성에 맞서 현재의 계기, 선행하는 계기, 이어지는 계기 간에는 어떤 종류의 연관도 존재하지 않는다는 견해를 가졌다. 그래서 신은 세계를 매 순간 새로이 창조해야 한다는 것이다. 이러한 문제 해결은 나중에, 그때마다 고유한 시간지평들 위에 수립되는 세계사적인 역사의식이라는 테제로 대체되었다. 또는 홉스(Hobbes)는 모든 인간은 다른 인간을 두려워하고 그래서 예방적인 적대성을 갖게 되는데, 그 점을 함께 고려하면 다른 인간들보다 먼저 행동하도록 강제받는다고 말했다. 그렇게 제기되었고 마찬가지로 반직관적으로 정식화된 문제에서는 지속적 창조(creatio continua)란 국가의 의무에 속한다. 또 다른 저자는 누

---

17) Niklas Luhmann, "Die Unwahrscheinlichkeit der Kommunikation", in ders., *Soziologische Aufklärung Bd. 3*, Opladen 1981, 25-34도 참조할 것.

군가 다른 사람에게 무엇을 준다면 나중에 감사를 표하거나 보상해야 할 상황에서 선물의 가치를 통해 타협할 가능성은 없을 것이라는 견해를 표명한다. 이 경우에 해법은 '시장/가격-기제'를 통해 진행된다. 마지막 보기는 교육과 관련된다. 자유를 누리도록 교육하는 것이, 그렇게 되기 위해 교육자가 문하생에게 반드시 영향을 미쳐야 한다면, 도대체 어떻게 성공할 수 있을까?[18] 이 모든 경우에서 문제를 생활세계로, 역사적 사실성으로, 기능적 제도로 역지시한다면 너무 진부할 것이다(그러나 바로 그것이 통상 일어나는 일이다). 왜냐하면 다른 가능성들을 배경으로 하여 이러한 생활세계들을 재구성하는 바로 그것이 중요하기 때문이다.

정상적인 것을 비개연적인 것으로 설명하는 초기 이론의 보기들에서는 이중적인 기법이 돋보인다. 그 보기들은 모두 시간 문제와 결부하여 작업했으며, 모두 특정한 기능체계들의 특수 문제들에 관련되었다.[19] 그 보기들은 이 두 관점에서 볼 때 일단 사회체계가 신분 질서로부터 기능적으로 분화된 체계로 개조될 때 긴급하게 다루어져서 새로운 의미론적 형식들로 옮겨져야 하는 문제들에 얽매인 상태에 있다.[20] 사회질서가 어떻게 가능할 것인가의 질문 또한 근세의 학문 특유의 성찰 양식에서 분석적인 엄격성을 얻으며,[21] 특별히 사회

---

18) Ritter, "Kritik der Pädagogik zum Beweis der Notwendigkeit einer allge-meinen Erziehungs-Wissenschaft", *Philosophisches Journal 8* (1798), 47-85; Karl Salomo Zachariae, *Über die Erziehung des Menschengeschlechts durch den Staat*, Leipzig 1802, 특히 98 이하를 참조할 것.

19) 이 최초의 보기는, 데카르트도 어쩌면 의심했을 법한 것이다. 그러나 여기서도 기능체계는 규정된 것, 이를테면 종교라고 언급되었다. 그래서 의식이 자신의 주관성을 사전에 확신했다면, 종교적 지향이 자신의 우선권을 어떻게 유지할 수 있을 것인가를 따져야 한다.

20) 이에 관해 더 상세하게 Niklas Luhmann, *Gesellschaftsstruktur und Semantik*, Frankfurt Bd. 1 1980, Bd. 2 1981을 참조할 것.

학은 대략 백 년 전부터 그러한 질문에 힘입어 자신의 이론적 통합을
모색하기 시작한다.[22]

특수하게 사회학적 문제제기에서 그러한 두 가지 질문 패턴을 마
찬가지로 구분할 수 있다. 그리고 이에 상응하여 여기에도 도움이 될
수 있는 세련된 이론들과, 비개연적인 것의 개연화에 매혹된 이론들
이 있다. 처음에 언급된 이론 유형은 그 자체로 전통을 갖고 있으며,
두 번째 유형은 사회질서가 어떻게 가능한지를 명시적으로 질문하
는 순간 부각된다. 전통적으로 완전히 지배적인 견해는 사회질서 문
제를 불쾌한 행동, 적대적이며 훼방하는 유해한 행동, 즉 다른 사람
들이 사회적 관계에서 권리를 누리거나 욕구를 충족시키거나 안락
감을 누리지 못하게 방해하는 행동들을 회피하거나 억압하는 데서
탐색한다. 평화와 정의(pax et iustitia) 또는 안전과 질서가 주도적 공
식이었고, 훌륭한 경찰이 그 수단이었다. 이 견해에서는 그 후 법적
인 정치 질서(홉스)나 충분한 가치 합의를 사회적 체계들의 형성에
필수불가결한 사전 조건으로서 간주한다. 이 사전 조건은 늘 충족되

---

21) 이에 관해 더 상세하게 Niklas Luhmann, "Wie ist soziale Ordnung möglich?",
   in Niklas Luhmann., *Gesellschaftsstruktur und Semantik Bd. 2,* Frankfurt 1981,
   195-285를 참조할 것.

22) 개괄로는 Shmuel N. Eisenstadt/M. Curelaru, *The Form of Sociology: Paradigms
   and Crises,* New York 1976을 참조할 것. 물론 사회학의 이전사(以前史)와 명
   시적인 이론 전통에서는 일반적인 문제관련이 별로 없다. 무엇보다도 개인
   과 문화와 (다소 권위적이며, 지배에 의해 규정된) 사회질서 간 삼각관계에
   서 그리고 이 관계에 대한 합리성 공식에서 그러하다. 이것에 관해 예를 들
   어 John O'Neill, "The Hobbesian Problem in Marx and Parsons", in: Jan J.
   Loubser et al. (Hrsg.), *Explorations in General Theory in Social Science: Essays in
   Honor of Talcott Parsons,* New York 1976, 295-308; Roland Robertson, "Aspects
   of Identity and Authority in Sociological Theory", in: Roland Robertson/
   Burkart Holzner (Hrsg.), *Identity and Authority: Explorations in the Theory of
   Society,* Oxford 1980, 218-265를 참조할 것.

었기 때문에 기존의 질서를 "정당화"하기만 할 뿐이다. 우리는 그 질서를 출발점으로 삼을 수 있고 그래서 기초 문제를 제외할 수 있다. 이러한 사전 조건들의 생성에 관한 질문들이 제기되면, 그 질문들은 관할권 문제 때문에 진화이론이나 사회화 이론으로 넘겨진다.

하지만 사회적 체계의 구성이라는 기본 문제가 진짜로 해로운 것이나 적응할 준비가 되지 않은 것을 제거하는 데에 있는 것은 아닌지를 자문해보아야 할 것이다. 또는 첨예하게 표현하면 이렇다. 사회질서를 거부함의 거부로 파악하면 충분한가? 아니면 사회질서가 과연 가능하며 충분히 개연성이 있는지부터 먼저 알아야 하는 것이 아닌가? 두 번째 견해는 "가능성의 조건"에 대한 질문에서 출발하여, 그 질문을 통해 보다 추상적인 동시에 광범위한 (예컨대 갈등도 체계에 포함시키는) 이론 기초를 모색한다.

이러한 견해는 이중 우연성 문제의 급진화를 통해 준비되었다. 그 견해는 "사회질서가 어떻게 가능한가"라는 질문을, 이 가능성을 일단 비개연적인 것이라고 제시하는 방식으로 표현한다.[23] 모두가 우연적으로 행위한다면, 즉 모든 사람이 달리 행동할 수도 있고 모두가 자신과 다른 사람이 이 사실을 알고 있을 것으로 전제하고 고려한다면, 처음에는 자신의 행동이 연결점들(과 의미부여)를 다른 사람의 행위에서 발견하기가 거의 불가능할 것이라고 생각하기 쉽다. 왜냐하면 자기규정은 타자도 규정한다는 사실을 전제할 것이며, 그

---

23) 이런 점에서 인식론의 돌진, 즉 일상생활의 자명성을 의심하고 실험적인 정면 공격을 통해서나 과학적 메타 정식화의 세련된 언어성을 통해서 우연적인 것으로 입증하려는 시도와의 유사성이 드러난다. 하지만 이 노력들은 어쨌든 현재로서는 그 자신의 고유한 손짓에 붙들려 있는 것으로 보인다. 그 노력들은 그것을 성찰하고 자신의 고유한 손짓을 일상 행동으로서 축하할 수 있다. 그러나 표출적 행동은 그것이 얼마나 성찰된 것이든, 아직은 이론이 아니며 그저 겉 표정에 불과하다.

역도 마찬가지이기 때문이다. 그러나 이러한 구상은 사회질서의 비개연성(Unwahrscheinlichkeit)을 설명하는 동시에 사회질서의 정상성(Normalität)도 설명한다. 왜냐하면 이중 우연성이라는 이 조건에서는 모든 자기규정은 얼마나 우발적으로 생성되었고 얼마나 계산된 것이든, 다른 행위를 위한 정보값과 연결값을 확보할 것이기 때문이다. 그러한 체계가 폐쇄적이며-자기준거적으로 형성된다는 바로 그이유 때문에, 즉 A는 B에 의해 규정되고 B는 A에 의해 규정되기 때문에, 모든 우발, 모든 부딪힘, 모든 오류는 생산적인 것이 된다. 체계생성은 비임의적으로 분배되어 있다는 의미에서 구조화된 복잡성을 전제한다. "소음"이 없다면 체계도 없다. 그러나 이 조건에서는 (얼마나 짧게 유지되든, 얼마나 갈등에 휩싸여 있든) 질서의 생성은 정상적이다. 자신의 행위를 규정하는 사람들에 대해 이중 우연성이 경험을 만들어줄 수 있다면, 즉 우연적인 '자아/타자-배열'이 양 면에서 생산될 수 있다면 질서는 생성된 것이다.

얼핏 보기에는 비개연성의 이중화가 (모든 특수한 행동 선택에 관련되어) 개연성을 만들어낸다는 사실이 놀랍게 보일지도 모른다. 따라서 증대 또는 경감이라는 단순히 선형적인 문제가 관건이 아닌 것이다. 고유한 행동 불확실성 외에도 다른 사람의 행동 선택 또한 불확실하고 고유한 행동에 의존하기도 한다면, 바로 그 점을 지향하며 그것과 관련하여 자신의 행동을 규정할 가능성이 생성되는 것이다. 따라서 비개연성의 이중화를 통해 가능해지고 각자 고유한 행동의 규정을 용이하게 하는 것은 사회적 체계의 발현이다.

4. 이중 우연성 문제의 해결: 자기준거적 순환의 탈동어반 복화

우리는 이제 이중 우연성 문제가 어떻게 "스스로 해결되는지", 약간 둔탁하게 정식화하자면, 문제의 등장이 문제해결 과정을 작동시킨다는 것이 어떻게 가능한지를 질문해야 한다.

그렇게 되기 위해 결정적인 것은 자기준거적 순환(Zirkel) 그 자체이다. 내가 원하는 어떤 것을 네가 한다면, 나는 네가 원하는 어떤 것을 할 것이다. 이 순환은 흔적만 남아 있는 형식 속에서, 어떤 참여체계로도 소급될 수 없는 새로운 (차이)동일성이다. 그 순환은 모든 참여체계에서 의식내용 및 소통의 주제로서 존재할 수 있다. 그러나 이때 그 순환이 다른 체계에도 존재한다는 것이 늘 이미 전제되어 있다. 이 전제는 그것의 실재 토대가 무엇이든 임의로 생성되지는 않는다. 그 조건은 모호한 경우에는 착각에 기인할 수도 있다(다른 사람이 나를 전혀 보지 못했고 가능한 상호작용 파트너로서 아직 평가하지도 않았다). 그러나 그 조건이 작동하면 그것이 상응하는 실재를 만들어낸다. 그 조건을 수용하지 않고 접촉을 즉시 중단할 가능성이 그 조건에 의해 다른 사람에게 주어지더라도 말이다.

우리는 동인들을 더 자세히 분석할 필요가 없다. 발생하는 것은 어쨌든 새로운 것이다. 그리고 그 동인들이 무엇이든 그것들은 늘 같은 것, 즉 순환적으로 닫힌 (차이)동일성이다. 이 (차이)동일성에서는 모든 요소의 규정이 다른 요소의 규정에 의해 좌우되며 바로 그곳에 (차이)동일성이 존재한다. 이 기본 상태는 자기 자신을 조건 짓는 미규정성으로 규정될 수도 있다. 네가 나에 의한 너의 규정을 허용하지 않는다면, 나 또한 너에 의한 나의 규정을 허용하지 않을 것이다.

앞으로 보게 될 텐데, 이것은 계속 발생하지 않으면 즉시 붕괴되는 지극히 불안정한 핵심 구조이다. 그러나 이 출발 상황은 사회적 체계를 형성할 가능성을 품고 있는 상황을 정의하기에 충분하다. 이 상황은 자신의 (차이)동일성을 이중 우연성 문제에 빚지고 있다. 따라서 그 상황 역시 참여체계들 중 어느 한 체계로 소급될 수 없다.[24] 그 상황은 모든 참여체계들에 대해 고유한 환경 관계의 계기이지만,[25] 발현하는 '체계/환경-관계'에 대해서는 결정화의 핵심이기도 하다. 따라서 이 사회적 체계는 불안정 위에 구축된다. 그래서 그러한 체계의 구축은 어쩔 수 없이 자기생산체계로서 실현된다. 그 체계는 순환적으로 닫힌 기본적인 구조, 즉 저항이 없으면 언제라도 분열하는 구조를 가지고 작업한다. 이것은 형식적으로는 탈동어반복을 통해, 그리고 에너지와 정보에 관한 한 환경 사용을 통해 발생한다.

이론사적으로 보면, 연관 없이 생성된 개념 형성들이 이 과정을 통해 하나로 합쳐진다. 이중 우연성 정리와 자기생산 체계이론은 수렴하며, 이 수렴은 "주체 없이" 구상된 행위 개념을 사회적 체계들의 기초적 요소들의 관찰을 위한 개념으로서 투입할 수 있게 해준다.

우리는 이 점을 소통과 행위에 관한 장에서 개별 분석을 통해 다시 다룰 것이다. 그러나 이중 우연성 문제가 참여체계들의 모든 행동에 대해, 그 행동이 유기적으로 그리고 심리적으로 어떻게 조건지어져 있든, 그 행동이 이중 우연성에서 귀결되는 미규정성을 환원시킨다

---

24) 매우 유사한 견해로는 Dag Østerberg, *Meta-sociological Essay*, Pittsburgh 1976, 특히 71. 외스터베리는 비슷한 뜻에서 "이중의 변증법"(a. a. O. 94)이라고 부르며, 이와 관련하여 마찬가지로 사회적 상황의 새로움, (차이)동일성, 도출 불가능성을 강조한다.

25) 위르겐 마르코비츠(Jürgen Markowitz)는 사회적 상황을 이 관점에서 다룬다. *Die soziale Situation: Entwurf eines Modells zur Analyse des Verhältnisses zwischen personalen Systemen und ihrer Umwelt*, Frankfurt 1979를 볼 것.

는 추가 자질을 부여한다는 점을 이 자리에서 미리 규정해 둘 수 있다. 그 행동은 이 관점에서 자기 자신을 행위로서 승격시킨다. 그 행동은 모든 실행이 선택을 의미하고 모든 선택이 제한을 의미할 수 있도록, 이중 우연적인 불확실성의 공간에서 출발한 상태로 있다.[26] 사회적 체계의 발현 층위에서 비로소, 이 체계들의 생산 기초가 되는 요소들이 구성되는데, 이러한 자기생산에서는 자기준거적 순환으로서의 체계의 (차이)동일성이 구성되어야 한다.

"순수한" 이중 우연성, 즉 사회적으로 완전한 미규정 상황은 우리 사회의 현실에는 결코 나타나지 않는다. 그런데도 이 출발점은 규정된 질문들을 계속 추적하기에 적절하다. 그래서 예를 들어 다음을 숙고할 수 있다. 모든 것이 자기규정을 통해 타자규정의 순환을 중단하는 데에 적절하다면, 그렇다면 **특별히** 적절한 것은 무엇인가? 특정한 사회적 구조들이 다른 구조들보다 먼저 발생하는 것을 개연성 있게 만드는 **선택의 장점들**은 무엇인가?

그렇게 묻는다면, 그 경우에는 선(先)이해에서 상황에 포함되는 모든 것은 선택 조종의 기회로서 파악될 수 있다. 하지만 추가적으로, 의미 제안들의 상대적인 관철 확률에 관해 보다 일반적인 통찰을 얻을 수는 없는지 질문할 수 있을 것이다(그리고 남아 있는 우연성의 여전히 열린 영역에 대해서만이라도 질문할 수 있을 것이다). 이것은 다음의 질문으로 바꾸어볼 수 있다. 결정되지 않은 상황에서 후속 사건

---

26) 바로 이것을 포착하는 장면을 장 주네(Jean Genet)는 다음처럼 기술한다. "마리오는 자기 자신 안에서 선택의 균형을 느꼈다. 그는 마침내 정 가운데에서 자유를 가지게 되었다. 그는 준비되어 있기는 했지만, 이 태도가 오래 지속될 수 없다는 점을 알았다. 허벅지에 힘을 주면서, 특별한 근육을 이완시키는 일은 제한되어 있다고 말하는 것을 이미 선택하는 것이다. 근육을 그 상태로 유지하기가 이내 피곤하다고 느껴지면, 그는 오랜 시간동안 불안정을 유지해야한다"(*Querelle de Brest*, *Œuvres complètes Bd. 3*, Paris 1953, 301에서 재인용).

들을 미리 구성해보고 그 사건들을 자기규정과 타자규정을 통해 보다 개연성 있게 만드는 것이 관건이라면, 무엇이 특별히 유용하게 작용할 수 있는가?

시간 차원에서는 분명히 속도의 장점이 어떤 역할을 한다. 사람들은 대개 자신들이 신속하게 기여할 수 있을 만한 주제들을 선호한다. 보다 신속하게 작동할 수 있는 선택 사슬들이 선택되고, 결행 이전에 오래 숙고해야 하는 선택 사슬들은 밀려난다. 이 사실은 작동될 수 있는 어떤 것을 먼저 떠올리는 사람이 유리한 지점에 있음을 함의한다.[27] 사실적으로 그리고 사회적으로 작동될 수 있는 어떤 것은 특히 연결 능력에 의존한다. 즉 다음 사건으로서 고려될 수 있을 것을 먼저 인식시키는 것이 그 바로 앞 사건으로서 선택되기 쉽다는 뜻이다.[28] 그렇게 논란이 많은 생명의 진화에서도, 그러한 조건을 충족하는 것은 속도 차이들과 연쇄 형성들인 것으로 보인다. 그것들은 처음에는 구조 생성이 비개연적인데도 구조들의 생성을 가능하게 한다.

이런 종류의 질문들이 어떻게 대답되든, 즉 그런 방식이나 다른 방식으로 대답되든, 이런 종류의 진화이론적 (나아가 발생학적) 접근에서 중요한 것은 선택 장점들을 관철시키고, 그러한 관철을 통해 다른 가능한 것도 억제할 수 있는 규칙들이 그 과정에서 구축된 구조들과 "유사성"을 갖지 않는다는 점이다. 즉 진화의 규칙들은 "모델"이나 "계획" 같은 것에 따라 기능하지 않는다는 것이다. 그래서 이미 실현

---

27) 이에 관한 관찰들은 A. Simon, "Birth of an Organization: The Economic Cooperation Administration", *Public Administration Review 13* (1953), 227-236 을 볼 것.

28) 여기서 오래된 대화 준칙을 떠올릴 수 있다. 그 원칙은 자기 혼자 주고 받는 대화들(Selbstgespräche)을 주도하는 대신에, 모든 대화 참여자들이 조금씩 기여할 수 있는 주제들을 선택하는 것에 관련된다.

된 견고화가 이후 게임에서 선택의 장점으로서 함께 영향력을 발휘하도록 도와주곤 하는 고도로 복잡한 체계가 아주 간단한 규칙들을 통해 구축될 수 있다. 속도와 연결 능력 외에도 선택 장점이 속도 장점과 연결 능력을 보장한다는 바로 그 이유 때문에, 언제나 현 상태(status quo)가 번성할 수 있게 된다.

5. 이중 우연성의 구조 구축 가능성: 상호주의적인 예견을 통한 체계 형성 가능성

참여체계가 어떤 상황을 이중우연적인 것으로서 경험하면 그것이 그 체계의 행동에 영향을 미친다. 즉 이중 우연성은 문제로서 효과들을 갖는 문제이다. 행동은 다른 규정 가능성의 계발 여지 안에서 행위가 된다. 그밖에도 이중 우연성이라는 압박에서 시간경계들(Zeitgrenzen)이 만들어진다. 순전히 자폐적으로 동기화된 개인의 행동은 다른 사람들이 상호 지각 영역에 들어서거나 그 영역을 떠날 때도 지속될 것이다. 그와 달리 이중 우연성의 경험은 행동 연쇄에 고유한 시간경계를 부여하는, 즉 행동을 주기적으로 단련시키는 극단 관점(Ultraperspektive)을 가능케 하고 강요한다.[29] 따라서 이중 우연성 문제는 자기촉매적 요소의 속성들을 가진다. 그 문제는, 자기 자체를 "소비하지 않으면서" 관점들에 대한 관점을 통해 규제되는 새로운 질서 층위에 구조들을 구축할 수 있게 해준다. 이때 이중 우연

---

29) 이에 관해서는 Otto E. Rössler, "Mathematical Model of Proposed Treatment of Early Infantile Autism: Facilitation of the 'Dialogical Catastrophe' in Motivation Interaction", in: J. I. Martin (Hrsg.), *Proceedings of the San Diego Biomedical Symposium Febr.* 1975, 105-110을 참조할 것.

성 문제는 자신을 형성시키는 체계의 구성요소가 된다. 그리고 그 때문에 그것을 "자기"-촉매라고 부를 수 있을 것이다. 우연성 경험은 체계들의 형성을 착수시키며, 이 일이 이루어지고 우연성 경험이 그 과정에서 주제들, 정보들, 의미들을 공급해야만 그 경험 또한 가능해진다.[30]

사회적 체계가 이중 우연성의 이러한 고유 문제에 반응하여 물리적-화학적-유기체적-심리적 실재와 구분되고 고유한 요소들과 고유한 경계를 형성하는 순간, 이 체계에 대해서 우발(Zufall) 가능성이 생겨난다. 우발은 체계들이 발현하는 바로 그 순간에 생산되고, 그 결과 체계는 충분한 무질서를 자신의 고유한 재생산에 사용할 수 있게 된다. 우발은 여기서, 어떤 경우라도 절대적인 무조건성과 무원인성을 뜻하지 않는다. 우발은 여기서 다만 사건들이 체계의 구조들과 조율되지 못한다는 것을 뜻한다. 즉, 조율의 "결핍"은 체계에서 부정항으로서 영향을 미치며 인과 과정을 유인할 수 있다.

따라서 우연성 경험을 실행하는 것은, 체계에서 조건화 기능을 위해 우발을 구성하고 추론하는 것,[31] 즉 우발들을 구조 구축의 개연성들

---

30) 이것이 무조건 새로운 생각인 것은 아니다. "유기체는 요구들을 생산하고, 그러한 요구들이 상호 교차하여 기관들이 만들어진다"라고 *Rêve de d'Alembert*; Diderot, *Œuvres,* (éd de la Pléiade), Paris 1951, 928에 쓰여 있다. 그 표현은 모순을 드러내는 것에 만족하지만, 바로 그리하여 과정에 대한 (이론적으로는 아직 완전히 쓸 만하지는 않은) 사상을 촉발할 수 있다. 충동이론(Impetus-Theorie) 역시 직관적으로 주어진 운동 이해의 맥락에서 비슷한 문제에 전념하고자 노력했고, 우발이 자신의 고유한 기체(Subiectum)에 어떤 역영향을 미치는가를 설명할 수 있는 기본 개념을 발견했다. Anneliese Maier, *Zwischen Philosophie und Mechanik*, Rom 1958, 341 이하 (343); 그밖에도 상세하게 Michael Wolff, *Geschichte der Impetustheorie: Untersuchungen zum Ursprung der klassischen Mechanik*, Frankfurt 1978을 참조할 것.

31) 102-103을 참조할 것.

로 변형(Transformation)하는 것이다. 그 밖의 다른 모든 것은, 입증되고 계속 사용될 수 있는 것의 선택이 어떻게 이루어지는가의 질문이다. 쌍방 간에 경험하는 이중 우연성이라는 이 조건하에 서로를 어디서 만나든, 접촉의 속행은 선택적인 행동 규정의 조정을 통해서만 이루어질 수 있으며, 이것은 체계 형성을 통해서만 실현될 수 있다. 이중 우연성과 체계 형성의 연관은 그 어떤 존속의 확실성도 함께 만들어주지 않는다. 그 연관은 체계 구축이 속행될 것인지 중단될 것인지에 관해 아직 아무 것도 말해주지 않는다. 그 연관은 처음에는 (잠시) 성공하고, 만족시키고, 진행할 만한 것으로 보이는 것의 선택 기회(Chancen der Selektion)를 설명할 뿐이다. 그 연관은 특수하게 사회질서의 진화를 가능하게 한다. 이때 진화란 다시금, 실재의 발현적 층위에서 구조화된 질서의 구축과 해체를 의미할 뿐이다.

사회적 체계들의 자기촉매는 자신의 촉매들, 즉 이중 우연성 문제 자체를 스스로 만든다. 이 사정은 어떻게, 무엇 때문에 행동에서 상호 간 미규정성에 이르는지를 정확하게 분석하면 뚜렷해진다. 행동은 그 자체가 규정될 수 없는 것이 아니다. 행동은 자의적인 규정에 내맡겨져 있다는 의미에서 "자연적으로" "자유로운" 것이 아니다. 다른 사람들의 행동은 이중 우연성 상황에서 비로소 미규정 상태가 되는데, 특별히 자신의 행동 규정을 덧붙일 수 있기 위해 그것을 미리 말하고자 하는 사람에 대해 미규정 상태일 수 있다. 이중 우연성의 메타 관점에서는 그 경우에 예언을 통해 만들어진 미규정성이 생겨난다. 어떤 행동이 얼마나 습관에 따라 그리고 기대 가능하게 취해지든, 그러한 조건에 기초하는 예견 가능성이 보완 행동을 동기화하기 위해 사용된다는 것이 분명해지면, 바로 그것이 동기, 즉 예언의 기초를 박탈하고 그 기초에 기초하는 연결 행동을 불가능하게 만들기 위해 예언 가능한 행동을 교체하는 동기가 될 수 있다. 타자의 행동을 예견하기 위해 자아가 애쓴다는 사실을 타자가 알고 있음을 이제 자아가 안다면, 자아는 이러한 선취의 효과 또한 함께 고려해야 한다. 이러한 예견은 그 문제를 다시 흔들어놓기만 할 뿐이기 때문에, 세련된 예견의 형식으로 일어날 수 없다. 그 문제는 문제 성찰(Reflexion)의 모든 단계에서 반복된다. 예견이 특화되는 한(즉 근본적으로 연결 관심으로서 가시화되는 한), 다른 사람은 바로 그것으로 인해 예견에서 벗어날 가능성을 얻는다. 다른 사람은 예언될 때에만, 그러나 예견될 때에는 언제나 "다르게" 행위하거나 기대 충족을 조건들에 종속시킬 수 있다. 예견은 그런 식으로 스스로를 반박할 수 있게 만들고 그러한 반박을 부추기기까지 한다. 늘 규정 가능성에서 자명해진 것은 내용이 비워지고 그래서 새로운 형성에 넘겨진다. 쌍방 고려의 순환에 놓인 자기준거는 음의 값이 된다. 그리고 바로 그 점 때문에 생산적인 것이 된다.

새로운 조건화에 열려 있음은 그 부정성(Negativität)과 같은 조건, 즉 우연성의 이중화에 기초한다. 자아는 타자를 타자적 자아(alter Ego)로서 경험한다. 하지만 자아는 관점들의 동일성을 가지고 이 경험의 동일성을 양쪽에서 동시에 경험한다. 이 때문에 양쪽 모두에게 그 상황은 미규정적이며 불안정적이며 견뎌내기 어렵다. 바로 이러한 경험이 관점들이 수렴하는 지점이며, 그것이 이런 부정성의 부정에 대한 관심, 규정에 대한 관심이 존재한다는 것을 전제할 수 있게 한다. 이러한 조건에서, 일반 체계이론의 개념으로 표현하면 "조건부 대기 상태"(state of conditional readiness)[32]가 주어진다. 이것은 대기 상태의 체계 형성 가능성, 즉 거의 모든 우발을 사용하여 구조를 펼쳐 나

---

32) Donald M. MacKay, "Formal Analysis of Communicative Processes", in: Robert A. Hinde (Hrsg.), *Non-verbal Communication*, Cambridge Engl. 1972, 3-25(12-13)을 볼 것.

갈 수 있는 가능성이다.

이렇게 자기촉매로 작용하는 기본 문제를 전제하는 것은 일반적인 이론 전제와는 여러 가지 방식으로 상충되는 모습을 드러낸다. 그러한 전제는 (자기 자신에게서 자라난 어떤 것이라는 의미에서) 자연의 전제를 감당해내지 못한다. 그리고 그 전제는 (자기 자신으로 부터 타당성을 얻은 어떤 것이라는 의미에서의) 선험성(a priori)의 전제도 감당해내지 못한다. 그 전제는 그보다는 자기준거적 체계이론의 의미에서, 발현적 질서 층위들을 자율적으로 설정한다. 그리고 "아래로부터의" 가능화와 관련해서도 "위로부터의" 조건화와 관련해서도 그렇게 설정하며, 질료나 정신 같은 개념들을 통해 그러한 의존 방향들의 모든 실체화와 관련해서도 더더욱 그렇게 설정한다. 그러한 최후의 근거 보장 개념은 기존의 실재가 충분히 복잡하다는 조건에서 생산적인 문제 떠올림으로 대체된다. 그리고 이중 우연성 개념은 사회적 체계들의 발현의 층위에서 이 문제를 보다 정확히 파악하는 데에 기여한다. 그 개념은 동시에 여기서 기존의 실재의 충분한 복잡성을 뜻하는 것에 대한 재질문의 경로를 만든다. 그 개념은 그렇게—과거에 역할 개념에서 기대했던 것과 완전히 다른 방식으로[33]—이중 우연성 경험과 문제화를 위해 충분한 생화학적-유기체적-심리적 기체의 전제들에 대한 지시와 사회적 체계들의 자기규제 이론을 조합한다.[34]

여기서 문제들이 언급될 때, 과학적인 문제화 기법이라는 인공물만 관건이 되는 것은 물론 아니다. 문제 개념, 이중 우연성 개념, 자기

---

33) 예를 들어 Ralf Dahrendorf, *Homo Sociologicus*, 7. Aufl. Köln/ Opladen 1968을 볼 것.
34) 우리는 이 측면 및 그것이 심리적 체계와 사회적 체계의 관계에 대해 가지는 귀결들을 상호침투(Interpenetration) 개념을 통해 자세히 다룰 것이다.

촉매 개념이 과학적 노력의 체계 특수 맥락에서 형성되고 여기서 그 위치와 기능을 발견하고 입증하고 계승 개념을 발견해야 하는 만큼, 그 말이 의도하는 바는 분명히 분석의 대상 영역에 있는 현실적인 사태가 된다. 즉 우리가 주장하는 바는 학문에 대해서만 문제가 있는 것은 아니라는 점이다. 실재는 자기 안에서 제기되는 문제들에 대해 선택을 통해 반응한다. 문제들은 사회적 생활의 실제 효과적인 촉매자이다. 바로 이것이 "변증법"을 통해 (어쩌면 좀 성급하게) 처리되었던 기본 사상이다. 체계이론에서는 그 기본 사상은 일단 복잡성, 자기준거, 의미 같은 개념을 통해 풍요로와지고 용어로 표현된다.

6. 이중 우연성과 사회질서의 발현

이러한 이중 우연성 사상을 자기촉매로 작용하는 문제로 간주하여 수용하면, 그것은 바로 이 기초 위에 펼쳐지는 이론 구조물에 심대한 귀결을 가져온다. 그 이론은 떠다니며 견고해진 실재, 자기 자신의 기초를 구축하는 시도를 다룬다. 그리고 이렇게 하여 그 이론은 이론으로서 독특한 느낌의 내용, 특별한 색채를 갖게 된다. 그 이론은 사회질서를 유지할 가능성을 자연에 기초할 수도, 선험적으로 타당한 규범이나 가치에도 기초할 수도 없다. 자연, 규범, 가치를 대신할 수 있는 것은 무엇일까?

17세기 이래로 이 점에 대해 일단 질서의 근거는 숨겨진 것과 인식될 수 없는 것에 분명히 있을 것이라는 생각이 제안되었다. 잠재성이 필수적인 질서의 요구일 것이라고 한다. 이 생각에 따르면, 모든 것을 조종하는 손은 보이지 않는 상태에 있는 것이다. 즉 모든 것을 매달아 놓은 사슬은 사람들이 알 수 없는 저 높은 곳에 고정되어 있다.

행위 동기들은 고유한 의도 없이 이성의 간지(奸智)로 인해 질서에 이르게 될 것이다. 이런 류의 은유들은 다른 한편 인식할 수 없는 것을 각자의 방식으로 칭송하고 규정하고 표현하기를 좋아했던 종교에 대한 타협안이기도 했다. 하지만 사회 자신은 많은 종교들 중 하나를 선택할 수 없으며, 바로 그 점 때문에 인식 불가능성이라는 일반 공식에 만족해야 할 것이다. 이 사실은 최소한 예리하고 정확하게 관찰되었다. 발견된 사회질서의 지속을 보장하기 위해 기초가 될 수 있는 어떤 합의도 사실상 필요하지 않다. 우리는 볼 수 있기 위해 굳이 망원경을 필요로 하지 않는다. 하지만 프랑스혁명 이래 그리고 산업화의 결과에서 관찰할 수 있었던 구조적 변동의 규모는 그 후 신빙성을 상실하는 결과를 낳았다. 보이지 않는 손을 교정하는 시도를 어느 정도나 할 수 있었는가? 보이지 않는 곳에 묶인 사슬에 매달린 채 교정을 시도해야 하는 입장에서, 그 사슬은 얼마나 세게 흔들어도 끊어지지 않을까?

어쨌든 태동기부터 바로 이 질문들에 집중했던 사회학은 더 이상 암흑을 가리키는 것으로는 만족할 수 없었다. 사회학에는 다른 이론이 요구되었다. 일반적으로는 베버와 뒤르켐의 연장선상에서 기본을 이루는 가치 합의, 시민종교, 정당성에 대한 믿음을 근거로 삼는다. 그 표현들은 정치적 지배를 질서의 보증자로 간주하는 강도에 따라 여러 형태를 취했다. 파슨스는 이 개념을 명시적으로 이중 우연성에 관련짓고, 그리하여 그 개념에 대해 다음과 같은 결론적인 견해를 제시한다. "이중 우연성은 행위의 규범적 지향을 함의한다. 왜냐하면 처벌과 보상이라는 타자의 반응은 타자의 '본능'이나 자아의 독창적인 선택에 대한 직접적인 행동적 반응으로서 부가되어 있기 때문이다. 타자에 의한 처벌이나 보상이 특정한 조건에서 반복적으로 드러나면, 이 반응은 자아에게는 **공유된** 상징체계의 규범들에 대한 순응이나 일탈에 대한 적절한 결과들에 대해 의미를 얻게 된다. 규범적 지향의 호혜성을 가진 그러한 체계는 논리적으로 문화의 가장 기본적인 형식이다. 대규모의 사회적 체계에서뿐만 아니라 이 기본적인 사회적 관계에서 문화는 평가 과정에 적용되는 표준(가치 지향)을 제공한다. 문화가 없다면 인성도 인간의 사회적 체계도 불가능할 것이다."[35] 대답은 명백하다. 그러나 그 대답은 우리 문제를 해결하지 못한다. 그 대답은 사회적 체계에서 그 체계가 자신의 생존 능력을 입증하려 한다면, 충분한 가치 합의와 공유된 상징체계에 대한 충분한 동의를 이끌어내어야 한다는 것을 전제한다. 이러한 동의를 실행할 가능성이 전제되는 것이다. 파슨스는 "공유된 상징체계"가 아니라 "반복적으로"라는 문구를 강조했어야 했다.

시간과 역사가 예전에 자연, 규범, 또는 가치가 안정의 보증자로서 기능했던 바로 그 이론 지점에 대규모로 등장하는 것이 최근의 이론 발전에 이미 함의되어 있지 않은지를 고려해야 하겠다. 이런 발전은 부분적으로는 (파슨스의 "반복적으로"라는 문구에서처럼) 은폐된 채, 부분적으로는 이론적으로 완전히 평가받지 못한 사실 분석, 예컨대 친밀관계의 시작이나,[36] 신뢰 검증[37]에서 사용되는 전략에 관한 보기를 통해 발생한다. 19세기는 일단 더 이상 설득력이 없는 선험성(Apriori)을 역사 과정의 방향에 대한 신뢰로 대체하려고 시도했다. 진화를 진보로 해석하면서 말이다. 이 형식에서는 시간과 역사를 기초 안정으로 대체하는 작업이 실패했다. 그러나 그렇다고 모든 가능성이 소진된 것은 아니다. 시간을 비가역성들과 가역성들을 지속적으

---

35) *Toward a General Theory of Action* a. a. O., 16.

36) 예를 들어 Murray Davis, *Intimate Relations*, New York 1973을 참조할 것.

37) Niklas Luhmann, *Vertrauen: Ein Mechanismus der Reduktion sozialer Komplexität*, 2. Aufl., Stuttgart 1973, 특히 40 이하를 참조할 것.

로 균형 잡는 선택 과정의 구조로 간주한다면,[38] 모든 선택의 기초가 선택을 통해 만들어지며 후속되는 선택 과정에서 사용되면서 견고해지며, 그래서 다시 해체하는 것이 어려워지지만 결코 완전히 불가능해지지는 않는다는 점을 즉시 인식할 수 있게 된다.

보기를 들어 설명해보자. 계약의 구속 효과는 주로 "계약은 지켜져야 한다"(pacta sunt servanda)는 사실을 규정하는, 규범이라는 기초의 관점에서 논의된다. 그러한 규범이 무조건 안정적이라는 점을 논증하는 작업의 어려움은 대역을 내세우는 결과를 낳는다. 뒤르켐은 그 자리에 사회라는 도덕적 사실을 내세웠고, 켈젠은 기본 규범의 인식론적 가설을 내세웠다. 토대의 정초 능력에 거는 기대들은 변화하지 않았다. 자기준거적 체계이론은 바로 이 관점에서 비로소 어떤 재배치를 강요하고 있다. 계약의 법규범으로서 "타당한" 것은, 상호간에 서로를 용인하고 이용하며, 서로를 구축하며 대안을 만들어내면서 스스로를 구속하는 선택들을 상호 조율하기를 위한 틀-조건일 뿐이다. 그렇게 되기 위해서 그 틀-조건은 시간을 필요로 하며 그래서 시간을 소유한다. 상징적 상호작용론에서는 여기서 "협상된 질서" 또는 "협상된 정체성들"[39]이라는 말을 한다. 이것의 필수 조건은, 모든 선택이 우연한 것으로서 경험되고 시간적 순서가 만들어져서, 선

---

38) 위 206-207 참조할 것. 그밖에 더 상세한 논의로는 Niklas Luhmann, "Temporalstrukturen des Handlungssystems: Zum Zusammenhang von Handlungs- und Systemtheorie", in Niklas Luhmann, *Soziologische Aufklärung Bd. 3*, Opladen 1981, 126-150을 참조할 것. 그밖에 이 점에 관해 중요한 개념으로 "시간 구속"(time binding)이 제안되었으며, 언어와 관련하여 Alfred Korzybski, *Science and Sanity: An Introduction to Non- aristotelic Systems and General Semantics*, Neudruck der 3. Aufl. Lakeville Conn. 1949에 의해 발전되었다.

39) 예를 들어 Arthur Brittan, Meanings and Situations, London 1973, 26, 147 이하를 참조할 것.

택들이 각자의 시간 지점에서 보아 미래 및 과거로 간주되는 것을 선취하고 소급하면서 서로를 번갈아 규정해나갈 수 있다는 점이다. 구속의 기초는 우연과 시간, 그 둘이 함께 만들어낸다. 그리고 계약은 (다른 종류의 결집들과 구분되는 중) 우연과 시간의 결집을 가능케 하는 형식이다.[39a]

더 추상적으로 정식화하면, 시간은 단순히 자신이 어떤 상태를 다른 상태로 이끄는지를 규정한다는 점에서 인식될 수 있고 계산될 수 있고 만들어질 수 있고 반복될 수 있는 운동의 척도가 아니다. 시간은 단순히 자연법에 의존하는 연대기도 아니다. 시간은 또한 과정들이 일반적으로 도달하는 해피엔딩과 관련하여 조직되어 있는 것도 아니다. 시간은 단순히 목적론이 아니다. 시간은 선택의 질서와 관련하여 볼 때 자기준거의 비대칭화이다. 그리고 시간은 사회적인 영역에서 이중 우연성이 어디서 경험되든, 비개연적 질서가 거의 필연적으로 생성될 수 있도록 하기 위해, 사회적 행위의 영역 내에서 사회적 행위의 이중 우연성을 그 우연성 안에서 작용하는 자기준거들을 동원하여 시간화한다.

시간의 적실성에 대한 이 통찰은 추가 고려를 통해 이중 우연성 문제에 한 번 더 묶인다. 이중 우연성은 일단 대칭적인 형식, 즉 양측에게 원칙적으로 동일한 불안정의 형식으로 주어진다. 이중 우연성은 대칭으로서 자기 자신에게 되돌아가는 문제이다. 타자는 타자적 자아(alter *Ego*)이다. 고타르트 귄터(Gotthard Günther)를 인용하자면, "타자"(das Du)는 주제를 되돌려 놓으면 언제나 자아(das Ich)'이다'."[40] 그러나 그는 타자일 뿐만 아니라, 그 역시 **타자적 자아**(*alter*

39a)더 정확한 분석을 하려면 상호침투 개념을 전제해야 할 것이다. 우리는 이것을 제6장 4절에서 다시 다룰 것이다.

40) *Metaphysik, Logik und die Theorie der Reflexion* (1957), Gotthard Günther, *Bei-*

284

Ego)이기도 한다. 우리는 그의 시간적인 지역화를 최대한 활용한다면, 그의 행위를 앞지를 수 있고, 연결할 수 있다. 문제는 대칭적으로 제기되고, 문제 해결은 비(非)대칭화를 통해 개시되며, 그러면 합의 또는 이의가 결과들, 즉 재(再)대칭화들이 된다. 재대칭화들은 다시 양 편에 대해 같은 방식으로 합의 또는 이의가 된다.

7. 이중 우연성과 사회질서의 유지

이중 우연성이 필연적으로 사회적 체계의 형성에 이르고 그런 의미에서 (촉발로서만 작용하는 것이 아니라) 지속 문제로서 자기 촉매로 작용한다는 명제는, 체계경계의 보기에서 이론 비교의 형식을 빌려 더 설명되어야 하겠다. 우리는 사회적 경계설정(soziale Begrenzung)에 관한 짐멜의 보론[41]을 출발점으로 택할 것이다. 이 보론의 시작 부분에서부터 다음과 같은 테제가 발견된다. "동일한 대상을 이루는 두 요소들의 관심이 같은 대상에 타당한 어떤 경우나 그 요소들의 공존 가능성은 그 대상 안에 있는 경계에 의해 영역들이 구분된다는 데에 달려 있다." 짐멜에 따르면, 사회적 관계의 용인과 함께 언제나 경계설정 과정도 작동한다. 그러나 그가 말하는 경계는 사회적 체계를 체계의 환경으로부터 분리하는 것이 아니라, 차이에 따

träge zur Grundlegung einer operationsfähigen Dialektik Bd., Hamburg 1976, 31-74 (67)의 신판. 귄터는 여기에서부터 무한 반복을 피하기 위해 성찰 양식을 중단시킬 필연성을 추론한다. 우리는 그 대신 실제적인 체계들의 자기 비대칭화로 불릴만한 어떤 것을 목표로 삼을 것이다.

41) Georg Simmel, *Soziologie: Untersuchungen über die Formen der Vergesellschaftung*, 2. Aufl. München 1922, 467-470.

라 대상을 둘로 나눈다. 나의 영향 영역/너의 영향 영역, 나의 권리들/너의 권리들, 내가 볼 수 있는 면/네가 볼 수 있는 면으로 나누듯이 말이다. 즉 상호작용은 테니스 경기를 하는 것처럼 경계 위를 넘나들며 형성된다. 공동 영역은 다소간 넓게 진을 칠 수 있다. 각자가 상대방의 특성 안으로 많든 적든 파고 들어갈 수 있다. 그러나 궁극적으로는 다른 사람의 친밀 영역은 보호되어야 하고, 고유성과 비밀에 대한 그의 권리는 인정되어야 한다. 즉 암흑상자는 도덕적 원칙으로서, 달리 말해 "정신적 존재의 사적 소유"[42]로서 인정되어야 한다.

이러한 해석은 체계이론적으로 말하면, 심리적 체계의 체계준거만 고려한다. 사회적 체계의 고유한 세계는 보이지 않는다. 이중 우연성 정리가 없기 때문이다. 이중 우연성 문제와 그 문제를 통해 작동된 선택이 촉매로 작용하는 조건에서는 전혀 다른 경계가 생성된다. 그 경계들은 개인들을 나누고 결합하는 것이 아니다. 그 경계들은 사회적 체계의 고유 영역을, 그렇게 구성할 경우 이 체계에 대해 환경이 되는 것과의 관계에서 구성한다. 이중 우연성 문제의 해결에 기여하는 것은 늘 체계에 속한다. 입증이나 후속 선택에 관련되는 것이 무엇이든 그것은 체계 자체에 귀속된다. 다른 모든 것 ─무엇보다도 우리가 전혀 말하지 않았던 거대한 의미 집합─은 일괄적으로 환경에 할당된다. 그래서 정당은 그 당원들이 아침 저녁으로만 양치질을

---

42) 반대의 경우도 생각해볼 수 있다. 즉 개인이 집합 안에서 완전히 참여하기를 원하지만, 부분적으로만 인정되고 수용되는 경우이다. 그리고 이것은 또한 짐멜이 자신의 고유한 이론에서 스스로 독일계 유태인으로서 등장하는 사례일 것이다. "개인과 집단 간에 이러한 관계가 형성되는 데서부터 가끔씩 비극이 만들어질 수 있다. 그 비극은 그 집단이 개인을 자신에게 귀속시키는 범위를 제한하며, 이 개인 안에서 상응하는 경계 설정이 이루어지지 않고 그 개인이 부분적인 소속성만을 인정할 수 있는 정도까지만 자기 스스로 그 집단에 소속된다고 느낄 때에 만들어질 수 있다"(a. a. O., 468).

하는지 아니면 낮에도 양치질을 하는지에 대해서는 관심이 없다. 정당은 나뭇잎이 어째서 녹색인지에도 관심을 기울이지 않으며, 우리가 평형 상태를 유지하도록 태양이 어떻게 도와주는지에 대해서도 신경 쓰지 않는다. 사회적 체계는 자신의 의미경계를 다소간 개방적이고 융통성 있게 정의할 수 있지만, 그렇다면 주제들을 수용하거나 거부하는 데에 도움을 주는 선택 규칙을 의미경계 안에서 규정해야 한다.

소통의 진행에서 자아의 선택이 타자의 선택에 연결되는 것을 통해, 수용 가능한 것과 기대 가능한 것의 영역이 농축되면서, 의미 세계를 가로지르며 그 세계의 의미경계가 그어진다. 심리적 체계들은 소통 체계에서 후속 선택을 위한 준거점으로 기능하는 인물, 즉 기대 콜라주(Erwartungskollagen)가 된다. 그것은 심리적 체계에 알려진 것보다 더 많은 것을 포함하기도 더 적은 것을 포함하기도 한다. 그러나 그 밖의 의미 재고들은 소통 체계에서 입증된 조직적 이념들(Ideen)의 척도에 따라 그때마다 일부만 취한다. 서적은 거실의 장식물이 될 수도 있고, 출판물, 도서관의 장서, 또는 특정한 과학 분과의 소통 주제가 될 수도 있다. 자연보호는 관할부서가 농림부, 내무부 또는 교육부가 되는가에 따라, 그리고 담당자가 산림감독관, 경찰관 또는 조경기사인지에 따라 매우 상이한 의미를 가진다. 그 다음에는 처리된 이중 우연성은 소통의 촉진제로서 작용하는 동시에 소통의 장애로 작용하기도 한다. 그리고 그러한 경계들의 견고성은, 완전히 미규정된 우연들의 재허용은 기대 불가능성에 속한다는 점을 통해 설명될 수 있다. 기대 가능성의 영역을 넓히거나 좁히는 것으로 경계의 위치를 여전히 바꿀 수 있다. 그러나 체계가 일단 어떤 역사를 가지게 된 이후에는, 경계의 이동은 일정한 시점에서만, 규정된 주제에 대해서만, 예외적으로만 고려될 뿐이다.

8. 신뢰와 불신

이중 우연성의 가장 중요한 결과 중 하나는 신뢰(Vertrauen) 또는 불신(Miβtrauen)의 발생이다.[43] 신뢰 또는 불신은 이중 우연성 상황에의 관여가 특별히 위험을 감수하는 것일 때 발생한다. 다른 사람은 나의 기대와 다르게 행동할 수 있다. 그리고 그는 내가 무엇을 기대하는지를 자신이 아는 바로 그때, 그리고 자신이 알고 있다는 바로 그 이유 때문에, 나의 기대와 다르게 행동할 수 있다. 그는 자신의 의도를 불분명한 상태로 두거나 기만할 수 있다. 이런 가능성이 언제나 사회적 관계를 포기하도록 강요한다면, 사회적 체계는 거의 형성되지 못하거나 아주 제한된, 단기적인 의미에서만 형성될 것이다(예를 들어 원시 사회의 주변부에서 미지의 사람들과 왕래할 때 바로 여기서 그 다음에 "손님"이라는 신뢰 제도(Institution)가 형성된다). 사회적 체계의 형성이 늘 현존하는 두려움의 문턱을 넘어서야 한다면, 그에 부합하는 "그런데도"(라는) 전략들이 필요해진다. 이 경우에 신뢰할 수 있느냐 불신하느냐가 관건이 된다. 그리고 불확실성 경감의 최초 전략은 신뢰 또는 불신을 선택하고, 그리고 단 하나의 행동 기초에 의거하지 않는 것이다. 그 문제는 신뢰/불신에 대한 규정된 선택적 민감성과, 신뢰에서 불신으로의 전환 가능성을 동시에 도입하는 차이를 통해 해결된다.

신뢰는 보다 넓은 사정 범위를 가지는 불확실성 경감 전략이다. 신뢰하는 사람은 자신의 행위 잠재성을 현저하게 확대한다. 그는 불확실한 전제들에 의거할 수 있고, 이를 행하는 것을 전제로 확실성의

---

43) 이에 관해 상세하게 Niklas Luhmann, *Vertrauen*, a. a. O.을 볼 것.

가치를 높인다. 왜냐하면 입증된 신뢰의 기만은 곤란하기 때문이다 (물론 신뢰는 사회적 표준에 비추어 근거 없는 경솔함일 경우 더 이상 타당하지 않다.) 그래서 보다 큰 조합의 여지, 즉 자신의 행동 선택에서 더 많은 합리성을 손에 넣을 수 있다. 불신은 매우 제한적인 (그러나 여전히 확장하는) 전략이다. 만일의 사태에 대비하고 있다면, 이를테면 제재를 알고 있거나 손해에 대한 보험을 들어야만 위험을 감수한다.

질서 성과의 범위에서 나타나는 신뢰와 불신의 차이는 신뢰 자체를 불신으로 전환하라고 종용하면서, 그 전환에 대한 민감한 통제를 통해 신뢰를 보호하여 유지한다. "맹목적인" 신뢰는 우둔한 짓이며 달갑지 않은 해로운 일로 간주된다. 신뢰의 남용이나 지금까지 간과된 속성을 암시하는 경미한 징후가 나타나면, 그것은 종종 인과관계를 근본적으로 변화하도록 환기하기에 충분하다. 그리고 이것을 알게 되면, 다시금 신뢰에 기초한 사회적 체계가 안정화된다. 불신에서 신뢰로의 이행이라는 역(逆)진행은 전혀 별개의 문제를 해결해야 한다. 그러한 진행은 갑작스레 일어나지 않고, 일어나더라도 점진적으로만 일어난다. 그 진행은 (예를 들어 법 같은) 추가적인 지지에 의존한다. 여기서는 바로 내리막을 향하지 않고, 더 복잡한 사회질서의 방향으로 힘겹게 오르막을 오른다.[44)

따라서 사회적 체계의 이중 우연성에서 자기발생(Autogenese)하는 전형적인 특징은, 바로 신뢰와 불신의 사례에서 조사될 수 있다.

---

44) 종교적인 내란들의 말기에 정치적 신뢰를 긴급하게 얻은 점에 대해서는 Hippolythus à Lapide, *Dissertatio de ratione status in Imperio Nostro Romano-Germanico*, Freistadt 1647, III, 4., 549 이하를 볼 것. 이 역사상의 사례는 동시에 호소를 통해 문제가 해결될 수 있었던 것이 아니라, 공법을 통해서만 해결될 수 있었다는 점을 보여준다.

신뢰와 불신이 이중 우연성의 영역에서만 나타날 수 있다는 점이 특히 중요하다. 즉 불신과 신뢰는 일반적인 인생 낙관론이나 인생 비관론, 질병이나 그 밖의 불행에 대한 두려움, 신뢰 대상의 선호 등과 혼동될 수 없다. 신뢰는 우연적으로, 즉 자발적으로 입증되어야 한다. 따라서 신뢰는 요구될 수도 없고 규범적으로 처방될 수도 없다. 신뢰는 불신의 가능성을 인정할 때만 그 사회적 기능의 가치를 가질 수 있고, 반대 경우인 불신의 부정에 근거할 때만 그 사회적 기능 가치를 거부할 수 있다. 나아가 바로 여기서 사회적 관계를 구축하는 시간 구조와 구축의 연속이 중요하다. 처음에는 경미한 위험을 무릅쓰면서 사회적 관계를 시작하고, 그러한 신뢰의 보증을 통해 사회적 관계들이 확립된다. 그리고 신뢰의 보증은, 한 쪽의 신뢰가 다른 쪽의 신뢰를 근거로 삼을 정도로 양 쪽에서 필요로 할 때 용이하다.

그러나 신뢰는 특히 신뢰 자체를 전제하면서 확증하는 순환적 성격, 즉 이중 우연성에서 성립하는 모든 구조에 고유한 특징을 가진다. 신뢰는 체계 형성을 가능케 하며, 그리고 그 체계 형성에서 다시 신뢰를 강화하는 위험한 재생산을 위한 힘을 획득한다.[45] 바로 그 때문에 신뢰는 상징적 안전장치에 의존한다. 신뢰가 비판적인 정보에 반응하는 것은, 그 정보가 보고하는 사실들 때문이 아니라 신뢰 가치를 나타내는 지표로서 기능하기 때문이다.

'신뢰/불신-증후군'은 이 모든 특징들로 인해, 한편으로는 사전에 통제되지 않은 위험을 무릅써야 하거나—또는 바로 그런 협동 작용을 거부해야 하는—특별한 상황에서만 중요해지는 특수 사실이다. 그러나 근본적으로 이중 우연성을 지닌 모든 상황은 이러한 특성을

---

45) 이에 관해서는 교환 관계를 다룬 Peter M. Blau, *Exchange and Power in Social Life*, New York 1964, 94, 97 이하, 112-113, 315를 볼 것.

가지고 있다. 왜냐하면 모든 상황은 항상 자기규정들, 즉 다른 사람이 상황에 부합하게 스스로를 구속하기 전에 자신을 구속하는 자기규정들에 계속 자신을 내맡긴다는 것을 함의하기 때문이다. 이런 점에서 신뢰는 보편적인 사회적 사실이다. 신뢰가 사회적 사실이라는 점은 기능적으로 등가적인 확실성 전략과 상황들이 거의 선택의 자유가 없는 상황, 예컨대 법과 조직의 영역[46]에 있다는 것에 의해 은폐된다. 그러나 법과 조직에서도 통상적인 행동 규제들이 흔들린다면 일종의 여분의 확실성 기초로서 신뢰가 요구될지도 모른다. 단지 신뢰보다 불신을 더 빈번히 취하는 것은 신뢰를 배우고 시험해볼 기회가 결여되었기 때문이다.

9. 이중 우연성과 자기준거의 연관

우리는 이제 이중 우연성이라는 보편 주제로 되돌아간다. 이중 우연성의 상황, 그리고 이어서 그 상황으로부터 생성되는 모든 질서에도 분명히 자기준거적인 사태가 존재한다. 의식에 기초한 주체이론은 이 점을 간과했고, 그 때문에 여기서 "자기"가 뜻하는 바를 개념적으로 파악할 때 결정적인 양가성들을 밝힐 수 없었다.

이중 우연성과 자기준거의 연관은 '자아/타자적 자아(alter Ego)-구도'를 통해, 정확하고 엄격한 의미에서 확실해진다. 자아가 타자를 타자적 자아로서 체험하고 바로 이 체험 맥락에서 행위를 하면,

---

[46] Michel Crozier, *Le phénomène bureaucratique*, Paris 1963, 298에서는 다음과 같이 논평한다. "독자적인 합의를 참조할 수 없는 체계에서 누군가를 신뢰할 방법은 없다." 신뢰 소멸의 원인으로서의 노동 지향에 관해서 Rudolf Schottländer, *Theorie des Vertrauens*, Berlin 1957, 38-39도 참조할 것.

자아가 자신의 행위에 부여하는 모든 규정은 자기 자신을 역(逆)지시한다. 그러한 모든 규정은 타자에 의해 반영되는데, 이것은 실제로 그럴 뿐만 아니라 자아의 기대에서도, 즉 규정 자체에서도 그러하다. 행위는 자신의 의도의 실행으로 알 뿐만 아니라, (대개 일차적으로!) "널 위해", "너에 대항하여", "너보다 먼저"의 의미로서, 지각을 위해 규정된 것으로서, 기록의 의도로서 이해되어서는 안 될 자체의 의도의 기록으로 알고 있다. 이때 참여한 인물들과 그들의 도덕과 명망이 얼마나 효과적으로 작용하는지는 부차적인 질문이다.[47] 인물들은 그 자체가 늘 이미 상당히 집적된 자기준거들이다. 일단은 그리고 다른 모든 것보다 먼저 기초적인 자기준거적 규정 과정이 개별 행위들의 층위에서 시작한다. 여기서 관건이 되는 그리고 역지시 대상이 되는 "자기"(selbst)는, 자신의 의미를 규정했고 이 순간에 포착되고 이 상황을 함께 고려하는 바로 그 행위이다. 기초적 자기준거는 행위를 비로소 구성하는 의미 규정의 과정으로 이런 방식으로 늘 미리 구축된다. 체계들을 형성하는 요소들이나 요소 사건들은 그러한 자기준거가 없이는 전혀 성립할 수 없다. 그것들은 자기준거적으로 구성되며, 이 토대에서 비로소 자신들의 구조 구축 가능성들과 세련화의 잠재력들을 발전시킨다.

그러므로 일차적 자기관련은 선택적인 조합을 위해 만들어지고 사용 가능하도록 제공되는 요소들의 자기관련이다. 하지만 이러한 자기준거는 타자적 자아(alter Ego)를 통해 진행되기 때문에, 즉 이 규정된 행위를 직접 실행하지는 않는 사람을 통해 매개되기 때문에, 자기준거의 다른 층위, 즉 기초적 자기준거를 비로소 가능케 하며 이

---

47) 이러한 성찰된 자기준거의 세밀함에 관해서는 Erving Goffman, *The Presentation of Self in Everyday Life*, 2. Aufl. Garden City N.Y. 1959을 볼 것.

방식으로 행위 진행에 직접 참여하는 사회적 체계로의 관련이 항상 함께 작용한다. 따라서 한편으로는 행위가 타자적 자아의 관점에서 자기 자신을 통제한다는 사실이, 다른 한편으로는 행위가 바로 이러한 통제가 발생하는 사회적 체계에 귀속된다는 사실이 자기준거에 속한다. 자기준거적 행위연관들의 구성을 통해 사회적 체계의 자기준거, 즉 이중 우연성의 타당성 영역과 확립, 그리고 그 영역의 사실적, 시간적, 사회적 경계들이 동시에 형성된다. 그 경우에 사회적 상황에의 참여자로서 우리는 어쩌면 여전히 자폐적으로 행위할 수도 있지만, 겉으로 보기에만 자폐적이며 그 두 가지 자기준거적 순환을 함께 파악하면서 행위한다. 첫째로는 그 행위 자체를 (의도했든 아니든!) 과시의 방향으로 변형하고, 둘째로는 이 행위를 사회적 체계에서 어떤 특정한 위상을 획득하고 그에 대한 반응들을 유발하고 체계의 역사를 만들고, 그렇게 해서 그 행위 자체를 통제에서 벗어나게 한다. 그런 식으로 기초적 자기준거는 사회적 자기준거의 구성조건이 되며, 그 역 또한 마찬가지이다. 다시 말해 요소들은 체계에서만 요소들이라고 말하는 것과 다르지 않다.

이중 우연성 문제가 제기되는 한, 그 문제의 모든 효과는 이러한 두 가지 자기준거적 순환을 거쳐 작동하며 그 두 가지 순환을 서로 접속시킨다. 이때 이 자기준거의 두 가지 우회 형식은 타자적 자아를 통해서 그리고 사회적 자아를 통해서 서로를 통제하고 교정한다. 이것을 더 분명하게 인식하려면, 이중 우연성 문제는 어떤 자기준거의 관점에서 보이는가에 따라 상이하게 파악된다는 점에 주목해야 한다.

미규정적인 행위 의도들이 여전히 대립한다는 데서 출발한다면, 기초적 자기준거는 행위 의도들에 대한 규정의 기능을 획득할 수 없다. 왜냐하면 기초적 자기준거는 타자적 자아의 관점에서 보면 그 행위 의도를 미규정된 것으로 흘리면서, 미규정된 것으로서 자아 자신을 역지시하기 때문이다. 처음에는 그리고 특히 그 다음에는, 행위의 단락(短絡)된 기초적 자기준거를 중단하느냐 확장하느냐가 관건이다. 자아는 타자가 어떻게 행위할지 알지 못한 채 행위할 수는 없다. 그리고 역으로 타자도 마찬가지 이유로 행위할 수 없다면, 체계는 너무 적게 규정되어 있고, 그로 인해 작동이 되지 않는다. 하지만 그것은 또한 의미체계들이 거의 임의적인 모든 행위 규정에 대해 고도로 민감하다는 뜻이다. 이런 상황에서 이중 우연성은 시간적 차원에서 보면 의미체계 구축의 가속 장치로서 작용한다. 모든 시작은 쉽다. 낯선 사람들은 처음에는 서로에게 가장 중요한 행위 기초인 상황 정의, 사회적 지위, 의도 등을 번갈아가며 신호한다. 이와 함께 의미체계의 역사는 시작하며, 그 역사는 우연성 문제를 활용하고 재구성한다. 그 때문에 체계는 스스로 만들어낸 실재와의 논쟁을 갈수록 중시한다. 즉 체계는 그것을 만들어내는데 사람들이 참여한 사실들과 기대들을 취급하는 것을 중시한다. 그리고 그런 사실들과 기대들은 미규정된 시작보다 행동의 여지를 더 많거나 또는 더 적게 규정하는 것이 관건이다. 이중 우연성의 자기준거는 그렇게 되면 더 이상 자신의 원초적인 순환적 미규정성으로 주어지지 않는다. 이중 우연성의 자기준거는 탈(脫)동어반복화된다. 즉, 이중 우연성의 자기준거가 우발을 포섭하는 것은 그 일을 통하여 발전하고, 지금 규정되거나 규정 가능한 것에서 '다르게도-가능한-것'(Auch-anders-möglich-sein)으로서 나타난다. 그와 함께 사회적 체계의 요소인 행위의 자기준거인 두 번째 자기준거가 활동을 시작한다. 행위는 사회적 체계의 요소로서의 자신의 기능으로부터 행위의 선택적인 규정성을 획득하는 것과 동시에 다른 행위의 제한된 가능성을 획득한다.

따라서 이중 우연성 문제의 두 가지 상이한 틀이 유예되고 중첩되며 서로 보완한다. 하나는 미규정성을 끌어들이는 단락(短絡)을 선택하는(Kurzschlüssige) 틀이며, 다른 하나는 조건화들과 제한된 대안을 고려하며 체계의 사전 규정에 의존하는 구조화된 틀이다. 이 두 틀은 체계가 전개되는 과정에서 자신들의 주도적 역할을 바꿀 수 있다. 하지만 이미 구조화된 체계가 미규정성을 재생산해내거나 기대 불가능의 상태로까지 되돌아가기란 대체로 어렵다. 이것은 특히 구조 구축을 위해 체계의 역사가 사용되고 시간이 비가역적으로 경험되기 때문에 어려워진다. 따라서 미규정성의 재생산에는 모순(Widerspruch) 형식이 필요하다. 그 모순 형식은 무역사성으로 되돌아가지 않고, 지금까지의 것에 이어지는 어떤 것에 대한 불확실성을 만들 뿐이다. 이 점에 대해서는 제9장에서 다루겠다.

열린 형식으로부터 구조화된 형식으로의 쟁점 전환은 모든 이중 우연성에 있는 자기준거를 운행 선로로서 사용한다. 그런 점에서 바탕에 깔린 쟁점은 같다. 하지만 그런 쟁점 전환은 우발로 인한 자극 가능성을 점점 경감시켜서, 그 가능성을 구조의존적인 문제 상황들로 대체한다. 체계는 임의적인 것에 대한 개방성을 상실하고 규정된 것에 대한 민감성을 획득한다. 그럼으로써 환경과 체계가 분화된다. 환경과 체계는 더 이상, 불충분한 규정 상태 그리고 가능한 모든 것에 대한 개방성으로서 거의 일치하는 조건에 있지 않다. 오히려 체계는 자신의 고유한 선택 역사가 함께 작용한다는 사실을 통해, 많은 것이 가능하지만 그 중 일부만 중요해지는 환경을 얻는다. 외부를 향해서는 환경 지평들, 즉 그 밖의 세계를 대변하며 체계가 전념하는 주제들과 대상들의 배경이 되는 환경 지평들이 생성된다.[48] 내부를

---

48) 이에 관해서는 Karl E. Weick, *The Social Psychology of Organising*, Reading Mass. 1969, 63 이하의 "규정된" 환경 개념을 볼 것.

향해서는 이중 우연성이 내부 지평, 즉 다르게도 가능한 행위 가능성들을 결국 수용하고, 체계 내에서 보완적인 행동 조정을 할 때 늘 사전에 허용된 일상적인 기대들의 배경이 되는 내부 지평은 유지된 채로 있다. 하지만 현재 시점에서 허용되어야 하는 문제들은 이 기대들, 기대들의 불일치, 기대들의 환경의존적인 변이들, 기대들의 실망들을 통해 규정된다. 출발 상황의 개방성은 구조 투사나 실망 위험으로 변형된다. 그리고 이 변형은 환경과 관련해서도, 체계 자체와 관련해서도 일어나지만, 둘 다 다른 방식으로 일어나며 그래서 체계 자체 내에서 체계와 환경이 구분되어야 한다.

우리는 위와 동일한 사태를 조건화(Konditionierung)라는 체계이론적 개념을 통해 파악할 수 있다. 연관관계를 어떻게든 조건화하지 않으면 체계 형성은 불가능하다. 오직 조건화를 통해서만 가능성들의 영역을 다른 것과 구분하여 규정할 수 있기 때문이다.[49] 하지만 순수한 이중 우연성은 잘못된 추론으로만, 즉 그 자신이 자아에 대한 역(逆)지시를 통해 규정되는, 타자에 대한 지시를 통해서만 조건화된다. 그러한 체계에서는 조건화에도 불구하고 모든 것이 가능할 것이다. 가능성 공간들의 경계를 획정짓는 조건화의 기능이 충족되지 않았을 것이다. 그것은 완전히 폐쇄적 체계였는데, 동시에 자신의 가능성들을 제한하도록 도와주는 모든 후속 조건화에 대해서는 완전히 개방적 체계이기도 하다.

따라서 이중 우연적 조건화에는 후속 조건화들에 민감하게 만드는

---

49) 그것이 애슈비(Ashby)가 "조직" 개념을 가지고 정식화하려는 개념이다. W. Ross Ashby, "Principles of the Self-Organizing System", in: Heinz von Foerster/George W. Zopf (Hrsg.), *Principles of Self-Organization,* New York 1962를 볼 것. Walter Buckley (Hrsg.), *Modern Systems Research for the Behavioral Scientist: A Sourcebook,* Chicago 1968, 108-118 (108-109) 재판본.

기능만 있다. 그러한 조건화는 우발에 대한 민감성을 만들고 그와 함께 진화를 진행시킨다. 이중 우연적 조건화가 없다면 사회문화적 진화도 없을 것이다. 우리는 (자연법 이론에서 말하는 "자연 상태"(status naturalis)-논거를 반박하듯이) 이중 우연성의 그러한 순수 상태란 결코 있을 수 없으며 역사상 있었던 적도 없다고 반박할 수 있다. 개인들이 어떤 전제도 없이, 어떤 종류의 기대도 없이 서로 만나는 경우는 전혀 없다. 그리고 그들은 오직 행동 유형에 의거하여 그리고 기대에 의거하여, "다르게도 가능함"이라는 의미에서의 우연성을 체험할 수 있다. 그러나 이런 이의는 사회가 자신의 재생산에서 자신을 전제해야 하는 자기생산체계라는 것을 입증할 뿐이다. 이중 우연성으로서 경험되고 재생산되는 것은, 끊임없이 대체되는 조건에서 시간적인 기본적 사건들에 기초하여 지속적인 재생산을 위해 불가결한 바로 그 자유도들이다.

조건화 개념에 힘입어 호혜성(Reziprozität) 문제도 궁극적으로는 새롭게 이해될 수 있다. 최근의 사회학에서도 호혜성은 자주 기본 개념으로 사용되거나 사회성의 조건 그 자체로서 간주되기도 한다.[50] 그러나 (분명히 널리 확산된) 조건화의 특수 사례에만 관심을 둔다. 그 특수 사례는 한 사람의 성과가 쌍방성의 조건에서 다른 사람의 성과에 의존하도록 만들어진다. 즉 이중 우연성이 이중의 조건화로 환원된다. 그것은 그 자체로 많은 장점, 이를테면 신속하게 이해될 수 있는 장점이 있다. 그러나 보다 복잡한 사회들이 발전해 나오는 과정에서 많은 단점들이 드러났으며, 장점들도 사회의 구조가 변화하면 단점으로 전락할 수 있다. 그래서 상호성은 기여에 대한 계층 특수적

---

50) 예를 들어 Arthur Brittan, *Meanings and Situations,* London 1973, 특히 33 이하를 참조할 것.

평가에 상당히 개방되어 있다. "위에서 아래로의" 성과는 "아래에서 위로의" 성과에 비해 더 좋은 평가를 받는다. 그것은 호혜성을 계층화된 사회들의 요구에 적응할 수 있게 만든다. 그런데 기능 체계들이 분화되면, 그것은 장애요소가 된다.[51] 그렇게 되면 호혜성의 일반 규범은 걸러져야 하는데,[52] 그럼에도 행위 규정의 많은 경우에는 더 이상 들어맞지 않는다.

10. 이중 우연성에서 선택 문제: 선택 영역들의 선택으로서의 이중 선택

우리는 여기서 암시된 주제, 즉 구조 개념과 기대 개념을 제8장에서 상세히 다시 다룰 것이다. 여기서는 이중 우연성이 절합(artikuliert)되고, 그로써 그 개념이 변화한다는 사실과 변화하는 방식에만 관심을 기울인다. 그 이유는 결국 다음과 같다. 그러한 우연성 경험의 지평에서는 발생하는 모든 것이 선택으로서 발생하며, 다른 선택들이 그 상황을 허용할 때 그리고 허용하는 한에서 구조 형성적으로 작용한다.

---

51) 예를 들어 "주권"이 호혜성에 묶여 있다면, 이것은 개인의 견해에 따라 자기 기여를 제대로 해내지 못할 때에는 복종의 끊임없는 해지를 결과할 것이다. 이 문제는 계층과 관련된 자기의 기여를 과대평가한다고 해도 더 이상 해결될 수 없으며, 그것에 좌우되는 것도 아니다. 예를 들어 Jean de Silhon, *De la certitude des connaissances humaines*, Paris 1661, 특히 203 이하를 참조할 것. *Reziprozität als oberste moralische Regel der Gesellschaft* a. a. O., 111 이하에도 불구하고 말이다.

52) 예를 들어 Alvin W. Gouldner, "The Norm of Reciprocity: A Preliminary Statement", *American Sociological Review 25* (1960), 161-178 (171-172)을 참조할 것.

말하자면 이중 우연성의 분석은 선택이라는 주제로 되돌아온다. 앞선 두 장에서 이미 이 주제를 도입했다. 복잡성 개념의 해명도 의미 개념의 해명에서도 일종의 선택 강제가 부각되었다. 접속될 요소들이 개수가 사소하지 않을 때는 언제나, 그리고 복잡한 것이 의미의 형식으로 경험될 때에는 언제나 선택의 필연성이 생겨나며, 실현되는 모든 것의 사실적인 선택성이 생성된다. 선택으로서 의식되든 그렇지 않든, 관계화 및 그때마다 현재적으로 주어진 의미 속에서 보여진, 다른 것에 대한 지시 가능성들의 총체 중에서 선택이 실행된다. 복잡한 것 및 유의미한 것을 변이의 관점에서 고찰할 수 있게 만드는 개별 입장을 전제하면, 이러한 주장을 할 수 있다. 이중 우연성의 분석은 그러한 분석을 넘어서는데, "상호주의적"(mutualistisch) 구성 또는 "대화적" 구성으로서 일반 체계이론을 설명할 때 이미 시사했던 것을 기초로 하여 논의한다. 이제 질문은 이중 우연성을 전제할 수 있다면 무엇을 추가로 알아낼 수 있는가, 더 정확히 말하자면 선택과 선택 연관에 관해 무엇을 알아낼 수 있는가 하는 것이다.

선택들을 위한 귀결들은 두 관점으로 요약할 수 있다. 첫째로는 선택 연관관계들이 개별 선택 안에 설치된다. 왜냐하면 모든 자아는 자신의 타자적 자아(alter Ego)의 타자로서 기능하며 이것을 함께 고려하기 때문이다. 이것은 결코 합의나 선택 연관관계들의 상호 일치에 대한 사전 보증이 아니다. 왜냐하면 우리는 투사에서 잘못 판단하거나 고의적으로 갈등 상황을 허용하거나 관계 파기를 추진할 수도 있기 때문이다. 선택 안에 선택 연관관계들을 구축한다는 것은, 선택 연관관계 자체가 선택될 수 있다는 전혀 다른 관점에서 효과를 만들어낸다. 이것이 두 번째 관점이다. 선택은 이중 선택적이다. 선택은 선택을 기다리는 가능성들 중에서 (다른 선택이 아니라) 바로 이 선택을 선택한다. 그리고 선택은 하나의 가능성 영역, 선택의 "원천"(Woraus)

을 선택한다. 이 선택의 원천에서 비로소 규정된 선택권들에 대한 분명한 경향이 드러나는, 규정 가능한 여러 대안들이 부각된다.

이러한 이중 선택성이 체계이론에서 처음으로 언급된 것은 아니다. 좀 오래 전에 어떤 저자가 구체적으로, 특별히 궁정 복무와 관련하여 그리고 일반적으로 우정과 관련하여 "숙련된 필요"(necessità cercata)라고 말할 때,[53] 그는 바로 다음을 의도한다. 접촉 범위가 자유롭게 선택되고 그 범위 안에서 우리는 상호 적응에 내맡겨져 있는데, 그 범위를 포기하려 한다면 오직 통째로만 포기할 수 있다. 그리고는 다음번에는 똑같은 상황에 놓일 뿐이다. 이것이 언어로 표현된 생명의 경험이며 바로 그 점에서 설득력을 가진다. 이 논점을 이론적 맥락으로 옮기면 개념적 초안을 위한 광범위한 가능성이 열린다. 이 것은 이론에 관한 질문들이 충분한 추상성 상황에서 결정에 맡겨져야 할 때 특별히 중요하다.

체계이론을 이중 우연성 정리에 이론적으로 연결하려면 선택 범위의 선택을 어떻게 파악해야 할 것인지가 결정적이다. 일단 다음처럼 말할 수 있다. 선택 범위는 (사회적) 체계이다. 처음에는 그러한 사회적 체계로의 소속을 선택해야 하고, 그 다음에 그 체계에서 행위를 선택해야 한다. 하지만 이러한 이해는 위에서 다듬었던 '체계/환경-개념'과 의미의 현상학적 분석의 결과와 상치될 것이다. 그러한 이해는 체계로서 전제된 것을 지나치게 물화(物化)시킬 것이다. 그런데도 출발점이 틀린 것은 아니기 때문에 우리는 그 부분만 수정하면 된다. 선택 영역들로서 선택되는 것은 그 밖의 세계로부터 분리된 체계들이 아니라, 체계와 환경의 관계를 위한 환원 관점들이다. 체계

---

53) Matteo Peregrini, *Difesa del savio in corte*, Macerata 1634, 250. Albert O. Hirschman, *Exit, Voice, and Loyalty: Responses to Decline in Firms, Organizations, and States*, Cambridge Mas. 1970도 참조할 것.

들은 대상들의 집합처럼 선택되는 것이 아니라 질서의 관점들, 즉 체계와 환경의 관계로 접근을 허용하는 입지점을 관점으로 삼아서 선택된다. 선택 관점들은 선택들이 지향되어야 할 경우에 늘 전제되어야 하는 (그런데도 선택 가능한) 복잡성 환원으로서 선택된다. 선택 영역들은, 선택을 통해 환경이 선택되는 것이 아니라 배제된다는 의미에서, 체계로서 선택 가능한 것은 아니다. 선택 영역들은 체계들을 수단으로 확인될 수 있고 그렇게 되어야 한다. 우리는 이 이론적 입장을 고정하기 위해, 체계들이 자기 자신과 그 환경을 위해 환원의 관점으로서 선택된다는 점을 강조해야 할 경우에는 앞으로 **체계준거**(Systemreferenz)라는 용어를 쓸 것이다. 그리고 이렇게 체계중심적인 환원에 대한 지향의 선택 특성과 조합 특성을 강조해야 할 경우에는 **체계준거들의 복수성**(Mehrheit von Selbstreferenzen)이라는 용어를 쓸 것이다.

이러한 개념들을 통해 우리는 체계들은 매우 복잡한 환경과의 관계에서만 형성될 수 있다는 사실 그리고 유의미한-자기준거적 과정들이 자기 자신을 체계 내적인 것으로서 파악한다는 사실을 고려할 수 있다. 여기서 체계 내적이라는 용어는 과정들의 의미가 과정들을 그 환경으로 돌리고, 그 과정에 대해 환경이 되는 모든 것이 그 과정 자체로 역으로 관련될 수 있다는 뜻일 뿐이다. 그런 점에서 이중 우연성을 통해 성립되어 자기 자신을 조종하는 선택 사건은 자기 자신에 대한 체계 내적이라는 개념을 만들어내기는 한다. 그러나 바로 이것이 늘 환경에의 지향을 가리킨다. 그렇다면 환경은 그때마다 현재적인 이중 우연성을 통해 선택 과정을 규정하지는 않지만, 그 과정에 대해 그때마다 주제나 동기가 될 수 있다. 그래서 선택적인 타협이 이중 우연성에 의해 과잉 결정되는 곳에서는, 선택 과정은 항상 체계와 환경의 차이에 근거한다. 그리고 바로 그렇기 때문에 선택 영역을 그 편에서 체계와 환경의 관계를 위한 특수한 환원으로서 선택할 수 있다. 우리는 그 과정을 오직 (차이)동일성으로서만 선택할 수 있으며, 체계와 환경의 차이의 (차이)동일성으로서만 선택할 수 있다.

제4장 소통과 행위

1. 사회적 체계의 최종 관계화 요소는 행위인가, 소통인가?

이중 우연성을 바탕으로 자기준거적 체계 형성을 분석하는 것은, 사회적 체계가 개인들이 아니라면 행위들로 구성된다는 일반적인 생각의 검토를 요구한다. 행위이론을 기초로 삼는 것은 현재로서는 지배적인 생각으로 간주될 수 있다. 그것은 주관적인 출발점과 체계 이론적 출발점을 결합할 가능성을 제공하는 것으로 보인다. 하지만 그러한 "발상"을 어떻게 이론적으로 생각할 수 있는가? 그 발상을 어떻게 설명할 수 있는가? 막스 베버는 물론 탤컷 파슨스도 제한된 조건에서 작업한다. 베버는 사회적 행위를 사회적으로 지향된 의도를 통해 규정되는 행위의 특수 사례로서 이해한다. 파슨스에게 있어서는—그리고 파슨스의 베버 이해와 달리, 완전히 다른 개념이라고 말할 수 있을 텐데—사회적 체계들의 형성은 행위의 발현을 위한, 분석적으로 분화된 기여 그 자체이다. 이 견해에 따르면, 사회적 체계는 행위의 한 유형이나 행위의 한 측면에 근거하며, 이른바 주체가 행위를 거쳐 체계 속으로 들어온다. 그러나 그렇게 하여 행위와 사회성(Sozialität)의 관계가 적절히 파악되었는지, 특히 그 관계가 충분히 유익하게 파악되었는지를 질문할 수 있다.

자기준거적 체계이론의 가능성과 복잡성 문제를 출발점으로 삼으면, 제한 관계를 간단히 뒤집어버리는 방법이 해결책이 될 수 있을 것이라는 생각이 설득력을 얻는다. 사회성이 행위의 특별 사례가 아니라, 행위가 사회적 체계들 안에서 소통과 귀속을 거쳐 복잡성의 환원으로서, 즉 체계의 필수불가결한 자기포함으로서 구성된다. 이미 일반 체계이론의 층위에서 "상호주의적" 구성이나 "대화적" 구성을 언급하기는 한다. 그것은 기초적 과정의 층위에서 자기준거가 적어도, 서로를 관련지을 수 있으며 서로에 대해 자신을 관련지을 수 있는 두 정보처리 장치들이 있을 때만 가능하다는 뜻이다. 즉 자기준거는 그에 상응하는 불연속적인 기반을 전제한다. 그러한 구조를 위해 필요한 장치들은 사회적 체계의 요소들이나 부분체계들일 수 없다. 왜냐하면 부분체계들 같은 요소들은 그 장치들을 통해 비로소 만들어지기 때문이다. 그보다는 체계들은 이 처리장치들의 공동 작용을 만들어내는 선택적 타협들로만 구성된다. 그리고 이 체계들의 구조는 아마도 그러한 타협을 끊임없이 변경하고 재발견할 수 있도록 해주는 기능을 가질 뿐이다.

이 고려가 그대로 이 장의 주제로 이어진다. 사회적 체계 자체를 구성하는 요소들을 생산하는 사회적 체계의 기초적 과정은 이 상황에서는 오로지 소통일 수밖에 없다. 우리는 요소 개념을 도입할 때 진술했듯이,[1] 이 선택을 통해 사회적 체계의 요소들의 (차이)동일성을 심리학적으로 규정하는 것을 배제한다. 그러나 이 소통 과정은 행위들, 즉 그 소통 과정이 생산하는 체계 요소들과 어떤 관계에 있는

---

1) 제1장, 제2장 4절을 참조할 것.

가? 사회적 체계는 궁극적으로 소통들로 이루어지는가, 아니면 행위들로 이루어지는가? 해체될 경우 사회적인 것을 소멸시킬 최종 (차이)동일성은 상이한 선택들의 성공적인 연동인가, 아니면 행위로서 귀속될 수 있는 개별 선택인가? 우리는 특히 하나의 차이, 하나의 결정적인 질문이 여기에 있다는 것을 일단 관찰하도록 배워야 한다. 그리고 마찬가지 원리에서, 소통적(=사회적) 행위에 맞추어서 그 질문에 답하려는 유혹에 빠져들어도 안 된다. 우리는 최종 요소를 소통으로 취할 것이냐 행위로 취할 것이냐의 이 질문이 그 질문에서 출발하는 이론의 양식, 말하자면 그 이론이 어느 정도로 심리적인 것으로부터 분리될 것이냐의 문제를 결정적으로 각인하는 기본적인 선택일 것이라고 추측한다.

기존의 문헌에는 그 질문에 대해 두 가지 이해가 대변되어 있다. 통상적인 행위이론적 이해[2] 외에 소통이론적 이해[3]도 있는데, 보통 그 둘의 차이에는 큰 의미를 두지 않는다. 이 불명료함은 나름대로 이유가 있으며, 그래서 간단히 제거될 수 없다. 나는 소통과 행위가

---

2) 따라서 소통은 다른 행위들과 마찬가지로 일종의 행위이다. 이 견해는 마치 그것이 유일하게 생각될 수 있는 제안인 양, 전형적으로 논증도 없이 도입된다. 예를 들어 Abraham A. Moles/ Elisabeth Rohmer, *Théorie des actes: Vers une écologie des actions*, Paris 1977, 15 이하를 참조할 것.

3) 특히 대화 개념에 집착하는 고든 파스크(Gordon Pask)의 이론을 참조할 것. 예를 들면, *Conversation, Cognition and Learning*, Amsterdam 1975; *Conversation Theory: Applications in Education and Epistemology*, Amsterdam 1976; "Revision of the Foundations of Cybernetics and General Systems Theory", Proceedings of the VIIIth International Congress on Cybernetics 1976, Namur 1977, 83-109; "A Conversation Theoretic Approach to Social Systems", in: R. Felix Geyer/ Johannes van der Zouwen (Hrgs.), *Sociocybernetics Bd. 1*, Leiden 1978, 15-26; "Organizational Closure of Potentially Conscious Systems", in: Milan Zeleny (Hrsg.), *Autopoiesis: A Theory of Living Organization*, New York 1981, 265-308.

사실상 분리될 수 없으며 (그렇지만 아마 구분될 수는 있을 것이며), 그 둘이 고유한 복잡성 환원으로서 파악 가능한 관계를 만든다는 것이 관건이라고 본다. 사회적인 것을 특별한 실재로서 구성하는 기본적 과정이 소통 과정이다. 그러나 이 과정은 스스로를 조종해 나가기 위해 행위로 환원되어야 한다. 즉 행위로 분해되어야 한다. 이에 따르면 사회적 체계들은 마치 이 행위들이 인간의 유기체적-심리적 구성을 근거로 생산되어 홀로 존재할 수도 있을 것처럼 행위들로 구축되는 것은 아니다. 사회적 체계들은 행위들로 분해되고 이 환원을 통해 후속 소통 진행의 연결 토대를 확보한다.

2. 정보-통보-이해의 자기준거적 과정으로서의 소통

따라서 이후의 모든 진술은 소통 개념의 규명을 전제한다. 보통은 소통 개념과 관련하여 "전달"-은유를 사용한다. 소통은 뉴스나 정보를 송신자에게서 수신자로 옮기는 일로 이해된다. 하지만 그렇게 미리 결정해 버리면 나중에 큰 부담으로 작용하기 때문에, 우리는 이러한 은유를 사용하지 않고 문제를 해결하고자 시도할 것이다.

전달-은유는 너무 많은 존재론을 함의하기 때문에 사용할 수 없다. 그 은유는 송신자가 어떤 것을 넘겨주고 수신자가 그것을 받는다는 것을 암시한다. 그 은유는 송신자가 자신이 그 무엇을 전달하고 나면 그것을 상실한다고 생각할 수 없다는 점에 비추어서도 적합하지 않다. 송신자는 실제로 아무 것도 주어 버리지 않는다. 소유함, 가지고 있음, 주고받기라는 모든 은유법, 모든 사물 은유법은 소통을 이해하는 데에 부적절하다.

전달 은유는 소통의 본질을 이전(移轉)의 동작, 통보에 둔다. 하지만 그 은유는 통보자에게 주목하고 그에게 능숙한 소통을 해낼 것을 요구한다. 그러나 통보는 선택 제안, 하나의 자극에 불과하다.[4] 소통은 이 제안이 수용되어야, 즉 이 자극이 처리되어야 비로소 성립한다.

뿐만 아니라 그 은유는 "옮겨지는" 어떤 것의 동일성을 과장한다. 그 은유를 사용하면 옮겨진 정보가 송신자와 수신자에게서 같다고 생각하도록 호도된다. 그 은유에 참인 어떤 것도 있겠으나, 어쨌든 이 같음이 정보의 내용적 질에 의해 이미 보증될 수 있는 것은 아니다. 그러한 같음은 소통 과정에서 비로소 구성되는 것이다. 그밖에도 정보의 동일성은 송신자와 수신자에게 아주 다른 것을 의미한다는 사실과 부합하는 것으로서 생각되어야 한다. 끝으로 전달 은유는 소통이 송신자가 수신자에게 어떤 것을 통보하는 2단계 과정(zweistelliger Prozeß)임을 암시한다. 여기서도 우리는 의구심을 표명해야 한다. 따라서 일단 그 용어의 의미를 재조직해야 한다.

의미 개념에서 출발하면, 소통은 늘 선택적인 사건이라는 점이 가장 먼저 뚜렷해진다. 의미는 선택하는 일 이외의 다른 선택을 허용하지 않는다. 소통은 자신에 의해 비로소 구성되는, 그때마다 현재적인 지시지평에서부터 어떤 것은 끄집어내고 다른 것은 제쳐 놓는다. 소통은 곧 선택의 처리 과정이다. 소통은 물론 저장고에서 이것이나 다른 것을 꺼내는 식으로 그렇게 선택하지는 않는다. 이러한 견해는 우리를 실체이론으로 그리고 전달 은유로 되돌려놓을 것이다. 소통에

---

4) 통보(Mitteilung) 개념은 Johann Jakob Wagner, *Philosophie der Erziehungskunst*, Leipzig 1803에서 제안되었다 (예를 들어, 55쪽: "모든 통보는 자극이다"). 그러한 발상들이 초월이론적으로 확장되었고 관계이론적으로 완성된 맥락에서 나타났는데, 그 맥락에서 기술적 수단으로써 인간의 완전함을 직접 추구하려는데에 반대하는 동시에 "가능성의 조건들"에 대한 질문을 제기하는 것은 우연이 아니다.

서 현재화되는 선택은 자신의 고유한 지평을 구성한다. 소통은 자신이 선택하는 것을 이미 선택으로서, 즉 정보로서 구성한다. 소통이 통보하는 것은 단지 선택되는 것만이 아니라, 그것 자체가 이미 선택이며, 바로 그렇기 때문에 통보된다. 따라서 소통은 2단계가 아니라 3단계 선택 과정(dreistelliger Selektionsprozeß)으로서 간주되어야 한다. 제각기 선택적 주목을 끄는 송신과 수신만 중요한 것은 아니다. 정보의 선택성 자체가 소통 과정의 계기라는 점이 훨씬 중요하다. 왜냐하면 정보의 선택성과 관련해서만 선택적 주목이 현재화될 수 있기 때문이다.

섀넌과 위버(Shannon & Weaver)[5] 이래로 통용되어온 정보 개념은 이런 내용들을 쉽게 표현해낸다. 오늘날의 일반적인 이해에 따르면, 정보는 가능성의 (알려지거나 그렇지 않은) 저장고에서 선택하는 것이다. 소통 과정은 이러한 정보의 선택성이 없으면 성립하지 않는다(소통이 그냥 소통을 위해서, 또는 함께 있을 때 단지 무료함을 달래려고 실행될 경우, 통보 교환의 참신성 가치가 아무리 미미한 것으로 간주될 수 있더라도 말이다). 더구나 누군가 이 정보를 통보하는 행동을 선택해야 한다. 그 선택은 의도적으로 발생할 수도 있고 무의식적으로 일어날 수도 있다. 하지만 세 번째 선택이 하나의 구분, 즉 통보로부터의 정보의 구분에 기초할 수 있어야 한다는 것이 결정적이다. 이것이 결정적이며, 소통은 오직 여기서부터만 이해될 수 있기 때문에, 우리는 (좀 이례적으로) 수신자를 자아로, 통보자를 타자로 부를 것

---

5) Claude E. Shannon/Warren Weaver, *The Mathematical Theory of Communication*, Urbana Ill. 1949를 참조할 것. 여기서 소개된 정보 개념이 기술적(技術的)인 계산들에만 기여하며 의미 연관들을 완전히 도외시한다는 것은 익히 알려진 사실이다. 물론 그것으로부터 의미 맥락에서 선택성이 중요하지 않다는 결론을 도출해서는 안 될 것이다.

이다.

정보와 통보행동의 차이 자체가 광범위한 분석 가능성을 열어준다. 둘 다 유의미한 해석을 요구하기 때문에, 정보통보자인 타자는 그 때문에 갈등에 빠진다. 정보통보자의 자기이해에 대해서는 서로 일치될 수 없는 두 가지 접속이 허용된다. 정보에 관한 한, 정보통보자는 자기 자신을 의미세계의 부분으로서 파악해야 한다ー그는 정보가 옳거나 그르거나, 중요하며, 통보할 가치가 있으며, 이해 가능한 의미세계의 부분으로서 파악해야 한다. 통보자는 정보를 통보하는 어떤 사람으로서, 자기 자신이 통보를 하거나 하지 않을 자유가 있음을 인정해야 한다. 통보자는 어떤 관점에서는, 앎의 대상이 될 수 있는 세계 지식의 부분으로서 자기 자신을 파악해야 한다. 왜냐하면 정보는 정보통보자를 역(逆)지시하기 때문이다(그렇지 않으면 정보통보자는 그 정보를 전혀 다룰 수 없을 것이다). 다른 관점에서, 정보의 통보자는 자신을 자기준거적 체계로서 사용할 수 있다. 디터 헨리히(D. Henrich)는 이것을 "자신의 주체 위치(Subjektstellung)와 세계 소속 간 간격"이라고 부르며 이 간격이 그 자체로 동일한(einheitlich) 삶의 해석의 필연성의 근거가 된다고 본다.[6]

그러나 사회학적으로 보면, 이 간격은 원초적인 어떤 것이 아니다. 철학도 칸트 이전에는 이런 간격에 대해 아무 것도 알지 못했다. 우리는 이 간격을 초월적인 상황의 사실성으로 보는 것이 아니라, 자아가 타자의 행동을 소통으로서 파악하고, 그리하여 타자에게 이 간격을 수용할 것을 기대한다는 사실의 효과로서 볼 것이다. 여기서는 물론 상황을 그렇게 보는 생각을 누가 먼저 했는지, 그것이 자아인지 타자인지의 질문은 관건이 아니다. 결정적인 것은 상황 해석의 사회

---

6) *Fluchtlinien: Philosophische Essays,* Frankfurt 1982, 특히 92를 참조할 것.

성이 비로소 이 해결 불가능성을 만들어낸다는 점이다. 이것은 사회라는 소통체계의 보다 뚜렷한 분화가 이런 초월성의 의식과 문화적 의미론에서의 상응하는 노력들을 이끌어낸다는 점도 설명한다. 이러한 고찰은 소통이 결코 두 개의 선택 지점을 가진 사건이 아니라는 것을 가르쳐준다——주기와 받기로 묘사된 전달 은유의 의미에서도 그렇지 않고, 정보와 통보행동의 차이의 의미에 비추어서도 그러하지 않다. 소통은 마지막에 언급한 정보와 통보행동의 차이가 관찰되고 기대되고 이해되며 연결 행동 선택의 기초가 될 때만 성립한다. 이때 이해는 다소간 포괄적인 오해들을 정상적인 것으로 간주하여 포함한다. 그러나 우리가 보는 것처럼, 그것은 통제되고 교정될 수 있는 오해들일 것이다.

그러므로 소통은 이하에서는 3단계의 (차이)동일성으로서 다룰 것이다. 우리는 세 가지 선택들이 종합으로 옮겨지고 그럼으로써 소통이 발현적인 사건으로서 성립한다는 데서 출발한다. 이점을 분명히 언급해두는 것이 중요하다. 왜냐하면 기반을 이루는 사태는 자주 목격되었지만, 그 후에는 약간 다른 개념으로 파악되기 때문이다. 뷜러(Bühler)는 예컨대 인간 언어의 세 가지 "성능들"이나 세 가지 "기능들"을 언급하기 때문이다. 그것은 (내가 순서를 바꾸어 말하자면), 묘사, 표현, 호소이다.[7] 첫째 용어는 정보 자체의 선택성을 뜻한다. 둘째 용어는 정보의 통보의 선택을, 셋째 용어는 그러한 통보가 성공할 것이라는 기대, 즉 통보 수용의 선택에 대한 기대를 뜻한다. 이 모델은 발현적인 (차이)동일성의 조건들이 아니라, 세 가지 기능 중 한 기능의 상대적인 지배와 지배의 교체라는 질문에 주목하게 한다. 오

---

7) 언어의 "오르가논[기관(器官)] 모델"에 관한 설명(Karl Bühler, *Sprachtheorie: Die Darstellungsfunktion der Sprache*, 2. Aufl. Stuttgart 1965, 24 이하)을 참조할 것.

스틴(Austin)에게서도 위와 똑같은 삼분 방식은 구분 가능한 발화 (utterance)나 언어행위들(acts)의 유형학이라는 형식을 취한다. 즉 발화 행위(lokutionäre Akte), 발화수반 행위(illokutionäre Akte), 발화 효과 행위(perlokutionäre Akte)라는 형태를 취한다.[8] 이 삼분법을 통해 각 행위에 상응하는 발화 형태들의 분리 가능성에 관심이 집중된다. 우리는 이런 관심들을 배제하지는 않지만, 그것을 발화 단위들의 발현 조건에 대한 질문에 비해서는 부수적인 문제로 간주한다. 하나의 또는 다른 선택 지평의 기능 특화된 행위나 기능적 우위의 분화 가능성은, 먼저 소통적 종합의 (차이)동일성이 정상적 사태로서 확인되어야만 가능하다.

정보, 통보, 성공 기대를 하나의 주목 행위로 종합하는 것은 "약호화"를 전제한다. 통보는 정보를 복제해야 한다. 즉 정보를 한편으로는 외부에 두고, 다른 한편으로는 통보를 사용하여 예컨대 언어적 (그리고 어쩌면 음성, 문자 등의) 형식 같은 적절한 2차 형식을 부여해야 한다. 그러한 약호화의 기술적 문제를 여기서 자세히 다루지는 않는다. 사회학적으로 중요한 것은 특히 그런 약호화도 소통 과정의 분화에 영향을 미친다는 사실이다. 이제 사건들은 약호화된 사건들과 약호화되지 않은 사건들로 구분되어야 한다. 약호화된 사건들은 소통 과정에서 정보로서, 약호화되지 않은 사건들은 장애(잡음, 소음)로서 작용한다.

약호화는 타자와 자아에 의한 정보와 통보의 작동적 (차이)동일성으로서 같은 의미로 다루어져야 한다. 이때 그렇게 하기에 충분한 표준화가 필요하다. 그리고 이렇게 표준화가 요구된다는 것 역시 주변

---

8) John L. Austin, *How to do Things with Words*, Oxford 1962, 특히 94 이하를 참조할 것. 오스틴(99)도 기능을 언급하고 있다.

과의 차이를 요구한다. 그 차이는 주변에 비해 돋보이며 자신에 대한 주목을 이끌어낸다(언어로 표출된 발화는 그 발화의 상대가 아닌 사람에게는 단순한 소음보다 더 크게 큰 방해가 된다. (아무리 형편없이 약화되든) 소통의 성립을 위한 최소 전제는, 자신의 고유한 과거에 의해 전적으로 결정되지는 않는, 즉 어떻게든 정보에 반응할 수 있는 체계가 자아로서 기능한다는 점이다.[9] 소통은 정보 사건들의 단순한 지각과 달리, 자아가 두 가지 선택을 구분하고 이 차이를 자기 입장에서 다룰 수 있음으로써 성립한다. 이 차이의 구축이 소통을 만든다. 즉 정보 처리라는 특수 사례 자체를 만들어낸다. 그 차이는 처음에는 자아에 의한 타자의 관찰에 있다. 자아는 통보행동이 통보하는 것으로부터 통보행동을 구분할 수 있다. 타자가 자기편에서 보아 자신이 관찰된다는 사실을 안다면, 그는 정보와 통보행동의 이 차이를 수용하여 자기 것으로 만들고, 그것을 구축하고 활용하여 (다소간 성공적인) 소통 과정의 조종에 사용할 수 있다. 소통은 말하자면 뒤에서부터, 즉 과정의 시간 진행을 거스르면서 가능해진다. 그래서 그러한 과정을 통해 주어진 복잡성 계기의 구축은 기대와 기대들의 기대를 사용해야 한다. 그럼으로써 기대(Erwartung) 개념은 모든 사회학적 분석에서 핵심 위치를 차지한다.

이해(Verstehen)가 소통 성립의 필수불가결한 계기라는 사실은 소통을 총체적으로 이해하는 데 막대한 의의를 가진다. 그 관점이 소통은 자기준거적 과정으로서만 가능하다는 결론을 이끌어내는 출발점이

---

9) Norbert Wiener, "Time, Communication, and the Nervous System", *Annals of the New York Academy of Sciences 50* (1947), 197-219(202)에서는 이 요구를 소통이론의 관점에서 한계 사례로서 표현한다. "내가 할 수 있는 모든 것은 소통 체계의 목적을 수용한 후, 그 체계의 고유한 과거에 비추어 전적으로 특징지어지는 지속 상태를 만드는 것이다. 그러면 나는 정보의 운반을 중단한다."

기 때문이다.

소통행위에 후속 행위가 이어지면, 직전 소통이 이해되었는지의 여부가 그때마다 검토된다. 연결 소통이 아무리 의외의 내용을 담든, 그 소통은 직전 소통의 이해에 근거한다는 사실을 보여주고 관찰하는 데서도 사용된다. 그 테스트는 부정적으로 판명될 수 있는데, 그러면 소통에 대한 재귀적 소통의 계기를 준다. 그러나 재귀적 소통을 가능케 하기 위해 (또는 적어도 가능성을 남겨두기 위해) 이해 테스트는 늘 같이 진행해야 하며, 그 결과 주목의 일부가 이해 통제를 위해 늘 분리된다. 이런 의미에서 워리너(Warriner)는 모든 소통의 근본적인 계기는 "확인"(confirmation)이라고 말한다.[10] 그것은 시간을 함의한다. 연결행동에 이르렀을 때에야 이해되었는지의 여부를 통제할 수 있다. 그러나 사람들은 경험에 의거하여, 이해될 만한 것을 기대할 수 있도록 사전에 소통을 맞출 수 있다. 모든 경우에 모든 개별 소통은, 그렇지 않으면 개별 소통은 전혀 나타나지 않겠지만, 후속 소통의 연결 연관에 대한 이해 가능성과 이해 통제 속에서 회귀적으로 보장되어 있다. 개별 소통은 그것이 얼마나 작든, 얼마나 덧없든 간에 하나의 과정 요소로서만 요소가 될 수 있다.

이로써 일단은 **기초적 자기준거**(basale Selbstreferenz)만 중요하다.[11] 즉 그 과정이 같은 과정의 다른 요소들(사건들)과의 연관을 고려하여 자기 자신과 관련을 맺는 요소들(사건들)로 구성되어야 한다는

---

10) Charles K. Warriner, *The Emergence of Society*, Homewood Ill. 1970, 110 이하를 참조할 것. 무엇보다도, 바로 이 "확인"(confirmation)에서 과정의 상호주관성이 실현되고 다시 이 과정의 근거가 된다는 점이 중요하다. "두 행위자들에 의한 이 확인 동작들이 소통 과정을 완성시킨다. 각 행위자는 그러면 다른 사람이 '마음속에 품고' 있는 것을 자신이 안다는 것을 다른 사람이 알고 있음을 알 수 있다"(110).

11) 이 개념에 관한 상세한 논의로 825를 볼 것.

점만 중요하다. 기초적 자기준거는 그러한 연관의 고려를 특별한 방식으로 요구하는 후속 전략의 전제이기도 하다. 이해가 통제된다는 사실을 깨닫고 그것을 감안해야 한다면, 마치 이해를 한 것인 양 위장할 수도 있다. 그리고 그렇게 위장한다는 사실을 간파할 수 있지만, 그런데도 이러한 간파가 소통 과정에 유입되지 않게 막을 수 있다. 그리고 위장함이나 그 위장함의 간파함에 대한 소통이 이루어져서는 안 된다는 점에 관해 메타 층위에서 소통할 수 있는데, 그 경우 다시 이 층위에서 새로이 상호 이해를 통제할 수 있다. 그러나 무엇보다도 소통의 지속적인 확인이 소통에 대한 소통을 위한 계기를 어느 정도 부여한다. 우리는 오직 이러한 분리만을 (기초적 자기준거와 구분하여) 재귀적 소통이라고 부르겠다. 우리는 이 높은 단계의 명시적인, 그래서 더 위험을 무릅써야 할 그리고 특수 사례들을 위해 예비된 소통 통제를 한참 뒤에 다시 다룰 것이다.[12]

소통이 자신의 모든 요소들마다 세 가지 상이한 선택을 조율하는, 기초적-자기준거적 과정이라는 전제로부터, 소통에서 상응하는 환경 상관물은 있을 수 없다는 체계이론적인 결론이 도출된다. 환경에는 소통의 (차이)동일성에 상응하는 어떤 것도 없다. 그래서 소통은 필연적으로 분화하면서 작용한다.[13] 그리고 환경복잡성을 단순히 파악하는 것은 특별히 시간소모적인 소통 문제가 된다. 물론 모든 소통은 에너지 수요와 정보의 자격으로 환경에 의존하는 상태로 있다. 그리고 의미관련에 관한 모든 소통이 직·간접적으로 체계의 환경을 지시한다는 점 또한 부인할 수 없다. 분화는 엄격하게 (차이)동일성에 관련되

---

12) 이 책의 328-329을 참조할 것.

13) 이로부터 다시금 사회, 즉 제각기 가장 포괄적인 사회적 체계가 작동적이며 자기준거적으로 폐쇄된 체계로서 파악되어야 한다는 점이 나중에 추론될 수 있다. 제10장을 참조할 것.

고, (차이)동일성과 더불어 선택들의 연관의 폐쇄성, 즉 그 안에 놓여 있는 선택들의 선택, 달리 말해 그 선택에 의해 유발된 복잡성 환원에 관련된다. 따라서 소통체계는 결코 자족적이지 않다. 그러나 소통체계는 소통적 종합을 고유한 조건화를 통해 자율성을 획득할 수 있다.

다른 관점에서도 이러한 소통적 종합의 이론은 고유한 종류의 '체계/환경-관계들'을 규명한다. 체계는 자기 자신에 관해서만 소통할 수 있는 것은 아니다. 체계는 다른 것에 관해서도 마찬가지로 수월하게, 아마 더 잘 소통할 수 있다. 체계는 생명(Leben)과 달리 공간에 묶인 존재를 갖지 않는다. 이를테면 끊임없이 뛰는 심장 박동을 떠올려볼 수 있겠다. 주제를 선택할 때마다 그 체계는 팽창하고 수축하면서 어떤 의의들은 취하고 다른 의의들은 버린다. 이 점에서 소통체계는 의미상으로 열린 구조들을 가지고 작업한다. 그런데도 체계는 소통의 기대 가능성이 체계에서 제한될 수 있기 때문에, 고유한 경계를 발전시키고 그 경계를 유지할 수 있다.[14] 그렇다고 하면 특정한 소통체계에서 고려해야 하는 주제 선택의 제한이나 표현 형식의 제약이 생겨난다. 그래서 학사 논문에서 "죄다 헛소리다" 같은 진술은 이례적인 것이다. 그러나 이례성의 인상은 바로 진술이 이해 가능성과 그 진술의 시험 체계에의 귀속을 전제한다.

---

14) 그렇게 본다면 인쇄술의 도입은 동시에 기대 요구를 제기할 가능성이 확장되며, 예상 독자들의 전제될 수 있는 관심들이 확장되고 그래서 교육 시설들이 설립되어야만 성공적일 수 있었다. 이에 관해서는 Michael Giesecke, "'Volkssprache' und 'Verschriftlichung des Lebens' im Spätmittelalter — am Beispiel der Genese der gedruckten Fachprosa in Deutschland", in: Hans Ulrich Gumbrecht (Hrsg.), *Literatur in der Gesellschaft des Spätmittelalters,* Heidelberg 1980, 39-70을 볼 것.

3. 보론: 소통 개념에 대한 주체이론적 설명과 기호이론적 설명

방금 소개한 소통 개념은 그 자체로서 이해할 만하다. 그 개념의 범위를 명료하게 만들도록 여기서 짧은 보론을 덧붙여야겠다. 그 보론은 후설에 의한 현상학적 분석의 초월이론적 전환과 이 전환을 자크 데리다가 비판한 내용에 관련된다.

정보와 통보의 차이는 이해가 관련되지 않고 그 자체가 이해를 향해 투사되는 차이로서 후설의 "논리 연구"[15]에서는 지표(Anzeichen)와 표현(Ausdruck)의 차이로서 나타난다. 우리는 사회적 체계 이론과 비교하여 이러한 개념적 배치의 차이점에 관심이 있다.[16] 지표 개념은 항상 다른 어떤 것을 가리킴을 뜻한다. 지각에서 어떤 것을 다른 어떤 것을 가리키는 기호로 취하든, 통보를 통보 의도와 그 의도를 운반하는 사고를 가리키는 기호로 받아들이든 상관 없이 말이다. 모든 통보는 기호를 통해 펼쳐지지만, 모든 소통의 외부에도 지표가 있다. 화성 표면의 운하들이 지능을 가진 화성인이 존재한다는 기호로 해석될 수 있듯이 말이다. 하지만 그 표현 가치와 그 의미 내용은 "고독한 정신생활"(einsames Seenleben) 속에서 내부 언어로서 기능하고, 이 생활에 의미를 붙여 생명을 불어 넣어야만 그리고 그런 한에서만 지표를 가진다.

우리의 개념 언어로 옮기자면, "표현"은 의식의 자기생산과 다를

---

15) Edmund Husserl, *Logische Untersuchungen Bd. 2*, 1, 3. Aufl. Halle 1922, §§ 1–8. 우리는 텍스트가 너무 길어지지 않도록, 이하에서 세부적인 내용까지 언급하지는 않겠다.

16) 심리적 체계의 이론은 제7장에서 다시 다룰 것이다.

바 없으며, "의미"(Sinn)와 "의의"(Bedeutung)는 이것을 위해 어떤 것과의 의도적(intentional) 관계라는 형식으로 구조를 획득할 필연성을 뜻한다. 이에 따르면, 표현 값을 가진 기호와 표현 값이 없는 기호가 있다. 기호를 사용하는 표현이 있고 기호를 사용하지 않는 표현이 있다(마지막 것은 "고독한 정신생활"의 단순한 실행에서, 내적 발화의 경우에 나타난다). 소통의 경우에서만 표현과 기호는 필연적으로 합쳐진다. 모든 표현은 소통적 발화에서 지표로서 기능한다.

그러나 후설의 철학적 관심은 지표에 있지 않고, 표현, 즉 의식이 자기 자신 안에서 혼자서 실행하는 것에 있다. 이 관심은 철학사의 성향으로 인해 사전에 규정되어 있지만, 소통적 실재의 불충분한 파악에 바탕을 두고 있다. 소통은 행위로서, 발화(Rede)로서, 공표(Kundgabe)로서, 통보로서 파악된다(즉 이 책에서 제안했던 바처럼, 정보, 통보, 이해의 (차이)동일성은 아니다). 이런 환원적인 소통 이해는 (늘 그런 것도 아니며, 그것만 하지도 않고) 가끔씩만 소통적 행위에 동기를 부여하는 의식의 고유한 생활로 철학을 후퇴시킨 것에 근거한다. 바로 그 때문에 의식에는 심리적 체계의 작동 양식 이상이 요구된다. 초월이론적인 이해에서 의식은 주체(Subjekt)로서 덧붙여진다. 다른 모든 것을 위한 기체(subiectum)로서 말이다. 그것으로 "상호주관성" 문제가 해결될 수는 없다. 체계이론적으로 재정식화하자면, 이 말은 초월론적 철학이 심리적 체계의 체계준거만 사용하며, 그리고 (철학 자신에게 (차이)동일성의 상정을 가능케 하는) 이 일면성을 초월이론적으로 확장하여 보상하려고 시도한다는 뜻이다.

자크 데리다의 비판은 전혀 다르다.[17] 그의 비판은 표현과 지표를

---

17) *La voix et le phénomène*, Paris 1967. 독일어판 Jochen Hörisch: *Die Stimme und das Phänomen: Ein Essay über das Problem des Zeichens in der Philosophie Husserls*, Frankfurt 1979.

저울질하는 게임에서 반대 입장, 즉 기호로서의 기호로 넘어간다. 초월철학과 그것의 주체 중심화는 차이 중심의 기호론으로 대체된다. 그것은 데리다가 다루는, 현전(présence)과 비(非)현전의 공동작용에 관한 세밀한 분석을 동기화한다. 이 발상은 소통을 분석할 때 차이, 즉 통보와 정보의 차이를 출발점으로 삼는다는 점에서 우리에게 도움이 된다. 이 차이는 기호 사용을 통해 이해될 수 있고, 동시에 "차연"(différance)으로서 시간화된다((차이)동일성과 차이가 시간적 유예로서 시간화된다는 의미에서 그러하다). 시간 문제는 차이를 통한 표시 문제가 된다. 그리고 시간 문제는 이러한 형식에서 주체가 어떻게 세계에 나타났는가라는 오랜 질문을 대체한다.

우리는 여기서 철학이론들 간에, 초월이론과 기호학 간에 어떤 것을 결단할 필요는 없다. 여기서 만들어진 개념적 민감성이 먼저 검토되어야 하며, 그런데도 이러한 민감성은 철학의 이론 노력들로부터 배울 수 있는 것을 경험적인 과학들에 수용해야 한다. 여기 개괄된 논쟁에 나타난 두 입장은 소통에 대한 축약된 이해에 근거한다. 그 통찰이 사회학적 이론 형성에 특히 중요하다. 우리가 사용하는 소통 개념은 일단 이 입장들에 의존한다. 그래서 우리는 주체이론적(행위이론적) 기본 입장도 기호이론적(언어이론적, 구조주의적) 기본 입장도 다루지 않을 것이다. 하지만 이 이론 관점들에서 얻어낸 통찰들 중 무엇이 수용할 만한 것인지는 경우에 따라 개별적으로 검토해야 한다.

4. 체계이론적 소통 개념: 정보와 통보의 차이의 선택

소통을 세 가지 선택의 종합으로서, 즉 정보, 통보, 이해의 (차이)동일성으로서 파악한다면, 소통은 이해가 성립되었을 경우 그리고 그런 한도 내에서 실현된 것이다. 그 외부의 모든 것은 이 기본적인 소통의 (차이)동일성 "외부에서" 발생하며, 그 (차이)동일성을 전제한다. 그것은 특히 네 번째 종류의 선택, 즉 통보된 의미 환원의 수용 또는 거부에 대해 타당하다. 우리는 소통 수신자가 소통으로 인해 어떤 것이 선택되었음을 이해했는지의 문제와, 그가 그 선택을 자신의 행동의 전제로서 수용 또는 거부할 것이냐의 문제를 구분해야 한다. 이 구분은 이론적으로 상당히 중요하다. 그래서 우리는 절 하나를 따로 할애하여 그 점을 설명할 것이다.

우리가 소통은 수신인의 상태 변화를 의도하고 야기한다고 말한다면, 단지 소통의 의미를 이해한 것에 불과하다. 이해는 소통의 작동을 종결하는 세 번째 선택이다. 우리는 담배, 술, 버터, 냉동육 등이 건강에 해롭다는 기사를 읽으면, 그것을 믿든지 안 믿든지 상관없이 믿는가 안 믿는가 (그 정보를 그래서 알 수 있고 주목할 수 있을) 다른 사람이 된다. 이제는 그 정보를 더 이상 무시할 수 없으며, 믿든지 믿지 않든지 해야 한다. 믿든지 안 믿든지 어떤 결정을 내리든, 소통은 소통 없이는 있을 수 없을 수신자의 상태를 규정하며, 오로지 그 수신자의 상태 자체를 통해서만 그 자체가 규정될 수 있다. 따라서 소통 개념에서는 수용이나 거부 및 후속 반응은 중요하지 않다.[18]

소통은 수신인의 상태 변화로서, 수신인에 대한 일종의 제한으로

---

18) 이 점에 대해서는 다른 설명이 필요하지는 않겠지만, 만일에 대비해서 다음을 덧붙이고자 한다. 수용이나 거부 및 후속 반응이 중요하지 않다면, 거부된 소통은 전혀 소통이 아닐 것이다. 소통을 거부하는 것은 전혀 가능하지 않을 것이다. 그러나 그것은 극도로 비현실적인 개념 형성이다. 소통은 자신이 수용 또는 거부를 위해 어떤 상황을 개시한다는 바로 그 점을 통해서 특징지어진다.

서 작용한다. 소통은 현 시점에서 아직 가능한 것(엔트로피)의 미규정적인 임의성을 배제한다. 다른 관점에서 보면 소통은 바로 그러한 배제를 통해 가능성들을 확장하기도 한다. 소통은 거부 가능성을 도발하기도 한다(공동 도발이라고 말해도 되겠다). "모든 발화된 낱말은 반대 의미를 자극한다."[19] 그리고 그렇게 발화된 낱말이 없다면 전혀 있을 수 없을 반대 의미를 자극한다. 그래서 규정은 늘 저항도 가능케 하며, 그리고 소통하기로 결정하기 전에, 우리는 그 점을 알 수 있고 고려할 수 있다.

그러나 기대되고 이해된 선택의 수용과 거부는 소통 사건의 부분이 아니다. 그것은 연결 동작이다. 소통 자체에서는 정반대의 의미는 단지 잠재적으로만 동시에 주어지며, 정반대의 의미는 부재로서만 현존한다. 개별 소통의 (차이)동일성은 역동적 관점에서 본다면, 바로 연결 능력과 다르지 않은 것이 된다. 개별 소통의 (차이)동일성은 (차이)동일성으로서 존립하면서, 다른 형식에서 다시 차이, 즉 수용과 거부의 차이가 될 수 있도록 (차이)동일성으로서 유지되어야 한다. 그리고 각자가 통보된 정보를 자신의 고유한 행동의 전제로 삼을 것인가 그렇지 않을 것인가의 질문은 후속 사건과 관련해서만 제기된다. 수용이나 거부는 선택들이며, 그 선택들로 소통은 자신의 환경에 영향을 미치며 그리고/또는 소통 자체로 되돌아간다. 자기 자신 안으로 되돌아갈 때 사용하는 것은 이 선택들이다. 소통이 그러한 후속 결정을 기대하게 만드는 사회적 상황을 창출한다는 것 또한 소통에 속한다. 소통과 거부 식으로 첨예화되었지만 열린 상황을 창출하는 것은 소통의 의도된 효과이다. 그래서 소통은 수용자에게 거부의

19) Ottiliens Tagebuche. *Die Wahlverwandtschaften Goethe's Werke,* hrsg. von Ludwig Geiger, Bd. 5, 6. Aufl. Berlin 1893, 500에서 재인용.

방향에서 수용자에게 독촉하는 압력 요인들을 자신 안에 수용할 수 있다. 그러한 압력은 일부분 갈등의 전망과 회피를 통해 작용하기도 하며, (그것과 밀접히 연관되어) 상징적으로 일반화된 소통매체를 통해 작용하기도 한다. 이 점은 아래에서 다시 다룬다.

그런 수용의 압력들에 관한 가장 추상적인 표현은, 존재 명제로서 (또는 상응하는 논리 연산자로서, 예컨대 타당성 명제로서) 기능하는 의미 기호들, 특히 "~이다"(ist)라는 진술이다. 그 의미 기호들은 소통에 그치는 것이 아니라, 그것들의 선택 수용이 반드시 전제되어야 한다는 점을 환기시킨다. 그것에 기초하여 소통의 부산물로서 존재론이 생성되고, 결국 존재론들은 상징적으로 일반화된 소통매체들의 강화된 약호로 대체로 대체된다. 소통 매체들은 자신을 내어 맡기고, 그 점은 필요한 변경을 가한다면(mutatis mutandis), 소통이 선택을 수용하거나 거부하는 자유를 불가피하게 재생산할 수밖에 없다는 바로 그 점 때문에 후속 의미론들에 대해서도 더욱 단호하게 타당하다.[20]

---

20) 과학적으로 보면(!) "이다"(ist)라는 언어는 매우 헷갈리기까지 한다. 왜냐하면 그 언어에는 선택되어야 할 것이 어떤 차이에 맞서 지시되었는지 그리고 그에 따라 상실되도록 규정된 것이 무엇인지를 함께 표현할 능력이 없기 때문이다. 여기서는 많이 비판받은 허례적인 형식을 가진 관청 언어([통보하다(mitteilen)가 아니라] "통보를 실행하다"(Mitteilung machen), [결정하다(entscheiden)가 아니라] "결정을 내리다"(Entscheidung treffen), [신청하다(beantragen)가 아니라] "신청을 제출하다"(Antrag stellen), [인지하다(erkennen)가 아니라] "인지하여 취하다"(zur Kenntnis nehmen))가 내용상으로는 훨씬 잘 어울린다. 관청 언어는 비록 여기서도 차이 의식과 대안 의식이 추상적으로만 함께 진행되기는 하지만, 우연성을 조작화한다. 이 점에 관해서는 (E. A. Singer를 인용하는) C. West Churchman, *The Design of Inquiring Systems: Basic Concepts of Systems and Organization,* New York 1971, 201-202도 참조할 것.

이것을 약간 다르게 정식화하자면, 소통은 정보 그리고 통보의 차이를 통보의 수용 또는 거부냐의 차이로 변형한다고 말할 수 있다. 소통은 "그리고"를 "또는"으로 변형한다. 이때 이중 우연성 정리에 따르면, 타자가 어떤 차이를 재현하고, 자아가 다른 차이를 재현하는 것이 결코 아니다. 그 두 차이는 타자와 자아의 양 측에서 관찰되고 다루어져야 한다. 사회적 입장의 차이가 아니라, 시간적 변형(zeitliche Transformation)이다. 따라서 소통은 완전히 독립적이며 자율적인 자기준거적-폐쇄적인 선택을 처리하는 과정인데, 이때 선택은 선택으로서의 특성을 결코 잃지 않는다. 소통은 의미 재료들의 지속적인 변형 과정, 달리 말해 타자가 자아의 조건화의 자유를 선택자유로 변형하는 과정이다. 그리고 이 변형 과정에서는 환경이 충분히 복잡하며 완전히 임의적으로 질서지어지지 않은 전제 조건에서, 소통의 타당한 검증 경험들이 갈수록 누적되고 그 소통 과정에 경험이 재수용된다. 그렇게 후성적 진화(epigenetische Evolution) 과정에서 의미세계가 성립된다. 즉 의미세계가 선택을 충족시키면서 비개연적인 소통을 가능케 한다.

소통된 의미 제안의 수용 및 거부의 열린 (그리고 지속적으로 늘 새로운 열린) 문제를 후속 처리하기 위해서, 오늘날 사회학에서는 특히 두 가지 발상이 제안되어 있다. 주로 거래(Transaktion)라는 표제어로 그 문제는 기록되어 있다. 거래는 두 참여자들 간 가치 차이들에 반응하는 상호작용, 특히 교환과 갈등으로 이해한다.[21] 하지만 교환이

---

21) 잘 알려진 사례들로는 John Thibaut/Harold H. Kelley, *The Social Psychology of Groups,* New York 1959; George C. Homans, *Social Behavior: Its Elementary Forms*, (1961), 2. Aufl. New York 1974; Thomas C. Schelling, *The Strategy of Conflict*, Cambridge Mas1960; Richard M. Emerson, "Power-Dependence Relations", *American Sociological Review 27* (1962), 31-41을 참조할 것. 여러 분

론도 갈등이론도 보편 이론으로서의 소통이론에 비견할만한 정도의 설득력을 갖추지 못한다. 그래서 이 교환과 갈등 형식에서 거래는 참여자의 가치 차이를 다루고, 수용이냐 거부냐를 다루기 위해 상호작용 층위에서 요구하는 것으로 파악할 때 가장 적절하게 해석될 수 있다. 반면 상징적으로 일반화된 소통매체 이론은 보다 거시사회학적으로 그리고 일반 소통이론 내에서 소통의 수용과 거부 간 선택에 대한 의미론적 선취를 다룬다. 그러나 그 이론은 매체를 통한 조종에도 불구하고 어째서 약호에 반하는 행동과 행동 조종이라는 목표에 미치지 못하는 비효율적인 소통에 이르게 되는지를 충분히 "설명하지" 못한다. 그래서 교환행위 이론과 매체이론을 조합해야 한다. 그리하여 소통의 개시가 사회적 체계에서 의미 제안의 수용이나 거부에 어떤 결과를 가져올지를 파악할 수 있다. 따라서 이 주제를 계속 다루는 것은 완성된 사회이론과 완성된 상호작용론을 전제할 것이다. 그러나 우리는 이 옆길로 새지 않고, 일반 소통이론으로 되돌아간다.

5. 소통의 과정적 재귀성의 구조 효과

차이지향적이며 선택지향적인 소통 개념은 수백 년 전부터 관찰되고 기술된 소통 행동의 문제들과 난제들을 이해할 수 있게 해준다.

석 층위에서 소통과 교환 행위를 명확히 분리하는 것에 대해 특히 알프레드 쿤(Alfred Kuhn)이 찬성했다. *The Logic of Social Systems,* San Francisco 1974, 137 이하를 볼 것. 그새 회고적으로 평가한 연구로는 Peter P. Ekeh, *Social Exchange: The Two Traditions,* London 1974, und John K. *Chadwick-Jones, Social Exchange Theory: Its Structure and Influence in Social Psychology,* London 1976도 참조할 것.

한 번 소통에 끌려 들어가면 순진한 정신의 낙원으로 결코 돌아가지 못한다. (클라이스트(Kleist)가 희망했듯이, 뒷문으로도 들어가지 못한다.) 이것은 전형적으로 진정성(Aufrichtigkeit)이라는 (근세에 와서야 현안이 된) 주제에서 예증된다.[22] 진정성은 소통에 의해 솔직해지지 못하게 되므로 소통되지 못한다. 왜냐하면 소통은 정보와 통보의 차이를 전제하고 그 둘을 우연적인 것으로서 전제하기 때문이다. 그렇다면 사람들은 어쩌면 그들 자신에 대해 어떤 것, 그들의 상태, 기분, 입장, 의도를 통보할 수 있다. 그러나 이것은 사람들이 다르게도 나타날 수 있을 정보의 맥락으로서 그들 자신을 드러내는 방식으로만 가능하다. 그래서 소통은 모든 것을 포괄하는, 보편적인, 제거될 수 없는 의구심을 방출한다. 그리고 모든 확언이나 강조나 달램은 의구심만 불러일으킬 뿐이다. 그래서 이 주제가 소통의 특성을 갈수록 성찰하는 사회체계의 분화가 강화되는 과정에서 타당해진다는 점도 설명된다. 진정성의 비진정성은 사회가 자연 질서를 통해서가 아니라 소통을 통해 접착되는 어떤 것으로서 경험되자마자 주제가 된다.[23]

이 문제는 일단 인류학적 문제로 기록된다. 하지만 그 문제는 보편적인 소통이론적 역설로 소급된다. 여기서 사람들은 (이를테면 "안녕하세요"라고 말할 때처럼) 실제로 의도하지 않아도 그렇게 말할 수 있다. 마찬가지로 말한 것을 그대로 의도한다고 볼 수도 없다. 물론 그

---

22) 예를 들어 Lionel Trilling, *Sincerity and Authenticity*, Cambridge Mass. 1972를 참조할 것.

23) 중농주의자 니콜라 보도(Nicolas Baudeau)는 *Première Introduction à la philosophie économique ou analyse des états policés*(1771)에서 "나는 사람들 간 소통을 사회라고 부른다..."라고 썼다. Eugène Daire (Hrsg.), *Physiocrates*, Paris 1846년 판, 재판, Genf 1971, 657-821(663)에서 재인용.

것을 언어적으로 실행할 수는 있지만, 그것을 힘주어 말하면 의심을 불러일으킨다. 즉 의도에 반하는 결과를 초래한다. 그밖에도 이때 말하는 한 그것을 그런 뜻으로 말하는 것이 아니라고 말할 수도 있음을 전제해야 할 것이다. 그러나 이렇게 말한다면, 말하는 그것을 그런 뜻으로 말하는 것이 아니라고 할 때, 그 말을 통해 의도되는 그것을 알 수 없다. 상대방은 에피메니데스(Epimenides)의 역설에 빠진다. 상대방은 화자를 이해하려고 아무리 애쓰더라도 화자가 무슨 말을 하는지 알 수 없다. 말하자면 소통이 자신의 의미를 상실한다.

이러한 소통 불가능성의 역설은 이해자가 소통자 편에서 자기준거를 전제하여 그 자기준거에서 정보와 통보를 분리할 수 있어야 한다는 데에 근거를 둔다. 그래서 모든 소통에서는 자기준거와 통보가 갈라질 가능성이 통보된다. 이 배경이 없다면 소통은 이해될 수 없을 것이고, 이해에 대한 전망이 없다면 소통은 아예 시작되지도 않을 것이다. 우리는 착각할 수 있고, 다른 사람을 속일 수 있다. 그러나 이렇게 할 가능성이 없을 것이라고 전제할 수는 없다.

이미 언급했듯이, 소통은 물론 통보 의도가 없이도 가능하다. 통보 의도가 없더라도 자아가 정보와 통보의 차이를 관찰할 수 있을 경우에는 소통이 가능하다. 그것과 같은 조건에서 소통은 언어가 없어도 가능하다. 소통은 예컨대 미소, 의심스러워하는 시선, 복장, 불참을 통해 가능해지며, 그리고 매우 보편적이며 전형적으로는, 알려진 것으로 전제할 수 있는 기대를 저버림으로써 이루어질 수도 있다.[24] 그러나 통보는 항상 선택으로서, 즉 지각된 이중 우연성을 가진 상황이

---

24) 기대된 진행들의 불연속이나 중단에 특별한 소통 계기들이 숨어 있다는 점이 분화된 소통 형식들의 진화를 위해 유난히 중요했음에 틀림없다. 우리는 이 고려를 여기서는 단지 암시할 수 있을 뿐이다. 그 고려는 진화가 실제로는 복잡성을 진작시키는 사건들에 작용한다는 점을 입증할 수 있을 것이다.

자기확정되는 것으로 해석될 수 있어야 한다. 그래서 관찰된 행동이 오직 다른 어떤 것을 위한 기호로서만 파악될 경우에는 소통이란 존재하지 않는다. 바삐 서둘러 걷는 일은 시키면 구름이 곧 비가 올 것이라는 지표로서 관찰될 수 있듯이, 이런 의미에서 서두름을 가리키는 기호로서 관찰될 수 있다. 그러나 그 행동은 서두름, 바쁨, 대화에 응할 수 없음 등의 표시로 간주될 수 있으며, 그런 해석을 이끌어내려는 의도에서 연출된 것일 수도 있다.

소통 개념의 정의에서 의도성과 언어성(Sprachlichkeit)을 사용하지 않아도 된다.[25] 그 대신 우리는 차이 의식, 모든 소통에 구축된 정보와 통보의 차이를 고려할 수 있다. 소통은 이른바 이 차이를 처리한다. 소통은 언어의 진화가 어떻게 가능한지 그리고 그로 인해 무엇이 획득되는지를 명확히 보여 주기도 한다. 어떤 것을 다른 어떤 것을 표현하는 기호로서 사용하는 가능성은 진작부터 있어 왔다. 언어는 이 가능성을 인위화하며 자연적으로 주어진 규칙성의 조건에서 분리하는데, 그리하여 그 가능성을 거의 임의적인 것이 되도록 증식시킨다. 다른 한편 언어적 소통에서는 소통의 의도가 명백하다. (우리가 말한 것이 그런 의도가 아니었다고 종종 부인할 수도 있고 그래서 어떤 것을 의도적으로 한 것이 아니라고 통보하기 위해 의도적으로 언어적 소통을 사용할 수 있더라도 말이다.) 바로 그 때문에 소통 가능성은, 통보 의도로서 대변할 수 있거나 곤경에 처할 경우 일부러 비의도적인 것으로 표현되는 간접 소통의 형식으로 옮길 수 있는 것에 상당히

---

25) 그것은 그밖에도 매우 지배적인 견해와 일치한다. 소통 개념을 너무 좁게 정의하면, 너무 많은 중요한 현상들을 고려에서 배제하게 될 것이다. 즉 언어의 범위 내에서 파악되고 의도된 것과 달리 그리고 그보다 더 많은 것을 통보하는, 의도적이며 언어적인 소통 바로 그 자체에 관련된 현상들을 배제하게 될 것이다.

제한될 수밖에 없다. 이러한 점은 그 차이, 즉 정보의 선택성에 비해 통보의 고유 선택성을 더욱 뚜렷이 부각시킨다. 그렇다면 언어적 소통은 사회적 편의성을 감안하여 더욱 강력히 통제되어야 하는데, 오로지 침묵할 수 있는 자만이 자신의 언어 행동을 통제할 수 있다.[26]

언어적 소통에서는, 소통 과정은 자아의 관찰 재능과 그 재능의 양가성에 덜 의존하게 된다. 자아가 차이를 볼 수 있기만 해야 하는 것은 아니다. 차이는 자아에게 분명하게 떠오른다. 타자는 자아에게 어떤 것에 관해 말한다. 그리고 타자는 자기 자신 또는 자신의 말에 관해 말하고자 할 때에도, 늘 그런 차이만 재생산할 뿐이다. 즉 타자는 자기 자신 또는 자신의 말에 관한 어떤 것을 자신이 통보하고자 하는 정보로서 다루어야 할 뿐이다. 그러니까 자아는 언어 행동에 직면하여 소통을 구성하는 차이가 이미 만들어진다고 믿을 수 있다. 그래서 자아는 이에 따라 부담을 던다고 느낄 수 있다. 그는 말해지는 것을 이해하는 데에 자신의 주목을 집중시키게 된다.

이것은 언어가 소통 과정을 (얼마나 까다롭고 복잡하든) 지각의 맥락에서 분화시킬 수 있다는 테제로 요약될 수 있다. 소통 과정의 분화를 통해서 비로소 사회적 체계의 분화에 이를 수 있다. 사회적 체계들은 결코 언어적 소통만으로 구성되지 않는다. 그러나 사회적 체계들이 언어적 소통에 근거하여 분화되어 있다는 사실이 사회적 행위에서, 그리고 그 밖의 사회적 지각에서 나타나는 모든 것에 영향을

---

26) 그것은 17세기와 18세기에 많이 논의되었던 주제이다. 예를 들어 Nicolas Faret, *L'honeste homme, ou l'art de plaire à la Cour,* Paris 1630, Paris 1925 판, 73 이하에서 재인용; Jacques du Bosq, *L'honneste femme,* Neuauflage(신판) Rouen 1639, 56 이하: Madeleine de Scuderi, *De parler trop ou trop peu, et comment il faut parler, in dies., Conversations sur divers sujets Bd. I,* Lyon 1680, 159-204; Jean-Baptiste Morvan de Bellegarde, *Conduite pour se taire et pour parler, principalement en matière de religion,* Paris 1696을 볼 것.

미친다. 특별히 현상학적 간명성, 즉 언어 행동의 특이성과 돋보임만이 분화에 기여하는 것은 아니다. 언어가 소통 과정의 재귀성을 보장하며 그로써 자기조종을 가능하게 한다는 점도 못지않게 중요하다.

재귀적이라는 말은 자기 자신에게 적용될 수 있는 과정들에 대해 사용된다. 소통의 경우에 재귀적이라는 말은 소통에 관해 소통이 이루어질 수 있다는 뜻이다. 우리는 소통의 진행을 소통에서 주제화할 수 있으며, 어떤 것이 어떤 뜻에서 그렇게 의도되었는지를 질문하고 설명할 수 있으며, 소통을 요청하고 거부하며 소통 맥락을 수립하는 등의 일을 할 수 있다. 여기서도 그때마다 정보와 통보의 차이가 소통 맥락의 근거를 형성한다. 재귀적 소통의 경우에는 소통 자체가 정보로 다루어지고 통보의 대상이 될 수 있다는 것만이 근거가 된다. 이것은 언어가 없이는 거의 불가능하다.[27] 왜냐하면 단순히 소통으로서 지각된 것이 후속 소통 처리에 충분히 분명한 것은 아니기 때문이다. 늘 그러하듯이, 여기서도 어떤 과정의 재귀화에는 충분한 분화와 기능적 특화가 전제된다. 모든 순간에 현존하며 비교적 순조롭게 사용될 수 있으며 더 이상 의외라고 생각하지 않을 가능성, 즉 소통 과정을 자기 자신에 역관련시킬 수 있는 가능성이라는 의미에서 재귀성을 비로소 보장하는 것은 언어이다.

그러면 재귀성은 더 높은 복잡성과 더 민감한 선택성의 위험을 상쇄하는 데에 사용될 수 있다. 예기치 않은 통보나 이례적인 통보를 시도할 수 있다. 간명하게 말할 수 있고, 이해의 지평을 검토하지 않은 채 전제할 수 있다. 의심스럽거나 이해하기 어려워 되물을 수 있을 경우에는 전혀 모르는 사람들끼리도 소통할 수 있다. 소통적 상호

---

27) 다른 관점으로 Klaus Merten, *Kommunikation: Eine Begriffs- und Prozeßanalyse*, Opladen 1977을 참조하라. 메르텐은 재귀성을 유일하게 일반화될 수 있는 소통 그 자체의 특징으로서 간주한다.

이해가 성공했는지 실패했는지에 관해 소통할 수 있는 메타 층위를 추가로 사용할 수 있다면, 직접 소통에서 모든 것을 다 말할 필요는 없다.

언어적 소통에서는 재귀적으로 소통에 되돌아가는 일이 매우 쉽기 때문에, 그 가능성을 배제하려면 특별한 차단 장치가 필요하다. 의도적으로 비유적인 낱말이나 그림을 사용하는 경우, 의도적으로 중의성을 의도하는 경우, 역설이나 유머가 풍부하고 익살맞은 관용구를 사용할 경우, 그런 차단 장치가 설치된다. 그러한 언어 형식들은 왜 어째서 그런 형식들을 썼는지를 되물어보는 것이 무의미하다는 신호를 전달한다. 그 형식들은 그 순간에만 기능한다. 아니면 그 형식들에는 그밖에는 거의 다른 기능이 없다.[28]

이 절의 고려 덕분에 상승 관계들이 어떻게 실현되는지를 알 수 있게 된다. 모든 것은 출발 차이가 설치될 수 있다는 사실에 달려 있다. 출발 차이는 하나의 조로 짜인 두 개의 선택적 사건들, 즉 정보와 통보가 관찰자에 의해 구분되는 데에 있다. 이것이 보장된다면 후속은 그 구분에 연결할 수 있다. 그에 근거하여 기대가 형성되고 이에 상응하여 특화된 행동, 즉 말하기가 발전되고 약호화될 수 있다. 개념들은 상이하게 정의될 수 있다. 그리고 소통 개념에서는 특별히, 더욱 상이한 제안들이 있다.[29]

우리는 소통을 비로소 가능하게 만드는 것, 즉 과정을 구성하며 과

---

28) John Gregory, *A Comparative View of the State and Faculties of Man with those of the Animal World*, 2. Aufl. London 1766, 145-146을 볼 것. 오늘날에는 보통 재담/유머를 논리적 유형들의 층위 차이에서의 일종의 오류 추론이라고 말한다. 하지만 이때 시간 구조, 즉 필연적인 순간성(Momenthaftigkeit)은 고려되지 않은 채 있다.

29) 메르텐(Merten a. a. O.)은 부록에서 소통 개념에 대한 160가지의 정의를 분류했다.

정에 자유를 부여하는 차이를 고려하는 소통 개념을 근거로 삼을 것이다.

6. 소통 조율자로서의 '주제/견해-차이'

소통은 조율된 선택성이다. 소통은 자아가 통보된 정보를 바탕으로 자신의 고유한 상태를 규정할 때만 성립한다. 그렇다고 하면 소통은 자아가 정보를 부적절한 것으로 간주할 때, 정보가 알려주려는 욕구를 충족시키려 하지 않을 때, 정보가 관련짓는 규범을 따르려 하지 않을 때에도 성립한다. 자아가 정보와 통보를 구분해야 한다는 사실은 비판을 가능케 하며 경우에 따라서 거부가 가능해진다. 그로 인해 소통이 일어났다는 점에서는 아무 것도 달라지지 않는다. 그 반대이다. 위에서 설명했듯이, 거부 또한 소통에 근거하여 고유한 상태를 규정하는 것이다. 따라서 소통의 진행에서는 거부의 가능성이 필연적으로 같이 구축되어 있다.

이것을 전제하며, 우리는 소통의 기본적 사건을 부정 가능성의 최소 (차이)동일성으로서 정의할 수 있다. 이것은 논리적인 의도가 아니라 소통의 실제에 비추어 그렇게 말하는 것이다. 모든 문장, 모든 요구는 수많은 부정 가능성을 열어준다. 이것이 아니라 저것, 그렇게는 말고, 지금은 아직 아니다 등등. 이 가능성들은 자아가 반응을 마치지 않는 한 의미 지시로서 유지된다. 통보 자체는 일단 선택 제안에 불과하다. [그에 대한] 반응이 비로소 소통을 완결한다. 그리고 무엇이 (차이)동일성으로서 성립했는지를 그 반응에서 비로소 읽어낼 수 있다. 바로 그렇기 때문에 소통은 행위로 간주될 수 없다. 그리고 이것은 우리가 더 이상 해체할 수 없는 최종 (차이)동일성을 묻는 바로 그 경우에도 그러하다. 이 점에 관해서는 8절에서 다시 다루겠다.

일단 소통이 개별 (차이)동일성으로서만 나타나는 경우가 매우 드물다는 사실에만 관심을 두자. 경고의 외침, 도움의 요청, 즉시 충족될 수 있는 부탁, 인사, 문 앞에서 누가 먼저 지나갈 것인가에 관한 의사 교환, 극장표 구매 따위를 떠올려 보라. 이런 종류의 개별 소통에는 종종 언어가 있으며, 종종 거의 언어가 없어도 가능하다. 그러나 어쨌든 맥락에 단단히 묶여 있다. 소통적 사건의 보다 강력한 분화에는 더 많은 소통 (차이)동일성들을 한 과정으로 접속하는 것이 필요하다──과정이란 여기서 위에서[30]에서 규정한 의미에서 상호 조건화를 통한 복수의 선택적 사건들의 시간적 접속을 뜻한다.[31] 분화에는 새로운 종류의 자기준거들에 접근하는 소통의 처리가 필요하다. 소통 과정은 그 자체로 자기 자신에게 반응할 수 있다. 소통 과정은 이미 말해진 것을 필요에 따라 반복하고, 보완하고 수정할 수 있다. 소통 과정은 발화와 역(逆)발화를 허용한다. 그 과정은 자기 자신을 소통 과정으로서 다루면서 재귀적이 될 수 있다. 분화와 상대적인 맥락 독립성은 명확하게 질서된 내적 비(非)임의성을 전제한다. 왜냐하면 그렇게 해야만 상황적인 이해의 전제에서 벗어날 수 있고 그래서 그 스스로 이해될 수 있는 소통이 가능해지기 때문이다. 그런데 소통이 도대체 어떻게 과정이 될 수 있는가?

여기서도 다시금 특별한 기능 특화된 차이가 가능성의 조건으로서 기능하는 것처럼 보인다. 그것은 바로 주제와 견해의 차이(Differenz von Themen und Beiträgen)이다. 소통 맥락은 주제에 관한 견해들이 관련될 수 있는 주제를 통해 질서지어야 한다.[32] 주제들은 견해보다

---

30) 이 책의 149-150을 볼 것.
31) 우리는 소통의 (차이)동일성 자체가 선택적 사건들의 연결에 근거한다는 점을 명심하고 있다. 하지만 그것은 또 다른 질문이다.

오래 지속되며, 상이한 견해들을 오래 지속되는 단기적인 또는 장기적인 의미 연관으로 집약한다. 몇몇 주제들에 관해서는 영원히 얘기할 수 있고, 다른 주제들에 관해서는 끝없이 얘기할 수 있다. 주제에 관해서는 누가 어떤 견해를 제출할 수 있는지도 조정된다. 주제들은 견해들을 차별하며 그리하여 견해 제출자들도 차별한다. 따라서 예를 들어 사교적인 소통에서는 모든 참여자들이 각자의 견해를 표명할 수 있는 주제들, 즉 어느 누구도 잘못 생각하도록 만들지 않고, 각자의 개별성을 충분히 이끌어내며, 모두가 자신을 부각시키기에 충분한 개별적인 견해를 제시할 기회를 모두에게 제공하는 그런 주제들을 선택해야 한다.[33]

주제와 견해의 차이는 "층위 차이"로서는 아직 충분히 규정되지 않았다. 내용적으로는 그 차이를 통해 부인 가능성이 조정된다. 한편으로 주제상의 문턱이 있다. 이를테면 외설, 종교적 감정이나 신앙고백 또는 전적으로 갈등의 소재에 비추어 볼 때 그런 문턱이 있다.[34] 다른 한편으로 주제 수용은 견해들이 부정적인 논평을 받고 내용적

---

32) 이에 관해서는 인적(personal)체계들과 그것들의 상황들에 관련하는 Jürgen Markowitz, *Die soziale Situation*, Frankfurt 1979, 특히 69 이하를 참조할 것. "주제 분야"라는 중간 개념에 관해서는 115-116을 참조할 것.

33) Friedrich D. E. Schleiermacher, "Versuch einer Theorie des geselligen Betragens", in: *Werke; Auswahl in vier Bänden*, 2. Aufl. Leipzig 1927, Bd. 2, 1-31.

34) 이에 관해, 특히 17세기 후반과 18세기 전반에 나온 광범위한 문헌이 있다. 예를 들어 Claude Buffier, *Traité de la société civile*, Paris 1726, 특히 Bd. II, 91 이하; François-Augustin Paradis de Moncrife, *Essais sur la nécessité et sur les moyens de plaire*, Amsterdam 1738, 특히 190을 볼 것. 법률 문제를 끄집어내는 일련의 주제화에 관해서는 Niklas Luhmann, "Kommunikation über Recht in Interaktionssystemen", in Niklas Luhmann, *Ausdifferenzierung des Rechts*, Frankfurt 1981, 53-72도 참조할 것.

으로 거부되고 교정되고 수정될 수 있다는 점에 대한 전제가 된다. 바로 그렇기 때문에 주제화의 문턱은 넘기 어려울 것이다. 그렇지 않으면 주제를 수용할 때, 부정해야 할 견해들을 너무 많이 감안해야 하기 때문이다. 그래서 층위 차이는 지나치게 조밀하며 그래서 불가피하게 개인적으로 해당될 수 있는 부정의 경향을 해체시킨다. 그래서 소통 맥락에서 개인들이 부각된다는 점에서, 근세의 문학작품에서 이 점에 주목하기 시작한다는 사실은 우연한 일이 아니다.[35]

주제들은 견해들을 조정할 수 있기 위해 사실적인 내용을 가진다. 그 내용은 여배우의 연애담일 수도 있고, 주식시장의 동향 및 해설일 수도 있고, 신간 도서일 수도 있고, 외국인 노동자의 자녀들일 수도 있다. 주제의 특화에는 경계가 정해져 있지 않다—소통을 속행시키려는 관심만 빼고 말이다. 그러나 주제는 시간적 측면도 가지고 있다. 주제에 관한 이전의 견해들이 회상될 수 있다. 주제들은 낡은 것이거나 참신한 것이며, 이미 지루하거나 여전히 흥미로운 것일텐데, 이 모든 것은 아마도 상이한 참여자들마다 상이한 방식으로 그렇게 느낄 것이다. 주제들은 언젠가는 포화 상태에 이르게 되어 새로운 견해들을 더 이상 기대할 수 없게 된다. 그러면 낡은 주제들을 존속시키기 위해 새로운 참여자들이 동원되어야 한다. 반면 참신한 주제는

---

35) 이에 관해 일반적인 것으로 Pietro Toldo, "Le Courtisan dans la littérature française et ses rapports avec l'oeuvre de Castiglione", *Archiv für das Studium der neueren Sprachen und Literaturen 104* (1900), 75-121; 313-330; 105 (1900), 60-85; Helmut Anton, *Gesellschaftsideal und Gesellschaftsmoral im ausgehenden 17. Jahrhundert: Studien zur französischen Moralliteratur im Anschluß an J.-B. Morvan de Bellegarde,* Breslau 1935; Christoph Strosetzki, *Konversation: Ein Kapitel gesellschaftlicher und literarischer Pragmatik im Frankreich des 18. Jahrhunderts,* Frankfurt 1978; Niklas Luhmann, "Interaktion in Oberschichten", in Niklas Luhmann, *Gesellschaftsstruktur und Semantik* Bd. 1, Frankfurt 1980, 72-161을 볼 것.

많은 참여자들에게 너무도 새로운 것이어서, 처음에는 유의미한 견해들을 고무하기가 어려울지도 모른다.[36]

"사교"의 보기에서 이미 암시했듯이, 결국 주제 선택의 사회성도 중요하다. 사교가 동일한 기질만 뜻하는 것은 아니다. 더구나 주제들이 참여자들과 그들의 견해 가능성과 다소간 일치한다는 뜻도 아니다. 사회적 차원은 소통이 가시적 행위로서 참여자들을 어느 정도 구속한다는 데서 현저하게 활성화된다. 사회적 차원이란 참여자들이 소통을 통해 자기 자신에 관해 어떤 것을 진술한다는 뜻이다. 즉 참여자들의 의견, 입장, 경험, 희망, 판단 자격, 관심 등에 관해 말하는 것이다. 소통은 자기과시, 상호 교제에도 기여한다. 그리고 소통은 우리를 어떤 형식으로 강요하고 결국에는 소통에서 나타난 모습으로 이끄는 효과를 발휘할 수 있다. 유혹하는 사람은 결국 사랑에 빠진다.[37]

이러한 구속 효과는 소통 주제가 도덕적인 구호가 되거나, 심지어 도덕 자체가 주제가 될 경우 뚜렷해진다. 도덕은 상호간 존중 또는 무시라는 조건을 규제한다.[38] 그래서 소통의 도덕화에 적절한 주

---

36) 주제들의 시대적 상황은 특히 대중매체라는 현대적 매체를 통해, 광범위하며-결정적이지는 않더라도 주제 선택을 결정한다는 의미를 얻었다. 그것에 관해서는 Niklas Luhmann, "Öffentliche Meinung" in Niklas Luhmann, *Politische Planung*, Opladen 1971, 9-34, Niklas Luhmann, "Veränderungen im System gesellschaftlicher Kommunikation und die Massenmedien", in Niklas Luhmann, *Soziologische Aufklärung Bd. 3*, Opladen 1981, 309-320을 참조할 것.

37) 이것은 애호되었던 소설 주제 가운데 하나이다. 이를테면 벵자맹 콩스탕(Benjamin Constant)의 소설 "아돌프"(Adolphe)를 보라. 이에 상응하는 시간 유예는 경험적 연구에서도 확인된다. 남자가 먼저 사랑하며 그리고 낭만적인 상태가 된다. 여자는 좀 늦게 사랑하지만 그러고는 진정으로 사랑한다. Bernard I. Murstein, "Male Selection in the 1970s", *Journal of Marriage and the Family 42* (1980), 777-792 (785).

제들을 통해 존중을 유발할 수 있는 것이다. 그리고 스스로 존중받을 만한 모습으로 연출하고 다른 사람들의 저항을 막을 수 있다. 어느 누가 존중받을 일을 하는지도 점검할 수 있다. 다른 사람들을 존중 조건의 그물로 포획하고는 그를 이끌고 갈 수 있다. 또한 다른 사람들을 도덕적인 자기구속으로 유혹하고는 그를 곤경에 빠뜨릴 수도 있다. 이러한 도덕화는 특정한 파트너에 대한 존중을 대수롭지 않게 생각한다는 점을 보여주기 위해 사용될 수도 있다. 도덕을 다룰 때 사회가 얼마나 많은 자유를 가능케 하는가에 따라,[39] 도덕은 뒤르켐적인 의미에서 연대 강화에 기여하기도 하고 비판, 거리 둠, 갈등을 부추길 수도 있다.

즉 주제들은 소통 과정의 사실적-시간적-사회적 구조들로서 사용되며, 이때 어떤 견해들이 언제 어떤 순서에 따라 누구에 의해 만들어졌는지를 규정하지 않는다는 점에서는 일반화로서 작용한다. 따라서 개별 소통에서 거의 가시화될 수 없을 의미 연관들이 주제 층위에서는 현재화될 수 있다. 따라서 결국 소통은 필연적이지는 않더라도 전형적으로 주제를 통해 조종된 과정이다. 다른 한편 주제들은 언어를 통해 개시된 복잡성 환원을 뜻한다. 단지 언어적으로 정확하게 정식화하는 것만으로는 충분한 것을 말할 수 없다. 주제에 의존해야만 주제-적합성의 의미에서 자신과 다른 사람의 소통적 행동의 정확성을 통제할 수 있다. 이런 점에서 주제 또한 마찬가지로 언어의 행

---

38) 어쨌든 사회학의 도덕 개념은 그러하다. 더 상세한 논의로는 Niklas Luhmann, "Soziologie der Moral", in: Niklas Luhmann/Stephan H. Pfürtner (Hrsg.), *Theorietechnik und Moral,* Frankfurt 1978, 8-116을 볼 것.

39) 이것은 부분적으로 (그리고 원칙적으로 시민적 사고에 대해) 도덕과 법의 분화에 관한 질문이다. 그러나 부분적으로 사회적 이동성, 접촉 단절의 용이함과 상대적 평범성에 관한 질문이기도 하다.

위 프로그램이다.[40] 쥐덫으로 쥐를 잡는 가장 좋은 방법이 유일하게 관건일 때에는, 상당한 분량의 견해를 표현할 수 있지만 더 이상 임의의 견해를 표명하는 것은 아니다. 그리고 우리는 주제를 통해 충분히 선(先)지향되어서, 우리의 견해들을 신속하게 선택하고 다른 사람의 견해들의 적합성을 통제할 수 있다. 우리는 쥐들이 겪을 고통에 근거하여 참여자들의 도덕적 민감성을 점검할 수 있고, 우리 자신과 다른 참여자들에게 그 정도면 충분했다는 인상을 받을 경우 다른 주제로 넘어갈 수도 있다.

7. 소통 비개연성의 극복 매체들: 언어, 확산매체, 상징적으로 일반화된 매체

주제들은 거부될 수 있으며, 견해들도 거부될 수 있다. 나아가 우리는 모든 소통에서 다소간 큰 손실률, 이해 불가능성, 배제의 생산을 감안해야 한다. 하지만 이것들은 감당할 만한 어려움들이다. 이것들은 훨씬 심층적인 문제의 잔고들일 뿐이다. 지금까지 소통이 어떻게 기능하는지를 개괄했지만, 이제는 이러한 정상 기능이 도대체 어떻게 가능한지를 훨씬 근본적으로 질문해야 한다.

진화상 성취의 맥락에서 보면, 소통은 처음에는 거의 성공하기 어려운 것으로 간주되어야 한다.[41] 소통은 제각기 고유한 환경과 고유

---

40) 이 책 607 이하에서 가치/프로그램/역할/인물을 구분할 때 더 자세히 다루게 될 의미에서 그러하다.
41) 나는 여기서 이미 출간한 책의 사유 노선을 따를 것이다. Niklas Luhmann, "Die Unwahrscheinlichkeit der Kommunikation", in Niklas Luhmann, *Soziologische Aufklärung Bd. 3*, Opladen 1981, 25-34를 볼 것.

한 정보처리 장치를 가진, 홀로 존재하는 생명체를 전제한다. 모든 생명체는 자신의 지각하는 것을 홀로 조사하여 처리한다. 그러한 상황에서 소통, 즉 조율된 선택성은 도대체 어떻게 가능한가? 이 질문은 소통 개념을 2단계 선택에서 3단계 선택으로 확장함으로써 훨씬 강화된다. 생명체들이 서로 조정한다는 사실만이 관건인 것은 아니다. 또한 사교댄스에서처럼 생명체들의 행동을 단순히 맞물리게 하는 것만 중요한 것도 아니다. 생명체들은 조정을 모색해야 하며 우연한, 즉 다르게도 가능한 세계 사태에 관련하여 그 조정점을 찾아내야 한다. 이중 우연성을 극복하는 것이 불확실하다면, 그러면 불확실한 세계 사태에 관한 확실성을 얻기 위해 이 불확실성을 어떻게 투입할 수 있을 것인가? 다른 방식으로 질문하자면, 정보 처리로서의 소통은 도대체 어떻게 가능하다는 말인가?

이 질문은 자세히 다룰 경우에는 수많은 문제들, 즉 소통이 전적으로 성립될 수 있기 위해 소통 자신이 극복해야 하는 수많은 장애들을 극복해야 한다.

진화의 영점(零點)으로 되돌아가 보면, 일단 타자가 의도하는 바를 자아가 이해한다는 것 자체가 비개연적이다 — 자아와 타자의 신체와 의식이 분리되고 개별화되어 있다고 전제할 경우에는 그렇다. 의미는 맥락에 묶인 것으로만 이해될 수 있다. 그리고 각자에게 맥락으로서 기능하는 것은 처음에는 그들의 고유한 지각 영역과 고유한 기억이 마련해주는 어떤 것이다. 위에서 잠정적으로 확인했듯이, 이해는 그밖에도 항상 오해를 포함한다. 그리고 추가적인 전제에 근거한다면, 오해라는 구성요소가 너무 심하게 작용하여, 그 결과 소통의 속행이 비개연적인 것이 된다(그 문제는 소통의 요구 조건의 모든 상황에서 반복된다. 특히 사회학의 이론 논의에서는 더욱 그러하다).

두 번째 비개연성은 수신자에게 도달(Erreichen)하는 문제에 관련된다. 소통이 구체적인 상황 속에 있는 참석자보다 더 많은 수의 사람들에게 도달하는 것은 비개연적이다. 그리고 이러한 비개연성은 소통이 바뀌지 않고 계속된다는 요구를 추가적으로 제기하면서 더욱 심해진다. 문제는 공간적인 확장과 시간적인 확장에 있다. 그때마다의 참여자들의 상호작용 체계는 소통에 대한 주목을 실제로 충분히 보장하지만, 여기에 타당한 규칙을 상호작용 체계의 경계 너머까지 강요할 수는 없다. 소통이 운반할 수 있고 시간 한계를 넘어설 수 있는 의미 탐지자를 발견하더라도, 상호작용의 경계 저편에서 소통이 전적으로 주목을 끌지는 불확실해진다. 장소가 달라지면 행동도 달리 해야 한다.

세 번째 비개연성은 소통 **성공**(Erfolg)의 비개연성이다. 소통이 도달된 사람에 의해 이해될지라도, 그로 인해 소통이 수용되고 준수되리라는 것까지 보장되지는 않는다. 그 반대이다. "입으로 말해진 모든 단어는 반대 의미를 자극한다." 자아가 소통의 선택적 내용(즉 정보)을 자신의 행동의 전제로 인수할 경우에만 소통은 성공적이다. 수용이란 상응하는 명령에 따른 행위를 의미할 수 있다. 하지만 수용은 체험, 사고, 특정한 정보가 옳다는 전제에서 후속 정보들을 처리하는 것을 의미하기도 한다. 소통의 성공은 선택들의 성공적인 연동이다.

이 세 가지 비개연성들은 소통의 발생을 막는 장애물인 것만은 아니며, 목표점 도달의 난관인 것만도 아니다. 비개연성들은 좌절의 문턱이 되기도 한다. 소통이 성공할 가망이 없다고 생각하는 사람은 소통을 단념할 것이다. 따라서 우리는 일단 소통이 전혀 발생하지 않는다고, 또는 발생하더라도 진화를 통해 다시 제거될 것으로 기대할 수밖에 없다. 하지만 소통이 없다면 사회적 체계들은 형성될 수 없다. 따라서 엔트로피를 예상해야 할 것이지만, 실제로는 반대 경우가 관련된다. 그렇다고 비개연성 정리가 반박된 것은 아니다. 그 정리는 문제들, 즉 진화 과정에서 소통을 가능케 하고 체계 형성을 실행시키고 비개연적인 것을 개연적인 것으로 변형시키는 문제의 해결 방안이 어디에 있는지를 더욱 정확하게 보여준다. 소통 과정의 내재적인 비개연성 그리고 그 비개연성의 극복 및 개연성으로의 변형 (Transformation) 방식이 사회적 체계들의 형성을 규제하기도 한다. 사회문화적 진화 과정은 성공 전망이 큰 소통 확률의 변형과 확장으로서, 기대들의 공고화로서, 그 후 사회가 자신의 사회적 체계들을 형성하는 데 중심을 이루는 것으로 파악되어야 한다. 그런데 이것이 단지 성장 과정이 아니라 선택적 과정, 즉 어떤 종류의 사회적 체계들이 가능해지는지, 사회가 단순한 상호작용에 맞서 어떻게 스스로 구분되는지, 어떤 것이 지나치게 비개연적이라는 이유로 배제될지를 규정하는 선택적 과정이라는 사실은 분명하다.

그러한 비개연성들이 갈수록 줄어들기만 하는 것이 아니라 차츰차츰 충분한 개연성으로 변형될 수 있다는 점을 보면, 이 진화상 선택에서 일종의 구조를 인식할 수 있다. 그 비개연성들은 오히려 번갈아가면서 서로를 강화하고 제한한다. 그래서 사회문화적이며 소통에 기초한 진화의 역사는, 갈수록 개선된 소통을 향하는 목표 지향적인 진보의 상을 보여주지 않는다. 차라리 역사는 오히려 문제의 억압과 분배가 일종의 유압장치처럼 작용하는 사건의 형식으로서 파악될 수 있다. 문제 가운데 하나가 해결되면 다른 문제들의 해결은 그만큼 더 어려워진다. 억압된 비개연성은 이른바 다른 문제들로 방향을 튼다. 자아가 소통을 제대로 이해하면, 자아에게는 소통을 거부할 이유가 더욱 많아진다. 소통이 참석자들의 범위를 넘어서면 이해는 더 어려워지고 거부는 더 쉬워진다. 해석에 대한 지원이나 구체적인 상황을 받아들이라는 수용 압력은 없다. 이처럼 문제들 간 상호의존은 문제들 자신이 소통으로서 관철되고 입증되는 방향으로 선택적으로 작용한다. 소통이 알파벳 문자에 힘입어 참석자들의 시간적-공간적으로 제약된 범위를 넘어설 수 있게 된 순간부터, 사람들은 구두 연설 방식이 청중을 감동시키는 위력을 더 이상 신뢰할 수 없다. 이제는 훨씬 강력하게 사실 자체에 입각하여 주장해야 한다. "철학"은 바로 그러한 조건 덕분에 출범할 수 있었던 것으로 보인다.[42] 철학은 그렇게 긴장된 상황에서도 여전히 진지하며 보전할 가치가 있는 솜씨 그리고 알파벳의 도달 거리에 힘입어 보편적 소통을 가능케 하는 데에 필요한 기술로서의 "지혜"(sophia)인 것이다.

그러한 소통의 중단점에서 시작하며, 비개연적인 것을 개연적인 것으로 변형시키는 바로 그 기능에 정확하게 기여하는 진화상 성취를 우리는 매체(Medien)라고 명명할 것이다.[43] 세 가지 종류의 소통의 비개연성에 상응하여 세 가지 상이한 매체들을 구분해야 한다. 그 매체들은 서로를 성립시키고 제한하며 파생 문제들로 서로에게 부담을 준다. 지각될 수 있는 것 훨씬 너머로 소통의 이해 범위를 확장시키는 매체는 언어(Sprache)이다. 언어는 기호 사용을 통해 드러나는 매체이다. 언어는 의미를 나타내기 위해 청각 기호 및 시각 기호를 사용한다.[43a] 이러한 사정은 복잡성 문제들로 귀결되며, 이 문제들은

---

42) Eric A. Havelock, *Preface to Plato,* Cambridge Mas1963; Eric A. Havelock, *The Greek Concept of Justice: From Its Shadows in Homer to Its Substance in Plato,* Cambridge Mass. 1978; Eric A. Havelock, *The Literate Revolution in Greece and Its Cultural Consequences,* Princeton N.J. 1982를 참조할 것.

43) 보다 포괄적인 이론이 지금까지 이루어진 연구의 단편들을 합칠 때 빈번히 발생하듯이, 여기에서도 용어 문제가 나타난다. "매체"라는 표현은 특히 대중[매체의] 커뮤니케이션 연구에 흔히 나오며 이런 용어법에서 대중화되었다. 그밖에도 특별한 상대와의 소통과 관련하여, 유심론(唯心論)적인 용어법이 있다. 그밖에도 파슨스 이론 내에서, 교환 중개와 관련된 용어법이 있다. 우리는 본문에서 독자적이고, 순수하게 기능적인 새로운 이해를 제안한다.

기호 사용 규칙들, 복잡성 환원, 제한된 조합술에의 적응을 통해 해결된다. 하지만 기본 과정은 통보행동과 정보의 차이를 규제하는 데 머물러 있다. 이 차이가 기호로 파악되면, 타자와 자아의 소통의 차이는 기초가 될 수 있다. 그리고 타자와 자아 모두 같은 의미의 기호 사용을 통해 똑같은 것을 의도한다는 생각을 확신할 수 있다. 따라서 이해 가능한 소통들의 목록을 사실상 무한대로 확장하고, 그리하여 거의 임의적인 사건들이 정보로서 보여지고 처리 가능하게 보장할 수 있는 매우 특수한 기법이 관건이다. 이러한 기호 기법의 중요성은 아무리 높이 평가해도 부족하다. 하지만 그것은 기능적 특화에 근거한다. 따라서 그러한 기술의 한계도 직시해야 한다. 의미는 그 자체로서는 기호가 아니며, 언어의 기호 기법은 기호를 어떻게 선택하는 것이 소통 과정에서 성공을 거두는지도 설명하지 못한다.

언어를 바탕으로 삼아 확산매체, 즉 문자, 인쇄술, 방송이 발전될 수 있었다. 확산매체는 언어적으로는 더 이상 분해될 수 없는 (차이) 동일성들이 일치하지 않게 해체되고 재조합되는 것에 근거한다.[44] 그렇게 하여 소통 과정의 도달 범위가 엄청나게 확장될 수 있는데, 그 확장은 다시 소통의 내용으로서 입증되는 것에 역으로 영향을 준다.[45] 확산매체는 자신의 고유한 기술을 통해 선택한다. 확산매체는

43a) 이것과 위의 232쪽에서 다루었던 기능, 즉 의미의 자기준거의 일반화를 위한 언어의 기능은 구분되어야 한다. 그 둘이 진화에서 오직 동시에 생성될 수 있더라도 말이다.

44) 이것은 알파벳을 통한 문자의 완성에 대해 특별히 타당하다. 그것에 관해서는 Eric A. Havelock, *Origins of Western Literacy*, Toronto 1976을 참조할 것.

45) 최근에 주목을 많이 받는 주제이다. 이미 언급한 해브릭(Havelock)의 연구 외에 Jack Goody/Ian Watt, "The Consequences of Literacy", *Comparative Studies in Society and History 5* (1963), 304-345; Walter J. Ong, *The Presence of the Word*, New Haven 1967; Elisabeth L. Eisenstein, *The Printing Press as an Agent of Social Change: Communications and Cultural Transformations in Early-modern*

고유한 유지 가능성, 비교 가능성, 개선 가능성을 창출하는데, 그런 가능성들은 제각기 표준화에 근거해서만 사용될 수 있다. 구두 발화, 상호작용, 기억에 의존하는 전승에 비교했을 때, 확산매체를 통해 어떤 소통이 후속 소통들의 기초로서 기여할 수 있는지가 엄청나게 확장되는 동시에 제한된다.

이 모든 언어 기술 및 확산 기술의 발전과 함께 어떤 소통이 도대체 성공적인지, 즉 수용하라고 동기화될 수 있을 지에 대해 처음으로 의심받기에 이른다. 근세가 한참 진행되는 동안에는 일종의 설득 기술을 얻어냄으로써 보다 높아진 비개연성에 반응하려고 했다. 그래서 교육 목표로서의 웅변, 특별한 기교로서의 수사학, 갈등처리 기술과 관철 기술로서의 토론법 등에 상당한 공을 기울인다. 인쇄술의 발명조차 이러한 노력들을 평범한 것으로 만들기는커녕 되레 강화시켰다.[46] 하지만 성공을 거둔 것은 이러한 보수적인 방향이 아니라, 기능적으로 바로 이 문제에 정확히 관련된 상징적으로 일반화된 소통매체였다.[47]

Europe, 2Bde, Cambridge Engl. 1979; Michael Giesecke, "Schriftsprache als Entwicklungsfaktor in Sprach- und Begriffsgeschichte", in: Reinhart Koselleck (Hrsg.), *Historische Semantik und Begriffsgeschichte*, Stuttgart 1979, 262-302; Reinhart Koselleck, "'Volkssprache' und 'Verschriftlichung' des Lebens im Spätmittelalter —am Beispiel der Genese der gedruckten Fachprosa in Deutschland", in: Hans Ulrich Gumbrecht (Hrsg.), *Literatur in der Gesellschaft des Spätmittelalters,* Heidelberg 1980, 39-70도 참조할 것.

46) 가톨릭 신학의 영역에서는 예를 들어 Walter J. Ong, "Communications Media and the State of Theology", *Cross Currents 19* (1969), 462-480을 참조할 것. 수사학에 대해서는 예를 들어 또 다른 참고사항들을 담고 있는 Volker Kapp, "Rhetorische Theoriebildung im Frankreich des 17. und frühen 18. Jahrhunderts", *Zeitschrift für französische Sprache und Literatur 89* (1979)를 참조할 것.

47) 개념과 이론 발전은 특히 탤컷 파슨스에 의해 제안되었다. 독일어 번역

여기서 상징적으로 일반화된 매체라고 표현하려는 것은 선택과 동기화의 연관을 상징하기 위해서, 즉 (차이)동일성으로 서술하기 위해서 일반화를 사용하는 매체들이다. 중요한 보기들로 진리, 사랑, 재산/화폐, 권력/법이 있다. 발단 단계에는 종교적인 신앙, 예술 그리고 어쩌면 문명적으로 표준화된 "기본 가치"들도 이러한 보기들에 해당한다. 매우 상이한 방식으로 그리고 매우 상이한 상호작용 구도에서 이 모든 경우에서 중요한 것은, 소통의 선택이 동기부여 수단으로도 작용할 수 있도록, 즉 선택 제안의 준수를 충분히 보장할 수 있도록 그 선택을 조건화한다. 오늘날의 사회에서 '가장 성공적인/가장 파급적인' 소통은 그러한 소통매체들을 통해 진행된다. 그리고 그에 따라 사회적 체계를 형성하기 위한 계기들은 그에 상응하는 기능들을 지향해 나간다. 이후의 설명은 사회이론에 맡겨야 한다. 사회적 체계와 그 소통 과정의 일반이론은 기능적으로 특권화된 소통 방식의 고도로 선택적인 특징에 주목하게 만드는 데에 기여할 수 있다.

따라서 언어, 확산매체, 상징적으로 일반화된 매체는 서로 의존하는 가운데 사회적 소통을 통해 만들어지는 정보처리 성과들을 입증하고 강화시키는 진화상 성취이다. 사회는 이 방식을 통해 스스로를 사회적 체계로서 생산하고 재생산한다. 소통이 일단 실행에 옮겨지

본인 Talcott Parsons, "Zur Theorie der sozialen Interaktionsmedien", herausgegeben und eingeleitet von Stefan Jensen, Opladen 1980을 참조할 것. 하지만 파슨스 이론의 틀 안에서 매체 형성의 관련 문제는 일반적인 행위 체계들의 (분석적인) 하위 체계들 간 교환 관계이다. 이 개념을 소통이론적인 틀로 옮기는 작업에 관해서는 Niklas Luhmann, "Einführende Bemerkungen zu einer Theorie symbolisch generalisierter Kommunikationsmedien", in Niklas Luhmann, *Soziologische Aufklärung Bd. 2*, Opladen 1975, 170-192; Niklas Luhmann, *Macht,* Stuttgart 1975; Niklas Luhmann, *Liebe als Passion: Zur Codierung von Intimität*, Frankfurt 1982를 비교할 것.

고 궤도에 들어서면, 소통을 제한하는 사회적 체계의 형성은 불가피해진다. 그리고 사회적 체계의 발전에서부터, 그 자체로 비개연적인 것과 관련하여 기대를 형성하고 기대를 형성하여 비개연적인 것을 충분히 개연적인 것으로 변형시킬 수 있는 기초 조건들이 만들어진다. 사회적 체계의 층위에서 이것은 엄격한 자기생산 과정, 즉 그 과정을 가능케 하는 그것을 스스로 생산하는 과정이다.

이러한 매체들의 발전은 소통을 외적으로 "증대"시키기만 하는 것은 아니라 소통 방식 자체도 변화시킨다. 소통이 통보와 정보의 차이의 경험을 전제한다는 것을 생각한다면 변화의 출발점을 파악할 수 있다. 이 차이 경험은 무조건 명백한 사건으로서 주어지는 것은 아니며, 그 경험은 다소간 명백하게 나타날 수 있다. 그런 식으로만 점진적인 진화가 특수하게 소통적인 (사회적) 체계들의 분화를 향해 나아갈 수 있다. 매체들은 이 출발점에서 사회문화적 진화에 영향을 미친다. 참석자들 간 상호작용에서 구두발화 및 이 발화를 나중에 웅변적으로 능숙한 말하기 기교로 고양하는 것은, 물론 연설의 대상(수사학 학파에서 가르치는 것 같은 이 대상에 관련한 전문지식)을 필요로 하기는 하지만 통보와 연설을 하나의 작용단위로 융합시킨다. 웅변적인 연설은 감동적인 연설을 통해 정보 결핍을 보완할 수 있다. 그것은 말하기, 듣기, 수용을 리듬을 따르는 광시곡(狂詩曲)처럼, 문자 그대로 의심할 시간조차 허용하지 않으면서 동시화한다. 비로소 문자가 통보와 정보의 명백한 차이를 강제한다. 그리고 인쇄술은 의심, 즉 통보를 특별하게 완성하여, 그 작업이 자신의 동기를 따르는 것이지 정보에 예속되는 기여만을 하는 것이 아니라는 의심을 재차 강화한다. 비로소 문자와 인쇄술이 소통 과정, 즉 통보와 정보의 (차이)동일성이 아니라 바로 그 둘의 차이에 반응하는 소통 과정에 쉽게 연결할 수 있게 만든다. 그것은 진리통제 과정, 의심 표현 과정 및 그 결과

로서의 정신분석 그리고/또는 이데올로기의 쪽으로 의심이 일반화
되는 현상이다.

　말하자면 문자와 인쇄술은 소통을 구성하는 차이를 경험해 보라
고 강제한다. 바로 이러한 정확한 의미에서 문자와 인쇄술은 더욱 소
통다운 소통의 형식이다. 그래서 구두로 말을 주고받는 형식에서 가
능한 것보다 훨씬 더 특수한 의미에서 소통이 소통에 반응하도록 부
추긴다.[48] 결국에는 우리가 앞 절에서 소개했던 주제와 견해의 차이
를 다시 이 고려 과정에 도입해야 한다. 그 차이는 기본적 소통 사건
들이 전적으로 질서지어지고 분화된 선택성을 가진 과정으로 형성
되는 데 대한 전제이다. 따라서 사회에서 소통을 재생산하는 것은 자
신의 견해들을 어느 정도 스스로 조직하는 주제들의 재생산을 거쳐
진행되어야 한다. 주제들은 그때마다 사례에 따라 새로 만들어지지
는 않지만, 다른 한편으로는 언어를 통해, 이를테면 낱말로서 충분
히 간명하게 주어지지도 않는다. (왜냐하면 언어는 모든 낱말들을 동
등하게 다루며, 소통적 과정에서의 주제형성 능력을 아직은 가지고 있
지 않기 때문이다.) 이에 따라 중재적이며, 상호작용과 언어를 매개
하는 요구가 나타나게 될 것이다. 예컨대 구체적인 소통 과정에서 재
빨리 이해될 수 있는 신속한 수용을 준비하는, 가능한 주제들의 비축
을 떠올릴 수 있다. 우리는 이러한 주제 비축을 문화(Kultur)라고 부
를 것이다.[49] 그리고 그러한 비축이 소통을 목적으로 보전되면 의미

---

48) 보통은 바로 정반대의 견해를 가진다. 왜냐하면 그런 견해는 소통을 일치 지
　향적인 성질을 가진 것으로 보는 해석, 즉 목적론적 해석을 하기 때문이다. 그
　렇다면 물론 구두 발화들(대화, 담론)이 이상적(理想的)인 형식으로 보이게
　될 것이며, 문서나 인쇄를 통한 소통의 기술화(技術化)는 쇠락 현상이나 임시
　조치로 보일 수밖에 없을 것이다.
49) 이런 문화 개념과 다른 개념과의 차이에 관한 토론을 여기서 상세하게 다루
　지는 않겠다. 본문에서 제안한 일상적인 언어 용법과 상당히 다르다. 고고학

론(Semantik)이라고 부를 것이다. 따라서 진지하며 보전할 만한 의미론은 문화의 한 부분, 우리에게 개념사와 이념사를 전승해주는 것이다. 문화는 반드시 규범적인 의미내용은 아니지만, 주제와 관련된 소통에서 적절한 의견들과 부적절한 의견들을 구분하거나 또는 올바른 주제 사용 및 올바르지 않은 주제 사용을 구분할 수 있게 해주는 의미 확정(환원)이다.[50]

복잡한 이론적 추론의 이러한 용어학적 단순화는 사회 발전에서 문화(더 좁게는 의미론)와 체계구조의 관계에 대한 문제제기를 정식화할 수 있게 한다.[51] 하지만 여기서 역사적으로 사용할 만한 진술에 이르려면, 가설 도구들이 사회적 체계의 일반이론의 층위에서 생각할 수 있는 것보다 훨씬 풍성해져야 할 것이다. 그렇지만 여기서는 출발점을 표시하는 정도로 만족해야 할 것이다.

자들이라면 쥐덫조차도 틀림없이 문화로 보겠지만, 그와 달리 우리는 쥐덫을 소통의 대상으로 만드는, 대상 내에서 재생산된 가능성만을 본다.

50) 용어학에서와는 달리, 사안 [자체]에서는 그렇지 않다. Talcott Parsons, "Culture and Social System Revisited", in: Louis Schneider/Charles Bonjean (Hrsg.), *The Idea of Culture in the Social Sciences*, Cambridge Engl. 1973, 33-46 (36).

51) 이에 관한 개별 논문들로는 Niklas Luhmann, *Gesellschaftsstruktur und Semantik*, 2 Bde., Frankfurt 1980-81을 볼 것. Daniel Bell, *The Coming of Post-Industrial Society: A Venture in Social Forecasting*, New York 1973, 특히 477에 있는 (물론 체계이론적으로 파악한 것은 아니다) 잘 알려진 문화 구조와 사회 구조의 분리-발전이라는 테제를 참조할 것. 난국(難局)을 다룬 보수 문학과 진보 문학에서도 유사한 사상들을 지속적으로 만들어낸다.

8. 소통/행위의 상호관계: 자기관찰/자기기술의 공동작용

이 장에 들어서면서 우리는 사회적 체계에서 도대체 무엇이 더 이상 해체될 수 없는 최종적인 관계화 요소인지를 질문했었다. 그 관계화 요소는 행위인가 소통인가? 이제 우리는 이 질문으로 되돌아오자. 우리는 소통과 행위의 관계를 밝히는 가운데 그 질문에 대답하려고 시도할 것이다. 그리고 이 과정에서 사회적 체계들의 요소가 어떻게 구성되는지도 함께 밝히려고 시도하겠다.

소통이 행위로서, 그리고 소통 과정이 행위 연쇄로서 파악될 수 없다는 것을 출발점으로서 규정해야 한다. 소통은 단순히 통보의 활동보다 더 많은 선택적인 사건들을 자신의 (차이)동일성 안으로 끌어들인다. 따라서 우리가 더 이상 한 소통을 다른 소통을 촉발시키는 통보로 간주하지 않는다면, 소통 과정을 완전하게 파악하지 못한다. 소통에는 통보된 것의 선택성, 정보의 선택성, 이해의 선택성이 항상 포함되며, 바로 이 (차이)동일성을 가능케 하는 차이들이 소통의 본질을 구성한다.

소통을 통해 형성되는 사회적 체계에서는 소통만이 요소들을 해체하는 수단으로서 사용될 수 있다는 점을 여기에 덧붙여야 하겠다. 우리는 진술들을 분석할 수 있으며, 시간적, 사실적, 사회적 의미 연관으로 계속 추적해 들어갈 수 있으며, 세부적으로는 갈수록 작아지는 의미(차이)동일성들을 형성하여 내부 지평의 무한한 심층까지 파고들어갈 수 있다. 그러나 이 모든 것은 언제나 소통을 통해서만, 즉 시간이 많이 소모되고 사회적으로 까다로운 방식으로만 해낼 수 있다. 사회적 체계에는 다른 어떤 해체 방식도 없다. 화학적 과정, 신경생리학적 과정, 정신적 과정 그 어떤 것으로도 소급할 수 없다(이 모든 것이 존재하고 함께 작용하더라도 말이다). 달리 말하면 소통의 구성 층위는 불충분한 조건에 있을 수 없다. 소통은 그때마다 필요에 따라 계속 행해지는 해체에 내맡겨져 있기는 하다. 그러나 소통은 작동을 끝내지 않은 채 자신의 (차이)동일성 형성의 형식, 즉 정보, 통보, 이해의 융합을 포기할 수 없다. 이로부터, 소통을 거쳐 소통체계로서 형성되는 사회적 체계들이 소통이 지루해지지 않고도 진행될 수 있는 방향과 범위를 규제하는 결과가 나타난다.[52] 따라서 진전을 가능케 하지만, 결코 도달될 수 없는 지평, 즉 소통이 너무 지나칠 때에는 결국 소통을 저지하여 중단시키는 고유한 소통 지평이 있다.

이 분석의 가장 중요한 귀결은 소통이란 직접 관찰될 수 없고 다만 추론될 수 있을 뿐이라는 점이다.[53] 따라서 소통체계는 자신이 관찰될 수 있거나 스스로 자기 자신을 관찰할 수 있으려면, 스스로를 행위 체계라고 표방하는 깃발을 휘날려야 한다. 우리가 위에서 언급한 동반하는 자기통제[54]는, 이해가 이루어졌는지의 여부를 연결 행위에서 읽어낼 수 있어야만 기능한다.

그밖에도 소통은 우리가 그것에서 이미 행위를 읽어내지 않더라도, 다수의 선택들의 대칭적 관계이다. 그 점 역시 전달 은유를 통해 은폐된다. 소통은 모든 선택이 다른 선택을 이끌 수 있으며, 주도 관계가 부단히 뒤바뀔 수 있다는 점에서 대칭적이다. 때로는 이해될 수 있는 것 속에 거쳐 가야 하는 좁은 길과 주요 관점이 있다. 그러면 다

---

52) 이에 관해서도 주로 17세기와 18세기의 문헌을 참조할 것. 보기로서 Des-
landes, *L'art de ne point s'ennuyer*, Amsterdam 1715, 91 이하를 볼 것.

53) 바로 이런 이유에서 사회학자들은 소통 개념보다는 오히려 행위 개념에서 출발하려는 것으로 보인다. Warriner a. a. O. 106도 볼 것. "소통 이론의 기본 문제는 사회학자들이 직접적으로 관찰될 수 없는 것을 다루기 싫어한다는 일반적인 경향에 있다".

54) 이 책의 312-313을 참조할 것.

음에는 새로운 정보가 다시 시급하게 중요해지고, 이내 통보 욕구 그 자체가 갑자기 나타난다. 단번에 고정시키는 선택 강화의 방향 같은 것은 없다. 그 관계들은 가역적이고, 그런 점에서 고도의 적응 능력을 가진다. 소통은 행위 이해를 소통적 사건 안에 구축해 넣음으로써 비로소 비대칭화된다. 소통은 그렇게 되면서 비로소 통보자에서 통보 수용자로 향하는 방향을 얻는다. 그런데 그 방향은 통보 수용자가 자기 편에서 어떤 것을 통보해야 할 때, 즉 행위하기 시작하여야만 뒤바뀔 수 있다.

정보와 통보의 구분에 상응하여, 행위는 두 가지 상이한 맥락에서 사회적으로 구성된다. 행위는 정보로서 구성되거나, 소통의 주제로서 또는 통보행위로서 구성된다. 달리 말하면, 소통이 정보만 제공하는 비소통적 행위도 충분히 있다는 것이다. 하지만 비소통적 행위의 사회적 적실성은 소통에 의해 매개된다. 소통체계는 행위에 관해서나 다른 어떤 것에 관해 소통할지를 자유롭게 결정할 수 있다. 하지만 소통체계들은 통보함 자체를 행위로서 파악해야 하며, 그래서 오직 이런 이유만으로 행위는 매순간 체계의 자기생산의 필수 구성요소가 된다. 따라서 소통체계가 자기 자신을 행위체계로서 간주하는 것은 결코 잘못된 일은 아니지만 어쨌든 일방적인 일이다. 소통은 행위를 통해서 비로소 단순한 사건으로서 한 시점에 고정된다.

따라서 사회적 체계는 소통이라는 기본 사건을 바탕으로 그리고 소통의 작동적 수단을 통해 행위체계로서 구성된다. 사회적 체계는 과정의 진행, 체계의 재생산을 조종하기 위해 자기 자신의 기술(記述)을 자기 자신 안에 기입한다. 자기관찰과 자기기술을 위해 소통의 대칭은 비대칭화되며, 그러한 대칭의 열린 자극 가능성은 결과에 대한 책임을 통해 환원된다. 그래서 축약되고 단순화되고 이를 통해 쉽게 파악 가능해진 이 자기기술에서는 소통이 아니라, 행위가 최종 요소로서 기여한다.

행위들은 귀속 과정(Zurechnungsprozesse)을 통해 구성된다. 행위
들은 어떤 이유에서든 어떤 맥락에서든 어떤 의미론("의도", "동기",
"관심")에 의존해서든[55], 선택들이 체계들에 귀속되면서 성립한다.
이 행위 개념은 심리적인 것을 고려하지 않기 때문에 행위의 충분한
인과 설명을 해주지 않는다는 점은 분명하다.[56] 여기서 선택된 개념
형성에서는 선택들이 체계들의 환경이 아니라 체계에 관련되며, 이
런 토대 위에서 어떤 이유에서든, 후속 소통을 위한 수신자들이 규정
되며 후속 행위들을 위한 연결점들이 규정된다는 점이 중요하다.

따라서 무엇이 개별 행위인가의 문제는 사회적 기술에 근거해서만
규명될 수 있다.[57] 이 말은 행위가 사회적 상황에서만 가능하다는 것

---

55) 무엇보다 "동기"(Motiv)라는 용어에 대해 여기서 제안된 행위 개념과는 반대
    입장을 취하는 중요한 예비 연구들이 있다. C. Wright Mills, "Situated Actions
    and Vocabularies of Motive", *American Sociological Review 5* (1940), 904-913,
    Hans Gerth/ C. Wright Mills, *Character and Social Structure,* New York 1953에
    서 작업된 것; 그밖에도 Kenneth Burke, *A Grammar of Motives* (1945), 그리
    고 Kenneth Burke, *A Rhetoric of Motives* (1950), 함께 새로 인쇄된 것으로는
    Cleveland, Ohio, 1962; "Alan F. Blum/Peter McHugh, The Social Ascription
    of Motives", *American Sociological Review 36* (1971), 98-109를 참조할 것. "관
    심"(Interesse)이라는 용어에 대해서는 적어도 역사 연구들에 따르면, 그 용
    어는 주관적인 것에 대한 관심에서가 아니라 객관적인 계산 가능성에 대한
    관심에서 발전되었다는 것이다. J. A. W. Gunn, "'Interest Will Not Lie': A
    Seventeenth Century Political Maxim", *Journal of the History of Ideas 29* (1968),
    551-564; J. A. W. Gunn, *Politics and the Public Interest in the Seventeenth Century,*
    London 1969, 특히 35 이하를 참조할 것.
56) 이로써 우리는 이론사적으로 자연스럽게, 의도들을 이해하여 행위를 설명하
    려는 막스 베버의 의도가 담긴 문제 상황에 반응한다.
57) 이것은 특별히 "상징적 상호작용론"에서 완성된 테제이다. "행위 흐름"
    (stream of acts) 속에서 "단위 행위"(unit acts)를 구성하는 점에 관해 Charles
    K. Warriner, The Emergence of Society, Homewood Ill. 1970, 14 이하; 그밖
    에 Joel M. Charon, *Symbolic Interactionism: An Introduction, an Interpretation, an*

을 뜻하지 않는다. 그러나 개별 상황에서는 개별 행위들은 스스로에 게 사회적 기술을 상기시킬 때만 행동의 흐름에서 돋보인다. 비록 생명, 의식, 사회적 소통의 자기생산이 계속 진행되는데도, 행위는 오직 그런 방식으로만 자신의 (차이)동일성과 자신의 시작 및 끝을 발견한다. 달리 말하면 (차이)동일성은 체계에서만 발견될 수 있다. 그 (차이)동일성은 다른 행위로의 분기 가능성으로부터 생겨난다.

그 점에서 벌써 모든 행위의 확인은 단순화, 복잡성 환원을 요구한 다는 것을 인식할 수 있다. 이것은 사회학자들 또한 잘 알 수 있을 텐데도 종종 범하는 일반적인 편견에 주목해 보면 더 분명해진다. 그런 편견은 행위를 구체적인 개별 인간에 귀속시키는 데에 근거한다. 행위의 "대행자"(Agent)로서 늘 한 사람의 인간 그리고 전체로서의 인간이 필요하다는 편견 말이다. 행위 가능성의 물리적, 화학적, 열 (熱)역학적, 유기체적, 심리적 조건들이 있다는 것은 자명하다. 그러나 그러한 조건들이 행위가 구체적인 개별 인간에게만 귀속될 수 있다는 결론으로 이끌어 주지는 않는다. 행위는 실제로 결코 개별 인간의 과거에 의해서만 완전하게 결정되는 것은 아니다. 수많은 연구에서 심리학적인 행위설명 가능성의 한계를 발견했다.[58] 대체로 상황이 — 이것이 바로 심리적 체계의 자기이해에 따라서 — 행위 선택을 지배한다.[59] 관찰자는 인물 인식에 근거할 때보다 상황 인식에 근거

Integration, Englewood Cliffs N. J. 1979, 111 이하를 볼 것.

58) 폭넓은 연구 방향을 대변하는 증거를 하나만 언급하자면, Melvin L. Kohn/ Robin M. Williams, Jr., "Situational Patterning in Intergroup Relations", *American Sociological Review 21* (1956), 146–174이다.

59) 더욱이 인물 귀속과 상황 귀속의 차이, 그리고 이에 상응하는 이론 논쟁은 그 자체가 이미 비판받고 있는 단순화이다. Walter Mischel, "Toward a Cognitive Social Learning Reconceptualization of Personality", *Psychological Review 80* (1973), 252–283을 참조할 것.

할 때 행위를 더 잘 예견할 수 있다. 그래서 자신들의 행위 관찰은, 현저하게 그렇지는 않더라도, 종종 행위자의 정신 상태에 대해서는 전혀 타당하지 않으며, 오히려 사회적 체계의 자기생산적 재생산의 동시 실행에 대해 타당하다. 그런데도 일상세계에서는 행위가 개인들에 귀속된다. 그렇게 매우 비현실적인 행동은 복잡성 환원을 위해 필요하다는 점을 통해서만 설명될 수 있다.

사회적 체계에서 개별 행위들의 지속적 생성은, 기본적 (차이)동일성들을 통해 연결 행위들의 근거점이 생성되도록 표시하는 동반적 자기관찰이 실행되는 것이라는 말로써 가장 잘 설명된다.[60] 조지 스펜서-브라운의 형식형성 작동의 논리에 기초하면, 우리는 여기서 내린 이론 결정을 구분(distinction), 지시(indication), 재진입(re-entry) 개념에 힘입어 상론하고 매우 추상적인 논리 수준에서 연결 가능한 것으로 설명할 수 있다.[61] 행위의 구성에서 사용된 구분은 체계와 환경의 구분인데, 이 구분 안에서는 (환경이 아니라) 체계가 선택의 장본인으로 표현되며, 구분 및 지시는 (외부 관찰자뿐만 아니라) 체계 자신의 작동으로서 실행되는 것, 또는 적어도 실행될 수 있는 것으로서 체계에 대해 추정된다. 이런 방식을 거쳐 형식형성 작동의 논리, 행위이론, 체계이론, 귀속성 연구 같은 이질적인 원천들을 가지는 이론과 연구들이 서로 관련될 수 있다. 그 결과 적어도 사회적 체계들에서는, 자기생산적 재생산과 자기기술 및 자기관찰 작동들, 즉 체계

---

60) Abraham A. Moles/Elisabeth Rohmer, *Théorie des actes: Vers une écologie des actions,* Paris 1977, 30 이하도 볼 것.

61) George Spencer Brown, *Laws of Form,* 2. Aufl. New York 1972; George K. Zollschan/Michael A. Overington, "Reasons for Conduct and the Conduct of Reason: The Eightfold Route to Motivational Ascription", in: George K. Zollschan/Walter Hirsch (Hrsg.), *Social Change: Explorations, Diagnoses, and Conjectures,* New York 1976, 270-317을 참조할 것.

의 '체계/환경-차이' 자체를 사용하는 자기작동들이 서로 분리될 수 없다.[62] 구분은 자신의 분석적인 가치를 유지한다. 하지만 사회적 체계들이 오로지 자기관찰과 자기기술에 의존하여 자신의 자기재생산을 실행할 수 있다는 가설을 성립시키려는 목적에서만 구분은 자신의 분석적 가치를 유지한다.

이에 덧붙여 시간화(Temporalisierung)의 계기를 함께 고려해야 한다. 행위들은, 시간화된 체계들의 모든 요소들에 의해 요구되었듯이, 규정성과 미규정성을 조합한다.[63] 행위들은 자신들의 일시적인 현재성에서 규정되는데, 우리는 그것을 항상 이 상황에 책임을 지는 귀속의 근거로서 간주한다. 그리고 행위들은 연결값으로서 자기 안에 수용하는 것과 관련하여 미규정적이다. 이 두 상태의 차이는 이를테면 상정된 목표와 달성된 목표의 차이로서 간주될 수 있다. 그러나 행위의 의미를 전승할 만한 가치가 있게 만드는 다른 의미론적 형식들은 적어도 규정성과 미규정성을 그 순간에 조합하여 그 둘이 현재와 미래로서 분리되지 않도록 유지시켜야 한다.

이와 똑같은 사태가 사회적 차원에서 인식될 수 있다. 소통이 통보행위로서 나타나면, 소통은 그 순간에 모든 참여자들에게 동일한 통보행위이며 특히 **동시적으로 동일한 행위**이다.[64] 그렇게 되면서 사회적 상황이 동시화된다.[65] 행위자 자신도 이 동시화에 포함된다. 행위

---

62) 자기생산적 체계들의 일반 이론에서 위와 다르게 선택하는 학자는 그 이론의 주창자인 움베르토 마투라나(H. Maturana)이다. 이 책 137을 참조할 것.
63) 제1장, 제2장 10절 이하를 참조할 것.
64) 이것은 소통이 문서상으로만 확정될 경우에는 더 이상 타당하지 않다(따라서 명료성, 이를테면 문법적 통사적 적격성을 강화하여 보정되어야 한다).
65) 미드(Mead)는 이 조건을 충족하는 "몸짓"을 "유의미한 상징"(significant symbol)이라고 명명했다. George H. Mead, "A Behavioristic Account of the Significant Symbol", *The Journal of Philosophy 19* (1922), 157-163; 독일어 번

자는 예컨대 자신이 말한 것을 자신이 했음을 더 이상 부인할 수 없다. 모든 것은 그 순간 똑같은 대상에 관련한다. 그리고 이로부터 다음 계기를 위한 연결 가능성의 증식이 생겨난다. 닫힘이 상황을 열고, 규정성은 다시 미규정성을 만들어낸다. 그러나 사건은 연속으로서 비대칭적으로 질서지어지며 그렇게 체험되기 때문에, 모순과 봉쇄에 이르지는 않는다.

의미론이 그러한 소통체계의 자기기술과 연관된 가운데 행위체계로서 추진되어야 하는 데서 생겨나는 의미론적 소모는 부분적으로는 문화사적인 문제이며 부분적으로는 상황 특수 문제이다. 의미론이 충분한 내용과 활력을 가지고 있는지, 관심이 전제되어야 하는지, 또는 행위를 견고한 동시에 느슨하게 환경에 지정하기 위해 고해성사나 사법 절차의 맥락에서 자신의 행위에 대한 "내적 승인"을 규정해야 하는지, 아니면 행위가 심리화되어야 할 것인지, 심지어 행위자에게 의식되지 않고 나중에 그에게 처방되어야 할 요소들로 소급되어야 할지, 이 모든 것은 사회적 체계에서 사정이 어떻게 처리되는가에 달려 있다. 그 경우 행위자는 올바른 자기귀속 방법을 얼마간 성공적으로 배울 수 있게 된다. 그래서 행위자는 언제 행위해야 하는지를 적시에 그리고 가능한 사전에 알 수 있고, 자기통제를 통해 사회(social)통제의 짐을 덜 수 있다.

무엇보다 사회적 체계의 자기기술을 행위에 관련짓는 데에 동의하는 두 가지 근거가 있을 수 있다. 한 가지 이유는 이미 언급했다. 행위가 소통보다 인식하고 다루어내기가 더 쉽다는 것이 첫 번째 이유이다. 행위(차이)동일성은 타자의 이해를 통해 비로소 성립되는 것

역본, George H. Mead, *Gesammelte Aufsätze*, Frankfurt 1980, 290-298을 참조할 것.

이 아니다. 행위(차이)동일성은 관찰자가 정보와 행동의 차이를 읽어낼 수 있다는 데에 좌우되는 것도 아니다. 관찰자는 규정된 사회적 체계에서 통용되는 귀속 규칙만 다룰 수 있으면 된다. 분명한 것은, 행위들도 사회적 체계에서 다루어질 수 있으려면 통보로서든 정보로서든 소통 과정에 수용되어야 한다는 점이다. 사회적 체계의 모든 자기기술, 모든 자기관찰은 다시금 소통이 되며 그렇게만 가능하다 (왜냐하면 그렇지 않으면 그것은 예컨대 어떤 인물에 의한 외부로부터의 기술이나 관찰이 될 것이기 때문이다). 관계화를 위한 결합점으로서 기여하는 것이 완전한 소통적 사건이 아니라 오직 행위뿐이라는 것, 행위에 관한 소통이나 단순한 연결 행위가 관건일 때에는 추상화에 만족할 수 있다는 것, 그리고 우리가 이때 완전한 소통적 사건의 복잡성들을 전반적으로 도외시할 수 있다는 것이 그러한 단순화의 근거이다. 이렇게 짐을 덜어줄 수 있는 근거는 특히, 통보가 어떤 정보에 관련되었고 누가 그것을 이해했는지를 검토할 필요가 없다는 (또는 특별한 상황에서만 검토되어야 한다는) 점에 있다.

우리는 두 번째 장점 역시 언급했다. 그 장점은 행위로의 환원이 사회적 관계들의 시간적인 비대칭화를 용이하게 해준다는 데에 있다. 우리는 통상적으로 소통을 지나치게 행위로 생각하곤 하며, 그래서 소통의 연쇄를 행위 연쇄처럼 생각할 것이다. 하지만 소통적 사건의 현실은 훨씬 더 복잡하다. 소통적 사건은 자아와 타자의 이중 우연성을 양 편에서 다루어낸다는 것을 전제한다. 소통적 사건은 일정한 시간 동안 부유(浮游) 상태에 있다. 그래서 소통적 사건은 이해를 통해 끝나기 전에 반문을 뜻하는 침묵, 주저함을 필요로 할지도 모른다. 또는 통보가 행위로 나타나더라도 소통으로서 성공하지 못할지도 모른다. 반면 행위 연속을, 하나의 행위가 개별적으로 고정될 수 있다면 다른 행위를 성립시키는 사실의 연쇄처럼 생각할 수 있을 때는, 소통적 사건은 지향을 용이하게 해준다. 소통이 시간 진행에서 가역성을 규정하는 동안—우리는 그것을 이해하기 어렵다고 생각할 수 있고, 거부할 수 있고 (통보된 것이 틀림없이 통보행동으로서 나타났더라도) 교정하려 시도할 수 있다 —, 행위들은 시간의 비가역성을 표시하고 그렇게 서로와의 관계에서 연대기적으로 배열된다.

자기생산적인 사회적 체계는 그러한 개별화와 비대칭화에 의존해야 만 비로소 형성될 수 있다. 연결 능력 문제는 그런 식으로만 인식가능한 윤곽을 확보한다. 소통의 선취와 소급은 이해 가능한 통보의 선택에서, 비록 선취와 소급이 시간을 포괄하며 비록 그것이 전제된 상태로 남더라도 한 시점, 즉 통보자가 행위하는 시점에 관련되어야 한다. 따라서 사회적 체계는 행위체계로서 구성되지만 이때 행위의 소통적 맥락을 전제해야 한다. 즉 행위와 소통이 모두 다 필요하며 재생산의 요소들에서 재생산을 가능하게 계속 공동작용해야 한다.[66]

따라서 자기생산적 재생산은 적절한 경우에 어떤 규정된 행위(이를테면 담뱃불을 붙이려 할 때마다 라이터를 쥐듯이)가 반복된다는 뜻이 아니다. 반복 가능성은 구조 형성을 통해 추가적으로 보장되어야 한다. 재생산이란 생산된 것으로부터의 생산을 의미할 뿐이다. 그리고 자기생산체계에서 재생산은 체계가 바로 그 현재의 활동으로 종

---

66) 이 논증이 논리적으로도 이론적으로도 필연은 아니라는 점을 조심스레 환기시켜야 하겠다. 기능을 언급할 때 늘 그러하듯이, 기능적 등가물들은 배제될 수 없다. 여기서는 자기관찰, 자기기술, 자기단순화라는 다른 가능성들은 배제될 수 없다. 행위로의 단순화는 물론 진화상으로 입증되고 관철되어서, 그 결과 사회학 자체가 대체로 성찰이 결여된 채 연구를 진행하며, 사회적 체계들을 단순하게 행위체계들로 파악하게 된다. 그것은 본문에서 제시된 이론을 통해서도 이해되며, 그래서 우연적인 것으로 다루어진다는 뜻이다. 무엇보다도 역사 연구들을 떠올릴 수 있는데, 그 연구들은 이전의 문화들이 그렇게 결정적인 방식으로 행위 모델에 따라 살아왔는가의 여부와 어느 정도나 그렇게 해 왔는가라는 질문을 편견 없이 평가할 수 있을 것이다.

결되지 않고 계속 진행된다는 것을 말한다. 그러나 이렇게 계속 진행하는 것은 (의도적으로 또는 의도에 반하여) 행위가 소통 가치를 가진다는 사실과 연결되어 있다.

우리가 소통과 행위의 상호관계에 대한 이 통찰을 자기관찰 및 자기기술 문제와 연결한다면, 한 걸음 더 나아갈 수 있다. 우리는 구조화하는 자기포함으로 인해 임의의 복잡성이 제한된다는 것을 이미 일반 체계이론의 층위에서 확인할 수 있다. 예를 들어 거대 분자나 심지어 물체들 자체에 대해서조차,[67] 그것들이 그 자체로 자신에 대한 기술(記述)을 포함하고 있다고 말하는 것이 어느 정도나 일반적으로 입증되었는지에 대해서 우리는 대답하지 않고 넘어갈 수 있다. 우리의 대상 영역인 사회적 체계들은 어쨌든, 비록 자신의 고유한 현실들이 훨씬 더 풍부한데도 관계화되어야 할 사건들을 행위로 환원시키는 자기기술을 필요로 하며 그것을 발전시키는 것으로 보인다. 일단 자기관찰은 고유한 정보 처리의 진행 과정 속의 한 순간이다. 자기관찰은 그것뿐만 아니라, 체계가 자기 자신에 관해 소통할 때 소통 대상이 되는 것을 확정하면서 자기기술을 가능케 한다. 자기관찰은 (다른 것과의 차이를 통해) 정체성을 주제화한다는 의미에서 성찰을 가능케 하며, 심지어 그 성찰을 요구하기까지 한다. 정체성의 주제화는 자기 자신을 관찰하는 영역을 관계화를 위한 (차이)동일성으로서 사용할 수 있게 해준다.

자기준거적 체계이론에서 가져온 개념에 의존하여,[68] 즉 체계들이 자신의 고유한 작동을 갖고 자기 자신에 대한 기술을 작성하고 자기

---

67) 예를 들어 Ranulph Glanville, *A Cybernetic Development of Epistemology and Observation, Applied to Objects in Space and Time (as Seen in Architecture)*, Diss. Brunel University Ms. 1975를 볼 것.

68) 이것은 제10장에서 자세하게 다시 다룰 것이다.

자신을 관찰할 수 있다는 생각에 의존하여, 소통과 행위 및 성찰의 연관은 주체이론(즉 의식의 주체성에 관한 이론)에서 벗어날 수 있다. 물론 우리는 의식이 없어도 사회적 체계들이 존재할 수 있다고 주장하는 것은 아니다. 그러나 주체성, 의식의 현전, 의식의 기초는 사회적 체계의 환경으로서 파악되는 것이지 사회적 체계의 자기준거로서 파악되는 것이 아니다. 우리는 이러한 거리 둠을 통해서야 비로소 진정 "독자적인" 사회적 체계의 이론을 완성할 가능성을 얻는다.

따라서 자기기술을 행위로 환원하는 것은 하나의 문제를 낳는데, 우리는 이 문제를 여기서 예고만 할 뿐 나중에 다시 다루도록 하겠다.[69] 자기준거적 체계이론은 체계의 자기기술이 체계를 체계의 환경과의 차이로서 파악해야 한다고 결론내릴 수 있게 한다. 자기기술은 세부 사항을 제외한 일종의 스케치에 불과한 것도 아니며, 자기를 그려낸 모델이나 지도의 초안에 불과한 것도 아니다. 자기기술은 동시에 ─ 어쨌거나 자기기술은 그런 식으로만 스스로를 입증할 수 있을 텐데 ─ 체계를 체계의 환경과의 차이로서 서술하고 이 차이를 통해 정보와 연결 행동을 위한 지향점을 획득하면서, 파악 가능한 복잡성을 상승시켜야 한다. 행위로의 환원은 그 반대방향으로 가는 것처럼 보인다. 그렇게 하는 것은 단순한 자기재생산, 즉 행위를 통해 행위를 자극하는 것으로서의 자기 재생산의 순간을 목표로 삼는 것처럼 보인다. 여기서 자기기술에 제기된 요구들은, 소통으로부터 (환경을 지시하는 의미주제들을 거쳐) 행위로 환원된다는 것이 고려될 경우에는, 이러한 협소화에 의해 결코 충족되지 못하는 것으로 보인다.

전통적으로는 이 딜레마에 대해서는, 문제를 문제로서 정식화하지 않는 방식, 각각에 대해 두 가지 행위 개념, 즉 시(詩)적 개념과 실

---

69) "체계와 환경" 절을 볼 것. 아래 411 이하를 참조할 것.

천적 개념, 또는 생산기술적인 개념과 자기가치가 탑재된 개념을 제
안하는 방식으로 대처해왔다.[70] 그래서 우리는 "합리성"에 관해 논
의했던 의미론 안에 위치하게 된다. 그러나 합리성 주제 또한 결국에
는 서로 간 관계가 합리성 요구에서 벗어난 상이한 합리성들의 유형
학으로 분리되었다. 그 관계는 이를테면 서열의 종류에 따라 파악되
었다. 그것은 이론구축 기법의 관점에서 말하면 잘못된 길처럼 보인
다. (행위를 초월하는) 기본 문제로 되돌아가지 않고 두 유형을 구분
하기만 한다는 것이다. 문제화해야 할 곳에서는 이원화하기만 한다.
우리는 합리성 문제도 일단 덮어두었다가 나중에 다룰 것이다. 그러
나 합리성 문제를 다루기 위한 출발점은 이 지점에 있다. 그 출발점
은 행위연관으로 환원된, 사회적 체계의 자기기술 안에 체계와 환경
의 차이를 어떻게 구축해 넣을 것이며 이를 통해 정보 잠재성을 얻을
수 있을 것인가의 질문에 있다. 또는 더 간결하게 정식화하면 다음과
같다. 복잡성 환원을 통해 파악 가능한 복잡성을 어떻게 상승시킬 수
있을 것인가?

---

70) 이 지점에서도 파슨스의 일반 행위체계이론을 살펴보는 것이 도움을 준
다. 파슨스는 행위 개념을 분해하여 자신의 4-기능 도식을 얻었으며, 그 도
식을 나중에 세계에 재(再)투사한다. (이를테면 "A Paradigm of the Human
Condition", in T. Parsons, *Action Theory and the Human Condition*, New York 1978,
352-433를 참조할 것). 이런 방식으로 체계와 환경의 차이는 동형성을 통해 완
화되며, 그 후로는 투입/산출-모델, 이중의 상호작용 모델 등을 가지고 연구
할 수 있게 된다. 그렇다면 이 제안은 두 가지 상이한 행위 개념을 갖고 하나를
다른 것의 비판에 사용하고 그 다음에 이 비판에 사회비판적인 외관을 부여
하는 시늉을 내는 것을 포기할 수 있다.

9. 소통은 어떻게 사회적 체계를 형성하는가?

대답은 다음과 같다. 소통의 조건화를 통해서, 즉 사회적 체계의 형성을 통해서 복잡성을 상승시킬 수 있다. 이때 소통은 일종의 자기자극이며 체계의 의미 범람으로 파악될 수 있다. 소통은 이중 우연성의 경험을 통해 유도된다. 하지만 소통은 이 조건하에서 거의 반드시 성립한다. 그리고 소통은 그 즉시 그런 조건에서 적합한 것으로 입증되는 구조들을 형성시킨다. 더 나은 어떤 것이 없을 경우에는 이러한 동학은 질서를 구축하기 위해 우발적인 모든 것을 사용하는, 마치 텅 빈 것 같은 진화의 잠재성을 제공하는 것이라고 볼 수 있다. 그런 점에서 이 개념은 "소음으로부터의 질서"-이론과 맞아 떨어진다.

이때 고도로 복잡한 환경들이 소통적 체계가 형성될 가능성 조건에 속하는 것은 당연하다. 특히 두 가지 상반되는 전제가 보장되어야 한다. 세계는 한편으로는, 일치되는 사실 견해들의 형성 여부가 순전한 우발에만 좌우되지 않도록 충분히 조밀하게 구조화되어 있어야 한다. 소통은 (그것이 최종적으로 무엇이었는지 결코 알 수 없더라도) 임의로 해체 불가능한 것이나 그 자체로 지연 불가능한 어떤 것을 포착할 수 있어야 한다.[71] 그리고 다른 한편으로는, 바로 그러한 동일한 기초에서 상이한 관찰들, 즉 불일치 지식 및 상이한 관점들을 지속적으로 재생산하는 상이한 위치 선정이 있어야 한다.[72] 이 전제는

---

[71] 일반이론 층위에서도, "덩어리진(clustered) 환경들"이 더 높은 정도로 조직된 체계 유형들을 위한 전제라고 정식화할 수 있다. 예를 들어 F. E. Emery/ E. L. Trist, *Towards a Social Ecology: Contextual Appreciation of the Future in the Present*, London 1973, 45 이하를 참조할 것.

[72] 그 결과들을 사회적 체계들의 구조 문제들로까지 추적해볼 수 있다. 지식의

소통이 체계 통합의 성과나 합의의 생성으로 파악될 수 없다는 사실과 부합한다. 즉 소통이 자신의 고유한 전제들을 파괴하고 충분한 성공을 거두지 못한다는 것을 통해서만 생명을 유지할 수 있다는 뜻일 것이다.[73] 그러나 소통의 결과가 합의가 아니라면 무엇이란 말인가?

소통의 가장 중요한 성과로는 체계가 모든 종류의 우발, 장애, "소음"에 민감하게 되었다는 것을 꼽을 수 있다. 기대하지 않은 것, 원하지 않는 것, 실망스러운 것을 소통에 힘입어 이해할 수 있게 만들 수 있다. "이해할 수 있다"는 것은 여기서 이유를 적절하게 파악하고 사태를 바꿀 수 있다는 뜻이 아니다. 그렇게 하면 소통을 곧바로 실행하지 못한다. 여기서는 장애들이 전적으로 의미의 형식으로 강제되고 따라서 계속 다루어질 수 있다는 점이 결정적이다. 그렇다면 소통 과정에서 장애들 자체가 예를 들어 인쇄 오류로서 생기는지(개념은 무의미한 것에 의미를 부여한다. 그래서 인쇄 오류를 식별하여 제거할 수 있다), 또는 소통의 주제와 견해들에 장애가 있을 때, 그것을 단순히 기술적으로 제거할 수 없어서 그 원인을 밝혀 내야 하는지를 구분할 수 있다. 체계는 소통을 거쳐 기초를 갖추고 자신의 민감성을 증대시키고, 그런 식으로 지속적 민감성과 교란 가능성을 통해 진화에 자기 스스로를 노출시킨다.

합의는 이런 불안정의 교정으로서는 그리 큰 도움이 되지 않는다. 왜냐하면 합의에서는 착각, 오류, 정체가 나타날 위험이 매우 클 것

불평등 분배, "정보 충격", 그리고 그것으로부터 귀결되는 경제체계에서의 시장과 위계들의 상대적 장점에 대한 보기로서 Oliver E. Williamson, *Markets and Hierarchies: Analysis and Antitrust Implications,* New York 1975를 볼 것.

73) 그렇다면 모든 합의 이론은 헬무트 셸스키가 언젠가 (구두로) 위르겐 하버마스에게 제기한 질문, 즉 합의 후에는 과연 무슨 일이 벌어질 것인가라는 질문을 폐기해야 할 것이다.

이기 때문이다. 그보다는 소통이 가동될 때에는 **중복**(Redundanz)과 차이의 이중 현상이 생긴다. 그리고 그 이중 현상 안에 소통의 소요 원칙의 버팀목이 있다. 중복 개념은 과잉 가능성을 표현하는데, 그 개념은 그런 조건인데도 하나의 기능을 충족한다. A가 소통을 통해 어떤 것에 관해 B에게 정보를 주고 B가 그 정보를 취한다면, C와 그 밖의 다른 사람들은 제각기 정보를 얻으려 할 때 A를 향할 수도 B를 향할 수도 있다.[74] 정보 가능성들의 중복이 생겨나는데, 그것은 중복에도 불구하고 체계를 규정된 관계에 덜 의존적으로 만들고 체계를 소통의 실패 위험에서 보호하기 때문에 기능적으로 유의미해진다. 이제는 같은 지식, 같은 입장이 여러 겹으로 존재한다. 그것만으로도 이미 객관성의 인상, 규범적 옳음 또는 인지적 옳음의 인상이 생겨나며 그에 상응하여 더 확실한 행동 기초가 도출될 수 있다. 중복은 많은 소통에서 입증된 것을 정선하는 데에도 도움이 되며 이런 의미에서 구조를 형성한다. 체계는 모든 소통이 개별화된 의식을 거쳐 매개되어야 하며 그 점에서 심리적으로 미리 다듬어둔 것만 처리할 수 있다는 것으로부터 더욱 독립적이게 된다.

그러나 소통은 차이도 생산한다. 모든 정보 처리가 중복만 지향한다면 의견일치를 통해 수용된 오류 판단의 위해가 너무 커질 것이

---

74) 이 점에 관한 에세이들 "Cybernetic Explanation"과 "Redundancy and Coding" in: Gregory Bateson, *Steps to an Ecology of Mind*, San Francisco 1972, 405 이하, 417 이하를 참조할 것. 여기서도 더욱이 전달-은유가 문제 설정을 좁혀 버려서 두 파트너 간 합의/이의로 몰아간다는 것을 볼 수 있다. "더 넓은 우주에서, 즉 관찰자의 관점에서 정의된 우주에서, 이것은 더 이상 정보의 "전달"(transmission)로서 나타나지 않는다. 그보다는 차라리 중복(redundancy)의 확산으로서 나타난다. A와 B의 활동은, 관찰자의 우주를 더 잘 예견할 수 있도록, 더 질서 잡힌 것으로, 더 중복된 것으로 만들도록 서로 결합했다"(Bateson a. a. O., 413).

다. 이 위해가 제거될 수 없다는 사실은 익히 알려진 일이다. 바로 독특하게 편협하기 때문에 소통에 적절한, 꽉 막힌 지적 유행의 급속한 확산은 새로운 직관적 소재를 늘 제공한다. 그러나 소통체계들은 항상 자기교정을 생산하기도 한다. 모든 소통은 우리를 항의로 초대한다. 규정된 무엇을 수용하라고 제안하는 바로 그 순간 그 제안이 거부될 수도 있다. 체계는 구조적으로 수용을 위해 규정되어 있지 않다. 게다가 수용을 위한 선호에 확정되어 있지도 않다. 모든 소통의 부정은 언어적으로 가능하며 납득할 만하다. 부정은 선취될 수 있고 그에 관련되는 소통을 회피하여 피해 갈 수 있다. 그러나 그것은 차이를 실행하는 방식 하나에 그칠 뿐이다. 그것은 이해하는 자아로부터 통보하는 타자에게로 차이를 되옮기는 일이다.

소통은 이런 방식으로 체계를 형성해 나간다. 언제나 소통이 진행될 때는 주제의 구조들 및 여분으로 사용될 수 있는 의의들이 형성된다. 수용/거부 가능성을 갖춘 제안들을 생산하는 자기비판적인 대중이 나타난다. 이 모든 것은 주제들을 갖추어 소통으로 의도될 수 있으며, 체계에서 정보로서 계속 다루어질 수 있는 사건들을 생산하는 환경으로부터의 과정으로 분화된다. 참여자들이 자기 자신을 재생산하는 일종의 지속적 자극의 방식으로 서로를 지각하지만, 그러나 신경체계의 경우와 비슷하게 외부로부터 자극받을 수 있는 경우에도 체계가 발견된다. 체계는 이 모든 것을 동원하여 고유한 복잡성을 획득한다. 그리고 환원된 복잡성의 의미에서 질서를 재생산하기도 한다. 체계는 소통을 행위로 환원하여 성립되는 자기기술을 통해, 지향된 방향으로의 소통을 스스로 속행할 수 있게 해준다. 그런 체계들은 생물학적 진화에서 직접 발생하지 않는 방식으로 진화의 선택에 노출되어 있다. 그 체계들이 우발의 계기들을 유의미한 정보로 변형시키는 것은 그 체계들에서는 불가피한 일이다. 그러나 그 체계들이 그 후 중복으로서 그리고 차이로서 만들어내는 것이 진화에서 입증되는지의 여부와 그것이 얼마나 오래 유지되는지에 관해서는 질서 형성의 필연성으로부터 알아낼 수는 없다.

소통이 진행된다면, 그와 함께 특별한 종류의 환경 관계를 유지하는 체계가 생성된다. 체계는 정보로서만 환경에 접근할 수 있고, 선택으로서만 환경을 경험할 수 있으며, 변형을 통해서만 (체계에서나 환경에서) 환경을 파악할 수 있다. 말할 것도 없이 그 밖의 수많은 다른 환경 전제들이 있다. 특히 의식을 가진 인간의 존재가 있다. 그러나 소통 가능성의 이 조건들이 자동적으로 소통에 유입되지는 않는다. 이 조건들은 소통의 주제가 될 수 있지만 꼭 그래야 하는 것은 아니다. 말하자면 그 사태는 의식체계들의 독특한 환경 상황과 아주 비슷한 사태라는 것이다. 여기서도 생리학적으로 복잡한 지각 과정이 의식되지는 않으며, 오히려 지각의 산물만 의식될 뿐이다.[75] 그렇게 단순화하여 환경과 마주할 때 새로운 자유도들이 생겨난다.

모랭(Morin) 역시, 심리적 체계와 사회적 체계의 구분, 의식과 소통의 구분을 강조한 것은 아니지만, 그 또한 아래의 원칙을 정식화한다. "우리는 메시지의 우주를 인식하지 못할 정도로 저주받은 피조물이다. 그러나 우리는 메시지의 형태로 된 우주를 읽어낼 수 있는 바로 그 특권을 가지고 있기도 하다."[76]

---

75) 이것은 그 인식론적인 범위 내에서 충분히 인정받은 적이 거의 없는 사태이다. 그러나 Michel Serres, "Le point de vue de la biophysique", *Critique 32* (1976), 265-277을 참조할 것.

76) Edgar Morin, *La Méthode Bd. 1*, Paris 1977, 356.

10. 소통과 소통의 행위로의 귀속: 사회적 체계의 최종 관계화 요소들

따라서 우리는 사회적 체계가 무엇으로 구성되는지의 질문에 대해서, 사회적 체계는 소통 및 소통의 행위로의 귀속으로 이루어진다는 이중의 답변을 내놓는다. 그 둘 가운데 어느 하나가 없었다면 진화 능력을 갖추지 못했을 것이다.

되돌아보건대, 우리가 질문을 여러 차례 다듬어나가며 대답을 찾았다는 점을 직시하는 것이 중요하다. 그 질문은 사회적 체계의 생성과 유지에 필수적인 것의 총체가 무엇인가를 겨냥하고 있지 않다. 자기(磁氣), 위산(胃酸), 음파를 나르는 공기, 여닫이 문, 시계와 전화, 이 모든 것이 많든 적든 필요해 보인다. 그러나 '체계/환경-차이' 패러다임은 필요한 모든 것이 체계의 (차이)동일성으로 통합될 수는 없다는 교훈을 알려준다.

그래서 우리는 사회적 체계를 구성하는 기초이자 관계화를 통해 체계와 환경을 구분할 수 있는 최종(차이)동일성들을 질문했던 것이다. 이 질문은 과거에는 두 가지의 상반하는 답변을 고무했다. 즉 실체적이거나 존재론적인 대답 하나와, 분석적인 다른 대답이 있었다. (막스 베버에게 있어 행위자의 의도를 통한 행위의 (차이)동일성처럼) 요소들의 (차이)동일성이 미리 주어졌다는 것이 하나의 대답이다. (파슨스에게 있어 단위 행위처럼) 요소들의 (차이)동일성은 분석적 구성물에 불과하다는 것이 다른 대답이다. 이 두 대답은 두 번째 패러다임 전환을 통해, 자기생산체계의 이론으로의 이행을 통해 극복되었다. 항상 (차이)동일성으로서 기능하는 것은 자기준거적 체계의 (차이)동일성을 거쳐서 (차이)동일성이 된다. 그것은 그 자체로부터

(차이)동일성인 것도 아니고, 관찰자의 선택 방식만을 통해서 (차이)동일성인 것도 아니다. 그것은 객관적 (차이)동일성도 주관적 (차이)동일성도 아니다. 오히려 그것은 체계의 연결 방식의 관련 계기이며, 체계는 바로 이 연결을 통해 재생산된다.

그렇다면 구성과 관찰의 차이가 이 이론 안에 다시 구축될 수 있으며 또 반드시 구축되어야 한다. 이것은 앞에서 소통과 행위의 구분을 통해 이루어졌다. 소통은 자기구성의 기본적인 (차이)동일성이다. 행위는 사회적 체계의 자기관찰과 자기기술의 기본적인 (차이)동일성이다. 그 둘 모두 (차이)동일성으로서 사용되며 그러기 위해 필요한 크기로 축약될 수 있는 고도로 복잡한 사태들이다. 세 가지 선택의 종합이라는 완전한 의미에서의 소통과, 귀속될 수 있는 행위의 차이는 동반하는 자기준거의 선택적 조직을 가능하게 만든다. 즉 누가 소통적으로 **행위했는지**를 확인할 수 있을 때만, **소통**을 재귀적으로 다룰 수 있다는(예컨대 반박하고 되묻고 항변할 수 있다는) 의미에서 그러하다. 그래서 개인들, 원자들, 사회적 체계들을 구성하는 요소들에 대한 질문에 대해서 이보다 더 간명하게 대답할 수는 없다. 이러한 논점을 단순화시키면 어떤 식으로 단순화하든 풍성한 관계들을 상실할 것이며, 사회적 체계의 일반이론은 그 상황을 인내하기 어려울 것이다.

제5장 체계와 환경

1. 기능적 분석의 최종 관련점으로서 '체계/환경-차이'

최근 체계이론의 중심 패러다임은 "체계와 환경"이다. 그래서 기능 개념과 기능적 분석은 (말하자면 보전 조치나 유발되어야 할 작용이라는 의미에서의) "체계"에 관련되지 않고, 체계와 환경의 관계에 관련된다.[1] 모든 기능적 분석의 최종 관련은 체계와 환경의 차이에 있다. 바로 그 때문에 자신들의 작동들을 이 차이에 관련짓는 체계들은 기능적 등가물을 지향할 수 있다. 그 체계들이 고유한 필요의 관

---

[1] 이론 발전을 통해 분명히 요구되는데도, 이런 종류의 확인이 비교적 자주 발견되지는 않는다. 그런 확인의 보기로 Pierre Delattre, *Système, structure, function, évolution: Essai d'analyse épistémologique*, Paris 1971, 73을 들 수 있다. 그밖에 특히 에곤 브런스윅(Egon Brunswik)의 심리학 이론은 체계 내에서의 기능적 대체 가능성들을 환경에 대한 체계의 관계의 요구로 간주하여 연구해왔다. *The Conceptual Framework of Psychology*, Chicago 1952, 특히 65 이하; ders., "Representative Design and Probabilistic Theory in a Functional Psychology", *Psychological Review 62* (1955), 193-217을 볼 것. 그밖에도 Kenneth R. Hammond, *The Psychology of Egon Brunswik*, New York 1966을 볼 것.

점에서 다수의 환경 상황을 기능적 등가로 다루든, 체계들이 충분한 안정을 가지고 규정된 환경 문제들에 반응할 수 있도록 내적인 대체 가능성을 마련하든 상관없이, 기능적 등가물을 지향할 수 있다. 따라서 기능주의의 등가물들은 환경과 체계 간 복잡성 격차에 대한 작동적 상관물이다. 부합하는 실재 지각은 이 복잡성 격차가 없다면, 유의미하지도 가능하지도 않을 것이다.

그런데 '체계/환경-차이'와 기능 지향의 연관성에 대한 이런 고려 및 주체 개념과 기능 개념(카시러, Cassirer)의 고전적인 대조로는 이론 발상의 범위가 여전히 충분하게 규명되지 않았다. 환경 개념이 나머지 범주로 오해되어서는 안 된다. 그보다는 환경 관계가 체계 형성에 **구성적으로** 작용한다. 환경 관계는 체계의 "본질"에 적절하게, "우발적" 의미만 가지는 것은 아니다.[2] 환경은 체계의 "유지", 에너지와 정보의 수급을 위해서만 중요한 것도 아니다.[3] 자기준거적 체계이론에서 환경은 오히려 체계의 (차이)동일성의 전제이다. 왜냐하면 동일성은 차이를 통해서만 가능하기 때문이다. 그래서 시간화된 자기생산체계이론에서 환경은 필수적이다. 왜냐하면 체계의 사건들이

---

2) 실체들과 본질들의 존재론에는 그래서 환경을 표현하는 어떤 개념도 없다. 그런 사고 전환은 18세기에, 전적으로 불충분하게 규정된 형식들(예, 인간들)을 특수화하기 위한 주변 환경의 의미에 관한 고찰을 통해 이루어졌다. 그 전환은 특히 주변 환경(Milieu) 개념 자체에서 읽어낼 수 있다. J. Feldhoff, *Milieu, Historisches Wörterbuch der Philosophie, Bd. 5*, Basel 1980, Sp. 1393-1395을 참조할 것. 그밖에 Georges Canguilhem, *La connaissance de la vie, 2. Aufl.* Paris 1965, 129-154도 볼 것. 그렇게 생각하기가 어려운 데에는 특히 학업 기간이 길다는 사실도 한몫 했다. 이미 16세기부터 유럽에서는 "self-", "Selbst"(자기)로 만들어진 복합어들이 다양하게 만들어졌다. 이러한 조어(造語) 현상이 환경을 전제한다는 점을 깨닫기까지 거의 200년이나 걸렸다.

3) "개방 체계들"의 이론이 그러하다. 이에 대해 Ludwig von Bertalanffy, "Zu einer allgemeinen Systemlehre", *Biologia Generalis 19* (1949), 114-129를 볼 것.

언제라도 중단될 수 있고, 후속 사건들은 체계와 환경의 차이에 의존해서만 생산될 수 있기 때문이다. 따라서 그 점에 관련하는 모든 체계이론적 연구의 출발점은 동일성이 아니라 차이이다.

이 점은 대상들 그 자체에 대한 관점의 급진적인 탈존재화를 낳는다. 이것은 복잡성, 의미, 선택 강제, 이중 우연성의 분석 결과들에 조응하는 발견이다. 이 발견에 따르면 세계 안의 어떤 종류의 "항목"이든, 그 항목들은 명확하게 위치가 지정되지도 않으며 서로 간 관계에서 명확하게 귀속되지도 않는다. 발생하는 모든 것은 언제나 한 체계(또는 복수의 체계들)에 속하는 동시에 다른 체계들의 환경에 속한다. 모든 규정 상태는 환원의 실행을 전제한다. 그리고 모든 관찰, 기술, 규정의 파악은, 어떤 것이 체계의 계기로서 또는 체계의 환경의 계기로서 규정되는 체계준거를 언급하라고 요구한다. 체계의 모든 변화는 다른 체계들의 환경의 변화가 된다. 어떤 지점의 모든 복잡성 상승은 다른 모든 체계들에 대해 환경의 복잡성을 상승시킨다.

이것을 체계이론적 분석의 모든 분지 과정 안에까지 그대로 유지하는 것은 그리 쉬운 일이 아니다. 특별히 체계이론에 대한 비판이 체계이론이 "물화"한다거나 실재 관점을 단축시킨다고 비난할 계기를 가진다는 뜻이라면, 그런 비판은 이 기본 사상을 너무 자주 중단시켜버린다. 그렇다면 그 경우에는 이론적 발상을 원천적으로 오해한 것이다. 우리는 차이를 사실처럼 다룰 수 없다. 차이의 "물화"는 비판자들 자신이 범한 오해이다. 차이는 기초를 형성하는 차이로서 그 자신이 구분하는 것을, 평가적인 중요도 판정에서 제외시킨다. 물론 우리들 각자가 (관찰자로서) 목격하는 체계준거를 언급해야 한다. 그리고 각자 체계를 의도하는지 체계의 환경을 의도하는지 언급해야 한다.[4] 그러나 존재론적으로 보나 분석적으로 보나 체계가 환경보다 더 중요하지는 않다. 왜냐하면 모두 각자 다른 것에 관련되어야만 지금의 그 모습이 될 수 있기 때문이다.

그래서 인물들이 사회적 체계의 환경에 속한다는 진술도 스스로에 대해서나 다른 것에 대해서 인물들의 의미에 더 비중을 두지는 않는다. 주체 개념에 주어졌던 과대평가, 즉 의식의 주체성 테제만 수정될 뿐이다. 사회적 체계들은 "주체"를 근거로 삼지 않는다. 그것들은 환경을 "근거로 삼는다". 그리고 "근거로 삼는다"는 말은 (의식 운반자로서의 인물들 외에도) 그 자신이 함께 분화되지는 않는 사회적 체계들의 분화의 전제가 있다는 뜻에 불과하다.

두 번째 서두는 '체계/환경-차이'를 실재 안에 자리잡아 주는 것에 관련된다. 그 차이는 존재론적인 차이가 아니다. 바로 그 점 때문에 이 사정을 이해하기 어려운 것이다. 차이는 여기에는 체계가 있고 저기에는 환경이 있다는 식으로 전체 실재를 두 부분으로 절단하지 않는다. 차이가 행하는 이것/저것이라는 선택은 절대적인 것이 아니다. 그것은 오히려 체계상대적일 뿐이며, 그런데도 객관적이다. 그것은 관찰이라는 작동의 상관물이며, 이 작동은 이 구분을 (다른 것들과 마찬가지로) 실재 안에 도입한다. 이때 우리는 새로 발전되는 인식론[5]을 가지고 "자연적인" 작동을 출발점으로 삼으며 관찰, 기술, 식별에 대해서는 어떤 "형이상학적이며" 주관적인 특별 지위를 요구하지 않는다. 관찰함(Beobachten)은 예를 들어 체계와 환경 같은 구분을 적용하는 것에 지나지 않는다. 관찰함은 그자체로 인식 획득에 전

---

4) George Spencer Brown, *Laws of Form*, 2. *Aufl.* New York 1972이 "구분"(distinction)과 "지시"(indication)로서 도입한 논리의 기본 개념들을 볼 것.

5) Humberto R. Maturana, *Erkennen: Die Organisation und Verkörperung von Wirklichkeit: Ausgewählte Arbeiten zur biologischen Epistemologie*, Braunschweig 1982를 참조할 것, 여기서 하나의 '체계/환경-차이'는 하나의 관찰자에게만 접근될 수 있지 자기생산 과정 자체에게는 접근될 수 없다는 마투라나의 명제는 일단 혼란스럽다. 이 첫 인상은 이후 자기관찰의 허용을 통해 수정된다.

문화된 작동이 아니다. 관찰함은 분석이 아니다. 우리가 다루어야 하는 모든 체계들은 이런 의미에서 자기관찰(Selbstbeobachtung) 능력을 구사한다. 그래서 그런 체계들을 관찰하면, 그 체계들 자체가 자기 자신과 관련하는 가운데 체계와 환경의 구분을 어떻게 다루는지를 함께 파악할 수 있다. 이렇게 파악한 내용을 무시하고 체계경계를 달리 긋겠다는 결정을 내릴 수 있겠지만, 그렇게 하는 것은 여전히 하나의 자의적인 작동이다. 그것은 인식을 수행한다고 주장하려 할 때 정당화되어야 하는 그야말로 자의적인 작동으로 남는다. 일단 자신의 고유한 관찰도식을 체계 자체 내에서 다루어지는 것과 일치시키는, 즉 관찰도식 자체를 가지고 체계를 확인하는 과학이론이 필요한 것으로 여겨진다. 우리의 고려는 어쨌든 이 명령을 준수하며 그 명령 안에서 인식의 실재 관련을 본다.

체계를 실행시키는, 체계와 환경의 차이는 전체에 걸쳐 효과를 발휘하는 실재 위에 놓이며 이 실재를 전제한다. 그것은 지구의 자기장이 자기장으로서 유기체와 환경 간 경계에 "주목하지"않아도 유기체들과 그것들의 환경에 유의미해지는 것과 같은 이치이다. 그런 식으로 소통적인 사회적 체계는 고유한 소통의 주제들에서 모든 것을 내적으로 그리고 외적으로 질서 지운다. 즉 그러한 체계는 고유한 소통이 관건일 때에는 고유한 '체계/환경-구분'을 보편타당한 것으로서 실행한다. 그러나 이 체계는 이러한 실천 가능성의 조건으로서, 물리적, 화학적, 유기체적, 심리적 실재들이 그것들의 고유한 질서 속에서는 이 차이를 무력화한다는 것을 동시에 전제한다. 즉 이 체계는 열(熱)이 이 경계에 주목하지 않은 채 체계와 체계의 환경을 동시에 운동시킨다고 전제한다. 그리고 이 체계는 인물들이 사회적 체계 내에서 그리고 스스로 같은 계기에 행위하며, 이때 사회적 체계의 경계가 인물들을 내적으로 나누지 않은 상태에 있다고 전제한다.

기초를 이루는 실재라는 테제는 우리가 이미 위에서[6] 수용한 전제와 부합한다. 즉 전제된 복잡성의 토대에 기초한 모든 요소들은 체계 자체에 대해서는 더 이상 해체될 수 없는 발현적인 (차이)동일성들로서 구성된다는 것이다. 우리는 요소 형성을 가능케 하는 이 전제된 복잡성이 바로 그렇기 때문에 체계 내에서 환경으로서만 다루어질 수 있다는 사실을 첨언할 수 있다. 바로 이러한 의미에서 세포라는 화학적 체계는 두뇌에 대해서는 두뇌의 환경이며, 인물의 의식은 사회적 체계에 대해서는 사회적 체계의 환경이다. 신경생리학적 과정을 어떻게 분해하더라도 그때마다 개별 세포를 최종 요소로 다루지 않을 것이며, 사회적 과정을 어떻게 분해하더라도 그때마다 의식에 맞닥뜨리지도 않을 것이다.

신중하게 접근하는 체계이론적 분석들은 그러한 사태들을 적절하게 고려해야만 가능하다. "오직 분석적으로만" 의도된 '체계/환경-차이들' 그리고 구체적으로 존재하는 '체계/환경-차이들'의 구분에 근거하여 어떤 선택을 해야 한다고 느낀다면, 신중한 체계이론적 분석은 가능하지 않다. 실재 외부에 확실한 기초를 가져야 한다고 주장했던 "주관적" 인식론의 의결과 함께 분석적/구체적이라는 구분도 같이 취해진다.[7] 어쨌든 그러한 인식론은 상대화되어야 한다. 즉 실

---

6) 110-111쪽을 보라.

7) 그 구분이 나타날 경우에는 대부분, 학문이론적으로 보면 순진하게도 "분석적"이라는 구분이 선택된다. 예를 들어 A. D. Hall/R. E. Fagen, "Definition of System", *General Systems 1* (1956), 18-28 (20); Hubert M. Blalock/Ann B. Blalock, "Toward a Clarification of System Analysis in the Social Sciences", *Philosophy of Science 26* (1959), 84-92 (85); Alfred Kuhn, *The Study of Society: A Unified Approach*, Homewood III, 1963, 48 이하; David Easton, *A Framework for Political Analysis*, Englewood Cliffs N. J. 1965, 65; Stefan Jensen, *Bildungsplanung als Systemtheorie*, Bielefeld 1970; Roger E. Cavallo, *General Systems and Social Science Research*, Boston 1979를 참조할 것. 소비에트 연방의 체계 연구

재에 관련되어야 한다. 체계들의 직접적인 작동들은 바로 현재적인 상황을 바탕으로 그때마다 특수한 의미관련들을 추적한다. 그 작동들은 소통으로서 예컨대 주제를 규명하고 그리고 연결 소통을 가능케 하는 데에 기여한다. 체계와 환경의 차이는 관찰들의 근거로 사용되어서, 이 작동들을 체계 또는 환경에 귀속시킬 수 있게 해준다. 그 차이는 더 높이까지 이르는 질서 관심, 예컨대 통제 관심이나 학습 관심을 추구한다. 이 경우에는 외부로부터의 관찰 또는 자기관찰이 관건일 수 있다. 과학적인 분석은 인식 획득이라는 특수 과제를 가진 외적 관찰의 특수 사례이다. 과학적 분석은 순수하게 분석적인 구분만 고수하며 그 분석에서 대상으로서 나타나는 체계들 내에서 자기관찰 과정, 즉 체계와 환경의 차이가 이 체계들 자체에서 사용될 수 있도록 만드는 과정이 진행된다는 점을 도외시하려 할 것이다. 하지만 그렇게 하면 분석의 과제를 제대로 수행해낼 수 없다.

사회적 체계들의 경우에, 체계와 환경의 차이가 체계들 자체 내에서 사용될 수 있으며 체계들의 작동을 규제하는 데에 사용될 수 있음은 의심할 바 없는 일이다. 자기관찰을 가능케 하는 자기기술의 형식 또한 우리는 이미 알고 있다. 그 형식은 소통의 행위로의 환원을 사용한다. 소통이 정보에 관련하고 그래서 환경으로부터 정보가 올 경우에는 늘 환경 의미들로 풍부해지는 반면, 행위들에 대해서는 행위들의 체계 소속 여부를 더 쉽게 결정할 수 있다. 행위의 의미는 환경을 지시할지도 모른다. 예를 들어 사람들은 시장에서 판매하기 위해 생산한다. 그러나 행위의 선택 그 자체는 체계 내에서 자리가 정해지며, 체계 고유한 규칙들에 의해 조종되고, 그 책임에서 환경 행위와

또한 매우 폐쇄적으로 순수하게 분석 방법적인 체계 이해를 대표한다. 어쨌든 과학적 분석을 위해 (논란의 여지가 없는) 주제 선택의 자유는 더 이상 (기각되기가 매우 쉬운) 대상 경계의 규정을 위한 자유와 혼동해서는 안 된다.

다른 방식으로 다루어진다. 즉 특별하게 소통적 행위는 체계 내에서 체계와 환경의 차이가 작동적으로 실행된 것이라는 특성을 가진다.

그래서 사회적 체계를 행위 연관으로 환원시키는 기술을 작성하는 것은 체계와 환경의 차이를 개입시키는 모든 관찰의 전제이다. 말하자면 체계가 스스로를 자신의 환경과 구분하는 근거가 되는 특징들을 체계에 귀속시키자는 것이다. 이것은 외적 관찰과 내적 관찰에 대해서도 마찬가지로 타당하다.[8] 체계의 소통 과정에서 주제가 되는 것만이 내적 관찰(자기관찰)로서 타당하다. 왜냐하면 체계는 소통을 통해서만 자기 자신에게 다가설 수 있기 때문이다. 참여하며 소통에 공동작용하며 행위에 기여하는 심리적 체계들에 의한 관찰은 이미 외적 관찰이다.[9] 외적 관찰과 내적 관찰의 구분은 그 자체가 이미 '체계/환경-차이'를 전제한다. 그 구분은 관찰함의 관찰을 위한 구분으로서 사용된다. 그 구분은 이른바 "참여 관찰"의 이론과 방법론, 즉 그 자체가 관찰함의 관찰함에서 자신의 대상이 행위의 형식을 취한다고 전제해야 하는 이론과 방법론에 대해 유의미할지도 모른다.

이 모든 것을 통해서도, 환경 관계들이 행위체계로서의 자기기술을 거쳐 어떻게 진행될 수 있는지, 또는 달리 말하면 어떻게 그러한 체계기술 안에 '체계/환경-차이'가 구축될 수 있는지의 문제는 여전히 설명되지 못했다. 어쨌든 그저 "적응"이나 "복잡성 환원"만이 중요한 것이 아니다. 자기기술을 포함하는 체계는 체계와 환경의 차이

---

8) 특히 과학적 관찰을 위해서 특수하게, 본문의 내용으로부터, 행위에서 소통으로 역추론해야 하는데, 이를테면 정보처럼 관찰될 수 없는 (또는 거의, 아니면 간접적으로만 관찰될 수 있는) 어떤 것을 증명 가능한 자료로서 다루어야 하는 문제가 나타난다.

9) 반대 의견이 자주 대표되지만, 그 의견은 개인들을 옛날 방식으로 사회적 체계들의 "부분들"로서 다룬다는 것을 전제한다. 예를 들어 Henri Atlan, *Entre le cristal et la fumée*, Paris 1979, 96-97을 볼 것.

를 한 방향에서만 보고 다룰 수는 없다. 다른 방향이 언제나 함께 함의되어 있기 때문이다. 그래서 이 지점에서는 두 부분으로 나뉜 문제 공식들, 즉 체계와 환경의 차이를 조건화될 수 있는 대립으로 조작화하려는 공식들이 전형적으로 적합하다고 인정받았다. 그 공식들은 이를테면 해체와 재조합, 효용과 비용, 변이와 선택적 정체(停滯), 복잡성의 환원과 상승 등이다.[10] 그런 식으로 체계와 환경의 차이에는 그 차이를 전제하는 후속 차이들이 연결된다.

자신을 행위체계로서 파악하는 사회적 체계에서 이것은 귀속 가능한 행위의 기초 과정에 관련되어야 한다. 만들어질 수 있는 것만이 체계 내에서 통제될 수 있는 실재를 가지며, 이러한 실재만이 중요하다. 그 다음에는 우리는 외부를 향하는 행위 연속의 연장으로서, 즉 체계 내 행위들의 조건들의 맥락과 그러한 행위들의 결과들의 맥락으로서 환경을 생각할 수 있다. 이론적인 개념으로서 이 생각은 17/18세기 이후, 홉스와 비코(Vico) 이후 새로운 종류의 행위 개념과 더불어 사용되었다. 바로 그 개념을 가지고 그 후 그러한 이중 공식들이 실행되기에 이르렀다. 우리는 이 문제를 7절에서 '투입/산출-도식'을 상론할 때 다시 다루겠다.

2. 체계와 환경의 차이: 체계, 환경, 양자 관계의 특징들

환경은 체계 상대적인 사태이다. 모든 체계는 자신의 환경에서 오직 자신만을 끌어낸다. 그래서 모든 체계의 환경은 제각기 서로 다

---

10) 그러한 재해석의 보기로서 Michael Fuller/Jan J. Loubser, "Education and Adaptive Capacity", *Sociology of Education 45* (1972), 271-287을 참조할 것.

른 환경이다. 따라서 환경의 (차이)동일성도 그 체계에 의해 구성되는 것이다. "그" 환경은 체계의 부정적인 상관물일 뿐이다. 환경은 작동 능력을 가지는 (차이)동일성이 아니다. 환경은 체계를 지각할 수도 다룰 수도 체계에 영향을 미칠 수도 없다. 그래서 환경을 관련짓고 환경을 미규정 상태에 둠으로써 체계가 **스스로를 총체화한다**고 말할 수도 있다. 환경은 단적으로 "다른 모든 것"이다.

하지만 이 모든 것은 환경이 단지 상상된 반대편, 단순한 현상에 불과하다는 뜻은 아니다. 오히려 "환경"은 환경 내 체계들과 구분되어야 한다. 환경은 다소간 복잡한 복수의 체계들을 포함하고 있는데, 그 체계들은 그 체계들을 환경으로 취하는 체계에 연결될 수 있다. 왜냐하면 체계의 환경 내 체계들에 대해서는 그 체계 자체가 그 체계들의 환경의 부분이며, 그런 점에서 가능한 작동들의 대상이기 때문이다. 그래서 우리는 일반 체계이론의 층위에서 이미 '체계/환경-관계들'을 체계 간 관계들과 구분할 필요가 있다고 보았다. 체계 간 관계들은 체계들이 제각기 그들의 환경에서 상호간에 서로를 발견한다는 것을 전제한다.

체계와 환경의 차이의 후속 분석들은 환경이란 항상 체계 자체보다 **훨씬 더 복잡하다**는 전제에서 출발할 것이다. 이것은 우리가 떠올릴 수 있는 모든 체계에서 그러하다. 또한 사회의 전체사회적 체계에 대해서도 똑같이 타당하다. 이것을 단숨에 보려면, 사회가 오직 소통으로만 구성되며 개별 거대분자들, 개별 세포들, 개별 신경체계들, 개별 심리적 체계들 같은 고도로 복잡한 장치들이 그 체계들의 환경에 속한다는 점만 상기하면 된다. 그 환경은 이 체계들 간 동등한 층위에 존재하는 그러면서도 다른 종류의 층위에 존재하는 모든 상호관계들을 포함한다. 어떤 사회도 그러한 환경에 대해 그에 걸맞는 복잡성이나 "필수적 다양성"(requisite variety)을 조달할 수 없을 것이다.

사회의 언어 가능성들이 아무리 복잡하고 그 주제 구조가 아무리 섬세한 감각을 가지든, 사회는 자신의 환경에서 모든 체계들에서의 이러한 체계 형성 층위에서 발생하는 모든 것에 관한 소통을 결코 실현할 수 없다. 그래서 사회는 모든 체계처럼 고유한 복잡성의 열세를 우월한 질서를 통해 조정해낼 수 있어야 한다.

환경과 체계의 차이는, 다른 말로 하자면 복잡성 격차를 안정화시킨다. 그래서 환경과 체계의 관계는 필연적으로 비대칭적이다. 격차는 한 방향으로 진행하며, 반대 방향으로 뒤집힐 수 없다. 모든 체계는 자신의 환경의 압도적인 복잡성에 맞서 자신을 주장하여야 한다. 그리고 이런 종류의 모든 성공, 모든 현 상태, 모든 재생산은 다른 모든 체계들의 환경을 더욱 복잡하게 만든다. 따라서 복수의 체계들이 주어진 조건에서, 모든 진화 성공은 자신들의 환경과의 관계에서 다른 체계들에 나타나는 복잡성 차이의 확대이며, 가능해질 것에 대해 그렇게 선택적으로 작용한다.

복잡성 격차는 차이로서 채택되고 환경과 체계의 차이에서 확인되어 그 자체가 중요한 기능을 가진다. 복잡성 격차는 환경의 복잡성이 관건인지 아니면 체계의 복잡성이 관건인지에 따라, 복잡성을 다루고 환원시키는 상이한 형식들을 강요한다. 말하자면 환경을 더욱 대담하게 다룰 수 있다. 즉 많든 적든 일괄 기각할 수 있다는 것이다. 일종의 역방향의 적실성 추정이 타당하다. 내적 사건/과정들이 체계에 대해 적실하다고 추정되는 반면, 즉 연결 행위를 유발하는 반면, 환경의 사건/과정들은 체계에 대해 중요하지 않다고 추정된다. 환경의 사건/과정들은 고려되지 않은 상태로 남을 수 있다. 체계는 자신의 환경에 대한 무차별을 통해 자신의 자유 및 자기규제의 자율성을 획득한다. 그래서 체계의 분화를 규정된 것(내적 연결 능력이 있는 것)을 위한 민감성의 상승과, 그 밖의 다른 모든 것에 대한 둔감성의 상승으로서 기술할 수 있다. 즉 의존성과 독립성이 동시에 상승하는 것으로 기술할 수 있다.

이 정식화는 체계의 환경 관계들이 체계의 구조를 통해 조정된다는 것을 이미 암시한다. 그것은 말하자면 구조의 선택 층위가 복잡성 열세를 보상하는 데에 기여함을 암시한다.[11] 이것은 우발 개념 (Zufallsbegriff)을 사용하여 명확하게 설명할 수 있다. 우리는 체계에 대한 환경의 영향이나 환경에 대한 체계의 영향들이 구조적인 대책을 통해 체계의 과거나 미래와 연결되어 있지 않을 경우, 그런 영향들을 우발적인 것이라고 부르려고 한다. 어떤 체계도 이런 의미에서의 우발을 피할 수 없다. 왜냐하면 어떤 체계도 발생하는 모든 것에 "체계적으로" 반응하기 위한 복잡성을 충분하게 가지는 것은 아니기 때문이다. 따라서 구조 선택은 많은 것을 우발에 넘겨준다. 이러한 "우발에 넘김" 역시 복잡성 환원의 수단, 즉 우발에 넘겨진 상태로 남는 것이 실제로 임시변통으로 다루어질 수 있을 때 입증되는 수단이다.[12]

이것은 환경 내 복잡성과 체계 내 복잡성을 상이하게 보고 상이하게 다룰 수 있는 데에 숨겨진 계기를 위한 첫 출발점일 뿐이다. 복잡성 격차는 환경과 체계의 차이에 성공 계기를 부여하는 실재 기초이

---

11) 바로 그런 이유에서 모든 구조 확정의 선택적 성격을 강조해야 한다. 이미 위의 152를 볼 것.

12) 이것이 우발들을 다루기 위한 특수 조치들이 마련되어야 하고 그리하여 우발에 대한 관용이 강화되는 동시에 체계화된다는 점을 배제하는 것은 당연히 아니다. 그래서 백화점들은 모든 방문 고객들마다 점원 하나씩을 할당하는 것은 포기한다. 백화점들은 고객이 원하는 상품을 발견하든 아니든 그리고 전담 직원을 발견하든 아니든, 그런 일에 관심을 가지기는 하지만 그것을 우발에 맡긴다. 그러나 백화점들은 이 우발을 재통합하기 위해 안내 창구, 안내 표지판, 잘 구획된 상품 진열 등을 마련한다.

다. 차이는 다른 한편 차이를 통해 만들어지는 복잡성 격차를 절합한
다. 그리고 그렇게 되면 환경과 체계의 차이를 지향 구조로서 체계
자체 안에 도입하는 것이 유익해진다. 그러면 체계는 높은 복잡성으
로 다루는 상이한 형식들을 서로에게서 분리하고, 그 형식들이 체계
와 관련되느냐 환경에 관련되느냐에 따라 동시에 다룰 수 있다. 체계
는 예를 들어 (부족(部族)의 문화나 단과대학들을 생각해보라) 자신
의 복잡성을 도덕적으로 조건화하고 환경의 복잡성을 친구와 적이
라는 전략적 도식에 따라 조건화할 수 있다.

　우리는 복잡성 격차가 여러 층위에서 동시에 절합되고 작업될 수
있음을 함께 고려할 수 있을 때, 복잡성 격차에 대한 이 일반적인 고
려에서 벗어날 수 있다.[13] 복잡성 격차는 과정적으로 투입된 인과성
의 **작동적** 층위에서 전적으로 가능한 것의 광대한 세계 지평에서 원
인과 효과에 따라 중요해지는 환경을 선택하도록 이끈다.[14] 체계는
구조 형성의 층위에서, 이 중요한 환경과의 '점-대-점-일치'들의 조
건으로부터 독립하게 된다. 환경의 중요성은 일반화되고 재특화되
어서 그 후 이 형식에서 결국에는 내적 과정 조종에 대한 고려 사항
이 된다. 그러한 고려는 위험을 수용하라고 요구한다. 성찰(Reflexion)
의 층위에서 체계는 다른 모든 것과의 차이에서 자신의 고유한 정체
성을 획득한다. 여기서 복잡성 격차는 가장 순수하며 가장 추상적인

---

13) 이에 대해 고무적인 것으로 탤컷 파슨스의 기술적 수준, 관리적 수준, 제도
　　적 수준 간의 구분을 보라. Talcott Parsons, "Some Ingredients of a General
　　Theory of Formal Organization", in ders., *Structure and Process in Modern
　　Societies*, New York 1960, 59-96.
14) 인과 범주의 의미론적 버전이 발전하는 과정에서 사회적 체계들의 보다 명확
　　한 분화를 고려한다는 사실과 그 방식을 뚜렷하게 읽어낼 수 있다. 이를테면
　　원인들과 효과들의 "유사성"을 포기하여, "근사성"을 포기하여 [사회적 체계
　　들의 분화를] 고려한다는 점을 읽어낼 수 있다.

형식을 획득한다. 다른 모든 것과의 차이 속의 정체성은 기본적으로
는 바로 복잡성 격차의 규정 및 지역화와 다를 바 없다.

그밖에도 우리는 복잡성이 항상 선택 압력과 우연성 경험을 만들
어낸다는 것을 안다. 그래서 복잡성 격차는 체계에서 주로 환경 관
계들의 우연성으로서 파악되고 주제화된다.[15] 이러한 주제화는 환
경이 어떻게 보이는가에 따라 두 가지 상이한 형식을 취할 수 있다.
환경이 **자원**으로서 파악되면 체계는 우연성을 **의존성**으로 경험한다.
환경이 **정보**로서 파악되면 체계는 우연성을 **불확실성**으로서 경험한
다.[16] 주제화들은 정보가 자원으로 다루어질 수 있으며 자원과 관련
하여 정보 문제들이 나타날 수 있기 때문에 서로를 배제하지 않는다.
그러나 우연성 관리의 체계 내적 형식들은 어떤 주제화가 선택되는
가에 따라 분지된다. 자원이 부족한 경우에 대비하여 체계 내적으로
는 잉여(Redundanz), 비상 연결 장치, 예비 저장고들을 준비한다.[17]
불확실성에 직면하여 순수하게 내적이며 환경과 무관한 확실성 기
초들, 스스로 만들어낸 명증성들, 서류들 또는 보고서들이 권장될 수

---

15) 이 측면은 특별히 공식적으로 조직된 사회적 체계들에 관련되어 고유한 연
　　구 발상, 이른바 "우연성 이론"으로 완성되었다. 광범위한 후속 발전들의 출
　　발점으로서 Paul R. Lawrence/Jay W. Lorsch, *Organization and Environment:*
　　Managing Differentiation and Integration, Boston 1967을 참조할 것.
16) 이 중요한 구분은 다음 문헌에서 볼 수 있다. Howard E. Aldrich/ Sergio
　　Mindlin, "Uncertainty and Dependence: Two Perspectives on Environment",
　　in: Lucien Karpik (Hrsg.), *Organization and Environment: Theory, Issues and*
　　Reality, London 1978, 149-170. Howard E. Aldrich, *Organizations and*
　　Environments, Englewood Cliffs N.J. 1979, 110 이하도 참조할 것.
17) Martin Landau, "Redundancy, Rationality, and the Problem of Duplication
　　and Overlap", *Public Administration Review 27* (1969), 346-358을 참조할 것.
　　Richard M. Cyert/James G. March, *A Behavioral Theory of the Firm, Englewood*
　　Cliffs N.J. 1963, 조직 이완("organization slack")에 대해 36을 참조할 것.

도 있다.[18]

이런 종류의 질문들은 종래에는 주로 형식적으로 조직된 사회적 체계와 관련된 가운데 다루어졌다.[19] 그리고 조직들은 사실상 문제 조정의 세련된 기계 장치를 내적으로 전제할 수 있다. 그러나 이러한 사례의 집단만 떠올릴 필요는 없다. 종교적인 것이든 다른 것이든 의례화들은 비슷한 기능을 가진다. 그것들은 외적 불확실성을, 실행될 수 있는 도식 또는 실행될 수 없는 도식, 그러나 변이될 수 없기 때문에 기만, 거짓, 일탈행동의 능력을 무력화시키는 내적 도식으로 번역한다.[20] 의례화들은 체계의 복잡성에 그리 높은 요구를 제기하지 않는다. 그래서 그것들은 조직의 형식으로 불확실성 흡수[21]를 위한 기능적 등가물들을 발전시킬 수 있는 충분히 복잡한 체계들이 생성될 때까지는 임시변통 기능을 하는 것처럼 보인다.

---

18) Vgl. William H. McWhinney, "Organizational Form, Decision Modalities and the Environment", Human Relations 21 (1968), 269-281을 참조할 것.

19) 이미 인용된 연구들에 대해 Robert B. Duncan, "Characteristics of Organizational Environments and Perceived Environmental Uncertainty", *Administrative Science Quarterly 17* (1972), 313-327을 이론적 개괄과 함께 볼 것. 이 개괄은 사실 차원(단순한/복잡한), 시간 차원(정적/동적)의 구분을 따르며, 불확실성을 생성할 경우 시간 관계들이 사실 관계들보다 더 중요하다는 결과를 얻는다.

20) 이에 대해서는 Roy A. Rappaport, "The Sacred in Human Evolution", *Annual Review of Ecology and Systematics 2* (1971), 23-44; ders., "Ritual, Sanctity and Cybernetics", *American Anthropologist 73* (1971), 59-76을 참조할 것.

21) 그 용어는 조직이론에서 유래한다. James G. March/Herbert A. Simon, *Organizations,* New York 1958, 165를 볼 것.

3. 체계/환경의 복잡성 격차와 시간 차원에서의 체계 분화

체계와 환경의 복잡성 격차는 체계가 시간 차원에서도 분화되어야만 생성되고 구축될 수 있다. 매우 추상적인 방식으로, 즉 체계 고유의 시간, 즉 그런데도 세계 시간 안에 맞아 들어가야 하는 시간이 생성된다고 말할 수 있다. 하지만 시간은 (이중 지평, 비가역성, 시간 척도, 희소성, 속도 같은) 많은 변수들을 가진 의미차원이어서, 어떤 관점에서 시간적 분화가 가능하며 그 결과는 무엇인지를 좀 자세히 언급해야 하겠다.[22]

시간적 분화는 근본적으로 체계 고유의 요소들의 분화로부터 파악되어야 한다. 이 요소들이 시간 관련을 통해 정의된다는 점에서, 즉 사건 특성을 취한다는 점에서 이중 효과가 나타난다. 한편으로 여기서는 그 밖의 다른 경우에서와 마찬가지로, 요소들의 기초에서 체계와 환경 간 점-대-점-할당이란 있을 수 없다. 다른 한편으로 바로 그 때문에 체계와 환경 안의 시간 지점들과 그것들의 관계들의 동일성이 요구된다. 즉 시간의 흐름이 균일해야 한다는 것이다. 알프레트 슈츠는 공동의 타자를 언급한 바 있다.[23] 어떤 체계도 다른 체계들보다 더 빨리 미래로 나아갈 수 없으며, 그래서 환경 접촉에 필요한 동시성을 잃지 않는다. 아인슈타인의 말을 따르자면, "시간"이 이것을 허용할지라도 체계는 자신의 환경에 접착된 상태를 유지할 것이다. 환경과 체계의 차이는 동시적인 것으로만 수립될 수 있다. 즉 환경과

---

22) 이 주제에 대한 철저한 연구로는 Werner Bergmann, *Die Zeitstrukturen sozialer Systeme: Eine systemtheoretische Analyse,* Berlin 1981을 참조할 것.

23) *Der sinnhafte Aufbau der sozialen Welt: Eine Einleitung in die verstehende Soziologie,* Wien 1932, 111 이하를 참조할 것.

체계 간 진행되는 접속은 공동의 연대기를 전제한다.[24] 이것을 인정하더라도, 분화가 더욱 강해질 때 시간의 공동성이 약화될 수밖에 없다는 점을 연대기적 의미 형식의 추상화로부터 읽어낼 수 있다.

그밖에도 동시성의 요구와 함께 그때마다의 현재가 미래와 과거 간 차이 지점으로서 사용되어야 한다는 사실이 규정된다. 그것을 통해서 체계와 환경의 미래지평들과 과거지평들이 통합 가능한 상태로 유지된다는 것, 즉 세계 지평들로 한데 합쳐질 수 있다는 것이 보장된다. 이 세계 지평 내에서만 그리고 시간의 균일한 흐름과 조화되는 가운데 의미체계의 시간적 분화가 진행될 수 있다. 그 분화는 특히 체계가 고유한 적합성 경계들을 미래와 과거를 향해서 형성하고 미래와 과거의 (고유한 그리고 환경의) 사건들을 접속시키기 위한, 고유한 (제각기 현재적으로 실천할 수 있는) 규칙들을 형성하는 데에 달려 있는 것으로 보인다.

체계가 고유한 시간으로서 분화시킬 수 있는 것은 선별된 미래의 사건들과 과거의 사건들의 그렇게 선택된 연관으로부터 만들어진다. 그것은 우리가 "소유할" 수 있는 시간이며, 희소해질 수 있는 시간이며, 서두름과 지루함의 시간이다.[25] 현재는 미래의 것과 과거의 것을 접속시키는 자신의 기능에서 압력을 받게 된다. 미래의 것과 과거의 것의 예견된 통합을 허용하는 가역성의 정도 또한 체계마다 달라질 수 있다. 보다 복잡한 사회적 체계에서는 그뿐 아니라 시간 압

---

24) 환경 그 자체는 체험 능력도 행위 능력도 없다. 그렇기 때문에, 이것은 체계가 환경에 대해 그리고 자신에 대해 적절하고 단일한 연대기를 사용해야 한다는 점을 의미할 따름이다.

25) 일상언어에서 그리고 사회학 문헌에서도 유감스럽게도 이러한 "소유할 수 있거나 소유할 수 없는 시간"의 개념은 보다 근본적인 시간 개념, 모든 유의미한 체험과 행위의 시간 차원을 표현하는, 즉 비가역성/가역성의 (차이)동일성과 미래/과거의 (차이)동일성을 표현하는 개념과 종종 뒤섞여 있다.

력과 채워지지 않은 시간이 동시에 나타날 수 있다. 즉 몇몇 작동들에서는 시간 압력이 나타날 수 있고 다른 작동들에서는 대기 시간이 나타날 수 있다. 이 모든 것은 체계 특화된 시간 문제들, 즉 체계의 환경 안에는 그 문제에 상응하는 어떤 것도 없는 그런 시간 문제들을 낳는다.

따라서 시간 자율성은 체계에 대해 고유한 후속 문제들, 즉 고유한 해결 방안들이 필요한 문제들을 가진다.[26] 다른 한편 시간 자율성은 사실 질문에서의 자율성에 필수불가결한 예비 조건이다. 체계가 자신과 관련되는 환경 사건들에 대해서 늘 그 사건들의 발생 시점에 반응해야 한다면, 체계는 자신의 반응 방식을 선택할 계기를 거의 갖지 못할 것이다. 한편으로 예견하며 다른 한편으로 반응을 지체하는 것만이 고유한 전략을 위한 여지를 열어준다. 그리고 특히 체계 내에서 시간을 투자해야만 마련할 수 있는 반응들은 그런 식으로만 투입할 수 있다. 그러나 이 모든 것과 더불어 체계시간 또한 환경 접촉의 선택을 위해 중요하고 종종 결정적인 제한이 되는데, 그 경우에는 체계시간이 사실적인 선호들을 위한 지향을 종종 대체한다.

이 모든 것은 보다 복잡한 사회들에서 규정된 시간 문제들에 대한 관심이 높아지고 시간 의미론이 변환되는 현상을 설명할 수 있을 것이다. "올바른 시점"과 달력에 기입해둔 표시들에 대한 오랜 관심은, 가속화와 시간절약 장치들에 대한 관심을 통해 그 모습이 변형된다.[27] 이미 16세기에, 예컨대 인쇄술 및 지식 확산의 가속화를 위한

---

26) Niklas Luhmann, "Die Knappheit der Zeit und die Vordringlichkeit des Befristeten", in ders., *Politische Planung*, Opladen 1971, 143-164도 참조할 것. 그밖에도 Barry Schwartz, "Waiting, Exchange, and Power: The Distribution of Time in Social Systems", *American Journal of Sociology 79* (1974), 841-870을 볼 것.

체계화 노력과 관련하여 그런 변환에 대한 증거를 찾을 수 있다. 시간 낭비에 대한 비판이 증가하고, 점차 개인적인 생애의 한계들로부터 벗어난다. 철도는 결국에는 새로운 속도를 가시화시킨다. 그러나 화폐경제의 노동 개념이 상위 계층의 구성원들에게도 관련되었다는 점이 아마 그것보다 더 중요할 것이다. 그래서 그들 또한 노동 활동을 시작하며, 그 결과 시간은 희소해진다. 그 이후로 올바른 시점들은 더 이상 자연으로부터 나오는 것이 아니라, 오히려 공시화(共時化) 문제들, 즉 시간 자체의 논리학에서 나오게 된다.

4. 환경 분화와 체계분화

환경과 체계의 복잡성 격차는 이 차이가 일단 주어지면 모든 후속 분화들이 환경과 체계 중 어디에서 시작하는가에 따라 다르게 체험되고 다루어져야 한다는 데서 극명하게 표현된다. 그렇게 다루어진 시간 중요성들의 차이는 그 격차에 대한 보기에 불과하다. 환경과 체계의 차이는 그밖에도 환경분화와 체계분화를 구분 가능하게 해준다. 그 차이는 환경분화와 체계분화가 상이한 질서 관점을 따르는 그만큼 첨예화된다(우리는 이것도 "분화"(Ausdifferenzierung)로 부른다).

모든 체계는 자신의 환경 안에 다른 체계들이 있다는 점을 감안해야 한다. 환경이 얼마나 민감하게 수용될 수 있는가에 따라, 환경에는 더 많은 다양한 종류의 체계들이 나타난다. 우리가 출발점으로 삼

---

27) Reinhart Koselleck, *Vergangene Zukunft: Zur Semantik geschichtlicher Zeiten*, Frankfurt 1979에 많은 시사점이 있다. Niklas Luhmann, "Temporalisierung von Komplexität: Zur Semantik neuzeitlicher Zeitbegriffe", in ders., *Gesellschaftsstruktur und Semantik Bd. 1*, Frankfurt 1980, 235-301도 참조할 것.

는 체계가 이해 능력을 가진다면, 그 체계는 자신의 환경 내 체계들을 그 체계들의 환경으로부터 파악할 수 있다. 그 체계는 그렇게 파악하여 일차적으로 주어진 자기 환경의 (차이)동일성들을 관계들로 해체한다. 그러면 체계는 상이한 '체계/환경-관점들', 서로 중첩되고 그런 점에서 전체적으로 환경의 (차이)동일성을 재현하는 관점들에서 자신의 환경을 분화된 것으로 보게 된다.

체계는 그러한 발견을 가지고 축적 전략을 펼칠 수 있다. 체계는 자신의 환경의 체계들을 고유한 분화 도식에 따라 파악하고 질서지울 수 있다. 아마도 가장 단순한 경우는, 환경에서 우리가 전제하는 체계와 동종(同種) 체계가 관건인지 또는 이종(異種) 체계가 관건인지의 관점에 따른 분화일 것이다. 예를 들어 모든 인간에게 있어 다른 인간들은 환경으로부터 분명하게 구분된다. 그 점을 고려하면, 동종의 환경 영역을 과대평가하는 경향, 이를테면 미지의 것을 "인물" 전형에서 찾는 경향들이 있다. 사회적 체계들도 동종의 환경을 위해 같은 경향과 같은 선호들을 펼칠 수 있다. 그래서 조직들은 동종 조직들과의 교류를 선호하며 (예컨대 그 부문들의 의뢰인 같은) 조직들의 환경의 이종 분야들을, 마치 자신들이 조직으로서 서류를 관리하고 결정을 내릴 수 있거나 민원에 대응해야 하는 식으로 다룬다. 짧게 말하면, 환경에 대해서 동종/이종이라는 분화도식이 선택되면 그것은 예상할 수 있는 규정된 결과들을 가질 수 있다.

물론 환경과 관련하여 많은 다른 종류의 분화 도식들이 있다. 가까운/먼, 친구/적, 경쟁적/협력적 또는 체계의 작동에 더욱 연결하는 서비스 공급자와 서비스 수혜자 같은 도식들이 있다. 그러한 가능성들이 다양하다는 것을 감안하여 분화 패턴들의 선택에 관한 이론들을 정식화해야 할 것이다. 이를 위해 중요한 질문은 다음과 같다. 분화 전략은 얼마나 뚜렷하게 (예를 들어, 동종/이종 같은) 체계의 특성과 관련되는가? 또는 분화 전략이 (예를 들어 환경체계들의 "과학적" 유형학의 의미에서) 체계의 특성으로부터 얼마나 많이 추상화될 수 있는가? 이 질문 뒤에는 도달 가능한 객관성 정도 문제와 그 문제의 조건들에 대한 질문이 분명히 숨어 있다. 객관화하는 분화 도식은 그 도식이 발전시켜서 사용할 수 있는, 체계들 내의 높은 체계복잡성을 틀림없이 전제한다. 다른 한편 체계복잡성이란 체계가 전체로서 자기관련적인 환경분화들로부터 더욱 뚜렷하게 객관화하는 환경분화들로 이행한다는 뜻이 결코 아니다. 모든 사회 분석이 보여줄 수 있듯이, 복잡성이 더 높다는 것은 두 가능성이 동시적으로 그리고/또는 대안적으로 모두 사용될 수 있다는 뜻에 불과한 것으로 보인다. 그래서 현대사회는 인간을 자기 환경 내 특수성으로서 모든 다른 체계들보다 우대할 수밖에 없었던 것이다. 과학적인 (마찬가지로 사회의) 분석이 함께 전제된 체계(차이)동일성을 여러 관점에서 진작에 해체했음에도 말이다.

이 질문은 사회적 체계이론의 후속 발전을 위해 매우 중요하다. 그러나 그 질문은 세부 조사를 통해서만 계속 추적될 수 있는데, 여기서는 그 조사를 멈출 수밖에 없다.[28] 우리는 모든 세련화와 변이들을 비로소 가능케 하는, 외적 분화와 내적 분화의 선행 차이를 중시한다. 이때 의미론적으로 가능한 모든 구분은 더 이상 관심사가 아니며, 오직 체계와 환경의 근본적인 분화에만 관심을 두고자 한다.

내적 분화들(체계분화들)은 전혀 다른 절차를 사용한다. 환경분화가 체계에 의해 환경이 관찰되어야 한다는 요구에 관련되고 그럼으로써 자극과 제한을 동시에 받는 반면,[29] 내적 분화는 자기생산적 재

---

28) 사회학의 전통에서는 특히 뒤르켐이 제안한 범주화 연구를 위한 조언들이 중요한 사전(事前) 연구들을 포함하고 있는 것으로 보인다.
29) 우리의 기억에 따르면, 우리는 관찰을 차이에 의존한 정보 수용으로 정의했다.

생산 과정에서 발생한다. 재생산과 분화의 연관[30]은, 재생산을 같은 것이 동일하게 또는 거의 동일하게 반복되는 일(예를 들어 존속함의 대체)로서 이해하는 것이 아니라 연결 가능한 사건들의 지속적인 새로운 구성으로 이해할 때, 명백해진다. 그렇다면 재생산은 늘 재생산 가능성의 재생산을 함의하기도 한다. 그러나 재생산은 사회적 체계에 대해서는 이중 우연성의 복구를 뜻한다. 한편으로 재생산은 연결 가능성의 조건하에 있다. 재생산은 상황에 맞아야 한다. 다른 한편 재생산은 체계 안에서 고유한 '체계/환경-차이'를 가진 새로운 체계를 형성할 가능성을 제공해야 한다. 그리고 그것은 어쩌면 출발체계보다 더 오래 존속할 체계일 것이다. 우리는 파티에서 숙녀가 담배를 꺼내는 것을 보고 그녀보다 먼저 라이터를 꺼내든다(그녀는 그 행동에 맞추어 느리게 행동한다).[31] 어떤 익숙한 체계분화는 소통의 이해 가능성과 행동방식들의 적합성이라는 제한 조건들을 통해 재생산 가능성들을 안정화시킨다. 그러나 이때 틀림 없이 함께 생산되는 의미 과잉들은 늘 다시 혁신적인 체계 형성의 기회를 제공한다. 그것은 새로운 차이들과 새로운 제한들을 추가할 기회를 제공한다. 다시 말

---

30) 이 연관성에 대한 광범위한 연구로는 Yves Barel, *La reproduction sociale: Systèmes vivants, invariance et changement*, Paris 1973을 볼 것.

31) 덜 상호작용론적인 두 번째 보기를 적어도 논평의 목적으로라도 언급하기 위해, 이 입장으로부터 공식적 조직과 비공식적 조직에 관한 논의를 참조할 수 있을 것이다. 공식적으로 조직된 사회적 체계는 계획에 합당하게 공식적으로 분화될 수 있다. 하지만 그 체계는 불가피하게 공식적인 규칙들과 양가적인 관계에 빠지는, 비공식적 체계 형성들을 위한 계기들을 제공한다. 우리는 집단 개념을 가지고 작업했던 과거의 조직 연구에 비하여, 지속적인 재생산, 분화, 내부로의 성장, 후속 분화들의 자발성의 증대되는 복잡화와 경로화 간 연관이 있다는 점을 더욱 잘 설명해낼 수 있다. 그리고 우리는 이전의 지배적인 견해와는 반대로, 신축성과 적응 능력을 다시 획득할 수 있는 수단은 비공식 조직이 아니라 바로 공식 조직에 의해 확보된다고 추정할 수 있을 것이다.

해 분화를 통해 출발체계들을 제한할 가능성을 상승시킨다는 것이다. 그렇게 해야만 체계복잡성의 상승에 도달할 수 있다.

내적 분화들은 이미 분화된 체계들의 경계에 연결하고 그럼으로써 제한된 영역을 후속 체계형성이 이어질 수 있는 특수 환경으로서 다룬다. 즉 이 내적 환경은 외부 경계들을 통해 확보된 이른바 특별한 복잡성 환원을 드러낸다. 내적 환경은 외부 세계에 상대적으로, 경감된 복잡성 덕분에 이미 길들여졌고 이미 평온해진 환경이다. 뿐만 아니라 그 환경은 동종의 환경이다. 왜냐하면 내적 분화는 동종의 방식으로만 일어날 수 있기 때문이다. 생명 체계들은 생명 체계들에서만, 사회적 체계들은 사회적 체계들에서만 분화될 수 있다. 그래서 일정한 규제 성과들은 후속 체계 형성에서 내부에서 전제될 수 있는 것이다. 그러한 규제 성과들에는 더 비개연적인 새로운 체계 형성들이 연결될 수 있다. 따라서 체계분화들은 체계 내에서 비개연성의 상승과 정상화를 향해 나아가는 체계 형성의 반복이다. 그래서 우리는 체계분화를 재귀적 체계 형성 또는 재귀적 체계분화의 증대라고 표현할 수 있다. 체계형성 과정이 체계 자신에 적용되고 이를 통해 체계형성 과정이 자신의 기능 방향에서 강화된다. 모든 사회적 체계의 형성과 마찬가지로, 체계 내적 체계 형성도 자기촉매로, 즉 자기선택으로 일어난다. 체계 내적 체계 형성은 종합 계획은커녕, 전체 체계의 "활동성"도 전체체계의 행위 능력도 전제하지 않는다. 전체체계가 부분체계들로 구성된다거나 부분체계들로 쪼개진다고 말하는 것도 마찬가지로 별 도움이 되지 않는다. 전체체계는 고유한 질서를 통해 오직 부분체계의 자기선택만 가능하게 한다. 그러나 부분체계들이 형성되면 적응 과정들이 실행된다. 왜냐하면 그 경우에는 새로운 종류의 부분체계로서 분화되지 않은 모든 것에 대해 새로운 종류의 환경이 생기는 결과가 되기 때문이다. 그래서 뒤르켐의 보기를 들자면,[32] 가족의 상황은 사회 안에서 가족 외에 다른, 이를테면 협동적인 부분체계들이 생기면 바뀐다. 전체체계의 (차이)동일성은 그때에는 모든 이런 종류의 부분체계들이 (다른 환경들을 포함하는) 환경에 대한 그들의 관계를 사용하는 방식으로 표현되어야 한다.[33] 왜냐하면 분화된 체계들에서는 모든 부분체계는 그 부분체계 자체인 동시에 다른 체계들을 위한 환경이 되기 때문이다.[34]

내적 분화 과정들이 거의 임의로 시작할 수 있고, "전개되어야 할" 형식의 지휘를 받지는 않지만, 존속할 수 있는 것을 선별하는 일종의 선택이 있는 것처럼 보인다. 그래서 궁극적으로는 소수의 분화 형식들만 있으며 장기적으로 존속하는 체계들에서 그 분화 형식들이 유지될 수 있다는 점을 어쩌면 설명할 수도 있을 것이다. 그런 형식들로는 무엇보다도 같은 (차이)동일성들로의 분화(분절화), 중심/주변의 분화, 순응적/일탈적의 분화(공인된/공인되지 않은, 공식적/비공식

---

32) *Über die Teilung der sozialen Arbeit*, 독일어판본, Frankfurt 1977의 2판의 서문에서 39 이하를 참조할 것.

33) 이런 점에서 탤컷 파슨스는 정당하게도, 모든 체계분화가 이항적 원칙을 따른다고 전제한다. "Comparative Studies and Evolutionary Change", in: Ivan Vallier (Hrsg.), *Comparative Methods in Sociology: Essays on Trends and Applications*, Berkeley 1971, 97-139(100)을 볼 것. 하지만 그 사태는 파슨스가 생각하는 것보다 더 복잡하다. 그 사태는 하나의 (기능적으로 불분명한) 체계가 두 개의 (기능적으로 특화된) 체계들로 대체되는 데에 있는 것이 아니다. 그보다는 이 항성은 직접적으로 '체계/환경-차이'에 달려 있다. 즉 이 차이가 모든 후속 분화에 이중 효과, 즉 새로 형성되는 체계로서 그리고 다른 모든 것들을 위한 환경으로서의 이중 효과를 부여한다는 데에 근거한다.

34) 구 유럽적 개념 언어에서 그것은 이 지점에서 다음을 의미했다. 모든 부분은 자기목적인 동시에 다른 것들에 대한 수단이다. Thomas von Aquino, *Summa Theologiae I q.* 65 a. 2, 인용은 Turin 판본 1952 Bd. 1, 319; Immanuel Kant, *Kritik der Urteilskraft* §§ 65 und 66, 특히 Einleitung zu §§ 66 — "innere Zweckmäßigkeit" — 인용은 Karl Vorländer 판본, 3. Aufl. Leipzig 1902, 245 이하를 참조할 것.

적), 위계적 분화와 기능적 분화를 예시할 수 있다. 일탈강화 과정들 (긍정적 피드백)을 과정들의 분화 형식을 위해 활성화시키고 재평준화를 저지할 수 있는 분화 형식들만이 아마 존속할 수 있을 것이다.[35]

수많은 질문들이 이 논점에 기초하여 연구될 수 있으며, 특히 사회이론을 위해 유용하게 만들 수 있다. 그 전제는 모든 개별 분화 형식에 대해 과잉 생산, 선택, 안정화 개념으로서 진화를 더욱 정확히 설명하는 것이다. 다수의 형식들이 서로 조합 가능한지 심지어 발생학적으로 서로를 전제하는지의 여부 그리고 얼마나 서로를 전제하는지를 더 설명해야 할 것이다(출발 조건에서든 선택에서든 긍정적인 피드백을 통한 안정화에서든 상관없이 말이다). 그렇다면 '중심/주변-분화'가 다단계의 위계들을 만들 발전 조건이며 그 다음에는 그 위계들과 갈등 관계에 빠지는 것은 충분히 생각할 수 있는 상황이다.[36] 나아가 내적 분화의 형식들이 전체체계의 분화를 공동 규정한다는 점도 함께 고려되어야 하겠다. 위계적 분화에 우선권이 있을 경우에는, 위계의 정점(또는 지배 중심)이 체계의 경계 관계를 통제하지 않으면 지배력을 상실하기 때문에 그 관계를 통제할 수 있어야 한다는 점을 통해서 체계분화가 제한된다. 체계분화가 더욱 뚜렷해지고 외부 관계들이 더욱 복잡할 경우에는, 기능적 분화로의 이행을 강제하는 것이 불가능해진다. 그것과 반대로 기능적 분화의 추진이 체계분화를 증대시키고 지배 중심들을 무력화시키게 된다.

---

35) 이에 관해 Magoroh Maruyama, "The Second Cybernetics: Deviation-Amplifying Mutual Causal Processes", *General Systems 8* (1963), 233-241을 참조할 것.

36) 이에 관해 Samuel N. Eisenstadt, *The Political Systems of Empires*, New York 1963을 볼 것. 다른 관점들 하에서 다루어지긴 했지만, 그 자료는 여기서 개괄된 질문제기를 암시하고 있다.

체계분화는 필연적으로 전체체계의 복잡성 상승을 유발한다. 그리고 마찬가지로 그 반대 또한 타당하다. 체계분화는 전체체계가 더 많은 요소들과 더 상이한 종류의 요소들을 구성하고 더 예리하게 선별된 관계들을 통해 접속할 수 있을 경우에만 가능하다. 체계분화는 체계 내에 비교적 작은 (차이)동일성들이 형성된다는 뜻만은 아니다. 체계분화는 오히려 자기 자신 안에서 전체체계의 형성을 반복한다. 전체체계는 부분체계/부분환경의 내적 차이로서 재구성된다. 그리고 이것은 모든 부분체계마다 제각기 다른 방식으로 이루어진다. 전체체계는 그렇다면 내부 절단선에 따라 자기 자신 안에 여러 겹으로 포함되어 있다. 전체체계는 자신의 고유한 실재를 배가시킨다. 그래서 현대의 사회적 체계인 사회는 정치적 기능체계와 그 체계의 사회 내적 환경, 경제적 기능체계와 그 체계의 사회 내적 환경, 과학을 위한 기능체계와 그 체계의 사회 내적 환경, 종교적 기능체계와 그 체계의 사회 내적 환경이 동시에 될 수 있는 것이다.

그러나 분화는 복잡성을 상승시킬 뿐만 아니라, 복잡성 상승을 통해 새로운 형식의 복잡성 환원을 똑같이 허용한다. 모든 부분체계들은, 그렇게 말해도 된다면, 그 부분체계가 고유한 '체계/환경-차이'만을 지향하면서, 그렇지만 이 차이를 가지고 전체체계를 혼자서 재구성하는 가운데 복잡성의 일부를 수용한다. 그래서 부분체계는 전체체계 재생산의 많은 요구들이 다른 곳에서도 충족된다는 전제를 통해 부담을 덜 수 있다. 전체체계에 기대는 부분체계의 의존성은 이에 따라 이중화된다. 부분체계 자체는 전체체계의 부분인 동시에 내적 환경에 의존하며 그래서 다른 경로들을 통해 전체체계에도 마찬가지로 의존한다.

전체체계의 복잡성과 비슷하게 전체체계의 자기준거 역시 내적 분화로 인해 재구조화된다. 왜냐하면 한편으로는 모든 부분체계가 전체체계의 자기준거의 절합으로서 기능하기 때문이다. 모든 부분체계는 전체와 관련되지 않고는 자신을 "부분"으로서 확인할 수 없는데, 이러한 관련짓기는 순환적이다. 그 관련짓기는 전체 속에서 자기 자신을 전제한다. 그러나 모든 부분체계는 부분체계와 체계 내적 환경의 차이로서도 전체를 절합하며, 이러한 절합은 비대칭적이다. 그래서 결과가 풍부해진다. 순환성과 비대칭성은 그 다음에 서로 각자를 전제한다. 진행되는 소통적 자기재생산의 실천에서, 그것은 끊임없는 관점 변화, 즉 이 실천이 시간화된 요소들(사건들, 행위들)로 구성됨으로써 그 자체가 가능해지는 관점 변화를 필요로 한다.

다시 말해 이 복잡해진 배열로부터, 분화의 제약들 저 너머에서 그러한 전체 체계에서 요소로서 기능할 수 있는 것에 대한 요구들이 나타난다. 더욱 뚜렷하게 분화된 체계들은 자신들의 요소들을 시간화해야 한다. 즉 시점에 관련된 것으로서 구성해야 하며 매순간 재생산해야 한다. 그리고 체계들은 체계경계 너머로 요소들을 연결할 수 있도록 요소들을 더욱 추상적으로 파악해야 한다. 우리는 이 결과를 사회적 체계들의 자기기술을 기술할 때 이미 다루었다. 자기기술은—이 이론이 입안되는 장소와 목적이 되는 현대사회에서는— 행위로의 환원을 전제한다.[37)]

---

37) 오해를 불식시키기 위해 미리 말하자면, 그것은 현대사회가 자신에 대해 가능한 개념성을 가지고 비현대적인 사회체계들에도 사용될 수 있는 추상적인 이론들을 작성한다는 것을 물론 배제하지 않는다. 그러나 그 경우에는 이러한 구 사회들의 의미론에서는, 그 의미론이 자기 자신에 대해 작성될 수도 없었고 적절하다고 간주될 수도 없었음을 읽어낼 수 있다. 그밖에도 이 지점에서부터 현대적인 이론들이 전통사회들을 적절하게 파악할 수 있는지에 대한 낡은 논쟁은 긍정과 부정의 대답을 모두 제시할 수 있다는 것을 보여준다. 물론 오늘날의 기술이 이 사회들에 대해 가능했던 자기기술들과 일치해야 한다는 요구를 제기한다면, 그 대답은 '아니오'가 될 것이다.

환경이 분화된 것으로서 경험된다는 것(외적 분화)은 체계 형성의 필연성에 속하는 것으로 보인다. 전체적으로 미분화된 것으로 경험되는 환경에 대해서는 어떤 환원 전략들도 발전될 수 없다. 체계는 정보를 획득하고 처리할 수 있도록, 자신의 환경에 차이들을 필요로 한다.[38] 이와 달리 내적 분화는 체계 형성의 필연성에 속하지 않는다. 예를 들어 이어지는 내적 체계 형성을 예견하지 않는, 참석자들 간 접촉의 상호작용 체계들처럼 전적으로 미분화된 사회적 체계들이 있다. 이 경우를 특별하게 표현하기 위해서 우리는 그것을 단순한 사회적 체계라고 부를 것이다. 참석자들 간, 전부는 아니더라도 많은 상호작용 체계들은 이런 의미에서 단순한 사회적 체계들이다. 그리고 상호작용 체계들에서는 전형적으로, 그러한 체계들이 내부에서 노력을 해야만 지속적인 부분체계들을 공고화할 수 있다. 그런 노력은 종종 속삭이는 잡담일 수도 있고 사람들이 단순히 모여 있거나 좋아하는 사람들끼리 나란히 앉는 등의 경우일 것이다. 내적 갈등 역시 일시적으로 분화될 수 있다. 즉 후속 분화를 위한 출발점들이 있는데, 그것들은 소음이라는 이유만으로 그리 멀리 퍼져나갈 수 없다.

따라서 내적 분화는 사회적 체계들의 본질 특징으로서 간주될 수 없다. 그러나 내적 분화는 사회적 체계들의 분화의 중요한 요인이다. 내적 분화를 통해 외부 경계들이 추가로 요구되며 이로써 강화된다. 내적 '체계/환경-차이'들은 외부 경계들에서 수렴하며, 외부 경계들이 외적 환경과 거리를 둘 때만 유지될 수 있다. 환경과의 차이는 내적 분화의 도식이 자율적으로 선택되며 그래서 주어진 환경 소여(所

---

38) "은밀한" 상태들의 정보공학적인 장점에 대한 사이버네틱스 관점의 통찰들도 참조할 것. 예를 들어 W. Ross Ashby, "Systems and Their Informational Measures", in: George J. Klir (Hrsg.), *Trends in General Systems Theory*, New York 1972, 78-97(특히 81)을 볼 것.

興)(또는 환경 소여로 추정되는 것)에 연결되지 않을 경우에는 재차 강화된다. 계층화 원칙에 따라 수직적으로 분화된 사회체계는 이때 사회의 분화가 인물들의 종류들, 인물들의 "자질", 그 인물들이 특정한 카스트나 특정한 서열집단에서의 생명으로의 규정을 지향한다고 전제한다. 기능적 분화로 넘어가면서 분화의 도식학이 자율적으로 선택되는데, 그 도식학은 이제 환경 내 어떤 상응물도 없이 사회체계의 자체의 기능 문제들 자체만을 지향한다. 그렇기 때문에 이제 인간에 대한 지향은 사회의 과정들이 지향해야 할 가치들에 대해서만 유의미한 이데올로기가 된다. 또는 다른 보기를 들 수 있겠다. 상이한 외부 집단들, 고객들, 관리 대상자 범위 등에 따라 조직 부서들이 설치되면, 이 집단들이 조직에 미치는 영향이 강화된다. 조직 부서들은 "자신들이" 대변될 가능성을 체계 내에서 발견한다. 조직이 순수하게 내적인 관점들에 따라 각 부서들로 나뉘면 그것이 조직체계의 분화를 상승시킨다.

체계가 자기준거적 근거를 갖춘 분화도식을 통해 환경으로부터 독립하는 만큼, 그 체계는 환경 현상과는 독자적으로 자신의 분화를 설계할 수 있다. 이것은 체계가 그렇게 하여 기존의 환경분화로부터 독립할 것이라는 뜻이 아니다.[39] 아마 스스로 선택한 관점에서 환경 현상들을 집약하고 서로 구분할 수 있게 된다는 뜻일 것이다. 이런 방식으로 체계의 분화의 상승은 정보 획득의 가능성에 역으로 작용한다. 체계 외부 경계로서 기능하는 것은 그리 많은 것을 걸러내지 않

---

39) 그 반대이다. "분화 정합"(Differentiation matching)은 이것에 근거하여 보충물이 된다. 그것에 관해 Uriel G. Foa et al., "Differentiation Matching", *Behavioral Science 16* (1971), 130-142를 참조할 것. 그러한 고려들의 전제는 다음과 같다. 분화도식의 "자연상의" 일치는 없다. 그리고 문제는 결코 옳은/그른에 따라 이항적으로 도식화된 인식에만 있는 것이 아니다.

는다. 오히려 정반대로 더욱 많은 것을 통과시킨다. 체계는 자신이 환경과 달리 구조화되어 있을 경우, 분화 도식학이 이 상승 기능을 위해 적절하게 선택되는 그 만큼 환경에 더 민감해진다.

외적 분화와 내적 분화의 그러한 연관들은 분화들의 차이를 전제한다. 그러나 이 차이는 설립 행동을 통해 수립된 단순한 사실이 아니다. 그것은 점진적인 현상으로서, 진화는 그런 식으로만 가능하기도 하다. 그러나 점진화는 임의로 행해질 수 없다. 그것은 체계 형성의 기본 과정을 반복하고 강화한다. 이런 점에서 차이들의 분화는 체계의 "체계성"(Systemtheit)의 정도를 결정한다. 즉 체계가 체계일 수 있게 해주는 규모와 강도를 결정한다.

5. 의미경계들

'체계/환경-차이' 및 그 차이의 후속 분화에서는 일반 체계이론의 층위에서 다루어야 할 사실 연관들이 관건이다. 하지만 우리는 이미 앞의 여러 절들에서 우리의 숙고를 사회적 체계들이라는 특수한 세계에 맞추어 재단했었다. 이제 다음 단계에서는 체계와 환경의 복잡성 격차들이 사회적 체계의 바로 이 층위에서 어떻게 다루어지는지를 더욱 분명히 밝혀내야 할 것이다. 사회적 체계들의 특수성은 그 체계들이 의미라는 형식 속에서 복잡성을 지향한다는 점에 있다(제2장). 이 말은 환경과 체계의 차이가 전적으로 의미경계들(Sinngrenzen)을 통해서만 매개될 수 있다는 뜻이다. 물론 이 말은 심리적 체계에도 타당하다. 그러나 심리적 체계는 자신과 생사를 같이 하는 자신의 신체에서 자신의 경계들을 볼 수 있다. 사회적 체계들에는 그런 출발점들이 없다. 대신에 일정한 규모로 영토성 원칙이 작용한다. 동물들처럼[40] 자신과 그 생활공간을 동일시하며 그 공간을 인식하고 방어하는 집단들이 있다.[41] 그러나 이 집단들의 사회적 체계에서는 "집단들의" 영토 경계들은 상징적인 의미만 가지는데, 이 점에 대해서는 사람들의 의견이 일치한다.[42] 그밖에도 영토성은 어쨌든 오늘날에는 사회적 체계에서는 매우 비전형적이며, 오히려 특이하며, 통상적인 사회의 이동성을 방해하는 경계 원칙이다. 영토상의 경계들은 의미경계들의 특수 사례이다. 그러나 의미경계들은 무엇인가? 그리고 어떻게 만들어지는가?

환경 관계 및 자기준거를 고려하여 체계이론을 급진화할 때에야 비로소 이 질문에 납득할 만한 대답을 줄 수 있다. 의미경계들은 여러 신체 장기(臟器) 중의 하나처럼 일정한 기능들을 충족하는 외피에 불과한 것이 아니다. 의미경계들은 오히려 체계들을 구성하고 체계에 의해 재생산되는 요소들을 그 체계에 귀속시킨다. 모든 요소는 그렇게 본다면 귀속 결정이며, 따라서 경계 결정이다. 사회적 체계의 모든 소통은 환경과의 차이를 요구하고 그럼으로써 체계경계의 규

---

40) 이에 관한 개관으로, C. R. Carpenter, "Territoriality: A Review of Concepts and Problems", in: Anne Roe/George G. Simpson (Hrsg.), *Behavior and Evolution*, New Haven 1958, Neudruck 1967, 224-250.

41) 상호작용론적 관점에서 Philip D. Roos, "Jurisdiction: An Ecological Concept", *Human Relations 21* (1968), 75-84; Miles Patterson, "Spatial Factors in Social Interaction", *Human Relations 21* (1968), 351-361; Stanford M. Lyman/Marvin B. Scott, *A Sociology of the Absurd*, New York 1970, 89 이하를 참조할 것.

42) 그것은 선의 형태로 그려진 국경선의 발생을 다룬 역사상의 문헌들에서도 볼 수 있다. 위의 1장 각주 43의 참조사항을 보라. 국경선의 명확성은 일단 특히 교회법을 근거로, 사법 판결의 질문을 결정하는 데에 필요했다. 여행 중인 주교에게는 교구 외부에서는 어떤 관할권도 없었다. 서로 다른 민족들의 생활공간을 효과적으로 분할하는 것만이 관건이었다면, 그런 기능은 황폐한 지역들, 산맥들, 변방들에 의해 훨씬 잘 충족되었을 것이다.

정 및 변화에 기여하는데, 이러한 작용은 이를테면 외부를 향한 경계 횡단 소통에서만 기대할 수 있는 것은 아니다. 이와 반대로 경계 개념은 요소들을 구성하는 질서 기능을 가진다. 그 개념은 어떤 요소들이 체계 내에서 형성되는지, 어떤 소통들이 위험을 무릅쓰고 시도될 수 있는지 평가하게 해준다.

의미경계와 소통 간 이러한 상호 관계는 모든 소통이 기대 내용을 가지고 있음을 고려할 때 더욱 뚜렷이 파악될 수 있다. 그 관계에는 최소한의 시간과 주목이 필요하다. 뿐만 아니라 모든 통보는 아무리 조심하더라도 수용 기대들을 표현한다. 그리고 이러한 성공 기대들은 특히 상징적으로 일반화된 소통매체의 도움으로 대폭 강화될 수 있다. 자기가 사랑하고 있음을 고백하는 사람은 스스로 사랑받을 권리도 이미 요구하고 있다.[43] 소통을 진행시키거나 체계의 주제 목록을 새로운 요소들로 확장하려는 사람은 그래서 소통의 기대 내용을 떠올려보고 소통의 기회를 확신하는 일을 잘 해 낼 것이다. 소통의 기대 내용은 체계경계들을 확장한다.

매우 자주 그러했듯이, 여기서도 과거의 문헌이 오늘날의 "커뮤니케이션 연구"보다 더 민감하고 더 풍부한 연결 가능성을 제공하고 있다. 주제와 경계의 연관은 사교 대화를 다룬 문학작품의 중심 대상이었다. 사교적인 상호작용의 체계를 그 체계에 적절한 경계 내에서 유지하려면, 예를 들어 종교적이며 정치적인 주제, 사업이나 가족

---

43) 많이 논의된 주제이다. 특히 자신의 사랑을 선언하거나 사랑하고 있음을 고백하기 전에 실행해야 하는 사전 준비 작업 및 사전-확인의 전략과 관련해서 논의되었다. 예를 들어 크레비용의 소설에 나오는 첫 편지들에서 고백과 고백의 부정이라는 이중 전략을 볼 것. Claude Crébillon (fils), *Lettres de la Marquise de M.* Comte de R. (1732), Paris 1970판에서 재인용. 매우 분명하게도 여기서 중요한 것은 체계의 경계들이다!

에 관련된 주제뿐만 아니라, 풍부한 학식이나 정확한 지식에 의존하는 모든 주제들도 배제된다(금지 개념: 현학적 언동!)[44]. 남은 것은 대화의 주고받음에서 주제들이 신속하게 교체되는 데에 맞추어져 있었다. 다시 말해 특별한 방식으로 구조에 순응하는 방식으로 선택되었다.

나아가 주제들과 경계들의 이러한 연관에 힘입어 사회적 체계들의 노화와 위축의 과정도 분석할 수 있다. 고도의 민감성이 요구되는 그러한 체계들은 주제가 소멸되면 난국에 처한다. 왜냐하면 우리 모두는, 그 주제를 다루는 방법을 다른 사람이 이미 알고 있다는 그 사실을 벌써 알고 있기 때문이다. 체계는 환경이 그때마다 유발하는 것에 자신의 소통을 제한하는데, 어쨌든 익히 알려진 주제들을 단조롭게 이어가는 것이 도움이 되기도 한다.[45] 소통은 (모든 참여자가 스스로 제기해야 할) 질문, 즉 무엇이 누구에게서 소통으로서 기대될 수 있는가의 질문을 통해 행위로 전환된다. 우리는 이때 행위로 소통에 참여하기 전에 이것을 결정해야 하고 사회적으로 지향해야 한다. 그리고 부당한 소통을 막아내려면 소통적 행위를 통해 직접 나서야 한다. 경계 긋기는 그래서 결국에는 (암묵적으로 선취하는, 은밀하거나 공개적인) 협상 과정에 내맡겨진다. 체계에 의한 경계 긋기는 소통적

---

44) 이에 관해 특별히 Klaus Breiding, *Untersuchungen zum Typus des Pedanten in der französischen Literatur des 17. Jahrhunderts*, DisFrankfurt 1970. Daniel Mornet, *Histoire de la littérature française classique 1660-1700: Ses caractères véritables, ses aspects inconnus*, Paris 1940, 97 이하도 참조할 것.

45) 여기서 결혼을 떠올리는 것은 당연하다. 이에 대해 겉보기에 불가피한 것을 긍정하는 글로는 Elton Mayo, "Should Marriage be Monotonous?", *Harpers Magazine 151* (1925), 420-427을 볼 것. 이러한 경우와 달리 연인들의 소통에서 놀라운 사실은, 그들이 함께 있음을 즐기는 것만을 중시하기 때문에 시간적으로나 사실적으로나 어떤 제약도 없이 서로 끊임없이 얘기할 수 있다는 것이다.

행위를 체계 내에서 허용하든 안하든, 체계의 자기단순화를 통해 진행된다.

이 과정은 주제에 대한 기대들을 통해 인도될 수 있다. 수용될 수 있는 기대들로부터 체계의 경계들을 읽어낼 수 있다. 직접적인 주제들/경계 규정들 외에도 간접적인 주제들/경계 규정들도 있다. 사실 차원 외에도 시간 차원과 사회적 차원도 경계 규제 가능성을 제공한다. 소통 시간을 줄이는 방법도 쓸 수 있다.[46] 예컨대 보란듯이 서두르거나 재치 있게 배열된 약속 시간 압력을 통해서 말이다. "끝장 토론"이 가능할 정도로 소통이 느린 속도로 진행되어서는 안 된다. 진지한 것과 복잡한 것은 죄다 미루어진다.[47] 그러나 무엇보다도 참여가 허락되면서 주제들과 의미경계들을 규제하는 방식들이, 이를테면 사회계층이나 검증된 능력을 통해서 동원된다. 그래서 체계들이 있는 것이다. 그리고 체계들은 "공식적 조직"으로서 현대 사회에서 빼놓고 생각할 수 없는 의미내용, 즉 자신의 경계들을 일차적으로 구성원 역할과 구성원 자격의 허용을 통해 규제하고 주제들을 구성원 자격에 근거하여 체계의 구성원들에게 기대 가능한 것으로서 다룰 수 있는 의미내용을 획득했다.[48] 마지막으로 무엇이 체계 내에서

---

46) 간결함은, 주제들과 일정한 지속이 필요한 체계들이 일탈행동을 통해서만 산출될 수 있다는 결과를 통해 부과될 수도 있다. 이를테면 공공 화장실에서 "배회 금지"처럼 말이다.

47) 이런 배경에서, 무한정 열린 토론에 대한 사회의(societal) 유토피아가 억압된 것을 언급한다는 점을 이해할 수 있다.

48) 직접 거명하는 주제 규제에 대한, 복잡성에 유용한 추상적 대체물로서 구성원 자격의 규제를 생각한다면, 여기서 —그리고 오직 여기서만— "비공식적 조직"에 대한 요구가 나타난다는 것을 납득할 수 있다. 구성원들은 자신들의 업무를 실행하는 동안에도, 이따금 다른 어떤 것에 관해 말하고 싶어 한다. 이를테면 새로 구입한 차, 그들의 가정사, 직장 상사, 직무, 까다로운 동료들에 대해 말하고 싶어 한다. 하지만 그러한 부차적인 주제들 때문에 공식적인

행위로서 고려될 수 있으며 어떤 행위들이 환경에 귀속되는지가 사회적 차원을 통해 규제될 수 있다. 그러한 규제를 통해 체계경계들은 행위체계로서의 체계의 자기기술로 소급 가능한 추가적인 정밀성을 획득한다.

이 설명들이 보여줄 내용에 따르자면, 의미경계들은 다른 모든 종류의 체계경계들보다 더 많은 추상화 능력을 가진다. 의미경계들은 동시에 다른 모든 "자가 생성된 경계들"[49] 그 이상의 것이다. 의미경계들은 체계 자체 내에서 처분에 맡겨져 있다. 그 말은 이 처분이 임의로 실행될 수 있으리라는 뜻이 결코 아니며, 오히려 이 처분이 체계 자체 내에서 규제되어야 한다는 뜻에 불과하다. 이것은 기대 구조들과 소통 과정들의 관계에서 발생하는데, 이 관계에 대해서는 아래(제8장)에서 더 상세히 다룰 것이다. 체계의 경계를 바꾸는 주제들을 기대하는 것은 이전사(以前史)를 통해, 그 상황에 바로 가능한 것을 통해, 하지만 일반적인 기대 구조에 의해서도 유도될 수 있다. 그리고 이 일반적인 기대 구조들은 슈퍼마켓, 축구장, 전철 정류장에서, 가족들끼리 점심을 먹을 때, 항공권을 전화로 주문할 때 등의 경우에 어떻게 그리고 어떤 세부 사항에 관해 소통해야 하는지를 자세히 예견할 수 있다. 그리고 나면 바로 자발성이 고도로 표준화된 형식으로, 이를테면 자동차 후면 유리창에 부착된 스티커의 경우에서 나타날지도 모른다.

체계의 경계들이 변화하지는 않는다. 그러나 광범위한 연구에서 알 수 있듯이, 비공식적 조직들은 공식적 조직만으로는 충분히 확보해낼 수 없는 노동의 동기설정에 중요할 것이다.

49) Barker가 말한 의미에서 그러하다. 위의 제1장 각주 49를 참조할 것.

6. 집합행위는 어떻게 가능한가?: 집합적 구속을 통한 '체계/환경-차이'의 구조적 분화

체계와 환경의 차이는 모든 의미 요소의 구성에서 중요해진다. 그러나 그 차이는 이 의미 요소의 기초에서 특별한 장치의 특수 주제가 될 수도 있으며, 그 장치들은 그 후 체계의 환경 민감성을 상승시키고 내적 기능들을 위한 다른 장치들을 자유롭게 할 수 있다. 체계는 그 후에는 자신이 줄곧 지향하는 '체계/환경-차이'를 구조적 분화의 형식으로 내적으로 반복한다. 공간적 조직을 토대로 할 때, 이에 대하여 세포막, 피부처럼 잘 기능하는 사례들이 있다. 특별 장치들을 기초로 할 경우에는, 움직일 수 있는 사지(四肢)나 눈 또는 귀 같은 보기들이 있다. 그래서 이 실재 층위에서는 이미, 이 장치들이 더 이상 체계의 어떤 요소도 참여하지 않는 환경 관련들을 가지고 있다는 점, 그리고 동시에 환경 자체에 내맡겨진 체계에 영향을 미칠 수 있다는 점이 결정적이다. 그러한 장치들은 체계의 자기준거적 접속망에 연결되어 있으며 순환적-폐쇄적인 내적 과정에 기초해서만 자신들의 경계 기능을 충족할 수 있다.[50] 그 장치들은 고유한 해석 성과들을 충족시킨다. 그 성과들은 체계내에서 그것에 이어 새로운 해석을 통해 사라진다——그 결과 사람들은 대개 자신들이 눈을 통해서만 본다는 사실을 전혀 관찰하지 못한다. 사회적 체계의 층위와 의미경계의 층위에 비슷한 것이 있는가? 아니면 우리는 여기서 훨씬 더 원

---

50) 그러한 장치들에 관한 연구에서 자기생산 개념의 정식화도 추진되었다. J. Y. Lettvin/H. R. Maturana/W. McCulloch/W. R. Pitts, "What the Frog's Eye Tells the Frog's Brain", *Proceedings of the Institute of Radio Engineers 47* (1959), 1940-1951을 참조할 것.

초적인 질서 형식에 다시 관련되는가?

환경 접속들의 **특화**라는 문제는—환경에서 체계의 일반적 상황의 제한하고 확장하는—모든 복잡한 체계의 중심 문제로서, 더 높은 복잡성으로 넘어가는 진화에서 일종의 문턱으로서 간주되어야 한다. 사회적 체계들의 층위에서 이 문제는 **집합행위 능력**과 그것에 필요한 후속 장치들에 집중한다.

그 주제는 긴 전통을 가지는데, 여기서는 간략하게만 암시할 수 있다. 이 주제에 대해 17세기까지는 일종의 두 신체론(Zwei-Körper-Lehre)으로써 답변했으며, 두 신체가 모두 행위 능력을 가진다고 전제했다.[51] 개인적 신체와 사회적 신체는 그 자연적인 행위 능력을 가지는 것으로 보였으며, 그것을 가능케 하도록 이 자연은 자기 자신에 대한 지배권(potestas in seipsum)을 요구했다. 그런데 이것은 사회적 신체나 정치적 신체의 경우에는 개인들에 대한 정치체계의 지배권을 요구했다. 17세기 이래 사회적 신체의 자연적 행위 능력을 전제하는 데에 대한 논란이 일었고, 그 전제는 자연적이지 않은 것이 도대체 어떻게 가능했는지를 설명해야 했던 계약 구성으로 대체되었다. 이성법이 몰락하는 가운데 이 구성물의 붕괴는 그 후계자를 만들어

---

51) 오늘날에는 접근하기 어려운 이 문헌에 대해서 예를 들어, Ernst H. Kantorowicz, *The King's Two Bodies: A Study in Medieval Political Theology,* Princeton N. J. 1957; Pierre Michaud- Quantin, *Universitas: Expressions du mouvement communautaire dans le moyen âge latin,* Paris 1970; Paul Archambaud, "The Analogy of the Body in Renaissance Political Literature", *Bibliothèque d'Humanisme et Renaissance 29* (1967), 21-53을 비교할 것. 신체 은유의 원래 목표 방향은 그밖에도 (전제되었던) 행위 능력의 입증이 아니라, 전체의 내적 질서에 그 능력이 **구속**되어 있다는 점이었다. 그에 부합하여 은유는 해체된다. 왜냐하면 그 은유는 절대주의로 넘어가는 과정에서 이질적인(절제하는 견해와 급진적인) 견해들을 포괄할 수 있고, 그밖에도 이를테면 '의사/환자-비유'의 형식으로 새로운 종류의 인위적 신뢰들을 자기 안에 수용하기 때문이다.

내었다. 그리고 이 상황에서 계약의 비판을 반복하고(원래는 '수용했다'라고 말해야 하겠다) 스스로 답을 구하는 것은 결국 사회학의 사안이 되었다.

하지만 사회학도 일단 집합적 행위 능력을 발견물로서 언급하고 규명하는 데에 만족했을 뿐이다. 파슨스는 이 발견물에 대해 특별한 개념, 즉 "집합성"(collectivity) 개념을 만들었다. 그 개념은 부분적으로는 행위 능력을 통해 부분적으로는 특별히 압축된 가치 의식을 통해 정의되는데, 아마도 두 가지 관점들의 연관성을 찾아야 한다는 것이다.[52] 그밖에도 집합적 행위 능력에 도달하려는 사회적 체계는 내적 권력 관계를 재구조화하고 새로운 결정 층위를 포함시켜야 한다고 강조된다.[53] 하지만 이제는 '체계/환경-이론'에 근거하여 지금까지는 주변적이었던 관점, 즉 체계의 환경 관계로서의 행위를 집합화시키는 기능이 분석의 중심에 놓이게 된다. 이에 따르면 집합적 행위의 장치들을 형성시키는 것은, (정치적-사회적 전통이 의도했듯이) 조율의 요구 조건들이 아니라 환경 관계에서의 지위 획득이다.

집합행위 능력은 결코 사회적 체계가 행위들로 이루어지거나 행위체계로서 구성된다는 사실로부터 생기는 것이 아니다. 이로써 체계의 요소들이 체계에서 행위로 다루어질 수 있다는, 즉 예컨대 연결 행위들을 촉발할 수 있다는 점만 보장될 뿐이다. 그것만으로는 규정된 행위들을 그 체계에 구속력을 가지는 것으로서 선택하는 결과에 이르지 못한다. 당연히 모든 행위는 외부 작용을 가진다. 그러나 오직 그것만을 근거로 해서는 이 외부 작용이 체계의 선택 과정을 통

---

52) Talcott Parsons, *The Social System,* Glencoe Ill. 1951, 41, 96 이하; Talcott Parsons/Neil J. Smelser, *Economy and Society,* Glencoe Ill. 1956, 15를 참조할 것.

53) James Coleman, "Loss of Power", *American Sociological Review 38* (1973), 1-17; ders., *Macht und Gesellschaftsstruktur,* 독일어판 Tübingen 1979를 참조할 것.

해, 즉 체계 가능성들의 제한을 통해 조종될 수 있다는 결론에 여전히 도달하지 못한다. 이 말은 극장 매표소 줄서기에서 잠시 형성되는 사회적 체계는 누군가 새치기를 하거나 극장 매표소가 판매를 개시하지 않으면 집합행위로 돌변한다는 뜻이 아니다. 집합적으로 웅성거리는 상황에 이를 수도 있고, 어쩌면 다른 사람들의 묵시적인 동의를 요청하는 개인들의 행위가 나타날지도 모른다. 그러나 이 행위는 집합적인 엄호를 잃지 않고서 또한 개인의 행위로서 월권하지(ultra vires) 않고서, 어느 정도까지나 발전될 수 있는가? 이 질문에서는 바로 이러한 불확실성이 애당초부터 행위 태세의 집합화로 가는 모든 돌출을 억누른다는 말이 많은 지지를 받고 있다. 각자는 모두 기다려 본다. 그리고 시간이 지나가는데도 아무 일이 일어나지 않으면, 결국 아무 일도 일어나지 않을 확률은 그럴수록 더욱 높아진다.

다른 말로 하자면, 모든 사회적 체계가 행위들로 이루어진다 하더라도, 모든 사회적 체계가 집합적 차원에서 행위 능력을 가지는 것은 아니다. 행위들은 특별한 전제 하에서만 집합적 구속력을 가지는 결정 단위와 작용 단위로 집적된다. 그리고 체계가 단일한 행위를 하도록 환경이 도발할 경우에는, 충분한 전제가 있는가, 아니면 그 전제가 충분히 신속하게 추후 발전될 수 있는가라는 질문이 불거진다. 어떤 집단의 구성원이 서로를 옹호하며 개인이 악행을 저지를 경우에는 함께 속죄해야 한다는 내용의 집합 책임에 관한 개념이 있더라도, 집합적 행위 능력은 여전히 보장되지 않는다. 그러한 상황에 대한 반응은 경우에 따라 보복 조치들을 유발할 행위들을 내적으로 피하는 데에 국한될 것이다.[54] 집합행위 능력을 위한 조직은 사회적 체계들

---

54) 이에 관해 Sally F. Moore, "Legal Liability and Evolutionary Interpretation: Some Aspects of Strict Liability, Self-help and Collective Responsibility", in: Max Gluckman (Hrsg.), *The Allocation of Responsibility*, Manchester 1972, 51-

초기의 가장 중요한 진화상 성취들 중 하나로 간주되어야 한다. 그러한 조직이 내적 제한을 거쳐 이 체계들의 외부 관계를 결정적으로 개선할 수 있었기 때문이다.

집합행위 또한 말할 것도 없이 개별 행위이다. 즉 체계의 많은 기본적 사건들(Elementarereignisse) 중 제각기 하나라는 것이다. 집합행위는 전체체계가 그 행위를 통해 묶여 있다는 것을 명확하게 하는 상징들을 통해 특별히 부각되어야 한다. 집합행위는 매우 상이한 방식으로 발생할 수 있는데, 이를테면 모든 참석자들의 임시적인 합의를 거쳐서 발생할 수 있다. 또한 예를 들어 집합행위로서만 설득력을 가진 종교 권력을 불러들일 때처럼, 다른 대안은 없는 것으로서 행위를 의례화하여 발생할 수도 있다. 집합행위들을 집합적 행위로서 표시하는 상징들이 비교적 맥락과 무관하게 사용될 수 있는 경우에, 그리고 집합행위들이, 그 다음에 필요해질 일인데, 결정 내용을 어느 정도 결정하지 않고 있을 경우에 다음 발전 단계에 도달한다. 이렇게 하여 도달된 자유도는 더욱 강력한 제한을 내적으로 한 번 더 전제한다. 그것을 위해 발견된 형식이 위계(Hierarchie)인데, 이것은 언제라도 집합행위가 가능하도록 지속적으로 대비하는 직위 잠재성을 자신의 정점에서 상징한다.

우리는 소통의 기대 내용(Zumutungsgehalt)과 관련하여 의미경계들을 특징지었고 그래서 다음처럼 덧붙일 수 있다. 집합행위의 능력을 준비하여 체계의 의미경계를 변화시킨다. 이제 집합행위의 필요성과 결정들을 위한 지원이 필요해질 것이다. 그러한 요구는 체계 작동의 최소한 수긍할 만한 구성요소이다. 그러한 요구는 승인될 수 있지만 거부될 수도 있다. 그래서 예컨대 결정 관할, 다수결 원칙, 규정

107을 참조할 것.

된 절차와 관련하여 집합적 차원에서 구속력을 가진 어떤 행위들에 대해 승인을 기대하거나 전제할 수 있는지를 체계에서 조건화할 수 있다.

오늘날 필요한 운동성의 수준에서 이 문제를 해결할 유일한 가능성이 위계라고 맹신할 필요는 없다. 위계화를 회피하거나 약화시키려면 그에 상응하는 내적 조건화 문제를 다르게도 해결할 수 있어야 할 것이다. 왜냐하면 집합행위는 항상 집합적 구속을 뜻하기 때문이다. 그리고 이것은 집합행위가 대전제로서 체계의 다른 행위들의 의미내용으로서 수용되고 이런 방식으로 가능성들이 제한된다는 뜻이기도 하다. 오직 그렇게 해야만 집합행위는 제각기 진행되는, 체계를 재생산하는 일상적인 개별 행위들의 순수한 사실성과 구분된다.

우리는 '체계/환경-관계'를 출발점으로 삼았다. 우리는 집합행위 능력이 질서의 필연성일 뿐이라고 주장하지는 않았다. 왜냐하면 그렇게 주장하는 것은 사회적 체계의 층위에는 전혀 맞지 않는 말이기 때문이다. 그러나 중요한 가능성, 즉 '체계/환경- 관계들'에 관한 처분권을 체계의 일반적인 재생산으로부터 분리하여 기능 특수하게 그 일을 위해 준비된 장치에 집중시킬 가능성이 관건이다. 이러한 가능성을 갖춘 체계들은 체계의 환경에 대한 자신의 영향력을 통제할 수 있으며 경우에 따라 변이시킬 수 있다. 그러면 체계들은 상응하는 자원들과 정보들을 필요로 하게 된다. 체계들은 내적 행동여지들을 그러한 상황에 부합하게 통제할 수 있어야 한다. 그리고 그 다음에는 체계들은 내적 결과 부담들을 버텨내기 위해 환경에 더욱 큰 영향력을 행사할 필요가 있다. 환경 관계는 더 많은 가능성과 더 많은 제한을 가지는 더 높은 체계복잡성의 수준에서 재생산되어야 한다. 익히 알고 있듯이, 집합행위 능력을 형성할 가능성을 갖지 못한 사회체계들은 경미한 발전 수준을 넘어설 수 없다. 집합적 행위에 대한 비교적 자율적인 처리가 이른바 "정치적" 중심들로부터 분화되는 것이 근세에 이르기까지 문제시되었고 늘 다시 질문되었던 성취물이었다는 사실도 알려져 있다. 이 성취물의 발전이 종교적 의미론의 변화에 수반되었고 인도되었음도 알려진 사실이다. 또한 집합적인 협력을 떠올리고 그러한 협력에 일종의 "도덕적 인격"(Person)으로서의 법적인 능력을 부여하는 것이 근세에 이르기까지 어떤 어려움들을 유발 했는지도 알려진 바이다. 이 모든 것에서 오늘날 사회의 정치체계 영역과 공식적으로 조직된 사회적 체계 영역에서 일상적으로 기능하는 그러한 성취물이 비개연적이라는 점을 읽어낼 수 있다. 그러한 사실에 기초하여 "정당성"-문제가 논의되는 것은 그 성취물이 성취물로서 더 이상 의심받지 않는다는 것을 입증할 뿐이다. 혹시라도 의심하려는 사람은 "아나키스트"가 되려고 작심해야 할 것이다.

7. 투입/산출 도식을 넘어서: 체계 상대적인 질서 관점의 생성

루트비히 폰 베르탈랑피(Ludwig von Bertalanffy)에 기초하여 발전된 "환경 개방적" 체계들의 이론은 체계들의 외부 관계를 투입 및 산출 개념을 가지고 기술하자고 암시했다.[55] 이 개념 도식에는 일단 장

---

55) 대표적인 연구 성과로 Fernando Cortés/Adam Przeworski/John Sprague, *Systems Analysis for Social Scientists*, New York 1974가 있다. 그밖에 다양한 보기들로는 예를 들면 *Sociology of Industrial Relations*, New York 1955, 144 이하; Ralph M. Stogdill, *Individual Behavior and Group Achievement*, New York 1959, 13-14., 196 이하, 278 이하; 50년대 이후 출간된 탤컷 파슨스의 수많은 저작들, 예컨대 Talcott Parsons/Neil J. Smelser, *Economy and Society*, Glencoe Ill. 1956 또는 "체계 분석의 가장 일반적인 사례"라는 표현으로 소개된 "An

점들이 많다. 체계의 기능은 자신의 변형 성과를 통해 확인될 수 있다. 그러면 이 변형의 내적 조건들이 구조로서 간주될 수 있다. 이 모델은 투입과 산출을 과잉하게도(overload) 과소하게도(deficit) 처리하지 않아야 균형이 존재한다는 의미에서 일종의 균형이론의 재정식화를 가능케 한다. 우리는 이때 "처리율"(throughput)을 감당해내는 체계의 "내부"를 매우 복잡하고 간파할 수 없는 것으로 (기껏해야 시뮬레이션할 수 있는 것으로) 구상하고, 체계의 투입행동과 산출행동에서 관찰될 수 있는 규칙성들을 "체계이론적으로" 설명할 수 있다.[56] 즉 '투입/산출-도식'은 "암흑상자"-개념에 연결될 수 있고, 그때마다 다른 종류의 미지의 체계 행동에 대해 투입과 산출을 위한 외부 조건들을 바꿈으로써 영향을 미치려는 시도에 연결될 수 있다. 궁

Approach to Psychological Theory in Terms of the Theory of Action", in: Sigmund Koch (Hrsg.), *Psychology: A Study of a Science Bd. III*, New York 1959, 612-711(640)이 있다; 그밖에도 Gabriel A. Almond, Introduction: "A Functional Approach to Comparative Politics", in: Gabriel A. Almond/James Coleman (Hrsg.), *The Politics of the Developing Areas*, Princeton 1960, 3-64; P. G. Herbst, "A Theory of Simple Behaviour Systems", *Human Relations 14* (1961), 71-94, 193-239; David Easton, *A Systems Analysis of Political Life*, New York 1965; Niklas Luhmann, "Lob der Routine", in ders., *Politische Planung*, Opladen 1971, 113-142; Robert E. Herriott/Benjamin J. Hodgkins, *The Environment of Schooling: Formal Education as an Open System*, Englewood Cliffs N. J. 1973. 그밖에도 경제학 이론에서 (반드시 체계이론적이라고 간주될 수는 없는) 개념을 사용한 보기로 Wassily W. Leontief, *The Structure of American Economy 1919-1939, 2. Aufl.* New York 1951; ders., *Studies in the Structure of the American Economy: Theoretical and Empirical Explorations in Input-Output Analysis*, New York 1953을 볼 것.

56) 몇몇 저자들은 그 설명을 통해, 투입과 산출이 전적으로 관찰자 관점을 위해서만 존재하는 것이지 체계 자체에 대해서는 그런 관점이 없다는 결론에 이르게 된다. 그 보기로서 예를 들어 Francisco J. Varela, *Principles of Biological Autonomy*, New York 1979를 볼 것.

극적으로는 투입과 산출을 서로 관련짓고 투입과 산출에서 협로가
나타나는가에 따라, 그리고 투입 영역과 산출 영역에 대체 가능성들
이 나타나는가에 따라 문제 지향을 번갈아 적용하면서 작업하는 체
계 내적 구조들과 전략들을 떠올려 볼 수 있다.

　그래서 이 도식이, 합리주의적이며 조종 기법에 관심을 둔 체계이
론에 대해 가지는 매력을 십분 이해할 수 있다. 다른 한편으로 그 도
식은 구조기능주의적 고찰방식으로 호도하며 그리고 이로 인해 매
우 협소해진 고찰 방식으로 호도한다. 1950년대와 1960년대에는 체
계이론 내에서 구조주의의 호황 및 투입-산출-도식의 호황에 이르
렀다. 이 두 가지 도식의 만남은 우연이 아니었다. 이 두 이론 발상은
서로를 지탱한다. 사람들은 구조를 '투입/산출-도식'에 힘입어 변형
규칙들로서 파악할 수 있었으며, 구조들의 변이성을 원칙적으로는
인정할 수 있었다. 그런데도 사람들은 그 다음에는 구체적인 체계 분
석에서는 그때마다 불변적인 것으로 전제된 구조들을 지향해야 할
필요가 있다고 느꼈다. 이런 의미에서 체계 동학을 거론했는데, 이때
처리 과정만 의도했을 뿐이지 구조들의 층위에서 발생하는 자기 규
제까지 의도한 것은 아니었다.[57]

　나아가 투입과 산출이 일단 규정될 수 있으려면 어떤 전제들이 있
어야 하는지를 따져야 한다. 그것이 체계 자체에 대한 것이든, 관찰
자에 대한 것이든 상관없이 말이다. "환경개방성"과 "투입과 산출"

---

57) 이런 의미에서 Cortés et al. a.a.O. 10은 동학(Dynamics)과 통시태(Diachrony)
　　를 구분한다. 그러고는 구조 층위들에 대해 형태 발생, 자기조직, 자기규제
　　같은 개념들을 제안하는 저자들은 이 연구 상황에 반박한다. 사회적 체계들
　　에 대해서는 특히 Walter Buckley, "Society as a Complex Adaptive System",
　　in der(Hrsg.), *Modern Systems Research for the Behavioral Scientist*, Chicago 1968,
　　490-513을 볼 것.

을 동일시하는 관점은 그 문제를 일단 은폐했다. 그래서 조직된 사회적 체계의 영역에서 그 이론은 충분한 사전조건들을 의심해보지도 않고 그 조건들에 의거하여 적용될 수 있었다. 그러나 자기생산적 자기준거적 체계들의 최근 이론을 따르고 환경과의 차이가 경계 횡단 왕래의 조종 문제이기만 한 것이 아니라 요소들의 재생산과 체계의 자기동일시를 위해 구성적인 의미가 있다고 전제하면, 그것은 '투입/산출-도식'의 파급 범위에 대한 의심으로 귀결된다.[58] 그래서 '투입/산출-도식'에 밀어 넣을 수 없는, 체계와 환경의 관계에 관한 수많은 진술들이 있는 것이다. 예를 들어 복잡한 체계는 충분히 복잡한 환경을 전제한다는 명제처럼 말이다. 그리고 사회적 체계에는 일종의 암묵적인 환경 지향이 있다. 이를테면 사회적 편의에 대한 고려나 참여자들의 다른 역할들에 대한 고려처럼 말이다. 이때 이 고려들은 환경을 동일한 것으로서 전제하지 투입의 근원과 산출의 수혜자에 따라 분화된 것으로 전제할 수 없다는 이유에서 이미, 투입이 산출에 미치는 성과 연관으로 소급될 수 없다. 투입과 산출 도식의 (한정된) 체계이론적인 중요성에 대한 질문은 소통을 행위로 환원하는 것이 체계와 환경의 관계에 어떤 의미를 가지는지의 질문에 연결될 수 있다. 우리는 이 질문을 위에서는[59] 미결정 상태로 둘 수밖에 없었다. 이제 우리는 행위 환원과 '투입/산출-도식'이 상응한다는 의미에서 그 질문에 대답할 수 있다.

---

58) 오늘날 이 도식은 체계/환경-관계의 여러 개념화들 중 하나의 도식으로서만 제시된다. Jerald Hage, "Toward a Synthesis of the Dialectic Between Historical-Specific and Sociological- General Models of the Environment", in: Lucien Karpik (Hrsg.), *Organization and Environment: Theory, Issues and Reality*, London 1978, 103-145을 참조할 것. 그러나 여러 가능성들을 열거하는 것만으로는 충분하지 않다.

59) 359를 볼 것.

행위라는 의미요소의 구성과 귀속을 통해, 그리고 모든 선택적인 요소가 다른 요소들의 선택성을 강화하는 과정으로 행위를 접속함을 통해 체계는 시간의 비가역적인 진행과 동시에, 고유한 사건에 비대칭적인 형식을 부여한다. 체계와 환경의 차이는 이 전제 하에 놓이고 그 지점에서 보았을 때 이중의 형식을 취한다. 그 차이는 과정의 비대칭에 따라 투입 경계와 산출 경계로서 나타나는데, 두 경계들의 혼동이나 뒤섞임은 체계 내에서 배제되어야 한다. 이 경계들의 차이는 체계 내에서 그 차이를 포괄하는 '체계/환경-차이'를 질서 있게 파악하는 전제가 된다. 그러면 환경은 체계의 시간구조의 척도에 따라 공급과 구매로 분할되어 나타난다. 그리고 이러한 투사가 어떤 식으로든 성공하여 실재 관련을 발견하면, 그 투사는 체계 내에서 행위로의 환원을 강화하고 행위 과정을 환경의 필요를 통해 조종하는 데에 사용될 수 있다.

행위 과정의 관점에서 보면 한편에는 행위가 전적으로 진행되고 재생산될 수 있기 위해 반드시 필요한 조건들이 있다. 예를 들어 적합한 공간들, 소통 수단, "다루어지는" 대상들, 동기적 태세들 같은 것들이다. 이 모든 것은 사전에 보장되어 있어야 한다. 다른 한편에는 행위 과정에 결과들을 목표로 삼는 이를테면 생산될 작품들, 교체되어야 하는 상태들 같은 기대 구조가 전제될 수 있어야 한다. 그것들이 참여자들의 심심풀이에 불과하더라도 말이다. 이런 종류의 어떤 것이 행위 이후의 상태로서 기대될 수 있어야 한다. 그러한 이전과 이후, 그러한 조건들과 그러한 결과들에 대한 지향 속에서 행위 환원은 선택을 보장받을 수 있다.[60] 체계의 환경 상황이 그러한 비대칭을 지

---

60) 우리는 여기서 매우 의도적으로, 정당화(Legitimation)나 합리성(Rationalität)이라고 말하지 않는다. 우리는 이 개념들의 투입을 다른 조건 설정에 남겨 두어야 한다.

탱한다면, 그것이 결과 기대를 보상하고 조건들을 제공한다면, 체계는 행위를 통해 투입에서 산출로의 전환을 실행할 수 있다. 체계는 적어도 이 방향에서 고유한 선택을 정밀하게 실행할 수 있다. 그것은 행위의 **프로그램화**라는 형식으로 일어나며, 즉 유발 조건들을 동원하든 의도된 결과들을 동원하든 아니면 두 관점 모두에 비추어서 하든, 행위의 올바름의 조건들을 규정하는 형식으로 일어난다.[61] 이에 따라 조건화 프로그램들과 목적 프로그램들을 구분할 수 있다.[62]

그러한 환원들을 통해 ─ 행위 자체로의 환원뿐만 아니라 규정된 또는 그렇지만 신속하게 올바로 규정될 수 있는 행위들로의 환원을 통해 ─ 체계와 환경의 차이는 체계에 대해 하나의 "다룰 수 있는" 형식이 된다. 체계가 분화할 경우에는, 환경의 전제에서 함께 구성되는 모든 것이 결코 이 형식 안으로 들어가지 않는다. 그러나 너무 복잡한 환경 관계는 검증 시험에 넘겨지고 경우에 따라 교정될 수 있는 내적 작동들의 지향을 위한 두 번째 버전을 획득한다. 동시에 이 방향으로 발전하는 체계는 환경의 내적 재현의 다른 형식들과는 무관해질 것이다. 이를테면 고상한 취향과 도덕적 표준의 형식들과 무관해질 것이다.

결코 모든 사회적 체계들이 자신의 환경에서 '투입/산출-도식'에 따라 재구성될 이 가능성을 사용하지는 않는다. 행위로의 환원만으로는 그것을 강제하지 못하며 그저 가능하게 만들어줄 뿐이다. 그러나 환원은 그 자신이 실현된다는 점에서, 이 길을 가는 사회적 체계들을 더욱 분명하게 분화되도록 만든다. '체계/환경-차이'는 이로

---

61) 그 점에 관해 기대 연관들의 확인을 위한 다른 형식들과의 관계를 다룬 아래의 제8장 11절도 볼 것.

62) Niklas Luhmann, "Lob der Routine", in ders., *Politische Planung: Aufsätze zur Soziologie von Politik und Verwaltung*, Opladen 1971, 113-142를 참조할 것.

써 더 많은 의존성과 더 많은 독립성이 동시에 현재화될 수 있는 조합 수준으로 넘겨진다. 체계는 자신의 환경의 규정된 속성이나 과정, 즉 투입이나 산출의 수용을 위해 중요한 속성이나 과정에 더욱 의존하는 반면, 다른 환경 측면들에 대해서는 독립적이다. 체계는 환경 지각에서 더 많은 민감성, 더 많은 예리함을 가질 수 있으며 동시에 더 많은 무차별을 나타낼 수도 있다. 어느 하나가 다른 것을 조건 짓는다. 그리고 둘 다 더 높은 강도의 내적 자율성에 의해 제한된다. 체계는 (제한된 규모로) 투입으로서 동원할 수 있는 것에 따라 자신의 산출을 변이시킬 수 있다. 체계는 역으로 자신의 투입을 변이시켜서 과다한 유입을 봉쇄하거나 과소한 유입의 경우에는 더 열심히 찾거나 대체물로 넘어가서, 자신의 산출을 지속적으로 유지하거나 확대할 수 있다. 그렇다면 자율성이란 환경에의 의존성을 허용하는 측면들에서 선택할 수 있다는 뜻이다. 그리고 이 선택 가능성은 체계가 투입과 산출의 "주도권 전환"을 조직할 수 있게 되어서 때로는 투입 경계 문제들과 난관으로 인해, 때로는 산출 경계 문제들과 난관으로 결정될 수 있을 경우에 확대된다. 내적으로는 이러한 개방적인 상황이 '목적/수단-도식'으로 복제될 수 있는데, 이때 목적은 수단의 선택을 제한하고 수단은 목적의 선택을 제한한다. 환경과의 미학적-도덕적으로 모호한 조정은 그 후에는 절합된 가치 관점들, 즉 목적과 수단을 선택할 때의 제한의 근거를 설명할 수 있는 관점들로 대체된다.[63]

'투입/산출-도식'을 통해 '체계/환경-관계들'의 일종의 2차 버전을 수립하면 경계 횡단의 성과들을 규제하고 차별화하고 통제

63) 이에 관해 자세하게 [분석한] Niklas Luhmann, *Zweckbegriff und System-rationalität: Über die Funktion von Zwecken in sozialen Systemen*, Neudruck Frankfurt 1973을 참조할 것.

할 수 있다. 산출 경계에서는 이러한 사정으로부터 행위의 집합화(Kollektivierung) 경향이 발전된다. 환경에 넘겨지는 성과들은 전체 체계에 관련된다. 그리고 이것이 다소간 빈번히 "발생할" 경우에는, 내적 통제기관들을 나중에 발전시키는 것, 예컨대 전체 체계를 위해 대표적인 결정의 가능성을 만들자고 암시된다. 이런 의미에서 지배 지위들은 일단은 그리고 특별히 체계의 "경계 위치들"(Grenzstellen)이며, 그래서 그에 부합하는 장치들에 대한 요구를 권력과 전문 능력을 가지고 정당화할 수 있다. 우리는 이러한 요구 정당화를 통해 다시 "위계"(Hierarchie)가 질서의 "자연적인" 전제 그 자체라는 생각을 무효화시킨다.

투입 경계에서는 그에 상응하는 분화들이 결정될 수 있다. 그것들은 특별한 환경 성과, 예를 들어 정보를 위한 수용 지점이나 창출 지점이 분화되는 곳에서 발견된다. 커뮤니케이션 연구에서는 그러한 지점들의 선택 성과를 기술할 때, "문"(gates)과 "수문장"(gate-keepers)이라고 말한다. 그렇게 묘사하면 특히 내적 연결 과정과 외적 연결 과정을 위해 수신처가 사용될 수 있으며, 이 지점에서의 행동과 관련하여 강화된 기대가 정상화될 수 있다는 장점을 가진다.

그런 종류의 특수 형식에서는 정치-행정 영역의 조직이나 경제 조직을 떠올려 보면 좋겠다. 우리는 이 주제를 마무리하기 위해 덜 분명한 보기를 하나 선택한다. 우리는 분화와 자율성의 상승, 즉 내적 환원들과 단순화시키는 자기기술들에 근거하지만 그럼에도 환경과의 연결에서 더 큰 성과를 실현시킬 수 있는 상승이라는 이 복잡한 연관관계를 사회화와 교육의 차이에서도 명확히 보여줄 수 있다. 사회화는 특별한 주목을 요구하지 않아도 사회적 맥락 속에서 함께 생활로서 성립한다. 사회화는 소통에의 참여를 전제한다. 물론 특수하게 다른 사람의 행동을 사실로서 뿐만 아니라 정보로서 읽어낼 가능성을 전제한다. 위험, 실망, 모든 종류의 우연의 일치, 사회적 규범들에 대한 관련의 실현, 어떤 상황에서 적절한 것에 대한 정보로서 읽어낼 가능성 말이다. 이렇게 하려면 귀속된 것에 불과한 선택 그 이상의 것들이 있어야 한다. 반면 교육은 어떤 것에 도달하기 위해 행위로의 환원을 사용하는데, 여기에는 수많은 노력들의 조율이 전제된다. 즉 사회화하는 사건들의 우발들에 넘겨질 수 없다는 것이다. 사회화는 교육으로서 실행될 때만 '투입/산출-도식'으로 옮겨질 수 있다. 우리는 도달하려는 상태들이나 행동 방식들을 정의하고는, 출발 상황(성숙도, 소질, 사전 지식)을 조건들로서 평가하고, 저절로 발생하지 않는 것에 그런데도 도달하려고 교육적인 수단을 선택한다. 상호작용의 엄청난 소모 그리고 수업 상황, 학급, 학교체계의 조직은 이 원칙이 표현된 것에 불과하다. 그리고 그 결과에서 분명하게 읽어낼 수 있는 것은, 환경의 요구에 대한 교육의 민감성과 둔감성이 동시에 상승한다는 점, (그것이 이제 희망사항이든 아니든) 그리고는 교육체계에서 자율성이 생성된다는 점, 필수적인 내부 결정의 빈 공간이 이제는 채워져야 한다는 점이다. 그 공간은 이상과 조직, 이데올로기와 직업 정책, 특히 고유한 성찰이론들로 채워진다.[64]

단순한 사회화를 넘어서는 것, 그리고 당면한 교육을 단순히 수행하는 방식을 넘어서는 것은 비교적 복잡한 모든 사회에서는 불가피한 것처럼 보인다. 그런 식으로만 지식과 능력이 재생산될 수 있으며, 그것들은 조율된 개별 단계들의 장기간의 연속을 통해서만 습득할 수 있다. 그렇게 해야만 특화 과정과 특화에 기초한 역할 분배 과정이 가능하다. 그것은 익히 알려진 바다. 마찬가지로 학교가 실생활

---

64) 특별히 이 논점에 관해서 Niklas Luhmann/Karl Eberhard Schorr, *Reflexions-probleme im Erziehungssystem*, Stuttgart 1979.

과 거리가 있다는 비판과 학습된 지식의 무용성에 대한 비판도 잘 알려져 있다. 그러나 비판은 원칙적으로 학습 계획의 선택, 정치적 개입, 교육부 관료 및 최근에는 여기서 효과를 발휘하는 자본주의를 향하고 있다. 하지만 비판은 교육의 의도화에서 비롯된 파생 문제들 자체를 겨냥하기 때문에, 훨씬 근본적으로 제기되어야 할 것이다. 교육학의 양식을 갖춘 행위 자체가 다시 바로 이 의도의 소통이 되어버린다는 점에 특별히 주목해야 한다. 이를 통해 교육학적 맥락에서 일종의 2차 사회화가 불가피해진다. 행위는 그 의도, 이상, 역할 강제들과 함께 체계에 진입하고 체계에서 체험되고 판단된다. 즉 행위는 자기 준거의 고리에 포착되어 다시 논의의 대상이 되며, 이런 의도 자체에 반응할 자유를 피교육자에게 준다. 피교육자는 단순한 기회주의적 동기에서 그 의도에 편승하거나, 그 의도에서 가능한 멀리 벗어나는 자유를 선택할 수 있다. 교육은 산출을 추구한다. 교육은 소질, 사전지식, 학교 훈육 같은 기존의 조건들을 판단하며, 성공을 희망하면서 영향을 미치기 위해 교육적인 수단을 변이시킨다. 그러나 그 모든 것은 체계 내에서 예상하지 못한 사회화 효과들을 가진다.[65] 사회화 효과들은 평등을 불평등으로 변형시킨다. 그것들은 동기를 부여하면서 동기를 억누른다. 사회화 효과들은 성공 경험을 성공 경험에 연결시키고 실패 경험을 실패 경험에 연결시킨다. 그 효과들은 특별히 교육자들, 교사들, 학교들, 학급들에 제대로 대처할 수 있게 만드는 입장들을 고무한다. 그렇다면 분화된 '투입/산출-배열'의 자율성은 자가창출된 현실을 교정하기 위해, 실재의 반직관적 행동으로 역조종

---

65) (너무 낙관적인) 평가에 대해서는 Robert Dreeben, Was wir in der Schule lernen, 독일어 판본, Frankfurt 1980을 참조할 것. Niklas Luhmann/Karl Eberhard Schorr, "Wie ist Erziehung möglich?" *Zeitschrift für Sozialisationsforschung und Erziehungssoziologie 1* (1980), 37-54도 참조할 것.

하기 위해 사용되어야 한다. 투입을 산출로 변형시키는 것과 자신을 완전히 동일시하는 너무 비개연적으로 구조화된 체계는 고유한 상승 환원이라는 후속 문제들에 연루된다.

투입과 산출은 오직 체계상대적으로만 시작 가능한 질서 관점들이다. 더욱이 이것은 강력하게 환원되고 개별화된 환경 개입이다. 그것은 체계의 경계 주변에 있는 환경복잡성의 환원이며 그리고 체계의 경계를 통해 일어나는 환경복잡성 환원이다. 체계의 소통 과정에서는 이로부터, 체계의 의미경계를 정의하는 예상 가능한 주제들이 만들어질 수 있다. 하지만 이 형식 속에서 거의 완전하게 그리고 현실에 적합하게 주제들이 만들어질 수 있다는 것은 환상으로 남아 있다. 기껏해야 그럴듯하게 기능하는 환상인 셈이다.

8. 의미경계와 세계 개념

의미경계들이 체계와 환경의 차이를 사용할 수 있는 조건에서 유지되어야만, 비로소 세계가 있을 수 있다. 의미를 구성하고 사용하는 체계들은 이로써 스스로를 세계에 내맡긴다. 그러한 체계들은 자신들의 환경, 그들 자신, 그 안에서 요소로서 기여하는 모든 것을 어떤 지평에서의 선택으로서 경험한다. 그 지평은 모든 가능성들을 포함하며 후속 가능성들을 제시하는 지평이며, 끝과 그 너머를 제시하고, 필연적인 동시에 모든 지점으로부터 자의적으로 제한하는 지평이다. 이런 의미에서 세계는 의미의 동일성에 대한 상관물이다. 그것은 모든 의미요소들에 전적으로 함께 주어져 있다. 그래서 그 결과, 세계가 모든 의미요소들에 대해 의미요소로서 함께 주어지게 된다.

우리는 세계 개념을 물론 매우 상이하게 구상할 수 있다. 이를테면 고유한 집단66) 외부에서 치료 불가능한 것의 총체67) 또는 (그렇다면 반드시 세계 외부에 있어야 하는) 주체의 상대역으로서68) 구상할 수 있다. (사회학자들에게는 일단 매력적인) 세계의 "상호주관적" 구성이라는 관념69)은 별로 도움이 되지 않는다. 그 관념은 너무 뻔하며 이론적인 성과도 대단치 않다. 우리는 세계 개념을 여기에서 체계와 환경의 차이의 의미(차이)동일성을 위한 개념으로서 투입하며, 그럼으로써 그 개념을 무차별 상태의 최종 개념으로 사용할 것이다. 세계 개념이 이 위치로 옮겨지면 (아무리 포괄적이고 총체적이든) 그 개념은 사실 총체를 표현하지 않으며, 무차별적인 것으로서 생각될 수 없을 사물들의 총체(universitas rerum)도 아니다.70) 원래의 그리고 현상학적으로 파악된 그 세계는 파악 불가능한 (차이)동일성으로서 주어져 있다. 세계는 체계 형성을 통해 그리고 체계 형성에 의존적으

---

66) John. Hofer, *Vorstand einer Hutteriten-Siedlung in Alberta*, Canada(1981)를 참조할 것.

67) 세계를 의식의 상관물로서, 단순히 지향적인 존재로서 간주하는 Edmund Husserl, *Ideen zu einer reinen Phänomenologie und phänomenologischen Philosophie Bd. 1*, Husserliana Bd. III, Den Haag 1950, 114 이하를 볼 것.

68) Alfred Schutz, "Das Problem der transzendentalen Intersubjektivität bei Husserl", *Philosophische Rundschau 5* (1957), 81-107; Aron Gutwitsch, "The Commonsense World as Social Reality: A Discourse on Alfred Schutz", *Social Research. 29* (1962), 50-72; Peter L. Berger/Thomas Luckmann, *The Social Construction of Reality: A Treatise in the Sociology of Knowledge*, Garden City, N.Y. 1966; Richard Grathoff/B. Waldenfels (Hrsg.), *Sozialität und Intersubjektivität*, München 1983을 참조할 것.

69) 이렇게 하겠다는 모든 시도는 세계와의 차이로서 항상 비어있음(空, die Leere), 없음(無, Nichts), 혼돈(Chaos)을 전제한다.

70) 우리는 적어도 논평의 목적으로, 여기서 자기관찰 능력을 가진 유의미한 체계들이 거론되고 있다는 점을 상기해야 한다. 또한 체계/환경 외부에는 이를테면 전경/배경, 이것과 다른 것 따위의 다른 세계를 선사하는 관찰도식들이 있다는 점도 상기해야 한다.

로 차이의 (차이)동일성으로서 규정될 수 있다. 두 가지 관점에서 다음이 타당하다. 세계 개념은 의미체계들에 대해서만 현재화되는 (차이)동일성을 표현한다. 이 의미체계들은 자신의 환경과 구분될 수 있으며 이에 따라 그 차이의 (차이)동일성을, 두 가지 무한성, 즉 내적 무한성과 외적 무한성을 포함하는 (차이)동일성으로서 반영한다. 이런 의미에서 세계는 이를테면 의미체계들의 분화를 통해, 체계와 환경의 차이에 의해 구성된다. 그런 점에서 이 세계는 (현상학적으로 주어진 세계와 달리) 근원적인 어떤 것, 원형(原型)적인 어떤 것이 아니다. 세계는 차이에 대한 연결 관념으로서의 최종(차이)동일성이다. 이런 세계는 인류 타락 이후의 세계이다.

이러한 관점에서는 전통적으로 세계 개념을 "가운데"에 두고 그 다음에 "주체"의 방향으로 중심을 옮기는 일은 포기되지만,[71] 대안도 없이 그냥 삭제되는 것만은 아니다. 그 자리에 차이를 중심에 두는 관점이 들어선다. 더 정확히 말하자면, 세계 안에서 분화되고 그럼으로써 세계를 구성하는 '체계/환경-차이'들이 들어선다. 그래서 모든 차이가 세계 중심이 된다. 그리고 바로 이것이 세계를 필요한 것으로 만든다. 차이는 모든 개별적인 '체계/환경-차이'에서, 모든 체계가 자기 자신과 자신의 환경에서 발견하는 모든 '체계/환경-차이'들을 통합한다.[72] 이런 의미에서 세계는 다중심적이다 ─ 그러나 모든 차이가 다른 차이들을 고유한 체계 또는 그것의 환경에 배치할

---

71) "세계"-역사라는 유명한 주제에 대해서는 이를테면 Arthur O. Lovejoy, *The Great Chain of Being: A Study of the History of an Idea, 1936*, Neudruck Cambridge Mass. 1950, 108 이하를 참조할 것.

72) 청년 플리니우스(Plinius)의 엄숙한 세계 공식들 가운데 하나, 즉 "외부에서 그리고 내부에서 자신을 포함하면서"라는 공식을 다시 사용할 수 있을 것이다. Cajus Plinius *Secundus, Naturalis Historia*, (Hrsg. Mayhoff), 개정판 Stuttgart 1967, Buch II, 1. 128-129)을 참조할 것.

수 있는 만큼 다중심적이다.

이것은 얼핏 부자연스러워 보일지도 모른다. 그러나 다른 세계 개념들도 딱히 신뢰할 만한 특징들을 보여주지는 않는다. 그러나 무엇보다도 우리는 이 세계 개념을 가지고 "세계"의 의미론을 사회 (societal)체계의 사회(social)구조적인 발전에 연관짓는 연구를 제안할 가능성을 확보한다. 왜냐하면 이 진화가 아무리 다르든 또 어떻게 정해지고 설명될 수 있든, 사회적 체계의 발현적인 수준에서 '체계/환경-차이'가 도출되었기 때문이다.

여기서 유념할 사실은, 이것 또는 저것으로 나누는 구분은 그것이 어떤 것이든 그 구분이 적용되지 않는 기반 위에서 인위적으로 도입되어야 한다는 점이다.[73] 모든 차이는 자신을 내맡기는 차이이다. 모든 차이는 자신의 작동 능력, 정보 획득을 자극하는 자신의 능력을, 셋째 가능성들을 배제하는 가운데 획득한다. 고전 논리학은 이 원칙을 따른다. 이와 달리 세계 논리는 포함되어 배제된 제3항의 논리가 될 수밖에 없다. 이것을 고려하는 논리들이 어떻게 보여질 것인지는 헤겔 이래 많이 논의된 문제이다.[74] 여기서는 문제를 제기하는 것에 만족해야겠다.

---

73) 위 124-125를 참조할 것.
74) 특히 그러한 논리의 구축과 작동 능력에 관해 논의되었다. 이른바 "실증주의 논쟁"은 유감스럽게도 여기에 필요한 사고 수준에 훨씬 못 미친 채 이루어졌다. 그 대신에 *Beiträge zur Grundlegung einer operationsfähigen Dialektik, 3 Bde.* Hamburg 1976-1980을 참조할 것. 일반 체계이론에서도 회귀적인, 자기준거를 허용하는, 아마도 "변증법적" 논리의 문제들이 갈수록 주목을 받게 된다. 예를 들어 Heinz von Foerster, "The Curious Behavior of Complex Systems: Lessons from Biology", in: Harold A. Linstone/W. H. Clive Simmonds (Hrsg.), *Futures Research: New Directions*, Reading Mass. 1977, 104-113; Francisco J. Varela, *Principles of Biological Autonomy*, a. a. O을 볼 것.

제6장 상호침투

1. 사회질서 속의 인간에서 차이 실행자로서의 인간으로

이 장에서는 사회적 체계의 특별한 환경, 즉 인간들과, 사회적 체계들과의 인간들의 관계들을 다룰 것이다. 우리가 '인간'(Mensch)이라는 표현을 선택하는 이유는 인간의 심리적 체계와 유기체적 체계도 중요하다는 점을 확인하려는 데에 있다. 우리는 이 맥락에서 '인물'(Person)이라는 표현을 포괄적으로 회피할 것인데, 그렇게 하는 것은 그 표현을 개별 인간에게 제기되는 기대 복합체의 사회적 확인을 표현하는 데에 사용하기 위한 것이다.

인간이라는 주제 그리고 사회(social)질서와 인간의 관계라는 주제는 여기서 적절하게 펼쳐 보일 수 없을 오랜 전통을 갖고 있다.[1] 이 전통은 '인본주의적' 규범과 가치 관념들 속에서 계속 살아남는다. 우리는 그 전통과 선을 그으려 하기 때문에, 중단 지점을 정확히 규

---

1) Niklas Luhmann, "Wie ist soziale Ordnung möglich?", in ders., *Gesellschafts-struktur und Semantik: Studien zur Wissenssoziologie der modernen Gesellschaft Bd. 2*, Frankfurt 1981, 195-285를 참조할 것.

정하는 것이 필요하다. 전통이 지속될 수 없는 바로 그 경우에는 (그리고 바로 그 점을 우리는 사회(societal) 구조의 근본적인 변화가 일어나는 모든 경우에 나타난다고 주장하고자 하는데) 다른 편으로 넘어갈 가능성을 발견하기 위해 차이를 밝히는 것이 중요하다.

차이점은 인본주의적 전통에서 인간은 사회질서 안에 있지 외부에 있지 않았다는 데에 있다. 인간은 사회질서의 구성요소로서, 사회 자체의 요소로 간주되었다. 인간이 '개인'으로 불렸다면, 그 이유는 인간이 사회에 대해 더 이상 해체될 수 없는 최종요소였기 때문이다. 인간의 정신(Seele)과 신체를 분리하고 그 둘을 제각기 계속 분해해 나가는 것은 생각할 수 없었다. 그런 해체는 사회 안에서의 인간의 모습과 사회를 위해 존재하는 인간의 모습을 파괴할 것이다. 이에 상응하게 인간은 사회(social)질서에 의존하는 존재로 간주되었을 뿐만 아니라(그 점은 누구도 논쟁하지 않는다), 오히려 인간은 사회 안에서의 생활 방식에 구속된 존재로서 파악되었다. 인간의 실존 형식은 오로지 사회 안에서만 실현되었다. 중세가 진행되는 동안 정치적(도시적) 질서의 자리에 사회(societal)질서라는 사회적 특성이 들어선다. 그렇다고 그 원칙이 바뀐 것은 아니었고 단지 확장되었다. 즉 정치적 동물(zoon politikon)에서 사회적 동물(animal sociale)이 나왔다. 이 두 경우에서는 인간의 **자연**(성장 능력, 형식실현 능력)은 **사회질서**의 규범적 요구에 의해 규정된 것으로 생각되었다. 인간의 **자연**은 인간의 도덕이었고, 인간의 **자연**은 사회생활에서 존중을 얻거나 잃는 인간의 능력이었다. 인간의 완전성은 이런 의미에서 사회적 실현을 지향했지만, 완전성이 모든 자연의 모든 부패 가능성 때문에 좌절될 수도 있다는 점은 배제되지 않았다.

그러한 질서의 의미론은 엄격한 의미에서 '자연법적'이어야 했다. 질서 의미론은 자연 자체를 일괄 규정하는 것으로서 파악되었다. 그것은 법근거적 측면뿐만 아니라 존재론적 측면도 가졌다. 그때까지만 해도 '자연적 존재'로서 파악될 수 있는 실재 층위는 논란이 될 수 없었다. 따라서 인간은 자연적인 최종 요소이었고, 사회는 도시에서 발전된 인간 공동생활로서 파악되었고, 즉 물리적으로 한데 합쳐지지 않은 신체들로 구성되는, 고유한 종류의 신체로서 파악되었으며, 그것을 넘어서서 인간들의 총체, 즉 인류로서 파악되었다. 공통점의 기반은 '좋은 생활'로서의 자질을 자신 안에 수용할 수 있던 생활 개념에 있었다. 이러한 서술은 다시 규범적 종류의 충동을 중개하여, 훔볼트(Humboldt)의 신인본주의적 관념에까지 이르렀다. 말하자면 인간은 가능한 한 자기 자신 안에서 최대한도의 인성(人性)을 실현해야 한다. 그런데 사람들은 인간으로서 인류에 대한 관심을 어떻게 부정할 수 있었을까? 그에 준하는 기대를 어떻게 거부할 수 있었을까?

의미론적 재구성의 첫 단계는 후기 자연법적(이성법적) 계약론에서 발견된다. 그 계약론은 더 많은 가동성(可動性)을 요구하며 (예컨대 가문의-지역의 생활 범위 같은) 전제 가능한 구속들을 유혹하는 사회(societal) 구조의 변화를 일정한 방식으로 기록한다.[2] 사회를 계약으로 보려는 생각은 이 전환기에 대해 새로운 준칙을 정식화한다. 그것은 "자유롭게 그러나 확고하게"라는 준칙이다. 그 후에 이어지는 사회 구조적 발전, 정치적 혁명과 산업혁명, 인간을 다루는 과학들의 다양화는 "자유롭게 그러나 확고하게"라는 이 준칙도 무너뜨린다. 생물학, 심리학, 사회학이 서로 분리된다. 그리고 과학들 자신이 법

---

2) 매우 일목요연한 서술로는 Mervyn James, *Family, Lineage, and Civil Society: A Study of Society, Politics, and Mentality in the Durham Region*, Oxford 1974를 볼 것. 우리의 이론적 전제를 바탕으로 하여, 특히 그러한 발전들을 위한 인쇄술의 중요성에 주목해야 한다.

의 규범적 규제, 종교적 관념들, 정치적 가치와 목표에 대해서 거리를 확보한다. 이미 19세기에 "유기체-유추"는 개념으로서 경직된 것으로 간주되며,[3] 특히 '생물학'의 발전을 기준으로 보면 부자연스러운 것으로 간주된다.[4] 그 이후 사람들은 유기체-유추에 대한 비판에 몰두한다.[5] 인본주의는 자연에서 정신으로 후퇴한다. 사회학은 계약들의 구속 효과의 비계약적 기초가 무엇인지를 묻는다. 인간은 그 자체로는 계약 능력을 가진 존재가 전혀 아니다. 인간은 자신의 사회성을 사회 덕분인 것으로 생각한다.

설득력이 쇠퇴하는 영역에서 사실에 반하여 일괄 규정하는 대신, 차이를 표현하는 것이 유익할 경우가 있다. 이것은 구 유럽적 개념형성들이나 유추 추론들을 단순히 비판만 해서는 실현될 수 없다. 그렇게 하면 그 자체가 나중에 '반순응주의적으로' 대표되어야 하는 전통의 잔재들을 추상화하게 만들 뿐이다. 그래서 결국 오직 '반순응주의'를 통해 순응을 기다릴 뿐인, '순응주의'에 대한 의심스런 논박으로 끝나게 된다. 이 상황에서 가망 없는 개념화에서 비개연적인 개념화로 넘어가는 시도가 나타난다.

인간을 (사회 자체의 일부가 아니라) 사회의 환경의 일부로 보면, 이것은 모든 전통적인 문제제기의 전제들, 즉 고전적 인본주의의 전

---

3) 특히 '유추'(Analogie)의 논증 가치 또한 더 이상 고대와 중세에서만큼 설득력을 갖지는 않기 때문에, '유추' 개념은 경직된 것으로 여겨졌다. 그리고 이것은 다시 수사학의 종언과도 연관된다.

4) 예를 들어 René Worms, *Organisme et société*, Paris 1895를 참조할 것.

5) 전형적인 보기로서 Paul Kellermann, *Kritik einer Soziologie der Ordnung: Organismus und System bei Comte, Spencer und Parsons,* Freiburg 1967; A. James Gregor, "Political Science and the Uses of Functional Analysis", The American Political Science Review 62 (1968), 425-439를 참조할 것. 국제법 영역에서의 성과에 대해서는 Gerhart Niemeyer, *Law Without Force: The Function of Politics in International Law*, Princeton 1941, 특히 290 이하가 유익하다.

제들도 교체한다. 이것은 전통적인 사고와 비교했을 때, 인간을 덜 중요한 것으로 평가한다는 뜻은 아니다. 그렇게 추정하는 사람은(그런데 이 제안에 대한 모든 비난에는 그런 전제가 공공연하게 또는 암묵적으로 들어 있다), 체계이론에 나타난 패러다임 전환을 파악하지 못한 것이다.

체계이론은 체계와 환경의 차이의 (차이)동일성에서 출발한다. 환경은 이 차이의 구성적인 계기이다. 즉 환경은 체계를 위해 체계 자체만큼이나 중요하다. 이론 성향은 이 추상화 상황에서 상이한 종류의 평가들에 대해 여전히 활짝 열려 있다. 환경은 체계에 대해 (그 어떤 관점들에서든 상관없이) 체계 자체의 구성요소보다 더 중요한 많은 것을 포함할 수 있다. 그러나 그 이론에서는 정반대의 구도도 파악할 수 있다. 하지만 체계와 환경의 구분을 통해서, 인간을 사회의 일부로 파악해야 할 때 가능할 그것보다, 인간을 사회의 환경의 일부로서 보다 복잡하고 더욱 자유로운 것으로서 파악할 가능성을 얻는다. 왜냐하면 환경은 체계에 비해 더 높은 복잡성과 더 낮은 질서 상태를 드러내는 바로 그러한 구분의 영역이기 때문이다. 인간은 자신의 환경과의 관계에서 더 높은 자유들, 특히 비이성적인 행동과 비도덕적인 행동을 할 자유를 얻는다. 인간은 더 이상 사회의 척도가 아니다. 이러한 인본주의 관념은 지속될 수 없다. 사회가 머리와 몸이 위와 아래에 달린 인간의 모습을 따라 형성될 수 있을 것이라는 진지한 주장을 펼 사람은 없을 것이기 때문이다.

2. 상호침투 개념: 의식과 소통의 상호 선택적 구성

우리는 여기서 체계 구축을 위한 특별한 종류의 기여, 즉 체계들이

환경에 제공하는 기여를 표현하기 위해 '상호침투' 개념을 사용한
다. '체계/환경-관계들' 내에서의 그 개념의 자리는 매우 정확히 규
정되어야 한다. 이것은 상호침투에 대해 아주 모호한 이해가 퍼져 있
기 때문에[6] 특별히 필요한 일이다.

일단 체계와 환경 간 일반적인 관계는 중요하지 않다. 중요한 것은
오히려 서로에 대해 상호 환경에 속하는 체계 간 관계(Intersystem-
beziehung)이다. 상호침투 개념은 체계 간 관계의 영역에서 특히 '투
입/산출-관계들(성과들)'[7]과 구분되어야 하는 보다 좁은 사태를 표
현해야 한다. 우리는 **침투**(Penetration)라는 말을, 어떤 체계가 자신
의 **복잡성**(및 미규정성, 우연성, 선택 강제)을 다른 체계의 구축을 위해
내어줄 때 사용하고자 한다. 사회적 체계들은 바로 이러한 의미에서
'생명활동'(Leben)을 전제한다. 따라서 **상호침투**(Interpenetration)는
이 사태가 상호간에 주어져 있을 때 발생한다. 즉 두 체계들이 그러
한 조건을 통해, 각각 다른 체계 안으로 자신들의 미리 구성된 고유
복잡성을 들여올 때 상호침투가 일어났다고 말할 수 있다. 침투가 발

---

6) 파슨스에게 있어서 그 개념은, 비록 몇몇 논란은 있지만, 그의 이론의 전체
구조로부터 뚜렷한 윤곽을 얻는다. 이와 관련하여 Stefan Jensen, Interpene-
tration——"Zum Verhältnis personaler und sozialer Systeme", *Zeitschrift für
Soziologie 7* (1978), 116-129; Niklas Luhmann, "Interpenetration bei Parsons",
Zeitschrift für Soziologie 7 (1978), 299-302를 참조할 것. 그밖에도 그 개념은, 우리
가 더 자세히 설명하지도 않은 채 체계들의 상호 중첩만을 표현한다면, 모호해
질 것이다. 예를 들어 Ronald L. Breiger, "The Duality of Persons and Groups",
Social Forces 53 (1974), 181-190; Richard Münch, "Über Parsons zu Weber: Von
der Theorie der Rationalisierung zur Theorie der Interpenetration", *Zeitschrift
für Soziologie 9* (1980), 18-53; ders., *Theorie des Handelns: Zur Rekonstruktion der
Beiträge von Talcott Parsons, Emile Durkheim und Max Weber*, Frankfurt 1982를 참
조할 것.
7) 제5장 7절을 참조할 것.

생할 때에는 침투체계의 **행동**이 수용체계에 의해 함께 규정된다는 것(경우에 따라서 개미떼로부터 홀로 떨어져 나와 방황하는 개미처럼, 수용체계의 외부에서 지향점도 없이 불규칙적으로 움직인다는 것)을 관찰할 수 있다. 상호침투의 경우에는 수용체계가 침투체계들의 구조 형성에 역작용하기도 한다. 즉 그것은 이중으로, 즉 외부에서 그리고 내부에서 이 체계에 개입한다. 그러면 이렇게 의존성이 강화되는데도(아니다. 강화되기 때문이라고 말해야겠다), 더 큰 자유도가 실현될 수 있다. 그것은 또한 상호침투가 진화 과정에서 침투보다 행동을 더욱 강력하게 개별화한다는 뜻이기도 하다.

그것은 인간들과 사회적 체계들의 관계에서 특별히 타당해진다. 우리는 상호침투 개념에서 이 관계의 후속 분석을 위한 열쇠를 얻는다. 그래서 그 개념은 자연법 이론을 대체하고, 역할이론, 욕구 개념들, 사회화이론을 기본 개념으로 삼아 연구했던 사회학적 시도들도 대체한다. 이 관계는 상호침투로서, 방금 언급된 사회학적 개념들보다 더욱 근본적으로 파악될 수 있다. 상호침투는 그 사회학 개념들을 배제하는 것이 아니라 포함한다.

복잡성이 복수의 요소들, 여기서는 행위들이 선택적으로만 접속 가능하다고 진술한다는 점을 되새겨보자. 즉 복잡성은 선택 강제를 의미한다. 이 필연성은 동시에 자유이기도 하다. 다시 말해 선택을 달리 조건화하는 자유이다. 따라서 행위의 규정은 통상적으로 상이한 근거들, 즉 심리적 근거와 사회적 근거를 가진다. 그래서 규정된 종류의 행위의 안정(=기대 가능성)은 조합 게임, 즉 혼합 동기 게임의 결과라는 것이다. 진화는 심리적으로 그리고 사회적으로 수용될 만한 것을 걸러낸다. 그리고 그 다음에 행위 종류들, 행위 상황들, 행위 맥락들로부터 심리적 조건화나 사회적 조건화를 박탈해 다시 행위 종류들, 행위 상황들, 행위 맥락들을 파괴한다. 1883년 시점의 어느 '건축주'가 오늘 시점에서의 건물을 하나 지으려 한다고 생각해 보자. 그의 기대에 대해서는 거의 어떤 후속 반응도 나타나지 않을 것이다. 기술적(技術的) 영역뿐만 아니라 바로 사회적 영역에서도 그 러할 것이며, 그 건축주는 자신과 관련된 모든 사람들에게 절망만 안 겨줄 것이다.

이 구상의 핵심 계기, 즉 상호침투 체계들이 서로서로 환경으로 유 지된다는 점은 아무리 강조해도 지나치지 않다.[8] 이것은 그 체계들 이 서로에게 제시하는 복잡성이 제각기 수용체계에게는 파악될 수 없는 복잡성, 즉 무질서라는 뜻이다. 그래서 심리적 체계들은 사회적 체계들에게 충분한 무질서를 공급하며 그 반대 또한 마찬가지라고 말할 수 있다. 그러니까 체계들의 고유 선택(Eigenselektion)과 자율 성이 상호침투 때문에 의문시되지 않는다는 것이다. 체계들이 완전 히 결정된 것으로 간주되어야 할지라도, 체계들은 상호침투로 인해 무질서에 감염될 것이며 자신들의 기본적 사건들의 발생은 예측불 가능 상태에 내맡겨질 것이다. 따라서 모든 재생산과 모든 구조 형성 은 질서와 무질서의 조합을 전제한다. 즉 구조화된 고유 복잡성과 파 악할 수 없는 타자 복잡성을, 규제된 복잡성과 자유로운 복잡성을 전 제한다. 사회적 체계들의 구축과 (마찬가지로 심리적 체계의 구축은) '소음으로부터의 질서' 원칙(푀르스터)을 따른다. 사회적 체계들은 심리적 체계들이 소통을 시도할 때 만들어내는 소음에 근거하여 생 겨난다.

여기서 선택된 개념 이해는 상호침투 체계들을 구성하는 요소들

---

8) 이것은 당연히 상호침투의 다른 사례들에 대해서도 타당하다. 그래서 예를 들 면 ("고유한") 유기체는 심리적 체계의 환경이며, 두뇌의 세포들은 신경체계 의 환경이다 등등이 옳다. 마찬가지로 행동체계와 생물학적 체계에 대해서는 Alfred Kuhn, *The Logic of Social Systems, San Francisco 1974*, 40을 보라.

을 고려하려는 의도에서 훨씬 단순한 길을 의도적으로 회피한다. 사람들은 인간들과 사회적 체계들이 개별 요소들, 즉 행위들에서 중첩된다고 말하는 것으로 만족하려고 할 것이다. 즉 행위들은 인간의 행위들이지만, 그러나 동시에 어쩌면 사회적 체계들을 구축하는 척도라고도 생각할 것이다. 물론 인간의 행위가 없다면 사회적 체계는 없다. 마찬가지로 인간은 오직 사회적 체계에서만 행위 능력을 습득할 수 있다. 그런데 이 견해는 틀린 것은 아니지만 너무 단순하다. 요소 개념은 체계이론적 분석의 **최종** 요소가 아니다. 우리는 그 사실을 복잡성 개념에서도 자기준거적 체계의 개념에서도 이끌어내었다. 우리는 그에 부합하게 요소 개념을 탈존재화시켰다.[9] 사건들(행위들)은 결코 기체(Substrat)을 가지는 요소들이 아니다. 그러나 사건들의 (차이)동일성은 그것들의 기층의 (차이)동일성이 아니다. 기층의 (차이)동일성은 일치하지 않는다. 사건들의 기초의 (차이)동일성은 사용체계에서 연결 능력을 통해 만들어진다.[10] 요소들은 자신들이 구성하는 체계들을 통해 스스로 구성된다. 그리고 이 맥락에서는 복잡성이 요소들을 선택적으로 관계화시켜야 한다는 사정이 같이 작용한다. 그러니까 요소들을 지시할 때, 마치 모자이크를 이루는 돌조각들을 지시하는 것에 머무를 수는 없다. 왜냐하면 그 다음에는 요소들을 선택적으로 구성하는 능력을 어떻게 설명할 것인가의 질문이 곧

---

9) 제1장 2절 4항을 참조할 것.

10) 복잡성 문제를 다루는 칸트와의 유사성과 이견이 특히 여기서 돋보인다. 칸트 역시 다양성에서 출발하며, (차이)동일성에 어떻게 이르는지를 묻는다. 하지만 그는 의식의 종합들을 암시하면서 답변하려고 하기 때문에, 전체 문제 설정은 심리학적인 질문이 되어 버린다. 그런데 그렇게 하는 것은 재차 수용될 수 없기 때문에, 초월주의가 그 위에 놓여야 한다. 이와 달리 오늘날에는 전체 질문(인식론을 포함하여)을 존재론으로 되돌리지 않고 재자연화하려는 경향이 있다.

바로 떠오르기 때문이다. 체계이론은 '행위이론'이 보고 표현할 수 있는 것보다 훨씬 급진적으로 선택성의 구조적 조건들로까지 거슬러 올라간다.

이 질문과 관련하여 상호침투 개념은 요소들에서의 중첩만 표현하는 것은 아니다. 그 개념은 요소들의 선택적인 구성에 대한 상호 기여를 뜻하며, 그 기여가 그 다음에 그러한 중첩을 낳는다는 것을 뜻한다. 이때 인간의 복잡성이 사회적 체계들과 관련되어야 비로소 발전될 수 있으며 이와 동시에 사회적 체계들에 의해 사용되어, 그 복잡성으로부터, 이렇게 말해도 된다면, 사회적인 조합술의 조건들을 충족하는 행위들을 뽑아낸다는 점이 결정적이다.

상호침투 체계들이 개별 요소들에서 수렴한다는 것, 즉 같은 요소들을 사용한다는 것은 맞는 말이긴 하다. 그러나 그 체계들은 그 요소들에게 각각 다른 선택성, 다른 연결 능력, 다른 과거들과 다른 미래들을 준다. 수렴은 그것이 시간화된(temporalisierte) 요소들(사건들)이기 때문에 제각기 현재로서만 가능하다. 따라서 요소들은 사건들로서는 동일하더라도 참여체계들에서는 다른 사건을 의미한다. 요소들은 제각기 다른 가능성을 선별하고 제각기 다른 결과들을 낳는다. 이것은 특히 다음과 같은 뜻이다. 그 다음에 발생하는 수렴이 다시 선택이 된다는 뜻이다. 즉 체계들의 차이가 상호침투 과정에서 재생산된다. 그런 식으로만 이중 우연성은 **우연성으로서** 전적으로 가능한 것이다. 우연성으로서 가능하다는 말은, 우연성의 근거가 되는 복잡성 덕분에 다르게도 가능하며, 다른 가능성에 대한 이러한 지시와 함께 고려되어야 하는 어떤 것으로서 가능하다는 뜻이다.

이 구상에 힘입어 우리는 (제3장에서) 이중 우연성 문제를 다룰 때 미결 상태로 둔 질문에 대한 결론적인 답변을 할 수 있다. 상호침투 개념은 이중 우연성의 가능성 조건들에 대한 질문에 답변을 제시한다. 그 개념은 인간의 자연을 지시하는 방식으로 답변하려 하지 않으며, (자칭 모든 것을 떠받치는) 의식의 주관성으로 소급하는 것도 회피한다. 그 개념은 그 문제를 (주체들을 전제하는) '상호주관성'의 하나로서 언급하지도 않는다. 오히려 출발 질문은 다음과 같다. 충분히 자주 그리고 충분히 뚜렷하게 이중 우연성 경험에 이르고 이로써 사회적 체계들의 구축에 이를 수 있으려면 어떤 실재의 사전 조건들(Realitätsvorgaben)이 있어야 하는가 하는 질문이다. 그 대답이 상호침투다. 그 대답은 동시에 자신이 답하는 질문의 전제들을 정밀하게 만들기도 한다. 단순히 계층화된 세계 구축, 즉 아래층들이 먼저 완성된 다음에야 위층들이 구축될 수 있는 그러한 구축이 관건이 아니다. 오히려 전제들은 체계 형성의 더 높은 층위의 진화와 더불어 비로소, 진화에 적절한 형식으로 옮겨진다. 그 전제들은 요구를 제기하여 생성된다. 그래서 진화는 상호침투를 통해서만, 즉 쌍방 가능화를 통해서만 가능하다. 진화는 이런 의미에서, 체계이론적으로 보면 순환적 과정, 즉 (무(無)가 아니라!) 실재 속으로 자신을 구성해가는 과정이다.

행위와 소통을 구분하는 필연성 역시 상호침투 개념을 통해 추가적인 의미연관들을 얻는다. 행위는 구성하는 요인으로서의 개별적인 귀속 가능성을 필요로 한다. 즉 행위는 분리 원칙을 통해 생성된다. 이와 달리 소통은 세 가지의 상이한 선택들의 종합으로 실현된다. 이러한 동시 발생은 가끔씩만 일어나서도 안 되며 우연히 발생하기만 해서도 안 된다. 그러한 동시 발생은 규칙적이며 예상 가능하게 재생산될 수 있어야 한다. 그렇게 재생산되기 위해, 충분히 입증된 경우에는 고유한 체계, 즉 사회적 체계가 형성된다. 그러나 그 체계는 선택 생산의 능력을 전제할 수 있어야 하는 체계이다. 적어도 통보함과 이해함을 위해, 소통 맥락에서 정보로서 기능하는 사실들을 반복적으로 만들어내려면 인간이 필수적이다. 이에 따라 상호침투는, 즉 발현하는 체계를 구축하기 위해 복잡성을 내어주는 일은 소통이라는 형식 속에서 일어난다. 그리고 반대로 소통을 구체적으로 개시하는 모든 경우에는 상호침투 관계를 전제한다. 이러한 순환성은 사회적 체계들이 오직 자기준거적 체계들로서만 발생할 수 있다는 점을 다시 표현한다. 그밖에도 이 순환성은 사회적 체계들의 형성을 가능케 하는 것이 이미 사전에 존재하는 인간의 규정된 속성이 아니라는 것을 입증한다. 예를 들어 중추신경체계, 움직이는 엄지손가락, 높낮이가 있는 소리를 만들어내고 자기 소리를 직접 들을 수 있는 능력 같은 그런 속성이 아니라는 것이다. 오히려 이 모든 것들은 시간화된 복잡성, 즉 매 순간 자신들의 고유한 상태들을 선택하고 그 상태에서 영향을 받을 수 있는 복잡성이 전제될 수 있는 경우에만, 그리고 전제될 수 있다는 이유에서만 사회적 체계들이 만들어질 수 있다.

결국 이 고려에는 경험적으로 검증된 가설이 하나 덧붙여진다. 보다 복잡한 심리적 체계들을 사용할 수 있는 사회적 체계들은 보다 경미한 구조 요건을 가진다.[11] 그러한 사회적 체계들은 더 큰 불안정과 신속한 구조 변동을 극복해낼 수 있다. 그 체계들은 오히려 우발에 자신을 내맡길 수 있으며, 그리하여 자신의 규칙적인 작업으로부터 경감될 수 있다. 이것 역시 복잡성과 상호침투를 정확하게 이해할 때만 명백하다. 즉 복잡성을 더욱 강화되는 규모의 선택 압력을 가진 것으로 이해하고, 상호침투를 바로 이 강제를 개방적으로 조건화할 수 있는 가능성으로서 이해할 때만 그런 사실이 명백하다는 것이다.

우리는 상호침투를 분리된 두 가지의 사물들의 관계 모델에 따라

---

11) "Conceptual Level as a Composition Variable in Small-Group Decision Making", *Journal of Personality and Social Psychology 5* (1967), 152-161을 참조할 것.

서 구상해서도 안 되고, 부분적으로 겹치는 두 개의 원들의 모델에 따라 구상해서도 안 된다. 모든 공간 은유들은 여기에서 특별히 혼란스럽다. 결정적인 것은, 한 체계의 경계들이 다른 체계의 작동 영역 안으로 수용될 수 있다는 점이다. 그래서 사회적 체계들의 경계는 심리적 체계들의 의식 안으로 침투한다. 의식은 사회적 체계의 경계들을 그려낼 가능성을 무력화하고, 그럼으로써 그 가능성을 운반한다. 그런데 이것은 사회적 체계의 경계들이 동시에 의식의 경계들이 아니라는 바로 그 이유 때문에 그러하다. 똑같은 사정이 역의 경우에도 타당하다. 심리적 체계들은 사회적 체계들의 소통 영역 안으로 침투한다. 소통은 심리적 체계들이 자신들의 의식 안에 이미 수용한 것과 수용하지 않은 것을 지속적으로 지향하라는 강요를 받는다. 그리고 이러한 사정 역시 심리적 체계의 경계들이 같은 순간에 소통적 가능성의 경계들이 아니라는 이유에서만 가능하다. 상호침투에 참여한 모든 체계들은 스스로 붕괴되지 않고도, 다른 체계의 체계와 환경의 차이로서 다른 체계를 자기 자신 안에 실현시킨다. 그래서 모든 체계는 다른 체계와의 관계 속에서 고유한 복잡성 우위, 고유한 기술(記述)방식, 고유한 환원을 실현시키며 이를 기초로 자신의 복잡성을 다른 체계에게 제시할 수 있다.

그래서 상호침투 체계들이 서로에게 제공하는 체계 성과는 자원, 에너지, 정보의 투입에 의존하지 않는다. 물론 그런 의존도 가능하기는 하다. 어떤 인간이 어떤 것을 보고서 그것을 얘기한다고 치자. 그는 이를테면 사회적 체계에 정보를 제공하는 것이다. 하지만 우리가 상호침투라고 명명하는 것, 이것은 더 깊이 파고드는데, 그것은 성과의 연관이 아니라 구성의 연관이다. 모든 체계는 자신의 복잡성을 안정시킨다. 모든 체계는 사건적 속성을 가진 요소들로 구성되며, 즉 고유한 구조로 인해 자기 상태를 끊임없이 교체하라는 강요를 받는데도 안정을 얻는다. 체계는 그런 식으로 구조에 의해 조건화된, 지속과 변동의 동시성을 생산한다. 약간 과장한다면 다음처럼 말할 수도 있다. 모든 체계는 고유한 불안정을 안정시킨다. 체계는 그럼으로써 아직 규정되지 않은 잠재성들의 지속적인 재생산을 보장한다. 그러한 잠재성을 규정하는 것은 조건화될 수 있다. 이 조건화는 늘 자기준거적으로 이루어진다. 언제나 고유한 요소들의 자기생산적 재생산의 동인이라는 것이다. 그러나 순수한 자기준거란 동어반복적일 수 있다는 바로 그 이유로 인해, 그 조건화는 항상 환경으로부터의 자극을 수용한다. 그래서 자기준거적 체계들은 가용할 수 있는 잠재성들을 발현적 실재의 층위에서 체계들을 구축하는 용도로 내어줄 수 있고, 그로 인해 만들어진 특수 환경에 자기 자신을 맞출 수 있다. 그렇게 본다면, 상호침투 개념은 체계이론에서 나타난 패러다임 전환으로부터 결론을 이끌어낸다. 상호침투 개념은 '체계/환경-이론'으로 그리고 자기준거적 체계이론으로 넘어가는 과정에서 결론을 이끌어낸다. 상호침투 개념은 상호침투 체계들의 자율을 환경 의존성들의 상승과 선택으로서 파악한다는 점에서, 이러한 이론적 재배치를 전제한다.

3. 자기생산과 구조적 연동: 생명/의식과 소통 간 상호침투

상호침투라는 용어는, 자신들의 복잡성에 기여하는 체계들이 자기생산체계일 경우에만 사용되어야 한다. 이에 따르면 상호침투는 자기생산체계들의 관계이다. 개념 영역을 이렇게 제한하면 "상호침투"라는 단어의 뜻으로 즉시 주어지지는 않은 더 넓은 시각에서 인간과 사회라는 고전적인 주제를 고찰할 수 있다.

사회적 체계들의 자기재생산이 소통이 소통을 유발하여 단순히 중단하지만 않는다면 마치 자동적으로 진행하는 것처럼, 폐쇄적-자기준거적 재생산들, 즉 대략적이지만 자세히 고찰하면 유기체적 재생산과 심리적 재생산으로 구분될 수 있는 재생산들이 인간에게도 발견될 수 있다. 첫째 경우에서는 매체와 현상 형식[12]은 **생명** (Leben)이며, 다른 경우에서는 의식(Bewußtsein)이다. 생명과 의식을 경유하는 자기생산이 사회적 체계의 형성을 위한 전제이다. 그리고 이 말은 생명과 의식의 속행이 보장되어 있을 때만 사회적 체계들이 고유한 재생산을 실현시킬 수 있다는 뜻이기도 하다.

  이 진술은 평범해 보인다. 누구도 이 진술이 의외라고 생각하지 않을 것이다. 그런데도 자기생산 개념은 추가적인 관점을 떠올리게 한다. 생명에 대해서도 의식에 대해서도 자기재생산은 오직 폐쇄적인 체계에서만 가능하다. 그 개념은 과거에는 생철학에 대해서도 의식철학에 대해서도 자신들의 대상을 "주체"라고 명명할 가능성을 준다. 그런데도 그 두 층위에서의 자기생산은 생태학적 조건하에서만 이루어질 수 있다. 그리고 인간의 생명과 인간의 의식을 자기재생산하는 환경 조건에는 사회도 포함된다. 이 통찰을 표현하려면, 이미 여러 번 강조했듯이 체계들의 폐쇄성과 개방성을 대립이 아닌 조건관계로서 정식화해야 한다. 생명과 의식에 근거하는 사회적 체계는 그 자체가 이 조건들의 자기생산을 가능케 한다. 즉 사회적 체계는 생명과 의식의 자기생산이 폐쇄적인 재생산의 연관 속에서 지속적으로 갱신 가능하게 해 주는 가운데 이 조건들의 자기생산을 가능케 한다. 이렇게 되는 것에 대해 생명은 "알아야" 할 필요가 없으며, 의

---

12) 나는 자기생산으로부터 생기는 관찰 가능성을 지시하기 위해, 추가적으로 "현상 형식"으로 명명하고자 한다.

식조차도 "알아야" 할 필요는 없다. 그러나 생명과 의식은 폐쇄성이 개방성을 위한 토대로서 기능하도록 자신들의 자기생산을 유지해야 한다.

상호침투는 상이한 종류의 자기생산들의 결합 능력(Verbindungs-fähigkeit)을 전제한다——우리의 사례에서는 유기체적 생명, 의식, 소통의 자기생산을 말한다. 상호침투는 자기생산을 타자생산으로 만들지 않는다. 상호침투는 그런데도 의존성 관계들을 만들어낸다. 그 의존성 관계들은 자기생산과 양립할 수 있다는 점에서 자신의 진화상 입증 근거를 가진다. 이 지점에서 보면, 의미 개념이 이론구축 기법상으로 왜 그렇게 높이 평가되어야 하는지 더 잘 이해할 수 있다. 의미는 심리적 체계 형성과 사회적 체계 형성의 자기생산이 입증될 때에 그러한 체계 형성의 상호침투를 가능케 한다. 의미는 소통에서 의식의 자기이해와 계속적 입증을 가능케 하는 동시에 소통을 참여자들의 의식으로 귀속시킬 수 있게 만든다. 따라서 의미 개념이 사회적 동물 개념을 대체한다. 의미 개념은 특별한 종류의 생명체의 속성이 아니다. 의미 개념은 의미가 가진 지시의 풍부함, 즉 인간으로 하여금 의식을 소유하고 살아갈 수 있게 도와주는 사회(societal)체계들을 형성하도록 도와주는 지시의 풍부함이다.

이 사태는 생명, 의식성, 소통의 단순한 속행으로서의 순수한 자기재생산과 그것의 발생을 도와주는 구조들을 구분할 때 명확해진다. 자기생산은 체계에 대해 규정 불가능한 복잡성의 근원이다. 구조들은 규정하는 환원에 기여하며, 바로 그렇게 기여하여 미규정성의 재생산도 가능케 한다. 규정함으로서 가능성 지평에서 늘 다시 나타나는 미규정성을. 자기생산과 구조들 둘이 함께 할 때에만 상호침투가 가능해진다. 상호침투 관계는 그 자체가 상호침투하는 체계들에서 그 체계들의 자기재생산을 가능케 하는 구조들을 선택한다. 또는 마투라나의 표현을 참조하면 다음과 같다. "자기생산체계는 변화하는 구조를 가지는 체계이다. 그 구조는 매체에서의 자신의 상호작용을 통해 끊임없이 선택되는 변화의 경로를 따른다. 체계는 이 매체에서의 상호작용 속에서 자신의 자기생산을 실현시킨다." 그리고 이로부터 다음과 같은 결론이 도출된다. "자기생산적 체계는 자신의 매체와 끊임없는 구조적 연동 관계에 있거나 아니면 해체되거나 둘 중 하나다."[13]

그러므로 여기서 말하려는 사태에는 복잡한 표현들을 통해서만 접근할 수 있다. 유기체적/심리적 체계들과 사회적 체계들 간 상호침투 관계들을 성립시키는 데에 양편에 없어서는 안 되는 것은 **자기생산과 구조의 차이 및 맞물림**이다(자기생산은 자신을 끊임없이 재생산하면서 작용하고, 구조는 불연속적으로 변화하면서 작용한다). 이 상황을 파악하려면 다수의 구분들의 공동 작용을 전제해야 한다. 그 구분들 중 하나만 놓쳐도, 개인과 사회의 관계에 대하여 전혀 생산적이지도 않고 이데올로기로 가득한 케케묵은 토론으로 되돌아가게 된다.

이런 개념 결정을 통해 모든 공동체 신화들과 작별을 고하게 된다. 또는 더 정확히 말하자면, 사회적 체계들의 자기기술의 층위로 밀려난다. 공동체가 인적 체계들과 사회적 체계들의 부분적 융합을 의미

---

13) Humberto R. Maturana, "Man and Society", in: Frank Benseler/Peter M. Hejl/Wolfram K. Köck (Hrsg.), *Autopoiesis, Communication, and Society: The Theory of Autopoietic System in the Social Sciences*, Frankfurt 1980, 1–31 (12). 이 인용에서 "매체"란 사회적 체계를 의미한다. 하지만 그밖에도 사회적 체계들과 그 체계들의 고유한 자기생산에 관한 대가 마투라나의 설명은 그 자신이 생물학자로서 사회적 체계들을 생명체계들로 간주하고 사회적 체계들을 "상호작용하는 생명 체계들의 집합(!)"이라고 불충분하게 파악하는 약점을 드러낸다. 이에 따라 우리가 여기서 상호침투로 이해하려는 사태에 대해서도 충분한 분석을 제시하지 못한다.

하는 것이라면, 이것은 상호침투 개념에 곧바로 위배된다. 이 사실을 규명하기 위해 우리는 포함(Inklusion)과 배제(Exklusion)를 구분하고자 한다. 상호침투는 기여체계들의 복잡성이 수용체계들에 의해 함께 사용된다는 점에서 포용을 유발한다. 그러나 상호침투는 다수의 상호침투 체계들이 이것을 가능케 하기 위해 자신들의 자기생산에서 각자 분리되어야 한다는 점에서 배제를 유발한다. 덜 추상적으로 표현하면 다음과 같다. 사회적 체계에의 참여는 인간에게 고유한 기여를 요구한다. 그리고 인간들을 서로 각자 구분짓고, 서로를 배제하며 행동하게 만든다. 왜냐하면 인간들은 자신들의 기여를 스스로 제출해야 하며, 스스로 그 동기를 고무해야 하기 때문이다. 바로 그들이 협동할 때에는 누가 어떤 기여를 수행하는지를 그 어떤 자연적인 유사성도 거부하며 설명해야 한다. 뒤르켐은 이 통찰을 기계적 연대와 유기적 연대의 차이로서 표현한다. 하지만 그는 상호침투의 다양한 형식을 중시하지 않았고, 더욱 강력한 상호침투가 더 많은 포함과 더 많은 (상호) 배제를 필요로 한다는 점을 중시한다. 이로부터 촉발된 문제는 개인들의 "개별화"(Individualisierung)를 통해 해결될 수 있다고 보았다.

심리적 체계들의 이론을 위한 결론을 이끌어내는 것은 이 장의 범위를 넘어서는 일이다. 하지만 내 추측으로는, 의식철학의 몇몇 주제들과 심지어 야망이 이 맥락에 다시 나타날 것 같다는 정도는 암시해야겠다. 물론 우리는 의식이 주체라는 주장을 기각한다. 의식은 자신에 대해서만 주체일 뿐이다. 그런데도 우리는 자기생산이 의식이라는 매체 속에서 닫혀 있는 동시에 열려 있다는 것을 실감할 수 있다. 자기생산을 수용하거나 적응하거나 개조하거나 교체하거나 포기하는 모든 구조에서 자기생산은 사회적 체계에 결부되어 있다. 이 사정은 "패턴 인식"(pattern recognition) 및 언어 그리고 그 밖의 모든 다른 것에 대해서도 타당하다. 자기생산은 이 연동(Kopplung)에도 불구하고 진정으로 자율적이다. 의식의 자기생산을 이끌고 자기생산을 하는 가운데 자신을 생산할 수 있는 것만이 구조가 될 수 있기 때문이다. 이를 통해 우리는 모든 사회적 경험을 초월하는, 의식의 잠재성과 의미 수요의 유형학에 접근할 수 있게 된다. 의미 수요의 유형학은 모든 특수한 의미 구조가 바뀌는 모든 경우에 고유한 자기생산을 의식에 보장해준다. "생활의 의미 해석" 연구의 맥락에서 디터 헨리히(Dieter Henrich)는 행운과 고난을, 특정한 의미 형식들로서 파악하거나 수정될 수 없어도 전체 의식에 파고드는 의미부여로서 다루었다.[14]

4. (의식과 소통 간) 상호침투에서 구속의 기능: 선택을 통한 구조 강화

상호침투가 자율적인 자기생산과 구조적 연동의 관계를 가능케 한다는 발견을 출발점으로 삼아, 다음 단계에서 "구속"(Bindung) 개념을 끌어 들여서 더 정확히 규정할 수 있다. 그 개념은 구조와 상호침투의 관계에 관련되어야 한다. 구조 형성은 진공 공간에서 가능하지 않으며, 구조형성 체계의 자기생산에만 기초해서도 가능하지 않다. 구조 형성은 "자유로운", 얽매이지 않은 재료들이나 에너지들, 즉 더 추상적으로 표현하면 상호침투 체계들의 아직 완전히 규정되지 않은 가능성들을 전제한다. 그 경우에 구속이란, 발현하는 체계의 구조들을 통해 이러한 열린 가능성들의 사용 의미를 확정하는 것이다. 기

---

14) 이에 대한 도피처들로는 *Philosophische Essays*, Frankfurt 1982, 11 이하를 볼 것.

억의 요구를 통해, 즉 정보의 저장을 통해 신경생리학적 과정들을 구속하는 것을 떠올려볼 수 있다. 우리의 맥락에서는 물론 사회적 체계들을 통해 심리적 가능성들을 구속하는 것이 관건이다.

조율되지 않고 사용되는 여러 비슷한 발상들이 이를 통해 압축되어 단일화될 수 있다. 그 개념은 대개 일상 언어적으로 (또는 기본 개념으로서?) 도입되어 추가 설명이 없이 사용된다. 종종 사용되는 "시간 구속"(time-binding)이라는 표현은 코르집스키(Korzybski)에게서 유래한다. 그 표현은 일단 같은 의미를 사용할 수 있게 유지하는 언어의 성능을 지칭한다.[15] 파슨스는, 마찬가지로 더 자세히 설명하지 않은 채, 양자의 관계가 규정되지 않은 두 가지 상이한 개념을 만든다. 그 두 개념은 패턴 유지를 위한 사회(social)체계의 매체로서의 가치 전념(value commitment) 그리고 정치의 기능으로서의 집합적 차원에서의 구속적 결정이다. 전념(commitment)이라는 표제어 하에서 사회학적이며 사회심리학적인 수많은 연구들을 찾아볼 수 있다. 그 연구들은 정의상 일종의 개인적인 자기의무 부여, 우연성의 배제, 선택 가능성의 제한이나 시간 구속으로 소급될 수도 있다. 이때 대개 (사회심리학적으로) 다른 체계들이나, (사회학적으로) 다른 사회적 체계들에 관련하는 것도 그 개념에 포함된다.[16] 그 개념은 미국의 사

---

15) Alfred Korzybski, *Science and Sanity: An Introduction to Non-aristotelian Systems and General Semantics* (1933), 개정판 3. Aufl. Lakeville Conn. 1949. "신경 체계의 가장 근본적인 속성"으로서 시간 구속을 다루는 연구로는 Karl H. Pribram, *Languages of the Brain*, Englewood Cliffs 1971 (인용 26); 공간과 시간의 구속이라는 사상에서의 우주론적 일반화에 대해서는 Erich Jantsch, *The Self-Organizing Universe: Scientific and Human Implications of the Emerging Paradigm of Evolution*, Oxford 1980, 231 이하를 볼 것.

16) 예를 들어 다음 문헌들을 참조할 것. Thornton B. Roby, "Commitment", *Behavioral Science 5* (1960), 253-264; Helen P. Gouldner, "Dimensions of Organizational Commitment", *Administrative Science Quarterly 4* (1960), 468-

회과학자들이 즐겨 사용하는 긍정적인 일반화를 제공한다.[17] 그러나 더 정확히 살펴보면, 긍정적인 일반화로서의 전념은 무조건 좋은일도 무조건 나쁜 일도 아니다. 전념은 우리를 행복하게 만들 수도불행하게 만들 수도 있고, 도움을 줄 수도 피해를 줄 수도 있는데, 이사정은 심리적 체계 및 사회적 체계에도 해당할 것이다.

오늘날에는, 구속 연구에 대한 다른 갈래로서 구속의 기초에 대한 생각들이 유예되는 경향이 있다. 구속의 기초에 대한 생각은 자연법적으로 타당한 거대 규범들("계약은 준수되어야 한다"(pacta sunt servanda))이나 모든 질서의 최소 요구들("어디로 가야 하는가?")을근거로 삼는 데서부터 시간적 연속들로 미루어진다. 그러한 연속의

490; Howard Becker, "Notes on the Concept of Commitment", *American Journal of Sociology 66* (1960), 32-40; Wilbert E. Moore/ Arnold Feldman, "Spheres of Commitment", (Hrsg.), *Labor Commitment and Social Change in Developing Areas*, New York 1960, 1-77; Clark Kerr et al., *Industrialism and Industrial Man: The Problems of Labour and Management in Economic Growth*, Cambridge Mass. 1960, 특히 170 이하.; Amitai Etzioni, *A Comparative Analysis of Complex Organizations: On Power, Involvement and Their Correlates*, New York 1961; William Kornhauser, "Social Bases of Political Commitment: A Study of Liberals and Radicals", in: Arnold M. Rose (Hrsg.), *Human Behavior and Social Process: An Interactionist Approach*, Boston 1962, 321-339; Alfred Kiesler (Hrsg.), *The Psychology of Commitment: Experiments Linking Behavior to Belief*, New York 1971; Rosabeth Moss Kanter, *Commitment and Community*, Cambridge Mass. 1972; Michael P. Johnson, "Commitment: A Conceptual Structure and Empirical Application", *Sociological Quarterly 14* (1973), 395-406; Paul C. Rosenblatt, "Needed Research on Commitment in Marriage", in: George Levinger/Harold L. Raush (Hrsg.), *Close Relationship: Perspectives on the Meaning of Intimacy*, Amherst Mass. 1977, 73-86. 이러한 증거들이 보여줄 테지만, 그 개념은 1960년대에 산업 시대의 충성심 위기들과 동기화 위기들의 대립 지점을 탐색할 때 유행하게 되었고, 그래서 보다 개인적이고 사적인 것으로 돌렸다.

17) 이에 관해 특히 Ray Holland, *Self and Social Context*, New York 1977을 볼 것.

모든 사건은 선택적 효과를 가진다.[18] 그 결과 어떤 가능성들은 배제되고 다른 가능성들이 열린다. 그렇게 하여 순수하게 사실적인 책임들만 채택되고, 그 다음에는 체계 내에서 규범적으로 해석되고 의무로서 다루어질 수 있는 구속이 도입된다. 이의가 지속되고 의식적인 차이들이 있는데도 반박 불가능성의 층위, "협상된 질서"가 그런 식으로 생겨난다. 이 차이들은 제거되지 않는다. 다만 특화된 연결 작동을 위해서 중립화될 뿐이다.

다른 연구 맥락에서는 "연동"(coupling)이나 "결합"(bonding) 같은 개념들이 나타난다.[19] 그 개념들은 독립적인 (차이)동일성들의 일시적인 접속을 지칭한다. 이 때 관찰자의 관점이 전면에 있다. 그 관점은 (차이)동일성들의 내부로 침투하지 않는다. 그러나 그 관점은 (차이)동일성들이 종종 한데 합치고, 많은 변수들에서는 동일하거나 상

---

18) 예를 들어 Dean E. Hewes, "The Sequential Analysis of Social Interaction", *Quarterly Journal of Speech 65* (1979), 56-73; Ronald W. Manderscheid/Donald Rae/Anne K. McCarrick/Same Silbergeld, "A Stochastic Model of Relational Control in Dyadic Interaction", *American Sociological Review 47* (1982), 62-75 를 참조할 것.

19) Robert B. Glassman, "Persistence and Loose Coupling in Living Systems", *Behavioral Science 18* (1973), 83-98; Karl E. Weick, "Educational Organizations as Loosely Coupled Systems", *Administrative Science Quarterly 21* (1976), 1-19 을 참조할 것. "결합"(bonding)에 관해서는 이를테면 Milan Zeleny, "Self-organization of Living Systems: A Formal Model of Autopoiesis", *International Journal of General Systems 4* (1977), 13-28, 또는 Ricardo B. Uribe, "Modeling Autopoiesis", in: Milan Zeleny (Hrsg.), *Autopoiesis: A Theory of Living Organization,* New York 1981, 51-62에서 그 개념의 용법을 볼 것. 사회학에서는 찰스 루미스(Charles P. Loomis)가 이 점에 대해 큰 반향을 얻지는 못했지만, "체계 연계"(systemic linkage) 개념을 제안했다. "Tentative Types of Directed Social Change Involving Systemic Linkage", *Rural Sociology 24* (1959), 383-390; ders., *Social Systems: Essays on Their Persistence and Change,* Princeton 1960을 볼 것.

보적인 가치들을 수용하거나 또는 특정한 계기에서는 단일 체계처럼 작용한다는 것을 확인할 수 있다.

이렇게 조율되지 않은 채 만들어진 수많은 이론 조각들로부터 기본 사상을 도출해낼 수 있다. 구속들은 선택들을 통해 성립하는데, 특히 다른 가능성들을 (다소간 확실하게) 배제할 수 있는 선택들을 통해서 성립한다. 그것은 그 과정들의 천성적인 성향의 결과가 아니다. 구속들은 가치평가들과 규범들을 사태들에 적용한 결과도 아니며, 더 나은 상태들을 긍정해서 나온 결과 따위도 아니다. 그것들은 방어적인 의미론에서 추후에 그렇게 서술된 것일지도 모른다. 그러나 그것들은 구속들의 발생도 구속들의 내재적인 역사성도 설명하지 않는다. 구속들의 생성은 고도로 우발적이다. 즉 구속 자체의 장점을 통해 동기를 부여받지 않는다. 그러나 상응하는 선택들이 완료되면, 그 선택들은 시간의 비가역성에 근거하여 스스로를 강화하는 경향을 띠게 된다. 이것은 감정이나 또는 정당화하는 평가들의 형식으로 더욱 다듬어진다. 선택적으로 발생한 구속이 더 이상 추후 사용에 넘겨질 수 없다고 설명할 수 있다. 그러면 예를 들어 사랑의 신화에서처럼, 바로 선택의 자유로부터 구속의 장점을 이끌어낼 수 있을 것이다. 그러나 그렇게 하는 것은 선택된 구속의 역설, 모색의 불가피성(necessità cercata)의 역설, 임의적인 숙명의 역설을, 어차피 교체될 수 없는 것을 칭송하는 의미론으로 옮겨놓은 것에 불과하다.

5. 인간들 간 상호침투와 사회적 상호침투: 친밀성 기제

상호침투와 구속의 관계들은 인간과 사회적 체계 간에만 있는 것이 아니다. 그 관계들은 인간들 간에도 있다. 한 인간의 복잡성은 다른 인간에 대해 의미 있고 그 반대 또한 마찬가지이다. 바로 이 사태가 관건일 때에는 우리는 인간들 간 상호침투를 언급하고자 한다.[20] 그리고 먼저 그 사태를 관련지은 다음, 사회화에 관해 언급할 것이다.

상호침투 개념은 이렇게 사용될 때 변화하지 않는다. 이렇게 사용되면서 인간과 인간의 관계는 인간과 사회질서의 관계 같은 동일한 개념으로 옮겨진다.[21] 그렇게 옮겨진 후에는 동일한 것으로 유지되는 바로 그 개념에서는, 그 개념이 어떤 종류의 체계들에 관련되는가에 따라 상이한 현상들이 드러난다.

물론 인간과 인간의 관계는 사회현상으로서 유지된다. 인간들 간의 관계는 사회현상으로서만 사회학의 관심사이다. 이 말은 그 관계들의 성립 조건들과 형식들이 사회적 조건들과 형식들, 즉 또 다른 사회적 조건들에 의존한다는 뜻만은 아니다. 뿐만 아니라 사회적 조건들과 형식들은 인간들이 상호간에 고유복잡성으로서 내어주는 것 안으로도 들어간다. 인간들은 오직 사회라는 사회적 체계에 의존해서만 현재의 그 모습처럼 복잡해질 수 있다. 엄격하게 형식적인 복잡성 개념의 의미에서 그렇다.[22] 이렇게 관련짓는 것은 인간들 간 상호

---

20) 용어학에 관한 참고사항: 나는 종래의 용어 사용과 달리 여기서는 개인들 간 상호침투를 거론하고 있다. 왜냐하면 신체 행동도 관련되어야 하기 때문이며, 그래서 심리적인 것은 사회적으로 구성된 개성의 형식으로서 전제되어서는 안 되기 때문이다.

21) 이러한 이중적인 질문이 암시하는 의미론적 전통에 관해서는 Niklas Luhmann, "Wie ist soziale Ordnung möglich?", in ders., *Gesellschaftsstruktur und Semantik Bd. 2*, Frankfurt 1981, 195-285를 참조할 것.

22) 여기서는 비슷하게 진술하는 다른 설명들과의 비교가 적절할 것이다. 오늘날에는 개별성 또는 동일성 개념이 위의 본문에서 복잡성을 언급하는 곳에 위치지어지는 경우가 많다. 하지만 그렇게 하면 개별성 및 동일성을 '더 많은'과 '더 적은'의 비교에 관련된 사회적으로 상승될 수 있는 사태로 간주할 경우 그

침투 현상이 그러한 현상으로서 연구될 수 있음을 배제하지 않는다. 이때 역사적으로 상대적인 현상을 염두에 둔다는 점에 언제나 주목해야 한다. 즉 진화에서 변화하는, 인간 구성의 사회적 전제들 때문에 역사적으로 상대적인 현상을 염두에 둔다. 또한 인간들과 사회적 체계들의 그때마다 전제될 수 있는 상호 침투를 통해 역사적으로 상대적이라는 것이다.

우리는 더 잘 표현해내기 위해, 인간들 간 상호침투를 **친밀하다** (intim)고 지칭하고자 한다. 친밀성 개념은 이를테면 상승 능력이 있는 사태의 의미에서 취한 것이다. 친밀성은 어떤 인간의 개인적인 체험과 신체 행동의 영역에 다른 사람이 더욱 접근할 수 있고 중요해지며 그래서 이 사태가 서로 어울리게 될 때 나타난다. 이것은 오직 이중 우연성이 개인적 귀속을 통해 조작될 때만 가능하다. 타자의 행동은 그 경우에는 단순히 상황 순응적으로 진행되지 않는다. 그것은 내부 조종된 선택으로서 경험된다. 그것은 타자의 세계의 복잡성[23]에 의해 조건지어졌으며, 단순히 (그 안에서 타자가 다른 것들과 함께 나타나는) 자아의 환경의 복잡성에 의해 조건지어진 것이 아니다. 타자는 자기를 자신의 세계 안에 자리 잡는 것으로 경험한다. 타자 자신이 자신의 세계로부터 행위한다는 이 전제는 친밀성의 토대가 되는 그런 종류의 인물에의 귀속을 가능하게 한다.

것이 무슨 뜻인지를 정확히 밝혀야 하는 문제가 생긴다('복잡성'에 대해서는 그런 설명이, 개념의 다차원성에 직면해 볼 때 꽤 난해하긴 하지만, 개별성/동일성의 경우에서만큼 절망적인 것은 아니다.) 그밖에도 그 두 이론 버전의 차이는 겉보기보다 그리 심하지 않다. 왜냐하면 복잡성 개념 또한 항상 복잡한 것의 (차이)동일성을 가리키는 것이지, 방출되는 다수성과 배가성 그 자체를 가리키는 것은 아니기 때문이다.

23) 위의 418 이하에서 언급된 의미에서의 세계, 즉 이중 지평을 가지는 체계/환경-관계들이라는 의미에서의 세계를 뜻한다.

따라서 친밀성의 발생(Genese)은—진화사적으로 그리고 개별 사례에서—이기주의와 이타주의의 도식으로서 포착하려 한다면 충분히 파악될 수 없다(이 도식이 귀속 과정을 함께 운반하며 이른바 인식을 지원하더라도 말이다). 이에 따라 교호적 보상의 이념을 가지고 연구하는 이론은 쟁점을 놓치게 된다. 대략 말하자면, 우리는 선물 때문에 사랑하는 것이 아니라 선물의 의미 때문에 사랑한다. 이 의미는 보상 이전에 있는 것이 아니며, 고유한 욕구를 우회적으로 다른 방식으로 간접 만족시키는 데에 있는 것도 아니다.[24] 그 의미는 상호 침투 그 자체에 있다. 그 의미는 성과에 있는 것이 아니라, 친밀성 안에서 자신의 생명의 계기로서 획득하는 타자의 생명의 복잡성에 있다. 그 의미는 새로운 종류의 발현적 현실, 이를테면 17세기 이래 사랑의 의미론이 말할 수 있는 바처럼, 보통의 세계에 직교하여 고유한 세계를 만들어내는 발현적 현실에 있는 것이다.[25]

우정이라는 제목 하에서 18세기에 이르기까지 확산된 장구한 전통과 달리, 개인적 관계들의 친밀성 속에서 사회적 체계들의 완전성 형식이나 심지어 사회의 원래의 '중심'(Mitte)을 목격하는 것은 가능하지 않다. 친밀성의 상승은 상응하는 소체계들의 기능적 분화에 의해 조건지어진다. 친밀성이 상승된 결과 근본적인 관점에서는 비전형적인 행동을 요구하거나, 또는 종종 전제되듯이 지속적으로 보장되

---

24) 이 관점은 18세기에 끊임없이 발견되지만, 현대 심리학자들에게도 발견된다. 예를 들어 (이중 우연성에 상응하는 이론으로 넘어가는 과정에 있는) Robert R. Sears, "A Theoretical Framework for Personality and Social Behavior", *American Psychologist 6* (1951), 476-483—더욱이 그는 (위 본문에서 시도된 표현들에 나타나는) 개인들이 '행위를 위한 잠재성'(potentiality for action)으로서 상호작용에 들어선다는 견해를 가진다.

25) Niklas Luhmann, *Liebe als Passion: Zur Codierung von Intimität*, Frankfurt 1982 은 이 점을 자세히 다루었다.

어야 할 행동조차 요구하지 않을 수도 있다. 친밀성은 귀속의 특수한 형식에 의존하고 있기 때문에 일상화될 수 없다. 17세기의 사랑 약호에서 친밀성의 일상화는 '무절제'의 요구로서 선포되었고, 18세기에는 세련미(Raffinement)로서, 19세기에는 노동세계로부터의 도피로서 선포되었다.[26]

이 모든 변형에 나타난 안정적인 구성요소들은 사회적 형식들, 즉 개별 인간들의 개별화가 증가하고 사회적 접촉에서 이 개별성의 인정을 감안할 수 있는 형식들에 대한 관심이다. '자아'(das Ich)는 그에게만 귀속될 수 있는 특수한 특징들과 함께 '자아' 그 자체가 연루된 소통 대상이다. 자아는 스스로를 서술하고, 그 자신이 관찰된다. 즉 규범 충족의 관점뿐만 아니라 고도로 개인적인 독자성의 관점에서 관찰된다. 자아구속적인 인성에 대한 이 관심이 사회전체적으로 그리고 문화적으로 충분히 관철될 때에야 비로소 친밀 관계들, 즉 누구나 자신의 가장 고유한 것을 투입하여 더 좋은 것으로 돌려 받는 친밀 관계들의 분화에 도달한다.

인간들 간 친밀한 상호침투라는 이 현상에는 우리가 오늘날 일반적으로 보는 것보다 더 많은 설명이 필요하다. 우리는 그 설명을 위해 귀속이론적인 고려를 참조할 것이다. 사회적으로 자신 이외의 근거를 갖고 있지 않으며 그 자체로 매우 비개연적인 둘만의 친밀 관계에 들어서는 사람은[27] 지향 지점들, 즉 처음에는 개연적인 분열이 그

---

26) 임의로 선택되었지만 전형적인 보기로 다음 문헌을 볼 것. Charles Jaulnay, *Questions d'amour ou conversations galantes: Dediées aux Belles* (Paris, 1671); Bussy Rabutin, *Histoire amoureuse des Gaules*, 4 vols., 신판본 (Paris, 1856; 재판본, Nendeln/Liechtenstein, 1972), 특히 1: 347-98; Claude Crébillon (fils), *Les Égarements du coeur et de l'esprit* (1736), Oeuvres complètes, vol. 3 (London, 1777); *Jules Michelet, L'Amour* (Paris, 1858)에서 재인용.

27) 이러한 위험에 관해서 Philip E. Slater, "On Social Regression", *American*

에게 비개연적인 것으로 보이는 지향 지점들을 발견해야 한다. 그는 엔트로피에 맞서는 이러한 노력에서 자신의 상대방이라는 개별적인 인물에만 관련해야 한다. 모든 다른 자원들은 인간들 간 상호침투에 특화된 그 체계 외부에 놓여 있다. 그래서 그는 상대방의 행동을 안정적인 개별적 특성, 즉 상대방이 바로 이 친밀 관계에 관심을 기울이는 일을 납득시키는 데 적합한 특성의 관점에서 해석한다. 타자의 자아는 약간 역설적인 귀속의 관련점이 된다. 그 자아는 안정적인 성질들을 인식 가능하게 제시하는 동시에, 타자를 지향하여 자기 자신을 초월하겠다는 자세를 따라야 한다. 그러니까 자신의 관심들과 습관들만 따르지는 않을 것임을 인정해야 한다.[28]

이 역설은 상대방이 단순히 특징들이나 속성들의 합계로서 파악되는 것이 아니라, 개별화된 세계 관계로서 파악될 때에만 해소될 수 있다.[29] 그렇게 해소되면, 상대방의 세계 안에서 그가 주목하는 사람이 나타나서, 그의 세계에서 특수한 의미를 얻을 수 있다는 사실을 이해하게 된다. 타자가 자신을 사랑하는지를 자문하는 자아는, 타자를 타자적 자아(alter Ego)로 보아야 한다. 그리고 자아는 타자로서 그 타자적 자아에 대해 자기 자신을 벗어나겠다는 동기가 된다. 다른 자아로서 달라질 경우에도, 자신의 습관과 달리 행위할 경우에도, 자신의 관심을 철회할 경우에도, 그 자체로서 지속성을 보장하는 다른 자아로의 귀속은 이중 우연성만 전제하는 것이 아니다. 그것은 이러

Sociological Review 28 (1963), 339-364를 볼 것.

28) 기초 성향에 따른 귀속에 대한 이러한 요구들에 관해서 Harold H. Kelley, *Personal Relationships: Their Structures and Processes,* Hillsdale N. J. New York 1979, 특히 93 이하를 참조할 것.

29) 이 개념의 정식화는 알다시피 낭만주의자들과 신인본주의자들, 특히 빌헬름 폰 훔볼트(Wilhelm von Humboldt)에게 빚지고 있다.

한 이중 우연성 조건에서 상호침투하는 '체계/환경-관계들'도 전제한다. 그렇게 전제하여 비로소, 자신의 자아를 타자의 세계 안에 위치지우고, 다른 자아가 자신의 세계 안에 위치지우는 이해가 가능해진다.

낡은 이론들은 그러한 사태들을 다소 동어반복적으로만 표현해 낼 수 있다. 그 이론들은 ("수면제"(vis dormitiva)라는 문장이 수면을 설명할 수 없다는 경고에도 불구하고) 감정이입, 공감, 동정 같은 능력들로 소급했다.[30] 이와 달리 귀속이론은 관찰 가능한 행동에서 출발하여 인물들이 이 행동을 어떻게 그 본연의 원인으로 귀속시키는지를 묻는다. 그리고 귀속이론은 귀속의 조건들과 형식들을 분석할 때 비로소, 비개연적인 요구들, 문화와 상호작용에 의존하는 요구들, 예전에는 동정으로서 기대했던 것에 상응하는 요구들을 도입한다. 그 요구들은 앞의 설명들에서 충분히 입증되겠지만, 훨씬 복잡한 이론 도구가 되는데, 그 설명의 성과도 커질 것이다. 그밖에도 친밀 관계들에 관련되어 현안이 된 수많은 개별 질문들과의 연결 능력을 얻게 될 것이다. 역설적이며 다수의 의미 층위들에서 동시에 진행되는 귀속 문제를 활용하면, 예를 들어 친밀성의 발생과 재생산이 매우 세련된 상황 인식과 주변 환경(Milieu) 인식, 즉 많은 문화를 전제한다는

---

30) 이 귀속이론이 매우 민감한 기술(記述)들을 가능하게 했다는 점은 당연히 인정받을 만하다. 이를테면 Max Scheler, *Wesen und Formen der Sympathie*, 5. Aufl. Frankfurt 1948을 볼 것. 또한 그러한 개념들을 바탕으로 계속 진행되는 경험 연구로는 예를 들어 Glenn M. Vernon/Robert L. Stewart, "Empathy as a Process in the Dating Situation", *American Sociological Review 22* (1957), 48-52; Charles W. Hobart/ Nancy Fahlberg, "The Measurement of Empathy", *American Journal of Sociology 70* (1965), 595-603을 참조할 것. 그밖에도 로랑 위스페(Laureen G. Wispé)의 논문 "Sympathy and Empathy" in: *International Encyclopedia of the Social Sciences Bd. 15*, New York 1968, 441-447을 볼 것.

사실이 분명히 드러난다. 왜냐하면 그러한 기초에서만 충분히 섬세한 관찰과 귀속이 가능하기 때문이다. 그래서 친밀성은 처음에는 상위 사회 계층에서만 가능하다고 여겨지는데, 이를테면 사교활동, 축제 등의 세련된 형식이 친밀관계를 개시하기 위한 상황적 맥락으로서의 가치를 가진다.[31] 청년 베르테르는 이미 일상 활동의 넓은 범위 안에서 관찰한다. 그래서 낭만적 사랑의 의미론은 갈수록 더 많이 자신의 감정을 울리는 메아리로서 전체 자연을 고려하게 된다.

그러나 세계를 자신 안에 수용하는 주체의 의미론에서 확인되는 바로 이러한 확장은 기대들과 민감성들을 만들어내는데, 이것들이 새로운 문제를 야기한다. (어쨌든 아직 확실한 근거는 없는) 경험적인 발견들에 기초한다면, 행위자들과 관찰자들 간 일반적인 귀속 차이들은[32], 비록 친밀 관계에서 행위자들로서의 지위 및 관찰자로서의 지위가 양편에서 거의 동시에 실현될 수 있는데도, 바로 이러한 친밀 관계들에서도 확인될 수 있다고 전제해야 한다.[33] 행위자들은 상황

---

31) Stendhal, *De l'amour* (1822), Paris 1959, 33-34의 증언을 참조할 것. 그밖에도 예를 들어 Christian Garve, *Ueber Gesellschaft und Einsamkeit Bd. 1,* Breslau 1797, 308 이하를 참조할 것.

32) Edward E. Jones/Richard E. Nisbett, "The Actor and the Observer: Divergent Perceptions of the Causes of Behavior", in: Edward E. Jones et al., *Attribution: Perceiving the Causes of Behavior,* Morristown N. J. 1971, 79-94 을 참조할 것. 그간 세분화된 서술로는 Harold H. Kelley, "An Application of Attribution Theory to Research Methodology for Close Relationships", in: George Levinger/Harold L. Raush (Hrsg.), *Close Relationships: Perspectives on the Meaning of Intimacy,* Amherst Mass. 1977, 87-113(96이하)도 참조할 것.

33) 이에 대해서 (훨씬 일반적인 자료들에 근거하는), Kelley a. a. O. (1979), 101의 표 4.2를 볼 것. 이 표에서 행위자는 11.4%의 자기귀속의 설명 부분을 가지며, 상대방은 행위자에게 33.9%의 인과성을 귀속시킨다. 행위자는 자기 행동의 3.3%를 상대방에 대한 부정적인 태도로 소급시키고 상대방은 12.9%를 소급시킨다.

을 더 많이 지향하며, 관찰자들은 인물들(Personen)의 속성을 더 많이 감안한다. 그리고 이것은 신뢰나 사랑을 가늠하여 상대편의 안정된 태도를 예상할 수 있을지 알고 싶어 하는 관찰자들의 경우에 더욱타당할 것이다. 그래서 운전자는 상황에 대처할 최고의 운전기술이있다고 확신하여 대담하게 운전하는 반면, 동승자들은 그 운전자를관찰하면서 그의 특이한 운전 행동을 인물의 속성으로 귀속시킨다.그리고 그 동승자는 운전자가 자신에게 중요한 사람이고 자신이 운전자의 배려를 받고 있음을 기대할 수 있다고 생각하면, 자신이라면어떻게 운전할 것인지, 아니면 그런 식으로 운전할 때의 승차감을 느끼고 싶다는 것을 분명하게 짚어서 통보해야겠다고 생각한다. 반면운전자는 그때마다 자신의 행동의 이유들을 이미 거쳐 왔는데, 좌우간 그 이유들을 체험했다면 상황의 맥락에서 체험한 것이지 그 체험을 자신과 동승자의 관계라는 층위에까지 옮겨서 생각하고 있는 것은 아니다. 그래서 결혼은 천상에서 맺어지지만, 자동차 안에서 갈라선다. 왜냐하면 대체로 소통으로 다루어낼 수 없는 귀속의 갈등들에직면하기 때문이다.[34]

이러한 특수 문제를 제쳐 놓더라도, 친밀관계들의 갈등 잠재성이높다는 점은 익히 알려져 있다. 어쩌면 바로 여기서 일상 행동과 역할 이해의 층위에서 생기는 갈등은 소통의 메타 층위에서 상호침투를 전제하여 봉합될 수 있다고 기대할 것이다. 알다시피 사소한 분쟁

---

34) 여기서 행위자 및 관찰자의 입장이 기술적(技術的)으로 분리되었으며 단기적으로 교체될 수 없게 고정되었다는 점에서, 이 보기는 극단적으로 선택된 것이다. 이러한 분화의 위험성은 해결책을 인식할 수 있게 해준다. 즉 경직된 역할 분화와 당연한 역할 분화(남자는 늘 운전하고, 여자는 남자를 경탄해야 한다)또는 (이 보기에서는 곧바로 실행될 수 없는) 고밀도의 행위/관찰-연속들을,이를테면 신체 접촉을 통해서나 대화에서 인식할 수 있게 해준다.

들은 결국 중요한 것이 아니며, 그러한 분쟁 때문에 스스로 흔들려서는 안 될 어떤 이해 상태가 있는 것이다. 그런데 바로 이러한 층위 차이는 불확실한 것이며, 상대방이 인물의 행동을 감안하고 관계를 유지한다는 그러한 태도를 (아직) 갖고 있는지를 그 행동에서 읽어내려고 하여 끊임없이 위기에 처하게 된다.[35]

　이런 종류의 여타의 분석들을 얼마든지 덧붙일 수 있다. 하지만 그 분석들은 어차피 명확해지게 될 것을 입증할 뿐이다. 인간들이 서로에 대해 의미하는 바는, 기능적 특화를 향해 창출된 모든 것처럼 특별한 요구들과 부담을 감당해내야 하는 특별한 사회적 체계들의 분화를 통해서만 뚜렷하게 강화될 수 있다. 그러한 친밀한 구속들 또한 종교적, 정치적, 직업적인 종류의 여타의 '더 중요한' 사회적 의무들에 순종하도록 유혹한다.[36] 그래서 사람들은 그런 의무들을 자주 깨닫지 못하며, 그래서 마지못해 허용한다. 친구가 친구에게 의미하는 것이 매우 환영받듯이, 우정의 가치를 서술하는 것은 사회 순응적인 개념들에 얽매여 있다. 현대사회로 넘어오면서 비로소 보다 자유롭고 보다 개별적인 가능성들이 형성된다. 역사적으로 그리고 이론적으로 보면, 인간은 인간들 간 상호침투를 통해 생성된 것이 아니라 사회적 상호침투를 통해 생성되었다. 그리고 현대사회는 상당히 나중에서야 사회적 상호침투와 인간들 간 심화된 상호침투가 동시 발생하는 특수 사례를 가능하게 만들었다.

---

35) 이에 대해서 Harriet B. Braiker/Harold H. Kelley, "Conflict in the Development of Close Relationships", in: Robert L. Burgess/Ted L. Huston (Hrsg.), *Social Exchange in Developing Relationships*, New York 1979, 135-168을 참조할 것.

36) 그것은 이미 고대에 많이 논의된 주제이다. 그 주제에 관해 Fritz-Arthur Steinmetz, *Die Freundschaftslehre des Panaitios,* Wiesbaden 1967을 참조할 것.

따라서 인간들 간 상호침투는 말할 것도 없이 소통을 통해서만, 즉 사회적 체계의 형성을 통해서만 가능하다. 그런데도 인간들 간 상호침투와 사회적 상호침투의 구분을 고수해야 하는데, 분석적인 이유에서만 그런 것은 아니다. 인간들 간 상호침투는 소통 가능성들을 넘어선다. 이로써 상호침투는 언어적 가능성들의 경계만 지시하는 것이 아니며, 신체적 접촉의 의미만 의도하는 것도 아니다. 오히려 친밀성은 소통 불가능한 것을 포함하며, 이로써 소통 불가능한 것의 경험도 포함한다. 타자는 자아에게 있어, 자아가 타자에게 통보할 수 없는 관점들에서 중요하다. 그것을 통보할 단어들만 없는 것이 아니다. 소통의 시간만 없는 것도 아니다. 상대가 감당해낼 수 없을 소통을 타자에게 면제해 주는 것만이 중요한 것도 아니다. 소통 자체는 소통이 통보하려는 것에, 통보로서 의도되지 않은 어떤 의미를 줄 수 있다. 그리고 사람들은 친밀성의 조건에서 이것을 알거나 느끼기 때문에 그러한 통보를 하지 않는다. 그런 경우에 실패하는 것은 소통의 원칙, 즉 정보와 통보의 차이이다. 그 차이는 통보를 통보로서 선택적인 반응을 요구하는 사건이 되도록 만든다. 친밀성의 조건 하에서 이러한 반응 의무는 첨예화되지도 않으며, 첨예화된 것으로 예상되지도 않는다. 사람들은 서로를 너무 잘 안다. 대답되어야 할 어떤 동작을 새로 만들어내지 않으면서 피해갈 수도 없다. 남는 것은 침묵이다.

모든 사회적 개념 설정에서 상호작용에 근접하게 개념을 상정했던 바로 그 계몽의 세기가 이 문제에 맞닥뜨린 것은 아마 우발이 아닐 것이다. 그 이후로는 형식을 의도적으로 장난스레 조작하는 일에서부터 역설화, 반어, 냉소주의를 거쳐, 유일하게 아직 남아 있는 긍정적인 것으로서 섹스 문제에 집중하는 데 이르기까지 매우 풍부한 평계들의 목록이 다시는 제시되지 않는다. 이 모든 것에서는 소통의 실수가 관건이다. 그리고 어떤 형식에서 일부러 소통 실수를 저지르고 그 다음에도 다시 실수를 저지를 수밖에 없었는지를 묻게 된다. 친밀성을 발견한 이후로 사람들은 이 문제를 깨닫는다. 그러나 그 문제는 타당한 형식을 거치는 어떤 이해 방식으로도 파악되지 못한 것처럼 보인다. 그래서 사회학은 침묵하는 사랑을 위한 제안들을 완성시킬 최후의 형식으로서 호출된다.

6. 이항도식의 실행자로서 상호침투

상호침투는 적절하게 해결될 수 없는 정보처리 과제를 참여체계들에게 맡긴다. 그것은 사회적 상호침투와 인간들 간 상호침투에 대해서도 마찬가지이다. 상호침투 체계들은 각각 다른 체계의 복잡성의 변이 가능성들을 결코 남김없이 이용할 수 없다. 즉 변이 가능성들을 자신의 체계 안으로 완전히 옮겨올 수 없다는 뜻이다. 이런 의미에서 항상 다음 사항이 준수되어야 한다. 신경세포는 신경체계의 부분이 아니다. 인간은 사회의 부분이 아니다. 이것을 전제한다면 우리는 더 정확하게 질문해야 한다. 위의 전제에도 불구하고 각각 다른 체계의 복잡성을 자기 체계의 구축을 위해 사용하는 것이 어떻게 가능할 것인가? 심리적 체계와 사회적 체계의 영역에서, 유의미하게 처리하는 체계들에서, 그 대답은 이항적 도식화를 통해 가능하다는 것이다.

통합은 복잡성을 복잡성에 연결한다고 실행되는 것은 아니다. 통합은 상이한 체계들의 점-대-점-조응으로 이루어져 그 결과 모든 의식 사건에 사회적 사건이 상응하고 그 역도 타당해지는 방식으로 실행되는 것이 아니다. 어떤 체계도 다른 체계의 복잡성을 이러한 방식으로 사용할 수 없다. 체계는 그 경우라면 그에 상응하는 고유한 복잡성을 조달해야 할 것이다. 그 대신 다른 길을 찾아야 한다. 그 길은 요소들과 관계들의 사용에서, 의도적인 주목과 소통 시간의 사용에서 '더 경제적'이어야 한다.

첫 번째 답변 시도는 (나중에 다시 파기되어야 하겠지만) 탤컷 파슨스의 일반 행위체계이론을 참조하여 표현될 수 있다. 파슨스의 시도는 규범적으로 보증된 구조 연관에서 출발한다.[37] 이로부터, 모든 상호침투가 순응과 일탈의 도식으로 옮겨진다는 결론에 도달한다. 규범은 자신의 현실 투사를 결코 완전히 관철시킬 수 없다. 그래서 규범은 실재에서 분열 과정으로서, 순응과 일탈의 차이로서 나타난다. 규범의 규제 영역 내의 모든 사실들은 한 가능성이나 다른 가능성을 실현시키는가에 따라 분류된다. 그리고 어떤 가능성이 실현되는가에 따라 다른 연결들이 선택된다.

이 말은, 인간과 사회적 체계의 상호침투의 경우에는 행위의 사회적 의미가 일차적으로 행위가 규범에 상응하는가의 여부에 따라 판단된다는 뜻이다. 다른 가능한 의미관련들, 예컨대 사회적 의미 안에 어떤 특성이 나타나는지는 고려 사항이 아니다. 사회질서는 이미 거의 법질서로서 확인된다. 그러한 선이해를 바탕으로 유럽에서는 중세에서 시작하여 근세에 이르기까지 '자연법' 개념이 명확해진다. 그 개념은 질서가 그 자체로부터 항상 이런 순응과 일탈의 도식이며, 질서는 그런 식으로 자연으로서 성장했다고 진술한다.

---

37) 이론기법 상으로 보면, 규범적 구조 보증은 "차선의" 이론 형식으로서 도입된다. 즉 위와 마찬가지로 재해체를 위해 처분에 맡겨진다. 이런 의미에서 파슨스는 '구조기능주의'를 언급했던 것이다. 그것에 만족해야 한다는 사실은 실재의 복잡성, 즉 환원에서부터 시작하도록 이론가들을 종용한다. 이렇게 하는 이유는 이론가가 실재에서 이미 발견하는 (규범적!) 환원들에 접속시키도록 종용하는 그러한 복잡성에 있다.

그러한 도식화가 인간의 인물 형성에 끼쳤을 결과들에 대해서는 충분히 연구되지 않는다. 그 도식화는 사회적인 것이 인간에게는 다만 (또는 적어도 일차적으로) 규범 준수 또는 일탈의 도식으로서 중요하다는 뜻일 것이다. 인간은 이렇게 환원된 형식으로 자신의 체계 구축에 그 사회적 복잡성을 이용할 수 있다. 규범 도식은 성공과 실패를, 적어도 수용과 거부를 구조화하며, 그리하여 개인의 인생사에서 이쪽이나 다른 쪽으로 굳어진다는 것을 시사한다. 차이가 행동과 연결 경험을 더욱 분명하게 선구조화할수록, 사회화의 비가역적 진행이 이런저런 경로를 밟는 것이 더 확실해진다.

규범 도식은 상호침투 연관성에서 복잡성을 두 면으로 환원시킨 것으로서 작용한다. 그리고 규범 도식은 두 방향에서 차이로서 작용한다. 규범 도식은 사회적 체계들에 대해서는 비교적 쉽게 도달 가능한 질서 보증이다. 그것은 규범이 변이하고 일탈행동의 제재를 위한 기제들이 효과를 발휘할 수 있을 경우에 특히 그러하다. 이 말은 사회체계에 대해 정치와 법이라는 기능 영역이 우위에 있다는 뜻이다. 인물들이 그러한 조건에서 성공을 거두는지의 여부와 그 방식은 훨씬 불확실하다. 인물들이 그 기준에 따라 분류되고 양지와 음지에 정착할 수도 있다. 하지만 인물 형성이 더욱 개별화될 때에는 '배제된 제3항'의 재활성화를 감안해야 한다. 규범 도식은 그 자체로서는 더 이상 수용되지 않는다. 규범 도식은 질서를 구축하는 기법의 측면에서 분명하게 필수적이지만, 최후의 의미 진술 운반자로서의 자격을 잃는다. 여전히 이 도식에 완전히 얽매여서 구조들을 규범적으로 정의하는 파슨스의 이론에서조차도 배제된 제3항은 예외로서 나타난다. 즉 우리가 배제된 제3항을 추정하는 바로 그곳에서도 예외로서 여겨진다. 인물지향적인 행동, 교육이나 그 밖의 치료 노력에서 '관대한' 입장들이 허용된다. 심지어 전문가 윤리에 따라 요구되기도 한다.[38] 그러나 무엇보다도 개별화된 인물들은 이제 모든 가능한 종류의 항의운동을 위한 은밀한 목록을 형성한다. 그리고 타당한 규범들을 원래는 기대할 수 없는 요구들로서 다루는 상호이해가 인물들 간에는 보다 쉽게 이루어진다.

그러한 현상들은 이론의 기초를 검토할 충분한 계기가 될 것이다. 그래서 우리는 규범 개념을 다루는 일 자체를 당분간 보류할 수밖에 없다.[39] 현재로서는 규범 도식을 이항적 도식주의로 간주하고 그 도식을 상호침투적인 관계들의 연관 속으로 역투사해서, 결국에는 달리 실행될 수도 있을 복잡성의 환원으로서 서술하는 것만이 관건이다. 그래서 우리는 체계들이 자신을 구축할 때 다른 체계들의 복잡성으로서 사용하는 그 복잡성을 어떻게 다룰 수 있는지에 대한 질문을 다시 시작하고자 한다.

의미체계들에 대해 가능한 첫 번째 변형 단계는 복잡성을 체계의 작동들의 특수 지평으로서 파악하는 데에 있다. 사람들은 완전히 정의될 수는 없는 다른 가능성들을 배경으로 규정된 일을 하거나 규정된 것을 본다. 복잡성 개념은 종종 정확한 계산에 필수적인 정보의 결핍으로서 이해된다.[40] 상호침투 체계들은 그로 인해, 복잡성을 굳이 포기하지 않고도 부담을 덜게 된다. 그 체계들은 (얼마나 유의미하게 채워졌든) 다른 체계의 심연을 향할 수 있다. 그 체계들은 관찰하고 규명해가면서 이 심연에 진입하려고 시도할 수 있는데, 탄탄한 밑바닥에까지 도달하지는 못한다.

---

38) 주저하며 조심스럽고 이론적으로 통제되지 않은(!) 양보의 표현으로는 예를 들어 in: *The Social System,* Glencoe Ill. 1951, 235, 299 이하도 참조할 것.
39) 우리는 이 점을 아래의 제8장, 12절에서 사회적 체계들의 구조 형성을 설명할 때 다시 다루도록 하겠다.
40) 위의 119-120을 참조할 것.

그것은 기능하는 복잡성이 가지는 지평적인 속성에서 이미 나타난다. 상호침투 관계의 경우에는 관찰과 탐색의 모든 작동이 그 대상을 동시에 변화시킨다는 사실이 추가된다. 그 작동은 두 체계 모두에서의 작동이다. 그 작동 자체가 스스로를 자신의 대상의 부분으로 만든다. 그 작동의 '객체'는 정지 상태에 머물러 있지 않고, 작동을 자신 안에 수용하고 이로써 스스로 변화한다. 예를 들어 사람들은 어떤 제안의 합의 능력을 어떤 사회적 체계에서 검토하며, 이 작동과 함께 사회적 체계에서 합의 조건들을 변화시킨다. 사람들은 그 조건이 중요하다는 것을 알려 준다. 그리고 다른 사람들이 동의하는지의 여부를 스스로 알기 전에 자기 자신을 구속한다. 그리하여 동의나 거절의 대안을 형성하고, 이렇게 첨예화하여 이전에는 그런 식으로는(또는 적어도 지금 볼 수 있는 사회적 귀결들을 수반하는 모습으로) 전혀 존재하지 않았던, 긍정 및 부정을 위한 연결 가능성들을 창출한다.

원칙적으로 합의 능력을 가늠해보는 '타진'(sounding out)은 언제라도 항상 가능한 작동이다.[41] 그러나 여기서도 작동과, 그 다음에 작동을 추적할 때의 집요함(이나 단념할 때의 신속성)이 상황을 변화시키며 또한 후속 가능성들의 지평을 변화시킨다. 그러나 후속 탐색이 계속하여 어떻게 진행되든 언젠가는 시도를 종료하고 다른 사안으로 돌아서야 할 필연성이 제기된다. 그래서 유의미한 모든 체험의 지평 구조에 이미 속개 또는 중단이냐라는 이항적 도식주의가 설치된다.

이를 바탕으로 두 체계들에 의해 요구되는 요소들의 도식화에 이르게 된다. 그 체계들의 우연성은 차이로서 해석되고, 특정한 의미 도

---

41) 그 점에 관해 Johan P. Olsen, "Voting 'Sounding Out' and the Governance of Modern Organizations", *Acta Sociologica 15* (1972), 267-283을 참조할 것.

식이 이 차이의 근거가 된다. 그러면 이 의미 도식은 필요에 따라 더 정밀해질 수도 있고 다른 도식들과 구분될 수도 있다. 상호침투 체계들에 의해 상이한 방식으로 요구될 수 있는 구조화된 개방성은 이러한 방식으로 개별 요소에서 만들어진다. 통합은 결국 기초가 되는 (실체적이며, 주체의 속성을 가지는) 동일성에 있지 않고, (흔히 말하듯이) 체계들의 부분적인 중첩에 있지도 않다. 동일성은 상이한 체계들이 각각 다른 체계의 복잡한 작동들에서 만들어지는 정보를 처리하기 위해, 자신들의 요소들을 재생산할 때 동일한 차이 도식을 사용한다는 점에 있다. (차이)동일성이 아니라 차이가 상호침투의 공식이다. 그리고 그 공식은 체계들의 '있음'이 아니라, 체계들의 작동적 재생산에 관련된다.

이러한 기본적인 이론적 설명의 층위에서는 서술은 추상적일 수밖에 없다. 왜냐하면 그 서술은 의식 및 소통을 전제하며, 그래서 심리적 체계들 나아가 사회적 체계들에 대해서만 타당한 개념으로 고정될 수 없기 때문이다. 그러나 기본 문제를 사회적 상호침투의 경우에 관련짓는다면 문제를 쉽게 명료화할 수 있다. 여기서는 의식이 소통의 재생산을 위해 사용되는 동시에 소통이 의식의 재생산을 위해 사용되는데, 이때 그 둘은 서로 뒤섞이지 않는다. 체계들이 분리된 상태로 유지되고 그리고 요소들이 각각 선택적으로 접속되면서 재생산 맥락들이 분리된 상태로 유지되는 것이 재생산의 전제 그 자체이다. 의식 동작은 소통의 동기에서 (또는 다른 종류의 의미 경험의 동기에서도) 다른 의식 동작들과 관련되면서 규정된다. 이와 비슷하게 소통적 사건은 다른 소통적 사건들과 관련되면서 규정되는데, 이때 복수의 심리적 체계들의 의식과 그 밖의 세계 사태들의 자기선택적인 변이들도 요구된다. 사건 발생의 구조는 양 쪽에서 비슷하다. 그 구조는 상호침투를 가능케 하며, 이로써 제각기 상이한 정보 처리를 가능케 한다. 결합을 가능케 하는 것은, 이러한 재생산의 쌍방 전제함과 상호침투의 지속적인 절합을 가능케 하는 의미 형식, 즉 도식화될 수 있는 차이의 의미 형식이다.

상호침투 체계들의 복잡성 문제를 배경으로 이항적 도식주의의 일반적으로 알려진 기술적 장점이 특별히 명확해진다. 사람들은 스스로 도식을 규정할 때, 다른 체계에 두 가능성 간 선택을 넘겨줄 수 있다. 다른 체계의 복잡성은 그 체계가 두 가능성 중 어떤 것을 실현시키는지를 사람들이 알 수 없다는 조건에서 수용된다. 그 복잡성은 다른 한편 두 가능성 각각에 대해 연결행동을 마련해줌으로써 쟁점에서 벗어난다. 계산을 포기하는 경우의 귀결들은 최소화된다. 범주화는 매우 상이하게 규정될 수 있으며, 그 작동적 기능이 반드시 합의를 전제하지도 않는다. 체계는 다른 체계의 복잡성 사용을 우호적/적대적, 올바른/잘못된, 순응적/일탈적, 유용한/해로운 등의 방식으로 도식화할지도 모른다. 도식주의 자체를 통해서는 행동의 우연성을 허용하고 그럼으로써 다른 체계의 자율성을 허용하라고 강요된다. 체계는 그것에 적합하고 자율성에 순응하는 고유 복잡성을 마련해야 한다. 이와 동시에 도식화는 복잡성을 마련하여 경로가 열린 두 가지 방식의 노력에 대해 열려 있다. 이제 우리는 다른 체계가 적대적이지 않고 우호적인지, 해롭지 않고 유용하게 행위하는지를 알아보려고 시도할 수 있다. 그래서 이와 관련하여 기대들을 형성할 수 있는데, 그 기대들이 자신의 고유한 체계에서 결정화를 가능하게 한다.[42]

특히 이항적 도식주의들은 현대 철학에서 주체라는 명칭이 붙은

---

42) 그 개념은 스탕달(Stendhal), *De l'amour*(연애론)의 의미에서 취했다. Henri Martineau, Paris 1959, 예를들면, 8-9, 17-18, 판본에서 재인용.

개념 생성의 전제라는 점이 확인되어야 할 것이다. 이를 위해서는 참이면서 거짓된 견해를 가질 수 있는(그 견해들을 명명백백하게 가질 수 있는) 가능성은 옳은 동시에 틀리게 행위할 가능성, 나아가 좋은 동시에 나쁘게 행위할 가능성에 못지않게 불가결하다. 인식의 포함은 주체 문제가 단순히 자유 문제로 환원될 수 없다는 사실을 말해준다. 오히려 생애사는 옳은 것의 합계, 즉 세계의 반영으로서 다른 것이 아닌 바로 옳은 것 그 자체인 반면, 주체는 이런 특정한 틀(Façon)에서 유일하게 참된 견해들과 거짓된 견해들, 옳은 행위들과 그른 행위들로 이루어진 생애사를 통해서만 개별화될 수 있다. 따라서 "주체"는 (개념의 의미에서 최종 운반자라는 계기를 진지하게 생각한다면) 이항적 도식주의들을 미규정 상태에 두었던, 지시들과 실현들의 생애사적으로 유일한 구도를 위해서만 주체가 된다. 주체는 자기 자신 때문이 아니라 이 사전 규정에 힘입어 자신의 가능성을 획득한다. 그래서 우리가 이 점을 수용한다면, 우리는 주체의 속성이란 상호침투의 결과를 표현하는 것에 불과하다는 점을 알 수 있다. 유일성과 최종 심급 자체는 입증 개념이 아니라 상호침투의 역사와 분출 및 결정화의 최종 산물이다. 이 산물이 상호침투 안으로 다시 투입된다.

7. 도덕의 기능: 사회적 상호침투와 인간들 간 상호침투의 조율

우리는 지금까지 살펴본 이론적인 사전 작업들 덕분에 질문 하나를 정식화할 수 있다. 우리는 사회적 상호침투와 인간들 간 상호침투를 구분했다. 그밖에도 상호침투 관계들의 복잡성 문제들에 힘입어 이항적 도식화의 장점을 분석했다. 질문은 다음과 같다. 두 종류의 상호침투를 함께 사용하는 이항적 도식화가 있는가? 기능적으로 충분히 분산되어 작용하기 때문에 사회적 상호침투와 인간들 간 상호침투 모두에서 복잡성을 환원시킬 수 있는 이항적 도식화가 있는가? 대답은 '그렇다'이다. 이것이 도덕의 특수 기능이다.

우리가 도덕 개념을 전개하기 전에(그 개념은 물론 기능으로부터 추론될 수는 없다), 도덕의 자질을 요구하는 모든 것을 위해 이 기능적인 구도에서 나타나는 추정들을 간단히 규정하는 것이 좋겠다. 도덕은 다기능적인 제도로서, 기능적 특화의 가능성들을 제한할 것이다. 그렇다면 사회적 상호침투는 인간들 간 관계들을 고려하지 않고는 분화될 수 없다. 이것이 발생하는 곳에서 ── 예컨대 공식적으로 조직된 노동의 영역을 생각해보라 ──, 특수 도덕들이 생긴다. 마찬가지로 인간들 간 친밀성 또한 사회의 도덕에 대한 고려에 얽매여 있으면 진전될 수 없다. 그래서 사회가 더욱 많은 친밀성을 가능케 한다면, 포괄적으로 구속하는 도덕은 열정적 사랑, 자연에의 호소, 미학적 정식화를 위한 특수 약호들로 대체된다. 유럽에서 18세기 이래로 광범위하게 관철되고 낡은 사회 형식들의 세계를 돌파하는 발전들을 보건대, 우리는 도덕이 사회를 통합하는 기능은 가졌지만 더 이상 이 기능을 충분히 충족하지 못한다는 인상을 받게 된다. 하지만 그러한 견해는 도덕의 갈등 잠재성, 논쟁 촉발적 측면을 간과하고 있다. 그러한 견해 자체는, 지식사회학적으로 분석하자면, 그 견해에 의해 한탄스러운 것으로서 표현된 상황의 산물이다. 도덕은 피상적으로 게다가 일방적으로 고찰할 경우에만, 인간들을 사회 안에 붙잡아 두는 접합제로 보인다. 도덕은 반발을 유발하고 적을 만들고 그래서 갈등의 해결을 어렵게 만든다. 이것은 하나의 경험으로서 사람들은 특히 법과 도덕을 분리하여 바로 이 경험에 반응했다. 어쨌든 도덕의 기능은 사회의 통합 필요를 암시하여 적절하게 규정되지 않았다. 사회는 다행히도 도덕적 사실이 아니다. 물론 이것에 반박하는 이론은 논증의 부담을 안으며, 대안을 창출해야 한다. 우리는 그 대안을 상호침투 개념을 가지고 시도할 것이다. 그리고 이것은 도덕 현상이 더 이상 인간과 사회의 단순한 관계에 관련되지 않고 관계들 간 관계에 관련된다는 뜻이다. 도덕 현상은 두 가지의 서로 다른 상호침투 관계들의 조율에 관련된다는 뜻이다.

모든 도덕은 결국 인간이 상호 존중하거나 무시하는가 그리고 어떤 조건에서 그렇게 하는가의 질문과 관련한다.[43] 존중(estime, esteem)이란 타자가 사회적 관계의 속행을 위해 전제하여야 하는 기대들을 충족시킬 때에 그에 대한 보상으로서 주어지는 일반화된 인정과 가치 평가를 뜻한다. 존중은 인물에 관련하여 할당된다. 어느 누구라도 존중을 혼자서 얻을 수도 있고 잃을 수도 있다. (예전 사회에서는 집단 소속이 존중/무시의 전제로서 중요했지만 말이다.) 어쨌든 인물은 개별적인 공로나 능력, 전문적 기술, 운동 재능, 연애 솜씨 등의 평가와는 달리 전체로서 생각된 것이다.[44] 말하자면 존중은 인물을 지향하며 인물에게서 경계들도 발견하는 상징적 일반화이다. 이 경계들은 뚜렷하게 그려지지는 않는다. 그리고 인물에 대해서는 다른 관찰자들의 입장에서 보면 그 사람이 실제로 얻는 것보다 더 많이

---

43) 더 상세한 설명은 Niklas Luhmann, "Soziologie der Moral", in: ders. und Stephan H. Pfürtner (Hrsg.), *Theorietechnik und Moral*, Frankfurt 1978, 8-117(특히 43 이하)을 참조할 것.

44) 파슨스의 존경(esteem)과 승인(approval)의 구분을 볼 것. Talcott Parsons, *The Social System*, Glencoe Ill. 1951, 186, 192. 그 구분은 오래 된 것이다. 예를 들어 아바디(Abbadie)의 존경(estime)과 사려(consideration), 존경(respect) 등을 보라. Jacques Abbadie, *L'art de se connoître soi-mesme, ou la recherche des sources de la morale*, Rotterdam 1692, 430, 또는 당대에 나타나는 도덕적 자질들에 맞서 표현된 "거장"(Virtuosen)이라는 풍자 개념을 볼 것.

(또는 더 적게) 귀속이 이루어지는 것도 전적으로 가능한 일이다. 고도로 도덕화된 체계들은 과잉 귀속 경향이 있다. 중요한 것은 인물은 전체로서 판단 대상이 된다는 점이다. 이것은 이항적 도식화의 전제, 즉 존중 또는 무시가 타당하다는 것의 전제이다. 그러나 이항적 도식화는 활발하고 유연한, 인간적이며 따뜻한, 지적으로 수준 이하 같은 혼합 판단이 아니다.

우리는 어떤 사회적 체계의 도덕을, 이 체계에서 존중과 무시를 결정하는 조건들의 총체로 이해하고자 한다. 도덕 질문은 전적으로 논쟁적으로 다루어질 수 있다. 도달 가능한 합의의 규모가 당연히 도덕의 작동 능력의 중요한 계기이더라도, 도덕 개념은 합의를 전제하지 않는다. 도덕적 요구들의 연관성 및 양립 가능성과 관련하여 체계화 노력들이 있다. 그러한 노력들의 이론 형식은 아리스토텔레스 이래로 대개 윤리학으로 불린다. 윤리학들의 범위 내에서, 특히 근세 유럽에서 성찰이론들이 형성되는데, 그 이론들은 존중을 얻거나 무시를 피하려는 목적에서 특정한 방식으로 행위하는 것이 도덕적이라는 점을 인정해야 하는 어려움은 가진다. 윤리학은 관습법 그 자체를 존중하라고 요구할지도 모른다. 그러나 사회학자들은 그런 유별난 행동을 과학적 조명이 아니라 위기 징후로 볼 것이다.

도덕의 사회학이론은 윤리학을 대신하지 않는다. 하지만 존중의 추구와 무시의 회피를 인간의 자연으로 다루고 그 상태로 두었던 도덕이론들을 대체한다.[45] 자연 개념은 체계이론적으로 달리 사용될

---

45) 나아가 그 점에서 창조주에 의한 질서 배려의 지혜를 인식했다. 예를 들어 Abbadie a. a. O. 378 이하를 참조할 것. 그밖에도 Claude Buffier, *Traité de la société civile*, Paris 1726, Bd. I-III (durchlaufend paginiert) 53-54, 260 이하; Abbé Pluquet, *De la sociabilité*, Yverdon 1770, Bd. 1, 200 이하, 212 이하를 참조할 것. 18세기에 제시된 다른 증거들로는 Arthur O. *Lovejoy, Reflections on*

수 있으며 이로써 참조할 만한 더욱 추상적인 개념들, 즉 도덕의 기능 관련을 규명하는 개념들로 대체된다. 도덕은 상징적 일반화이다. 이 일반화는 이중적으로 우연적인 '자아/타자-관계들'의 완전히 재귀적인 복잡성을 존중의 표현으로 환원시키고, 이 일반화를 통해 (1) 조건화들의 여지 그리고 (2) 존중/무시라는 이항적 도식화를 통해 복잡성을 재구성할 가능성을 열어준다.

개별 행위들을 전체 인물에 관련지음으로써 일반화하고 이 일반화를 조건화를 거쳐 재특화하는 것, 그것이 사회적 상호침투와 인간들 간 상호침투를 융합시키는 기법이다. 인간들은 다른 사람의 존중을 중시한다는 점을 번갈아가며 입증한다. 그들은 존중을 사회적인 공동생활의 요구들을 수용할 수 있는 조건들에 의존하게 만든다. 그래서 타인의 존중은 사회질서의 요구들을 위한 핵심 거점이 되며, 동시에 이 요구들은 타인에게 존중 또는 존중 상실의 조건으로서 드러나는 것을 변이시킨다.

사회적 상호침투와 인물들 간 상호침투의 수렴을 표현하는 이 도덕 개념은 경험적으로 검증 가능한 가설로 귀결된다. 그 가설에 따르면, 도덕은 이 두 형식의 상호침투가 분리되면 어려움에 처하거나 사회체계에서의 기능들을 포기해야 한다. 이것은 고도로 복잡한 사회들에서는 불가피한 일처럼 보인다. 이 사정은 18세기 초반에 특별히 극적으로 첨예화된다. 사람들은 한편으로 종교적인 세계 확실성이 쇠퇴할 때, 종교가 신앙고백에 따라 그리고 각성 운동(Devotionsbewegung)이 실패한 이후로 도덕으로부터 더욱 많은 것을 기대하게 된다. '사회적인 것'은 여전히 그리고 이제야 처음으로 도덕에 관련된 용어로서 정의된다. 다른 한편으로 친밀 관계들을 위

Human Nature, Baltimore 1961, 128 이하를 참조할 것.

한 의미론적 약호와 공적 사교를 위한 의미론적 약호가 분리된다. 우정에 대한 이해는 사적인 것이 된다. 사랑에 대한 관념들은 사회적 재귀성을 향해 심리학적으로 확장되며, 교훈-문학에서 소설로 옮겨진다. 이와 반대로 사회적 상호침투 역시 인간들 간 상호침투를 배제한다는 점에서 문제점을 가진 것으로 여겨진다. 여기서는 18세기 초반에 유행하던 해학(Lächerlichkeit)의 주제[46]가 경계 긋기와 성찰 지도에 기여한다. 해학은 부분적으로 도덕과 경쟁한다는 바로 그 이유 때문에 도덕의 숙적이다. 사교계가 사적 관계들과 우정들의 특수 발전을 인정했던 이후로,[47] 해학을 통해서만 승인된다.

도덕문학은 바로 그 점을 한탄한다. 사적으로 가지는 사회적 민감성과 공적 사교에서 나타나는 특수 발전들은 분명히 말하건대, 귀족 도덕의 규준으로는 더 이상 집약될 수 없다. 그러나 다른 한편으로 도덕에 요구되는 기대들은 현실의 일탈이 얼마나 심한지를 의식시키기에 충분할 정도로 강력하다. 따라서 해학을 검토 절차로서 자연적-이성적인 도덕을 위해 복무토록 하려는 섀프츠베리의 시도[47a]는 장기적으로 보면, 실패할 것이 뻔하다.

---

46) Jean Baptiste Morvan de Bellegarde, *Réflexions sur le ridicule, et sur les moyens de l'éviter*, 2. Aufl. Amsterdam 1701; Charles Duclos, Considérations sur les moeurs de ce siècle (1751)을 참조할 것. Olivier de Magny, Paris 1970, 187 이하에서 재인용.

47) 마르키스 드 랑베르(Marquise de Lambert)는 여기서 주도적 여성인사들 중 하나였다. 그녀는 매우 의도적으로 이 결론을 (아무리 유감스럽든) 낡은 기사도 정신의 붕괴로부터 이끌어낸다. 특히 *Traité de l'amitié*,를 참조할 것. Anne-Thérèse Marquise de Lambert, *Œuvres*, Paris 1808, 105-129에서 재인용.

47a) *An Essay on the Freedom of Wit and Humour* (1709), zit. nach: Anthony Earl of Shaftesbury, *Characteristicks of Men, Manners, Opinions, Times*, Bd. 1, London 1714, 57-150에서 재인용. 특히 "[사교]클럽의 자유"로서는 정치에도 청중에도 적용될 수 없다는 통찰을 볼 것!

도덕 영역에서의 이런 발전들은 구속의 완화를 암시한다. 이때 전체사회적으로 보면, 더욱 특수한 (더 이상 전체 인물에 관련되지 않는) 사용 그리고 동시에 점증하는 사용을 위해 구속 가능성이 해제된다. (예컨대 17세기의 각성운동 같은) 유행의 흐름, 사회 운동, 여가 활동의 집단화 및 조직화된 행동을 떠올려 보라. 이런 종류의 집적은 그때 오늘날의 도덕 도식주의보다 어쩌면 더 뚜렷하게 사회를 규정하는 고유한 종류의 효과가 누적되면서 이루어진다. 그리고 그것은 정치의 대중 지향과 경제의 소비 지향이 그것을 위한 특수한 민감성을 마련할 경우에 특히 그러할 것이다. 이 모든 것은 개인들의 구속 능력, 즉 약화되고 일시적이지만 매력적인 구속 능력을 전제한다.[48]

우리는 이런 사회 구조적 발전들을 전제해야만, 그로부터 결과하는 도덕 영역에서의 성찰 성과들을 위한 필요의 맥락을 본다. 윤리 이론들은 이론을 통해 이 구조적 문제를 보정하려고 애쓰며, 그리하여 도덕이 의미론적으로 평가절하되는 것을 저지하려고 한다. 이 노력은 한 동안은 도덕을 자연 속에 잠입시킴으로써[49], 그리고 결국에는 그런 잠입에 대한 반응으로서 관습법을 초월이론적으로 정립하여 수행된다.

우리는 사회학적 도덕 개념에 힘입어 특정한 문제제기를 계속 추적할 수 있다. 이로 인해 다른 문제제기들은 배제되거나 윤리에 맡겨진다. 윤리 이론들은 계속하여 옳은 행위의 원칙들을 규정하거나 적어도 많은 경우들에 대한 도덕적 규칙들을 일반화할 수 있을 것이다.

---

48) 생명의 탄생을 위한 전제로서 특정한 거대분자들의 취약한, 중층적인, 특수한, 화학적 **결합 능력**과의 유사성은 놀랍다.

49) (늘 그렇게 하는 것처럼 루소를 근거로 취하지 않으려면) Louis-Sébastien Mercier, *L'homme sauvage, histoire traduite de ...*, Paris 1767이 전형적인 보기가 된다.

아니면 오늘날 어쩌면 대세가 되었듯이 그런 규칙들을 위한 절차를 발전시킬 수 있을 것이다. 도덕사회학은 이 모든 것을 자신의 대상 영역에서 추진하는 전문가적 노력으로서 간주한다. 원래 사회학의 관심은 사회적 체계들의 유형학, 특히 사회문화적 진화에 따라 도덕의 의미론적 장치들이 어떻게 변이하는가를 연구하는 일일 것이다. 이 연구는 결코 근거 없는 상대주의로 치닫지 않는다. 오히려 그 반대이다. 추측컨대 우리는 주제들을 도덕화하는 조건들과 한계들에 대한 질문은 사회학적 분석을 통해서, 윤리적인 원칙들에 의거하는 경우보다 더 많은 주도권을 얻는다. 어쨌든 주제들을 도덕적으로 자격을 인정하거나 박탈하는 것은 결코 임의에 맡기지 않는다(도대체 누구의 임의란 말인가?). 도덕은 오직 두 가지 상호침투 형식들이 성공적으로 연동될 경우에만 성공한다. 즉 개인적으로 그리고 인간적으로 다른 사람에게 허용할 수 있는 조건들을 공통의 사회적 체계의 구축에 (또는 그러한 사회적 체계에서 이미 살고-있다는-사실에) 성공적으로 역구속하는 경우에만 성공한다. 그리고 역으로 그러한 체계의 작동 지속이 인간들이 개인적으로 서로를 생각하는 방식과 각자 상대의 복잡성과 결정의 자유를 자신의 고유한 자기이해에 상호 구축해 넣는 방식과 근본적으로 관련되었다고 여겨질 경우에만 성공한다.

그러나 우리는 그로 인해 도덕화된 주제들을 확인하고 그 주제들의 사회구조적 조건들을 규명하는 가능성뿐만 아니라, 차이 현상들을 분석하고 도덕과의 관계 속에서 주제들이 변화하는 점을 관찰할 가능성도 얻는다.[50] 그래서 보기를 하나 들자면, 1650년경부터 거의

---

50) 이에 대한 사례 연구로 Troy Duster, *The Legislation of Morality: Law, Drugs, and Moral Judgement*, New York 1970을 볼 것.

150년 동안 사랑과 섹스라는 복합적 주제의 도덕 위기를 거론할 수 있다. 사랑은 (섹스와 관련하여) 결코 순간적이지는 않지만 단기적인 현상으로 그리고 참여자들에게는 — 한 순간이기는 하지만[51] — 최대의 충만감을 의미하는 현상으로 소급된다. 동시에 이것은 인간들 간 상호침투의 최고 형식이, 지속성을 약속할 만한 (결혼이라는 유형의) 사회적 체계의 형성을 포기하라고 요구한다는 뜻이다. 그래서 유혹, 저항, 헌신이라는 게임에서는 도덕적 확실성을, 심지어 존중마저도 포기해야 한다. 그 결과 모든 괴로움과 그 괴로움이 (특히 여성들에게) 야기하는 심리적 어려움들이 생긴다. 전면에 나타나는 학술적 용어로는 덕목과 명성이 중요하긴 하다. 그러나 원래의 문제는 사랑의 불안정에 직면하면 사회적 거점을 포기해야 한다는 데에 있다. 도덕의 초점은, 두 사람 간 관계가 걸려 있는 한, 우정의 의미론으로 이동한다.

경제이론에서는 그 반대이다. 여기서는 생산적 노동이 더 이상 (혹은 일단은 더 이상 오직) 가계(家計)에서 진행되지 않고, 화폐 기제를 거쳐 경제에 연결되면서 사회의 변동이 시작된다. 이때 인간들 간 상호침투는 물러나고 그 대신 시장과 조직 같은 새로운 형식의 사회적 상호침투들이 전면에 나타난다. 사람들은 특수한 요구에 따른 노동성과를 일정한 금액을 지불하여 사들인다. 이때 인간의 완전한 복잡성을 다른 인간의 복잡성 안에 끌어들이는 것은 불필요할 뿐만 아

---

51) 2차 문헌들은 그 사실에서 특히 18세기의 주제를 발견한다. 예를 들어 Georges Poulet, *Etudes sur ie temps humain* Bd. II, Paris 1952; Clifton Cherpack, *An Essay on Crébillon fils*, Durham N. C. 1962, 28 이하; Laurent Versini, *Laclos et la tradition: Essai sur les sources et la technique des Liaisons Dangereuses*, Paris 1968, 436 이하를 참조할 것. 사랑함의 순간성과 변질성, 그리고 이것이 사랑함의 고유 논리에서 나온다는 테제는 17세기 후반의 문헌들에서도 명명백백하게 표현된다.

니라, 장애요소로서 회피되어야 한다. 즉 사회적 상호침투는 더 이상 인간들 간 상호침투를 함께 배려할 필요가 없다. 존중은 불필요해지며, 성과 능력과 지불 능력을 평가하는 것으로 족하다. 아담 스미스는 자신의 주저인 '도덕감성론'[52]을 벗어나서 자신의 경제이론을 쓴다.

'사상사'(Ideengeschichte)만이 그렇게 더 잘 이해될 수 있는 것은 아니다. 사상사가 사태들의 도덕화 가능성의 한계를 어디서 언급하든 상관없이 그러하다. 특별히 근세에는 그러한 사태가 어디서 나타나는지를 발견할 수 있으며, 그러한 사태들이 발생하는 경우 그것들이 우발이 아니라는 점도 발견할 수 있다. 도덕에 대해 제기된 더욱 강력한 개별화 요구들은, 12세기 이후로 관찰할 수 있듯이, 지속적인 과정이기는 하지만 충분한 설명은 아니다. 개별화 요구들은 도덕을 바로 무너뜨리지는 않고 변형시킬 뿐이다. 차이 현상들은——그 사례로 우리는 사랑과 화폐경제를 언급한다. 또한 국가 이성의 정치이론을 환기시킬 수도 있을 것이며 당연히 실정법의 자율화도 언급할 수 있을 것이다——기능 영역들이 너무 높은 독립성으로 분화되고 그 다음에 고유한 성찰이론에 힘입어 자기준거적으로 스스로를 정당화해야 하는 곳에서 전형적으로 나타난다. 사회 분화의 형식 변동은 촉발의 동인인 것으로 보인다. 물론 어떤 사회도 도덕을 포기하지 않는다. 인간들 간 상호작용에서 쌍방 간 존중이 지속적으로 새롭게 재생

---

52) 많이 논의된 문제로서 '국부론'(國富論, 'Inquiry into the Nature and Causes of the Wealth of Nations')과 '도덕감성론'(Theory of Moral Sentiments)의 관계를 (자연스런 연민을 뜻하는) 이타주의와 이기주의의 단순한 구분으로는 설명할 수 없다. 이에 관해서는 *Adam Smith, Theorie der ethischen Gefühle*, Leipzig 1926 의 편집자인 발터 에크슈타인(Walther Eckstein)이 쓴 서문에 실린 토론 초록을 볼 것. 양자의 관계를 밝히려면 충분히 명확하게 정의된 도덕 개념이 필요하다.

산된다는 이유만으로도 그렇게 하지 않는다. 그러나 거대한 기능 영역에 대한 개별 기여들의 조정은 더 이상 도덕을 통해 도달되지 않는다. 도덕은 장애요소가 된다. 어쨌든 불신 없이는 관찰되지도 않고 차단기에 저지되어서도 안 되는 태도가 된다. 마키아벨리가 어떤 제후에게 귀띔해 주려 했던 준칙들은 당시에는 도덕적으로 조절된 심성들을 고무했다. 오늘날에는 정당의 선거참모들에게서 "누가 좋은 사람들이고 누가 나쁜 사람들인지를 사람들이 알고 싶어 한다. 그리고 우리는 그것을 사람들에게 알려줄 것이다"라는 발언을 들으면 사람들은 되레 놀랄 것이다.[53]

8. 사회화와 상호침투: (자기)사회화로서의 사회화

이어지는 사회화의 질문들을 다루려면 다음을 상기해야 한다.

(1) 우리는 인과성 문제들을 자기준거의 문제들에 비해서는 부차적인 것으로 간주한다.

(2) 모든 정보 처리는 (예를 들어 근거들 같은) 동일성들이 아니라 차이들에서 출발점을 확보한다.

(3) 우리는 (구성하면서 재생산하는 자기생산으로서의) 소통과 (사회적 체계의 구성된 요소로서의) 행위를 구분하라는 요구를 받는다.

(4) 우리는 인간을 사회적 체계의 환경으로서 간주한다. 그리고

(5) 인간과 사회적 체계의 관계는 상호침투의 관점에서 파악된다.

이 출발점들과 함께 사전 작업이 수행되고, 사회화 이론을 매

---

53) 나는 그 인용을 입증하고자 하지 않을 것이다(그러나 인용을 도덕적 판단과 결부시키고 그래서 존중과 무시에 대한 처분을 원한다면, 그 인용을 입증해야 할 것이다).

어 둘 기둥이 세워진다.

사회화 연구는 오늘날 다른 연구 분야와 마찬가지로 하나의 특수한 연구 분야로 발전하는데, 이것은 그 연구에 불리하게 작용한다. 사회화 연구가 게오르크 짐멜과 조지 허버트 미드에게 일반이론의 동기였다는 사실은 이 두 저자들을 환기시키기만 하면 기억될 것이다. 그밖에도 사회화 연구는 마치 그 내부에서부터 제기되듯이, 과잉단순화하는 몇몇 전제들——예컨대 사회질서가 자신의 사회화 대행자를 통해 개인을 형성한다는 선형적 인과성 같은 전제——을 일반이론의 층위에서 적절한 대안을 마련하지도 않고 해체한다. 어떤 사회적 관계에서 성장하는가에 따라 인간들이 구분된다는 자명한 사태는 늘 새로운 연구를 고무하지만, 그 연구는 개념적인 근거가 부족하기 때문에 뚜렷한 윤곽을 얻지 못한다. 이로 인해 경험과 이데올로기 간 피상적인 종합에 맞설 수 있는 과학적인 기초를 갖춘 저항 또한 전혀 없다. 확인될 수 있는 차이들은 차이들을 보완하려고 시도하는 복지국가적인 조작을 위한 각성제가 된다.

우리는 이제 위에 언급된 이론 생산물들을 통제된 전제로서 사용할 수 있다. 이때 사회화를 일괄적으로, 심리적 체계 및 그로 인해 통제된 인간의 신체 행동을 상호침투를 통해 형성하는 과정으로서 정의하고자 한다. 사회화 개념은 그럼으로써 복수의 체계준거들을 포괄하며, 긍정적으로 평가될 수 있는 효과들과 부정적으로 평가될 수 있는 효과들을 포괄한다. 사회화 개념은 바로 순응행동과 일탈행동을 포괄하며, (예컨대 신경질적인 행동 같은) 병적인 행동과 건강한 행동을 포괄한다. 이런 의미에서 사회화는 성공이 함축된 사건이 아니다 (기껏해야 실패할 수 있는 사건이다). 사회화 개념을 기대 순응적인 적응 행동을 만들어내는 데에 고정시키는 이론은 그것과 반대의 행동

패턴을 설명할 수 없다. 그래서 그런 이론은 바로 적응이 신경질적인 특성을 가질 수 있다는 사실 그리고 적응과 신경증(Neurose)의 상승 연관성이 있다는 사실 등에 대한 확인에 도움이 되지 않을 것이다.[54]

그러한 약점을 보건대 우리는 사회화 이론의 설명 목표를 수정해야 한다. 일단 복잡성 환원과 상승 연관을 파악하고 설명하여야 한다. 따라서 출발 질문은 다음과 같을 것이다. 심리적 체계가 상호침투 관계에서 경험하는 환원들은 어떻게 고유한 복잡성의 구축에 기여하는가?[55] 이 질문은 위에 열거된 전제들에 힘입어 더 정확하게 세분될 수 있다.

일단 사회화는 항상 자기사회화(Selbstsozialisation)이다. 사회화는 한 체계에서 다른 체계로의 의미 틀의 '전달'을 통해 발생하는 것이 아니다. 사회화의 기본 과정은 사회화 그 자체를 실현시키고 경험하는 체계의 자기준거적 재생산이다. 이런 점에서 사회화는 마찬가지로 기초적 자기준거와 일탈적 자기준거를 전제하는 진화와 비슷하다.[56] 이로써 우리는 개체발생 과정들과 계통발생 과정들의 단계 유추

---

54) 예를 들어 Snell Putney/Geil J. Putney, *The Adjusted American: Normal Neuroses in the Individual and Society*, New York 1964를 볼 것.

55) 이 질문에 부응하여 복잡성 구축의 기초를 마련할 만한 가장 적절한 심리학적 이론들은 '인지적 복잡성'이라는 변수 증후군에 중심 지위를 할당할 것이다. 특히 O. J. Harvey/David E. Hunt/ Harold M. Schroder, *Conceptual Systems and Personality Organization,* New York 1961; Siegfried Streufert/ Harold M. Schroder, "Conceptual Structure, Environmental Complexity and Task Performance", *Journal of Experimental Research in Personality 1* (1965), 132-137; Harold M. Schroder/Michael J. Driver/Siegfried Streufert, *Human Information Processing,* New York 1967; Thomas Bernard Seiler (Hrsg.), *Kognitive Strukturiertheit: Theorien, Analysen, Befunde,* Stuttgart 1973을 참조할 것.

56) 특히 Francisco J. Varela, *Principles of Biological Autonomy*, New York 1979, 특히 37을 참조할 것.

라는 고도로 복잡한 전제를 결코 수용하지 않는다. 다만 모든 사회화 과정의 기초가 모든 진화의 과정처럼 자신을 재생산하고 일탈적 재생산을 감당할 수 있는 체계의 자기준거에 있음을 의도할 뿐이다. 이때 환경이 결정적인 역할을 할 수 있다는 점은 자명하다. 그밖에도 사회화의 결과를 규정할 때, 체계 또는 환경 중 무엇이 더 중요한지를 질문하는 것이 훨씬 중요하다. 왜냐하면 사회화를 비로소 전적으로 가능하게 만드는 것은 바로 이 차이이기 때문이다.

나아가 사회화는 심리적 체계가 환경에 귀속하고 자신과 관련지을 수 있는 차이 도식이 있을 경우에만 가능하다. 이를테면 관련 인물의 관심이나 외면, 이해나 몰이해, 순응이나 일탈, 성공이나 실패에 관련해서만 가능하다. 모든 상호침투 관계들은 자신들이 실현되는 과정에서 그러한 도식주의들을 만들어낸다고 우리는 본다. 도식주의에 의존해서만 상황들이 파악될 수 있고 상황들이 정보 획득을 위해 해석될 수 있다. 오직 이해/몰이해의 도식주의에서만, 의외의 규정된 사건들로 인해 빛을 발하고 그래서 성공의 체험으로 기록될 수 있는 아하-효과가 있다. 관심/외면의 도식에서만 우리는 하나의 경우 또는 다른 경우를 만드는 신호들을 배울 수 있다. 그것이 바로, 다시 베이트슨(Bateson)을 인용하자면, 차이를 만드는 차이이다. 차이 도식에는 그 도식에 따라 가능해지는 선택들을 위한 선결정이 있다. 그래서 그 선택이 아니라 바로 이 선결정이 사회화 과정에 광대한 파급효과를 가진다. 관심/외면을 통해서만 조건화된 사회화는 아무리 큰 사랑을 쏟더라도 아주 보잘 것 없이 보일 것이다. 그래서 좌우간 자유와 독립이라는 것이 있기라도 한다면, 오직 외면을 유발하여야만 도달 가능한 결과에 어쩔 수 없이 도달할 것이다.

심리적 체계는 이런 방식으로 차이에 의해 조종되는—그러니까 결정되는 것이 아닌!—사회화 과정에 대하여 심리적 체계 고유한 차이 촉발 장치를 발전시키는 것으로써 반응한다. 인간 타락이 일어 났고, 존재의 충만에는 결코 다시 도달할 수 없다. 생각해낼 수 있는 모든 것은 다른 것과 관련된 어떤 것이며, 오직 그런 식으로만 정보 획득과 정보 처리가 가능해진다. 그러한 사정에 어울리는 심리학 이 론은 조지 켈리(George A. Kelly)가 완성한다.[57] 그 이론에 따르면 환 경에 기울이는 모든 관심은 '개인적 구성물'(personal constructs)이 라는 양극 도식, 즉 차이의존적인 정보를 거쳐 진행된다. 그리고 모 든 억압, 모든 '무의식적인 것', 모든 총체화는 항상 함께 의도된 다 른 것의 사라짐에 불과하다. 그렇다면 심리 치료는 함께 의도된 다른 것을 밝혀내는 작업이어야 한다.[58]

차이 개념을 이렇게 강조한다고 해서 의미가 전적으로 이치(二値) 적인 것으로만 체험될 수 있다고 주장하는 것은 아니다. 또한 의미가 늘 사전에 규정된 도식화 안에서 발생한다는 말도 아니다. 우리가 도 식의 두 면이 차가운/따뜻한, 젖은/마른처럼 일종의 '이원성'으로 미 리 규정되어 있어야 한다고 전제하고 싶다면, 이러한 유보는 더욱 타 당하다.[59] 우리는 차이 형성에서는 늘 환원이 관건이라는 점을 고수

---

57) George A. Kelly, *The Psychology of Personal Constructs*, 2 Bde. New York 1955를 참조할 것. 후속 연구로는 D. Bannister, *Perspectives in Personal Construct Theory*, New York 1970을 볼 것. 더욱이 이러한 심리학적 이항주의(Binarismus)를 레 비 스트로스의 언어학적-인류학적 이항주의와 비교하는 점이 흥미롭다. Ray Holland, *Self and Social Context*, New York 1977, 148 이하를 볼 것.

58) 여기서 갈라져 나온 심리치료학에 관해서는 George A. Kelly, *Clinical Psychology and Personality*, New York 1969를 볼 것.

59) 말할 것도 없이, 이러한 유보는 이따금씩만 회상될 뿐이며, 이러한 종류의 진 술들은 사회적 체계들의 종류와 사회문화적 진화의 상태에 비추어 상대적인 관점에서 해석될 수 있다. 이전의 사회들은 훨씬 폭 넓고 뚜렷하게 일반화된 (그러나 결코 배제적이지는 않은!), 구체적으로 규정된 이원성의 사용을 분명 히 알고 있었다. 그래서 사회화 과정에 대해 상당한 의미를 가졌음에 틀림없

해야 한다. 다시 말해 차이 형성에서는, 상호침투 관계들에서 입증되고 따라서 사회화에서 우선적으로 형성되는 환원이 관건이다.

그렇다고 우리는 사회화가 도식의 어떤 가치가 주도적 경험이 되는가에 따라 규정된다는 점은 결코 부인하지 않는다. 예를 들어 이해할 수 있음의 경험이나 이해할 수 없음의 경험 중 무엇이 주도적 경험이 되는가, 이전의 경험에서 만들어진 성공에 대한 희망이나 실패에 대한 두려움 중 무엇이 주도적 경험이 되는가,[60] 관심을 촉발할 수 있는 가능성이나 고유한 행동과는 무관한, 즉 처분 불가능한 외면의 경험 중 무엇이 주도적 경험이 되는가를 부인하지 않는다는 말이다. 모든 도식은 그 자체로 보자면, 사회화 경험들을 하나의 노선이나 또는 다른 노선에 축적시킬 개연성을 증대시킨다. 사정이 그러하다면, 하나의 유일한 도식만이 전체 과정을 지배하지 않는 것이 사회화 과정에 매우 의미심장할 것이다.

의도적으로 계획된 교육 실천에서는 두 도식을 조건부로 조합시켜서 이 문제를 해결하려고 시도한다. 무엇보다도 순응에서는 애정을, 일탈에서는 외면을 보여주는 프로그램의 형식으로 말이다. 여기서 개괄된 사회화 개념을 배경으로 우리는 그러한 (그리고 모든) 교육학적 개념들의 협소화를 단번에 목격한다. 그러한 협소화는 조합

다. 대표적인 논총 및 여타의 참고사항으로 Rodney Needham (Hrsg.), *Right and Left: Essays on Dual Symbolic Classification*, Chicago 1973; 그밖에 특히 G. E. R. Lloyd, Polarity and Analogy: *Two Types of Argu-mentation in Early Greek Thought*, Cambridge, England, 1966을 볼 것.

60) 알다시피 하인츠 헤크하우젠은 이 차이를 성과-동기라는 개념의 근거로 삼는다. 개념이 두 개의 부분을 담아 형성되었다는 점은 차이들, 궁극적으로 '체계/환경-차이'를 통해 현재화되는 차이들의 구조를 시사한다. Heinz Heckhausen, *Hoffnung und Furcht in der Leistungsmotivation*, Meisenheim am Glan 1963; ders., The *Anatomy of Achievement Motivation*, New York 1967을 참조할 것.

되어야 할 도식들을 선택할 때 나타나며(두 개 이상의 도식들을 실행시킬 수 없으며, 다의적인 상황들이 생긴다), 또한 자신의 조건부 접속의 엄격함에도 나타난다. 사회화 사건을 교육의 대상으로 만드는 것은 분명히 좁은 한계 속에 갇혀 있다.

이에 대해서는 소통과 행위의 구분[61]에 힘입어 밝혀질 수 있는 다른 이유들도 있다. 모든 사회화는 사회적 상호침투로서 진행되며 모든 사회적 상호침투는 소통으로서 진행된다. 소통은 세 가지 선택들(정보/통보/이해)이 그것에 후속하는 것들이 연결될 수 있는 (차이)동일성을 형성할 경우에 성공하며 성공적인 것으로서 경험될 수 있다. 이 사건에의 참여는 모든 사회화의 근거가 된다. 그것이 정보의 원천으로서든, 통보자로서든, 정보와-관련한-통보의 이해자로서든, 상관없이 그렇다. 소통이라는 이 의미(차이)동일성은 의도되어 귀속될 수 있는 어떤 행위의 의미로 결코 완전하게 소급될 수는 없다. 그리고 행위 스스로가 소통이 되려 하거나 소통적 측면을 함께 포함하려 한다면, 전혀 소급될 수도 없다. 일단 소통적 사건은 스스로를 사회화한다. 물론 자신이 올바른 행동이나 잘못된 행동의 제재를 통해서가 아니라, 소통으로서 성공한다는 점을 통해서 자신을 사회화한다.[62]

교육이론을 위한 귀결들은 여기서는 간략히 암시할 수 있을 뿐이다. 교육은 의도된 행위이며 의도에 귀속될 수 있는 행위이다. 그리고 바로 그 점에 사회화와의 차이가 있다. 행위는 소통을 통해서만 자신의 목표에 도달할 수 있다. 간접적이며 은폐된 조작 가능성은 일단 배제하고자 한다. 행위가 소통을 통해서만 목표에 도달할 수 있다

---

61) 위 제4장을 참조할 것.
62) '성공함'이 매우 부정적인 경험들을 수반한다는 점에 늘 주의해야 한다. 성공하지 못함은 소통을 통해 부연 강조되며, 거절은 소통을 통해 철회할 수 없는 것이 되며, 모욕은 반응을 강제한다 등등[처럼 말이다].

면, 교육 역시 소통으로서, 꼭 그런 것은 아니지만 의도된 대로 사회화한다. 오히려 교육의 효과를 얻을 것으로 기대되는 사람은 이런 의도를 소통하여 거리를 둘 가능성 및 심지어 '다른 가능성'을 모색하고 발견하는 자유를 얻는다. 무엇보다도 교육학적 행위의 모든 구체화들은 차이들로 채워진다. 그러한 행위의 구체화들은 이를테면 성공 경로의 밑그림을 그리며 그리하여 실패 가능성의 이유를 설명한다. 학습함과 '기억할 수 있음'은 망각을 포함한다. '할 수 있음'은 자신의 한계들 속에서 '할 수 없음'으로서 경험될 수 있다. 그밖에도 모든 구체화들과 더불어 교육자들과 학생들은 상이한 차이 도식, 상이한 귀속, 차이 도식 내에서의 상이한 선호 관념들에 근거하고 있을 개연성이 더욱 높아진다. 이 모든 것에 주목한다면 교육을 성공에 영향을 주는 행위로 파악하기란 거의 불가능해질 것이다. 오히려 교육학적으로 의도되고 이해된 행위들에 힘입어 고유한 종류의 사회화 효과들을 생산하는 특별한 종류의 기능체계가 분화된다는 점에 유념해야 할 것이다. 그리고 나서 이 체계에는 교육학적 행위와 상응하는 소통이 체계의 자기관찰에 대한 기여로서, 그리고 자가 창출한 현실을 부단히 교정하는 일로서 늘 다시 도입되어야 한다.

9. 신체 행동과 소통의 상호침투와 신체 의미론의 변동

상호침투들은 인간의 심리적 체계뿐만 아니라 신체에도 관련한다. 물론 신체의 모든 물리적, 화학적, 유기체적 체계들과 과정들에 총체적으로 관련하는 것은 아니다. 그래서 파슨스는 행위에 중요한 측면들을 강조하기 위해 ('인간의 유기체'가 아니라) '행동체계'라는 개념을 수용했다.[63] 이에 따르면 (항상 행위체계의 관점으로부터!) 행위의 물리적-생물학적 조건이라는 '외부-행위 환경'(extra-action environment, 행동체계의 환경, 인성체계의 환경, 사회체계의 환경, 문화체계의 환경을 뜻한다)과 '내부-행위 환경들'(intra-action environments)이 구분되어야 한다.[64] 따라서 인간 유기체는 그 광범위한 규모를 기준으로 본다면 행위체계의 환경이다. 그러나 행위체계는 이 유기체에 대한 자신의 요구들을 분화시킨다. 행위체계는 그 요구들을 어느 정도는 하위체계로 만들며, 그렇게 하여 물리적, 화학적, 유기체적 조건들에 더 잘 적응할 수 있다.

전혀 다른 관점에서 그러한 구분의 필연성이 여기에 대변된 사회적 체계이론에 대해서도 생겨난다. 하지만 우리는 파슨스와 달리 분석적이기만 한 체계를 전제하지 않고, 체계 형성을 구체적이고 경험적으로 입증해야 하므로, 이러한 구분 문제의 해법을 그렇게 간단하게 발견해낼 수 없다. 어쨌든 특별한 '행동체계'를 행위의 네 측면 중 하나로서 전제하는 것으로는 충분하지 않다. 핵심 질문을 상호침투 개념에 힘입어 표현하면 다음과 같다. 신체 상태와 신체 행동의 복잡성이 고유한 연관의 질서를 잡기 위해서 사회적 체계 내에서 어떤 의미에서 요구받고 있는가? 그리고 이것이 가능하려면 신체는 심리적으로 어떻게 단련될 수 있어야 하는가?

---

63) Talcott Parsons, "A Paradigm of the Human Condition", in ders., *Action Theory and the Human Condition*, New York 1978, 361, 382-383을 볼 것. 이에 대한 조언 및 용어의 출처는 Charles W. Lidz/Victor M. Lidz, "Piaget's Psychology of Intelligence and the Theory of Action", in: Jan J. Loubser et al., *Explorations in General Theory in Social Science: Essays in Honor of Talcott Parsons*, New York 1976, Bd. 1, 195-239 (특히 215 이하), 독일어판 in: Jan J. Loubser et al. (Hrsg.), *Allgemeine Handlungstheorie*, Frankfurt 1981, 202-327(265 이하) 이다.

64) Lidz/Lidz, a.a.O. 216.

우리는 인간의 신체가 자기 자신에 대해 무엇을 뜻하는지 알지 못한다.[65] 인간의 신체가 과학적 연구의 대상일 수 있다는 점은 충분히 기록되지만, 그것은 인간생물학으로서 우리 연구의 주제 범위 외부에 있다. 여기서는 사회적 체계들 안에서 일상세계의 방식으로 신체를 사용하는 것에 관심을 둔다. 신체행동 사회학은, 이론적 요구들의 관점에서는, 특히 이 점과 관련하여 생물학에서는 배울 것이 없기 때문에 여전히 일종의 예외 상태이다.[66] 그것은 관찰을 축적해 나가고 경우에 따라서는 범주화하는 정도만 허용한다.[67] 어쨌든 미드는 이 사회적 신체 사용을 표현하기 위해 '몸짓'이라는 개념을 만들었다. 짧지만 내용이 풍부한 주석을 인용하자면 다음과 같다. "사회적 과정이 계속 진행될 때 기본 기제는 무엇인가? 그것은 바로 몸짓 기제로서, 즉 사회적 과정에 연루된 다른 개별 유기체들에 의한 다른 사람의 행동에 대해 적절한 응답을 가능케 한다. 어떤 주어진 사회적 행위 내에서, 조정이 몸짓을 수단으로, 다른 사람의 행위들과 관련된 유기체의 행위들에 의해 만들어진다. 몸짓은 둘째 유기체의 (사회적으로) 적절한 응답을 요구하는 규정된 자극으로서 행위하는 첫째 유기체의 운동이다."[68] (행동, 행위, 몸짓의 개념 관계들에 남겨진 불명료함을 일단 배제하면,) 신체 운동의 특화가 어떻게 다른 사람의 행동

---

65) 그런 이유 때문에 우리가 '삶'을 관찰하고 정의하고 행동을 예상하는 등의 일을 하지 않는 것은 당연히 아니다.

66) 연구 상황에 대해서 Luc Boltanski, "Die soziale Verwendung des Körpers", in: Dietmar Kamper/Volker Rittner (Hrsg.), *Zur Geschichte des Körpers*, München 1976, 138-183을 볼 것.

67) 적절한 보기로서 "Les techniques du corps", *Journal de Psychologie Normale et Pathologique 32* (1936), 271-293을 볼 것.

68) George H. Mead, *Mind, Self and Society From the Standpoint of a Social Behaviorist*, Chicago 1934, Neudruck 1952, 13-14.

의 충분히 **특화된** 유발자로서 기여할 수 있게 실현되는가의 질문이 남는다. 달리 질문한다면, 신체들은 두 신체의 충분히 특수화된 공동작용에 어떻게 도달하는가? 몸짓 개념은 그 결과에 이름만 붙여줄 뿐이지 설명을 제시하지는 않는다.

자기준거적 체계들이 배수로 구성된다는 일반 전제에 부합하여 그리고 이중 우연성 정리에 근거하여, 우리는 특화의 이중화가 비로소 특화를 설명한다고 전제한다. 신체행동의 잠재성을 특화하는 것은 그 자신이 특화 가능성을 요구하는 어떤 요구로부터 이루어진다. 신체들은 쌍방 간에 자신들의 환원 가능성에 도전한다. 신체들은 이렇게 도전한다는 것을, 제각기 고유한 복잡성을 표현할 경우에, 보여줄 수 있으며, 특히 공간상의 운동 가능성이라는 의미에서, 그리고 그와 함께 스스로 수행한 환원의 조건화 가능성을 보여준다.

서로 간에 유발된 사회적 특화는 당연히 훨씬 일반적인 상황이 특수하게 현재화된 것에 불과하다. 보다 일반적인 진술은 다음과 같다. 환경은 늘 이미 특화되었기 때문에 신체행동을 특화시킨다. 의자에 앉으려면 그 신체행동은 바로 규정된 방식으로만 일어날 수 있다. 의자는 의자이기 때문이다. 그러나 더 높은 층위에서 체계 형성의 발현이 관건일 때에는, 환경이 이미 특화되어 있는 것으로는 충분하지 않다. 이미 특화되어 있음은 일단 다시 해체되어야 한다. 특화되어 있음은 환경의 특수한 체계들이 충분히 특화되어 있지 않음으로 대체되거나 파괴되어야 한다. 이미 특화된 환경에서는, 아직 특화되지 않은 영역들이 특별히 고무적인 가치를 얻게 된다. 그리고 그 때문에 신체들이 서로를 환기시키는 특화의 공동작용에 들어서는 것은 단순한 우연이 아니다.

이들 체계이론적 진술은 신체행동의 사회적 쟁점화를 통찰하기에는 말할 것도 없이 너무 일반적이다. 그러나 이 보편성은 모든 후속

이론 발전의 기초로서 불가결하다. 결국에는 인간들은 신체의 거주자로서 상호간 서로를 반드시 전제한다. 인간들은 그렇지 않으면, 어떤 지점에 정착할 수 없을 것이고, 좌우간 지각할 수 없을 것이다. 신체성은 사회적 생활의 일반적인 (그런 점에서 이론적으로 평범한) 대전제이며 대전제로 남는다. 달리 말하면 다음과 같다. 신체성과 비신체성의 차이는 (적어도 오늘날 우리의 사회체계에서는) 사회적 적합성을 갖지 않는다. 즉 신체성은 반대항을 통해서도 적합한 것으로서 강조될 수 없다. 신체성은 그 자체가 사회적 체계 형성의 특별한 조건, 계기, 자원으로서만 분화될 수 있다. 그렇다면 신체성은 일반적인 대전제이며, 특별한 맥락에 대해서도──연결 작동들에 결정적이지는 않지만──특별한 대전제이다. 신체성은 규정된 사회적 기능을 위해 형성되고, 준비되고, 완전 상태가 될 수 있다.

일단 『문명화 과정』(엘리아스)에서 신체는 몸짓을 위한 잠재성으로서 뚜렷하게 요구된다. 말하자면 몸짓과 함께 세련화된다. 몸짓의 세련화는 아직은 사용될 수 없는 심리적 통찰을 대체 가능하게 해준다. 다른 신체라는 암흑상자에는 더 강력하게 분화된 투입과 산출이 갖추어지는데, 이때 "그 안에서" 무슨 일이 생기는지 모방하려고 시도하지 않는다. 과학적으로 보면, 1700년경에는 체액기질론(體液氣質論) 정도밖에 없다. 도덕 개념은 투입-민감성(특히 열정과 감수성)을 위한 개념과 산출-잠재성(의지, 가치, 자기지배 혹은 자만심(vanité)) 개념과 뒤섞여 있다. 그래서 그 개념은 상황에 적절한 전략을 도출해 내기는커녕 심리적 지향의 개별화도 허용하지 않는다. 이에 따라 사람들은 몸짓언어를 포함하여 몸짓의 세련화에 의존하게 된다. 이런 의미에서 사람들은 여전히 수사학을 신뢰하지만, 탄식, 무릎 꿇기, 눈물 흘리기 같은 그럴싸한 처신 또한 사랑을 증명할 수 있다고 믿는다. 소매치기의 도덕과 심리학은 성공을 지향하는 신체

연관에 있다.[69] 하지만 18세기가 진행되는 동안 수사학과 몸짓은 쇠
퇴하고 심리학이 전면에 나선다. 진실된 사랑이라면 신체적 서투름
때문에(여인을 사모하는 남자는 실수로 여인의 애완견을 보고 무릎을
꿇기도 한다) 실패할 수는 없다는 점을 마몽텔(Marmontel)은 진작 분
명하게 알고 있다.[70] 그런 전제 상황은 "무의식적인 것"(그런데도 결
코 "신체적인 것"은 아닌 것!)의 발견으로 일단락된다. 이제 학문에서
든 일상에서든, 의식적인 것과 무의식적인 것의 차이를 지향할 수 있
게 된다. 그런데 그것에 대하여 "몸짓 언어"에서는 똑같은 성과 능력
을 가진 등가물이 발견되지 않는다. 의식적/무의식적의 차이에 힘입
어 심리적인 것은 신체적인 것(더 정확히 말하면, 신체/영혼 도식)에
서 해방되었다. 심리적인 것은 자기 힘으로 그리고 그 자신이 고도로
복잡해진다. 그런데도 심리적인 것은 쉽게 해석 가능한 상태로 유지

---

69) 나는 여기서 대니얼 디포(Daniel Defoe)의 "몰 플랜더스"(Moll Flanders)
(1722)를 떠올린다. 이 소설은 몸짓들의 관찰이 당시에는 아직 존재하지 않던
심리학을 위한 자리로 간주된다는 테제에 대한 일련의 증거들을 제공한다.
나아가 편지소설에 대한 당대의 애호를 생각해보라. 크레비용(Crébillon)의
난삽한 문체는 아주 복잡한 몸짓 언어를 담은 대화의 형식으로 심리적 복잡
성을 표현하려고 애썼으며, 그런 이유 때문에 유명세를 타기도 했고 비난 받
기도 했다. 그밖에도 18세기 중반의 프랑스 소설들 속에서 흘려졌던 엄청난
눈물을 생각해보라. 이 모든 것은 이미 과도한 것이었으며(아니면 오늘날의 독
자들에게는 적어도 그렇게 느껴졌을 것이며), 그럼으로써 신체가 이미 의식적
심리 상태와 무의식적 심리 상태의 연결고리로서 요구받고 있다는 점을 보여
준다.

70) "Le scrupule ou l'amour mécontent de lui-même", in: Œuvres complètes Bd. II, 1,
1819-20, 재판 Genf 1968, 28 이하를 참조할 것. (30). 이것과 비교해 보자면,
영화 'Welcome to L. A.'에서 실수로 애완견에게 무릎 꿇는 장면이 나오는데
그것은 방해 요소로 작용하며, 구애자가 너무 이른 시점에 소변을 보러 밖으
로 나가야 할 경우에는 즉흥성이 망가진다. 바로 신체 과정들로의 포괄적인
환원은―그렇게 할 수밖에 없는 필연성을 양해하고 그 사정에 대해 아무리
개방적인 소통을 한데도―그 상황을 더 이상 감당해 낼 수가 없다.

되지만, 이 때문에 신체 문화는 심리적 과정들에 대한 지표로서의 자신의 가치를 잃는다. 의식적/무의식적의 도식에 힘입어 사회적 생활에서 서로 간 상호 침투 현상은 신체행동을 심리적으로 조종된 것으로서 끌어들일 수는 있지만,[71] 바로 그리하여 심리적인 것에 대한 관찰을 대체하는 신체 문화의 기능을 불필요하게 만든다.

오늘날 확산된 불만은 다음과 같다. 신체는 폭력으로 인해 침묵하게 된다.[72] 그렇다면 신체를 동정하면서 되살려내야 할 텐데, 그것이 항의의 무기 또는 문화 붕괴의 묵묵한 증인으로서 신체를 남용한다는 뜻이어야 할 필요는 없을 것이다. 차라리 상호침투 과정들이 더욱 뚜렷하게 분화한다고 전제하는 편이 더 설득력이 있을 텐데, 이렇게 설명하면 그 과정은 다기능적인, 자발적이며 그리고 사물적인, 감각적이며 그리고 의미론적인 신체 사용이라는 낡은 방식을 여러 관점에서 평범한 것으로 만든다. 그 대신 신체의 잠재성 자체의 일반화된 준비, 즉 젊음이 과거 어느 때보다 훨씬 중요해 보인다.

이것은 신체 역시 사회적 연관에서 더 특수하게, 이른바 "신체에 맞게" 투입될 수 있다는 점을 결코 배제하지 않으며, 오히려 설득력 있게 만든다. 이 가능성들 중 하나가 신체성을 거쳐 행동 조율의 세밀한 조정과 속도에 도달하는 것인데, 그것은 의도적인 통제를 거쳐서는 가능하지 않은 일일 것이다. 그것에 대한 아마도 가장 간명한 보기는 무용이다.[73] 함께 하는 합주 역시 정밀화의 원천이 알려지지

---

71) 그렇다면 고프먼(Erving Goffman) 류의 신체표현 이론들은 그 자체가 의식적/무의식적의 도식에 얽매인 해석적 세련미에 의존하여 유지될 수 있다. 하지만 이로써 그러한 이론들은 신체 자체에 낯설게 느껴지는 불일치 관점이 작용하게 만드는데 그것이 고프먼 이론 특유의 (언어적) 매력, 즉 『일상생활에서의 자기표현』(The Presentation of Self in Everyday Life)을 결정한다.

72) 푸코를 참조하는 견해들로는 Dietmar Kamper/Volker Rittner (Hrsg.), Zur Geschichte des Körpers, München 1976을 볼 것.

않던 신체 행동을 이처럼 추가로 얻게 해줄 것이다. 이를 위해서는 공교롭게도 직접적이며 (부단히 연결되는) 상기함과 예상함의 충분한 시간을 샅샅이 밝혀주는 리듬을 먼저 제시하는 것이 필요하다.[74] 이를테면 톱질처럼 손을 함께 맞추어 행하는 작업에서는, 그런 리듬은 실행 순간에 비로소 만들어진다. 이를 위해 그 이후에는 조율 요구가 덜 복잡해지기도 한다. 예를 들어 공놀이 같은 다른 경우에서는, 상대방의 추론들과 그 안에서 개시되는 리듬을 착각의 근거로 사용하는 것, 즉 그 리듬을 예측하여 그것을 저지하는 것이 중요할지도 모른다. 이 모든 경우들에는 신체 조정 자체에 일종의 부가가치가 있으며, 그 때문에 무용에서도 바로 그런 이유에서 규정된 동작이 모색된다는 공통점이 있다.

이와 구분되어야 할 현대의 신체문화 영역이 **스포츠**이다.[75] 스포츠에서는 일단 포괄적인 의미관련들의 극단적인 환원이 돋보이는데, 그러한 환원은 그 다음에 성과 평가, 성과 측정, 기록 기입, 비교, 발전과 퇴보의 복합적인 배열에 기여한다. 스포츠용품 산업, 동참하는 관중들의 관심 등이 연결된다. 그리하여 환원들이 복잡성의 구축을

---

73) 무용은 신체 조율의 완전성 형식으로서 분화되었다는 바로 그 이유 때문에, 상징 표현의 후퇴를 위한 출발점으로서 기여할 수 있다. 오늘날 디스코텍에서 다리를 덜덜 떨며 혼자 추는 춤은, 아름다움을 추함으로 중용을 과장으로 그리고 격식을 충동성으로 대체한다. 그리고 [같이 춤을 출] 짝이 없다는 사실을 바로 그런 식으로 알려준다.

74) 리듬이라는 순수한 시간 구조가 가지는 고유한 사회적 적합성은 역으로도 증명될 수 있다. 리듬은 사회적인 협동을 해낼 뿐만 아니라, 리듬을 적절하게 파악하기 위해서 사회적인 조율도 전제한다. 그래서 현대 서정시에는 더 이상 읽기나 큰 소리로 읽기로는 파악할 수 없는 리듬, 즉 오히려 사람들 앞에서 낭송해야만 파악할 수 있는 리듬들이 있는 것이다. 이것을 경험하도록 해 준 프리드리히 루돌프 홀(Friedrich Rudolf Hohl)에게 감사한다.

75) 이하의 개괄을 제안해 준 폴커 리트너(Volker Rittner)에게 감사한다.

가능케 하며 그 다음에는 그 복잡성이 환원들을 통해 더 이상 통제될 수 없다는 점이 (충분히) 입증되는 것뿐만이 아니다. 오히려 신체는 순수한 사실성을 고집하지 않고 스포츠의 관점에서 고유한 의미 영역의 출발점으로 기여할 경우에는, 바로 무의미함의 도피 지점으로 제격인 것처럼 보인다.[76] 스포츠는 이데올로기가 필요하지도 않고 이데올로기를 감당하지도 못한다(물론 스포츠를 정치적으로 악용하는 것을 배제하지는 않는다). 스포츠는 그 밖의 어떤 곳에서도 제대로 요구되지 않는 신체를 표현한다. 스포츠는 자기 신체에 대한 행동을 신체의 의미 자체를 통해 탈금욕적은 아니지만, 근본적으로는 금욕의 정확한 반대항으로서 스스로를 정당화한다. 즉 부정적으로 정당화하는 것이 아니라 긍정적으로 정당화한다. 그리고 스포츠는 다른 기원의 의미 영역에 의존할 필요 없이 이러한 정당화를 수행한다. 분명한 것은 스포츠가 건강한 일로 간주된다는 점이다.[77] 그러나 이러한 의미 관련도 다시금 신체 자체만을 지시한다.

(무용과 그 비슷한 것, 그리고 스포츠 외에도) 신체성이 특수 현상으로 인식되고 사용되는 세 번째 분야는 공생 기제들(symbiotische Mechanismen)의 영역으로 지칭될 수 있다.[78] 여기서는 사회의 개별 기능체계들을 위해 특별히 중요한 신체성 측면들이 관건이다——장애의 근원으로서든 분화의 근원으로서든 상관없이 말이다. 특수한 기능 영역들의 여전히 비개연적인 분화의 모든 경우는, 신체적 실존

---

76) 이것과 형식적으로 유사한 (우연치 않게 유사한) 관찰을 헤로인 중독에 비추어 시도해 볼 수 있다. Dean R. Gerstein, *Cultural Action and Heroin Addiction*, Ms. 1981을 볼 것.

77) 이 진술을 가지고 찾아낼 수 있는 많은 의심들은 이 맥락에서는 중요하지 않다.

78) 이에 관한 더 상세한 내용은 Niklas Luhmann, "Symbiotische Mechanismen", in ders., *Soziologische Aufklärung* Bd. 3, Opladen, 1981, 228-244을 볼 것.

상태의 인간들이 함께 살며 서로를 보고 듣고 만질 수 있다는 사실로 소급되어 유지되어야 한다. 경제나 법이나 연구 활동처럼 여전히 정신적으로 풍성하며 거의 비물질적으로 조종되는 체계들은 그러한 조건에서 완전히 분리될 수 없다. 그러한 체계들은 클로델(Claudel)의 "비단 구두"(Soulier de satin)에서처럼 어둠 속의 입맞춤으로 환원될 지도 모른다.[79] 그러나 그 체계들은 어떤 식으로든 신체성의 통제를 자신들의 일반화된 소통매체의 기호체계 속으로 끌어들여야 한다. 그 체계들은 그렇게 하기 위해 유발함이나 방해함의 기호를 마련해야 하고, 그에 부합하는 기대 형성들을 예견해야 한다. 사회문화적 진화는 질료에서 정신으로 가는 방향, 에너지에서 정보로 가는 방향을 취하지 않는다. 그러나 그 진화는 신체성과 기능 특화된 소통의 갈수록 까다롭고 다양한 모습을 보여주는 조합들로 나아간다. 그것은 루소가 말한 감수성의 탈지성화에서 읽어낼 수 있듯이, 신체의 고유 적절성을 완전히 새롭게 발견하라고 촉구할 수 있다.

따라서 모든 거대한 기능 영역들이 신체에 대한 자신들의 관계를 규제해야 하며, 상징적으로 일반화된 특별한 소통매체들이 분화되면서 이 관계가 특별한 상징화를 통해, 즉 공생 기제를 통해 더욱 정확하고, 특히 기능에 맞추어져야 하는 것은 우연이 아니다. 그래서 어떤 식으로든 우월한 물리적 폭력에 근거하는 것이 16세기 이후 모든 정치의 기본 전제가 된다.[80] 학문은 17세기에는 다른 사람의 지각

---

79) 어둠 속의 입맞춤은 물론 최소필요의 상징화의 상징화이다.

80) 파슨스는 이런 의미에서 '실물 자산'(real assets)을 언급한다. "On the Concept of Political Power, und Some Reflections on the Place of Force in Social Process", in: Talcott Parsons, *Sociological Theory and Modern Society,* New York 1967, 297-354 및 264-296을 참조할 것. 그밖에도 Niklas Luhmann, *Macht,* Stuttgart 1975, 61이하와 그것을 통해 쟁점화된 정치체계와 법체계의 관계에 대해서는 (특별히 18세기의 주제로서) Niklas Luhmann, "Rechtszwang und

을 지각하여 증거를 제출하고 그렇게 경험적인 기초를 제출할 수 있기 위해 지각에 대한 자신의 관계를 새로 규정할 필요를 느낀다. 학문은 사회적으로 조직되며 (그래서!) 경험적인 연구가 된다. 18세기에야 비로소 사랑을 위한 공생 기제, 즉 섹스는 긍정적인 성과학(性科學)에서든 부정적인 성과학에서든 소설과 심지어 자서전(루소)에서도 독립화와 평가절상에 이른다.[81] 마지막으로 경제에서도 소통 매체인 화폐를 통한 보편적인 조종, 즉 자본 형성이나 '자본주의'는 신체에 근거한 욕구들이 충분히, 즉 이 방법으로 충분히 만족을 느낄 수 있을 때에만 관철될 수 있는 것으로 보인다. 인류의 재생산은 더 이상 성적(性的) 문제에 그치는 것이 아니라, 경제적 문제로서도 중요해진다. 그리고 '궁핍화'(Pauperismus)는 현대의 현상으로서 논의 주제가 되었다.[81a]

물론 신체는 위에 언급된 모든 관점, 즉 물리적 폭력의 주체이자

---

politische Gewalt", in ders., *Ausdifferenzierung des Rechts,* Frankfurt 1981, 154-172를 참조할 것.

81) Niklas Luhmann, *Liebe als Passion: Zur Codierung von Intimität,* Frankfurt 1982, 137 이하를 참조할 것. 그런데 바로 프랑스 문학이 이 테제를 입증할 수 있다는 점이 특이하다. 17세기와 18세기, 프랑스에서는 그것을 위한 모델이 시도되어 극단으로 치닫고는 좌초해 버린다. 여성들이 자신의 몸을 멋대로 사용하는 (당대의 비교에서는 이례적으로) 상당한 자유를 누리려면 언어행동의 상당한 훈육이 필요하다(이와 동시에 '눈짓 언어'(Augensprache)에는 많은 해석이 붙은 의미가 부여된다). 18세기 그리고 그 이후에는 유혹에 필요한 것은 결국 '정신'(esprit)밖에 없고, '마음'(coeur)은 더 이상 필요가 없어진다. 전략만 사용할 수 있고 열정은 더 이상 사용할 수 없다. 숙련과 능숙함만 사용할 수 있었지 구속 능력은 더 이상 필요하지 않다. 그것은 그 다음에 결과의 서술 자체가 그 결과에 반하는 이를테면 위험한 정사(情事, Liaisons Dangereuses)라는 결과가 된다.

81a) 어떤 의사의 증언으로서 Charles Hall, *The Effects of Civilization on the People in European States,* London 1805, 재판 New York 1965를 볼 것.

대상으로서, 지각할 수 있는 것으로서, 성적으로 자극할 수 있는 것으로서, 욕구들의 담지자로서 갈수록 중요해지게 된다. 이 사실은 사회질서에 대해 매우 다양한 관계들을 허용한다. 가장 오랜, 아직도 포착될 수 있는 사회 형식들에서는 고도의 임의성 및 이러한 신체 사용 방식들의 혼용이, 그에 상응하여 소수의 상황들을 더 엄격한 규제로, 전형적인 것으로 보인다.[82] 발전은 조합들, 즉 더 적은 임의성, 더 많은 자유, 더 적은 의례적 규정, 더 많은 훈련을 예상하고 그러한 조합으로서 진화적으로 입증되는 방향으로 진행된다.[83]

우리가 위에서 출발점으로 삼은 전제는 이제 이 발전의 결과로서 이해 가능하며, 그 발전에서부터 입증될 수 있다. 신체의 현대적인 의미론은 전통적으로 신체와의 관계에 정보 가치를 주던, 신체적인 사물/비신체적인 사물(res corporales/res incorporales)의 차이로는 더 이상 파악될 수 없다. 이로써 (죽는) 신체와 (죽지 않는) 영혼의 차이도 그 차이를 넘어서는 차이, 즉 모든 피조물을 구조화하는, 심지어 창조 행위 그 자체를 표현하는 차이라는 거점을 잃게 된다. 죽음과의 관계도 그에 따라 달라지며 그래서 새로운 방식의 의미 부여가 필요해진다.[84]

---

82) 이에 대해 Ronaldt M. Berndt, *Excess and Restraint: Social Control Among a New Guinea Moubtain People*, Chicago 1962를 참조할 것.

83) 우리는 여기서 야심차게 추진된 엘리아스의 연구에 접하게 된다. *Über den Prozeß der Zivilisation: Soziogenetische und psychogenetische Untersuchungen*, 2 Bde. Basel 1939.

84) 이 점에 관해서도 18세기는 전환점에 도달하는 것으로 보인다. 이 점은 그간 수행된 풍부한 경험 연구가 보여주듯이 프랑스 혁명과 나폴레옹 전쟁들 훨씬 이전에 전환점에 도달한 것으로 보인다. Michel Vovelle/Gaby Vovelle, *Vision de la mort et de l'au-delà en Provence d'après des autels des âmes du purgatoires, XVe-XXe siècles*, Paris 1970; Michel Vovelle, *Pietè baroque et déchristianisation en Provence au XVIII siècle: Les attitudes devant la mort d'après les clauses des testaments*,

이러한 전환은 아마 18세기의 우정예찬 문학에서 훨씬 분명하게 검증될 수 있을 것이다.[85] 우정예찬 문학에서는 종교적인 황홀감, 도덕적인 극찬, 신체의 상징 표현을, 오늘날에는 '정신분석'이나 동성애에 혐의를 두는 것이 아니라면[86] 더 이상 실행하기 어려운 방식으로 서로 연결짓는다. 하지만 우정예찬 문학은 필자들이 자신의 신체에 대한 생각이 그들의 펜대를 움직였다고 상정하는 것을 두려워했다고 가정할 수 없게끔 쓰인다. 이때에는 아직도 전혀 선입견 없이, 그리고 신체적인 것/비신체적인 것의 차이를 명백히 전제하며, 신체 은유를 아무런 위험도 유발하지 않고 사용하여 차이의 다른 면을 지시할 수 있다. 대략 1770년경부터 1800년경 사이에 사람들은 이런 의

Paris 1973; ders., *Mourir autrefois,* Paris 1974; Pierre Chaunu, "Mourir à Paris (XVIe-XVIIe-XVIIIe siècles)". *Annales E. C.* 31 (1976), 29-50; Lawrence Stone, *The Family, Sex and Marriage in England 1500-1800,* London 1977, 246 이하; Reinhart Koselleck, "Kriegerdenkmale als Identitätsstiftungen der Überlebenden", in: Odo Marquard/Karlheinz Stierle (Hrsg.), *Identität (Poetik und Hermeneutik Bd. VIII),* München 1979, 255-276. (그 자체로는 중요하지 않지만, 바로 그렇기 때문에 전형적인) 당대의 증거로는 Jacques Pernetti, *Les Conseüs de l'amitié,* 2. Auflage Frankfurt 1748, 11-111을 참조할 것: 페르네티는 조국에 유익한가를 척도로 본 전사자 예우에 대해서, "전사자 예우는 사회에 도움이 되지 않으며, 어떤 효용도 없다."라고 말한다.

85) 특히 Ladislao Mittner, "Freundschaft und Liebe in der deutschen Literatur des 18. Jahrhunderts", in: *Festschrift für Hans Heinrich Borcherdt,* München 1962, 97-138을 참조할 것. 그밖에도 오래된 논문들로는 Paul Kluckhohn, *Die Auffassung der Liebe in der Literatur des 18. Jahrhunderts und in der deutschen Romantik (1922),* 3. Aufl. Tübingen 1966; Wolfdietrich Rasch, *Freundschaftskult und Freundschaftsdichtung im deutschen Schrifttum des 18. Jahrhunderts vom Ausgang des Barock bis zu Klopstock,* Halle 1936을 볼 것.

86) 그것 또한 아마 더 이상 1920년대만큼 중립적이지는 않을 것이다. 예를 들어 Oskar Pfister, *Die Frömmigkeit des Grafen Ludwig von Zinzendorf,* 2. Aufl. Zürich 1925; Hans Dietrich, *Die Freundesliebe in der deutschen Literatur,* Leipzig 1931을 참조할 것.

미론적 관련 틀을 잃으며, 그런 다음에는 그 관련 틀을 부분적으로는 심미성(審美性)이라는 보다 창백한 은유를 통해, 부분적으로는 다른 차이, 즉 명백하게 외설 문학과 차이를 두어 새로운 의미론으로 대체해야 한다.[87)]

신체적/비신체적이라는 주도적 차이가 교체되면서 낡은 의미론적 선(先)이해들은 진부해진다. 하지만 신체 의미는 우리가 무용, 스포츠, 공생 기제 개념으로써 발전시킨 특수 규정들을 받아들일 여지를 가지게 된다. 신체 자체는 부분적으로는 사회적인 것을 관련시키는 의미 부여의 결정화 지점이 되고, 부분적으로는 거대한 기능체계들의 조합적 맥락들에 사용되기에 적합하게 관점화된다. 신체성의 의미론은 신체 감각과 신체 사용에 대한 의미론의 아마도 부인할 수 없는 영향과 함께, 사회문화적 진화에서 나타나는 형식 변동과 상관관계를 이룬다. 그런데 이것은 인간의 신체가 (능력들의 운반 장치로서) 단순한 실체도 아니며 사회적 사용을 위한 단순한 도구도 아니며, 오히려 인간과 사회적 체계의 상호침투에 함께 관련되기 때문에, 그런 상관관계를 이루는 것이다.

분명한 것은 사회문화적으로 어떻게 진화하더라도 다리는 늘 다리이며 귀는 늘 귀라는 점이다. 신체는 환경으로서 사회에 미리 주어져 있다(이 말은 사회문화적 진화가 유기체의 진화에도 영향을 줄 수 있음을 배제하지 않으며 오히려 고려한다는 뜻이다). 이와 달리 신체는 고도로 복잡하며 그렇기 때문에 조건화될 수 있는 체계들의 뭉치로서, 복잡성을 사회적 체계들 안에서 사용될 수 있는 것으로 보이게 하는 의미를 가진다. 사람들은 그 조건에 따라 보고 고려하며, 그 조건에

---

87) 그것은 차이, 즉 그 다음에 불안정한 차이로서 사회학 연구의 대상이 될 수 있는 차이이다. 특히 Vilfredo Pareto, *Der Tugendmythos und die unmoralische Literatur*, Neuwied 1968을 볼 것.

따라 신체가 이러저러하게 행동할 수 있다는 점을 아주 직접적으로 기대한다. 그러나 복잡성이라는 이 (차이)동일성과 복잡성에 대한 지향의 직접성이 신체 자체는 아니다. 그러한 (차이)동일성과 직접성은 상호침투에서 만들어지는 차이들의 도식 안에서 비로소 (차이)동일성과 직접성이 된다.

10. 상호침투 관계들의 다양화와 현대사회의 구조 변동

"상호침투"라는 개념 명칭으로 요약된 관계들은 복합적 구조를 가진다. 그 구조는 지극히 추상적 정식화라면 몰라도 단순한 정식화로는 요약될 수 없다. 우리는 그 구조를 서술한 순서에 따라, 서로 밀접하게 관련된 개별 측면들로 해체한다. 해체된 내용을 요약하는 곳에서는 그 내용에 기초하여, 언급된 모든 관점에서 상호침투가 역사상으로 변이한다는 점, 즉 사회체계의 진화와 함께 구축되고 변화하는 사태임을 재차 강조할 것이다. 이 전제의 기초는, 복잡성 관계가 임의적인 질서를 허용하지 않으며, 질서로부터 독립적인 질서도 허용하지 않는다는 테제이다. 상호침투 체계들이 서로에게 자신을 내어주는 복잡성이 상승하면, 복잡성 환원이 우연적이라는 것을 인식할수 있게 된다. 모든 규정의 선택성이 첨예화되면, 그것은 상호침투의 형식들도 변화하는데, 그 형식들은 나중에 입증될 수 있다.

이 분석을 위한 (분명하게 표현되었기 때문에) 훌륭한 출발점은 그리스 비극의 영웅(또는 여자 주인공)이다. 영웅은 명확한 이항 도식주의에 따라 행위하지 않는다. 그들의 솜씨의 출처는 정당성의 고수를 부당한 일로 만든다. 불문법(不文法, nómos ágraphos)은 자신의 입지와 그 대척점에 대해 정당성과 부당성을 할당한다.[88] 그래서 영응은 자신의 행위를 전적으로 옹호한다. 이항적 도식주의가 없다면 "배제된 제3항"도 없다. 신체는 보전되지 못한다. 고통을 상쇄하거나 자비심에서 베풀 만한 영혼의 구원도 없다. 범죄행위는 연금을 보장받는 가장 확실한 방법이다. 행위는 인물과 법의 상호침투이며, 그 안에서는 쌍방 간 자유의 여지는 예정되어 있지 않다(또는 쌍방 자유의 여지는 역설적인, 출구 없는 상황에서만 있을 수 있다). 그것을 행한다는 데에 위대함이 있다.

도시국가(Polis)와 함께 진행된 것은 이것과 분리되며, 상호침투들을 분화시킨다. 그것은 분명해진다. 그리고 윤리는 논리에 유념하는 가운데 무엇을 통해 존중을 얻거나 잃게 될지를 표현한다. 올바른 행동이 동시에 비난받을 수 있게 되는 사정은 이제 더 이상 볼 수 없어진다. 사회적 상호침투와 인간들 간 상호침투는 분리되기 시작한다. 개인적 연대(philía, 우정)는 도시국가와 관련되어 윤리화되기는 했지만, 도시국가에서의, 그리고 도시국가를 위한 좋은 생활과는 일치하지 않는다. 그러한 연대는 그 자체로 정치적인 성질을 가진 것은 아니다. 문명이 진보하면서 결국에는 신체와 정신도 서로 다른 운명들을 위해 따로따로 실체화된다. 그리고 그 두 관점에서 서로 다른 감각들과 서로 다른 세련화에 연결될 수 있다. 이것은 "계몽"의 지옥에 맡겨지는 분리 과정이다. 그래서 신체가 무엇 때문에 지옥에서 시달려야 하는지를 더 이상 들여다 볼 필요가 없다.

요청된 분화들을 사회구조적인 복잡성 상승의 상관물로 파악한다면, 행위와 개인적 운명의 (차이)동일성은 다시 얻어질 수 없다는 점이 이해될 것이다. 장 주네(Jean Genet)는 바로 그것을 시도한

---

88) 소포클레스(Sophokles)-해석들에 관해서는 Erik Wolf, *Griechisches Rechtsdenken* Bd. II, Frankfurt 1952, 198 이하를 볼 것.

다. 주네는 성공하지 못했고 행위와 시(詩)는 분리된다. 주인공들은 그들이 원하는 모습으로 존재할 수 있기 위해 스스로를 관찰하라고 요구받으며, (어떤 언어로 쓰였든) 자신들의 행위의 언어가 아닌 언어로 논평하라는 요구를 받는다. 그 문제는 긍정적인 것에서 부정적인 것으로 그리고 역으로 해결될 수 있는 것이 아니다. 그 문제는 긍정적인 것과 부정적인 것이 서로를 배제하여 이미 접근 불가능해진다.

따라서 다양화는 행위 종류들, 역할들, 기능체계들에서는 물론이고 상호침투 관계들과 그 관계들을 사용하는 형식들에서도 이루어지게 된다. 무엇보다도 인간들 간 상호침투와 사회적 상호침투가 서로 분리된다. 다른 사람에게서 기대하는 것은 사회로부터 약속받을 수도 채워질 수도 없게 된다. (비록 이때 모든 소통이 당연하게도 사회 전체적인 과정이며 그렇게 유지되더라도 말이다.) 이러한 사태들을 반영하는 "행운"이나 "우발"과 같은 상징들이 나타난다. 도덕의 사용을 이런 전개 상황에 투사하면, (긍정적으로 그리고 부정적으로 판단된 행위를 포괄하는) 사회와 도덕의 전반적인 일치는 그 출발 상황에도 오늘의 현실에도 모두 어울리지 않아 보인다. 복잡한 사회는 자신의 고유한 자기생산을 위해서, 그리고 그러한 자기생산에는 친밀관계들에 들어서서 마음껏 즐길 가능성의 마련도 속하는데, 존중의 획득, 존중의 유지, 존중의 상실을 내세워 모든 사람들을 제재할 수 없게 될 정도로 상이한 종류의 기대들이 필요하다. 도덕을 내세워 사람들을 제재할 수 없게 된 사정은 상호작용 체계들과 사회체계들 간 거리가 벌어진 것과 연관되는데, 우리는 절을 하나 따로 할애하여 이점을 다룰 것이다. 사회적 생활의 몇몇 영역에서 그리고 특별히 사랑관계에서 도덕화가 쟁점이 된다.[89] 그러한 도덕화는 너무 큰 모험을 무릅쓰게 되고, 그때마다 중요한 것에 대해서는 너무 관심을 적게 기울이게 된다.

이로써 사회화 및 상황에 결부된 간헐적 교육이 인간의 편에서 사회의 자기생산을 위한 전제를 실현시키기에는 더 이상 충분해지지 못하는 관계들이 언급된다. 우리는 사회화를 인간을 위한 상호침투의 결과로 파악하기 때문에 다음처럼 말할 수도 있다. 상호침투는 곧바로 자신을 재생산하는 것이 아니며, 간단히 자기 자신으로부터 만들어지는 것이 아니다. 상호침투에는 교육으로서의 지향화가 필요하며, 결국 스스로 (의도되지 않은) 사회화 효과들을 초래하는 특수 상호침투들을 만들어내는 조직이 필요하다. 그렇다면 이를 배경으로 "도덕교육"이 쟁점이 되는 것이다. '이를 배경으로'라는 말은, 사회가 도덕이나 교육 그 무엇을 통해서도 통제될 수 없다는 경험에 기초한다는 뜻이다.

결국 상호침투 관계들이 '체계/환경-관계들', 당연히 상호침투 체계들의 특수 환경에 대한 어떤 체계의 관계들이라는 점을 함께 고려해야 한다. 상호침투 체계들과 다른 각각의 환경 영역들도 존재한다. 그리고 그 환경 영역들도 그 체계에 대해 중요하다. 사회적 체계들에게는 인간과 사물이 중요하며, 인지들과 동기들의 환경 및 자원들의 환경이 중요하다. 따라서 복잡성 상승은 이 두 환경들에 대한 사회적 체계들의 관계에 대해 귀결들을 가지며, 또한 예리함, 즉 그 환경들이 사회적 체계의 관점에서 그리고 그 체계의 환경으로서 분화되는 예리함에 대해서도 귀결을 가진다.[90] 소통 잠재력과 행위 잠재

---

89) 남자에게 도덕적인 결함이 있더라도 여자는 그 남자를 사랑할 수 있어야 한다. 이 말은 예를 들어 Joseph Droz, *Essai sur l'art d'être heureux*, Neuauflage Amsterdam 1827, 108 이하에서 볼 수 있다. 이러한 통찰이 복귀되기까지는 좀 오래 기다려야 했다.

90) 우리는 여기서 제5장 4절의 분화에 관한 설명에 연결한다.

성들을 위한 환경 전제들의 재생산은 결국 천연 자원의 재생산과는 다른 요구들을 제기한다. 제각기 다른 방식으로 중개된 상호의존의 범위가 관건이며, 제각기 다른 종류의 장애 원천이 관건이다. 그리고 그 다음에는 그 사회적 체계 자체가 이 두 환경 안에서 촉발하는 다른 결과 연쇄들도 갈수록 더 중요해진다. 그것이 분명해지고 유럽에서 이 과정이 늦어도 18세기에 이르러 되돌릴 수 없는 지경이 되면, 인간은 사물 도식에 따른 낡은 전통에서는 더 이상 파악될 수 없게 된다. 신체적인 것/비신체적인 것의 주도적 차이는 많은 의미론 영역의 조정자로서의 자신의 핵심 지위를 잃는다. 그 두 환경은 신체화 개념에서 분리될 수 없다. 인간은 주체가 되고 사물(res)은 질료가 된다. 마찬가지로 전통의 짐에 얽매인 이 개념이, 말해져야 할 것을 아무리 잠정적이고 불충분하게 표현하든 상관없이 그렇게 된다. 이 모든 것은 전반적으로 이미 사회이론으로서 정식화되어 있으며, 더 이상 사회적 체계의 일반이론으로서 정식화되어 있지 않다. 하지만 그것은 다음과 같은 일반 테제를 입증한다. 사회적 체계들의 복잡성 상승들은 (그런데 사회는 다른 모든 것을 자신 안에 포함시키는 가장 복잡한 사회적 체계이다) 상호침투 관계들을 바꾸고 다양화하며 그 관계들의 고유한 "자연적" 진행에 덜 직접적으로 되묶는다. 그렇다면 형식들과 경계들이 만들어져야 하는데, 그것들은 그자체가 특별한 귀결을 남길 것이다

제7장 심리적 체계들의 개별성

1. 개인주의적 환원주의의 거부와 "개별성" 주제의 도입

심리적 체계들의 개별성이라는 주제를 다루기 위해서는 지금까지 관련된 이론 성향들의 몇 가지 특징들을 상기하는 것이 도움이 될 것이다. 우리는 사회적 체계들을 다루지, 심리적 체계들을 다루지 않는다. 우리는 사회적 체계들이 살아 있는 인간들은커녕 심리적 체계들로 구성되는 것이 아니라는 데서 출발한다. 이 관점에 따르면 심리적 체계들은 사회적 체계들의 환경에 속한다. 심리적 체계들은 물론 사회적 체계들을 형성할 때 특별하게 중요한 환경의 부분이기는 하다. 우리는 그 점을 상호침투 개념을 가지고 확정했다. 사회적 체계들의 구축을 위한 이러한 종류의 환경 적합성은 가능 상태의 일종의 제한이기는 하지만, 사회적 체계들이 고유한 요소적 작동들의 토대에서 자율적으로 형성되는 것을 방해하지는 못한다. 이러한 작동들이 바로 소통들이다—역으로 심리적 과정인 것은 아니다. 즉 의식 과정들이 아니다.

사회학에서는 오랫동안 개인주의적 환원주의의 대변자들이 요소적이며 경험적으로 파악 가능한 사회적 삶의 토대에 자기들만이 특별하게 접근할 수 있다고 주장해왔다. 경험 연구들을 위한 측정 단위로서는 매우 자주, 그리고 대개 '개인'이 채택된다. 그래서 개인 행동의 관찰은 훌륭한 이론들은 말하지 않더라도 통계학적 집적들보다는 사회질서 구축의 결정 요인들에 대한 보다 직접적인 통찰을 가능하게 할 것이라고 믿어졌다.

"하지만 이 주장들은 부분적으로만 옳다"라는 베른하트 기젠(B. Giesen)[1]의 논평은 상당히 공손해 보인다. 나라면 더 분명하게 표현할 것이다. 그 주장들은 쉽게 인식할 수 있는 이유에서 틀렸다. 관찰 자료들은 물론 결국에는 인간의 행동이지만, 개인적인 행동으로서 채택되어서는 안 된다. 다렌도르프가 벌써 이 문제를 보았고, 칸트의 엄호 하에 자유와 필연성의 대립의 문제로 표현했다.[2] 그렇게 한 것은 틀림없이 지나쳤고, 초월이론적인 성찰의 기본 전제에 힘입어서만 정당화할 수 있다. 우리는 상이한 체계준거들, 즉 상이한 체계-환경 관계들, 달리 말해 상이한 세계 접근들이 관건이라는 명제를 가지고 이 대조를 약화시킬 것이다. 이러한 체계들은 예외 없이 자신의 고유한 "내적 무한성"을 가지고 있다. 어떤 체계도 총체적으로, 그리고 자신의 선택 기초들에 근거하여 관찰될 수 없다. 그래서 개인들을 사회적 체계들보다 관찰하기 쉽고 어쨌든 더 직접적으로 관찰할 수 있다고 전제하는 것은 원칙적으로 틀렸다. 관찰자가 행위를 개인들에게 귀속하고 사회적 체계들에 귀속하지 않는다면, 그것은 그 관찰자 자신의 결정이다. 그 결정은 인간의 개별성의 존재론적 우선권을 표현하는 것이 아니라, 오직 자기준거적 관찰체계의 구조들, 경우에

---

1) *Makrosoziologie: Eine evolutionstheoretische Einführung*, Hamburg 1980, 29.
2) Ralf Dahrendorf, *Homo Sociologicus*, 7. Aufl. Köln-Opladen 1968을 참조할 것.

따라서는 개인들에 대한 개별적인 선호들, 즉 정치적, 이데올로기적, 도덕적으로 대표될 수 있지만 관찰 대상으로 투사될 수는 없는 선호들을 표현할 뿐이다.[3]

개인주의적 환원주의에 맞서 제기되는 모든 종류의 이의는, 개인주의가 환원주의로서 사회적 체계들의 '발현적' 속성들에 적절하지 못할 것이라는 점이다. 우리는 그러한 관점이 환원주의이기만 한 것이 아니라, 사회적 체계들에 대해서가 아니라 심리적 체계들로 (극단적으로 축소된) 관계화이기도 하다는 점을 추가로 문제시한다. 이 사태는 심리적 체계들을 성급하게 개인들로 지칭하면, 즉 개인들을 '나뉠 수 없는' 것으로 설명하는 것으로 충분히 규정했다고 생각한다면 왜곡된다. 다른 한 편 비판적인 논평들은 종종 중요한 사태 하나를 부인하거나 간과한다는 인상을 남긴다. 우리는 이런 이유에서 사회적 체계의 이론에서 주변적인 개별 성장을 이 이론의 서술에 덧붙인다.

왜냐하면 사회적 체계들이 개인들로 구성되지 않는다거나 신체 과정들이나 심리적 과정들을 통해 창출될 수 없다는 견해는 사회적 체계들의 세계에 개인들이 없다는 것을 진술하는 것은 아니기 때문이다. 정 반대이다. 자기준거적 자기생산적 사회적 체계들은 바로 심리적 체계들의 자기준거적 자기생산에 대한 질문을 촉발하고, 그 질문과 함께 심리적 체계들이 자신의 폐쇄성을 사회적 체계의 환경과 양립 가능하게, 매순간 자신의 자기재생산, 즉 자신의 '의식생활' (Bewußtseinsleben)의 '흐름'을 어떻게 수립할 수 있는지의 질문을 유

---

3) 그밖에도 (이성의 작업 범주의 초월이론적 토대 대신) **개별성의 초월이론적 토대**화의 원칙적인 약점들을 여기서 인식할 수 있다. 그러면 초월이론가들은 고유한 이론에 따라 자기 자신을 자유롭고, 그럼으로써 인식되기 어려운 개인으로서, 즉 자기 의도를 드러내지 않아도 되는 이론가로서 전제해야 한다.

발한다.

2. 개별성 이론들에 대한 개관

언제나 그런 것처럼, 이론 발전의 가능성 중 하나는 전통과의 관계에서 연속성과 불연속성을 밝히는 데에 있다. 개인과 개별성이라는 제목 하에서는 오래 되었고 중대한 의미가 있는 역사가 진행되어 왔고, 우리는 그것을 여기서 아주 간결하게, 기본적인 선택들을 규명할 목적으로만 개괄할 수 있을 것이다.

우리는 개인의 개별성이 원래 무엇인가에 대한 후기 중세의 질문으로부터 직접 참조할 수 있는 결과들을 발견할 수 있다.[4] 명백하게 어떤 추가적인 자질이 관건은 아니었으며, 외부에서부터 할당된 규정이 관건이었던 것도 아니었다. 오히려 개인은 자기 자신을 통해 개별화된 것으로 파악되어야 했고, 그러면 개별화는 바로 이것이 모든 다른 것과의 차이를 만든다는 점에 좌우되었다. 오랜 개념사적 설명들 이후에 이미 프란시스코 수아레스(Francisco Suárez)[5]가 개별성을 자기준거를 통해 규정한다. 개별성은 "고유한 방식에 있어서 단순하며 구분할 수 없으며, 자신의 고유한 개별성과, 자기로부터 만들어졌지 처음부터 사실의 자연에서 유래하는 것이 아닌 근본적인 방식"(modus substantialis)으로 규정되었다. 다른 모든 규정들은 실패했다.

---

4) Johannes Assenmacher, *Die Geschichte des Individuationsprinzips in der Scholastik*, Leipzig 1926을 참조할 것.

5) *Dispositiones Metaphysicae,* Disp. VI, 14, *Opera Omnia Bd. 1*, Paris 1866, 재인쇄 Hildesheim 1966, 185에서 재인용.

그러나 18세기가 한참 진행된 시점까지 개인 개념은 여전히 사물 개념이었으며, 복합적이고 그래서 분해 가능한 단위들의 반대 개념으로서 파악되었다. 어휘사적으로 근원적인 의미가 그 개념을 각인했다. 나뉠 수 없는 모든 것이 개인으로서 표현되었다. 인물(Person)은 이성적인 실체의 비분리성으로서의 특수 사례에 불과했다. 정신의 개별성을 통해서 동시에 정신의 불멸성(Indestruktibilität), 즉 생명의 영원성이 보증되었고, 영원성과 함께, 인간이 최후의 심판(Jüngsten Gericht)에서 자기 죄를 고백해야 한다는 것을 생각할 수 있게 되었다. 이 개념 상 기초에서, 직접적인 이익과는 반대로 인간을 동기화하려고 끊임없이 시도하는 종교와 도덕이 설교를 늘어놓을 수 있었다.

그밖에도 신분적으로 분화된 사회는 개인주의라는 일종의 명작-버전으로, 영웅들과 악당들[의 도식]을 가지고 버텨내었다. 특별한 대우의 방향을 제시하고 그 방향을 존재의 일반적인 자질 척도에 관련짓는 것으로 충분했다. 자기-지향은 더 나은 상태에 묶였고, 다른 사람들과의 다름에 묶여 있지 않았다. 자기-지향은 위쪽 방향으로 뻗어나갔다——아니면 아래 방향으로 나아갔다.

그러한 사정과 함께 인간 개별성의 이러한 핵심 사태와 관련하여 역사적인 변동이 있을 수 없다는 점이, 미리 결정되어 있었다. 1759년까지만 해도, 전통을 따르지 않았음에 틀림없었던 에드워드 영(E. Young)이라는 저자는 "나는 인간 정신이 모든 시기에 걸쳐 동등하다고 생각한다"[6]라고 말했다. 완전히 새로우며 100년 전부터 친숙한 휴식 없는 불안정과 열망, 이해관계와 쾌락, 열정과 자기사랑의

---

6) "Conjectures on Original Composition", in Edward Young, *The Complete Works*, London 1854, 재인쇄 Hildesheim 1968, Bd. 2, 547-586 (554).

인류학은[7] 개별성의 이러한 안전장치 개념을 처음에는 간과했다. 초월철학이 최초로, 인간을 원래 구성하는 것, 즉 인간의 자기준거적이며, 자기 자신에게 법칙을 부여하는 자기준거적인 의식에 대한 사물 개념의 적용을 절대적으로 금지할 것을 선언했다. 그리고 이제 인간은 자신이 불멸의 존재인지 아닌지를 이른바 스스로 알아야 했다.

이 전환은 물론 특수성이 보편성과 갖는 관계에 관해, 수십 년 동안 특별하게 독일에서 이루어진 토론을 통해 준비되었다. 부분적으로는 미학에서, 부분적으로는 인식론에서, 부분적으로는 인류학에서 진행된 이 토론은 구체적으로 특별한 것에서 보편타당한 것이 어떻게 만들어질 수 있는지의 질문에서 문제를 갖게 되었다.[8] 이때에는 증대되는 규정성의 연속체, 즉 일반적인 것이 다소간 미규정적인 것으로서 하나의 극을 구성하며, 구체적인 사물들이 그때그때 특수한 것으로서 다른 극을 구성하는 연속체를 전제하였고, 그렇게 보편적인 인간에서 추가적인 확정들을 첨가함으로써 결국 구체적인 개인에 도달했다. 이 사고 도식은 (동물들과 천사들과는 달리) 보편적인 것에서 평등을 표현할 수 있었고, 구체화 단계에서는 동시에 신분 차이들이나 민족성 등을 표현할 수 있었기에, 계층화와 양립될 수 있었

---

7) Niklas Luhmann, "Frühneuzeitliche Anthropologie: Theorietechnische Lösungen für ein Evolutionsproblem der Geselischaft", in ders., *Gesellschaftsstruktur und Semantik Bd. 1*, Frankfurt 1980, 162-234을 자세히 볼 것.

8) 이것은 해체되는 계층화된 사회, 즉 물론 취향과 판단 능력을 위해 확실성의 토대로서 아직 체계 소속성을 전제했지만 그것을 위해 더 이상 확실한 기준을 언급할 수 없었던 사회를 배경으로 삼을 때에만 사회학적으로 해석할 수 있다. 그 점에 관해서 그리고 특수성에서의 보편성 논의로의 이행에 관해서, Alfred Baeumler, *Das Irrationalitätsproblem in der Ästhetik und Logik des 18. Jahrhunderts bis zur Kritik der Urteilskraft* (1923), 2. Aufl. Darmstadt 1967을 참조할 것.

다. 개인들은 이 연관에서 구체적인 인물로서 생각되었고, 그럼으로써 세계 구조, 즉 종들과 속들의 보다 일반적인 관련에서 자기 질서를 찾았던 구조의 실제적인 토대로서 생각되었다.

그러면 도대체 무엇이 특수성에서 보편성으로서 파악될 수 있는가라는 예리한 질문은 이 사고 구조물이 더 이상 신분 질서의 구조에 묶여 있을 수 없게 된 후, 결국 이 구조물을 무너뜨렸다. 우리는 좁은 의미에서의 초월이론을 뛰어넘을 수 있다. 그리고 이제 관계들은 이론으로의 개인의 귀환과 초월이론의 재(再)인류학화를 통해 반대가 되었다. 이제는 바로 개별성이 예외 없이 모두에게 할당되었기에 보편적인 것이 되었다. 물론 헤겔과 마르크스에 이르는 신인본주의적 사상가들은 모두가 인간이라는 지적에 만족하지 않았다. 하지만 그들은 그 점을 전제했고, 그래서 이 단순하게 양적인 보편성, 이 단순한 전체성(Allheit)이 내용적으로 어떻게 채워져야 할 것인지의 질문에 대답해야 했다.[9] 이제는 개인이 어떻게 보편성, 인류, 세계를 자기 안에 실현하는지가 근거가 되어야 했다. 그리고 이것은 훔볼트에게는, 또한 헤겔에게서도 도야의 사안이 되었다.[10]

19세기에는 개인에게 권리를 주고, 그럼에도 불구하고 일정한 제

---

9) Rechtsphilosophie, §308의 계기에서 마르크스에 의해 헤겔에 대한 비판으로 명시적으로 표현되었다. "Kritik des Hegelschen Staatsrechtes"(§§261-313), in: Karl Marx/Friedrich Engels, *Historisch-kritische Gesamtausgabe*, Frankfurt 1927, Neudruck Glashütten Ts. 1970, Bd. 1, 1, 401-553 (539-540)을 볼 것.

10) "우리 현존재의 마지막 과제, 즉 우리 인물(Person) 안에 있는 인류 개념에, 우리 삶의 시간 동안에, 그 삶을 넘어서는 데까지('불멸성'이라는 단어가 아니다. 필자), 우리가 남기는 생생한 영향의 흔적을 통해 가능한 그렇게 큰 내용을 만들어내는 과제, 이 과제는 오직 우리 자아(Ich)가 세계와 연결됨을 통해서만 가장 일반적이며, 가장 활발하며 가장 자유로운 상호작용으로 해체된다." (Wilhelm von Humboldt, *Theorie der Bildung des Menschen, Werke Bd. 1*, 2. Aufl., Darmstadt 1969, 235-236).

한으로 구속하려는 많은 수고가 있었다. 이 시도들은 이론적으로는 별다른 성과를 거두지 못했다. 지금은 이데올로기라고 불리는 사회 기술들의 층위에서 그 시도들은 1820년대에 '개인주의'와 '사회주의'(나중에는 "집합주의")의 논쟁이 되었고, 그 논쟁은 단순한 대립의 차원을 벗어나지 못했다. 무조건 '개인주의자'일 필요는 없는 개인 자체는 이 논쟁에서 고려되지 않은 채 남았다. 그리고 보편성이 이제 이데올로기로서만 제안될 수 있었을 때, 이것 또한 사회를 위해 개인을 획득할 가능성이 되지는 못했다. 개인은 자기실현으로서의 특수성을 통해 보편성의 실현을 요구받았지만, 바로 이 프로그램은 더 이상 심리적 체계들과 사회적 체계들의 실재를 통해 중개될 수 없었다.

태동하는 사회학은 다른 학문들과 특히 심리학에 대해 고유한 독자성을 주장해야 하는 문제를 안은 채, 일단은 개인주의와 집합주의의 대립 문제와 씨름해야 했다. 사회학은 전적으로 한 편이나 다른 편을 취하지 않았다. 예를 들어 공리주의적인 입장들도 전체주의적인 (경험적으로 더 이상 해체될 수 없는) 전체성 개념들도 반드시 검토를 거쳐 수용했다. 사회학은 개인주의적인 입장과 집합주의적인 입장을 중개하고, 그런 식으로 정치 이데올로기 논쟁에서 벗어나려는 시도를 통해 핵심 성과에 도달했다. 이러한 시도를 위해서는 개인과 사회의 관계를 이해관계 대립의 종류에 따라 파악하지 않고, 상승 관계로서 정식화하는 것이 중요한 자극으로 작용했다. 그렇게 하는 것은 이론 전환, 즉 그 후 더 많은 개별성과 더 많은 연대성, 즉 더 많은 자유와 더 강한 국가성의 상승(이나 반대로 쇠락)이라는 특수 조건들을 동시에 지향하는 연구 프로그램에 연결하는 이론 전환이다. 이 이론 상태는 뒤르켐에 의해 『사회분업론(1893)』에 기록되어 있지만, 연구 프로그램은 실행되지 못한 상태였다. 그 상태는 '개인'이 도대체 무엇인가 그리고 변화하는 사회의 조건에서 개인이 어떻게 스스로를 가능하게 하는지의 질문에도 대답할 수 없었다.

이제 연구는 오히려 개인과 사회의 차이가 개인 자체 안으로 옮겨지며 개인적 정체성(Identität)과 사회적 정체성(Identität)의 차이로서 옮겨진다는 귀결을 지향했을 뿐이다. 이렇게 하기 위해서는 미드를 인용한다. 그러나 미드와는 상관없이 개별성이 개인의 순수한 고유 성과로서 간주될 수 없었으며, 자기 자신의 단순한 성찰로서 간주될 수는 없었다는 점 또한 수용되었다.[11] 그럼으로써 2항으로 1개의 조를 이루는 패러다임만이 개인 내부에서 반복되었고, 그럼으로써 어떤 문제들이 연구될 수 있을지를 설명하지 못한 채 반복되었을 뿐이다. 하지만 그것은 단순한 "저것도-이것도" 상태에 머무를 수 없다. '보편성'은 '사회적인 것'으로서 재구성되었고, 세계는 타자들을 통해 주어졌다. 그것은 발견적인 장점이 있을지는 모르겠지만, 보편성에 대한 '자아'의 관계에 대한 질문과 '자아'의 보편화에 대한 질문은 한 발짝도 진전시키지 못했다.

하버마스도 이 문제에 직면한다. 그는 물론 상호이해를 지향하는 의사소통에 들어서는 개인이 이유들을 일반적으로 구속력 있게 인정할 수 있는지를 자유롭게 검토할 수 있게 만드는 모든 조치를 이론적인 유보 조건의 형식으로 마련해둔다. 그러나 개인이 그렇게 할 것인가? 그리고 타자가 그러한 검증을 벗어나면, 자아는 그럼에도 자신의 의견에 따라 타자가 홀로 수용해야 할 것을 스스로 수용할 것인가? 아니면 달리 말해, 보편성을 끌어 올 위험부담을 누가 먼저 떠안을 것인가? — 예를 들어 군비 축소를 통해서. 그리고 이 점이 모든 개인에게 넘겨진 상태에 있다면, 그러면 어떤 사람이 보편적인 삶을 시작할 것을 자기 자신에게 기대할 수 있을 것인가?[12]

---

11) 예를 들어 Emile Durkheim, *Leçons de sociologie: Physique des moeurs et du droit*, Paris 1950, 68 이하를 참조할 것.

12) 이론기법적으로 본다면 이 문제는 하버마스에게서는. 인지적인 요인들과 동

탤컷 파슨스의 일반 행위체계이론이 사회적으로 일반화되었지만, 바로 그럼으로써 탈개별화된 개인적 '정체성'의 이러한 지배적인 이론 전형의 예외로서 이 맥락에서 주목할 만하다. 여기서 얼핏 보면 인적 체계들과 사회적 체계들의 분명한 분리가 실현되는 것처럼 보인다. 그 두 체계들 모두 각자의 권리에서 본다면, 즉 제각기 다른 기능의 관점에서 일반 행위체계의 하위체계들이다. 파슨스가 무엇이 도대체 특수한 개인에게서 보편성인지의 질문을 던졌다면, 행위의 발현을 위한 개인의 기여 그 자체라고 답할 수 있을 것이다. 물론 그렇게 되면 행위의 발현은 이론적인 규명, 즉 심리적 체계를 포함한 모든 체계에서 보편성으로서 기능하는 것에 소급하여 효력을 가질 수 있는 규명을 필요로 한다. 파슨스의 이론 구조의 복잡성에 비하면, 여기서는 독특하게도 이중의 대답이 가능하다. 한편으로는 행위의 발현을 위해 필수적인 것의 총체가 4-기능-도식에 표현되어 있다. 그래서 심리적 체계는 행위의 발현에 기여할 수 있기 위해(또는 어쨌든 자신의 기여를 체계화할 수 있기 위해), 스스로 그 4-기능을 채워야 한다. 그밖에도 기본 가치들에의 지향이 특수 기능으로서 이 도식에, 즉 잠재적 유형 유지 기능으로서 자리가 정해져 있다. 이 기능은

기적인 요인들이 이유(Grund) 개념에서 한데 합쳐짐을 통해 해결되지는 않았지만 둔화되었다. 이유들에 대해 옹호적이거나 부정적으로 입장을 취하지 않고서는 이유들을 전혀 이해할 수 없을 것이다(Jürgen Habermas, *Theorie des kommunikativen Handelns Bd. 1*, Frankfurt 1981, 191). 하지만 그러한 입장 채택은 (고유한 비일관성의 대가를 치르면서도) 상응하는 행위 지향을 강제한다. 그러나 그것은 개별성을 이 관점에서 배제한다. 왜냐하면 개별성은 인지와 동기의 차이에 대한 지향을 통해 획득되기 때문이다. 사람들이 고유한 통찰을 통해 강제를 허용하지 않아야 한다는 것이 통찰을 따르는 자유의 이유이다. 그렇지 않으면 모든 동기들은 세계 기계에 연결되어 있을 것이다. 또는 달리 말하면, 통찰을 가지고 스스로 세계로부터 거리를 둘 필요는 없다. 그 일을 동기를 가지고 할 수 있다.

다른 체계에서는 위계적으로 상위에 배치되어 있다. 여기에 전통적인 총체성 신화가, 어쨌든 헤겔적 국가가 자리하고 있을 것이다. 파슨스의 체계 개방성에 있어서는 이 체계가 항상 다른 기여 이외에 체계 형성에의 기여로서만 유지된다는 것과, 모든 부분체계에서의 4-기능-도식이 다른 모든 기능들이 내적으로도, 체계의 외적 관계에서도 자신의 권리를 주장할 수 있게 된다는 것이 결정적이다. 이러한 요구와 관련하여 파슨스는 상호침투라는 말을 한다. 하지만 그러면 상호침투는 문화적인 관점에서도 사회적인 관점에서도 개별성을 위해 구성적일 수 없다. 그보다는 상호침투는 체계분화의 결과로서 나타나는 현상들일 뿐이며, 심리적 체계들(심리적 체계들의 개별성이라는 말을 우리가 할 수 있는가?)의 체계다움의 최종 보증이 되는 것은, 다른 식으로는 행위 개념(!)의 특징이 채워질 수 없다는 테제이다.

이 이론은 그때까지 주제를 주도해온 자기준거라는 동인을 완전히 포기하는 것처럼 보인다.[13] 그 이론은 주도적 차이들, 즉 4-기능-도식 구성의 수단이 되는 차이들에의 지향을 통해 이론 구조에서의 그 동인을 대체한다. 그 기능 도식에는 현대성(Modernität)이 (차이) 동일성이 아니라, 차이를 가지고 시작한다는 이 이론의 특수한 현대성이 있다. 하지만 그 이론은 자신에게는 행위 개념만이 중요하다는 고백, 이론이 관찰자의 관점에서만 정식화되어 있다는 고백, 그 이론이 분석적인 이론에 불과할 뿐이라는 고백으로 이 사실을 무마한다. 즉 그 이론은 체계들의 블랙박스 안에서 무엇이 일어나는지 파악하지 않으며, 그 결과 어떤 의미에서 그리고 어떤 제한들을 가지고 개인들이 자기 자신에게 있어 개인들인지의 질문에 답을 얻지 못한다.

---

13) 그밖에도 Niklas Luhmann, "Talcott Parsons: Zur Zukunft eines Theorie-programms", *Zeitschrift für Soziologie 9* (1980), 5-7 (12 이하)도 참조할 것.

따라서 매우 간결하게 유지된, 개별성 이론들에 관한 개관은 다음의 결과들을 가진다. 자기준거의 동인을 고수하면, 어떤 제한 하에서 자기준거가 개별성을 구성하는지를 언급해야 하는 문제를 가진다. 이 질문은 전통적으로는, 수용할 만한 개별성의 조건들의 문제, 개인적인 삶에서의 보편성의 실현, 전체 관련과 뒤섞였으며, 이 형식으로는 오늘날 아마 다시 문제화될 수 없다.[14] 반면 자기준거의 동인을 포기하면, 자신의 고유한 개별성에 관해서는 설명하지 않는, 즉 어째서 자신이 관찰할 수 있는지를 한 번이라도 언급할 수 없는 관찰자의 입지로 되돌아간다. 이제 질문해야 할 것은 그렇게 함으로써 문제 해결의 가능성들을 모두 검토했는가 하는 점이다.

3. 자기준거적 재생산의 순환적 폐쇄성으로서의 개별성: 개인적 정체성과 사회적 정체성으로서의 자기생산과 자기관찰/자기기술

자기생산체계의 이론에서는 심리적 체계들의 개별성 문제를 새로 파악하기 위한 출발점들을 찾아낼 수 있다. 자기준거적 의식 철학(가령 피히테적 유형)의 알려진 어려움들을 극복할 수 있는지의 여부와 방식은 이후 검증에 남겨두어야 할 것이다. 아래에서 특히 중요한 것은, (사회적 체계들의 자기생산과 심리적 체계들의 자기생산 둘 다 비록 유의미한 자기준거의 토대에서 작동하더라도) 그 둘을 조심스레 구분하면서[15], 개인주의적 환원을 새롭게 수립하고자 하는 작업을 피하

---

14) 그밖에도 Michael Theunissen, *Selbstverwirklichung und Allgemeinheit: Zur Kritik des gegenwärtigen Bewußtseins*, Berlin 1982도 참조할 것.

15) 이 구분을 통해서는 의식을 사회학적 기본 개념으로 간주하는 입장들을 배

는 것이다.[16] 오히려 폐쇄적-자기준거적 체계 재생산이라는 기본 개념은 심리적 체계에 직접 적용될 수 있다. 즉 의식을 통해 의식을 생산하며 이 때 자기 자신에 맞추어져 있는, 외부에서부터 의식을 얻지도 않고 외부로 의식을 제출하지도 않는 체계들에 적용될 수 있다. '의식'이라는 말은 여기서 실체적으로 존재하는 어떤 것으로서 이해되어서는 안 된다(언어가 그렇게 하도록 늘 유혹하기는 하지만). 의식은 단순히 심리적 체계들의 특수한 작동 양식으로서 이해되어야 한다.

심리적 체계들이 자기생산체계라는 점에 대해서는 그 체계들의 환경 상황에 관련하여 전혀 의심할 여지가 없다──그리고 물론 생명의 토대에서가 아니라, 의식의 토대에서 그렇다. 심리적 체계들은 자신들의 고유한 작동들의 맥락에서만 의식을 사용하며, 그 동안 모든 환경 접촉들(고유한 신체와의 접촉을 포함하여)은 신경체계를 통해 중개되어야, 즉 다른 실재 층위들을 사용해야 한다. 이미 신경체계는 폐쇄적인 체계이며, 벌써 그 때문에 의식을 가지고 작동하는 심리적 체계 또한 자기구성된 요소들에 근거해서만 구축될 수 있다.[17] 의식의 요소 단위들을 어떻게 표현하고자 하든(우리는 이념들과 감각들(Empfindungen)의 구분을 언급하지 않고, 표상들[18]을 언급할 것이

제할 수 있다. 특별히 분명한 증거를 제시하면, "아마도 사회과학에서 가장 중요한 개념은 의식 개념일 것이다"(Arthur Brittan, *Meanings and Situations*, London 1973, 11).

16) Peter M. Hejl, *Sozialwissenschaft als Theorie selbstreferentieller Systeme*, Frankfurt 1982; ders., "Die Theorie autopoietischer Systeme: Perspektiven für die soziologische Systemtheorie", *Rechtstheorie 13* (1982), 45-88은 그 두 관점에서 반대의 결정을 내렸다.

17) 그밖에도 Gerhard Roth, "Cognition as a Self-organizing System", in: Frank Benseler et al., *Autopoiesis, Communication and Society: The Theory of Autopoietic System in the Social Sciences*, Frankfurt 1980, 45-52를 참조할 것.

다.) 이 요소들의 배열만이 새로운 요소들을 생산할 수 있다. 표상들은 표상들에 이르기 위해 반드시 필요하다. 표상들에서 표상들이 새롭게 형성되는 이러한 지속적인 과정은 물론 인위적으로 유지할 수도 있다. 하지만 이런 유지는 그 다음에 특이하면서, 외부를 향한 시간 의식, 즉 표상 재생산의 재실행에 특정한 방식으로 맞추어져 있으며 그렇게 될 가능성을 가상적인 주목의 의미로 대비하는 의식에 맞추어져 있다.

의식에 기초한 심리적 체계들의 자기생산 이론의 중요한 사전 작업들은 에드문트 후설이 수행하였으며, 그래서 초월 현상학과의 유사점과 차이점을 잠깐 평가해보는 것은 유익하다. 그 둘은 특히 의식의 — 시간 의존성 뿐만 아니라! — 시간성을 통찰했다는 점에서 일치한다. 즉 의식이 자신의 모든 파지들과 예지들을 가지고 항상 현재에서 작동하며, 그러한 작동으로 지속할 수 없다는 [즉 소멸해 버릴 수밖에 없다는] 테제로 표현된다. 의식은 속행하면서 자신을 유지하고 대체할 수 있다(그것은 그 후 데리다가 차연(différance)이라고 말하게 된다). 하지만 논리학적 연구에 있어서는 모든 후속 분석들이 초월이론의 형식으로 옮겨지는 약점들을 보여준다. 그 약점들은 의식과 소통의 관계(즉 심리적 체계들과 사회적 체계들)의 관계가 규정되는 방식에 놓여 있다.[19]

후설은 소통을, 엄격하게 개별 의식의 관점에서부터 의식이 해낼 수 있는 작동들 중 하나로 본다. 그래서 의식 개념은 이론적으로 우

---

18) 이 점에 대해 고트로프 프레게(Gottlob Frege)를 참조할 수 있을 것이지만, 그 경우에는 표상을 '내적 상'으로서 (보다 잠정적으로) 규정함을 도외시해야 할 것이다. 의식을 또 다른 요소들의 생산의 작동상 (차이)동일성으로서 동일시하는 모든 요소가 관건이 되어야 한다.

19) 우리는 여기서 제4장 3절의 설명과 연결한다.

월한 지위에 들어선다. 의식은 소통에 표현 값과 의미를 부여할 수 있다. 하지만 이것이 어떻게 가능하고 무엇을 진술하는지를 알고자 한다면, 일단은 의식 자체를 '고독한 정신생활'로서 분석해야 한다. 여기서는 자기준거 문제들, 즉 그러한 학문의 사고에서 '경험적인 것'의 질이 거부되는 구조들에 부딪힌다. 의식의 자기조건화는 그것과 관련된 가운데 경험적인 실재로서 보이지 않는다. 이론의 이 기능 지점에 표상들의 무조건적인 반복 가능성, 즉 초월적인 '생명'의 지속되는 내용 채움을 자명하게 보증하는 이념성(Idealität) 개념이 들어선다. 그런 식으로 현상학은 엄격한 학문, 그러한 이념성들을 작업해내는 데서 '생명'을 우리가 자기생산이라고 말하는 것의 은유로서 사용하면서, 초월적인 삶을 의식에게 가능하게 해 주는 그러한 의미 채움을 보여주는 학문으로서 입안될 수 있다. 경험적인 것과 초월적인 것의 결정적인 차이는 바로 의식의 자기생산의 (차이)동일성들을 갈라놓는다. 그 차이는 의식이 자기생산체계의 유일한 사례인 경우라고 전제하는 한에서만, 유지될 수 있다. 그러나 유기체 생명과 사회적 체계 내의 소통이 덧붙으면, 전체 이론은 다수의 체계준거들의 방향으로 수정되어야 하며, 그러면 의식은 이 체계준거들 중 하나에 대해 초월적 주체로서의 우선권을 인정받을 수 있는 자신의 의미를 상실한다. 그 결과는 경험적과 초월적의 차이가 의식 분석에 있어서도, 이제부터는 불필요해진 현상들의 이중화로서 생략될 수 있게 되는 것이다.

하지만 우리는 심리적-자기생산체계이론으로 되돌아오겠다. 이 개념에서 출발하면, 개별성은 바로 이러한 자기준거적인 재생산의 순환적 폐쇄성일 수 있다.[20] (그 자체가 여럿 중 가끔씩만 현재화되는

---

20) 마투라나와 바렐라는 자기생산이 개별성이라는 같은 테제에 있어서 더욱

의식 과정인,) 성찰에서는 이 폐쇄성이 의식의 '자기 전제'로서 나타난다. 의식은 자신의 현재 상태를 스스로 안다는 것을 통해서만 안다. 하지만 일단은 그리고 모든 성찰 이전에 기초적인 작동, 즉 하나의 표상에 의한 다음 표상의 생산을 실현시키며 그 일을 함을 통해서만 표상이 되는 기초적 작동의 층위에서 항상 사전에 자기준거가 있다. 그 다음에는 기초적 작동들의 이 층위에서 벌써, 의식이 자신이 알지 못하는 것을 알지 못하고, 보지 않는 것을 보지 않고, 의도하지 않는 것을 의도하지 않는다는 것이 결정되어 있다——그리고 정확하게 이 부정성에 대해서는 환경 안에서는 상응물이 없다는 것도 결정되어 있다. 그래서 실재는 의식에게 결코 실재로서 주어지지 않으며, 의식 작동들이 스스로를 통제하는 방식을 통해서만 실재로서 주어진다.[21]

심리적 체계들의 목적의 추구에 대해서도 성찰의 경우에서처럼 비슷한 것이 타당하다. 목적 설정 또한 의식 내에서만 떠오르고 의식의 자기생산을 전제한다. 목적들은 규정된 연쇄 관계 내에서만 종결을 둔다. 하지만 이 종결이 의식의 자기조건화의 종결이 아닐 때에만, 그러한 종결은 이루어질 수 있다. 그리고 이것은 목적 도달이 우연적이며 자의적인 조합을 필요로 할 때에는 한층 더 타당하다. 그래서 의식은 자신의 고유한 자기생산을 스스로 목적으로 삼을 수 없다. 왜

뚜렷하게 자기유지 명령에 맞춘다. 독일어 번역본 Humberto R. Maturana, Erkennen: *Die Organisation und Verkörperung von Wirklichkeit,* Braunschweig 1982, 192를 볼 것. 근거는 어쨌든 환경과의 차이로서 관찰될 수 있는 폐쇄적인 재생산의 사실성이지, 현재 모습대로 있거나 유지되는 규범이나 가치가 아니다.

21) 이 점에 대해 Heinz von Foerster, "On Constructing a Reality", in: Wolfgang F. E. Preiser (Hrsg.), *Environmental Design Research Bd. II,* Stroudsbourg Pa. 1973, 35에서 46까지 참조할 것.

냐하면 이렇게 하는 것은 자기생산을 중단하는 것이기 때문이다.[22]
따라서 모든 규정된 것을 그 규정을 함께 실행하여 보관해 넣는 이러한 순환적 폐쇄성을 우리는 개별성(Individualität)이라고 부른다. 왜냐하면 그 폐쇄성은 모든 자기생산처럼 나뉠 수 없는 것이기 때문이다. 그 폐쇄성은 파괴될 수 있고 중단할 수는 있지만, 수정될 수는 없다. 그 순환적 폐쇄성은 완고하고, 의식이 도대체 지속할 경우나 지속하는 한에서만 필수적이다. 하지만 폐쇄성은 가동 조건으로서 적어도 차이와 제한의 둘을 추가적으로 필요로 한다. 후속 표상들은 그 순간에 바로 의식을 채우는 것으로부터 구분될 수 있어야 한다. 그리고 그 후속 표상들은 제한된 목록에서만 접근 가능해야 하는데, 왜냐하면 그 순간에 모든 것이 가능하고 개연적이라면 연결로서 인식할 수 있는 어떤 속행도 불가능할 것이기 때문이다.

의식은 차이와 제한을 통해 자신의 환경을 감안할 것을 자기 자신에게 강제한다. 의식은 다음 표상을 스스로에게 강요하지는 않더라도 종용하는 정보를 자신과 환경의 마찰 면에서 만들어내어야 한다. 의식의 폐쇄성은 개방성을 강제한다. 여기서 개방성은 과거 심리학

---

22) 여기에 대해 생각 흐름과 목적 지향적 말하기의 구분을 참조할 것. Friedrich D. E. Schleiermacher, *Hermeneutik und Kritik* (Hrsg. Manfred Frank), Frankfurt 1977, 178-179. "그곳에는 무한한 것, 하나의 생각에서 다른 생각으로의 미규정된 이행이 필연적인 연결 없이 강처럼 이어진다. 이곳, 닫힌 말하기에는 모든 것의 관련 근거가 되는 특정한 목적이 있으며, 하나의 생각이 다른 생각을 필연성을 가지고 규정하며, 목적이 도달되면 말하기의 이어짐은 끝난다. 첫째 경우에는 개인적인 것이 순수하게 심리적인 것을 지배하며, 둘째 경우에는 규정된 속행의 의식은 목표를 향한다..." 슐라이어마허와는 달리 우리는 물론 연속적인 생각 흐름의 심리적인 것을 고유한 내적 무한성과의 관계로서만 파악하지 않을 것이다. 우리는 그것을 자기 자신을 통한 체계 재생산의 순환적 폐쇄성으로서 파악하며, 그럼으로써 종결될 수 있는 삽화들의 축적 조건으로서 파악할 것이다.

의 의미에서 이념 외에도 직접적으로 환경에 관련된 느낌들 같은 가능성이 있는 것 같은, 환경을 통한 촉발 가능성을 곧바로 의미하지 않는다. 그렇게 되는 경우라면 폐쇄성과 양립될 수 없을 것이다. 오히려 차이와 제한의 의존성은 의식이 환경에서 검증에 내맡겨져 있고, 그러한 사실을 떠올릴 수 있다는 것을 의미할 뿐이다. 의식은 예를 들어 고유한 체계와 환경의 차이를 습득하고, 그 다음에 이 차이를 가지고 표상들을 정보들로서 다루어낼 수 있다.

따라서 의식의 자기생산은 심리적 체계들의 개별성의 사실상 기초이다. 의식의 자기생산은 모든 사회적 체계들의 외부에 있다——그렇다고 해서 의식의 자기재생산이 그러한 사회적 환경에서만 성공 전망을 가질 수 있다는 것을 인정하지 못하게 되는 것은 아니다. 그러나 자기생산은 (또한 의식의 자기생산으로서) 맹목적이다. 즉 이미 예고되는 다음의 표상에 의해 매혹되어 있다. 자기생산은 자기 자신에게 관심을 끌 수 있지만, 스스로 한 순간 생각해보는 동안에만 그렇게 할 수 있다. 하지만 개별성 주제가 그 정도로 완전하게 이야기된 것은 아니다. 자기생산 이론은 자기생산의 실행과 관찰들 내지는 기술들의 실행을 개념적으로 구분한다. 자기생산체계들은 다른 체계들을 통해, 하지만 자기 자신에 의해서도 관찰되고 기술될 수 있다. 관찰함/기술함은 제한성의 전제조건 하에서 차이, 즉 다르게도 가능한 구분 영역에서의 차이를 관련지음과 다를 바 없다.[23]

---

23) 우리가 여기서 여전히 마투라나의 의미에 합당하게 주장하는지는 의심될 수 있을 것이다. 그것은 특별히 이미 자기생산의 실행의 일관된 시간화, 그 시간화와 요소로서의 사건들에 근거한다는 점이 마투라나의 개념을 훨씬 넘어서기 때문이다. 우리는 이 질문을 다른 학자들의 연구에 넘겨두고, 우리의 주장을 저자에 대한 환기가 아니라, 사실 자체에 대한 환기를 통해 정당화하고자 한다.

심리적 체계들의 관찰은 자신들의 의식의 관찰을 반드시 함의하는 것은 아니며, 이 사정은 확산되었지만 충분히 숙고되지 않은 견해에 맞서 분명하게 표현되어야 할 것이다.[24] 이 관련을 생산하는 관찰들은 일반적으로 '이해함'(Verstehen)으로 표현되고, 의식적/무의식적의 차이를 지향하는 이해는 특별하게 드물며, 특별하게 까다로우며, 특별하게 이론 의존적인 사례이다.

개별적인 체계는 관찰과 기술을 위해 차이와 제한을 조직할 수 있을 때에는 스스로를 관찰하고 기술할 수 있다. 체계는 자신의 자기생산의 이러한 전제조건들을 표상함(Vorstellen)의 내부로 끌고 들어갈 수 있다. 개별 표상의 (물론 최소한의) 능력은, 그래도 다른 어떤 것을 함께 보기에 충분하다. 체계는 자신이 바이에른 사람이라고 기술하고, 그렇게 함으로써 프로이센 사람일 가능성을 배제했다고 생각할 수 있다. 이 경우에는 체계가 자기 스스로를 또한 개인으로서 기술할 수 있는지를 질문해야 할 것이다. 체계는 그렇게 함으로써 고유한 개별성은 자기기술의 서식으로서 사용할 수 있으며, 그러한 기술에서는 체계가 단지 개인으로서 재생산되고 그럼으로써 환경으로부터 분리된다는 것을 확인할 수 있을 뿐이다. 그러한 자기기술은 그것을 통해 어쨌든 진행되는 것이 확인되기만 할 뿐이며, 그러한 확인이 어쨌든 진행되는 의식의 자기생산의 수단으로서, 즉 자기생산의 지속을 위해서만 확인된다면, 무엇에 도움이 되어야 할 것인가? 개인은 그러한 자기기술을 위해 의미를 얻기 위해, 마치 교환하는 것처

---

24) 행위 관찰을 위해서 Charles K. Warringer, *The Emergence of Society*, Home-wood Ill. 1970, 24를 볼 것. "내가 여기서 정의한 바에 따르는 행위의 관찰은, 구조화된 행위도 행위자가 지금 유념하는 것이 아니라는 점을 함의하고 있지 않다. 우리는 이러한 추론을 하기를 소망할지 모른다. 하지만 이것은 관찰과 분리된 작동이며, 관찰 절차의 객관성과는 아무런 관계가 없다."

럼, '보편적인' 어떤 것이 될 것을 수용할 필요가 있지는 않을까? 개인은 비록 자기 자신 안에 있는 인류 개념에 최대 내용을 부여하지는 않더라도, 오직 자기생산의 순수한 실행 이상의 어떤 것이기를 희망할 필요가 있지는 않을까? 그렇지 않으면 어쨌든 진행되는 의식의 재생산이 무엇 때문에 관찰과 기술의 과정에서 한 번 더 복제되어야 하는가?

그렇게 되도록 계기를 주는 것이 어쩌면 사회적 조건이라고 생각할 수는 없을까?

이 질문을 통해 우리는 '사회적 정체성'(Identität), 즉 심리적 체계들의 자기기술의 사회적 구성성분들이 무엇인가의 질문에 이른다. 자기생산과 자기관찰/자기기술의 구분에서 우리는 이 문제 해석의 보조 수단을 획득했다. 이제는 더 이상 심리적 체계들의 의식의 진화상 등장과 유지가 사회를 전제하는지 않는지의 질문이 관건이 아니다. 자신의 환경을 통해 어떻게 조건지어져 있든, 자기생산적 개별성은 폐쇄적 체계이다. 다른 질문은 그러한 체계가 자기 자신을 관찰하고 기술할 수 있으려면 어떤 사회적인 자극들을 필요로 하는지이다. 자기생산은 발생하거나 발생하지 않거나 한다──생물학적 체계가 생명 상태이거나 그렇지 않거나 하는 것과 마찬가지이다. 반면 자기기술은 자기 자신을 표현하고 수정할 수 있으며 그렇게 하기 위해 체계의 의식적인 작동에서 사용될 수 있는 의미론을 발전시키는 과정이다. 개인은 오직 자기기술을 위해서만 사회적 반향의 획득이나 거부에 사용할 수 있는 공식들, 구분들, 지시들을 사용할 수 있고 해야 한다. 그리고 여기서, 자기기술로서 개별성을 고수함이 그 개인에게 허용되거나 강제되기까지 하는지 아닌지, 그리고 그것을 가능케 하는 사회의 조건들에 대한 질문이 제기된다.

이 질문을 가지고 개인/개별성/개인주의의 의미론의 발전사에 한

번 더 진입해볼 수 있을 것이다. 우리는 개념사가 개인들이 개별성의 토대에서 자기기술을 하는 것이 점점 더 가능해지는 과정으로서 반영된다는 것을 가설로 생각할 수 있을 것이다. 그러면 영웅주의가 최초의 그런 시도였을 것이다―하지만 이 시도는 소수에 대해서만 적절했고, 많은 사람들을 낙담시키기에 적절하게 규정되었다. 다음에는 천재 숭배, 즉 개인들의 작품들과 표현물들이 더 이상 그들의 위대하거나 소박한 완전함의 관점에서 구분되지 않고 개성에 의해 조건화된 실행과 새로움 자질의 구분들을 고려하기는 하지만 이 구분들을 또한 '취향'을 통해 사회적으로 보장하는 숭배가 이어진다.[25] '보편적 인간'(homme universel)과 인간 속에 보편성의 설치는 이행 단계일 것이다. 이 단계에서는 이미 만인의 포함이 가능해지기는 하지만, 아직도 문화적인 조건화, 즉 개인이 보편성 속에서 번성할 수 있도록 궁극적으로는 작용해야 하는 조건화에 묶여 있었다. 따라서 자신들에게 이미 기대된 개별성에 부합하고자 모색하는 개인들은 여기서 일탈의 길로 내몰린다. 그들은 악당의 방법론, 정상성에 대한 충격 요법, 아방가르드, 혁명, 수립된 모든 것에 대한 필연적인 비판, 유사한 자기 양식화들과 자신들의 자기생산을 동일시한다. 하지만 이러한 것들 또한 그동안 복제 가능한 몸짓이 되었고, 그럼으로써 개인으로서의 자기서술을 위한 개인의 표준 서식으로서 부적절해졌다. 그리고 그 말은 이제 아직도 가능한 모든 것을 위해, 바로 한 목소리의 단조로운 의미상실이라는 합창을 위해 타당한 것으로 보인다. 이 역사가 개인의 부상이 몰락이었고 자기 자신을 개인으로서 기술하라는 개인에 대한 기대가 무의미함으로 이끈다는 사실을 입증

---

25) 전형적인 보기는 Ludovico A. Muratori, *Della perfetta poesia italiana* (1706)이다 (Mailand 1971 판본에서 재인용).

하는가? 아니면 우리는 고가치성이라는 문화적인 명령에 눈이 멀어, 심리적 체계들과 사회적 체계들의 분화가 너무 많이 진행되어 개인이 자기기술을 위해 자신의 개별성만을 사용할 수 있게 될 때 개인이 어떤 형식으로 퇴락하는지를 제대로 볼 수 없게 될 것인가?

4. 기대와 요구: 개별성의 자기생산과 자기관찰/자기기술

개별 심리적 체계가 자기 환경의 우연성에 노출되는 조건이 되는 형식은 아주 일반적으로 기대라고 표현될 수 있다. 따라서 이것은 사회적 구조들의 형성에 사용되는 형식이기도 하다. 그 형식은 첫째 경우에 의식으로서, 둘째 경우에 소통으로서 수립된다. 따라서 기대 개념은 심리적 사용과 사회적 사용 및 다른 하나에 대한 의존성을 파악할 수 있게 충분히 포괄적으로 파악되어야 한다. 심리적인 기대 형성과 사회적인 기대 형성의 바로 이 연관을 변이시키는 역사적인 조건들에 대한 모든 기대들의 의존성 또한 일단은 그대로 두자. 심리적 체계들과 관련하여 우리는 기대를, 체계가 자신의 환경과의 우연성을 자기 자신과의 관계에서 타진하고 고유한 불확실성을 자기생산적 재생산 과정으로 수용할 때 사용하는 지향의 형식으로 이해한다. 기대들은 의식 진행의 종결될 수 있는 삽화들의 근거가 된다. 기대들은 위에서[26] 이미 설명했듯이 자기생산적 재생산이 계속 진행될 것이라는 확실성을 근거로 했을 때에만 가능하다. 기대들은 새로운 요소들의 부상의 공동 실행자로서 자기생산적 과정의 순간이며, 동시에 전혀 다른 주도 구조들로의 비약이 항상 가능한 것으로서 유지되

---

26) 516을 보라.

도록 그 과정 안에 자리 잡고 있다. 의식은 구체적인 의미구도들을 다룸에 있어서 경고를 받을 수 있으며 결코 완전하게 어떤 의미에 넘겨져 있지 않다. 의식은 이른바 의미 실행의 윤곽들(윌리엄 제임스가 '프린지'(finges: 주변)라고 말했던 것)을 여전히 함께 관찰할 수 있다.

기대는 그 기대 자체에서 경험 가능한 차이를 통해 불확실한 영역을 탐색한다. 기대는 충족되거나 실망될 수 있다. 그리고 이렇게 되는 것은 기대 자신에만 좌우되는 것은 아니다.

순수한 자기생산의 폐쇄적인 작동에서는 전혀 나타나지 않는 규정 불가능한 환경은 이 형식에서, 미리 기대된 것이 나타날 것인지 아닌지를 체계가 투사하고 기록하면서, 이해하고 작동적으로 사용할 수 있는 방식으로 스스로 표명되기에 이른다.

기대들을 형성한다는 것은 원시 기법 그 자체이다. 기대들은 거의 전제 없이 다루어질 수 있다. 기대들은 우리가 누구인지를 알(거나 기술할 수 있다는) 것을 전제하지 않으며 환경의 상황을 잘 알 것을 전제하지도 않는다. 우리는 세계를 알지 못한 채 기대할 수 있다— 행운을 바라면서 할 수도 있다. 반드시 필요한 것은, 기대가 자기생산적으로 사용될 수 있다는, 즉 후속 표상들에 대한 접근을 충분히 선구조화한다는 것이다. 기대는 그 이후 기대 충족으로서나 기대 실망으로서, 그렇게 됨으로써 다시 사전 선구조화된 후속 행동가능성들의 목록과 함께 후속 체험을 가능하게 한다. 일정한 시간에 걸쳐 사회적인 경험들을 통해 의식적인 생활 태도를 익힌 후에는 완전히 자의적인 기대들은 더 이상 나타나지 않는다. 우리는 표상에서 표상으로의 진행이 정상적으로 이어지면서 완전히 비정상적인 것에 사로잡히지 않을 수 있게 된다. 고유한 의식의 역사가 얼마나 독특하게 진행될 수 있다고 하더라도, 우리는 필연적으로 고유한 의식의 역사를 지향하게 된다. 그리고 바로 현재적인 체험의 규정성이, 그 체험과의 차이에서 임의적인 기대들이 형성되지 않을 수 있도록 보장해준다. 그러기 위해서 일종의 대략적 지향으로서 붙들 수 있는, 사회적으로 표준화된 유형이 사용될 수 있다.

기대들은 요구들로 압축될 수 있다. 이것은 자기구속과 놀람의 강화, 즉 충족/실망의 차이 안에 투입하고, 그래서 위험에 내맡기는 강화를 통해 일어난다. 이렇게 내맡김 또한 거의 전제조건 없이, 물론 부합하게 상승된 위험을 수반해서만 가능하다. 그래서 충족 내지는 실망에 대한 내적 적응의 과정은 더 복잡하며, 체계 내에서 감정으로서 나타난다.[27] 기대들에서 요구들로 넘어가면서 감정 형성의 기회와 위험은 상승하는데, 이렇게 되는 것은 단순히 기대함으로 물러설 때 역으로 감정들을 약화시킬 수 있는 것과 마찬가지이다. 경계는 유동적이며 과정 가운데 미루어질 수 있다. 얼마나 많은 내적 상호의존들이 묶여 있는지에 따라서, 기대 내지는 요구의 성질을 취하는 차원이 중요해진다.

기대와 요구의 구분은 **개별적으로** 입증된 요구들이 갈수록 **사회적**으로도 정당화될 때에 심리학적으로 무슨 일이 일어나는지의 질문을 추적할 수 있게 해준다. 그리고 사회질서(Sozialordnung)가 결국 개인을 고무시킬 때, 인정에 대한 요구(Anspruch)로서 그리고 지금

---

27) '감정'은 여기서 (예를 들어 이성/의지/감정이라는 고전적인 삼두마차 안에서) 정의될 수 없는 체험의 자질로서 이해되는 것이 아니라, 심리적 체계들의 내적 문제 상황에 대한 내적 적응으로서 이해된다. 이 점에 연결되는 연구 관점들에 대해서는 우리는 여기서는 자세하게 다룰 수 없다. 여기서 소개된 기능적인 감정 개념에 따라 단순한 기대들에 대한 요구들이 환원되면 감정 자질들이 소멸되며, 그러한 요구들이 일상적인 방식에 따라 채워지거나 실망되면 마찬가지가 될 것으로 기대될 수 있다는 점을 환기시키는 것으로 충분할 것이다. 그 점은 사랑에 관한 문헌을 들여다보면 분명해질 것이며, 감정의 불안정성에 대한 고전적인 상투어법에서도 드러난다.

당장 하고 싶어 하는 것의 지원으로서, 개인들의 개별성을 요구로서 대변할 때에도 기대와 요구의 구분을 통해 심리학적 사태들에 관한 질문을 추적할 수 있다. 이러한 "즐겁게 행하는 것이 될 새로운 권리"[28]는 오늘날 광범위하게 당연한 것으로 보인다. 그러나 개인은 자신의 요구들을 어떻게 자신의 개별성에 기초할 수 있게 되고, 어떻게 그렇게 되는가? ─이른바 그것이 내 기쁨[29]이라는 왕의 특권을 요구하면서 말이다.

일단 요구들이 이득을 통해 균형 잡히지 않으면 반대 계산이 들어맞지 않을 것이며 사회적인 상호이해도 불가능할 것이기에, 그러한 균형이 실현되어야 한다는 것을 전제해야 한다. 이것은 물론 사회적인 요구일 뿐이며, 심리적인 요구는 아니다. 또는 달리 말하면, 인간은 이득에 치우쳐 생각해야 하는 요구들을 가질 때, 어려움을 갖지 않게 된다. 따라서 수익/공로(mérite)/장점(merit)의 의미론에서 요구 상황을 읽어낼 수 있다. 이미 계층화된 사회들은 이 관계를 잘 다루어내었고, 상위 계층의 요구들로부터 그들의 수익을 생각해낼 수 있고, 상위 계층에서 상응하게 좋은(고상한) 삶을 영위하는 데서 벌써 어떤 이득이 있다고 보았다. 하지만 이것이 더 이상 필요한 것으로 나타나지 않고, 고상한과 비열한의 차이가 더 이상 차이로서 어떤 이득 할당을 포함하지 않으면, '요구/이득-균형'은 전체 사회 층위에서 다시 생산될 수 없다. 이득들을 (완전히 다른 종류의) 요구들로 전환할 수 있게 해주는 화폐 기제가 일정한 규모로 개입한다. 이득과

---

28) Orrin E. Klapp, *Collective Search for Identity*, New York 1969, X에서 그러하다.
29) 이러한 자의(恣意) 공식의 유래는 연구 가치가 있다. 그 유래는 사회적 원천인 것으로 보인다. 즉 일단은 타자적 자아에 관련된 것으로 보인다. "그들에게 좋아 보인다면", 이 공손함의 상투어와 함께 로마 집정관이 원로원으로 바뀌었다.

요구는 수입(收入)에서 자신들의 합을 발견한다. 그와 동시에 요구들을 고유한 희망들, 고유한 표상들, 고유한 목표들, 고유한 이해관계들 위에 쌓는 것은 점점 더 익숙한 일이 된다. 사람들은 자기 집을 원하는 대로 지을 수 있게 되었다. '자기실현'에 대한 요구의 정당화(즉, 모든 소통적 장애들의 제거)와 함께 사회체계는 개인의 사회구조적 외부 기관, 즉 사회의 부분체계들 중 어떤 체계에서도 자신의 모든 요구들과 이득들이 더 이상 수용될 수 없는 사정에 부합하게 된다.

그러나 이 모든 것은 개인 자체에게 무엇을 의미하는가? 우리는 기대들이 개인의 자기생산적인 존재의 삽화들을 조직한다고 말했으며, 요구들은 그러한 삽화들을 심리적 체계 안에 재통합시킨다고도 했다. 이것은 첫째, 개인이 요구들이 일상화될 수 없을 때 훨씬 뚜렷하게 고유한 감정에 내맡겨지는 결과를 낳는다. 그 점에서부터 현대 사회는 비밀스레 생각하는 것보다 감정성으로 인해 더 큰 위협을 받고 있다. 둘째 개인들은 자기 자신과 자신들의 문제에 관해 말하도록 부추김을 받는다. 개인이 자신의 요구들을 이득들뿐만 아니라, 특히 자기 자신에 기초할 수 있음이 수용되면, 개인은 자기기술들을 작성해야 한다. 맹목적으로 진행하는 의식의 자기생산은 그 일에 적합하지 않다. 의식은 진술들을 위한 관련점으로서 '동일시된다'. 즉 다른 것과의 차이로서 다루어질 수 있다. 하지만 그렇게 되는 것은 심리적 체계에서는 오직 자기생산의 실행으로서만 가능하다―즉 불분명한 주변, 경고 가능성, 전환 가능성 등을 가지는, 종결될 수 있고 초월될 수 있는 삽화들로서 가능하다. 개인은 성찰과 (결코 '일치될' 수 없는) 자기서술을 자기 스스로에게 강요한다. 개인은 그 일에서 어려움에 빠지며, 도움을 모색하고, 처치하는 정도까지는 아니면서 이해 가능하게 자신의 요구들을 다루어내는 방식을 발전시킨다. 요구들의 기초를 만듦에서 지원에 대한 이 마지막 요구는 인정하는 것도 거절하는 것도 마찬가지로 가능할 정도로 불합리하다. 거절하는 경우는 엘리엇(T. S. Eliot)의 '칵테일 파티'에 등장하는 의사가 [그런 식의 지원을 원하는] 이 질병은 치료를 요구하기에는 너무 일반적이라는 이유로 적절하다고 생각한다. 프로이트적인 승화심리학(Sublimierungspsychologie)에서와는 달리, 추방된 보편성은 좋아져서 의식으로 되돌아오는 것이 아니라, 나빠져서 질병으로 되돌아온다.

개인은 이 상황에 처하여 병을 앓고 있는 것이 자기 자신이 아니라 사회라는 설명을 선택할 수 있다. 그 다음에 사용할 수 있는 목록은 아나키즘에서 테러리즘을 거쳐 체념에까지 이른다. 임의적으로 행동할 수 있는 요구에서부터 어떤 요구들에도 직면하지 않겠다는 요구에까지 이른다. 질문할 일이 아니다. 이것들은 극단으로 내몰린 문학적인 이해들이지 현실적인 삶의 이해들은 아니다. 현실적인 개인은 복제들을 작성함으로써 (가끔씩은 그러한 극단 모델들의 복제를 통해) 스스로에게 도움을 준다. 개인은 '호모 카피'(homme-copie)(스탕달)로서 살아간다. 그에 대한 항의는 지배에 대한 항의 만큼이나 부질없다.[30] 사회적 체계의 맥락에서, 그리고 학문, 예술, 기술에서의 사회적 혁신의 관점에서는 달리 판단할 수 있지만, 심리적 체계들은 개별적으로 복제하기만 할 뿐이며 어떤 누구도 보바리 부인이 개별성을 가지고 있지 않다고 부정할 수 없다. 새로운 것을 좋아함, 그러한 "진정 새롭고 놀라운 즐거움"[31]은 사회체계의 복잡성의 시간화

---

30) 그 둘 다 그밖에도 거의 동시에 (그리고 어쩌면 복제 절차에서?) 알려졌다. "타고난 원본들, 우리가 어떻게 복제로서 죽게 될 수 있을까?"라고 Edward Young, "Conjectures on Original Composition (1759)", in ders., *The Complete Works*, London 1854, 재인쇄 Hildesheim 1968, Bd. 2, 547-586(561)에 쓰여 있다. 그리고 "인간은 자유롭게 태어난다. 그리고 그는 도처에서 사슬에 묶여 있다."라고 Jean-Jaques Rousseau, *Du contrat social* (1762), (*Œuvres complètes Bd. III* (éd. de la Pléiade), Paris 1964, 347-470 (351)에서 재인용)에 쓰여 있다.

에서 만들어진, 사회적으로 평가된 차이와 관련된다.[32] 새로운 것을 좋아함은 직접적인 심리학적 기능을 갖지 않(거나 기껏해야 그 자체가 복제로서 작성된 기능을 가질 뿐)이다.

5. 심리적 체계들과 사회적 체계들: 감정 영역과 언어 영역

앞선 분석들에 기초하여 이제 우리는 개별적인 심리적 체계들의 구성에서 사회적 체계들에게 어떤 의미들을 할당할 수 있는지의 문제로 되돌아온다. 일단은 심리적 체계들과 사회적 체계들이 공진화 과정에서 생성되었음에 대해서는 의심의 여지가 없다. 그 둘의 공동 생성은 (고유한 그리고 환경의) 복잡성 환원을 서술하기 위해 의미를 공동 사용하는 데서 드러난다. 그러나 마찬가지로 확실한 것은 자기 생산적 차이이다. 즉 심리적 체계들과 사회적 체계들이 자신들의 환원의 자기준거적 폐쇄성 중에서 (즉 그들 각자에 대해 '정체성'이 되는 것 안에서), 서로에게 소급될 수 없다는 것이다. 그 두 체계는 자신의 재생산을 위해 각자 상이한 매체, 즉 의식 내지는 소통을 사용한다. 이 전제조건 하에서만 그때그때의 재생산 연관이, 스스로 정체성이 되는 지속적인 사건으로서 파악될 수 있다. 달리 말하면 정체성으로서의 그 둘을 통합할 수 있는 자기생산적인 거대 체계란 존재하지 않는다. 어떤 의식도 소통 안으로 들어가지 못하고, 어떤 소통도 의식 안으로 들어가지 못한다.

---

31) Muratori, a.a.O., 104.
32) Niklas Luhmann, "Temporalisierung von Komplexität: Zur Semantik neuzeitlicher Zeitbegriffe", in ders., *Gesellschaftsstruktur und Semantik Bd. 1*, Frankfurt 1980, 235-300을 참조할 것.

이 점을 분명히 할 때에, 소통이 의식의 자기생산적 재생산에서 어떻게 함께 작용하는지를 비로소 의미 있게 질문할 수 있을 것이다. 이전 장의 용어로는 상호침투의 사례가 관건이었다. 사회적 체계는 소통적으로 다루어낼 수 있는지의 검증에 성공한 고유한 복잡성을 심리적 체계에게 내맡긴다. 이러한 이전을 위해 발전된 진화상 성취는 언어이다. 심리적 과정들은 언어적인 과정들이 아니며, 생각들 또한 (항상 그런 것처럼 어떤 식으로 허위적으로 주장될 수 있든[33]) 결코 '내적 말하기'가 아니다. 이미 '내적 수신자'도 없다. '두 번째의 자아'(Ich). 의식체계 내의 '자기', 'I' 반대편의 'me', 언어적으로 형성된 모든 사고를 수용할 것인지 거부할 것인지를 검증하며, 결정을 통해 의식을 선취하고자 모색한 추가 기관도 없다. 이 모든 것은 이론적인 인공물이며, 의도적인 활동으로서 발화(Rede)(내지는 그에 병행하여 성찰)의 이해를 통해 추론된 인공물이다. 성찰의 단순화에 기여하는 내적 자기기술들이 있을 가능성은 아주 높다. 누구나 자기 이름, 생년, 고유한 전기(傳記)의 측면들 등을 안다. 그러나 이러한 자기기술들은 타자적 자아로서가 아니라, 소통의 수신자로서 사용된

---

33) 문제를 더 이상 전혀 언급하지 않는 입문적인 개요 수준에서 다른 많은 저자들 대신 Joel M. Charon, *Symbolic Interactionism: An Introduction, an Interpretation, an Integration,* Englewood Cliffs, N. J. 1979, 86-87을 참조할 것. 어떤 경우에라도 이 견해를 '현상학'으로 지칭하기를 피해야 할 것이다. 후설 스스로는 그 견해를 정확하게 고려된 이유로 인해 거부했다. 왜냐하면 '내적 발화'가 기호 사용을 필요로 할 것이며, 스스로를 드러내는 의식은 바로 그 점에 의존적이지 않기 때문이다. *Logische Untersuchungen II,* 1, §8, (3. Aufl. Halle 1922, 35이하에서 재인용)을 참조할 것. 그 주장은 초월적인 의식의 삶의 이론을 위해 근본적인 의미내용을 가진다. (그 점에 관해 Jacques Derrida, *Die Stimme und das Phänomen: Ein Essay über das Problem des Zeichens in der Philosophie Husserls,* 독일어 번역본, Frankfurt 1979, 특히 96, 101, 113, 125 이하를 참조할 것). 그것은 후설적 전통과 미드적 전통을 조합하는 모든 시도를 배제한다.

다. '자아(ich)'가 무엇을 통보하고자 하는지를 '자기'에게 명확하게 하는 기능을 가지는 모든 기호 사용은 결여되어 있다.[34] 의식이 언어의 형식으로 다음 표상으로 움직여나갈 때(예를 들어, 지금 내가 이 문장을 쓰는 동안), 실제로 어떤 일이 일어나는지를 아무런 선입견 없이 주목한다면, 표상에서 표상의 진행을 언어적으로 구조화하는 일 그 이상도 그 이하도 일어나지 않는다. 그렇게 하는 것은 예를 들어 은밀한 개별 생각들이 개별 단어들의 형식으로 축소되고, 갈라져 나갈 가능성들과 대안들이 증대되고, 그 일을 끝내고 이행 단계 없이 새로운 시작을 가능하게 한다. 언어는 사회적 복잡성을 심리적 복잡성으로 전환시킨다. 하지만 의식의 진행은 언어적 형식과 결코 동일해지지 않으며, 언어적인 '규칙들'의 '적용'을 통해서도 그렇게 되지 않는다(그러한 사정은 생명체계의 경우에서 재생산의 자기생산이 구조화된 진행이지만, 결코 구조 적용으로서 존재하지 않는 것과 마찬가지이다).[35] 우리는 이러저러한 생각을 해볼 때에만, 해명하는 낱말들을 모색할 때나, 정확한 언어적 표현 방식이 없다는 것을 경험할 때나, 언어로 확정하는 것을 주저할 때나, 그 순간에 소음들을 들을 때나, 주목을 끌거나, 어떤 생각도 떠오르지 않을 경우 체념하며 관찰해야 한다. 그리고 소통으로 분리될 수 있는 언어적 낱말 의미의 연쇄보다 훨씬 더 많은 일들이 발생한다는 것을 즉시 알 수 있다. 사고 또한 의식의 생각 없는 자기조건화를 함께 실행해야 하며, 그런 식으로만 의

---

34) 이것은 특히 후설의 주장이었다.

35) 정확하게 그 개념이 발화 행위 개념(썰[Searle])에 대해 타당하다는 것을 특별히 언급해둘 필요는 없다. 이 개념은 심리적 체계가 아니라 사회적 체계에 관련된다. 그 개념은 마찬가지로 요소 사건들을 지시하지만, 다른 체계준거에서 그렇게 한다. 그래서 여기서는 의도(Intention), 의미, 재인식 가능성이 한데 합쳐진다. 그 개념은 개별적 의식의 재생산이 아니라, 이해 가능한 언어 사용의 재생산 덕분에 자신의 사건 자질을 보장 받는다.

식에 고유한 존재를 입증할 수 있다.

　하지만 언어적으로 형성된 생각들이 의식의 자기생산에 함께 작용하며, 자기생산을 함께 실행하지만, 그것을 대체할 수 없다는 것은 무엇을 의미하는가? 심리적 체계는 그것을 통해 **삽화 형성 능력**이라고 일컬을 수 있는 어떤 것을 획득한다. 심리적 체계는 작동들을 세분화시키고 중단시킬 수 있다. 심리적 체계는 의식의 자기재생산을 중단하지 않은 채, 후속 표상들의 의식화 가능성들을 방해하지 않은 채, 하나의 언어 사고 맥락에서 다른 사고 맥락으로 넘어갈 수 있다. 심리적 체계는 표상 연쇄의 '이전/이후-차이'를, 거대하며 끊임없이 교체되는 배제 내용들과 함께 계승할 수 있다 ─ 예를 들어 기차에서 신문을 읽으면서 이 기사 저 기사를 넘나들면서 그때그때 교체되는 선택의 지평들을 취하며, 또한 동승자에게 담뱃불을 빌리고 (즉 다른 사람에게 다른 어떤 것을 요청하는 것이 아니라), 기차가 아직 쾰른에 도착하지 않았음을 확인하는 등을 만들어낼 수 있다. 스펜서의 진화심리학 개념을 가지고 다음과 같이 정식화할 수 있을 것이다. 언어는 "교신 범위"(range of correspondences)[36]를 확장하며, 이때 이 가능성이 구축되었고 심리적으로 처분 가능할 수 있는지 그리고 어느 정도로 그러한지의 문제가 많은 다른 조건들에 달려 있다.[37] 이 모든 것은 자기생산적 재생산 연관 속행의 (차이)동일성을, 자기생산 과정을 점유하고 실행하며, 그 과정을 그때마다 종결의 위험에 빠뜨리지 않고서 검열과 이행으로 넘기는, 교체되는 구조들의 끊임없는 부

---

36) Herbert Spencer, *Principles of Psychology Bd. 1* (1899), 재인쇄, Osnabrück 1966, 300 이하.

37) 이것은 그러면 다시 부분적으로, 하지만 오직 부분적으로만 언어 능력 자체의 질문이다. 이 점에 관해 Basil Bernstein, *Class, Codes and Control,* 3 Bde., London 1971-75의 제한된 코드와 세련된 코드의 익히 알려진 구분을 보라.

착 및 철거와 양립 가능하게 만든다. 더 이상 말하지 않게 될 때에는 여전히 침묵할 수 있다. 더 이상 생각하지 않게 될 때에는 우두커니 있을 수 있다. 그리고 이러한 확실성이 없다면, 어떤 누구도 단어, 문장, 생각에 자신을 내맡길 용기를 갖지 못할 것이다.

의식의 언어적인 형성이 그렇게 중요한 것처럼, 사회적 체계들은 또한 보다 직접적인 다른 방식으로 심리적 체계들에 영향을 미치기도 한다. 특히 의식 자신이 기대들을 정함에도 불구하고 (그리고 바로 기대들을 정하기 때문에) 의식의 사회적인 지휘에 사용 가능한 기대들과 요구들의 충족과 실망을 생각할 수 있다. 이 방식으로 예를 들어 판단과 느낌의, 일종의 의식된 안전감이 생겨날 수 있으며, 대상들에서 판단의 사회적인 반향에서 동시에 입증되는 취향과 같은 어떤 것도 그렇게 생겨날 수 있다. 그러면 판단에 언어적 표현을 부여할 수 없다는 점은 함께 의식될 수 있게 되며, 독특한 종류의 우월로서 함께 경험될 수 있다.[38]

의식에 기초하는 심리적 체계들의 자기생산의 이 구상을 근거로 삼으면, 사회학이 지금까지 상당히 복잡하다고 생각했고 (그 때문에 거의 다루어지지 않았던) 문제 영역인 감정의 세계에 대한 접근을 보다 용이하게 할 수 있을 것이다.[39] 감정은 발생하며, 의식의 자기생

---

38) 이 점에 관해 17세기와 18세기 초반에 많은 문헌이 있다 ─ 예를 들어 도발적인 "나는 무엇을 모른다"를 판단의 근거로 삼으면서 ─ 그 문헌들은 이미 거의 상실된 직위에서 상위 계층 사람들의 자연적인 우월성을 위해 이 방식으로 어떤 근거를 찾는다는 인상을 남기며, 반면 계층에 대한 전문 문헌(과 특히 법률 문헌)은 동시에 전체 체계의 인공적인 것을 강조한다.

39) 이 주제에 관한 사회학의 전형적인 진술은 아주 단순하게 연구 부재라고 표현할 수 있다. 어쩌면 비관습적 방법의 필연성이라고 말할 수도 있을 것이다. 많은 경우에 대해 Norman K. Denzin, "A Phenomenology of Emotion and Deviance", *Zeitschrift für Soziologie 9* (1980), 251-261을 참조할 것. 사실상 그 사실은 직접적인 사회학적 취급을 벗어난다. 사회학은 기껏해야 사회적 체

산이 위협 받으면 신체와 의식을 사로잡아 버린다. 그것은 다양한 종류의 원인을 가질 수 있을 것이다. 예를 들어 외적 위협들, 자기서술의 훼손이나, 가령 사랑처럼 새로운 길에서 의식 스스로를 놀라게 하는, 사랑처럼 새로운 세계에 몰두함 등이 원인이 될 수 있을 것이다. 어쨌든 감정들은 환경과 관련된 재현들이 아니라, 심리적 체계들의 내적 문제 상황들에 대한 내적 적응이다.[40] 더 정확하게는 체계 요소들을 통한 체계 요소들의 끊임없는 생산과 관계있는 내적 문제 상황들에 대한 적응이다. 감정은 반드시 어떤 일을 계기로 그리고 즉흥적으로 형성되지 않는다. 감정에 적합한 반응들에 쉽게 빠지는 경향을 가질 수도 있다.[41] 그런데도 감정은 의식의 자기조건화의 '재-질서-화'와 함께 약해지기 때문에, 불안정하다. 경향성과 불안정성은 감정 등장의 사회적인 처리를 위해 중요한 사전 조건이다. 하지만 느낌의 이러한 특성들은 느낌의 심리적 기능에서 만들어지지, 사회적 기능에서 만들어지지 않는다.

기능에 비추어 보면, 감정은 면역체계와 비교할 만하다. 감정은 바로 심리적 체계의 면역 기능을 수용하는 것처럼 보인다.[42] 감정은 발

계들 내에서의 감정들의 소통, 소통들의 자극, 관찰, 처리, 냉각 등만을 다룰 수 있을 뿐이다. 좋은 보기로 Erving Goffman, "On Cooling the Mark Out", *Psychiatry 15* (1952), 451–463을 꼽을 수 있다.

40) Karl H. Pribram, *Languages of the Brain*, Englewood Cliffs N. J. 1971, 208을 가지고 어쩌면 약간 조심스럽게 다음과 같은 말을 할 수 있을 것이다. "이 내적 적응은 감정으로서 느껴진다." 여기서 함께 의도된 신경생리학적 관련을 나는 곧 다시 다룰 것이다.

41) 이 질문에 관해 Arlie Russell Hochschild, "Emotion Work, Feeling Rules, and Social Structures", *American Journal of Sociology 85* (1979), 551–575를 참조할 것.

42) 나는 여기서 유감스럽게도 미리 말해 두어야 한다. 면역체계 개념과 체계이론적 해석에 대해서는 사회적 체계들의 경우에 같은 문제를 대처하는 계기

생하는 문제들에 직면하여 자기생산의 후속 실행 — 여기서는 생명의 자기생산의 후속 실행이 아니라 의식의 자기생산의 후속 실행 — 을 독특한 수단들을 가지고 보장한다. 감정은 그렇게 하기 위해 단순화된 차별 절차들[43], 즉 귀결들을 고려하지 않는 결정을 허용하는 절차들을 사용한다. 감정은 환경에 대한 이 사건의 직접적인 관련 없이, 자기 자신에 대한 의식의 경험에 따라 상승되거나 약화될 수 있다. 그러나 아마 가장 중요한 통찰은 모든 감정이 근본적으로 동일하며 동종의 사건이라는 점에 있다.[44] 그 사실은 감정을 체험하는 계기가 되는 신체적 사건과의 증대된 상호의존에서만 유래하는 것이 아니라,[45] 모든 경우에 있어서 예견할 수 없는 장애들에 맞서 자기생산을 보장하기 위해 고유한 감정을 준비할 수 있는 면역체계에서도 유

에서 제9장을 자세히 살펴보라.

43) 종종 언급되었다. J. A. Easterbrook, "The Effect of Emotion on Cue Utilization and the Organization of Behavior", *Psychological Review 66* (1959), 183-201만 보라. "…어떤 상황에서든 사용된 단서들의 수는 감정이 증가함에 따라 적어진다." 다른 한편, 감정들이 특수한 정보들에 대한 민감성을 상승시킬 수 있다는 점도 마찬가지로 잘 알려져 있다.

44) 파슨스는 감정의 내용 없음이라는 같은 사실을 완전히 다른 방향에서, 즉 상징적으로 일반화된 매체로서 '감정'을 해석하는 데에 사용한다. 파슨스는 물론 이 매체를 '지성'과 병행하면서, 특수하게 인성체계가 아니라, 일반 행위체계와 관련짓는다. 특히 "Social Structure and the Symbolic Media of Interchange", in: Talcott Parsons, *Social Systems and the Evolution of Action Theory*, New York 1977, 204-228 (214 이하)를 참조할 것. 그밖에도 여기서 흥미로운 관점을 위해 Talcott Parsons/Gerald M. Platt, *The American Uni-versity*, Cambridge Mass. 1973, 83을 참조할 것. "감정은 지성이 내용 없는 조건이 되는 것과 비슷한 의미에서 내용이 없다."

45) 이 통찰은 윌리엄 제임스(William James)에게 소급되는 것으로 보인다. 실험적인 검증을 위해 Stanley Schachter/Jerome E. Singer, "Cognitive, Social, and Physiological Determinants of Emotional State", *Psychological Review 69* (1962), 379에서 399까지 참조할 것.

래한다. 느낌의 통일성(Einheitlichkeit)은 생화학적 영역에서 확인할 수 있다. 하지만 감정은 그럼에도 불구하고 해석된 생화학이다. 감정은 심리적 체계 작동의 속행 가능성과 관련된, 심리적 체계의 자기해석이다.

그러한 관점에 따르면, 상이한 감정들의 알려진 다양성은 2차적으로 비로소, 즉 인지적이며 언어적인 해석을 통해서 비로소 성립한다. 그 다양성은 말하자면 심리적 체계들의 모든 복잡성 구축처럼 사회적으로 조건지어져 있다. 이 점은 "감정 문화"라고 지칭할 수 있을 모든 것, 즉 감정 형성을 위한 계기들과 표현형식들의 세련화를 위해서는 더더욱 타당하다. 감정들의 그러한 변형들(Überformungen)은 한편으로는 감정들의 사회(social)통제에 기여하며, 다른 한편으로는 진정성 문제의 부담을 지기도 한다. 그가 고통을 겪는 것에 관해 말할 수 있는 사람은 더 이상 그가 표현하고자 하는 상황에 그래도 있지 않게 된다. 그래서 사회적 체계들에 해당되기만 할 뿐 아니라 심리적으로도 부담스럽게 작용할 수 있는 소통 불가능성의 특수 문제들 ― 단순히 감정의 소통 불가능성이 아니라, 감정의 진정성 문제들의 소통 불가능성 ― 이 생겨난다.

6. 소통의 심리적 중요성과 개인주의적인 성찰이론의 한계

여기서 사회적 체계들의 심리적인 중요성에 관해 언어적이며 감정적인 영역에서 아주 간결하게 개괄한 고려들은[46] 심리적인 귀결

---

46) 심리적 체계들의 사회적 적합성을 우리는 다음 장에서 인물 개념을 통해 다룰 것이다.

들과, 특히 현대 개인주의의 성찰 부담의 문제에 관한 연구들에 출발점을 제공할 수 있을 것이다. 틀림없이 그 문제는 개인적인 의식에서 (복제 태세가 동시에 상승하는 조건에서) 집합 양심(conscience collective)에 대한 참여의 후퇴로서, 이것이 불변적으로 유지되는 가능성 총합의 위치 전환인 것처럼 단순하게 파악할 수 있는 것이 아니다. 두 가지 정체성, 즉 개인적 정체성과 사회적 정체성 이론을 근거로 삼는 것도 그렇게 큰 도움이 되지 못한다―어떤 개인도 이 방식으로 자기 자신을 이중으로 동일시할 수 없고, 어떤 관찰자들도 이 정체성들을 분리할 수 없다는 점은 차치하고라도 그렇다.[47] 오히려 스펜서로 되돌아가서 항상 사전에 주어진 자기생산적 개별화에서 진화의 심리학적 효과를 "더 큰 조응 복잡성"(greater complexity of correspondences)으로 규정하는 것[48]이 도움이 될 것이다. 그러면 우리는 자기생산의 구조화가 더 큰 요구들을 제기하고, 더 큰 우연성들과 더 큰 불안정성들을 감당해내어야 하고, 더 많은 의존들을 경험할 수 있고, 또 많은 무관심들이 필수적이 되고, 이 모든 것과 함께 자아-선택(Ich-Selektion)이 어려워진다는 가설에 이를 수 있을 것이다.

그래서 이제는 성찰 철학을 따르고, 성찰이 고유한 자아-정체성의 방향으로 더욱 개연성 있게 된다고 경험적으로 기대해야 할 것인가? 이 질문을 경험적으로 제기한다면, 그 말이 무엇을 뜻하는지를 보다

---

47) 이 비판을 부드럽게 하게 위해서는 그래서 단순히 이론적인 인공물이 중요하다. 그리고 물론 행위 형식으로 파악된 성찰 개념의 단순한 상관물이 관건이다. 이 때 성찰 개념은 어떤 것을 주제로서 그리고 같은 것을 객체로서 전제하고, 차이를 표시하기 위해 주체의 객관성 안으로 구축해 넣고, 그 다음에 사회적 규정을 구축해 넣는다.
48) 위의 같은 곳 참조. (각주 36).

정확하게 확정해야 할 것이다. 성찰을 동작으로서, 동일성을 동작-상관물로서 생각한다면, 이 이론은 자아에 대한 일종의 과잉 동일시(Überidentifikation)로 나아갈 수 있다. 이 개념을 체계이론적 개념으로 옮기면 여기서 자기관찰과 자기기술 개념을 생각할 수 있다. 이 개념들에서는 개별화하는 자기생산이 자기관찰과 자기기술을 통해서 또한 (그리고 그 밖의 다른 요인들을 통해서) 재생산되는 작동으로서 항상 사전에 전제되어 있다. 동시에 자기단순화의 필연성이 함께 고려될 수 있다. 아마도 로버트 로젠(Rosen)의 제안을 사용하여, 체계의 고유 복잡성을, 상호작용에 따라(여기서는 그러면 체계와 상호작용하는 환경과의 상호작용) 상이한 자기기술을 작성한다는 데에 있는 것으로 볼 수 있다.[49] 그러면 의식 자체가 작동상 (차이)동일성이며 다를 수 있을 가능성이 전혀 없을 때라면, 이 자기기술도 (차이)동일성으로서 주제화해야 하는가? 아마도 유일하게 현실적인 문제를 이행들에 대해 충분한 기술들을 발전시키고[50] 갈등 상황에 대해 해결 가능성들을 마련하는 것이 될 것이다.

그렇게 함으로써 파악할 수 없는 것은 물론 의식의 자기생산의 아마도 가장 중요한 문제, 즉 죽음의 문제일 것이다. 우리는 자신의 죽음을 생명의 끝으로서 생각할 수 있겠지만, 의식의 끝으로서는 생각할 수 없다.[51] "죽음은 상상 불가능한 것을 상상 가능한 것으로 바꾸

---

49) "Complexity as a System Property", *International Journal of General Systems 3* (1977), 227-232를 볼 것.

50) 사람들은 여기서 거의 변증법, 즉 (차이)동일성을 이행들에서 나타나도록 할 것을 생각한다.

51) 이 점을 위한 흥미로운 경험적인 증거들은 죽음 순간의 의식 경험들에 관한 연구들, (즉 "사후의 삶"에 대해 최소한의 어떤 것도 물론 알아내지 못하는 연구들)에서 만들어진다. Karlis Osis/Erlendur Haraldsson, *At the Hour of Death*, New York 1977; ferner Elisabeth Kübler-Ross, *Interviews mit Sterbenden*,

는 놀라움이다."[52] 의식의 모든 요소들은 의식의 자기생산에 맞추어
서 구성되어 있다. 그리고 이러한 기타 등등의 요건들이 그 요소들에
게 주어지지 않으면, 요소들은 자기생산의 재생산 연관의 성격을 상
실하게 될 것이다. 이 체계에는 미래 없는 요소가 생산될 수도 없고,
전체 연속의 종결이 생산될 수도 없다. 왜냐하면 그러한 최종 요소는
자기생산적 요소의 기능을 넘겨받을 수 없기 때문에, 즉 (차이)동일
성일 수 없고, 말하자면 규정될 수 없을 것이기 때문이다. 의식은 자
기스스로를 현실적으로 종결된 것으로서 알 수 없으며, 그래서 계속
해서 사회가 허락하는 가운데 자신에게 영생을 약속하며, 모든 알려
진 내용들로부터 추상화된 조건에서 그렇게 할 뿐이다.[53] 의식이 예
견하는 모든 종말은 의식 내에서의 삽화의 종결이며 이런 의미에서

Stuttgart 1969; Raymond A. Moody, *Life After Life*, New York 1976; ders.,
Reflections on Life After Life, New York 1978을 참조할 것. 철학 문헌에서 비슷
한 견해를 Jean-Paul Sartre, *L'être et le néant*, 30. Aufl. Paris 1950, 615 이하, 특
히 624-625에서 찾아볼 수 있다. "그것은 혼자 있음이 항상 그 다음을 요구하
는 존재이기 때문이다. 나를 위한 본질에서는 죽음을 위한 자리가 없다." 자신
의 죽음은 그래서 혼자-있음(pour-soi)에 대해서는 결정되어 있지 않은 상태
로 유지된다(그리고 죽음의 정확한 시점에 있어서 규정되어 있지 않기만 한 것이
아니다). 왜냐하면 혼자-있음을 위한 결정에는 항상 미래 측면이 속하기 때문
이다. 그래서 자신의 죽음은 혼자-있음의 존재론적 구조에 속하지 않는다. 죽
음은 혼자-있음에 대해 다른 사람이 죽음을 관찰할 수 있으며 (이것을 알 수
있다는) 점을 통해서만 순수하게 사실적으로 강요된다. "그것은 내가 나 자신
에 근거한다는 관점에 대한, 다른 사람의 관점의 승리이다."

52) Paul Valéry, *Rhumbs* (Œuvres, éd. de la Pléiade, Bd. II, Paris 1960, 611에서 재인
용).

53) 어쩌면 짐멜도 불멸성을 "영혼이 더 이상 삶을 견뎌내지(erleben) 않는" 그런
영혼 상태로서 규정할 때, 이른바 구조적으로 정화된 자기생산을 염두에 두
고 있었을 것이다. "즉 그런 상태에서는 영혼의 의미는 어떤 의미에서 더 이
상 자기 자신의 외부에 있는 내용과 관련되어 실행되지 않는다"("Tod und
Unsterblichkeit", in George Simmel, *Lebensanschauung: Vier methaphysishce Kapitel*,
München 1918, 99-153 (117)).

"이 지구에서의 삶" 또한 삽화로서 이해했다. 죽음은 목적이 아니다. 의식은 종결에 이를 수 없다. 의식은 단지 중단할 뿐이다. 즉 자기생산의 (차이)동일성 이외에 의식의 총체성의 "2차적 (차이)동일성"이라는 것이 있다면, 그것은 오로지 죽음의 이러한 수용될 수 없는 (차이)동일성밖에 될 수 없다. 즉 사라지는 의식이 매 순간 갱신될 때, 의식이 중단한다는 동반하는 가능성밖에 될 수 없다.

의식에 대한 접근이 막혀 있기는 하지만 (또는 어느 정도 언어적으로 접근될 수 있기는 하지만) 죽음을 떠올림 또한 사회적인 형식 형성의 지배를 받는다. 역사적으로 새로운 개인주의는 18세기 이래 죽음에 대한 사회의 전형적인 생각들에서 나타났다.[54] 죽음은 사사화(私事化)되며, 그것은 그 다음에, 특히 전사(戰死)처럼 공적인 이해를 위한 죽음에 특수한 의미부여를 할 것을 다시금 요구하게 된다.[55] 하지만 개인은 동시에 ─ 의사들의 침묵의 공모를 통해서 벌써 ─ 자신의 죽음에 관심을 갖지 못하게 된다. 그리고 이것이 성공하지 못할지라도, 개인은 죽음에 관해 소통하지 않을 것을 요구받으며, 소통하겠다는 시도들은 괴로운 것으로 받아들여지고 별 반향을 이끌어내지 못한다.

의식에 기초한 자기생산 이론은 이러한 알려진 사태들만을 재정

---

54) Alois Hahn, "Tod und Individualität: Eine Übersicht über neuere französische Literatur", *Kölner Zeitschrift für Soziologie und Sozialpsychologie 31* (1979), 746-765 를 참조할 것. 근세에 '전형적인 것'이 결코 모든 곳에서 실현되지 않았고, 비동시적인 것의 동시성을 함께 보아야 한다는 것은 늘 기억해야 한다. 여기서 나타난 주제에 관해서는 Italo Pardo, "L'elaborazione del lutto in un quartiere tradizionale di Napoli", *Rassegna Italiana di Sociologia 23* (1982), 535-569를 참조할 것.

55) Reinhart Koselleck, "Kriegerdenkmale als Identitätsstiftungen der Überlebenden", in: Odo Marquard/Karlheinz Stierle (Hrsg.), *Identität. Poetik und Hermeneutik Bd. VIII,* München 1979, 255-276을 참조할 것.

식화할 뿐이다. 그 이론은 개인화와 죽음의 의미론 사이의 특이한 반대 관계를 전제한다. 심리적 체계가 개별적으로 파악되고 고유한 자기생산을 성찰할수록, 그 체계는 죽음을 향한 삶의 지속을 덜 떠올릴 것이고, 그럼으로써 의식의 마지막 순간이 하나가 되는 것을 생각하기는 더욱 어려워질 것이다. 그러면 소통 또한 떠올릴 수 없는 것을 넘어설 수 있게 도와주지 못한다. 소통은 그것을 자신에게 넘겨둔다. 이것은 사회적 체계와 심리적 체계의 차이를 타당하게 만드는 가장 확실한 방법일 것이다. 심리적 체계는 진행되는 자기지속의 현재도, 그 안에서 늘 동반되는 매 순간의 종결도, 고유한 자기생산의 긍정적인 (차이)동일성도 부정적인 (차이)동일성도, 사회적 체계로부터 보장 받거나 아예 인수 받을 수 없다

제8장 구조와 시간

1. 구조주의적 구조 개념에서 자기준거적 체계이론의 구조 개념으로

구조주의와 구조기능주의에 관한 광범위한 문헌에 비추어볼 때, 구조라는 주제와 개념을 "구조주의적이지" 않은 방식으로 파악되는 이론에 도입하는 것은 간단한 작업이 아니다. 이 책의 장들의 순서에서 이 주제가 차지하는 위치는 체계이론이 서술되기 위해 구조 개념을 우선적으로 필요로 하지 않는다는 점에 대한 첫째 암시가 된다. 그것은 물론 이론의 서술이 반드시 그 구조를 따르는 것은 아니기 때문에, 사정이 잘못 전달될지도 모른다. 그래서 우리는 왜 구조주의적인 이론 선택이 자기준거적 체계이론에 수용될 수 없는지의 문제를 추가로 밝혀야 할 것이다.

먼저 핵심 증인들의 말을 들어보자. 레비-스트로스에게 있어[1] 구

---

1) 우리는 다음 글에서의 서술 범위를 유지한다. Claude Lévi-Strauss, "La notion de structure en Ethnologie", in ders., *Anthropologie structurale,* Paris 1958, 303-351. 독일어 번역본 *Strukturale Anthropologie*, Frankfurt 1967.

조 개념은 경험적인 실재 그 자체가 아니라 경험적인 실재를 모델 형식으로 추상화한 것과 관련된다. "기본 원리는 사회적 구조 개념 이 경험적 실재가 아니라 그 실재에서 만들어낸 모델에 관련된다는 데에 있다."[2] 이때 실재 자체가 그러한 구조 모델, "집에서 만든 모델, 이미 해석으로서의 수확물에 의해 구축된 모델"[3]을 만들어낸다는 것이 함께 고려되는데, 그 점은 헤겔과 마르크스에 따르면 부정하기 어려운 일이다. 따라서 과학적 분석이 고유한 자기기술에 의해 이미 만들어진 모델로 옮겨진 실재를 다루어야 할 때, 그 분석이 어느 정도의 자유를 누릴 수 있는지가 핵심 질문이 될 것이다. 이 질문은 우리가 그 다음에 얼마나 구체적인 분석에서 그것을 결정하더라도, 더 이상 구조주의로부터는 대답을 얻을 수 없다. 왜냐하면 어떤 답변이든 구조 개념으로부터 이끌어낼 수 없기 때문이다. 그리고 이것이 구조주의적 이론이 비판적이거나 보수적인 사용, 좌파적이거나 우파적인 사용과 관련하여 양가적으로 유지되는 이유인 것처럼 보인다. 사안은 이론을 통해서는 더 이상 조종되지 못하는 결정, 즉 사회의 자기기술을 분석적 모델을 가지고 실행하거나 또는 무력화시키려 할 수 있는지의 여부와 그 범위에 대한 결정에 넘겨지게 된다.

어쩌면 구조주의자들이 텍스트 다루기를 갈수록 더 좋아하는 이유가 여기에 있을지도 모른다. 구조주의자들은 다른 곳에서 행해진 연설, 담론, 이론, 심지어 철학에 몰두한다.[4] 그러한 대상들에서는 누구

---

2) 윗글 305.

3) 윗글 309.

4) 자기기술 일탈의 신빙성(Plausibilität)의 문제를 보여주기에 적절한 보기들은 다음과 같다. Louis Mann, *La critique du discours sur la logique de port-royal et les pensées de Pascal*, Paris 1975. 이 책에서 제목을 소문자로 쓴 것은 텍스트의

도 실재를 부인하지 않을 것이며, 저자가 가장 분명하게 부인하지 않을 것이다. 실재 질문은 거의 생각하지 않아도 되는 것이다. 그래서 위에서 개괄된 양가성이 더 한층 첨예하게 다시 나타나는 것이다. 이른바 직권으로 그리고 구성적으로 자기기술을 포함하는 대상들에서는 더욱 철저하게 질문해야 한다. 구조주의적 분석이 대상의 자기기술과의 관계에서 어느 정도의 자유도를 자신에게 허용하는가? 그리고 언급했듯이, 구조 개념은 양 쪽에서 사용되기 때문에, 그에 대해 대답을 줄 수 없다.

구조주의자들은 우리가 보통 "수학"이라 일컫는 이론 기법에 즐겨 매혹되는데, 이것은 복잡성에 대한 관심에서 전형적이다. 수학은 요소들이 원래 무엇"인지"는 미규정 상태에 둔 채, 관계화를 통한 성격 규정으로 상황을 관리하려 한다. 물론 구체적으로 제출된 분석은 이 이론기법의 요구 수준을 맞추어내지 못한다. 사실상 그 분석들은 "모델"이라고 말할 권리를 그러한 이론 기법으로부터 빌리기만 했을 뿐이다. 어쨌든 복잡성 문제는 구조주의자들의 이론 의식을 주도한다.

레비-스트로스에게 있어 구조주의는 명시적으로 구조화되지 않은 복잡성과 구조화된 복잡성의 차이를 지향한다.[5] 그것은 파슨스에게서도 마찬가지이다. 파슨스는 처음에는 모든 변수들을 모든 상호의존 관계들과 함께 고려하는, 뉴턴 식의 보편이론을 생각했다가, 그

위상 격하를 보여주려는 것이다. Roland Barthes, *Sade, Fourier, Loyola*, Paris 1971; Karl-Heinz Ladeur, *Rechtssubjekt und Rechtsstruktur: Versuch über die Funktionsweise der Rechtssubjektivität*, Gießen 1978.

5) 윗책 311 이하 그리고 영향력 있는 논문인 Warren Weaver, "Science und Complexity", *American Scientist 36* (1948), 536-544와의 관련 하에 350쪽을 참조할 것.

런 계획이 실행 불가능하다는 것을 즉시 깨닫고는 규정된 사전 구조
에서 출발하는 차선의 이론에 만족하는데, 이때 이 사전 구조를 그
자체로서 문제화하지는 않았다.[6] 파슨스는 나중에 이러한 구조기능
주의의 서술 방식을 약화시켰고, 결국에는 네 가지 기본 기능을 지향
하는 자신의 고유한 이론 구조물을 고려하여 철회했다.[7] 하지만 실
제로는 이후의 파슨스 이론의 발전은 구조주의적 접근이라는 것을
인정했을 뿐이다. 말하자면 처음으로 독특하게 정식화했다.[8] 구조
주의적 접근은, 이론 모델로부터 얼마나 큰 일탈을 경험적 현실에서
발견하든 상관없이, 행위 개념(!)의 최소 구성 요소의 분석을 통해서
이론의 실재 접촉을 충분히 보장해 줄 결과에 이를 수 있을 것이라는
전제에서 구조주의적 접근을 발견할 수 있다.

따라서 구조주의와 구조기능주의는 둘 다 인식론적 존재론 내
지는 분석적 실재론으로서 규정될 수 있다. 체계들, 텍스트들, 언
어 놀이 등의 과학적 분석에는 실재 관련이 귀속되며, 이 실재 관
련은 구조 개념을 통해 보장된다. 분석이 구조에 맞닥뜨린다는 것
을 통해, 규정된 간명한 (가령 이항적인) 구성이 인식될 수 있게 됨
을 통해서, 실재 관련을 자기 자신에게 입증해주는 비우발성 의식

---

6) Talcott Parsons, *The Social System*, Glencoe Ill. 1951, 19 이하, 202-203을 참조
할 것. Siehe auch Talcott Parsons, "Introduction", in: Talcott Parsons (Hrsg.),
Max Weber, *The Theory of Social and Economic Organization*, London 1947, 20-21
도 볼 것.

7) Talcott Parsons, "Die jüngsten Entwicklungen in der strukturellfunktionalen
Theorie", *Kölner Zeitschrift für Soziologie und Sozialpsychologie 16* (1964), 30-49;
ders., "The Present Status of 'Structural-Functional' Theory in Sociology", in
ders., *Social Systems and the Evolution of Action Theory*, New York 1977, 100-117
을 볼 것.

8) 그 점에 대해 Harold J. Bershady, *Ideology and Social Knowledge*, Oxford 1973의
인식론적 관점 하에서의 비판을 참조할 것.

(Nichtzufälligkeitsbewußtsein)이 만들어진다. 분석이 일단 질서를 발견하고, 추상화에도 불구하고 임의적인 것으로 미끄러져 들어갈 때 혼란을 발견하지 않고, 제대로 윤곽을 갖춘 사태를 만난다면, 그것은 그 분석이 실재와 관련이 있음을 가리키는 징후이다. 간명성 체험은 초월적 종합도 변증법도 해소할 수 없었던 과거의 인식론적 의심을 어느 정도는 제거한다. 그것은 칸트와 헤겔이 생각한 것보다 훨씬 더 간단하다. 분석이 일단 구조에 맞닥뜨리면, 이렇게 맞닥뜨린다는 것은 분석 자신에 귀속되어야 할 수 없다. 분석은 자신의 고유한 우연성 의식, 다른 가능성들에 대한 고유한 열린 생각을 늘 함께 가지고 있으며, 바로 그 때문에, 구조에 맞닥뜨릴 때 이렇게 맞닥뜨림을 자기 자신이 아니라 실재에 귀속시킬 것을 강요받는다. 따라서 분석의 우연성 의식의 급진화는 실재가 완전히 열린, 미규정적인 복잡성 환원으로서 스스로를 적어 넣는 어떤 생각을 만들어낸다.

이것을 언급함으로써 구조주의의 입장이 제대로 개괄되었다면, 그 입장은 초월이론적 특징들도 변증법적 특징들도 포함할 수 있다. 후설은 특히 후기 저작들에서 아주 비슷한 견해에 이른다.[9] 전체 구상을 변증법적으로 양식화할 가능성은 마찬가지로 명백하다. 왜냐하면 바로 "자유로운 변동"(freie Variation, Husserl)은 구조를 자신의 자유의 부정으로서 나타나게 하며, 구조의 나타남은 그 후 분석과 실재를 (차이)동일성으로 합쳐 버리기 때문이다. 따라서 구조주의는 오랜 인식론적 발전의 최종 형식으로서 정당하게 파악될 수 있다——실재 문제에 대한 접근을 인식의 자기 분석에서 모색하는 발전의 형식으로서 말이다. 따라서 구조주의는 초(Trans-) 또는 탈(Post-) 같은

---

9) *Erfahrung und Urteil: Untersuchungen zur Genealogie der Logik*, Hamburg 1948, 특히 409 이하의 "die Ausführungen über freie Variation als Methode der Wesenserschauung"을 참조할 것.

접두어로 표시되는 경향이 있다. 모든 인식론들은 그 자체가 구조주의적으로 분석될 수 있거나 파슨스적인 교차표에 배치될 수 있다. 우리는 구조주의가 고유한 인식론, 고유한 "에피스테메"를 만들어내는 경로 위에 있는지를 자문한다.[10] 하지만 그렇게 되기 위해서는 지금까지 단편적인 생각들만 있었을 뿐이다. 우리는 이미 구조 개념이 충분한 안내자가 될 수 없다는 점을 언급했다. 그리고 더 나은 현실 기준이 없어서, 구조주의적 분석이 결국에는 문학적 구조—아직도 구조를 말한다!—를 충분하다고 간주할 위험도, 특히 파리에서는 부인될 수 없다.

자기준거적 체계의 이론은 개괄된 구조주의적 이론 발상들 내지는 구조기능주의적 이론 발상들과는 달리 인식론적 출발점으로 되돌아가지는 않는다(기호론적인 출발점으로는 더더욱 돌아가지 않을 것이다). 자기준거적 체계이론은 자신의 대상의 관찰에서 시작한다. 인식론적 질문은 일단 배제한다.[11] 인식과 대상의 차이는 일단은 사용되지 않은 채 둘 것이다. 이렇게 하는 것은 인식론적으로 성찰되지 않은 일상세계적으로 순진한 입장과 혼동되어서는 안 된다. 그런 생각은 오늘날의 과학 작업에서는 인식에 대한 성찰의 오랜 전통 때문에 지탱될 수 없다. 바로 그렇게 배제하는 것, 인식론적 질문을 바로

---

10) François Wahl (Hrsg.), *Qu'est-ce-que le structuralisme?*, Paris 1968, 독일어 번역본 *Einführung in den Strukturalismus*, Frankfurt 1973을 참조할 것. 특히 편집자의 결론 논문을 볼 것.

11) 이 점을 위한 본보기는 그것이 처음에는 상당히 의외로 느껴지는 만큼, 후설의 초월적 현상학의 판단중지(Epoché)이며 그렇게 남는다. 하지만 판단 중지를 통해 배제되는 것은 진술의 존재 의미만이 아니다. 즉 인식의 현실 기준에 대한 질문만이 배제되는 것이 아니라, 현실 기준의 문제를 비로소 긴급한 것으로 만들 수 있는 인식론적 질문으로서의 인식과 대상의 차이 또한 배제된다.

그렇게 잠정적으로 도외시하는 것이 인식론에 대한 입장이다. 그러한 잠정적인 도외시는 인식론적으로 정당화될 수 있어야 하며, 그것은 연구의 개념이 충분한 추상화 수준에 도달하자마자, 인식이 그 대상들 중 하나로서 나타날 것이라는 기대를 통해 정당화된다.

그밖에도 우리는 자기준거적 체계의 이론 덕분에 구조 개념을 체계에 적용함으로써 촉발된 토론으로부터 거리를 둘 수 있다. 우리는 상대적으로 불변적인 구조 특성을 가지고 체계를 기술함으로써, 체계의 행동을 그것의 고유한 특성을 통해 설명해야 할지 아니면 상황의 특성, 즉 그때그때 자기 환경의 현재적인 시간 단편의 특성을 가지고 설명할 것인지의 선택 상황에 처하게 되었다.[12] 특히 심리학이 이 대안에 몰두했다.[13] 이 토론의 토대는 우리가 구조를 자기생산적 자기재생산으로부터 파악하면 이후로 미룰 수 있다. 그 경우에는 고도로 개별화된 협소화, 연결 행동 방식의 신속한 발견을 용이하게 해주며, 그렇지만 동시에 상황적으로 특수한 요청에 충분히 민감한 상태에 있어야 하는 협소화가 있을 수도 있다. 그리고 그 협소화는 입증된 것이 목표 달성을 도와줄 것이라는 것이 충분한 확신을 주지 못할 때, 그 이유에서 행동 선택의 인지적인 진입 영역을 모든 순간 확장하고 재협소화시킬 수 있다.

---

12) 여기서 두 경우 모두, 우리가 앞에서 다루었던 구조주의의 "분석적" 발상과는 반대인 "존재론적" 발상이다. 존재론적/분석적의 이 차이가 자기준거적 체계의 이론을 통해 무력화될 수 있다는 것을 우리는 이미 요소 개념을 다루는 계기에 언급했다. 위 제1장 2절 4항과 소통/행위에 관해 제4장 8절과 10절을 참조할 것. 여기서는 우리는 구조 개념과 관련하여 같은 상황 앞에 있다.

13) 그 점에 대해 비판적인 입장으로 Walter Mischel, *Personality and Assess-ment,* New York 1968; ders., "Toward a Cognitive Social Learning Reconceptualization of Personality", *Psychological Review 80* (1973), 252-283(여기서 특히 "자기조절" (selfregulation)을 통해 진행되는 해법에 대해 273 이하)를 참조할 것.

우리는 이 질문에 대한 자세한 설명을 이 지점에서 한 번 더 미뤄야 한다. 현재로서는 그렇게 함으로써, 구조 개념이 자신의 핵심 지위를 상실한다는 것을 기록하는 것으로 충분하다. 그 개념은 필수불가결한 것으로 남는다. 복잡한 체계들이 구조를 형성하며 구조 없이는 존재할 수 없다는 점에 대해서는 어떤 체계이론가도 부인하지 못할 것이다. 그러나 이제 구조 개념은 이론을 주도하는 위상을 주장하지 못한 채, 상이한 개념들의 다양한 배열 안에 정돈된다. 구조 개념은 실재의 중요한 측면, 어쩌면 관찰자를 위한 필수불가결한 지원을 표현한다[14] —— 그러나 더 이상 인식과 대상이 자신들의 가능성 조건에서 합쳐지는 바로 그런 요인으로서 표현되지는 않을 것이다. 그래서 여기서는 구조주의가 관건이 아니다.

2. 자기준거적–자기생산체계에서 구조의 기능: 제한의 선택

추상적으로 보면, 구조 개념은 소통이나 행위와 관련될 수 있다. 소통을 가지고 소통을 접속시키는 구조들은 정보를 끌어들인다. 즉 그것들은 세계 구조들이다. 그것들은 체계 안에서 그 체계에 일단 요긴할 수 있는 것은 모두 포착한다. 구조들이 소통에서 보전할 만한 가치가 있는 것으로 다루어지는 의미 형식들을 준비하자마자 우리는 가끔씩 "의미론"이라는 말을 할 것이다. 하지만 우리는 아래에서 사회적 체계의 행위를 질서 잡는 구조들, 즉 이 체계 자체의 구조들에 관점을 국한할 것이다. 그렇게 제한함으로써, 같은 구조 개념이 세계

---

14) 다른 많은 것 대신 Lars Löfgren, "Complexity Descriptions of Systems: A Foundational Study", *International Journal of General Systems 3* (1977), 197-214 를 참조할 것.

구조들, 언어들, 의미론들에도 사용될 수 있다는 점이 부정되어서는
안 될 것이다.

우리는 일반 체계이론[15]과 구조주의의 논의 상황을 참조하여 복잡
성 문제를 관련지음으로써 구조 개념의 첫 번째 특징을 확보한다. 구
조는 구조화되지 않은 복잡성의 구조화된 복잡성으로의 변환을 수
행한다——하지만 어떻게 한다는 것인가? 구조화되지 않은 복잡성
은 엔트로피 상태의 복잡성일 것이다. 그것은 매 순간에 연관되지 않
은 것으로 떨어져나갈 수 있다. 구조 형성은 이 붕괴를 이용하여, 그 붕
괴로부터 질서를 구축한다.[16] 구조 형성은 바로 요소들의 붕괴에서
부터, 여기서는 모든 행위의 필연적인 소멸로부터 요소들을 재생산
하기 위해 에너지와 정보를 끌어낸다. 이 요소들은 그로 인해 항상
구조적으로 사전에 범주화되어 있으면서도 언제나 새롭게 나타난
다.[17] 다른 말로 하면, 구조 개념은 요소들의 관계화를 시간 간격을
넘어서서 정치화시킨다. 즉 우리는 요소들과 관계들(Relationen)의
관계에서 출발해야 하며, 이 관계[18]를 요소들을 질화하기 위해, 즉

---

15) 위 제1장을 참조할 것.
16) 우리는 여기서 "산일 구조들" 개념과 비슷하게 논증한다.
17) 이 점에 대해 Dag Østerberg, *Meta-Sociological Essay*, Pittsburgh 1976, 64 이하
    도 볼 것.
18) 이론사적으로 이것은 특히 구조가 더 이상 전체와 부분의 관계로서 정의되
    지 않는다는 것을 뜻한다. 이러한 빈번한 관점에 대해 인용 하나만 제시하겠
    다. "나는 '구조'를 구분 가능한 전체를 언급하기 위해 사용한다 ... 그러한 전
    체는 ... 공간과 시간 내의 질서 있는 배열을 갖는 부분들로의 ... 분석에 민감
    하다". (Meyer Fortes, "Time and Social Structure: An Ashanti Case Study", in:
    ders. (Hrsg.), *Social Structure: Studies Presented to A. R. Radcliffe-Brown* (1949),
    신판 1963, 54-84 (56). 이러한 정의 방식을 계속 진행시키기 위해서, Helge
    Wendt, "Bemerkungen zum Strukturbegriff und zum Begriff Strukturgesetz",
    Deutsche Zeitschrift für Philosophie 14 (1966), 545-561을 참조할 것.

사회적 체계의 경우에는 행위 의미들의 질화를 위해 구성적으로 간주해야 한다.

구조들이 요소들의 구체적인 자질로부터 추상화한다는 데에 대해서는 견해가 일치되어 있다. 그 말은 모든 구조가 모든 종류의 요소들로 물질화될 수 있다는 것을 뜻하는 것이 아니라, 구조들이 요소들이 교체되는데도 존속하고 재현재화될 수 있다는 것을 뜻할 것이다. 이 말이 바로 네이들(Siegfried F. Nadel)의 다음 말이 뜻하는 바일 것이다. "어떤 구조이든 구조를 구성하는 부분들은 구조의 동일성을 바꾸지 않은 채 그 구체적인 특성에 있어서 폭넓게 변이할 수 있다."[19] 그렇지만 바로 그 때문에 일반적인 이해를 따르고 구조들을 요소들 간의 관계로서 정의하는 것은 충분하지 않다. 왜냐하면 그 경우에는 모든 요소[의 사라짐]와 함께 그 요소를 다른 요소들과 접속시키는 관계 또한 사라질 것이기 때문이다. 구조들은 그때그때 실현된 관계들이 수많은 조합 가능성에서 선택을 서술하며 그러한 서술을 통해 선택된 환원의 장점을 누릴 뿐만 아니라 위험도 함께 불러온다는 것을 통해서만, 이러한 관계들을 획득할 수 있다. 그리고 이 선택만이 요소들의 교체에도 불변적으로 유지될 수 있다. 즉 새로운 요소들과 함께 재생산될 수 있다.

즉 구조는 그것이 무엇이 될 수 있든, 체계 안에서 허용된 관계들의 제한에 존재의 근거를 둔다.[20] 이 제한은 행위의 의미를 구성한다. 그

---

19) Siegfried F. Nadel, *The Theory of Social Structure*, Glencoe Ill. 1957, 8.

20) 체계 기술에서 허용된 관계들의 제한에 맞추어진다면, 더 좁게 파악되었지만 똑같은 구조 개념을 선택하는 것이다. 그래서 예를 들어 Roger E. Cavallo, *The Role of Systems Methodology in Social Science Research*, Boston 1979, 89를 참조할 것. 그밖에도 "제한"(constraint)과 구조 개념의 사용, 즉 통계학적 자료 분석에 관련되었으며 제한을 (그리고 그럼으로써 구조를) 변수들의 독립성의 제한으로 정의하는 개념 사용과의 유사성을 만들어낼 수 있다. 예를 들

리고 자기준거적 체계들의 진행하는 동작에서 행위의 의미는 물론 접속 가능성으로서 분명해지는 것도 동기화하고 납득할 수 있게 해 준다. 사전 구조가 없으며 행위해 보라고 〔막연하게〕 말할 수 있기만 할 것이며, 추정컨대 그렇게 되었는지를 확인조차 할 수 없을 것이다. 생각할 수 있는 거의 모든 접속들을 배제함으로써 비로소, 한 잔 더 따라 줘!, 넌 깜박 잊고 자동차 뒷좌석을 청소하지 않았어!, 내일 세 시에 영화관 매표소에서 만나! 따위가 생겨난다.

이 사실은 (물론 구조 개념을 달리 사용하는) 자기준거적 체계이론의 용어로 바꾸면, 체계는 제한하는 구조화를 통해서만 자기재생산이 가능해질 정도의 "내적 주도력"을 획득한다는 것을 말해준다. 그렇다면 모든 요소의 관점에서, 말하자면 규정된 다른 (그리고 임의적으로 다르지는 않은) 요소들에 접근할 수 있어야 한다. 그리고 이 사실은 요소들의 고유한 접근 가능성에서 만들어지는 요소들의 특별한 자질에 근거해서 그러하다. 이런 점에서 구조는 제한된 가능성들의 선택으로서 질화된 요소들의 구성에서, 그리고 그럼으로써 자기생산에서도 전제되어 있다. 그러나 구조는 생산하는 요인, 근본-원인(Ur-sache)은 아니다. 구조는 그자체가, 요소들의 성질과 접속 가능성의 제한 상태와 다르지 않다.

즉 구조들의 선택은 제한들의 확정을 목표로 한다. 선택은 체계가 외적 제한들("〔매개〕변수들"(Parameter))과 내적 제한들, 즉 선택된

어 G. Broekstra, "Constraint Analysis and Structure Identification", *Annals of System Research 5* (1976), 67-80을 참조할 것. 이 발상은 물론 실제 체계 (Realsystem)를 기술하고자 할 때 사용하는 "변수들"의 사전 정의를 요구한다. 그리고 그 발상은 다수의 변수 복합들을 통해 (즉 다수의 기술들을 통해) 체계의 복잡성을 감안해야 한다는 점을 배제할 수는 없다. 이 점에 대해 특히 Robert Rosen, "Complexity as a System Property", *International Journal of General Systems 3* (1977), 227-232를 참조할 것.

제한들을 구분할 능력을 부여한다. 그밖에도 구조 선택 또한 한 번
더 조건화될 수 있다—이미 존재하는 구조들(전통)을 통해서든, 체
계의 상승 관점을 통해서든, 결국에는 체계의 제한 가능성 상승의 합
리성 관점을 통해서든 조건화될 수 있다.

질화되지 않고 사용되는 관계 개념에 추가하여, 상호의존 또한 가
끔씩 구조의 돋보이는 특징으로 불린다.[21] 하지만 상호의존 또한 완
전한 상호의존이 도달 불가능하기 때문에, 선택을 통해서만 성립된
다. 의존성이라는 특수한 관점들은 다른, 중립적인, 아무래도 좋은
가능성들과는 분리된다. 그리고 바로 그로 인해 선호되는 패턴이 구
조 가치를 가진다. 그렇다면 성공적으로 수립된 상호작용들은 그 성
공에 연결할 수 있는 구조 선택들을 위한 관점으로서, 그리고 구조
선택들의 제한으로서 기여하기도 한다. 왜냐하면 모든 혁신은 상호
의존에 개입하자마자, 배가되는 연쇄 효과, 즉 예견될 수는 있지만
분명하게 긍정적으로 평가될 수는 없는 효과를 얻기 때문이다. 따라
서 제한들의 선택은 선택들의 제한을 유발한다. 그리고 그 점이 구조
를 안정시킨다.

마지막으로 똑같은 주장이 가장 빈번하게 언급되었고 거의 언제
나 함께 고려된 구조 개념의 계기, 즉 구조들의 (상대적인) 불변성에
대해 타당하다. 불변성은 종종 너무 빨리 체계 안정성의 의미로 해석
되어 버린다. 특별히 비판자들이 그렇게 한다. 하지만 그것은 더 정
확한 분석을 필요로 한다. 즉 불변성은 일단 제한의 조작화 요구 이
상의 어떤 것이 아니다. 다른 가능성의 배제는 그러한 배제가 일단
발생해야 한다면, 배제된 것의 재허용에 맞서는 (상대적인) 보장을

---

21) 예를 들어 Raymond Boudon, *A quoi sen la notion de "Structure"? Essai sur la
signification de la notion de structure dans les sciences humaines*, Paris 1968, 35를 참조
할 것.

필요로 한다. 그런 방식으로만 구조의 기능은 충족될 수 있다.

더 자세히 살펴보면, 사실적인 불변성과 시간적인 불변성이 구분되어야 한다. 사실적으로는 다른 가능성들을 끊임없이 함께 말하는 것으로부터 보호하는 것이 관건이며, 시간적으로는 이 보호를 지속시키는 것이 관건이다. 상황은 순간순간 바뀌며 그렇게 됨으로써 유예된다. 어떤 다른 가능성들이 그 상황을 암시하든 상관 없이 말이다. 규정된 행위 프로그램은 그러한 교란들에 맞서 어느 정도 면역되어 있을 수 있으며, 그러한 교란들은 교체되지 않으면 교란이라고 할 수 없을 것이다. 행위를 기대하는 긴급한 상황들이 있다. 그러한 상황들은 관철된다——가령 전화벨 소리나 부엌에서 타는 냄새를 생각해보라. 그러나 이런 종류의 경고하는 정보의 효과는 그것이 예외적인 것으로 남는다는 데에 근거한다. 모든 것, 또는 많은 것에 의해 지속적으로 교란된다면, 결코 어떤 행위 의미도 결정화될 수 없을 것이다. 결국에는 매번 똑같은 결과가 될 것이며, 그래서 어떤 자극도 없는 상태, 지루한 상태와 같은 결과가 될 것이다.[22]

구조 형성은 관계화 가능성의 제한으로서, 개별 요소들(엔트로피)의 모든 연관이 똑같이 발생할 개연성을 억제한다. 그것은 자기재생산, 소멸하는 요소들의 다른 요소들로의 대체의 전제조건이다. 그러나 구조 형성은 같은 이유에서 **체계의 모든 관찰과 기술**의 전제조건이기도 하다. 그리고 물론 타자관찰(및 기술)과 마찬가지로 자기관찰(및 기술)의 전제조건이 되기도 한다. 이 관점에서 구조 형성은 중복을 생성시키는 것으로서 파악된다.[23] 이 말은 체계를 기술한다는

---

22) "지루함"의 의미론에는 다른 교란들을 통한 교란과 교란의 실수들을 통한 교란 그 둘 모두 포함되어 있다. 그 둘 모두 구조들의 기능 결함을 결과하게 된다——역사적으로 보면 상위계층의 상호작용 구조의 기능 결함을 결과한다.
23) 예를 들어 Cavallo 윗책 84 이하를 참조할 것.

것이 모든 요소를 그때그때의 구체적인 상태에서 조사할 것을 요구하는 것이 아니라, 하나의 관찰로부터 다른 관찰을 추론할 수 있다는 뜻이다(물이 흐르면, 수도꼭지가 제대로 잠기지 않았거나 새고 있다).[24] 그렇게 하면 관찰 내지는 기술의 과제가 단순해지고, 그 과제를 실제적인 체계의 정보처리 능력의 범위 안으로 들여 온다.

하지만 재생산 작동과 기술 작동이 구조 형성을 전제한다는 데에 근거하는 재생산과 기술의 이러한 공통성에도 불구하고, 그것으로써 두 작동이 동일한 구조를 사용한다는 데까지 동의가 이루어진 것은 아니다. 상당한 분기가 있을 수 있다. 재생산을 위해서는 충분히 지역적인 안정성, 이른바 다음[에 접속될] 요소들이 인접한 곳에 있을 것이 요구된다. 가령 질문 하나에 대답 하나가 이어지는 식으로 말이다. 기술은 오히려 전체 확실성을 모색하며, 그래서 몇몇 지시값들이 많은 추론을 가능하게 하는 데에 의존한다. 재생산은 구체적인 요소들을 구체적인 요소들로 대체해야 한다. 기술은 통계적으로 계산된 개연성으로 만족할 수 있다. 하나의 경우에는 연결 능력이, 다른 경우에는 중복이 요구된다. 그리고 고도로 복잡한 체계에서는 그 둘이 크게 멀어질 수 있다. 그래서 현대의 세계사회 역시 끊임없이 기대에 의해 조종되는 상호작용의 층위에서 재생산된다. 하지만 세계사회는 자기 자신을 적절하게 기술할 처지에 거의 있지 않다.

---

24) 이 관점은 Alfred Kuhn, The Logic of Social Systems: A Unified, Deductive, System-Based Approach to Social Science, San Francisco 1974에 대해 핵심적인 의미내용을 가진다.

3. 구조와 사건의 상호 보완: 배제로서의 구조와 연결 모색으로서의 과정

우리는 이제 구조 개념의 지배적인 정의 특성들을 (너무 다양해서 일단은 불분명하고 논란의 여지가 있는 개념이라는 인상을 남겼겠지만,) 제한의 선택이라는 공통분모에 모았다. 그럼으로서 결합된 우연성만이 요소들 사이의 관계에 구조 가치를 준다. 그리고 이것은 현실적으로 재생산되는 체계들의 층위에서도 체계들의 기술의 층위에서도 타당하다. 우리는 그럼으로써 구체적인 (현실과 관련된) 구조 개념과 분석적인 (방법론적으로 도입된) 구조 개념의 통상적인 대안을 우회했고, 선택성을 지향하면서 구조 개념이 도대체 어떻게 요구되며 단순히 관계들, 상호작용들 또는 불변성만을 말하는 것보다 더 많은 것을 말하는지에 대해서도 설명했다. 이 모든 것은 조합적 가능성들의 제한으로서 선택적으로 도입되어 있을 때에만 구조의 기능을 가진다.

구조 개념의 모든 다른 정밀화는 그러한 관점에서 제한의 제한으로서 서술되어야 한다. 따라서 모든 제한들이 구조 가치를 가지는 것이 아니라 규정된 종류의 제한들만이 구조 가치를 가진다. 그래서 가령 머튼은 자신의 구조 개념을 기능적인 교환 가능성의 한계라는 생각에 근거한다.[25] 하지만 이렇게 하는 것은 교환 가능성의 조건으로서 안정화를, 50년대의 사회학에서 예를 들어 "역할들"을 전제하는데, 역할들은 이 구조 개념으로 더 이상 파악될 수 없다. 그러

---

25) Robert K. Merton, *Social Theory and Social Structure*, 2. Auflage Glencoe Ill. 1957, 특히 52-53을 볼 것. 그 점에 대해서는 Ernest Nagel, *Logic Without Metaphysics*, Glencoe Ill. 1956, 278 이하도 볼 것.

한 방식으로는 훨씬 깊이 파고드는 시간화된 복잡성을 갖춘 체계의 문제학을 간과하게 되는데,[26] 체계는 요소들을 사건으로만 보며, 말하자면 요소들을 확정할 수 없고 교환할 수도 없는 조건에서, 바로 이러한 상태를 구조 형성의 출발점으로 취해야 한다. 그래서 우리는 다른 방식으로 구조 개념을 제한하고자 한다. 우리는 구조 개념을 특별한 종류의 안정성 유형으로서가 아니라, 사건에서 사건으로 넘어가는 체계의 자기생산적 재생산을 가능케 하는 체계의 기능으로서 파악할 것이다. 사회적 체계에 대해서는 이 점을 이중 우연성 공리를 통해 정밀화할 수 있다. 제한의 선택은 이중 우연성 조건 하에서 재생산을 가능하게 할 때에만 구조값을 가진다. 그것은 특히 실망할 가능성의 선취가 구조 안에 장치되어 있어야 한다는 것을 뜻한다.

여기서 언급된 자기생산적 체계이론은 재생산적 자기규정의 두 가지 상이한 구성요소를 한데 모은다. 이 구성요소들은 전통적인 개념 언어에서는 "구조"와 "과정"이라 불린다. 구조는 그 자신이 선택을 통해 성립되기 때문에(!, 그리고 그뿐만이 아니라, 그런 조건에서 성립되는데도) 가능성의 여지를 마련해준다. 구조로부터 본다면, 후속하는 요소들의 지속적인 규정은 (체계에 가능한) 다른 준비된 가능성들의 배제를 통해 실현된다. 그와는 달리, 과정에 있어서는 '이전/이후-차이'가 결정적이다. 과정은 지금 현재적인 것의 출발점에서, 현재적인 것에 들어맞기는 하지만 그것과는 구분된 (새로운) 요소로 넘어가는 것을 통해 규정된다. 구조와 과정 모두 우연적인 절차이다— 배제와 연결 모색이다. 바로 그 때문에 그 둘은 손에 손을 잡고 작업하며 각자 다른 요소들의 우연성을, 이른바 도약의 발판으로 취할 수

---

26) 위의 제1장 3절을 참조할 것.

있는 최소한의 정도까지 줄여준다. 그것을 설명하기에 가장 좋은, 어쩌면 광범위한 보기는 언어를 사용하는 대화이다.

이 구상은 시간이 그 안에 구축되어 있다는 사실과 방식을 고려할 때에 비로소 완전하게 이해할 수 있다. 그러나 특히 사건 개념과 그와 함께 행위 개념을 충분히 급진적으로 순간적인 것과 즉시 지나가는 것으로 관련지어야 한다.[27] 이 경로는 플로이드 앨퍼트(Floyd Allport)가 사건과 구조의 개념 연관에 관한 분석에서 개척했다.[28] 그 분석에 따르면 사건은 (사회적으로 최소로 가능한) 시간 원자(Temporalatom)이다. "나뉠 수 없는, '모든-것-또는-아무-것도-아닌' 일어남"(happening)이다. "그렇다면 단순한 사건은 "이분하며", 질화할 수 없는 사건이다. 그 뿐이다. 공간적-시간적 모델 위에 그것을

---

27) 예를 들어 듀이는 이하의 (그 자체로 우리 개념과 매우 흡사한) 구조 규정에서 이 점에 성공하지 못한다. "일련의 속성들이 사건들의 다른 속성과의 관계에서 제한하는 기능으로 인해 구조라고 불린다 … 그것은 … 제한을 서서히 바꾸며 일련의 신속한 변화를 이끌며, 그 변화들이 달리 소유하지 못하는 질서를 변화들에 부여하는, 변화하는 사건들의 배열이다." (John Dewey, *Experience and Nature*, Chicago 1926, 72). 실수는 사건들이 실체처럼, 빨리 또는 느리게 바뀌는 속성들의 담지자일 수 있으며, 이때 보다 느린 속성들이 구조화하는 효과를 행사한다는 생각에 있다. 하지만 정확하게 이 차이는 오직 순간적인 현재성으로서만 나타나는 사건 개념과 상충된다.

28) "An Event-System Theory of Collective Action: With Illustrations from Economic and Political Phenomena and the Production of War", *The Journal of Social Psychology 11* (1940), 417-445; ders., "The Structuring of Events: Outline of a General Theory with Applications to Psychology", *The Psychological Review 61* (1954), 281-303; ders., "A Structuronomic Conception of Behavior: Individual and Collective I", *Journal of Abnormal and Social Psychology 64* (1962), 3-30을 볼 것. 사물-언어와 사건-언어에 대한 대안에 관해 (하지만 언어 차이로서의 사실 차이를 과소평가하는), Wilfried Sellars, *Time and the World Order, Minnesota Studies in the Philosophy of Science Bd. III*, Minneapolis 1962, 527-616도 참조할 것.

재현한다면, 단순히 점(點) 하나가 될 것이다."[29] 따라서 사건은, 그리고 행위도 마찬가지로, 자기 자신에게 점처럼 성격 규정되지 않은 상태에 있다. 시간적인 최소한의 확장을 통해서도 어떤 것을 만들어낼 수 없다—선택적으로 구조적인 접속이 얼마나 상대적이더라도 말이다.[30]

행위는 이중의 방식으로—두 관점에서 "행위이론"으로서는 이례적으로—사건으로서 성격을 규정할 수 있다. 사건은 한편으로는 그렇게 말해도 된다면, 어떤 대상도 시간 진행에 대한 자신의 관계를 교체하지 못한다는 사실에서 귀결을 끌어낸다. 대상들은 존재한다면, 시간과 함께 교체되어야 한다. 사건은 사라질 것이 정해져 있다. 다른 한편 모든 사건은 과거, 미래, 현재의 전체적인 변동을 실행한다—사건이 현재의 자격을 다음 사건에 넘겨주고, 다음 사건에 대해 (즉 사건의 미래에 대해) 과거가 된다는 것을 통해서만 그렇게 할 수 있다. 동시에 이러한 최소 유예를 가지고 과거와 미래의 지평들을 구조화하고 제한하는 중요성 관점도 바뀔 수 있다. 모든 사건은 이런 의미에서 시간의 전체적인 수정을 실행한다. 요소들을 사건들로서 시간적으로 점화(點化)하는 것은 오직 시간 속에서만 그리고 시간에 힘입어서만 가능하다. 그러나 그렇게 점화하는 것은 소멸을 통해 그리고 전체적인 수정을 통해 시간에 맞서 최대한의 자유를 실현시킨다. 이 자유 획득은 구조 형성을 통해 비용을 치러야 한다. 왜냐하면

---

29) 두 인용은 a.a.O. (1954), 292를 보라.

30) 미드는 이 지점에서 행위 단위인 "행위"의 시간적인 제한에 관해 자극과 반응이라는 객관적인 개념을 도입한다. *The Philosophy of the Act*, Chicago 1938, 65-66을 참조할 것. 그것은 여러 이유로 인해 수용할 수 없다—특히 체계준거를 행동 유기체에 고정시켰고 자기자극 고려가 결여되어 있다는 점 때문에 수용할 수 없다.

그 관점에 따르면, 사건들을 통해 사건들의 재생산을 규제하는 것이 필요해지기 때문이다.

사회적 체계들이 자기 자신을 행위체계로서 기술하면, 그 체계들은 시간과의 관계에서 이 자유 배열을 넘겨받는다. 따라서 사회적 체계들은 행위 사건들을 연결할 수 있는 구조들을 발전시켜야 한다. 구조들은 이 기능에서 (그리고 다소간 오랫동안 변하지 않고 지속하는 상태에서가 아니라) 시간에 대한 자신의 일차적인 관계를 가진다. 왜냐하면 접속은 시간 차원에서만 실행될 수 있기 때문이다. "사건"이라는 이해 형식은 다른 말로 하면, 이전과 이후의 도식에서 설명할 것을 강요한다. 이러한 시간적인 접속이 없으면 (그리고 시간적인 접속은 사실적인 의미 규정에 의해서도 사회적인 의미 규정에 의해서도 대체될 수 없다), 체계는, 그리고 심지어 행위조차도, 직전에 현재화된 사건과 함께 사라져버릴 것이기 때문이다. 모든 사건, 모든 행위 또한 최소 순간의 의외성을 가지고, 즉 지금까지의 것에서 돋보인 가운데 나타난다. 이런 점에서 새로움은 행위의 발현을 위해 본질적이다. 그러나 모든 새로운 것은 (처음에는) 특이하게 나타난다. 행위는 예컨대 반복 가능한 주관적인 의도가 아니라, 새로움이라는 이 구성요소 덕분에 자신의 일회성과 유일무이성을 가질 수 있게 된다. 주체가 아니라 사건들 속으로 풀려 나온 시간이 행위에 개별성을 부여한다.

이런 점에서 불확실성 또한 구조 조건이며 구조 조건으로 남는다.[31] 모든 불확실성이 근절된다면, 구조 역시 스스로 불필요해질 것이다. 왜냐하면 예견 불가능성에도 불구하고 자기생산적 재생산을 가능하게 하는 바로 그 점에 구조의 기능이 있기 때문이다. 이런 점에서 구조 형성은 형성에 필요한 정도의 불확실성을 가지고 있으며,

---

31) 우리는 9절에서 이 점을 다시 다룰 것이다.

관료제와 법질서 같은 안정에 열광하는 바로 그러한 구조 형성에서도, 관료주의와 법제화가 증대되면서 어떻게 불확실성 또한 확장되는지를, 남의 불행을 안타까워하는 마음을 가지고 확인할 수 있을 것이다.

똑같은 사태는 이제 반대로 볼 수 있다. 어떤 의외성 요소도 없다면, 사실적으로 확정된 것으로부터의 어떤 일탈도 없다면, 행위는 시간화될 수 없으며, 규정된 시점에 고정되지 못한다. 따라서 의외성 순간들이 없으면 구조 형성도 없을 것이다. 왜냐하면 접속 가능한 어떤 것도 나타나지 않을 것이기 때문이다.[32] 그러나 그 점에 있어서 새로운 것은 새로운 것으로 유지되는 것은 아니다. 그 새로운 것은 (그것을 위해) 지나간 것과 (그것을 위해) 미래의 것을 위해 고유한 시간 지평들이 구성됨을 통해, 즉시 다시 시간의 연속으로 되옮겨진다. 그것은 어느 정도 재접합되고, 기대할 수 있을 것처럼 그렇게 다루어진다.[33] 그것은 그밖에도 고유한 행위에 대해서도 타당하다. 사람들은 자기 행위를 통해서도 놀랄 수 있다.[34] 그리고 그것과 관련된 재정상화 이론은 커트 르윈(Kurt Lewin)이 제안한 가변적인 요구 수

---

32) 사회학에서는 이 관점에 거의 주목하지 않았다. 예외로는 Thomas Mathiesen, "The Unanticipated Event and Astonishment", *Inquiry 3* (1960), 1-17이 있지만 완전히 기대하지 않은 결과를 보고하고 있다. 그밖에도 Østerberg 윗 책, 64 이하를 볼 것.

33) 미드(G. H. Mead)의 행위 개념에 대한 상응하는 해석을 Werner Bergmann, "Zeit, Handlung und Sozialität bei G. H. Mead", *Zeitschrift für Soziologie 10* (1981), 351-363 (특히 360 이하)을 참조할 것. 그밖에도 Gaston Bachelard, *La dialectique de la durée*, 2. Auflage Paris 1950, 재인쇄 1972, 가령 음악 듣기의 보기에서 다음 내용이 중요하다. "우리는 기다렸다는 것을 기억하지 못한다. 우리는 기대했어야 한다는 것을 단지 깨달을 뿐이다"(115).

34) 예를 들어 bei Anselm Strauss, *Mirrors and Masks: The Search for Identity*, Glencoe Ill. 1959, 39에서 명시적으로 다루었다.

준 이론으로 이미 제출되었다.[35]

기대 가능성을 재생산하는 것은 안정성의 요구가 아니라, 재생산의 요구이다. 기대들은 행위의 재생산을 위한 자기생산적 요구이며, 그런 점에서 구조들이다. 기대들이 없다면 체계는 주어진 환경에서 내적 연결 능력의 결여로 인해 단순하게 중단할 것이며, 물론 스스로 중단할 것이다. 즉 환경과의 관계에서 결여된 적응 능력의 문제가 중요한 것이 아니다. (체계는 이 문제에 단순히 구조들을 통해 반응하는 것이 아니라, 구조들의 유연성과 그것의 선택 조종을 통해 반응한다.) 기대 구조들은 일단은 매우 간단하게, 연결 능력이 있는 행위의 가능성 조건이며, 그런 점에서 그것들의 고유한 배열을 통한 요소들의 자기재생산의 가능성의 조건이다. 요소들은 시간에 묶여 있기 때문에, 끊임없이 갱신되어야 한다. 그렇지 않으면 체계는 존속을 중단할 것이다. 현재는 과거 속으로 사라져버리고, 아무 것도 이어지지 않을 것이다. 이러한 사태는 행위 의미가 후속 행위의 기대의 의미 지평에서 구성됨을 통해서만 저지할 수 있다. 우리가 전화번호를 누를 때 다음 숫자를 기다리는 것처럼 의미가 압축된 연속의 속행을 기다리든, 초인종을 누르고 문이 열리기를 기다리는 것처럼 다른 종류의 보완 행동을 기다리든 상관없이 그러하다. 그렇다면 행위는 스스로 순간적인 일시성을 이행하지 않는 것처럼, 자기 위로 날아올라가는 것처럼 보인다.[36] 그러나 이것은 내재적 에네르게이아(energeia), 어떤

35) 예를 들어 Margarete Jucknat, "Leistung, Anspruchsniveau und Selbstbewußtsein", *Psychologische Forschung 22* (1937), 89-179; Kurt Lewin et al., "Level of Aspiration", in: J. McV. Hunt (Hrsg.), *Personality and the Behavior Disorders*, New York 1944, Bd. 1, 333-378; Leonard Reissman, "Levels of Aspiration and Social Class", *American Sociological Review 18* (1953), 233-242 를 참조할 것.
36) 보브나르그(Vauvenargues, 1715-1747, 프랑스 작가)에서의 행위이론에 대한

힘, 행위의 생명력(élan vital)을 통해 가능한 것이 아니다. 그것은 미래의 불확실성(과 그와 함께 행위라는 개별 요소의 시간적인 자기준거)을 그 행위가 관계화의 선택을 통해 스스로 특화될 수 있게 되돌리는 기대 구조들의 사전 규정과 지속적인 재활성화를 통해서만 가능하다. 이것이 사회적 체계들이 아닌 다른 체계들에 대해서도 어디까지 타당할 것인지는 특별한 조사를 필요로 한다. 따라서 기대의 안정성은 행위의 끊임없는 중단과 새로운 시작, 그것의 "만약의 경우"에 근거한다. 기초적인 사건의 물질의 동요는 교체되는 것과 구분된 가운데 우리가 기대를 형성하고 확정할 수 있다는 데에 대한 전제조건이다.

따라서 구조 개념은 요소들의 사건성에 대한 보완 개념이다.[37] 그 개념은 체계의 자기준거와 자기준거적 재생산 가능성의 조건을 가리킨다.[38] 따라서 구조는 "보완 개념"이라는 말로 이미 표현된 것인데, 결코 요소들의 총합이나 축적으로 파악될 수 없다. 구조 개념은 사건 개념과는 다른, 현실 질서화 층위를 가리킨다.

따라서 사건 개념 역시 구조 개념의 보완 개념으로 파악되어야 한다. 이 일은 기초적 자기준거 개념의 도움으로 일어난다.[39] 이미 알

시사들은 그러하다. 이에 관해 Niklas Luhmann, "Zeit und Handlung: Eine vergessene Theorie", *Zeitschrift für Soziologie* 8 (1979), 63-81을 참조할 것.

37) 부분적으로는 이 이론 장소는 일리야 프리고진을 참조한 가운데 "산일 구조들"로 점유되었다 — 하지만 그것은 에너지 개념에 기초하는 개념이다. 예를 들어 Erich Jantsch, *The Self-Organizing Universe: Scientific and Human Implications of the Emerging Paradigm of Evolution*, Oxford 1980을 참조할 것.

38) 알포트(Allport)를 불러낸 가운데 Daniel Katz/Robert L. Kahn, *The Social Psychology of Organizations*, New York 1966, 20-21도 볼 것. "구조는 하나의 활동 사이클을 완성시키고 갱신하기 위하여 그것들 자신에게 되돌아 오는 상호 관련된 세트의 사건들에서 발견될 수 있다. 구조화되는 것은 사물들이기보다 사건들이어서, 사회적 구조는 정적 개념이라기보다 역동적 개념이다."

프레드 노스 화이트헤드(Alfred North Whitehead)의 철학에서 "현재적 계기"(actual occasion) 개념이 바로 이 기초적 지위를 획득했으며, 동시에 — 왜냐하면 그런 방식으로만 접속 가능성을 보장할 수 있기 때문에 — "자기 관련성"("대자적으로 적실성을 가진다")을 갖추게되었다. 자기준거는 현실 기준 그 자체가 된다. 그리고 더 이상 해체불가능한 요소들의 층위에서 그렇게 된다. 왜냐하면 그것만이 응집력을 보증하는 방법이기 때문이다. 이때 자기준거는 복합 개념이다. 그 개념은 자기 자신을 "자기-동일성"(self-identity)과 "자기-다양성"(self-diversity)의 조합을 통해 내적으로 규정하고 이때 동시에 외적 동시 규정을 위한 공간을 허용하는 능력이라는 점을 뜻한다.[40] 이 정식화 수준은 미달 상태에 있어서는 안 된다. 그 수준은 베버가 행위의 "주관적으로 의도된 의미"라는 말을 할 때 의도했을 것을 적절하게 재구성할 수 있게 해준다.

이 방식으로 도달되는 것은 피상적으로 보면, 서로 상충되는 여러 변수들(Variabler)의 연관으로서 기술될 수 있다. 그것은 다음 요소들의 (차이)동일성으로서 기술될 수 있다. (1) 요소들의 선택적인 접속, (2) 상호침투를 통한 다른 실재 층들(Realitätsschichten)의 자유로운

---

39) 304-305와 814-815을 참조할 것.
40) 인용문 출처는 Alfred N. Whitehead, *Process and Reality: An Essay in Cosmology*, (1929) New York 1969, 30이다. 독일어 번역본 *Die deutsche Übersetzung Prozeß und Realität, Entwurf einer Kosmologie*, Frankfurt 1979, 69는 유감스럽게도 자기-동일성(self-identity)을 동일성으로, 자기-다양성을 다양성으로 단순화시켰다. 그밖에도 Reiner Wiehl, "Zeit und Zeitlosigkeit in der Philosophie A. N. Whiteheads", in: Natur und Geschichte: *Karl Löwith zum 70. Geburtstag*, Stuttgart 1967, 373-405와, 행위이론으로의 전용을 위해 Thomas J. Fararo, "On the Foundations of the Theory of Action in Whitehead and Parsons", in: Jan J. Loubser et al. (Hrsg.) *Explorations in General Theory in Social Science: Essays in Honor of Talcott Parsons Bd.* 1, New York 1976, 90-122를 참조할 것.

에너지들의 결합(Bindung), (3) 접속과 결합의 지속적인 즉시 재해체, (4) 접속하고 결합하는 모든 관계들의 선택성의 토대에서 요소들의 재생산, 그리고 (5) 새로운 선택 가능성들을 열어주는, 일탈적 재생산의 의미에서의 진화 능력.[41] 그러한 체계는 시간에 대해 견고한 본질을 갖지 못한다. 그 체계는 스스로 적응하고 경우에 따라 구조들을 변동해야 한다는 의미에서만 시간에 내맡겨져 있는 것도 아니다. 요소들의 교환 가능성(거대분자 내지는 세포와 관련된 자기생산 이론은 이 점을 출발점으로 삼았다)조차도 시간 관련을 충분히 급진적으로 파악한다. 행위체계들은 자신들의 끊임없는 자기해체를 강제하기 위해 시간을 사용한다. 체계들은 모든 자기쇄신의 선택성을 보장하기 위해 자신들의 끊임없는 자기해체를 이용한다. 그리고 체계들은 끊임없이 동요하는 요구를 제시하는 환경 안에서 자기쇄신 자체를 가능하게 하기 위해, 이 선택성을 사용한다.

4. '사건/구조-개념'의 과학이론적 귀결들

방금 도입한 '사건/구조-개념'의 귀결들은 충분하지만, 특별히 화이트헤드의 철학적 우주론에서 분명하며, 과학이론 내에까지 깊은 영향을 미친다. 이 점은 잠시 논점을 벗어나서 적어도 시사하기는 해

---

41) 밀란 체레니(Milan Zeleny)의 작업 도구가 되는 자기생산체계들의 컴퓨터-모델의 변수들, 즉 생산, 구속(bonding), 해체는 아주 비슷하지만, 요소들의 사건성에 대한 고려가 없고 상호침투의 주제화가 없다. "Self-Organization of Living Systems: A Formal Model of Autopoiesis", *International journal of General Systems 4* (1977), 13-28; ders., "Autopoiesis: A Paradigm Lost?", in Milan Zeleny (Hrsg.), *Autopoiesis, Dissipative Structures, and Spontaneous Social Orders*, Boulder Col. 1980, 3-43을 참조할 것.

야 하겠다.

출발점을 상기해두자. 체계는 자신의 요소들의 층위에서만 완전히 구체화되어 있다. 체계는 여기서만 때때로 현실적인 존재를 확보한다. 그러나 시간화된 요소들(사건들, 행위들)은 그 자체로 의외성의 순간을 가지고 있으며, 언제나 규정성과 미규정성의 새로운 조합들이다. 시간화된 요소들의 이러한 성격은 구체적인 것을 설명하려는 의도를 추적하는 과학 프로그램을 배제한다. 그렇다면 그것은 이 프로그램에서 삭감을 계획하는 것, 이른바 수많은 세부 사항을 포기하는 것, 구체적인 것을 대략적으로만 파악하는 정도에 만족하는 조건을 채우지 못한다. 왜냐하면 문제는 구체적인 것의 파악 불가능한 복잡성에 있기만 한 것이 아니라, 구체적인 것의 시간적인 불연속성에 있기 때문이다. 이 통찰은 과학 프로그램의 급진적인 변동을 강요한다. 더 이상 이러하거나 저러한 구체적인 상황이 어떻게 실현되었는지를 주도 질문으로 삼아서는 안 된다. 우리는 다음 질문을 주도질문으로 취해야 한다. 추상화가 어떻게 가능한가?

학문은 이 전환을 통해서 비로소 (그리고 더 특별하게 말하면, 인식을) 자신의 고유한 설명 프로그램 안에 포함될 수 있게 된다. 학문의 개념들, 문장들, 이론들은 구체적인 것을 적절하게 파악하거나 심지어 반영하는 자신의 적합성의 관점에서 도구로 설명되기만 해서는 안 된다. 그것들은 그 자체가 선택을 통해 그 순간의 일관성을 더 오래 지속하려 모색하는 추상화이다. 그리고 그것이 어떻게 가능한지를 알고자 하면, 일단 구체적인 사건의 성질을 지니는 실재를 토대로 추상화가 도대체 어떻게 가능한지를 질문해야 한다. 추상적인 것이 설명 목표가 되면, 학문은 그로써 암묵적으로 자기 설명에 대해서도 관심을 갖게 된다. 학문은 인식의 과정에서 인식 자체가 어떻게 가능한가에 관해서도 어떤 것을 알게 된다.

그 밖에도 이 재배치는 이유, 법칙, 필연성의 고전적 연관도 무력화시킨다. 필연적인 것은 어떤 이유를 근거로 필연적인 것도 아니며, 어떤 법칙을 근거로 필연적인 것도 아니다. 필연성은 자기생산적 재생산 그 자체 이외의 다른 어떤 것도 아니다. 자기생산적 재생산의 필연성은 자신에 대해 유일한 대안만 있다는 데에 근거한다. 그 대안은 바로 중단, 즉 체계의 종결이다.[42] 이런 의미에서 모든 질서들은 **목적론에-맞서**(anti-teleologisch) 수립되었다. 질서는 바로 이 종결을 원하지 않는다!

중단은 현재 바로 현실적인 사건의 우발을, 더 이상 아무 것도 하지 않을 계기로 삼는다는 것을 의미할 것이다. 따라서 우발은 필연성의 반대 개념으로 남는다. 자기생산적 체계의 조건 하에서는 중단은 우발이며, 계속하는 것은 그래서 필연성이 된다. 필연성의 근거는 이 차이와 다른 어떤 것도 아니다. 그렇게 구성된 이론은 동일성에서 차이로 전환된 상태로 바뀌어 있을 것이다.

과학이론(Wissenschaftstheorie)이 이런 종류의 이론을 다루어야 한다면, 법칙 부여자로서 임무를 더 이상 제대로 수행할 수 없다. 과학이론은 자신을 차이 부여자로서 이해해야 한다. 이런 의미에서 우리

---

42) 엄격한 의미에서 이 사정은 사회체계에 대해서만 타당하다. 사회체계에 대해서만 어떤 규정된 순간의 중지는 순수한 우발일 것이며(그래서 극도로 비개연적이다). 다른 [사회적] 체계들은 구조적으로 그것들의 고유한 종말을 예견할 수 있고, 종결에 대한 동의를 만들어내고 종결 의식을 제도화할 수 있다─ 이 모든 것은 사회가 계속 존속하고, 사회적 행위의 다른 체계 토대들을 제공한다는 확실성에 근거해서 그러하다. 상호작용체계들은 그것들의 종결의 규제를 통해 언제나 사회를 재생산한다. 이 점에 관해 Stuart Albert/William Jones, "The Temporal Transition from Being Together to Being Alone: The Significance and Structure of Children's Bedtime Stories", in: Bernard Gorman/Alden E. Wessman (Hrsg.), *The Personal Experience of Time*, New York 1977, 111-132를 참조할 것.

는 도입부에서 패러다임 개념을 차이 개념으로서 정의했다. 과학이론은 자신의 필연성을 지식 체험의 재생산의 필연성으로서 파악하고 그러한 재생산을 위해 필요한 추상화를 입안하는 것을 자신의 과제로 간주하면, 그 자체가 이론에 불과하다. "이론"(Theorie)이라는 명칭은 교정 대비 상태에 대해서도 책임을 져야 하며, 그에 대해서만 책임을 지고 있는 것도 아니다. 그밖에도 이론은 우발과 필연성이 서로 조합을 이루며 상승시킨다는 것을 신호화한다.

5. 사회적 체계의 구조로서의 기대: '사건/구조−이론'에서 상호 가능화로서의 행위와 기대

이렇게 시간 층위를 기체에 배치하고 행위를 사건으로 해석함으로써, 40년대와 50년대에 기대와 특히 행동기대 개념에 특별한 의미를 부여했던 사회과학적 이론 발전이 수렴될 수 있다.[43] 그 개념은 부분적으로는 "역할"이라는 정의요소로서, 그 다음에는 "규범"이라는 정의요소로서 사용되고, 부분적으로는 상호적인 관점의 통합을 설명하는 데에 기여하며, 부분적으로는 미래가 불확실한데도 합리적 결정을 향한 방법을 추론하려는 결정이론의 근거를 이룬다. 하지만 기대 개념은 이 모든 것에서 자신의 고유한 개념성을 통해서라기보다, 유용성의 효용을 통해 납득시켰다. 기대 개념은 전체적으로 역할, 규범, 사회성, 효용 같은 일체 개념들에 맞서 방금 말한 연관에서 과학

---

43) 이름을 들어 말하면 "일반 진술"에서의 "기대"와 "평가" 그리고 "기대의 보완성"의 이론적으로 핵심적인 위치들은 Talcott Parsons/Edward A. Shils (Hrsg.), *Toward a General Theory of Action*, Cambridge Mass. 1951, 11-12, 14 이하를 참조할 것. 또 다른 문헌은 제2장 각주 73을 참조하라.

적 분석의 해체 능력을 증대시켰다. 그래서 우리는 기대 개념의 핵심적인 이론적 위상을 강조하고 지금까지 오히려 개별적으로 분명한 개념의 장점들을 통합하기 위해, 이미 의미 이론의 맥락에서 그 개념을 도입했다.[44] 이제 이 이론의 소득은 사회적 구조들이 기대 구조와 다른 어떤 것이 아니라는 테제에 힘입어, 이제 체계이론을 통해 통합될 수 있다.

기대는 가능성 여지의 제한으로 인해 생성된다. 기대는 결국에는 바로 이러한 제한 그 자체이다.[45] 그렇다면 그 밖에 남아 있는 것은 결국 기대되는 상태로 남을 것이며, 그것은 조밀화 이득으로 혜택을 입는다. 이 점은 지각 가능한 사물 구성에서 재빨리 납득될 수 있다. 그러나 소통 과정 또한 주제 선택과 주제에 대한 견해와 함께 아주 신속하게 많은 배제를 수행하며, 그로써 (전혀 어떤 것도 전망할 수 없거나 약속될 수 없을 때조차도) 기대들의 기초를 이룬다.

기대 형성의 중요한 효과 하나는, 그에 대한 이유를 알 필요는 없으면서 기대에 힘입어 일탈적 사건이 장애로서 가시화될 수 있다는 것이다. 우리는 사회적 체계의 "면역체계"를 상론할 때(제9장), 이 점을 다시 다루겠다. 그 점 역시 복잡성의 효과적인 환원을 담고 있다. 기대 형성은 고도로 이질적인 복수의 사건들을 기대의 실망

---

44) Kapitel 제2장 139를 참조할 것.

45) Allport 윗책 (1954), 295에서 "현장 기대"(field expectancy)와 "구속 조건들"(bounding conditions)의 동일시를 참조할 것. Walter Buckley, *Sociology and Modern Systems Theory*, Englewood Cliffs N. J., 1967 또한 이 견해에 가까워진다. 128쪽에는 다음과 같은 말이 있다. "그런 체계의 구조는 대안적인 행위 세트나 규정된 방식으로의 행위 경향의 관점에서 고찰될 수 있으며, 이때 이러한 대안적 행위들을 특정하거나 제한하는 구성요소들과 제한들이 연관되어 작용한다. 따라서 조직의 생성은 이러한 대안들의 세트와 그 대안들을 정의하는 제한들의 생성이다."

(Erwartungsenttäuschung)이라는 공통분모로 균등화시키고 그럼으로써 처리 원칙들의 밑그림을 그린다. 사람들은 그러한 실망에 대한 반응을 거의 강요받은 상태에 있는 것이나 마찬가지이다. 실망 상황에 기대를 적응시킴(학습)을 통해 이런 일을 할 수 있거나, 정확하게 그 역으로 실망에도 불구하고 기대를 고수하며 기대에 적합한 행동을 고집할 수 있다. 어떤 반응 방식이 선택되는지는 체계 내적으로 선구조화될 수 있으며, 일탈의 원인을 얼마나 많이, 그리고 어떤 방향으로 다루어야 하는지의 문제에 따라 달라진다. 우리는 아래(7절)에서 인지적 기대 양식과 규범적 기대 양식을 가지고 이 차이를 다시 다룰 것이다. 여기서는 다만, 의미론적 도구에서 '지식'이나 '규범'으로서 기능하는 모든 것은 대단히 상이한 사건들을 기대의 실망이라는 형식으로 옮기는 선행된 환원에 근거한다는 것을 확정해 둘 수 있다. 하지만 모든 구조 형성이 얼마나 예리하게 선택하는지가 그 점에서도 뚜렷해진다.

파슨스와는 달리, 우리는 기대를 행위의 "속성"[46]이라고 정식화할 수 없다. 그보다는 기대와 행위의 관계는 행위로부터 보면, 바로 구조와 행위의 관계 그 자체이다. 그리고 구조와 행위의 관계는 아마 이론의 여지없이, 그러한 상호적인 가능화이다.[47] 그러한 개념은 물

---

46) *The Social System*, Glencoe Ill. 1951, 5에는 다음과 같은 말이 있다. "행위가 특별한 상황적 '자극'에 대한 임기 변통적 '반응'으로만 구성되지 않고, 행위자가 상황의 다양한 대상들과 관련하여 '기대' 체계를 발전시킨다는 것은, 그렇게 때문에 정의된 행위의 기초적인 속성이다." 모든 것을 수락할 수 있다. 특히 자극/반응-도식의 거절과, 행위가 기대들을 통해 체계화된다는 생각이 옳다. 하지만 이것은 행위의 속성이 아니다. 왜냐하면 체계가 기대구조들의 도움으로 행위를 구성하고 재생산할 수 있다고 반대 방향의 주장도 할 수 있기 때문이다. 기대들의 양가적 귀속—부분적으로는 행위로의 귀속, 부분적으로는 행위자로의 귀속—에 주목해야 한다.

47) Anthony Giddens, *Central Problems in Social Theory: Action, Structure and Con-*

론 질서를 그 질서와 무관한 출발로 소급할 것을 포기해야 한다. 그 대신 우리는 상대적으로 우발적인 행위 사건들이 발생하면, 사건들의 발생을 통해 기대를 형성하는 것으로 작용하며 그 다음에는 연결 사건이 덜 우발적으로 진행된다고 말할 수 있다.[48]

'사건/구조-이론'과 기대 이론은 사회적 체계의 구조들이 기대에 존재하며 그것들은 기대 구조들이며, 사회적 체계들은 자신의 요소들을 행위사건들로 시간화하기 때문에 유일하게 그러한 **구조 형성 가능성**밖에 가지고 있지 않다는 테제로 결집될 수 있다. 즉 구조들이란 그때그때 현재적인 것으로서만 존재한다. 그리고 구조들은 현재의 시간 지평에서만 시간을 붙잡는다. 기대들이 미래의 실망을 현재의 과거와 통합하면서 말이다. 그러므로 미래의 기대의 실망은 어떤 구조도 없었다는 것을 뜻하지 않는다. 그것은 ("객관적인" 개념과 구분된) "주관적인" 구조 개념이 아니다. 기대는 의미형식으로서 의도된 것이지, 심리 내적 과정으로서 의도된 것이 아니다. 그러나 기대 구조 개념은 기대들을 통해 구조화되는 자기준거적 체계와 관련되어 있다. 그런 구조들이 관찰자에게 얼마나 접근 가능한지 그리고 관찰자가 관찰된 체계 자체에 접근 가능하지 않은 연관을 얼마나 많이 볼 수 있는지는 다른 질문이다. 우리는 따라서 "잠재적 구조" 개념을 조심스레 다루어야 한다. 그 개념이 통계적인 인공물 내지는 연관을 의미할 때에는,[49] 그 점을 가리키는 그 이상의 어떤 주장을 해서는 안

---

tradition in Social Analysis, London 1979, 예를 들어 49만을 보라.

48) "자연적인 사건은 그 자체로서 비개연적이다. 하지만 그것의 발생은 다른 '임의적인 개입'(random intrusions)의 개연성을 바꾼다". 이것은 일반 진화이론을 위해 Anthony Wilden, *System and Structure: Essays in Communication and Exchange*, 2. Auflage, London 1980, 400가 표현한 말이다.

49) 예를 들어 Paul F. Lazarsfeld, "The Logic and Mathematical Foundation of Latent Structure Analysis", in: Samuel A. Stouffer et. al., *Measurement and Pre-*

될 것이다. 그것은 관찰의 도구화일 수 있으며, 자기관찰의 도구화일 수도 있다. 가망성(Anwartschaft)의 의미에서, 기대구조의 형성 가능성의 의미에서, 역사적인 이유로 인해 아직 볼 수 없거나 구조적인 이유로 봉쇄되어 있는 체계의 의미 지시들의 가능한 재배열의 의미에서 말하는 잠재는 그러한 도구화와는 구분된다.

6. 결정: 기대의 지향으로서의 행위와 행동의 지향으로서의 기대의 결합

체계 구조들이 기대들로 형성되어 있음을 설명한 이후에야, 통상적으로, 일단 존재한다면 행위 개념과의 연관에서 상론되는 또 다른 주제를 잡아낼 수 있게 된다. 내가 말하려는 주제는 결정들이다.

사회학은 어쩌면 심리적이거나 경제학의 영역에 빠져드는 성과 속에서 고유한 결정이론을 완성하는 것을 회피해왔다.[50] 사회학은 스스로를 행위과학이라고 보았지 결정과학으로 보지는 않았다. 물론 사회학은 사회적 삶에서 결정이 나타난다는 것을 무시할 수는 없었다. 그러나 결정과 행위의 관계는 설명되지 않은 채 남아 있다. 결정에 관한 평범한 세계(Allerwelt)의 이해——가령 대안들 중에서의 선택——에 만족했고, 그 다음에 결정의 결과들을 사회적으로 조건화

---

diction, Princeton N. J., 1950, 362-412를 참조할 것.

50) 체계의 위치(Stelle)에서 명시적으로 다루어내는 것조차 드물다. 그런 경우를 예를 들어 Alfred Kuhn, *The Logic of Social Systems: A Unified, Deductive, System-Based Approach to Social Science*, San Francisco 1974, 104 이하에서 발견할 수 있다——하지만 경제적 결정론의 복제로서 그리고 독자적-사회학적 개념 발전은 없다.

하는 것을 질문하는 일만 남았다. 이런 경향은 아래에서 개념 형성에 대한 제안을 통해 교정되어야 할 것이다. 따라서 우리는 미개척 영토에 들어서며, 그래서 결과를 아직 완전히 개괄할 수 없다.

결정이라는 말은, 행위의 의미 부여가 그 행위 자체를 지향하는 기대에 반응할 때 그리고 그 조건에서 할 수 있다. 행위가 항상 자기 편에서 기대를 지향하여 진행된다는 것은 자명하다. [하지만] 그런 진행을 통해 결정의 압력이 만들어지는 것은 아니다. 결정 상황은 기대가 행위나 행위의 미필을 역지시할 때, 기대 자체가 기대될 때에야 비로소 만들어진다. 그러면 기대는 순응이나 일탈의 대안을 만들어내고, 그 다음에는 결정해야 한다.

우리는 이로써 결정의 (차이)동일성이 (얼마나 많이 집적되었든, 비용을 포함하는) 선호의 (차이)동일성을 표현하는 것으로 파악되는 통상적인 전제를 포기한다. "집합적인" 결정의 전체 영역에서 그러한 결정(차이)동일성은 어차피 추월되었다.[51] 그리고 그러한 (차이)동일성은 심리적 체계에 대해서도 (특별히 준비된 상황 외에는) 고도로 비현실적이다. 우리는 체계에 의해 비로소 고정될 수 있는 선호들과 관련하여 더 나은 (차이)동일성과 더 나쁜 (차이)동일성의 차이의 자리에, 결정의 필요를 위해 근본적인 것으로서 기대순응적 (차이)동일성 또는 일탈적 (차이)동일성의 차이를 도입한다. 이로써 선호에 맞추어진 결정의 사례와 마찬가지로, 최적화하는 결정의 특수 사례가 도입된다. 왜냐하면 선호들과 최적화 시도들을 결정자 또는 다른

---

51) 늦어도 Kenneth J. Arrow, *Social Choice and Individual Values*, New York 1951부터 그러하다. 바로 그럼으로써 모든 전제들과 함께 결정 과정이 중요해진다는 점은 특히 허버트 사이먼(Herbert A. Simon)의 작업 결과이다. *Models of Man: Social and Rational: Mathematical Essays on Rational Human Behavior in a Social Setting*, New York 1957을 참조할 것.

이들로부터 행동에 지향된 기대들로 파악할 수 있기 때문이다. 우리는 오직 다음 주장을 할 뿐이다. 사회학적으로 보면, 이렇게 파악할 수 있는 것은 결정 행동을 촉발하는 원래의, 그리고 어쩌면 정상적인 경우가 아니다.

우리는 결정 개념을 규정할 때 누가 의미 부여를 실행하는지, 즉 행위자 자신인지 관찰자인지를 미결정 상태에 둘 것이다. 행위는 그 자체가 거의 결정인 한, 언제나 **누군가를 위한** 결정이다——대개 행위자 자신을 위해서이지만, 다른 사람을 위해서일 수도 있다.[52] 그래서 누군가가 다른 사람을 통해서나 자기 자신을 통해서 어떤 결정을 내렸다는 것을 확인함으로써 놀라는 일이 자주 나타나게 되는 것이다. 그 다음에는 그 행위가 기대에 상응했는지 내지는 기대를 저촉했는지가 이미 진행된 행위의 의미에 부가된다.

그밖에도 그 개념은 다른 사람의 기대들일 수도 있고 행위자 자신의 기대일 수도 있다는 점에서 상대적이다. 전형적으로는 혼합 상태가 놓여 있다. 우리는 콜택시가 막 출발했고 기다리게 해서 대기 요금을 지불하고 싶지 않기 때문에, 식사 후 칫솔질을 건너뛴다. 결정을 강요하는 것은 빈번하게 갈등을 유발하는 기대들이다. 그러나 우리 개념의 특징들은 우리가 개별 기대를 이행하든 그렇지 않든 어떤 경우에도 충족되었다. 필요한 것은 기대 관련이 의미 규정 안에 수용된다는 것, 즉 기대되기 때문에 행위한다는 것밖에는 없다. 단순한 실행으로는 충분하지 않다. 그에 따르면 관행이 되는 행위는 결정의 성격을 잃어버린다. 그러나 기대의 의미 일치(Sinngleichheit)는 그럼에도 불구하고, 갈등 사례나 일탈이 있을 때 행위의 결정 내용을 재

---

52) 이 상대성은 조직된 결정행동의 분석에서 입증되었다. Niklas Luhmann, "Organisation und Entscheidung", in ders., *Soziologische Aufklärung Bd. 3*, Opladen 1981, 335-389를 참조할 것.

활성화할 수 있게 해준다.

말하자면 결정함(Entscheiden)은 기대들을 통해 진행되는 행위의 자기준거를 현재화한다. 행위는 기대된다는 것이 행위의 의미에 관련되어 자기 자신을 역관련시킨다. 그렇게 되기 위해 의식이 필요하다는 것은 자명하지만, 결정의 성격을 규정하는 특성 자체가 아니라 전제일 뿐이다. 결정함은 의식 상태가 아니라, 의미 구조이다. 결정을 위해 사용된 의식이 얼마나 적절하며, 그 의식이 누구의 것이며, 상이한 심리적 체계들의 의식 내용들이 어떤 결정과 관련하여 얼마나 겹치는지는 심리학 연구에 맡겨야 한다.

결정은 구조적으로 보장된, 즉 상대적으로 불변적인 기대에의 지향에 힘입어, 자신의 고유한 '이전/이후-차이'를 극복한다. 결정은 그렇게 표현해도 된다면, 결정 이전에는 이후와는 다른 결정이다. 결정 이전에는 기대를 통해 형성된 대안들이 분명히 드러나 있다. 어떤 것이 선택될지 아직 고정되어 있지 않다. 모든 선택은 다르게도 내려질 수 있다. 하나의 선택이나 다른 선택을 모색할 수 있고, 경우에 따라서는 결정을 연기할 수 있다. (손님으로서 따지지 말고 먹으라는 기대를 받는데도,) 수프가 너무 짜다는 이유로 주방으로 돌려보낼 것인가 그렇지 않을 것인가? 결정 이후에는 선택이 고정되어 있다. 나는 웨이터에게 따졌고 결과를 감당해야 한다. 이제는 내려진 선택이 우연적인 것으로 다루어지고 이 우연성들로 인해 연결 행위들이 동기화된다는 점에서 (그리고 그로 도달된 상태의 사실성을 통해서뿐만 아니라), 어떤 결정이 있었음을 알 수 있다. 웨이터는 짠 수프를 보고 얼굴을 찌푸리기는 하지만, 수프를 새로 가져다주지 않은 채 손님이 식대를 지불할 것을 기다린다. 따라서 결정하기 전에는 대안들의 차이가 있고, 결정 후에는 추가로 이 관계에 대한 관계, 선택된 대안이 이 선택 차이에 대해 가지는 관계가 있다. 두 형식의 우연성, 열린 우연성과 내려진 결정의 다르게도-가능했음이 (차이)동일성이 된다. 결정은 우연성을 하나의 형식에서 다른 형식으로 전이한다. 그리고 결정이 그렇게 할 수 있다는 것은 상황을 구조화하는 기대를 따라가며 우연성이 구축된다는 것을 통해 보장된다. 따라서 "결정"의 의미론은 필수적으로 양가적이다. 결정을 선택 행위로 보는 통상적인 정의는 이 종합적 사태의 부분 측면만을 언급할 뿐이다.

우연성의 변형으로서 파악된 결정의 이렇게 복잡화된 내부 구조는 대안들의 차이가 결정하는 동안과 이후에 바뀔 수 있다는 것을 뚜렷하게 한다. 결정은 오랜 기대를 무효화시키고 자신의 우연성을 주장하기 위해 새로운 기대를 끌어들인다. 간과된 대안(수프를 먹지 않고, 불평하지도 않는)이 나중에 떠오른다. 선택된 대안이 결정 상황을 구조화하는 기대에 가까이 있기 때문에, 결정의 속성을 은근히 강조하는 품위 있는 문제 해결이 있었을 것이다. 결정은 달리 말해 자신의 성질을 교체할 수 있으며, 결정 이전과 결정하는 동안과 그 후에 교체할 수 있다. 예를 들어 의도를 들킨 것이 종종 대안 지평의 구조를 교체하는 이유가 된다. 그리고 그 후에는 참석자들(관찰자들)이 그에 관해 의견이 상이하고, 결정이 그로 인해 결정으로서의 그것의 특성과 그것의 동일시 가능성을 잃지 않고 남을지도 모른다. 결정된 상황은 구축된 상태로 있으며, 결정의 정의는 교체될 수 있다.[53]

결정자가 상대적으로 합리적인 결정을 내리거나 내린 것으로 주장하려 할 때 최대한 이용하는 것은, 특히 이러한 가능한 변이들의 여지이다. 결정자는 한계값들을 추구하지 않는다 ─목적 달성의 최적의 관계도 기대된 효용의 최적화도 추구하지 않는다. 그는 행위와 기

---

53) 상황들의 구성/정의의 이 구분은 Jürgen Markowitz, *Die soziale Situation*, Frankfurt 1979, 164 이하에서 도입되었다.

대의 유익한 구도를 모색한다. 이때 기대들과 기대를 통해 형성된 대안들은 사회적 복잡성과 시간적 복잡성 안에서, 즉 상대적으로 관찰자에 비추어 그리고 상대적으로 시간 진행에 비추어 변이 여지를 고려하는 재료가 된다. 최적화나 최대화의 의미에서, 유일하게 옳은 결정이라는 의미에서 합리적인 결정의 기대가 역할을 하는 곳이 있다면, 그러한 경우는 오히려 예외적인 상황들이다. 그래서 우리는 조직화된 기업에서 그러한 기대를 감안해야 하고, 그럼으로써 그럴 듯하게 보이는 결정 행동에 관한 결정을 강요받고 있다. 보통의 삶은 최상의 것을 필요로 하지 않는다.

사회학은 최고의 성과를 다른 영역에서 더 많이 모색할 것이다. 예를 들어 '기대치-않게-기대-가능한' 방식으로 자신들의 결정에 직면한 일탈자들에게서, 또는 유혹 받기 이전과 이후의 숙녀들에게서, 구술시험에 임한 수험생들이나, 관료제에서 어쩌면 반드시 필요한 변명을 준비하는 데서 모색할 것이다. 우리는 이것을 위해서도 합리성의 일반적인 비교 척도가 개발될 수 있을 것인지, 또는 알려진 척도들이 여기서도 기능하지 않는지는 따져보지 않을 것이다. 사회학적으로 더 중요한 것은 기대 구조들과 그것들의 규정성 정도 내지는 다의성, 그리고 그것들이 한편으로는 인지적 방향 내지는 규범적 방향으로 나타나며 다른 한편으로는 결정 기대, 결정 부담, 결정 유지들로 나타난다는 점이다. 그렇다면 상황 검토 후에 자신의 의지를 확정하려는 주체 또는 기업가가 관건이 아니다. 자기준거적 행위의 양식에서 구조적으로 강요된 변이들, 사회적 체계들을 형성하는 요소들의 구축에 대한 더 높은 요구들이 관건이 된다. 그리고 사회적 체계가 결정을 향해 자기 자신을 상승시키고 철저하게 성찰할 때 계산해야 하는 여러 귀결들이 특별히 중요하다.

7. 자기관찰의 소통적 실행자로서의 행위/관찰

우리는 행위 개념을 자세하게 살펴보는 이 부설 다음에 이 장의 중심 주제로 되돌아갈 것이다. 구조 개념이 규명되고 사회적 체계들을 위한 구조들이 기대 구조들로 밝혀진 후, 우리는 어떤 구조들이 선택되고 진화상 입증 기회를 가지는지의 질문을 다룰 수 있게 된다. 사회적 체계의 일반 이론의 맥락에서 보면 물론 여기서 내용적인 특징들이 관건이 아니라, 형식 특징들만이 중요하다. 말하자면 우리는 기대들의 종류들과 부류들을 질문하는 것이며, 유형 형성을 시도하고 있지 않다. 우리에게 중요한 것은 경제적/종교적/문화적/정치적/교육학적 같은 구분이 아니다. 즉 상이한 유형의 생활 영역이 중요하지 않다. 그런 식의 분해는 체계의 (차이)동일성에 관한 관련을 시야에서 완전히 놓치게 될 것이다. 그보다는 구조 형성의 층위에서 체계의 (차이)동일성과, 환경과 그 (차이)동일성과의 차이에 관한 관련이 어떻게 실현되는지에 대한 진술이 가능할 것인지를 질문해야 한다— 그리고 물론 구조의 선택을 통해서, 그리고 그로 인해 조건지어져 간명한 형식으로서 가능하다. 또는 달리 말하면, 열린 복잡성이 환원되고 구조가 선택되어야 한다는 점으로부터 벌써, 모든 기대 내용과 무관하게 언급할 만한 종류의 형식들이 만들어지는가? 이 질문에 대해 일반 체계이론에서 어쩌면 가장 확산된 대답은 위계 원칙에 고정되어 있다.[54] 위계 원칙이란 매우 상이한 것을 의미할 수 있다. 예를 들어, 지시의 사슬, '목표/수단-위계', 체계 쌓기 등을 생각할 수 있다. 어쨌든 체계의 (차이)동일성은 천이적(transitiv) 구조 구축으로서 다

---

54) 제1장 2절 2항 이하를 참조할 것.

시 주어진다. 그리고 그것에 맞추어지지 않는 모든 것은 구조가 될 기회를 갖지 못한다. 다른 종류의 자유롭게 유동하는 형식들은 커질 수 있다. 하지만 그러한 형식들은 지속적으로 보아서 버텨낼 가능성이 없다. 그러한 형식들은 체계의 (차이)동일성과의 관계에 있어서 충분히 단순하지 않[기 때문이]다.

이러한 개념 구상이 늘 새롭게 사회적 체계를 대변하고 있음에도 불구하고,[55] 이 구상은 체계 형성 유형을 위해서는 적절하지 않다. 현실적으로 보면, 사회적 체계들이 유일하게 위계의 형식으로만 형성된다는 것은 간단히 말해 틀렸다.[56] 위계 원칙은 사회적 체계들을 너무 강하게 바짝 죄며, 너무 강하게 중심화하며, 너무 많이 단순화할 것이다. 우리는 위계가 특별히 복잡성에 호의적인 체계 형성 형식인 동시에 복잡한 체계의 (차이)동일성을 명백하게 표현한다는 것을 부정할 필요가 없다. 우리는 위계의 형식이 사회적 체계의 영역에서도 선택될 수 있으며 선택되었음을 부정할 필요가 없다. 하지만 명백히 다른 종류의 가능성들도 있다. 어쩌면 성과 능력은 작지만, 그렇기에 가볍게 실현될 수 있는 형식들도 있다. 우리는 그러한 형식들을 기능들의 도움으로 입증된 선택들에서 볼 수 있다.

기능들은 언제나 다수의 가능성들의 종합들이다. 기능들은 항상, 실현된 가능성들과 다른 가능성들의 비교 관점들이다. 이런 점에서

---

55) 예를 들어 Arvid Aulin, *The Cybernetic Laws of Social Progress: Towards a Critical Social Philosophy and a Criticism of Marxism,* Oxford 1982, 예를 들어 63-64, 112 이하 등을 참조할 것.

56) Christopher Alexander, A City is not a Tree, Architectural Forum 122 (1965), Aprilheft 58-62, Maiheft 58-61의 이의를 볼 것. 생물학적 체계들의 경우에 대해서는 Gerhard Roth, "Biological Systems Theory and the Problem of Reductionism", in: Gerhard Roth/Helmut Schwegler (Hrsg.), *Self-organizing Systems: An Interdisciplinary Approach*, Frankfurt 1981, 106-120도 참조하라.

기능들은 (차이)동일성과 차이의 표현으로서 적절하다 — 위계와 비슷하게 말이다. 기능들은 하위 위계들과 비슷하게, 체계의 부분 영역에 관련될 수 있지만, 언제나 체계의 "질문 지평" 안에 있다. 그래서 희소성의 규제에 기여하는 모든 것을 조사할 수 있고, 이때 개별적으로 다루어지고 비교될 수 있는 경제적인 대책과 도덕적인 대책의 조합에 이를 수 있다.[57] 그러나 희소성이 도대체 왜 규제되어야 하는지의 질문은 이 기능을 넘어서며, 결국에는 '체계/환경-차이들'과 관련해서만 대답될 수 있다. 즉 기능 또한 위계와 마찬가지로 시선을 (차이)동일성 방향으로 돌린다. 그러나 기능은 구조를 그렇게 강하게 바짝 죄지 않는다. 따라서 기능들은 복잡한 체계의 자기기술에 기여한다. 즉 동일성과 차이를 위한 표현을 체계에 도입하는 데에 기여한다. 기능 역시 체계의 자기단순화와 복잡화에 기여한다 — 그것은 자기기술의 구체적인 완전성으로 지불되어야 하는 하나의 이중 기능이다. 따라서 체계들이 위계화되기에는 너무 복잡할 경우에는, 가장 중요한 의미를 가지는 질서 양식이 항상 기능 지향에 마련되어 있음을 추정할 수 있다.

기능 지향은 동시에 **중복 생성 형식**, 즉 확실성 생성 형식이다. 그것은 기능 충족의 상이한 방식들을 기능적으로 등가인 것으로 나타나도록 한다. 그 방식들은 서로를 대신하여 투입될 수 있으며, 그래서 성과가 누락될 경우에 대비하여 어느 정도의 확실성을 제공한다. 물론 그것은 기능화의 관련 문제가 근거로 삼는 추상화 상황에 대해서만 타당하다. 그리고 관련 문제의 추상화와 함께 중복의 확실성 자질이 줄어든다. 그래서 발생하는 모든 것이 복잡성을 환원시키는 기능

---

57) 예를 들어 George M. Foster, "Peasant Society and the Image of Limited Good", *American Anthropologist 67* (1965), 293-315를 참조할 것.

을 가지기 때문에, 누구도 상당히 확실하다고 느끼지는 않을 것이다. (이런 경우에는, 어떤 것도 생각나지 않을 경우 언제나 이것만을 말하고 쓸 수 있는 이론가만이 어떤 의미에서 확실하다.)

기능 지향은 틀림없이 자기준거적 재생산의 필요조건이 아니다──목적 지향이 행위의 필요조건이 아닌 것처럼. 구체적으로 진행되는 전체 재생산은 그러한 재생산에 자신의 (차이)동일성의 의미론을 제출하려는 모든 노력에 언제나 선행한다. 행위는 연결 행위를 충분하게 준비한다. 그리고 보통은 속도의 요구들이 중간 숙고를 너무 많이 하지 못하도록 만든다──너무 오래 아무 것도 일어나지 않으면 안된다는 것이다. 사건들, 행위들, 조건화들, 기대들, 구조들을 문제와 관련짓고 그 점에서 기능들, (차이)동일성 관련들, 비교 가능성들을 확정하는 관계화는 행위 실행 자체에서 미리 예견되지 않는다. 관계화는 관찰함의 사실이다. 즉 직접적으로 상황 압력에 있지는 않은 사건 내지는 과정들의 사실이다. 체계의 재생산은 그러한 관찰 없이 진행될 수 있고 진행되기도 할 것이다. 관찰이 결정적으로 중요한 것은 아니다. 그래서 관찰은 결과를 만들어내어야 한다는 강요로부터 부담을 던 채, 더 복잡한 체계 관점을 실행할 수 있다. 따라서 사회체계의 영역에서는 우리가 기능적 분석이라고 말한 것은,[58] 학문적 체계 관찰의 원칙이지 일상적으로 재생산되는 사회전체적인 관계들의 자기조직의 원칙을 자명하게 말한 것은 아니다.

그런데도 기능 지향이 형태형성적 원칙으로서 결정적인 의미가 있으며 진화 과정에서 성공적인 구조들의 선택을 조종한다는 증거는 많이 있다.[59] 이것이 가능한 것은 행위와 관찰이 서로를 반드시 배제

---

58) 제1장 4절을 참조할 것.
59) 이 점에 관해 뒤르켐에 기초하여 광범위한 문화인류학 비교 연구들이 있으며, 그 연구들은 이 견해를 입증하고 기능적 특수화와 사회적 복잡성 사이

하는 것은 아니기 때문이다. 무엇보다도 모든 사회적 상황에서(그리고 복잡한 사회적 체계에서는 더더욱) 거의 필연적으로 양자가 동시에 가능해진다. 왜냐하면 소통의 필요조건 때문에 모든 참석자들이 동시에 행위하는 경우를 허용할 수는 없기 때문이다. 따라서 끊임없이 동요하는, 행위 기회와 관찰 기회의 배분이 존재한다. 그 둘은 나란히 나타나며, 관찰이 소통하거나 심지어 관찰되자마자 서로를 파고 든다. 동반하는 관찰의 약간 더 복잡한 사실 관점이 연결 행위의 상황적 선택 안으로, 그리고 구조를 부여하는 것으로 확정된 기대들의 선택, 기각과 새로운 선택 안으로 더더욱 들어갈 수 있다. 사건과 약간 거리를 둔 채, 성공이나 실패의 원인들, 만족 가치를 위한 원인, 행위나 행위 연속의 결론-에-도달함(텔로스)의 원인이 있다고 보는 사람도 있다. 그리고 그러한 주도 관점에 생각을 고정하면, 그 관점을 사용하여, 다음 번에는 바뀐 상황에 적응하기 위해서 이어지는 상황들을 수정하거나, 성과가 같은 다른 방식의 배열을 통해 이어지는 상황들을 대체해보기까지 할 수 있다.

의 연관도 입증한다. 방법과 결과에 관해 특히 Raoul Naroll, "A Preliminary Index of Social Development", *American Anthropologist 58* (1956), 687-715, Terrence A. Tatje/ Raoul Naroll, "Two Measures of Societal Complexity: An Empirical Crosscultural Comparison", in: Raoul Naroll/Ronald Cohen (Hrsg.), *A Handbook of Method in Cultural Anthropology*, Garden City N. Y. 1970, 766-833을 참조할 것. 하지만 우리는 기능적 특화가 이 발전이론의 의미에서 기능적 체계분화와 혼동되어서는 안 된다는 점을 강조하고자 한다. 발전이론을 훨씬 넘어서서 진화의 독특한 비대칭이 이 점으로 소급될 수 있는지를 질문할 수 있을 것이다. 즉 기능들이 특화된 질서의 구축을 주도할 수 있는지, 반대로 그러한 질서들의 파괴가 기능을 근거로 삼을 수 없으며, 기능이 변함없이 유지되는 가운데 기능 수행자의 교체로서만 전형적으로 실행되는 것이 아니라, 파국의 형식으로 진행된다는 점으로 소급되는지를 질문할 수 있을 것이다.

따라서 사회적 행위의 체계와 관련하여 다음처럼 표현할 수도 있다. 다소간 필연적으로 자기관찰이 생성되며, 자기관찰은 물론 그 차이가 얼마나 최소화되었고 고정되지 않았든 상관없이, 행위와 체험의 차이에 근거해서 발생한다. 그 밖의 모든 것은 구축, 우발의 사용, 그때그때 임시적이지만 체계화될 수 있는 잠재 사용의 사실이다. 행위와 관찰의 소통 가능한 차이로서 자기관찰은, 그 관찰을 추진하는 사회적 체계들의 구조 구축의 근거를 이루는 그러한 작동이다. 얼마나 작은 분화이든 행위와 체험의 분화가 (거의) 모든 사회적 상황에서 기대될 수 있다면, 그럼으로써 문제제기와 기능 귀속을 사용하는 실험을 위한 출발 상황이 주어진 것이다. 그리고 자기관찰은 이 가능성을 구조 구축으로 바꾸는 소통 과정이 될 것이다.

따라서 상대적으로 비개연적인 것으로 기능 지향을 상승시키기 위한 출발 지점은 행위와 관찰의 보다 뚜렷한 차이, 행위와 관찰 그 둘을 뚜렷하게 분리하면서 그럼에도 불구하고 자기관찰의 소통적 실행을 의문시하지 않는 차이에서 발견할 수 있다. 우리는 그럼으로써 모든 목적론적 설명을 회피할 수 있다. 우리는 또한 기능들, 문제들 또는 유사한 것을 상응하는 제도의 발전을 위한 원래의 추진 요인으로서 간주하는 모든 목적론적인 원인 설명도 회피한다. 오히려 우리의 가설은 행위와 관찰이 진행하는 자기관찰의 소통의 조건 하에서 뚜렷한 차이를 만들어내면, 상대적으로 비개연적인 (전제조건이 많은, 예를 들어 특화된) 기능 지향이 나타나고 부합하는 구조들의 선택이 개연성 있게 된다는 것이다. 행위와 관찰이 더 분명하게 차이를 드러내는 경우는 적어도 두 가지 경로로 실현될 수 있다. 하나는 보다 직접적인 경로이며, 다른 것은 어쩌면 안정적이며 장기적으로 보면 성공적인 경로이다. 가장 먼저 생각할 수 있는 최초의 가능성은 관찰자 역할의 분화에 있다. 관찰자의 행위 경감은 특별한 특권을 통해 보상되는데, 그 특권은 동시에 관찰과 그 의미론에 행위 적실성, 즉 사회적 체계 내에서의 자기관찰을 보장해준다. 관찰자는 지혜, 지혜에 대한 사랑, 종교적인 자극이나 비슷한 것을 가지고 있다고 믿어진다.[60] 행위와 관찰의 차이는 당연하게도 극복될 수 있으며, 관찰의 내용에 넘겨진 상태로만 작용하는 것은 아니다. 특권이 예컨대 역할 접근의 통제, 종교적으로 해석될 수 있는 예외성 또는 획득된 명성을 통해 보장됨으로써 [그 둘의 차이를 극복하는 데에] 추가적으로 작용한다. 결국에는 연구 기관들의 제도화와 학문을 위한 특수한 체계의 분화가 특권을 어느 정도 통제하지 않은 채 점점 더 많이 믿을 수 있게 해주었다. 최근에 와서야 그러한 믿음에 필수적이었던 신뢰가 불신으로 바뀌는 것처럼 보인다.

다른 경로는 관찰을 역할에 적합하게 분리하는 방법이 아니라, 기술적으로 분리하는 방법을 거치는 것이다. 그 경로는 처음에는 문자, 나중에는 기계적인 복제(인쇄)를 통해 소통 가능성의 기술적인 확장을 통해 생겨난다. 역할 정당화가 있든 없든, 문자 소통 내지는 인쇄된 소통은 바로 행위와 관찰의 분리를 강요한다. 왜냐하면 읽는 동안에는 거의 행위할 수 없고, 그 순간에 진행되는 다른 사람의 행위에 참여할 수도 없기 때문이다. 그 대신에 읽은 소통을 평가하기 위해, 그리고 이러한 좁은 의미에서의 관찰에 내맡겨진다. 물론 읽은 것의 수용은 처음에는 의식 내용을 형성한다. 하지만 읽은 것을 수용하면, 읽은 것에 이어지는 소통은 특수한 상황에 상호작용으로 참여하는 사람들에게서 이루어지는 것과는 달리 일어날 개연성이 높아지며, 이것은 독자들이 자신들의 소통 파트너들도 읽을 것이며, 읽기만 한

---

60) 이 점에 관한 고전적 논문집은 Fiorian Znaniecki, *The Social Role of the Man of Knowledge*, New York 1940이다. Joseph Ben-David, *The Scientist's Role in Society: A Comparative Study*, Englewood Cliffs N.J. 1971도 참조할 것.

것의 사실적인 실재 내용(Realitätsgehalt)에 이해심을 보일 것으로 전제할 수 있을 때에 특별히 그러하다. 독자를 상대로 쓰는 사람 또한 소통을 분화해야 한다. 그는 독자들에게 소개하려는 사실을 객관화하는 기술(記述) 양식을 수용해야 하며, 독자는 자기 입장에서 그러한 상황에 부합하게 독서하는 법을 배워야 한다.[61]

따라서 구조 발전은 그렇게 되기 위한 토대, 즉 관찰과 행위의 차이가 뚜렷해졌다는 이유만으로 실행에 옮겨진다. 〔그 경우에는〕 단순히 "더 많은 지식"이 사용될 수 있는 것만은 아니다. 지식 가공을 위한, 구조적으로 다른 방식의 처리와 의미론도 형성되며, 그런 사정과 연관된 가운데 자기관찰 주제의 확장도 이루어진다. 사회와 사회 안의 많은 사회적 체계들은 행위의 잠재성이 제한받거나 느려지는 영향을 받지는 않은 채, 자기관찰의 소통 능력을 훨씬 더 높은 정도로 발휘할 수 있게 된다. 역사적인 연관 관계에 있는, 문자의 알파벳화와 철학적 이론의 목적론화는 이 측면에서는 우발적이지 않으며 설명 가능한 연관의 성격을 띠게 된다.[62] 인쇄술은 특히 독서 청중들의 확장과 일상적인 대중매체로 넘어간 이후 이 경향을 강화한다. 인쇄술이 사회의 자기관찰의 가능성과 봉쇄를 위해 어떤 결과를 가져올 것인지는 현재로서는 거의 평가할 수 없다.[63] 그러나 기능 지향은

---

61) 이 점에 관해 Michael Giesecke, "Schriftspracherwerb und Erstlesedidaktik in der Zeit des 'gemein teutsch'—eine sprachhistorische Interpretation der Lehrbücher Valentin Ickelsamers", *Osnabrücker Beiträge zur Sprachtheorie 11* (1979), 48-72를 참조할 것.

62) 목적론화는 여기서 기능화의 구 유럽적 기능화의 전단계로서 보여지고, 과정들(운동들)이 도달되든지 아니든지 출발을 설명하는 자연스런 종결을 가진다는 전제를 통해 특징지어진다. 근세 초기의 이 사고 형식의 종결과 그 형식의 정신적인 재정식화에 관해서, Niklas Luhmann, "Selbstreferenz und Teleologie in gesellschaftstheoretischer Perspektive", in ders., *Gesellschaftsstruktur und Semantik Bd. 2*, Frankfurt 1981, 9-44를 참조할 것.

그새 사회체계가 기능적 분화와 조직 형식의 이행으로 전환됨으로써 사회의 자기관찰로부터 또한 포괄적으로 독립했다.

자기관찰이 행위와 관찰의 차이의 토대에서, 장기적으로 보면 기능 관련을 결정화해내고 구조적 발전의 근거를 이룬다면, 그렇게 되는 것은 "맹목적" 변이와 선택의 진화상 절차이다.[64] 요소적인 소통적 과정 층위에서의 자기관찰, 즉 행위 관찰들이 소통 안으로 다시 들어서는 것은 존재하는 체계를 점점 더 잘 인식하는 절차가 아니다. 바로 그 때문에 그것은 기능을 향해 사건들을 찾아나가며 그 결과를 가끔씩 성공적인 구조적인 성취로 고정시키는, 형태발생적인 창의적인 기제인 것이다. 작동은 작동한 결과의 선취에 의존적이지 않다. 작동은 구조 구축이 최선의 것을 실현하는지, 아니면 단지 인간의 운명을 개선하기만 하는지를 보장해주지 못한다. 라이프니츠의 가능한 세계들 중 최선의 세계조차도 개별 인간에 대한 행복을 보장해

---

63) 어쨌든 높은 과정 민감성을 확인할 수 있으며, 그것 또한 자기관찰의 지표이다. 과정은 자기 자신에게 반응한다. 이미 17세기에 일정한 비현실주의가 강독들의 결과로서 기록되었고, 다시금 읽을 수 있는 형식으로 옮겨졌다. 다른 사람의 실수들에 대한 너무 강한 관심과 비슷하게 다루어졌다. Pierre Daniel Huet, *Traité de l'origine des romans*, Paris 1670을 참조할 것. 18세기에는 저자의 관점으로서 강독의 사사화, 운명의 평범화, 인물 서술의 개별화가 추가되었다. 영국의 경우에는 Ian Watt, *The Rise of the Novel: Studies in Defoe, Richardson and Fielding,* London 1957; 프랑스 경우에는 예를 들어 Servais Etienne, *Le genre romanesque en France depuis l'apparition de la »Nouvelle Héloïse« jusqu'au approches de la Revolution,* Paris 1922를 참조할 것. 19세기 중반부터 일간 신문과 나중에는 방송이, 참신성, 일탈성, 센세이션 같은, 기대될 수 있는 동시에 기대될 수 없는 주제들에 대해 고도로 선택적으로 맞추어져서, 사회가 자기 자신에 관해 지나치게 극화된 상을 그려내는 결과가 생겨나게 되는 것으로 보인다.

64) Donald T. Campbell, "Blind Variation and Selective Retention in Creative Thought as in Other Knowledge Processes", *Psychological Review* 67 (1960), 380-400의 의미에서.

줄 수는 없다. 그리고 그러한 사정은 기능적 구조화에 대해서는 더더욱 그렇지 않다. 작동이 설명하는 유일한 것은, 복잡성이 매우 클 때에도 어떻게 매개되었든 다른 가능성들과 비교한 가운데 체계의 (차이)동일성과 체계의 선택성을 지향할 수 있다는 점이며, 이것은 상당한 내용이다.

8. 기대의 재귀성의 구조 형성 효과

사회적 체계의 사례에서 기대들은 구조가 형성되는 시간 형식 안에서 우리에게 타당해진다. 그러나 기대들은 그 자체가 기대될 수 있을 때에만 사회적 체계의 사회적인 적실성과 구조로서의 적실성을 획득할 수 있다.[65] 그 방식으로만 이중 우연성 상황을 질서지울 수

---

65) 이 현상에 대한 분석이 없는 것은 아니다. 하지만 나는 재귀적인 기대와 사회적 구조의 형성 없이는 불가능했을 테제를 명시적으로 대표하는 저자를 알고 있지 못하다. 기대의 기대라는 주제에 대한 주목할 만한 논문들로서 예를 들어 Robert E. Park, "Human Nature and Collective Behavior", *American Journal of Sociology 32* (1927), 733-741; Herbert Blumer, "Psychological Import of the Human Group", in: Muzafer Sherif/M. O. Wilson (Hrsg.), *Group Relations at the Crossroads,* New York 1953, 185-202; P.-H. Maucorps/René Bassoul, "Jeux de miroirs et sociologie de la connaissance d'autrui", *Cahiers internationaux de Sociologie 32* (1962), 43-60; Barney Glaser/Anselm Strauss, "Awareness Contexts and Social Interaction", *American Sociological Review 29* (1964), 669-679; Ronald D. Laing/Herbert Phillipson/A. Russell Lee, *Interpersonal Perception: A Theory and a Method of Research,* London 1966; Vilhelm Aubert, *Elements of Sociology,* New York 1967, 18 이하.; Thomas J. Scheff, "Toward a Sociological Theory of Consensus", *American Sociological Review 32* (1967), 32-46; V. A. Lefebvre, "A Formal Method of Investigating Reflective Processes", *General Systems 17* (1972), 181-188을 참조할 것.

있다. 기대는 재귀적이 되어야 한다. 기대는 자기 자신을 관련지을 수 있어야 한다. 그리고 이것은 불분명하게 동반하는 의식의 의미에서만 그런 것이 아니라, 자기 자신이 기대하는 것으로 기대되고 있음을 아는 방식으로 그렇게 되어야 한다. 기대는 그런 방식으로만 하나 이상의 참석자를 가진 사회적 체계를 질서지울 수 있다. 자아는 자신의 고유한 기대와 행동을 다른 사람의 기대와 조정할 수 있기 위해, 타자가 자신에게서 기대하는 것을 기대할 수 있어야 한다. 기대함의 재귀성이 보장되어 있으면, 그리고 그 경우에만, 자기통제는 자기 자신을 사용할 수 있다. 그렇다고 하면 개별 참석자는 다른 사람과 관련하여 규정된 기대를 가질 것을 자기 자신에게서 기대한다. 그 참석자는 예를 들어 (자기 자신에 대해서나 다른 사람에 대한) 자신의 고유한 기대들과 완전하게 어긋나는 행동을 참지 못한 것에 자기 스스로 책임이 있다는 생각을 할 수도 있다. 그는 규정된 행동 방식이 우선권 가치가 있다는 느낌을 갖게 된다. 규정된 행동 방식들은 단순히 규정된 기대들을 실망시키기만 할 수는 없다. 그 방식들은 기대 확실성, 즉 기대들이 확실하게 기대될 수 있음을 흔들어버릴 수 있다. 그래서 재귀적 기대의 층위에서, 그리고 그 경우에만 특별한 종류의 민감성과 통제 문제가 만들어진다. 자신의 기대를 실망시키는 행동을 수용하는 사람은 다른 사람이 그렇게 실망을 느낀 기대들을 앞으로는 더 이상 하지 않을 것이며, 그 사람의 고유한 행동에 일치하는 기대들만을 할 것임을 감안해야 한다. 가령 그 사람이 약속 시간을 준수하지 않았다. 그 경우에 그 사실을 수용하면 사회적인 기대 연관은 약속을 지키지 않을 가능성을 포함하여 재조직된다. 기대 가능한 관용 범위가 확장된다. 그러한 경우를 예방적으로 막으려 한다면, 상황의 진단은 이미 재귀성의 셋째 단계를 필요로 한다. 무엇을 기대하는지를 정확히 해 두지 않으면. 기대의 기대들(Erwartungserwartungen)이 변화할 것이라고 기대하는 가운데, 고유한 예방 행동이 활성화된다.

이렇게 되는 것이 단순히 심리적인 상태들을 짜 맞추는 데서 만들어지는 것이 아닌 발현 현상이라는 점은 특별히 한스 블루머(H. Blumer)[66]가 강조했다. 블루머는 그러한 "고려함의 고려함을" 통해 만들어지는 (차이)동일성을 "거래"(transaction)라고 명명했다. 그때 그 점에서 독특한 것은, 그 후 참석자들에게 역으로 투사되는 고유한 선택성이다. 참석자들은 스스로가 참여할 수 있기 위해 억제 능력을 발전시켜야 한다. 즉 충동을 억눌러야 하며, 자체적으로 선택적인 진행을 할 수 있어야 하며, 바로 그렇게 하기 위해 사회적 정체성을 필요로 한다. 미드를 인용해서 억제를 행위의 필수적인 요소로 간주할 수 있다.[67] 그러면 그것은 지금 주제에 대해 다음을 뜻할 것이다. 행위할 가능성은 행위 연관들이 기대들의 기대를 통해 조율되어 있는 방식에서부터 비로소 생겨난다.

바로 이 고려의 관점에서 본다면, 기대의 보완성에 대해 너무 단순하게 구축된 이해가 수정되어야 한다. 기대의 보완성은 단순히 행동의 보완성을 정신적으로 모사한 것이 아니다. 주는 사람이 스스로 주더라도, 맞은 편 쪽에서 수용, 이렇게 주는 행동이 실행될 수 있게 해주는 취함을 기대해야 한다는, 즉—마찬가지로 주기라는—같은 행동을 기대할 수 없다는 것이 단순하게 관건이 아니다. 그것은 물론 옳고 필수적인 것으로 남는다. 그러나 기대의 기대 층위는 그 이상으로 기대를 통합하는 추가적인 수단을 제공하며, 그 수단을 통해 행동을 조종한다. 재귀 층위는 고유한 민감성 형식들을 가진 발현적인 질

---

66) A. a. O. (1953), 특히 195 이하.
67) 예를 들어 *The Philosophy of the Act* a. a. O. 353-354를 참조할 것.

서 수준을 형성한다. 주기/받기의 전체 도식은 그 층위에서 한 번 더 모사되며, 그렇게 모사된다는 것은 타자가 받기에 준비되어 있어야 할 뿐 아니라, 주기의 수용에도 준비되어 있어야 한다는 것을 가시화 시킨다. 그리고 그 때문에 후속 기대들, 즉 규정된 상황을 위해 주기/받기-전체 복합체를 수용하는 행동 방식을 감안하거나—또는 (가령 감사라는 채무를 피하기 위해) 포기하는 행동방식을 감안해야 한 다는 것 역시 가시화된다. 이 층위에서 비로소 전략이 있다. 이 층위 에서 비로소 상황정의들의 섬세한 전략들이 있다. 즉 상대가 전혀 원 하지 않았던 기대에 스스로 묶여 있다고 생각하도록 유도하는 가능 성들을 모색하며, 지키지 않을 경우 자신의 이전 행위를 깨뜨리며 정 당한 분노를 유발할 것이라는 기대의 기대들을 예상해야 하는 정의 들을 강화하는 전략들이 있다.[68]

기대의 기대는 모든 참석자들이 상호적으로, 시간 상 중첩되면서, 이런 의미에서 구조적인 지향을 전제하도록 유발한다. 그 결과 사회 적 체계들은 사건이 다소간 예견할 수 있게 다음 사건을 끌고 오는 단순한 반응 사슬의 방식으로 형성되지 못하게 된다. 그래서 체계는 보통 매우 빨리 통제를 벗어날 것이다. 체계는 이미 비가역화된 사건 들에 상당한 수정을 제시해야 하는 데에 의존하고 있을 것이다. 그와 는 달리 기대함의 재귀성은 기대 자체의 층위에서 교정을 (그리고 교

---

68) 그러한 상황은 늦어도 17세기 이래부터 일반적이다. 그 상황은 특히 사랑에 의 유혹에 관한 문학과 관련된 가운데 토론되었다. 그리고 물론 유혹의 전략 에 대해서뿐만 아니라, 전략에 대한 방어에 대해서도 토론되었다. 예를 들어 François Hedelin, *Abbé d'Aubignac, Les conseils d'Ariste à Céliméne sur les moyens de conserver sa reputation*, Paris 1666; Claude Crébillon (fils), *Lettres de la Marquise de M. au Comte de R.* (1732), Paris 1970 판본에 따라 인용. 사랑(적어도 감각적 인 사랑)은 일시적인 현상, 즉 내재적으로 불안정적이라는 견해가 관철된 다 음에 이러한 세련됨이 형성된다는 점이 특징적이다.

정을 다투는 싸움 또한) 가능하게 한다. 그 점은 아무리 강조해도 지나치지 않을 정도로 중요한 장점이다. 왜냐하면 기대는 수정 가능한 내용을 구조에 부여하기 때문이다. 이미 행위했다는 것이 아니라 가능성을 가지고 시험해 보았다는 뜻일 뿐이다. 물론 기대들은 특별히 소통을 통해, 즉 행위를 통해 비가역적으로 표현될 때에는 의무가 된다. 그러나 그 경우에는 유일하게 사전에 이루어진 고정, 즉 기대된 사건 자체에 이르기까지는 아직 수정될 수 있는 고정이 중요할 뿐이다. 원칙적으로 기대의 기대라는 재귀적인 층위에 형성되어 있는, 즉 오직 기대들을 기대함을 통해서만 확정되는 구조들은 가역성의 기회를 보장한다.[69]

재귀적인 기대 확정의 이러한 기본 기제를 정확하게 파악하면, 그 위에 구축되는 일련의 현상들을 이해할 수 있다. 가장 먼저, 사회문화적 진화를 위해 중요한, 구조 적실성이 있는 기대 영역의 협소화가 중요하다. 우리는 자연 사건들도, 사물의 영속성도, 사물의 쇠락도 그저 기대할 수 있다. 그와는 달리 기대의 기대들은, 이 점은 그것들의 고도로 상승된 불확실성과 임의성의 상관물인데, 수신처가 정해질 수 있다. 즉 기대들은 행위 능력도 있는 누군가[70]로부터 기대

---

69) 여기에 순수한 계약에 의무감을 느끼면서(nuda pakto verpflichtend), 즉 소송 제기가 가능하게 만들기 위해서 오랜 기간의 법 발전이 필요했다는 데에 대한 이유가 있다. 법의 발전은 처음에는 어쨌든 단순한 기대 일치와 충분히 구분될 수는 없었다——절차적인 진리 발견 기법의 비교적 원시적인 입장이 주어졌다.

70) 더 정확하게는, 자신의 고유한 기대들을 지향하고, 그 기대들을 행위로 전환할 수 있는 누군가이다. 이 일은 전통적인 용어학으로는 다른 사람이 자신의 고유한 우연성의 "주체"로서 해석될 수 있어야 한다는 것으로 표현될 수 있다——그것은 알려진 것처럼 계통학상으로 그리고 존재발생적으로 제대로 전제조건들이 풍부한 생각이다. 그 점에 대해서 그리고 상응하는 귀속 문제들에 대해서 Edward E. Jones/Kenneth E. Davis, "From Acts to Dispositions:

될 수 있는 것이다. 이 수준에서 질서 능력이 있는 규제 영역은 행동 기대에 제한된다. 큰 귀, 긴 코, 태양과 비와 관련해서는 기대의 기대들이 형성되지 않는다. 여기서는 모든 감각의 일반적인 사회적 차원, 즉 함께 지각하고, 다른 사람의 지각을 기대하는 것이면 충분하다. 코가 길다는 점에 대해 놀라움을 표하지 않을 것이라는 기대는 비로소 기대될 수 있는 것이다. 코 자체는 틀림없이 충분히 기대될 수 있다. 그러한 코에 대한 대비와 행동이 비로소, 기대들의 기대를 통해 고정되는 규제(Reglement)를 필요로 한다.[71] 결과적으로 이렇게 상승된 위험의 여지가 큰 유형이 기대 가능한 사건들의 부분 영역의 분화를 낳는다——바로 사회적 체계의 분화를 낳는다. 우리는 그 결과 불확실성의 명확화와 분화의 진화상 연관의 테제에 이른다——분화와 행동의 탈(脫)자연화가 기대의 불확실성을 높이고, 그럼으로써 더욱 뚜렷하게 기대의 기대들을 지지할 것을 요구하며, 그 기대들이 다시금 분화를 촉진하기에, 자신의 고유한 상승 가능성을 함의하는 연관의 가설에 이른다.

또 다른 논점은 복잡한 기대 상황들의 개괄 불가능성과 관련된다——특히 우리가 둘 이상의 참석자들과 기대 변동 가능성들을 함께 고려해야 할 경우의 개괄 불가능성 말이다. 막스 베버는 바로 이 때문에 기대에 대한 지향에 필수 불가결한 의미를 부여하기를 주저했다.[72] (그 다음에 그의 "동의" 개념이 정확하게 그 점을 겨냥하는데

The Attribution Process in Person Perception", in: Leonard Berkowitz (Hrsg.), *Advances in Experimental Social Psychology Bd. 2*, New York 1965, 219-266; Shlomo Breznitz/Sol Kugeimass, "Intentionality in Moral Judgment: Developmental Stages", *Child Development 38* (1967), 469-479를 참조할 것.

71) 이에 대한 사회학적 관점을 Erving Goffman, *Stigma: Notes on the Management of Spoiled Identity*, Englewood Cliffs N.J. 1963에서 발견할 수 있다.

72) 베버는 다음 내용을 말하고자 했다. "공동체 행위의 가능한 (주관적으로 의

도 말이다.)[73] 그러나 개괄 불가능성에서 기대의 기대들의 비적실성을 추론할 수는 없다. 추론되어야 하는 것은 지향이 진행될 때 고도로 복잡한 기대 상황을 대표하는 상징적인 축약의 필연성밖에 없다. 당위 진술들, 가치들, 의무 개념들, 습관의 참조, 정상성, 통상성들이 예를 들어 이 기능을 가진 추상화들이다. 그것들은 기대의 기대들의 메타 층위에 자리 잡고 있으며, 여기서 포괄적인 사실적 기대들의 번거로운 확인, 목록 작성, 공지를 위한 임시 대용물로 사용된다. 그러면 기대들은 모든 순간 불러낼 수 있는 상태에서, 이 임시 대용물 상징들의 사회적 지평에 다시 나타난다. 하지만 이 상징들은 기대의 기대들에 힘입은 지향에 의존하지 않으면 전혀 형성되지 않을 것이다. 이 상징들은 일괄 전제로서 충분한 속도, 소통의 충분한 유동성을 가능하게 한다. 그것들은 사실상 기대 상황에 맞서 어느 정도 독립적일 수 있으며, 실재들(Realitäten)을 통해 전혀 보장되어 있지 않은 어떤 것을 약속할 수 있다.[74] 그럼에도 불구하고 여기에서 또한 실체적

도된) 의미는 물론 제3자의 '행위'의 '기대들'에 대한 지향에서 소진되지 않는다. 한계 상황에서는 그 점을 완전히 도외시할 수 있으며, 그리고 제3자에 의미 관련된 행위를, 그 행위의 의미내용(Sinngehalt)의 주관적으로 의도된 '가치'('의미' 또는 그밖에 무엇이든지)로서의 가치를 지향할 수 있다. 말하자면 행위를 기대 지향적이 아니라, 가치 지향적으로 만들 수 있다."("Über einige Kategorien der verstehenden Soziologie" (1913), *Gesammelte Aufsätze zur Wissenschaftslehre*, 2. Auflage Tübingen 1951, 427-474 (442)에 재인쇄).

73) 동의는 "다른 사람의 행동 기대들에 지향된 행위는 그 때문에, 이 기대들이 채워진 것이라고 볼 경험적으로 '타당한' 기회를 가진다는 데서 만들어진다. 그렇게 볼 수 있는 것은 이 다른 사람들이 협정이 지켜지지 않음에도 그 기대들을 자기 행위를 위해 유의미하게 '타당한' 것으로서 실제로 다룰 개연성이 객관적으로 존재하기 때문이다"(a. a. O. 456).

74) 한 동안 "다원적 무지"(pluralistic ignorance)라는 말을 했다. 예를 들어 Richard L. Schanck, *A Study of a Community and its Groups and Institutions Conceived of as Behaviors of Individuals*, Princeton 1932; Ragnar Rommetveit, *Social Norms*

으로는 기대의 기대들만 관건이 된다. 그 점은 폭로 효과에서 입증될 수 있다―전제된 기대들이 전혀 기대되지 않는다는 것을 알게 될 때 나타나는 킨제이 효과에서 말이다.

결국 기대의 기대들의 구조 층위가 갈등의 근원이라는 점이 간과되어서는 안 된다. 그 층위는 참석자들이 편안하게 될 수 있을 것으로 기대할 수 있는 기대들을 멈추거나 몰아내도록 참석자들을 부추기기 때문에 현실적으로 필요해지기 전에 오랫동안 갈등에 불을 붙인다. 그밖에도 구조 층위는 갈등 관리, 지위 획득, 또는 대립의 상징적인 안정화라는 특수한 가능성들도 제공하며, 이러한 설명은 대개 자세하게 논의된다.[75] 그 경우에는 바로 기대의 동일성이 대립적인 평가들의 지속적인 재생산의 계기가 될 수 있을 것이며, 바로 이 점이 다시 기대된다.[76]

이 모든 것이 서로 잘 아는 사람들 사이의 상호작용체계에 대해서만 중요하다고 말하는 것이 아니다. 인구 정책도 화폐지향 시장정책도, 수용된 지식 상태를 전제하는 과학 연구도 재귀적인 기대 구조들

---

and Roles: Explorations in the Psychology of Enduring Social Pressures, Oslo 1955, 최근에 다시 Elihu Katz, "Publicity and Pluralistic Ignorance: Notes on 'The Spiral of Silence'", in: *Öffentliche Meinung und sozialer Wandel: Festschrift Elisabeth Noelle-Neumann*, Opladen 1981, 28-38을 참조할 것.

75) 예를 들어 Thomas C. Schelling, *The Strategy of Conflict*, Cambridge Mass. 1960; Laing et al., a. a. O. (1966); Thomas J. Scheff, "A Theory of Social Coordination Applicable to Mixed-Motive-Games", *Sociometry 32* (1967), 215-234를 볼 것.

76) 보기들은 Laing et al., a. a. O. 11에서 발견할 수 있다. "나는 스스로에게는 조심스럽지만 당신에 대해서는 비겁한 방식으로 행동합니다. 당신은 스스로에게는 용기 있지만 내게는 무모한 방식으로 행동합니다" 등. 지속적인 갈등의 이러한 상반되는 안정화는 명백하게도 상징적인 짧은 신호를 통해 소통됨으로써 용이해진다.

이 없다면 불가능했을 것이다. 그리고 이 사실이 그러한 메타 관점들의 문제들, 그러한 문제들의 축약의 고유한 유지 또는 갈등 생성이 사회에서의 공동생활의 거대체계들에게서도 중요하다는 것을 뜻한다.

9. '확실성/불확실성-구분'과 기대의 구조 형성 효과

구조 없는 혼란은 절대적으로 불확실한 상태에 있을 것이며, 그 점만이 확실하다. [불확실한과 확실한이라는] 두 개념은 그런 상태에 대해 기본적으로 중요하지 않다. 기대 구조의 분화를 통해 이 상태는 상대적으로 확실한 그리고 상대적으로 불확실한, 긍정적인 기대들과 부정적인 기대들의 조합 놀이를 통해 대체된다. 즉 구조 형성은 단순히 비확실성을 확실성으로 대체한다는 것을 뜻하기만 하지 않는다. 오히려 규정된 것이 높은 정도의 개연성으로 가능해지고 다른 것이 배제되며, 그에 관련하여 기대들이 그 다음에는 다소간 확실한/불확실한 것이 될 수 있다. 구조 형성은 확실한 것/확실하지 않은 것을 허용해야 하는 필연성이라는 경비를 치르는 것과 마찬가지이다. 구조 형성은 문제 변환, 즉 어떤 것이 고정되는 수단이 되며, 기대된 것이 실현될 확실성/불확실성과 관련하여 부수적인 기대들의 결정화가 시작될 수 있는 변형을 야기한다.[77]

---

77) 우리는 여기서 Wendell R. Garner, *Uncertainty and Structure as Psychological Concepts*, New York 1962를 따르며, 이 통찰의 의미내용은 약가 자세한 인용을 정당화한다. "구조가 불확실성의 결핍이라고 말하는 것은 합리적으로 들린다. 하지만 그 진술은 틀렸다. 구조는 불확실성과 관계되어 있지만, 그것의 결핍과 관련되어 있지는 않다. 그리고 구조를 가진다는 것은 불확실성을

우리는 확실성 개념을 기대와 관련지으며, 물론 확실성 안에 구축된, 기대된 것이 나타날 개연성의 기대와 관련짓는다. 이 관점에서 기대는 어느 정도 확실할 수 있다. 이 관점과 구분되는 것은 기대된 것의 규정의 간명성 내지는 모호성이다. 기대가 명료하게 고정되어 있을수록, 대개 불확실하다. 나는 5시와 7시 사이에 집으로 올 것을 상당히 확실하게 약속할 수 있다. 그와는 달리 내가 5시 36분에 집에 나타날 것이 기대된다면, 이 기대는 상당히 불확실하다. 그러한 기대들이 충족되는 것은 장애에 매우 취약할 것이며, 통제되지 않은 우발에 너무 많이 의존하고 있다. 따라서 기대함이 갖는 모호화는 상대적인 확실성을 생산하는 전략이며, 환경의존적인 장애들에 맞선 보장 전략이다. 그래서 논리적인, 사상적인, 언어적인 세부화 가능성들은 결코 소진되지 않는다. 사람들은 기대가 연결 행동을 보장하는 데에 꼭 필요한 만큼만 정밀화한다.

그래서 이미 기대 구조들이 형성될 때, 위험 방어와 체계 내적 확실성 상승의 순간이 함께 작용한다. 기대들이 일단 형성된다고 하면, 기대들은 그 즉시 확실성 가치를 얻는 것은 아니다. 체계의 환경에서 도출될 수 있는 것이 아니라 체계 내적 성과인 가치가 된다. 이것을 위한 체계 내적 규정 요인은 연결 능력인 것으로 보인다. 그러나 불확실성의 한 부분만이 기대의 모호화를 통해 흡수되었고, 그 나머지

가진다는 것이다. 계속해서 구조를 증대시키는 것은 또한 불확실성을 증대시키는 것이다. 그리고 그것은 개념적으로 그렇게 중요한 문제의 이러한 측면이다 … 모든 용어가 불확실성으로서 상징화되는 기록법을 사용했던 것은 이 이유 때문이다—불확실성과 구조, 또는 불확실성과 정보는 같은 상품이라는 사실을 강조하는 것이다."(a. a. O. 339). 그밖에도 Fred E. Katz, "Indeterminacy and General Systems Theory", in: William Gray/Nicholas D. Rizzo (Hrsg.), *Unity Through Diversity Bd. II*, New York 1973, 969-982를 참조할 것.

는 결정 형식 안에서 제거되었다. 제6절에서 살펴보았듯이, 행동기대는 행위가 결정의 형식으로 나타나도록 강요한다. 행동기대는 구조로부터 체계의 자기생산이 진행되는 층위로 우연성을 옮긴다. 기대의 규정성은 그 기대를 충족시킬 것인지 아닌지 결정해야 한다는 점을 통해 확보될 수 있다. 이 변환에서는 사회적인 자원들, 특히 타자의 기대가 자아에 의해 (그리고 타자 자신에 의해서뿐만 아니라) 채워질 것을 종용하는 소통매체들이 활성화된다.

기대들에서는 체계의 시간 지평이 나타난다. 대략 무엇이 기대되는지가 확정되자마자, 우리는 그 지점에서부터 미래와 과거를 평가할 수 있다. 기대를 통해서는 시간은 마치 움직이는 것처럼 된다. 즉 자기 자신 안으로 유예할 수 있는 것으로 조직된다. 내가 채무 청산을 완료하자마자, 나는 자동차를 구매할 수 있고 그러면 [구매한 자동차를 가지고 또 다른 일을 할 수 있게 되고, 계속 다른 것을 생각할 수 있을 것이다.] 그렇게 짜여진 시간은 체계 내적 시간이며, 그런데도 체계와 환경에 관련된다. 기대들이 형성되고 질서 지어지는 체계는 더 이상 자신의 환경과 '점-대-점-일치'에 의존하고 있지 않다.[78] 아직 현재화되지도 않은 체계 행위를 위해서도 환경을 준비할 수 있다. 아직 발생하지도 않은 환경 사건들에 대해서도 내적 반응을 준비할 수 있다. 대단히 불확실하게 기대되는 사건들을 매우 확실한

---

78) 18세기의 심리학 언어로는 그것은 다음을 뜻할 것이다. 그것은 "센세이션"만 지향하는 것이 아니라, "관념"과 "성찰"도 지향한다. 행태주의적 심리학의 언어로는 이것은 "자극"과 "반응"이 "일반화"를 통해 중개된다는 것을 뜻한다. 체계/환경-차이와 시간의 연관은 그밖에도 파슨스적 4-영역-도식의 구성주의 원칙이다. 이 점에 관해 특히 "Some Problems of General Theory in Sociology", in: Talcott Parsons, *Social Systems and the Evolution of Action Theory*, New York 1977, 229-269를 참조할 것. 그 안에 파슨스 이론 내에서 기대 개념이 차지하는 핵심 위치의 뒤늦은 토대가 있다.

기대들을 가지고 대처할 수 있다. 가령 화재 발생에 대비해 소화기를 준비하고, 소화기 작동 여부에 관한 나머지 불확실성을 믿을 만한 정기 점검을 통해 축소시킬 수 있다. 이 방식으로, 확실성 동기에 따라 체계 고유의 시간성이 생겨난다──세계 시간의 측정 외부에서가 아니라 그 측정 안에서 만들어지고 일반화된다. 다른 시간의 의미에서가 아니라, 시간 안에서 시간 지평의 특수 적실성의 의미에서〔체계 고유한 시간성이 생성된다.〕그렇게 화재에 대한 준비의 체계 내적 시간은 호스를 얼마나 오래 사용하면 과열에 망가지는지 또는 소방관을 화재 진압에 투입하는 데 그의 경력이 얼마나 확실/불확실하게 작용하느냐 하는 것과는 전혀 무관하다.

체계 내적 구조 형성의 조작 공간은 확실성과 불확실성이 단순히 시간의 기능이 아니라는 데서도 알 수 있다. 물론 현재와의 시간 거리와 함께 불확실성이 증대하기는 하지만 결코 법칙적인 것도 아니며, 모든 의미 분야들을 넘어서서 법칙적인 것도 아니다. 다음 순간에 벌써 모든 계산을 허사로 만들어버리는 사건들이 발생할 수 있다. 그리고 다른 한편으로 시간적으로 대단히 멀지만 제법 확실하게 기대할 수 있는 사건들도 있다. 그밖에도 세계 시간의 측정에 따라 측정된 시간은 일반적으로 존재하는 가장 확실한 것이다. 발생하는 것은 계속 진행된다. 최소한 하나의 불확실성의 조건은 절대적으로 확실하다. 즉 시간과 확실성/불확실성은 상이한 층위들이다. 그리고 바로 이 차이가 기대 구조들의 선택을 조종하기 위해 사용될 수 있다. 유기체적 생명이 벌써 이 차이를 갖고 선취적인(antezipatorische) 체계들을 형성한다. 그것은 (유일하게 사용 가능한) 현재에서 상당히 확실하게 미래에서의 변화들과 공변이하는 지표들을 선택한다. 그리고 그렇게 함으로써, 미래를 "알"지 못한 채 준비할 수 있다.[79] 의미 체계들은 이 기술을 구축하며, 기대들을 형성하고, 기대들에 구조값,

즉 연결값을 부여하는 것을 통해서 그 일을 한다.

이것이 가능하다면, 결국에는 불확실성도 "자원하여" 고려에 포함시키거나 강화시킬 수 있다. 모든 진화는 결국에는 불확실성의 집중(Massierung)과 증폭(Amplifikation)에 근거하는 것으로 보인다. 사회문화적인 진화와, 그것을 위해 결정적으로 전체 인간이 사회질서 안에 상호침투되는 데서 이 불확실성 증폭 원칙이 반복된다. 인간들은 [그 원칙을] 신뢰할 수 있는 존재인 것처럼 다루어야 하고, 동시에 기대들이 실망되지 않게 보장해야 한다. 실망이 개별적으로 나타나는 사건들로 남으며 확실성을 위협하는 축적을 만들어내지 않는다고 확신할 수 있을 때에는, 최종적으로 더 큰 위험을 무릅쓰는 기대를 형성할 수 있다. 진화는 그렇게 본다면, 언제나 다시 이루어지는, 불확실성을 확실성으로 흡수하며 확실성을 불확실성으로 바꾸는 작업이며, 이때 이렇게 하는 것이 모든 복잡성 수준에서 계속 성공할 것이라는 최종 보증이 존재하는 것은 아니다.

10. 시간성, 기대구조, 사회적 체계에서 (불)확실성 문제

시간성, 기대 구조, 사회적 체계에서의 확실성 조정/불확실성 조정의 연관에 대한, 매우 일반적인 기준의 이 고려는 일련의 귀결들을 가지는데, 이것들을 우리는 하나하나 정리해나가야 할 것이다.[80] 우

---

79) Gerd Sommerhoff, *Analytical Biology*, Oxford 1950, 54 이하; ders., *Logic of the Living Brain*, London 1974, 73 이하에서 "명령적 상관관계"(directive correlation)에 관한 설명을 참조할 것.

80) 연속적인 텍스트 서술에의 강제는 상호의존들을 충분히 조명하지 않는 결과를 낳기 때문에 여기서 특별히 불편하다. 여기서 개괄된 이론은 한편으로는

리가 끌어내려는 첫째 항목은, 유의미한 체험과 행위의 시간 차원과, 사회 안에서 시간 지향이 재생산되는 도구가 되는 시간성의 의미론에 대한 귀결들이다.

모든 현재는 자신의 고유한 현재성의 현재로서 확실하다. 이 현재가 시간화된다는, 즉 미래와 과거의 차이로서 파악된다는 점에서 비로소,[81] 기대의 확실성 문제가 생성된다. 세계는 그로 인해 신뢰를 줄 만한 현존의 특성을 상실하며, 변동 가능성의 특성들, "아직 아님"과 "어쩌면 더 많이"의 측면을 확보한다. (이미 시간 의존적인) 이 확실성 문제는 유의미한 체험과 행위의 특별한 시간 차원의 분화를 자극하는 주도 문제인 것으로 보인다. 그 문제는 시간의 경험을 촉매하며, 그 다음에는 시간성의 의미론을, 세계 연관의 사실 질서에도 그러한 질서에 대한 견해에도 소급시킬 수 없는 어떤 영역의 의미론의 발전으로서 촉진시킨다. 기대 확실성이 점증적으로 문제화되는 것은 사회적 체계의 복잡성과, 특별히 진화 과정에서 증대하는 사회체계의 복잡성과 서로 상관관계에 있다. 매우 명백하게 과거의 사회체계에서 매우 높았던, 생활 방식의 불확실성이 유일하게 결정적인 요

복합 상징들(예를 들어 "자연")을 여기서 의도된 연관들을 위해 해체하고, 그 다음에 상호의존들이 더 이상 하나의 시야를 통해 파악될 수 없도록 그렇게 복잡한 방식으로 구출해내어야 한다. 그것은 특히 자연법의 쇠락 이후에 시간과 법의 연관들에 해당되지만, 그것과 다시 연관된 학습 명령에도 해당된다.

81) 이러한 현재의 시간화 과정은 시간 개념의 역사 의미론에서 제대로 정확하게 파악할 수 있다. 그 과정은 말하자면 사회에 처음으로 서서히 분명해진다. 그 점에 대해 Niklas Luhmann, "Temporalisierung von Komplexität: Zur Semantik neuzeitlicher Zeitbegriffe", in ders., *Gesellschaftsstruktur und Semantik Bd. 1,* Frankfurt 1980, 235-300, 특히 260 이하; ders., "The Future Cannot Begin", in ders., *The Differentiation of Society,* New York 1982, 271-288을 참조할 것.

인이 아니게 되었다. 그보다는 사회가 스스로 자신의 고유한 기능을 얼마나 크게 어긋나게 하며 그로 인해 외부화될 수 없는 불확실성을 만들어낸다는 것이 중요해진다. 그러면 견고한 대안이 없는 의례로 되돌아가는 것도 정치적인 권력도 충분한 확실성을 제공하지 못한다. 종교는 의심으로 초대하고, 정치는 걱정으로 초대한다.[82] 그리고 오직 시간 자체가, 모든 불확실성의 조건으로서 충분한 확실성을 준다. 시간이 계속 진행된다는 것은 아직 현재에서도 알 수 있다. 시간의 진행은 모든 회상에서 현존한다. 그리고 그것의 척도는 그래서 영원한 것의 상징으로서 적절하다. 확실성 문제가 한 번 사회 내적인 문제로서 현재화되면, 특별한 시간 경험이 형성되고, 그 경험을 견고하게 하며 특별한 시간 개념이 형성된다.[83] 시간 차원과 사회적 차원은 서로에게서 분리된다.[84] 한편으로는 사회적 행동이 결과들을 환

---

82) 예를 들어 Hartmut Gese, "Geschichtliches Denken im Alten Orient und im Alten Testament", *Zeitschrift für Theologie und Kirche 55* (1958), 127-145; John G. Gunnell, *Political Philosophy and Time, Middletown Conn.* 1968을 참조할 것.

83) 초기 역사의 발전에 관해 특히 Hermann Fraenkel, "Die Zeitauffassung in der archaischen griechischen Literatur", in ders., *Wege und Formen frühgriechischen Denkens*, München 1958, 1-22; Silvio Accame, "La concezione del tempo nell'età arcaica", *Rivista di filologia e di istruzione classica*, n. s. 39 (1961), 359-394 를 참조할 것. 시간 차원의 분화와 그 분화에 전문화된 의미론의 관점에서는 특히 생명력, 생명의 소재지(어쩌면 척수), 그 다음에 생명 시간(그리고 이 의미에서 중요성)에서 지속, 영원성으로의 이행을 뜻하는 영원(aiòn)의 어휘사이다. Enzo Degani, *AIN da Omero ad Aristotele*, Padova 1961; A. P. Orbán, *Les denominations du monde chez les premiers chrétiens*, Nijmegen 1970, 97 이하를 참조할 것.

84) 늘 새롭게 도로 튕겨져 나가버리는 중간 단계들과 함께. 좋은 보기는 음유 시인 가사에서 "젊은이들"(jovens)을 젊음을 통해 미리 주어진 것처럼, 특정한 인생 나이로서 뿐만 아니라, 고유한 사회적 행위를 통해 획득되거나 상실될 수 있는 원칙적으로 도덕적인 자질로서 다루었던 것이다. Moshé Lazar, *Amour courtois et Fin'Amors dans la littérature du XIIe siècle*, Paris 1964, 33 이하의

기시킴으로써 훈육된다—그것이 예언자들이 하는 일이다. 다른 한 편으로는 전복된 상징법이 명확해진다. 권력자들이 가장 위험한 사람들이며, 마지막에 오는 사람이 첫 번째 사람이 된다. 죽음 이후의 운명에 관한 생각은 죽음의 상황에서부터, 즉 연관의 직접성으로부터 분리되기 시작하며, 삶의 임의적인 시간 지점에서의 공로와 관련된다.[85] 그리고 이 모든 것과 함께, 시간 그 자체는 지속성의 상징으로, 추상화되며, 결국에는 임의적인 변화들을 함께 고려하는 가운데 모든 운동의 (그 자체로 지속적인), 모든 운동의 척도로 추상화된다.

그러나 시간은 해명할 의무가 확실성을 통해서만 있는 것이 아니라 불확실성을 통해서도 있기 때문에, 이원적인 시간의미론이 형성되는데, 그것은 예를 들어 chrónos(연대기적 시간, 자연적 시간)와 kairós(극적인 시간)의 그리스적 차이에서 읽을 수 있는 것이었다.[86] 그 후 중세의 위계적인 세계 건축에서는 복수의 시간 층위들이 동시에 존재할 수 있다.[87] 그리고 그밖에도 신이 모든 시간 층위에 동시에 존재할 수 있었다. 불멸(Aeternitas)과 시간(tempus)이 구분된다. 영원성은 단순히 길며 시작과 끝이 없는 지속이 아니라, 순수한 현재, 즉 미래와 과거가 없는 시간이다.[88] 따라서 그것은 모든 순간이 과거와 미래의 모든 차이를 만들어내는 시간(tempus)에 동시적으로 존재한다. 따라서 그러한 차이는 그것들이 질문의 관심, 확실성의 동

증명들과 분석들을 볼 것.

85) Christoph von Fürer-Haimendorf, "The After-Life in Indian Tribal Belief", *Journal of the Royal Anthropological Institute 83* (1953), 37-49를 참조할 것.

86) Jaqueline de Romilly, *Le temps dans la tragédie grecque*, Paris 1971.

87) 다른 고등문화들 또한 시간 표상의 모순들을 해체하기 위해 그러한 다층위 모델을 형성한다. 인도의 경우에 예를 들어 Stanislaw *Schayer, Contributions to the Problem of Time in Indian Philosophy*, Krakau 1938, 6-7, 15, 19를 볼 것.

88) 또는 순환적으로 보면, 미래와 과거가 한데 합쳐지는 시간이다.

기에서 발원하면, 극단으로 몰릴 수 없다. 그것은 매개되어야 한다. 그렇게 chrónos와 kairós의 차이에는 (얼마나 신비적으로 만들어졌든) 확실한 것으로 만들어진 불확실한 것에서 확실한 것을 창조하는 점술(Divinationspraxis)이 수립된다.[89] 그 차이는 현재적이지 않은 것을 위한 현재의 기호들, 그 가운데 미래의 것을 위한 현재의 기호에 대한 인식에 근거한다.[90] 영원성과 시간의 차이는 위계적인 개입을 통해 매개되며,[91] 그밖에도 영원(aevum)을 통해, 상대적으로 불변하는 시대의 층위를 통해 매개된다. 그것은 (얼마나 전체적이든) 역사 사고를 가능하게 만든다.

시간 차원이 더욱 뚜렷하게 분화하면 시간 차원과 사실 차원의 관계 또한 긴장시킨다. 물론 시간은 전혀 사실 관련 없이 경험되고 파악되지 못한다. 근세에 이르기까지 지탱되는 이 문제에 대한 대답은 자연 개념에 있다.[92] 자연은 생성이다. 그것은 상태로서 성장한

---

89) Victor Goldschmidt, *Le système stoicienne et l'idée de temps*, Paris 1953, 80이하를 참조할 것. Omar K. Moore, "Divination —A New Perspective", *American Anthropologist 59* (1957), 69-74도 볼 것.

90) 무지가 도달될 수 있거나 실패하는 경우에 대해서 미래가 진실을 드러낼 것이라는 전제, 진리는 시간의 딸이다(veritas filia temporis!)가 여기에 속한다. 르네상스-전통과 고대의 토대에 대해 Fritz Saxl, "Veritas Filia Temporis", in: *Philosophy and History: Essays Presented to Ernst Cassirer*, Oxford 1936, 197-222; *de Romilly* a.a.O. 49-50을 참조할 것.

91) 여기서 영원성과 시간의 관계는 엄격하게 지배관계로서 생각된다. 그 점에 관한 전형적인 텍스트는 다음과 같다. "이번에는 나이에 따라서, 모두에 대해 가장 노년층부터 정돈된 순서에 따라 예견되어 있다." (출처: Boethius-Glosse des Wilhelm von Conches, J. M. Parent, *La doctrine de la création dans l'école de Chartres: Etude et Textes*, Paris - Ottawa 1938, 125에서 재인용). 그 두 시간 층위는 물론 영원성에서 순간으로의 위계적 개입에서 결합되어 있다. 이 개입이 더 이상 세계 사상과 조화를 이루지 못하고 있는 것으로 생각되고, 이제는 믿어질 수만 있게 되자마자(파스칼), 그 안에 놓여 있는 안전이 누락되고, 결과는 일단은 불안이다.

것이다. 즉 고유한 전개를 위해 시간을 필요로 하는 어떤 것이다. 그 밖에도 그것은 전형, 이념, 시간 진행에서 실현되는—또는 빗나가는—본질의 형식들이다. 즉 그 개념에는 성공과 실패를 구분하고, 인간의 판단력(phrónesis, ratio)을 가리키는 규범적이며 최소한의 평가적인 요소들이 근거가 되고 있다. 이 판단력에는 특별히 통찰력(prudentia)이라고 불리고 실천적인 것과 관련되었을 때, 마찬가지로 시간의 계기가 함께 생각되어 있었다. 그리고 그것은 인간과 (다른) 동물이 구분되는, 정확하게 바로 시간의 계기였다. 인간만이 사태를 과거와 미래에 비추어, 경험과 기대에 비추어 고찰하며, 그래서 현재의 것을 일정한 거리를 가지고 다룰 능력이 있다.

그 구성 안에 구축되는 의미론적 매개와 함께 이 전체적인 구성은 18세기에 붕괴된다. 이념사적으로 본다면 그렇게 되었던 데는 분명히 많은, 부분적으로는 내재적이며 부분적으로는 외적인 원인이 있

---

92) 여기서는 (계속해서 그 다음에 전통의 부담 하에 있는) 개념성의 유래를 기억해 두는 것은 특별히 중요하다. 자연(phýsis)의 의미론적 사용값은 원천적으로 특히 이항의 차이들, 규범(nómos)과의 차이와 기교(téchne)와의 차이의 정식화에 있었다. 그리고 그 두 경우에 자연(phýsis)과의 반대 개념이, 사회의 (신분적인) 생활의 높은 우연성들이 가시화되었던 규제 내지는 생산 영역을 정식화한다. 말하자면 자연 개념은 우연성 방어 개념으로서의 자신의 의미론적 경력을 시작했다. 그리고 그 개념은 이 기능에 있어서 시간의 질서 구축 가치를 강조해야 했다. 일반적으로 이념사적 맥락에 대해서 예를 들어 Felix Heinimann, *Nomos und Physis: Herkunft und Bedeutung einer Antithese im griechischen Denken des fünften Jahrhunderts*, Basel 1945; J. Walter Jones, *The Law and Legal Theory of the Greeks*, Oxford 1956, 특히 34–72; Karl Ulmer, *Wahrheit, Kunst und Natur bei Aristoteles: Ein Beitrag zur Aufklärung der metaphy-sischen Herkunft der modernen Technik*, Tübingen 1953; *Margherita Isnardi, Techne: Momenti del pensiero greco da Platone al Epicuro*, Firenze 1966; Jörg Kube, *TEXNH und APETH: Sophistisches und platonisches Tugendwissen*, Berlin 1969를 참조할 것.

다. 우리는 그것을 여기서 자세히 조사할 수는 없다. 어쨌든 우리의 출발 가설은 그로 인해 인상 깊게 입증된다. 근세로의 이행기에 사회는 점점 더 기능적인 체계분화로 재편된다. 그럼으로써 사회는 과거의 모든 사회의 조직 형식과 비교했을 때, 확실성 탐침(Sonde)인 시간이 새롭게 추상화되어야 할 정도로 복잡해졌다. (확실한) 현재는 지속을 보장하거나 상징화하는 데에 더 이상 어울리지 않는다. 현재와의 관련은 의미론적 전통의 많은 곳에서 (예를 들어 열정과 쾌락(plaisir)을 해석하는 데서) 변이와의 관련으로 대체된다.[93]

역사적으로 보면 17세기 후반 이래, 이 맥락에서 확실성이 그 이전과는 전혀 새로운 방식으로 명시적인 소통의 주제가 된다.[94] 불확실성에 대해서도, 특히 명시적으로 초래된 불확실성에 대해서도 사정은 마찬가지가 되었다. 그와 동시에 시간은 자연 연구의 수학화 과정에서 개념적으로 추상화되었고, 시간에 대해서는 사건에 대한 모든 인과적 영향이 부인되었다. 시간은 유리한 계기를 확정하지도 않고, 아직 감추어진 미래에 대한 기호를 주지도 않는다. 그밖에도 시간은 자기 자신 안에서 재귀적이게 된다. 모든 계기는 고유한 시간 지평의 주제가 되며, 모든 시대는 그것만을 위해 타당한 고유한 미래와 과거

---

93) 그래서 예를 들어 Georges-Louis Le Sage, *Le mecanisme de l'ésprit* (1699), *Cours abregé de Philosophie par Aphorismes*, Genf 1718의 인쇄본에서 인용. 이러한 지적인, 오늘날에는 완전히 알려지지 않은 저자에 대해서 그것은 확실성이 더 이상 통찰력을 통해서가 아니라, 오직 소유를 통해서만 획득 가능한 결과를 낳는다.

94) 특히 Lucien Febvre, "Pour l'histoire d'un sentiment: Le besoin de sécurité", *Annales E. S. C., 11* (1956), 244-247; John Gilissen, "Individualisme et sécurité juridique: La préponderance de la loi et de l'acte écrit au XVI siècle dans l'ancienne droit beige", in: *Individu et société a la Renaissance: Colloque internationale 1965*, Brüssel 1967, 33-58; Franz-Xaver Kaufmann, *Sicherheit als soziologisches und sozialpolitisches Problem*, Stuttgart 1970을 참조할 것.

를 통해 역사적으로 개별화된다. 시간의 모든 명령적인 성격의 포기는 이제 시간이 훨씬 더 복잡하게 파악될 수 있다는 것을 뜻하기도 한다. 그 포기는 다른 한편으로는 시간 자체에서 확실한 것이 아직도 어떤 적실성을 가지고 있는지가 의문시된다는 뜻이기도 한다. 또한 이제는 달력이 필요하게 되었다 ─ 그러나 더 이상 규정된 시점에 무엇을 해야 할지를 알 수 있기 위해서가 아니라,[95] 규정된 시점에 무엇을 할 것인지를 약속할 수 있기 위해서 필요하다.

물론 현실적인 체험이 의미론이 규정하는 것처럼 그렇게 진행된다고 전제해서는 안 된다. 중요한 의미 경험들을 붙들기 위한, 보전할 만한 소통의 형식들을 위한 노력은 고유한 법칙성의 지배를 받는데, 그것은 특별히 문자와 인쇄술의 발명 이후에 더욱 그러하다. 그러한 노력들은 그 노력들의 시간이 갖는 사실적인 체험의 개괄적인 공식들로서 읽어서는 안 된다. 그러나 그것은 일상적 생활과 마찬가지로, 같은 문제를 가진, 진지한, 보전할 만한 가치가 있는 의미론을 완성시켜야 한다. 그렇지 않으면 그것은 설득할 수 없다. 시간 의미론에서 긴 역사적 발전 과정에서 확실한 기대 형성 동기가 (또는 거꾸로 불확실한 기대 형성을 가진 경험들이) 시간 차원을 분화하고 사실적인 함의들과 사회적인 함의들을 제거한다는 것을 읽을 수 있다면, 이것은 사회의 일상에서 그 이유를 가졌을 것이며, 우리는 그 이유들을 (다시금 아주 지구적인 층위에서의) 복잡성 개념을 가지고 파악하려 모색할 것이다. 이렇게 하는 것이 이후 논의에 대해 뜻하는 것은, 우리가 시간, 구조, 기대 같은 개념들을 사용하는 데서, 그 자신

---

95) China Joseph Needham, "Time and Knowledge in China and the West", in: J. T. Frazer, *The Voices of Time: A Cooperative Survey of Man's View of Time as Expressed by the Sciences and by the Humanities*, London 1968, 92-135 (100)에 있어서 그렇다.

이 일반적인 이론 연구를 통해 규명될 수 있는 심층적인 역사적인 의존성을 함께 생각해야 한다는 점이다.

11. 기대 연관의 사실적 동일시로서 역할들, 인물들, 프로그램들, 가치들

기대를 상대적으로 시간과 무관하게 수립할 가능성은, 그 자체가 사건이 아닌 것으로서, 즉 엄격한 의미에서 스스로 기대 불가능한 것과 관련짓는 데에 있다. 동일성들이 투사되어서, 그 지점에서 기대들이 고정되고, 같은 존재로 유지되는 상태를 그렇게 지시함으로써 기대들이 사실적으로 질서지어질 수 있다. 그런 식으로 연관들과 구분들을 설치할 수 있다. 이때 동일성들은 같은 또는 같은 종류의 기대들을 한데 합치는 것이 아니라, 상이한 기대들을 한데 합치며, 이렇게 하는 것이 질서 성과의 토대가 된다. 그리고 동일성들은 자신들의 조합으로 인해 구분된다. 책들은 실수로 덮일 수 있고 책상에서 바닥에 떨어질 수 있고 변색될 수 있지만, 유리처럼 깨지거나 모자처럼 머리 위에 쓰고 다니지 않는다. 따라서 동일성들은 범주적인 질서 관점이 아니라, 세계의 사실적이며 고도로 선택적인 질서 측면이다. 예를 들어 "다음 쪽도 인쇄되어 있고 텍스트가 이어질 것"이라는 기대를 안락의자에게 바라지는 않는다. 그리고 "예기치 않게"(하지만 몇몇 경험으로 기대하기 매우 쉽게) 안락의자가 접히는 것은 책들이 접히는 것과는 매우 다른 방식으로 위험할 수 있다. "접힘"이라는 낱말의 동일성과 사건들의 유사성은 경험에 대해 실천적으로 중요한 질서 관점을 제공하지 않는다. 누구도 안락의자를 통해서 책에 관해 무엇인가를 배우지 않는다.

기대 가능한 경험 현실의 또 다른 영역들은 이런 의미에서 사물들의 동일성을 통해 질서지어진다.[96] 하지만 행동기대를 질서 짓기 위해 사물 형식은 갈수록 불충분한 것으로 드러났다. 행동기대들은 사회체계의 증대하는 복잡성과 함께, 기능체계들의 증대하는 해체 능력과 함께, 점증하는 불확실성과 변동 필연성들과 함께, 사물처럼 개념화된 생각들에 대한 행동기대들의 지향은 더 이상 충분하지 않으며, 그래서 특수 사물인 인간에 대한 지향 또한 불충분하게 되었다—그리고 물론 어떤 특별한 속성이 사물에 부여되는지와는 전적으로 무관하게 그러하다. 이것은 우리가 모든 사람에게서 모든 행동을 요구할 수 있게 해주는 계층 체계의 붕괴와 관계 있다. 이 발전은 "아동의 발견"[97]에서도 매우 잘 읽어낼 수 있다. 결국 인간이라는 사물을 특별한 속성, 가령 이성, 의지 자유, 민감성 또는 내적 미규정성의 빈 공식을 가지고 표현하는 것으로 특수하게 인간 행동의 다양성과 변이성을 더 이상 파악해낼 수 없다.[98] 이것은 결국에는 사회가

---

96) 우리는 구 유럽의 세계 사상에 대한 사물 도식의 역사적-의미론적 의미 내용에 대해서 이미 위(제2장 2절)에서 지적했다. 실체적 사물/비실체적 사물(res corporales/res incorporales)의 차이는 완전성 요구를 가진 차이로서 사고를 지배했으며, 이때 사람들은 이 차이의 도움으로 "세계"로부터(세계를 사물들의 총체(universitas rerum)로서가 아니라, 집합 신체(congregatio corporum)로서 파악한다면), 거리를 둘 수 있게 되었다. "사물 그 자체"로부터의 거리두기를 통해 비로소, 칸트와 함께 비로소 이 주도 사상과 결별했다. 그 이유들은 오늘날까지 은폐된 상태에 있었다. 우리는 그 이유가 사회의 발전, 사물 생각들을 개별 기대로 이행하는 것을 필수적으로 만들며 그래서 사물성의 기능을 질문하고 물상화(Verdinglichung)를 한탄하고, 특히 행동기대의 영역에서 다른 동일시 관점을 모색할 것을 종용하는 사회 발전에 있는 것으로 생각한다. 위에서 이어지는 분석은 이 점에 대해 하나의 이론적 개념을 모색한다.

97) 필리프 아리에(Philippe Ariès) 이래 말해지는 것에 관해서, *L'enfant et la vie familiale sous l'ancien régime*, Paris 1960을 볼 것.

98) 이것 또한 허용된 것에 대한 임의성을 갈수록 더 많이 가지는 인간 특성의 역

인간, 집단, 민족으로 구성된다고 말하는 것도 배제한다.[99]

이 문제를 그와 관련하여 제공된, 사물과 주체의 이접(Disjunktion)을 통해 극복할 수 없다는 것은 이미 헤겔이 보았다. 보다 추상적인 동일시 관점들이 필요하게 되었다. 그 관점들은 특수 사물인 인간이 더 이상 감당할 수 없는 것, 즉 행동기대들의 기대 질서를 분리하며 서로에 맞서 독립시켜야 한다. 인간-의미론은 그럼으로써 새로운 의미, 새로운 자유 의미, 그리고 그 위에 구축된 자기준거적인 개별성을 지향하는 방향으로 풀려난다. 그러나 그것은 더 이상 질서에 대한 약속을 만들어내지 않는다.[100]

사회학이론은 이 지점에서 공통의 전제, 행동기대 연관을 위한 동일시 관점들이 추상적인 것에서 구체적인 것으로 이르는 연속체 위에 구체화되어 있어야 한다는 전제를 근거로 하는 상이한 발상들을

사적-의미론적 연속으로서 더 정확한 연구를 필요로 한다. 여기서도 점증하는 사회의 복잡성과의 분명한 연관, 결국 인간에의 적용에서 사물 개념성을 파괴시키는 연관을 추측할 수 있다.

99) 그 점에 관해 423쪽을 참조할 것.

100) 모든 것을 말하는 임의적인 본보기를 끄집어내자면, 벵자맹 콩스탕(Benjamin Constant)은 *Mémoires sur les cent-jours*의 제2판(1829) 서문에서 다음과 같이 말한다. "... 나는 개별성에서 인간 종의 발전이 어려움을 겪고 있다고 본다. 왜냐하면 인간 종은 근본적으로 개인들의 집합이기 때문이다. 그것은 개인들 모두가 결국 도달하는 도덕적 가치들을 통해 풍부해진다. 비통한 지적 아나키즘은 내게는 지성의 엄청난 진전인 것으로 보인다. 지성의 승리는 지성이 결코 발견할 수 없는 절대적인 진리를 발견하는 것이 아니라, 그 힘을 연습함으로써 스스로를 강화하며, 지성이 모으고 기록하는 부분적이며 상대적인 진리에 도달하며, 이 과정에서 그리고 비록 그 개념은 알려져 있지 않지만, 모든 걸음이 하나의 정복이 되는 이 길을 따라 전진해나가는데에 있다." 여기서는 다음 내용을 볼 수 있다. 질서의 사전 부여는 알지 못하는 미래로부터 자신의 안전을 끌어내는 시간을 통해 대체된다. 그리고 정치적 귀결은 그것을 위해 필수적인 현재의 평온이 질서에 기초하고 있어야 하며, 질서가 자유 위에 기초하고 있어야 한다는 점이다.

실험했다.[101] 하지만 다른 이론가들과는 달리 우리는 규범 개념을 다른, 즉 시간 차원으로 구분하여,[102] 기대 연관의 사실적인 동일시로서 인물들, 역할들, 프로그램들, 가치들로 구분할 것이다. 그러한 동일성들에 묶인 기대들은 있을 수 있는 실망이 어떻게 다루어지는지에 따라 어느 정도 일관된 기준에 따라 규정될 수 있다.

인물들은 여기서 전체적인 인간은커녕 심리적 체계들도 뜻하지 않는다. 오히려 인물은 인물들을 통해 그리고 인물들을 통해서만 상환될 수 있는 행동기대를 질서지을 수 있기 위해 구성된다. 누군가는 자기 자신에 대해서 그리고 다른 사람에 대해서 인물이 될 수 있다. 인물이 된다는 것은 그 인물의 심리적 체계와 그 인물의 신체의 도움으로 기대들 자체를 끌고 구속하며, 그리고 다시금, 자기기대와 타자기대를 끌어오는 것을 필요로 한다. 갈수록 상이한 기대들이 이 방식으로 개별화될수록, 갈수록 인물은 복잡해진다. 이렇게 인물이 된다는 것은 전적으로 주변 환경에 따라 특수한 차이들을 드러낼 수 있다. 감옥에서는 매혹적인 영웅으로, 자유로운 삶에서는 아무 말도 없이 지친 것으로, 장 주네(Jean Genet)는 아르카몬(Harcamone)의 인물을 특징짓는다.[103] 바로 그러한 대조가 인물을 표현할 수 있으며,

---

101) Daniel Katz/Robert L. Kahn, *The Social Psychology of Organizations,* New York 1966, 37-38, 48 이하는 "역할", "규범", "가치"의 추상화 정도에 따라 구분된다. 비슷한 위계화된 구분에 대해 파슨스의 "규범적 문화의 수준들", 즉 "역할", "집합성", "규범", "가치"를 참조할 것. 예를 들어 "Durkheim's Contribution to the Theory of Integration of Social Systems", in: Talcott Parsons, *Sociological Theory and Modern Society*, New York 1967, 3-34 (7 이하). Neil J. Smelser, *Theory of Collective Behavior*, New York 1963, und von Leon Mayhew, *Law and Equal Opportunity: A Study of the Massachusetts Commission Against Discrimination*, Cambridge Mass. 1968은 또한 변화된 모형으로 수용했다.

102) 아래 12절을 참조할 것.

인물로부터 기대 가능한 것을 함께 규제할 수 있다.

사회학은 이 인물 개념을 가지고, 그리고 인물과 심리적 체계의 구분을 가지고 지금까지 문학 전통에 유보되었지만 전형적으로 근세적인 경험을 수용하는 주제들에 접근할 수 있다. 이 말은 첫째 정직성과 진정성이라는 주제 복합체에 대해 타당하며,[104] 둘째로는 인물로부터 심리적 체계의 심연으로 가는 확실한 인식 경로가 있는 것이 아니며, 인물에 만족하지 않고 다른 사람을 정말로 잘 알려는 모든 시도들이 항상 다르게도 가능한 것의 바닥없음에 빠져든다는 통찰에 대해서도 타당하다. 그밖에도 이것을 통해 인물성 패턴과 제스처(스탕달[Stendhal]) 모사의 의미가 그럼에도 불구하고 혼동될 수 없는 결과를 가져오는 경우에 이해될 수 있다. 사람들은 하나의 인물 모델을 구체적이며 그렇기에 항상 벌써 분명하게 구분될 수 있는 심리적 체계 안에 복제해 넣는다. 그리고는 성공 모델에 따라 옷을 입히고 위장한다—언제나 고유한 신체만 그렇게 한다.[105] 우리는 사회가 기대 연관들을 한데 묶기 위해 인물성을 필요로 하고 분화시켰을 때에 그러한 문제들과 그 문제들을 문학적으로 다루는 것이 비로소 현실적이 된다고 전제할 수 있다.

이때 "페르소나"(Persona, 가면)(역할, 법적 지위)라는 단어의 역사에서 읽을 수 있는 것처럼, 인물과 역할의 분화에 이른다. 그러면 역

---

103) "그것은 교도소 내의 자유롭고 찬란한 생활만큼이나 지루했다"(Jean Genet, *Miracle de la rose, Œuvres complètes Bd. 2*, Paris 1951, 265에서 재인용).

104) 이 주제학의 특수하게 근세적 윤곽에 대해 예를 들어 Henri Peyre, *Literature and Sincerity*, New Haven 1963; Lionel Trilling, *Sincerity and Authen-ticity*, Cambridge Mass. 1972를 볼 것.

105) Heinrich Popitz, *Der Begriff der sozialen Rolle als Element soziologischer Theorie*, Tübingen 1967는 사회적으로 표준화된 개별성 전형을 말할 때에는 비슷한 어떤 것에 유념했던 것으로 보인다(15-16).

할들은 개별 인물과 구분되어서, 이미 더 추상적인 고유한 관점으로서 기대 연관의 동일시에 기여할 수 있다. 역할들은 물론 규모에 따라, 한 개별 인간이 수행할 수 있지만 개별 인물에 대해서는 더 특수하게도 더 보편적으로도 파악되는 것에 할당된다. 항상 중요한 것은 역할로서 기대되는, 인간 행동의 단편밖에 없다. 다른 한편으로 중요한 것은 교체 가능한 많은 인간들에 의해 지각 가능한 (차이)동일성, 예컨대 환자, 교사, 오페라 가수, 엄마, 위생병 등의 역할이다.

실제적 행동과 행동기대를 위한 역할의 질서 성과는 사회학에서 그새 상당히 과대평가되었다. 그것은 여기서 일괄적으로만 지시할 수 있는 광범위한 연구 때문이다. 어쩌면 가장 중요한 통찰은 한편으로는 역할 층위에서 인물에 대한 지식을 (약간만) 전제하거나 아예 전제하지 않고 익명화되어 있는 특별한 기대 확실성들이 만들어진다는 것이며, 다른 한편으로는 동시에 누군가가 자신의 고유한 인물에 대해 감수하고 싶어 하지 않거나 적절하다고 생각하지 않을, 특별한 갈등 상황, 거리 둠, 조작, 부담 경감의 관례 등이 함께 기대된다는 것이다.

수신자와 함께 "소멸하는", 인물에 수신된 기대들과 역할 기대들이 분명하게 분리될 수 있다는 것은 사회문화적인 진화의 결과이다. 그것은 말하자면 최근에 서서히 통찰될 수 있게 되었다.[106] 이것은 관직과 인물의 차이의 역사에서 읽어낼 수 있다.[107] 오늘날 공식 조

---

106) Daniel Bell, "The Disjunction of Culture and Social Structure: Some Notes on the Meaning of Social Reality", in: Gerald Holton (Hrsg.), *Science and Culture: A Study of Cohesive and Disjunctive Forces*, Boston 1965, 236-250 (24 이하)만을 참조할 것.

107) 이 질문은 사제들뿐만 아니라 왕들에게도 해당되었다. 그래서 그 질문은 특수하게 문화적인 중요성과 사회적인 중요성을 가졌다. 그것은 그밖에도 다수의 실천적인 귀결들을 가졌다. 그 귀결들은 특히 법률적인 종류의 것

직이라 부르는 것도 이 구분에 의해서만 가능하다.[108] 그것은 "개인
적인 것"이 의의를 잃는다는 것을 뜻하지 않는다. 인물 지향에서 역
할 지향으로 가는 "흐름"이 존재하는 것이 아니다. 발전은 오히려 이
차이가 의미를 확보하며, 공식 조직의 내부 삶 안에서, 그리고 바로
그곳에서 의의를 확보한다는 것을 통해 두드러진다.[109] 여기서는 어
떤 기대들이 오직 규정된 인물들에게 수신되고 어떤 기대들이 공식
적인 지위 때문에 관철될 수 있는지를 구분해야 한다. 동시에 두 접
촉망을 통해서만—그리고 그것들은 쌍방 간에 서로를 방해한다—
조직 안에서의 작용 가능성을 최적화할 수 있다. 그런 차이의 배경에
서 비로소 역할 실행이 "개인적 양식"을 수용하며, 인물들이 자신들
의 역할로 인해 각인될 수 있다는, 예를 들어 교사들은 항상 가르치
는 모습으로 나타날 수 있다는 것을 관찰할 수 있다.[110]

인물과 역할의 이 차이가 한번 수립되면, 그로 인해 심리적 체계

이었는데, 예를 들어 사망의 경우 관직 수행의 연속성, 책임 질문들, (틀림
없이 사실적인) 관직 보유의 정당성 문제들, 관직 교체 시에 수용된 의무들
의 지속성, [규정]이상의 문제들 등이었다. 이론적이며 역사적으로 지향된
서술로서 Ralf Dreier, *Das kirchliche Amt: Eine kirchenrechtstheoretische Studie*,
München 1972를 참조할 것.

108) Niklas Luhmann, *Funktionen und Folgen formaler Organisation,* Berlin 1964를 참
조할 것.

109) 조직 내부와 외부의 의뢰인들, 환자들, 고객들의 모든 영역을 위해서도 이
차이는 중요하다. 그리고 물론 여기서는 인물(Person)에 대한 작업이 너무
강하게 "인물화"(Personalisierung)의 문턱 문제 내지는 위험으로서 중요하
다. 별로 알려져 있지 않지만 훌륭한 분석은 Renate Mayntz, "The Nature
and Genesis of Impersonality: Some Results of a Study on the Doctor-Pa-
tient-Relationship", *Social Research 37* (1970), 428-446이 있다.

110) 이에 대해서 Ralph H. Turner, "The Role and the Person", *American Journal
of Sociology 84* (1978), 1-23 (터너는 여기서 물론 심리적 체계와 인물을 구분하
지 않는다)를 참조할 것.

들의 환경이 바뀐다. 심리적 체계들은 자신을 인물로서 동일시할 수 있는 동시에 역할을 지향할 수 있다. 체계들은 그로 인해 "역할 스트 레스"에 빠진다. 그것들은 역할 접근과 역할 회피를 조작하려 시도 할 수 있고, 바로 이렇게 하는 것이 "그들 자신에 의해 개인적으로" 기대되는 것을 감안하는 법을 배울 수 있다. 그것들은 자신들의 인 물을 불변적인 것으로 전제할 수 있고 그럼에도 불구하고 교체되는 역할을 가진, 가령 경력의 형식으로 나타나는 넓은 미래를 볼 수 있 다.[111] 차이 체험은 분리 체험이 될 수 있지만, 반드시 그렇게 될 필 요는 없다. 그로 인해, 상호침투의 맥락에서 심리적 체계들에 영향을 미치는 것이 모든 경우에 선구조화된다.

하지만 역할에 묶인 기대동일시와 함께 추상화 가능성은 결코 소 진되지 않았다. 우리는 개별 인간의 행동 가능성을 통한 제한을 포기 할 때, 그 이상으로 나아갈 수 있다. 우리는 그 경우 제공되는 기대 질 서를 **프로그램**이라고 부를 것이다.[112] 사회학에서는 이례적인 이 개 념은 목적 지향들과 조건 지향들(목적 프로그램 및 조건화 프로그램) 을 포괄할 수 있기 위해 선택되었다. 프로그램은 행동의 옳음(즉, 사 회적 수용 가능성) 조건의 복합체이다. 바로 이러한 추상화 획득이 중 요할 때, 즉 행동이 하나 이상의 인물에 의해 규제되고 기대 가능하 게 만들어져야 할 때, 프로그램 층위는 역할 층위에 맞서 독립화된

---

111) 여기에 관해 그리고 특히 (경력 의도의 부정을 포함하여) 경력 의식의 유발 에 미치는 가족과 학교의 차이의 의미내용에 관해 Niklas Luhmann/Karl Eberhard Schorr, *Reflexionsprobleme im Erziehungssystem*, Stuttgart 1979, 277 이하를 참조할 것.

112) 프로그램 개념에는 전략 개념을 할당할 수 있다. 프로그램들은 실행이 진행 되는 동안 주어진 계기에서의 변화 가능성이 예견되어 있으며 그런 한에서 전략으로서 지칭될 수 있다. 그러면 고정된 사전 선택의 장점은 프로그램을 규정된 관점에서 교체할 계기를 줄 수 있는 정보의 특화를 통해 대체된다.

다. 그런 식으로 오늘날 외과수술은 역할 수행일 뿐만 아니라 프로그램이기도 하다. 특정한 제한을 둔 자동차 재설계, 백화점의 겨울 바겐세일 채비, 가극 공연, 식민지의 지위를 독립 국가로 격상시키기, 호수 오염도 낮추기—보기들은 넘쳐난다. 그러한 프로그램의 복잡성은 기대 고정의 추상화 정도에 힘입어, 매우 높을 수 있다. 일회성 프로그램이 있지만 지속적으로 반복되는 실행을 위한 프로그램도 있다. 기대 고정의 세부화 정도는 아주 상이할 수 있으며, 그러한 조건에 부합하게 프로그램이 실행되는 동안 우발성들의 고려와 프로그램의 변동 가능성들을 위한 사전 조치들도 달라진다.

궁극적으로 도달 가능한 기대 고정 층위에서도 규정된 행위가 옳다고 고정할 것을 포기해야 한다. 가치들만을 손에 쥐고 있어야 한다—아니면 입에 물고 있어야 한다. 가치들은 상태들이나 사건들을 선호하는, 개별적으로 상징화된 관점들이다.[113] 행위 역시 이런 의미에서 평가될 수 있다—예를 들어, 평화 진작으로서, 정당한 것으로서, 환경을 오염하는 것으로서, 연대, 지원 태세, 인종 혐오 등의 표현으로서 말이다. 모든 행위를 긍정적인 가치 관점과 부정적인 가치 관점으로 분류할 수 있기 때문에, 가치 평가로부터 행위의 옳음에 대해서는 어떤 것도 추론해낼 수 없다. 그렇게 할 수 없다는 것은 종종 간과되며, 종종 의식적으로 숨겨지기도 한다. 가치 평가로부터 올바른 행위에 대한 정보를 얻으려 한다면, 논리적인 서열, 예컨대 복수의 가치들의 관계의 천이성(Transitivität)을 전제해야 한다—예컨대 자유 유지가 평화 유지보다 더 중요하며, 자유가 문화보다, 문화가 이

---

113) Jürgen Friedrichs, *Werte und soziales Handeln*, Tübingen 1968, 113의 정의 또한 사용할 만하며 전형적이다. "가치들은 의식적이며 무의식적으로 소망된 것을 떠올리는 것이며, 그러한 떠올림은 행위 대안들의 선택에서 선호들로서 나타난다".

윤보다 더 정확하다는 의미로 말이다—그리고 그 경우에는 대략 이
윤이 자유보다 더 중요하다는 식으로 말하지는 않는다.

그럼에도 불구하고 가치는 기대함의 기대 가능성을 위해 의미가
없지 않다. 가치의 의미는 가치들과 프로그램들의 차이에서 만들어
진다. 프로그램들은 고유한 성과를 가능한 최대로 실현하려면, 종종
대단히 복잡하며, 변동 가능하며, 세부 내용에서는 불안정적으로 표
현되어야 한다. 그러면 가치 합의는 프로그램의 우연성, 상황적 적
응, 프로그램 변동 또는 프로그램이 진부해졌음에 관한 소통을 쉽게
만들어준다.[114] 그러한 문제와 관련해서는 최소한 소통에서 논란의
여지가 없는 (또는 부인하기 매우 어려운, 도덕화로 방어된) 출발점을
사용할 수 있으며, 그 프로그램을 모두가 승인해야 할 것이라는 기
대 위에 구축할 수 있다. 그러면 가치들은 소통 과정에서 보편적이지
는 않지만 어쨌든 그때그때 직면한 구체적인 상황에서 구체적인 기
대들도 기능하는지를 검토하는 수단으로서 일종의 탐침처럼 기여한
다. 그렇게 된 결과, 가치들 사이의 서열 관계들은 이번만을 위해 확
정될 수 없으며, 번갈아가며, 즉 기회주의적으로 다루어져야 한다는
것으로 다루어질 것이다.[115]

---

114) 이 점에 관한 상세한 토론은 법체계와 그 문헌에 있다—유감스럽게도 "목
   적론적" 해석 방법의 잘못된 관점 하에 분류되어 있다. 하지만 또한 Josef
   Esser, *Vorverständnis und Methodenwahl in der Rechtsfindung: Rationalitätsgarantien
   der richterlichen Entscheidungspraxis*, Frankfurt 1970를 보라. 그밖에도 가치 관
   점의 평가의 합리성 내용이 일정하게 과도평가되는 것이 법률가들에게 있
   어서는 전형적으로 나타나는 일이다. 그러면 여기에, 사회학적으로 보면,
   분화된 체계와 확립된 전문직의 확실성 획득이 도움이 된다. 훌륭한 사회학
   적 조사로서, 마찬가지로 법 주제학에서 Mayhew, a. a. O.(1968)가 있다.

115) 이 점에 대해 실천가들의 판단들로서 Chester I. Barnard, *The Functions of
   the Executive*, Cambridge Mass. 1938, 200 이하; Sir Geoffrey Vickers, *The
   Undirected Society: Essays on the Human Implications of Industrialization in Canada*,

이 네 가지 추상화 층위를 한꺼번에 보면 하나의 발전 경향이 가시화된다. 실제적 행동과 과거 사회들의 지탱 도구가 될 수 있었던 도덕이 투입된, 올바른 행동에 대한 규범적 규칙의 단순한 대립이 확장된다. 그러한 2항 도식 내에서 후속 차이들이 분화된다. 역할 층위와 프로그램 층위에 복잡성이 아주 높은 질서 계획이 설치될 수 있다. 이 층위들에서 갈수록 복잡한, 갈수록 조직으로 소급되는 사회의 요구들이 행동기대로 전환될 수 있다. 그 다음에 이 혁신은 기대 연관 동일시의 전체 구조를 개혁한다. 순수하게 개인적인 것은 배제될 수 있고, 역할 요구에 대한 차이로 더욱 뚜렷하게 개별화될 수 있다. 순수하게 가치에 합당한 것은 배제될 수 있고, 프로그램 요구에 대한 차이로 더욱 뚜렷하게 이념화될 수 있다. 그러면 개인들과 가치들은 사회의 공동생활의 토대를 상징화하기 위해 포괄적으로 함께 작용할 수 있는 반면, 역할과 프로그램은 복잡성의 요구를 타당하게 만들 수 있다.

이 층위 분화의 중요한 결과는 "가치 변동"이 현재 세계사회의 고도로 발전한 지역에서 관찰 가능한 것처럼,[116] 보다 구체적인 구조적 층위에서 분명하게 파악되지 않는다는 것이다. 그것은 안정시키는 것으로서 작용하며, 그렇게 자기 자신을 강화한다. 가치가 고도로 구조적으로 분화한 결과로 그러한 가치변동은 상대적으로 쉽게 실행될 수 있다. 가치는 "자신의" 층위에서 어떤 언급할 만한 저항에 맞

Toronto 1959, 61 이하를 참조할 것.

116) 예를 들어 Ronald Inglehart, *The Silent Revolution: Changing Values and Political Styles Among Western Publics*, Princeton 1977; Thomas Herz, "Der Wandel von Wertvorstellungen in westlichen Industriegesellschaften", *Kölner Zeitschrift für Soziologie und Sozialpsychologie 31* (1979), 282-302; Helmut Klages/Peter Kmieciak (Hrsg.), *Wertwandel und gesellschaftlicher Wandel*, Frankfurt 1979를 참조할 것.

닥뜨리지 않지만, 거의 대응할 수 없는 구조적인 귀결들을 유발시킨다. 가치들과 인물들이 새로운 종류의 공생을 모색한다고 추정할 수 있다──그리고 이렇게 할 때 역할과 프로그램의 층위에서 사회의 복잡성을 운반하는 것을 다소간 고려하지 않을 수 있다. 모든 가치 변동과 새롭게 강조된 모든 개인주의에도 불구하고 역할과 프로그램은 복잡성 요구들을 통해 사회 안에서 매어 있는 상태를 유지한다.

다른 관점에서도, 고도로 분화된 전체 구조가 팽배된 갈등, 즉 특별히 연구를 통해 알려진 것처럼 역할 층위와 관련된 갈등에 붙들려 있다. 개인들이 자신들의 인물로서 묘사하는 것에 맞서는, 분명하게 비관적인 태도가 그런 상황에 어울린다. 이 결과를 만들어내는 진화는 미심쩍은 진보 가치를 가진다. 진화는 틀림없이 사회적 조화로의 경향을 입증받을 수 없고, "유기적 연대"(Durkheim)의 경향을 입증받을 수도 없다. 그보다는 복잡성 획득과 그와 함께 행동 기대의 조건화 가능성의 다양성 증대 역시 지속적으로 작용한다. 복잡성 확보는 자유와 구속의 고전적 주제에 달려 있는 것이 아니다. 왜냐하면 둘다 증대하기 때문이다. 복잡성 확보는 **체계의 제한 가능성 강화**를 가능케 하는 구조 형식에 달려 있다.

12. 규범적 기대와 인지적 기대

다음 논점은 수용된 불확실성의 상승 가능성들과, 그와 함께 더 많은 기대를 기대 가능하게 만들며 구조화하는 기능을 비개연적인 기대들에 부여할 가능성들과 관련된다. 이것을 위해서는 우리가 규범적 기대 양상화 또는 인지적 기대 양상화로서 (또는 규범들이나 인지들로서) 표현하려는 두 가지 형식이 주어져 있다.

양상화(Modalisierung)는 확실성 문제/불확실성 문제, 즉 기대가 충족되지 않을 경우 어떻게 행동할 것인지의 질문과 직접 관련된다. 어떤 경우에도 모든 기대들은 충족되지 않을 경우의 사전 규제를 포함하고 있지 않다. 대부분의 일상적 기대들은 충분히 친숙하고 확실해서 또 다른 고민을 하지 않아도 된다. 그러나 사회문화적 진화로 인해, 기대들을 불확실한 것으로 기대할 수 있게 할 계기들이 만들어진다. 이것은 기대 자체에 반대 효과를 가진다. 기대들은 단순히 불확실한 상태에 내버려져 있을 수는 없다. 체계 내의 더 많은 불확실성을 단순히 기대의 더 많은 불확실성으로 대답할 수 없다—그보다는 기대의 양식을 관련짓는 추가적인 형식 형성이 필요해진다. 더 이상 칸트적 의미에서 인식하는 의식의 형식으로서 파악된 것이 아니라, 어떤 것이 자신의 문제가 문제화됨에 대해 반응하는 범위를 이루는 형식으로서 "양식" 또는 "양상"(Modalität) 말이다.[117] 충족되지 않을 경우를 위한 선취 준비가 기대 안에 설치된다. 따라서 실망할 경우에 어떻게 행동할 것인지가 함께 대비되게 만들어진다. 그렇게 하는 것은 많은 실험이 보여주었듯이, 기대에 추가적인 안정성을 부여한다.[118] 그리고 가장 중요한 것은 기대의 양상화를 통해 이 선취 준비가 기대양식 자체에서 가시화되고 그럼으로써 현재에 이미 소통 능력이 있는 조건이 도달된다는 것이다. 그래서 기술적인 대비에

---

117) "양식"(Modus), "양상"(Modalität) 개념은 여기서 존재의 양상들과 평행하여 배치된 상태이다. 가능성과 필연성이라는 유명한 사촌들과의 친척 관계는 인식 가능한 상태로 남는다. 가능성과 필연성이 존재의 존재가 질문될 때, 즉 우연성이 의식될 때에 생겨나는 것처럼, 기대의 기대 가능성에서 의심이 나타날 때, 즉 예상 가능성의 우연성이 의식되면 기대의 양상들이 생겨난다.

118) 연구에 관한 개괄은 Ralph M. Stogdill, *Individual Behavior and Group Achievement*, New York 1959, 59-119를 보라.

서 그리고 특히 사회적인 조정에서 실망할 경우에 대책 없이 그냥 그렇게 있지 않고, 세계를 모르고 단지 잘못 기대했던 어떤 사람으로서 웃음거리가 되지 않게 현재 벌써 확실성이 만들어져 있다.

실망할 경우 기대함에 대한 지향은 **차이**에 대한 지향을 뜻한다. 차이는 충족되지 않을 경우를 전제한다. 즉 기대가 실망될 것인지 아닌지의 질문에 달려 있지 않다. 불확실한 것, 실망은 오히려 확실한 것처럼 그렇게 다루어지며, 그렇다고 하면 이 경우에 기대를 포기하거나 바꾸든지, 아니면 그렇게 하지 않을 것인지를 질문해야 할 것이다. 학습할 것이냐 학습하지 않을 것이냐를 질문해야 한다. 학습 준비가 된 기대들은 **인지들**로서 양식화될 것이다. 실재(Realität)가 기대되지 않은 다른 면을 보이면 기대들을 바꿀 준비가 되어 있다. 친구가 집에 있다고 생각했는데 전화를 받지 않는다. 즉 그는 집에 없다. 그런 사실은 생각의 전제로 삼을 수 있고, 이 상황에서 그 다음에 의미 있는 행동을 찾을 수 있다. 그와는 달리 학습하려 하지 않는 기대들은 **규범들**로 양식화된다. 규범들은 실망의 경우에도 사실에 맞서 고수된다. 그 친구가 집에 있었지만 방해받고 싶지 않았다는 말을 나중에 듣는다. 또는 그가 집에서 전화를 기다리기로 약속했던 것은 분명한 일이었다. 그러면 전화를 기다리는 상태와 더욱이 약속을 포기하고 싶지 않기 때문에, 기대를 수정할 계기를 찾지 않는다. 그렇게 하는 것이 정당하다고 느끼고 친구 또한 그렇게 생각하게 된다. 친구는 기대를 다시 세우는 사과를 모색할 것이다.

이 보기는 인지적 기대와 규범적 기대가 가까이, 서로 중첩된 정도가 되도록 그렇게 선택되었다.[119] 우리는 사실들을 인지하지 않을 수

---

119) 이 점은 이 구분을 가지고 작업하는 사회학적 연구에서 늘 새롭게 분명해진다. 그 점에 관련된 사례 연구로서 Barbara Frankel, "The Cautionary Tale of the Seven-Day Hospital: Ideological Messages and Sociological Muddles in

없다. 우리는 전화를 무한정 울리게 할 수 없다. 그리고 그 순간에 우리는 기대가 어긋나지 않게 저항했다는 흔적 역시 체험한다. 얼마나 화나는 일인가? 우리는 어떤 중요한 것을 통보하려 했었고, 이제는 이 의도를 실현할 다른 방법을 찾아야 한다. 그래서 인지적 기대와 규범적 기대를 완전히 분리하는 것, 차이를 수립하는 것은 기대 층위에서는 거의 불가능하다 — 거의 보이지 않는 누군가에게 말할 수 있을 정도로 그렇게 비개연적인 기대에서 그러한 것처럼 말이다. 인지적 기대 요소들과 규범적 기대 요소들이 혼합된 상황은 일상 세계에서는 정상적 사태이며, 실망에 대한 반응의 분량을 정하는 것이 타당할 때에는 (사회적 행동을 위한, 상응하는 조정 문제를 갖춘) 고도의 숙련을 필요로 한다. 오직 그러한 혼합 형식만으로 의미 영역들과 행동방식들에 대한 기대 태세가 확장될 수 있으며, 그것은 전제된 진행을 맹목적으로 신뢰할 수 없을 정도로 그렇게 복잡하다.

이 점에 추가하여, 기대의 양상 형식에 고정되어 있다는 것이 기대가 충족되지 않는 경우에 와서야 필요해진다. 우리는 생각지 않게 상황 속에 빠져 들어갔다. 실망은 발생한다. [헬무트 슈미트 전임]수상은 흡연을 다시 시작했다.[120] 이제는 반대를 인지적으로 또는 규범적으로 기다렸던 것인지 분명해져야 한다. 실망은 우리가 위에서 고정한 바로 그런 의미에서 하나의 사건이다.[121] 실망은 의외성이라는 순간을 함께 가지고 오며, 그렇게 됨으로써, 바로 그 때문에 기대 가능성의 정상 구조에 다시 자리를 잡아야 하는 사건이다.

이 모든 것에도 불구하고, 차이는 조화를 이루어 나간다. 차이는 한

a Therapeutic Community", in: Klaus Krippendorff (Hrsg.), *Communication and Control in Society*, New York 1979, 353–373을 참조할 것.

120) 1982년 1월 12일자 신문보도.

121) 553 이하를 참조할 것.

번 허용되면, 우발을 불러오며, 민감성을 형성하며, 구분 능력을 강화하며, 언제나 새롭게 결정을 강요한다. 차이는 후속 형식 형성, 후속 상징화, 후속 정보 처리의 관련점이 된다. 그리고 그로 인해 불확실한 것으로 의식된 기대를 강화한다. 무엇보다도 규범적이며 반사실적인 기대는 기대하는 사람이 정당화되고, 실망에도 불구하고 자신의 기대를 계속 고수하고 공적으로 대변함을 통해 고정될 수 있다. 그 경우에는 실망의 인식은 기대 자체의 운명에 관해 결정하는 것이 아니라, 이 사전 결정이 타당성, 당위의 특별한 의미 영역으로서 상징화될 수 있다.[122) 결국 차이는 당위와 존재의 차이로서 표현될 수 있으며, 이 의미론을 가지고 다시 사회적 체계 내에 설치될 수 있다.[123)

당위와 존재의 의미론은 술어들—소통 체계에서 소통적 선택을 수용할 것이라는 기대만을 상징화하는 술어들—의 존재화에 연결된다.[124) 이것은 다시 자기충족 예언으로서 사회적 체계에 역작용하

---

122) 주로 민속학적이며 사회학적 규정들은 이 지점에서 분석을 시작한다. 즉 그 규정들은 당위 생각들의 기능을 전혀 묻지 않고, 그러한 당위 생각들이 사실상 존재하는 것으로서 규범을 정의한다. 많은 경우에 있어서 Paul Bohannan, "The Differing Realms of the Law" (1965), in ders., *Law and Warfare: Studies in the Anthropology of Conflict*, Garden City N. Y. 1967, 43-56 (45)의 재판본을 참조하라. "규범은 많건 적건 공공연하게, 하나의 규칙이다. 그것은 인간들 사이의 관계의 '당위적인'(ought) 측면들을 표현한다.

123) 그러면 이 차이는 경험적인 것과의 모든 관련을 부정하게 될 것이다— 알려진 것처럼 한스 켈젠의 법이론에서는 그러하다. 그 점에 관해 이후의 이론 발전 관점에서 Ralf Dreier, "Sein und Sollen: Bemerkungen zur Reinen Rechtslehre Kelsens", in ders., *Recht—Moral—Ideologie: Studien zur Rechtstheorie*, Frankfurt 1981, 217-240을 참조할 것. 그러면 이 주장이 옳거나 단지 유지 가능하기만이라도 한지, 그렇지 않은지를 질문할 수 없다. 그 대신 순수한 (정화된)차이들에의 지향이 실망들의 선취와 해결에 대해 어떤 의미가 있는지를 질문해야 한다.

는, 성공에 대한 생각 내지는 진보에 대한 생각을 진작시켰다. 그 경우에는 규범화를 통해 대체로 순응 행동이 도달되는 것처럼 보인다. 그리고 지식을 증대시키고 무지를 감소시키는 인식의 진보가 이루어지는 것처럼 보인다. 하지만 처음에 그리고 직접적으로 도달되는 것은 새로운 차이들을 몰아내는 것밖에 없다. 규범적 기대 양식에 상응하는 것은 순응 행동과 일탈 행동의 차이이다. 인지적 기대 양식에 상응하는 것은 지식과 무지의 차이이다. 즉 기대의 선택된 양상화는 처음에는 양상화에 의존하는 후속 차이들을 만들어낸다. 전체 구조물에서 이것은 이제 이미 세 번째 단계가 되었다. 기대의 충족/실망의 차이는 규범적/인지적 기대의 차이 안에 설치되며, 그 다음에 그에 의존하면서 규범적/순응적 내지는 지식/무지가 재구성된다. 그로 인해 관계들이 개선될 것인지의 여부는 안심하고 그냥 놔둘 수 있다. 어쨌든 도달 가능한 것은, 사회적 체계 내에서 조건화를 위해 변동된 출발점들이다. 즉 그 후 사정에 따라 그리고 구체적인 기대 맥락에 따라 바라는 성과를 많건 적건 도달할 수 있는 출발점들에 도달할 수 있다.

이 개념은 지난 수십 년간 집중적으로 토론된 주제들에서 떠오른다. 그것은 "낙인론적 접근"을 감안한다(물론 일탈행동이 그 자체가 무해하고 감당할 수 있으며 오직 표현만으로 그렇게 되었다고 주장하는 것은 아니다).[125] 그 개념은 이른바 과학적 진보가 전형적으로, 해결

---

124) 이 점에 관해 위 제4장 4절을 참조할 것.

125) 낙인이론의 대표자들이 이 점을 실제로 주장하는지 그리고 어느 정도로 주장하는지는 대개 분명하게 인식되지 않는다. 그들의 이론은 여기서 자리를 잘 잡은 불명료성이 있다. 하지만 계몽의 관심은 한편으로는 "범죄화" 기관들을 향하며, 이 기관들의 자기서술, 말하자면 그것들이 유해 행동을 저지하기 위해서 그리고 오직 그 때문에 관여해야 한다는 서술이 항상 함께 작용한다.

된 문제들보다 해결되지 않은 문제들을 더 많이 만들어낸다는, 즉 지식과 비교했을 때 무지를 더 큰 비율로 증대시킨다는 것도 고려한다. 그러나 우리는 여기서 전통적인 성과 관점으로부터 단순히 돌이키는 것으로 만족하지 않을 것이다. 우리는 단순히 반대를 주장하는 것이 아니다. (그렇게 하는 것은 보통 마찬가지로 틀린 이론으로 이끌 것이다.) 우리는 다른 구조 전제를 근거로 삼는다. 과거의 이론들에서 가치 관점이나 진보의 목표로 채워져 있는 자리에(그리고 이렇게 되어 있는 것은 그 자체가 아프리오리의 후계이다), 이제는 차이라는 범주가 들어선다. 그리고 이러한 가치들과 관련하여 상황의 개선 내지는 악화의 자리에, 이제는 차이들을 만들어내는 차이들의 정보 획득과 정보 처리의 복잡화가 들어선다. 평가는 관찰자에게 맡겨진다. 그리고 평가는 체계의 자기관찰의 측면으로서 바로 이 자기준거적 정보처리의 맥락에서만 유일하게 가능하다.

그것은 기초이론적인 개념이 이 추상화 상황에 묶여 있다는 것을 뜻하지 않는다. 추후 분석들로의 이행은 조건화 개념에 의해 가능해진다. 인지적 기대와 규범적 기대가 도입되기만 하면, 하나의 형식이나 다른 형식을 향해 경로화하는 것은 쉬워질 수 있다. 인지들과 규범들에 대해서는 상이한 안전망이 발전되며, 상이한 보호체계들, 특히 학문체계와 법체계가 분화된다. 그 후에는 그와 관련하여, 기대함이라는 양상 형식의 안정성을 전제하는 새로운 불확실성이 허용될 수 있게 된다. 과학은 가설만을 정식화하고 있을 뿐이다. 법은 변동가능한 실정법만을 허용할 뿐이다—두 경우 모두 적어도 어떤 지점에서는 그래도 반대를 주장해야 한다는 역설에 대한 강요를 가지고 말이다.

지식과 법의 맥락에서 극도로 비개연적인 기대가 그럼에도 불구하고 수립되고 충분한 확실성이 부여될 수 있다. 그러한 확실성에 대해서는 철회 가능성이 허용되어야 한다. 그래서 우리는 언제나 새로운 구조화 가능성을 얻는다. 최근에 와서야 이 상승의 획득에도 제한이 가해져 있지 않은지가 의문시되고 있다.[126] 그러나 그밖에도 인지적으로 기대되는지 아니면 규범적으로 기대되는지에 따라 상이한 위험 흡수 형식들을 일상적인 상황에서도 확인될 수 있다. 그래서 규범적 기대에서는 무엇이 옳은지에 대한 결정을 마음 놓고 현실(Realität)에 맡길 수 있는 인지적 기대에서보다 순응에 대한 사회적 압력이 보통 더 강하다.[127] 그밖에도 규범적 기대는 그 기대를 제기하는 사람을 인지적인 투사보다 더 강하게 구속한다. 그 다음에 그 기대를 관철하겠다는 압력은 저항에 맞서서도 더 크며, 따라서 불확실한 가운데 그 즉시 규범적으로 전념하는 데에 대한 조심성도 더 크다.[128] 규범적 기대에서 다른 해석 양식, 더 강하고 단호한 참여와 어쩌면 상응하는 감정이 기대된다는 점이 그 점과 관련이 있다.[129] 그

---

126) 예를 들어 사회적 생활의 "법제화"와 법을 통해 진행되는 복지 증대 보장과 복지 분배 보장의 한계들에 관한 비판적인 논의에서 그러하다. 예를 들어 이 주제에 관해 많은 자료를 갖고 있는 Rüdiger Voigt, "Mehr Gerechtigkeit durch mehr Gesetze?", *Aus Politik und Zeitgeschichte B 21* (1981), 3-23; 그밖에도 ders. (Hrsg.), *Gegentendenzen zur Verrechtlichung*, Opladen 1983을 참조할 것.

127) 사실상의 판단과는 다른 가치 판단들의 경우를 위해 Peter M. Blau, "Patterns of Deviation in Work Groups", *Sociometry 23* (1960), 245-261 (258-259)를 볼 것.

128) 일상생활에서의 법 질문의 주제화 관점에서 Niklas Luhmann, "Kommunikation über Recht in Interaktionssystemen," in ders., *Ausdifferenzierung des Rechts: Beiträge zur Rechtssoziologie und Rechtstheorie*, Frankfurt 1981, 53-72를 참조할 것.

129) 이 점에 관해 William J. Goode, "Norm Commitment and Conformity to Role-Status Obligations", *American Journal of Sociology 66* (1960), 246-258 (특히 256-257)을 참조할 것.

것은 물론 규범을 감정적인 입장으로 정의한다는 것을 뜻하지는 않는다. 그러나 명시적으로 반(反)사실적이며 의식적으로 가르칠 수 없는 기대 태도의 더 큰 위험은 상응하는 내적 태도로 보상되어야 한다. 왜냐하면 그런 방식으로만 관철 태세 그 자체가 다른 사람들에게 설득력 있고 기대될 수 있을 것이기 때문이다.[130] 결국 규범적 기대가 침해된 경우에는 규범의 재생산을 위한 준비 상태가, 적어도 설명이나 해명의 형식으로 기대될 수 있다. 부인하는 것만으로도 규범을 회생시킬 수 있다.[131] 규범은 상황을 해명하는 데서 함께 작용하는 의무로 변환된다. 규범은 더 이상 손해를 복구할 수 없을 때에도 상징적으로 입증될 것을 요구한다.

규범적 기대와 인지적 기대의 차이가 한 번 세워지면, 독특한 중간 영역이 생성된다. 점점 더 많이 사고가 발생하거나 우발로서 풀려나갈 수 있는 그 밖의 우발적인 손실이 만들어진다.[132] 즉 규범적 제재에 대한 계기도 기대의 학습될 적응에 대한 계기도 주지 않는다.[133]

---

130) 여기서는 소통만이 관건이기에, 감정화된 생각들로부터 더 높은 일관성이 더 낮은 내적 일관성을 기대하는 것이 어째서 심리학적으로 설득성이 있는지의 여부와 이유는 여기서 완전히 규명되지 않은 채 남아 있다. 현대적 유형의 거대사회를 위해 특별히 더 많은 주목을 끄는 또 다른 질문은 다음과 같다. 누군가를 개인적으로 잘 알지 못할 바로 그때에 감정화된 생각들을 기대하는가 아닌가? 그리고 그 생각들이 좋은 관계에 근거하여 불필요한 것이라고 기대하는가 아닌가?

131) 이 점에 관해 Marvin B. Scott/Stanford M. Lyman, "Accounts", *American Sociological Review 33* (1968), 46-62; Philip W. Blumstein et al., "The Honoring of Accounts", *American Sociological Review 39* (1974), 551-566; John P. Hewitt/Randall Stokes, "Disclaimers", *American Sociological Review 40* (1975), 1-11을 참조할 것.

132) 유감스럽게도 독일어에는 "accident"를 번역할 수 있는 다른 개념이 충분히 주어져 있지 않다.

133) Edward A. Suchman, "A Conceptual Analysis of the Accidental

이것은 상이한 사정들이 불행하게 동시 발생한 것이며, 그런 사건은 누구도 감안할 필요가 없었고 앞으로도 감안할 필요가 없는 것이다. (신문이 바로 그런 어떤 것을 매일 보도하더라도 말이다.) 구조 문제는 일회적이며 반복 불가능한 것으로서 해석함으로써 포획되고 손해에 대해서는 보험이 떠맡는다.

그 밖의 세부 사항을 자세히 다루지 않고서,[134] 우리는 고도의 불확실성을 끌어들여서 처리하는 것이, 그것의 생성과 재생산이 차이에서 비롯되는 구조를 통해 가능해진다는 점을 핵심적인 이론적 통찰로서 고수하고자 한다.[135] 구조 형성은 어떤 원칙, 어떤 시작에 사전 형성되어 있지 않다. 그것은 상태 A가 상태 B로 넘어가는 방식을 확정하는, 객관적인 역사적 법칙의 척도에 따라 진행되지도 않는다. 오히려 체계 형성 문제를 차이로 바꾸는 것이 결정적인 것으로 보인다. 이때 관건인 지점이 선택되면, ─ 우리는 그런 지점이 사회적으로는 이중 우연성이며, 시간적으로는 실망될 수 있는 기대라고 생각한다 ─ 시간이 진행되면서 우발 사건들로부터 질서들이 생성된다. 항상 발생하는 것은 (1) 기대 형성과 (2) 기대 유보 또는 포기의 대안에 대한 기대 테스트를 종용한다. 그러면 이 결정을 그 자신이 기대 가능하게 만들며 자신의 토대, 합의 기회, 예외 허용 등을 조달하는 의미내용들(Sinngehalte)이 결정화되는 일이 일어나지 않을 것이다. 그 다음에는 시간 진행에서 그렇게 구축되는 기대 구조들은 그 자신이 장애에 민감해서, 이 장애를 언급하고 장애를 저지하거나 구조 획득으로 변환시킬 수 있는 새로운 의미층들, 보다 추상적인 의미론들, 이론들이 형성된다. 그러면 이 층위에서 규범 체계들은 다시 학습 태

Phenomenon", *Social Problems 8* (1960-61), 241-253을 참조할 것.

134) Niklas Luhmann, *Rechtssoziologie 2. Aufl.*, Opladen 1983, 40 이하도 참조할 것.

135) 그 점에 관해 근본적으로 201 이하.

세를 갖춘다. 예를 들어 사례 경험을 지향하는 도덕 결의론이나 법
교의학이 형성될 수 있다. 그리고 역으로 인지체계들 안에 규범적인
지지대가 설치된다. 우리는 막 체계화된 인지를, 개별 경험들이 그
인지와 상충하더라도 그렇게 신속하게 포기하지 않는다. 왜냐하면
그것을 포기한다는 것은 너무 많은 것의 누락을 의미할 것이며 대체
를 예견할 수 없기 때문이다.

오랜 시간과 오랜 진화 다음에는 생성된 질서를 어떤 원칙의 관점
에서 파악하거나 상대적으로 단순한 개념 수단만으로 기술하는 것
은 더 이상 거의 가능하지 않게 된다. 발생적 규제만이 단순하게 파
악될 수 있고, 결과는 단순하게 파악될 수 없다. 이러한 사정은 모든
유기체에 있어서 적용되고, 사회적 체계에 있어서도 마찬가지이다.

13. 규범 개념에서 기대 일반화 개념으로: 법과 지식

규범 개념을 이론적으로 이차적인, 도출된 지점에 도입하는 것은
자연법적 전통과 관련되었을 때만 이례적인 것이 아니다. 그렇게 하
는 것은 주요 사회학적 이론 제안과도 대립하고 있다. 우리는 구 유
럽적 사회이론에서와는 달리 규범적인 사전 추정들을 출발점으로
삼지 않는다. 우리는 뒤르켐이나 파슨스의 사회학에서와는 달리 사
회질서 그 자체의 사실성이나 가능성의 궁극적인 설명이 규범 개념
에 있다고 보지 않는다.[136] 우리는 사회의 규범이나 가치와 관련하여

---

136) 오늘날에는 예를 들어 클라우디우 수토(Cláudio Souto)가 사회적인 것은 규
　　범적인 환원을 통해 성립한다는 테제를 가지고, 명시적으로 이 입장을 고집
　　한다. "Die soziale Norm", *Archiv für Rechts- und Sozialphilosophie 63* (1977),
　　1-26; "Die sozialen Prozesse: Eine theoretische Reduktion", *Archiv für*

사회학이론의 고유한 과제를 정식화하는 과제를 사회학이론에 부여하지도 않을 것이다. 이러한 일에 대해서는 낙담스런 경험들이 이미 너무 많이 있다. 바로 최근 몇 년 동안에도 그렇다. 그래서 막 새롭게 단장한 해방의 사원에 벌써 다시 잡초가 무성하고, 신도들은 제식을 포기한 것처럼 보인다.

그러나 규범 중심적인 이론과 관련한, 이러한 회의적인 금욕은 물론 사회적 생활이 규범 없이 가능하다고 상상할 수 있다는 뜻은 아니다. 규범이나 가치에 자기를 구속하는 것은 사회적 생활의 전반적인 측면이다. 그러나 그렇게 하는 것은 인간들이 사회질서 내에서의 삶을 평가하고 그 생활을 일종의 본질적인 합의를 통해 보상하는 것으로 성립되지는 않는다. 그러한 "사회계약"은 그 주장에 전제된 선택 상황이 존재하지 않기 때문에, 존재하지 않는다. 그러나─사실상, 모든 순간에 그리고 모든 구체적인 세부 사항에서─유의미한-자기준거적인 (자기생산적) 재생산의 필연성과, 그와 함께 의미내재적인 일반화의 필연성과, 그와 함께 그러한 일반화가 위험해지고 실망에 취약해지는 곳에서 그 일반화를 지탱할 필연성은 존재한다. 바로 이러한─이론적으로 도출되었으며 더 이상 '근본적'이지 않은─지점에서 비로소 규범의 기능이 맞물린다. 규범의 기능은 필요하며, 규범들은 사실에 맞서 주장할 만한 일반화들이 요청되는 한에서 발전된다.

이러한 이론적인 재배치를 가지고 예컨대 규범의 사회적 중요성 내지는 사회전체적인 중요성을 처리할 수 있는 것은 아니다. 사회학

Rechts- und Sozialphilosophie 66 (1980), 27-50; ders., *Allgemeinste wissenschaftliche Grundlagen des Sozialen*, Wiesbaden 1984를 볼 것. 이와 유사한 Roberto Mangabeira Unger, *Law in Modern Society: Toward a Criticism of Social Theory*, New York 1976도 참조할 것.

이론이 변수로서의 규범성을 체계유형 내지는 사회구조적 발전과의 상관관계에 둘 수 있다는 것만이 요구될 뿐이다. 그리고 이 요구를 기능적 분석을 통해 그리고 규범내재적인 단순한 일반화(예를 들어 "신의성실의 원칙"(pacta sunt servanda))와 근본적인 것으로서 주장된 규범과 가치들의 내용적인 공동화(空洞化)를 통하지 않고서 해결하고자 시도할 것이다. 개괄된 이론 접근을 토대로 하여, 예를 들어 사회체계들 또는 개별 사회 영역들(가령, 경제, 학문)에서 구조가 규범적 기대 양식에서 인지적 기대 양식으로 이행하는 경향이 있는지, 그리고 그러한 변화들이 부분체계들에만 있다면 어떻게 전체체계에 영향을 미칠 것인지를 질문할 수 있다.[137] 모든 사회질서가 규범을 생산하며 규범에 의존한다는 경험적으로 부인할 수 없는 테제는 그러한 질문을 통해, 이 (평범한) 파악으로부터 분리되어 "의미내재적인 일반화 위험"으로서 관련 문제의 특화를 통해, 더 정확하게 그리고 더 비판적인 잠재력을 가지고 재정식화된다. 이 과정을 통해 기본 문제는 규범 개념에서 일반화 개념으로 이전된다.

자신들이 관련짓는 사실상의 사건으로부터 일정한 독립성을 유지하는 가운데 타당한 기대들은 일반화된 것으로서 지칭될 수 있다. 우리는 이 정의를 통해 의미 일반화에 관한 설명에 연결한다(제2장, 제9절). 일반화된 기대들이 내용적으로 다소간 미규정 상태에 두는 것은 정확하게 무엇이 기대되는지이다. 예를 들어 접시를 떨어 뜨리면, 깨진 조각이 어떤 모양이어야 하는지가 기대된다. 일반화된 기대들은 발생의 시점을, 또는 발생이 도대체 "나타날 것인지 아닌지"를 미결정 상태에 둘 수 있다. 그것들은 궁극적으로는 사회적 차원에서의

---

137) 이 점에 관해 Niklas Luhmann, "Die Weltgesellschaft", in ders., *Soziologische Aufklärung Bd. 2*, Opladen 1975, 51-71.

질문, 특히 누가 같은 생각으로 기다리며 누가 그렇게 기다리지 않는지의 질문을 미결정 상태에 둘 수 있다. 시간적이며 사실적이며 사회적인 일반화를 통해 불확실성이 수용되고 흡수된다. 기대는 그럼에도 불구하고 타당하며 요구들을 충족시킨다. 왜냐하면 그렇지 않으면 기대들은 포기될 것이기 때문이다.

일반화의 다른 기능은 행동주의 심리학에 의한 개념의 발견에서 전면에 나타났다.[138] 그 기능은 환경과 체계 사이의 복잡성 격차와 관련된다. 그 개념은 두 가지 관찰을 기록하는데, 그 관찰은 단순한 '자극/반응-도식'을 가지고 작업하는 것을 어렵게 만든다. 그리고 이 두 관찰을 하나의 개념을 가지고 설명한다. 체계는 한편으로 환경의 상이한 자극에 같은 반응으로 대답할 수 있다. 체계는 환경의 상이성에도 불구하고 동일한 반응 양식을 선택한다. 즉 환경의 복잡성을 환원시킬 수 있다. 다른 한편 체계는 동일한 사실 상황 내지는 불변적으로 유지되는 사실 상황에 대해서도 상이하게 반응할 수 있다. 즉 체계는 자기 자신을 조건화할 수 있다. 체계는 환경 내에는 직접적인 상관물을 가지고 있지 않은 내적 조건들을 지향할 수 있다. 이런 점에서 체계는 복잡성에 대한 특수한 관점에서도 환경에 우월

---

138) 개괄을 위해서는 예를 들어 Franz Josef Stendenbach, *Soziale Interaktion und Lernprozesse*, Köln 1963, 특히 90 이하를 참조할 것. 또 다른 문헌들은 위 제2장 각주 71에 있다. 사회학의 수용은 탤컷 파슨스의 제안으로 소급된다. *The Social System*, Glencoe Ill. 1951, 이 곳 저 곳, 특히 10-11, 209 이하; ders., "The Theory of Symbolism in Relation to Action", in: Talcott Parsons/Robert F. Bales/Edward A. Shils, *Working Papers in the Theory of Action*, Glencoe Ill. 1953, 31-62 (특히 41-41)을 참조할 것. 다음 내용들이 결정적인 통찰에 속한다. 자아의 상황들과 타자의 상황은 결코 완전하게 같을 수 없기 때문에, 일반화는 소통 가능성의 조건이다. 그러면 그 점에서부터 상징적 일반화와 함께 가능한 소통의 여지들이 변이하는, 즉 증대되거나 감소될 수 있는 결과가 생겨난다.

하다.

불확실성의 흡수 기능과 복잡성 조정 기능은 명백하게 서로 연관 관계에 있다. 그리고 일반화는 또한 이러한 연관성을 위한 개념이기도 하다. 체계는 일반화 위험, 완전하게 규정되지 않은 것의 불확실성을 넘겨받고, 그럼으로써 같지 않은 것을 똑같이, 그리고 똑같은 것을 같지 않게 다룰 가능성을 얻는다―체계와 환경 관계에서의 문제 상황에 따라서 말이다. 일반화 개념은 물론 그 자체로 하나의 일반화이다. 그 개념은 체계가 어떻게, 어떤 일반화하는 기대에 이르는지를 해명하지 못한다. 그 개념은 체계의 구조를 일반화하는 체계의 작동적 개념이 아니다 (또는 어쨌든 반드시 하나의 작동적 개념인 것은 아니다). 그 개념은 무엇보다도 성공한 일반화와 실패한 일반화에 관해 소통 가능성의 조건만을 말해줄 뿐이다. 이 모든 것은 상당한 인식 포기이다.[139] 이 개념을 가지고 도달 가능한 특수한 인식 획득을 작업해내는 것이 갈수록 중요해진다. 그것은 일반화 성과들의 강화의 조건들과 파생 문제들과 관련된다.

일단 일반화는 체계 안에서 재구성된 (체계 자체의 또는 환경의) 미규정성이다. 일반화는 일반화가 재특화들을 요구하며 특화들에 준거점을 준다는 사실로 인해 단순히 알려지지 않음, 분산성, 모호성과는 구분된다. 이렇게 되기 위해서는 많은 가능성들이 있다. 상대적으로 구체적인 층위에서 예를 들어, 전형적인 사물들이나 태도에서 가시화될 수 있는 가능성들이 있다. 상승의 이해 관심, 훨씬 다양한 것과 아직 알려지지 않은 것을 포괄하는, 더 높은 일반화에 대한 이해 관계는 그에 연결하여 매우 선택적으로 작용한다. 그 이해관계는 기

---

139) 그것들은 진화이론(또는 비슷하게 구축된 학습이론)과의 조합을 통해 완화될 수 있다. 그러면 기본 진술은 다음과 같아진다. 어떤 기대들이 성공적으로 일반화될 수 있는지는 진화(내지 학습)를 통해 드러난다.

대 일반화의 기능이 정밀화될 것을 요구한다. 그 관심은 양상화를 통해, 더 많은 인지적 기대와 더 많은 규범적 기대 간 선택을 통해 생겨난다. 어떤 방향으로 시간적으로 일반화되는지에 따라서 실망 기대의 특정한 문제와 관련하여 재특화의 상이한 조건들, 즉 기대가 관철되지 않으면 학습을 준비하거나 기대를 관철시킬 준비가 생겨난다.

한 방향에서 보면 일반화는 학습 조건이다. 이 학습 측면에서는 기대들은 지식으로 다루어진다. 일반화하는 선취가 전혀 없다면, 학습은 심리적 체계에서도 사회적 체계에서도 가능하지 않다. 왜냐하면 그때에는 결코 상이하지 않은 사태들이 같은 경험을 입증할, 즉 구조 획득을 뒷받침할 수 있을 것이기 때문이다(재강화).[140] 우리는 지식을 학습할 수 있기 위해, 알아야 한다. 즉 학습은 고수해야 할 지식과 변화되어야 할 지식의 열린 조합이다. 그리고 오직 그러한 조합에서만 일반화된 인지적 기대들이 지식으로서 다루어진다.[141] 바로 이 기능의 의미론적 상징화가 "지식"이다.

우리가 무지를 변환하는 경우도 이 학습 개념과 지식 개념으로 포괄할 수 있다. 세계 시야는 완전하다. 이전에는 아무 것도 없었던 곳에서 지식을 획득하는 것도 그래서 기존 지식 상황의 재구조화를 요구한다. 〔인디언들이 먹는 과일인〕 아보카도가 있다는 것을 전에는

---

140) "일반화된 재강화자"(generalized reinforcers)에 대해 예를 들어 Alfred Kuhn, *The Study of Society: A Unified Approach*, Homewood Ill. 1963, 84 이하를 볼 것. 심리학적 연구를 위해서 개괄들을 Stogdill a. a. O. 60 이하를 보거나, *Handbuch der Psychologie Bd. I*, Göttingen 1964, 76-117 (103 이하)와 347-370 (357 이하)에 대한 클라우스 아이페르트(Klaus Eyferth)의 논문들을 보라.

141) 이것을 지식 개념의 기능적 "정의"로서 기록하고 그럼으로써, 지식 개념이 모든 인류학적 정의들로부터 분리되고, 즉 더 이상 특수한 정신적 능력의 단순한 상관물로서 파악되지 않는다는 점을 동시에 확인할 수 있다.

몰랐다. 이제는 아보카도가 있음을 안 만큼 먹을 수 있는 것의 지평이 확장되었다. 그리고 아보카도가 카르슈타트 백화점에도 있다는 것을 학습할 수 있다.

따라서 지식은 학습 과정, 더 정확하게 말하면 그 시점에 현재화되는 기대 구조에 대한 학습 가능성 조건이며 규제자이다. 그래서 학습 가능성들이 구축되려면, 지식 상황이 상응하게 준비되어야 한다. 지식 상황은 암묵적이건 그 다음에 명시적이 되건, 자신의 고유한 변동 가능성에 맞추어 파악되어 있어야 한다. 지식 상황은 자신의 기대 확실성, 자신의 구조 가치를 발견할 수 있고, 그 다음에는 더 이상 자신의 엄격성과 불변성에서가 아니라, 교체할 수 있기 위해 필수적인 것으로 보는 조건들이 정확하게 언급되어야 한다는 데서만 [기대 확실성, 구조 가치를] 발견할 수 있다. 그 경우에는 확실성은 조건화된 변동 가능성에 근거하며 "그밖에는 아니다!"라는 생각에 기초한다.

학습 태세는 극단적으로 비개연적이지만 다소간 개연적인, 심지어 의도적으로 끌어온 (실험적인) 조건에도 관련될 수 있다. 학습은 사물 도식에 묶여 있다는 점에서, 일반적으로 축적되는 방식으로 이루어진다. 아보카도가 인디언들이 사용하는 발사체라는 의미도 있음을 들으면, 이 추가 지식은 아보카도가 먹을 수 있는 것이라는 지식을 삭제하는 것이 아니라, 보충하기만 할 뿐이다. 세계는 학습 과정을 통해 더 복잡해진다. 그리고 망각은 특히 문자가 없는 사회에서는 그러한 과정에 속하는 교정[수단]이다.[142]

또 다른 동인은, 어떤 조건에서 기대를 교체해야 하고, 어떤 의미 방향으로 기대를 교체해야 하는지를 정확하게 알 때에만, 학습 태세

---

142) Jack Goody/Ian Watt, "The Consequences of Literacy", *Comparative Studies in Society and History 5* (1963), 304-345 (308 이하)를 참조할 것.

를 갖출 수 있다는 것이다. 이 조건들은 의외성의 상황과 실망의 상황에서는 충분히 신속하게 파악될 수 없다. 그것은 다시 충분한 대안 지식들, 환경 지식들, 비교 지식들—간단히 말해 근거로 삼을 수 있는 한 무더기의 비판적인 인지들—을 필요로 한다. 이 모든 것은 재특화 조건들로서, 불확실성을 확실성과 등가적인 것으로 허용하고 확실성 조건들을 상응하게 일반화시킬 수 있도록 해준다.

이렇게 지식을 다루는 것은 (그자체가 문자를 통해, 그리고 그 다음에 인쇄술을 통해 결정적인 자극을 가지는) 개념적이며 이론적인 지식 구성으로 이행되는 과정에서 한 번 더 기능의 방향으로 상승하며, 그럼으로써 처음으로 학습 태세를 체계적으로 분화할 수 있다—이렇게 하는 것이 과거의 지식을 희생시키는 곳에서도, 그리고 바로 그런 곳에서 그렇다.[143]

어떻게 이것이 가능한지는 충분히 복잡한 이론에 근거해서만 명료화할 수 있다. 특화, 일반화, 재특화는 함께 작용한다. 그리고 고도의 제한 가능성을 갖춘 인지적 구조들은 그런 방식을 통해서만 획득될 수 있다. 여기서도 특정한 기능의 이해관계에서의 불확실성의 확충이 중요해진다. 지식 획득에 있어서는 이제 특히 지식 요구가 반박된 것으로 타당해야 하는 조건의 특화만 중요해진다. 충분한 확실성을 요구하는 대신, 확실한 데서부터 확실하지 않은 데까지 이르는 인지적 기대의 관련만이 요구되며, 이 구조 결함은 이론과 방법의 완성된

---

143) 그 점에 관해, 인쇄술의 중요하기는 하지만 혼자서는 결정적인 영향을 발휘할 수 없었던 혁신에 집중하면서, Elisabeth Eisenstein, *The Printing Press as an Agent of Social Change: Communications and Cultural Transformations in Early-modern Europe*, 2 Bde., Cambridge, Engl., 1979를 참조할 것. Jack Goody, Literacy, "Criticism, and the Growth of Knowledge", in: Joseph Ben-David/Terry N. Clark (Hrsg.), *Culture and Its Creators: Essays in Honor of Edward Shils*, Chicago 1977, 226-243도 참조할 것.

요구들을 통해, 즉 그것을 위해 분화된 고유한 기능체계, 즉 학문체계에 대해서만 타당한 구조들을 환기시키는 것으로써 보충된다.[144)]

이러한 고려들을 계속하면 특수 연구영역으로 나아가게 되며, 그래서 여기서 중단되어야 한다. 그러나 그 고려들은 고전적 양식의 "지식사회학"이 자신의 과제를 너무 좁게 보았다는 것을 아마 명료하게 해줄 것이다.[145)] 지식을 가지고는 기대─그것의 실행이 (어쨌든 잠정적으로는) 필요하지 않는, 변동 태세 양식에서의 기대─를 인지적으로 구조화할 것이 요구된다. 그래서 사실 지식에 행동기대들이 연결될 수 있는 것이다. 상품의 적정성이 판매를 보장하고, 도로 봉쇄가 교통 흐름을 중단시키고, 질병이 침대에 누워있는 것을 정당화하며 적어도 그렇게 희망한다. 그밖에도 수많은 행동기대들이 인지들을 통해 보장된다. 행동기대들이 없다면 사회적 삶은 기능하지 않을 것이다. 이 점은 특히 경험에 따라 불가능한 것, 예를 들어 동시에 다른 장소에 있기, 동시에 상이한 회의에 참여하기 같은 모든 것에 대해 타당하다. 하지만 그렇게 하는 것은, 인지해 두는 것으로

---

144) 그 점에 관해 더 자세하게 Niklas Luhmann, "Die Ausdifferenzierung von Erkenntnisgewinn: Zur Genese von Wissenschaft", in: Nico Stehr/Volker Meja (Hrsg.), *Wissenssoziologie, Sonderheft 22 (1980) der Kölner Zeitschrift für Soziologie und Sozialpsychologie*, Opladen 1981, 102-139를 참조할 것.

145) 그 점에 관한 이유들은 여기서 충분히 상세하게 다룰 수 없다. 그 이유들은 부분적으로는 "유물론적" 유산에, 부분적으로는 진리들에 관한 진술들로 들어설 수 없고 유형이론적 해법으로는 충분하게 정화될 수 없는 진리 문제에 있으며, 부분적으로는 진리와 이데올로기의 엄격하게 과학적인 대립에 있다. 여기에 분과 분화의 이유로 인해 학습이론적 연구가 특히 심리학에서는 정착했지만 사회학에서는 정착하지 않았다는 점이 추가된다. 그럼에도 불구하고 지식사회학의 이해 확장을 위한 노력들은 오늘날에도 계속된다. 막 인용된 니코 슈테어(Nico Stehr)와 폴커 메야(Volker Meja)의 논문집을 참조하라.

서 반응하는 다양한 신호들에 대해서도 타당하다. 예컨대, 가격의 상승, 교통량 증대 또는 무엇보다 죽음의 끊임없는 사실성 등이 있다. 이것은 일반화 관점에서 고찰하면, 인지적 기대의 구조 가치, 즉 사건들, 특히 행위들을 연결하는 구조 가치의 능력이 높은 우연성을 함께 고려하는 데에 성공하면 상승될 수 있을 것이라는 것을 뜻한다. 그래서 복잡한 사회적 체계들이 형성되는 것이 가능해진다. 동시에 기대 일반화의 특수하게 인지적 양식을 뚜렷이 드러내는 것은 인지적/규범적의 차이가 더 중요해지며, 낡은 상징화들—가령 지식을 지혜로서 또는 규범체계의 토대를 자연으로서 다루는 상징화들—이 그로써 해체된다는 것을 뜻한다.[146]

적절하게 고쳐 말하면, 필요한 변동을 가해 사태를 규범적인 기대함에 접속시키는 일반화 영역에서도 드러날 수 있다. 여기서는 기대가능성 상승이 법의 형식을 취한다. 여기서도 그것을 위해 고려 대상이 되는 기대들의 제한을 통해 (그리고 그와 함께 정밀화를 통해) 상승이 이루어진다. 모든 규범적 기대가 자명하게 법의 자질을 갖추는 것은 아니다. 합의가 기대의 규범적 양식을 위해서만이 아니라, 제재에 대한 준비 상태와 실망시킬 경우에 있을 수 있는 갈등을 결말짓기 위해서도 전제될 수 있다는 점을 추가적으로 고려하여야 한다. 이런 점에서 법은 사회적 갈등을 해결하는 수단에 불과한 것이 아니다. 법은 일단 그리고 원칙적으로 사회적 갈등을 만들어내는 수단, 저항이 기대되는 데서, 그리고 바로 그곳에서 기대, 요구, 거부의 지지대가

---

146) 그렇게 빈번하게 사회문화적인 진화에서 나타나는 것처럼, 이것은 일직선적인 진보가 아니었다. 정반대로 의미론적 제목인 지혜(sagesse)와 자연이 1600년 경 의식적으로 현대적인 토대로의 전환 과정에서 일단 아주 분명하게 강조된다는 점이 돋보인다. 입증된 용어학을 이제 처음으로 제대로 사용하는 것이 관건이 되는 것처럼 말이다.

된다.[147] 그밖에도, 전제될 수 있는 합의를 이렇게 요구한다는 점으로부터 사실적 일반화에 대한 제한이 만들어진다. 그러한 제한은 충분히 탈주체화되어야 하며, 그때그때 기대하는 사람에 대한 부분적인 관련으로부터 경감되어야 한다. 왜냐하면 그 경우에만 실망할 경우에 대비한 사회적 지지를 관련자들의 개인적 지식 없이도 충분히 분명하게 전제할 수 있기 때문이다. 따라서 법은 시간적, 사회적, 사실적 관점에서 일치하는 일반화가 특수하게 요구되는 조건에서 생성된다.[148]

법은 지식과 꼭 마찬가지로, 모든 사회적 체계들에 원초적 상태에 있으며, 국가에 의해 공식적으로 결정되고 제재되는 법에 소급하지 않고서도 생성된다——조직들, 가족들, 우표 교환 동아리, 이웃관계 등에서도 만들어진다. 어떤 체계도 지식 내지는 법이 만들어지지 않은 조건에서, 인지적 기대 내지 규범적 기대를 오랜 시간에 걸쳐 적용할 수 없다. 이것은 선택적으로 적절해진 지식 내지는 법일 수도 있을 것이다. 그러나 그것은 단지 체계 특수한 범위를 갖춘 새로운 형성일 수도 있을 것이다. 따라서 역사적으로 보면, 지식과 법은 도시적인, 계층화된, 정치적으로 공고화된 사회체계가 생성되기 훨씬 이전부터 존재한다. 그러나 그렇다면 그러한 사회체계의 진화는 지식으로서 내지는 법으로서 사회 안에서 인정을 받을 수 있는 것의 형식을 바꾸는 성과 획득을 가져 온다——그리고 다시금 구조 형성 가능성을 제한하고 그에 기초하여 확장하는 것을 통해서 그렇게

---

147) Niklas Luhmann, "Konflikt und Recht", in ders., *Ausdifferenzierung des Rechts: Beiträge zur Rechtssoziologie und Rechtstheorie*, Frankfurt 1981, 92-112를 참조할 것.

148) 여기에 대해 더욱 상세하게 Niklas Luhmann, Rechtssoziologie a. a. O., 94 이하.

된다. 공식적으로 타당한 지식 내지는 법은 성문화(成文化)되며 약호화된다. 의심스럽게 새로 형성되는 경우를 위한 "최종 심급"이 된다는 것이다.[149] 그러나 그럼에도 불구하고 지식 자질 내지는 법 자질을 갖춘 체계 특화된 기대 구조가 유지된 상태로 남을 수 있다—예를 들어 아동들의 취침 시간에서, 오랜 여행에서 선물을 가져오는 데서, 식사 습관 등에서 가족에서 만들어지는 지식들과 요구들로서 말이다.

지식을 통해서와 법을 통해 매개되는 구조 획득의 동일시가 이런 방식으로 가능해지면, 그로 인해 지식사회학과 법사회학을 위한 출발점만 획득되는 것이 아니다. 그보다는 순수하게 우발적인 것으로 볼 수 없는 이런 종류의 유사 상황은 체계이론의 보다 일반적인 이론 성향을 입증해주기도 한다. 그러한 유사 상황—엄격하게 과학적인 증명에 대한 요구에 관해서는 여기서 토론할 수 없다—이 최소한 명백하게 하는 것은, 구조 성과의 상승이 기대 일반화, 즉 그 자체가 가능한 기대의 부분 영역만을 파악하고 이 선택을 위해 인지적 기대와 규범적 기대의 차이를 지향하는 일반화를 통해 가능해지며, 그리고 이렇게 되는 것이 바로 이 차이를 가지고 모든 시간화된 체계에서 지배적인 시간 문제가 재정식화되기 때문이라는 점이다.

---

149) 이것은 의미론적 층위에서도 아주 잘 추적할 수 있다—예를 들어 법 개념, 법 유형과 마지막으로 "법원"(法源) 개념들의 발전을 가지고. 마지막에 언급한 주제에 대해 Niklas Luhmann, "Die juristische Rechtsquellenlehre in soziologischer Sicht", in ders., *Ausdifferenzierung des Rechts* a. a. O., 308-325을 참조할 것.

14. 기대의 확실성과 안정성: 실망 흡수를 통한 구조보장 장치로서의 기대함

앞의 여러 절에서 우리는 기대가 구조의 부담을 짊어지면, 다소간 실망에 취약해진다는 생각을 고수했다. 따라서 실망할 가능성은 실망의 문제 그 자체이다. 즉 기대의 확실성과 안정성의 문제이다. 실망의 위험은 기대함 자체에서 이미 흡수되어야 한다. 그것이 성공하지 못하면, 실망의 가능성이 상징적-파괴적으로 기대에 역작용을 한다. 규정된 기대 맥락은 여기서 다른, 예를 들어 생명에 대한 기대나 연금에 대한 기대의 맥락보다 더 민감하다. 생명 상실이나 연금 상실에 이를 수 있는 것은 무엇이든 가능한 회피된다. 그리고 이렇게 회피하는 사람들은 물론 아직 죽지 않은 사람들이다. 단순히 가능한 것에 대해 매우 구조적으로 민감한 이 사태는 **평화** 개념을 통해 상징화된다——그것은 두려움에 맞서기 위한 개념인데, 최근에 삶에 대한 기대뿐만 아니라 연금에 대한 기대 또는 모든 종류의 복지에 대한 기대 역시 포괄한다.[150] (어쩌면 어떤 종류의 침해라 하더라도 사람들을

---

150) 이것은 억제의 목적으로 다음의 정의로 채워진다. "평화는 전쟁의 부재이기만 한 것이 아니다. 평화는 모든 형식의 개인적인 폭력과 구조적인 폭력의 부재이기도 하다. 하지만 평화는 그 이상으로 세계 차원에서 경제적이며 정치적이며 사회적인 정의의 현존을 그 내용으로 하며 마찬가지로 완전하며 전면적인 군축, 새로운 세계경제 체계, 생태학적 균형 중에서의 삶을 그 내용으로 하고 있기도 하다. 평화를 종결 상태로서 정적으로 이해하는 것은 잘못된 일일 것이다. 평화는 그보다는 늘 새롭게 연상이나 분리(Dissoziation)를 통해서 가능한 폭력 없이 확보할 수 있는, 역동적이며 과정적인 세계 관계들의 산물이다"(Klaus Schütz, *Mobilmachung für das Überleben als Aufgabe von Friedensforschung, Friedenspädagogik, Friedensbewegung*, Waldkirch 1981, 26.). 이 평화 개념은 사실상 주권 요구를 선포한다. 왜냐하면 그 개념은 다른 개념들에게

공격적으로 만들 수 있다는 전제 하에 그러하다.) 이 의미에서 평화는 구조 조건 그 자체이다. 평화는 규정된 사건의 부정적 평가의 긍정적 상관물을 뜻할 뿐만 아니라 부정적인 평가를 회피하기 위한 구조 구축의 가치이다. 우리가 그런 사건을 기대해야 한다면, 너무 많은 것이 불가능하게 될 것이기 때문이다.

그러나 실망은 기대의 측면이기만 한 것이 아니다. 실망은 실제 나타날 수도 있다. 그래서 사회적 체계의 구조보호 장치에는 사실상 나타난 실망을 다루기 위한 예방 장치가 속하기도 하는 것이다. 그러한 예방은 기대 맥락에 함께 속한다. 그러한 예방은 그 자체가 기대를 보장한다. 그러나 예방은 예기치 않은 실망들의 상징적인 범위와 사실상 범위를 줄이는 데에 기여하기도 한다. 우리는 그러한 예방조치를 이 관점에서 실망 처리 장치라고 명명하고자 한다.

실망의 설명과 제재가 근본적으로 관건이 된다——이것들은 인지적 기대가 채워지지 않았는지 규범적 기대가 충족되지 않았는지에 따라 상이하게 사용될 수 있다. 실망의 설명은 생성된 사정을 재정상화하는 데에 기여한다. 이 점에 대해서는 특히 과거의 사회 형성 양식들에서 수많은 보기들이 있다. 그것들은 학습 기대를 제한하거나 개별 사례를 분리하고 영향력 없는 특별 사례로서 봉쇄하는 데에 전문화되어 있다는 점을 통해 일반적인 인지들과는 구분된다.

주술적 실천들, 마녀 신앙, 행운과 불행과 같은 생각들도 그런 기능을 가진다.[151] 현대사회에서는 "사고"라는 보다 냉정한 의미론이 이

모든 폭력을 금지하고, 폭력을 자기 자신에게만 ("가능한 폭력 없이") 유보해 두기 때문이다.

151) 여기서도 그밖에 이러한 신속하게 진부해지는 수단들이 16세기와 17세기에 훨씬 더 뚜렷하게 사용된다는 점이 놀랍다. 신속하게 진행되는 진화의 관점에서 일단 실망 해결의 옛 형식들을 사용하며, 그 다음에 이 형식들이 바

것들을 대체하는 것으로 보인다.[152] 사고는 특별한 권력의 개입도 아니며 특별한 (희귀한) 원인을 가지고 있는 것도 아니다. 사고는 복잡성에 적응된 채, 동시적으로는 거의 발생하기 어려운 원인들의 구도이다. 관련된 기대들은 그로 인해 학습 기대로부터 보호되며, 물론 특별히 투입될 수 있는, 마찬가지로 확실한 대체 기대를 통해 파악될 수 없는 사건 연관에서 보호된다. 비슷하게 설득력 있어 보이는 것은 "무능력"을 통한 설명인 것으로 보인다. 그 설명 역시 학습의 필연성을 개별 사례, 설명될 수 있는 인물의 결함에 제한하며, 그 밖의 구조물은 온전한 것으로 둔다.[153] 즉 실망 설명은 인지적 세계상과 전승된 지식 보고에 결합시킨 명확한 결과들을 제공한다. 그리고 그것은 기대 확실성을 "물론 변동할 준비가 되어 있지만, 변동에 대한 충분한 동기가 없는"이라는 양식으로 회복시킨다.

규범적 기대에서는 그보다는 과잉 압력의 문제가 먼저 해결되어야 한다. 여기서는 실망한 사람들이 자신들의 기대에서 갈등을 촉발하고 가능하면 관철시키려는 입장을 고수하고 있다는 것을 보여주는 데에 고무되어 있다. 그 점과 관련하여 공격성을 띠는 사람은 감당할 수 없다. 왜냐하면 그 사람이 그 자체로 옳다는 것을 인정해주어야 하기 때문이다. 그러나 결과들은 동기를 훨씬 넘어설 수 있다. 그리고 공적 지원으로서 약속되었고 그래서 기대의 단호함에 기여하는 것은 위반과 관련하여 공적 분노(colère publique, Durkheim)로서 문

로 그러한 사용을 통해 신빙성(Plausibilität)을 잃을 때까지 사용한다.

152) 여기에 대해 이미 623을 참조할 것.

153) 이 상투어의 특별한 측면은 그럼으로써 규범적 기대들이 나중에 인지적 기대들로 양식 전환이 이루어질 수 있다는 데에 있다. 그 점에 대해 Lawrence D. Haber/Richard T. Smith, "Disability and Deviance: Normative Adaptations of Role Behavior", *American Sociological Review 36* (1971), 87-97 을 참조할 것.

제가 될 수 있다. 상당히 고대적인 사회들의 보고를 신뢰하면, 이 문제의 통제는 법 규칙들의 생성을 위한 동기였던 것으로 보이는데, 그 규칙들은 그 다음에 처음으로 이차적인 기대 확실성을 생산했고, 그 때문에 유지되고, 다듬어졌고 세련되었다.[154] 즉 해결은 다시 강화와 경로화를 조합할 수 있는 형식들의 선택을 통해 가능하다. 이 해결은 법의 발전을 통해 지지받았고, 그러한 발전의 성공 모델, 즉 소송을 제기할 수는 있지만 결정과 강요가 허용되어 있지 않은 모델을 통해 엄호 받았다.

그러한 선택 성과들과 상승 성과들을 위한 체계 토대는 사회체계 안에서 그리고 사회체계의 기능적인 장치들과 하위체계들에서 발견할 수 있다. 체계 토대는 모든 사회적 체계가 고유한 지식과 고유한 법과 실망 처리의 고유한 형식에 출발점을 형성하는데도, 모든 사회적 체계 내에서 그 체계의 기본 장치로 보증되어 있는 것은 아니다. 이 사실 또한 비개연적인 것을 가능하게 하는 문제 해결들의 선택성 측면이다. 그러나 그것은 귀결이 있다. 무엇보다도 체계와 환경의 차이가 상호작용체계의 층위에서 그 때문에 첨예화되었다. 공적인 지식 문화는 일상에서 실망을 설명하는 데에 거의 사용될 수 없으며, 그 점은 사회의 기능체계들에 대한 실망의 처리에서도 특별히 타당하다.[155] 마찬가지로 문제 있는 것은, 일상적인 생활과, 특별히 재생산에 기초한 압축된 상호작용체계들에서 기대들과 실망들에 법을

---

154) Alfred R. Radcliffe-Brown, *The Andaman Islanders* (1922), Glencoe Ill. 1948 판본에서 인용; Ronald M. Berndt, *Excess and Restraint: Social Control Among a New Guinea Mountain People*, Chicago 1962를 참조할 것.

155) 이 점에 관해 Robert E. Lane, "The Decline of Politics and Ideology in a Knowledgeable Society", *American Sociological Review 31* (1966), 649-662 그리고 같은 학술지 *Zeitschrift 32* (1967), 302-304에 실린 토론을 참조할 것.

적용하는 것이다.[156] 한편으로는 상호작용은 정련된 사회의 문제해결의 모델 작용과 관계가 있다. 그리고 다른 한편 이 문제 해결은 사회체계의 각인된 유형학에 묶여 있고, 즉시 상호작용에 수용될 수 있는 것이 아니다.[157] 그 차이는 차이로서 모든 사례에서 의식되고 그에 관련된 새로운 발전을 위한 준거점이 된다.

17세기에는 이 문제를 아직 대안으로서 가지고 있었다──본 것은 아니지만, 실천하기는 했다. 한편으로는 법체계와 관련된 정치적 중심주의 하에 평화를 도모하는 분명한 경향이 있었다. 이 노력은 사회 구조적이며 의미론적으로 장기 효과를 가지게 되었다. 그러나 그밖에도 상호작용 층위에서 평화를 도모하는 노력들도 있었는데, 그 노력들은 잘 관리된 사교성, 정중한 대화, 몸짓과 언어의 세련화를 통해, 그리고 특히 분쟁 모색에 대해, 해결되지 않은 모순에 대해, 그 모순을 틀림없이 자극했을 종교와 정치 같은 주제에 맞서는 규범들을 통해 이루어졌다.[158] 하지만 이 행동 모델은 상위 계층을 지향하고 있었다. 그 모델들은 계층화된 사회의 질서가 해체된 후 어쨌든 문명화의 기대로서 속행되었던 것은 아니었다. 상호작용의 층위에서 이제는 더 많은 "허용"과 임의성이 예정되어 있는 반면, 평화의 도모는 완전히 사회에 전가되고, 사회는 그 점에 대해 불만족의 감사를 얻

---

156) 이 점에 관해 Niklas Luhmann, Kommunikation über Recht in Interaktionssystemen, a. a. O.
157) 우리는 여기서 서론에서 도입한, 사회적 체계들의 형성의 다양한 형식들의 구분을 전제한다. 제10장도 참조할 것.
158) 개괄과 동 시대 문헌에 대한 참조들을 위해서는 Norbert Elias, *Die höfische Gesellschaft*, Neuwied 1969; Christoph Strosetzki, *Konversation: Ein Kapitel gesellschaftlicher und literarischer Pragmatik im Frankreich des 18. Jahrhunderts*, Frankfurt 1978; Niklas Luhmann, "Interaktion in Oberschichten: Zur Trans formation ihrer Semantik im 17. und 18. Jahrhundert", in ders., *Gesellschaftsstruktur und Semantik Bd. 1*, Frankfurt 1980, 72-161을 참조할 것.

는다.

15. 자기준거적-자기생산체계에서의 잠재성의 역할과 기능

마지막 구조 보장 수단으로서 타당한 것은, 일반적으로 구조들의
기능의 잠재성 또는 구조 자체의 잠재성이다. 정확하게 그것이 무엇
을 뜻하는지는 자세히 분석할 필요가 있다.[159] 대개 사회학자들은 잠
재성을, 단순히 그 개념이 도입되어 있다는 것과 그 자명성을 믿지
않는다는 점에서, 의식의 결여로서 정의하는 데에 만족한다. 종종 통
찰 불가능성이라는 테제를 통해 첨예화하는 경향도 있다. 그렇다고
하면 의식 생산의 불가능성은 잠재성 자체의 기능에서 그 근거를 찾
는다. 또는 질서 정치적 은폐를 하는, 보고도 알지 못하는 무능력의
성공적인 공생인 것이다.[160] 그러한 이해에 따르면, 부재하는 의식으

---

159) 흥미롭지만 사안의 문제를 완전히 무시하는 제안은 Colin Campbell, "A
Dubious Distinction: An Inquiry into the Value and Use of Merton's Con-
cepts of Manifest and Latent Function", *American Sociological Review 47* (1982),
29-44에서 비롯한다. 그는 문제를 생활세계 관점과 과학적(사회학적) 관점
의 차이의 문제로 환원시킨다.

160) 그런 견해들은 무조건적으로 "잠재적"이라는 단어와 관련된 것은 아니
지만, 그 개념의 일반적인 의미를 가장 잘 재연한다. 예를 들어 Wilbert E.
Moore/Melvin M. Tumin, "Some Social Functions of Ignorance", American
Sociological Review 14 (1949), 787-795; Arnold Gehlen, "Nichtbewuβte
kulturanthropologische Kategorien", *Zeitschrift für philosophische Forschung
4* (1950), 321-346; Robert E. Lane, Political Life: *Why People Get Involved
in Politics*, Glencoe Ill. 1959, 113-114; Louis Schneider, "The Role of the
Category of Ignorance in Sociological Theory: An Exploratory Statement",
American Sociological Review 27 (1962), 492-508; Heinrich Popitz, *Über die
Präventivwirkung des Nichtwissens: Dunkelziffer, Norm und Strafe*, Tübingen 1968

로서 심리적 체계와 사회적 체계에 대해 의미를 가진다. 심리적 체계와 사회적 체계의 결합은 그런 식으로 무의식적인 것 안으로 옮겨진다. 그러면 더 이상 자연도 더 이상 이성도 믿으려 하지 않는 사회학자들은 적어도 잠재성을 믿는다. 우리는 합의한다면 무지하다는 점에 있어서 죄가 없다. 사회학자들은 동시에 의식되지 않은 것의 이러한 의식되지 않은 합의로부터 자신이 배제되어 있다는 것을 안다. 그들은 자신들이 파괴적인 지식을 반입할 수 있을 문 앞에 있다는 것을 발견한다. 그들은 자신이 지식과 무지, 현재적(manifest) "내용들"과 잠재적 "내용들"[161]을 동시에 지각할 수 있는 관찰자 입장에 있음을 발견하며, 이렇게 지각하는 것은 관찰된 대상에게는 가능하지 않다〔고 생각한다〕. 사회학자들은 관찰자로서 현재적 구조와 잠재적 구조를 질서 연관으로 파악하고, 그렇게 함으로써 자기 대상의 자기관찰 가능성을 넘어서기 위해, 잠재가 체계에 어떤 기능을 가지고 있다는 생각을 사용한다.[162]

이 개념은 자기준거적인 사회적 체계의 이론의 범위 내에서 여러 관점에서 수정되어야 한다. 특히 심리적 체계와 사회적 체계의 엄격한 구분은 체계준거에 따라 잠재성 문제를 다룰 것을 강요한다. 심리적으로 실행될 수 있는 의식과 소통은 구분되어야 한다. 그러한 구분에 부합하게 의식 잠재성과 소통 잠재성을 구분할 수 있다. 의식은 사회적 체계의 (상호침투하는) 환경에 속하며, 따라서 의식 잠재성(무

을 참조할 것.

161) 프로이트의 꿈과의 관련에서 그렇다. 사회학에서 잠재 문제는 가끔씩 의미내용-(Sinngehalte), 내용, 주제들과 관련되어 표현된다. 예를 들어 Fritz J. Roethlisberger/William J. Dickson, *Management and the Worker*, Cambridge Mass. 1939, 265 이하(불평의 명시적 대 잠재적 내용) 또는 이와 아주 비슷한 Alvin W. Gouldner, *Wildcat Strike*, Yellow Springs Ohio 1954를 볼 것.

162) 그 점에 대해 제1장 각주 117의 문헌들을 보라.

의식, 모름)은 처음에는 사회적 체계를 형성하기 위한 환경 전제조건일 뿐이다. 모든 것을 아는 심리적 체계들이 있다면, 그것들은 서로 간의 관계에서 완전히 투명한 조건에 있을 것이며, 그래서 사회적 체계를 형성하지 못할 것이다. 소통을 가능하게 하고 조종하기 위한 규정된 주제가 부재하다는 의미에서의 소통 잠재성은 그런 사정과 구분될 수 있다. 소통이 충분한 정도의 의식을 필요로 하며 역으로 의식이 소통하도록 독촉하기 때문에, [둘 사이에는] 틀림없이 연관들이 있다. 그런데도 소통의 문턱을 지키며 의식적으로 가능한 소통을 방해하는 규정된 사회적 규제들이 있다. 그리고 역으로, 자신의 필수적인 잠재성에서 좌초하는 곳에서도, 그리고 바로 그곳에서 의식을 생산하기 위해 노력하는 거대한 치료산업이 있다. 심리적 체계는 바로 의식으로서 소통 불가능성을 경험할 수 있다. 인간들만이 (그리고 예를 들어 동물이 아니라) 이 의미에서 억제될 수 있다. 오직 인간들의 소통 행동만이 의식을 통해 규제되고 억압될 수 있다. 그리고 의식을 확장하기 위해, 그리고 표현할 수 있는 것으로서의 주제를 의식 안으로 들여놓기 위해, 역으로 소통이 투입될 수 있다.[163]

따라서 전체적인 잠재성 이론은 이중 선로를 따라 구축되어야 한다. 환경과 체계의 차이라는 기본 개념은 의식 잠재성들과 소통 잠재성들을 구분할 것을 강요하며, 이렇게 하는 것은 이론이 상호 의존들을 만들어내는 데에 의존할 때에도 필요하다. 그밖에도 두 종류의 잠재성에 대해 문제의 세 단계 위치 지정을 구분해야 한다. (1) 소통 과

---

163) 여기서도 소통이론의 "전달 모델"이 수정되어야 한다. 타자가 어떤 것을 이미 알고 자아가 그것을 소통을 통해 들으며 그 다음에 또한 알게 되는 경우만 생각해서는 안 된다. 그보다는 소통은 양 편에 그야말로 의식을 생성시키는 작용을 한다. 통보자 또한 의식 내용을 종종 말하기에서 처음으로 만들어낸다.

정의 주제를 선택할 때, 모름이나 고려하지 않음의 의미에서 순수하게 실제적 잠재성 외에도 (2) (그리스인들이 오르간에 대해 아무 것도 모르며 그것에 대해 아무 것도 소통할 수 없었던 것처럼) 지식 내지는 소통의 불가능성에 근거하는 실제적 잠재성이 있다. 그리고 (3) 구조 기능적 잠재성, 즉 구조 보호의 기능을 가진 잠재성이 있다. 마지막에 언급한 사례만이 원래 논의를 요하는 사례이다. 그리고 이 사정은 그 사례가 사실상 불가능성과 관련되지 않는다는 점에서도 중요하다. 구조들이 잠재성 보호를 필요로 한다면, 이 말은 의식 내지는 소통이 불가능할 것이라는 점을 뜻하지는 않는다. 이 말은 단지 의식 내지는 소통이 구조를 파괴하거나 상당한 재구조화를 촉발시킬 수 있으며, 이 전망이 잠재성을 유지한다는, 즉 의식이나 소통을 봉쇄한다는 것을 뜻한다.

구조기능적 잠재성의 이 세 번째 사례의 분석에서 특별하게 의식 잠재성들과 소통 잠재성들의 차이를 지향하는 것은 불가피하다. 왜냐하면 심리적 체계에 대해서도 사회적 체계에 대해서도 구조 기능적 잠재성에 불확실한 성격을 부여하는 것이 이 차이이기 때문이다. 의식은 소통을 향해 나아가면서, 사회적 잠재성의 토대를 허물 수 있다.[164] 그리고 역으로 소통은 심리적 잠재성을 방해할 수 있다. 특별

---

164) 이 점은 재담과 반어 분석의 출발점이 될 수 있다. 이 형식들에서 의식은 자기 자신을 결함 있는 것으로서 서술할 수 있지만, 바로 의도적으로 결함 있는 것으로 서술할 수 있다. 의식은 이른바 범주 실수, 층위 혼동, 불가능한 수식을 감행하여, 사회적인 잠재성 속으로 침입하는 동시에 그 잠재성을 존중한다. 개그는 수단을 정당화한다──그리고 반어에 대한 권리가 부인될 때에도 그것을 말할 수 있다. (그밖에도 "개그"의 어휘사는 사안에 대한 하나의 기여이다. 즉 재갈, 즉흥적인 것을 막으려는 입마개로부터 농담에 이르기까지, 처음에는 은어로 그 다음에는 점점 보통 언어와 외국어로서 정착되었다). 재담은 연대 효과를 발휘할 수 있다. 그리고 물론 비밀스런 이해의 전제조건, 즉 그럼으로써 사회 구조를 형성하지 않으면서 의식을 요청함을 통해 그렇게 할 수

히 자신의 잠재성을 보호하고 숨기려 모색하는 어떤 이로서 정의되는 사람의 소통에 관한 소통의 형식으로 말이다.[165] 심리적 체계 및 사회적 체계는 말하자면 그것들의 잠재 욕구가 일치하지 않으며 작동적 과정이 같지 않다는 바로 그 이유로 인해, 번갈아가며 서로를 위험에 빠뜨린다.

그래서 잠재성 유지의 문제 있는 성격에 관련하여 여기서 관건인 문제를 충분히 정확하게 파악하는 것이 더욱 중요해진다. 이것은 문제를 단순히 사실상 불가능성으로서 정의에서 배제해버리지 않으면, 즉 사회적 체계 수용의 장애물, 주목의 한계 또는 제한된 주제 능력에만 소급하는 것이 아닐 경우에 특히 타당하다. 수용의 장애물은 아주 일반적으로 보았듯이, 모든 종류의 체계들을 복잡성 환원으로, 자기단순화로, 체계들의 가능성의 유일하게 선택적인 실현으로 강요한다. 그로 인해 배제되는 모든 것은 순수하게 사실적으로 잠재적인 것으로 남으며, 그런 점에서 기능 없는 잔여 변수일 뿐이다. 배제된 가능성들 중 많은 것은 수용 능력이 자유로워지고 시간과 기회가

있다. 바로 그 때문에 그 점을 위해서는 개별 사건들의 형식이 불가피하다. 재담은 새로워야 하며 반복될 수 없어야 한다. 재담은 예기치 못한 것이어야 하며 가르치려 들어서는 안 된다. 재담은 비록 의식을 복잡하게 요청하기는 하지만, 신속하게 이해될 수 있어서, 연결하는 것에 관한 합의가 형성될 필요 없이 사건으로서 공동으로 현재화될 수 있어야 한다. 재담은 말하자면 사회적 차원을 소통적으로 주제화하지 않으면서 그 차원을 현재화시킨다. 그것은 구속하지 않는다. 그것은 역설의 형식을 선택함으로써, 모든 후속 소통, 모든 재질문, 보충 설명을 위한 모든 노력을 극적으로 차단해버린다. 재담이 사회적 잠재들을 향하는 이 방향을 가진다는 것은 그밖에도 부재자들을 대상으로 하는 재담들, 즉 의식에 부담을 주는 재담들이 금지되어 있다는 데서 읽어낼 수 있다——그것의 명시적인 형식이 대화 문헌의 역사 안으로 소급적으로 추적될 수 있는 하나의 규범이다.

165) 재담의 반대 유형은 여기서 치료사들의 전문적인 동작이며, 건강 개념을 통해 정의되는 치료사들의 목적의 정당화이다.

유리해지자마자 다시 채택될 수 있을 것이다. 이것을 "무해한 잠재성"이라고 말할 수 있을 것이다. 하지만 다른 가능성들은 구조적 선택의 대전제 또는 결과와 모순된다──가령 우리가 "사랑하기 때문에" 결혼한다는 것을 분명하게 해주는 모든 것이 그러하다.[165a] 이 경우에 그리고 이 경우에만 구조──이 경우에는 문화적인 명령인 사랑──는 "기능적 잠재성"을 통해 보호 받는데, 이 사실은 대개 구조의 기능 자체가 잠재적으로 유지되어야 한다는 것을 뜻하기도 한다. 즉 구조의 기능이 고려되지 않은 것까지도 구분한다는 점이 선택성에 함께 속한다. 구조 기능의 삭제 영역은 단순히 회색 덩어리이기만 한 것이 아니라, 구조 선택의 요구들을 반영한다.

7절에서 우리는 이러한 선택의 형식들로서 (그리고 이와 함께 구조들의 "명시화"의 형식으로서) 위계와 기능 지향을 구분했다. 이러한 모든 구조는, 이것은 우리의 명제인데, 자신에게 할당된 잠재성을 만들어낸다. 사회적 체계가 더 분명하게 위계화되어 있을수록, 더욱 분명하게 위계화를 위한 잠재성 보전을 잠재적인 기능으로 갖는 형식들이 부각된다.[166] 이 사정은 예를 들어 부분적으로는 부정적으로,

---

165a) 이 점에 대해 계몽가로서 Jürgen Habermas, "Illusionen auf dem Heirats-markt, *Merkur 10* (1956) 996-1004.

166) 그 표현은 의도적으로 잠재성의 이중화를 강조한다. 공식적인 구조는 그 구조가 해체되어 바뀌어야 하는 다른 가능성들을 잠재적으로 유지해야 하지만, 이렇게 하는 것이 구조화의 기능일 수는 없다. 그래서 다른 형식들의 잠재 필요가 관련되는 형식들이 만들어지며, 그때에 기능은 잠재적으로 유지되어야 한다. 이 사실은 "체계의 안정화"라는 일반적인 공식으로 옮기면 너무 크게 축약되고, 같은 이유에서 오래 전에 도입된 대항 구조, 대항 문화, 대항 원규 등도 충분히 예리하지 못하다. 그 사실은 모든 가능한 대체 충족들, "병마개 관습" 등을 함께 덮어 버린다. 예를 들어 "적응적 구조들("adaptive structures")에 관해, Talcott Parsons, *The Social System*, Glencoe Ill. 1951, 168-169; "대항 원규"(countermores)에 관해 Harold D. Lasswell/

부분적으로는 개인주의적으로, 어쨌든 "포기"를 겨냥하는, 인도 카스
트 제도의 외부에서 일어나는 생활 형식을 위한 의미론의 울림을 위
해 타당하다.[167] 역설적이며 전복을 꾀하는, (그러나 그 다음에 다시
진지한) 공식적으로 종교적이며 정치적인 타당성 요구를 역으로 다
루는 중세 형식들에 대해 비슷한 것을 전제할 수 있다.[168] 바보는 궁
정에 산다. 사랑의 질문을 법의 질문처럼 결정하고 규준과 결의론을
생산하며, 이 방식으로 "자신들의 제국"을 다스리는 유명한 "사랑의
궁정"도 마찬가지이다. 이 사랑의 궁정도 지배적인 (그리고 남자들에
의해 지배된) 질서를 장난삼아 뒤집어놓은 모습을 묘사하는 것처럼
보인다.[169] 그것을 지지하는 것은 특히 성 역할을 뒤집어놓을 때 복

Abraham Kaplan, *Power and Society*, New Haven 1950, 49-50; 그밖에도 J.
Milton Yinger, "Contraculture and Subculture", *American Sociological Review*
25 (1960), 625-635를 참조할 것.

167) 이 점에 관해 Louis Dumont, *Homo Hierarchicus: The Caste System and Its
Implications*, London 1970, 특히 184 이하; ders., *Religion, Politics and History in
India: Collected Papers in Indian Sociology*, Paris 1970, 특히 31 이하, 133 이하를
참조할 것.

168) 이 점에 대해 다음의 중요한 연구들을 참조할 것. Mikhail Bakhtin, *Rabelais
and his World*, Cambridge Mass. 1968; 더 나아가 Rainer Warning, *Funktion
und Struktur: Die Ambivalenzen des geistlichen Spiels*, München 1974; David
Gross, "Culture and Negativity: Notes Toward a Theory of Carnival", *Telos*
36 (1978), 127-132, 그리고 체계적으로 확장한 연구로서 Hans Ulrich
Gumbrecht, "Literarische Gegenwelten, Karnevalskultur und die Epochen-
schwelle vom Spätmittelalter zur Renaissance", in ders. (Hrsg.), *Literatur in
der Gesellschaft des Spätmittelalters*, Heidelberg 1980, 95-144. 그밖에도 카니
발 모델은 비위계적인 사회에서도 실행될 수 있으며, 여기서는 개인주의에
서 사회성으로의 전환으로서 실행 가능하다. Anthony H. Galt, "Carnival on
the Island of Pantelleria: Ritualized Community Solidarity in an Atomistic
Society", *Ethnology 12* (1973), 325-339를 참조할 것.

169) 물론 바로 여기서 해석들뿐만 아니라 사실들도 상당히 논란이 된다. Paul
Remy, "Les 'cours d'amour': légende et réalité", *Revue de l'Université de*

제의 정확성이다.[170] 그밖에도 모든 것을 성립시키는 데서 필수적인 역할을 했던 18세기 연극의 하인이나 하녀들의 능란함이나 더 나아가서 하위 계층의 은어, 암호, 상황 유머 등을 생각할 수 있다. 따라서 전형적으로 위계(와 특별히 계층화된 사회의 질서)는 다른 가능성들을 자기에게로 끌고 자기에게 묶지만 위계에 대한 대안으로서 제시되지는 않는 의미론적 변이를 허용함으로써, 자신들의 고유한 형식 선택을 입증하는 것으로 보인다. 위계는 기능적으로 대체될 수 없는 것으로 다루어지며, 그리고 바로 이 사전 결정은 위계적인 것을 자유롭게 변주하는 의미내용들에게 그 자체로 간명한 형식을 부여할 수 있게 해준다. 반전이라는, 패러디라는, 바로 그렇게 정확하면서 진지하지 않게 진행되기 때문에 방어될 필요가 없는 공격이라는 형식 말이다.

위계화된 조직체계에서도 기능적으로 등가적이면서도 매우 다른 형식을 관찰할 수 있다. 이 영역에서 "비공식적 조직"이라는 표제어 하에 충분한 연구가 수행되었다.[171] 여기서도 해법들은 위계적으로 구조화된 조직을 통한 소통과 그에 상응하는 비판적인 의식 형성이 비공식적 영역에서 거의 방해받지 않지만 동시에 비공식적 소통이 조직 실행 자체와 혼동될 수 없으며 공식 조직과 그것의 실천의 변동을 위해 사용될 수 없게 만들어진다는 특징을 드러낸다. 어떻게 상

Bruxelles 7 (1954-55), 179-197; Jacques Lafitte-Houssat, *Troubadours et cours d'amour*, 4. Aufl. Paris 1971을 참조할 것.

170) 이 요인은 19세기에 시작하며 이미 현대세계에 속하는, 그 이후의 그렇게 희망 없이 진지한 페미니스트 운동에는 결여되어 있다.

171) 물론 여기서도 단순한 대항 개념성 내지는 단순한 대항구조에 맞춤의 약점이 드러난다(위 각주 166을 보라). Martin Irle, *Soziale Systeme: Eine kritische Analyse der Theorie von formalen und informalen Organisationen*, Göttingen 1963의 단순히 분류하는 그러한 이접의 이론적 내용들에 대한 비판을 참조할 것. 사실 수집되고 기록된 자료는 이론적인 관점 하에서 포괄적으로 재분석되어야 할 것이다.

사를 배제하고, 참여시키고, 일을 시키고 다룰 것인지에 관해 충분히 상의할 것이다. 그러나 그렇다고 해서 그가 상사라는 점에서는 물론 아무 것도 달라지지 않으며, 이 전제조건 하에서만 그런 비공식적 소통은 의미를 가지고 있기 때문에, 바로 그 점을 입증한다.

위계는 아마 다음처럼 요약할 수 있을 것인데, 자신의 고유한 간명성을 자신의 잠재 영역에 옮겨둔다. 위계는 또한 너무 예민하게 선택하기 때문에 위계에 맞추어지지 않은 의미 관련이, 바로 이 점을 표현하는 동시에 위계의 선택을 입증하는 형식을 발견할 수 있게 해준다. 이러한 일은 체계의 (차이)동일성에 대한 관련이 문제 지향과 기능 관련을 통해서만 생산될 수 있는 한 불가능해진다. 질문은 다음과 같다. 그렇다면 아직도 구조의 필수적인 잠재성 영역, 구조의 선택의 특수성, 체계의 자기단순화를 보호하는 것이 무엇인가?

이 문제는 체계가 자신의 (차이)동일성을 구조 선택으로서 고정할 때 자신에게 허용하는 위험에서부터 볼 수 있다. 위계는 역전될 수 있고, 짧게 연결될 수 있고, 탈천이될 수 있다. 그것은 특수한 관점에서 무너지기 쉽다. 그리고 바로 그 점이, 위계의 우연으로 옮겨 놓는 놀이 형식을 발견하기 위해 대항 의미론에서 이용당할 수 있다. 기능 지향은 그것을 위해 필요한 간명성을 결여하고 있을 뿐만 아니라, 위험들과 전환 가능성들이라는 상응하는 특화도 가지고 있지 않다. 기능 지향은 그 자체가 이미 표현된 우연성, 즉 문제 해결, 교환 가능성, 대체 가능성의 표현된 등가물이다. 예컨대 더 이상 가능하지 않으면, 약간 달리 가능해질 수 있다. 순응의 압력은 비교적 약하지만 동시에 더 비개연적이기도 하다. 왜냐하면 대안들에 대한 접근이 기능에 맞추어진 구조를 통해 함께 경로화되기 때문이다. 그러면 형식들은 자기 자리에 무엇이 들어설 수 있는지, 그리고 그렇게 하는 것이 어떤 비용이 소모되는지를 분명하게 함을 통해서만, 보조를 맞추며 작용

한다.[172]

체계 내에서의 체계의 (차이)동일성 재현을 탈위계화하고 그 대신 기능과 관계를 맺는 데에 성공하면, 위계들은 폐지되는 것은 아니지만, 자신들의 기능을 통해 평가되고, 그로 인해 탈실체화된다. 위계들은 충분한 기능이 인식될 수 없는 곳에서 비판받을 수 있게 된다──가령 사회적 계급의 척도에 따라 불평등 분배로서 말이다. 위계들은 자신들의 기능이 명백하고 기능적 등가물이 보이지 않는 곳에서──예를 들어 공식적으로 조직된 사회적 체계들에서──입증된다.[173] 그러나 위계들을 위해 기능적인 투입을 하는 것은 기능 지향 그 자체일 뿐이다. 그리고 그 경우에는 위계의 잠재 필요가 어떻게 되어 있는지 만을 질문할 수 있을 것이다.

위계들과 관련된 경우처럼 기능과 관련되어 똑같이 간명한 대항 문화가 있을 것으로 기대할 수 없을 것이다. 기능 조작을 위해 그때그때 설치된 형식 구조물이 완전히 만족스럽지 않다는 것은 명백하다. 그러한 형식 구조물은 비판을 자극하기도 한다. 왜냐하면 그 구

---

172) 전형적인 보기는 다음과 같다. 공공서비스법개혁연구위원회(1970-1973)는 공무원 복지를 일반 연금보험에 연계함으로써 현재의 복지체계를 대체하는 방안을 고려했다. 그 두 변수는 서로 다른 관점에서 비교되었다. 개정을 위해 필요한 경비는 연간 1억 마르크로 평가되었다. 모든 것은 수정되지 않은 상태로 남았다. *Bericht der Kommission, Baden-Baden 1973*, 333 이하를 볼 것. 그러한 것을 덜 추측할 경우에도, 같은 성향의 증언들을 예를 들어 Pascal Bruckner/Alain Finkielkraut, *Le nouveau désordre amoureux*, Paris 1977의 생각에서, 오르가즘-지향의 방중술들을 중국식 비법에 따라 보다 여성화된 짝짓기 기법으로 교체하는 것에 관해 찾아볼 수 있다.

173) 여기서도 다중적 전제와 같은 기능적 등가들(기능적 노동 조직), 프로젝트 조직, 팀워크 등이 늘 새롭게 토론되고, 제안되고 시험된다는 점이 텍스트에서 대표되는 테제, 즉 기능지향이 우연성 의식을 증대시키기는 하지만 반드시 필연적으로 구조 변동에 이르는 것이 아니라는 테제를 증명한다.

조물은 자신의 (차이)동일성을 모든 유형들의 조건화된 대체 가능성 원칙에 두고 있기 때문이다. "대안"은 정당성 공식에 대한 비판의 공식 그 자체처럼 그렇게 된다. 대안으로서 나타날 수 있는 것은, 주목을 끌 권리와 입증 기회의 권리를 갖는다. 그러한 배열은 자기충족적일 수 있을 것이다. 우리는 이 문제를 다음 절에서 사회학적 계몽의 한계라는 관점에서 논의할 것이다. 하지만 현재로서는 경험적이며 이론적으로 보장된 판단의 토대를 갖지 못한 채, 기능주의의 표현된 우연성이 그 자체가 필연적인 것으로서 수립될 수 없다는 인상을 준다. 거부하는 생활 태도들이 엄청난 정도로 존재한다. 그러한 태도들의 언어는 항상 "비판"과 "대안"을 말하는 곳에서, 바로 지배적인 질서의 언어이다. 하지만 우리는 기능 지향적인 질서의 잠재 영역에서 [비판이나 대안을] 표현할 수는 없다. 왜냐하면 바로 이것은 이미 오래 전부터 우리가 거부하는 체계 원칙이기 때문이다. 즉 모든 교환 가능성의 저편에서 공고화가 가능해야 할 것이다. 이 사회를 분배 기법을 통해 더 잘 규제된 사회와 교체하는 것, 심지어 마르쿠제의 꿈조차도 충분하지 않을 것이다. 낡은 모델을 복제하려는 모든 시도, 즉 질서를 "지배"로서 공격하고, 패러디하는 형식을 선택하고, 대학이나 법원 같은 공식적 장소들을 사육제 장면으로 기능 전환하는 모든 시도는 문제의 핵심을 빗나가는 것이다. 문제들이 조금만 경화되거나 진지해지기만 해도 이런 종류의 어리석은 행동들을 해체하기에 충분할 것이다. 잠재성을 통해 진행되는, 형식 언어의 전체 구조, 즉 체계 질서의 자기단순화의 근거를 자신의 잠재성 수요에서 찾는 것을 자신의 잠재적 기능으로 삼는 구조는 진부해진 것처럼 보인다. 이 점에 대해서는, 기능에 지향된 체계 질서가 그 질서를 위해 잠재적으로 유지되어야 하는 것을, 바로 기능화를 통해 질서 자체로 끌어들이게 될 것이기에 기능화할 수 없다는 점을 이유로 들 수 있다. 그러면 가능하게 남아 있는 것은 일종의 맹목적인, 언어 없는, 기능 없는 테러, 즉 존재로 환원된 대항 우연성밖에 없다.

16. 계몽의 잠재성 상실과 기능적 분석의 잠재성 발견

잠재성 보호를 체계에 보장하기 어려워지면, 우연성들은 환경으로서 추방되거나, 체계 안에 자리를 잡아야 한다. 이 고려는 (1) 기능 지향, (2) 상응하는 환경 의식을 가진 보다 뚜렷한 분화, (3) 우연성 극복, (4) 계몽, 이 넷의 연관을 보여준다. 우리는 이하에서 잠재성 상실과 계몽의 관계에 특별히 관심을 가질 것이다. 보통은 신비로운 것, 비밀스러운 것, 알려지지 않은 것과 인식 불가능한 것이 한데 모인 것을 계몽의 결과라고 생각한다. 그러나 역으로 계몽을 신비로운 것과 필연적으로 잠재적인 것이 후퇴하면서 생겨난 소용돌이의 결과인 것으로 고찰할 수 있다. 근본적인 모든 것은 그 속성상 비밀스럽다. 그것은 17세기에는 아직 일반적이었지만, 벌써 역설적으로 사용된 진술이었다.[174] 그리고 곧 바로 이성 계몽의 공식적인 수립을 선언하기에 이르렀다. 우리는 계몽의 밀물과 잠재성의 썰물이 공통적인 요인에 근거한다고 추정할 수 있다. 그 요인은 유럽의 사회체계에서 (그리고 상응하게 그 다음에는 많은 개별 사회적 체계들에서) 위계적 지향이 기능적 지향으로 점점 대체되었던 것을 말한다.

이 이론이 맞다면, 위계적인 사회의 질서에서 기능 관련 사회의 질서로의 이행기에 잠재가 문제시되는 현상을 확인할 수 있어야 할 것

---

174) 반어적으로, 예를 들어 사랑하는 관계에서의 비밀 유지의 적용에서 [그러하다].

이다. 그리고 이것은 실제로 그러하다. "본성상 비밀스러운 것"은 소통 문제와 소통의 장애로 옮겨진다. 그래서 파스칼은 상황을, 민족이 환상 속에서 사는 것이라고 본다. 그 점을 간파하는 사람은 이렇게 간파했다는 것을 표현해서는 안 된다. 사태가 아니라, 통찰이 숨겨져 있어야 한다. 파스칼은 많은 장소에서 아직 신비(mystère)를 말한다. 하지만 파스칼은 기존 질서의 수용이 전승된 법의 정당성에 관한, 귀족의 자질에 관한, 지배의 정당성에 관한 환상에 근거한다는 것도 강조한다. 파스칼은 이 통찰이 그렇지만 표출되어서는 안 되고, 생각의 이면에 숨겨진 생각으로 유지되어야 한다는 것을 강조한다. 그리고 바로 이러한 소통의 억제는 그럼으로써 인류 타락을 수용하는 기독교도들의 질서 기여라는 것, 그리고 이성적인 귀족이 자신의 자질과 인간성을 둘러싸고 실제 어떤 관계에 있는지를 서술하기를 포기해야 한다는 것을 강조한다.[175] 사교계 대화의 이론 역시 곧 바로 사교성을 진행시키기 위해 요구되는 소통 금지와 침묵 의무를 가지고 관철된 것으로 발견된다.[176] 그리고 도덕이론도 도덕적인 존중에 대한

---

175) Pensées Nr. 311 그리고 312 (éd. de la Pléiade, Paris 1950, 905에서 인용)를 참조할 것. "우리는 이면에서부터 오는 생각을 가져야 하고, 인민으로서 말하는 것을 기준으로 하여 모든 것을 판단하여야 한다." 어설프게 교육받은 사람들은 민족의 믿음을 불신하지만, 교육받은 사람들은 그 믿음을 존중한다. 민족의 생각에 의해서가 아니라, 이면에서 온 생각에 의해서 존중한다. 헌신했다는 사람들은 민족의 믿음을 불신하지만, 진정한 기독교인은 "더 높은 곳으로부터 오는 빛에 의지하여" 이것을 수용한다. 귀족 또한 스스로 이렇게 보다 숨겨진 생각에 의해서가 아니라 보다 독자적인 생각에 의해, 그가 비천한 민족들이 가지고 있지 않은 자연적인 우세를 완전하게 가지고 있지 않다는 것을 지적받게 된다. 하지만 그는 이러한 통찰에도 불구하고 주어진 질서에 순종할 것을 요구받는다. "Trois discours sur la condition des Grands" (éd. de la Pléiade a. a. O. 386-392).

176) 그 점에 대해 이미 위 326을 참조할 것.

관심이 소통 안으로 흘러들어가서는 안 되고, 도덕 자체 때문에 도덕적 행위를 요구해야 하며 (그렇게 하는 것이 언제나 진실된 동기이며, 그 동기를 남김없이 밝히는 것을 회피하는 것이 낫다는) 통찰을 수용한다.

18세기 후반에 이 문제는 첨예화된다. 계몽자는 "철학자"로서 공적인 역할을 할 권리를 주장한다. 그는 자신의 인물에서 사회체계의 자기성찰을 상징화한다. 사람들은 공적 견해를 근거로 삼기 시작한다. 바로 그 공적 견해는 비가시적 폭력으로 설명된다.[177] 현재적인 것과 잠재적인 것이 동시에 발생한다──그리고 이것이 발생한다는 사실만이 잠재적으로 남는다.[177a]

(옛 사회의 질서 전제조건만을 관련지을 수 있었던 시기의) 이러한 잠재성의 문제화와 유사하게, 막 발견한 것이 대안이 될 수 있는지를 질문하는, 즉 기능적인 연관에서 생각하는 태세가 증대한다. 비판은 18세기에 판단 능력의 적용으로서 보편적 덕목이 된다──처음에는 실제로 이성적인 것을 골라내는 절차로서 생각되었고, 19세기에는 그 다음에 변동을 위한 변동의 실천으로서, 혁명으로서, 변혁으로서 그리고 이런 의미에서 자기비판적으로 자신의 목표, 척도, 법칙을 부여하는 실천으로서 생각되었다.[178] 그러나 바로 이 급진화는 잠재성

---

177) Jacques Necker, *De l'administration des finances de la France* (1784), *Œuvres complètes*, Paris 1821, 인쇄 Aalen 1970, Bd. 4, 50에서 인용──명백하게도 역설을 깨닫지는 못한 채──그러했다.

177a) 물론 완전히 그러했던 것은 아니었다. 계몽(특히 윤택한 삶)의 잠재적인 조건들에 대한 계몽으로서 Simon-Nicolas-Henri Linguet, *Le Fanatisme des philosophes*, London-Abbeville 1764을 참조할 것.

178) 개념 변동에 관해 Kurt Röttgers, Kritik, in: *Geschichtliche Grundbegriffe: Historisches Lexikon zur politisch-sozialen Sprache in Deutschland Bd. 3,* Stuttgart 1982, 651-675를 참조할 것. 그밖에도 Reinhart Koselleck, *Kritik und Krise: Eine Studie zur Pathogenese der bürgerlichen Welt*, Freiburg 1959를 참조할 것.

문제에 대한 잠재적인 관계로 소급될 수 있어야 한다. 그러한 급진화는 자발적으로 급진화된 것이 아니다. 그것은 잠재적인 기능들과 구조들을 존중하는 형식을 더 이상 발견하지 못하기 때문에, 원래 도움이 되지 않는 방식으로 급진화되었다. 따라서 그것은 결과적으로 어쨌든 나타난 것을 부정적으로 서술하는 정도의 기여밖에 하지 못했다. 그리고 그 다음에 매우 신속하게 의심과 체념으로 주저 앉았다. 또는 신흥 엘리트들은 자신들이 다시 파스칼의 상황에 있다는 것을 발견하기에 이르렀다. 그들은 자신의 현재 상태를 누릴 자격이 없다는 것을 알기는 하지만, 말할 수는 없는 상황에 있는 것이다!

기능 지향, 분화, 비판, 우연성 극복과 계몽의 관련망에서 18세기가 처음으로 반응하는 도구로서 사용한 의미론은 오늘날에는 더 이상 사용될 수 없다. 기능 지향은 단순히 효용으로서 파악될 수 없다. 그리고 계몽에서는 단순히 이성의 자기법칙 부여의 관철이 관건이 되지 않으며, 인간으로서 인간을 실현시키는 것이 관건인 것도 아니다. 계몽은 현대의 우연성에 직면하여, 결국에는 오인된 이성이 현대에 정해주는 것에 대한 고정과 무관하게 되며, (누군가의 견해에 따라) 인간이 인간으로서 갖추어야 하는 것으로부터도 무관하게 된다. 현대의 우연성 의식을 멈출 수 있는 일종의 대항 심급에 대한 모색은 계속된다. 보들레르(Baudelaire)와 그 밖의 다른 사람들은 예술을 생각한다.[179] 사회학적 계몽은 그 대신 자신의 대상 영역에 있는 문제들에 연결할 수 있다. 사회학적 계몽은 자신의 현실 파악의 심층적인 예리함의 강화를 통해서 그리고 기본 문제들을 향해 돌진하는 분석

---

179) "현대는 이행적인 것, 도피적인 것, 우연적인 것, 기술적인 것의 절반이다. 그래서 다른 절반은 영원한 것, 불변의 것이다"라고 *Le peintre de la vie moderne* (*Œuvres complètes*, éd. de la Pléiade, Paris 1954, 881-922 (892)에서 인용)에 쓰여 있다..

을 통해 체계의 우연성들의 의식됨과 소통을 제고하고자 시도할 것이다.

모든 우연성 극복의 출발점은 바로 이것이 이미 개최된다는 통찰에 있다. 사회적 체계들은—우리는 위(7절)에서 확인했다—자기 생산적 재생산과 자기관찰의 지속적인 차이를 재생산한다. 이중 우연성 상황에서는 모든 참석자들은 두 가지 작동방식에 접근할 수 있다. 모두가—동시에는 아니더라도 신속하게 교대하면서—행위자로서 그리고 관찰자로서 기능하며, 소통 과정 속에 그 두 입장을 불어 넣는다. 상호작용 체계에서는 이 두 입장은 거의 분리될 수 없다. 하지만 문자와 인쇄술이 발명된 후에는 사회는 그 입장을 매우 잘 분리할 수 있다. 그러한 분리는 관찰자에게만 적절한 차이 도식을 투입할 수 있게 해준다. 이 의미에서 명시적/잠재적이라는 도식은 관찰 도식이다. 그리고 같은 것이 기능 지향적 비교를 위해 타당하다. 인쇄술은 사회가 소통 불가능한 것, 잠재적인 구조들, 기능들에 관한 소통 가능성들을 발견하는 전제조건이기도 하다. 사회는 두 형식의 차이 지향을 가지고 이제 자기 자신에 대한 계몽을 추진한다.

그러나 이 두 도식은 내부 관계에서 서로에 대해 중립적으로 행동하지 않는다. 계몽은 한편으로는 잠재적 구조들과 기능들을 명시화하는 것을 뜻하며, 다른 한편으로는 기능적 비교를 뜻한다. 두 도식은 손에 손을 잡고 작업한다. 그러나 그 도식들은 기능적 분석이 잠재의 기능을 발견하면 서로 상충된다. 이 지점에서 사회는 자신이 알아서는 안 되는 것을 알아서는 안 된다는 것을 알면 안 된다는 점을 알게 된다. 잠재 기능은 기능의 잠재성을 요구한다. 이 딜레마로부터의 출구는 19세기 이래 잘 알려져 있다. 이 출구는 관찰과 행위의 선행하는 차이로 되돌아가서 행위를 선택한다는 데에 있다. 숫고양이 무르(Murr)는 자신이 속물이라는 점에서 속물이 무슨 뜻인지를 알

수 없다. 그리고 숫고양이 무지우스는 그 사실을 무르에게 설명할 수
도 없다. 소통 자체는 잠재의 보호 기능에 좌초한다. 탈출구는 해방시
키는 행위에 놓여 있다. 그 행위는 이 경우에 지붕 위로 끌고 간다.[180]
  행위는 언제나 관찰보다 더 빠르다. 그래서 사회적 체계와 관련
하여, 진화 역시 기능적 분석보다 더 빠르다. 따라서 행위와 관찰의
그 차이로 되돌아감은 성찰을 시간 문제, 트리스트람 샌디(Tristram
Shandy)의 자기전기화 문제로 되돌려 놓는다. 물론 18세기 말 이래
이성 계몽에 맞서는 최초의 대항 운동 이래로 계몽이 계몽을 감당할
수 없을 잠재 영역들에서 피해를 만들어낸다고 항상 추정했다. 다른
한편 (하위 계층에게 있어) 종교와 (상위 계층에게 있어) 취향처럼 아
마도 비이성적인 기관들은 그것들의 속도 장점 때문에 칭찬받는다.
즉 최소한 그 점에 있어서 기능적으로 파악된다.[181] 모든 사회적 체
계는 시간 압력에 처해 즉각적인 연결 선택을 강요받고 있다. 모든

---

180) E. T. A. Hoffmann, *Lebensansichten des Katers Murr*(E. T. A. Hoffmanns Werke,
    Teil 9, Berlin o. J., 197에서 재인용)을 참조할 것.
181) 종교에 대해서는 예를 들어 Jaques Necker, *De l'importance des opinions reli-
    gieuses*, London을 보라—Lyon 1788, (*Œuvres complètes Bd. 12*, Paris 1821,
    39-40에서 인용)——그밖에도 충분히 민첩하지 못해서 프랑스혁명에 의해
    거세되었던 정치인이 있다. 바로 그 정치인은 종교에 대한 자신의 기능적 분
    석이 기능적 분석을 벗어나는 종교의 진리에 대해 어떤 것도 기여할 수 없었
    다는 비판을 받았다. Peter Villaume, *Über das Verhältnis der Religion zur Moral
    und zum Staate*, Libau 1791을 보라. 바로 이 비판자는 그 다음에 스스로 시간
    과 기능의 문제에 말려들었다. 그는 112쪽에서 다음과 같이 말한다. "모든
    기존의 종교 중 하나가 아직 그렇게 진부하지 않더라도, 같은 것의 쇠락을
    대체할 수 있을 어떤 것도 가지고 있지 않게 되자마자, 그 종교로부터 스스로
    를 지켜야 한다"(저자 강조)
    취향의 속도 장점과 미학적 판단력의 유사 영역(관찰하는 동안 자기관찰을
    배제한다는)에 대해, Alfred Baeumler, *Das Irrationalitätsproblem in der Ästhetik
    und Logik des 18. Jahrhunderts*, Halle 1923, 재인쇄 Darmstadt 1967, 48-49, 69
    등에 있는 환기들을 참조할 것.

사회적 체계는 기능적 비교에서 가시화될 수 있을 모든 가능성을 실현시킬 수도 없으며, 가능성들 중 최선의 것을 골라낼 수도 없다. 결정적인 지점에 해당되는 것은, 영국적인 무심함이 있는 제프리 비커스 경(Geoffrey Vickers)이다. 제프리 경은 다음과 같이 쓴다. "가능한 것을 무한정 늘리는 것은 현재화되는 것에 어떤 것을 더해주지 못한다. 선택 기회와 필요의 제고는 결코 실현될 수 없을 것의 규모를 증대시킨다. 열 가지 언어를 읽을 수 있는 사람은 하나만 읽는 사람보다 평생 더 많이 읽을 수 없다. 그는 선택 범위가 더 넓다. 그러나 이것이 그에게 혜택일지 재앙일지, 아니면 단순히 중립적일지는 그에게 달려 있다."[182]

이러한 사실은 사회의 성찰의 주제 영역에 있어서는 시간 문제가 다른 염려들을 몰아낸다는 결론으로 이끌 수도 있다. 그 사실은 그 밖에도 소통이 행위와 관찰의 차이의 (차이)동일성으로서 핵심 문제가 된다는 것을 뜻한다. 모든 성찰이 자기 자신에게 모순되며 스스로 소통으로서 스스로를 속행시킬 수도 포기할 수도 없는 지점에 도달할 수 있다는 말이 맞을지도 모른다. 그러나 성찰이 사실상 어떤 것을 행하거나 방치한다면, 바로 이러한 곤란한 상황이 발생한다. 또한 성찰의 자기생산은 모든 성찰로부터 달아나 버리며 모든 성찰이 그 자체가 소통으로서 자신을 속행할 수도 포기할 수도 없는 지점이 있다는 것이 다시 타당해지는 조건을 바꾼다. 그래서 이 모순의 해결을 고집하(고 그 이전에는 아무 것도 하지 않)는 대신, 18세기에도 모든 이성의 밖에 있는 것으로서, 비합리적인 것으로 간주된 길을 계속 가는 것이 더 중요해 보인다. 그렇게 하는 것은, 관찰함이 필연적으로

---

182) *The Undirected Society: Essays on the Human Implications of Industrialization in Canada*, Toronto 1959, 75.

신속하게 이루어진다는 점에 관찰 기준을 맞추고, 그렇게 함으로써 복잡성 환원에 관찰 기준을 맞추는 것을 말한다. 그리고 그 경우에는 바로 이 일이 발생해야 한다는 것은 어쩌면 잠재적으로 유지될 필요가 없다.

17. 구조 변동 개념의 의미들

우리는 이 장의 마지막 절에서 많은—어쩌면 그렇게 말할 수도 있을—성과 없이 토론된 주제, 즉 구조 변동의 주제를 다룰 것이다. 사회변동(sozialer Wandel), 변동, 사회 변화(social change) 등을 말할 때는, 다른 어떤 것도 의도 대상이 아니다. 사회변동 개념은 프랑스혁명 이래 자연법과 이성법의 자연 상수와 계약 구축들을 대체한다. 그 개념은 다시금 사회질서의, 변동이라고 불리는 일종의 "자연적인" 속성을 통해 대체된다. 변동은 발생하며, 그 사실은 반박되기 어렵다. 그리고 무엇이 변동되는가, 그리고 변동이 얼마나 깊이 이루어지는가 하는 것은, 단지 눈앞에 나타나는 시간 공간의 질문일 뿐이다. "변동 불가능성"으로부터 특권들을 도출해낼 수는 없으며, 특권들은 이 토대를 가지고 그 후 변동될 수 없는 것으로서 스스로를 요구한다. 그밖에도 그 개념은 규범적 함의를 가진 사실상 개념이다. 나타난 변동을 인정하는 것은 논의할 만한, 현실에 대한 생각의 조건으로서 요구할 수 있다. 그 개념은 이러한 이념 정책적인 장점들을 통해 역사적으로 전승되었다. 이러한 자리 매김은 19세기의 논쟁에 부식되지 않는 전천후 지침을 부여하는데, 그 지침 덕분에 후속하는 개념적이며 이론적 조명은 불필요한 것으로 나타나게 되었다. 그 개념은 이러한 이념 정책적인 의미에서 오늘날 소진되었다. 사람들은 무엇이 변동하는지 그리고 변동이 어느 방향으로 가는지를 알고 싶어 하지 않기만 하는 것이 아니다. 그래서 변동이라는 말을 할 때 도대체 무슨 말을 하려고 한 것인지를 설명하는 것은 지금부터 중요할 것이다.

사회 변동이나 변동을 말할 때는, 이 개념들이 무엇과 관련되는지를 정확하게 확정해야 한다. 그리고 사회변동이나 변동이 무엇을 뜻할 것인지를 밝힌 다음에야 비로소, 변동이 과정 형식으로 이루어지는지, 아니면 조율되지 않은 수많은 개별 사건들의 형식으로 일어나는지의 질문을 추적할 수 있다. 이 중요한 차이들은 너무 완전한 구조와 과정이나 정학과 동학을 마주하면 흐려진다. "역동적 체계" 개념도 그다지 큰 도움이 되지 않는다. 그래서 우리는 그 개념을 이미 암묵적으로, 시간화된 복잡성 내지는 시간화된 체계(시간화된 복잡성을 가진 체계) 개념으로 대체했다. 그러한 체계들은 어떤 의미에서 자동적으로 역동적인 체계들이다. 왜냐하면 그것들이 자신들의 요소를 사건들로서 구성하며, 그래서 체계의 환경이 요소 교체에 도움이 되는 것이나 방해하는 것에 어떤 기여를 하든, 요소들을 교체해야 하는 자기강제 하에 있기 때문이다. 그러나 체계들이 그렇게 구성된 동학을 가지고 자신들의 구조도 변동시킬 수 있다는 점도 말해졌는가?

변동[183]이라는 말은 오직 구조와 관련해서만 할 수 있다.[184] 사건들

---

183) 우리는 이하에서 "변동"(Änderung)이라는 용어를 고수할 것이다. 일반적으로는 "사회변동"(sozialer Wandel)이라는 말을 중요한 구조 변동들이 있을 때에 사용한다. "사회 변화"(social change)도 그렇게 정의된다(예를 들어 Wilbert E. Moore, *Social Change, International Encyclopedia of the Social Sciences,* New York 1968, Bd. 14, 365-375(366)에는 "사회 구조들의 중요한 개조"라고 정의되어 있다). 하지만 일반적으로 인정된 중요성 기준은 발견될 수 없다. 그리고 예를 들어 "평형"이나 "지배" 같은, 아주 쉽게 불충분하다고 기각될 수 있는 제안들만 지금까지 제출되었을 뿐이다. 사회 변동에 관한 논의에서 그러

은 변동될 수 없다. 왜냐하면 사건들의 발생과 소멸 사이에는 변동에
도 불구하고 연속될 수 있는 "사건과 같은" 어떤 것이 존속하는 지속
이 없기 때문이다. 사건들의 동일성은 시점에 묶여 있다. 그러한 "그
럴듯한 현재"(specious present)가 의미를 가질 수 있기 위해 얼마나
연장될 수 있는지 와는 무관하게 말이다. 구조들만이 지속될 수 있는
것을 (그래서 변동될 수 있는 것을) 상대적으로 불변적인 것으로 유지
한다. 구조들은 사건들의 비가역성에도 관계들의 일정한 가역성을 보
장한다. 행위의 층위에서가 아니라 기대의 층위에서 체계는 학습할
수 있고, 확정들을 다시 해체할 수 있고, 외적 변동이나 내적 변동에
적응할 수 있다. 엄격하게 말하면 (그러나 우리는 이 관습을 실천적이
며 언어적인 이유에서 무시할 것이다) 우리는 그래서 "하나의 체계"가
변동 불가능한 요소들, 즉 사건들로 존속하기 때문에 변동한다고 말
할 수 없다. 다른 한편 체계들은 구조들을 통해 확인되며, 구조들은
변동할 수 있다. 그렇다면 이런 점에서는 체계의 구조가 변동할 때에
체계가 변동한다고 말하는 것 역시 정당하다. 왜냐하면 어느 경우든
체계에 속하는 어떤 것(그리고 그것의 자기생산적 재생산을 가능하게
하는 바로 그것)이 변동하기 때문이다.

구조 변동에 관한 고전적 담론은 불변적/가변적이라는 도식에서
진행되어 왔다. 따라서 그것은 구조 변동에 맞서는 지탱을 불변적인

한 문제에서 생겨나는 "혼란 상태"는 Susan C. Randall/Hermann Strasser,
"Zur Konzeptualisierung des soziaien Wandels: Probleme der Definition,
des empirischen Bezugs und der Erklärung", in: Hermann Strasser/Susan
C. Randall (Hrsg.), *Einführung in die Theorien des soziaien Wandels,* Darmstadt-
Neuwied 1979, 23-50 (인용은 24)를 참조할 것.

184) Guy E. Swanson, *Social Change,* Glenview Ill. 1971, 3은 예를 들어 다음처럼
정의한다. "변동은 구조에서의 차이, 시간을 거치며 일어나고 구조 외부에
있는 요인들에 의해 시작되는 차이를 언급한다.

또는 상대적으로 지속적인 체계 특성, 즉 다시금 구조들에서 모색했던 것이다. 그 다음에는 불변적인 구조들에 얼마나 주목해야 하는지, 추구되는 변동이 얼마나 급진적이어야 하는지를 둘러싸고 논쟁이 있었다. 〔그러나〕 자기준거적 체계의 이론은 완전히 다른 사고의 전제 조건을 가지고 작업하며, 그래서 예를 들어 정적인 체계 개념이나 동적인 체계 개념의 구분과 같은 고전적 논쟁의 질문에 더 이상 분류될 수 없다. 이 이론에서 그 자체로 불변적인 것으로서 유일한 것은, 최소 시점에 관련된 사건이다. 교체될 수 없는 것은 너무 빨리 소멸되어서, 변동에 필요한 시간을 가지고 있지 않은 것밖에 없다. 따라서 구조 변동의 장애물은 변동을 거부하는, 특수한 자질들을 갖춘 구조들에 있는 것이 아니다. 그런 장애물은 즉시 다시 사라지는 사건들의 선택적인 조합의 문제에 있다. 즉 그 장애물은 구조들의 기능에 있다.

이것은 일단은 개념적인 사전 규명들에 불과하다. 그것들은 구조 변동이 어떻게 성립하는지는 차치하고라도, 도대체 어떻게 가능한지를 설명하지 못한다. 이 질문에서의 사회학 연구 상황은 간단히 설명할 수 있다. 서로 배제하지 않고 통일적인 이론으로 통합될 수도 없는, 비교적 성공적인 수많은 설명 시도들이 있다. 구조에서의 모순들이나 갈등에 주목하는 작업들이, 모순이나 갈등으로 인해 불안정해진 체계가 구조 변동 경향을 띨 것이라는 전제에서 되풀이하여 이루어졌다. 그밖에도 19세기에 들어서서 진화이론적 접근을 물려받았는데, 그것은 사회체계들에 대해서만 적용될 수 있었지, 모든 종류의 사회적 체계들에는 적용될 수 없는 발상이었다. 그밖에도 바로 희망, 복지, 성공이 점점 더 많이 채워짐으로써 불만이 지나치게 상승하여 구조 변동에 이른다는, 역설적인 변동의 전(前)사회학 이론이 있다. 다른 이론들은 사회 변동의 주된 시발을 사회의 상징 구조, 예를 들어 막스 베버에 기초하여 종교와, 행위의 동기부여에서의 종교의 의의에서 찾는다. 잊지 말아야 하는 이론들은 가브리엘 타르드를 인용하며 모방과 확산을 가지고 작업하는 이론들이다. 이 핵심 집단은 가령 광신주의와 급진성을 지위불일치를 가지고 설명하거나 특수한 기술적 발명들(문자, 인쇄술, 쟁기, 증기기관차)이 변동을 촉발하는 의의가 있다고 설명하는 보다 작은 크기의 이론들에 의해 둘러 싸여 있다. 이 모든 시도들은 공통적으로 환원적인 질문제기에서 출발한다. 변동의 유형을 그 원인의 지점들에서 파악하고 모델을 추가적인 배열들이나 역사적인 조건들로 채워 넣었으며(그것은 더 이상 기능하지 않는다. 인쇄술은 예를 들어 유럽을 혁신하지만, 중국을 혁신하지는 못한다), 그래서 구조 변동을 역사적인 과정으로서 기술하는 것이 관건이 된다. 그리고 이때 모델이 결정적인 것으로 간주하는 출발원인이 종종 전체적인 조합 구성에서 설명력을 너무 많이 잃어버리는 사정을 알면서도 이 작업을 실행한다.

하지만 나는 이러한 접근 방식은 사회변동 "그 자체"의 종합이론의 높은 차원의 축적을 허용하지 않는다는 것을 한 눈에 볼 수 있을 것이라고 생각한다. 그 접근 방식은 스스로 만들어낸 결과에 만족해야 하며 만족할 수 있을 것이다(그리고 이것으로 이 범위 안에서 새로운 발전들이 물론 배제된다는 것을 뜻하지는 않을 것이다). 일반이론은 다른 방식으로 시작해야 한다. 우리는 그것을 위해 자기생산적 자기유지 개념을 이용할 것이다. 사회적 체계는 (많은 다른 시간화된 체계들처럼, 모든 생명 그 자체처럼) 사건 같은 요소들로 존속하기 때문에, 모든 순간에 중단할 것이냐 계속할 것이냐의 대안 앞에 서 있다. "실체"는 이른바 끊임없이 사라지며, 구조 패턴에 힘입어 재생산되어야 한다. 행위에 행위가 이어져야 한다──그렇지 않으면 바로 아무 것도 아닌 것이 된다! 자기생산적 재생산은 구조 패턴을 전제한다. 하지만 그것은 행위만이 소통 가능한, 즉 유의미하며-납득 가능하며, 연결 능력을 유지하면, 상황을 시발점으로 하여 혁신적이거나 일탈적으로 일어날 수 있다. 남편이 결혼생활 31년 째 자신의 57번째 생일에 "난 자두케이크를 전혀 좋아하지 않아"라고 부인에게 선포하며 그녀를 놀라게 한다. 그렇다면 생일케이크에 대한 질문은 다시 결정되어야 한다. 생일과 케이크, 결혼 생활과 성실성이 동시에 그 의미를 잃지 않으려면, 구조는 의미 있게 교체되어야 한다.[185] 구조 변동은 자기유지를 전제한다. 이것은 언제나 분명했다. 그 점으로부터 추론되는 것은, 변동과 유지가 상이한 이론을 통해 (가령, 한편의 "진보적" 이론과 다른 한편의 "보수적" 이론을 통해) 설명될 수 있는 것이 아니라, 모든 이론이 늘 둘을 다루어야 한다는 것이다. 새로운 것은 문제가 많은 "속성들"로 갖추어진 "전체" 층위에서 문제들로 유지되거나 그렇지 않거나 하는 데에 있는 것이 아니라, 요소적인 사건들의 관계의 층위에서 사건들의 재생산의 속행이냐 아니냐에 있다는 통찰밖에 없다.[186] 이것이 진술하는 것은, 모든 상황에서 3중의 차이, 즉 (1) 기존의 기대 구조 범위 내의 연결 행위, (2) 일탈적 기대 구조에 근거한 연결 행위, (3) 중단이 있다는 것이다. (1)과 (2) 사이에는 순응/일탈이라는 관점에서 선택이 이루어진다. (1,2)와 (3) 사이에는

---

185) 그 보기는 다양하게 변이시킬 수 있다. "나는 충분히 일했다." 자본가는 어리둥절해 하는 노동조합 지도자에게 선언한다. "내 공장, 내 통장을 넘겨받아라. 난 연금을 받고 싶다."

186) 마투라나는 체계를 구분들의 요소들의 속성에 근거하여 단순한 (차이)동일성으로서 기술하거나, 구분들의 요소들의 조직에 근거하여 한데 합쳐진 (차이)동일성으로서 기술하는 것을 선택할 수 있는 관찰자의 구분으로서 이 구분을 도입한다. Humberto R. Maturana, "Autopoiesis", in: Milan Zeleny (Hrsg.), *Autopoiesis: A Theory of Living Organization*, New York 1981, 21-33, 특히 24와 31을 참조할 것. 그 이상으로 속성 기술이 타자관찰을 위해, 관계화하는 기술이 자기기술을 위해 보다 매력적이라는 점을 추측할 수 있다.

자기생산적 차이의 관점에서 선택이 이루어진다. 따라서 선택은 이 항화될 수 있으며, 그렇지만 2항의 차이들의 연동을 통해서만 그렇게 할 수 있다.

이 차이들의 차이는 구조들의 장애 가능성과 변동 가능성의 모태를 정의한다. 가능성들로부터 단순한 중단을 골라내면, 여전히 순응적인 연결 행위 또는 일탈적인 연결 행위의 가능성이 남아 있는데, 그렇게 하는 것은 아직 정의되지 않은 기대로부터의 일탈, 즉 의미론적으로 아직 점유되지 않은 구조 영역으로 우회하기와 마찬가지로 순응적인 일탈(허용된 혁신, 예를 들어 법 제정)을 포함한다. 즉 자기생산은 구조가 변동될 수 있느냐 변동될 수 없느냐에 대한 조건이다. 자기생산을 통해, 어떤 대상도 자신의 위치를 시간 속에서 교체할 수 없고 (단지 자기 자신이나 다른 것만을 교체할 수 있다는) 사실이 감안될 수 있다. 대상은 변동되거나 변동되지 않은 채, 시간의 진행에 내맡겨져 있을 뿐이며, 그래서 어떤 복잡성 정도에서부터는 자기생산을 통해 유지되어야 한다.

자기생산적 재생산 관점에서 보면, 그리고 자기생산적 차이에 힘입어 작업하면, 구조 변동 문제는 가능성의 고유한 조건과 고유한 자유도의 문제를 가지고 있는데, 이때 문제화된 구조와 상대적으로 무관해진다(그러나 연결 행위들을 발견하고 투입하는 것을 비로소 가능하게 하는 모든 구조들로부터는 물론 결코 독립적이지는 않다). 여기서는 일반적 차원보다 훨씬 더 많이, 상황과 상황의 설득 수단들이 중요해진다.

바로 구조 변동이 상황적으로 설득력이 있어야 한다.[187] 일단 후

---

187) 여기에 위기이론들, 특히 위기들과 연결된 희망들을 위한 출발점들이 있다. 예를 들어 Robert A. Nisbet, *The Social Bond*, New York 1970, 322 이하를 참조할 것.

속 행위가 가능해져야 한다. 그 다음에야 그것이 구조 가치를 얻는지, 즉 그것이 기대를 형성하는 데에 적절한지를 볼 수 있다. 이것은 또한 구조 변동이 그 자체로 선포되고 희구되고 책임을 떠맡지 않은 채, 지속적으로 발생해야 한다는 것을 뜻하기도 한다. 장성한 자녀와 함께 사는 가족이나 필립 셀츠닉(P. Selznick)이 제도 형성으로서 기술한 발전사를 가진 조직들을 생각해보라.[188] 그리고 구조들이 변동되어야 할 때에 비로소 의식되고 소통 능력을 갖게 된다는 것은 드문 일이 아니다.[189]

이 토대에서 (1) 체계의 복잡성, (2) 체계 구조들의 우연성과 상대적인 비개연성, (3) 규정된 불안정성들의 필요성(예를 들어, 변덕스런 신들, 가변적 가격들, 선출할 수 있는 정부들), (4) 정보 민감성, 그리고 (5) 구조 변동 빈도 내지는 속도 사이의 연관성을 끌어들이는 숙고들을 완성시킬 수 있다. 그렇게 하더라도 과정이론으로 나아가지 않는다. 즉 많은 구조 변동 사건들이 어떻게 서로를 연속적으로 서로를 조건짓게 되는지를 설명하는 이론들로 이끌지는 않는다는 것이다. 과정의 범주가 구조 변동 문제를 구체화하는 데에 필수적인 형식이라는 생각에서 벗어나야 한다.

우리는 지금까지 적응 개념 없이 논의를 끌고 나왔다. 적응은 보통 환경에 대한 (그리고 대개 더 좁게, 환경 변동에 대한) 체계 구조의 적응으로서 이해된다.[190] 이 개념 이해를 가지고 소란스럽고 자주 그리

---

188) *TVA and the Grass Roots*, Berkeley —Los Angeles 1949; ders., *Leadership in Administration: A Sociological Interpretation*, Evanston Ill. 1957을 참조할 것.

189) 그것에 상응하는 것은 위(7절)에서 정식화된 테제, (제각기 다른 것을 배제한 채) 규범적 기대 양식이나 인지적 기대 양식에 고정되는 것은 특별히 문제화된 행동기대들밖에 없다는 테제이다.

190) 외적 적응과 내적 적응을 말할 때에는(예를 들어 B. F. Kenneth Berrien, *General and Social Systems*, New Brunswick N. J. 1968, 136 이하에서 그러한 것처

고 개괄할 수 없게 교체되는 환경이 체계의 더 큰 적응 성과들, 즉 더 큰 구조적인 유연성을 필요로 한다는 것을 표현할 수 있다.[191] 그러나 이때 환경의 소란이 바로 (해당 관련체계의 환경 안에 있는) 체계들에 의해 만들어지고, 그 체계들이 그 소란에 적응하려 시도한다는 것을 전제해야 하면, 소란/유연성 증대를 기대할 수 있고 이것이 대파국을 만들어낼 수 있을 것이다—여기서 어떻게 이해되든 엔트로피에 이르는 더 빠른 다른 길로서의 대파국을 만들어낼 수 있다.

그러나 어쩌면 그러한 전망은 너무 단순하게 구축된 이론의 관점에 불과하다. 사회학은 생물학이 제안한 적응 개념에 항상 유보적인 태도를 취했다.[192] 예를 들어 파슨스에게 있어 적응은 네 가지 체계 기능의 하나에 불과하다. 적응 기능의 상승은 상응하는 부분체계들의 분화를 통해 진행되어야 하고 다른 체계 기능들과 그 기능들의 강화에 맞추어져야 한다. 적응이 아니라 강화가 행위 체계의 구조적 발전의 역사적 법칙이다. 그런데도 적응 개념은 '체계/환경-차이'가 체계이론의 주도 패러다임인 한에서, (그것이 얼마나 억압되었거나 인정되지 않았거나 간에) 거부할 수 없는 중요성을 가지고 있다. 왜냐하면 체계의 정보 처리가 (또는 체계의 관찰자가) 환경에 대한 체계의 적응인가, 아니면 체계에 대한 환경의 적응이냐는 대안을 통해 이 차

럼), 그 개념은 실제 구조 변동과 합쳐진다—기존의 구조에서 연역될 수 있는, 구성적이거나 해체적인(엔트로피컬한) 발전 논리를 추가로 전제하더라도 그렇다.

191) 예를 들어 Fred Emery, *Futures we are in*, Leiden 1977에서 활동적 적응(active adaptation)과 적응적 계획(adaptive planning) (67 이하, 123 이하)을 볼 것

192) 보다 정치적으로 영감을 받은 유보들을 Geoffrey Vickers, "Is Adaptability Enough?", *Behavioral Science 4* (1959), 219-234 (Walter Buckley (Hrsg.), *Modern Systems Research for the Behavioral Scientist: A Sourcebook*, Chicago 1968, 460-473에서 재인쇄)에서 볼 것.

이를 경로화하기 때문이다. 그와는 달리 자기준거적 체계이론으로 넘어가면 적응 개념은 그 의의를 상실하지 않은 채 둘째 위치로 물러선다. 이때 일차 질문은 다음과 같다. 어떤 의미론을 가지고 어떤 체계가 스스로 체계와 환경의 구분을 결정하는가? 이 의미론은 정보처리 과정에 어떻게 작용하는가? 그리고 어떤 적응의 필연성이 그 결과 체계의 화면에 나타나는가? 우리는 화폐 언어가 경제와 정치에 대해 어떤 의의를 가지고 있는지 만을 생각할 필요가 있다. 그리고 그 점을 설명하는 적절한 보기는 다음과 같다. 이 언어에서 체계와 환경의 차이는 금전적 자원에 관한 처분권의 차이로서, 즉 돈의 소유 내지는 비소유로서 이해된다. 이 배분에서의 변동은 그 후 구조적 적응 과정을 조종하며, 이때 차이의 다른 도식화가 언어화되지는 않을 것이다.

자기준거적 체계들은 자신의 고유한 요소들과 그와 함께 자신의 고유한 구조 변동을 스스로 생산한다는 점에서 폐쇄적 체계들이다. 체계가 함께 작용하지 않은 조건에서, 환경은 체계에 직접적인 인과적 개입을 할 수는 없다. 바로 그 때문에 체계는 자신의 고유한 구조에 (구조가 사건이 아닌데도) 인과성을 부여한다. 이것이 모든 적응의 형식이며 조건이다. 그러면 구조는 우연하게 나타나는, 체계와 그리고/또는 환경 사건들의 조합으로서만 작용할 수 있다. 역으로 체계 내 사건들이 구조적으로 준비된 원인과 조합된 과정에서만 작용할 수 있는 것과 꼭 마찬가지로 말이다. 그러면 지속적으로 존재하는 원인들이 이에 상응하게 불연속적으로 작용할 수 있다. 분명히 존재하는 가능성들이 그것들을 보완하는 우발에 의존할 수 있다. 그래서 예를 들어 법질서는 언제 그리고 어떤 계기에 투입될 것인지를 예견하지 못한 채 고도의 계산 가능성을 보장할 수 있는 것이다. 이 잠재적인, 촉발을 기다리는 인과적 기여는 구조 변동을 통해 교체되는 요구들에 적용될 수 있다. 환경은 체계의 그러한 동반 작용이 없다면 자기생산적 재생산을 파괴할 가능성밖에 가지고 있지 않게 될 것이다. (예를 들어, 눈사태가 스키 타는 사람들을 매몰시켜 그들이 더 이상 서로 소통할 수 없게 만든다. 눈사태 위험은 소통을 통한 가능성에 따라, 그리고 그로 인해 유발된 구조 변동을 통해 방비된다.)

모든 구조 변동은 환경에 대한 적응이든 아니든 자기변동이다. 구조 변동은 사회적 체계 안에서 소통을 통해서만 가능하다. 그것은 구조 변동이 소통의 주제이어야 하거나 어떤 까다로운 의미에서 계획되어야 한다는 것을 의미하지 않는다. 그러나 구조 변동은 체계 내 상황들을 필요로 하는데, 그 상황에서는 기대들이 변동된다는 것이 관찰될 수 있고, 이해될 수 있고 명백해진다. 그런 상황은 체계와 체계의 요소들의 시간화에 근거해서만 가능하다. 환경은 구조 변동의 자극자이다. 체계 내 소통은 정보를 통보하고, 그래서 지속적으로 환경 관련을 유지해야 한다. 기대의 변동은 체계와 환경의 차이와 관련하여 해석된다. 그것들은 어쩌면 절대적으로 그런 방식으로만 이해될 수 있다. 그것이 사회적 체계가 자기 환경의 구조 변동에 적응하는 것을 개연성 있게 만든다(그렇지만 필연적인 것으로 만들지는 않는다). 그러나 요소들과 구조들, 상황성과 의미론이 체계의 고유한 성과이기 때문에, 너무 많은 "고유한 것"이 "적응" 안으로 유입되어 그것으로부터 체계와 환경의 호환성을 추론할 수는 없게 될 것이다. 즉 역설적으로, 그것은 체계가 자신의 환경에서 장기적-성공적으로 안정되는, 구조적 적응 과정에 대한 체계의 고유한 지분인 것이다.

환경과 관련된 적응 개념은 결코 모든 구조 변동 형식을 파악하지 못한다. 우리는 그 개념을 처음에는 자기적응 개념으로 보완해야 한다. 우리는 체계와 환경의 구분이 아니라, 요소와 관계의 구분, 즉 복잡성 문제에 기초할 때 자기적응 개념에 이를 수 있다.[193] 자기적응은 요소들이 관계지어질 때의 균형, 내적 복잡성이 환원될 때의 균형에서 만들어지며 (그 자신이 환경 적응의 결과일 수 있는) 체계 내적인 어려움을 제거한다. 우리는 관료 조직에서의 적응 과정이 포괄적으로 이 자기적응 유형을 따른다고 추정할 수 있다. 왜냐하면 끊임없이 수정이 필요한 높은 정도의 세부 조정이 요구되며, 경미한 차이에도 민감하게 반응하는 습관이 있기 때문이다. 그와는 달리 소수 구성원들의 개인적 속성들이 뚜렷하게 자기확정되어 있는 가족들에 있어서는, 환경 적응이 보다 전형적인 것으로 보인다——이렇게 되는 것은 특히 구성원들의 늙어감에 대한 적응 형식(출생, 이혼)으로 발생한다. 이것은 가족에서는 관료제와는 다른 갈등 분위기가 지배적이게 되는 점에 대한 이유가 될 수 있다——요구되는 적응이 실행되지 않은 결과로서 드러나는 갈등이 관건이 된다. 왜냐하면 가족에서는 갈등 상황에서 변화된 이해관계가 논의를 주도하게 되는 반면, 관료제에서는 상충된 협력 구조 내의 상이한 환원 원칙이 그 역할을 맡게 되기 때문이다.

환경 적응과 자기적응의 대립 또한 구조 변동의 가능한 형식들의 완전한 그림을 만들어내지는 않는다. 우리는 세 번째 사례를 추가해야 한다. 그리고 우리는 그것을 확산되는 언어 사용에 기초하여 **형태 발생**(Morphogenese)이라고 명명할 것이다.[194] 형태 발생은 적응 강

---

193) 따라서 환경 적응에 단순하게 자기적응을 대립시키는 것으로는 충분하지 않다. 왜냐하면 그 경우에는 자기적응(그것은 체계/환경-차이가 아닐 수도 있고, 아직 체계/환경-차이가 될 수 없기도 하다)이 어떤 문제에 반응하는지를 볼 수 없기 때문이다.

194) 이 용어학을 사회과학에 전용하기 위해서, 긍정적인 피드백을 통한 안정화 관점에서의 중요한 기여들을 위해서 Magoroh Maruyama, "The Second Cybernetics: Deviation-Amplifying Mutual Causal Processes", *General Systems 8* (1963), 233-241; Walter Buckley (Hrsg.), *Modern Systems*

제에서 생겨난 것이 아니며, 그것의 미발생이 갈등을 낳는 것도 아니다. 형태 발생은 자유로운 영토에서 발전한다. 그것의 기초가 되는 것은 체계와 환경의 차이도 아니고, 요소와 관계의 차이도 아니다. 그것은 적응 활성화와 금지(또는 가능화와 억제)의 차이이다. 그것은 그 적응 가능성들이 포괄적으로 금지된, 그 의미 지시들이 예를 들어 재생산에 필요한 기대 구조로 인해 매우 제한적으로 활용되는 체계들을 전제한다. 그러한 경우에는 활성화와 금지의 관계는 금지된 가능성들이 구조로부터 이탈하면서 가끔씩 금지가 폐지될 수 있게, 즉 재활성화될 수 있게, 진화상 변이를 통해 변동될 수 있다. 지속적 금지와 단기적이며 상황의존적이며 우발적인 재활성화를 말할 수도 있을 것이다. 그것을 통해 비로소 이 목적으로 어떤 내적 적응 문제가 생겨나고 경우에 따라서는 환경과 관련된 적응 가능성이 생겨나며, 그것은 그 후 활용될 수 있다. 그러나 발전은 재금지 가능성이 부재하다면, 매우 개연성 있게 순환논증으로서 진행될 수 있다——예를 들어 미르달(Myrdal)의 유명한 "미국의 딜레마"(American Dilemma)의 의미에서나 오늘날 확산된 복지국가 진단의 의미에서 그러하다. 그 발전은 점점 더 스스로 만들어낸 문제에 반응해야 하는 강제 상태에 처하게 되며, 이 과정에서 환경이나 자기 자신과 더 나은 관계에

Research, 같은 곳, 304-313에서 재인쇄; Walter Buckley, *Sociology and Modern Systems Theory*, Englewood Cliffs N. J. 1967, 58 이하를 참조할 것, 그밖에도 Hermann Haken, *Synergetics: An Introduction*, 2. Aufl. Berlin 1978, 299 이하; Alfred Gierer, "Socioeconomic Inequalities: Effects of Self-enhancement, Depletion and Redistribution", *Jahrbücher für Nationalökonomie und Statistik 186* (1981), 309-331; ders., "Systems Aspects of Socio-economic Inequalities in Relation to Developmental Strategies", in: R. Felix Geyer/Johannes van der Zouwen (Hrsg.), *Dependence and Inequality: A Systems Approach to the Problems of Mexico and other Developing Countries*, Oxford 1982, 23-34를 참조할 것.

도달하지는 못한다.

형태 발생은 새로운 구조들을 만들어내는데도, 항상 구조 변동이다. 그것은 기존의 체계를 개축하며, 다른 방식으로는 형태 발생은 결코 가능하지 않을 것이다. 그 사실은 기본 개념인 자기생산으로부터 도출할 수 있다. 그래서 잘 알려진 모델을 인용하면,[195] 처음에는 가족들로만 구성된, 고대사회에서의 단결된 기관의 발전이 지금까지의 사회의 전체 구조를 건드리지 않고 그냥 놔둔 것이 아니다. 그 발전은 사회의 전체 구조에 무엇인가 덧붙인 것으로 만족하지 않았다. 가족으로 구성된 낡은 사회의 질서는 가족 그리고 단체들로 구성된 사회의 질서로 대체되는데, 그 사회의 질서는 전체적으로만, 그러나 고도로 특화되어서 그리고 상응하는 일반화를 가지고 옛 질서를 속행할 수 있다. 그래서 형태 발생적으로 진전한 상태는 체계이다. 왜냐하면 그 상태는 체계의 모든 구성요소와 함께 할 때에만 낡은 질서를 계속 발전시킬 수 있기 때문이다. 그리고 그렇게 된다는 것은 지속적인 구성요소인 가족들도 새로운 의미를 얻는다는 것을 뜻한다.[196]

이제 도입되는 개념적 구분들은 구조 변동과 사건의 관계와, 그에 기초하여 구조 변동과 과정의 관계에 대해 질문할 수 있게 해준다. 틀림없이 모든 구조 변동은 사건을 전제한다. 왜냐하면 체계들은 사건들로 구성되고 사건들을 통해서만 변형될 수 있기 때문이다. 그러나 구조 변동은 그 자체로 사건인가?[197] 구조 변동은 사건일 수 있지

---

195) Emile Durkheim, *De la division du travail social*, zit. nach dem Neudruck Paris 1973의 2판 서문을 보라.

196) 이 점에 관해 특별히 Talcott Parsons, "Comparative Studies and Evolutionary Change", in: Ivan Valuer (Hrsg.), *Comparative Methods in Sociology: Essays on Trends and Applications*, Berkeley 1971, 97–139 (100–101)을 볼 것.

만, 반드시 사건일 필요는 없다.[198] 아이들이 자라날 때 가족들이 겪는 구조 변동만을 직시하여, 변동을 사건으로서 기술하는 것이 (뚜렷하지는 않지만) 분명한 한계를 가지고 있음을 볼 수 있어야 한다. 사건 서술은 이전과 이후의 차이가 동일성으로 압축될 수 있을 때에만 고려될 수 있다. 그 동일성은 그 자신이 변동될 수 있지 않고, 그것이 변동을 실행하는 비교적 작거나 큰 시간 공간 안에 자리 잡는다. 어떤 경우에도 "그" 사건이 구조 변동의 "원인"이라고 말하는 것은 의미가 없다. 그것은 구조 변동의 확인에 불과하다. (예를 들어 입법 실행으로서) 구조 변동을 사건의 과정에서 확인하고, 그것을 상응하게 실행할 가능성은 수많은 원인들을 경로화하고 그에 초점을 맞추고 그것을 묶고, 그렇게 함으로써 그렇지 않으면 가능하지 않을 구조 변동을 가능하게 할 수도 있다. 그것은 사건을 변동의 원인으로서 과도하게 해석하는 방식을 생각나게 한다. 그렇지만 그러한 과도한 해석은 비현실적이며, 사회과학자들이 그렇게 해석해서는 안 된다. 그것은 변화하는 사회적 체계의 강하게 단순화하는 자기기술의 맥락에 속한다.

여기서 매우 간결하게 토론된 이 질문은 구조 변동이 개별 사건들은 아니지만 적어도 그 자체가 사건들로 구성되는 과정들인지 아닌지를 묻는 다른 질문과 혼동되어서는 안 된다. 그러나 수많은 사건들조차도 그 즉시 과정인 것은 아니다. 즉 처음에는 개념적인 층위에서

---

197) 이것은 Robert A. Nisbet, *The Social Bond: An Introduction to the Study of Society*, New York 1970, 322 이하가 몇 가지 명시적인 주제 처리에서 전제하는 것처럼 보인다 — 그래서 나이스빗은 사회변동 이론에서 (예견 불가능한) 사건성이라는 주제를 경시했음을 유감스럽게 생각하게 되었다.

198) 말하자면 "발생하지" 않으며 단지 맞추어지는 구조 변동들을 말하는 것이 허용되어야 할 것이다. 어쩌면 사회 변동 개념을 이 경우를 위해 보전해 두는 것이 목적에 부합할 것이다.

구조 변동과 과정을 조심스레 구분해야 한다. 과정을 말할 수 있는 유일한 경우는 사건들이 서로 연쇄될 때, 또는 더 정확하게 말하면 사건의 선택이 다른 사건의 선택을 가능하게 할 때이다.[199] 말하자면 과정 개념은 특별한 종류의 선택 강화, 즉 시간을 필요로 하는 선택 강화를 표현한다.

(변화하는 환경이나 자기 자신에 대한) 수많은 적응들은 이런 의미에서 과정으로 파악하기는 어렵다. 그것의 연관은 유일하게 체계의 (차이)동일성에서만 만들어지지만, 반드시 하나의 적응이 다른 적응을 성립시키는 전제조건이 되고 그 역의 경우로부터 만들어지는 것은 아니다. (모든 적응에서 체계의 존재 또는 비존재가 달려 있을 때에만, 다른 어떤 것이 타당할 것이다. 체계는 이런 의미에서 과정일 것이다.) 형태 발생적 구조 변동에서는 과정 형식적 발전이 더 개연적이다. 여기서 새로운 구조들이 만들어지기 때문에, 이 구조들이 후속 구조 형성을 위한 출발 상황이 된다는 것이 암시된다. 가령 정치 지배가 도시 형성의 출발 상황이 되며, 도시 형성이 문자의 출발 상황이 되고, 문자가 철학의 출발 상황이 되거나, 간결하게 표현하려 한다면 몇 천 년의 짧은 문명적 중간 단계 이후 농업이 핵으로 인한 지구 파괴의 출발 상황이 된다는 점을 보기로 삼을 수 있을 것이다. 하지만 그런 경우에도 실재에서는 즉, 농업이 없으면 핵폭발도 없다는, 거트만(Guttmann) 척도에 따라 질서지어진 사건 배열만이 존재한다.[200] 그러나 그러한 사건 배열에 과정의 자질을 부여하는 것은 무

---

199) 제1장 3절 3항도 참조할 것. 그밖에도 Niklas Luhmann, "Geschichte als Prozeß und die Theorie soziokukureller Evolution", in ders., *Soziologische Aufklärung Bd. 3*, Opladen 1981, 178-197을 볼 것.
200) (문헌 참조들이 상당히 불충분한 가운데) 방법과 지금까지의 연구에 관해 다음을 참조하라. Robert L. Carneiro, "Scale Analysis, Evolutionary

엇인가?

우리가 이 질문에 자세히 대답하기 전에, 현재 가장 수준 높은 구조 변동 이론이 과정이론이 아니라는 점을 먼저 확인해두어야 한다. 파슨스도, 당시 선호된 신-다윈주의적 이론 발상도 과정 개념에 이르지는 못한다. 대단히 분산된 출판물에서 설명된 파슨스의 "진화이론"은 체계 발전의 네 가지 구조적 요건들, 즉 적응적 격상, 분화, 포함, 가치 일반화만을 다루고 있다.[201] 파슨스에 따르면, 그 요구들은 행위를 가능하게 하기 위해 필요한 네 가지 기능들 (내지는 기능체계들)과 관련된다. 행위를 가능하게 하는 조건의 복잡성이 증대할 때 모든 네 기능들이 상응하는 구조적 조건들을 충족시켜야 한다―그렇지 않으면 발전은 중단한다. 이것은 결코 비판가들이 즐겨 전제하는 것처럼, 스펜서 식의 단선적인 이론이 아니다.[202] 그 반대가 옳다.

Sequences, and the Rating of Cultures", in: Raoul Naroll/Ronald Cohen (Hrsg.), *A Handbook of Method in Cultural Anthropology*, Garden City N. Y. 1970, 834-871; 그밖에도 z. B. Robert L. Leik/Merlyn Mathews, "A Scale for Developmental Processes", *American Sociological Review 33* (1968), 72-75; Theodore D. Graves/Nancy B. Graves/Michael J. Kobrin, "Historical Inferences from Guttman Scales: The Return of Age-Area Magic?" *Current Anthropology 10* (1969), 317-338; Joseph P. Farrell, "Guttman Scales and Evolutionary Theory: An Empirical Examination Regarding Differentiation in Educational Systems", *Sociology of Education 42* (1969), 271-283; Herbert Bergmann, "Einige Anwendungsmöglichkeiten der Entwicklungsskalierung von Leik und Mathews", *Zeitschrift für Soziologie 2* (1973), 207-226.

201) 예를 들어 "Comparative Studies and Evolutionary Change", in: Talcott Parsons, *Social Systems and the Evolution of Action Systems*, New York 1977, 279-320을 참조할 것.

202) 예를 들어 Michael Schmid, *Theorie sozialen Wandels*, Opladen 1982, 145 이하 Siehe auch Mark Granovetter, "The Idea of 'Advancement' in Theories of Social Evolution and Development", *American Journal of Sociology 85* (1979), 489-515에서 그러하다.

파슨스는 바로 어떤 개별 기능도 혼자서 완전해질 수 없다는 것을 강조하고 있다. 이 이론의 성과는 서로 조건짓는, 즉 호환성 요구를 통해 진보를 보다 비개연적인 것으로 만드는, 높은 수준의 복잡성에 도달하기 위해 다수의 구조적인 제한들을 열거한 데에 있다. 그러나 이 측면을 강조하고 파슨스 자신보다 비개연성을 어쩌면 더 뚜렷하게 강조하더라도, 그럼으로써 과정이론이 수립되는 것은 아니다. 그 이론은 더 높은 복잡성들의 조건에 관한 진술을 포함하고 있을 뿐이며, 이 조건들이 더 복잡한 사회체계들이 형성되었던 곳에서 "진화상 보편적인 것"을 통해 실제로 실현되어야 했다는 것을 역사적으로 입증하고자 시도한다.

신-다윈주의적 유형의 진화이론도 그렇게 과정이론으로 볼 수 없다. 여기서도 유기체적 세계와 사회적 세계에서 복잡한 질서들이 그렇게 놀라울 정도로 생성될 수 있는지를 설명하고자 할 때 전제해야 하는 구조 변동의 충분한 비개연성과 빈도를 설명하는 것만이 관건이다. 설명은 (파슨스가 자신의 고유한 이론을 잘못 분류해 넣은) 이러한 이론 유형에서는 변이, 선택, 재안정화에 있기는 하지만, 그것으로부터 역사가 과정의 형식으로 진행된다는 점은, 이 과정이 역사적인 법칙에 따라 일어난다는 것은 차치하고도, 어떤 식으로도 도출될 수 없다.

사건의 연쇄는 선택 강화의 특징을 충족시킬 때에 그리고 그때에만 과정이 된다. 이것은 예를 들어 예상적인 (또는 목적론적) 과정으로서 발생할 수 있다.[203] 이것은 말하자면 촉발 사건들이 실현될 때

---

203) "목적론"이라는 말은 여기서 아리스토텔레스 이론과 전적으로 관련된 가운데 말할 수 있다. 우리는 장래의 사건들과 상태들이 현재를 향하는 시간 방향에 맞서 작용할 수 있다는 생각만을 제거하며, 그밖에도 과정의 선택성 강화가 그 종말의 선택성을 통해 함께 조건지어진다는 것을 특별히 강조하

에만 그 자신이 결과를 가지게 된다는 이유에서만 사건들이 촉발될 수 있는, 달리 말해 행위들이 선택될 수 있다는 것을 통해서만 발생할 수 있다. 그러나 선행하며 후행하는 사건들의 상호 선택성의 이러한 강한 형식은 과정을 형성하는 유일한 가능성은 아니다. 이 목적론적 과정 외에도 앞서 말한 형태 발생의 진화상 과정들도 있다. 그 과정들은 선택 강화를 일방적으로만 다룬다는 특징을 갖는다. 그 과정들은 한 구조 변동을 다른 구조 변동에 연결지으며, 이때 선취하고 소급하며 결과를 지향하지는 않는다. 그 과정들은 그렇게 함으로써 비개연성을 축적하고, 이것을 의미 있는 결과로서 과정 자체 내에 끌어들이지는 않는다. 그 과정들은 바로 그 때문에 "우발"에 의존한 상태에 있다. 즉 그것들은 변이와 선택의 조율되지 않은 공동작용에 의존한 상태에 있다. 그렇게 신호 교환으로부터 언어가, 그 다음에 문자가, 그 후에 인쇄술이 생겨난다. 각각 그 다음의 발전은 이미 도달된 단계를 변환한다. 언급했듯이 이것이 구조 **변동**이다. 그래서 예를 들어 현대의 민족언어는 인쇄술의 결과로서 비로소 생성된 것이다. 그것은 연쇄에 내적 연관을 부여한다. 점점 더 높은 비개연성을 가진 구조들에 도달하는 것으로서 기술될 수 있는 방향이 생겨난다.[204]

고자 한다. 이념사적 변동들에 관해 Niklas Luhmann, "Selbstreferenz und Teleologie in gesellschaftstheoretischer Perspektive", in ders., *Gesellschafts-struktur und Semantik Bd. 2*, Frankfurt 1981, 9-34를 참조할 것.

204) 형태 생성적이거나 진화상 과정들의 방향의미의 그 이상을 넘어서는 모든 서술들 — 적응적 향상, 문제 해결 능력 등과 같은 "진보 기준들"을 가지고 작업하는 서술들은 이론이 부분한 상태로 남았다. 단순한 단계 연속을 "역사적 법칙"으로서 언급하는 모델들은 오늘날 이론적으로 논의할 가치가 없다. 그 점에 대해 Marion Blute, "Sociocultural Evolutionism: An Untried Theory", *Behavioral Science 24* (1979), 46-59를 참조할 것. 복잡성이 높아지는 형식들과 체계들로의 발전의 생각이 수용할 만한 것으로 남는다. 하지만 이것은 보다 높은 비개연성과 대단히 다른 어떤 것을 말하지 않는다.

목적론적 과정과 형태 발생적 과정을 이렇게 맞세우는 것이 구조 변동 연속을 과정으로서 파악할 가능성을 위해 완전한 도식을 나타 내는지 아닌지는 아직 결정할 수 없다.[205] 어쨌든 비교 그 자체는 유익하다(그리고 물론 구조 변동 연속이 과정으로서 어떻게 가능한가라 는 문제제기의 좁은 범위 내에서의 비교로서 말이다). 중요한 비교 관점은 목적론적 과정들은 자신의 종언을 끌어들일 수 있지만, 형태 발생적 과정들은 반대로 그렇지 못하다는 것이다. 선택을 과정 종결의 선택을 지향할 때에만, 그 과정이 목적에 도달하거나 더 이상 도달할 수 없을 때 그 과정을 끝낼 수 있다.[206] 그와는 달리 형태 발생적 과정들은 외적 간섭이나 새로운 구조 형성 가능성의 부재 상태에 의존하고 있다. 그러한 과정들은 결코 자신들의 종결을 고려할 수 없기 때문에, 스스로 끝낼 수 없다. 그 과정들은 기대할 수 없는 발전의 추진, 정체, 파괴에 이르는 경향이 있다.[207]

---

205) 이런 종류의 개념적 구분은 완전성에 찬성한다. 선택성 강화는 호혜적이거 나 호혜적이지 않다. 하지만 호혜적이지 않은 선택성 강화에 있어서는 비개 연성의 축적과는 다른 동일성 관점들이 있을 것이다.

206) 종국(終局)이 더 이상 도달될 수 없거나 변동된 정황들이나 변동된 평가들의 관점에서 더 이상 바람직하지 않은 것으로 나타날 때에도 역시 그리고 바로 그 때에 중단 규칙이 기능한다는 것은 목적론적 과정들의 특별히 중요한 측면이다. 그 측면은 자신의 민감성, 자신의 학습 능력을 구성하고, 형태발 생적 과정들과 비교했을 때, 그 민감성을 우발들로부터 의존적인 동시에 독립적으로 만든다. 그 과정들은 말하자면 호혜적 선택의 원칙을 통해 보다 높은 요구들 덕분에 뚜렷하게 분화되어 있다. 목적론적 과정의 특이한 합리성의 이러한 동인은 가치 이론에 의해 너무 강하게 규정되어 있는 최근의 논의에서 충분히 조명되지 못하고 있다.

207) 이것은 그밖에도 긍정적인 피드백을 가진 과정들에 있어서 일반적으로 유효하다──말하자면 구조들을 바꾸는 사건들이 관건이 아닐 때에도 그렇다. 예를 들어 D. Stanley-Jones, "The Role of Positive Feedback", in: John Rose (Hrsg.), *Progress of Cybernetics Bd. 1*, London 1970, 249-263을 참조할 것.

목적지향적 행위와 이 의미에서 의도되고 계획된 구조 변동을 그렇게 빈번하게 발견할 수 있을 것처럼, 최근까지 목적론적으로 구상된 구조 변동의 연속은 그렇게 드물었다. 현대의 조직 기술이 비로소 여기서 새로운 계획 형식을 만들어내었다. 하지만 여기서도 계속해서 새로운 구조로의 전환이 시간적으로 압축되는 것이 성공 조건으로서 타당하다.[208] 즉 전체적으로 구조 변동은 임시변통적 적응으로서, 또는 통제되지 않은 채 형태 발생적으로 진행된다. 그리고 구조 변동 과정을 너무 강하게 목적론화하는 것이 시도를 끊임없이 중단시키는 결과를 낳을 것으로 추정할 수 있다. 왜냐하면 그 도상에서 목표가 도달될 수 없거나 어쨌든 예상된 비용과 부작용의 맥락에서 도달될 수 없다는 것을 보게 될 것이기 때문이다. 사회학은 종결에 이르지 않으면서 비개연성들을 정상화하고 축적하는 형태 발생적 과정들의 관찰과 기술에 더 많이 주목한다면, 이런 상황에서 좋은 조언을 얻을 수 있을 것이다.

---

208) 예를 들어 Jeremiah J. O'Connor, *Managing Organizational Innovation*, Homewood Ill. 1968을 볼 것. 그밖에도 "조직 발전"이라는 말에서 그 표현이 기대하게 만들 수 있을 것과는 전혀 다른 어떤 것을 이해한다 — 말하자면 시간을 필요로 하는, 조직의 요구들에 대해 사회심리학적으로 숙고된 직원들의 적응을 이해한다.

제9장 모순과 갈등

1. 논리학적 모순 개념의 사회학적 수용의 문제

"모순들"은 사회학의 일반적인 주제이다. 모순들에 대해서는 많이 말해지기는 하지만, 무엇을 의미하는지는 대개 불분명하게 남아 있다. 구조기능주의는 예를 들어, 사회(social)체계들의 지나치게 조화스런 모습을 포기하고 구조 모순들 내지는 행동에 대한 모순된 요구들이라는 말을 할 것을 너무 빨리 결정했다.[1] 그러나 이때 "모순"이

---

[1] 특히 사례 연구들은 언제나 그러한 정식화를 자극했다. 예를 들어 Francis X. Sutton et al., *The American Business Creed*, Cambridge Mass. 1956, 이곳저곳, 특히 263 이하; Robert K. Merton, "Priorities in Scientific Discovery: A Chapter in the Sociology of Science", *American Sociological Review 22* (1957), 635-659; Burton R. Clark, The Open Door College: *A Case Study*, New York 1960을 볼 것. 원칙적인(종종 정당하지 않게 구조기능주의에 맞서는) 정식화들에 관해서는 예를 들어 Gideon Sjoberg, "Contradictory Functional Requirements and Social Systems", *The Journal of Conflict Resolution 4* (1960) 198-208; Alvin L. Bertrand, The Stress/Strain Element of Social Systems: "A Micro Theory of Conflict and Change", *Social Forces 42* (1963), 1-9를 볼 것. 파슨스는 이 지점에서 특수한 입장을 취했다. 그는 분석적 이론이 기능 모순들을 구조적인 분화들로 완전하게

라고 말하는 것은 정확하게 무엇을 의미하는가? 예를 들어 한 개인이 일정 금액을 지출하는 동시에 저축할 수 없는데도, 경제체계가 저축에 대한 태세와 소비에 대한 태세를 동시에 전제하는 것이 모순이되는가?[2] 어떤 지배자가 최고주권적 폭력의 비자의적인 사용을 위임받으면 그것이 모순인가? 그리고 이것이 17세기에 모순으로서 다루어졌고 개념 자료들이 그에 부합하게 준비되었다면, 그것은 1800년 경에도 여전히 모순인가? 어떤 것이 모순이거나 아니거나를 판단할 일반적인 기준이라는 것이 도대체 있는 것인가? 아니면 이것 역시 구조 형성을 가능하게 하기 위해 모순들(그 다음에 그것이 무엇이라고 하더라도)을 만들어내는 체계에 완전히 의존하는가?

모순 개념은 논리적인 간결성을 암시하며, 그럼으로써 후속 연구들을 방해한다. 사회학은—약간 더 자세히 조사하고, 부정적인 것의 개념을 규명하려 시도하는 가끔씩의 예외를 제외하고는—일단 그 정도로 만족했다.[3] 하지만 논리학은 전제된 정밀화들을 유지할

해체할 수 있어야 한다고 생각했다 (명시적으로 1961년 4월 21일 대화에서). 그는 아마도 주로 이 견해를 가졌고, 그것은 잘못 제기된 수많은 비판을 유발했다.

2) 이것이 모순이라면, 사회학은 구매자들이 영리한 구매를 통해 돈을 "절약"할 수 있을 것이라고 암시하면서 경제가 자신의 모순들을 은폐하는 경향이 있다는 것을 확인할 수 있을 것이다. 하지만 영리한 구매로 돈을 절약하는 것이 모순인가? 그리고 그것은 구조적인 모순인가?

3) Gideon Sjoberg/Leonard D. Cain, "Negative Values, Countersystem Models, and the Analysis of Social Systems", in: Herman Turk/Richard L. Simpson (Hrsg.), Institutions and Social Exchange: The *Sociologies of Talcott Parsons and George C. Homans*, Indianapolis 1971, 212-229가 읽을 만하다. 그밖에도 특히, Anthony Wilden, *System and Structure: Essays in Communication and Exchange*, 2. Aufl. London 1980; Jon Elster, Logik und Gesellschaft: *Widersprüche und mögliche Welten,* 독일어 판본, Frankfurt 1981; Yves Barel, *Le paradoxe et le système: Essai sur le fantastique social,* Grenoble 1979를 참조하라.

수 있는가? 그리고 유지할 수 있다면, 사회학은 그런 제안을 수용할 능력이 있을까?

모순들은 일반적으로 논리적 실수들로서, 회피되어야 할 논리 규칙 저촉으로서 이해된다. 인식들은 모순들을 더 이상 포함하지 않을 때까지 재정식화되어야 한다. 논리학은 이 과정을 통제하기 위해 발명되고, 이 기능을 위해 분화되며, 그 후 통제 수단들의 체계로서 그 자체가 정제될 수 있다. 이런 일들은 "학문"의 작업 맥락에서 발생한다. 그 맥락은 또한 인식 가능한 현실이 "모순 없이" 전제될 수 있어야 한다는 생각과 일치한다. 대상들의 세계 그 자체가 논리학의 의미에서 모순에 가득 차 있다면, 그러한 세계에 관해 임의적인 진술들이 가능할 것이다. 즉 어떤 인식들도 가능하지 않을 것이다. 이에 부합하게 현실에서는 "문제들"이 없다. 문제들은 지식과 무지 사이의 해명되지 않은 관계들이며, 오직 이 관계의 변화들을 통해서만 해결될 수 있다.

이러한 사람들은 신앙고백 그 자체를 이제 다시 관찰자의 눈으로 관찰하고, 모순들을 포함하는 대상들이 있으면 이렇게 봄으로써 그 모순들이 가능한 인식의 영역으로부터 배제된다는 것을 그 다음에 확인할 수 있다. 대상들은 긍정적인 것으로 확인되지도 부정적인 것으로 확인되지도 않는다. 우리는 대상들이 있는지 없는지조차 확인할 수 없다. 대상들은 논리적으로 정돈된 학문체계의 환경 안에서는 나타나지 않는다. 그래서 대상이 그렇게 나타난다는 신앙고백의 추종자들은 모순에 가득 찬 대상세계의 질문에 직면하여 보통, 무엇에 관해 말해지는지 도대체 이해할 수 없다고 말한다. 그들에게는 뿔을 가지고 있는 동시에 가지고 있지 않은 황소들이 있을 수 없다는 것이 분명하다. 그리고 그들은 이것이 남편들의 경우에도 타당하다는 결론도 쉽게 수용한다. 그들은 근본적인 입장을 포기하지 않은 채, 이 경우를 위해, 하나의 논리학, 즉 퍼지(fuzzy) 세트, 모호성들, 제대로 정의되지 않은 문제들을 다룰 수 있을 논리학을 허용한다. 그러면 관찰자는 다시, 체계가 고유한 환경의 파악 불가능한 복잡성을 고유한 복잡화들(퇴화)을 통해서, 또는 구조적인 신축성들(Elastizitäten)을 가지고 감당해 내고자 시도하는 자기 이론이 입증되었다고 생각한다.

그러나 헤겔 이래 우리는 모순 없는 대상들을 전제해야 하는 논리학을 가지고 사회적인 것을 학문의 환경으로부터 배제한다는 것을 기본적으로 알고 있다. 거기서부터 결과하는 어려움들에 대해서는 오늘날까지 모든 면에서 만족스런 설명을 발견하지 못한다.[4] 부분적으로는 모순 법칙의 구조적인 포기 불가능성을 고수했고, 그래서 "사회과학들"의 논리학에 동의했다. 부분적으로는 대상들에서 모순들을 수용했지만, "변증법" 개념을 가지고 이 모순들에 매우 높은 질서도(Ordnungsgrad)를 전제한다. 그리고 연구자들은 이 전제를 통해 연구들을 강요받았을 뿐만 아니라 가담할 것을 강요받으며, 그것은 실제로 부정에의 동참을 의미한다. 부분적으로는 적절한 논리학(과 물론 시간, 자기준거, 사회성과 같은 주제들에 적절한 논리학)이 다치(多値) 논리학이어야 한다는 데서부터 출발하고, 그 다음에는 그런 논리학을 그런데도 계산 형식으로 옮기는 시도에 전력을 기울인다. 이 방법들 중 어떤 것을 통해서도 다른 방법들을 불필요하게 만들 수 있을 결정적인 성과에 도달하지 못한다. 즉 사람들은 동시에 여러 시도들을 가지고 실험했지만, 당시 지식 상태에서 어떤 시도에 있어서

---

4) 이른바 "실증주의 논쟁"은, 그것 역시 특징적인데, 문제에 대한 상호이해는커녕, 이미 논의된 해결 방안들에 대한 개괄에조차 이르지 못했다. 그래서 예를 들어 "다치 논리학"을 향해 연구를 진척시키라는 고타르트 귄터의 제안들은 고려되지 못한 상태로 남았다. 다치 논리학의 중요성은 독일 사회학에서는 당시에는 아마도 유일하게 헬무트 셸스키만이 인식했다.

도 사전에 낙담하거나 그 시도를 불신할 수 없었다. 그러기에는 각각의 고유한 입장이 충분히 발전되지 못한다.

그래서 우리는 순수하게 논리적인 수단들을 가지고 사회적인 것에 있는 모순들을 제거하고, 그 다음에 사회적인 것의 이론에 있는 모순들을 제거하는 것이 가능하다고 전제할 수 없다. 사회생활 자체가 논리적으로 깔끔하게 작용하지 않는다면, 사회적인 것의 이론 또한 논리적으로 모순 없이 정식화될 수 없다. 우리는 모순이 무엇이며 그 모순이 무엇에 기여하는지를 도대체 알고 있기나 한지 모른다. 그래서 이미 작업된 사회적 체계들의 이론의 부분 조각에 힘입어 사회적인 것의 영역이 모순들을 포함하고 있다고 과연 말할 수 있는지, 그리고 어떤 의미에서 그런 말을 할 수 있는지를 먼저 규명해야 할 것이다.

2. 모순의 이중 기능: 연결 작동 선택과 결정 불가능성

우리는 최초의 간략한 고려를 통해 자기생산적 재생산과 관찰의 구분을 참조할 것이다. 우리는 그 개념들이 배제 관계를 의도하지 않고 단지 조합 가능한 상이한 작동들만을 의도한다는 것을 알고 있다. 자기생산체계들은 관찰할 수 있다. 그 체계들은 다른 체계들과 자기 자신 역시 관찰할 수 있다. 체계들의 자기생산은 체계들의 자기재생산이다. 체계들의 관찰은 구분들을 지향하며, 지시들을 가지고 작동한다. 그래서 소통적 체계들은 소통이 소통을 유발함을 통해 재생산된다. 이때 소통(이나 다른 행위)가 행위로서 귀속될 때, 물론 다른 행위자가 아니라 규정된 행위자에게 귀속될 때 관찰이 어떤 역할을 한다.

자기생산과 (자기)관찰의 구분은 우리가 여기서 다루는 문제와 관련하여 입증된다. 모순들은 자기생산적 작동들이 관건인지 관찰들이 관건인지에 따라 전혀 다른 기능들을 가진다. (관찰이 도대체 가능해야 할 경우에는 항상 계속 진행되어야 하는) 자기생산적 작동들의 맥락에서 모순은 연결 작동들을 선택하는 규정된 형식을 형성한다. 사람들은 모순에 대해서, 모순으로서 인지되지 않는 사태에 대해서와는 달리 반응하기는 하지만, 그래도 반응은 한다. 프랑스 철학자 뷔리당(J. Buridan, 1300~1358)의 우화에 나오는 당나귀는 자신이 결정할 수 없다는 것을 깨달을 때 살아 남을 것이다. 왜냐하면 그 경우에 그는 바로 그 때문에 결정하는 것이기 때문이다. 반면 상황은 관찰자에게 달리 나타날 수 있다. 모순은 관찰자에게는, 그리고 오직 관찰자에게 있어서만 결정 불가능성을 의미한다. 관찰자는 번갈아가며 배제하는 지시들을 가지고 구분을 채울 수 없기 때문에, 관찰을 속행할 수 없다 (하지만 그런데도 계속 살 수는 있다). 관찰은 모순을 통해 중단되며, 이것은 관찰함의 관찰함에 대해 더더욱 타당하다. 하지만 바로 이것은 어떤 것을 하기에 충분한 이유가 될 수 있다.

이러한 사태를 생명과 학문(이나 유사한 것)의 구분으로 소급하는 것은 명백한 물화일 것이다. 자기생산과 관찰은 대단히 근본적인 차이이며, 그 둘은 모든 자기생산체계에서 나타난다. 그 둘은 ─ 학문처럼 ─ 관찰과 그에 의존하는 진단과 설명에 전문화되는 자기생산체계들에서도 나타난다. 이런 사정에 부합하게 모든 자기준거적 체계들에서는 모순들의 이중 기능, 즉 봉쇄와 유발이 있다. 모순에 부딪히는 관찰의 중단과, 바로 그 점에 관련되며 바로 그렇게 관련됨으로써 의미 있는 연결 작동들의 유발이 있다. 그래서 모순이 의미론적 형식, 즉 관찰에 연결되는 작동들의 배제가 특히 그 경우에 문제시되는 작동들의 실행을 의미하면서, 자기생산과 관찰을 조율하고, 그 두 유형의 작동들을 중개하고, 분리하고 결합하는 형식이라는 결론을 생각하게 된다.

여기서부터 모순들의 "변증법적" 기능으로 되돌아오지는 않지만, 그 기능들을 진화이론적인 관점을 통해 대체할 수는 있다. 진화는 자기생산과 관찰을 전제한다. 진화는 일탈적 자기재생산을 통해 성립된다. 즉 진화는 관찰로부터의 추론일 수 없다. 진화는 논리적 과정이 아니다. 진화는 관찰이 실패하며 (그리고 물론 관찰체계 스스로를 통제할 수 있는 방식으로), 그런데도 계속 작동한다는 것을 전제한다. 진화는 결정 불가능성을 넘어서 진행된다. 진화는 결정 불가능성을 통해 형태 발생의 기회들로서 추려지는 기회들을 사용한다.

그것이 모순들의 기능에 대한 최초의 적절한 개괄이라면, 그러면 무엇이 모순으로서 고려 대상이 되는가? 어떤 의미 재료가 이 기능을 위해 사용되는가? 논리적 상수들이 관건인가, 아니면 이 기능 지점을 채우기 위해 모순의 형식으로 그때그때 필요에 따라 옮겨지는 의미론적 인위적 구성물이 관건인가?

3. 모순의 자기준거적 구성: 의식 모순과 소통 모순의 사례에서

논리학이 "모순" 개념을 통해 의미하는 바가 단순히 이해관계 대립이 아니라는 것은 확실하다고 평가될 수 있다. 즉 단순히 판매자는 높은 가격을 받고자 하고 구매자는 낮은 금액을 지불하려는 경우가 아니라는 것은 확실하다. 그래서 "자본"과 "노동"의 대립 역시 모순이 아니다. 경쟁도 모순이 아니다. 왜냐하면 어떤 논리학도, A와 B가 같은 재화를 추구한다고 말하는 진술을 배제할 필요가 없기 때문이다. 그러나 이 모든 것을 일단 배제한다면 "사실 내재적인 모순"의 테제에서는 무엇이 관건인가?

더 자세히 보면, 모순에서는 처음에는 생산된 미규정성, 즉 이차적인 미규정성이 존재하는 것처럼 보인다. 모순되는 것은 규정되어 있다. 그렇지 않으면 모순을 확인할 수 없을 것이다. 규정된 표상들만이, 규정된 소통들만이 모순될 수 있으며, 그러면 모순의 형식은 이미 도달된 의미 규정성을 다시 의문시하는 데에 기여하는 것처럼 보인다. 모순은 체계의 미규정성이지 개별 작동들의 미규정성은 아니다. 하지만 그러면 모순은 이 작동들에서 규정성 획득, 즉 그 작동들이 체계에의 참여로부터 이끌어내는, 체계의 요소들로서 기초적 자기준거로부터 끌어낼 수 있는 획득을 박탈한다.[5] 체계는 요소들의 자기준거적 규정을 봉쇄하는 데서 어떤 관심을 가질 수 있는가? 그리고 그 일은 어떻게 발생하는가?

모순들의 형식에서는 일단은 동어반복, 즉 부정이 첨가된 동어반복이 관건이라는 점을 읽어낼 수 있다. A는 A(가 아니)다. 왜 이 형식이 생산되는가? 모든 동어반복에는, 즉 모든 모순에는 극도로 축약된 순수한 자기준거가 있다. 그럼으로써 임의적인 연결 가능성을 획득할 수 있다. 모든 규정된 연결이나 더 자세하게 규정 가능한 연결은 그 다음에는 추가적(이며 필연적으로 제한적)인 규정들을 자체 안에 수용하는 동어반복의 발전을 전제한다.[6] 장미는 장미가 아니

---

5) 우리는 여기서 요소들과 기초적 자기준거의 사건 속성의 분석을 전제한다. 제8장 3절과 제11장 3절을 참조할 것.

6) 체계이론적으로 이것은 조건화라는 일반 개념(제1장 2절 5항 이하)을 관련지으며, 구조이론적으로는 구조들 내지는 기대들을 제한들로 정의하는 것(제7장 5절)과 관련된다. 조건화를 통한 이 발달 과정의 "지도"는 물론 출발 의미에 연결되어야 한다. 지도는 이런 의미에서, 그런 식으로 이 개념은 기능적으로 정의될 수 있을 것인데, "적합성"(Relevanz)을 전제한다. 적합성은 조건화의 연결

다—그것이 ...이면 말이다. 그런 이해에 대해 그 다음에 가상과 존재의 차이로서 존재론적 이해를 공급하거나, 실재 도구로서 인식론적 이해를 공급할 수 있다. 하지만 그것은 이제 많든 적든 시도된 해석들이다. 일단은 모순의 형식과 기능은 순수한 자기준거의 재현과 그에 기초한 조건화 강제에 놓여 있다. 모순은 그럼으로써 두 번째 작동상 모순으로 변형된다. 더 많은 제한들은 더 적은 가능성들을 의미하게 된다. 이렇게 되면 이것은 이미 더 이상 논리적인 모순이 아니라, 문제, 즉 제한들을 운반하고 그리고 가능성들을 미결정 상태로 유지하는 능력 상승의 문제가 된다.

제2장에서 설명했듯이, 모든 의미가 가능한 모든 것을 지시한다는, 즉 반대 의미나 불안정적인 의미도 지시한다는 것을 전제하면, 모든 의미 체험에는 모순되는 것이 잠재적으로 있다. 모든 의미는 모순 능력이 있다. 모든 의미는 모순으로 구축될 수 있다. 다만 이 일이 어떻게 일어나며 왜 일어나는지를 질문하기만 하면 된다. 이런 점에서 모든 의미과학은 그 대상 영역에서 사실 내재적으로 놓여 있는 모순들과 관계있는 것이다—의미과학이 이 가능성들이 결코 사용되지 않을 것이며 (그렇게 하는 것은 의미과학이, 모순을 배제하기 위해 모순을 생각해야 하기에 실재 영역으로부터 스스로 의미를 배제한다)는 전제를 허용하더라도, 의미과학은 내재적인 모순들과 관계 있다. 모순은 모든 의미가 고유한 부정을 가능성으로 포함하기 때문에, 의미의 자기준거의 계기이다.[7] 하지만 그러면 다음 질문을 던져야 한다. 어째서 가능한 것의 이러한 산만한 분산이 모순 형식으로 압축되며, 어

가능성을 보장하며, 말하자면 연결 능력의 현상학적 상응이다.

7) 더 자세하게 Niklas Luhmann, "Über die Funktion der Negation in sinnkon-stituierenden Systemen", in ders., *Soziologische Aufklärung Bd. 3*, Opladen 1981, 35-49를 참조할 것.

떤 동기에서 이런 일이 일어나며, 누가 모순을 선호하며, 형식 선택의 어떤 자유들이 그 경우에 여전히 가능하게 남는가? 아니면 달리 질문할 수도 있다. 체계는 무엇 때문에, 자기재생산을 가능하게 하기 위해 모순을 통해 (자기관찰을 포함하여) 관찰을 봉쇄하기에 이르는가?

한 번 더 재정식화해서 우리는 그 질문을 통해 모순의 가능성 조건들, 또는 더 정확하게는 어떤 조건 하에서 모순되는 것이 의미 지평들에서 선택되어 모순의 (차이)동일성(Einheit)으로서 종합되는지를 질문하고 있다. 그러면 질문은 다음과 같을 것이다. 자기모순을 축약하여, 그 자기모순이 (차이)동일성에서(또는 그 (차이)동일성 안에서) (차이)동일성으로서, 즉 "하나의" 모순으로서 나타날 수 있게 하기 위해서는 (차이)동일성이 어떻게 성립되어야 하는가? 그러한 (차이)동일성 기대를 통해서 비로소 상이한 것, 대립하는 것, 경쟁하는 것이 모순으로 합쳐진다. 그리고 그 모순은 모순 안에서 결집되는 것을 모순적인 어떤 것으로 만든다. 여기서도 우리는 자기준거적 자기생산적 구상을 따르는 것이다. 모순은 자신을 구성하는 것, 즉 모순되는 것을 스스로 생산한다──그리고 물론 그 자체가 모순 없이 존재할 수 있을 재료들을 가지고 생산한다. 〔그렇다면〕 그럼에도 불구하고 무엇이 그 재료들을 (차이)동일성으로 합치는가? 그런데도 무엇이 그 재료들을 모순으로서 나타나게 강제하는가?

체계 내에서의 (차이)동일성 형성을 (체계 자체의 (차이)동일성과 체계 요소들의 (차이)동일성을 포함하여) 더 자세하게 분석하면 같은 결과에 이른다. 모든 (차이)동일성은 자기준거와 타자준거의 (차이)동일성이다. 즉 역설적으로 구성된다. 이것은 그레고리 베이트슨, 앤소니 윌든, 이브 바렐을 참조하여 연속체의 "디지털화"(Digitalisierung)로 소급할 수 있다.[7a] 하지만 그것을 통해서도 어떤 특별한 조건들이 이 사실이 돋보이도록, 즉 타자관찰이나 자기관찰을 위해서 모순의 (차이)동일성으로서 분화되도록 이끄는지에 대한 질문에 답변이 이루어진 것은 아니다.

우리가 이 질문을 다루기 전에, 거기에 적절한 논리학 개념을 하나 더 공급해야 한다. 논리학이라는 말은, 우리가 이 관점을 따른다면 모순들의 구성을 조건화하는 규칙 체계라고 이해할 수 있을 것이다.[8] 모순 없는 사고 구조물을 보여주겠다는 논리학의 긍정적인 주도 기획은 그러한 규칙 체계의 이해에 따르면, 자기 기능을 부정적으로 박탈하는 결과가 될 것이다. 이른바 모순들의 조건화의 기능 충족 과정에서 필수적인 부산물이 될 것이다.[9] 그러면 의미지시들(Sinnverweisungen)의 선택과 그 지시들을 모순들로 짜맞춤은 임의에 내맡겨지는 것이 아니라, 그 자체가 체계화되고 일관된 처리 방향으로 통제될 수 있는 조건들에 처해진다. 즉 논리학은 즉시 모순들의 근절과 관련되는 것이 아니라, 모순들의 생산과 인식을 위한 형식 규정들과 관계맺게 된다. 여기서는 항상 의미지시들을 선택하고 모순으로 압축하는 사전 성과들을 제출해야 한다. 하지만 이 사전 성과들이 형식을 지향하여 단일화될 때에만, 논리적인 조건화들, 특히 모순들의 회피라는 일반 규칙을 통한 조건화가 작용할 수 있다. 모순의

7a) Barel a. a. O. 79-80을 참조할 것, 74-75도 보라.

8) 여기서 조건화는 위에서 도입된 체계이론적인 의미에서 사용되었다.

9) 여기서 W. Baldamus, "Zur Soziologie der formalen Logik", in: Nico Stehr/ Volker Meja (Hrsg.), *Wissenssoziologie, Sonderheft 22 der Kölner Zeitschrift für Soziologie und Sozialpsychologie*, Opladen 1981, 464-477가 제안하는 논리학의 지식사회학에 대한 연구들은 준거점을 발견할 수 있다. 그것을 위한 전제 조건은, 모순들에 대한 수요가 사회의 변동들에 따라 변이하며 그래서 1800년 경에 현대사회의 체계가 관철된 이후 고전 논리학으로는 더 이상 충분하지 않게 된다는 것이다.

형식은 논리에서의 형식의 사용의 총체로부터 비로소 만들어진다. 모순 형식은 역사적으로 불변의 것으로서 투입될 필요가 없으며, 형식이 사회에서 어떻게 사용되는지에 따라 변이한다.

따라서 우리는 논리학의 인식 성과를 기초로 삼아야 하지만 그 성과를 신뢰할 수 있는 것은 아니다. 기본 질문은 그 다음에 논리학의 조건들에 따라 명백하게 모순에 가득차거나 명백하게 모순이 없을 수 있는 그런 (차이)동일성이 어떻게 구성되는지의 질문으로서 남는다. 그 점에 대해서는 심리적 체계들이 관건인지 사회적 체계들이 관건인지에 따라 상이한 대답들이 있다. 이어지는 모든 것은 이 차이에 의존한다. 그리고 우리는 그 점에 있어서 헤겔의 정신현상학에서 발전된 구상과 다른 입장을 취한다.[10]

심리적 체계에서는 (차이)동일성이 작동상 의식을 통해 형성되는 반면, 사회적 체계에서는 소통을 통해 형성된다. 심리적 체계들에서만 모순의 (차이)동일성이, 불가능성에서 모순되는 것[11]이 공동 존속을 의식하는 동시에 "단순한" 의식으로서 성찰된다는 점에 근거한다. 의식은 모순을 자기 자신에게 귀속하고 그 다음에 모순의 실재 관계를 통제함으로써 모든 문제를 처리할 수 있으며, 그렇게 하는 것은 작동상 선택으로 남는다. 그러면 의식은 고전적 양식에서의 인식

---

10) "정신적" 모순들과 "사회적" 모순들을 헤겔 이상으로 분리시키겠다는 의도는 Jon Elster, *Logik und Gesellschaft: Widersprüche und mögliche Welten*, 독일어판 본 Frankfurt 1981에 의해서도 추적된다. 하지만 엘스터의 연구들은, 사전에 발전되었어야 할, 사회적인 것에 관한 적절한 이론이 없기 때문에, 더 이상 진척되지 못했다. 헤겔을 연구하는 철학자들 또한 의식을 경험적으로 발견될 수 있는 영역, 즉 심리적 체계의 영역에 엄밀하게 제한할 준비가 되어 있지는 않았다. 그리고 그 다음에는 우리가 중요하게 생각하는 차이 또한 더 이상 분명하게 표현될 수 없게 된다.

11) 그리고 [그것은] 여기서도, 논리학이 불가능성의 조건으로서 항상 언급하는 것 —그 자체가 동시에 함께 의식될 필요는 없는 조건들이다.

획득에 특화된다. 하지만 그새 모순들을 내면화하는 수많은 다른 가능성들도 알려졌으며, 모순의 "외부화"가 그 가능성들 중 하나이다.

모순들을 다루는 의식 관련 (의식적이거나 무의식적인) 방식은 사회적 체계들에 전용될 수 없고, '주인/노예-관계'에 대해서도 전용될 수 없다. 왜냐하면 대립들은 물론이고 차이들은 상이한 심리적 체계들의 의식 내용에서 아직 모순이 아니기 때문이다. 차이들은 그 자체가 차이들이나 대립들로서 참석자들에게 의식될 때에야 비로소 모순이 된다. 차이들은, 의식됨을 통해 참여한 심리적 체계가 자기 자신에게서 모순된 것을 기대할 때에 모순이 된다──가령 주인이 노예를 고용하는 동시에 주인으로서 노예의 인정을 받고자 할 때처럼 말이다.12) 하지만 그 경우에도 아직 사회적 모순은 아니다. 그것은 바로 심리적 모순, 즉 불안정한 의식이다.

사회적 체계들은 자신의 존재를 소통 체계들로서 가지고 있다. 그래서 그것들은 거부 소통을 통해 모순들을 만들어낸다. 이것 역시 논리적인 통제 하에 발생할 수 있다. 소통된 아니오가 기대와 모순되는지, 또는 기대를 인정하는지가 어떻게든 인식될 수 있어야 한다. 그것을 위해 투입될 수 있는 논리가 어느 정도로 학문으로서 형성되는지는 역사적인 질문이다. 우리의 맥락에서는 배타적으로 소통적인 (하지만 그 다음에는 많든 적든 의식을 촉발하는), 사회적 체계의 모순들의 존재라는 선행 테제가 중요하다. 이것은 또한 모순들이 사회적 체계들의 소통적 자기준거 안에 포함된다는 것, 모순들이 이러한 자기준거의 효과로서 파악될 수 있지 외부로부터 오는 공격이 아니라

─────────

12) 그리고 그 경우에조차, 이것이 모순이라고 주인에게 말하는 논리학이 가능한지 아닌지는 역사적 [관점의] 질문이다. 어쨌든 그러한 논리학은 프랑스혁명 이후 고용과 인정을 모순인 것으로 양식화시켜 표현하도록 허용하는 의미 상황에 근거하여 가능하다.

는 것을 뜻하기도 한다.

소통은 삼중의 선택을 통합하면서 (차이)동일성을 성립시키며 (그와 동시에 가능한 모순을) 성립시킨다.[13] 정보, 통보, 이해는 (수용되거나 거부되거나 간에) 참석자들의 의식 내용들과 선택 지평들이 제각기 얼마나 다르며, 달리 유지되는지와 무관하게 (차이)동일성으로서 실행된다. 소통의 밀도가 높을 때에도, 어떤 사람도 다른 사람을 간파하지 못하는 것은 타당하지만 소통은 연결 행동을 위해 충분한 투명성을 만들어낸다. 사회적 체계는 자기에게 타당한 모순들을 이러한 소통의 (차이)동일성에 힘입어 구성한다. 소통의 종합은 함께 있을 수 없음을 가시화시킨다. 소통의 (차이)동일성 기대가 비로소 그 기대가 결집시키는 것의 선택을 통해 모순을 구성한다. 모순은 소통됨을 통해 비로소 생겨난다.

이 일은 모순됨의 소통 형식이 선택됨으로써 공개적이며 도발적으로 발생할 수 있다. 소통의 형식은 (이미 발생했거나 예상되는) 반대 표명을 자기 안에 수용하고 그것과 상치된다. 즉 모순됨은 반대되는 표명에 불과한 것이 아니다. 반대함은 아무런 결과를 낳지 못할 수도 있다(그리고 모순 회피의 특수한 세련됨은 그런 세련됨을 모순으로서 선언하지 않고 그렇게 발생하게 할 수 있다는 데에 있는지도 모른다). 반대함은 그것을 통해 상치되는 소통이 (그리고 그것을 통해 기각된 의미뿐만 아니라) 그 안에 포함될 때에만 모순이 된다.

그밖에도 모순되는 것으로 포함되는 다른 사람의 소통과 관련되지 않고, 통보자의 소통적 의도 안에 있는 모순을 관련짓는 소통 모순들이 있다. 다른 사람과 모순되는 것이 아니라 자기 자신과 모순되는 결과이다. 그러면 타자와 자아 간의 소통으로 수용된 차이가 관건이

---

13) 우리는 위의 제4장 2절의 상세한 설명을 환기하고자 한다.

아니라, 타자의 고유한 의도들 간의 모순이 관건이다. 반어적인 소통이 보기가 될 수 있다. 이 경우에는 소통 내용이 그 형식을 통해 파기된다. 어떤 것을 의도하기는 하지만, 진지하게 의도한 것은 아니다. 그런 가능성들은 다양하다. 진술이 말 그대로 취해져서는 안 된다는 것을 인식시키는 방식으로 소통이 이루어지는 경우를 먼저 생각할 수 있다— 예를 들어 분명한 과도함을 통해서나 정중하게 강조하는 방식을 생각할 수 있다. 시점을 확정하지 않으면서 누군가를 초대하면, 그 사람이 어쨌든 현재 초대된 것은 아니며 지금이나 나중에 되물어볼 가능성이 있다는 것이 분명해진다. 의도들, 솔직함, 선한 의지의 소통은 완전히 그런 모순들에 갇혀 있다. 소통의 의도가 명시적으로 소통될수록, 의심을 더 많이 유발한다.

그 이유는 우리의 소통 개념의 도움으로 규명할 수 있다.[14) 의도를 함께 통보하는 사람은 자신의 의도에, 다른 식이 아니라 그런 식으로 나타날 수 있을 선택적 사건에 관한 정보의 지위를 부여한다. 통보자는 의심을 예상하고 제거하기를 희망한다는 것을 동시에 알려주고자 하(며 이것은 대개 의도적인 것은 아니지만 필연적으로 그렇게 된)다. 통보자는 자기 파트너의 생각을 알리고, 이 파트너는 아직 전혀 생각하고 있지 않은 의심을 이 파트너에게 부과한다. 이런 식으로 어느 정도 모순으로 오염된 소통이 생겨난다. 한 층위에서는 전제들을 방어해야 하지만, 바로 그렇게 함으로써 원래 소통된 것으로 알고자 하는 것과 모순되는 가운데 고유한 생각을 해석한다.

정확하게 의식 모순들과 마찬가지로 소통 모순들에서도 자기준거는 통제 조건이며 그래서 논리적 작동들을 위한 진입의 전제조건이다. 모순이 자기준거적으로 구성될 수 있을 때만, 이런 일이 발생할

---

14) 다시 제4장 2절을 참조할 것.

것인지 아닌지가 결정될 수 있다. 그 경우에만 모순들의 생성이 조건화될 수 있다——심리적이든, 사회적이든, 논리학의 포괄적인 규칙에 따라서든. 심리적 체계들이 인지적 불일치들을 회피하고자 시도한다는 관점에서 작업된 심리-논리학 외에도,[15] 하나의 소통 논리학, 즉 소통의 (차이)동일성이 자기 자신과의 모순에 빠지지 않게 주의해야 하는 논리학을 생각할 수 있다. 이 점에 몰두한 연구는 16세기와 17세기에 주로 제후 자문과 대담에 관한 문학이었다. 그 연구의 주제는 열린 모순의 회피와, 회피를 가능하게 하는 소통에서의 자기규율이었다.[16] 그것은 (다른 사람을 희생시키는 가운데) 조롱의 회피를 포함했다.[17] 그밖에도 (다른 사람이 다른 의견을 표명할 가능성을 빼앗는) 너무 강한 개입이 드러나는 경우의 회피도 포함했다.[18] 그리고 (의도들을 드러내는) 너무 극적인 아첨들과 칭찬들의 단념도 마찬가지이다.[19] 특히 열정화된 사랑에 관한 문학은 역설적인 소통, 즉 그 소통이 진술한다고 내어놓는 것의 반대를 진술하고[20] 그 다음에

---

15) 특히 Leon Festinger, *A Theory of Cognitive Dissonance*, Evanston Ill./White Plains N.Y. 1957과 광범위한 후속 연구들을 참조할 것.

16) 예를 들어 Pierre Charron, *De la sagesse II*, ch. IX, § 16, *Toutes les Œuvres de Pierre Charron*, Paris 1635, 재판본 Genf 1970에서 재인용; Claude Buffier, *Traité de la société civile: et du moyen de se rendre heureux, en contribuant au bonheur des personnes avec qui l'on vit*, Paris 1726, II, 91 이하를 참조할 것. 최근의 관련 연구로는 George A. Theodorson, "The Function of Hostility in Small Groups", *The Journal of Social Psychology 56* (1962), 57-66을 참조할 것.

17) 예를 들어 Nicolas Faret, *L'honnête homme, ou l'art de plaire à la Cour*, Paris 1630, 재판본 Paris 1925, 81 이하; Christian Thomasius, Kurtzer Entwurff der politischen Klugheit, Frankfurt-Leipzig 1710, 재판본 Frankfurt 1971, 133-134를 볼 것.

18) Charron a.a.O. § 9.

19) Ch. G. Bessel, *Schmiede deß Politischen Glüks*, Frankfurt 1673, 55 이하; Buffier a.a.O. 188 이하.

그러한 소통으로서 한 쪽이나 양 쪽에서 간파된 것으로서 다루어질 수 있는 소통에 관한 진술들로 가득 차 있다. 하지만 이 모든 것은 처음에는 궤변론의 형식으로 제출되었고, 그래서 분과 학문인 심리학의 발전을 통해 주변화되었다.

얼마 전부터 비로소 소통 모순들에 관한 관심이 다시 생겨났고, 이제 이 주제는 논리적 문제학과 명시적으로 관련되었다.[21] 하지만 이 연구는 원칙적으로 심리적 체계들에 대한 효과들과, 그 효과로 인해 유발된 사회문제들에 관심이 있다. 그 연구는 많이 주목 받은, 정신분석 연구와의 연관을 만들어내고 이때 소통의 논리학에서 비로소 규명될 수 있을 일련의 복잡한 문제들을 건너뛴다.

기존의 불명료성들의 관점에서는 심리적/사회적 체계의 차이를 역설적이며 (심리적인 부담을 가지는) 소통과 공개적이며 갈등을 표현하는 소통의 차이를 통해 대체하는 것은 시기상조이며 특히 사회학적으로 수용될 수 없을 것이다. 특히 치료요법적인 실천들이 이 처방을 좋아한다. 하지만 사회학적으로 보면 공개적인 갈등과 심리적인 파괴는 그 밖의 경우에는 서로를 결코 배제하지 않는 주변 현상들이다. 모순에 가득 찬 소통의 문제를 일단 더 정확하게 분석할 때에야, 충분한 이론을 만들어낼 수 있다.

---

20) 이 주제에 관한 문학작품으로서 *die Lettres portugaises von Guilleragues* (1669), 또는 *Claude Crébillon (fils), Lettres de la Marquise de M. au Comte de R.* (1732), Paris 1970 판본에서 취한 재인용을 참조할 것.

21) 특히 Gregory Bateson, *Steps to an Ecology of Mind*, San Francisco 1972, 독일어 판본 *Ökologie des Geistes,* Frankfurt 1981에 의해서 관련되었다. 그밖에도 Anthony Wilden, *System and Structure: Essays in Communication and Exchange*, 2. Aufl. London 1980을 참조할 것.

4. 모순의 기능들

모순들은 자기준거, 즉 자기준거의 특수한 형식들을 표현한다. 모순들의 기능은 의미 연관의 형식(차이)동일성을 보전하거나 강조하는 데에 있지만, 보통 그것과 결합되어 있는 기대 확실성을 강화하는 것이 아니라 그 반대로 해체하는 데에 있다. 모순들은 체계를 불안정하게 만들며, 기대의 불확실성에서 체계가 불안정하게 된다는 점을 인식 가능하게 만든다. 두 가지 기대 원칙들은 서로 양립 불가능한 것으로 드러난다. 그 경우에는 기대들이 하나의 방향이나 다른 방향으로 충족될 것인지를 알지 못한다. 예상 판매 목표를 특정한 가격 고정을 통해 도달할 것인지 아닌지, 음주 운전을 감행하여 감시에 걸릴지 아닐지, 자기 당이 선거에서 이길지 아닐지를 알지 못한다 ― 그리고 이 모든 것은 결국에는 모순되는 기대들이 작용하고 있기 때문에 그렇다.

하지만 불안정이 그런 것으로서 벌써 역기능적이라는 확산된 오류로부터 보호받아야 한다. 복잡한 체계들은 그보다는 자기 자신과 환경에 지속적으로 반응할 수 있기 위해 상당히 높은 정도의 불안정성을 필요로 하며, 이러한 불안정성을 지속적으로 재생산해야 한다. 예를 들어 끊임없이 변화하는 가격 형식으로, 의심되고 심지어 개정될 수 있을 법 형식으로, 어떤 순간에도 갈라설 수 있는 결혼 형식으로 불안정성을 필요로 한다. 그러면 우리는 모든 것이 그 상태로 유지된다고 전제할 수 없고, 항상 새롭게 기대 확실성을 만들어야 한다. 즉 발생하는 모든 것을 기대구조의 계속 실행이나 변동을 위한 정보의 방향으로 더듬어나가야 한다. 차를 타고 지나칠 때 시선은 거의 자동적으로 주유소의 가격표를 스쳐 지나간다. 그리고 정부에 대한 평판이 불확실하다는 점은 마찬가지로 확실하다. 우리는 정부에 대한 평판이 좋아지는지 나빠지는지의 관점에서 신문을 읽는다. 그리고 이렇게 되는 것이 모든 경우에 고정된 사건과 무관한 변수가 아니라는 점은 당연하다.

불안정성이라는 말은 사건들의 연결 값의 불확실성과 관련하여 사용할 수 있다. 즉 단순히 안정적 구조들의 부재가 관건이 아니며, 임의의 양으로 생각할 수 있는, 추상적으로 생각될 수 있는 기대의 불확실성이 관건인 것도 아니다. 그 개념은 오히려 체계의 자기생산적 재생산과 관련된다. 그리고 그것을 위해 타당한 코드들이나 프로그램들이 무엇이 발생하는지를 정확하게 고정시킬 수 없다는 것을 뜻한다. 이러한 사정은 위에서 이미 확인했듯이, 일정한 경계에서 재생산 자체, 사건들의 참신성 성격, 체계의 시간성의 요구이다. 모순들은 이 연관에서 불확실성을 확장하는 특수 장치들로서 보아야 한다. 모순들은 이른바 의도적으로 불확실하게 만든다―그것을 목표로 삼는 분석에서든, 모순되는 소통에서든 상관없이 그렇다. 모순들은 이중 우연성으로서 체계의 기초가 되는 우연성들을 배제 관계를 지향하여 표현한다. 시야에 들어오는 가능성들은 현실의 방향으로가 아니라, 불가능성의 방향으로 바짝 죄어진다. 이 사정은 재생산이 재생산 불가능성의 문제를 다루어야 하는 결과를 낳는다. 체계는 서로 번갈아가며 배제하는 하나 또는 다른 가능성들에 반응하는 것이 아니라, 배제 관계 자체에 반응한다.

그래서 모순들은 종종 체계 운동의 후원자로서, 또는 변증법적 발전의 추진 구조로서 간주되기까지 한다. 하지만 모순들의 시간 관계는 더 깊은 곳에 있다. 모순들이 현재화되면 시간 관계는 항상 사전에 놓여 있다. 그리고 결국에는 끊임없이 사라지는 시간요소들을 통해 복잡성의 시간화로 되돌아간다. 예를 들어 로미오와 줄리엣을 생각해보라. 줄리엣은 발코니에 머무를 수 없었고, 그 때문에 그 결과로 벌어지고 희구되고 실현되고 방해받아야 할 가능성들 간의 첨예한 모순들이 만들어진다. 그래서 모순은 스스로 중단되면서 그런데도 연결들을 가능하게 하는 상황들을 옮겨 놓을 수 있는 처리 형식들인 것으로 보인다. 그럼으로써 재생산은 보장되며, 고도의 민감성이 마련되고, 미래는 현재화된다──하지만 그런 일은 서로 배제하는 가능성들 중 어떤 것이 선택되는지가 고정되어 있지 않은 상태를 고정시키는 의미론적 형식으로 일어난다.

모순들의 지위와 기능은 자기생산의 엄격한 개념을 소급하면 더 분명하게 밝힐 수 있다. 이 개념은 체계가 존재하기를 단순히 중단하지 않는다면 자기재생산이 불안정적인 요소들의 토대에서 필수적이라는 것을 말하고 있을 뿐이다. 그러면 자기재생산은 그 자체가 진화의 전제조건이다. 그 개념은 체계구조들에 대해 어떤 지시도 하지 않는다. 모든 구체적 재생산이 구조들을 통한 어떤 제한들을 전제한다고 하더라도, 그 개념은 가능한 구조 형성과 관련하여 어떤 제한들(constraints)을 포함하고 있지도 않다.[22] 구조들을 붕괴시키고 그 자신이 한 순간 구조의 자리에 들어서는 모순들은 그래서 자기생산적 재생산을 유지하며, 어떤 기대들이 타당한지가 불확실하더라도 연결 행위를 가능하게 한다. 달리 말하면, 모순들은 자기재생산과 구조 간의, 행위와 기대 간의 이 차이가 있기 때문에, 체계 안에 편입될 수 있다.

그럼으로써 우리는 자기유지라는 내용 없는 공리로 되돌아가지 않는다. 자기생산은 단순히 존재나 생명을 위한 새로운 단어가 아니

---

22) 핵심 문헌 가운데 이것은 "조직"과 "구조"의 구분을 통해 표현된다. 예를 들어 Humberto R. Maturana, "Autopoiesis", in: Milan Zeleny (Hrsg.), *Autopoiesis: A Theory of Living Organization*, New York 1981, 21-33(24)를 참조할 것.

다. 특히 시간을 함께 고려해야 한다는 점으로부터, 가능성 조건들의 정밀한 제한들이 만들어진다.[23] 체계는 단순히 "자기 자신"을 유지할 필요가 없다. 체계는 자신의 "필수적 변수들"(essential variables, Ashby)을 유지할 필요가 없다. 그리고 그 변수에 속하는 것은, 해체와 재생산의 상호의존, 자기관찰 능력(차별화 능력), 그밖에도 요소들이 끊임없이 사라지는 가운데 중단 없는 자기재생산의 충분한 속도와, 이 기능에 있어서 그 다음에 연결 능력을 보장하는 충분한 구조들을 가능하게 하는 모든 것이다. 그리고 그밖에도 물론 자신의 모든 역사적으로 조건지어진 우발성들을 가진 그때그때의 구조가 장애들의 인식과 정의의 행렬로서 기여한다는 점에서 필수적이다.

모순들은 일탈들의 제거를 가능하게 하기는 하지만 강제하지는 못한다는 점에서 **면역체계**의 발전을 지원하는 속성들을 갖는다. 면역체계는 변화하는 조건들 하에서 자기재생산과 양립 가능해야 한다. 모순은 단순히 일탈과 현 상태(status quo ante) 재생산의 수정 기제가 아니다. 모순은 이 기능을 선택적으로 다루어야 한다. 즉 사용될 만한 변동들의 수용과 일치시킬 수 있어야 한다. 모순은 공격받은 구조의 유지에 무조건 기여하는 것은 아니지만, 고유한 기능을 위해, 그리고 물론 모순들의 인식을 위해, 구조들과 가능한 것의 제한들을 전제한다.

이미 유기체적 생명 층위에서 이 기능을 위해 학습 능력과 세포의 "기억"이 전제되어야 한다.[24] 최초 사건들은 기억에 힘입어 체계를 구속할 수 있다. 그것은 체계를 지향된 민감화로 이끈다. 그 다음에 체계는 사건이 반복되는 경우에 강하고 특화되었으며 신속하게 반

---

23) 제1장 3절을 참조할 것.
24) 예를 들어 Edwin L. Cooper, "L'évolution de l'immunité", *La Recherche 103* (1979), 824-833(824)를 참조할 것.

응할 수 있다. 이 방식으로 보다 개연적인 (개연적으로 반복되는) 장애들이 여과되고, 그 조건 하에서 비개연적인 장애들이 "우발들"로서 학습적인 적응을 위해 분리되어 다루어진다. 인식 절차들은 세련화되고, 이때 장애들과 그 원인들의 "분석"이 요구되지는 않는다. 모든 "타자적인" 것의 총체적 폐기는 회피될 수 있으며, 근본적인 기능들과 구조들은 고도로 민감한 파괴로부터 보전받을 수 있다.

면역체계의 이 기능 연관은 일단은 모순들이 사회적 체계에서 갖는 기능을 설명할 수 있게 해준다. 모순들은 체계의 재생산을 위해 필수적인 불안정성들의 재생산을 통해 체계들의 재생산에 기여한다. 이때 체계들의 불안정성은 면역체계의 장치들을 작동시킬 수 있기는 하지만 반드시 그렇게 해야 하는 것은 아니다. 그러나 불안정화의 이 일반적인 기능은 어째서 갈등에 이르는지를 충분히 설명하지 못하는 것과 마찬가지로, 모순의 특별히 첨예화된 기능을 설명하지는 못한다.[25] 모순은 고통과 비슷하게 자기 자신에 대한 반응을 강제하거나 상당히 독촉하는 것처럼 보인다. 연결할 수 있기 위해서는 익숙한 것에 상치되는 것을 알 필요도 없고, 그 사안의 본질이 무엇인지 인식하기 위해 노력할 필요도 없고, 심지어는 모순되는 것이 고유한 권리가 있다는 것을 인정할 필요도 없다. 모순은 인지 없는 반응을 허용하는 형식이다. 어떤 것이 모순의 의미론적 유형으로 수용된다는 데에 놓여 있는 성격 규정으로 충분하다. 바로 그 때문에 면역체계라는 말을 할 수 있고, 모순의 학설을 면역학에 할당할 수 있는 것이다. 왜냐하면 면역체계 또한 인지 없이, 환경에 대한 인식 없이, 장애요인들을 분석하지 않고서 단순한 차별을 근거로 그에 속하지 않

---

25) 이 점에 있어서, "Konflikt und Recht", in: Niklas *Luhmann, Ausdifferenzierung des Rechts: Beiträge zur Rechtssoziologie und Rechtstheorie*, Frankfurt 1981, 92-112 에 실린 나의 설명에는 보충이 필요하다.

는 것으로서 작동하기 때문이다.

사회학이 항상 부딪혀왔던 것이 바로 이 축약된 절차이다. 사회학은 예를 들어 왜 범죄자들이 범죄를 저지르며 (이것이 법률적 사안의 특성을 가지는지 검토하기 위해 요구되지 않더라도) 왜 실패자들이 실패하며 왜 항의자들이 항의하는지를 인식할 수고를 요구한다. 실패자들은 그럼으로써 인지 요구들을 통해 사회의 면역체계가 작용하도록 만들며, 그것은 실패자들이 자기 입장에서 사회를 그런 요구들에 대한 모순으로서 경험하고 그 때문에 사회를 충분히 인지하지 않은 채—유일하게 이 모순에 근거하여—사회를 퇴짜 놓는, 특이한 비일관성을 낳는다. 사회학적 유토피아는 사회의 면역체계와 양립할 수 없는 고유한 면역체계에 근거하여 존속한다. 그래서 사회학은 사회의 질병이 되고, 사회는 사회학의 질병이 된다—이러한 양립 불가능성이 이론적으로 통제되지 않을 경우에는. 어쨌든 면역 방어는 인지로도, 더 나은 지식으로도 해체될 수 없다. 그것은 그자체가 보다 높은 복잡성 방향으로 세련화될 수 있을 뿐이며, 어떤 의미론적 사정들이 도대체 모순으로 다루어져야 하는지가 면역 방어에 의해 보다 첨예하게 통제되는 것도 그에 속하는 일이다. 본질적인 것은 얼마나 세련되든(elaborieren), 기대 불확실성들이 모순의 유형으로 수렴된다. 압축된 불확실성은 그 다음에 거의 확실한 어떤 것이 된다. 즉 모순을 해결하기 위해 어떤 것이 발생해야 한다. 논리적으로 본다면 "배제된 제3항"에 주의를 기울일 수 있으며, 모순을 회피하고자 시도할 수 있을 것이다. 하지만 모순의 의미론적 형식은 배제된 제3항이 배제된 상태로 유지될 것을 요구한다. 그 형식은 그럼으로써 연결 행동을 확정하지 않으면서 유도한다. 연결 행동은 결정의 근거를 설명함으로써 구조 발전에 기여하는 어떤 결정이거나, 피해와 승리를 통해 같은 기능을 채우는 갈등일 수 있다. 어쨌든 승인된 불안정성이 이미 더 이상 불안정성이 아니라는 것, 승인된 불안정성이 적어도 주목, 소통 태세, 그럼으로써 순간적으로 상승된 우발 민감성 등을 초래하는 분명한 신호라는 것은 타당해 보인다.

우리가 이 테제를 전제하면, 모순들이 체계 내에서 명료하게 자리잡을 수 없다는 결론이 만들어진다. 그 테제는 이 생각이나 저 생각에 고정될 수 있다. 그 테제는 "선한 것"과 비교되는 가운데 분리되어야 하는 어떤 "악한 것"이 아니다. 그 테제는 체계 내에서 순환하며, 어디서나 명시할 수 있는 조건 하에 활성화될 수 있는 경고 기호들로서 기여한다.[26] 그러한 기호들을 규정된 어떤 것으로 고정시키고자 한다면, 이 기능에 고정시켜야 할 것이다. 그 기호들은 체계 내에서 면역체계로서 기여한다. 그 기호들이 면역체계로서 기여하기 위해서는 상당한 이동성, 끊임없는 투입 태세, 가끔씩의 활성화 가능성, 보편적인 사용 가능성이 필요하다. 그리고 그 때문에 그것들의 (차이)동일성의 구성은 체계의 자기생산적 (차이)동일성을 보장하는 작동들, 즉 의식 내지는 소통에 관련되어야 한다.

우리는 면역체계가 체계의 "아닌 것들"(Unheiten), (비교적) 자유롭게 처분에 내맡겨진 거부 상징들, 즉 "수용(Ja)들"의 세계들과의 관계에서 "거부(Nein)들"의 세계로서 조건화되어서만 사용될 수 있는 상징들로 구성된다고 생각할 수도 있을 것이다. 보통 우리는 선택 제안들이 수용될 것을 기대한다. 그렇지 않으면 그 제안들의 소통은 이루어지지 않을 것이다. 하지만 동시에 얼마나 주변적이라 하더라도, 거부의 가능성이 함께 진행된다. 체계는 아니오에 맞서 면역되어 있는 것이 아니라, 아니오에 힘입어 면역되어 있다. 체계는 변동들에 맞

---

26) 분석되지 않은 메타포로서만 표현된 비슷한 정식화는 Johan Galtung, *Funktionalismus auf neue Art, in ders., Methodologie und Ideologie, Aufsätze zur Methodologie*, 독일어 판본 Frankfurt 1978, 177-216 (201)에서 찾아볼 수 있다.

서 스스로를 보호하는 것이 아니라, 도입되기는 했지만 환경에 부적절한 행동유형으로서 경직에 반하는 **변동들**에 힘입어 스스로를 보호한다. 면역체계는 구조를 보호하는 것이 아니라, 자기생산, 즉 폐쇄된 자기재생산을 보호한다. 또는 오래된 구분을 가지고 말한다면, 체계는 부정을 통해 절멸(Annihilation)에 맞서 자기재생산을 보호하고 있다.

유기체들의 면역체계와의 비교는 면역학적 논리의 요구로 이끌지만, 여기서는 그 문제를 더 이상 추적할 수 없다. 그 비교는 은유적인 의미를 가질 뿐만 아니라 기능적인 의미도 가진다. 그 비교는 다른 한 편 유명한/악명 높은 유기체 유비의 의미에서 재해석될 수 있다.[27] 특히 사회적 체계들의 논리학은 유기체의 면역체계처럼, 공간적이며 형식들을 통해 보장된 연관의 안정성과 관련될 수 없다. "자기생산" 또한 유기체적 체계들은 사회적 체계들로 적용될 때 바뀐의미를 획득한다. 자기생산은 사회적 체계의 경우에 있어서 생명의 연속성을 보장하지 못하고, 행위의 연결 능력을 보장한다. 하지만 이것을 정확하게 어떻게 생각해야 할 것인가?

자기준거적인 표현으로서의 모순들은 항상 구조와 요소(사건)의 관계를 전제한다. 구조들과 사건들은 이때 분리되어 간주될 수 없다. 제각기 혼자서 모순성 내지는 무모순성을 검증받을 수 없다. 그렇게 하는 것은 시간적으로 비교적 지속하며 이른바 지속과 영속적인 효과를 모순에 부여하며 모순을 포함하는 구조들의 의미에서 "구조적 모순들"이 있다고 주장하는 이론들을 배제한다. 구조적 모순들은 체계의 관찰자들(체계의 자기관찰을 포함하여)에 대해서만 있다. 왜냐하면 관찰자들만이 구분들을 도입하고, 구분들에 힘입어 모순들

---

27) 그 점에 관해 서문(Einleitung) 38쪽을 참조할 것.

을 고정시킬 수 있기 때문이다. 관찰자들에게 있어 모순은 제각기 고유한 체계의 사건으로서 현실적이다. 그러한 현재화가 없으면 모순은 의미체계 내에서 실재, 즉 의의와 더욱이 경고 기능을 갖고 있지 않다.

마찬가지로 모순에 가득 찬 사건들이 불가능하며 세계가 (논리적으로 완벽하게 이루어진 창조이거나 그밖에 어떤 것이든) 그런 사건들을 허용하지 않는다는 생각도 배제된다. 그 반대가 된다. 모순들은 완전히 사건으로서만 실제로(real) 가능하다. 왜냐하면 시간화된 체계들에서는 체계 자체에서 생산된 사건들 외에는 어떤 다른 종류의 실재 토대도 없기 때문이다.[28] 약간 성급하게 표현한다면, 사건들은 어쨌든 즉시 다시 사라져버리기 때문에, 사건들은 어쨌든 발생하면서 소멸되기 때문에, 모순의 형식을 취하더라도 아무런 상관이 없다. 사건들은 어쨌든 자신의 소멸이 결정되어 있으며, 바로 그 점이 체계의 자기재생산에 대한 사건들의 기여이다.

순수하게 구조적 모순의 테제와, 모순에 가득 찬 사건들의 불가능성의 테제가 배제되는 데서, 모순이 자기준거의 표현이라는 테제의 의미와 방향이 식별될 수 있다. 모순들은 구조와 사건의 공동 작용에서만 성립된다. 모순들은 사건들의 자기준거의 구조적인 중개를 전제한다. 사건들은 모순의 의미가 구조화된 다른 것으로 우회함을 통해서만, 자기 자신과 모순될 수 있다. 구조화되지 않은 관계에서라면 대조적인 모순도, 반어도, 역설도, 소통 의도에 대한 의심들의 메타소통 의도의 소통도 가능하지 않을 것이다. 모순에 가득 찬 소통의 모든 형식들은 고유하게 이 일을 위해 선택된 의미를 통해 진행되며,

---

28) 어쩌면 우리는 이것이 체계의 환경을 전제한다고 항상 강조할 필요가 없을지도 모른다.

이 선택은 사회적 체계들의 구조 선택들을 지향한다.

그런 식으로 모순이 원래 자신의 주의하며 경고하는 기능을 어떻게 채우는지를 분명하게 볼 수 있다. 모순은 질서지어지고 환원된 복잡성으로서의 체계의 전체 요구를 한 순간에 파괴한다. 그러면 미규정된 복잡성이 한 순간 다시 생산되며, 모든 것이 가능해진다.[29] 하지만 동시에 모순은 의미의 소통적인 처리의 연결 능력을 보장하기에 충분한 형식을 가지고 있다. 체계의 재생산은 다른 궤도들로 조종될 뿐이다.[30] 의미 형식들은 불안정적인 것으로 보이며, 그런 상태를 경고한다. 하지만 체계의 자기생산은 중단되지 않는다. 자기생산은 계속된다. 이것을 처음으로 정식화했던 것은 "변증법"의 헤겔 식 신 구상의 성과이다.

따라서 모순은 접촉이 중단될 수 있다는 것을 신호하며, 이 점이 모순의 기능이다. 사회적 체계는 중지될 수 있다. 그 경우에는 행위 다음에 행위가 이어지지 않는다. 하지만 신호 자체는 가정법으로 표현되고 전체 사회의 체계에 대해서는 심지어 비현실로서 표현된다. 신호 자체는 경고하기만 하며, 불안하게 움직이기만 하며, 단지 사건이기만 하다―그리고 그 다음에 그에 관련된 행위를 불러일으킨다.

---

29) 물론 그것은 논리학자들이 세계가 임의성으로서 존재할 수 없다는 것을 알기 때문에, 모순들을 배제하고자 하는 이유일 것이다.

30) 여기에 구조 안정성과 재생산을 구분하는 것을 유의미하게 만드는 이유가 있다. 이와 유사하게, 자기생산 개념의 대변자들은 "구조"와 (순환적) "조직"을 구분한다. 위 각주 22를 참조할 것. "조직"은 체계의 재생산적 (차이)동일성의 형식이며, (차이)동일성으로서의 체계이다. 조직의 중단은 체계의 소멸이 될 것이다. 특정한 체계 유형을 구성하거나 재생산을 특정한 유형으로 경로화하는 구조적인 형식들은 그것으로부터 구분된다. 구조적인 형식들은 예를 들어 관찰자에 대해, 자기생산적 조직 자체와는 달리, 많든 적든 중요하며, 관찰자를 통해 많든 적든 추상적으로 파악될 수 있다.

5. 사회의 면역체계로서의 법체계

사회적인 면역 장치들이라는 고도로 추상적이며 이례적인 개념을 쉽게 설명하기 위해, 이제 사회적 체계인 사회를 특별하게 다루는 절을 하나 삽입하겠다. 이 작업을 통해 사회적 면역학의 전체 영역 중 한 부분만 다루게 된다. 여기서 소개될 테제는 법체계가 사회체계의 면역체계로서 기여한다는 것이다. 하지만 이 말은 단지 이 기능에 근거해서만 법을 충분하게 파악할 수 있다는 뜻은 아니다. 법은 자명하지 않은 행동기대들을 위한 확실성들을 만들어내기도 하고 근본적으로 그러한 확실성들을 만들어낸다. 하지만 위험한 행동기대들과 관련된 기대 일반화의 이러한 기능은 사회의 면역체계에 묶여 있는 것처럼 보인다. 법을 통해 도달된 확실성들은 (실제 도달 가능한 상태들의 확실성은 아니지만 고유한 기대의 확실성들은) 고유한 기대들의 소통이 모순되는 경우에도, 정상 소통에 맞선 방식으로 다른 연결값들을 통해 바뀐 방식이기는 하지만, 계속 기능한다는 바로 그 사실에 근거한다.

법과 면역체계의 이 연관은 법이 가능한 갈등들을 선취하여 형성된다는 점에 주의하면 분명히 볼 수 있다. 갈등의 관점들은 대량으로 형성된 일상적 기대들 중에서 갈등의 경우에도 보전되는 기대들을 골라낸다. 이러한 보전의 전망은 기대들이 정상적이라는 점과 연상되며 합법과 불법의 도식, 서로를 배제하는 두 가지 값들만 있는 완전한 우주 안으로 옮겨진다. 이 도식주의를 가지고 갈등 경험들은 일반화되고 예상되며, 그런 식으로 그 자체가 상당히 비개연적인 기대들이 형성될 때에도 상호작용 층위의 예외 경우에만 갈등에 이르는 형식으로 옮겨진다. 과거의 모든 법질서들은 이 관점을 따라 있을 수 있는 갈등의 사전 결정의 관점을 따라 형성되어 왔다. 법은 현대복지 사회에 와서야 비로소 이른바 자기 자신을 추월하기 시작한다. 새로운 종류의 상황들이, 법이 없다면 아무도 생각하지 않을 갈등을 위한 사전 결정으로서 도입되었고, 그러한 상황에서 만들어낼 수 있는 기대들이 법으로서 선포되었던 것이다.[31]

법체계는 합법/불법의 도식을 가지고 작업이 이루어지는 어느 곳에서나 기능을 수행한다.[32] 이 도식은 특수한 종류의 정보 획득의 분화에 기여한다. 이 도식은 행위의 인식에 기여하지 않으며, 어쨌든 일차적으로 기여하지는 않는다. 이 도식은 행위 설명에 기여하지도, 행위 진단에 기여하지도 않는다. 법적인 문제처리 절차가 전문화되면서 학설, 인식, 학문 같은 명칭들은 물론 법체계에 의해 요구되기는 했지만, 인지적인 노력들은 여기서 결정 전제조건들의 창출에 기여하기만 할 뿐이며, 자신의 고유한 자부심을 바로 이것 말고는 더 이상 어떤 것도 하지 않는 데에 둔다. 법 실무가 어떤 인지를 필요로 하는지를 스스로 결정해야 하며, ─면역체계와 마찬가지로─ 인지 없이도 결정에 이를 수 있어야 한다는(사법 거부 금지) 점은 바로 기능적으로 중요한 법 실무의 특징이다. 법체계의 인지들은 자신의 고유한 복잡성들을 다루고 있다.

발전된 사회들에서는 합법/불법의 이 도식주의는 허용된/금지된 이라는 2차 약호화를 통해 보완된다. 이것 역시 모순들의 증대와 면역 사건들의 정밀한 지휘에 기여한다. 행위는 허가들이나 금지들에

---

31) 사회공학(social engineering), 결과 지향, 법제화 등에 관한 모든 논의들은 이 점에 집중될 수 있다. Niklas Luhmann, "Die Einheit des Rechts", *Rechtstheorie 14* (1983), 129-154를 참조할 것.

32) 옳음/그름 도식이 체계경계를 지시하지 않는다는 것은 아마 특별히 강조할 필요가 없을 것이다. 왜냐하면 그렇게 하는 것은 모든 합법적인 행위가 법체계에 속하며, 법체계의 환경에서는 합법적인 행위가 나타나지 않으며, 그름에 대해서도 반대 경우가 타당해지는 결과를 낳을 것이기 때문이다.

모순될 수 있다—허가들은 허가된 행위들의 방해를 모색하는 경우에 해당되며, 금지들은 금지에도 불구하고 실행되는 경우에 해당된다. 그러면 모순은 제거되어야 하는 장애가 존재한다는 것을 분명하게 한다. 이 2차 약호화와 연결된 성과들은 기술적 정밀화를 가능하게 하며, 면역체계의 변동 가능성을 용이하게 한다는 데에 있다. 법은 그러한 2차 약호화에 힘입어 도덕으로부터 분리되고 자유롭게 자기조종을 할 수 있다. 어떤 것을 허용하거나 금지하는 것이 금지될수 있고, 그 반대도 가능하다. 이 방식으로 도덕적으로 중립적인 행동유형은 면역체계의 범위 안으로 들어온다.

합법/불법 내지는 허용/금지의 도식주의들의 수립은 (자연법 이론이 주장할 것처럼) 행위의 본질에 대한 더 나은 이해로 이끌지 않는다. 그보다는 갈등에 처해서도 여전히 기능하며, 바로 그때 기능하는 정보처리 양식을 투입할 수 있다. 법은 갈등의 회피에 기여하지 않는다. 법은 심지어 상호작용에 가깝게 형성된 사회들에서의 갈등 억압과 비교했을 때, 갈등 기회들의 거대한 증대를 만들어낸다.[33] 법은 폭력적인 갈등 해결의 회피만을 모색할 뿐이며, 모든 갈등에 대해 거기에 맞는 소통 형식을 만들어내고자 시도한다. 소통의 재료는 누군가가 법에 호소하자마자 달리 질서지어진다. 텍스트들이 중요해지며, 다른 사례들을 참조하며, 특정한 기관의 의견들이 중요해진다. 수백 년, 심지어 수천 년까지 소급될 수 있다—그리고 이 모든 것은 갈등 사례에 중요하며 갈등을 이겨낼 수 있는 정보들이 사실들에 대해 확보될 수 있다는 관점 하에서 이루어진다. 법은 다른 수단을 가지고 소통을 속행하는 데에 기여한다. 법은 발생하는 갈등들이 해결될 때에만 사회 전체적으로 적절해지는 것이 아니라, 그 자신이 충분

---

33) Niklas Luhmann, *Konflikt und Recht* a.a.O.를 참조할 것.

히 많은 갈등을 만들어내고 그것들을 다루어내기 위해 충분한 고유
복잡성을 만들어낼 수 있을 때에야 비로소, 사회에서의 적실성을 가
진다.

가능한 적법하게 다루어지고, 부적법한 처리를 가능한 최소한으로
이끌어내는 것이 법의 기능은 아니다. 그렇게 하는 것은 쉬울 것이
다. 단지 모든 것을 허용하기만 하면 된다. 자연적으로 미리 주어진
질서를 인간의 자유롭고 부패한 의지에 맞서 관철시키는 것이 (자연
법이 주장하듯이) 관건인 것도 아니다. 합법과 불법의 차이는 그런데
도 임의적으로 투입될 수 없다. 문제는 자연적으로 구속하는 최소 질
서와 무한한 임의성 인정의 대안에 있는 것이 아니다. 합법/불법의
도식주의의 사용 조건들과 법체계의 환경 관련은 이런 너무 단순한
이론 이해들로부터 생각할 수 있는 것보다 훨씬 더 복잡하다. 법은
면역체계의 기능을 채워야 하며, 그 점에 있어서 결정권을 가지고 있
다. 그래서 법체계는 자신에게 맡겨진 합법과 불법의 도식주의를 사
용하는 데서 자율적이다. 그러나 법은 이 도식주의를 가지고 사회라
는 소통체계의 자기생산을, 이 체계가 자기 자신으로부터 생산해내
는 가능한 많은 장애들에 맞서 가능한 최대한으로 보장해야 한다. 법
은 고유한 불확실성들과 불안정성들을 생산함으로써 사회보다 앞서
야 하며, 이때 물론 "잘못된 길로" 들어서서는 안 된다. 즉 기대 가능
한 문제들의 외부에 있어서는 안 된다.

6. 모순은 어떻게 면역 능력을 얻는가? 세 가지 의미차원
에서

면역체계를 전제하는 추상적 이론은 면역체계가 어떤 문제들에서

요구되는지의 문제를 아주 완전하게 열어두며, 그 문제는 사회와 법에 초점을 맞추는 것에 의해서도 대답을 얻지 못했다. 우리는 이제 다시 사회적 체계이론의 일반 층위로 되돌아가서, 이제부터 사회적 체계들이 어떤 연관들에서 자신의 모순들의 면역 논리를 사용하는지의 질문을 추적하겠다. 하지만 그 질문은 이 형식으로는 틀림없이 너무 일반적으로 제기되었다. 그 질문은 추상적으로 표현하면, 전체 역사에 관련되며, 모든 종류의 사회적 체계들과 관련된다. 모순의 논리적 형식은 잠재들을 활성화하기 위해 모순에 가득 찬 소통으로 이끌 수 있는 개괄 불가능한 수많은 계기들과 비교했을 때 비교적 단순하다. 그래서 우리는 몇 가지 관점들, 그것들 사이에서 역사적인 상호의존들을 추측할 수 있는 관점들에 제한하기로 한다.

소통 가능성들의 증가가 갈등 개연성들도 증대시킨다는 것을 전제할 수 있다. 언어는 아니오의 가능성과 아니오의 은폐, 즉 거짓말, 기만, 호도하는 상징 사용 가능성을 만들어낸다. 확산매체인 언어와 인쇄술은 상호작용체계들에서의 전형적인 갈등 억압을 배제한다. 그것과의 연관에서 상징적으로 일반화된 소통매체들의 분화와 특화는 수용 요구들의 가능성을 강화하여, 매체 자체가 대비 조치를 내리지 않을 경우에는 거부가 개연적이 된다. 그 상황에서 만들어지는, 비개연적인 것의 개연성은 매체에 따라 특수한 동기들과 갈등 규제들의 분화에서 자신의 형식을 발견한다. 소유와 화폐의 경제적 제도들은 납세 요구들의 거부를 정당화한다──그리고 화폐의 경우에는 모두가 모든 것을 돈을 가지고 시작할 수 있다는 점을 통해, 즉 누구도 법에 기초한다고 하더라도 바로 나의 화폐에 대한 특수한 요구들을 정당화할 수 있는 것은 아니라는 방식을 통해, 정당화가 특별히 세련된 방식으로 이루어진다. 유사한 것이 권력 사용에서도 타당하다. 권력의 정치화는 갈등〔을 매듭짓는〕 결정을 중심화하며, 그럼으로써 갈등 결정자와의 갈등을 법에 기초한다고 하더라도 전망 없는 것으로 만든다.[34] 사랑에 있어서는 법을 끌어들이는 것이 배제되어 있기 때문에, 이 문제는 첨예화된다. 사랑의 코드는 다른 사람을 완전하게 그리고 어떠한 부정도 없이 허용하고, 모든 갈등이 사랑의 파국을 상징화할 것을 요구한다. 반대로 진리의 경우에는 약호가 모든 사람에 의한 보편적인 인정을 근거로 하(거나 적어도 그렇게 상징화하)기 때문에, 모든 소통은 비판, 즉 거부, 달리 말해 갈등에 의지한다. 다른 경우에 과학자들은 이미 인식된 것의 찬미에만 동의할 수 있을 것이다. 모든 인식 획득은 비판을 포함한다. 즉 문제는 사랑의 경우에서처럼 유사하게 역설화되어 있지만, 단지 방향이 반대가 된다. 진리가 일반적으로 인정된다는 규칙은 작동적 층위에서 모든 소통을 모순 형식으로 강제한다. 그리고 여기서도 문제가 역설화되어 있기 때문에, 조정 기제로서의 법은 배제되어야 한다.

이렇게 특수 동인들과 특수 갈등 규제들을 공급하는 상이한 형식들은 체계분화가 충분하게 이루어져 있을 때에만 병존할 수 있다. 학문적 논쟁들이 경제적 불이익을 낳아서는 안 되며, 재산과 화폐의 체계 내 지위가 정치적 갈등 전망을 개선할 수 있어서도 안 된다. 이러한 보기들은 그런 문턱들이 모든 간섭들을 불식시키지도 않으며, 특히 개별 사례들의 층위나 상호작용적인 갈등 행동 층위에서 확실하게 기능하지도 않는다는 것을 보여준다. 하지만 그런 사정은 사회의 분화된 체계의 층위에서는 무조건 집합적인 효과들을 유발할 필요는 없다. 간섭이 많아지면 기능체계들의 기능 능력(우리 보기들에서는 이를테면 과학적 진보 내지는 정치 민주화의 속도와 폭)만 약화시킬

---

34) "법치국가"는 이 관점에서 본다면, 권력자가 자신의 권력을 법적으로 타당한 결정들의 관철을 위해서만 투입할 수 있지, 권력 자체의 유지나 재생성을 위해서 투입해서는 안 된다는 것을 뜻한다.

뿐이기는 하지만, 그렇게 됨으로써 다른 형식의 사회 분화로의 이행을 촉발시킬 수 있는 것은 아니다.

비개연적인 것의 개연화를 가능하게 하는 이런 형식에 추가적으로, 면역체계의 민감성 상승의 일반적인 형식들, 즉 사회의 소통이 보다 복잡해지고 이 복잡성이 유지되어야 할 경우에 활성화되어야 하는 형식들이 있는 것으로 보인다. 소통에서의 모순들의 사용은 기대 가능한, 즉 구조적인 불확실성들을 낳는다. 이것은 보다 높은 복잡성을 형성하는 사회가 구조적인 불확실성의 창출과 관용 형식들을 발견해야 할 것이라는 뜻이다. 그러한 사회는 자신의 고유한 자기 생산을 어느 정도 자기 구조의 저편에 보장할 수 있어야 하며, 그것은 특히 모순들의 창출과 처리에 시간 차원을 더욱 분명하게 고려해 넣을 것을 요구한다.[35]

시간은 모순들의 증폭 장치이다. 하지만 시간은 동시에 진정시키는 작용을 하며 모순들을 약화시킨다. 한편으로는 후속 시간 지평들이 고려에 포함되면, 더 많은 계획들이 서로와 모순 관계를 가진다. 다른 한편으로는 동시에 발생할 수 없는 많은 것이 순서대로 발생할 수밖에 없다. 즉 시간은 명백하게 모순들과 모순 관계를 가진

---

35) 우리는 그렇게 함으로써 예를 들어 원시 사회들의 고유논리학의 전체 복합체를 다루지 않은 채 둔다──그것은 여기서 작업된 전제에서 출발한다면 새로 시작되어야 할 정도의 광범위한 토론이다. "원시인들"이 우리와 마찬가지로 논리적으로 옳게 생각할 수 있다는 것은 오늘날 일반적으로 수용되는 진술이다──그 진술은 식민지 민족들은 올바르게 생각할 능력이 없다고 말하는 유럽인들의 교만을 금지하는 것이 관건인 것처럼, 바로 그렇게 의심스러운 합의와 함께 수용된다. 하지만 유럽적인 자기정화 의례들은 이제는 원시적인 사고의 구조들을 규명하기 위한 적절한 출발점이 아니다. (Lucien Lévy-Bruhl, *La mentalité primitive*, Paris 1922를 인용하며) 원시 사회에서의 "전논리적"(prälogisch) 사고의 테제로 되돌아갈 수 있기 전에, 먼저 논리학들의 사회적 기능이 규명되어야 할 것이다.

다.[36] 시간은 모순들을 증대시키면서 경감시킨다. 그래서 시간 지평을 변이시킴으로써 모순으로서 부각되는 것과 사라지는 것을 규제할 수 있다. 자세히 살펴보면, 모순들은 현재에 미래를 함께 고려할 때 증대된다. 만약의 경우들에 대비해서, 또는 큰 목표를 위해 여지를 만들어 두기 위해 원래 저축해두어야 한다. 하지만 그러한 사정과는 상충되게, 지금 이미 충족시키고 싶은 희망들이 있다. 현재의 미래는 모순의 증폭 장치이다. 반면 미래의 현재들은 어떤 것을 감당하고 나중에 처리할 가능성을 열어준다. 하나의 시간 관점은 압력을 행사하고, 다른 시간 관점은 그 긴장을 없애거나 적어도 완화시킨다. 현재적 미래는 예를 들어 모든 죄를 고해성사하도록 만드는 죽음의 경고(memento mori), 절약하기, 항상 부지런하기(근면성), 최근에는 파국에 대한 두려움과 같은 상당한 모순 잠재력을 제공하는 초목적론적 공리들로 이끌기도 한다. 미래적 현재들은 오히려 목적 지향적 계획, 즉 가치 만족의 잠재를 가능한 최대화하면서 이후 사건들을 배열하도록 자극한다. 전자의 경우에는 긍정적인 내지는 부정적인 유토피아를 지향하며, 후자의 경우에는 기술적인 지향을 선택한다.[37]

재귀적인 시간적 양상화의 이러한 두 가지 가능성들은 각자 혼자서 선택될 수 있을 대안들로서 주어지는 것이 아니다. 그 가능성들은 시간의 (차이)동일성 속에서 서로를 함의한다. 미래의 현재들에 대한 순수한 기술적 관점과, 모순들을 차례차례 처리하기 위한 기술적 관점들은 그 자체가 유토피아이다. 역으로 모든 유토피아적 미래 관점은 그 결과와 부작용에 있어서 미래적 현재들을 관련짓는 행위에

---

36) 그리고 이것은 시간 그 자체가 모순인지의 질문과는 무관하다 ─ 질문으로서 사회적 적합성을 가지고 있지 않은 질문과는 무관하다.

37) 이 점에 대해 더 자세하게 Niklas Luhmann, "The Future Cannot Begin", in ders., *The Differentiation of Society*, New York 1982, 271-288을 볼 것.

호소한다. 그렇지만 두 관점은 분석적으로 분리될 수 있다. 그런 분리를 통해서만 이 지향들과, 또한 모순의 경고 신호들의 생성을 사회적 체계들의 다른 구조 특성들과 공변이하도록 유도할 수 있다.

이론적으로 발전된 질문 제기들에서 전형적인 것처럼, 여기에 대해서도 경험적인 지식은 거의 없다. 우리는 구체화 가능성이라도 보여주기 위해 간결한 모범적인 개괄을 하나 제시하겠다.

사회체계와 관련되어 특정한 분화 유형이 낡아지는 것은 미래와 관련된 불확실성들, 즉 그 자체가 모순 확장 효과를 발휘하는 불확실성들을 만들어낸다고 추정할 수 있다. 〔그러한 불확실성들의〕 질서 성과는 당연하며, 그런 성과들의 결함과 역기능들은 풍부한 경험들을 근거로 하여 더욱 첨예하게 나타난다.[38] 이러한 사정은 중세에서 근세로의 이행기, 즉 시간 진행을 일반적으로 쇠락으로서 느꼈던 시기에 타당하다. 그리고 그런 사정은 어쩌면 우리의 시대들, 즉 기능적 분화 원칙의 부정적 귀결의 완전한 부담들을 감당해야 하는 시대에 특히 타당하다. 그런 사정에 있어서는 미래가 현재로 밀고 들어온다. 우리는 구체적으로 예견 가능한 사건들의 진행과는 전혀 무관하게 미래 지평을 현재화하지 않을 수 없다. 이런 의미에서 본다면 지구에서의 생활 가능성들의 파괴는 우리 미래의 현실이 될 것이다—그 미래가 현실적 현재(wirkliche Gegenwart)가 될 것인지와는 전혀 무관하게 말이다. 그리고 그 미래는 지속적인 모순을 유발한다. 그리

---

38) 상응하면서도 훨씬 추상적으로 파악된 사유 모델은 Galtung a. a. O., 210-211에 개괄되어 있다. 엘리자베스 노엘레-노이만(Elisabeth Noelle-Neumann)의 "침묵의 나선" 유형도 이 사유 모델에 분류할 수 있다. "Die Schweigespirale: Über die Entstehung der öffentlichen Meinung", in: Elisabeth Noelle-Neumann, *Öffentlichkeit als Bedrohung: Beiträge zur empirischen Kommunikationsforschung, Freiburg* 1977, 169-203; dies., *Die Schweigespirale: Öffentliche Meinung, unsere soziale Haut*, München 1980을 참조할 것.

고 이 모순은 다른 시간 양상에서 —미래적 현재들을 위해서가 아니라 현재적 미래들(gegenwrtige Zukünfte)을 위해서 —구성되어 있기 때문에, 예견될 수 있는 미래의 현재들에 대한 지시를 통해서도 기술적으로 안정될 수 없다.

반대의 모습은 마찬가지로 두 가지 시간 양상들을 사용하겠지만, 다른 조합으로 사용할 것이다. 그것은 체계분화의 새로운 원칙이 바로 실행된 시대에서 개연성 있게 된다. 성공들을 벌써 볼 수 있고, 유럽에서 대략 1660년부터 그랬던 것처럼, 생각 속에서 성공들을 미래로 연장한다. 그러면 모순들은 문제들이 되고, 하나하나 해결해나갈 수 있다. 모순의 증폭 장치인 시간은 문제의 확대 재생산자이다. 과거의 삶의 곤경들이 문제 기법적으로 해체되기 때문에 훨씬 더 많은 문제들이 생겨난다. 그러나 그러한 해체들은 상당히 많은 새로운 재조합 가능성들을 보여주기도 한다. 그 관점에서 전제될 수 있는 미래의 현재들은 현재적 미래의 긍정적인 윤색을 정당화한다.[39] 불확실성들은 위험 계산들을 통해 파악되고, 계량되고, 보장될 수 있게 만들어진다. 원칙적으로 "열린 미래"는 성공적인 발전, 즉 과거 질서(이 경우에는 신분 구조들, 분권주의들, 기능 없는 불평등, 지배)의 잔재가 처음으로 제거되었을 때에 거의 자동적인 진행을 취할 발전의 속행을 약속하는 것처럼 보인다. 이 점은 갈퉁(Galtung)[40]의 모순 이론

---

39) 이 점에 대해서는 18세기 중반에 시작되는, 재생산, 진화, 발전, 진보의 의미론의 경력에 주목하라. 그러한 의미론의 집합화는 미래가 미래적 현재들의 연속에서 읽어진다는 것을 암시한다.

40) A. a. O., 212-213. 갈퉁(Galtung)을 인용하는 경우에는 물론, 그가 "혁명"이라는 현상을 사실적이며 역사적으로 잘못 분류한다는 점에 주의해야 한다. 그 현상은 모순들의 부정적인 처리가 아니라 긍정적인 처리에 속한다. 그 현상은, 결국에는 혁명을 낳는 "사회의 정치적인 기본 갈등의 공개화"가 아니라, 우리는 (어떤 독일 관찰자가 프랑스혁명에 대해 기록하는 것처럼) "가장 황

의 최적 개념과 어울린다. 긍정적인 것은 여전히 상승 가능한 것으로서 경험되고, 무관심한 것은 방해가 되지 않기 때문에 긍정적인 것으로서 파악된다. 그리고 부정적인 것은 현재에는 피할 수 없는 것으로 감수할 대상이 된다. 그러한 사정은 이제 효용은 시간의 딸(Utilitas filia temporis)라고 표현될 수 있다. 그리고 도덕은 이제는 충분히 확실하게 유해한 결과들을 초래할 것들만을 금지할 수 있다.

그리고 18세기 중반에는 미래가 행위의 가치, 즉 현재적 미래, 다시 말해 효용을 통해 결정하는 것이 포괄적으로 당연하게 되었다. 그것은 대립하는 금지들, 전승된 제한들, 오직 역사적으로만 설명될 수 있는 불필요한 짐으로부터의 해방처럼 실현된다. 행위는 "자연으로부터" 선한 것으로서 간주된다. 행위를 추진하는 것 ─ 자기애 내지는 이해관계 ─ 은 자연으로서 파악되며, 선한 것으로서든 악한 것으로서든 결과를 통해서만 도덕적 자질을 얻는다. 그에 부합하게 보상과 제재는 자신들의 직접적인 행위 관련을 상실하고 따라서 자신들의 정당성을 상실한다. 보상과 제재는 그 인간을 변화시키거나(특별 예방), 인간들을 변화시킨다는(일반 예방) 점을 통해서만 정당화될 수 있다.[41] 그것은 계몽자의 입에서는 매우 낙관적으로 들릴 뿐이다.

홀한 희망들"과 증대하는 경제적 복지의 파도에서, 진보의 오인된 어려움들을 제거할 기회를 제공하는 상황으로 빠져 들어간다.

41) 이것을 몇 줄 정도로 증명하면 충분하다. 우리는 자의적으로 인용문을 취하겠다. Charles Duclos, *Considerations sur les moeurs de ce siècle* (1751), Magny, Lausanne 1970, 198-199의 판본 재인용에는 다음처럼 쓰여 있다. "우리는 도덕에 관한 이 글에서 그것을 상상할 수 있다. 그러한 상상은 우리가 인간이 불행과 부패로 구성되어 있으며 어떤 것도 생산할 수 없다고 가정함으로써 시작할 때에 가능하다. 이 체계는 위험한 만큼 오류적이다. 인간은 선한 것과 악한 것을 똑같이 해낼 수 있다. 그들은 타락할 수 있기 때문에 교정될 수도 있다. 그렇지 않다면, 왜 벌을 주고, 왜 칭찬하고, 왜 교육을 하겠는가?" 그리고 바로 이어서 다음과 같이 말한다. "남자들은, 흔히 말하는 것처럼, 자존심에

하지만 인간과 인간 행위의 자연은 그렇게 됨으로써 모순 넘치게, 즉 좋으면서도 나쁜 것으로 정의되지 않는가? 그리고 그러면 그것은 현재 발생하는 것이 미래가 비로소 분명하게 하는 상황에서, 이 모순의 영원한 결정의 명령에 이르지 않는가? 물질주의자들, 도덕주의자들, 공리주의자들, 루소주의자들은 물론 이러한 자연을 그 자체로서 다시금 선한 것으로 명명한다. 그들은 그럼으로써 정확한 완성 능력에서 자신들의 낙관주의의 근거를 발견한다. 하지만 이 해법은 명백한 이론적 결점에 근거하고 있다. "선한" 것에 관해서는 좋은/나쁜의 이접 관계에서, 그리고 자연의 메타 층위라는 두 가지 서로 다른 이론 층위에서 말해진다. 이 의미론 안에서는 궁극적으로는 모순의 명확화가 관건이며, 결정 계산과 결과 책임에 대한 요구들의 상승이 관건이라는 통찰로부터 잠시 벗어날 수 있다.

미래적 현재들은 물론 그것들이 현재가 될 때에야 중요해진다. 미래의 현재들은 그 이전에는 현재적 미래의 추정(Extrapolation)에만 기여할 뿐이다. 19세기 이래 기능 분화 원칙이 실현된 귀결들이 현재적인 현재들에서 파상적으로 드러난다. 처음에는 경제체계의 독립 분화의 결과로서, 특히 산업화의 결과로서 드러난다. 그때 우리들은 변증법과 이어지는 혁명을 통해서만 도움이 될 수 있다고 생각했다. 우리는 그동안 정치체계의 분화의 결과들(민주화, 복지국가)과도 관계를 갖게 되었고, 교육체계의 분화의 결과들(성숙의 유예제도, 새로운 불평등들, 동기 박탈)과도 관계를 갖게 되었다. 여기에는 학문체계의 분화의 결과로서 준비된 기술적 가능성들을 통한 통제 문제들이 추가된다.[42] 이제 진리는 시간의 딸이다(veritas filia temporis)가 다시

가득 차 있으며 그들의 이해에 의무감을 느낀다. 그것이 우리의 출발점이다. 이 규정들은 그 자체로는 악의적인 어떤 것도 아니며, 그것들은 그것들 자체에 의해 만들어진 효과를 통해서 선해지거나 악해진다."

타당한가?

어쨌든 해결 가능한 문제들의 구상을 모순들의 구성으로 역변환 시키면서 경고 상태를 누리기에 충분한 구조적 자극들이 있다. 미래는 이제 몰락 의미론이 아니라 파국 의미론을 가지고, 현재적인 것에 맞서는 모순의 활성화와 소통에 기여한다. 모순이 많든 적든 관계들을 강제적으로 변화시킨다는 것이 옳다면, 재앙들의 위험에 대한 재앙들의 반응들은 도외시될 수 있다. 그러나 이 원리들은 법칙으로서 주장된 변증법의 병기창에서 비롯된다. 실제로는 모순과 구조 변동 간의 관계들은 훨씬 더 복잡하며, 충분히 포괄적으로 밝혀지지 않는다.[43]

미래를 현재화하려 하거나 뒤이어 나타나는 것을 동시에 중요 하게 만들고자 한다면, 이행 과정이 반드시 필요하다. 시간적인 것은 사실적인 것으로 교체되어야 한다. 그것을 위해 중요한 주도 유형은 비용 계산에서 발견할 수 있다. 비용 개념은 특정한 형식의 모순, 즉 원하지 않지만 그런데도 고의적으로 유발하는 어떤 것을 지시한다. 그래서 비용들은 면역체계에 할당되는 경계 기능을 갖는다. 비용들은 임시변통으로 기능할 수 없고 체계화를 전제한다는 바로 그 점에

---

42) 마지막에 언급되었으며 가장 일반적이지 않은 관점에 대해서는 Talcott Parsons/Gerald M. Platt, "Age, Social Structure, and Socialization in Higher Education", *Sociology of Education 43* (1970), 1-37; Niklas Luhmann, "Gesellschaftsstrukturelle Bedingungen und Folgeprobleme des natur-wissenschaftlich-technischen Fortschritts", in: Reinhard Löw u. a. (Hrsg.), *Fortschritt ohne Maß? Eine Ortsbestimmung der wissenschaftlich-technischen Zivilisation*, München 1981, 113-131을 볼 것.

43) Galtung a. a. O.과 Elster a. a. O.은 [이 관계들을] 약화시킨다. 갈퉁은 특히, 수많은 모순들과, 변증법적 발전들의 선형적 과정성을 배제하는 모순의 복잡한 연관들에 대한 통찰을 통해 약화시키며, 엘스터는 특히 매개 변수들인 의식과 소통을 개입시킴으로써 약화시킨다.

있어서 면역체계와 유사하다. 비용들은 달리 말하면, 내적으로 고려할 수 있는 비용들을 차별화할 수 있기 위해 외부화에 의존한다.

비용 계산과 함께 행위의 부정적 측면들이 드러난다—그리고는 "제거되어야 하는" 것으로 모습을 드러낸다. 왜냐하면 장점들이 단점들을 능가하는 것으로 판단될 때에만 비용 계산에 근거하여 행위하기 때문이다. 더 많은 비용이 관련될수록, 더 많은 비용이 예를 들어 시간 경비로도, 심리적 경비로도, (파스칼의 유명한 계산에서처럼) 영혼 치유의 위협으로[44] 확장될수록, 행위는 모순들에 더 민감해진다. 그러면 비용이 적어도 감당되어야 한다거나 비교될 만한 행위들 가운데 가장 비용이 적은 선택이 이루어져야 한다는 것 같은 결정 공리들만이 요구될 뿐이다—그리고 이미 수많은 행위들이 선택될 수 있는 가능성들의 영역으로부터 배제되어 버린다. 그런 행위들은 단지 가능성들로서만 생각되고, 위험들을 몰아내기 위해, 부정적인 것을 묶어두기 위해 이른바 항체로서 생산된다.

이 관점에서도 근세 이래, 그리고 특히 18세기 이래 사회적 면역학에 더욱 애쓰지 못하게 지시하는 역사적 경향들이 돋보인다. 가끔씩은 사회의 통합이 거의 비용 계산들을 통해 충분히 보장되는 것처럼 보였던 적도 있었다(오늘날 그것을 "자유주의"라고 부른다). 모든 사람이 자신과 다른 모두가 자신의 행위를 통해 경험하는 부담들을 비용 형식으로 고려할 때에만, 사회적으로 양립 가능한 행위가 성립된다.[45] 하지만 여기서 대표하려는 이론의 관점에서는, 사회의 면역체

---

44) 현대적 수단들을 가지고 작업된 버전을 위해서는 Hansjörg Lehner/Georg Meran/Joachim Möller, *De statu corruptionis: Entscheidungslogische Einübungen in die Höhere Amoralität*, Konstanz 1980을 볼 것.

45) 오늘날에도 그것에 대해서는 아주 비슷한 견해들이 있다. 예를 들어 Abraham A. Moles/Elisabeth Rohmer, *Théorie des actes: Vers une écologie des actions*,

계 기능의 과대평가는 바로 그 점에 있다.

시간 차원과 사실 차원과 비슷하게 결국에는 사회적 차원도 모순들의 증폭과 그래서 사회적인 면역체계의 구축에 기여할 수 있다. 그러한 일은 경쟁 의미론의 도움으로 발생한다. 그리고 우리는 우연치 않게 그 의미론을 가지고—효용, 위험, 개연성에서와 마찬가지로—현대사회의 발전과 유사한 경력을 갖는 주제를 다루게 되었다.

경쟁이라는 말은 체계의 목표들이 다른 체계들의 목표를 희생시킨 가운데 도달 가능한 경우에만 사용할 수 있다. 경쟁 상황들은 심리적 체계들 그리고/또한 사회적 체계들 사이에서 만들어질 수 있다. 경쟁 상황들은 어떤 체계에 의한 목표의 실현이 다른 체계들의 목표 도달 기회를 빼앗거나 감소시킨다는 것을, 자신의 목표들에서 읽어낼 수 있을 때는 언제나 가시화된다. 그 개념은 목표 의미의 사회적 차원을 표현한다. 그 개념은 경쟁하는 체계들 스스로 상호작용에 들어서거나, 사회를 통하지 않는 다른 방식으로 공통의 사회적 체계에 일반적으로 참여한다는 것을 전제하지 않는다. 그것은 예를 들어 어떤 학급에서의 학생들에게 나타날 수 있지만, 필수적 개념의 특징은 아니다. 따라서 그 개념은 사회적 차원과 사회적 체계를 구분할 수 있는 이론을 필요로 한다.[46] 경쟁은 사회적 체계들의 특수 유형이 아니다. 경쟁은 사회적 경험(한계 경우에 유일한 체계의!)의 특수 유형이다.

사회적 차원 내부를 지시하고 다른 사람의 다른 체험과 행위에 주목하게 만드는 모든 것이 그로 인해 벌써 경쟁인 것은 아니다. 경쟁에서는 상이한 가능성들이 (차이)동일성에의 강제라는 함께 고려

Tournai 1977, 43 이하, 특히 57을 참조할 것.

46) 그 점에 관해 위의 254를 참조할 것.

된 조건 하에서만 나타난다. 경쟁 상황들은 희소성 조건 하에서, 즉 경제에서 가장 분명하게 만들어진다. 여기서는 그렇게 말해도 된다면 탈중심화된 형식으로만 (차이)동일성에 접근할 수 있다. 다른 사람들을 희생시킨 형식으로만 유지될 수 있는 모든 재화에서 접근될 수 있다. 정치체계에서는 특정한 권력 영역에 대한 권력 행사의 통일성(Einheitlichkeit) 주제가 근세 국가 발전에서 비로소 강화되었으며, 더욱이 이 권력을 둘러싼 경쟁의 허가는 사실상, 즉 제도화된 의미 이상에서 정치적인 관점들의 인공 생산물이다. 완전히 불확실한 것은 "정신적인" 것의 영역에서의 경쟁이다─그것은 카를 만하임의 유명한 강의의 주제였다.[47] 만하임은 경쟁을 "존재의 공적(öffentlich) 해석"에 관련지었는데, 이때 왜 존재가 하나의 공적 해석만을 허용하는지를 논증하지는 못했다.[48] 오늘날에는 볼 수 있는 것처럼, 이것 또한 역사적 [관점의] 질문이다.[49] 그새 "다원론"이 이론

---

47) "Die Bedeutung der Konkurrenz im Gebiete des Geistigen", *Verhandlungen des Sechsten Deutschen Soziologentages vom 17.-19. September 1928*, Tübingen 1929, 35-83, Volker Meja/Nico Stehr, *Der Streit um die Wissenssoziologie*, Frankfurt 1982, Bd. 1, 325-370의 재판본에서 재인용.

48) 나중에 발전된 지식사회학은 그 점에 더 이상 관련을 맺지 않았으며, 과학을 통한 존재의 통일적인 공적 해석에 대한 요구를 암묵적으로 철회했다. 지식사회학은 독창성에 대한 요구에 있어서까지 경쟁을 (최초 출간을 통해 조작화하여서) 출발점으로 삼았으며, 이 요구는 각각의 연구주제와 함께 임의적으로 탈중심화되고 축소될 수 있다. 예를 들어 Robert K. Merton, "Priorities in Scientific Discovery: A Chapter in the Sociology of Science", *American Sociological Review 22* (1957), 635-659; Randall Collins, "Competition and Social Control in Science", *Sociology of Education 41* (1968), 123-140; Warren O. Hagstrom, "Competition in Scien-ce", *American Sociological Review 39* (1974), 1-18을 참조할 것. 소통의 자제 위험이 문제(역기능)로서 보여지며, 그 반대로 연구주제들의 축소의 위험은 문제로서 보여지지 않는다.

49) 만하임의 분석에서 더욱 진행해나가면서, 합의, 독점, 원자화, 집중이라는 네 가지 유형에 다원화라는 다섯째 유형을 덧붙일 수 있다면, 다른 (차이)동일성

비교와 이론 토론을 통틀어 모든 부수 현상들과 함께 정당화되었으며, 그에 상응하게 지적인 분위기에서 경쟁이 퇴색되었다. 모두는 자신의 이론을 가지고 작업하고 있으며, 다른 사람의 달리 생각함을 모순으로서 또는 심지어 도전으로서 느낄 필요도 없이 인정받을 때, 인정을 받는다.

경쟁 의미론은 그 의미론이 입증되는 기회가 있을 때에야 비로소 설득력을 가진다. 이것은 사회문화적인 관점에서 경쟁 상황들의 충분한 분화를 필요로 하며, 그렇게 되는 것은 경쟁이 다시금, 교환과 협동에 맞서 충분히 분화될 수 있을 때만 도달 가능하다.[50] 경쟁 상대인 인물들은 협력 상대인 인물들과 같을 수 없다. 그리고 교환의 당사자인 인물들과 같을 수 없기도 한다. 상응하는 사회적 모델들은 분리되어야 하고, 따로따로 실현되어야 한다.[51] 그렇게 되기 위해 고려되어야 하는 사회의 영역들은 현대사회의 관철을 위해 특별히 중요했으며, 특히 시장 지향적인 경제에 중요했으며, 그런 영역들의 추

들을 경쟁으로서 파악하는, 분명한 (차이)동일성 개념을 그런데도 얻지 못할 것이다.

50) 이 관점은 특히 소집단 연구에 의해 제기되었다. 예를 들어 Edward Gross, "Social Integration and the Control of Competition", *American Journal of Sociology 67* (1961), 270-277; L. Keith Miller/Robert L. Hamblin, "Interdependence, Differential Rewarding, and Productivity", *American Sociological Review 28* (1963), 768-778; Nicholas B. Cottrell, "Means-Interdependence, Prior Acquaintance, and Emotional Tension During Cooperation and Subsequent Competition", *Human Relations 16* (1963), 249-262; James W. Julian/Franklyn A. Perry, "Cooperation Contrasted with Intra-Group and Inter-Group Competition", *Sociometry 30* (1967), 79-90처럼 풍성한 내용의 연구들로부터 비교할 것.

51) 그럼으로써 동시에, ―그것이 협력이나, 교환이나, 경쟁이든 아니든― 이 모델들 가운데 한 가지만 가지고 이론을 구성하려는 모든 사회이론 (Sozialtheorie)이 의문시된다.

천에서처럼 경제와 정치에 대해서도 마찬가지였다. 이러한 모든 경우에서 관건인 것은 추가 지향밖에 없으며, 결코 기능 충족의 유일한 토대는 아니다. 경제는 특히 경제적 경쟁 외에 교환과, 또한 협력적으로 조직된 생산을 상승시킨다. 즉 경쟁 역시 어떤 역할을 한다는 데서부터 무엇을 기대할 수 있는가?

전통적인 경쟁-추천은 전형적으로 개인적인 생각들이나 동기들을 관련짓는다. 경쟁은 확실성을 약화시키고, 발의들, 성과 동기들, 기회들에의 둔감성 등을 자극한다. 경쟁은 추진 수단으로서, 타당성 극복의 강제로서 간주되며, 이때 개인을 출발점으로 삼는다는 것을 믿는다는 전제에서 그렇다. 하지만 이러한 원칙을 통한 기만 역시 이미 오래 전에 표현되어 있다. 경쟁은 소통과 협력에 지장이 된다 (즉 충분한 분화의 전제조건들은 만들어내지 못한다). 그리고 경쟁은 그럼으로써 진보와 적응에 지장이 되며 작용한다. 그 결과는 상호 대치하는 진지전이 된다.[52]

이 토론을 여기서 대변되는 것처럼 사회적 면역학 개념으로 옮기면, 일단은 경쟁 내지는 비경쟁이 사회에서 일차적인 의미가 있는 구조 원칙이라는 전제가 수정되어야 할 것이다. 그것은 자본주의 경제와 사회주의 경제의 구분 원칙과 대략 비슷하다.[53] 여기서는 체계 형

---

52) 예를 들어 정치의 경우 Theodor Lowi, "Toward Functionalism in Political Science: The Case of Innovation in Party Systems", *American Political Science Review 57* (1963), 570-583; James D. Barber, *The Lawmakers: Recruitment and Adaptation to Legislative Life*, New Haven 1965, 1 이하를 참조할 것. 과학사회학 또한 오늘날 회의적인 입장에 가까운 평가에 이른다. 예를 들어 Daniel Sullivan, "Competition in Bio-Medical Science: Extent, Structure and Consequences", *Sociology of Education 48* (1975), 223-241을 볼 것.

53) 이 경제체계들 중 어떤 체계에서 더 많은 경쟁이 있는지는, 경험적으로 완전히 열린 질문이다. 생산과정의 필수적인 탈중심화의 경우, "모순들"이 선취하는 경쟁 형식을 취하도록 희소성이 어떤 작용을 하는지를 보기 위해서, 희

성 구조가 중요하지 않다. 왜냐하면 경쟁은 경쟁자들의 소통을 필요로 하지 않기 때문이다. 경쟁은 체계들을 생성시킬 수 있지만, 그것들이 오직 갈등이 될 때에만 그렇다. 경쟁은 모순 인지를 통해 각인된 모든 지위의 모순 인지만을 강화하며, 이것은 고유한 견해들이나 의도들의 도발과는 다른 견해들이나 의도들을 감각하며 또한 반대의 것을 전제하면서 그렇게 강화된다. 이렇게 되는 것은 조작화의 이동 수단으로서, 서로 다른 것을 경쟁으로서 결합하는 (차이)동일성의 의미론을 전제한다. 그러나 (차이)동일성의 의미론은 모순의 명확화가 그것을 요구할 경우에만 가시화 된다. 현실적인(wirkliche) (차이)동일성은 체계의 자기생산적 재생산의 (차이)동일성이자, 재생산 중단의 개연성에 맞서는 체계 면역의 (차이)동일성이다. 경쟁은 반드시 필요한 것이 아니다. 자기생산 또한 반드시 있을 필요는 없다. 하지만 면역체계는 적어도 형식들, 즉 체계의 (차이)동일성이 자기생산으로서 계속 진행될 수 있는 형식들을 발전시킬 수 있으며, 이러한 발전 자체는 미래와 경쟁들, 효용과 비용이 소통적으로 도달 불가능하게 남을 때에도 가능하다.

효용, 비용, 경쟁 같은 18세기와 19세기의 중요한 질서 개념들은 오늘날 회고적으로 보면 지나친 개인주의적 자유주의의 표현이라는

소한 수단들의 축적과 사회주의적 경제들의 비공식적 조달 관계만 생각하면 된다. 전체적으로는 이러한 경제체계들의 면역체계가 공식적 층위에서 목적 지향적으로 구성되어 있으며, 비공식적 층위에서는 그와는 달리 사회 지향적으로 구성되어 있다는 인상을 받는다. 계획의 층위에서는 효용의 미래 지향적인 최대화가 관건이며, 기업행동 층위에서는 다른 기업들과의 관계에서 고유한 "위상"(standing)의 보장이 관건이다. "공무적인 것"의 정치적인 강제가 바로 이 차이를 첨예화하고 그 차이를 소통 불가능한 것으로서 고정시킨다. 그 점에 관해 Michael Masuch, "Die sowjetische Entscheidungsweise: Ein Beitrag zur Theorie des realen Sozialismus", *Kölner Zeitschrift für Soziologie und Sozialpsychologie 33* (1981), 642-667을 참조할 것.

비방을 종종 받는다. 그 개념들은 어쨌든 사회의 삶의 경제적인 측면을 과대하게 생각했다는 관점으로 상대화시킬 수 있다. 하지만 그 개념들은 사회의 면역체계를 확장하고 법에서 경제(내지는 유사하게 구성될 수 있는 사회(social)관계들)로 확장하는 데에 기여하기도 했다. 그렇게 본다면 이 발전은 사회체계의 복잡성 증대가 사회의 면역체계에 어떤 귀결들을 가져야 한다는, 즉 장애들에 대한 민감성이 함께 상승해야 한다는 것을 가르쳐준다. 장애 민감성을 개인적 행위 안에 구축하는 이 형식들이 오늘날 비판받는다면, 그런 비판가들은 충분한 면역화를 어떻게 공급하고자 할 것인지의 질문에 그들의 입장에서 대답해야 한다. 감추어져 있기는 하지만 무조건적인 관료제에 대한 신뢰가 그 이면에서 작용하고 있다고 추측할 수 있을 뿐이다. 하지만 바로 관료제는 알려진 것처럼 장애 민감성이 상당히 경미한 체계이다.

7. 모순의 구조 형성 효과: 갈등

모순들은 우리가 말한 바에 따르면, 체계 자체 안에서 구성된 종합들, 즉 양립 불가능성의 관점에서 의미 효과들의 통합이다. 모순들의 종합화는 물론 임의적으로 일어날 수 없지만, 존재론을 통해 이미 단단하게 결정되어 있는 것도 아니다. 모순의 종합화는 체계 내 다른 구성 성과들과 연관된다. 예를 들어 공간은 두 개의 서로 다른 물건들이 같은 시간에 같은 공간 지점을 취할 수 없다는 것을 전제함을 통해 구성된다.[54] 논리 역시 한번 기능하면, 모순들의 구성을 조건화

---

54) 사회적 체계가 공간의 구성에 관해 갖는 관계는 이러한 모순 개념에 기초한

하고, 모순들을 비임의적인 것으로서 나타나도록 한다. 하지만 공간과 논리는 모순들을 피하려는 목적에서만 종합한다. 논리들은 모순들의 부정을 위한 특수 장치들인 것이다. 그러나 사회적 체계들은 자신들의 면역체계를 위해, 까다로운 상태에서 스스로 자기생산을 속행할 수 있기 위해 모순들을 필요로 한다. 그래서 논리학이 (공간의 논리학을 포함하여) 그렇게 되기에 충분한 모순들을 생산하고 있는지 아닌지를 질문해야 할 것이다. 아니면 달리 표현하면, 사회적 체계들은 경고 받는 것이 관건일 때 논리적 모순들을 가지고 충분히 버텨나갈 수 있을 것인가?

이 문제 또한 구조 형성을 통해 해결된다. 그 문제는 기대들 간 모순들의 형식으로 옮겨진다. 그리고 기대들은 같은 대상에서 같은 시간에 가능하지 않은 속성들이나 행동 방식과 관련될 때에는 논리적으로 상충될 수 있다. 마찬가지로 가시화될 수 있고 살펴봄

가운데 더 정확하게 규명될 필요가 있다. 한편으로는 사회적 체계들은 (시간의 비가역성을 사전에 발견하는 것과 꼭 마찬가지로) 생명의 공간적 자기생산을 포함하여 다른 체계들의 실제적인 불일치(Realrepugnanz)를 항상 사전에 발견한다. 다른 한편 공간 위치들을 통해 조직된 모순 회피로서 공간을 생각하는 것은 사회적 체계의 성과이다. 그 점에 기초하여 모순 처리는 분해될 수 있다──예를 들어 모든 것과 관련된 가운데 한편이나 다른 편에 있거나, 어떤 것도 동시에 그 두 편 가운에 있지 않는 방식으로 분명한 경계로서 분해될 수 있거나, 모든 것과의 관계에서 "근린자"(Näher) 및 "멀리 있는 자"(Ferner)가 질서지우며, 이때 측정 숫자의 쌍방 배제성을 고정하는 극단 지점들 사이의 거리로서 분해될 수 있다(C. K. Ogden, Opposition, 1932, 신판 Bloomington 1967, 58 이하의, '분할'(cuts)과 '척도'(scale)의 구분을 볼 것). 하지만 특히 공간은 논리학의 발전을 위한 기본 모델인 것으로 보인다. 공간에서 논리를 배울 수 있다. 집이 이미 있는 곳에 집을 짓는 것이 배제되어 있는 것처럼, 집을 다른 집의 속성과 함께 생각하는 것 또한 배제되어 있어야 한다. 논리학이 비공간적 관계로 확장될 수 있다는 점에서, 그 다음에는 자유도들과 모순들의 고정에 있어서의 통제 성과들은 증대한다.

(Hinsehen)을 통해 해결 가능한 그런 모순들은 시간 차원을 끌어들이면 증대될 수 있다.[55] 우리는 시간이 모순들을 증대시키기도 경감시키기도 한다는 말을 이미 했었다. 이제 이 말을 사용할 수 있다. 시간 진행에서 생성될 수 있는 양립 불가능성들을 현재로 되돌려 생각할 수 있는 것이다. 같은 순간에 런던과 파리에 있을 수는 없다. 그것은 순차적으로만 해낼 수 있는 일이다. 하지만 내가 지금 런던으로 가면, 일정한 시간 공간 동안에는 내가 파리에 있을 수는 없다는 것이 고정된다. 그래서 런던과 파리로 여행하겠다는 계획은 현재로서는, 더 많은 시간을 사용해서만 해결 가능한 모순이 된다. 이제 시간이 희소한 것으로 생각되면, 모순 해소의 잠재력은 감소되고 모순 생성의 잠재력은 증대된다. 내가 런던 여행 다음에 파리로 출발할 때에야 비로소, 나는 다시 집에 있어야 하는 시간에 파리에 있게 되는 문제를 갖게 된다. 즉 나는 하나의 또는 다른 여행 계획을 포기해야 했고, 모순을 해결하지 못하고 결정해야 했던 것이다.

그러한 '공간/시간-모순' 문제들은 18세기 이래 그 자체가 상승되는 동시에 약화된다. 상승은 증대된 여행 기대들을 통해 일어나며, 약화는 가속들을 통해 일어난다. 18세기에는 도로와 마차들의 개선으로, 19세기에는 철로들로, 20세기에는 비행으로, 21세기에는 추측컨대 전자통신에 의한 여행 대체를 통해서 일어난다. 하지만 시간 희소성은 많은 다른 귀결들을 갖는다. 특히 노동과 여가시간들 간의 확고한 경계 긋기 ─조직의 요구(!)─에서 노동 시간과 여가 시간은 빠듯해진다. 불확실한 (하지만 언제나 가능한) 죽음을 통해서만 제한된 시간지평의 무한성의 경우에는 각각 두 가지 제한적이며, 그로 인해 희소한 시간의 양이 분화를 통해 대체된다. 노동 시간은 괴로움이

---

55) 위의 4절 이하에서 모순들의 확대재생산자로서 시간을 다룬 내용을 참조할 것.

나 지루함을 통해 무한히 확장되고 3분마다 시계를 쳐다볼 그 경우에 희소해진다. 여가 시간은 그것으로 무엇을 시작해야 할지 모를 때에 그 자체가 희소해진다. 희소성은 분화를 통해 유발된 제로섬에 근거한다. 시간 희소성은 체계분화를 통해 개인에게 강요되며, 그렇게 일상적인 생활에서 모순에 대한 민감성을 증대시킨다.

희소성은 시간 압력에 기초하지 않고 시간 확장의 제한에 기초하기 때문에, 매우 상이한 부담 배분들과 양립 가능하다. 희소성은 관리자에 의해서는 노동자와는 달리 경험되고, 교사에 의해서는 학생과 달리 경험된다. 희소성은 "지배"의 모든 인상을 조심스럽게 피할 경우에는 '주인/노예-도식'에 따른 모순들, 즉 위에는 분망함과 아래에는 한가함이 우연성의 상응하게 모순된 이중화로서 나타나는 경우를 생산한다. 인공적인 시간 경계들, 시간 측정들, 기한들, 시각들은 일상의 자명성에 속하기 때문에, 더 이상 자의로서 지각되지 않는다. 모순들은 고유한 시간 희소성 상황에서 기대하는 것과는 달리 처신하는 인물들이나 인물들의 집단들에게 약간 케케묵은 방식으로 귀속된다.

시간은 시간 제한들을 통한 이러한 모순 상승에 추가하여, 또한 장래의 것이 현재로 역귀속되고, 이때 미래의 것이 전혀 현재적이지 않음에도 이미 모순으로서 경험될 수 있게 함으로써 모순을 증대시키는 효과를 발휘한다. 이러한 일은 주로 인과 분석을 통해 발생한다. 사람들은 규정된 행위나 (행위의) 미필을 통해 미래의 가능성들을 열거나 망친다는 것을 인과성들을 따라 생각하면서 지금 벌써 볼 수 있다. 그렇게 됨으로써 현재에 대한 실제적인 상황의 지배는 제한되며, 현재가 훨씬 더 유혹하는 가능성들을 제공함에도 우리는 포기하고 만족들을 유예하고 절약하며 더 많은 직업 교육을 받는다. 그러나 어떻게 18세기가 ─ 리처드슨에서부터 루소에 이르기까지 ─ 민감성이 개인에게 가져오는 모든 연관과 파생 문제들과 함께 민감성을 부풀리는지에 대해서도 생각해 보라. 그리고 우리는 사회적 차원이 모순적 기대들의 상승에도—중혼과 그 비슷한 것—사용될 수 있다는 것에 대한 보기를 가지고 있다.

특이하게도 모순들의 시간적 증대는 항상 합리적인 것으로서 간주되었다. 이미 과거의 학설 전통에서는 "통찰력"(prudentia)이 정확하게 이렇게 시간과 관련된 의미에서 합리적인 실체들의 돋보이는 특징으로서, 동물들과는 다른 인간들의 특징으로서 타당했다. 17세기 후반기 이래 이러한 종류의 관점들은 상당히 강화되었으며, 특히 충분히 확실한 것으로서 타당한 인과성들의 영역을 확장하는 확률 계산과 위험 계산의 추가됨을 통해서, 그리고 유용한 결과들을 통한 정당성이 보편화됨을 통해서 그렇게 되었다—이것은 그 이전에서는 하위 계층들에 유보되었던 관점이다. 미래는 갈등하는 행위 결과들의 지평이 된다. 의도된 결과들 외부에서 나타나는 부작용들 또한 가능성에 따라 사전에 계산되어야 한다. 그러한 사정에 대해서조차도 여전히 도덕적 책임이 요구된다. 책임은 그 다음에는 더 이상 "의도성의 지휘"에서만 수용될 수 있는 것이 아니게 된다. 책임은 "책임윤리"의 관점 하에 전체 미래를 함께 고려해야 한다.[56]

---

56) 이런 종류의 경향에 대해, 베버적 관점과 파슨스적 관점에서, Wolfgang Schluchter, *Die Entwicklung des okzidentalen Rationalismus: Eine Analyse von Max Webers Gesellschaftsgeschichte*, Tübingen 1979를 참조할 것. 바로 이 연관에서 파슨스를 거쳐 베버로 되돌아가려는 제안들이 그밖에도 이해할 만하다. 베버는 현대적 합리주의의 갈등 증대 잠재력에 대한 이해를 파슨스보다 더 많이 보여주었다. 단지 베버의 참여적인 인상주의(Impressionismus)에는 납득할 만한 이론이 결여되어 있다. 하지만 충분히 이론적인 분석만이, 도대체 모순들의 이러한 현재화 기법이 합리성이라는 명칭을 얻는지의 여부와 이유에 대한 의심을 일깨운다.

사회의 면역체계 내에서의 모순 증대들의 경계 기능을 생각한다면, 그러한 증대들은 합리적인 것까지는 아니더라도 기능적인 것으로서 간주할 수 있다. 하지만 그렇게 간주하는 것은 그 즉시 경계간 발동한 다음에 도대체 무슨 일이 일어나는지에 대한 질문으로 이끌(며 그 질문에 대해 답한 이후에야 우리는 합리성을 말할 수 있을 것이)다. 경계는 그 즉시 무장을 의미할 필요가 없다. 그러나 그밖에 무슨 일이 일어나는지를 자문하게 된다. 합리적인 결정 기법들은 가치 평가 모순들로 인해 그렇게 큰 성과를 약속하지 못한다는 것은 잘 알려져 있다. 논리적 모순 제거들을 위한 대체들, 해석학적 의미 규명들 또는 논증 담론들은, 다른 것과 모순되는 어떤 것 — 예를 들어 핵에너지 찬성이나 반대 — 을 강조하고자 애쓰는 모두가 사용할 수 있으면, 별 도움이 되지 않는다. 우리가 그런 식으로만 사회의 고유한 결과들에 대해 우리 사회를 (여기서는 사회적 체계들의 총체의 의미에서) 경고할 수 있기 때문에 그렇게 많은 모순들을 필요로 한다는 것을 수용해야 한다면, 사회학적 분석은 이 모순들을 가지고 무엇을 시작할 수 있을지, 또는 그러한 모순들이 어떤 조건 하에서 개연성 있게 진행될 수 있는지를 밝혀야 하는 임무를 갖게 된다. 우리는 그 결과 갈등이론의 문제에 이르게 된다.

8. (기생적인) 사회적 체계로서의 갈등과 체계이론적 일반 갈등이론을 위한 발상들

특히 1910년대의 구 사회학에서는 사회 내에서 갈등의 상존은 자명한 일이었다. 그래서 부합하는 진술이 부재하지 않았다.[57] 당시 인기를 끌었던 사회적 다원주의는 그러한 환기들에 신빙성을 부여했으며, 이때 많은 개념 작업이나 연구를 활성화시키지는 않았다.[58] 미국 사회학 개척자들에게 헌정된 데이빗(Davis)과 반스(Barnes)의 교재는 "갈등의 보편성"이라고 불렸던 것에 심리학적 설명만 제공했을 뿐이다.[59] 그 이후 그 주제가 소홀히 다루어진다는 불만이 있었고, 그것은 이론적이며 경험적인 노력들이 활로를 개척하지 못했음을 의미했을 뿐이다. 몇 가지 정황에 따르면, 갈등이론이 오늘날 다른 이론적인 노력들과 너무 많이 갈등 관계에 빠졌으며, 그 때문에 자신의 고유한 발전 자체를 방해했다고 생각할 수 있다. 그래서 우리는 새로운 시작을 제안해보고자 한다 ── 체계이론에 대한 대안으로서 시작을 제안하는 것이 아니라, 체계이론의 토대에서 시작할 것을 제안한다.[60]

우리는 소통이 모순될 때에 갈등이라는 말을 하고자 한다. 모순이 소통될 때라고 표현할 수도 있을 것이다. 갈등은 소통을 통한 모순의 작동상 독립화이다. 즉 갈등은 기대들이 소통되고 소통의 수용되지 않음이 다시 소통될 때에만 발생한다. 기대는 거부하는 사람의 행동과 관련될 필요가 없다. 기대는 제3자에게도 해당될 수 있고, 그 기대

---

57) Lewis A. Coser, *Theorie sozialer Konflikte*, Neuwied 1965, 재판본 1972, 13 이하에 있는 몇 가지 암시들을 참조할 것.

58) "모든 활동은 원자들이나 생각들의 충돌이며, 과학적인 사람은 인간적인 사건들로부터 분쟁을 제거하고자 모색하는 사람과 논박하는 데에 시간을 소비할 필요가 없다"라고 예를 들어 Franklin H. Giddings, *The Principles of Sociology*, New York 1896, 100에 쓰여 있으며, 유감스럽게도 그럼으로써 시간 소비보다 더 많은 개념적인 정확성을 추구하는 노력까지도 중단되었다.

59) Jerome Davis/Harry Elmer Barnes, *An Introduction to Sociology (1927)*, 2. Auflage Boston 1931, 440.

60) 이하 내용에 대해 다시 Niklas Luhmann, "Konflikt und Recht", a. a. O.를 참조할 것.

의 통보 대상이 되는 사람이 믿지 않는 상태 기술로 나타날 수도 있다─통보 대상이 되는 사람이 그것을 말하는 한에서 그렇다.

그래서 갈등 개념은 정밀하고 경험적으로 파악 가능한 소통 과정에 관련되어 있다. 그 개념은 이전 소통에 대답하는, 소통된 '아니오'에 관련되어 있다. "너 자동차 좀 빌려 줄 수 있어?",─"안돼". "자본가들은 우리를 착취해",─"난 자본가들을 믿지 않아". "오데온〔극장〕(Odeon)에서 좋은 영화가 상영된대",─"음, 난 잘 모르겠는데...". 모든 종류의 기대 표현은 그 반응에서 소통이 이해되었다는 점에서만 관련될 수 있다. 그리고 거부의 모든 약화가, 거부하는 것이 인식될 수 있는 한에서만 우리의 개념 범위에 포함된다. 갈등을 위해서는 서로 상충되는 두 가지 소통이 있어야 한다. 모순이라는 의미 형식의 (차이)동일성은 제각기 그 자신이 3조의 선택들의 사회적 종합이 되는 두 가지 소통을 종합하며,[61] 갈등은 한 동안 자기생산, 즉 소통의 후속 진행을 떠맡는다.

그래서 갈등을 소통의 실패로 소급시키는 것(즉 소통이 어떤 "좋은 것"이며, 그래서 실패할 수 있는 것처럼)은 원칙적으로 잘못된 것이다. 소통은 사회적 체계들의 자기생산 과정, 즉 계속되는 한에서 모든 협력적이며 적대적인 삽화들을 통해 계속 진행되는 과정이다. 즉 갈등은 소통이 열린 상태로 두는 가능성들 중 하나를 사용함으로써, 즉 아니오를 사용함으로써 소통을 바로 그렇게 후속시키는 데에 기여한다. 이러한 관점을 통해 갈등 개념은 단순히 추측되고, 단순히 관찰된 대립과는 구분되어 드러난다. 일반적인 모순 상황, 관심 대립, 쌍방 간의 손상(자동차 하나가 다른 자동차에 돌진했다)은 아직 갈등이 아니다.[62] 그럼에도 불구하고 우리 개념은 사회학적 기본 개념에

---

61) 이것은 제4장에서 도입된 소통 개념에 연결된다.

구축되어 있다. 그 개념은 특별한 (언제나 가능한) 이중 우연성의 실현이며, 소통이며, 그 모든 것에 따르면 **특수한 종류의 사회적 체계이다.**

따라서 갈등은 사회적 체계들이다. 그리고 물론 주어진 계기에서 다른 체계들에서 형성되기는 하지만 부분체계들의 지위를 취하지는 못하고 기생적으로만 존재하는 사회적 체계들이다. 그러한 체계들이 초래되는 계기와 그 체계들의 고유한 질서의 촉매는 이중 우연성의 부정적인 버전이다. 내가 원하는 것을 네가 하지 않는다면, 나는 네가 원하는 것을 하지 않을 것이다. 이중의 부정은 두 면을 가지고 있다. 한편으로 이중 부정은 긍정적으로 발생하는 것을 부정으로서 완전히 열어 둔 상태에 둔다. 다른 한편 이중 부정은 이중화를 통해 자기준거 가능성을 획득하고 그럼으로써 특이한 정밀성을 획득

---

62) 아주 많은 개념 규정들은 이 관점에서 유감스럽게도 예리하지 못하다. 자의적으로 이끌어낸 보기들로서 "구조적으로 만들어진, 규범과 기대, 제도와 집단의 모든 대립관계들"(Ralf Dahrendorf, *Gesellschaft und Freiheit: Zur soziologischen Analyse der Gegenwart*, München 1961, 125); "양립 불가능한 활동들이 일어날 때에는 언제나 갈등이 존재한다"(Morton Deutsch, Resolution of Conflict: *Constructive and Destructive Processes*, New Haven 1973, 10); "이해관계의 대립과 거기서 생겨나는 개인들과 집단들, 특히 계층들, 계급들 사이의 대립과 투쟁"(*Lexikon zur Soziologie*, 2. Aufl. Opladen 1978, 410)을 볼 것. 그런 정의들과 유사한 정의들은 갈등들(과 그런 의미에서 "가능한 갈등들")을 위한 구조적인 조건들과 행동 층위에서의 접촉들을 하나의 개념으로 결합하려는 노력을 통해 특징지어져 있다. 갈등의 구조적 해체(그러한 개념 형성의 주도 동기)를 경험적으로 조사하고자 하는 바로 그때에는, 그 개념 자체를 그것과 무관하게 정의해야 한다. 그러한 개념 형성들은 무차이 개념, 즉 어떤 것도 배제하지 않는 개념을 형성하겠다는 의도가 의식적으로 바탕에 깔려 있을 때에야 논의할 가치가 있다. 그러한 사회학은 갈등 개념을, 여기서 대변된 이론에서 의미 개념이 있는 위치로 옮길 것이다. 그러한 사회학은 모든 의미가 자신의 사회적인 지시들에서 가능한 대립들을 포함하고 있다고 단순히 말할 것이(며 우리도 물론 마찬가지로 그렇게 말할 것이)다. 단순히 일광욕을 즐기는 휴가를 생각해보라. 여자는 피부를 갈색으로 태우고, 남자는 그늘을 찾는다.

한다. 즉 자아는 자아가 손상시키는 것을 타자가 고유한 효용으로서 간주한다는 바로 그 이유 때문에 타자가 손상시키는 것을 (처음에는 제한된 가운데, 그 다음에는 일반적으로) 고유한 효용으로서 간주한다. 같은 것이 타자에 대해서도 타당하다. 즉 양 쪽에 이중 우연성이 있다.[63] 해석의 전형은 타자적 자아와 관련된 기대들에서는 맞물린다. 자아는 타자가 (타자적 자아로서) 이미 갈등 전형을 실행하고 (얼마나 조심스럽고, 은폐되었고, 제한되어 있든), 거기서부터 혼자서 귀결들을 이끌어낸다고 전제한다. 그래서 갈등은 객관적으로 거의 아무런 계기 없이 만들어질 수 있다. 얼마나 모호하든, 기대 전제에 대한 요구들에 대해 얼마나 조심스런 아니오로 반응이 이루어지든 그것으로 충분하다. 그런 사건이 그렇게 되도록 종용한다. 그리고 보다 분명하게 정식화될수록, 아니오에 대해 아니오로서 대답하는 것은 더욱 필연적인 일이 된다. 동기를 교체하기 위한 시도를 통해서든, 네게 해로운 일이 내게는 유익하다는 도식에 따른 결국에는 순수한 제재를 통해서든, 그렇게 된다.

그래서 갈등들은 정확하게 이중 우연성의 전형에 따라 작업된 사회적 체계들이다. 그리고 그것은 모든 행위를 적대 관계의 맥락에서 이러한 적대적 관점 하에 옮기는 경향이 있기 때문에 고도로 통합된 사회적 체계들이다.[64] 한번 갈등에 빠져들면 이 체계의 통합 소용돌이를 가로막는 제한은 거의 있을 수 없다――환경의 제한이든, 행동

---

63) 위 제3장 2절을 참조할 것.
64) 갈등들은 (너무) 강하게 통합된 사회적 체계들이라는 테제는, 갈등의 계기에서 긍정적인 사회관계들도 만들어질 수 있다는 고전적인 갈등사회학에서 일반적인 다른 테제와 혼동되어서는 안 된다. 그 점에 대해서는 짐멜을 참조하는 Lewis A. Coser, *Theorie sozialer Konflikte*, Neuwied 1965, 신판본 1972, 특히 142 이하를 볼 것.

문명화를 통한 제한이든, 법의 제한이든 상관없이 그러하며, 이 점에 관해서는 다음에 다시 말할 기회가 있을 것이다. 종종 전제되는 것과는 달리 (하지만 논증되기보다는 더 많이 전제 되는 것으로서) 반대 관계는 첫 번째 서열의 통합 요인이며 바로 그것을 통해 문제시된다. 그 통합 요인은 부정적인 이중 우연성 관점 하에서 여전히 그렇게 이질적인 행위들을 결집시키며, 그 행위들을 체계 내에 끼워 넣는다. 모두가 다른 사람들에게 손해를 끼치는 모든 가능성들을 현재화할 수 있다. 그리고 이러한 일이 더 많이 일어날수록, 그러한 일은 더 많이 명백해진다. 체계는 너무 높은 상호의존에 도달한다. 말 한 마디가 다른 말을 만든다. 모든 행동은 어떤 다른 것으로든 대답되어야 하고 대답될 수 있다. 갈등의 파괴력은 갈등 자체에 있는 것도 아니며, 갈등이 참석자들에게 부과하는 명성, 행위 잠재, 복지 등의 손상에 있는 것도 아니다. 갈등의 파괴력은 갈등이 계기와 탈출구를 발견한 체계와의 관계에 놓여 있다──예를 들어 이웃과의 관계, 결혼이나 가족, 정치 정당, 기업, 국제 관계 등에 있다. 그런 점에서 갈등의 기생적 존재의 은유는 적절하다. 하지만 그러한 기생은 전형적으로 공생에 의존하지 않고, 모든 주목과 모든 자원들이 갈등을 위해 사용된다는 점에서 갈등을 통해 숙주 체계를 흡수하는 경향이 있다.

갈등들은 충성심에 대한 호소를 통해 대개 헛되이 시도했던 것, 즉 상호침투와 구조의 관계에서의 높은 구속 효과[65]를 동시에 실현시킬 수 있다. 이것은 분쟁 당사자들 내의 연대에 대해서만 타당한 것이 아니라, 반대 세력 그 자체에 대해서도 타당하며 바로 그 세력에 대해서 타당하다. 자신의 적을 잃어버리는 사람은 그 다음에는 독특한 허탈감을 느끼게 된다. 그는 스스로 의무감을 느꼈던 행위 동기들

---

65) 우리는 여기서 제6장 4절에서 도입된 개념을 참조한다.

을 갖지 못하게 된다. 그는 상대적으로 영속적인 동일시 기준으로서의 갈등이 일어나지 않을 때, 많은 우연적인 사건들을 역사로 결합시킬 가능성들도 갖지 못하게 된다.[66] 사회적 체계의 영역에서 내적 동기들의 강한 참여에 의해 일반화와 행위 의무의 (차이)동일성을 그렇게 강하게 추구할 다른 가능성들은 별로 없다.

체계이론이 고도의 상호의존이나 심지어 너무 높은 상호의존을 통해 체계를 정의하는 것을 포기한 이후에 비로소,[67] 어떤 문제들이 너무 높은 상호의존들과 연결되어 있는지를 개념적이며 중립적으로 분석할 수 있게 된다. 그리고 갈등들은 그런 분석을 위한 전형적인 보기가 된다. 상당히 상호의존적인 체계들은 어떤 의미에서 재료들과 정보들을 사용하는지가 사전에 확정되어 있기 때문에, 자신들의 환경을 어쩔 수 없이 고려하지 않게 된다. 그리고 그 체계들은 (많든 적든) 모든 것이 다른 모든 것과 관련되고 모든 사건이 다른 모든 것과 관련될 수 있다는 것이 구조적으로 보장되어야 한다면, 내적으로 상당한 신축성을 요소들(사건들, 행위들)로 이전시켜야 된다. 이것이 갈등들에 대해 뜻하는 것은 다음과 같다. 그것은 구조적으로 이항 대립 관계로의 엄격한 환원(이나 둘 이상의 참석자들의 경우에는 연정 형성을 통한 두 당사자들로의 환원의 경향들)과, 행위 층위로의 환원,

---

66) 이 점에 대해서 조직 갈등의 영역의 경우 Andrew M. Pettigrew, *The Politics of Organizational Decision-Making*, London 1973, 특히 76 이하를 볼 것.

67) 예를 들어 심리적 체계들에 대해서는 Lawrence J. Henderson, *Pareto's General Sociology*, Cambridge Mass. 1935, 11 이하를 사회적 체계들에 대해서는 15 이하에서 그렇게 쓰여 있다. 전환은 특히 애슈비의 정보 사이버네틱스 분석과 복잡성 문제와 시간 문제의 보다 정확한 고려의 덕분에 이루어졌다. James D. Thompson, *Organizations in Action: Social Sciences Bases of Administrative Theory*, New York 1967, 이곳저곳, 특히 52이하; Robert B. Glassman, "Persistence and Loose Coupling in Living Systems", *Behavioral Science 18* (1973), 83-98을 참조할 것.

즉 갈등 전형에만 부과되고 고유한 관심에 너무 상충되지 않는 한에서, 불이익, 강요, 손실의 거의 모든 가능성들을 위한 개방성을 뜻한다.

우리는 이 두 가지 성격 규정들, 즉 이항 대립 관계로의 엄격한 구조적 환원과 체계의 자기재생산을 위한 요소들의 동원에서의 고도의 개방성을, 갈등 규제를 위한 출발점으로 다음 절에서 토론하는 데에 사용할 것이다. 일단 특수한 종류의 사회적 체계로서의 갈등의 규정은 독립화되고 완결되어야 한다. 중요한 효과들 중 하나는 높은 임의성, 즉 거의 조건 없이 시작할 수 있다는 점이며, 그래서 갈등의 높은 빈도이다. 갈등은 일상의 형성들이며, 어디서나 생성되며, 대개 신속하게 제거되는 사소한 일들이다. 구조적 계기 유발을 갈등 개념에 함께 수용하고 아예 "계급 갈등"이나 "지배 갈등"만을 원래 의미에서 갈등으로서 간주하는 "갈등이론"은, 사건들의 대량성과 무의미성의 이런 현상을 보지 못한다(그리고 그 대신 전혀 현실적인 분쟁을 낳지 않을 상황들을 이론 안으로 끌어들인다). 그 대신 우리는 많은 갈등 중 몇 가지가 즉시 다시 사라지지 않고, 단기적인 상호작용 층위에서 즉시 흡수되어 버리지 않고, 광범위한 귀결들, 상당한 지속성, 거대한 사회의 영향을 현재화시킬 수 있게 하는 데에 어떤 조건들이 작용하는지를 질문할 가능성이 더욱 중요하다고 본다. 우리는 어떤 조건들 하에서 갈등들이 후속 갈등들을 자극하거나 구성하고, 만들어내고, 어떤 공동의 전선으로 축적해내는 결과가 만들어지는지를 질문하고자 하는 것이다. 갈등들 또한, 우리는 그렇게 되는 것을 "갈등 해결"이라고 말하지 않을 텐데, 다른 관심들이나 요구들의 관점에서의 엔트로피, 이완, 해체라는 자연스런 경향에 굴복한다. 사람들은 싫증을 내게 될 것이고, 다투는 것을 중단하고, 갈라서고, 약간 시간을 보내고, 다른 주제에서 다시 연결한다. 그러면 지나간 갈등은 캡슐에 봉인되는 것처럼 되며, 더 이상 만지려 하지 않고 다른 경로에서의 순환을 또한 근본적으로 방해하지 않는 굳어버린 혹이 된다. 이러한 방식이나 후속 접촉의 완전한 회피가 갈등들이 진행되는 정상적인 경로라면, 갈등들이 이례적으로 큰 사회의 경력이 되도록 예정하는 요인은 무엇인가?

우리는 다음 장을 선취하면서, 상호작용은 참석자들 가운데서 생성되는 사회적 체계로서 파악되고, 사회는 예상 가능한 모든 사회적 소통의 총체로서 파악하는 가운데 상호작용과 사회의 차이를 지시하는 가운데 이 질문에 대답해야 할 것이다. (주의할 일이지만 항상 사회의 갈등들이기도 한) 상호작용적인 갈등들에서, 상호작용을 넘어서는 사회전체적인 적실성의 징후가 나타나면, 갈등이 확산되고, 심화되며 영속화될 개연성이 높아진다. 그래서 갈등 주제에서는 정치에 대한 비난이 인식될 수 있으며, 그러한 지시와 함께 외부자들의 가능한 지원의 기반들이 인식될 수 있다. 도덕 역시, 그리고 특히 법은 자신의 입장이 올바른 편에 있고 반대편에 대해 공적 거부나 심지어 법원에 의한 제재를 불러올 수 있을 것으로 기대하게 함으로써 갈등을 촉진시킨다. 과학적 증명 또한 갈등을 위해 용기와 후원을 보전할 수 있다. 그래서 의사들은 질병이 어떻게 치료되어야 하는지를 알고 있으며 반대자들에게는 그들 자신의 장례식이 될 것임을 환기시킬 수 있기 때문에 갈등을 무릅쓸 수 있(고 의사들의 이해대변 집단은 정치에서 가장 쉽게 논쟁 대상이 되는 집단에 속한)다. 아무도 부유세를 강제할 수 없을 때는, 자본 또한 사회의 갈등 상승의 원천에 속한다. 이른바 자본주의 사회의 거대한 성취 가운데 하나는 바로 이것, 즉 자본 소유자들에게 거부 능력을 갖추어주고 그럼으로써 정치에 맞서 갈등을 감내할 능력을 갖추어 주며, 이때 정치는 그런데도 기술적으로 주권을 행사하며 정치적 수단을 결정하는 데서 자율적인 위상을 갖는다.

이 모든 것에 있어서 단순히, 상호작용은 작은 갈등들을, 사회는 큰 갈등들을 맡고 있는 식은 아니다. 그러한 '미시/거시-분할'은 상호작용체계들 역시 사회에서 재생산되며 사회에서만 재생산된다는 것을 간과하게 만들 것이다. 중요한 갈등들의 구조적인 선택은 상호작용체계와 사회체계의 차이를 통해 이루어진다——그 차이는 상호작용에서 나타나는 사회전체적인 갈등이 상호작용체계에 대해서만 중요한 것이 아니라 바로 앞에 놓인 상호작용의 경계 외부의 사회적인 관계들에 대해서도 연결 능력을 갖는다는 것을 인식할 수 있게 해주는 차이이다. 그래서 그것은 상호작용체계와, 그 밖의 사회, 즉 내적 갈등이 외적 연결 능력을 소유하는지 아닌지의 인식의 수단이 될 수 있는 증상들을 매개하는 사회를 분리하는 경계가 된다. 그리고 특히 도덕과 법이 그러한 증상의 조작화에 기여한다.

법과 도덕이 이 일을 위해 충분하지 않을 때는, 개별 갈등들을 사회전체적으로 중요한 것으로 선택하고 평가하는 과제를 인지하는 특수 기관들이 생성될 수 있다. 노동조합들은 많든 적든 이런 기능을 자주 충족시킨다. "차별" 의미론 또한 바로 이러한 갈등 평가 기능을 넘겨받았다. 동성애자는 해고되고, 헌법 반대자는 공직에 채용되지 않으며, 여자가 가정에서 달아나며, 흑인은 잠잘 곳을 얻지 못한다——그리고 이미 조직들과 용어학들이 갈등에 일반적인 의미를 부여하기 위해 대기한다. 그러한 사례들은 그밖에도 법이 오류적 행동에 대한 민감성으로서 더 이상 충분하지 않으며, 법의 입장에 있다고 생각하는 사례에 심지어 반대 압력을 가하는 경우가 있다는 것을 보여준다. 이런 사정은 그자체가 사회의 면역체계의 변화들의 지표들이다. 모순들과 경고하는 사건들은 변화된 조건에 처하게 되고, 민감성들은 옮겨지고, 부정을 표명할 태세는 강화되거나 약화된다. 그리고 그러한 변화들이 사회의 구조 변동 그 자체를 가리킨다는 추측이 그렇게 틀린 것이 아니라고 생각할 수 있게 된다.

9. 자기생산적 갈등 체계는 어떻게 갈등을 처리하는가?

우리는 체계이론적 관점에서 갈등의 "해결"과 심지어 "훌륭한 종결"만을 질문할 뿐 아니라, 특히 갈등의 조건화 가능성을 질문한다. 또한 갈등이론가들은 종종 그리고 반대를 주장할 때조차도, 갈등 없는 사회를 꿈꾸는 데에 집착한다. 부분적으로는 갈등들이 자신들의 고유한 해결을 활성화시킨다고 전제할 수 있고, 부분적으로는 가능한 피해 없고 "평화로운" 갈등 규제 방안들이 모색된다. 이러한 사태들은 많든 적든 정치적 프로그램들이다. 즉 질서 성과를 유지하는 가운데 폭력 경감과 합의 증대를 추구한다. 그것들은 정치 프로그램들로서 자신의 고유한 권리를 (가지며 과학적 지원에 대한 권리도) 가진다. 하지만 친절하고 협력에 준비된 이론이라기보다 비개연적인 것의 정상화에 관심이 있는 이론 구성의 범위에서,[68] "갈등 해결"이 목표가 되기보다 갈등들의 재생산의 부산물로서, 물론 매우 회의적으로 판단될 수 있는 부산물로 다루어지는, 보다 포괄적인 다른 질문의 해결이 모색되어야 할 것이다.

　1) 면역 사건들은 상당한 양으로 소통된 거부로서 처분에 내맡겨져 있다. 면역 사건들은 사건들로서, 하지만 개별 사건들로서 광범위한 의미를 갖지는 않는다. 면역 사건들은 면역체계를 형성할 수 있기 위해 체계화되고, 즉 결집되어야 하고 그럼으로써

---

68) 그밖에도 다른 계기에서 논의된 제3장 3절을 참조할 것.

교호적으로 강화되어야 한다. 이러한 일은 사건들의 사용의 조
건화를 통해 일어난다.

2) 체계복잡성은 어떤 식으로든 조건화를 통해 이루어진다. 즉 요
소들 간의 연관이 만들어지거나 만들어지지 않는 (내지는 과학
적 분석을 위해 관찰될 수 있고, 입증된 것으로 기대될 수 있도록
"타당한") 조건들의 확정을 통해서 일어난다.[69]

3) 갈등들은 조작화되었으며 소통으로 전환된 모순들이다. 갈등들
은 면역 사건들의 조건화를 가능하게 한다. 갈등들은 문제에 주
목하도록 만들며, 이 일을 충분한 미래 민감성을 갖는 가운데,
즉 모순들의 종합을 시간적으로 연장한 가운데 가능한 이른 시
기에 해낸다.

4) 갈등들은 사회적 체계들로서 자기생산적인, 자기 자신을 재생
산하는 (차이)동일성들이다. 한 번 수립되면, 갈등의 속행은 기
대할 수 있고, 종결은 기대할 수 없다. 종결은 자기생산 자체에
서부터 만들어지지 않고, 단지 체계의 환경으로부터 만들어진
다——예를 들어 분쟁자 중 하나가 다른 분쟁자를 구타하여 사
회적 체계의 속행에 더 이상 참여할 수 없게 됨으로써 그렇게
된다.[70]

이 네 가지 테제들은 함께, 그리고 서로 조정된 가운데 이후 문제
제기들을 가능하게 한다. 그 문제제기는 갈등 체계들에서의 조건화

---

69) "조건화" 개념은 위의 제1장 2절 5항에서 도입되었고 설명되었다.
70) 갈등은 어느 정도 "자연스런" 이러한 갈등 종결 형식에 대해서조차 스스로를
보전하는 방법을 알았다. 특히 다투는 사람의 살해가 갈등이라는 사회적 체
계의 재생산에서 그 체계의 속행의 이유로 기능 전환이 이루어지는 가족 파
벌주의의 형식으로 보전할 수 있었다.

와 모순들의 기능, 즉 활발한 경고 신호들과 문제들을 위해 주목을 지휘해나가는 기능 간에 어떤 연관들이 있는지를 질문한다. 또는 실천적으로 질문한다면, 갈등들의 조건화가 면역체계 유지의 수단으로서 투입되고 있는가? 그리고 그 일은 어떻게 일어나는가?

우리는 갈등들의 새로운 시작이, 의미 기대들을 거부할 수 있는 용기가 될 수 있을 것인데, 갈등의 재생산 기회와 필연적이지는 않지만 고도로 개연적인 연관 관계에 있다는 것을 전제한다. 이런 사정을 버텨나갈 전망이 없다면, "아니오"라는 말을 처음부터 하지 않을 것이다. 사정이 그러하다면 갈등의 재생산, 갈등들의 공고화를 체계로서 가능하게 하는 조건들이 문제를 해결하는 중요한 열쇠인 것이다. 사회는 자신의 면역체계를 재생산하고자 한다면, 충분히 많고, 여전히 실행되지 않은 갈등 기회들을 제공할 수 있어야 한다. 그리고 이것은 체계가 활발하고 임시변통으로 동기화될 수 있어야 하기 때문에 갈등 시작의 규정함을 통해서가 아니라,[71] 어떤 계기에서 시작된 갈

---

71) 이것 역시 부수적으로 시도되었다──그렇게 설득력 있는 결과를 가져 오지는 못했지만. 어쩌면 가장 인상 깊은 보기를 "명예"(Ehre, honour, honneur) 의미론에서 발견할 수 있다. 명예 훼손은 귀족사회에서는 전형적인 해결 형식(Austragungsform)으로서의 결투를 통해 [해결될] 충분한 갈등 이유로서 간주되었다. 갈등의 출발은 명예와 명예 훼손 개념을 가지고 세부적으로 규제될 수 있고, 그럼으로써 도발 가능하게 만들어졌으며, 반면 갈등 진행의 조건화는 처분으로부터 상당히 벗어났다. 시작은 명예의 의미론적 내용에 힘입어 실행될 수 있었지만, 체계 진행은 그렇게 되지 않았다. 귀족사회에서 16세기에 위기가 시작되면서(예를 들어 Lawrence Stone, *The Crisis of the Aristocracy 1558-1641*, Oxford 1965를 참조할 것) 명예 의미론이 팽창하고 갈등의 시작이, 그럼으로써 상당히 우발과 도발에 내맡겨지면서, 이 형식의 갈등 체계가 면역체계의 기능(예를 들어 행동의 문명화 보전을 위한)을 충분히 채우지 못한 상태로 남게 되었다. 그 보기는 또한 대조적으로, 우리가 텍스트에서 주장하는 것을 가르쳐준다. 사회의 복잡성이 상승할 때에, 갈등의 면역체계는 (처음에 생각나게 할 수 있을 것처럼) 출발들의 다양화와 세밀화를 통해서 함께 발전될

등들이든 바로 재생산 전망의 조건화를 통해 일어날 수 있다. 그래서 면역 사건들의 체계화는 개별 상호작용적 체계의 층위에서 설명될 수 없다. 그것은 많은 갈등들의 사회전체적인 축적으로서만 가능한 일이다.[72]

갈등들을 체계로서 생각한다면, 체계의 내적 복잡성과 행동의 어려움을 동시에 제고하는 두 가지 상이한 조건화 형식들을 생각할 수 있다. 하나의 가능성은 규정된 수단을 금지하는 것이다. 다른 가능성은 체계 내 불확실성을 제고하는 결과를 낳는다.

수단들의 제한, 예를 들어 물리적 폭력의 사용 금지는 근본적으로 피해 방지 의도를 통해 동기화된다. 그러나 그 조치는 갈등체계들을 복잡화하고 세련화시키고 영속화시키는 기능도 갖는다. 물리적 폭력을 허용하면 갈등은 전혀 시도되지 않거나 발생할 경우에도 비교적 신속하고 단순하게 결정된다. 비슷한 것은 보다 약한 형식으로 나타나기는 하지만 모든 종류의 협박에 있어서도 마찬가지로 나타난다. 그러한 가능성들이 억압될 때에야 (즉 그 가능성들이 정치체계에 집중될 때에야) 비로소 갈등 행동에 대한 충분한 자유가 존재한다. 당연하게도 여전히 수많은 고려들, 즉 누가 어떤 이유에서 누구에 맞서 갈등을 무릅쓰는지의 질문을 선택적으로 작용하는 고려들이 있다. 그리고 이 선택은 당연하게도 계층 구조들과 조직 구조들과 어울리는 가운데 작동한다.[73] 이것은 오늘날 종종 부정적 판단의 대상이 되

수 있는 것이 아니라, 갈등 재생산의 보다 공개적인 조건화를 통해서만 발전될 수 있으며, 갈등의 재생산은 그 자체가 그 다음에 시작의 문턱에 역으로 영향을 미칠 수 있다.

72) 유기체들의 면역 연구에서의 상응하는 지향 전환은 N. M. Vaz/F. J. Varela, "Self and Nonsense: An Organism-centered Approach to Immunology", *Medical Hypotheses 4* (1978), 231-267에서 제안되어 있다.

73) 그리고 이것은 다시 지역적으로 아주 상당한 차이를 가진다. 그 점에 관

며, 반드시 이유가 있어서 그런 것은 아니다. 그러면 위계가 갈등 기회를 처리해나가는 데서 물리적 폭력을 대신하게 된다. 그리고 그에 부합하게 갈등의 시작은 제지를 받는다. 단지 높은 지위의 사람들만 거부한다. 그들만이 자유롭게 아니오를 말할 수 있다. 그 말에 대한 반응으로 갈등이 이어서 일어나지 않기 때문이다.[74] 물론 이런 조건들에도 갈등 주제와, 그와 함께 사회의 면역체계는 물리적 폭력을 직접 사용함으로써 가능한 것보다 훨씬 더 넓게 펼쳐져 있다.

불확실성 강화는 갈등체계 안으로 제3자를 끌어들임을 통해 일어난다—처음에는 중립적이며, 즉 갈등 주제의 "입장들" 중 하나와 처음부터 연대하지 않았지만, 일이 진행되면서 입장을 취하고 한 쪽이나 다른 쪽을 편들 수 있는 제3자를 말한다. 제3자를 끌어들임으로써 갈등체계는 처음에는 해체된다.[75] 2〔개 1〕조 관계로의 환원에 근거했던 사회적 억압이 줄어든다. 그리고 제3자가 고유한 입장을 편들도록 끌어들일 가능성들이 추가된다. 출발 상황, 즉 순수한 모순의 불안정성은 부분적으로는, 하지만 이제는 다른 방식으로 재생산된다. 효용과 피해의 단순한 전환 관계는 제3자를 어떤 조건 하에서 자기편으로 끌어들일 수 있는지의 질문을 통해 수정된다. 반대편으로부터 부정적인 것만 기대할 수 있으며 그것까지는 확실하다. 하지만 제3자는 갈등체계에 대한 고유한 기여를 계산할 수 있다. 그리고 그는 영향력을 획득하기 위해, 자신이 어떤 조건 하에 어떤 의미로 결

해 Volkmar Gessner, *Recht und Konflikt: Eine soziologische Untersuchung privatrechtlicher Konflikte in Mexico*, Tübingen 1976을 참조할 것.

74) 신축성(Elastizität)과 혁신 태세가 충분하지 않은 파생 문제에 관해 Albert O. Hirschman, *Exit, Voice, and Loyalty: Responses to Decline in Firms, Organizations and State*s, Cambridge Mass. 1970을 참조할 것.

75) 이 점에 관해 Niklas Luhmann, "Konflikt und Recht", a. a. O. 107 이하를 참조할 것.

정할 것인지를 한 동안 불분명한 상태로 둘 수 있다. 기대 불확실성을 갈등에 다시 도입하는 것은 특수하게 이 체계에 대해서는 구조 형성 가능성들, 새로운 우연성들, 새로운 선택 기회들을 만들어낸다. 그리고 관객들 앞에서도 그러한 조건 하에서, 덜 엄격한 노선을 대표하고, 제3자가 불필요하게 반대자 편에 가담하게 하지 않도록 전략을 쓴다는 것을 보여줄 수 있다. 특히 제3자의 행동이 도덕적이거나 심지어 법적으로 평가되는 경우에 결국 포기하거나, 체계로부터 퇴각하면서 이 행동이 약점으로서 해석되지 않도록 하는 계기로 삼을 수 있다. 이 모든 것은 함께 작용하여 제3자의 참여를 갈등 규제의 중요한 형식이 되도록 했다.

우리는 이 해석을 더 자세히 추적할 수 없고, 요약하기만 하겠다. 수단의 규제와 불확실성의 제고는 갈등체계들을 추가 조건 하에 처하게 하는, 두 가지 상이한 보완적 가능성들이다. 그럼으로써 갈등의 시작, 소통 과정들에서 아니오 말하기, 기대들의 거부, 거절 개연성이 높은 혁신들의 제안은 쉽게 할 수 있게 된다. 즉시 전투로 전개될 때에 타당해질 상당히 높은 갈등의 문턱은 적어도 낮추어진다. 이런 사정은 사회의 면역체계에게 유용해진다. 사회체계의 상승하는 복잡성에 부합하게 더 많은 모순들이 소통 가능해지는 것이다. 언제 모순들이 나타날지는 구조적으로 미결정 상태로 유지되며, 상황에 따라 인식될 수 있고, 그것을 어떻게 처리할 것인지 결정할 수 있게 된다.

여기서도 보다 복잡한 체계들이 제한 가능성을 상승시키는 방향으로 자신들의 구조를 발전시켜야 한다는 일반 공식을 사용할 수 있다. 이것은 우리가 면역체계라고 말한 장치, 즉 일치가 부재하는데도 자기생산적 재생산을 가능케 하는 의미 형식들에 대해서도 타당하다. 여기서는 "예"와 논리적으로 동등한 권력을 지니는 "아니오"의 높은 활동성이 사용되는 동시에 순치된다. 거부는 논리적으로 항상, 사실 상으로는 넓게 확산된 규모에서 가능하다. 하지만 그것은 사람들이 사절할 때에 무엇을 할 것인지 알지 못하며 결과들에 적절하게 대처할 수 없다는 것을 반드시 의미하지는 않는다.

10. 기대구조와 면역체계 간 갈등: 현대사회 갈등의 원천

거부들은 보통은 사소한 사건들이며, 갈등들은 상호작용 층위에서 광범위한 사회전체적인 귀결 없이 생겨나서 사라지는 소체계들이다.[76] 전기적으로 결정적인 사건들 — 청혼하고는 승낙을 받지 못한다. 지원하고 지원하고 또 지원하지만 채용되지는 못한다 — 조차도 거의 흔적을 남기지 않은 채 사회적 체계들 속에서 자취를 감춘다. 면역체계에 대해서는 명백하게 거대한 과잉, 거대한 중복이 만들어진다. 이 일은 현실적으로 중요한 모순들을 표현하고 상당한 결과를 초래하는 갈등들을 배제할 가능성들이 부재하면서 발생한다. 하지만 무엇이 중요해지는지가 어떻게 선택되는가?

이 질문에 답하려는 시도에 있어서 보다 전통적인 절차들과 보다 현대적인 절차들을 구분해야 할 것이다. 비교적 안정적인 갈등 태세들과 비교적 불안정적인 갈등 태세들이라고 말할 수도 있을 것이다. 성공 전망이 있는 아니오들과 시험해볼 수 있는 갈등들의 선택의 주된 수단은 아마도 항상 법이었을 것이다. 정확하게 말하면 경제적 지위들과 정치적 지위들, 즉 법을 통해 재산과 권력을 강화하는 것이었

---

76) 역사학자 Peter Laslett, *The World We Have Lost*, 2. Aufl. London 1971, 159 이하(169)의 관점, 즉 갈등을 사회적 상호작용의 아주 전형적인 형식으로서 다루며, 예외적인 경우에만 사회 변동의 계기로서 다루는 관점에서 비교하라.

다. 재산 그리고/또는 권력을 소유하는 사람은 갈등을 감당해낼 수 있다. 그런 사람은 자신에게 향하는 기대를 거부하고, 갈등 상황에서 다른 사람을 성공 전망이 낮은 상황으로 내몰 수 있다. 그 사람의 지위는 갈등 능력을 갖추고는 그 지위가 직접 내용으로 삼는 것을 넘어설 수 있다. 그밖에도 그는 재산과 권력에 관해 부가가치를, 신용과 제지 효과의 공동작용에 근거하여 할당받는다. 사람들은 기꺼이 그런 사람들 가까이에 있고자 한다. 그 사람은 선택할 수 있고, 경제적 재화의 소유와 부정적 제재들을 처분함으로써 직접 행사할 수 있는 것보다 더 많은 것에 도달할 수 있다. 오직 그런 식으로만 모든 지배 모델, 모든 가산 지배는 실행될 수 있었다. 이러한 갈등통제 효과는 언어 내부에까지 파고들며 소통을 조종한다. 그리고 도덕 깊숙이, 사람들이 누군가에게 끊임없이 존경을 보여주어야 할 경우에는, 사람들은 결국 스스로 그것을 믿는다. 주인은 "자질"을 가지고 있다.

계층화된 사회들은 경제, 정치, 법, 언어, 도덕을 분명하게 구분하지 않는 이런 기제로부터 근본적으로 이해될 수 있다. 면역체계는 여기서 반드시 구체적인 구조들을 지탱하지는 않지만, 정점에 있는 변동 잠재의 중심화를 보장하기는 한다. 중세에서 근세로의 이행기에 나타난 가산 지배의 붕괴는 이 질서로부터 결정적인 근거를 빼앗았고 정치체계가 경제체계로 변환되도록 강요했다.[77] 그때부터 개인은 자신의 갈등 능력에 있어서 보호를 개별적으로 모색하게끔 되었

---

77) 매우 구체적이면서, 이 관점에 특별히 부합하는 서술은 Mervyn James, *Family, Lineage, and Civil Society: A Study of Society, Politics, and Mentality in the Durham Region* 1500-1640, Oxford 1974이다. 그러한 질서의 새로운 형성 가능성들, 종교적인 선택의 새로운 가능성들, 의심 없는 순종의 감소, "당연히도" 의존하는 지도자들이 아닌 다른 종교 지도자들과 정치 지도자들을 따를 가능성들에 관해서는 특히 174 이하를 볼 것.

다.[78] 하지만 그렇게 됨으로써 사회체계의 구조를 통한 개인적 갈등 처분들의 규제 가능성들이 더 이상 직접적으로, 더 이상 "자연"을 통해 보장받을 수 없게 되었다. 법의 의미론은 자연에서 자유로 전환된다. 이와 함께 면역체계를 위한 사전 조치들은 더욱 뚜렷하게 구조로부터 분리되고 추상화되고 비안정화되고 사용될 때에 더욱 뚜렷하게 단기적인 자극들에 임기응변적으로 내맡겨지게 된다——문명화가 뚜렷해질수록 사회의 신체가 더 많은 질병들을 각오해야 하는 것처럼 말이다.

중요한 갈등들의 선택의 둘째 형식은 공식적 구조들과 훨씬 무관하게 작동하기 때문에 식별해내기가 훨씬 더 어렵다. 그 형식은 되돌아보면, 헬레니즘과 후기 중세의 종교적 운동들에서 일정한 선구자들을 가지고 있다. 하지만 18세기 후반부에 들어서서야 비로소 그러한 선구자들은 사회체계의 자기관찰에서 정상 현상으로서 인정된다는 것을 발견할 수 있다. 사회학의 통상적인 집합 개념은 "사회운동"이다. 하지만 운동 개념은 그렇게 많은 것을 제공하지 않는다.[80]

---

78) 이것을 정식화하는 "주체의 권리들"에 관해 Niklas Luhmann, "Subjektive Rechte: Zum Umbau des Rechtsbewußtseins für die moderne Gesellschaft", in ders., *Gesellschaftsstruktur und Semantik, Bd. 2*, Frankfurt 1981, 45-104를 참조할 것.

79) 원서에 각주 79가 누락되어 있다——옮긴이.

80) "'사회운동'이라는 용어는 특정한 사회제도에서 변동을 유발하거나 완전히 새로운 질서를 만들어내겠다는, 다양한 집합적 시도들을 지칭하기 위해 사용되고 있다." 이 설명은 사회운동에 대한 대표적인 생각을 표현하는 Rudolf Heberle, *Types and Functions of Social Movements, International Encyclopedia of the Social Sciences*, New York 1968, Bd. 14, 438-444(438-439)에 나타나 있다. 여기서는 "운동"과 "변동"(이나 모순, 갈등, 혁신) 같은 특징들이 어떻게 합쳐지게 되는지의 질문은 제기되지 않고 있다. 현대사회의 경우에, 이 문제와 관련해서는 의미론적-연상적으로 보장된 자명성이 관건이 되는 것처럼 보인다. 이론의 이러한 결함은 훨씬 아래에서 다시 다루도록 하겠다.

그래서 사회학에 대한 이해를 다른 개념성을 가지고 만들어내어야
한다.

일반 체계이론 층위에서 (그리고 예를 들어 거대분자들 내에서의 생
명의 화학적 조건들의 분석과 어울릴 수 있을 개념들을 가지고) 매우
복잡한 체계들에서 3조의 변수들의 연관을 확인할 수 있다——(1) 내
적 구속들의 완화[81], (2) 상호침투를 위해 요구되어야 하는 기여들의
특화, (3) 우발적으로 시작하며 그 다음에 스스로 강화되는 효과 축적
들을 통한 효과들의 생산의 연관이 그것이다. 이 관계는 사회체계의
경우에 적용되면, 사회가 복잡해지면 갈수록 효과들도 만들어내고,
확정된 기대 구조들에 의해 조종되지 않고 마치 자유롭게 그리고 자
기 자신을 통해 성립되는 효과들에 반응한다는 것을 의미한다. 그래
서 이 생성이 일탈적이며 그리고/또한 혁신적으로 범주화되는 것은
확립되어 있는 구조들에 대해 그런 식으로만 어떤 관계를 맺을 수 있
을 것이기에 매우 개연적인 일이 된다. 그러나 그것은 이 현상들의
생성 방식도 기능도 설명하지 않는다.

이 자리에서는 다음과 같은 간결한 설명이 적절할 수 있을 것이다.
사회적 체계들에서 "내적 구속들의 완화"는 물론, 인간들이 자신들
의 생명의 사회적 조건들로부터 독립적이 된다는 것을 뜻하지 않는
다. 개연적으로는 오히려 그 반대가 옳다. 그러나 인간들의 생활 방
식은 내적 의무감을 지우는 사회적 유형화를 통해 그렇게 분명하게
확정되지 않는다. 사람들이 허용하는 구속들은 많든 적든 자율적으
로 선택될 수 있으며, 선택을 통한 비약은 그 이후에도 기억 속에 유
지된다. 즉 "구속들"이라는 말은 정확하게 취해야 한다. 그 말이 의

---

81) 여기서 뜻하는 것은 상호침투하는 체계들의 층위에서의 구속들이다. 말하자
면 생명 세포에 대해서는 화학적인 구속들, 사회적 체계들에 대해서는 심리
적인 구속들이다.

도하는 것은, 비교적 우발적인 사건들(이전에는 출생, 오늘날에는 선거)에 지속성을 만들어주고, 고유한 행위의 전제로서 유지되는 것이다.

그에 따르면, 개별 인간은 자신의 사회적 조정에 보다 뚜렷하게 참여하며, 그런 참여를 통해 보다 의식적으로 활동하며, 그럼으로써 철회할 능력이 더 커지고 더 신뢰할 수 없게 되기도 한다. 귀속적 신분들은 획득된 신분들로 대체된다. 그리고 성과들을 가능케 하는 자질들은, 자질들을 전제하는 성과들로 대체된다. 그러한 변화들은 개별 기여들의 더 분명한 특화에의 기회를 열어주고, 그럼으로써 사회체계의 복잡성이 제고될 가능성도 열어준다. 이런 의미에서 파슨스는 현대성을 "유형 변수들"의 상관관계화의 변화로서 서술했다. 이 서술은 사회학의 공식적인 역사기술에 일치한다. 그러나 태생적인 구속들은 선택되고 특수화된 필연성들을 통해 대체되기만 할 수도 없고, 필연성들을 통해 완전하게 대체될 수도 없다. 그러한 구속들은 전세계적으로 작용하는 둘째 후계자를 필요로 한다. 이 후계자는 효과들의 축적에 근거한다. 특정한 문턱 저편에서 고유한 효과들을 유발하는 예기치 않은 축적들에 이르게 된다. 전체적인 분위기의 급변, 집합적인 심성들(Mentalitäten)이라고 일컬었던 영역에서의 변화들에 이르게 되었고, 경우에 따라서는 행위들을 불러 모을 수 있었던 사회운동을 낳기도 했다.

이러한 효과 축적의 돋보이는 특징들 중 하나는 그러한 특징들이 갑자기 나타났으며 그때그때 그 순간 설득력 있는 표제어들 하에 다시 신속하게 사라져 버린다는 것이다. 이러한 요동은 그때그때 "내적인" 생각들의 지향 가치에 영향을 미치지 못하는 것으로 보인다. "일시적 사회"(temporäre Gesellschaft)[82]는 어쩌면 일시적 확실성들만을 필요로 할 것이다. 다른 한 편 개인들은 그때 그때 설득력 있는 것이 지속하는 기간보다 더 오래 산다. 개인들은 어떤 것에 찬성하는 (또는 어떤 것에 반대하는) 노력을 기울인다—그리고는 일정한 시간이 지난 후, 그에 대한 합의가 무너지고, 재미 없어지고, 아무도 더 이상 활동하도록 자극받지 않는다는 것을 확인할 수 있을 뿐이다. 그러면 개인들은 더 이상 가능하지 않는 어떤 것과 동일시된 상태로 남는다. 바로 그러한 참여의 매우 개인적이며, 겉보기에 개인적인 관련과 사회체계의 지속 구조들 내의 그러한 지지의 부재는 문제를 첨예화시키고, 시대흐름 속에서 함께 헤쳐 나가고 방향 전환을 위해, 특이하고 고도로 개인적인 것으로서 내세울 수 있는 해법들을 발견하는 것을 배제한다. 그러한 운명들은 성찰을 통해서도 이겨낼 수 없다. 그 운명들은 소외들, 조직 구성원 자격들, 모든 종류의 각성들과 꼭 마찬가지로 구조적으로 할당되어 있다. 하지만 그것들은 적개심 (Ressentiment)의 형식으로 고유한 삶에 첨가될 수 없기 때문에 어쩌면 감당해내기가 더 어려울 것이다.

의도되지 않은 효과 축적을 통한 이러한 효과 생성은 현대사회의 파악하고 분류하기 어려운 불편한 현상들 중 하나이다. 사람들은 처음에는 이성의 간지를 생각했다. 하지만 간지의 이성은 어떤 누구도 제대로 설득시킬 수 없었다. 비합리적이라는 이름표는 당황함의 표현, 현대사회의 중심 구조를 합리적이라고 생각하는 습관의 단순한 반사(Reflex)인 것으로 보인다. 그 개념은 대중사회 개념보다 더 나아 보이지 않는다. 반면 사회 자체가 일상의 연관들에서조차 그러한 현상들을 관찰하고 기술하는 생각들에 연결될 때에는, 그러한 생각들이 일정한 돋보임과 고유한 자기준거에 도달할 때에는 분석을 계속

---

82) Warren G. Bennis/Philip E. Slater, *The Temporary Society*, New York 1968의 의미에서 그렇다.

해나갈 수 있다. 사회의 자기관찰은 그러한 현상들을 "운동"이나 "과정" 같은 개념들에 힘입어 구분하고. 그러한 구분을 통해 그 개념들을 다른 사건들로부터 분리해낸다. 이러한 기술은 그러면 그 기술을 통해 기술된 것 안에 재도입되고, 그럼으로써 동일시와 자기준거를 통해 그 현상을 강화한다. 사람들은 혁명적인 운동, 민족 운동, 여성 운동, 청소년 운동, 해방 운동, 종교개혁 운동에 참여한다─좌파, 우파, 붉은, 검은, 녹색이나 무엇이든. 그리고 그것은 그 경우에는 핵심 사건들의 동시 발생, 같은 의미의 해석, 저항, 공적 흥분, 모금들, 집회들 등에 근거하는 단순한 축적 효과보다 분명하게 더 많고 특히 유의미하다.

"운동"은 그 자체로부터 재귀적인 사용을 이끌어내는 범주이다. 왜냐하면 무엇이 운동을 움직이는지를 질문할 수 있기 때문이다. 하지만 그것은 운동의 시작이 아니라, 운동의 시원(arché)이다! 운동시킨다─운동 자신을. 하지만 이것은 처음에는 빈 공식으로 남는다. 사상 운동 중 하나를 유보한 진술에 불과하다.[83] 운동이론이 시작의 원인들이나 함께 전념하는(concomitierend) 원인들을 더 이상 필요로 하지 않을 수 있게 충분히 풍부한 경우에만, 의미 있게 "사회운동"을 말하고, 그럼으로써 스스로 활성화되는 과정을 표현할 수 있다.

"정치운동", "사회운동"의 의미론은[84] 이론이 자신에 의해 기술

---

83) 이 빈 공식을 벗어나겠다는 시도들은 운동 개념의 전통을 규정하였고 그 시도들이 회피하고자 했던 바로 그것을 결과적으로 생산했다. 특히 "추진력"(impetus) 이론과, 그 이론이 지속적인 운동 원인을 천 년 넘게 모색했다가 실망한 이후의 당황함이 여기서 나타난다. 이 점에 관해 이제는 Michael Wolff, *Geschichte der Impetustheorie: Untersuchungen zum Ursprung der klassischen Mechanik*, Frankfurt 1978을 참조할 것.

84) 어휘사와 개념사에 관해 Jürgen Frese, *Bewegung, politische, Historisches*

된 영역 안에 들어서고 그 영역 안에서 어떤 기능을 넘겨받는다는 것을 가리키는 보기 가운데 하나이다. 이것은 적어도 산업시대의 사회운동들을 헬레니즘과 후기 중세의 종교 운동, (즉 그 자체가 마찬가지로 구속, 특화, 효과 구속의 완화를 전제하는 운동)으로부터 구분하기는 한다. 현대적인 사회운동이 비로소 운동 개념이나 심지어 운동 이론에 힘입어 기술되기에 이른다. 그리고 실천 과정을 이론 전에, 행위 과정을 사고, 즉 현실적인 (혁명적인) 행위 전에 표현하는 진술들조차도 이론으로서 운동에 도입되고, 그래서 그 진술의 의무 내용을 획득한다. 운동 이론은 그렇게 기술되는 행위 연관을 단순한 불안정들, 봉기들, 폭력적 삽화들로부터 스스로 구분할 수 있게 해준다. 다른 한편 이론은 일상의식으로 넘어가야 하는 바로 그 순간에는 현상을 과학적으로 파악하기에는 불충분하다.[85] 운동 개념 자체를 지향하는 이론들은 전체사회의 운동에 관해, 파당 짓는 운동에 관한 생각들과, 동기와 목표에 대해서는 어쨌든 개방된 개념 사이를 진동한다. 실제로는 그 개념이 그 자체만으로 취해진다면, 운동 자체가 그 개념을 가지고 시작하는 그것을 더 이상 수행해낼 수 없다.

기술된 것 내부로의 기술의 "재-진입"(re-entry)이 비로소, 그리고 그것을 통해 조직된 자기관찰이 비로소, 오트하인 람슈테트가 "위기의 목적론화"라고 명명한 것을 가능하게 한다.[86] 운동의 차별화 능

Wörterbuch der Philosophie Bd. 1, Basel-Stuttgart 1971, 880-882; Otthein Rammstedt, *Soziale Bewegung*, Frankfurt 1978, 27 이하를 볼 것.

85) Karl R. Popper, *The Poverty of Historicism*, London 1957의 유명한 비판은 이 점을 지적하지만, 그런데도 물리적인 운동 개념과의 비교를 출발점으로 취하고 그럼으로써 이론이 자신에 의해 기술되는 실재 안으로 들어서는 독특한 현상을 놓치기 때문에, 성공적이지 못하다.

86) *Soziale Bewegung*, Frankfurt 1978, 146 이하. 그 개념은 그밖에도 일단 중세 후기의 (그렇지만 이미 인쇄술을 전제하는) 운동의 보기에서 최초로 나타났다.

력은 목표를 통해 강조되고 강화된다. 발생의 우발은 성공의 위험이 된다. 목표는 동시에 부재의 입증으로서, 운동의 중단불가 이유로서, 운동의 고유한 자기생산의 상징으로서 기여한다. 목표에 고정시킴은 경향적으로는, 운동이 그 목표에 도달하지 못하는 자신의 진행에서 급진화되도록 이끈다. 급진주의는 생성 조건이 아니라 속행 조건이다.[87] 추구되는 최종 상태가 경험적으로 정의되지 않을 때에도 (그리고 바로 그 점이 자극이 작용할 수 있도록 해줄 것이다) 그 상태는 이미 현재에 저항들과 반대자들을 식별하고, 갈등준비 상태들을 수집하고, 공동의 행위에 방향을 제시하도록 도와줄 수 있다. 사건은 운동으로서 측면 지원, 즉 목표에의 지향이 고정되도록 도와줄 수 있게 지원하며, 그렇게 된 것은 그 다음에 연결될 수도 있고 반발되어야 하기도 한다. 그밖에도 운동으로서, 지금까지의 사건들을 역사로서 읽어내고, 지금 보기에 그것이 성공이었든 실패였든 의미 강화에 사용할 수 있다.[88] 이 모든 것을 한 곳에 취하면 특이한 유형의 자기준거적 체계들, 즉 상당한 모순 태세와 갈등 태세를 가지고 사회의 면역체계의 기능들을 수용할 수 있는 체계들을 가능하게 한다.

그래서 모든 자기생산체계에게 해당되는 것이 여기서도 옳다. 관찰들(작동상 구분함)은 요소들의 층위에서 가능하며, 이것은 관찰자가 요소들의 자기준거를 함께 실행하고 그럼으로써 환경과의 차이를 갖는 체계에의 소속성을 인식할 수 있도록 하는 기술을 실행하는

Otthein Rammstedt: *Sekte und soziale Bewegung: Soziologische Analyse der Täufer in Münster (1534/35)*, Köln-Opladen 1966, 48 이하.

87) 그 점에 관해 John A. Vazquez, "A Learning Theory of the American Anti-Vietnam War Movement", *Journal of Peace Research 13* (1976), 299-314를 참조할 것.

88) 패배가 전혀 패배가 아니었다는 점은 운동이 한 번 구성되고 자기관찰로 옮겨지면, 특히 종교운동과 정치운동에서는 납득시키기 쉽다.

방식으로만 가능하다. 자기관찰 또한 이러한 전제에 묶여 있다. "운동" 사상은 그 점에 있어서는 텅 빈 형식 개념에 불과하다. 하지만 그 개념은 구속 완화, 특화, 효과 축적의 맥락에서 만들어지는 면역체계의 재료들을 사회적 체계들의 구조 의존적인 자기관찰들로부터 이끌어내고 그 자체로 공고화하기 위해 필수적이다. 이것이 행위들을 낳을 때에야 비로소, 바로 이 결과가 처방을 실행한다. 왜냐하면 그다음에야 관찰 가능한 요소들, 바로 행위들이 이 운동에 분류되기 때문이다. 하지만 이 운동의 자기관찰 또한 특정한 사회운동을 더 분명하게 동일시함에 의존해 매우 신속하게 가능해진다. 그리고 이것은 운동의 선택성을 강화하며, 그러한 선택성으로 인해 운동이 자기 자신에게 반응하고 성장하고 조직하고 구축과 소멸을 가속화할 수 있게 하면서 강화한다.[89] 따라서 이 사건 또한 대량의 가능한 모순들과 갈등들에 대해 선택적이다. 이 사건은 법에서 출발하는 모순 잠재의 상승을, 구조의존 정도가 낮으며 그보다는 자기조직을 통해 임기응변적으로 작동하는 절차를 통해 보충한다.

집적되는 선택과 모순 및 갈등의 증가라는 이 두 형식에서는 면역체계가 어떻게 기능하는지를 다시 한 번 분명하게 볼 수 있다. 그것은 사회체계의 장치이다. 면역체계는 사회체계의 소통적 자기준거의 폐쇄성을 전제한다. 면역체계의 자기준거는 이 전체성의 (차이)동일성이다. 모순 형식의 공허한 동어반복은 사회의 자기생산을 복제한다. 그리고 항상 소통인 것은 또한 사회이다. 항상 소통으로서 연결을 발견하는 것은, 또한 사회를 유지한다. 하지만 사회를 사회로서 유지하는 것이, 결코 구체적으로 중시되지는 않는다. 인간들이 존

---

89) 그밖에도 회귀적인 선택을 통해 획득될 수 있는 "부가가치" 사상은 Neil J. Smelser, *Theory of Collective Behavior*, New York 1963을 참조할 것.

재하는 한에서 사회도 있다. 문제는 그보다는 (그리고 바로 그 때문에 이 설명은 사회적 체계의 일반이론에 속한다) 사회의 특정한 발전 상태의 복잡성에 부합하게 충분히 많고 충분히 상이한 사회적 체계들을 생산해내는 데에 있다. 이것은 보통은 처방에 따라, 즉 기대 구조들에 근거하여 일어난다. 면역체계는 이러한 정상 경로가 봉쇄되어 있을 때에도 자기생산을 보장한다.

면역체계는 "아니오들", 소통적 거부들의 사용을 가능하게 한다. 면역체계는 환경과의 소통 없이 작동한다. 왜냐하면 사회는 소통적으로 폐쇄된 체계이며 환경과 소통할 수 없기 때문이다. 사회는 환경에서 자신에게 대답할 어떤 누구도 발견하지 못하며, 발견하더라도 바로 그 때문에 사회 안에 포함된다. "아니오"들은 소통적 사건이며 그렇게 유지된다. 아니오들이 소통적 사건들로서 가능하지 않고, 고유한 기초적 자기준거를 통해 사회체계의 다른 소통에 관련될 수 없다면, 그것들은 발생하지 않을 것이다. 그것들은 장애들에 반응한다―환경과 관련된 가운데 반응하는 것이 아니라, 소통의 순환 그 자체에서 반응한다. 그리고 아니오들은 계속 소통할 수 없게 될 위험과 관련하여, 소통의 자기생산을 살려내기 위해 구조들을 포기하는 경향이 있다. 바로 그 점으로 인해, 사회체계가 자신의 환경에 더 잘 적응하는 결과가 만들어질 수 있으며 반드시 필연적으로 만들어져야 하는 것은 아니다. 이런 일이 발생하는 경우에는, 그 점은 장기적으로 진화에 의해 결정된다.

사회의 복잡성이 상승하면 모든 가능성들이 더 분명하게 그리고 기능에 특수하게 요구된다. 상호작용 층위에서 접촉이 중단되고, 성탄절 인사를 했는데 답장을 받지 못하고, 이혼이 빈발하고 회사들이 문을 닫더라도 그렇게 큰 손해가 아니다. 하지만 이러한 무관심은 중단과 새로운 시작의 근사한 균형에 묶여 있다.[90] 그밖에도 구조적 재생산 지시들은 더욱 분명하게 특화된다. 구조적 재생산 지시들은 그렇게 됨으로써 장애에 취약해지고 이내 진부해진다. 고도의 복잡성에 대한 반응의 그 두 가지 방식은 고유한 조건들과 고유한 문제들을 가진다. 그 방식들만으로는 충분하지 않은 것으로 보인다. 그래서 그런 사정에 적절하게 사회의 면역체계가 강화된다. 면역체계는 구조들의 단순한 부정적 복제에 근거하지 않으며, 기존의 것과 관련하여 "비판적인" 의식에만 근거하지도 않는다. 그것은 소통 속행의 고유하면서도 다른 종류의 형식들을 근거로 삼는다 — 예를 들어 전투와 승리를 통해 그 이후 다시 정상화가 가능해질 수 있게 그렇게 분명하게 변이하는 형식들에 근거한다.

모순과 갈등의 이러한 선택적 형식 형성의 범위에서 법을 통한 거부 입장들의 강화와 불안, 비판, 항의의 표현은 사회운동의 형식에서 보완적인 의미를 획득했다. 그 둘은 사회사적 서술들의 일반 버전에서 서로 다툼을 벌인다. 현대자본주의의 정치적이며 경제적인 복합으로서, 그리고 그럼으로써 유발된 사회운동의 총체로서. 기대구조와 면역체계를 구분하는 것이 이론적으로 더 큰 성과를 약속할 수 있을 것이다. 그러면 현대사회가 모든 역사적 이전의 모든 사회들과 비교했을 때, 구조들을 불안정화하고 부정 표현의 잠재를 제고시켰음을 어쨌든 볼 수 있다. 그 경우에는 아니오가 법 권력의 지위에서 표현되든지 사회운동의 맥락에서 표현되는지는 더 이상 중요하게 않게 될 것이다. 현재로서는 그 둘을 "시민 불복종" 유형에서 화해시키려는 경향이 있다. 어쨌든 사회에 대해 필수적인 '예'를 그곳으로부터 어떻게 다시 확보할 수 있을지를 질문해야 하게 될 것이다.

---

90) 전기적으로 보면, 여기에 노인들이 격리되는 문제의 구조적인 이유들이 있다. 그 문제는 노인들에게 새롭게 시작된다기보다는 중단된다.

제10장 사회와 상호작용

1. 사회와 상호작용의 구분과 차이

이 장은 사회적 체계들이 펼쳐진 전체 영역을 관통하는 특정한 종류의 차이를 다룬다. 형식적으로 보면, 서로 다른 두 체계 형성의 차이, 즉 사회체계들과 상호작용체계들이 중요하다.[1] 이제는 사회적 체계 개념의 분해가 중요하다는 것이다. 그 개념의 특성들을 실현시키는 상이한 가능성들이 중요하고, 그 가능성들의 차이가 중요하다.

상징적 상호작용론은 상호작용과 사회의 관계를 전혀 달리 생각

---

1) 우리는 사회에 환원될 수도 상호작용에 환원될 수도 없는, 사회적 체계 형성의 세 번째 형식, 즉 조직을 보류할 것이다. 왜냐하면 그 형식은 일반적으로 차이로 서, 같은 정도로 중요하지 않기 때문이다. 달리 말하면, 모든 사회적 관계들에 서, 모든 경우에 사회와 상호작용의 차이에 이른다. 하지만 모든 사회들인 조직된 사회적 체계들을 아는 것은 아니다. 그럼으로써 우리는 조직을 사회적 체계의 일반 이론의 층위에서의 다루는 것으로부터 배제하기만 할 뿐이다. 하지만 이론구체화의 다음 층위에서는 그런데도, 사회체계들, 조직체계들, 상호작용체계들을 구분해야 하며, 사회적 체계 형성(즉 이중적 우연성을 다루는 방식)의 이 세 가지 특수 형식들이 서로 환원될 수 없기 때문에 상응하는 이론들을 분리하여 발전시켜야 한다.

한다. 그리고 이제부터는 이 차이를 환기시키는 것이 중요할 것이다. 상징적 상호작용론의 대표자들은 사회가 상호작용과는 달리 개인들(이나 '상호작용-중의-개인들')로 구성된다고 본다. 그러나 개인들은 상호작용에서 비로소 구성된다. 즉 그들은 심리적으로 내면화된 사회적 인공물이다.[2] 그래서 우리가 사회적 체계들의 상이한 구성 형식으로서 다루게 될 것은, 결국에는 심리적 체계들로 되옮겨진다. 즉 개인적 정체성과 사회적 정체성의 차이로 소급된다. 오로지 개인들이 이 차이를 다룰 줄 안다는 것을 통해서만, 상호작용을 넘어서 사회가 생성된다. 하지만 이 개념 형성은 사회심리적인 차원에 머물러 있으며, 개인들에게도 개인들의 상호작용에도 소급될 수 없는 고도로 복잡한 사회체계의 고유한 문제를 파악하는 데는 적절하지 않다.

그래서 우리는 심리적 체계의 체계준거를 사회적 체계의 분석에서 배제하며, 사회와 상호작용의 구분을 상이한 종류의 사회적 체계들로서 파악할 것이다.[3] 그래서 이론 발전의 보다 구체적인 층위에서 사회적 체계의 일반 이론의 적용 형식들로서 사회이론과 상호작용이론을 분리해야 하는 것이다. 그렇게 하는 것은 각각에 대해, 우리가 여기서는 구축할 수 없는 상당한 작업을 필요로 할 것이다. 그런데도 이 구분은 사회적 체계의 일반이론을 위해서도 중요하다. 이것은 일반이론을 사회개념으로부터 발전시키거나, 상호작용 개념으로부터 발전시키려는 시도들 — 비판적으로 토론되고 거부되어야 하는 시도들 — 이 있다는 까닭에서만 문제가 되는 것은 아니다. 그

---

2) Joel M. Charon, *Symbolic Interactionism: An Introduction, an Interpretation, an Integration*, Englewood Cliffs N. J.1979, 150 이하를 참조할 것. 비슷하지만 사회 개념에서 달라지는 것으로서 Charles K. Warriner, *The Emergence of Society*, Homewood Ill. 1970을 볼 것.

3) 위 76의 서론(Einführung)에 있는 도식을 참조할 것.

보다는 사회와 상호작용의 차이에는, 모든 사회적 관계들 중에서 차이로서 중요한 차이가 있다. 모든 사회들은, 읽기와 쓰기처럼 상호작용 없이 그리고 그런데도 사회의 행위를 가능하게 할 때에도 그 사회에 있어서 문제 있는 상호작용과의 관계를 가진다. 그리고 모든 상호작용은 소통 순환의 완전한 폐쇄성의 의미에서 상호작용으로서의 자족에 이르지 못하기 때문에, 상호작용에 있어서 문제 있는 사회와의 관계를 가진다. 따라서 모든 사회적 체계는 사회와 상호작용의 비동일성을 통해 함께 규정되어 있다. 사회체계들이 상호작용체계들이 아니며, 그래서 단순히 발생하는 상호작용체계들의 합으로서 파악될 수 없다는 것은 이 테제의 한 면이다. 상호작용체계들이 항상 사회를 전제하며 사회 없이는 시작할 수도 종결될 수도 없지만 그런데도 사회체계들은 아니라는 점이 이 테제의 다른 측면이다.

여기서는 사회와 상호작용의 이 차이가 체계와 환경의 차이와 일치하지 않으며, 사회체계에 대해서도 상호작용체계에 대해서도 일치하지 않는다는 점을 처음부터 분명하게 해두는 것이 중요하다. 사회는 예를 들어 상호작용체계들의 환경이 아니다(예를 들어 사회적인 환경에 불과한 것이 아니다). 왜냐하면 상호작용은 그 자체가 바로 사회의 사건이기 때문이다. 상호작용들은 전체 환경에서 사회체계보다 더 강하게, 특히 인간의 심리적 능력과 신체적 능력을 요구하며 활성화시키더라도, 사회체계의 환경에 속하는 것은 아니다. 체계/환경과 사회/상호작용의 이 두 구분들이 동시 발생하지 않는다는 것은 사회적 체계의 일반이론을 위해 상당한 부담이 된다. 그래서 그 이론의 서술은 불가피하게 복잡해진다. 하지만 이 지점에서는 관계들을 단순화하려면 관계들에 폭력을 행사할 수밖에 없다.

하나의 중요한, 즉 사회와 상호작용의 관계의 시간 측면은 삽화 개념[4]을 가지고 파악할 수 있다. 상호작용들은 사회 실행의 삽화들이다. 상호작용들은 삽화가 시작하기 전에 사회의 소통이 이미 진행되어서 선행 소통들의 침전이 전제될 수 있다는 확실성에 근거해서만 가능하다. 그리고 상호작용들은 사회의 소통이 삽화가 끝난 후에도 여전히 가능할 것임을 사람들이 안다는 이유에서만 가능하다. 상호작용의 시작과 끝은 사회의 자기생산에서의 검열에 불과하다. 상호작용의 시작과 끝은 사회와 일치되도록 설정될 수는 없지만, 차이를 구축해 넣음으로써 사회에 복잡성을 갖추어줄 구조를 획득하는 데에 기여한다. 그래서 상호작용은 사회이어야 한다는 필연성으로부터 부담을 던다는 점을 통해 사회를 실행한다. 오직 이 차이만을 가지고 사회 자체는 복잡성을, 상호작용 자체는 전제조건이 풍부한 비개연성을 얻을 수 있다. 오직 이 차이만이 비개연적인 복잡성의 진화를 가능하게 한다.

전통은 여기서 추구된, 사회와 상호작용의 구분을 복합적(더 이상 해체될 수 없는) 사회들과 단순한 사회들(societates)을 가지고 미리 작업해 두었다. 단순한 사회들, 예컨대 남자/여자, 주인/노예, 아버지 또는 어머니/아이 등은 단 두 사람만으로 구성된다. 그 사회들이 해체될 때에는, 참석자들의 생활의 사회적 자질도 함께 상실된다. 반대 개념은 가끔씩만 취할 수 있는 외로움이다. (예컨대 가계들, 정치적 사회들)과 같은 복합적 사회들은 물론 단순한 사회들로 구성되어 있기는 하지만, 하나로 합쳐져 있기 때문에 해체될 수 있고, 그럼으로써 더 큰 정도로 수정될 수 있다. 단순한 사회들은 수정될 수 없다는 이유로, 예를 들어 죽음을 통해서처럼 파괴될 수 있을 뿐이라는 이유로 불안정적이다. 그러한 사정은 그 사회들의 친밀화를 제한하게 된다.

---

4) 우리는 정확하게 비슷한 이유에서, 이미 의식의 자기생산을 다룰 때 (언어적, 프로그램적, 목적 지향적) "일화들"을 언급했다. 제7장 5절을 참조할 것.

복합적 사회들은 바로 자신의 분해 가능성으로 인해 안정적일 수 있게 된다. 복합적 사회들은 자신들의 구성이 변화될 수 있다는 것으로 영속성을 획득한다. 그런 사회들은 개인들의 죽음보다 더 오래 지속한다. 그 사회들의 층위에서는 변화되는 관계들에의 적응, 구원의 역사, 정치사, 시대와 제국의 흥망성쇠가 가능하다. 그 층위에서 인간이라는 유형의 역사로서의 역사의 의미가 채워진다.

단순한 사회들과 더 이상 해체될 수 없는 사회들 간 구분은 18세기의 구 유럽적 의미론과 함께 침몰했다. 그때 이후로 사회가 뜻하는 것은 어떤 경우에도 고도로 복합적인 체계이다. 사회 개념은 시민사회(societas civilis)의 특수 사례를 위한 후속 개념으로 보전된다. 국가와 사회, (즉, 정치적 기능 우선 대 경제적 기능 우선)의 구분을 통해 이 후속 영토의 성격을 규정하려는 최초의 시도는 실패한 것으로 간주될 수 있다. 그 시도는 이러한 차이의 (차이)동일성을 정식화해내지 못했다.[5] 그래서 구 유럽적 의미론의 문제 해결 형식을 재획득할 필요가 생겨나는 것이다. 이것은 사회 개념을 세계 개념과 비슷하게 형성할 것을, 즉 자기 자신과 모든 다른 사회적 체계들을 포함하는 것으로 개념화할 것을 요구한다. 그러나 상호작용 체계들도 더 이상 단순하며 분해될 수 없는 사회들로 규정될 수 없다. 두 체계들은 오늘날에는 사회들과 상호작용 연관에서 주변적인 의미를 가지는 기초적인 특수 사례가 결코 될 수 없다.[6] 상호작용의 구조는 비록 크기의 제한을 필요로 하더라도, 참석하는 인물들의 수를 통해 적절하게 규

---

5) 이중적 국가 개념에 의존하는 헤겔의 해법은 문제의 구조를 보여주기는 하지만, 용어학적으로 성공적이지 못하며 오해들과 일반화를 통해서는 전통을 형성할 수 있었다.

6) 이 점에 관해 짐멜을 넘어서는 글로서 Philip E. Slater, "On Social Regression", *American Sociological Review 28* (1963), 339-364를 참조할 것.

정될 수 없다. 이러한 이론 변동은 이론의 전제가 되는 기초적 요소들이 심층화되고 시간화되었기 때문에 일어났다. 사회학이 학문으로서 해체 능력과 재조합 능력이 증가되었기 때문이라는 것이다. 그래서 이하의 고려들은 결코 단순한 사회들과 복합적 사회들의 구분에 의존하지 않는다. 이 고려들은 자기준거적 체계 형성 이론의 토대에서 새로운 이론 발상의 출발점이 된다.

2. 사회적 체계의 특수 사례로서 사회체계의 자기준거적 폐쇄성

사회학은 사회적인 것의 총체의 (차이)동일성을 가리키는 개념을 가져야 한다 ── (각각의 이론 선호에 따라) 사회〔적 〕관계들, 과정들, 행위들, 소통들의 총체로서 표현하든 그렇지 않든 말이다. 우리는 이러한 (차이)동일성을 가리키기 위해 사회 개념을 사용할 것이다. 사회는 그 개념으로는 모든 사회적인 것을 포함하며, 그 결과 어떤 사회적 환경을 알고 있지 않은 포괄적인 사회적 체계이다. 사회는 사회적인 어떤 것이 덧붙여지면, 새로운 소통 파트너나 소통 주제가 출현하면, 그것들과 함께 확장된다. 그것들 역시 사회에 맞게 커진다. 그것들은 외부화될 수 없고, 환경의 사실로서 다루어질 수 없다. 왜냐하면 소통이 되는 모든 것이 사회이기 때문이다.[7] 사회는 이 특별한 사태가 나타나는 유일한 사회적 체계이다. 그 사태는 포괄적인 귀결들을 가지며, 사회이론에 상응하는 요구들을 제기한다.

---

7) 사회에서 사용된 자기기술의 층위에서 다른 어떤 것이 타당할 수 있다는 점을 나중에 살펴보겠다.

사회체계의 (차이)동일성은 그런 사태에 있어서 이 자기준거적 폐쇄성이 아닌 다른 것이 될 수 없다. 사회는 자기생산적 사회적 체계 그 자체이다. 사회는 소통을 추진하며, 언제나 소통을 추진하는 것이 사회이다. 사회는 자신의 구성요소가 되는 기초적 (차이)동일성들 (소통들)을 구성하며, 언제나 그렇게 구성되는 것이 사회이며, 구성 과정의 계기 그 자체이다. 이 체계에서는 이 귀결로부터 빠져나갈 가능성은 없다. 부정함 자체가 앞 장에서 보여주었듯이, 포함되어 있고 구조 유지에 기여하는 것은 아니지만 자기생산적 재생산 자체가 전개되는 데에 기여한다. 그래서 사회는 자기대체적 질서로 표현될 수 있다.[8] 왜냐하면 사회에서 교체되거나 대체되어야 하는 것은 사회 안에서 교체되거나 대체되어야 하기 때문이다.

앞선 장들의 분석을 함께 고려하면서 우리는 다음을 확정할 수 있다. 의미의 사회적 차원을 절합하는 모든 의미지시는 (의미가 직접 사회의 환경으로 경험될 때도) 사회 안으로 인도한다. 사회적 차원이 (사실 차원과 시간 차원에 맞서) 분화되는 것은 사회체계 분화의 한 측면에 불과하다. 그와 마찬가지로 소통으로서 기대되거나 경험될 수 있는 모든 것이 적극적 참석자들과 소극적 참석자들을 사회 내에 병합시킨다. 그래서 그들의 행동은 자연적인 계기에서 전제되든, 심리적인 동기에서 전제되든 상관없이, 사회에 의해 기대 가능한 것으로서 전제된다. 사회적 차원은 소통을 통해 알릴 수 있을 공동 체험을 지시하며, 둘 다 바로 사회의 재귀적 자기재생산이 된다. 이것은 사회 안에서 그 반대가 표현될 때에도 타당하며, 특별히 그 경우에 타당하다. 하지만 모든 것을 함께 체험하고 소통적으로 도달될 수 있는

---

8) 이 정식화에 대해서는 Niklas Luhmann, "Identitätsgebrauch in selbstsubstitutiven Ordnungen, besonders Gesellschaften", in ders., *Soziologische Aufklärung Bd. 3*, Opladen 1981, 198-227도 볼 것.

신은 사회에 속하지 않으며, 이 유일한 예외는 사회체계의 회귀적 총체성의 정확한 복제이자, 세계를 종교적으로 경험 가능하게 만들어 주는 복제이다. 사회는 이 방식으로 자기 자신과 모순되며, 자기준거가 무의미하지 않으며 동일성이 아니라 차이가 출발점이라는 데서 확실성을 획득한다.

이 사태의 가장 중요한 귀결은 체계와 환경의 관계에 해당된다. 그런 체계에서는 고유한 기능 층위에서는 환경 접촉이 없다. 유기체가 자신의 피부의 외부에서는 더 이상 생명을 유지할 수 없는 것처럼, 심리적 체계는 자신의 의식을 작동을 통해 세계 안에까지 뻗칠 수 없는 것이다. 안구가 자신이 보는 것과의 신경 접촉을 만들어낼 수 없는 것처럼, 사회는 자신의 환경과 소통할 수 없다. 사회는 완전하면서도 철저하게 폐쇄적인 체계이다. 사회는 그 점에 있어서 다른 모든 사회적 체계들로부터 구분된다. 다른 사회적 체계들 가운데 자신의 환경과 소통적인 관계를 수용하며 새로 들어오는 사람들을 반기며 결정들을 알릴 수 있는 상호작용체계와는 특별히 구분된다.

이러한 폐쇄성은 일단은 환경과 소통할 수 없음(Nichtkönnen)으로서 표현되어야 한다. 그러나 고유한 작동 방식을 환경으로 연장하는 것을 포기하는 데에 체계의 독특한 성과 강점이 있다. 목측(目測)으로도 다음처럼 말할 수 있을 것이다. 체계는 환경을 볼 수 있기만 할 뿐이다. 그러나 바로 그 때문에 체계는 환경을 볼 수 있다.[8a] 사회는 환경에 관해 소통하기만 할 수 있다. 그러나 오직 그 때문에 사회는 환경에 관해 소통만 할 수 있다. 사회는 환경과 소통할 수 있다면, 그렇게 되기 위해 필수적인 간격을 잃을 수도 있을 것이다.

8a) 오직 만약의 경우를 대비해서 이 정식화가 매우 복잡한 사안을 아주 단순화시키면서 서술한다는 점을 환기시켜야 한다. 실제로는 "눈"이 보는 것이 아니라, 두뇌가 "눈"의 도움으로 본다.

사회는 당연하게도 고유한 자기폐쇄성에도 불구하고, 아니 폐쇄성에 힘입어, 환경 내 체계로서 유지된다. 사회는 경계를 가지는 체계이다. 이 경계들은 사회 자체로 인해 구성된다. 이 경계들은 모든 비소통적인 사태들과 사건들로부터 소통을 분리한다. 이 경계들은 그러니까 영토적으로 고정될 수 있는 것도 아니고, 인물 집단들에 고정될 수 있는 것도 아니다. 사회는 스스로 구성된 경계들의 이 원칙이 스스로 규명된다는 점에서 분화된다. 사회의 경계들은 인종, 산들이나 바다들 같은 자연적인 특징들과는 독립적이다. 그리고 진화의 결과로서 궁극적으로 유일하게 하나의 사회만 존재한다. 그것은 모든 소통을 포함하며 그밖에는 다른 어떤 것도 자기 자신 안에 포함하지 않으며, 그것으로 인해 아주 뚜렷한 경계를 가지고 있는 세계사회이다.[9]

이런 류의 소통적 체계는 결코 자신에게 소통함의 자족성 환상을 만들어주지 않는다. 이것은 벌써 소통의 세 자리 구조로 인해 방해받는다. 사람들은 어떤 것에 관해 소통한다. 그리고 사람들은 예외적으로만 소통에 관해 소통한다. 외적 자극은 정보로서 언제나 존재한다는 것이다. 소통은 그 사실을 망각한다면, 스스로 그것을 상기해낼 것이다. 소통은 정보를 처리하는 체험과 행위로서만 재생산될 수 있다. 따라서 재귀적인 소통적 관계들의 폐쇄성은 환경으로부터 해방되는 기능을 갖지 않는다. 그러한 폐쇄성은 감지 장치에 의존하며 그렇게 의존한 상태로 남으며, 그 감지 장치는 폐쇄성에 환경을 매개해

---

9) 특별히 이 점에 관해 Niklas Luhmann, "Die Weltgesellschaft", in ders., *Soziologische Aufklärung Bd. 2*, Opladen 1975, 51-71; ders., "World Society as a Social System", in: Felix Geyer/Johannes van der Zouwen (Hrsg.), *Dependence and Equality: A Systems Approach to the Problems of Mexico and Other Developing Countries*, Oxford 1982, 295-306.

준다. 이 감지 장치는 인간들이며, 여기서 인간들이란 그들의 상호침투의 완전한 의미에서, 즉 심리적 체계로서 그리고 신체체계로서 말하는 것이다. 바로 자기생산적 폐쇄적-자기준거적 체계들은 이 점에 있어서 상호침투에 의존하고 있다. 혹은 달리 말하면, 상호침투는 폐쇄적-자기준거적 자기생산의 가능성 조건이다. 상호침투는 자기생산적 체계들에서 실재의 다른 층위에서의 환경 접촉이 발생할 수 있게 해줌으로써 자신의 발현을 가능하게 한다. 상호침투를 통해 정보의 작동적 처리의 기능 층위들을 분리해 유지하면서도 결합할 수 있다. 즉 그 환경과의 관련에서 닫히면서도 열리는 체계들을 실현할 수 있다. 그리고 이 조합은 환경과 체계의 양 쪽에서 복잡성이 높을 때에도 그 둘의 복잡성 격차를 안정적으로 유지할 가능성이 열린 상태를 지니는 것으로 보인다.

이것이 아리스토텔레스가 도시 형성, 도시국가(politeia)의 성과로서 축하했던 자급자족이다. 그 개념은 그 후 다른 도시들, 민족들, 국가들과의 관계들이 분명히 존재했고 이 관계들이 경제적이며 정치적인 종류의 의존성을 포함했기 때문에 문제로 남게 되었다. 그래서 자급자족은 도덕으로 규정된, 인간에 적합한 생활 방식 조건과 관련될 수 있었으며, 도시는 인간이 스스로 인간임을 최대한 실현시킬 수 있는 완전한 장소로서 생각되었다. 사회의 관계들이 계속 교체되면서, 가장 멋지고 가장 좋은 바로 이 사회, 즉 정치공동체(koinonía politiké)의 독립성을 주장할 수 있었던 입지점을 기능 우선권이 오랜 기간을 거쳐 마침내 차지하게 되었다. 정치적 자립, 종교적 의미부여, 경제적 복지가 그것을 위해 점점 더 고려 대상이 되었지만, 이러한 자기-주제화-의미론들 중 어떤 것도 자급자족의 약속을 이행은 커녕 만회할 수조차 없었다.[10]

사회이론적 의미론을 가지고는 사회 내에서만 작동될 수 있고, 오로지 사회의 자기관찰 과정과 자기기술 과정만이 조종될 수 있으며, 이것은 다소간 완전하게 다소간 사실에 적절하게, 전통에서 뻗어 나온 것들에 다소간 의존적으로 이루어질 수 있다. 사회가 대자적으로만 수립되고 분화되는 장소인 생활세계는 그것을 통해 결코 완전하게 파악되지 않는다. 관찰함은 언제나 구분함이며, 그래서 차이의 (차이)동일성을 세계로서, 다른 구분들의 가능성을 우연성으로서 전제해야 한다. 그러나 그것은 가능하다. 그리고 여기서 추진하는 사회의 규정을 통해, 바로 이것을 사회에 관한 진술로서 정식화하려는 시도가 이루어질 것이다. 그리고 그것이 바로 자기준거적 폐쇄성의 특징이다. 그 특징은 모든 작동들에 소속성, 자기준거, 선택성을 갖추어주는 사회체계가 상호작용체계로부터 돋보이게 한다.

자기준거적 폐쇄성 개념은 우리가 블라우베르크(Blauberg)를 인용하며 체계이론적 역설이라고 표현할 수 있을 문제에 답을 준다.[11] 그 개념에 따르면, 체계의 의미는 더 포괄적인 체계와 관련해서만 규명될 수 있으며, 이때 이 체계를 파악하는 것은 그 체계의 내적 분화에 대한 설명을 필요로 한다. 이 역설과 관련하여 사회 자체를 더 이상 체계로 간주하지 않는 것이나(모든 사회적 체계를 결국 사회와 관련지은 조건에서만 분석할 수 있다는 점에서만 체계로서 간주하는 것)이 일관된 태도일 것이다. 그렇게 되면 사회분석은 변증법적 유물론에 넘

---

10) 이 점에 관해 또한 Niklas Luhmann, "Selbst-Thematisierungen des Gesell-schaftssystems", in ders., *Soziologische Aufklärung Bd. 2*, Opladen 1975, 72-102.

11) 제1장 5절을 참조할 것. Blauberg/V. N. Sadovsky/E. G. Yudin, *Systems Theory: Philosophical and Methodological Problems,* Moskau 1977, 268 이하. 선구자들을 찾으면, 특히 파스칼을 언급할 수 있을 것이다. "Pensées Nr. 84", *L'Œuvre de Pascal,* éd. de la Pléiade, Paris 1950 판본, 840-847 (845) = Nr. 72 der éd. Brunschwicg을 볼 것. Friedrich D. E. Schleiermacher, *Hermeneutik und Kritik* (Hrsg. Manfred Frank), Frankfurt 1977, 95, 187-188도 참조할 것.

겨지게 된다.[12] 그 대신 우리는 사회의 경우에 동등한 작동 층위에서는 포괄하는 체계를 가지고 있지 않아서 외부로부터의 개입이 아니라 고유한 작동의 펼치로 나타나는 자기관찰, 자기기술, 자기계몽만이 가능한 체계를 전제하는 것을 선호할 것이다.

3. 상호작용체계의 특징들

상호작용체계들 또한 비교적 정밀하게 분류될 수 있다. 모든 체계들에서처럼 경계는 충분히 정의되어 있으며, 이때 경계가 그려지며 외부와 내부 구분의 적용을 통해 만들어질 수 있는 문제들이 체계 자체의 작동적 가능성을 통해 다루어질 수 있다. 이것은 사회의 경우에는 어떤 것이 소통이냐 아니냐의 질문에 있어서 타당하다. 그것은 소통을 통해 규명될 수 있다. 상호작용체계들은 이것과 비슷하게 규정된, 어쨌든 규정될 수 있는 경계들을 가지고 있다. 상호작용체계들은 참석하는 것으로 다루어질 수 있는 모든 것을 포함하며, 경우에 따라서는 무엇을 참석하는 것으로 다루어야 하며 무엇을 다루어야 하지 않는가에 관해 참석자들끼리 결정할 수 있다.

참석의 분리 기준과 함께, 상호작용체계의 구성에 있어서의 지각 과정들의 특별한 중요성이 타당해진다. 지각은 소통과 비교했을 때, 정보 획득의 요구가 없는 형식이다. 지각은 그것이 정보로서 선택되고 소통되는 데에 의존하지도 않는 정보를 가능하게 한다. 그렇게 정

---

12) 체계이론의 역설들은 여기서 대변된 이론의 관점에서, 그리고 내가 의도하는 것처럼, 마르크스 이론과의 보다 깊은 관련에서는 이론의 대상 영역에서의 실제 모순들로서 다루어져야 하는 반면, Blauberg et al.에서는 분석적인 도구들에서의 역설에 불과하다.

보를 획득할 수 있는 것은 특정한 오류 원천들에 맞서, 특별히 기만과 심리적인 조건의 왜곡에 맞서 일정한 안정성을 준다. 지각은 진화상으로 보았을 때 일차적이며 가장 확산된 정보 〔취득〕방식이며, 소수의 경우에만 소통으로 압축된다.

지각은 일단은 심리적인 정보 획득이지만, 지각된다는 것이 지각될 때에만 사회 현상이 된다. 즉 이중 우연성의 표현이 된다. 사회적 상황에서는, 자아는 타자가 본다는 사실을 볼 수 있다. 그리고 타자가 무엇을 보는지를 대략적으로 볼 수 있기도 하다. 명시적 소통은 이러한 재귀적 지각에 연결될 수 있고, 그러한 지각을 보충하고, 규명하고, 구분해낼 수 있다. 그리고 명시적 소통은 그 자신이 물론 지각과 지각의 지각에도 의존하기 때문에, 이러한 재귀적 지각의 연관에 구축된다.

재귀적 지각은 행위로서 귀속되는 명시적 소통과의 관계에서 특수한 장점을 갖는다. 상호작용은 어떤 의미에서 이러한 장점들을 "자본화하여" 사회가 사용할 수 있게 해준다. 그래서 지각함이 특별히 수행하는 것은 다음과 같다.

(1) 분석의 치밀함은 경미하면서 정보 수용의 복잡성은 높은 경우—즉 포괄적이지만 "대략적이기만" 한, 상호 이해된 상태의 양식, 즉 소통에서 결코 만회할 수 없는 양식.

(2) 소통이 정보 처리의 계속적 양식에 의존하는 반면, 정보 처리의 근사한 동시성과 높은 속도.

(3) 경미한 부정 능력과 경미한 해명 의무, 즉 (얼마나 분산되었든) 정보 소유의 공통성의 높은 확실성.

(4) 동시에 이루어지는 약화 및 강화 과정을 통한 소통의 양상화 능력, 또는 명시적 행위의 높은 위험이 회피될 수 있는, (의도되었거나 의도되지 않은) "간접적인" 소통 층위에서의 쌍방 통보

들의 능력. 농담과 진지함, 성적 접근, 주제 교체 준비 또는 접촉 중단, 분별(Takt)과 공손함 통제를 위한 조종 층위로서 중요하다.[13)]

상호작용체계들이 이러한 지각 가능성들을 공급하는 데서 소진되지 않고, 바로 재귀적 지각을 통해 소통이 실행되도록 강요한다는 점이 마찬가지로 중요하다. 자신이 지각된다는 것과, 자신의 지각함의 지각함 역시 지각된다는 것을 타자가 지각할 때는, 타자는 자신의 행동도 그에 맞추어진 것으로서 해석될 것이라고 전제할 수 있다. 그다음에는 타자의 행동에 그렇게 전제하는 것이 어울리는지 아닌지가 소통으로서 파악된다. 그리고 그러한 상황은 타자를 거의 불가피하게 강제하여, 그것 또한 소통으로서 통제하도록 만든다. 소통하지 않고자 하는 소통도 소통이다. 그리고 다른 사람들이 함께 있는 가운데 손톱을 만지작거리거나, 창문 밖을 내다보거나, 신문 뒤로 숨는 사람은 일반적으로는 제도적 허가를 받아야 한다. 실제로는 상호작용체계에서는 소통하지 않는 것이 불가능하다는 것이 타당하다.[14)] 소통을 회피하려면 불참을 선택해야 한다.[15)]

---

13) 예를 들어 Claude Buffier, *Traité de la société civile, et du moyen de se rendre heureux, en contribuant au bonheur des personnes avec qui l'on vit*, Paris 1726, 123 이하의 분석들을 볼 것. 다른 사람의 사회에서 지루하다고 말하는 것은 극도로 무례한 일일 것이다. 그리고 바로 그 때문에, 다른 사람이 지루해하는지를 그 사람의 눈으로 통제하는 것은 공손함에 속하는 일이다. 달리 말하면, 공손함의 다른 사람의 공손함을 남용하는 것을 회피하면서 재귀적이 된다. 그리고 그렇게 하기 위해 지각 층위가 함께 관련되어야 한다.

14) 이 점에 관해 Paul Watzlawick/Janet H. Beavin/Don D. Jackson, Pragmatics of Human Communication: A Study of Interactional Patterns, Pathologies, and Paradoxes, New York 1967의 유명한 분석을 볼 것. 그 분석은 불가피성의 귀결들을 추적한다.

상호작용체계들은 재귀적인 자기규제에도 불구하고 지각함의 층위에서 고도로 장애에 취약하다. 참석자가 지각을 통해 주목하는 것은 어쩌면 사회적 적합성을 가지고 있으며, 진행되는 소통에 침입할 수 있고, 그 소통을 방해하고 중단시킬 수 있다. 지각함의 지각은 이것을 방해하기에는 충분하지 않다. 그러한 지각은 다른 사건들도 지각을 지각하는지(그것은 그 사건들에게 상승된 의미를 줄 것이다) 여부의 기준에 따라서 그 사건들을 분류하기만 할 뿐이다. 지각함의 지각은 적합성들과 소통 동기들의 분배를 위한 전략적 의미를 특히 참석자들의 신체에 부여한다. 갑자기 코피가 터지는 것은 식탁보 위 얼룩처럼 거의 간과하기 어려울 것이다. 상호작용체계들에서의 사회적으로 재귀적인 감수성에 대한 요구가 증대하면서, 즉 사회문화적 진화 과정에서 그러한 요구가 분화되면서, 신체 훈육 또한 강화된다.[16] 그러나 일단 실신하는 경향이 소통의 속행이 너무 복잡해지는 상황에 분명한 신호를 보낼 하나의 "깔끔한" 가능성으로서 자주 나타난다. 바로 이 방식으로 훈육된 상호작용은 그 다음에는 다시 공격을 위한 정보를 체계의 방어 구조에서 발견하는 계획적 장애들에 더한층 취약하다.[17]

---

15) 이것은 상호작용 종결이라는 (어려운) 문제일 뿐만 아니라, 그 자체로 상호작용을 생각나게 할 상황에서 상호작용에 들어서는 것을 회피하는 형식들도 생각해야 한다. 우리는 알고 지내는 누군가를 만나고는 인사한다 — 지나쳐 가기 위해서.

16) 이 점에 관해 가장 유명한 저술로서, Norbert Elias, *Über den Prozeß der Zivilisation: Soziogenetische und psychogenetische Untersuchungen*, 2. Aufl. Bern-München 1969를 볼 것.

17) 부분적으로는 풍부한 상상력을 보여주는, 대학에서의 상호작용 장애들은 자신들의 가능성을 주제상으로 집중된 상호작용의 이러한 고도로 선택적인 절제함에 전체적으로 감사한다. 상호작용 장애들은 전체적으로 통합 불가능한 지각들의 강제를 통해 진행된다. 고유한 견해에서 취한 몇 가지 보기들은 다

모든 장애 가능성과 선택적 감수성에도 불구하고 상호작용체계에서는 지각과 소통의 이중 과정이 거의 언제나 실현된다. 그 과정에서는 부담들과 문제들이 부분적으로는 한 과정에 부분적으로는 다른 과정에 놓여 있으며, 상황이 어떻게 파악되며, 진행된 체계 역사가 참석자들의 주목을 어디로 조종하는지에 따라 지속적으로 배분된다. 여기서도 사회적 체계들이 소통을 통해서만 성립된다는 것이 타당하다. 그러나 참석자들 간의 상호작용에서 소통이 강제되는 방식은 일종의 "내적 환경", 즉 소통의 추진을 가능하게 하고 이어나가고 경우에 따라서는 교정 가능하게 해 주는 환경에 접근될 수 있도록 유지한다. 지각과 소통은 그 경우에는 그때그때 고유한 성과 가능성들의 한계 내에서 서로의 부담을 덜어줄 수 있다. 이 방식으로 소통의 강화, 즉 상호작용의 외부에는 등가물이 없는 강화가 상호작용체계 내에서는 가능하다.

지각과 소통의 그런 신속하고 구체적인 조합은 좁은 공간에서만 실행될 수 있다. 그 조합은 지각 가능한 것의 한계에 묶여 있다. 하지만 그것은 충분하지 않다. 왜냐하면 지각 가능한 모든 것이 그 때문에 벌써 사회적으로 중요해지는 것은 아니기 때문이다. 기대 가능한 소통은 추가적인 선택 원칙으로서 기여한다. 사람들은 지각될 수 있는 것을, 어쩌면 진행되는 소통에 들어설 수 있거나 소통의 진행을 위해 중요해질 수 있는 것과 관련된 가운데 탐색해 나간다. 달리 말하면 사람들은 특히 지각 가능한 감각의 사회적 차원을 선택자로서 사용한다. 그리고 그것은 체계의 경계들을 더욱 협소하게 규정하도

음과 같다. 상호작용에 속하지 않는 인물들의 신체적 참석, 통보들을 칠판에 기록함. (그자체로 의미 있는 말하기 형식을 취하는) 소음들, 조명 끄기, 커튼 치기, 맥주병 기울이기, 개인들의 충돌들, 보란 듯이 애기들을 데리고 나오기, 또는 장애자들을 휠체어에 앉혀서 회의실로 밀어 넣기.

록 이끈다. 이런 의미에서 참석은 상호작용체계들의 구성 원칙이며 경계 형성 원칙이다. 그리고 참석은 인물들의 모임[18]이 지각들의 선택을 조종하고 사회적 중요성에 대한 전망을 표시한다는 것을 의미한다.

그 점은 사회적 체계들이 자신과 자신의 경계들을 선택하는 자기생산적 체계들이라는 사실을 다시금 인식시켜준다. 구체적인 일상 상황에서도, 그리고 바로 여기서도 이러한 자율성은 거리를 확보하기 위해 반드시 필요하다. 그리고 바로 지각 가능한 모든 것을 통해 공격할 수 있는 상황 의존적인 체계들이, 누가 무엇을 참석하는 것으로 간주해야 할 것인지를 참석자들에 힘입어 결정할 수 있게 유보해야 한다. 어떻게 다른 식으로 식당에서 담소를 나눌 수 있고 극장 로비에서 약속하고 텔레비전을 시청하고 버스를 기다리는 줄을 서거나 자동차를 탈 수 있을까? 상황들에 대한 기술적인 영향들이 더욱 뚜렷할수록, 그리고 그것 또한 이 보기들이 보여주어야 할 것인데, 사회적 적합성의 규정은 더욱 강제적이 될 것이며 또한 더욱 자율적이 될 것이다!

자세히 들여다보면 여기서도 소통 연결의 자기생산적인 요구들이 구조 형성들을 강요한다는 것과 그 때문에 자기생산과 구조의 차이와 관련되어 있다는 사실이 드러난다. 구조 형성은 특히 소통이 단순한 지각으로부터 구분되어야 하고, 이것이 시간적, 사실적, 사회적 관점에서의 제한을 필요로 한다는 점을 통해 강요된다. 중요한 사건들은 후속 사건들로 이어져야 한다. 그 사건들은 사안 주제들을 통해 구조화되어야 한다. 그리고 모든 참석자들이 동시에 말해서는 안

---

18) "인물들"은 여기서 사회적으로 동일시될 수 있는 기대의 콜라주라는 엄격한 의미에서 사용된다. 위의 제8장 11절을 참조할 것.

되고, 한 번에 한 사람씩만 말하는 것을 규칙으로 생각해야 한다.[19] 그러한 구조 형성에 이르면 상호의존들의 중심화가 생겨난다.[20] 상호의존들의 중심화는 주로 사회적 차원에 놓여 있을 수 있다. 그러면 상호의존들의 중심화는 지도자들이나 유사한 특권을 지닌 발화자들에의 지향을 낳는다.[21] 그 중심화는 시간 차원에도 주안점을 둘 수 있다. 그러면 체계의 종결화가 생겨날 것이다. 어쨌든 체계 내에 존재하는 상호의존들이 이 방식으로 재구성된다. 모든 요소들이 다른 모든 요소들(이나 많은 요소들이 다른 많은 요소들)과 갖는 (불가능한) 상호의존의 자리에, 체계가 자신의 (차이)동일성을 그 자체로 가장 잘 대변하는 선택된 방향점을 갖는 모든 요소들(이나 많은 요소들)의 상호의존이 들어선다.

중심화를 통해, 그리고 특히 그때그때 단 한 사람만 말할 수 있으며 다른 사람들은 경청하거나 어쨌든 기다려야 한다는 규칙을 통해, 맥컬로치(McCulloch)를 참조하여 "잠재적 명령의 중복"으로서 표현할 수 있는 독특한 가능성 중복이 만들어진다.[22] 상호작용체계들의

---

19) 고프먼(Goffman)은 이 점을 위해 "집중된 모임"(focussed gathering)의 의미에서의 "만남"(Encounter) 개념을 만들어낸다. Erving Goffman, *Encounters: Two Studies in the Sociology of Interaction*, Indianapolis Ind. 1961을 볼 것. 우리는 거기서 다른 것 외에도 특별한 유형의 상호작용체계를 보기보다는, 체계 형성의 성과 상승의 필요조건을 본다. 집중 없이, 그리고 구조 선택 없이 체계 형성은 아주 흔적만 남아 있으며, 신속하게 지나쳐가는 의미에서만 가능하다—가끔씩 괴롭히기로서 수용할 수 있는 어떤 것처럼 [말이다].

20) Jean-Louis Le Moigne, *La théorie du système général: théorie de la Modélisation*, Paris 1977, 91에서의 아주 멋진 프랑스식 영어로는 "결합하는 관계들"(relations poolantes)이라고 쓰여 있다.

21) 소수가 많이 이야기하고 다수가 별로 이야기하지 않는, 토론 집단들, 대학 세미나, 비슷한 체계들의 경험도 생각할 수 있다—그것은 전적으로 가능할 경우에 지도를 통해 교정될 수 있는 거의 자연적인 발전이다.

22) 그 점에 대해 Gordon Pask, "The Meaning of Cybernetics in the Beha-vioural

구조적 신축성은 이 중복, 즉 무엇이 공동의 주목에 이르고 무엇이 주목되지 않게 남을 것인지를 선택할 가능성에 기초한다. 그 선택은 자기준거적 작동들을 필요로 하며, 그러한 작동은 여기서는 지각될 수 있고 무엇이 그때그때 사실상 공동의 주목의 중심에서 발생하는지에 대해 거의 논란이 있을 수 없다는 점을 통해 용이해진다.

어떤 정도의 중심화가 도달될 수 있든, 구조는 소통 기회들을 (지각 기회들이 아니라!) 참석자들에게 배분한다.[23] 하지만 이러한 상호작용에 특수한 질서 조건들을 가지고 이 체계에 있어서 전형적인 성과 상승의 제한들이 효력을 발휘하게 되었다—성과라는 말은 여기서 정보처리 능력으로 사용했다. 특히 연쇄적인 처리들에의 강제는 참석자들의 여분의 참석과 상충하는 대량의 시간 소비에 매우 신속하게 이르게 된다. 접촉의 중단과 다시 만남을 통해 이후 시점으로 미룸으로써 도움을 받게 된다. 그렇지 않으면 이것을 처음부터 계획에 포함시킨다. 즉 성경 연구 모임은 매주 정해진 시간에 정해진 장소에서 개최된다. 하지만 그러면 그렇게 하는 것은 이미 약속들을 전제하며, 그 약속들은 더 이상 상호작용체계의 참석 수단을 통해 보장될 수 없다. 그리고 그것은 동기들을 전제하는데, 상호작용 자체에서 그 동기들의 재생성은 오랜 시간 동안 유지되기 어렵다는 것이 알려져 있다.

상호작용의 상당한 시간 의존성은 결국 분화 형식들의 선택을 위

Sciences" ("The Cybernetics of Behaviour and Cognition: Extending the Meaning of 'Goa'"), in: J. Rose (Hrsg.), *Progress in Cybernetics Bd. 1*, London 1970, 15-44 (32 이하)를 참조할 것.

23) George J. McCall/J. L. Simmons, Identities and Interactions, New York 1966, 36 이하에 있는, 일탈 연구에서 유래하며, 역으로 형성되어 있는, 즉 상황이 그에 충분하게 구조화되어 있으면, 기회가 구조가 된다는, "상호작용-기회-구조"(interaction-opportunity-structure) 개념도 참조할 것.

해 그렇게 많은 자유를 상호작용에게 주지 않는다. 상호작용들은 동시적으로 작동하는 체계들을 형성시킬 가능성을 별로 가지고 있지 않다. 그 체계들은 시간적으로 삽화들로 구성된다. 사회체계들에 대해서는 그 반대가 타당하다. 사회체계들은 삽화 형성을 위해서 그리고 특히 삽화 교체를 위해 전체 변환의 구체적인 출발점을 가지고 있지 못한 반면, 사회체계들의 폭은 바로 하위체계들로의 분화를 필요로 한다. 사회는 삽화들을 형성하고자 한다면, 상호작용들을 소급하고, 분할의 전체사회적인 적합성을 포기한 가운데 상호작용의 연쇄를 예견해야 한다. 체계 전형적인 내부 분화 내의 이 구분들은 동시에, 사회와 상호작용의 분화의 의미를 조명한다. 그 분화는 공시적 분화와 통시적 분화의 맞물림을 가능하게 한다.

4. 사회체계와의 차이로서 생성·진화하는 상호작용체계

사회와 상호작용은 상이한 종류의 사회적 체계들이다. 사회는 소통적 사건의 유의미한-자기준거적 폐쇄성, 즉 모든 상호작용에 대해 시작 가능성, 종결 가능성, 그 소통의 연결 가능성을 보장한다. 상호작용체계들에서는 상호침투의 유압이 작용한다. 여기서는 참석의 소용돌이와 압력이 참석자들에게 작용하며, 참석자들이 제한 조건들에 그들의 자유를 내어주도록 부추긴다. 사회는 그래서 상호작용 없이는 가능하지 않으며, 상호작용은 사회 없이 가능하지 않다. 하지만 두 가지 체계 유형은 뒤섞이지 않는다. 그것들은 서로 차이를 갖는 가운데 서로에 대해 필수 불가결하다.

유의미한 사회적 체계들의 진화는 명백하게 이 차이를 사용하며, 그 차이를 계기로 하여 상당한 수준에 이르렀다.[24] 상호작용은 지각과 소통의 이중 기초로 인해 역사적으로 보면 비교적 까다롭지 않고 임기응변적으로 발생하며 자연적이며 상황의존적으로 가능해졌을 것이다. 사회의 생성을 위한 사회 이전의 요구들이라고 표현해도 거의 무방할 것이다. 그러나 상호작용이 사회의 삽화로서 이해될 때에야 비로소, 상호작용은 사회 발현의 기여에 사용되는 차이들과 부가가치들을 만들어낸다. 그러면 상호작용은 상호작용의 공간과 시간에서, 중요한 대상과 주제에서 고유한 경계를 넘어서는 연결 능력이 있는 의미를 만들어내고 재생시킨다. 이 경우에 고대의 관계들에서는 아직 상호작용에 형식을 부여하는 작용을 하지 않으며 상호작용의 실행을 통해 지속적으로 수정되는, 상호작용에 아주 가까운 사회의 실재가 전제되어야 할 것이다.[25] 의미차원들(시간적, 사실적, 사회적)은 아직 거의 분화되어 있지 않고 그래서 폭 넓게 해석될 수 없다. 개인들은 그러면 최소한의, 고유한 유기체와의 관계에 제한된 자기생산적 고유 의식만을 갖는다. 개인들은 자신들의 고유한 허기가 다른 사람들의 허기가 아니라는 것을 물론 안다. 하지만 그들은 다른 사람들에게 자신들에 관해 알려진 모습과, 자기 자신을 구분하지 못한다. 모든 사회적 형식들은 가끔씩 발견되며, 구체적인 지역화에 묶여 있고, 작용하기 위해 현전해야 한다. 명백한 (그리고 명백하다고

---

24) 아주 비슷하게, 사회인류학적 토대와 미드적 토대에서, Warriner a. a. O., 특히 123 이하를 볼 것.

25) Warriner a. a. O. 134에서는 다음의 특징들을 제시한다. "이것들은 세 가지 중요한 방식으로 원시사회들이다. (1) 그 사회들은 특수한 행위자들, 사건들, 사회가 발현하는 상황들에 묶여 있으며 그것들에 제한된 조건에서, 특수주의적이다(particularistic). (2) 그 사회들은 과거가 항상 현재에 의해 교정되고 행위자들에 대해서는 자발적인 사실로서 존재하지 않는다는 의미에서 몰-역사적이다. (3) 그 사회들은 사회적 형식들이 상호작용적 과정으로부터 아직 발현하지 않았기 때문에 미분화 상태에 있다."

평가될 수 있는) 조건화들, 가령 호혜성의 조건화들이 있다. 왜냐하면 조건화들이 없다면 조건적 체계가 없을 것이기 때문이다. 하지만 조건화들은 그때그때 현재적인 사회적 상황들을 넘어설 수 없으며, 규칙으로서 지각되지 않는다.

(우리가 거의 추체험할 수 없을) 이러한 제한들에도 불구하고 소통이 벌써 가능하다는 것을 전제해야 한다. 그리고 물론 이것은 이해에서 지속적으로 통제된, 정보, 통보, 이해의 (차이)동일성이라는 완전한 의미에서의 소통을 의미한다. 그러면 끊임없이 자극된 소통은 유의미한 것으로서 드러난 가능성들의 바다에서, 넓은 의미에서의 문화로서 서로 상호작용에 들어섬과 중단함을 쉽게 하는 상호이해의 섬들을 형성한다. 문화 형식들, 나중에는 특히 문자와 인쇄술의 소통 기술들은 더 이상 상호작용에만 고정되어 있지 않고, 바로 그렇게 됨으로써 의미 특화된 상호작용체계들이 사회에서 분화될 수 있게 해준다.

그러나 이 차이가 어떻게 발전될 수 있더라도, 느낄 수 있는 전체 인간사에 대해 사회와 상호작용은 하나의 유형이나 다른 유형으로 소급될 수 없다. 왜냐하면 그 경우에는 포괄성이든 참석이든 하나를, 즉 제각기 다른 체계의 정의하는 특징을 포기해야 하기 때문이다. 그러나 우리는 그렇게 단순한 구분과 그에 부합하는 범주화에 머물러 있을 수도 없다. 그렇게 됨으로써 사회와 상호작용의 비동일성이 차이로서 경험되고, 차이로서 작용한다는 것을 고려할 수 없게 되기 때문이다. 이 경우에는 첫째 절에서 이미 언급했듯이 경계 현상, 즉 다른 것을 주목하지 않은 채 둘 수 있음이 관건이 아니다. 또한 사회체계를 상호작용체계로 분해할 수도 없고, 상호작용체계들을 사회체계로 함께 합칠 수도 없다. 바로 그것은 차이를 방해하는 것이다. 차이는 사회체계들과 상호작용체계들의 구축에서 구성적인 순간이다.

차이는 환원을 통해서도 일반화를 통해서도 중립화될 수 없으며, 단순하게 범주적 구분으로 외부화됨을 통해 약화될 수도 없다. 사회와의 차이 없이는 상호 작용도 가능하지 않을 것이며, 상호작용과의 차이 없이는 사회도 가능하지 않을 것이다. 그것은 이제 약간 더 상세하게 설명해야 한다.

우리는 일단 상호작용체계에서 출발하겠다. 상호작용은 모든 세 가지 의미차원에서 익명적으로 구성된 사회를 전제하며, 이렇게 하는 것은 다른 사회적 체계로서 전제하는 것일 뿐만 아니라, 고유한 특화를 위해 전제하는 것이다.

시간적으로 본다면 상호작용은 그 자체가 삽화로서, 사회의 공동생활의 속행으로서 그리고 사회의 재생산의 후속 맥락에서 파악될 수 있는 것이 아니라면, 시작도 중단도 할 수 없다. 신속한 재생산, 직접적인 연결 행위를 위해 필요한 기대구조들은 필수적 다양성이라는 점에 있어서 지속적인 상호작용을 통해 발전될 수 없다. 그것은 가능한 상호작용 주제들을 포괄하는 유형 프로그램에 관한, 기대구조의 확실성과 필수적인 일치의 이유에서 타당하기만 한 것도 아니고, 바로 그 이유 때문에 근본적으로 타당한 것도 아니다. 사회가 가능성 풍요를 준비하고, 그 풍요가 시작하는 상호작용에 의해 제한될 수 있다는 점이 특히 중요하다.[26] 상호작용은 오직 사회전체적으로 가능한 것과의 차이에서만 자신의 고유한 특징을 획득할 수 있다. 상호작용은 그런 식으로만, 자기 자신에게 어떤 것을 감사하기 시작할 수 있다. 특별히 "까다로운" 시작에 있어서 —사랑 관계들에서, 일탈행동이나 범죄 행동에서, 신뢰가 보전되어야 하는 경우들에서—

---

26) 출발 상황의 개방성에 관해, George J. McCall/J. L. Simmons, *Identities and Interactions*, New York 1966, 182의 몇 가지 논평들을 참조할 것.

그런 점들로 인해 구속들을 구축하는 문제가 만들어진다. 누가 자기 자신을 먼저 구속하고, 그렇게 함으로써 그런 상황에 들어서거나 그렇지 않을 자유를 다른 사람들에게 주며, 그럼으로써 체계를 조건화할 자유를 줄 것인가?[27] 체계는 참석자들이 상호작용들을 사회의 삽화로서 파악하고 그 삽화에서 다시 벗어날 수 있게 함으로써, 사회의 사전 규정을 필요로 한다. 종결은 상호작용 의미의 파괴로서 이해되어서는 안 된다(왜냐하면 그렇지 않으면 우리는 예견 가능한 종결 때문에 전혀 상호작용에 들어서지 않을 것이기 때문이다). 그리고 상호작용은 사회의 존재를 박탈하여 그 다음에 그 존재에 어떤 것도 이어질 수 없는 상태로 만들어서는 안 되기 때문이다(왜냐하면 그렇지 않으면 참석자들에게 끝낼 것을 기대할 수 없게 될 것이기 때문이다).[28]

사회적 차원에 해당되는 것은, 상호작용 스스로는 토대를 갖출 수 없는, 자유들과 구속들의 배열이 상호작용들을 위해 사회로부터 만들어진다는 것이다. 모든 참석자들은 상호작용체계의 외부에서 스스로 다른 종류의 기대들에 내맡겨져 있다는 것을 발견한다. 그리고 모두는 모두의 사정이 그러하다는 것에 대한 이해를 갖추어야 한다. 이러한 외부 구속들은 상호작용에서 투명하게 드러나면, 모든 개별 참석자들의 자기통제로 이끈다. 왜냐하면 참석자들은 자기 스스로 역할 일치를 보전해야 할 기대를 받고 있기 때문이다.[29] 따라서

---

27) 예를 들어 Albert K. Cohen, *Delinquent Boys*, New York 1955, 60-61을 여러 유사한 관찰들을 위한 보기로서 살펴볼 것.

28) 접촉의 수용과 종결이 용이해지는 상황들에 대한 사례연구로서 Sherri Cavan, *Liquor License: An Ethnography of Bar Behavior*, Chicago 1966을 참조할 것.

29) 이 관점은 특별히 Siegfried F. Nadel에 의해 작업되었다. 그 관점은 보다 단순한 사회에서는 공적인 규범장치와 제재장치의 부담 경감에 기여한다. "Social Control and Self-Regulation", *Social Forces 31* (1953), 265-273; ders., *The Theory of Social Structure*, Glencoe Ill. 1957을 참조할 것.

사회의 환경은 참여자들의 다른 의무들의 복합으로서 상호작용체계 내에서 타당성을 얻는다——그것은 체계와 환경의 차이의 단순화된 체계 내적 재현의 한 가지 사례이다. 참석자들은 자신들의 다른 구속들과 다른 역할 의무들을 가지고, 자신들의 개인적 정체성을 가지고 다른 곳에서는 다른 이야기들과 다른 기대들이 결합되기 때문에 어느 정도 다른 개인들이 된다. 개별 인간의 경우에 자기 자신을 인물로서 그리고 다른 인물의 관리와 다른 역할 관리의 관련점으로서 파악할 근거가 바로 여기에 있다.[30) 상호작용체계들에게 있어, 참석자들의 자유의 기본 조건이 여기에 있고, 그럼으로써 이중 우연성을 위한 기본 조건도 있다. 사회와 상호작용의 차이는 **구속을 자유로 변환시킨다.** 모든 참석자는 상호작용에서 자신이 또 다른 의무를 충족시켜야 한다는 것을 요구할 수 있으며, 그럼으로써 거리를 확보할 수 있다.[31) 그래서 우리는 복합적인 상황 압력, 시선들이 자기에게 쏠리는 경우를 피할 수 있다. 그리고 이것은 상호작용을 위한 단점이 아니다. 그 대신 시간 차원에서와 마찬가지로 상호작용이 이중 우연성의 토대에서 자신의 고유 법칙성을 발전시킬 수 있는 조건이 된다. 이 점에 있어서 사회체계의 회귀성은 상호작용체계들의 우연성들의 구성과

---

30) 그것은 주지하다시피, 사회학이 개인성의 역사적인 생성을 설명하는 관점들 가운데 하나이다. 예를 들어 Emile Durkheim, *De la division du travail social*, 재판본 Paris 1973, 336 이하; Hans Gerth/C. Wright Mills, *Character and Social Structure: The Psychology of Social Institutions,* New York 1953, 100 이하를 참조할 것.

31) 물론 보다 정확한 분석에서는, 구속들을 가지고 변명할 가능성이 매우 불평등하게 배분되어 있다는 것이 아주 빨리 드러난다. 높은 신분의 개인들은 낮은 신분의 개인들보다 이런 종류의 가능성을 더 많이 가지고 있다. 직업 활동을 하는 남편들은 그렇지 않은 남편들보다 그런 가능성들이 더 많다 등. 하지만 기본적으로는 하나의, 그리고 오직 하나의 상호작용 맥락에 내맡겨진 사람은 아무도 없다.

그럼으로써 그 체계의 자기 선택을 비로소 가능하게 하는 "초순환"(Hyperzyklus)(Eigen)이다.

상호작용체계들이 시간 차원과 사회적 차원에서 사회와의 차이를 통해, 즉 그것들의 고유한 사회성(Gesellschaftlichkeit)과의 차이를 통해 구성된다는 것이 옳다면, 각각의 경우에 진행된 의미의 사실 차원에 대해 귀결들을 기대해야 할 것이다. 그 귀결들은 소통적 상호작용의 주제들로 기록된다. 주제들은 상호작용에서 구체적이며 동시에 우연적으로 선택된다. 주제들의 우연성은 주제들의 사회성(Gesellschaftlichkeit)을 재현한다──부분적으로는 상호작용의 환경과 참여자들의 다른 가능성들의 관련으로서, 그리고 부분적으로는 상호작용 자체를 처리할 다른 가능성들을 현재적으로 유지함으로써 재현한다. 여기서는 일반적이며 사용 불가능한 의미와 세계 우연성만이 관건이 아니다. 즉 모든 것이 다르게도 가능하다는 것만이 관건은 아니다. 그보다는 이 우연성은 상호작용이 사회에서 실행됨을 통해 충분히 구체화된다. 상호작용은 그때그때 제한된 진행의 경우들만을 개방적으로 유지하는 상황에서만 정해진 또는 규정될 수 있는 가능성들 중 어떤 것을 선택한다. 초대받은 마지막 사람이 도착할 때까지 식사하며 기다릴 것인가? 얼마나 더 오래 그렇게 할 것인가? 바로 그 목적으로 만들어진 애피타이저라는 사회 제도를 시간 확장을 위해 사용할 것인가, 위험을 줄이기 위해 사용할 것인가? 사람들은 어떤 경우에 누가 누구에게 사과해야 할지를 사전에 알고 있는가? 모두가 모두에게 사과하는 것이 어쩌면 가장 좋을 것인가? 언제부터 기다림을 주제로 대기자들에게 해명을 시도할 것인가? 아직 오지 않은 사람들의 이름을 부르고, 그렇게 된 이유들을 그 상황에 포함시켜 설명할 것인가? 그리고 그렇게 하는 것은 그 경우에도 아직 결정되지 않은 시간 처분 가능성들을 얼마나 강하게 제한하는가? 상호작용의 속행은 이 질문들이 충분한 구조들을 형성하고, 다양한 가능성들—함께 체조하기, 텔레비전 시청, 초대한 사람의 도주—이 충분히 멀리 있고, 특히 무엇인가 해야 하지만 그것이 무엇인지는 알지 못하는 지루한 압력이 배제될 때에만 가능하다.

상호작용은 표현된 우연성에 의해서만 자기 자신을 조종할 수 있다. 오직 우연성만이 이후의 우발적 사태를 위한 자원으로서 집합적인 단기 기억을 만들어내고(우리는 정말 꽤 오래 기다렸어) 파생되는 문제들에 대한 설명을 찾는다(축제 연설자는 엉뚱하게 수프를 먹기 전에 연설을 시작했고, 그래서 수프는 많이 식었다). 상호작용은 결코 연결 행위의 속도에 도달할 수 없을 것이거나, 사회와 상호작용의 차이를 지속적으로 재생산해내는 것, 표현된 우연성이 없다면, 아주 단순한 사태에 제한된 상태로 남을 것이다. 이때 상호작용체계의 자율은 진행이 유야무야되고 흥미를 잃을 정도로 제한적일 수 있다. 또한 실수를 할 가능성만이 열려 있을 정도로 제한적일 수도 있다.[32] 너무 열린 우연성, 바닥없고 프로그램 없는 동참의 반대 경우(그밖에 다른 곳에 있는 것 역시 아무런 의미가 없다는 유일한 이유로 인해)는 마찬가지로 문제가 있다. 그러한 한계 상황에서는 상호작용이 사회와의 차이에 의존한다는 것과 그 차이가 어디에 있는지를 알 수 있다. 상호작용은 고유한 사건성을 감당해내어야 하며, 자기 자신을 시간화해야 하며, 스스로 놀랄 수 있어야 한다. 그러나 상호작용은 충분한 구조 부여를 통해, 신속하고 중단 없는 절차들과 고유한 구조와 고유한 역사의 자기선택을 할 수 있을 때에만 이런 일들을 할 수 있다.

상호작용체계 내에서 사회의 환경이 타당해진다는 점과 그 방식

---

32) 궁정 의식의 유명한 문제 중 하나이다. 그리고 사람들은 이것을 세속 도덕이 1700년경 원죄에서 오류로 전환되었고 치유 상실에서 제재로서의 어리석음으로 전환된 이유로서 간주하겠다는 유혹을 거의 받았다.

에 주목하면, 그 점에서부터 사회구조 차원의 변동들이 상호작용체계들에 미치는 효과들에 관한 가설들을 도출할 수 있다. 사회의 환경이 더 복잡해지면, 그것은 상호작용에서 특히 모든 참석자들이 배려받기를 기대하고 요구해야 하는 고유한 다른 역할들에도 영향을 미친다. 환경이 더 복잡해질수록, 이 다른 역할들은 더 이질적이 되며, 체계 내에서 다른 역할들에 더욱 포괄적이며 냉정하게 면죄부가 부여되어야 한다. 참석자들 스스로 통찰 가능한 자신들의 다른 역할들에 대한 배려를 통해 훈육되는 규모가 동시에 감소한다. 전통적인 사회체계에서는 이 다른 의무들은 모든 상호작용에 대해 충분히 개괄될 수 있었다. 그 의무들은 예를 들어 단순히 꾸며낼 수 있는 것이 아니었다. 상호작용은 근본적으로 집 내부에서, 또는 집 외부에서라도 같은 계층 내에서 일어났다. 이러한 질서는 현대사회로의 이행기에 해체되었다. 그것은 상호작용을 사회전체적인 연대의 근원으로서 요청할 가능성을 약화시켰다. 왜냐하면 상호작용에서 다른 사람들과 함께 하는 경험들은 그들에게 다른 행동에 부여했던 인정을 통해 더 이상 가능하지 않게 되었기 때문이다. "동반자" 이념이 외부 행동에 대한 기대들의 통제 불가능성으로 인해 충성심과, 충성심에의 신뢰에 대한 내적 구속들을 축소시키면서 정확하게 이 점을 기록하는 것처럼 보인다.[32a)]

사회체계와 상호작용체계가 더욱 뚜렷하게 분화될 때, 비참석자들에 대한 영향과 관련하여 상당한 규모의 무차별(Indifferenz)을 이끌어내는 근원이 되는 상호작용 형식들이 보전될 수 있다. 그것은 특히 교환과 갈등에 있어서 타당하다. 교환은 교환에 참여하지 않은 사

32a)Andrea Leupold, "Liebe und Partnerschaft: Formen der Codierung von Ehen", *Zeitschrift für Soziologie 12* (1983), 297-327을 참조할 것.

람들이 교환된 대상들이나 성과들을 그들이 받지 못하는 경우에 대해 희소성 조건 하에서 어떤 입장을 취할 것인지를 원칙적으로 고려 대상으로 삼지 않는다. 이것은 교환 파트너가 더 좋은 조건의 다른 교환 가능성들이 있는지를 둘러볼 수 있다는 것을 통해, 기껏해야 간접적으로 타당해진다. 갈등에 대해서도 필요한 부분만 약간 수정하여, 같은 점이 타당하다. 참석자들은 분쟁의 열기 속에서 다른 사람들을 그렇게 많이 배려하지 않는다──그들이 다른 사람들을 연정 파트너로 획득하고자 하더라도 그것은 마찬가지이다. 교환과 갈등은 바로이 무관심들 때문에, 사회체계와 상호작용체계들 간의 뚜렷한 분화에서 나타나는 사회전체적인 조건들과 바로 정면으로 대립하고 있다. 19세기의 시민사회는 항상 교환과 갈등의 규제로서, 경제와 국가로서 자신을 파악했다. 그리고 시민사회는 순수하게 사실적으로, 순수하게 교환관계들과 갈등들에 대해 훨씬 더 큰 규모로, 그 어떤 다른 사회보다 더 자유로운 진행을 맡겼다.[33]

---

33) 교환 관계들에 있어서는 이것은 이미 기본 소유와 노동을 화폐에 의해 매개된 교환에 관련지음으로부터 생겨난다. 갈등에 대해서는 같은 가설을 법적 분쟁들의 증가를 가지고 검증할 수 있을 것이다. 예를 들어 James Willard Hurst, *Law and the Conditions of Freedom in the Nineteenth Century United States*, Madison Wisc. 1956; Christian Wollschläger, "Zivilprozeβstatistik und Wirtschaftswachstum im Rheinland von 1822-1915", in: Klaus Luig/Detlef Liebs (Hrsg.), *Das Profil des Juristen in der europäischen Tradition: Symposion aus Anlaß des 70. Geburtstages von Franz Wieacker*, Ebelsbach 1980, 371-397을 참조할 것.

5. 상호작용체계와의 차이로서 생성·진화하는 사회체계

상호작용체계에서 출발하는 이 분석은 고찰 방향을 바꾸어 사회체계에서 출발하면, 반복되어 완성될 수 있다. 사회체계는 개별 상호작용들과의 차이로부터 추상화 능력을 획득한다.

사회의 소통은 (상호작용으로서 실행되기만 하는 것은 아니지만) 상호작용으로서 실행된다. 즉 양자를 '체계/환경-차이'에 비추어 생각하거나, 사회를 추상적인 작동들로서 구성되는 것으로 전제하는 반면 상호작용을 구체적인 작동들(소통들, 행위들)로서 구성되는 것으로 전제한다면, 그것은 잘못된 일일 것이다. 사회는 상호작용을 배제하지 않고 포함한다. 즉 사회의 행위 종류들 내지는 상호작용적 행위 종류들이라는 상이한 종류들의 분리에 이르는 것이 아니다. 차이는 그보다는 요소적 작동들의 미분화된[34] 영역을 구조화한다. 차이는 추상화 능력이 유일하게 상호작용만을 발전의 근거로 삼을 수 없었던 것처럼, 그 미분화된 영역에 추상화 능력을 덧붙인다. 그러면 추상화는 상호작용에서 상호작용을 위해 중요해지지만, 상호작용 자신으로부터 유래하는 것이 아니라 상호작용의 사회성에서 유래하며 그 때문에 지역적으로 사용될 수 없다. 이러한 비처분성의 의미론적 상관물, 예를 들어 자연 개념이나 도덕 사상은 우리가 이미 가끔씩 부딪혔던 지점들이다.[35]

---

34) "분화되어 있지 않다"는 것은 여기서, 이 점은 어쩌면 설명을 필요로 할 텐데, 오직 사회와 상호작용의 차이와 관련된 말이다. 당연하게도 다른 종류의 분화, 예를 들어 사회의 하위체계 형성은 그 말을 통해 부정되어서는 안 될 것이다.

35) 특히 463 이하를 참조할 것.

사회는 이 차이 덕분에 자신의 고유한 체계의 근본적인 질서 성과들을 얻을 수 있다. 이 점은 완전한 기술을 목표로 하지는 않으면서, 다음 몇 가지 보기를 통해 보여줄 수 있다.

(1) 사회는 이 차이를 상호작용들의 차이에 기초할 필요를 갖지 않은 채 고유한 체계분화를 실행할 수 있다. 즉 체계들을 형성할 수 있다. 사회의 분화는 이른바 아래로부터가 아니라 위로부터 발전된다. 사회의 분화는 새로운 '체계/환경-관련성'이 사회체계 내부에 들어섬으로써 발전되지, 적절한 상호작용들의 모색과 분류를 통해 발전되는 것이 아니다. 그렇다고 하면 귀족들 사이의 상호작용들, 농부들 사이의 상호작용들, 또는 경제와 정치에서의 상호작용들 또한 상호작용으로서 구분되고 관찰자들에 의해 상응하게 할당될 수 있다는 것도 가능한 일이다. 하지만 그 경우에는 그것은 추상이 구체적 실행을 포착한 결과 발생한 것이지, 분화의 원인인 것은 아니다.

(2) 사회만이 "궁극적으로" 부정들을 사용할 수 있다. 사회만이 면역체계, 즉 부정들을 통해서도 성립되는 소통의 속행을 가능하게 하는 체계를 설치할 수 있다.[36] 개별 상호작용들은 갈등들을 통해 즉시 갈등들로 변환될 것이다. 그래서 사회에 있어서만 소통된 "아니오들"이 면역 사건들의 의미를 가진다. 그리고 아니오들의 투입, 아니오들의 부추김은 상호작용체계의 운명을 어느 정도 무고려할 것을 요구한다. 동기의 관점에서 보면, 거부에 참여하려면 더 고상한 어떤 것(예를 들어 명예나 책임)을 무릅써야 한다.

(3) 사회만이 개별 상호작용에서 사용될 수 있지만 그 의미 연관에

---

36) 위 제9장을 참조할 것.

있어서는 개별 상호작용을 넘어서는 기대 연관(인물들, 역할들, 프로그램들, 가치들)의 동일시[37]를 가능하게 한다. 특히 이 상이한 기대의 콜라주들의 분화 규모와 그로부터 결과하는 상호의존 형식들은 사회에서 미리 주어져 있다. 종합의 결합은 바로 상호작용에서 설득력을 갖출 수 있기 위해, 상호작용을 넘어서는 의미를 가져야 한다. 인물일 수 있기 위해, 다른 곳에서도 같은 인물이어야 한다는 것을 가장할 수 있어야 한다.

(4) 사회체계의 층위와 그 하위체계의 층위에서만 진화, 즉 변이, 선택, 재안정화를 통한 구조들의 변동이 가능하다. 상호작용체계들은 사회의 진화에 기여하거나 기여하지 못할 수 있다. 상호작용체계들은 사회체계 내부에서 입증되는 구조 형성들에 착수할 때에 진화에 기여한다. 상호작용들의 이러한 거대한 실험영역 없이는, 대부분의 상호작용 중단의 사회적 사소함 없이는 사회의 어떤 진화도 가능하지 않다. 이런 점에서도 사회 자체는 사회와 상호작용의 차이에 의존한다.

(5) 따라서 상호작용들의 총체는 일종의 기초적인 아나키즘을 형성한다. 상호작용의 고유 안정성에 의하여 그리고 상호작용의 중단 강제에 의하여 사회의 진화를 위한 놀이 재료가 형성된다. 사회 진화의 까다로운 형식들은 이 자료들로부터의 선택을 통해 구축된다. 사회가 포괄적으로 질서를 수립하는 상호작용의 능력에 기초할 수 없다면, 그 형식들은 결코 생성될 수 없다. 그리고 그 형식들은 모든 개별 상호작용체계가 일차적인 사회의 부분체계들 중 하나에 할당되거나, 또는 유일하게 하나의 부분체계에만 할당될 수 있다는 것을 전제하지 않는다.

---

37) 위 제8장 11절을 참조할 것.

이 다섯 가지 환기들은 다음 단계를 생각나게 한다. 즉 사회체계와 상호작용체계들의 차이는 명백하게 그 자체가 역사적 발전의 결과이다. 그 차이는 미숙한 형식으로 자기 스스로를 전제하며, 그 다음에 자기 자신을 차이로서 상승시킬 수 있다. 유의미한 체험과 행위의 지평은 어쩌면 그 시점에 참여하는 이상을 항상 넘어선다. 어떤 사회도 개별 상호작용체계 내부에서 펼쳐지지 않는다. 하지만 원시사회들은 상호작용에 아주 가깝게 형성된다. 그 사회들의 추상화 성과들은 경미하게 유지되며, 그 사회들의 경계들은 참석자들의 지각 공간과 운동 공간과 함께 주어져 있지 않다는 점에서 불분명하다. 하위체계들은 분절적으로만 그리고 상호작용 압축의 형식(가족, 주거공동체, 주거단지) 안에서만 형성될 수 있다. 면역체계는 생명의 유지, 인구학적 소멸의 회피만을 포괄적으로 다루고 있다. 기대 전형들은 개인적인 친숙함에 묶인 상태에 있다. 진화가 형태 발생적으로 작용하는 구조 변동들에 이르는 경우는 드물며, 이 변화들은 유지될 전망이 거의 없다.

사회에 귀속될 수 있는 추상화 성과들이 효과를 발휘하기 시작하고, (이중 우연성과 고유한 시간화가 더 뚜렷하게 작용하며) 더 높은 자유도들을 가진 상호작용체계들이 형성될 때에야 비로소, 후속 진화를 위한 출발이 개연성 있어진다. 특히 도시 형성에 있어서 피상적인 상호작용과 사회의 차이가 참석자들에게 있어서 가시적이 되며, 가계들과 그것들과 함께 분절적 분화들은 둘째 서열로 물러선다.[38] 사회체계와 상호작용체계들의 이 차이의 더욱 강한 각인은 틀림없이 쌍방 독립성 방향으로 파악될 수 없다. 그러한 각인은 쌍방 의존성과

---

38) 상응하는 의미론 변동들에 대해서는 고전적 사례에 있어서 Peter Spahn, "Oikos und Polis: Beobachtungen zum Prozeβ der Polisbildung bei Hesiod, Solon und Aischylos", *Historische Zeitschrift 231* (1980), 529-564를 참조할 것.

쌍방 독립성을 동시에 상승시키며, 두 종류의 체계 형성이 그것들의 특정 종류의 고유 법칙성을 보다 뚜렷하게 수용할 수 있게 해주면서 그 둘을 동시 상승시킨다. 이러한 문제의 범위는 "우정"을 보기로 하여 이미 고대에서 토론되었다. 상호작용의 밀집 모델로서 우정은 한편으로는, 사회의 완전 원칙은 아니지만 하나의 완전 원칙이며, 다른 한편으로는 [로마의 호민관] 그라쿠스(Gracchen)의 친구들의 보기에서 분명하게 할 수 있는 것처럼, 사회를 위험하게 하며 가끔씩은 사회에 맞서 작동하는 체계 형성이기도 하다.

근세로의 이행기에 그런 차이들은 훨씬 더 첨예하게 나타난다. 사회전체적인 관련성을 가졌던 상호작용 영역, 즉 상위 계층에서의 상호작용은 종교적이며 정치적으로 중립화되고 그렇게 되기 위해 문화화된 사회적 재귀성으로 전환된다.[39] 하지만 사회이론은 일단은 개념적으로 상호작용의 생각에 묶인 상태로 남는다. 인간을 사회에 묶는 것은 여전히 사교성인 것으로서 생각된다. 1799년만 해도 "합법적 사교성에의 활발한 충동, 즉 한 민족이 지속적으로 평범한 본질을 구성하는 수단이 되는 충동"[40]이라는 말이 있었다.

하지만 프랑스혁명에서 그 이후 상호작용적인 사건과 사회전체적인 사건의 차이는 현저하게 드러난다. 사태는 상호작용을 통해 더 이상 통제될 수 없게 되었고, 전 유럽이 그 사실을 지켜보았다. 상호작용의 논리학은 테러를 방해하지 못했고, 테러를 함께 실행했다. 혁명

---

39) Niklas Luhmann, "Interaktion in Oberschichten: Zur Transformation ihrer Semantik im 17. und 18. Jahrhundert", in ders., *Gesellschaftsstruktur und Semantik Bd. 1*, Frankfurt 1980, 72-161; 그리고 이론적 성찰을 위해서는 Niklas Luhmann, "Wie ist soziale Ordnung möglich?", in ders., *Gesellschaftsstruktur und Semantik Bd. 2*, Frankfurt 1981, 195-285도 참조할 것.

40) Immanuel Kant, *Kritik der Urteilskraft*, 3. Aufl. 1799, 262, Karl Vorländer, 3. Aufl. Leipzig 1902, 227 판본에서 재인용.

축제들과 상호작용에 모사된 그 축제들의 사회이데올로기의 불편함은 더 이상 그렇게는 계속될 수 없다는 것을 아주 분명하게 만들었다. 즉 "공회들"(societas)의 포괄적인 용어학이 포기되어야 한다. 현대사회는 이전의 모든 사회보다 더 첨예하게 자신의 체계 형성을 상호작용의 가능성으로부터 분리한다. 현대사회는 또한 모든 상호작용을 사회의 하위체계들 중 하나나 다른 것에 할당하는 것도 포기한다.[41] 현대사회는 그럼으로써 상호작용 층위에서 상당한 정도의 임기응변적으로 발생하며 사회의 기능이 없으며 "일상적"이지만 유의미하게 분명하게 지역화할 수 없는 활동을 허용한다.[42] 그러나 그 활동은 학문, 경제, 정치, 친밀성, 예술 등을 위한 기능들과 상징적으로 일반화된 소통매체들에서 발전된 사회의 고차원 의미론에 더 이상 연결될 수 없기 때문에 많든 적든 진부한 것으로 느껴져야 한다.[43] 이제 타당한 "정치경제학"은 상호작용에서 개별적인 행동을 위한 명

---

41) 계층화된 사회들 또한 여기서 합의를 수용해야 했지만, 이 합의는 명료한 형식을 가지고 있었다. 즉 상호작용은 체계에 따라 특수하게 진행되거나 가문과 관련되어 진행되어야 했다. "전체 가문"이 상이한 계층들의 성원들 간의 상호작용이 필요로 했던 욕구들을 만족시키기 위한 장소였다.

42) 이미 Georg Simmel, *Grundfragen der Soziologie (Individuum und Gesellschaft)*, Berlin 1917, 13을 볼 것. 사회는 국가, 길드, 계급 같은 거대 구조들 사이의 수많은 덧없는 쌍방 효과들이 없다면, 그런 구조들만으로는 구성될 수 없을 것이다.

43) 하지만 이러한 발전은 텐브룩(Tenbruck)과 함께 과학의 "진부화"로서 해석될 수는 없다. Friedrich H. Tenbruck, "Wissenschaft als Trivialisierungs-prozeβ", in: Nico Stehr/René König (Hrsg.), *Wissenschaftssoziologie: Studien und Materialien, Sonderheft 18 der Kölner Zeitschrift für Soziologie und Sozialpsychologie*, Opladen 1975, 19-47을 참조할 것. 진부성 문제는 사회와 상호작용의 접촉면의 문제이다. 하지만 연구 자체로 진부해지지 않으며, 위대한 사랑도 진부해지지 않는다. 자본주의 경제와 정치는 말할 것도 없다. 진부성의 인상은 바로 고도로 육성된 기능 영역 내에서 나타나는 것이 아니라, 활동들이 이러한 영역들에 대한 연결을 잃는 곳에서 나타난다.

령들을 포기한다──그 명령들의 가장 고유한 교환과 생산의 영역에
서조차 그렇다.[43a]

구 세계의 계층화된 사회체계들은 동기들의 숙달이나 오인에 매우
둔감했다. 그래서 그 사회들은 도덕과 현실 사이의 뚜렷한 괴리도 감
당해낼 수 있었다. 서열 상황은 이른바 도덕의 겉모습을 거의 자동적
으로 견뎌내었다. 그 모든 것은 17세기와 18세기의 이행기 사회에 있
어서 갈수록 덜 타당해졌으며, 현대의 기능적으로 분화된 사회에서
는 더더욱 타당하지 않게 되었다. 그 다음에는 동기 지향의 상호작용
들은 예를 들어 조직을 통해 표준화되어야 하든지, 아니면 재귀적 타
협, 상호이해, "정체성 협상"에 넘겨진 상태로 남아야 한다. 그리고
동기에 대한 의심은 그런데도 확산된다. 이것 역시 사회전체적인 체
계 형성들과 상호작용적인 체계 형성들의 보다 첨예한 분리를 낳게
되었다.

사회와 상호작용이 포괄적으로 분화되면 상호작용 연관들의 분리
를 감안해야 한다. 그렇게 되면 참석자들이 제각기 어떤 다른 상호작
용 연관들에 있는지가 개별 상호작용에 대해서는 덜 중요해진다. 참
석자들의 의무들의 통합은 시간 처분을 통해 형식적으로만 성취되
고, 더 이상 포괄적인 에토스를 통해 보장되지 않는다. 그밖에도 사
회의 중요한 문제들이, 가령 합의 획득이나 통제되지 않은 활동들을
방해하기 위해 개인들의 참여를 최대한 활용하는 방법처럼, 상호작
용을 수단으로 하여 해결 가능하게 되는 경우를 갈수록 예상하지 못
하게 된다. 학문과 정치, 경제와 교육, 학문과 종교처럼, 상이한 사회
의 기능체계들 간 상호 조율 문제들이 참여자들의 토의로 해결되거

43a) 예를 들어 Thomas Hodgskin, *Popular Political Economy*, London 1827, 재판본
New York 1966, 38-39를 참조할 것.

나 단지 약화되기라도 할 수 있을 것으로 생각하는 것은 당연히 생각하기 어려운 일일 것이다. 그래서 개인들이 겪어내고 접근하고 이해할 수 있는 상호작용의 연속들과, 더 이상 파악되지도 않고 그 귀결을 통제는커녕 영향을 미칠 수도 없는 사회의 복잡성 사이에 협곡이 만들어진다. 그리고 이것은 "정상적인 사람들"의 상호작용에 대해서만 타당한 것이 아니라, 원칙적으로 모든 상호작용에 대해 타당하며, 심지어 "신조합주의"의 지도자 간에 개최되는 상호작용에 있어서도 타당하다.[44]

6. 현대사회 이행기에서 '사회체계/상호작용체계–차이'의 증대

지금까지의 설명들은 모든 사회전체적인 행위가 상호작용으로서 진행된다는 인상을 남겼을 것이다. 이 생각은 이제 교정되어야 한다. 이 점을 위해서는 우리는 지금까지 무시한 개념적 구분을 도입해야 한다. 그 구분은 사회적(social) 차원과 사회적 체계의 구분에 상응한다. 행위는 의미 규정에서 사회적 차원이 함께 고려될 때에는, 즉 다른 사람들이 그 행위를 어떻게 생각할 것인지에 주목할 때에는 언제

---

44) 여기서도 너무 빠른 이해에 대한 경고가 추가되어 있을 수 있다. 텍스트에서는 상호작용이 사회의 적합성을 잃지 않는다고 주장되지 않는다. 그 반대이다. 그런데도 개별 상호작용에서 도입되는, 성과가 아주 많(지만 문제를 해결하지는 못하)는 발전들이 있다고 전제해야 하게 될 것이다. 현대사회는 상호작용에 맞서, 전현대적 유형의 사회들보다 일반적으로 무차별적이고 특수한 관점에서는 또한 민감하기도 하다. 그 이유는 특히 중요한 상호작용이 상위 계층에 집중된 상황이 없어지고, 적합성/부적합성의 이러한 상승 관계가 그 자리에 들어섰다는 데에 있다.

나 사회적 행위가 된다. 하지만 행위는 그것이 소통으로서 의도되고 그리고/또는 경험될 때에만, 그런 식으로만 사회의 사회적 체계를 실행하기 때문에 사회의 행위가 된다.

절대적으로 상호작용과 무관한 사회적 행위가 있다. 결국에는 인간들은 다른 사람들의 참석 없이도 행위하고, 그들에게 있어서 (아니면 있을 수 있는 관찰자에게 있어서) 사회를 환기시키는 의미를 그들의 행위에 부여할 수 있다. 가령 상호작용에서 직접적인 연결이 없는 다른 상호작용으로 이행되는 경우들을 생각해보라. 다른 사람에 의한 관찰을 배제한 가운데 혼자서 꾸미는 몸 단장 행위들을 생각해보라. 혼자서 대기실에서 기다림, 저녁에 혼자 집 안에 있기, 독서, 쓰기, 혼자 하는 산책 등 같은 어떤 것을 생각해보라. 나홀로 행위들은 항상 그 의미 규정이 사회와의 관련을 동반할 때에는 사회적 행위들이라고 할 수도 있다. 사람들은 하나의 상호작용에서 다른 상호작용으로 이행할 때 자신의 행위를 재빨리 하거나 느리게 하기도 한다. 사람들은 혼자 있는 시간에 마음대로 하거나, 다른 사람이 함께 있으면 결코 행하지 않을 행위들을 해보기도 한다. 상호작용은 준비하기도 한다. 절대적으로 완전하게 사회로부터 독립된, 순수하게 "사적" 행동, 즉 그런데도 행위의 형식을 취하는 행동이 있는지에 대해서는 지금으로서는 그냥 내버려둘 수 있다. 왜냐하면 이것은 특히 개념 형성의 질문이기 때문이다. 즉 행위를 사회적인 것으로서 범주화하기 위해 사회와 얼마나 먼 관련들을 충분하다고 볼 것인지에 달린 질문이기 때문이다. 어쨌든 여기서는 행위자들 자신을 통한 의미 규정을 근거로 삼아야 하지, 관찰자가 확정할 수 있을 사회의 조건화를 근거로 삼을 수는 없다.

나홀로 행위는 모든 과거 사회에서는 드물었고 무의미했다─벌써 주택과 그 밖의 생활공간이 거의 격리 가능성을 제공하지 않았다는 때문에도 그렇다.[45] 진화의 과정에서 비로소, 상호작용 없이 발생하지만 사회의 행동이 준비되고 결국에는 광범위한 사회의 소급 효과와 의미론적 소급 효과를 관철시키는 나홀로 영역이 생겨난다. 그것은 쓰기와 읽기 영역이다. 따라서 문자의 발명은 나홀로 사회적 행위가 그런데도 사회의 행위, 그럼에도 소통이 될 기회를 가능하게 한다. 그것이 가능하다면 아무도 참여하고 있지 않아도 사회의 재생산에 함께 작용할 수 있다.

문자와 인쇄술을 통해 야기된, 소통 본질의 확장의 엄청난 의미에 대해서는 우리는 이미 위(제4장 7절)에서 지적했다. 여기서 중요한 것은 부분 질문이며, 그 질문은 그런데도 사회와 상호작용의 차이에 영향을 미친다는 것을 통해 특별한 의미를 갖는다. 문자와 인쇄술은 상호작용체계에서 철수하여, 그런데도 포괄적인 결과를 가지는 사회전체적인 소통을 할 수 있게 해준다. 그 자체가 상호작용에서의 철수를 강요하지는 않더라도 아주 권고하는 문자의 소통 형식을 선택한다면, 일단은 더 많은 수신인에게 오랜 시간에 걸쳐 도달할 수 있게 되는 것이 물론 관건이다. 그러나 상호작용의 연관들로부터 이러한 소통 방식을 분화시킨다는 것은 양적인 의미만 갖는 것이 아니다. 그러한 분화는 상호작용에서는 도달 불가능한 작용 방식을 가능하게 하며, 그러한 방식과 함께 사회와 상호작용의 차이의 상승을 가능하게 하며, 그 차이는 그 다음에 사회체계에 의해서도 상호작용체계

---

45) 이것은 종종 강조되는 것처럼, 근세가 진행되는 시기까지 타당하다. 친밀한 상호작용의 가능화 관점에서 대개 논의되는 이행 상황에 대해서는 Lawrence Stone, *The Family, Sex and Marriage in England 1500-1800*, London 1977, 특히 253 이하; Howard Gadlin, "Private Lives and Public Order: A Critical View of the History of Intimate Relations in the United States", in: George Levinger/Harold L. Raush (Hrsg.), *Close Relationships: Perspectives on the Meaning of Intimacy*, Amherst 1977, 33-72를 참조할 것.

에 의해서도 지향의 대상이 된다. 그 분화는 다른 한편 상대방과 소통 대상의 불참석을 보다 표준화되었고 보다 규율된 언어 사용을 통해 보완하고, 다른 경우라면 상황 가운데 명증했을 것들로부터 많은 것을 언어를 통해 동시에 명확하게 하도록 강제한다.[46]

이 사태에 대해서는 편지를 통한 유혹의 보기에서 세밀한 분석이 이루어졌는데, 이것은 사회학이 아니라 편지소설 자체 내에서 이루어졌다. 편지는 편지보석함의 도움으로, 가문의 상호작용에 맞서 규정된 관계들이 분화될 수 있게 해주었다. 사랑 관계는, 바로 그 때문에 유혹적으로 작용하기도 했지만 비밀로 유지될 수 있었다. 사랑 관계는 모든 상호작용, 집안의 상호작용뿐만 아니라 연인과의 상호작용으로부터도 자유로운 시간, 즉 연인을 만나기 전과 후에 즐거운 상상의 대상이 될 수 있게 되었다.[47] 편지는 이론과 경험에 따라서는 지속할 수 없을 계기에 지속(다시 읽을 수 있음)을 보장하는 상징적 대상이 된다. 18세기의 편지문학은 그 사실에 대해 유혹 자체가 편지를 통해 발생하며, 숙녀가 편지를 — 외롭게 그리고 자신의 고유한 상상에 내맡겨진 채 — 혼자 읽고 혼자 대답함을 통해 발생한다는 근본적인 통찰을 덧붙인다. 근본적으로 시선들, 몸짓들, 한숨, 수사학 같은 신체를 통한 참석의 수단이 사용되지 않는다. 편지는 숙녀가 읽기와 쓰기에 홀로 몰두하며 그녀의 고유한 상상에 내맡겨져, 그 사실

---

46) 이것이 인쇄술 도입 후에 매우 의식적으로 실행된 전환 과정이었다는 것은 Michael Giesecke. "'Volkssprache' und 'Verschriftlichung des Lebens' im Spätmittelalter — am Beispiel der Genese der gedruckten Fachprosa in Deutschland", in: Hans Ulrich Gumbrecht (Hrsg.), *Literatur in der Gesellschaft des Spätmittelalters*, Heidelberg 1980, 39-70에서 보여주고 있다.

47) 수많은 보기들 중 단 하나만 언급하면, Jean Regnault de Segrais, *Les Nouvelles Françoises, ou les divertissements de la Princesse Aurélie*, Paris 1657, Bd. 1, 특히 93 이하를 볼 것.

에 맞서 더 이상 저항할 수 없게 된다는 이유로 결국에는 자기 자신을 스스로 유혹하도록 만든다.[48] 사랑의 예술과 여성에 대한 정중함의 양식화된 유혹 기술이 알려지고 수용되고 인쇄되고 복제될 수 있게 된 후, 사람들은 사회적 효과를 실현시키거나 강화하기 위해 고독을 투입했다. 이것은 다시금 진정하게 사적인 것으로서 인쇄된 편지 소설을 통해 독자들에게 일임되었다.[49]

그밖에도 문자는 (그리고 인쇄술은 더더욱) 완성된 사실의 기법이라는 표제어 하에 수행될 수 있을 처리 방식들을 가능하게 한다. 사람들은 상호작용에서는 어쩌면 주도하거나 견지해나갈 수 없을 입장들과 견해들을 사전에 문자로 고정한다. 격문이 없었다면 혁명도 없었을 것이다. 가격표가 없다면 신속한 판매도 불가능할 것이다.[50] 그러면 이어지는 상호작용에서 특히 갈등을 피하고자 할 때 기록된 것을 시사하고, 기록된 것에 관해 말하고 그것을 근거로 삼을 수 있다.

이 연관에서는 법칙 적용의 결과로서 드러나는 뻣뻣하고 공식적이고 강요된 행동과 대조되는 가운데 "자연스런" 행동의 의미론의 (이미 16세기에 시작하는) 이력을 살펴보는 것이 최종적인 도움이 될 것이다. 오늘날에는 이것은 이미 더 이상 유의미한 규모로 관철되지

---

48) 이 과정에 대한 가장 섬세한 서술은 Claude Crébillon (fils), *Lettres de la Marquise de M. au Comte de R. (1732)*, Paris 1970판에서 재인용. *Laclos et la tradition: Essai sur les sources et la technique des Liaisons Dangereuses*, Paris 1968, 특히 160 이하도 참조할 것.

49) 사생활, 감정 강화, 광범위한 영향의 연관에 대한 가장 뛰어난 분석 가운데 하나는 Ian Watt, *The Rise of the Novel: Studies in Defoe, Richardson and Fielding*, London 1957, Neudruck 1967, 186 이하에서 볼 수 있다.

50) 나는 상점 주인과 초콜렛 한 판의 가격에 관해 오래 협상하겠다는 시도에서, 상점 주인이 [가격의 정당성에 대한] 논증보다는 항상 가격이 명확하게 적힌 가격표를 가리키는 경험을 한 적이 있다.

않았다. 무형식성까지는 아니더라도 비공식성은 사회적 규범이 되었고, 그 다음에 그러한 사회적 규범에 맞서 다시 속물적-자기표현이라는 비판을 예상하는 예절 서적이 집필된다. "자연성"이나 "비공식성"은 결코 자기서술의 도외시를 의미하지 않는다. 그 말은 그보다는 의식적으로 그리고 표출적인 자기통제 하에, 즉 다시금 어떤 사회적 규범에 근거하여, 상호작용에서 혼자 있을 때와 똑같이 행동한다는 것을 표현한다. 강요받지 않음, 타인의 시선을 의식하지 않음, "계산된 부주의"를 보이는 가운데, 상호작용에서는 그 덕분에 만들어지지도 않았고 그 안에서 변화될 수 없는 행동 토대가 보장될 수 있다—문자와 비슷하게, 즉 문화인류학적으로 실현된 사실이 보장된다. 다른 사람의 참석이 행동에 영향을 미치지 못한다는 원칙은 도덕궤변론(Moralkasuistik)에서 바로 진정성의 증거로서 타당했다.[51] 그리고 진정한 우정은 친구가 있을 때도 혼자 있을 때처럼 그렇게 자연스럽게 행동할 수 있는지의 기준에 따라 평가되었다.[52] 나홀로 행동의 대조 지점은 규범이 되고, 상호작용에서 사회적인 것의 보증이 된다. 그러나 이러한 일은 나홀로 행동 또한 항상 도덕적으로, 즉 사회와 관련된 가운데 실행했을 때에만 물론 가능하다.

사회적 의미론이 이렇게 변화할 때에는 복잡성이 점증하고 사회의 상호작용 구조가 사실적으로 다양화된다는 것을 인식할 수 있을

---

51) 라로슈푸코 공작(Herzog von La Rochefoucauld)의 금언과 공리들에서 그렇게 되어 있다.

52) 예를 들어 Christian Thomasius, *Kurtzer Entwurff der politischen Klugheit*, 독일어 번역본 Frankfurt 1710, 재판본 Frankfurt 1971, 155-156을 참조할 것. 이러한 우정의 기준은, 일상적 상황 외에서도 우정의 입증을 요구하고 칭찬했던 전승에 암묵적으로 맞선다는 점에서 더욱 주목할 만하다. 이제는 사회에서 스스로 생겨나고 상호작용에 부담을 주는 문제들을 참작하여 일상 능력이 관건이 된다.

것이다. 또한 사람들이 참석하는 상호작용의 교환에서 더 많은 친숙성, 더 빠른 속도에 대한 필요, 보다 신속하게 실행할 수 있으며 사전 인식에 예속되지 않은 확실성 보장에 대한 필요를 식별할 수 있을 것이다. 특별히 돋보이는 것은, 그렇게 되기 위해 사회적 행동이 더 강하게 요청된다는 것이다. 상호작용은 마치 무수한 개별 행동들의 모래밭에 심겨지는 것처럼 되어야 한다. 읽기와 쓰기 및 시계 쳐다 보기는 어쩌면 이러한 종류의 가장 빈번한 행위 유형일 것이다. 그리고 그것은 전형적인 행위들, 그 본성 상 상호작용과 무관하며, 상호작용을 방해하기까지 하며 진행되고, 기껏해야 홀로 또는 관찰되지 않은 채 실행되는 행위들이다.

이러한 종류의 행위들이 의미를 획득함을 통해 사회와 상호작용의 차이 또한 첨예화된다. 오늘날에는 사회체계가 상호작용들로 구성된다는 생각을 그 이전의 어떤 때보다 하기 어려울 것이다. 사회를 "무역", 교환, 사교댄스, 계약, 연쇄, 연극, 담론으로 파악하고자 모색하는 이론은 오늘날에는 이전의 그 어떤 때보다 부적절할 것이다. 사회체계도 상호작용체계도 사회와 상호작용의 차이에 의존한 상태로 남는다. 사회의 행위의 상호작용 없는 영역이 생성되었고, 이 세기의 대중매체의 기법들을 가지고 문자에서 소리와 영상으로 넘어간다는 것도, 그 사실에 있어서는 어떤 것도 변화시키지 않으며, 상호작용들의 처리와 사회의 진화를 더 한층 분리시킬 뿐이다. 사회의 높은 복잡성은 사회체계가 사회체계로서 더 강하게, 그리고 상호작용체계들이 상호작용체계들로서 더 강하게 구조화될 때에만, 즉 사회체계는 폐쇄적이며 자기준거적인 소통 연관으로서 그리고 상호작용체계들은 참석에 기초하여 우연성들의 처리로서 구조화될 때에만 유지될 수 있다.

7. '사회/상호작용-차이'의 상이한 기술들: 현대사회의 의미론들과 체계이론적 발상들

사회는 오늘날 명백하게 세계사회이다──여기서 제안된 사회체계 개념에 기초한다면 어쨌든 명백하다. 그래서 상호작용과 사회의 간극은 극복할 수 없도록 넓고 깊어졌으며 (그것은 다시금 사회적 체계이론의 높은 추상도를 요구한다). 사회는 광범위하게 상호작용들로 구성되기는 하지만, 상호작용이 접근할 수 없게 되었다. 참석한 인물들이 얼마나 높은 지위를 차지하고 있든, 어떤 상호작용도 사회에 대해 대표적일 수 있다는 주장을 할 수 없다. 그래서 "좋은 사회"란 더이상 있을 수 없는 것이다. 상호작용에서 접근 가능한 경험 공간들은 더 이상 사회에서 필수적인 지식을 중개하지 않는다. 그러한 경험 공간들은 어쩌면 체계적으로 혼란으로 이끌지도 모른다. 어떤 관점에서 결집되고 축적될 수 있는 상호작용 영역들은 최대한 기능체계들에 주목하며, 어쩌면 지역적 구획(국가들)에 주목할지 모르겠지만 사회의 소통의 포괄적인 체계에 주목하지는 않을 것이다.

이러한 상황에서 세계사회의 자기기술 가능성들에 대한 질문이 제기된다.[53] 상호작용에 가깝게 형성된 개념들, 사회(societas)라는 구 개념이 더 이상 충분하지 않다는 것은 유럽에서는 1794년부터 알려져 있다.[54] 그것은 프랑스혁명의 많은 부작용들, 즉 사회의 사건들의

---

53) 이 질문은 Peter Heintz, *Die Weltgesellschaft im Spiegel von Ereignissen*, Diessenhofen, Schweiz, 1982에 의해서도 제기된다──그리고 그 질문에 대해서는 경험 연구를 위해 취리히에서 발전된 "코드"의 서술을 통해 답변이 모색된다.

54) 여기에 관해 진행중인 연구들로는 Hans Ulrich Gumbrecht, "Ce sentiment

모든 기술에 상호작용과 사회의 차이, 의도와 사건의 차이를 강제하는 부작용들 중 하나였다. 바로 이곳에, 사회 현상들을 파악하고 사회의 소통으로 재도입하고자 모색하는 의미론의 많은 변형들이 숨겨진 이유가 있다.

예를 들어 개별적으로 경험된 것과의 구체적 연관을 가진 개념들을 추상적 이념으로 대체하고자 하는 새로운 (그리고 그 즉시 새롭게 관찰된) 유행을 생각해보라.[55] 라인하르트 코젤렉(R. Koselleck)은 "집합단수들"(Kollektivsingularen)이라는 말을 한다. 구체적인 것의 재획득, 추상적인 것에서 구체적인 것으로의 상승은 그 때문에 프로그램이 된다. 낭만주의는 이성 이념에 생(生)의 형이상학의 기초를 닦고자 시도한다. 이러한 복고는 사회적 확실성들과 제한들의 재견고화에 열중했고, 그것은 이제 제도들이라고 불린다. 마르크스는 사회를, 어쨌든 초기 저작들에서 경제적 관계들과 정치적 관계들의 통일성(Einheit)으로서 재구성한다. 마르크스는 여기서 칸트의 "변증법" 개념을 고전적이며 상호작용에 가까운 맥락에서 분리해낸 후에, 그 개념을 새로운 의미로 근거지웠다.[56] 변증법은 이제 상호작용과 경험의 관점에서 보면, 더 이상 대립되는 견해들에서의 토론의 기술

---

de douloureux plaisir, qu'on recherche, quoiqu' on s'en plaigne": "Skizze einer Funktionsgeschichte des Theaters in Paris zwischen Thermidor 1794 und Brumaire 1799", *Romanistische Zeitschrift für Literaturgeschichte*. (1979), 335-373; ders., "Skizze einer Literaturgeschichte der Französischen Revolution", in: Jürgen von Stackelberg (Hrsg.), *Europäische Aufklärung Bd. 3*, Wiesbaden 1980, 269-328를 참조할 것.

55) 같은 시대의 논평으로는 Alexandre Vinet, "Individualité, Individualisme", Semeur vom 13. April 1836(ders., *Philosophie morale et sociale Bd. 1*, Lausanne 1913, 319-335에서 재인쇄)를 참조할 것.

56) *Kritik der reinen Vernunft* B 349 이하의 "초월적 변증법"에 관한 설명에서 그렇게 되어 있다.

론이 아니다. 변증법은 일별해서 파악할 수 없는 모순들, 직접적이며 일상적인 사유 방식들의 막다른 곤경들, 즉 모순들이 작동상 독립한다는 사실과 방식에 주목한다면 여전히 이론적으로 재구성해낼 수 있는 곤경을 다루어낸다. 〔하지만〕이런 의미에서의 "변증법적" 사회이론은 자신을 유지하기 위해 정치적 지원을 필요로 하는 기대가 된다. 특히 가치 개념과, 가치 강조가 19세기 후반에 관철되었다는 점을 생각해보라 ── 하지만 이 현상은 상호작용과 사회의 넘을 수 없는 차이라는 똑같은 출발 상황 덕분에 같은 시기에 생성된 사회학과 모순되는 경향을 띠며 나타났다.[57]

우리의 주도 질문은 다음과 같았다. 이 방식으로 의미론적으로 결집되는 것이 일상적으로 작동하는 사회의 작동상 자기기술로서 적절한가? 그 대답은 분명하게 "아니오"가 되지 않더라도 어쨌든 회의적으로 나타날 것이다. 전체를 지향하는 신체의 몸짓들이 물론 오늘날에 완전히 없는 것이 아니다. 하지만 그것들의 확산 성과는 해방(손에서 내려놓기), 위기, 통치 곤란 같은 부정적인 의미들을 통해 조건지어진 것으로 보인다. 료타르는 바로 포스트모더니즘의 성격을 모든 "메타 서사들"(métarécits)의 종말로서, "메타 서사들에 대한 불신들"로서 규정했다.[58] (그리고 그것은 이데올로기들이 같은 증후군

---

57) 최근에 특히 사회학에 반대하는 니체의 옵션과 사회학에 대한 니체의 중요성이 이 상황에 있어서 전형적으로 토론된다. Eugène Fleischmann, "De Weber à Nietzsche", *Europäisches Archiv fur Soziologie 5* (1964), 190-238; Horst Baier, "Die Gesellschaft ──ein langer Schatten des toten Gottes: Friedrich Nietzsche und die Entstehung der Soziologie aus dem Geist der decadence", *Nietzsche-Studien 10/11* (1981/82), 6-33; Klaus Lichtblau, "Das Pathos der Distanz: Präliminarien zur Nietzsche-Rezeption bei Georg Simmel", Ms. Zentrum für Interdisziplinäre Forschung Bielefeld 1982를 참조할 것.

58) Jean-Franiçois Lyotard, *La condition postmoderne: Rapport sur le savoir*, Paris 1979, 7-8.

에 속하며 이미 그 증후군에 대한 대답이었기에, 이데올로기 종말의 공식보다 더 나은 공식이다.) 구호들이 지칭들을 대신한다. 구호들 역시 확산된 경험들을 모을 수 있을 때만 성과를 낼 수 있다. 바닥없는 추상에 너무 지나치게 맞추는 것은, 그렇게 되면 자신들의 주장을 설명할 수 없을 것이기에 잘못일 것이다. 구호들은 이런 점에서 사회체계의 자기기술의 기능 지점에 들어선다. 어쩌면 세계사회가 물론 자기기술의 척도에 따라 계획되고 작성되거나 개선될 수 없다고 하더라도, 자기기술 없이는 전혀 존재할 수 없는 (차이)동일성이라고까지 주장할 수 있을 것이다. 포괄적인 소통체계가 분화되어 있고, 다른 모든 것으로부터 구분되면, 이 사실은 자기기술에의 필요를 자극하며, 이 필요는 작동상 규정 가능성이 없으며 그래서 부정적인 것을 지향한다. 왜냐하면 부정성은 의미가 처분될 수 있는 가장 일반적인 형식이기 때문이다.

특히 "의미상실"은 오늘날 경험할 수 있는 것을 사회의 자기기술로 도입할 때 사용되는 공식이다. 그러나 의미는 여전히 체험과 행위의 불가피한 형식이다. 의미가 없으면 사회도, 모든 사회적 체계도 그냥 존재를 중단해버릴 것이다. 이것이 의미하는 것은 이 공식을 통해 적절하게 지시되지 않고, 사회가 책임이 있다고 설명할 수 있기 위해 과장된다. 사실 어떤 상호작용도 참석의 확신 능력을 통해 사회의 의미를 참석자들에게 확신시켜 줄 능력을 더 이상 가지고 있지 못하다. 의미상실의 이 공식을 활성화시키고—남용하고자 모색하는—것은 바로 이 경험이다. 이 공식은 바로 사회체계와 상호작용 체계들의 역사적으로 특이한 분화를 통해 유지되고 있다. 그 사실에 대해 문화비관주의를 내세워 반응할 이유는 없다.

사회학은 이 장면을 자신의 고유한 등장을 위한 무대로서 간주할 수도 있다.[59] 사회학적 "공명"이 없는 것도 아니다. 하지만 사회학은 여기서 장면을 사전에 배열해 버린 것이 자신의 고유한 이론이었다는 점을 간과해서는 안 된다. 사회학이 사회체계의 성찰 학문으로서 그 체계의 자기기술들을 제공하거나 통제까지 해낼 수 있다는 주장을 제기한다면, 일단은 그 작업에 적절한 개념들을 발전시켜야 하고, 특히 주로 부정적 자기기술 양상의 귀결을 파악하고 책임질 수 있어야 할 것이다.

8. 사회에 의한 상호작용의 선택과 상호작용에 의한 사회의 선택

요약하면 사회와 상호작용의 차이를 통해 선택 가능성들이 수립되어 있다는 것을 확인할 수 있다.

상호작용체계들은 지속적으로 포기되고 새로 시작할 수 있고 또 그래야 한다. 그렇게 되기 위해서는 포괄적인 의미론, 즉 이 과정을 개연적인 것과 보전된 것의 방향으로 조종하는 문화가 필수적이다. 이런 점에서 사회는 모순되는 것과 일탈적인 것을 배제하지 않은 채, 상호작용으로서 발생하는 것에 대해 선택적으로 작용한다. 즉 사회의 선택은 결정하지 않는다. 그것은 가벼운 것과 마음에 드는 것을 가지고 완화하기만 한다. 그리고 공식적으로 제공된 전형으로부터의 일탈이 바로 그런 완화를 가능하게 한다. 사회의 선택은 마음에 드는 경우에는 상호작용을 제공한다. 그리고 그에 따라 전형들이 관철되면, 바로 그렇게 됨으로써 일탈이 매력적이고 흥미롭고 유리해진다. 선택의 힘은 인과 법칙적인 역학에 있는 것이 아니고, 설계나

---

59) 그래서 실제로 Heintz a. a. O.가 그러하다.

복잡성의 통제에 있는 것도 아니다. 선택의 힘은 비개연적 질서의 전형이 관건이 되며, 그런데도 그 조건 하에서만 개연성 있게 기능한다는 데서 나타난다.

하지만 사회는 그자체가 상호작용들의 결과이다. 사회는 자신이 선택하는 것과 무관하게 설치된 기관이 아니다. 사회는 신이 아니다. 사회는 어떤 의미에서 상호작용들의 생태계, 그 체계를 통해 상호작용 기회들이 경로화된다는 점에서 스스로 변화하는 생태계이다. 사회는 상호작용 혼자서는 결코 할 수 없을 것, 즉 갈수록 비개연적인 것을 개연성 있게 만드는 일을 실현시킨다. 하지만 사회는 (우리가 개관하였던, 갈수록 중요해지는 예외들을 가지고) 오로지 상호작용을 통해서만 그것에 도달한다. 이런 점에서 사회가 상호작용들을 선택하고, 상호작용들이 사회를 선택한다는 것을 확인할 수 있다. 그리고 그 둘은 다윈(Darwin)의 선택 개념의 의미에서, 즉 원작자 없이 이루어진다. 그러나 선택은 단순하게, 적응하는 체계의 환경에 의한 선택이기만 한 것이 아니며, 그 선택은 체계의 편에서도 단순하게 환경에 대한 체계의 적응이기만 한 것도 아니다.[60] 그 선택은 사회적 체계의 층위에서는 자기 자신을 조건화하는 선택이다. 그리고 선택의 선택은 사회와 상호작용의 차이를 통해 실행에 옮겨진다.

따라서 사회와 상호작용의 차이는 사회문화적 진화 가능성의 조건이다. 여기서는 살아 있는 체계의 진화가 관건이 아니다. 인구의 재생산적 격리를 통해 종과 속의 분화에 이르는 진화가 관건인 것도 아니다. 그밖에도 사회문화적 진화는 유기체 진화와 비교했을 때, 세대의 연속에 의존하는 것도 아니다. 사회문화적 진화는 새로운, 어쩌면

---

60) 다윈적 개념에 대한 상응하는 수정들에 대해서 Edgar Morin, *La Méthode Bd. 2*, Paris 1980, 47 이하도 참조할 것.

돌연변이된 유기체들이 형성될 때까지 기다릴 필요가 없다. 그 결과 사회는 엄청난 속도 획득에 도달한다. 새로운 종류의 상호작용 이념은 모든 순간에 실행될 수 있고 (이것은 종종 나이 든 상호작용 참석자들이 수용하고 싶지 않을 때에도 그렇다.) 세련된 대화, 학문적 학술대회와 유사 학술대회, 명상과 조깅, 도시 전체의 빈집 무단 거주에 이르는 무단 점유 등을 생각해보라. 진화의 다른 층위들은 여기서 바이러스, 박테리아, 또는 단순한 곤충들의 예외 경우와 보조를 맞출 수 없다. 사회문화적 진화는 도대체 가능한 진화만을 단순화하고 가속화하고, 그럼으로써 그런 진화에 대해 고도로 선택적으로 작용한다. 즉 선택의 선택은 사회적 체계들의 층위를 훨씬 벗어나서, 이 체계들을 생태학적 문제학 안으로 밀어 넣으며, 사회적 체계들은 처음에는 어쨌든 이 생태학적 문제학에 무력하게 내맡겨진다.

　유기체 진화와 사회문화적 진화의 이 모든 차이에도 불구하고, (그 자체가 암시된 문제적인 결과들을 불러 올 차이로서,) 사회문화적 진화는 엄격한 의미에서의 진화, 즉 무계획적으로 유발된, 고도로 비개연적인 복잡성 구축이다. 전제조건은 자기생산체계들의 분화이며, 그 체계들은 그 자체가 다시금 진화의 결과이다. 자기생산의 (차이)동일성은 그 (차이)동일성의 끊임없는 자기갱신과 다를 바 없다. 이것을 위해서는 모든 상황에서 많든 적든 거대한 연결 가능성들의 여지가 있다. 사회적 체계들은 항상 그리고 유일하게 연결 가능한 소통이다(내지는 자기관찰에서는 연결될 수 있는 행위이다). 연결 가능성은 요소들의 자기준거를 통해 그리고 기대 구조들을 통해 보장되어 있다. 이러한 가능성 과잉의 내부에 (순간의) 의미 지평에 고정되어 있고 개연성들로서 관찰될 수 있는 상이한 개연성들이 있다.[61] 이 여지

<hr>

61) 여기서는 텍스트의 언어 자체가 관찰 언어라는 점, 텍스트 언어가 관찰들의

는 상이한 개연성들로 구조화되어 있으면, 동시에 진화의 잠재로서 파악될 수도 있다. 가능성들의 양 그리고, 관찰[62]의 기초가 되는 시간 간격이 충분히 클 때에만, 그 잠재 안에서 가끔씩 비개연적인 것의 선택이 개연성을 가진다. 그러면 체계는 가끔씩 극단적인 입장들, 즉 아무도 (체계 자신도 외적 관찰자도) 그것들의 수용을 개연성 있다고 생각하지 않으며 바로 그 때문에 포괄적인 결과들을 유발할 극단적인 입장에 빠지는 것처럼 보인다. 이 방식으로 원자들이 생성되었다고, 즉 질료가 진화상 비개연성에 힘입어 생성되었다고 추측한다.

사회적 체계들의 영역에서 비교적 비개연적인 입장들은, 위험이 상호작용체계들에 할당됨을 통해 쉽게 수용 가능해진다. 상호작용들은 어쨌든 중단해야 한다. 즉 상호작용들을 실험에 사용할 수 있다. 그래서 교환이나 전령을 통한 소식들의 전달, 직계 근친상간의 금지와 많은 다른 요소들의 유형들이 고도의 제도적인 연결 값을 처음에는 상호작용에 특수하게 도입되었고 그 다음에 사회에서 입증되었다고 생각할 수 있을 것이다. 처음에는 상호작용의 자기생산이 있었지만, 사회의 자기생산까지 모험에 내맡겨진 것은 아니다. 모험적인 혁신이 더 이상 후속 행위를 허용하지 않는다는 것도 가능할 수

관찰함의 층위에 있다는 점에 주의해야 한다. 자기생산의 실제 실행은 항상 특정한 방식으로 일어나지 다르게 일어나지는 않는 사실상의 진행이다. 개연성(과 또한 연결 가능성)이라는 말은 관찰자의 정보처리와 관련하여 말할 수 있으며, 이때 이 관찰 자체는 자기생산 과정에 재도입될 수 있고 그 다음에 그 과정을 함께 규정한다 ─ 자기생산 과정이 이제 개연적인 것을 선택하든지, 아니면 그 과정이 정확하게 이것을 회피하고 새로움, 위험, 비개연성을 목표로 하든 상관없이 그렇다.

62) 관찰은 여기서 비개연적인 것의 개연성이 가시화되게 만드는 입지와 관련 되어 있다.

있지만, 그럼으로써 상호작용만 끝나며, 사회까지 끝나는 것은 아니다. 사람들은 참석 무대장치를 바꾸고 새로운 상호작용을 시작한다. 이미 상호작용체계 안에서 혁신이 실험될 수 있다──18세기의 프리메이슨[기사단]의 작은 집에서 왕조와 성직자들에 대해 제기된 공개 비판을 보기로 생각할 수 있다.[63] 비개연적인 것의 상호작용 안정성은 그것이 진화 속으로 도입될 때 필수적인 전제 중 하나이다(돌연변이가 적어도 세포 차원에서 안정적이어야 하는 것처럼). 즉 여기서 최초의 사전 분류가 일어난다. 가능성의 최초 입증은 그것을 통해 동시에 실행된다. 하지만 진화상 성취로서의 선택은 원래 상호작용체계의 상황에 따른 특수성들이 요구되지 않았고, 혁신이 한 번 실행되었을 뿐이기는 하지만 다른 곳에서도 신빙성이 있었다는 것을 전제한다.

사회문화적 진화의 기본 전형이 한번 수용되면, 그밖의 것은 쉽게 자리 잡을 수 있다. 이제는 진화의 가속화에 관련된 가설들을 도출할 수 있다. 그것은 비교적 상호작용 없는 소통 가능성들이 형성될 때에는 가속화에 기여하게 될 것이다. 왜냐하면 그 경우에는 상호작용에 맞서 투입된 혁신 잠재가 활성화될 수 있기 때문이다. 이러한 일들은 이미 다루어진 문자와 인쇄술 기제에서 일어났다. 그것은 상호작용체계들과 사회체계의 차이가 강화되면, 즉 사회의 자기생산이 "중요한" 상호작용들로부터 독립화될 때 가속화에 기여할 것이다.[64] 이

---

63) 여전히 이 사례와 프랑스혁명에 대한 준비에 대한 그 사례의 중요성은 논란의 여지가 있다. 하지만 상호작용의 특이한 연출과 비밀유지 의례가 실제로 온전함의 의미와 목적과 관련되지 않았기 때문에, "부수적인" 혁신을 얼마나 많이 촉진시켰는지는 잘 생각할 수 있다.

64) 특별히 이 점에 관해 Niklas Luhmann, "Interaktion in Oberschichten", 같은 곳 참조.

가설들이 사실상 명백한 속도 상승들을 함께 살펴보지 않은 채 사회 문화적 진화에서 이끌어낸 것이 아님은 쉽게 볼 수 있을 것이다.

이러한 진화이론의 맥락에서 그리고 선택과 적응 개념들을 그에 따라 풍성하게 하면서, 상호작용과 무관한 사회의 소통의 (처음에는 기술적인) 발견들을 새롭게 평가할 수 있게 된다. 그밖에도 사회의 복잡성 형식들(예를 들어 더 이상 상호작용을 통해 위협받지 않을 체계 분화)도 새롭게 평가할 수 있게 된다. 상호작용과의 증대된 거리는, 쉽게 볼 수 있겠지만 일종의 문화이다—"더 높은" 문화(처음에는 그렇게 의도했다), 즉 상호작용적 소통과 상호작용 없는 소통을 만들어 내어야 할 때에도 여전히 기능하는 문화이다. 하지만 그 문제를 넘어서서 이것이 선택의 선택에 대해 무엇을 의미하는지의 질문이 제기된다. 이 점에 대해서는 현재로서는 발상 차원의 생각도 펼쳐 보일 수 없다. "대중매체"에 관한 문헌들을 뒤져보는 것으로는 성과를 발견할 수 없을 것이다. 특수하게 상호작용체계들이 상호침투를 전담하며, 상호침투의 제한들을 실험하면서 그것들의 고유한 기여들을 실행한다는 전제에서 출발하면, 이제는 더 이상 상호침투를 통해 지원받지 않으며—그런데도 기능하는—혁신들이 갈수록 더 많이 방출된다(freigesetzt)는 것을 추측할 수 있다. 수많은 경우에 소외의 주제가 나타난 것은 우연한 일이 아니다. 그밖에도 조건화된 개연성들이 그 자체로 비개연적인 소통으로부터, 그러한 다발적인 우발로부터 새롭게 상승되고, 생태학적으로 관용될 수 있는 것의 한계를 신속하게 도달할 것임을 기대할 수 있다. 진화는 사회체계의 인간적인 환경과 자연적인 환경과 더 이상 조정되지 않은 조건들, 즉 사회가 환경을 자신에 적응시키기 위해 환경에 더 강하고 지속적인 영향력을 전제하는 조건들을 만들어내는 것처럼 보인다. 우리는 다음 장에서 바로 그 점에 맞추어진 합리성 개념을 모색할 것이다.

제11장 자기준거와 합리성

1. 자기준거: 스스로를 주체화하는 차이

우리 연구의 도입으로 삼았던 이중적 패러다임 전환의 결과로서, 자기준거라는 개념 유형이 체계이론의 핵심으로 떠올랐다. 형식이든, 대상이든 결코 자기준거를 드러낼 수 없는 어떤 것을 체계로 표현하는 것이 어떤 의미를 가질 수 있을 것인지를 우리는 사회적 체계 조사 범위 내에서 미규정 상태에 둘 수 있다.[1] 다음의 인식론적 (내지는 의미이론적) 질문들도 마찬가지로 [그렇게] 생각하자. 자기준거를 드러내지 않는 형식이나 대상이 도대체 관찰될 수 있는지, 또는 관찰된 것이 자기 자신과 관련된다고 구분 동작에서 언제나 사전에 전제할 것인지, 자신과 동일하며 동일하게 남을 것으로 시도할 것인

---

1) 일반 체계이론이라면 여기서 결정을 내려야 할 것이며, 대상들을 단순히 자기준거를 통해서만 정의하겠다는 용기를 가진 저자들은 어쨌든 있을 것이다. 그 보기로서 특히 Ranulph Glanville, *A Cybernetic Development of Epistemology and Observation, Applied to Objects in Space and Time (as seen in Architecture)*, Thesis, Brunel University, Uxbridge, Engl. 1975를 들 수 있다.

지, 그리고 자신의 환경과 구분되는지의 여부도 마찬가지이다. 이런 종류의 질문은 우리 연구 영역의 외부에 있다. 사회적 체계들은 의심할 여지없이 자기준거적인 대상들이다. 우리는 언제나 사회적 체계들이 자기 자신과 관련된다는 사실을 고려할 때에만 그것들을 체계들로서 관찰하고 기술할 수 있다.[2]

체계이론 외부에서는 이 사실에 대한 사회과학적 입장들이 상반된다. 한편으로는 중요한 전통을 따르며 의식에 대해 "주체"를 (그러니까 바로 객체가 아니라!) 예약하고 그 다음에 주체를 자기 자신을 개별화하는 개체들로 해석한다. 따라서 자기준거는 의식의 영역에서만 배타적으로 나타난다.[3] 그에 따르면 관찰은 의식을 이용할 때만 발생할 수 있으며, 관찰은 어떤 경우에도 의식을 전제할 수 없는 대상들이 마주하는 것을 보고 있어야 한다. 그로 인해 주체와 객체의 전제는 모든 후속 정보 처리의 대전제가 된다. 다른 한편 바로 사회과학의 영역에서 이 차이가 분명하게 분류될 수 없는 사태들에 맞닥뜨린다. 이런 사태들에 우연히 맞닥뜨리는 것이 아니라 체계적으로 맞닥뜨리며, 가끔씩이 아니라 항상 그렇다. 사회적인 것은 절대로 개별 의식으로 완전하게 환원될 수 없다. 사회적인 것은 의식 안으로 완전하게 들어가지도 않는다. 그리고 그것은 상이한 개인들의

---

2) 이로써 사회적 대상들이 달리 관찰되고 기술될 수 있다는 점은 반론의 여지가 없다. 모든 전통이 이 일을 했다. 그래서 텍스트에서는 의도적으로 (그리고 상응하는 구분에 기초하여 Igor V. Blauberg et al., *Systems Theory: Philosophical and Methodological Problems*, Moskau 1977, 119-120) 우리는 체계로서 그것들에게 자기준거를 전제할 때에만, 관찰하고 기술할 수 있다. 즉 달리 말해 그것들의 고유 복잡성을 감안할 수 있다.

3) 반면 자기준거라는 순수한 개념에서 출발하면, 오늘날의 인식 상황에서는 적어도 생물학적(이며 물리학적이지는 않은) 주제 개념을 강요받는다. 생물화를 실행하는 것은 Edgar Morin, *La Méthode Bd. 2*, Paris 1980, 특히 162 이하이다.

의식 내용들의 합으로서 파악될 수 없고, 의식 내용들을 합의의 영역으로의 환원으로서 파악하는 것은 더더욱 안 될 말이다. 사회적인 것의 경험과 그 이상으로 사회적인 의미연관의 실천적인 실행은 언제나 이러한 환원 불가능성에서 출발한다. 바로 그 때문에 예컨대 속이거나, 스스로 속을 것을 두려워하거나, 정보들을 말하지 않거나, 무지의 중요성에 관해 아주 일반적으로 알 수 있다. 차이는 그런 식으로만 상이한 인물들의 정보 현황에서 의미를 가질 수 있다. 그렇게만 소통이 가능하다는 것이다. 사회적인 것의 환원 불가능성의 경험은 사회적인 것을 구성하는 데로 옮겨진다. 그 환원 불가능성의 경험이 바로 사회적인 것의 자기준거의 경험이다.

따라서 당연하게도 심리적 체계 역시 자기준거적 체계들이라는 견해는 보전된다. 심리적 체계들은 제7장에서 서술했듯이, 자신들의 자기준거를 의식의 형식으로 가지고 있다. 심리학자들은 예를 들어 '자극/반응-도식'을 비판하거나 독립변수 개념을 비판한다면, 그런 사실들에 부딪힌다.[4] 이 연구가 더 정밀하게 그들의 체계 종류에 관련될 때, 그것으로부터 사회적 체계들의 자기준거에 대한 직접적인 결론을 끌어내는 것은 갈수록 어려워질 것이다.[5]

이것을 인정한다면, 의식이 세계의 주체라는 전제를 이미 포기한 것이다. 의식 사실들의 경험적/초월적이라는 이중화는 불필요해진다. 주체 용어학을 살리려 한다면, 의식은 세계의 주체이며, 그 옆에는 다른 주체의 종류들, 특히 사회적 체계들이 있다고 말할 수 있을 것이다. 또는 심리적 체계들과 사회적 체계들이 세계의 주체들이다. 또는 유의미한 자기준거들이 세계의 주체이다. 또는 세계는 의미 상

---

4) 예를 들어 J. Smedslund, Meanings, "Implications and Universals: Towards a Psychology of Man", *Scandinavian Journal of Psychology 10* (1969), 1-15를 볼 것.
5) 중개 개념이 여기서 상호침투 개념이라는 점을 한 번 더 환기시킬 일이다.

관물이다. 이 경우에 그러한 테제는 주체와 객체의 명료한 데카르트적 차이를 무너뜨린다. 우리가 주체 개념을 이 차이로부터 생각한다면, 그 개념은 쓸모없어진다. 차이가 자신을 주체화한다는 것이다. 자기준거적 체계들과 자기준거적 객체들이 동형적인 것으로 생각된다―실제로 칸트가 이성과 물 그 자체를 이해했던 것과 마찬가지로 말이다. 그리고 그러면 단순한 자기준거 개념을 가지고 꾸려나갈 수 있지 않은가?[6]

이렇게 전환하는 것은 물론 어려움들을 만들어 낼텐데, 그것들은 우리의 지금까지의 분석을 동반했고 분석에 부담이 되었던 순수하게 언어적인 종류의 어려움이다. 의식철학뿐만 아니라, 언어도 주체로부터 행위한다. 모든 동사들은 누구 또는 무엇이 관련되는지가 알려져 있거나 인식될 수 있을 것을 전제한다. 그리고 그 누구와 그 무엇에 대한 후속 질문을 잘라내는 자기관련성(눈이 온다. 할 만하다. 옳다)은 몇몇 경우에만 표현될 수 있다. 〔우리 연구에서는〕 우리가 그 사용을 피할 수도 없고 피하려 하지도 않을 많은 동사들은 그 동사들의 일상적 이해에 따라 의식 능력이 있는 작동 담지자가 된다. 관찰함, 기술함, 인식함, 설명함, 기대함, 행위함, 구분함, 귀속함 등을 생각해보라. 하지만 이 일상적 이해는 이론적인 근거를 갖추지는 못했다.[7] 우리는 이론적으로 언급할 수 있는 이유에서, 그러한 동사들의

---

6) 또 다른 원칙적인 의미에서와 자기준거의 개념화와 관련되지 않은 채, 데카르트에서 체계이론의 "패러다임 전환"은 Jean-Louis Le Moigne, *La théorie du système général: théorie de la modélisation*, Paris 1977에 의해서도 토론에 부쳐졌다. Edgar Morin, *La Méthode, Bd. 1*, Paris 1977 (명시적으로, 예를 들어 23)도 비슷하다.

7) 그 점을 환기시키는 것은, 항상 새롭게 순수한 언어습관이 사실 인식으로서 부각된다는 이유로 중요하다―"원래" 개별 개인들(개인들, 주체들)만이 행위할 수 있다는 것을 항상 다시 읽고 독서해야 할 때에 그렇다. 예를 들어 (그것을

(언어 준거와) 주체 준거의 의식 전제들을 삭제해야 했다. 그런 전제들은 이 텍스트에서는 그것들이 자기준거적 체계라고 기술될 수 있지만, 반드시 심리적 체계는 아닌, 그러니까 자신의 작동을 반드시 의식의 형식으로 실행할 필요는 없는 어떤 담지자와 관련되는 것으로 읽혀야 한다. 이것은 심리적 체계와 사회적 체계의 구분에서 만들어진다.[8]

자기준거적 체계 개념은 제대로 도입되기 어렵기도 하지만, 주체 개념보다 남용 위험이 적다. 자기준거적 체계 개념은 주체(나 일종의 주체들)을 중심에 둘 것을 전제하지 않는다. 그 개념은 그러니까 오늘날의 학문의 탈중심적인 세계상에 더 잘 어울린다. 하지만 우리는 이 개념의 의미와 그럼으로써 개념의 사용 한계를 충분히 분명하게 확정해야 한다──그것은 특히 주체-용어학이 범람할 경우를 막기 위해 필요하다. 이것을 밝히기 위해 사회적 체계에서 나란히 나타나는 다양한 종류의 자기준거들의 구분을 도입할 것이다. 그러한 자기준거들을 기술하는 것이 이 장의 주목적이 될 것이며, 합리성이라는 주제에 대한 입장을 준비하는 것이 될 것이다.

더 잘 알고 있던 파슨스가 참석한 가운데, Wolfgang Schluchter, "Gesellschaft und Kultur: Überlegungen zu einer Theorie insti-tutioneller Differenzierung", in ders. (Hrsg.), *Verhalten, Handeln und System: Talcott Parsons' Beitrag zur Entwicklung der Sozialwissenschaften*, Frankfurt 1980, 106-149 (119-120)을 보라.

8) 여기서 정상적인 배경 이해를 달리 생각하는 것으로 도움을 받을 수 있는 반면, 다른 언어 문제들은 해결하기가 아주 어렵다. 특별히 성가신 것은 종종 명사화의 작동적 의미를 분명하게 드러낼 수 없다는 점이다. 그러면 "구분"에서 "구분함"이라는 변형을 사용할 수 있다. 하지만 "구분함"에서는 복수가 가능하지 않다──아주 문제가 큰 제한이다. 언어학자들과 문예학자들이 용어학, 외래어 사용, 학문적인 산문의 이해불가능성에 대해 불평하기 전에, 일단은 언어적 표현 가능성들의 이러한 근거 없는 불균일함을 제거해야 할 것이다.

2. 자기준거와 자기관찰 개념: 자기준거로부터 거리두기와 사회적 차원과 사실 차원의 거리두기

"준거" 개념은 그 개념을 관찰 개념에 가깝게 끌고 가는 방식으로 규정되어야 할 것이다. 우리는 그럼으로써 구분과 지시(스펜서-브라운이 말하는 구분(distinction)과 지시(indication))라는 요소들로 구성된 작동을 표현하려 한다. 그러니까 이것은 (마찬가지로 작동적으로 도입된) 다른 것으로부터의 구분(Unterscheidung)의 맥락에 있는 어떤 것의 지시(Bezeichnung)를 말한다. 그러한 관련 지음은 그 구분이 지시된 것에 관한 정보의 획득에 사용될 때, 관찰함(Beobachten)이 될 수 있다. (그리고 그것은 일반적으로 좁게 파악된 구분을 필요로 한다.) 보통은 관련지음이 관찰 관심, 즉 정보획득의 이해관심으로 주도된다. 그런데도 우리는 체계준거와 자기준거 같은 개념들을 관찰 가능성이나 관찰의 이해관심을 함의하지 않고서 사용할 가능성을 확보할 수 있기 위해, 용어학적 분리를 유지하고자 한다.

준거와 관찰 개념, 즉 자기준거와 자기관찰 개념 역시 구분의 작동적 조작과 관련하여 도입된다. 그 개념들은 이 구분을 차이로서 두는 것을 포함한다. 체계의 작동에서는 이러한 설정이 전제 조건으로서 조작될 수 있다. 보통은 이 전제조건을 가지고 작동하는 이상이 필요하지 않다. 차를 준비하려 한다. 물이 아직 끓지 않는다. 그러니까 기다려야 한다. 차/다른 음료, 끓기/끓지 않기, 기다려야 함/마실 수 있음은 상황을 있음의 차이는 상황을 구조화한다. 이때 그때그때 사용된 차이의 (차이)동일성을 주제화하는 것이 필요하거나 도움이 되기도 한다. 그래서 차이의 (차이)동일성도 지향해야 할 특수 경우에는 우리는 특별한 개념을 사용한다. 우리는 그것을 거리(Distanz)라고 말할 것이다. 다른 말로 하면, 체계들은 자신들이 차이들로서 사용하는 구분들을 (차이)동일성으로서 자신에게 접근 가능하게 만들 때, 정보들(그리고 어쩌면 자기 자신)과의 거리를 확보한다. 그 개념은 사회적 체계의 분화와 거리 확보 사이의 연관을 정식화할 수 있게 해준다. 차이의 (차이)동일성을 주제화하려면, 구분의 양면 규정이 필수적인 일이 된다. 그래서 규정된 어떤 것을 완전히 규정된 것과 미규정 상태의 어떤 다른 것과 대면시키려 한다면, 그것은 쓸데없으며 따라서 발생하지 않을 것이다. 그러니까 차이의 (차이)동일성을 정보 획득 과정과 정보처리 과정에 투입하는 것은 작동의 많은 효과가 있는 조건으로서 제한성(Limitationalität)의 도입을 필요로 한다. 어쩌면 가장 단순한 절차는 분류를 통해 진행될 수 있을 것이다. 어떤 질병을 다른 질병과 구분하고 그래서 유일하게 이 분류 기술이 가능하다는 이유로 건강이라는 규정 불가능한 반대 개념을 수용할 수 있는데, 이 개념은 그 자체가 상이한 종류의 건강으로 해체될 수 없다.[9] 이러한 분류 기술에 힘입어 차이들을 (차이)동일성들로서 사용할 수 있다. 즉 건강/질병 또는 다른 어떤 것을 살펴볼 것인지의 여부를 결정할 수 있다. 그리고 이것이 가능할 때에야 비로소, 예컨대 질병을 치료하는 체계들처럼 차이로 인해 특수한 사회적 체계들을 형성할 수 있다.

이 분류의 절차는 유일하게 가능한 것은 아니다. 즉 기능적 등가물들이 있다. 가장 요구 조건이 많은 형식으로는 이항 도식들이 있는데, 그것들은 모든 규정이 그 반대인 부정을 통해 획득되는 이항 도식은 예컨대 허위를 부정함으로써 (직관이나 전통을 통해서가 아니라

---

9) 이 보기에 관해 Charles O. Frake, "The Diagnosis of Disease Among the Subanun of Mindanao", *American Anthropologist 63* (1961), 113-132를 참조할 것.

말이다!) 획득되어야 하는 범위를 형성한다. 그러한 도식주의들은 분류와 비교했을 때, 확실한 배제 효과를 초래하지 않는다. 도식주의들은 자신들의 자료를 스스로 생산한다. 그것들은 모든 것이 자신의 정해진 관점에서 하나의 가치나 다른 가치를 수용한다고 전제한다. 그래서 도식주의들은 특화된 폐쇄적 기능체계들을 필요로 하는데, 그 체계들은 각자 자신들의 도식을 사용해 정보를 찾아 전 세계를 뒤지며 모든 다른 도식들에 대해서는 무차별적으로 유지할 수 있다.

분류들이 충분히 구체적이기에 신속하게 바뀌면서 조작될 수 있는 반면, 이항적 도식주의는 그에 따라 특화되는 사회적 체계들의 분화를 위한 토대를 만들어낸다. 그래서 상이한 질병들의 구분에 기초하는 것으로는 아직 환자 가료를 위한 사회적 체계들이 만들어지지 않는다. 사회적 체계는 어떤 특정한 체계에게 담당 권한을 인정해주는 동시에, 다른 관점들에 대해서는 이 체계에 무차별을 인정해주는 계기에서 질병과 건강의 차이를 채택한다면 사회적 체계가 비로소 만들어질 수 있다.

차이 조작이 이 요구의 방향으로 상승되면 — 명백하게 이것은 현대사회의 특징 중 하나이다 — 현상들에 대한 거리, 정보 확보의 원천과의 거리, 소통 상대방과의 거리가 증대한다. 이 사실은 전문직 노동의 사회학에서 다루어지지만 훨씬 더 일반적인 의의를 가진다. 그 사실은 실제로 생활세계에서 실천된 차이들로부터 모든 기능체계들의 거리를 벌려 놓는다(그러나 여기서 그 둘의 상호 효과를 배제할 수는 없을 것이다). 그래서 자기 작품의 구조를 고려하는 화가는 "자연에 대해" 생활세계의 사람들과는 다른 차이들을 본다. 그래서 경제이론은 그 이론을 생각하는 누구나 냉정함을 유지하지 않으면 격렬한 이해관심을 보이게 될 부유함과 가난함의 차이에 그런 태도를 유지할 것을 요구받는 것이다(경제이론은 그렇지 않으면 유용한 이론이 아닐 것이다). 그래서 학문은 진리와 허위의 차이를 갖고 어쩌면 그 자신을 소멸시킬지도 모를 지식을 생산하는 것이다.

단순한 심성들은 여기서 그 문제를 윤리를 가지고 격파하려 한다. 헤겔의 국가도 그렇게 좋은 편은 아니다. 혁명에 대한 마르크스의 희망도 그렇게 훌륭한 생각이라고 할 수는 없다. 사회전체적인 현실(Realität)에서는, 더 이상 거리를 둘 수 없어서 모두가 공통의 의미에서 동의할 수밖에 없는, 차이의 최종(차이)동일성이 그런 중심 융합에 대한 전망을 가지고 있다고 보지 않는다. 어쨌든 기능체계들이 자신들에 의해 실천된 체계와 환경의 차이를 (차이)동일성으로서 성찰하는지(reflektieren) 물을 수 있다. 즉 자기자신과의 거리를 확보하도록 할 수 있을 것인지가 질문이 될 수 있다. 우리는 이 질문을 합리성이라는 주제 하에 (10절에서) 다루었다.

3. 기초적 자기준거, 과정적 자기준거(재귀성), 체계의 자기준거(성찰)

이후의 논증은 먼저 체계 내에서의 준거 관계들을 규명해야 할 것이다. 기억해두어야 할 것은, 준거와 관찰이 구분의 맥락에서 어떤 것을 지시하는 작동들이라는 것이다. "체계준거"는 그에 따라 체계와 환경의 구분에 힘입어 체계를 지시하는 작동이다. 체계 개념은 (우리 연구의 언어사용 방식에서) 언제나 실제적인 사태를 설명한다. 우리는 "체계" 개념을 가지고 결코 분석적인 체계, 단순한 사고의 구성물, 단순한 모델을 말하고 있는 것이 아니다.[10] 그러한 표현 방식

---

10) 하지만 매우 확산된, 어쩌면 주도적인 언어 사용이 그러하다. 이 언어 사용

에 대한 필요는 체계준거 개념으로 충족될 것이다. 달리 말하면, 우리는 체계 개념에서 구체적인 체계들과 분석적 체계들이라는 일반적이지만 불명료한 구분을 체계와 체계준거의 구분으로 대체하겠다는 것이다. 하지만 이때 주목할 것은 준거 개념이 (관찰 개념과 마찬가지로) 분석 개념보다 범위가 넓으며, 그것이 결코 학문적인 작동에만 제한되어서는 안 된다는, 그러니까 (자기준거 자체를 포함하는) 체계에의 지향을 표현한다는 것이다.

"자기준거" 또한 엄격한 의미에서 준거, 즉 구분의 척도에 따른 지시이다. 이 개념 영역의 특수성은 준거의 작동이 그 작동으로 지시되는 것 안에 포함되어 있다는 데에 있다. 그 작동은 어떤 것을 지시하며, 그 어떤 것에는 그 작동 자신이 포함된다. 요주의! 그것은 동어반복이 아니다. 준거 작동은 예를 들어 자기자신을 작동으로서 지시하지 않는다.[11] 그 작동은 언제나 구분으로 인도되어, 그 작동이 동일시하는 어떤 것을 지시한다. 이 동일시와, 그와 함께 자기준거의 자기에의 귀속은, 자기가 어떤 구분에 의해 규정되는지에 따라 상이한 형식을 취할 수 있다. 따라서 우리는 세 가지 상이한 형식의 자기준거를 별도로 다룰 수 있다. 그리고 우리는 그것을 혼동되어 뒤섞이지 않게 용어학적으로도 구분할 것이다.

에 의무감을 느끼는 텍스트들이 그 언어사용을 견지하지 않고, 항상 다시 구체적인 "체계들" 즉 "체계들"로서의 실제적인 대상들에 관해 말하는 것은 독특하다. 많은 문헌들 대신에, Talcott Parsons, *Zur Theorie sozialer Systeme*, hrsg. von Stefan Jensen, Opladen 1976; Edgar Morin a. a. O., Bd. I (1977); I. V. Blauberg/V. N. Sadovsky/E. G. Yudin, *Systems Theory: Philosophical and Methodological Problems*, Moskau 1977을 볼 것.

11) 자기준거의 자기준거로서의 자기준거의 이 동어반복적 형식이 용어에 해당된다는 것을, 우리는 그것의 인정이 우리의 후속 논증에 귀결을 갖지 않으면서 인정할 수 있다.

(1) 우리는 요소와 관계의 구분이 근거가 될 때 **기초적 자기준거**(basale Selbstreferenz)라는 말을 사용할 것이다. 기초적 자기준거의 경우에는 관련되는 자기는 한 요소, 즉 사건이며, 사회적 체계의 경우에는 소통이다. 기초적 자기준거는 시간화된 체계들이 자기생산적 재생산을 하는 데에 반드시 필요한 자기준거의 최소 형식이다. 우리는 그것을 위에서[12] 화이트헤드의 사건 개념에서 출발하면서 보여주었다. 따라서 기초적 자기준거는 자기준거적 체계들의 형성을 위해 근본적인 요구이기는 하지만, 지시된 자기가 요소로서 지향되지 체계로서 지향되는 것이 아니기 때문에, 그리고 주도 구분이 요소/관계이지 체계/환경이 아니기 때문에 체계준거인 것은 아니다. 물론 그것으로 요소 개념이 체계를 전제하며 그 반대도 필요하다는 것까지 부인되는 것은 아니다. 그러나 그것은 상이한 형식의 자기준거의 구분을 지양하지 않으며 자기준거의 상이한 형식들이 서로 상관관계에 있다는 기대의 근거를 만들어주기만 할 뿐이다.

(2) 우리는 요소가 되는 사건의 이전과 이후의 구분이 근거가 될 때 **재귀성**(Reflexivität, 과정적 자기준거(prozessualer Selbstreferenz))을 사용하고자 한다. 이 경우에는 자신을 관련짓는 자기는 구분의 계기가 아니라, 그 구분을 통해 구성된 **과정**이다. 과정은 선택 강화의 추가조건이 충족된다면 '이전/이후-차이'의 구분에 힘입어 생성된다. 그래서 소통은 보통 과정이다. 즉 소통은 자신의 요소 사건들에서, 반응을 기대함과 기대에 반응함을 통해 규정된다. 재귀성이라는 말은, 과정이 그 과정을 포함하는

---

12) 제8장 3절을 참조할 것.

준거 작동이 관련짓는 자기로서 기능할 때에는 언제나 사용할 수 있다. 그래서 소통 과정이 수행될 때 소통 과정에 관해 소통될 수 있다. 즉 재귀성은 복수의 요소들을 (종종 무한한 정도를) 한데 모으고 자기준거가 자신을 귀속시키는 (차이)동일성 형성을 요구한다. 그것은 특히 자기준거적 작동이 그 자체가 과정에의 귀속이라는 특징을 충족시켜야 한다는 것을 뜻한다. 말하자면 소통 과정의 경우에 스스로 소통이 되거나(소통에 관한 소통), 관찰 과정의 경우에 스스로 관찰이 되거나(관찰의 관찰), 권력적용 과정의 경우에 스스로 권력적용이 되거나(권력을 권력자에게 적용함)이 되어야 한다. 이런 의미에서 재귀성은 과정 유형적인 특성을 농밀하게 한다.

(3) 우리는 **체계와 환경**의 구분이 근거가 될 때 성찰(Reflexion)을 사용하고자 한다. 성찰의 경우에만 자기준거는 체계준거의 특징을 충족시키며, 유일하게 여기서 이 두 개념들의 영역이 중첩된다. 이 경우에 자기 자신은 자기준거적 작동이 그 자신을 귀속시키는 체계가 된다. 체계는 체계가 자신의 환경과 구분된 가운데 자기 자신을 지시하는 데에 사용되는 작동으로서 수행된다. 그것은 예를 들어 체계가 스스로 이해되기를 바라는 방식으로 환경이 체계를 즉각적으로 수용하지 않는다는 전제에 기초하는 모든 형식의 자기서술에서 나타난다.

이 세 형식의 자기준거는 공통의 기본 생각을 그 바탕에 두고 있다. 자기준거는 세계의 복잡성 압력의 상관물이다. 세계 안의 그 어느 곳에서도 세계의 복잡성이 적절하게 모사되고 처리되고 통제될 수 없다. 왜냐하면 이것은 이 복잡성을 그 즉시 그에 따라 증대시킬 것이기 때문이다. 그렇게 되는 대신, 복잡성을 다루는 데에 다시 특화될 수 있는 자기준거가 형성된다. 체계 안에서 세계복잡성이 반복되거나 반영되는 일은 결코 나타나지 않는다.[13] 체계 안에서 "환경"이 모사되는 일도 없다. 환경은 체계의 근거가 되며, 그 근거는 언제나 형식 없는 어떤 것이다. 가능한 것은 유일하게 (가령 온도조절기 스위치를 켠/끈, 논리학에서 진리/허위 같은) 차이들을 체계 안에 설치해 넣는 것뿐이다. 그 차이들은 환경 안에서 반응하며 그것으로 인해 체계에 정보를 만들어준다. 이 절차를 적용하고 작동들로 변환시킬 수 있으려면, 체계는 임의의 세계 상태들에 개방된 자신의 자기준거를 제한할 수 있어야 한다. 즉 체계는 그 상태를 탈역설화할 수 있어야 한다.

기초적 자기준거를 통해 형성되었으며, 그 안에 자신의 체계(차이)동일성(=자기생산적 체계들)을 가지고 있는 체계들은 언제나 **폐쇄 체계들**이다. 그러나 이 개념은 여기서 과거의 체계이론과 비교했을 때 새로운 의미를 획득한다. 그 개념은 더 이상 (거의) 환경 없이 존재하는, 그러니까 자기 자신을 (거의) 완전하게 규정할 수 있는 체계들을 표현하는 것이 아니다. 오히려 그 개념이 의미하는 것은 그러한 체계들이 (어떤 복잡성 토대 위에서든 상관없이) (차이)동일성으로서 사용하며 이때 체계 내에 이미 구성되어 있는 (차이)동일성들을 회귀적으로 사용한다는 것뿐이다. 이것을 어떻게 의미체계의 경우에 그리고 특별하게 사회적 체계의 경우에 생각할 수 있을 것인가?

우리는 언어적 약호화를 통한 체계의 "개방" 개념을 지시하면서 이 질문에 대한 답을 발견한다. 우리는 언어적 약호화를 '예/아니오-차이'를 통해 모든 진술 가능성을 이중화하는 것으로 이해한다.

---

13) 전통의 그러한 생각에 대한 비판에 관해 Richard Rorty, *Der Spiegel der Natur: Eine Kritik der Philosophie* 독일어 판본. Frankfurt 1981을 참조할 것.

이것으로 체계는 모든 의미의 부정형을 추가로 하나 더 얻으며, 그 부정형에 대해서는 환경 안에서 대응물이 없다. 즉 그 부정형은 체계의 자기연산의 경로에서만 처분될 수 있다. 이 약호화는 어떤 내용을 가지고 있는지와 무관하게, 체계의 모든 작동들을 예와 아니오의 선택 조건으로서 구조화한다. 이때 모든 선택은 반대 가능성의 부정을 함의한다. 이 전제는 약호에 근거하여 필연적으로 발생한다. 그러나 그것은 그럼에도 불구하고 예와 아니오 가운데 선택 조건을 통해 조건화될 수 있다. 따라서 그것은 폐쇄적인 동시에 개방적이다.

의미체계의 폐쇄성은 이 토대에서는 고유한 요소들을 생산할 때 고유한 부정 가능성의 통제로서 파악될 수 있다. 모든 이행은 (얼마나 규정되지 않았든) 아니오를 함의하고 있으며, 아니오의 적용에서 조건화될 수 있다. 아니오의 통제는 회귀적인 계산의 계산으로 이끌며, 실재는 그러한 체계에 대해 그렇게 진행하는 재생산과 다른 어떤 것이 아니다 ─ 왜냐하면 실재는 성공하면, 성공하는 것이기 때문이다 (그것은 오류들이나, 실수들이나 그것들의 교정들을 포함할 것이다).[14]

이 일반적인 개념은 사회적 체계의 경우에도 옳다. 여기서도 폐쇄성은 자신의 요소들, 즉 후속 소통들의 생산에서 고유한 부정 가능성들의 통제로서 (그리고 통제로서만) 조건화될 수 있다. 그러나 부정 가능성은 이중 우연성에 따라 가상적 이중 부정(double négation virtuelle)[15]으로서 이중화되어 존재한다. 그리고 그에 따라 통제 측면이 복잡해진다. 통제 측면은 자아가 도달하거나 방해하려는 것 뿐

---

14) 이 점에 관해 그리고 특히 있을 수 있는 "유아론적" 귀결의 방어를 위해 Heinz von Foerster, "On Constructing a Reality", in: Wolfgang F. E. Preiser (Hrsg.), *Environmental Design Research Bd. 2*, Stroudsbourg Pa. 1973, 35-46을 참조할 것.

15) Paul Valéry, *Animalités*에서 취한 정식화. Œuvres (éd. de la Pléiade) *Bd. 1*, Paris 1957, 402에서 재인용.

만 아니라, 추가적으로 이것이 타자에 의해 이해되지 못함이나 거부됨에서 좌초할 가능성도 가리킨다. (자아는 그러한 이해되지 못함이나 거부됨은 타아로서 이해하거나 방해하려 한다.) 소통은 이에 따라 이해되거나 이해되지 못하고 수용되거나 거부될 수 있는 (긍정적이거나 부정적으로 파악된) 의미제안으로 약호화된다. 그것들의 통제가 회귀적으로 진행되며 그래서 이미 제안의 선택을 규정하는 것은 방금 말한 이중화와, 특수하게는 이해하지 못함이나 거부의 부정성이다. 그리고 이것은 그 제안이 상호이해를 목표할 때도, 갈등을 목표할 때도 마찬가지로 타당하다.[16] 그래서 모든 소통을 통제하며 세계를 ("언어"를 가지고 충분하게 표현하지는 못하지만) 사회적으로 재현하는 이해 가능성을 평가하는 지식이 생겨나고, 그에 연결하여 상징적으로 일반화된 소통매체의 문화적으로 약호화된 사용이 이루어진다. 그럼으로써 이렇게 닫힌 자기준거를 조작하기 위해 소통의 시간토대가 동시에 더 넓어진다는 것을, 즉 체험이 시간지평들을 갖추어야 한다는 것을 이해할 수 있게 된다. 왜냐하면 그것을 통해서만 상호이해와 수용 태세의 전망을 평가할 수 있기 때문이다.

그래서 사회적 체계는 소통 과정 자체를 통해 자신의 계산을 계산할 때 자신의 실재를 구성한다. 그리고 이것은 소통이 도대체 이해를 통해 성립했는지 그렇지 않은지를, 소통에 관한 소통을 통해 평가할 수 있다는 점을 통해 이루어진다. 이 가능성은 항상 동반된다. (그

---

16) 둘 다 가능하다는 점은 이해함과 수용함(과 이해하지 않음과 거부)가 구분될 수 있다는 점에 근거한다. 이것이 원칙적으로 가능하다는 데는 의심이 있을 수 없다. 그럼에도 불구하고 그것은 고도의 이론적인 적합성에 대한 경험적인 연구일 텐데, 어떤 상태에서 사회적 체계가 바로 이 차이를 혼동하고 거부를 이해하지 않음으로서 다루는 경향이 있는지의 질문을 추적할 수 있을 것이다.

것은 소통 자체에 이미 있다.[17]) 그것이 이제 현재적으로 사용되든지
아니든지와는 무관하게 말이다. 그것이 남용되거나 중단되었을 때
에야 비로소, 거부에 맞추어서 그에 반응할 계기가 생겨난다――예
를 들어 논증을 통해서나 협박을 통해서나 그렇게 된다. 그래서 소통
은 사회적 체계의 유일한 실재 보증이다――그러나 이것은 소통이 세
계를 있는 상태 그대로 반영하거나 제대로 그려내기 때문이 아니다.
(그렇게 될 수 있으려면 독립적인 기준에 대한 접근이나 데카르트의 신
을 전제해야 할 것이다.) 그것은 소통이 그 폐쇄성의 형식을 통해 조
건화될 수 있고, 자기자신을 입증 테스트에 내맡기기 때문이다.[18]

이 고려의 중요한 귀결 하나는 모든 자기생산에서 요구되는 자기
준거가 언제나 동반하는 자기준거뿐이라는 것이다. "오직 그리고 배
타적으로 자기 자신과만 관련지음"을 뜻하는 순수한 자기준거는 불
가능하다. 그러한 자기준거가 나타난다면, 그것은 아주 사소한 우발
에 의해서도 탈역설화될 것이다.[19] 그것이 나타난다면 모든 우발은
중요하지 않게 될 것이며, 규정되지 않은 것을 규정한다는 관점에서
기능적으로 등가적이라고 말할 수 있을 것이다.[20]

따라서 자기준거는 사실상 다른 것 가운데 지시의 순간으로서만
나타난다. 자기 관련지음은 요소들, 과정들, 체계들에서의 작동적 행
동의 순간이다. 자기 관련지음은 결코 그것들의 총체성을 만들어 내

---

17) 위 제4장 2절을 참조할 것.
18) 산출(算出, Computation)┐은 소통┐이다.

19) "자기-조직"(self-organization)에 관해 상응하는 고려들은 W. Ross Ashby,
    "Principles of the Self-organizing System", in: Walter Buckley (Hrsg.), *Modern
    System Research for the Behavioral Scientist,* Chicago 1968, 108-118 (114)를 볼 것.
20) Henri Atlan, "Du bruit comme principe d'auto-organisation", *Communi-
    cations 18* (1972), 21-36도 참조할 것.

지 못한다. 자기는 요소이든, 과정이든, 체계이든, 결코 순수한 자기준거로만 구성되지 않는다. 그것은 자기준거가 자기자신만을 자기준거로서 표현하지 않는 것과 마찬가지이다. 자기는 자기준거를 자기 안에 포함할 수 있기 위해 자기준거를 초월한다. 그래서 행위의 의미는 후속 행위들에서 반영되고 입증된 것으로 보이는 데에 국한되지 않는다. 이것은 물론 구성적인 계기이기는 하지만 행위의 전체 의미를 채우는 것은 아니다. 한 신사가 복잡한 전철에서 어떤 숙녀에게 자리를 양보했다고 치자. 그렇다면, 이 행위의 의미에는 그 숙녀에게 자리를 내어줌으로써 칭찬받고 입증되는 것, 그러니까 올바른, 성공적인 행위였다는 것도 속하게 된다. (이 점은 생각에서 빗나갈 진행을 갖고 통제한다. 가령 그 숙녀가 그 자리에 앉지 않고, 핸드백을 그 자리 위에 둔다!) 그러나 그에 따라 기대된 또 다른 행동은 그 자체가 행위의 의미에 속하지는 않는다. 결국 중요한 것은 이제 그 숙녀가 앉을 수 있게 되었다는 것이다. 자기준거적 자기생산적 재생산은 선취하는 회귀성(Rekursivität) 없이는 결코 가능하지 않다. 다른 한편 순환의 폐쇄성으로 충분하지 않다. 그보다는 사건에서 사건으로, 행위에서 행위로 이행할 수 있게 추가 의미가 수용되어야 한다. 바로 그 때문에 자기준거는 지시와 구분을 필요로 한다. 우리의 사례에서는 행위가 다른 행위와 관계에 있다고 스스로 말하는 것, 요소임과 '하나의-관계의-요소가-됨'을 필요로 한다.

약간 현학적인 이 분석을 정확하게 실행하는 것은 중요하다. 왜냐하면 그 분석으로부터 자기준거적 체계이론이 폐쇄적 체계들과 개방적 체계들의 차이를 유지한다는 것과 그 방식이 만들어지기 때문이다.[21] 자기준거를 통해 회귀적이며 순환 같은 폐쇄성이 생산된다.

---

21) 우리는 이미 체계이론의 패러다임 전환의 관점에서 그 점을 상세하게 환기시

하지만 폐쇄성은 자기목적으로서 기여하지 않는다. 폐쇄성은 유일한 유지 기제나 확실성 원칙으로 기여하지도 않는다. 그보다는 폐쇄성은 개방성을 위한 가능성 조건이다. 모든 개방성은 폐쇄성에 기초한다.[22] 그리고 이것이 가능한 유일한 이유는 자기준거적 작동들이 공통 의미를 흡수하는 것도 아니고 총체화하며 작용하는 것도 아니고, 그냥 동반한다는 데에 있다. 자기준거적 작동들은 닫지 않는다. 종언으로 나아가지도 않는다. 텔로스(目的因)를 충족시키지도 않는다. 자기준거적 작동들은 바로 그 작동의 순간에 개방한다.

이런 점에서 경험적 체계들에서는 논리학자들이라면 근심을 불러일으킬 것에 대해 이미 사전에 방비되어 있다. 순수한 동어반복에서 더 복잡하고 내용적으로 채워진 자기준거체계들로 "펼쳐지지" 않도록 방비되어 있다.[23] 자기준거의 "자기"는 결코 폐쇄적 체계의 총체성이 아니다. 그리고 자기준거의 자기는 결코 관련지음 자체가 아니다. 그것은 언제나 개방 체계들의 구성 연관의 자기생산을 운반하는, 그 연관의 계기들일 뿐이다. 자기준거는 요소들, 과정들, 체계 자체라는 것이다. 여기서 이것이 자기생산적 자기생산이 이루어질 수 있는 조건들이라는 데서 (부분적이거나 동반하는) 자기준거라는 말을 할 수 있는 권리를 도출해낼 수 있다.

켰다.

22) Morin a. a. O., Bd. 1 (1977), 201에서 이 연관에 대한 아주 멋진 분석의 맥락에서는 "외부는 폐쇄에 의존한다"라고 말하고 있다.

23) 자기자신을 관련짓는 대상의 순수한 동일성의 열림으로서의 이러한 "전개"(unfolding)에 관해 Tarski를 참조한 Lars Löfgren, "Unfoldment of Self-reference in Logic and in Computer Science", in: *Proceedings of the 5th Scandinavian Logic Symposium* (Hrsg. von Finn V. Jensen/Brian H. Mayoh/Karen K. Møller), Aalborg 1979, 205-229를 참조할 것. 논리학자들에게 가장 잘 알려진 해법은 어떤 진술들과 관련되어 자리가 정해지는 층위들 및 유형들의 구분이다.

기능주의적 체계이론이 초월이론적 전통과 변증법적 전통과 갖는 관계에 대한 진지한 토론은 여기서 시작될 수 있을 것이다. 모든 이러한 이론-변형의 출발점은 동반하는 자기준거의 공리에 있다. 왜냐하면 그것은 어떤 경우에도 부인될 수 없을 것이기 때문이다. 그러니까 자기 자신과 다른 것에 대한 동시 지시의 문제를 상이하게 이해한다는 것이다. 바로 이것을 의식의 특수성으로 파악하고 그 이유에서(!) 의식을 "주체"로 선언하면, 초월론에 이른다.[24] 자기지시(Selbstverweisung)와 타자지시(Fremdverweisung)의 이 평행 진행과 관련하여 그 기초에 놓여 있는 (차이)동일성에 관심이 있을 때 (말하자면 궁극적으로 동일성과 차이의 동일성(Identität von Identität und Differenz)을 목표로 삼고 동일성과 차이의 차이를 목표로 삼지 않을 때) 변증법에 이르게 된다. 변증법은 초월이론과 조합될 수 있지만 반드시 그럴 필요는 없다. 우리는 초월이론이 유일하게 하나의 자기준거를 잘못 절대화했다고 생각한다. (그러나 동시에 자기준거 이론의 좋은 모델이라고 생각한다.) 그리고 변증법은 (그 이론 내의 이행과 연결이 항상 차이에서 출발해야 하는데도) 추정된 동일성과 관련하여 너무 위험하다고 생각한다. 이 문제 영역에서 중요한 이론 자원들과 거리를 두는 것은 기능주의적 체계이론으로 나아가게 한다. 체계이론은 자기준거적 체계들이 자기지시와 타자지시의 차이에 힘입어 (짧게 말하면, 동반하는 자기준거에 힘입어), 체계들 자신에게 자기생

---

24) "초월적 종합을 충족시키면서 (의식적) 주체는 두 종류의 활동, 즉 의도성(intentionality)을 가지고 객체를 관련짓는 활동과 재귀성을 가지고 마음을 관련짓는 활동에 노력한다"라고 Alfred Locker, "On the Ontological Foundations of the Theory of Systems", in: William Gray/Nicholas D. Rizzo (Hrsg.), *Unity Through Diversity: A Festschrift for Ludwig von Bertalanffy*, New York 1973, Bd. 1, 537-571 (548)에 쓰여 있다.

산을 가능하게 하는 정보들을 획득할 수 있다고 주장한다.

4. 기초적 자기준거의 특징들: 동질적 요소들의 선택과 인과적 순환성의 부재

우리는 행위 개념을 토론하는 계기에서 그리고 '사건/구조-연관'에서 사회적 체계의 기초적 자기준거를 서술했다. 그것은 여기서 반복될 필요가 없다. 두 가지 관점만 보충하여 여기서부터 모든 체계형성에 강요되어 있는 제한들을 언급해두면 될 것이다.

기초적 자기준거의 요구는 무엇보다 체계형성의 유형 특징들을 만들어낸다. 폐쇄적 자기생산적 체계들 내에서의 재생산은 요소들의 최소한의 "유사성"을 요구한다. 살아 있는 체계들만이 생명을 통해, 소통체계들만이 소통을 통해 재생산될 수 있다. 물론 인과관계가 존재하더라도 화학적 사건들을 "자기생산적으로" 의식 사건에 연결하거나 그 반대 연결을 하는 것은 가능한 일이 아니다. 그래서 기초적 자기준거를 인과성과 구분하는 것이 중요하다. 인과성이 아니라, 자기준거에서만 상이한 체계 유형의 발현으로서 실재 구축이 이어진다. 유형 강제는 바로 요소, 가령 소통이 다른 것을 통해 자기 자신과 역으로 관련되어야 할 때, 그것의 작동에 가해지는 제한이다. 대단히 많은 화학적 실험들이 있으며 이 연관에서 실험이 진행되면서 행위자의 경험과 역으로 연결되는 경우가 있다. 그러나 그것은 행위의 조건화된 재생산을 예견하는 행위자의 의식 모델이나 많은 사람들의 행위를 조율하는 소통체계에 기초하고 있다. 그러나 화학적 사건들과 소통적 사건들 간에 이중 우연성의 자기준거적 관계를 만들어낼 수 있을 체계는 없다.

추가적인 설명은 확산된 생각과 배치된다는 이유에서 특별히 중 요하다. 사건들을 요소로 사용하는 완전히 시간화된 체계들에서는 요소들의 차원에서는 인과적 순환성이 없다. 그러한 순환성에 기본적 인 의의를 부여하는 이론들, 예를 들어 사이버네틱스적 제어 이론들 은 요소들의 시간적인 "무(無)실재성"(Nichtigkeit)을 간과한다.[25] 사 건들은 발생하면서 [바로] 사라진다. 그래서 사건들은 소급을 위한 다음 순간에 벌써 더 이상 사용될 수 없다. 인과적 소급 효과는 더 높 은 질서 등급의 형식들(이나 사건맥락의 형식화(Formung))를 전제하 는데, 그런 형식들이 다시금 사건들 가능하게 한다.[26] 사건들은 체계 안에서 시간들의 비가역성을 나타낸다. 가역성에 도달하기 위해, 구 조들을 형성해야 한다. 이것은 광범위한 의의가 있는 통찰이다. 특히 제어-사이버네틱스가 기초 과학이 될 수 없다고 말하기도 한다. 순 환적 인과성의 명백한 질서 장점은 어떤 토대도 없는 상태에서 최초 로 작업되어야 한다. 기초적 자기준거는 의미체계들 안에서 인과적 실행이 없는 상태이다.

---

25) Morin a. a. O., 특히 257 이하; Werner Loh, *Kombinatorische Systemtheorie: Evolution, Geschichte und logisch-mathematischer Grundlagenstreit*, Frankfurt 1980 (특 히 3 이하 사이버네틱스 제어 회로의 순수하게 형식적이며 비-경험적인 해석들의 거부로서); Arvid Aulin, The Cybernetic Laws of Social Progress: Towards a Critical Social Philosophy and a Criticism of Marxism, Oxford 1982, 51 이하 를 볼 것.

26) Robert M. MacIver, *Social Causation*, Boston 1942, 129-130에서 인과이론적 언어로 정식화되어 있다. "우리는 과정 내부의 과정의 원인을 제외하고는 사 건의 외부에 있는 사건의 원인을 찾는다." 그것은 원인을 이전의 사건들로서 또는 시간적으로 규정된 것으로 위치를 정할 수 없는 포괄적인 맥락으로서 파악하는 대안 중에서 선택하고자 할 때에 빠져드는 어려움들을 분명하게 보 여준다. 첫째 경우에는 인과 설명이 설득력이 별로 없다. 둘째 경우에는 인과 설명은 아주 빨리 부담을 갖게 되고 둔중함으로 반응하게 된다.

그래서 시간의 비가역성과 정보처리 형식으로서의 의미의 생성 간에는 심층적인 연관이 있는 것처럼 보인다.[27] 체계가 자신을 개방할 때 나타나는 기초적 자기준거의 문제를 인과적이지 않은 방식으로 해결하는 경우, 즉 요소들의 층위에서 인과적 순환성을 포기할 수 있는 경우에만, 체계는 요소들의 층위에서 시간의 비가역성에 자신을 개방할 수 있다. 체계는 사건들에 기초함으로써 시간의 비가역성을 자기자신 안에 복제해 넣는다. 체계는 자신의 요소들에서 시간과 관련하여 구축된다. 그러나 이것은 회귀적 관계들이 요소 사건들의 상호 조정을 가능하게 하며 그런데도 회귀적 관계들이 수립될 수 있을 때만 자기준거적으로 가능하다. 이것은 유기체들의 층위에서는 "명령적 상관관계들"(directive correlations)[28]을 통해 준비되는 것으로 보인다. 의미의 생성이 비로소 이 문제를 우아하게 해결할 수 있게 만든다. 미래와 과거는 현재 안에서 지평들로서 사용되고, 그러면 개별 사건들은 회상 내지 예견, 특히 회상의 예견, 그러니까 순환적으로 수립한다. 이것은 물론 자연적인 "명령적 상관관계들"의 충분히 조밀한 망이 너무 많이 실망을 겪지 않도록 대비되어 있을 때에만 가능하다. 이 경우라면, 의미가 생겨날 수 있고 기초적 자기준거들이 새겨질 수 있는 시간 차원이 형성될 수 있다. 그렇다고 하면 요소 사건들의 시간 지속이 거의 임의적으로 축소될 수 있다. 그 결과는 우리에게는 친숙한 요소 형식인 행위이다.

따라서 진화상 성취인 의미와 유의미적 행위의 가능성은 시간의 비가역성 안에서 그 비가역성이 쟁취한 기초적 자기준거로서 견고

---

27) 이 점에 관해 이미 제1장 3절과 제2장 6절을 참조할 것.

28) 이 개념은 Gerd Sommerhoff, *Analytical Biology*, London 1950에서 핵심적인 중요성을 가진다. 54 이하를 참조할 것. 그밖에도 ders., *Logic of the Living Brain,* London 1974, 73 이하를 보라.

하게 되어 있다. 체계들은 그 방식으로만 완전히 시간화된 복잡성에 적응할 수 있다. 의미를 위한 의미가 매번 상실된다면, 의미는 즉시 재생산될 수 있다. 비인과적인 기초적 회귀성은 다른 식으로는 가능하지 않기 때문이다.

5. 재귀적·과정적 자기준거와 그 일반화/특화 가능성

우리는 과정의 자기준거, 즉 사회적 체계의 과정들의 재귀성을 약간 더 자세하게 다루어야 하겠다. 그것의 출발점은 언제나 사회적 과정들의 형식 유형학이나 소통에 달려 있다. 물론 심리적 체계에도 자기자신에 지향된 재귀적인 과정들이 있다. 예를 들면 생각을 생각함이나 즐김을 즐김처럼 말이다.[29] 하지만 사회적 체계의 분석에서 모든 과정들이 소통 과정들이며 모든 재귀성이 소통에 관한 소통으로서 확보되어야 한다는 데서 출발해야 한다.

그것은 무엇보다도 과정들이 구축되는 조건의 귀결이다. 과정들은 선택 강화를 통해, 즉 요소들의 자유도를 시간적으로 제한함을 통해서 생성된다. 그것은 같은 유형학의 요소들을 필요로 한다. 단순한 사건 연속(화재 발생, 창문에서 투신, 다리 골절, 병원 후송)은 이 경우에는 과정들이 아니다. 그리고 그것들은 재귀적일 수도 없다. 그

---

29) 이런 종류의 심리적인 자기준거들에 주목하게 되었으며, 그것들을 이론 정식화에 투입했다는 것, 즉 그것에 관해 소통했다는 것은 물론 다시 사회적 현상이 되며, 역사적-진화적 의미론의 맥락에서 다루어야 한다. 17세기와 18세기에 그러한 유형들에 대한 이해관심의 돋보이는 구체화는 기능적 분화의 방향으로 사회가 개조되는 것과 거기서 생겨나는 인적 개별성의 재정식화와 분명한 연관관계에 있다.

러 한 사건 연관은 기대되고 전체로서 개괄될 수 있다. 그런 연관은 예를 들어 보험회사가 비용을 지불할 것인지의 문제에서 중요할 수는 있겠지만, 자기자신에게 적용될 수 없고 재귀적일 수 없다. 모든 과정적 재귀성의 기본 형식은 언제나 선택의 선택이다. 그래서 재귀성은 선택을 통해 선택을 강화하는 과정의 자기선택적인 구조라는 토대에서만 생성될 수 있다. 과정들이 형성되자마자, 그때그때 직전의 사건은 설명 가치를 잃지만 예측 가치를 얻는다. 사건은 과정에서만 나타난다. 왜냐하면 사건은 자신의 성립을 이전의 사건들과 이후의 사건들의 선택성에 빚지고 있기 때문이다. "사건들의 원인은 주로 이전의 사건들에서가 아니라, 사건들이 현재화를 통해 드러내는 과정들에서 찾아져야 한다."[30] 바로 그 때문에 관찰자는 운동을 볼 수 있고, 선율을 따라갈 수 있고, 지금 말해지는 것을 그 순간에 알아차릴 수 있다. 과정은 충분히 압축되었을 때 사전 경고자로서 작용한다. 왜냐하면 개별 사건들은 너무 비개연적이며, 격리되어 나타나기만 할 뿐이기 때문이다. 이런 의미에서 과정의 (차이)동일성에는 과정 자체를 위해 인과적 의의를 부여할 수 없다. 비개연적으로 선택이 연결되는 것으로 구성되는 과정의 (차이)동일성은 스스로를 개연성으로 입증하기 위해 이 비개연성을 사용한다. 그래서 그것은 모든 규정된 의식이 가진 의미내용의 높은 비개연성이며, 또한 그런 항목들의 시간적인 불안정 때문에 과정의 순간으로서 구성하도록 강제하는 모든 규정된 소통의 높은 비개연성이다. 따라서 과정에는 적어도 맹아적으로, 자기관찰 순간이 구축되어 있다. 과정의 (차이)동일성은 그 과정 자체 안에서 한 번 더 나타나며, 그 다음에 그것의 내적 비개연성, 즉 그것의 개별 사건들의 비개연성을 제고할 수 있다.

---

30) Robert M. MacIver, *Social Causation*, New York 1964, 129.

복잡한 것의 (차이)동일성이 복잡성 안으로 그렇게 재진입함은 다소간 차이는 있지만 모든 과정들에 각인된 특성이다. 다른 방식으로는 그러한 선택 강화를 성립시키지 못한다. 이러한 과정으로의 재진입이 그 과정을 수단으로 하여 절합될 때에만, 과정적 자기준거 또는 재귀성이라는 말을 사용하겠다.[31] 경계는 엄격하게 세워져 있어서는 안 된다. 그러나 개별 사건들이나 과정들은 과정 안에서 나타나야 하며, 그 사건들이나 과정들은 그 과정을 과정 안에 다시 도입하는 것을 수용하며, 이 기능을 위해 분화되어 있다. 그래서 적어도 소통의 유동적인 관련지음이 소통될 수 있다("내가 당신을 제대로 이해했다면, 당신 말은 이런 뜻이죠?"). 우리가 소통에 관한 소통이라고 말할 수 있도록 말이다. 그러나 이러한 삽입은 물론 고유한 중간 과정으로, 과정에 개입하는 과정으로 구축될 수 있다. 따라서 우리는 재귀성 개념을 가지고 과정에서 나타나는 과정의 (차이)동일성을 타당하게 만드는 기능의 분화를 파악할 수 있다. 그리고 이것을 과정의 자기자신에 대한 적용으로서 표현할 것이다.[32]

재귀 장치들의 분화를 통해 특별히 도달할 수 있는 것은 과정이 자

---

31) 이 구분은 이 주제에 관한 이전 문헌에는 누락되어 있다. Niklas Luhmann, "Reflexive Mechanismen", in ders., *Soziologische Aufklärung Bd. 1*, Opladen 1970, 92-112.

32) 의식 과정의 범위 내에서, "무의식적인 것"(의식되지 않은 것과 구분되는 가운데)이 의도할 수 있을 것의 설명을 위한 출발점이 여기에 있다. 무의식적인 것은 의식이 오직 과정 형식으로서만 자기자신을 가능하게 하지, 분화된 재귀성의 형식으로 가능하게 하지는 않을 때에는 언제나 언급할 수 있다. 그때에도 의식과정의 (차이)동일성 형식이 과정의 형식으로서 과정 속에 들어서지만, 이것은 의식 사건의 의미에서나 특별한 하위 과정의 의미에서 일어나는 것은 아니다. 의식은 의식을 가지고 작동하지만, 그것은 의식에 의해 의식되지 않으며 그런 점에서 비판적인 조종과 자기통제를 위한 관련점 또한 내적으로 수립하지 않는다.

신의 고유한 미발생도 제어할 수 있다는 것이다.[33] 이제 왜 어떤 것이 말해지지 않았는지에 관해 소통할 수 있다. 거짓말을 알아챌 수 있다. 고통을 즐길 수 있다. 돈을 지출하거나 지출하지 않을 수 있다. 증오와 질투를 가지고 사랑을 입증할 수 있다. 결정하지 않겠다고 결정할 수 있다. 권력에 근거하여 권력 사용을 회피할 수 있다. 그래서 재귀적 과정들은 구조 변동 과정으로서 투입될 수 있으며, 그 재귀적 과정들의 전개는 구조 변동 제어가 상당히 요구될 때에야 생각날 수 있다. 반대 사례를 끌어들이는 것은 물론 과정에서만, 그러니까 반대 사례의 고유한 사건 유형학을 가지고서만 일어날 수 있다. 이것이 가능하다면, 과정은 그것으로 더 높은 자유도, 더 큰 적용 범위, 더 나은 적응 능력을 얻는다.

이 토대에서 출발하는 사회학적 분석은 이런 종류의 재귀 관계가 *정상화* 가능한지와 *강화* 가능한지의 여부, 그리고 그것이 가능할 특별 조건들에 관해 특별히 관심을 가질 수 있을 것이다. 소통에 관한 소통이 모든 사회 구성체에서 그리고 모든 사회 영역에서 똑같이 빈번하게 나타나는가? 아니면 기대할 수 있는 것처럼, 그러한 소

---

33) 이 문제에서 출발점을 취하는 이른바 "민속방법론"은 거기서 한 걸음 더 멀리 나아간다. 민속방법론에 있어서는 재귀성 취하기, 즉 "당연하게 생각함" 또한 재귀성의 사례 가운데 하나이다. 그렇게 되기 위해서는 재귀화가 재귀적이 되어서, 비재귀성 또한 끌어들이고 이 방식으로 전체성에 도달할 수 있어야 한다. 그 점에 관해 Beng-Huat Chua, "On the Commitments of Ethnomethodology", *Sociological Inquiry 44* (1974), 241-256을 참조할 것. 결과는 특이한 급진성이 된다──그리고 이것을 항상 함께 끌어들이는 민속방법론의 제안의 지루함이 된다. 그리고 이것에 대해서도, 이 총체적인 재귀성이 일상의 실천에서 재미 없어진다는 것을 민속방법론이 깨달을 때에 성찰이 이루어진다. 이 점에 관해 Rolf Eickelpasch, "Das ethnomethodologische Programm einer 'radikalen' Soziologie", *Zeitschrift für Soziologie 11* (1982), 7-27을 참조할 것.

통의 나타남이 소통 주제와 소통 기여의 비개연성과 참신함의 가치와 상관관계에 있는가? 소통 과정은 소통에 관한 소통으로 인한 부담을 얼마나 많이 감당할 수 있는가? 그리고 이 부담의 한계가 사회들과 사회 영역들에 따라서 달라지는가? 재귀 층위에서 정상 층위로의 이행은 소통적으로 어떻게 다루어지는가? 소통의 재귀화를 성공적으로 방해할 수 있는(즉, 대답할 수 없도록 만드는) 차단 기술(Coupiertechnik)들이 있는가? 그리고 소통에 관한 빈번한 소통은 참석자들이 상호간에 인물로서 경험되는 방식과 깊이에 대해 어떤 소급 효과들을 가지는가?

우리는 이 문제 중 하나를 약간 상세하게 소개하겠다. 우리는 의례를 재귀적 소통을 위한 모든 단초의 차단 관점에서 파악할 수 있다.[34] 소통은 확정된 진행으로 굳어 있다. 그리고 소통의 엄격성 자체가 이것이 왜 그러한지의 질문을 대신한다.[35] 과정의 요소들과 요소들의 순서들은 교체 불가능하게 고정되어 있고, 단어들은 사물처럼 다루어지고, 현재가 중요하고 미래에 관련해서도 그때그때 떠오르는 과거의 경험을 가지고서도 교정될 수 없다. 상징 사용의 위험은

---

34) 의례들이 제한되었으며 대안 없이 만들어진 소통을 위한 약호가 되었다는 것은 그새 통용되는 테제가 되었다. Mary Douglas, *Natural Symbols: Explorations in Cosmology,* London 1970; Roy A. Rappaport, "The Sacred in Human Evolution", *Annual Review of Ecology and Systematics 2* (1971), 23-44; ders., "Ritual, Sanctity and Cybernetics", *American Anthropologist 73* (1971), 59-76; Maurice Bloch, "Symbols, Song, Dance and Features of Articulation: Is Religion an Extreme Form of Traditional Authority?", *Europäisches Archiv für Soziologie 15* (1974), 55-81을 참조할 것. 그 테제는 처음에는 일반적인 의미의 지시들의 선택 자체를 관련짓는다. 그것은 재귀성의 차단을 함께 끌어 들인다.

35) 이것은 사건들의 비개연성의 사건들이 나타나는 과정의 의미의 모색을 유발한다는, 위에서 실행된 확정에, 단지 역으로 상응한다.

가능한 약한 수준으로 유지된다. 의례는, 마찬가지로 재귀성을 배제하는 일상생활의 의심할 여지 없는 자명성과 비교될 만하다.[36] 그러나 의례들은 이 기능이 더 이상 당연하지 않고 이해관계나 의심이나 불안이 최소화되어야 하는 위험한 상황에서도 이 기능을 충족시킨다. 의례들은 문제가 된 상황에 보다 인위적인 수단을 투입하는 것이다. 그래서 의례의 위반은 별남이나 개인적 변덕이나 농담이 아니라, 위험한 실수로 나타난다. 그리고 이제 그때는 재귀성으로 전환하는 대신 실수로 은폐한다.

의례의 엄격성이 아니어도 자기자신을 강조하는 축제의 형식을 소통에 부여하면서 비슷한 차단 효과에 도달한다. 그리스 역사에서 전통을 담지하는 소통을 운율화한 것은 그런 기능을 충족시켰던 것으로 보인다.[37] 그러한 소통은 묶인 형식을 설득 수단으로 함께 투입하고, 그럼으로써 의심과 재질문을 억압하는 데에 기여한다. 그리고 등가 기능은 초기에는 문서상 고정화에 의해 충족되었을 것이 다.

사회적 삶이 자명성들, 의례화들, 그리고 고정된 정식화와 특별히 고상한 정식화들로 뒤섞여 있다 하더라도, 소통에 관한 소통은 언제나 고려해야 할 것이다. 그것으로 연결된 장점들과 문제들은 재귀 관계들이 특화 가능한지의 여부와 그 특별 조건들에 관한 질문이 추가로 던져지면 복잡성이 배가된다. 그러면 재귀 관계들은 단순히 소

---

36) Harold Garfinkel, "Studies of the Routine Grounds of Everyday Activities", *Social Problems 11* (1964), 225–250; 또한 in ders., *Studies in Ethno-methodology*, Englewood Cliffs N. J. 1967, 35–75를 참조할 것. 그 점에 관해 위 각주 33을 보라.

37) 이 점에 대해 Eric A. Havelock, *Preface to Plato*, Cambridge Mass. 1963을 참조할 것. Rudolf Kassel, *Dichtkunst und Versifikation bei den Griechen. Vorträge der Rheinisch-Westfälischen Akademie der Wissenschaften G 250*, Opladen 1981도 참조할 것.

통을 제어할 필요가 있는 것이 아니라, 특수한 종류의 소통적 과정을 제어할 필요가 있다. 그렇게 제어하기 위해서는 기능적으로 특화된 소통 영역과 그리고 특히 단지 그것만은 아니고 여기에만 있는 것은 아니지만 상징적으로 일반화된 소통매체를 만들어낸 기능 영역들에서 이러한 제어에 대한 명확한 사례들이 있다. 그래서 소통은 사랑의 문제에서 철저히 재귀적이 된다. 사랑에 관해 소통되며 그것이 소통되는 방식(그리고 이것은 매우 결정적으로 신체 행동도 포함한다)이 동시에 사랑의 증명이 된다. 그리고 이 자기준거의 외부에는 다른 증명 가능성이 있지 않다. 다른 보기는 교육자의 교육이다. 교육과정은 훈련받은 교육자에 의해서만 실행될 수 있고 "태생적인 교육자"(아버지와 어머니)는 그 요구를 충족시키지 못한다는 것으로 인해 재귀적이 된다. 교환 관계들은 또 다른 보기가 된다. 화폐가 어떤 역할을 수행하자마자, 교환 관계들은 재귀적이 된다. 화폐의 형식으로 교환 가능성들을 벌어들인다. 화폐 교환에서는 원하든 원치 않든, 교환 과정에 관해 소통한다. 그리고 이런 소통은 (그 과정을 언급하면서!) 대체로 발생하지 않는다. 그 일은 정확하고 과정에 적합하게 발생하여, 사람들은 교환 과정들을 교환한다. 법학자들은 개별 소송의 판결과 판례적 효과들을 구분할 수 있고 둘 다를 동시에 결정하게 된(개별 소송의 판결이 판례가 된다) 이래, 바로 자신의 소송의 유형학인 법 적용의 경우에 재귀성에 대한 비슷한 강제를 받게 된다. 특히 권력 관계를 생각해볼 수 있다. 권력은 권력에 적용됨에 의해 재귀적이 된다. 그러니까 다른 사람의 권력 수단을 지휘하는 데에 정밀하고 정확하게 집중하는 것에 대해 재귀적이 된다. 그것은 위에서 아래로, 그러나 훨씬 더 세련된 의미에서 아래에서 위로 발생할 수도 있다. 약간 더 보편적으로 영향력에 대해서도 같은 내용이 타당하다.[38]

단순히 입증 자료들을 모으는 것만으로도 보기들이 임의적으로 흩어져 있지 않다는 점을 쉽게 파악할 수 있다. 보기들은 근세 초기에 쌓이기 시작해서, 특수 과정들이 재귀적이 되는 것과 함께 상응하는 기능 영역들의 분화가 사용되고 더 강화되는 것처럼 보인다. 분명히 과정 특화에 필수적인 정상성과 반복 가능성을 부여하고 동시에 고유한 복잡성, 우연성을 강화하고, 상응하는 과정들의 조종 요구와 확실성 요구를 강화하는 체계 형성이 이루어졌음에 틀림없다.[39] 그래서 원칙적으로 기능적 분화로의 이행은 재귀 과정의 다양성을 상당히 확장하며, 이 변화가 구 유럽의 의미론의 수많은 변형을 촉발시킨 것을 설명할 수 있다.

위에서 개괄된 진술에 상응하는 재귀적 소통의 이론이 완성될 수 있으면, 재귀성에 대한 단초들의 차단 역시 그에 적응한다는 것을 보여줄 수 있다. 종교의 탈의례화가 진보를 만들고 신앙의 확신 문제는 기독교의 분열을 낳은 기준에 따라 판단된다. 그 뒤에는 자연 지식을 더 많이 강조하는 경향이 뒤따른다. 인간에게는—재귀성에 유의하라—자연적 접근, 자연에 대한 자연적인 (인식적) 관계와 (생산)관계가 인정되었다. 확신은 개인적인 확신 체험 내지는 개인적인 경험에 근거하게 되었으며 상식(common sense)에서의 자명성이 특별한 진리 유형으로서, 가끔씩은 진리 기준 그 자체로까지 간주되었다.[40]

---

38) 절대 국가의 궁정 체계에서 아래에서 위로 향하는 권력자에 대한 이러한 영향은 "신용"(crédit)으로 불리었고, 오늘날까지 신용이라고 불리는, 다른 사람의 재정 수단을 사용할 가능성과 비교되었다. Charles Duclos, *Considérations sur les mœurs de ce siècle* (1751), Lausanne 1970 판, 269 이하에서 재인용.

39) 사랑의 경우에, 그러한 체계 형성들의 휘발성과 관련하여서는 문학적인 전형도 있다(그것은 이미 17세기에 간파된 사태이다).

40) 나는 여기서 스코틀랜드 도덕철학을 생각하지만(이 점에 대한 개괄은 A. Grave, *The Scottish Philosophy of Common Sense*, Oxford 1960을 참조할 것), 유사하

우리는 주어진 사실 상태와 지식 상태에서 출발하며, ― 이것이 제한이다! ― 축적과 개선의 관점에서 문제화한다. 보는 것은 어쨌든 할수 있는 일이다. 더 잘 보는 것은 안경, 망원경, 현미경 같은 광학을 갖고 할 수 있다.

이 소통이론적 접근이 미시사회학적 가설뿐만 아니라, 거시사회학적 가설을 형성할 수 있다는 것과, 그것이 상호작용체계들뿐만 아니라 사회체계들에도 적용될 수 있다는 것을 역사에 대한 이 짧은 보론을 통해 분명하게 해 두어야 한다. 재귀성은 분화와 강화의 매우 보편적인 원칙이다. 그것은 자기자신에 의한 과정의 조종 성과와 통제성과를 가능하게 한다. 그러나 재귀성은 과정의 기능적 특화를 전제하며, 그래서 진화가 그것을 위해 충분한 근거를 제공해줄 경우에 그리고 그런 한에서만 발전될 수 있다.[41] 많은 재귀성을 사용할 수 있는 사회는 가벼운 성과가 큰 장애 가능성을 높은 복원 능력과 연결시킨다. 화폐는 그 점을 위해 어쩌면 가장 인상 깊은 보기이다.

6. 성찰: '체계/환경-차이'의 자기관찰/자기기술

모든 사회적 체계는 이중 우연성 형식 안에 자기준거적 순환을 설치함으로써 자신의 가능성들을 선택하도록 강요받는다. 따라서 같은 순간에 사회적 체계는 조건화에 자신을 개방한다. 그렇게 하는 것은 이 조건화를 그 자체에서 선택하고 조건화의 선택을 완전히 우발에 내맡겨서는 안 되는 요구를 만들어낸다. 이 높은 단계의 통제는

게 작성된 프랑스 문헌들, 특히 Claude Buffier, *Traité des premières véritéz et de la source de nos jugements*, Paris 1724도 생각한다.

41) 진화상 선택의 원칙으로서의 기능에 관해, 위의 제8장 7절을 참조할 것.

사회적 체계가 자기자신을 지향함을 통해 도달된다―환경과의 차이로 나타나는 자기 자신에 지향함을 통해 도달된다. 이 형식의 자기준거를 우리는 성찰이라 지칭했다.

따라서 우리는 성찰을 가지고 체계준거와 자기준거가 합쳐지는 사례를 표현한다. 체계는 고유한 작동들을 고유한 (차이)동일성에 지향시킨다. 이것을 위해서는 주도적 차이로서 과정들의 이전/이후가 아니라 체계와 환경의 차이가 고려된다. 고려 대상이 되는 것은 체계와 환경의 차이이다. 유일하게 이 차이 안에서 체계를 지시하거나 환경을 지시하고, 그로 인해 체계로서 또는 환경으로서 지시되는 복잡성을 (차이)동일성으로서 주제화할 수 있게 된다. 성찰은 다른 말로 하면 체계와 환경의 차이를 체계 안에 도입하는 것을 필요로 한다. 이것이 이 차이의 (차이)동일성의 관점에서 발생한다면, 우리는 그것을 합리성이라고 말할 것이다. 따라서 합리성은 성찰을 통해서만 도달될 수 있지만, 모든 성찰이 합리적이지는 않다. 나는 이 점을 10절에서 다시 다루겠다.

재귀성과 마찬가지로 성찰 또한 사회적 체계들의 정상적인 작동적 행동의 토대가 된다. 그리고 재귀성의 사례에서와 비슷하게 여기서도 모든 사회적 체계들의 일반적인 고유성이 아니라, 체계준거와 자기준거로 규정된 전제에서만 가능한 특수 성과이다. 특히 상호작용 체계는 보통 그것의 (차이)동일성의 성찰 없이도 지장이 없다. 그 체계들은 주로 두 가지 이유에서 성찰에 이른다. 즉 (1) 그것들이 체계로서 행위해야 할 때, 즉 개별 행동을 체계를 구속하는 것으로서 표현할 때와 (2) 그것들이 참석자들의 접촉을 중단하고 그들의 재회를 조정할 때, 그러니까 잠재적인 기간 동안 자신들의 동일성을 지켜내야 할 때이다. 성찰을 통해서만 극복 가능한 특별한 정황이 있어야 한다는 것이다. 그렇지 않으면, 참석의 구성 원칙이 자신의 직접적인 지향 가치에서 충분하다. 그 원칙은 이른바 체계 내에서의 체계의 (차이)동일성을 대표한다.

이중 우연성이 작동들로 전환되는 모든 경우, 모든 소통, 행위의 모든 구성이 체계 귀속을 공동 생산하기 때문에, 우리는 사회적 체계들이 자기준거에 기초한 절차만을 가지고 있다고 전제해야 한다.[42] 모든 소통은 의식적이든 그렇지 않든, 주제화되었든 그렇지 않든, 소통 자신의 체계 귀속을 선언한다. 그것은 다만, 재질문할 경우에 자기자신이 체계에 귀속될 가능성들이 이미 제한적이라고 말할 뿐이다. 그것은 모든 소통의 필수적인 의미 단순화에 속한다. 소통과 행위에 관한 장에서 우리가 기술했던 것은, 소통이 (환원적) 형식으로 귀속 가능한 행위로 스스로를 교체하며, 그래서 소통 과정의 자기관찰, 즉 소통에 대한 소통의 수신처가 정해진 반응을 가능하게 한다는 것이었다.[43] 가장 기초적인 의미에서 자기관찰은—누가 의식하느냐, 어디까지 가야 하는지는 다른 질문이다—사회적 체계에서 함께 진행된다. 그리고 자기관찰은 오직 소통으로서만 실재를 가진다.

체계 작동들의 층위에서의 이러한 가장 기초적인 자기관찰은 후속 소통을 지시하고 체계의 (차이)동일성이 지시될 때 의미론적 사물을 만들어내면 자기기술(Selbstbeschreibung)이 된다. 관찰과 기술이 (따라서 자기관찰과 자기기술을 포함하여) 분명히 분화되는 것은 문자의 발명으로 비로소 가능해진다. 그러나 그 후에도 기술은 구두로 실행될 수도 있다. 하지만 기술은 문자를 근거로 비로소 발전된 텍스트 전형들, 특별히 길고, 규율을 갖추었고, 포괄적으로 상황에 무관하게

---

42) 만약의 경우에 대비하여 나는 사회적 체계들의 자기관찰이 오직 소통적 사건일 수밖에 없으며 참여자들에 의한 사회적 체계의 심리적-의식적 관찰이 타자관찰이라는 지적을 반복한다.
43) 위의 제4장 8절을 참조할 것.

이해 가능한 텍스트들을 전제한다. 그러한 자기기술의 틀 안에서 참여자들이 "우리"에 대해 말하거나, 그들이 다른 맥락에서도 그들에 관해 말해질 수 있도록 그들의 결속에 이름을 부여하는 경우,[44] 이러한 사태는 그로 인해 단지 자기관찰이 재현되고 참석의 인상이 이른바 집합화되는 것과는 완전히 다른 결과를 가진다. 자기기술은 전형적으로 체계 관찰에서의 과잉 통일화(Übervereinheitlichung), 관찰의 일관성에 대한 과대평가를 만들어낸다. 그리고 자기관찰은 이 관점에서 외적 관찰자들을 혼동시킬 수 있다. 자기관찰도 자기기술도 (우리가 이 용어학을 수용한다면) 어떤 차이들에 힘입어 정보 처리가 가능해지는지의 문제까지 결정하지는 않는다. 의미를 부여하는 전체에 대한 개별 관습을 귀속하는 것(해석학적 차이)이나 규정적/미규정적, 또는 '이것-그리고-다른 것'의 차이가 관건이 될지도 모른다.

성찰은 그와는 달리 더 협소하고 까다로운 개념이지만, 형식적으로는 자기관찰과 자기기술 개념에 속하기도 한다. 여기서 주도적 차이는 체계 내에서의 체계와 환경의 관계를 재현할 수 있는 의미론에 비추어 명료화된다. 이것은 체계 내에서 최소한의 성찰 소통의 분화가 갖추어질 것을 요구한다. 왜냐하면 그렇지 않으면 환경에 대해서도 즉각적으로 타당하지 않은 어떤 의미를 체계와 환경의 차이에 부여하는, 체계 내에서 실천된 구분이 중요하다는 것이 분명히 드러나지 않을 것이기 때문이다. "비대칭적 대립 개념"[45]의 형식으로 된 자

---

44) 그러한 명칭 부여를 자기관찰의 탈-지표화로서 지칭할 수 있을 것이며, 그것을 통해 일차적인 자기기술들이 상황 상대적이며 체계 상대적으로─이른바 직접적인 사용을 위해서만─작성된다는 점을 시사한다.

45) Reinhart Koselleck, "Zur historisch-politischen Semantik asymmetrischer Gegenbegriffe", in ders., *Vergangene Zukunft: Zur Semantik geschichtlicher Zeiten*, Frankfurt 1979, 211-259를 참조할 것

기기술은 아직 완전한 성찰 공식인 것은 아니다. 그리스인/이교도들도 그리스도의 몸/사탄의 몸도 충분하지 않다. 이교도들이 그들 스스로는 전혀 야만인이 아니라는 발견이 추가되어야 했다.[46]

자기자신을 재생산할 수 있는 체계는 자기자신을 관찰하고 기술할 수 있어야 한다. 이 주제에 관한 최근의 고려들은 자기자신을 재생산하는 자동기계에 관한 연구를 통해 촉발되었다. 당초 질문은 자기 자신을 재생산하는 그러한 자동장치가 모순에 부딪힐 것인가, 내지는 무한 회귀, 즉 그 자동장치가 자기자신의 완전한 기술을 자기 자신 안에 포함해야 하는 요구에 직면할 것인가 아닌가 하는 것이었다. 특히 존 노이만(John von Neumann)[47]은 이 문제를 우회하는 길을 모색했다. 사정이 어떠했든, 사회적 체계들에 있어서는 (그리고 어쩌면 사건들을 요소로 사용하는 모든 체계들에 대해서도) 질문이 될수 있는 것은 오로지, 단순화시키는 자기기술 내지는 성찰로 인해 재생산이 어떤 방향으로 조종되는가 하는 질문밖에 없다. 일탈적인 재생산에 이르는 것은 어쨌든 있을 수 있는 일이다. 삶이란 그런 것이다. 그러나 자기기술은 선택적으로 단순화되기 때문에, 즉 다른 가능성들을 위한 특별한 여지를 우연한 것으로 확정해두기 때문에, 이 확정 의미의 강화를 통해 체계 발전이 영향을 받을 수 있다는 것이 가능한 이야기가 된다. 그러한 연관들은 발견될 수 있다면, 사회이론을 위해 매우 중요하다. 가령 유럽 발 현대가 자기기술에서 무엇을 수반했으며, 그 방식을 어쩌면 피할 수 있다면 그것이 어디로 이끌리는지

---

46) 유럽의 경우 수백 년이 걸렸던 의미론적 변형이다. 그러한 변형의 시작에 관해 Volker Rittner, *Kulturkontakte und soziales Lernen im Mittelalter*, Köln 1973을 참조할 것.

47) *Theory of Self-reproducing Automata* (Hrsg. von A. W. Burks), Urbana Ill. 1967을 참조할 것.

가 중요하다.

현대 유럽의 의미론의 특수성에 속하는 것은, 이런 종류의 체계 성찰이 구축되고 이론 형식을 취한다는 것이다. 체계의 동일성이 체계의 환경과의 차이에서 지시되어 (그래서 무슨 뜻인지 우리가 알기만 할 것이 아니라), 개념적으로 작업이 되어서 비교와 관계화들이 연결될 수 있게 될 때 성찰이론이라는 말을 할 수 있다. 그래서 17세기 이래 국가이론이 생겨났는데, 그것은 최고 정치권력이 영토 내의 모든 힘보다 우월하고 모든 갈등을 결정할 수 있어야 하며 그런데도 자의적인 사용으로부터 제한되어야 하는 문제를 지향했다. 결과는 현대 헌법국가 이론이며, 이 문제에 근거하여 자신의 개별 부분들, 예를 들어 권력분립, 민주주의적 대의, 기본권 보호를 기능화했다.[48] 학문체계에서는 인식론이 생겨났고, 나중에는 과학이론이 생겨났는데, 그것은 인식과 대상의 차이에서 동일성이 도대체 어떻게 가능한지를 설명해야 했다──초월적인 의식의 자기조건화로서든, 변증법적 과정의 형식으로서든, 검증에 자신을 내맡기는 실용주의로서든 말이다. 교육체계에서도 18세기 후반부터 체계 고유한 성찰 문제들이 생겨났는데, 그 문제들은 예를 들어 교양 목표로서 (인간의) 완전성과 (실용적) 유용성의 차이나, 어떻게 자유를 성찰할 것인지를 다루었다.[49] 법체계에서는 무엇보다 자연법이 사라진 후에, 실정법의 끊임없이 우연적인 타당함의 문제를 필연적인 것으로 논증할 수 있는지의 문제가 제기되었다. 1800년을 전후하여 정확하게 그것과 관련

---

48) Niklas Luhmann, "Politische Verfassungen im Kontext des Gesellschafts-systems", *Der Staat 12* (1973), 1-12, 165-182; ders., *Politische Theorie im Wohl-fahrtsstaat*, München 1981을 참조할 것.

49) 이 점에 관해 Niklas Luhmann/Karl Eberhard Schorr, *Reflexionsprobleme im Erziehungssystem*, Stuttgart 1979를 참조할 것.

하여, 실정법 철학(Feuerbach)을 말했고, 오늘날에는 "법 이론"[50]을 말한다. 경제체계에는 중농주의자들과 아담 스미스 이래 교환, 생산 그리고/또는 분배의 분석으로부터 도출된, 체계에 특수한 성찰이론 이 과거의 제후의 낡은 자문용 문헌들을 대체했다. 친밀관계의 영역 에서도 18세기에 처음으로 열정적 사랑(amour passion)에 대한 오랜 생각에 기초하여 사랑과 결혼의 체계(차이)동일성을 위한 개념들이 발전하기 시작했다. 외적 영향들은 줄어들었다. 그리고 우리는 사랑 이 스스로 경험하는 모든 행운과 불행을 스스로 준비한다는 것을 받 아들일 준비가 되어 있다.[51]

이러한 자료 모음 역시 역사적으로 그렇게 짧은 시간에 우발적으 로 함께 축적된 것은 아니다. 그 자료들은 또한 기능적으로 중요한 과정들이 재귀화되는 것처럼 사회의 기능체계들의 강화된 분화가 연관이 있는 것으로 보인다. 동시에 이 분화는 정치 그리고/또는 종 교의 우위를 지향할 수 있었던, 구 유럽의 우주적-위계적인 질서 의 식을 중단시킨다. 이제 분명한 것은 기능체계들의 높은 자율성은 사 회 자체를 충분하게 재현하지 못한 채 사회체계의 성찰을 봉쇄하고 있다는 것이다. 모든 사실 진술들은 이 층위에서 "이데올로기"적이 다. 그리고 시간 차원에서만 상대적으로 설득력 있는 정식화들이 그 때그때만 성공한다——진보에 대한 믿음에 의존해서든, 현대성 개념 에 힘입어서든, 진화이론에 의존해서든, 오늘날은 갈수록 재앙에 대

---

50) Niklas Luhmann, "Selbstreflexion des Rechtssystems: Rechtstheorie in ge-sellschaftstheoretischer Perspektive", in ders. *Ausdifferenzierung des Rechts: Bei-träge zur Rechtstheorie und Rechtssoziologie*, Frankfurt 1981, 419-450을 참조할 것. Raffaele de Giorgi, *Scienza del diritto e legittimazione: Critica dell'epistemologia giuridica tedesca da Kelsen a Luhmann*, Bari 1979도 참조할 것.
51) 이 점을 자세하게 다룬 문헌으로는 Niklas Luhmann, *Liebe als Passion: Zur Codierung von Intimität*, Frankfurt 1982.

한 두려움에 의존해서든. 어쨌든 이런 종류의 자기주제화는 일시적인(temporal) 차이들로 인해 규정된다 — 완전히 다른 종류의 과거(전통사회 대 현대사회)에 대한 차이를 통해서든, 완전히 다른 종류의, 완전히 후기-세속적이지는 않지만 소위 탈파국적인 미래에 대한 차이를 통해서든. 체계와 환경의 차이에 관련된 원래 의미에서의 성찰이론은 전체 사회의 체계에서 두드러지게 나타나지 않는다. 그리고 그것은 우리가 곧 살펴보겠지만, 이 사회의 합리성과 합리성 결핍을 정식화하기 어렵게 만든다.

자기관찰, 자기기술, 성찰과 성찰이론이 증대되는 데서 어떤 정도로 정련화되든, 자기 관련된 작동, 스스로 관련된 정보처리 도구화는 그대로 남는다. 우리는 자기관찰 개념을 가지고 인식들에 대한 **특권화된** 접근을 한다는 생각을 연결짓지 않는다. 그것은 그러한 도구화에 선행하는 사태와 사람들(어떤 사람들?)이 내부 관찰(Introspektion)이 외적 관찰보다 성과가 더 좋다는 것을 확인하는 기준으로 삼는 비교 척도들을 전제할 것이다. 자기관찰의 특수성은 다른 근거, 즉 자기준거의 "자기"는 **자기 자신을 대체 불가능한 것으로서 다루어야 한다**는 것이다. 자기관찰의 경우에 자기는 자기 자신을 관찰된 것과 동일시해야 한다. 데카르트 전통에서는 이 상태의 특별한 기회들이 특별히 부각되어 있다. 자기는 특권화된 지위를 취한다는 것, 자기 자신에 특별한 접근을 가지고 있다는 것, 그 사실로 인해 그 밖의 어떤 누구도 진입해 들어갈 수 없는 인식 기회들이 결과한다는 것이 강조된다. 그러나 〔그러한 특권의〕 이면은 자기관찰에서 자기가 배타성을 강요받는다는 것이다. 그것 자신만이 자기 자신을 관찰할 수 있다. 다른 사람들의 평행 시선을 통해 확인할 가능성은 어떤 경우에도 없다. "취하게 만드는 합의라는 포도주"를 가지고 스스로를 강화할 수도 없다. 자기는 자기 자신과 함께 홀로 남는다. 그래서 최대의 확실성(현재)과 동시에, 최대의 불확실성(미래)이 된다.

이 조건은 성찰 과정이 얼마나 강화되더라도 불변적으로 유지된다 (그렇지 않으면 그것은 그런 조건이 될 수 없을 것이다). 모든 개념적인 표현들, 모든 이론화, 기타 세계 지식을 어떻게 보충하든 사정은 달라지지 않는다. 그것은 자기준거적-폐쇄적인 과정이며, 그 과정에는 객관화하는, 입지들을 중립화하는, 타자관찰의 자질들이 필연적으로 결여되어 있다. 그래서 사회 성찰의, 그리고 기능체계에 특화된 성찰이론의 특성들도 이해되어야 하는 것이다. 진화이론과 현대화 이론, 민족의 역사기술, 교육학, 법이론, 과학이론, 정치이론, 경제이론 등이 이루고자 하는 것처럼, "학문적으로" 어떻게 그려내든, 그런 사상이 성찰이론으로 사용되고 상응하는 체계들의 자기관찰을 가능하게 할 때에는 그것을 위해 전형적인 과장이 작용한다. 학문적으로 정당화된 것보다 더 많은 확실성이 만들어지며, 학문적으로 필요한 것보다 더 많은 불확실성이 만들어진다. 19세기 이래 이 효과는 이데올로기 취약성이라는 관점에서 토론되었다. 그리고 그것은 사회학에서는 사회이론을 거부하는 데까지, 심지어는 사회학 자체를 거부하는 데까지 끌고 나갔다.[52] 하지만 이데올로기 개념은 여기서 분석적으로 더 이상 도움이 되지 않는다. 그 개념은 정당화되지 않은, 과학성에 대한 부당한 요구를 폭로할 뿐이다. 그리고 비판적인 태도는 비생산적인 것으로 남는다. 왜냐하면 비판적 태도는 성찰 순환의 바깥으

---

52) Leopold von Wiese, *System der Allgemeinen Soziologie*, 2. Aufl. München 1933, 특히 44 이하; Friedrich H. Tenbruck, "Emile Durkheim oder die Geburt der Gesellschaft aus dem Geist der Soziologie", *Zeitschrift für Soziologie 10* (1981), 333-350; 그리고 특별한 귀결을 가지는 문헌으로서 Helmut Schelsky, *Die Arbeit tun die anderen: Klassenkampf und Priesterherrschaft der Intellektuellen*, Opladen 1975를 참조할 것.

로 나와야 할 의미 방향에서 개선 가능성을 이야기할 수 있도록 하기 때문이다. 그러나 모든 성찰에서는 그 성찰 순환을 발전시키는 것, 풍성하게 하는 것, 복잡한 체계들의 언제나 이미 동반하는 자기관찰에 더 나은 (복잡성에 더 적절한) 기회를 매개해 주는 의미 자질을 그 순환에 채우는 것만이 관건이 될 수 있다.

7. (사회적 차원의) 폐쇄성과 (사실 차원의) 개방성의 조건 연관: 동반하는 자기준거적 합리성과 현대적 기능체계 의 형성

지금까지 다루어진 모든 형식에서 자기준거는 절대로 동어반복의 특징을 취하지 않는다. 그리고 그것은 그때그때 자기로서 기능하는 사태의 완전한 복제의 성격을 취하지 않는다. 그것은 A=A라는 동일성 원칙도 아니며, 의도된 것이 의도된 것 안에서 완전하게 재현된다는 의미에서의 총체적 관련지음도 아니다. 그러한 형식들을 가지고는 체계의 자기총체적 작동들이 의존한 바로 그것, 정보를 얻을 수 없을 것이다. 그보다는 자기준거적 체계의 경험적인 지향의 분석에서 만들어지는 것은, 궁극적으로 자기생산적 재생산의 수행에 놓여 있는 체계의 (차이)동일성이 "동반하는" 자기준거의 형식으로만 그 체계 안에 다시 도입된다는 것이다. 그것은 어떤 작동을 필요로 하며, 우리는 기회 있을 때마다 그 작동을 이미 자기단순화라고 가끔씩 표현했다. 체계 안에서 체계의 (차이)동일성으로서 나타날 수 있기 위해 복잡성이 환원되고 그 후 의미를 지니며 재생산되어야 한다. 그것을 위해 보완되는 의미론은 전체가 아니다. 하지만 그것은 전체를 (차이)동일성으로서 관련짓고, 이 (차이)동일성을 언제나 함께 사용하는 지시의 갈래로서 모든 작동에 제공해 준다. 체계는 끊임없이 작동하지만, 언제나 자기-접촉에서만 작동하는 것은 아니다. 체계는 개방적 체계인 동시에 폐쇄적 체계이다.

체계이론의 문헌에서도 아직 익숙하지 않은 이 생각은 이제 현대 사회의 세 가지 기능체계의 보기에서 대략적으로 개괄해야 할 것이다. 나는 보기들을 선택할 때, 자기준거적 체계들이라는 개념이 사회학적으로 유용하다는 것을 분명하게 하기 위해 시도한다.

사회의 개별 기능체계들의 층위에서 자기준거적인 자율은 17/18세기에 처음으로 수립되었다. 그 이전에는 종교적인 세계관 (Weltsetzung)이 이 기능 지위를 차지하고 있었다. 어쩌면 모든 체험과 행위에 있는 것으로 생각된 신과의 관련이 사회체계의 비밀스런 자기준거로서 기능했다고 말할 수도 있을 것이다. 예컨대 신의 도움이 없으면 어떤 일도 성공할 수 없을 것이라고 말했던 것이다. 그로 인해 사회의 요구와 동시에 도덕적인 요구가 고정되었다. 하지만 종교적 의미론은 사회의 자기준거로서 정식화되지 않았다. 그것은 타자준거로서, 초월성으로서 정식화되었고 (오늘날에도 정식화되고 있다.)

사회체계가 계층화된 분화에서 기능적 분화로 변환된 후에야 비로소 동반하는 타자준거를 동반하는 자기준거로 대체하는 것이 필요해졌다. 왜냐하면 새로운 분화 유형은 위계적인 세계질서를 균열시키고, 기능체계들을 자율적으로 설정하기 때문이다. 현대사회의 경제체계에서 동반하는 자기준거는 화폐의 소통적 사용으로 실현된다. 화폐의 수량화는 화폐가 임의로 분할될 수 있게 만들었다——무한하게 분할될 수 있는 것은 아니지만, 모든 분할 요구에 대한 적응에 있어서 임의적으로 공유될 수 있도록 했다는 것이다. 화폐는 이런 식으로 보편적으로 사용될 수 있다. 경제 재화가 얼마나 집합적으로 주어져 있든 상관없이 말이다. 화폐는 모든 경제 작동들을 표현할 수 있다. 특히 그렇지 않으면 교환하기 위한 적절한 대응물을 발견할 수 없을, 공유할 수 없는 대상들에서 그러하다. 화폐는 어떤 불-가분성(In-dividualität)에도 적응할 수 있는 분체(分體) 그 자체이다.

현대의 경제체계는 자신의 (차이)동일성을 화폐에 가지고 있다. 그것은 완전한 형식으로 철저하게 화폐화되어 있다. 그것이 뜻하는 것은, 경제적으로 중요한 모든 작동들, 그리고 경제적으로 중요한 작동들만이 화폐의 가격을 포함하여 가격에 기초하고 있다. 화폐의 가격들 자체를 포함해서 말이다.[53] 자기생산적 요소 진행, 즉 체계를 구성하는, 더 이상 분해할 수 없는 최후의 소통은 지불이다. 그 자체만 놓고 본다면, 지불은 바로 후속 지불을 가능하게 하는 것이다. 그러나 지불에는 가령 투자 결정이나 이자율에 관한 결정처럼, 그 자체가 지불이 아닌 소통들도 관련될 수 있다. 더 큰 양의 지불은 집적(集積) 가능하고 전체적인 사용의 (차이)동일성 형식으로 변형될 수 있다—가령 보유 자본이나 예산이나 대차대조표의 형식으로 말이다. 경제 자체에 대해서도 그러한 (차이)동일성 표현들이 정식화될 수 있다. 하지만 실제로는 자기준거적 재생산의 (차이)동일성은 이 형식에서가 아니라, 인플레이션이든 디플레이션이든 화폐가치 변동의 형식에서만 의미를 얻는다. 이것이 사례가 되는 것은, 체계가 한 순간에서 다음 순간에 존재하기를 중단하지 않도록 (지불이 수용될 것을 함께 요구하는) 지불의 요소 작동이 지속적으로 자극되어야 하기 때문이다. 가격과 화폐 가치를 구분할 의미 있는 가능성도 여기에 있다. 가격이 기대 프로그램들인 반면, 화폐 가치는 체계의 자기생산적

---

53) 이 점에 관해 Niklas Luhmann, "Das sind Preise", *Soziale Welt* (1983), 153-170도 참조할 것.

재생산을 규제한다.

경제체계는 지불/비지불을 근거로 하여 폐쇄적-자기준거적 체계가 된다. 여기서는 항상 순환의 은유가 사용되었다. 그것은 현실에서 매우 뒤엉킨 진행들을 위한 일종의 미로와 같은 미화법이다. 그러나 그것으로 인해 작동 의미의 절반이 표현되었다. 지불은 언제나 재화나 서비스나 다른 화폐 상품들의 이전과는 반대로 진행되는 움직임이다. 이 관점에서 작동의 의미(Operationssinn)는 궁극적으로 환경을 지시한다. 즉 사물들, 활동들, 욕구들을 지시한다. 완전하게 화폐화된 경제는 폐쇄적 체계이면서 개방적 체계의 훌륭한 사례이다. 경제체계의 분화를 유발하는 것은 궁극적으로는 **폐쇄성과 개방성의 조건연관**이다. 그리고 이것은 모든 경제적 작동에서의 자기준거적이며 타자준거적인 의미지시들의 **강제 연동**(Zwangskoppelung)이, 체계의 환경에는 결코 상응물이 없는 특별히 구조적인 조건을 필요로 하기 때문에 그러하다.[54]

기능체계 정치에는 정확한 동형이 없지만, 정확한 기능적 등가물은 있다. 정확한 동형이 없는 것은, 소통 매체인 권력이 〔경제와〕 맞먹는 기술적 정밀성을 가지고 있지 않고 화폐와 같은 정도의 높은 통합 능력을 갖고 있지 않기 때문이다. 권력 사용은 당연히 자명하게도 이미 정치적인 현상이다. 그래서 정치체계에서 체계의 (차이)동일성은 추가적으로 자기기술을 통해 체계 안에 도입되어서, 정보의 자기준거적 처리를 위한 관련점으로서 사용할 수밖에 없고 이 기능은 **국가** 개념에 의해 채워진다.

2백년 이상의 토론에도 불구하고 국가 개념은 분명하게 밝혀지지

---

54) 나는 의도적으로 어떤 종류의 "상응물"도 없다고 말해둔다. 왜냐하면 이 질서가 기능한다는 것은 매우 특수한 법적, 정치적 대비에 달려 있다는 것을 간과해서는 안 될 것이기 때문이다.

않았다. 그 개념은 사람들이 (경험적이든, "정신적이든") 직접적인 사실 관련을 찾았고 (특히 국민, 국가 영토, 국가 폭력 같은) 그 개념을 위해 중요한 사태들을 고찰할 때 복잡성과 이질성이 너무 많이 화면에 나타났다는 데에 있을 것이다.[55] 그때에는 전형적인 산물이 (우리가 일단 칸트를, 특별히 헤겔을 배제한다면) 국가 개념 없는 국가이론을 만들어내게 된다. 국가와 정치 개념을 서로와의 관계에서 설명하는 시도에서 어려움이 반복된다. 왜냐하면 한편으로는 국가에 귀속된 정치적 활동들이 없고 다른 한편으로는 (오늘날의 언어 사용에 따르면 적어도) 국가가 없는 정치도 없기 때문이다.

여기서 완성된 체계이론적 개념은 체계와 체계의 자기기술의 구분에 힘입어 그 문제를 재정식화할 수 있게 해준다. 그렇게 함으로써 성과 없이 토론된 개념 질문을 실재로 옮기고, 국가는 정치체계의 자기기술이라고 말할 수 있게 된다. 국가는 의미론적 인공물, 즉 정치체계의 자기준거를 집중시키고, 그 자기준거를 구체적인 권력상황 판단으로부터 독립적으로 만들며, 화폐의 경우에서와 마찬가지로 정치체계의 요소들로서 기능하려는 요구를 제기하는 모든 작동들의 동반하는 자기지시가 되도록 만들어 줄 수 있는 의미론적 인공물이다. 이것을 위해 중요한 것은 국가가 법적 능력이 있는 것으로서 사

---

55) 도덕적 "국가론" 또한 여전히 국민, 영토, 국가권력으로 구성되는 것으로서 그러한 삼위일체적인 정의를 끌어들이지만, 그렇게 이질적인 사태들의 (차이)동일성을 어떻게 생각하여야 할 것인지를 분명하게 설명하지는 않는다. 예를 들어 Reinhold Zippelius, *Allgemeine Staatslehre*, 3. Aufl. München 1971, 33 이하; Martin Kriele, *Einführung in die Staatslehre: Die geschichtlichen Legitimitätsgrundlagen des demokratischen Verfassungsstaates*, Reinbek 1975, 84 이하를 볼 것. 국가 개념을 형성하는 상이한 가능성들에 대한 일반적인 토론들도 책의 내용을 채우기는 하지만, 이러한 사실 상태에서 구체적으로 더 큰 도움이 되지는 못한다.

법적인 귀속(차이)동일성으로서 구성되어서, 통치권적이며 재정과 관련된 조치들이 모든 정치적 작동들의 핵심 구성이 된다. 이것을 위해 중요한 것은 또한 다른 한편으로는 사법적으로 "외부에서부터", 하지만 정치적으로 정치체계 내에서, 국가적 활동들이나 그 활동들을 방해하려고 노력하는 정책이 가능한 것으로 남는다. 어쨌든 국가에 대한 지향은 경제체계에서 이미 화폐 매체를 통해 확보된 자기준거의 폐쇄성을 가능하게 한다. 그리고 그 지향은 자기준거의 폐쇄성을 동시에 결정 사안, 이해관심, 정치체계의 환경에서의 구조 변동에 연결시킨다. 말하자면 여기서도 자기준거와 타자준거의 동시 처리와 그와 함께 질서와 무질서의 토대에서 질서의 지속적인 재생산이 이루어진다.

우리의 마지막 보기가 될 수 있는 것은 **교육체계**이다. 여기서도 고유한 기능체계의 분화가 자기준거와 타자준거의 동시 처리를 낳았고, 여기서도 교육으로서 체계에 귀속되는 모든 작동에 대해 그것이 원칙적으로 타당하다. 교육체계는 이러한 전제조건들을 이미 상징적으로 일반화된 소통매체를 통해 충족시킬 능력이 정치체계보다 훨씬 부족하다. 교육은 성공적인 소통이기만 한 것이 아니라 인물 변화를 추구하기 때문에, 교육에 전문화된 매체는 없다. 여기서 성과들이 전형적으로 학습함을 스스로 연습하고 장려함을 통해, 교육체계의 순환적 자기준거가 생성된다. 학생들이 학습으로 안내받으면, 학습을 위해 필수적인 능력들도 학습한다. 학생들이 학습함을 학습하기만 하는 것이 아니고, 학습 능력에의 역관련이 함께 진행된다. 같은 의미에서, 적어도 희망하는 바로는 학습은 그 자체가 자신의 실천에서 실수들로부터 배우고 자신을 개선할 수 있게 방법화되어야 한다.

과정의 동반하는 자기준거 순간은 이미 1800년경에 신인본주의적 교육학의 이념 형성에서 파악되고 도야(Bildung) 개념에 넘겨졌다. 도야 자체는 바로 능력의 방법론으로서 파악되었고, 학습함의 학습함은 적어도 근본적인 구성요소였다. 이러한 재귀성은 개인이 그것을 통해 "세계"를 위해, 즉 개인이 학습을 통해 전유하고 향유하고자 하는 모든 것에 준비되어 있다는 생각을 허용할 수 있었다. 도야가 원래 되어야 할 것, 즉 "내적 형식"(여전히 계층에 따라 차이가 있는)은 이제 개인화된 세계상관물이 된다.[56)]

"도야"를 여기서 귀속된, 교육체계의 자기기술 프로그램으로서 취한다면, 국가 개념 같은 공식이 과잉 부담과 구체화(Hypostasierung)의 특성들을 드러낸다는 것을 함께 이해할 수 있다. 경험적인 체계의 복잡성 환원, 즉 자기단순화가 출발점을 형성하기 때문에, 그리고 담지자의 교체 가능성 없는 자기관찰/자기기술/성찰과 관련되기 때문에, 그 공식은 거들먹거리는 투로 고상하게 양식화된다──조직적인 일상에서 그 공식이 매일 체험하는 패배들에도 개의치 않고서 〔말이다〕. 그리고 이론과 실천에서 1800년경에 그렇게 돋보이는, 국가 공식과 도야 공식의 만족은 이 공식이 자기준거와 타자준거의 동시 처리와 진행 중인 재생산 문제를 화폐처럼 그렇게 매끄럽게 처리할 수 없다는 것도 함께 설명할 수 있다고 거의 추측할 수 있다.

자본, 국가, 교육과 같은 자기기술 개념들의 의미론적 경력들을 회고적으로 고찰하면, 특히 독일의 대학 전통에서 차이와 타협하지 않고, 차이를 전체성 공식의 이름으로 통합하는 시도들이 늘 다시 이루어져왔다는 것이 돋보인다. 그밖에도 독일의 경우에 민족국가적 통일성이 아직 도달되지 않은 때까지, 특히 국가 개념이 제안되었다.

---

56) 이 점에 관해 간결한 시사는 Luhmann/Schorr, a. a. O. 74 이하, 85, 134 이하를 참조할 것.

그 개념은 그 점에 반대할 수 있었던 경험을 하지 못했기 때문에 공상적 일반화들에 대한 결정화 지점을 제공하지 않는다. 훔볼트, 포스(Voß), 피히테, 아담 밀러와 다른 저자들이 다듬은 문화국가 이념은 국가성과 도야를 포괄하고자 모색했다. 국가에 의해 질서 잡힌 경제에 대한 프리드리히 리스트의 관치경제 이론은 정확하게 그 점과 유사하게, 국가 사상을 정치와 경제의 포괄적인 (차이)동일성으로서 정식화했다. 이 두 가지 생각들은 내적 표현에서보다 외부 경계 설정에서 보다 분명한 윤곽을 얻는다. 문화국가[라는 표현]은 프랑스 혁명에 반대하여, 혁명에 내재된 이 이데올로기적 추상과 정치적 테러의 통일성에 반대하여 만들어졌다.[57] 경제국가[라는 표현]은 "미시 경제학적인" 토대의, 개인적인 욕구들에서 출발하는 영국적인 리버럴리즘에 반대하여 만들어졌다.[58] 인신공격에서 멋지게 사용되었던 것은, 현실(Realität)에서는 학문적 오류 억측으로 입증되었다. 기능적 분화는 관철되었고, 더 이상 전체성 사상을 가지고 포괄할 수 없게 되었다. 기능 관련 공식들만이 자기기술들로서 현실적으로 기능할 수 있었으며, 체계 자체와 체계의 지속적인 소통 안으로 실제로 투입될 수 있었다.

이러한 사정은 국가로 부르든 사회로 부르든 전체를 올바로 관찰할 수 있는 어떤 지점도 더 이상 고정될 수 없게 되는 결과를 낳는다. 우리는 위에서[59] 이미, 자연적인 의미에서도 주관적인 의미에서도

---

57) 그 점에 관해 매우 명시적으로 Christian Daniel Voß, *Versuch über die Erziehung für den Staat, als Bedürfnis unsrer Zeit, zur Beförderung des Bürgerwohls und der Regenten-Sicherheit*, Halle 1799를 볼 것.

58) Friedrich List, *Das Nationale System der Politischen Ökonomie*, Stuttgart 1841을 볼 것. *Schriften/Reden/Briefe Bd. VI*, Berlin 1930에서 재인용.

59) 제5장 1절.

자명하게 올바른 관찰 지점이 없다는 점을 밝혔다. 또는 달리 표현하면, 체계준거들은 우연적이며, 그것들은 선택되어야 한다. 그래서 관찰자가 관찰된 것을 어떤 위치에서부터 보아야 하는지를 함께 언급하는 것이 기술의 과제가 될 수 있다. 현대 기능체계들의 설명된 자기기술들은 처음에는 기능체계들의 자기기술에 대해서만 구속적이었다. 외적 관찰자들도 기능체계들을 지향하는지, 얼마나 넓게 지향하는지, 예를 들어 가격 상승이나 도야 상실이 정치적으로 성과나 실패를 지시하는지는 그 점을 통해서는 아직 결정되지 않았다. 그리고 그러한 적합성 수용을 통해 체계경계들의 횡단이 이루어지는지를 의식한다면, 그것은 실제적인 중요성을 가질 수 있다.

동반하는 자기준거를 설치하고 자기기술들을 갖추어주는 공식들에 대해서도 사회체계와 관련되는 기능체계들의 미래가 그러한 장치를 통해 어떻게 조종되는지의 질문이 제기된다. 오늘날에는 자본, 국가, 도야의 이러한 삼두마차에 강화 원칙들이 숨어 있고, 그 원칙들의 축적이 사회체계와 그 환경에서 난제들을 낳는다는 것을 볼 수 있다. 이러한 사정을 더 이상 단순하게 시민적 사상재로서 처리하고 그 다음에 수용을 통해 해결하겠다고 희망할 수 없을 것이다. 하지만 사회가 그러한 자기기술들을 가지고 스스로에게 허용한 드라마에 대해 한층 더 솔직해져야 한다. 그리고 어쩌면 그러한 자기기술들의 상대화가 제어된 사용을 위한 출발점을 제공할 수 있을 것이다.

여기서 우연성들과 개별 기능체계들 간에 있을 수 있는 차이들에 주목해야 한다는 것은 기능체계의 분화와 작동상 자기준거들과 타자준거들의 연관이 일종의 체계 논리로서 스스로 실행되지 않는다는 것을 보여준다. 그러한 조건들이 실현되기 위해서는 부분적으로는 매체의 종류에, 부분적으로는 많든 적든 인위적인 보충 의미론에서 발견 가능한 고도로 선택적인 조건들이 필요하다. 이 문제에 대해 발견된 해법들은 특히 지역적으로 상당한 차이들을 드러낸다.[59a] 따라서 여기서 대표되는 이론은 다음의 내용을 주장할 수 있을 뿐이다. 이 문제가 이런 저런 방식으로 해결되지 못할 경우, 분화는 뚜렷하게 진행될 수 없다는 것을 알 수 있다.

8. 자기준거의 탈동어반복화: 시간/사실/사회적 의미차원에서의 비대칭화

우리가 틈틈이 늘 지적했던 것처럼, 모든 종류의 자기준거에 대해 단지 동어반복적이기만한 순환의 중단 문제가 제기된다. 자기를 단순히 자기 자신에게 지시한다는 것은 추가 의미를 통해 풍부해져야 한다. 자기 자신을 진술하지 그밖에 다른 아무 것도 지시하지 않는 순환은 말하자면 그런 추가 의미를 모은다. 그 순환은 폐쇄성과 개방성의 (차이)동일성의 극단적인 사례이다——실제로 일단 나타나면 그 즉시 교체되며 동반하는 자기준거의 형식으로 옮겨지는 극단적인 사례이다. 다른 말로 하면 자기준거적인 체계들은 잉여의 내적 정보 수요를 제거하고, 어떤 관점에서 환경에 민감하게 반응하고 어떤 지점에서 무관심해도 되는지를 특화할 것을 강요받고 있다.

이 기본 생각은 "비대칭화" 개념과 그 개념의 파생어들(외부화, 종결화, 이념화, 위계화, 구두법 점화(點化) 등)로 계속 완성될 수 있다.

59a) 예를 들어 Kenneth H. F. Dyson, *The State Tradition in Western Europe: A Study of an Idea and Institution*, Oxford 1980; Jürgen Schriewer, "Pädogogik — ein deutsches Syndrom? Universitäre Erziehungswissenschaft im deutsch-französischen Vergleich", *Zeitschrift für Pädagogik 29* (1983), 359–389를 참조할 것.

여기서 중요한 것은, 추가 의미가 모이고 순수한 자기준거의 동어반복되는 중단 속에서 이루어지는 형식 규명이다. 우리는 여기서, 한 번 더 말하면, 유형이론에 가까워진다. 하지만 여기서 선택된 고찰 방식 속에서 체계 내적 과정이 중요한 것이지, 외적 관찰자가 자신의 표상을 질서짓는 방식이나 종류가 중요한 것은 아니다.

우리는 "비대칭화"를 기본 개념으로서 사용한다. 그 개념은 체계가 자신의 작동들을 가능하게 하기 위해, 이 작동들에서는 더 이상 의문시되지 않고 주어진 것으로 수용되어야 하는 관련점을 선택한다는 것을 진술할 뿐이다. 그러한 전제 자체가 상호의존들을 중단하고 연결 작동들을 가능하게 하는 기능을 가짐에도 불구하고, 체계는 이 기능을 가지고 대안들을 모색할 가능성을 배제한다(적어도 잠정적으로 배제하거나, 해당 작동들에 대해서만 배제한다). 비대칭은 자기생산의 동인으로서 다루어지는 것이 아니라, 타자생산적으로 주어진 것으로서 다루어진다. 이것을 원칙적으로 또는 실용주의적으로 다음과 같이 정당화할 수 있다.

이것은 어쨌든 기능들을 살펴봄 또한, 허구성의 의식조차도 그러한 절차를 필요로 한다는 점에 있어서는 어떤 것도 변화시킬 수 없다는 점에 대한 하나의 보기이다. 비대칭화와, 비대칭화를 엄호하고 연결 능력을 부여하는 다양한 종류의 의미론들이 있다. 비대칭화 형식들과 그것들의 의미론의 선택은 사회의 진화와 함께 변이하며, 그 점은 관련되는 생각들이 그러한 형식들의 기능의 공동 소통을 어느 정도로 견뎌내는지 또는 그럼으로써 파괴되는지의 질문에 대해서도 타당하다.

아주 중요한 가능성들이 시간의 비가역성과 관련하여 제공될 수 있다. 시간의 비가역성은 그 자체로는, 기존의 것이 수용되어야 한다는 말을 아직 하지 않는다. 하지만 시간의 비가역성은 그렇게 읽힐 수 있다. 기존의 것의 사실성과 기존의 것을 교체하는 것이 어렵다는 점을 지적할 수 있고, 특수한 역사적인 정당화의 신화를 가지고 이 주장을 더욱 강하게 할 수 있다. 따라서 모순 행위에 근거함(venire contra factum proprium)의 금지는 가장 중요한 상호작용-법칙들과 (법의-)법칙들로서 간주된다.

마찬가지로 종국화들(Finalisierungen)은 시간 차원과 관련된다. 여기서 체계는 자신의 작동들을 장래 상태에 대한 전망에 좌우되는 것으로 만든다—그 상태에 도달하는 것이든, 그 상태를 회피하는 것이든. 비대칭은 여기서 지나간 것의 변경 가능성으로부터 획득되는 것이 아니라, 장래의 것의 불확실성으로부터 획득된다. 어떻게 될 것인지 아직 확정되어 있지 않다는 바로 그 이유 때문에 일련의 현재적인 작동들을 미래 관점을 통해 질서지울 수 있다. 미래의 불확실성은 확실성이 되어서, 사람들은 그 확실성에 도달하기 위해 현재 어떤 것을 해야 하는 입장이 된다—하지만 이 결론은 비대칭을 전제하고 다른 목표들도 설정할 수 있을 가능성을 배제할 때에만 기능한다.

사실 차원들 또한 특권화된 비대칭을 그 자체로부터 제공한다. 사실 차원들은 환경과 체계의 차이에 연결한다. 그것들은 또한 약간 세련된 형식에서 통제 가능한 환경 변수들과 통제 불가능한 환경 변수들 간 구분에 연결한다. 체계는 그럼으로써 환경에의 자신의 의존을 최대한 활용하여 내적 과정들을 질서지울 수 있고, 다른 방식의 구조에서는 다른 방식의 환경의존들이 주어져 있을 것임을 도외시할 수 있다.

사회적 차원에서는 오랫동안 위계 사상이 상응하는 기능을 충족시켰다. 다른 사람들보다 더 나은 "자질"을 가진 인물들이 있고, 이 사람들이 우선권을 가질 의무가 있다는 점을 전제했다. 이 전제는 계층화된 사회구조와 조응하였고, 그 구조가 사라지면서 함께 사라졌다.

하지만 그 사실로부터, 사회적 차원에서 이제 어떤 종류의 비대칭들도 더 이상 없다는 추론을 이끌어낼 수는 없다. 위계들은 공식적으로 조직된 사회적 체계들로 옮겨져서, 그곳에서 권한의 위계들로 재수립되었다. 하지만 특히 최근에 새로운 종류의 비대칭화가 발전되었다. 개인의 사적 영역에서조차 개인과 관련되는 모든 계기들에서 "개인"을 최종 결정자로서 인정하는 비대칭화가 그것이다. 개인의 의견, 이해관심, 요구, 기분은 많은 경우에 모든 후속 행동의 출발점이 되는 궁극적인 명령이 된다.[60]

비교적 단순한 사회체계들은 그러한 비대칭들을 순진하게 다루어낸다. 그런 사회들은 예를 들어 자연 개념을 가지고서, 그들에게 기준점을 제출하는 사물들의 질서를 전제한다. 그 사회들은 그 질서 안에서 우연성들을 보지도 못하며, 다른 식으로도 진행될 선택 조건들을 보지도 못한다. 기능에 필수적인 비대칭들은 확실하게 수용된 자명성들을 통해 충족된다. 그리고 누군가 의심을 갖게 되면, 그 비대칭들을 소통 속에 투입하는 것은 거의 불가능하다. 누군가 그것을 시도한다면, 자기 자신에게 자신의 "오류"가 정해져 있는 것으로 생각하여야 한다. 전통적인 사회들이 현대사회로 변환됨으로써 비로소 이러한 자명성들이 해체되었다. 이제야 비로소 사회가 사용하는 이념으로부터 이념의 결론을 추론해내는 것이 보편적인 의심의 유형이 된다. 그 말은 비대칭들이 스스로 해체될 수 있고 자기준거들이 둔탁하게 실행될 수 있다는 뜻은 아니다. 문제는 오히려 이제 더 높은 성찰 단계에서 이데올로기화(Ideologisierung)를 통해 해결된다. 사

---

60) 명증성 체험, 이해 관심, "쾌락"(plaisir)은 17세기에 이러한 요구의 의미론과 거부의 의미론을 형성하기 시작했던 개념들이었다. 그리고 이 개념들은 (예를 들어 honneur(명예), bienséance(예의), amour(사랑), gloire(영광) 등과는 달리) 더 이상 계층과 관련을 취하지 않는다는 징후를 보여주고 있다.

람들은 비대칭들화들의 기능을 명료하게 만들고, 비대칭화들을 그
것들의 기능을 통해 정당화시킨다.[61] 이것은 모든 요소들과 모든 최
종 보장들을 해체하여 보장의 능력을 재조합으로 옮기는, 특히 학문
과 경제를 통해 장려된 경향과 일치한다. 기능 개념은 특히 에른스트
카시러(Ernst Cassirer)가 보여주었던 것처럼, 실체 개념[62]을 대체하
며, 논리적-경험적인 과학 사고를 특별하게 주도하였던 두 가지 유
형인 연역과 인과성은 그들의 기본 개념적인 위상을 상실한다. 연역
과 인과성은 관찰자가 구분을 배치할 수 있기 위해 사용하는 개념들
이 된다.[63] 자기준거적 체계는 스스로 비대칭화될 수 있기 위해 자기
자신을 관찰할 수 있어야 한다. 왜냐하면 그것은 어떤 형식으로든,
자기 자신과 관련된 구분의 착수를 필요로 하기 때문이다.

이 모든 것은 배경으로서 작용할 수 있을 것이며, 우리는 그 배경
에서 소통이 행위로서 비대칭화된다는 테제로 되돌아올 수 있다. 사
회적 체계들은 우선적으로 소통체계들이지만, 이 소통을 행위로서
해석하여 소통의 선택적 종합 안에 구축해 넣고, 그럼으로써 자기 자
신을 행위체계로서 기술한다.[64] 이러한 일차적인 자기기술은 모든
다른, 예를 들어 비소통적 행위를 사회적 체계들 속으로 끌어들이며
'행위-이전/행위-이후' 도식에서 환경 관련을 시간화시키기 위한

---

61) 상응하는 이데올로기 개념에 관해 Niklas Luhmann, "Wahrheit und
Ideologie", in ders., *Soziologische Aufklärung Bd. 1*, 4. Aufl., Opladen 1974,
54-65를 참조할 것.
62) *Substanzbegriff und Funktionsbegriff*, Berlin 1910.
63) 이를테면 Heinz von Foerster, "Cybernetics of Cybernetics", in: Klaus
Krippendorff (Hrsg.), *Communication and Control in Society*, New York 1979,
5-8.
64) 위 제4장 8절을 참조할 것. 우리가 그곳에서 자기준거들의 관계들을 선취하
면서 이미 "자기기술"을 언급했다는 것은 여기서 추후에 정당화될 수 있다.

자기기술의 전제조건이다. 비대칭화의 일반적인 시간적/사실적/사회적 조건들은 따라서 행위체계로서의 자기기술의 조건들이기도 하다. 시사했듯이, 이 조건들이 역사상 변이하기 때문에, 아예 행위 이해 자체가 사회(societal)구조들의 진화상 변동에 의존한 채 역사에서 변이한다는 점을 전제하여야 한다. 기계학의 비대칭에 기초하는 "물리적인" 행위 이해의 제안은 행위가 실제로 그렇게 일어난다는 점에 대한 일정한 준거점이다. 17/18세기는 그 준거점들을 가지고 변화하는 사회의 관계들에 반응했다.

9. 계획이론에 대한 자기준거적 사회적 체계 개념의 귀결

모든 사회적 체계들의 자기준거를 이 방식으로 주목하면, 그것은 계획이론에 대해 광범위한 귀결을 가진다. 여기서는 행위와 행위 귀결의 사전 고려가 관건이 되는 것이 아니라, 체계 계획이 관건이 된다. 그러한 계획은 체계의 규정된 장래 특징들을 고정시키며, 그 특징들을 실현시키려 모색한다. 이렇게 하는 것 또한 여전히, 매우 상이한 문제 영역을 포괄하는 지나치게 일반적인 개념이다. 우리가 관심을 갖는 질문은 사회적 체계들이 자기자신을 계획할 수 있는지 그리고 이것이 시도될 때에 어떤 문제들을 고려해야 하는가이다.

모든 계획들이 접근 불가능하다는 사실은 알려진 일이다. 모든 계획이 자신의 목표에 도달하지 못하거나, 스스로 희망하는 규모에 도달하지 못한다는 것과, 모든 계획이 스스로 생각하지 못한 부작용들을 유발한다는 것도 알려진 일이다. 그 점에 있어서 새로운 것은 없다. 사회적 체계들의 자기 계획의 원래적인 문제는 계획이 스스로를 계획하는 체계 안에서 관찰된다는 점이다. 체계 내에서 발생하는 모든 것처럼 계획 또한 다른 것과 마찬가지로 과정일 수 있다. 체계가 계획으로만 이루어져 있다면, 계획이 없을 것이다. 왜냐하면 그 경우에는 무엇이 계획 가능할지에 대해 어떤 것도 남아 있지 않을 것이기 때문이다. 그래서 체계는 자신의 계획을 관찰할 수 있기 위해 항상 역량을 자유롭게 가지고 있다. 그리고 계획은 차별하기 때문에, 이 역량 또한 사용된다는 것이 개연적이 된다. 모든 계획은 당사자들을 만들어낸다 ──그 당사자들이 불이익을 받든, 그들의 모든 소망들이 채워지지 않든, 그것은 상관없다. 당사자들은 계획되는 것을 듣고 가능한 한 변경시키기 위해, 알고 싶어 하게 될 것이며 체계 내의 소통의 자유로운 장치를 사용하고 싶어 하게 될 것이다. 그래서 체계는 계획의 경우에 도달된 상태들, 계획의 성공들과 실패들에 반응하기만 하는 것이 아니라, 계획 자체에 대해서도 반응한다. 체계는 계획할 때에는 실행과 저항을 동시에 만들어낸다.

이것은 계획이 장래 행동을 위한 전제들만을 고정시킬 수 있을 뿐, 계획의 시점에는 아직 전혀 현실적이지 않은 이 행동 자체를 고정시킬 수 없다는 점을 고려하면 더욱 분명해진다. 계획된다는 가정에 대한 반응 또한 준비하는 시간을 가진다. 그밖에도 계획은 체계의 계획으로서 어떤 식으로든 체계의 복잡성에 지향할 것을 요구받게 된다. 계획은 자신이 지향할 수 있는 체계 모델을 자기 자신에게 작성해 주어야 한다. 계획은 말하자면 체계복잡성의 단순화된 버전을 체계 내에 도입하여야 한다.[65] 이러한 둘째 복잡성, 체계복잡성의 이러한 단순화된 두 번째 출력은 계획을 통해 비로소 생겨난다. 둘째 복잡성은 계획을 통해 가시화된다. 그리고 어떤 체계도 완전한 자기기술을 작

---

65) Roger S. Conant/W. Ross Ashby, "Every Good Regulator of a System Must be a Model of That System", *International Journal of System Science 1* (1970), 89-97을 참조할 것.

성할 수 없기 때문에, 고려되지 않은 측면을 환기시키는 것은 항상 가능하다. 이해관계들은 간과된다. 가능한 결과들에 주의하지 않는 다는 위험을 잘못 평가하고 특히 다른 선호들과 가치서열 질서들을 낮게 평가한다.

특히 정치이론은 프랑스혁명의 관찰자가 그 계획의 끔찍한 결과 들에서 단순화한 전제들을 지적한 이래, 늘 새롭게 이 질문들을 다루 었다.[66] 보수적인 비판자들은 그에 대한 반응으로서 사회의 관계들 과 정치적 관계들에 주의할 것을 요구했다.[67] 자유주의적 이론들은 여론, 의회 토론, 구속력 있는 결정의 상호관계에서 해법을 모색했 다.[68] 오늘날에는 계획의 합의 도출을 정치에 대한 상이한 요구들로 간주하고 그에 따라, 다른 관점과 정당화의 틀 내에서 하나의 관점과 정당화에서 복잡성을 극복하는 데에 맞추는 경향이 있다.[69] 하지만 그렇게 되면 합의 도출 자체가 부지 중에 계획의 관점 안에 들어서 고, 그러면 오직 다차원적 계획 문제만이 관건이 된다. 그 다음에는 바로 그 점에 대해 다시 정치적인 반응이 이루어진다.

---

66) 특히 매우 문학적인 자질 때문에 Edmund Burke, *Reflections on the French Revolution*, zit. nach der Ausgabe der Everyman's Library, London 1929판에 서 재인용은 유명해졌다. *Über einige bisherige Folgen der französischen Revolution in Rücksicht auf Deutschland*, Hannover 1792도 참조할 것.

67) 버크(Burke)는 예를 들어 사회적 관계들의 고도의 복잡성과 관련하여 ("사회 의 대상들은 최대한 가능한 복잡성의 대상이다", a. a. O. 59), 모든 계획의 특수 한 어려움이, 혁신들을 단순하게 도입할 수 없고, 모든 것을 한 번에 교체할 수 없기 때문에, 지속하는 것과 관련지어야 한다("같은 순간에 보전하면서 혁 신하는...", 같은 책, 164) 데에 있다고 본다.

68) Carl Schmitt, *Die geistesgeschichtliche Lage des heutigen Parlamentarismus*, 2. Aufl. München 1926을 회고적으로 볼 것.

69) 그 점에 대해서 그리고 상호관계의 질문에 대해 Fritz W. Scharpf, "Planung als politischer Prozeß", *Die Verwaltung 4* (1971), 1-30을 참조할 것.

경험들의 정식화들로 이루어진 이러한 경험들의 사슬은 사회적 체계의 일반 이론의 범위에서 확정할 수 있는 것, 즉 계획이 처음에는 체계의 자기기술 작성의 특정한 유형이라는 점만을 입증한다.[70] 계획의 경우에 이 자기기술은 미래를 지향한다. 바로 그것이 계획에 합당한 규정이 예견하는 것, 말하자면 많은 사람들이 고려하는 미리 보여진 어떤 것을 바로 그 이유 때문에 원하지 않거나, 그것을 우회하거나, 거부하거나, 비전형적으로 처신한다는 점으로부터 이익을 꾀하는 것과는 달리 행동할 가능성을 열어준다. 계획을 계속해서 "선택의 확장"(extension of choice)[71]으로서 파악할 수 있을 것이다. 하지만 이때 그로 인해 유발된 복잡성 증대도 생각해야 하며, "선택의 확장"이 계획자들에 의해 그렇게 될 것이 예견된 사람들에게서만 일어날 뿐만 아니라, 계획에 의해 당사자가 된 사람들에게서도 일어나며 특히 그들에게 일어난다는 점도 생각해야 한다.

우리는 자신의 고유한 복잡성을 지향하며 그것을 복잡성으로서 파악하고자 모색하는 체계를 과도하게 복잡하다(hyperkomplex)고 지칭할 것이다. 왜냐하면 그러한 시도가 체계 안에서 개최되고 자기기술로 확정되어야 하기에, 이미 그러한 파악의 시도만으로 오직 자기 자

---

70) 오늘날 사람들은 더 겸손해져서, 가끔씩 계획의 원래적인 의미가 이미 그 안에 있다는 것을 본다. "조직 내에서의 계획은 많은 덕목들을 가진다. 하지만 계획은 종종 미래의 결정을 위한 프로그램으로서보다 과거의 결정의 해석으로서 더욱 효과적일 수 있다. 계획은 최근의 행위들을 적절하게 포괄적인 목표 구조들로 구체화하는, 자신의 새로운 일관된 이론을 발전시키려는 조직의 노력을 부분으로서 사용될 수 있다 ..." (James G. March/Johan P. Olsen, *Ambiguity and Choice in Organizations*, Bergen 1976, 80). K. Hall, "Strategic Planning Models: Are Top Managers Really Finding Them Useful?", *Journal of Business Policy 3* (1973), 33-42도 참조할 것.

71) 이를테면 F. E. Emery/E. L. Trist, *Towards a Social Ecology: Contextual Appreciation of the Future in the Present*, London 1973, 8 이하를 참조할 것.

신만 있는 경우보다 더 많이 생산하기 때문이다. 그 시도는 또한 새로운 종류의, 함께 예견되지 못한 반응 가능성들도 만들어낸다. 체계 계획은 필연적으로 과잉 복잡성(Hyperkomplexität)을 생산한다. 따라서 이것을 경험하는 계획은 이것 역시 계획에 포함시키고자 시도할 것이다. 즉 자기 자신과 계획의 효과들을 계획에 함께 포함시키고자 시도할 것이다. 그래서 예산 계획은 과도한 수요 보고들을 산출하고, 이것은 기획자에 의해 함께 고려될 수 있다. 하지만 재귀적인 계획의 계획에 있어서, 다시금 같은 내용이 단순히 계획의 경우에서와 같은 내용이 타당하다. 계획의 계획 또한 관찰될 수 있고, 그래서 이제 계획의 고유한 관찰에 반응하기는 하지만 계획되었던 것처럼 반응하지는 못할 가능성을 낳는다.

계획과 계획 관찰의 이 차이는 기획자가 자신을 "보이지 않는 손"(invisible hand)이 되기를 아무리 소망한다 하더라도 제거될 수 없기 때문에, 체계 내에서는 이 차이에 대해서 그리고 그 차이를 통해 만들어진 긴장에 대해 조정 지점이 있을 수 없다. 조정을 위한 모든 수고는 자기 자신을 다시금 관찰에 내맡긴다. 항상 체계의 대변인과 대표자로서 나타나기를 원하는 사람은 이 일을, 다른 식으로는 체계 소통과 소통의 자기준거적 순환에 연결할 수 없기 때문에 체계 안에서 할 수밖에 없다. 또한 이 점에 있어서도 이중 우연성이 타당하다.

따라서 과도하게 복잡한 체계들에서는 체계 서술은 체계 내에서 우연적인 것으로 경험 가능해진다. 체계 서술은 다른 방식의 미래가 추구되며 추구되는 한에서, 자기기술의 확실하며 기준 없는 보장을 포기해야 한다. 자기관찰은 계획으로서 자기기술을 낳으며, 그럼으로써 그 자신이 관찰 가능해진다. 따라서 모든 고정된 토대들은 포기되어야 하며, 충분한 합의로서 그때그때 구성되어야(erarbeitet) 한다. 그리고 합의조차도 관찰 가능성이라는 동일한 법칙의 지배를 받는다.

이 점은 이제 합리성이 더 이상 가능하지 않다는 것을 뜻하는가? 아니면 이 점은 합리성에 관해 지금까지와는 다르게 사고해야 한다는 것을 뜻할 뿐인가?

10. 체계이론적 합리성 개념: '체계/환경-차이'의 체계 내 재진입

자기준거로부터 합리성을 추론할 수는 없다. 자기준거는 상승들, 제한 가능성의 상승, 복잡성 환원을 통한 질서 구축의 조건이다. 때때로 이 통찰은 자연적인 자기사랑의 형식에서, 자기 자신을 정초하는 이성의 형식에서, 또는 그 후 권력에의 의지의 형식으로서, 즉 인류학적으로 포장된 가운데, 합리성 원칙의 자리에 들어섰다. 이것은 오늘날 평행하여 진행되는, 합리성 의미론의 소멸을 보상하고자 시도하는 특수한 유럽 특유의 몸짓으로 간주될 수 있다. 상승 의지의 문제 있는 결과들의 관점에서 본다면, 사람들은 합리성에 관한 최종적인 판단을 차라리 미루고자 할 것이다.

그럼으로써 요구되는, 자기준거와 합리성 판단의 분리는 전통이 있다. 그러한 분리는 자신의 유형학에 따라서 그리고 처음에는 자기사랑과 도덕의 관계와 관련되어 마찬가지로 18세기에 실현되기 시작한다. 그 분리는 시간 국면의 중간 접속을 필요로 한다. 자기사랑은 자연적으로-선하지만, 그 결과에 따라 도덕적으로 긍정적이거나 도덕적으로 부정적인 자질을 가진다.[72] 이 사실은 자기준거가 자신

---

72) 루소는 여기서 가장 많이 알려진 저자이다. 하지만 효용에 대한 질문의 일반

의 실천의 조건들과 효과들에 따라서 합리적일 수도 있고 비합리적일 수도 있(으며 또는 다소간 합리적일 수도 있)다는 확인을 낳는다. 합리성 개념을 어떻게 규정하더라도, 세계가 완전하다고 간주했고 합리성을 세계 연속체로서 전제했던 구 유럽적 전통은 그 확인과 함께 붕괴되었다.

(물론 부패들, 원죄들, 성취 실패들, 오류들 등에 대한 인정이 전적으로 포함된) 합리성 연속체는 17세기부터 상이한 방식으로 균열을 겪고 있다. 합리성 연속체는 처음에는 특히 데카르트를 인용하면서 합리성의 주관화(Subjektivierung)를 통해, 그 후 19세기부터는 점증적으로, 합리성 문제를 이항화하는 상이한 구분들을 통해, 즉 불연속화들의 불연속화를 통해 균열되고 있다. 예를 들어 합리성 판단을 원칙들로부터, 그 후 진보로서 기술되는 역사 과정의 방향으로 옮긴다. 합리적/비합리적〔의 이항화에 따라〕 도식적으로 서술한다. 근본적인 것은, 합리성에 의해 근본적인 것이 도달될 수 없는 사물 지역, 즉 질료, 의상들, 권력에 대한 의지의 무도덕성으로 옮겨진다. 또는 사람들은 합리성을 행위합리성으로서, 파도처럼 몰아치는 비합리성들의 바다에 떠 있는 섬으로서만 사고하며, 그 다음이 결정 과정의 꼼꼼한 분석을 통해 이 합리성을 손상시킨다. 또는 합리성에 관심을 가지기보다 합리성이 야기하는 피해들, 목적들의 상대 생장(Heterogonie) 또는 옳은 행동의 나쁜 귀결들에 관심을 가진다. 이 모든 것으로부터, 사실적인 것이 그 자체가 이미 합리적인 것이 아니라, 합리성으로 옮겨져야 한다는 오늘날 확정된 확신을 낳는다(그리고 그것은 이러한 합리화 과정이 도대체 합리적일 수 있는지에 대해서

화와 함께, 즉 특수한 귀족 도덕의 몰락과 함께 의제가 되었던, 그의 시대에 이미 많이 확산된 통찰이 관건이다.

의심할 수 있게 만들었다).

개괄한다면, 합리성 의미론의 변형은 붕괴로서 나타난다. 그것은 현대사회가 특별한 정도로 스스로를 합리적이라고 간주하면서 그 점을 위해 고려되는 의미론을 붕괴시키는, 사회의 자기성찰의 특이한 양가성에 함께 속하는 것으로 보인다. 남는 것은, 합리성 개념에서 발견할 수 있으며 아마 다른 개념에서는 발견할 수 없는 형식적인 특이성이다. 합리성 개념은 자기 자신에게 복속되어야 하며, 예를 들어 온기 개념이 따뜻할 수 없으며 에너지 개념이 힘차게 형성되거나 다루어져야 하는 경우들과는 달리, 그 자신이 합리적으로 형성되어야 한다. 이러한 비정상이 주목할 만한가? 그것은 적어도 살아 남았다. 합리성은 그에 따르면 개념의 자기준거를 위한 개념인가? 그리고 계층화된 분화에서 기능적 분화로 개조될 때 변경되어야 하며 오늘의 사회에 맞는 형식을 아직 발견하지 못한, 이념 재정식화를 위한 기회가 그 안에 있는가?

이 질문들은 특별하게 조사하여야 한다. 우리는 그 질문들을 제쳐 두고, 사정이 그러하다면 그것은 여기서 정식화된 자기준거적 체계들의 이론의 맥락에서 어떤 귀결들을 갖는가의 질문을 제기할 것이다.

차이 개념의 자기준거는 차이의 (차이)동일성이다. 사회적 체계들은 자신들의 환경에 관해 소통하기만 하는 것은 아니다. 그것들은 자신과 환경과의 차이(예를 들어 자신들의 경계에 대한 생각이나 자신들의 요소들의 특수한 구성 특징들에 관한 생각)를 내적 소통에서 사용할 수도 있다. 달리 말하면, 사회적 체계들은 '체계/환경-차이'를 체계 안에 다시 도입할 수 있고, 그 차이들에 힘입어 자기관찰 과정, 자기기술 과정, 성찰 과정을 정보 획득을 위해 실행할 수 있다. 그것만으로는 합리성의 명칭이 아직 획득되지 않았다. 자기준거 하나만으로는, 우리가 말했지만, 아직 합리적이지 않다. 합리성은 차이 개념이 자기준거적으로 사용될 때에야 비로소, 즉 차이의 (차이)동일성이 성찰될 때에 비로소 주어진다. 따라서 합리성 요구는 차이들에의 지향이 그 지향들의 개념적인 자기준거들에 비추어 통제되고, 거기서 생겨나는 추론들을 취할 수 있다는 것을 진술한다.[73] 체계들에 있어서 이 점은 체계들이 환경과의 차이를 통해 자기 자신을 규정하고 체계 내에 있는 이 차이에 작동적 의미, 정보 가치, 연결 가치를 부여해야 한다는 것을 뜻한다. 이론사적으로 본다면, 이 통찰과 그로부터 결과하는 합리성 개념은 처음에 소개된, 패러다임 '체계/환경-이론'을 자기준거적 체계들의 이론 안에 구축하는 전환의 귀결이다.

여기서 환경 개념은 정확하게 파악하여야 한다. 그것은 합리성 문제를 처음으로 규명한다. 환경은 포괄적인 체계로서 파악될 수 없다(비록 상호작용들에 대해 예를 들어 합리성 조건들을 광범위하게 선(先)구조화하는 사회들이 있는 것처럼, 많은 체계들에 대해 포괄적인 체계들이 있을 수 있더라도). 환경은 내부 지평과 조응하는 세계 지평이다. 그래서 체계의 합리성은 상위의 포괄적인 체계와의 관련을 통해 규명될 수 없다.[74] 이것은 포괄적인 체계의 합리성이 이 체

---

73) 독자들은 이 지점에서 변증법적 유형들과의 유사성을 생각할 수도 있을 것이다. 그 때문에 본문의 주장은 운동 개념을 요구하지도 않고, 이행들이 (적어도 헤겔의 이론에서) 그때그때 전체 이론을 함의하는 것은 아닌지의 질문과 무관하게, 부정의 형식으로 이행을 실행하지도 않는다는 점을 언급해둔다. 합리성은 여기서 (그리고 우리가 7절에서 다루었던, 성찰의 성과인 자본/국가/도야에 대해서도 같은 것이 타당하다.) 변증법적 과정의 목적론으로서 다루어지는 것이 아니라, 자기준거를 통해 촉발된 비개연성으로서 다루어진다.

74) 체계이론가들은 종종 이 전제하에서 논증한다——예를 들어 Russell L. Ackoff, *Redesigning the Future: A Systems Approach to Societal Problems*, New York 1974, 54 이하에서 "체계 안에 투입하는 과정이 그것이 부분이 되는 전체와의 관계를 꺼린다"에서 "환경화"(environmentalization)라는 말을 할 때에 그

계의 부분들을 고려할 때에만 통찰할 수 있다는, 파스칼 이래 알려진 역설로 이끌기만 할 뿐이다. 우리는 이 역설을 자기준거의 순수 형식으로 소급시킬 것이며, 우리는 그래서 합리성을 차이가 구분된 것 안에 다시 들어서는 것으로서, 결정되지 않은 '체계/환경-차이'를 이 차이를 통해 규정되는 체계 안에 구축하는 것으로서 간주할 것이다.

계획의 문제(Planungsproblematik, 9절) 또한 이 관점에서는 달리 나타난다. 기획자는 자신의 관찰자들과 목표들의 가치서열 질서들, 개연적인 귀결들, 수용 가능한 위험들 등에 관해 결코 완전히 합의하지 않을 것이다. 기획자는 자신의 계획들을 확정하고 관찰에 노출시켜야 한다는 점으로 인해 벌써 불리한 상황에 처하게 된다. 그러한 상황에서는 행위 합리성도 가치 합리성도 공통의 합리성의 기회를 제공하지 못한다. 하지만 그럼에도 불구하고 기획자와 관찰자 둘이 '체계/환경-차이'를 정보 획득의 도식으로서 사용할 때에는 일종의 수렴을 생각할 수 있다. 그럼으로써 평가의 갈림들과 이해관심의 갈등들이 제거되는 것은 아니다. 하지만 합리성은 고유한 위치에 대해, 계획 대상이 되는 체계가 자신의 환경 관계를 재-내부화해야 한다는 점을 고려할 때에만 요구될 수 있다.

이 착상을 인과이론적 언어로 번역하면, 그 착상은 체계가 합리적으로 행동하고자 한다면 환경에 대한 자신의 영향을 환경 자신에 대한 역영향을 가지고 통제해야 한다는 것을 진술한다. 자신의 환경을 사용하는 체계는 결과적으로는 자기 자신을 사용한다.[75] 틀림 없이

렇다. George J. Klir, *An Approach to General Systems Theory*, New York 1969, 47 이하도 참조할 것. 합리성을 거대체계(Supersystem)에 대한 지시를 통해 획득할 수 있다는 이 생각에 비판적인 글로는, Alessandro Pizzorno, "L'in-complétude des systèmes", *Connexions 9* (1974). 33-64; 10 (1974), 5-6.

75) Anthony Wilden, *System and Structure: Essay in Communication and Exchange*,

환경은 수많은 영향들이 발원하는 체계를 인과 연쇄에 다시 관련짓지 않은 채 그 영향들을 흡수한다. 이러한 흡수의 성과가 없다면, 체계와 환경을 구분하는 것은 체계에 대해 별 의미가 없을 것이다. 그 점은 차이의 (차이)동일성에 대한 성찰이 차이의 장점들을 무효화해서는 안 된다는 것을 보여주며, 그것은 차이의 장점들을 함께 고려하여 선택들의 선택의 형식으로 활용할 수 있어야 한다. 말하자면 합리성 요구들에 대해, 체계 수용에 따라 다소간 문제 있는 출발 상황들이 있다. 근세 사회들이 처음으로 그러한 상황을 위해 전적으로 어려운 합리성 조건들을 만들어내었다. 그 사실은 그 사회에 대해서 처음으로 합리성 의미론의 요구 압력에 처하고 붕괴한다는 것을 함께 설명한다.

이 점은 사회 진화의 과정에서 상호작용체계들과 사회체계들의 차이가 첨예화된다는, 제10장에서 소개된 테제로 소급하면 더욱 분명하게 볼 수 있다. 이 두 체계들 간의 분화는 두 체계 유형들을 성과 능력이 더 커지고, 그럼으로써 그것들의 합리성에 있어서 이전보다 더욱 문제가 많아지게 만들고, 그 결과 합리성 요구들이, 고도로 선택적이며 통제하기가 더욱 쉬워지는 중간 위치를 취하는 조직된 사회적 체계들로 많든 적든 옮겨진다.

상호작용체계들은 자신의 자연적인 환경에 작용하여 자신들을 위험에 빠뜨리는 첨예한 역영향을 거의 가지고 있지 않다. 상호작용체계들은 상호작용을 속행하거나 중지시키는 참여자들의 심리적인 태도에 영향을 미침을 통해 자신을 더 큰 위험에 빠뜨린다. 상호작용체

London 1972, 207, "자신의 환경을 처분하는 체계는 그 자신을 처분한다"를 참조할 것. 이 점으로부터 고전 체계이론에 대해 생겨나는 문제들에 관해서는 Eric Trist, "The Environment and System-Response Capability", *Futures 12* (1980), 113-127도 참조할 것.

계들은 자신들의 합리성의 집중된-중요한 초점을 자신의 환경의 이 〔심리적인〕 부문에 가지고 있다. 그래서 인적 상호작용이 갈수록 사회(societal)구조적인 조건들로부터 벗어나면서, 규제 동기는 참여자들과의 관계에서의 상호작용의 편안함, 정중함, 장애 제거의 질문으로 옮겨진다. 그것은 17세기와 18세기에 사교적 대화 이론을 통해 모습을 갖추게 된다.[76] 이때 심리학적 정련은 이러한 합리성 형식의 재해체를 위한 조건인 동시에 근거였다. 심리학적 정련은 심리적인 것의 심연, 그 심연의 주된 환경 영역을 현실적으로 들여다 보는 것을 감당해내지 못했다.[77] 오늘날 합리성 원칙의 의미에서 "의사소통적 상호이해"(kommunikative Verständigung)라는 말을 한다면, 그 말에는 심리적인 질문들이 의도적으로 배제되어 있다.[78] 그럼으로써 여기서 의도하는 의미에서의 합리성 문제를 전적으로 제기할 것을 지금부터 포기하는 전제들이 주어지게 된다.

현대사회의 체계와 그 환경에서 도달된, 합리성을 위한 출발 상황은 매우 다르다. 속행 태세는 여기서 모든 소통이 사회에 의해 재생산되기 때문에 문제가 되지 않는다. 사람들은 사회로부터 벗어날 수 없다. 더욱 더 중요한 것은 자신의 환경에 대한 사회의 영향이 사회에 어떻게 역작용을 하는지의 질문이다. 사회체계의 기능적 분화를

---

76) 이 점에 관한 또 다른 암시들은 Christoph Strosetzki, Konversation: *Ein Kapitel gesellschaftlicher und literarischer Pragmatik im Frankreich des 18. Jahrhunderts*, Frankfurt 1978; Niklas Luhmann, "Interaktion in Oberschichten: Zur Trans-formation ihrer Semantik im 17. und 18. Jahrhundert", in ders., *Gesellschaftsstruktur und Semantik Bd. 1*, Frankfurt 1980, 72-161을 참조할 것.

77) 예외 사례를 사랑에 관한 문헌에서 시인할 수 있으며, 사랑은 바로 그 때문에 전형적으로 합리성 통제의 질문에 답하는 것을 포기한다.

78) 현재로서 가장 포괄적인 개괄로는 *Jürgen Habermas, Theorie des kommunikativen Handelns*, 2 Bde. Frankfurt 1981을 참조할 것.

통해 여기서는 막대한 집중력 상승에 도달했다. 몇몇 기능체계들의 매체들, 특히 학문의 진리와 화폐는 모든 자연적인 (자가성장적인) 물리적, 화학적, 유기체적, 인간적 관계들에 대해 주어진 상호의존들을 중단시키고, 그럼으로써 상응하는 체계들의 제한된 계획 잠재와 재조합 잠재들을 가지고 통제 불가능한 인과성들을 방출하는 해체 영향을 가진다. 사회가 진화를 통해 항상 이미 균형을 잡은 환경에서 가지고 있었던 부담 경감은 갈수록 위험해진다. 그것은 특히 재조합들(새로운 생산물들, 조직에서의 행위들의 새로운 조합들)이 가령 지장을 받은 환경 안정성들의 재생성을 목표로 삼는 것이 아니라, 조합적 가능성들의 새로운 획득을 목표로 삼기 때문에 타당해진다. 여기에는 거대한 (그리고 가장 중요한) 인간 집합들의 학교 형식의 교육이 상당히 길고 중요한 인생기에 인지들과 동기 상태들을 형성한다는 점, 즉 사회가 그 일로 어떻게 관련되는지가 예견될 수 있거나 심지어 계획될 수 있지 않은 채, 사회의 환경이 사회를 상당한 정도로 해체한다는 점이 추가된다. 직업교육 계획이 많든 적든 분명하게 노동 성과에 맞추어진다는 점은 틀림없이 충분한 결과의 보장을 제공하지 않을 것이다. 더욱이 도야체계로서 교육체계의 자기기술에는 이 문제를 단지 파악하기만이라도 할 수 있을 아무 것도 없다. 물질적 인공물과 인간의 인공물의 생산과 조직 부문에서와 비슷하게 특화된 재조합들만이 그 일을 위해 필요한 해체 과정(상호작용체계인 학급의 특수한 억압들만을 생각해보라)을 통해 발산되는 인과성들을 무시한 채 추구된다.[79] 자연스럽게 강화되는 상호작용들과 상호의

---

79) "비밀 교안"이라는 주제는 물론 구조 영향의 잠재에 주목하게 만들었지만, 지금까지 현대사회의 구조와 너무 낙관주의적으로 일치한다는 평가로 이끌었다. 특히 Robert Dreeben, *Was wir in der Schule lernen*, 독일어 판본, Frankfurt 1980을 참조할 것. 학교 스트레스, 시험제도로 인한 매력, 비교들의 엄격한

존 중단들은 그럼으로써 해체되고 부분적으로만 재조합된다. 결과적으로 그것은 사회에 역작용을 되돌려준다. "자연의 장애는 사회의 조직의 문제들을 야기한다."[80]

사회의 합리성은 지금 유발되고 환경 문제들이 사회를 역으로 관련짓는 한에서 사회를 통해 환경 문제들이 사회체계에서 형성될 것을, 즉 사회의 소통 과정에 착근될 것을 요구할 것이다. 그것은 개별 기능 체계들에서 제한된 규모로 발생할 수 있다——의학자들이 그들 자신을 통해 야기된 질병들을 다시 보게 될 때에 그렇다. 하지만 기능체계들이 환경을 통해 다른 기능체계들에 부담을 주는 것이 보다 전형적인 일이 된다. 그러나 특히 환경 상호의존의 지각을 위한 사회의 하위체계들이 결여되어 있다. 그러한 하위체계는 기능적 분화에서는 있을 수 없다. 왜냐하면 그러하다는 것은 사회 자체가 사회 안에서 다시 한 번 나타난다는 것을 뜻할 것이기 때문이다. 현대사회의 분화 원칙은 합리성 질문을 더욱 긴급한 것으로 만든다——그리고 동시에 해결하기 어렵게 만든다. 전통적인 합리성 의미론에 대한 모든 소급은 이 상황과 관련하여 실패할 수밖에 없다. 몇몇 의미론들은 정치 관할의 보편성을 요구하며, 다른 의미론들은 더 이상 관여하지 않으려 한다. 그 두 가지는 가능하지 않다. 문제를 필요한 만큼만 예리하게 정식화하고, 기능체계 특화된 환경지향을 개선하고 사회의 역부담들과 문제 유예들을 더욱 투명하게 하고 통제 가능하게 만들 가능성만이 남아 있을 것이다.

이런 종류의 문제들은 여기서 깊이 토론될 수 없으며, 제대로 의미

주도, 그리고 특히 졸업유예는 의심스럽게 들릴 수 있을 증상들이다. 그리고 어쨌든 효력의 유발과 효과들이 교육학자들이 도달하려 모색하거나 방해하려 모색하는 모든 목표들과 특이한 대조 관계에 있다.

80) Morin, 앞의 책, Bd. 2 (1980), 92.

있는 토론에 이를 수도 없다. 그 문제들은 사회 분석에 넘겨진 상태로 유지되어야 한다. 그 문제들은 여기서, 현대사회가 자신의 합리성에 관해 조언을 구할 때에 그것이 무슨 뜻인지를 분명하게 하기 위해 언급되었을 뿐이다. 합리성의 문제 개괄은 사회가 자신의 생존을 보장하기 위해 이 형식의 문제를 해결해야 한다는 것을 진술하는 것은 아니다. 생존을 위해서는 진화로 충분하다. 많이 사용된 위기 개념 또한 부적절하다. 그 개념은 깊이 파고드는 구조 변동의 시간적인 긴급성을 암시하며, 그것은 어쨌든 분명한 합리성 결핍만으로는 정당화될 수 없다. 합리성 개념은 체계의 자기 성찰의 요구 조건이 까다로운 관점을 정식화할 뿐이다. 그 개념은 규범을 뜻하지도, 가치를 뜻하지도, 실제적인 체계들의 맞은 편에 들어서는 이념을 뜻하지도 않는다(그것은 그 경우에는 그러한 지향을 하는 것이 합리적이라고 말하는 누군가를 전제한다). 그 개념은 자기준거적 체계들의 논리학의 최종 지점을 표현할 뿐이다. 그 개념을 자기관찰의 관련점으로서 체계 내에 도입하면, 그것은 특이한 방식으로 양가적이 된다. 그 개념은 모든 선택의 비판의 관점으로서 기여하는 동시에 고유한 비개연성의 척도로서도 기여한다.

제12장 인식론을 위한 귀결들

1. 자기준거적 인식 개념: 순환의 비대칭화, 행위자/관찰자의 탈동어반복화

학문체계 내에서 작업할 때에는 어떤 작동들의 기술이 허용되는지를 인식론으로서 정당하게 전제한다. 학문체계는 다른 체계들과 마찬가지로 자신의 요소들(여기서는 인식 획득들)을 확정해야 하고, 그 요소들을 자기자신에게 귀속할 수 있어야 한다. 늦어도 18세기 부터 이 과제는 특수한 성찰이론의, 즉 체계 내 체계의 이론의 사안으로서 간주된다. 그 밖의 누구도, 철학조차도 어떤 조건 하에서 의미를 인식으로서 또는 심지어 인식 획득으로서 다루어야 할 것인지를 학문에 말해줄 수 없다. 학문은 이 관점에서 자율적이기도 하다. 처음으로 사회에서 제대로 자율성을 가졌다고 말할 수도 있을 것이다. 학문은 자신의 법칙들을 스스로 결정한다. 그리고 이것 또한 (항상 새롭게 걱정했듯이) 결코 임의적으로 하지 않고, 모든 사실 인식을 존중하고, 자기기술을 작성하려 시도할 때면 떠맡아야 하는 모든 제한들을 존중하는 가운데 결정한다.

과학이론의 분과 대변자들은 여전히 입법자로서 등장한다. 하지만 그들이 선택되었고 충분히 확산된 반대 합의가 있을 때는 면직될 수 있다는 위안을 받을 수 있다. 현재의 상황을 파악하면 과학이론과 학문의 관계는 물론 비대칭적으로 나타나기는 하지만, 그렇게 나타나는 것은 오직 어떻게 고찰하는가에 좌우될 뿐이다. 연구를 시작하기 전에 처음으로 과학이론의 정보를 살펴보아야 한다는 결과가 이미 일반적으로 거부되고 있다. 그리고 학문사적으로 보면 학문 실행의 후기 생산물에 불과하다. 성찰이론들은 자기준거를 체계(차이)동일성으로서 성찰하는 이론들에 불과한 것이 아니다. 성찰이론들은 그 자체가 자기준거적 자기생산의 동인이기도 하다. 성찰이론들은 자신들이 기술하는 것을 직접 추진한다.

인식론의 최근 발전을 살펴보면, 특히 초월이론적 정초 시도와 결별하고 중립적인 인식(소)론들로 되돌아가는 경향이 돋보인다.[1] 이 경향은 일반적인 인식론적 방법론적 문제제기에서 상당한 변화들을 낳는다.[2] 어쩌면 그 변화들과는 무관하게 자기준거가 의식의 특수성이 아니라, 경험 세계에서 발생한다는 것을 통찰할 수 있을 것이다.[3] 그러면 **자연화된 인식론들**에게는 인식론 자신의 고유한 자

---

1) Willard van O. Quine, "Epistemology Naturalized", in ders., *Ontological Relativity and Other Essays*, New York 1969, 69-90에 있는 정식화이다. 언급된 경향은 충분한 규모로 증명될 수 있다.

2) 이 점은 Donald T. Campbell, "Natural Selection as an Epistemological Model", in: Raoul Naroll/Ronald Cohen (Hrsg.), *A Handbook of Method in Cultural Anthropology*, Garden City N. Y. 1970, 51-85에서 특별히 잘 볼 수 있다. 하나의 보기는 "수렴적인 확인"(convergent confirmation)의 방법론적 원칙의 중점적 확정이며, 그럼으로써 기능적 등가의 중점적 확정이다. 그 점에 관해 제1장 각주 120을 볼 것.

3) 예를 들어 Roger E. Cavallo, *The Role of Systems Methodology in Social Science Research*, Boston 1979, 20에는 "근본적으로 경험적인"(basically experiential)이

기준거에 직면하는 것은 의외의 것으로서 발생할 수 없다. 인식론이 자연적인 과정의 학문으로서 스스로를 이해한다면, 인식론은 이미 그러한 과정 속에 들어섰다. 그리고 바로 그것을 통해 인식론은 **후기초월적**(*post*transzendental) 인식론들로서, 상식 내지는 연상 습관 또는 표상 확실성을 인식의 근거로 언급할 수 있었던 전기초월적(*prae*transzendental) 인식론들과 구분된다.

하지만 그런 식으로 세계 안에 남겨진 인식이 어떤 방식으로 자신의 과제를 충족시키는지가 이 모든 것을 통해 규명된 것은 아니다. 그리고 인식론이 자신의 과제를 충족시키는지의 여부를 어떻게 통제할 수 있는가의 질문은 더더욱 밝혀지지 않았다. 인식론은 학문체계의 성찰이론으로서 일차적으로는 인식과 대상의 관계, 즉 인식의 실재 관련과 관계있다. 순수한 자기준거는 이 지점에서 인식이 실재라고 지시하는 것이 인식이라고 말할 것이다. 이 안내는 항상 만족스럽지 못했고 오늘날에도 마찬가지이다. 하지만 순환을 피할 필요가 없다. 순환은 조건화를 통해 중단시켜야 한다. 그렇게 하는 것은 근거가 되는 것들의 기능이다. 그러나 이제는 근거들의 근거들에 관해 질문해야 하기 때문에, 순환 논증을 무한 회귀(Regress)로만 변환시킨다. 그래서 무한 회귀는 근사에의 희망, 결국에는 기능하는 복잡성으로 보장된 희망을 갖추고 있다. 근거들의 근거를 다시 설명하고 모든 단계를 비판에 개방적이고 교정 가능하게 유지하면, 그러한 구조가 실재 연관 없이도 실행 가능한 조건은 갈수록 비개연적인 것이 된다. 순환성은 제거되지 않는다. 순환성은 사용되고, 펼쳐지고, 탈역설화된다. 이러한 기초적 자기준거 없이는 모든 인식은 붕괴될 것이다.

라고 쓰여 있다. Quine a. a. O. 75-76, 83-84에서는 인식론의 "자연화"와 순환성의 수용의 연관이 분명하게 강조되어 있지만, 실재 역시 인식과 무관하게 순환적으로 구조화되어 있다는 통찰이 결여되어 있다.

자기관련의 도움으로만 환경에 예민한 구조를 실행할 수 있다. 학문이 그것의 도움을 받아 실재(대상들, 객체들 등)라고 부르는 것에서 정보를 취하는 구조를 실행할 수 있다.

18세기의 인식론적 의미론은 이 사태가 발생했을 때, 그 사태를 수용할 것을 거부했다. 당연하게도! 그 사태는 너무 새로웠다. 인식의 모든 종교적인 제도화나 형이상학적이며 우주적인 제도화의 고도로 위험한 거부 이후 사람들은 그 즉시 다음 단계를 취하고 최후의 확실한 외부 토대에 대한 모든 생각을 내려놓을 수 없었다. 이 단계로부터 가능한 한 반대로 갔고 외부 토대의 기능을 가졌던 것을 의식 안에 설치했다. 그것을 위해 의식은 경험성들을 넘어서는 "초월적" 사태로서, 세계의 "주체"로서 파악되어야 했다. 그래서 의식의 자기준거는 주체로 표현되어, 인식의 원천으로서 그리고 인식 조건들의 인식의 원천으로서 사용될 수 있었다. 인식 과정에서 더 이상 사용될 수 없는, 통제 가능한 조건들의 층위는 생각될 수 있는 것으로 만들어졌고, 동시에 인식에 참여하려는 모두에게, 자기 자신 안에서 반박할 수 없는 확실성들로서 인식을 경험할 것이 요구되었다.

그것은 자기준거의 인정과 거부 사이의, 천재적이며 고도로 성공적이고 특이한 타협이었다. 그것이 벌써 자기 자신 안에서의 모순이 아닌 것처럼, 정초하는 기능에서의 아프리오리이기도 했다. 이 생각은 전승을 통해 보전되었고, 최대한 활용되었고 반복하여 재활성화되었다. 그 생각은 자신에게 제기하는 문제를 우리가 진지하게 생각하면, 실제로는 더 좋아질 수 없다. 하지만 신빙성(Plausibilität)의 제거는 멈추지 않고 계속된다. 오늘날에는 진정성 있게 그렇게 생각하는 사람을 거의 발견할 수 없다. 초월적 사고를 대표하는 사람은 — 그리고 책을 쓰거나 회의 발표문을 붙들고 있을 때는 물론 그렇게 할 수 있다 —, 이러한 대표성의 토대를 역사적으로 이론 지식을 가지고, 칸트를 동원하여 갖출 수 있다.

과학과 연구 전제들의 유형학은 뉴턴 이후 급진적으로 바뀌었다. 이미 엄청난 축적이 절대적인 의미가 있고, 거대함과 미세함으로의 세계의 엄청난 확장도 마찬가지이다. 하지만 특히 최종 요소들과 역사적으로 불변적인 모든 법칙성들의 포기는 기질의 변동을 유발했고, 그 변동이 과학이론에 곧 뿌리내릴 것처럼 보였다. 원자들과 심지어 하위 원자적인 요소들이 극도로 비개연적인 우발들 덕분에 생성되는 고도로 복잡한 체계들이라는 것을 고백해야 할 것이다. 그럼으로써 발현, 자기준거, 엔트로피/부엔트로피 같은 개념들이, 체계들의 생성과 관찰 가능성의 생성을 동시에 관련짓기 때문에 과학이론에서도 인정되어야 하는 우위를 획득한다. 그 귀결은 (작동을 통해 차이를 도입하고 다룬다는 의미에서의) 차별을 기본 과정으로서 간주하고, 상호작용함과 관찰함을, 이 기본 과정과 동일시하지는 않더라도 이 과정의 변이들로서 간주하는 것이다.

두 번째 발전 노선은 비슷한 효과들을 갖는다. 보편주의적 이론들의 특성들 자체가 자신들의 대상 영역에서 다시 나타난다는 것이 그 이론들의 특성에 속한다──그리고 그것이 다른 많은 것들 중 단지 하나의 사태에 불과하더라도 말이다. 물리학자가 물리학을 추진한다는 것은 (그러한 추진의 근거가 되는 조건들과 경계들과 함께), 신체적 과정이기도 하다.[4] 자연적인 세계가 벌써, 물리학자들이라면 틀림없이 그렇게 확인했겠지만 "자기 자신을 보기 위해서"[5] 생성되었

---

4) 따라서 자연과학에 대해서도 전통적인 과학이론이 보편이론의 인식론적 문제들에 적합하지 않다는 점을 확인할 수 있다. 그 점에 대해 C. A. Hooker, "On Global Theories", *Philosophy of Science 42* (1979), 162–179를 참조할 것.
5) 물리학자와 논리학자들! 인용은 George Spencer Brown, *Laws of Form*, 2. Aufl. New York 1972, 105쪽에서 취했다. 인식론적 귀결들에 대해서는 특

다. 화학적, 생물학적, 심리적, 사회적 과정들을 위해 귀결들을 끌어내는 것은 그렇게 어렵지도 않고, 더더욱 설득력 있게 될 것이다. 그 귀결은, 체험과 행위의 기초가 되는 모든 비대칭들은 자기준거적 순환 속으로 인공적으로 구축되었다──실제적인 근거에서 유한한 것으로 다루어지는, 이른바 인공적이며 바르게 된 구간으로서 구축되었다. 그것은 연역에 대해서 타당했고, 그것은 인과성에 대해서도 타당했다. 그러나 객관화, 비대칭화, 외부화와, 그렇게 표현해도 된다면 초월화는, 본성이나 의식에 관한 진술로서 (그것이 외부로 드러나지 않도록) 어떻게 위장되어 있든 그 자체가 자기준거적 과정들이다. 그래서 모든 "규제적인 이념들"은 투사들로 남는다. 이념들은 투사들이 타당할 방식으로만 타당하고, 이렇게 생각하는 것이 긴급 해결책으로서 요구되기 때문에 이것을 취한다.

이미 자연적인 세계와 물리학자들에게 타당한 것은, 소통에 대해 더 한층 타당하며 보다 조밀한 연관을 통해 타당해진다. 소통이론은 그 자체가 소통을 위한 명령과 다른 어떤 것이 아니며, 명령으로서도 여전히 소통될 수 있어야 한다. 즉 소통이론은 예견해야 하고, 어쨌든 둘러보아야 한다. 소통이론은 자기자신에 관한 진술로서 받아들

히 하인츠 폰 푀르스터가 늘 새롭게 환기시켰다. 예를 들어 "Notes pour une épistémologie des objets vivantes", in: Edgar Morin/Massimo Piatelli-Palmarini (Hrsg.), *L'unité de l'homme*, Paris 1974, 401-417; ders., "Kybernetik einer Erkenntnistheorie", in: Wolf D. Keidel/Wolfgang Handler/Manfred Spreng (Hrsg.), *Kybernetik und Bionik, Berichtswerk über den 5. Kongreß der Deutschen Gesellschaft für Kybernetik*, Nürnberg 1973, München 1974, 27-46; ders., "The Curious Behavior of Complex Systems: Lessons from Biology", in: Harold A. Linstone/W. H. Clive Simmonds (Hrsg.), *Futures Research: New Directions*, Reading Mass. 1977, 104-113을 참조할 것. Gerhard Roth/Helmut Schwegler (Hrsg.), *Selforganizing Systems: An Interdisciplinary Approach*, Frankfurt 1981에서도 이것은 지속적인 주제이다.

일 준비가 되어 있지 않은 어떤 것도 자신의 대상에 관해 주장할 수 없다.

그래서 "인식론적 학습" 또한, 과학이론 또한 자기준거적 과정이다. 전체 연구는 이제 분야 관련 자기준거들에 의해 관철되는 것으로 나타난다. 이론을 "바로" 자기에 관해 발전시키는 사람은, "자신의" 자기에 관해서도 이론들을 발전시킨다.[6] 관찰자와 행위자가 상이한 귀속 원칙들을 사용한다는 것을 발견하는 사람은,[7] 그가 바로 이 인식을 다른 사람의 행위에 대한 고유한 관찰에 적용하고자 한다는 것에 주목할 때 틀림없이 충격을 받을 것이다. 모든 판단들이 이전에 확정된 범주화들, 즉 사전 판단들에 근거한다는 것을 안다면, 선입견 연구는 자기 자신에 관한 연구로서 스스로를 인식해야 한다. 선입견 연구는 자신의 고유한 이전 판단들(또는 〔같은 낱말로 구성된〕 선입견들)을 가지고 자신의 고유한 대상 영역 내에서 나타난다. 선입견 연구는 정상적인 선입견들과 비판 가능한 (계몽 가능하며 치료를 통해 다룰 수 있는) 선입견들 사이의 경계를 자기 자신에게서 검증할 수 있고 검증해야 한다. 다른 사람들의 이데올로기들을 이해 상황들과 사회적인 입지점들로 소급하는 사람은 자신의 이론을 특수화해야 하거나 그 이론을 자기 자신에게도 적용해야 한다.[8] 역사주의는 그 자체가 역사상의 개념이며, 그 자체가 "이후 역사"의 평계 개념이 되기 위해서도 그것은 타당할 것이다. 체계 연구는 그 자체가

---

6) 그밖에도 Ray Holland, *Self in Social Context*, New York 1977을 볼 것.

7) Edward E. Jones/Richard E. Nisbett, "The Actor and the Observer: Divergent Perceptions of the Causes of Behavior", in: Edward E. Jones et al., *Attribution: Perceiving the Causes of Behavior*, Morristown N. J. 1971, 79-94를 참조할 것.

8) 여기서 칼 만하임(Karl Mannheim)이 제안한 지성인들을 위한 변명 공식, 즉 자유롭게 부유하는 지성이 놀랍다(그것은 자기 자신을 구속들로부터 독립적인 것으로 생각한다는 것을 진술한다).

하나의 체계이다. 그것은 자신이 자신의 기본 개념에 속하지 않도록 그 개념을 표현할 수 없다.[9] 상징적으로 일반화된 소통매체 이론에 대해서도 같은 귀결이 만들어진다. 그 이론이 진리를 (자신의 고유한 진리를 위해) 배제하려 한다면, 개념적 특징들은 그 자체로서 옳기 때문에 그 이론은 기본 개념적 접근에의 모순을 정당화하는 가헌(家憲, Hausgesetz)을 수립해야 한다. 진화이론은 그러면 그 자체가 진화의 산물이며, 행위이론은 행위들 없이는 결코 성립될 수 없을 것이다 등.

이러한 종류의 순환들은 전통적인 인식론에서는, 진술들의 임의성에 대해서까지는 아니더라도 위조에 대한 의심의 근거로서는 타당하다. 그 반대가 옳다. 순환들은 끈질기게 떠오른다. 순환은 피해갈 수 없다. 순환은 역설로서 첨예화할 수 있고, 그렇게 놔둘 수 있다.[10] 하지만 순환을 과학이론 자체에 구축해 넣을 수도 있다. 왜냐하면 순환은 자기통제를 위한 정확한 명령들을 포함하고 있기 때문이다. 이론들은, 이렇게 말하는 것은 최소 요구이기는 하지만 항상 자신의 대상이 비교에 내맡겨지도록 그렇게 정식화된다. 이론들이 자신의 대상들 가운데서 스스로 나타나면, 자기 스스로를 비교에 내맡기는 것이다. 이론들은 자신의 고유한 대상들로서 비교의 압력 하에서도 기능해야 한다. 체계에 대해 자기, 소통, 소통매체들, 귀속, 행위, 진화 등으로서 매개되는 것은, 자기 비교의 결과가 얼마나 불편하게 (예를

---

9) 그 속에서 위르겐 하버마스는 체계이론의 보편성 요구에 대한 이의의 계기를 보았다. Jürgen Habermas/Niklas Luhmann, *Theorie der Gesellschaft oder Sozialtechnologie: Was leistet die Systemforschung?*, Frankfurt 1971의 하버마스의 논문, 142 이하, 특히 221 이하를 참조할 것.

10) 전적으로 문제 해결을 목표로 하는 과학이론에서 "해결되지 않은 문제들은 그것들이 더 이상 해결되지 않을 때에만 독특한 문제로서 일반적으로 간주된다"고 쓰여 있을 때 그러하다(Larry Laudan, *Progress and Its Problems: Toward a Theory of Scientific Growth*, Berkeley 1977, 18).

들어 상대화하면서) 나타나든 이론에서도 입증되어야 한다.

자신의 대상 영역 내에서의 이론의 재출현이 축소와 의미 경감을 야기한다는 것이 여기서 어떤 역할을 수행할지도 모른다. 물리학자들은 태양들과 원자들과 비교했을 때 물리학적으로 특별한 세계 차원의 중요성을 갖는 것은 아니다. 진리는 많은 소통매체들 중 하나에 불과하다. 지그문트 프로이트의 승화이론은 수많은 승화 시도 중 하나일 뿐이다. 이론은 거울 안을 들여다 보는 것처럼 자기 자신과 다른 것을 보며, 그 다음에 자신의 자기 평가를 수정할 계기를 가질 수 있을 것이다. 이론의 자기 개념은 함께 처리되어야 하는 수많은 대상 경험들에 의존하게 되며, 제한들은 그럼으로써 첨예화되고, 외부를 향하는 투사들의 중립성은 무너진다. 그리고 현대 학문의 해체 성과와 재조합 성과가 보다 강하게 관철될수록, 이 제한들 역시 현대 학문 자신에게 더 강하게 소급 작용할 것이다.

2. 현대사회의 정찰 도구로서의 자기준거적 사회적 체계들의 이론: 대상의 자기추상화와 개념적 추상화의 자기준거를 통한 복잡성 이론과 분화 이론의 동시 추진

인식론의 전통적인 전제조건들과 비교했을 때, 우리가 요약할 수 있기를 희망하는 두 가지 새로운 현상들을 기록할 수 있다. 그 하나는 자기준거 개념을 모든 종류의 최후 요소들의 개념에까지 연장하는 것과 관련된다. 다른 하나는 대상 연구가 보편주의적 이론들에서는 자기자신에 대한 연구를 포함하여 연구가 자신의 대상으로부터 분리 불가능하다는 통찰과 관련된다. 이러한 두 가지 관점 하에서 인식론 시장의 제안들을 검증해볼 수 있을 것이다. 어떤 이론 기획들이

이 조건들을 감안하고 있는가?

자기생산체계이론은 이 조건들을 감안하는 제안을 제출할 수 있다―물론 그 이론이 생명 체계들에 대한 제한을 포기하고 심리적 체계들과 사회적 체계들에까지 연장될 수 있을 때에만 그렇다. 자기생산체계이론은 모든 실체적인, 최종 요소들에 기초한, 모든 체계들의 세계공동체를 포기한다는 것을 모든 종류의 (차이)동일성, 요소들의 (차이)동일성 역시 자기생산적으로만 생산될 수 있다는 테제를 통해 정식화한다. 다수성 속에서 (차이)동일성을 보고, 다양한 것을 종합하고, 복잡성을 (차이)동일성으로 환원시키고, 그럼으로써 후속들을 규제할 다른 가능성들은 없다. 그것을 통해 통제될 수 없는 전제들의 모든 도입이 배제된다―그리고 물론 "요소들"의 층위에서뿐만 아니라 "근거들"의 층위에서 배제된다. 자기생산은 하나의 회귀적이며 그래서 대칭적이고 그래서 비위계적인 사건이다.[11] 모든 규제는 스스로 규제된다. 모든 통제는 스스로 통제된다. 어떤 것도 이 조건을 충족시키지 않고서는 폐쇄적인 체계에서 재생산될 수 없다. 틀림없이 비대칭들, '이유/결과-관계들', 인과성들, 목적론들, '요소/축적-관계들', 종속변수와 독립변수의 구분, 그 밖에 비슷한 것을 사용할 수 있을 것이다. 하지만 그것은 언제나 체계 스스로에게 내맡겨지는 가능성들을 도외시함에 기초한다. 인식은 체계 내에서

---

11) 그밖에도 유기체적 체계에 대한 상응하는 이론과의 비교로부터 많은 시사점을 얻을 수 있다. 그 점에 관해 Gerhard Roth, "Biological Systems Theory and the Problem of Reductionism", in: Gerhard Roth/Helmut Schwegler (Hrsg.), *Self-organizing Systems: An Interdisciplinary Approach*, Frankfurt 1981, 106-120. 진화이론적 귀결들에 대해서는 ders., "Conditions of Evolution and Adaptation in Organisms as Autopoietic Systems", in: D. Mossakowski/ G. Roth (Hrsg.), *Environmental Adaptation and Evolution,* Stuttgart 1982, 37-48 (40-41)도 볼 것.

의 회귀적인 보장으로부터 생겨나는 비위계적 자질이다.[12]

특별히 중요한 귀결은, 회귀적-폐쇄적이며 사용되는 모든 (차이)동일성들을 스스로 생산하는 체계의 전제는 외부로부터의 (차이)동일성의 직접적인 관찰을 배제한다는 것이다. 모든 관찰은 (차이)동일성을 추론하는 데에 의존한다. 그리고 모든 관찰은 그밖에도 어떤 것이 다른 것과의 차이를 보이는지를 확인할 수 있기 위해 차이들에 지향해야 한다. 모든 관찰은 차이 도식을 사용한다(그것이 개념을 정의한다). 여기서 차이의 (차이)동일성은 관찰자를 통해 정의되지 관찰자의 대상을 통해 정의되지 않는다. 관찰자 또한 자기생산체계이다. 그렇지 않으면 그는 어떻게 이 (차이)동일성에 도달하겠는가? 관찰자는 대상 스스로는 접근할 수 없는 차이들을 사용할 수 있다—예를 들어 심리적 체계들과 관련하여 의식적/무의식적의 차이나 사회적 체계들과 관련하여 명백한/잠재적 같은 차이들이다. 관찰자는 이런 의미에서 계몽할 수 있으며, 이때 계몽자가 넘겨받을 수 있는 차이 도식을 계몽이 사용할 때 계몽은 단지 작용하기만 한다.

차이 도식은, 그리고 이 점이 자기생산의 내재적인 체계 필연성으로부터 그 도식을 구분하는데, 항상 우연성의 순간이다. 차이의 "다른" 것, 구분의 "목적"은 선택되어야 하며 다르게도 가능하다. 관찰 도식의 선택을 관찰자의 자기생산체계에 넘겨주어야 한다. "상호주관적으로 강제하는 확실성"과 관련된 고전적인 과학이론의 표준 기대와 비교했을 때, 그 점이 불확실성 효과, 상대성 효과, 심지어 자의 효과마저도 만들어낸다. 그럼에도 불구하고 관찰이 인식이나 심지어 과학적 인식이기를 요구한다면, 실재와 접촉을 유지한다는 것을

---

12) 이것이 보장된 일관성을 결과하지도 않으며 심지어 모든 인식들의 모든 인식들과의 완전한 상호의존을 결과하지는 않는다는 것은 오늘날의 체계이론에서는 자명한 일이지만, 만약의 경우에 대비하여 한 번 더 언급해 둔다.

어떤 식으로든 보장할 수 있는가?

대답을 모색하는 첫째 단계는 심리적 체계가 아니라 사회적 체계에 맞추는 데에 있다.[13] 사회적 체계들은 많든 적든 포괄적인 규모로 심리학적 탈조건화에 이를 수 있다. 그것들의 소통은 개인적 의식의 자기지속의 특수 조건들로부터 분리되고, 대체 동기(예: 명성)가 성공적으로 마련되는 한에서 의식에 맞서 독립화될 수 있다. 사회적 체계들의 소통은 그밖에도 "이론들"과 "방법들"의 형식으로 고유한 조건화에 따를 수 있다.[14] 그런 조건화들의 선택 원칙은 근세의 학문에서 새로운 인식들의 획득에 있는 것처럼 보인다. 이 발전에 있어서는 어떤 누구도 실재 접촉을 부인하지 않을 것이며, 적어도 우리 사회에서는 누구도 부인하지 않을 것이다.

물론 이 모든 것을 통해 전통적 인식론의 결정적인 질문이 답변된 것은 아니었고, 형이상학이 존재자의 존재로서 전제했던 그런 실체적인 공통점들에 대한 대안이 마련된 것도 아니었다. 사회적 체계인 사회 또한 그리고 사회적 체계인 학문 역시 자기 자신을 조건화하는 특별한 종류의 자기생산체계일 뿐이다. 그것들이 관찰하고 기술하는 것은 그것들의 고유 성과로 남으며 모든 자기생산의 체계 의존성에 기초하는 모든 관찰들과 기술들의 원칙적인 체계 상대성을 제거

---

13) 우리는 이미 이 점에 있어서, 심리적 체계들의 의식 속에 초월적으로 타당한 인식확실성을 발견할 수 있게 만드는 기법을—규칙의 형식으로든, 직접적인 "현상학적" 대상 확실성의 형식으로든—가지고 있는 초월이론과 구분된다.

14) 이 논점과, 그러한 조건화의 진화상 맥락에 관한 상세한 논의로 Niklas Luhmann, "Die Ausdifferenzierung von Erkenntnisgewinn: Zur Genese von Wissenschaft", in: Nico Stehr / Volker Meja (Hrsg.), *Wissenssoziologie, Sonderheft 22 der Kölner Zeitschrift für Soziologie und Sozialpsychologie*, Opladen 1981, 101-139.

하지 않는다. 최후 정초의 질문들은 그런 식으로만 자기준거적 체계들의 자기준거적 이론들 내에서만 대답할 수 있다. 그러면 그 대답은 대상에 관해 구성하는 모든 것을 그 자체에 시험할 것을 강요하는 보편주의적 이론들의 논리학에 있을 수 있다.

이 고려들을 통해 자기준거적 체계 개념은 과학이론에 대해서도 핵심적인 의미를 얻는다. 여기서는 체계이론을 과학이론으로 볼 수 있을 것인가, 그리고 그렇다면 과학이론이 자신에 대한 이해를 어떻게 바꾸어야 할 것인가의 문제만이 중요한 것은 아니다.[15] 우리는 체계이론이 자기준거라는 폭약을 자신 안에 장치하였고 그 폭약을 체계 개념의 핵심으로서 과학이론에 넘겨준 이후에는, 더 이상 그렇게 제한적으로 출발할 수 없다. 이것은 성공적인 것으로 보이는 새로운 현상들에 이론 개념을 단순히 적응시키는 정도를 훨씬 넘어서는 귀결들을 가진다. 한편으로는 자기준거적 체계 개념을 가지고 작업할 때, 학문도 고유한 연구도 그 개념 하에 포함시킬 수 있고 그렇게 해야 한다. 그렇게 하는 것은 모든 존재론적 형이상학과 모든 아포리즘과의 작별을 강요한다. 재귀들이 구축된 체계들은 절대성들을 포기할 것을 강요받고 있다.[16] 그리고 학문이 이 사태를 자신의 대상 영역에서 발견하면, 그 사태는 학문 자신에 대해서도 기각될 수 없는 것으로 간주된다.

그밖에도 자기준거적 체계이론을 가지고 막 개관된 자기대면 현

---

15) 이 문제는 Mario Bunge, "The GST Challenge to the Classical Philosophy of Science", *International Journal of General Systems 4* (1977), 29-37에 의해 다루어지고 있다.

16) 체계이론의 발전은 바로 이러한 발견에 대한 대답으로서 간주될 수 있다— 어쨌든 Allessandro Pizzorno, "L'incomplétude des systèmes", *Connexions 9* (1974), 33-64; 10 (1974), 5-26 (60-61)에서 그렇다.

상도 해석될 수 있다. 그 현상은 인식과 대상의 분화에 기인하며, 같은 순간 대상 영역 내에 재동일시 지점을 표시한다. 그러나 특히 이제 논리학과 자기준거 이론은 체계 연구로부터 배울 수 있다. 자기준거 관계의 동어반복 구조들로부터의 해법의 모색은 낡았다. 유형이론은 가끔씩 경험과학들에 부과하려 시도하는 해결 제안이다. 사람들은 자기준거의 해로운 형식들과 무해한 형식들, 즉 역설로 이끄는 형식들과 그렇지 않은 형식들을 구분해야 한다는 데에 합의하고 있다.[17] 경험적 체계들의 분석에서 사람들은 연동되었고 구조적으로 병합되었으며 강제적으로 함께 진행되는 자기준거 현상, 즉 그것에 대해 자본, 국가, 도야의 삼두마차를 가리키면서 사회학적으로 중요한 보기들이 주어졌던 현상을 만나게 된다. 여기서 자기준거가 폐쇄성과 개방성의 조건 연관과 상승 연관으로 구축될 수 있다는 것이 드러난다. 과학이론은 이 발견과 함께 과학도 그것을 똑같이 하는가의 질문을 할 것을 강요받는다. 그리고 그렇지 않다면 왜 아닌가? 그리고 도대체 어떻게 다르게 할 수 있을 것인가? 이 질문을 학문체계 스스로에 대해 어떻게 대답하더라도, 학문체계가 자기준거적 체계로서 자기준거적 대상들을 다룬다는 사실이 벌써 광범위한 귀결을 갖는다. 그러면 학문의 대상 관계는 그 자체가 이중 우연성의 관계이다. 학문의 대상은 자신의 자기준거를 운동으로 옮기거나 자기준거의 고유 운동을 함께 사용함을 통해서만 연구될 수 있다.[18] 그러면

---

17) 많은 다른 문헌들 대신 C. P. Wormell, "On the Paradoxes of Selfreference", *Mind 67* (1958), 267-271을 참조할 것.

18) 만일을 생각해서, 이것이 물론 과학적 이해관심이 대상의 자기준거적 구성을 지향할 때에만 타당하다는 점을 언급해둔다. 그밖에도 자기준거로부터 추상화하며 그 대신 자신의 고유한 관찰의 분석적 관련 틀을 대체하는 전통적인 분류 절차와 측정 절차 또한 물론 언제나 가능한 것으로 남는다. 정확하게 이런 의미에서 고든 파스크(Gordon Pask)는 (용어학적으로 그렇게 성공적이지

획득 가능한 모든 투명성은 대상들과 상호작용에 필요한 해석들의 투명성이다.[19] (자기준거적 체계들의) 이중 우연성은, 우리는 그 점을 인간 관계들에 대해 충분히 다루었는데[20] 새로운 실재 층위의 발현을 강요한다.

즉 자기준거적 체계들의 인식은 객체와 주체에서 이미 존재하는 특성들로 소급될 수 없는 발현적 실재(emergente Realität)이다. (그리고 한 번 더 분명하게 하면, 그것은 체계들이 예컨대 맨 섬(Isle of Man)의 오토바이를 셀 수 있는 것처럼, 스스로 만든 분석적 도식을 가지고 자신의 환경을 관찰하고 범주화할 수 있다는 것을 배제하지 않는다). 이 통찰은 미리 주어진 특성들과 체계 상대적인 환경 투사들이 반박되지 않은 조건에서 (그것들은 오히려 전제된다), 인식론의 '주체/객체-도식'을 무너뜨린다. 그것은 또한 구성론의 혁신도 아니며, 만들어낼 수 있는 것만을 인식할 수 있다는 테제의 반복도 아니다. 우리는 이중 우연성이 자기준거적 체계들에 있어서 문제가 될 때 자기촉매적으로 작용한다는, 즉 이미 놓여 있는 "자료들"을 실재의 발현적 층위에서 새롭게 조직한다는 통찰로부터 인식론을 위한 귀결

는 못했지만) 전문화된 관찰자들(specialized observers)과 타고난 역사학자들 (natural historians)을 구분했다. 마지막에 언급된 사람들만이 자기준거에 주의하고, 그럼으로써 대상과의 "대화"(conversation)에 연루된다. "The Natural History of Networks", in: Marshall C. Yovits/Scott Cameron (Hrsg.), *Self-organizing Systems*, Oxford 1960, 232-260을 참조할 것.

19) Pask a. a. O. 234에서도 그러하다. "타고난 역사학자는 코끼리들(이나 다른 체계들)이 작동하는 방식에 관해 정확한 어떤 것을 말할 수 없다. 그는 자신의 상호작용에 관해서만 논평을 할 수 있을 뿐이다. Ranulph Glanville, "The Form of Cybernetics: Whitening the Black Box", in: *General Systems Research: A Science, a Methodology, a Technology*, Louisville, Kentucky, 1979, 35-42도 참조할 것.

20) 위 제3장을 볼 것.

도 이끌어내고자 한다. 여기서부터 세계가 새롭게 보인다. 그 다음에는 이 층위에는 다시 그 층위에 특수한 불확실성이 있으며, 그래서 대상과의 상호작용을 통한, 그리고 다시금 대상의 자기준거적 처리의 고무를 통해 불확실성을 환원시키는 특수 기법들이 있다.

초월적 인식소론에서 중립적 인식소론으로의 발전과 그 이유들의 서술에서 특별히 사회학과 관계를 맺는 것은 불필요했다. 사회학의 사례는 다른 학문들과 원칙적으로 달리 주어져 있지 않다. 분리선은 자연과학들과 정신과학들 사이를 가르는 것이 아니라, 보편성 요구를 통해 자기준거 문제들에 엮이는, 그런 요구들을 갖는 이론들과 주제상 제한된 세계의 단면만을 주제화하는 연구이론들 사이를 가른다. 하지만 사회학은, 최근에 와서야 분과 전문적 연구로부터 인식론적 질문과 인식 순환들이 중요한 문제로 떠오르는 다른 분과 학문들보다 더 많이,[21] 이 질문들에서 분과 고유한 전통을 되돌아볼 수 있다. 사회학은 곧 백년이 되는 기간 동안 사회이론(Gesellschaftstheorie)의 "이데올로기적" 요소들을 알고 있다. 지식사회학이 진리 주제상 순환 구조들에 기초한다는 것은, 그에 관한 토론이 새로운 이념 부족으로 중지된 문제이다.[22] 연구 방법들이 연구자

---

21) 생물학의 경우에는 예를 들어 Peter M. Hejl/Wolfram K. Köck/Gerhard Roth (Hrsg.), *Wahrnehmung und Kommunikation*, Frankfurt 1978; Francisco J. Varela, *Principles of Biological Autonomy*, New York 1979; Rupert Riedl, *Biologie der Erkenntnis: Die stammesgeschichtlichen Grundlagen der Vernunft*, 3. Aufl., Berlin 1981; Humberto R. Maturana, *Erkennen: Die Organisation und Verkörperung von Wirklichkeit*, Braunschweig 1982를 볼 것. 이 문헌에서는 출발 이론 자체가 보다 엄격해지면, 인식론적인 문제들이 보다 강제적이 되며 보다 광범위해지며 "더욱 흥미로워"진다는 점이 돋보이다. 그때에야 비로소 예를 들어 자기준거적 관계들의 논리적인 문제들이 중요해진다. 사회학도 곧 비슷한 경험을 하게 될 것이다.

22) 이 논의에 대한 독일의 기여들에 관한 유용한 개괄은 Volker Meja/Nico Stehr

를 그 대상과의 관계 속에 끌어 들여, 전제조건 없음의 상태를 배제하고, 객관성을 적어도 어렵게 한다는 것은 분과 경험의 보고에 속하며 수많은 방법론적 고려들을 자극했다. 사회학은 최근 과학이론의 역사화하는 전환으로부터 이득을 취하여, 이론 발전들이 시간이 진행되는 동안 사회의, 조직적인, 일상 세계의 상호작용적 조건에 영향을 받지 않은 채 이루어지는 것이 아니라는 점을 보여 줄 수 있다. 하지만 이 모든 것은 부담으로서, 어쨌든 문제스런 사태로서 경험되고, 실재의 발견으로서, 정확하게 이것을 예견하는 이론의 입증으로서 서술되었던 것은 아니었다. 방법 개념들, 과거에는 "사회적 아프리오리", 오늘날에는 "생활세계", 즉 철학에서 수입된 개념들은 그러한 이론들이 정식화되어야 하는 장소가 점유되고 있다는 최종 공식들로서만 기여할 뿐이다. 사회학에서도 일반적이며 보편주의적 이론 접근들을 진작해나갈 때 여기서도 변화를 기대할 수 있다. 사회적 인식(소)론은 그런 이론 발전의 부산물로서만 생성될 수 있다.

자기준거적 사회적 체계들의 이론은 물론 유일하게 가능하거나 유일하게 오류 없이 최선의 제안일 것이라고 주장하는 것은 아니다. 하지만 그 이론은 이러한 과제에 특수한 친화성을 제공한다. 이것은 그 이론이 자기준거 개념에 할당하는 중심 지위에 놓여 있다. 자신의 대상들을 자기준거적 체계들로서 파악하는 이론은 자신의 고유한 자기준거를 대변하기가 더욱 쉬울 것이다. 이론이 자신의 대상 영역에서, 자신의 여러 대상들 가운데 하나로서 자기자신을 재식별한다면, 그 이론에 따라 이것을 기대할 수 있으며, 다른 어떤 것을 기대할 수 없다. 이론에 의해 주도된 (즉 자기준거적 체계들의 이론에 의해 주도되기도 한) 연구는 스스로 자기준거적 사회적 체계와 다른 어떤 것

(Hrsg.), *Der Streit um die Wissenssoziologie*, 2 Bde. Frankfurt 1982를 볼 것.

이 될 수 없으며, 물론 많은 사회적 체계들 중 하나, 즉 사회의 하위체계의 하위체계의 하위체계이다. 그 연구는 전체 사회에서 매우 미미한 영향력을 갖는 체계이다. 자기준거적 사회적 체계들의 이론이 일반적으로 기능하면, 그 이론이 이 경우에도 기능한다는 점을 지지하는 근거는 많다. 일반이론이 더 세련되어 있을수록, 그 이론으로부터 과학이론을 위해 도출 가능한 제한들 또한 풍성해진다. 그래서 과학이론은 특히 자신의 자기준거 또한 우발에 민감하게 짜여 있고, 그 다음에 그 자체가 조건화되고 그럼으로써 구조화된 복잡성을 구축하여, 체계가 자신의 환경과 관련된 가운데 고도의 무관심을 특수한 민감성과 조합할 수 있다는 일반적인 통찰을 이용할 수 있게 될 것이다.

특이한 방식으로 이 경우에도, 그리고 다시금 이론 개념과 어울리는 가운데 자기준거들과 타자준거들이 조합되어 있다. 이것은 동반하는 자기준거의 사례이다 — 물론 많은 사례들 중 하나의 사례이다. 이론은 한편으로는 자신의 고유한 대상으로서 스스로 떠오른다는 것을 감안해야 한다. 이러한 자기준거는 보편적인 타당성에 대한 요구를 제기할 때, 구조적으로 강제된 것이기도 하다. 다른 한편 이 자기준거는 이론 개념이 논리적인 의미에서 "전개되어" 있다면, 그 개념이 다른 대상들에도 들어맞는다면, 그럼으로써 그 개념이 타자준거들을 수용한다면, 즉 자기준거와 타자준거를 병행하여 처리할 때에만 생성된다. 재진입 개념(스펜서-브라운)이나, 우리가 말하기 좋아하는 것처럼 차이가 자신의 대상 영역에서 다시 나타남은 한편으로는 보편주의적으로 작업하는 이론들의 작업에서 매일매일 겪는 단순한 경험이다. 그리고 다른 한편 이론의 척도에 따라서 기대할 수도 있는 것을 위한 형식, 체계의 모든 작동들에서, 자기준거적 지시들과 타자준거적 지시들의, 구조에 의해 제한되어 강제적인 연동이기도 하다. 대범하게 생각하는 과학이론가들은 그 안에서 과학이론적인 가설들이 입증된다는 것을 볼 수 있을 것이다. 그렇게 까다로운 개념 관계들은 사회학자들을 겁먹게 하도록 만들 수 있다. 우리 연구의 마지막에는 아직 책이 책 안에 쓰여질 수 없고, 그럼으로써 암시된 과학이론 프로그램이 신빙성 있는 진술들로 교체될 수 있다.[23] 여기서 종결 논평들은 그런 연구들을 위한 연결 지점들을 표시할 수 있을 뿐이다. 그리고 그 논평들은 연구를 시작하기 전에 먼저 연구 발상의 논리적이며 인식론적 문제들을 규명해야 한다는, 항구를 벗어날 때는 깃발을 휘날려야 한다는, 즉 고유한 절차의 전제들에 관해 선명함이 있도록 과학이론적 접근 중 하나에 자신을 귀속시켜야 한다는 이의를 예방해야 할 것이다. 우리는 반대 방향으로 진행했고, 이제는 더 이상 구석진 곳에서 흐느껴 울지 말고 야간 비행을 시작할 용기를 약속할 수 있다. 우리는 야간 비행을 감시할 도구들을 가지고 있고, 현대사회의 정찰이 관건이라는 것을 알고 있다.

---

23) 특히 학문의 분화의 문제들과 이론과 방법의 차이에 관해 Niklas Luhmann, "Die Ausdifferenzierung von Erkenntnisgewinn: Zur Genese von Wissenschaft", a. a. O.를 참조할 것.

루만 연보

1927년   12월 8일 3형제의 장남으로 뤼네부르크에서 출생(아버지, 양조
            장과 맥아제조 공장 운영, 어머니는 베른의 호텔리어 집안 출신, 할
            아버지는 뤼네부르크 의회 의원).
1937~46년   뤼네부르크의 요하네움 김나지움.
1943년   공군 보조병 훈련 후 1944년 말 입대, 종전과 함께 미군 포로수
            용소 수용.
1946~49년   프라이부르크대학에서 법학 공부. 루프트한자 항공법과 국제법
            법률 고문이 되려던 희망을 포기하고, 뤼네부르크의 고등행정법
            원장의 시보와 보좌관으로 일함.
1956~62년   비밀리에 진행되던 도서관 건축 결정의 위임을 받아 니더작센
            주 교육부에서 담당관(나치 범죄행위 기록을 복구하는 과제를 수
            행하였고, 마지막에는 지방정부의 고등행정자문관 역임).
            * 대학 시절 프리드리히 루돌프 홀을 알게 되었고, 그가 1979년
            작고할 때까지 절친한 친구로 지냄.
            * 시보 시절 루만은 횔덜린, 데카르트, 말리노브스키, 래디클리
            프브라운과 후설의 저작을 읽었고 첫번째 메모상자를 만들기 시
            작함(이후 두 번째 메모상자로 이어지며, 루만은 죽을 때까지 이 상
            자를 활용하여 작업하였음).

1960년	우르줄라 폰 발터와 결혼, 자녀로 베로니카, 외르크, 클레멘스 (1녀 2남)를 낳음. 부인은 1977년에 사망. 루만은 [우연히 막스 베버도 살았던] 빌레펠트 인근의 소도시 외를링하우젠 (Oerlinghausen)에 거주.
1960/61년	독일의 행정관료 연수생들을 미국에 초대하는 미국 정부의 장학금으로 하버드 대학 행정학과(School of Government)에서 탤컷 파슨스와의 만남을 모색하고, 자신의 기능 개념을 파슨스와 토론.
1962~65년	슈파이어(Speyer)의 행정학대학 연구소 담당관
1965년	헬무트 셸스키에 의해 도르트문트 소재 사회조사소 부소장으로 발탁되어 임명됨.
1966년	뮌스터 대학 법학부와 사회과학부에서 사회과학 박사학위 취득 및 사회학과 교수자격 청구논문 심사 통과.
1964년	『공식조직의 기능과 결과』(국역본, 이론출판 근간).
1968년	『목적 개념과 체계 합리성: 사회적 체계에서의 목적의 기능: 사회적 체계들에서의 목적의 기능에 관해』.
1967년	뮌스터 대학에서 "사회학적 계몽"이라는 제목으로 취임 강연(이 제목은 나중에 루만의 두번째 프로젝트로 기획된 여섯 권짜리 논문 모음집의 제목으로 채택됨).
1968년	막 개교한 빌레펠트 대학의 사회학 교수로 부임(루만은 다른 대학(캐나다의 에드먼튼, 피렌체 유럽 대학연구소)의 청빙 제안에 대해, 메모상자의 분실을 우려하여 거절하였음).
1970년 경	학문적이며 기술적인 세계 생애사 연구를 위한 막스플랑크 연구소장을 위르겐 하버마스와 함께 넘겨받는다는 계획이 수립되었으나 무산되었음.
1968/69년	겨울학기 프랑크푸르트 대학의 테오도르 아도르노의 교수직 대행(체계이론과 사랑의 사회학에 관한 세미나를 개설했음. 『사랑: 하나의 연습』은 2008년 유고로 발간됨(국역본, 이론출판, 2017).
1969년	"모든 것은 다를 수도 있을 것이다. 그리고 나는 거의 아무 것도 바꿀 수 없다."("복잡성과 민주주의"에 관한 논문)라는 문장으로

학계에 알려짐. 이 문장은 개신교 신학자이자 목사인 프리하르트 숄츠(1982)가 저술한, 루만 사상에 대한 첫 번째 입문서의 출발점이 됨).

1971년　위르겐 하버마스와 니클라스 루만의 논문을 실은 『사회이론인가, 사회공학인가?: 체계이론은 무엇을 수행하는가』가 주어캄프 출판사에서 출간됨(국역본, 이론출판, 2018). 루만이 단번에 유명해진 계기가 되었음. 콜롬비아 대학 출판사에서 그 책을 영어로 번역하겠다는 관심을 표명했지만 하버마스가 거절하였음.

1970~73년　레나테 마인츠와 함께 공적서비스부문개혁위원회 위원 역임.

1976년부터　위르겐 하버마스, 디터 헨리히, 한스 블루멘베르크와 함께 주어캄프에서 "이론" 시리즈를 출간함.

1974년부터　라인란트, 베스트팔렌 학술회 회원.

1975/76　뉴욕의 사회조사 뉴스쿨(New School for Social Research)의 테오도르 호이스 교수직 수용.

1970년대 말　복지국가의 미래에 관한 질문에서 기독민주연합(CDU)에 조언을 하게 되었고, 당시 누가 좋은 사람이고 누가 나쁜 사람인지를 유권자들에게 말해줄 수 있어야 한다고 담당자가 말했을 때, 루만은 상담을 중단하였음.

1980년　캐나다의 애드먼튼 대학 사회학과의 교환교수직 재직.

1980년　『사회구조와 의미론: 근대사회의 지식사회학 연구』라는 제목의 네 권 가운데 1권이 출간됨. 계층화된 귀족사회에서 근대의 인쇄술 사회로의 이행기에 이루어진 사회의 자기기술의 의미론의 변천에 대한 역사적 분석에 관해, 수년 간 (방학을 이용해) 파리 국립박물관에서의 조사 작업을 거쳐 자신의 저서를 완성하였음. 1995년에 VI권을 출간하여 프로젝트를 종결지었음(I-VI권, 이론출판 출간).

1980년　라파엘레 데 기오르기(Raffaele De Giorgi)를 알게 되고, 그와 함께 레체(Lecce) 대학에 위험연구센터(Centro de Studi sul Rischio)를 설립. 그곳에서 자신의 사회이론의 중간 버전을 집필함(이 책은 루만 사후 유고로 출간되었고, 현재 새물결에서 번역 출간 작업을 진행중임).

1983년   빈(Wien)에서 슈테판 티처의 중개로 여러 상담회사의 체계 관련
　　　　조직상담자들을 만나고, 그 후 이 상담자들과 이론의 요구들과
　　　　사례 경험을 교환함.

1984년   헨트(Gent) 대학에서 명예박사 학위(Dr. jur. h.c.)를 받고, 그 후
　　　　마세라타(Macerata), 볼로냐(Bologna), 레체 대학에서 명예박사
　　　　학위를 받음.

1986/1987 겨울 학기 옴베르토 마투라나를 빌레펠트 대학 교환교수로 초청
　　　　하여 공동으로 세미나 개최.
　　　　* 루만은 1950년대에는 후설, 1960년대에는 파슨스, 1970년대와
　　　　1980년대에는 마투라나, 하인츠 폰 푀르스터와 고타르트 귄터,
　　　　1990년대에는 조지 스펜서-브라운의 사상을 흡수했다.

1984년   1997년 빌레펠트대학 임용 직후 제출한 "기간: 30년, 비용: 0원"
　　　　-연구계획의 서론 장으로 계획된 책,『사회적 체계들: 일반이론
　　　　의 개요』를 출간하였음.

1988년, 1990년, 1995년 『사회의 경제』(이론출판, 출간 예정),『사회의 학문』
　　　　(이론출판, 2019),『사회의 예술(예술체계이론)』(한길사, 2012)를
　　　　비롯한 각각의 기능체계들에 관해 출간함.

1997년   『사회의 사회 1,2』(새물결, 2014).

1986년   『생태학적 소통: 근대사회가 생태학적 위협에 대처할 수 있는
　　　　가?』(국역본: 에코리브르)을 출간함. 다양한 기능체계들이 각자
　　　　의 방식으로 생태학적 위협에 반응한다는 것을 녹색당에게 환기
　　　　시키고자 하였음.

1988년   슈투트가르트 시에서 헤겔상 수상.

1989년부터 시카고의 노스웨스턴 대학 법학과(1989), 뉴욕의 예시바
　　　　(Yeshiba) 대학의 제이콥 번즈 스칼라(Jacob Burns Scholar, 1992)
　　　　로서, 버지니아 대학의 연방 센터(Commonwealth Center, 1993)
　　　　및 그밖의 대학에서 교환교수직 수행.

1995년   1935년에 있었던 후설 강의를 기념해 빈 시청 강연. 현상학에 대
　　　　한 자신의 초기 관심을 "믿을 수 없는 체계들의 이론"(Luhmann

1996)에 대한 자신의 후기 작업과 연결시켰음.

1998년 11월 6월 작고, 외를링하우젠에 안장됨

사후 『조직과 결정』(2000), 『사회의 정치』(2000, 이론출판, 2018)와 『사회의 종교』(2000, 이론출판 출간 예정), 『사회의 교육체계』(이론출판, 2016)이 유고로 출간되었으며, 그밖에도 크고 작은 책들이 출간되었음.

2017년 1974년에 사회이론의 중간 버전으로 집필한 『사회의 체계이론』 (새물결 출간 예정)이 유고 출간됨.

찾아보기

지은이 니클라스 루만 Niklas Luhmann, 1927~98

1962년까지 니더작센주 교육부의 행정공무원으로 근무했다. 이때 독학으로 학업을
시작했으며, 1960년~61년 탤컷 파슨스와 학문적인 교류를 나눈 후 귀국해서
슈파이어대학의 행정학부 연구소 담당관과 도르트문트대학교 사회학연구소 부소장을
역임한다. 루만은 1964년에 그간의 연구 성과를 모은 『공식조직의 기능과 결과들』을
출간하는데, 이 책에는 나중에 루만이 『사회적 체계들』에서 완결한 체계이론의 기본
구상이 고스란히 담겨 있다. 그 후 뮌스터대학교에서 박사학위 논문과 교수자격
청구논문을 통과했으며, 1968년에는 사회민주당(SPD)의 교육대중화 정책의 결실로
설립된 빌레펠트대학교에 독일어권 최초로 사회학과만으로 구성된 사회학대학에,
이미 대학이 설립되기 이전에 1호 교수로 임용되어 대학과 단과대학의 창설에
기여한다. 1993년 정년퇴임하기까지 줄곧 사회학이론의 연구와 강의에 열중했다.
『사회적 체계들』 『사회의 경제(법, 학문, 예술, 종교, 교육체계, 정치)』 『대중매체의
현실』 『열정으로서의 사랑』 『조직과 결정』 『사회의 사회』를 출간해 '사회이론
프로젝트'를 완성했으며, 『사회구조와 의미론(I-IV)』과 『사회학적 계몽(I-VI)』을
주요 프로젝트들로 수행해낸다. 평생 450여 편의 논문과 70여 권의 책을 출간했고
사후에 연구실에 남겨진 원고를 바탕으로 30여 권의 유고가 출간되었다. 현재 그의
사회학적 체계이론은 독일어권에서 초학문적으로 패러다임 전환을 주도하고 있다.

옮긴이 이철(李哲)

이철은 독일 빌레펠트대학교 사회학과에서 사회문제론에 관한 논문으로 박사학위를
받았다. 현재 동양대학교 경찰범죄심리학과 교수로 있다. 지은 책으로는 『(*Latente*)
soziale Probleme und Massenmedien』(2005), 『언어와 소통 ― 의미론의 쟁점들』(공저,
2016)이 있다. 옮긴 책으로는 한길사에서 출간한 『예술체계이론』(공저, 2014)이 있고
그 외 『쉽게 읽는 루만』(2012) 『사회이론입문』(2015), 『사회의 교육체계』(2015),
『사회학의 기본』(공저, 2016), 『사랑 연습』(2017), 『벌거숭이 임금님: 신임보스의
사회학』(2018), 『사회이론인가, 사회공학인가? ― 체계이론은 무엇을 수행하는가?』
(2018), 『니클라스 루만: 인식론적 입문』(2019), 『사회의 학문』(2019)이 있다. 번역
출간 예정인 책들은 『갈등: 루만의 체계이론에서 본 갈등의 동학과 실천적 해법』,
『역설의 형식 ― 조지 스펜서-브라운의 「형식의 법칙들」의 수학과 철학에의 입문』,
『심리―내부세계의 외부세계의 내부세계에 관한 연구들』, 『공식 조직의 기능과 결과』,
『루만―핸드북: 생애―저작―영향』과 『사회구조와 의미론』(I-IV) 등이 있다.

옮긴이 박여성(朴麗珹)

박여성은 독일 뮌스터대학교에서 언어학·철학·독문학을 수학해 텍스트언어학과
번역학에 관한 주제로 박사학위를 취득했다. 한국기호학회장, 한국텍스트언어학회장
및 뮌스터대학교 커뮤니케이션 학부 초빙교수를 지냈으며, 현재 제주대학교 인문대학
독일학과·사회교육대학원 스토리텔링학과 교수로 있다. 지은 책으로는 한길사에서
출간한 『월경하는 지식의 모험자들』(공저, 2003), 『신 지식의 최전선』(공저,
2008)이 있고 그 외 『Gastrologie』(2005), 『한국 텍스트과학의 제과제』(공저,
2001), 『책으로 읽는 21세기』(공저, 2004), 『텍스트언어학의 이해』(공저, 2004),
『문화기호학과 스토리텔링』(공저, 2015), 『기능주의 번역의 이론과 실제』(2013),
『응용문화기호학』(2019)이 있다. 옮긴 책으로 한길사에서 출간한 『궁정사회』(2003)와
『예술체계이론』(공역, 2014)이 있고 그 외 『구성주의』(1995), 『미디어인식론』(1996),
『구성주의 문학체계이론』(2004), 『언어의 토대: 야콥슨-할레』(2009), 『로티』(2000),
『칸트와 오리너구리』(2009), 『사회의 교육체계』(공역, 2015), 『괴델, 에셔, 바흐』(공역,
2017)가 있다. 번역 출간 예정인 책으로는 『루만―핸드북: 생애―저작―영향』이 있다.

감수자 노진철(盧鎭澈)

노진철은 독일 빌레펠트 대학 사회학과에서 니클라스 루만 교수의 지도하에
석사학위와 박사학위를 받았다. 현재 경북대학교 사회학과 교수로 재직하고 있다.
지은 책으로는 『환경과 사회: 환경문제에 대한 사회체계들의 적응』(2001), 『불확실성
시대의 위험사회학』(2010), 『불확실성 시대의 신뢰와 불신』(2014), 『탈근대세계의
사회학』(2001), 『5.18민중항쟁에 대한 새로운 성찰적 시선』(공저, 2009), 『재난을
바라보는 다섯가지 시선』(공저, 2009), 『태안은 살아 있다: 기름유출 사고 이후 3년
다시 쓰는 태안 리포트』(공저, 2010), 『한국사회의 사회운동』(공저, 2013), 『환경사회학
이론과 환경문제』(공저, 2013), 『환경사회학: 자연과 사회의 만남』(공저, 2015),
『신자유주의와 세월호 이후 가야 할 나라』(공저, 2016), 『국가를 생각한다』(공저, 2017)
등이 있다.

사회적 체계들
일반이론의 개요

지은이 니클라스 루만
옮긴이 이철·박여성
감수 노진철
펴낸이 김언호

펴낸곳 (주)도서출판 한길사
등록 1976년 12월 24일 제74호
주소 10881 경기도 파주시 광인사길 37
홈페이지 www.hangilsa.co.kr
전자우편 hangilsa@hangilsa.co.kr
전화 031-955-2000~3 **팩스** 031-955-2005

부사장 박관순 **총괄이사** 김서영 **관리이사** 곽명호
영업이사 이경호 **경영이사** 김관영 **편집주간** 백은숙
편집 박희진 노유연 김지수 최현경 김영길
관리 이주환 문주상 이희문 원선아 이진아 **마케팅** 정아린
디자인 창포 031-955-2097
CTP출력 및 인쇄 오색프린팅 **제본** 경일제책사

제1판 제1쇄 2020년 10월 20일
제1판 제2쇄 2021년 12월 20일

값 58,000원

ISBN 978-89-356-6488-7 94080
ISBN 978-89-356-6427-6 (세트)

한길그레이트북스 인류의 위대한 지적 유산을 집대성한다